The Universal Handbook of

Musical Literature

Practical and complete guide to

all musical publications

(Volume IV)

Franz Pazdírek

Alpha Editions

This edition published in 2020

ISBN : 9789354025532

Design and Setting By
Alpha Editions
email - alphaedis@gmail.com

THE
UNIVERSAL HANDBOOK
OF
MUSICAL LITERATURE.

PRACTICAL AND COMPLETE
GUIDE TO ALL MUSICAL
PUBLICATIONS

EDITED BY

FR. PAZDÍREK.

ABOUT 18 VOLUMES

VOL. B (BOIELDIEU — BZ.) PR. 17/—

VIENNA (AUSTRIA).
VERLAG DES UNIVERSAL-HANDBUCH DER MUSIK-
LITERATUR, PAZDIREK & Co., KOMMANDITGES.

SOLE AGENTS FOR GREAT BRITAIN & COLONIES:
AUGENER LTD., 199 REGENT STREET, LONDON, W.

FOR THE UNITED STATES:
THEO PRESSER,
PHILADELPHIA.

6. Air: Qu'à mes ordres ici (Weil man
jetzt hier im Haus). *B* 3 Bg.
7. Quatuor: Ce sangfroid me désespère
(Darf ein Mensch so etwas wagen)
SSTT 7 Bg.
7bis. Air: Quel plaisir d'être en voyage
(Welche Lust gewährt das Reisen) *T*
2 Bg.
8. Ouverture du second acte *⅓* Bg.
9. Duo: Dans une humble et simple romance (In einer schmachtenden) *SS*
2 Bg.
10. Air: Un brave et galant palatin (Der
Ritterschaft Zierde und Glanz) *T* 3 Bg.
11. Choeur d'hommes: De Monsieur Jean
(Laßt zu dem Fest) 1 Bg.
12. Romance et Choeur: Le Troubadour
(Der Troubadour) *T* 2 Bg.
Id. avec acc. de *G* 1 Bg.
13. Duo: L'Epoux que je choisis (Der
Mann, den ich erwählt) *ST* 3 Bg.
14. Finale: Honneur à son altesse (Der
Schönheit Ruhm und Ehre) 1 Bg.
F. Siegel: Der Troubadour, stolz auf
der Liebe Bande, Romanze aus „Joh. v.
Paris". Deutsch und franz. —20.
Simrock:
2. Arie: „Welche Lust gewährt — Quel
plaisir".
5. Duett: „Den Ruhm über alles zu lieben — Rester à la gloire".
6. Arie: „Weil man jetzt — Qu'à mes
ordres" (fehlt).
12. Romanze: „Der Troubadour — Le troubadour".
13. Duett: „Den Mann, den ich erwählt
— L'époux que je choisis" à —40 n.
N. 12 mit *G*-Bgl. —30.
Ricordi: Coro e Romanza del Trovatore, con Orchestra. Parole francesi. (Partitura), *SUST* 3.50.
Jurgenson:
Арія принцессы Наваррской: „Ахъ, какое
наслажденье!" „Quel plaisir d'être en
en voyage" —40.
Air du Sénéchal: Qu'à mes ordres ici tout
le monde se rende —45.
Potpourri *P*: (B u r g m ü l l e r) 1.50,
(C r a m e r) 2— *André*, 1— *Breitkopf*,
(G. W. M a r k s) 2— *Cranz*, (J. G o d-
f r e y) 1.25 *O. Forberg*, (V i l b a c) —80
Litolff, (C r a m e r) 1.50 *Schott*, (S p i n d-
l e r) 1— *Steingräber*, E. D. *Wagner*
op. 38.
4ms: (B u r g m ü l l e r) 3— *André*,
(M a r k s) 3.50 *Cranz*, (C r a m e r) 2.75
Schott.
V: (G o d f r e y & W o h l f a h r t) —80
O. Forberg.
André: *PV* (G. W i c h t l) 1.50, *PVc*,
PFl à 2.50, *2Fl* 1.50.
Piano s. Heugel.
L'Epoux que je choisis (Pianiste chant.
de B i z e t) 4.50.
Le troubadour (Pianiste chant. de B i z e t)
3—.
2V: Choix d'airs 3— *Schott*.
2Fl: Choix d'airs 5.75 *Schott*.
KM: Romanze & chor. u. D o n i z e t t i,
Arie a. Anna Bolena 1.50 n *Bellmann*.

Fantaisies, transcript. etc. *P*: H. A l-
b e r t i op. 36 N. 5, B e y e r op. 36 N. 48,
F e r t u s, J. G o d f r e y (Operngr. Bd. X
N. 56), L. K o e h l e r, K r u g op. 63 N.
54, op. 259, V i l b a c.
4ms V i l b a c, *8ms* H. A l b e r t i op.
43 N. 11.
V J. W e i ß op. 70, *Vc* Beautés dramat.
N. 35, *Fl* G a r i b o l d i et R é m u s a t,
Cl K l o s é. *PH* (*PVVc*) H. A l b e r t i
op. 55 N. 12.
PV J. W e i ß op. 70, *PVc* Beautés dra-
mat. N. 35.
2V, *2VP* J. W e i ß op. 70.
PHVVc (*PVVcFl*) H. A l b e r t i op.
55 N. 12, *PVVa*, *PVVc*, *PVVaVc*, *P2VVa*,
P2VVc, *2VVaVc*, *P2VVaVc*, J. W e i ß
op. 70.
Harm: A. G i b e r t. G i r a r d, *Mus.
milit.* av. *Saxoph.* ad lib. 2.50 n, *Cond.*
—20 n *Tilliard*.
- Jeanne d'Arc. *TTBB*, Part 1.50 n, p. sép.
—25 n, Choeur à 3 voix ég. Part —50
Lory.
- La jeune Malade (Die junge Kranke) (acc.
de *P* ou de *G*) —50 *Schott*.
- Joli fantôme blanc, romance 2.50 *Heugel*.
- Les Joueurs de banjo, choeur 4 voix d'hom-
mes 1.25 n, Parties séparées —25 n *Co-
stallat*.
- Karl von Frankreich. Oper. Ouver-
ture f. *P* (mit *V* u. *Baß* ad lib.) 2—.
- „Der Kirchtag", Ouverture für *P* —20 n
Simrock.
- Lodoiska, Ouverture, *P*, *4ms* à 4— *Ascher-
berg*.
- Marsch, *LM* (Armeemärsche, Königl. preu-
ßische. II. Sammlung Nr. 9) 1.50, II.
Sammlung Nr. 29 2— *Haslinger*.
- Marche religieuse, *P* ou *Org* 5— *Salzbach*.
- Marguérite, ouverture. *P* 1.50 *Schott*.
- M a t a n t e A u r o r e, opéra-comique
1803, *Ch* et *P* 8— n, (4°) 9— n *Fromont*,
8— n *Heugel*.
Ouverture *O*, p. sép. 6— n *Fromont*,
Harm (A. G i b e r t) Part 12— n *Evette*,
P 2.50 n *Fromont*, —30 *Simrock*.
Fromont:
1. Duo: Malgré de trop justes alarmes
2.50 n.
2. Quatuor: Toi, pour qui l'on fait des
romans 3.25 n.
3. Rondeau: D'un peu d'étourderie 1.50 n.
4. Couplets: Je ne vous vois jamais rêveuse 1— n.
5. Duo: Quoi, vous avez connu l'amour
2.50 n.
6. Finale: Honneur, honneur 2— n.
7. Rêve: Nous suivions à cheval 2— n.
8. De toi, Frontin, je me défie 2.50 n.
9. Romance à trois notes: Deux jeunes
gens s'aimaient d'amour 1— n.
10. Finale: Pourrais-tu craindre de revoir
2— n *Heugel*, ch. s. N. 3, 4, 5, 7, 8, 9
à —25 n.
- Maudit, mélodie 3— *Leduc*.
- 3 Mélodies: 1. Le premier baiser. 2. La
Brise. 3. Sous l'ombre fleurie à 1— *Schott*.
- The Men of Prometheus, Overture. *P* 4—
Ascherberg.
- La Messagère du printemps 2.50 n, choeur à

56

3 voix de femmes en partit. sans acc.
—50 n *Costallat*.
- Minuit, TTBB, Part 1.50, p. sép. —25 *Mar guerittat*.
- Le Mois de Marie, 3 voix ég. ou chœur avec acc. P ou Org 1.75 n *Le Beau*.
- La Moisson, TTBB, Part 1.50 n, p. sép. —25 n *Lory*.
- Mon cœur n'est plus à moi, mélodie 2.50 *Heugel*.
- Mon douce rêve, mélodie 2.50 *Heugel*.
- Mules, pressez le pas, chant de muletier 1.20 n *Labbé*.
- Les Naufragés, TTBB, Part 1.50 n, p. sép. —25 n *Lory*.
- Na vlasť —72 *Hoffmann*.
- Ni larmes, ni regrets, romance 3— *Leduc*, —50 n *Joubert*, FIP v. Périer et Altès op. 21.
- Noël, cantique, *Bar* et ch. STB avec VcHa Org 2.50 n *Costallat*.
- Le Noël de Lili 1— n *Jullien*.
- Nom de l'ange adoré, *Maquel*.
- Notre-Dame-des-Arts, cantate pour voix de S. avec soli, chœur. VcOrgPHa (ad lib.) 9—, la même, avec acc. P 4.50 *Heugel*.
- Le Nouveau Seigneur (Der neue Gutsherr), opéra-comique 1813, Ch et P 8— n *Fromont*, 10 — n *Choudens*, KA (d.-fr., Kleinmichel) 4— n *Scaff*, (d.-fr.) 4— *Simrock*, P solo 5— n *Fromont*.
  Ouverture: O p. sép. 5— n *Fromont*. Harm, Part 12— n *Erette*, P: 2.50 n *Fromont*, 1— *Hansen*, 1— *Hofmeister*, —40 n *Simrock*, ½ms 2.50 *Fromont*.
  Fromont:
  1. Ainsi qu'Alexandre le Grand, introduction 2— n.
  2. C'est, dites-vous, du chambertin! duo 1— n.
  3. Paix, paix, taisez-vous, air 1.75 n.
  4. Ah! vous avez des droits superbes, couplets 1.75 n.
  5. Célébrons, chœur 1.50 n.
  6. Mes bons amis, le Seigneur est pour vous, trio 1.75 n.
  7. Ainsi qu'Alexandre, duo 2.50 n.
  8. Je vais rester à cette place, duo 1— n.
  9. Monsieur Champagne, couplets 1.25 n.
  10. Je perds les honneurs, Populence 2— n.
  Simrock:
  1. Introd. et Quart.: „Wie ihr, zog in Babylon — Ainsi qu'Alexandre le grand" —60 n.
  2. Duetto: „Ihr sagt, es soll Chambertin sein? — C'est, dites-vous" —60 n.
  3. Aria: „Halt! gebt wohl Acht — Paix! taisez-vous" —60 n.
  4. Duetto: „Ich will die Rechte — Oh! vous avez des droits" —40 n.
  5. Coro: „Jubelschall! — Célébrons la journée —20 n.
  6. Terzetto et Coro: „Ihr habt mein Wort — Mes bons amis" —60 n.
  7. Duetto: „Wie ihr, zog in Babylon — Ainsi, qu'Alexandre le grand" —40 n.
  8. Duetto: „Ich bleibe hier — Je vais rester" —60 n.
  9. Aria et Coro: „Monsieur Johann — Monsieur Champagne" —20 n.
  10. Finale: „Mein Glanz und mein Glück

— Je perds les honneurs" —20 n, N. 3 suit 6 —30 n.
  P: Morceaux choisis II livres à 2— *Simrock*, *Harm* (fantaisie) v. H. Hemmerlé, *Fünf* 1.25, *Harm* 1.50 *Nandin*.
- L'Orage, TTBB, Part 1.50, p. sép. —25 *Marguerittat*.
- L'Orphelin, duo, TB av. P. *Joubert*.
- O Salutaris, *MS* avec Org ou H 1— n *Costallat*, *Gheluwe*.
- Page et châtelaine 4—, Ch. s. —30 n *Evillard*.
- Pauvre Fleur (Arm Blümchen du), (acc. de P ou de G) —75.
  Le Pèlerin de Saint Just, ballade, *B* 4.50 *Leduc*, —75 *Schott*, 1— *Weygand*.
- Le **Petit Chaperon rouge** (Rotkäppchen), opéra féerie (1818), Ch et P 8— n *Fromont*, KA (d.-fr.) 12— *Breitkopf*, (R. Kleinmichel) 5— n *Scaff*.
  P solo: 1— *Litolff*, —85 *Hansen*.
  Schott: 2VaVe (Küffner), FIIVa Ve (Küffner) à 12.50.
  Simrock: G, VFI (J. H. C. Bornhardt) 5—, 2V2VaVe II livres à 8—, FVI2VaVe II livres à 8—; Textbuch —40 n *Breitkopf*.
  Ouverture: Par. Bes. 2— *Hofmeister*, O-St. 2— n *Simrock*, P: 2— n *Fromont*, —50 *Hansen*, 1.50 *Breitkopf*, —50 *Haslinger*, —20 n *Simrock*.
  ½ms: 2.50 n *Fromont*, —80 *Haslinger*, 1.25 *Simrock*.
  2FI *Cranz*, (ouverture et airs) 3— *Hofmeister*, 2V2VaVe (Basse) 1— n *Simrock*.
  Fromont:
  1. Chœur, STT: Partons, déjà l'aurore annonce le jour 2— n.
  2. Romance, T: Le noble éclat du diadème 1— n.
  2bis. La même, *Bar* 1— n.
  3. Trio, TSS: Qu'il serait doux d'être à mon âge 2— n.
  4. Air, B: C'est vainement, naïves pastourelles 2— n.
  5. Ronde, S: Depuis longtemps, gentille Annette 1.25 n.
  6. Final-chœur, Monseigneur tout est prêt 2— n.
  7. Chœur à 3 voix, TTB: Courage, courage, à grands coups 2— n.
  8. Duo, TS: Restez, belle Nanette 2.50 n.
  9. Trio, TTT: Rose d'amour à su me plaire 2— n.
  10. Cavatine et Duo, Rêve, TS: Dors, tendre fleur d'amour et d'espérance 3— n.
  11. Duo, TS: Mon doux Seigneur, je vous en prie 3— n.
  11bis. Air, B: Voici bientôt la nuit et le destin sévère 1.75 n.
  12. Couplets, S: Il m'a demandé le bouquet 1.25 n.
  13. Air, T: Enfin, me voilà seul dans l'ombre de la nuit 2— n.
  14. Duo, TS: Racontez-moi, je vous supplie 3— n.
  14bis. Romance, T: Robert disait à Claire —80 n.

Hansen:

Den lille Rødhaette, Opera. Udvalgte Sange —85: Romance (Rodolphe): Robert forsikrer Lise. Romance (Nanette): Først bad han mig. Romance (Roger): Ej Kronens Glans. Vise (Rose): Sig mig engang.

Saerskilt: Romance: Robert forsikret Lise —45. Romance: Ej Kronens Glans —45.

med *G*:

Sig mig, Annette —60.

Først bad han mig —45.

Robert forsikred Lise —45.

Cranz:

2. Romanze: Nicht blendend lockt im Prachtgebäude —50.

7. Rondo und Tanz: Ruft uns zum Tanz —70.

16. Romanze: Den Blumenstrauß hat er begehrt —50.

Hofmeister:

Lieblingsgesänge aus der Oper: „Rotkäppchen". Nr. 1. Kavatine: „Es hat der Glanz der Krone" —50. Nr. 2. Romanze: „Er wollte das Sträußchen" —50. Nr. 3. Rondo: „Lange nicht mehr kommst du" —50.

Schott: Séparément avec acc. de *G*:

Romance. Le noble éclat du diadème (Es huldigen meines Herzens) —50.

Romance. Il m'a demandé le bouquet (Er bat um den Strauß) —50.

Ronde. Depuis longtemps (Wie lang schon) —50.

Simrock: „Depuis longtemps, gentille Annette — Wie lange schon kommst du, Annettchen", mit *G* —30 n.

Augener:

Lullaby: „Sleep, Sweet Babe", Fem. voic. 4 — n.

Chorus: „Sweet Rural Scene", Fem. voic. 3 — n.

Chorus of Peasants: „Rise, Shepherds, Rise", Fem. voic. 6 — n.

Hirsch: Sanger ur op. De bada talismanerna:

Rudolph: Recitativ och aria: „Jag ändlig är allen" —75.

Rudolph: Aria: „Fäfängt ni flytt" 1—.

Nanette: Kupletter: „Först bad han att fa" —50.

Grefven: Romans: „Hör, en krona ej förförde mig" —50.

Rosa: Rondo: „När hela byn samlas till dansar" —50.

Marsch ur op. De bada talismanerna, *P* —25.

- Pharamond (1825), Opéra. *Heugel:* Romance de la jeune prêtresse, *S* 2.50, *Ch. s.* —25 n, La même pour contralto 2.50. Choeur des jeunes prêtresses avec solo pour *S* 7.50.

- Phoebé. Duo 2— n *Lesigne.*

- Pie Jesu à quatre parties (collection de la maitrise 4e année N. 22) 1.50 *Heugel.*

- Pie Jesu, N. 1, 2 av. *Org* à 3— *Lemoine.*

- La plus belle 1— n *Lesigne.*

- Le Pommier, chant breton-normand, 2 tons 3—, *Ch. s.* 1— *Leduc.*

- Pourquoi mentir! 3—, *Ch. s.* —30 n *Eveillard.*

- Povéro, romance. 2 tons 3— *Leduc.*

- Praise of the soldier, quart. f. m. voices, 8vo —08 *Ditson.*

- Le premier Baiser, mél. 1.70 n *Société nouvelle.*

- Prière, *P* 6— *Leguin.*

- Prière d'amour, mélodie 1— n *Labbé.*

- Prière et Voeu. Nocturne. Duett —50 *Haslinger.*

- Prions, mélodie, 2 tons 3— *Leduc.*

- Les Pyrénées, souvenir des montagnes 1— n *Labbé.*

- Remember o Lord. Arr. Parkhurst. (Schirmer's 8vo Church Music 754) —25 n *Schirmer.*

- Le Retour des Cloches. *TTBB.* Part 1 — n, p. sép. —25 n *Margueritat.*

- Le retour du régiment, choeur, *TTBB.* Part 1— n, p. sép. —25 n *Costallat.*

- Réveil des Fées. Nocturne p. 3 voix d. fem. Part —75 n, 28 av. *P* Part 1— n, p. sép. —20 n *Margueritat.*

- Un rève d'or 3—, *Ch. s.* —30 n *Eveillard.*

- Romance, *P* 1— n *Fromont*, 6mis 4— *Lemoine.*

- Les Roses du bel âge 5— *Cartereau.*

- Salut à la France, *TTBB.* Part 1.50, p. sép. —10 *Margueritat.*

- Satan rom. av. *PG* 5— *Grus.*

- Sérénade espagnole, *TTBB.* Part 1.50 n, p. sép. —25 n *Lory.*

- La Sieste, *TTBB.* Part 1.50 n, p. sép. —25 n *Lory.*

- Les Soldats de la Paix, *TTBB.* Part 1.50 n, p. sép. —25 n *Lory.*

- Soleil de printemps, *TTBB.* Part 1.25 n, p. sép. —25 n *Lory.*

- Le sommeil en plein jour, chanson naïve 1— n *Labbé.*

- „Sonnez, cors et musettes". Choeur, *P* (Thuillier Ed. Bouquet mélodique N. 9) 2.50 *Benoit.*

- Sous les orangers, mélodie 1— n *Labbé.*

- Sous l'Ombre fleuri, mél. 1.70 n *Société nouvelle.*

- Souvenir de Povéro, *P* (Gomion) 7.50 *Mathieu.*

- Souvenirs de ses opéras, *P*, édition de poche —50 *Noël.*

- La sultane du soleil 4—, *Ch. s.* —30 n *Eveillard.*

- Tantum ergo. 1 voix accomp. *Org* 4— *Sulzbach.*

- Toujours seul ou le Masque de fer, romance 3 tons 5— *Leduc, S. C* à —50 *Schott*, —15 *Bolle, Ch. s.* —30 n *Joubert*, transcr. *P* 1.75 *Schott.*

- Le Travail, *TTBB.* Part 1.50, p. sép. —25 *Margueritat.*

- Tu grandiras un jour 2.50, *Ch. s.* —20 n *Lemoine.*

- Venez à mon aide 2.50, *Ch. s.* —20 n *Lemoine.*

- Village bells. Duet 4 — *Ascherberg.*

- Le voeu de Clovis 4—, *Ch. s.* —30 n *Eveillard.*

- Les voitures versées (Die umgeworfenen Wagen), opéra-comique, Ch. et *P* 8— n *Fromont.*

56*

Ouverture: *P* 2 — n *Fromont*, 1— *Barsch*, 1— n *Breitkopf*. —60 n *Simrock*; *jms* 2.50 n *Fromont*.

Fromont:

1. Introduction: Les belles choses que voilà 5— n.
2. Polonaise, *T*: Jeunes beautés d'humeur légère 1.25 n.
3. Air, *Bar*: Apollon toujours préside au choix de mes voyageurs 2— n.
4. Chœur, *SSTTB*: Recevez nos vœux, acceptez notre hommage 1— n.
5. Air, *S*: Prenez pitié, Madame, du trouble de mon âge 2— n.
6. Finale: Courons recevoir au plus vite 4— n.
7. Duo, *TB*: Connais-tu le destin des dames de Paris 2— n.
8. Couplets, *S*: Je sais qu'à vingt ans on peut encore trouver sans peine 1.25 n.
9. Romance, *S*: Fille sage au village 1— n.
10. Duo, *SBar*: O lieto momento bel premia d'amor (Au Clair de la lune) 2— n.
11. Morceau d'ensemble, Quatuor, *SSSB*: Attention, attention, notez exactement 2.50 n.
12. Duo, *ST*: Partons, partons pour ce charmant voyage 2— n.
13. Chœur final: Le beau jour pour nous 1— n.

Lemoine: Essayons s'il se peut, de parler son langage", et air „Prenez pitié, madame" 1.50.

Heinrichshofen: Großes Duett: „Beginnen wir die köstlich schöne Reise" 1.75.

Ashdown: O lieto momento. (Les voitures versées. Duet.) Variations 3'—.

Jurgenson: Опрокинутыя кареты. Речитативъ: „Попытаюсь впередъ приготовиться къ встрѣчѣ" и Арія: „О сжальтесь надо мною" —50.

- Zoraïm et Zulnare, *Lemoine*: Air: Quel sort cruel m'attend! —25 n Duo: Oh! ne doute point de mon amour —40 n.

Boieldieu A. & Gambaro, Sonate. *CIP* 2.30 *Haslinger*.

Boïeri, Le Festin du Comte 1— n. *Ch. s.* —35 n *Pinatel*.

Boïldi J. B. Chante Miarka! 2— n *Digoudé*.

Boileau, Une femme, c'est laid 1— n. *Ch. s.* —40 n *Bornemann*.

- Quand on n'a pas le sou 1— n, *Ch. s.* —40 n *Bornemann*.

Boilly, La Chanson du pêcheur 1.35 n *Costallat*.

- La Manola 1— n *Costallat*.

Boireau tu m'fais pitié 1— n *Joubert*.

Boireau, viens m'embrasser 1.70 n, *Ch. s.* —30 n *Pomier*.

Boirin, L'Ange et l'Âme, *T*-solo av. chœur et *P* —75 n *Pinatel*.

- Le Souvenir —50 n *Pinatel*.

Bois de A. A. Jesus, My Saviour, look on me. Mix. Quartet —06 *Ditson*.

- Just as I am. *S*-solo, *SA* and Mix. Quartet —10 *Ditson*.

- Thine Forever, God of Love, *S*-solo, *SA* and Mix. Quartet —08 *Ditson*.

Bois de G. Serenade, *TTBB* —08 *Ditson*.

Bois du, Lord, forever at thy side. *S*-solo and Quart. —35 *Ditson*.

Bois du Archie A. L'Espoir, valse —50 *Ditson*.

Bois du G. The old home down on the Farm. (Alex. Mus. book 39.) — 6 *Sheard*.

Bois du J. L. My dearest Rose. Sg. Chor. —50 *Brainard*.

Bois du Léon, Pie Jesu, *Bar* et *SATB* 1.50 n *Muraille*.

Bois du Th. Cantilène nuptial. *Pipe-Org* —20 *Mc. Kinley*.

- Grand Chœur, *Pipe-Org* —20 *Mc. Kinley*.
- March of the Magi Kings, *Pipe-Org* —20 *Mc. Kinley*.

Bois d'acajou 1— n, *Ch. s.* —40 n *Bornemann*.

Le Bois de Vincennes 1— n, *Ch. s.* —30 n *Ghéluwe*.

Bois mon p'tit chien-chien 1— n *Joubert*.

Bois sans soif et Bec salé, Duo 1— n, *Ch. s.* —75 n *Ghéluwe*.

Boisard V. Crépuscule 2— n *Serpeille*.

- Dernière feuille 1.50 n *Serpeille*.
- La nuit 1.70 n *Serpeille*.
- Six petits morceaux, *jms* 3— n: N. 1. Berceuse, 2. Valse, 3. La Chasse, 4. Marche militaire, 5. Gavotte, 6. Prière du soir à 1— n *Serpeille*.
- Remember 1.50 n *Serpeille*.
- Rêverie du soir bleu 1.70 n, *T, Bar* à 1.50 n, 1 acc. 2— n *Serpeille*.
- Roses Thé 1.70 n *Serpeille*.
- Le Silence 1.50 n *Serpeille*.

Boisbelet P. de, Sous l'éventail, valse 6—, simpl. 3— *Ploix*.

Boischot. *Pinatel*: Chiquenaude, polka, *O* 1— n.

- Coupe à trèfle, quadrille, *O* 1— n.
- Fleur d'avril, valse, *O* 2— n.
- Mi-Carême, polka, *O* 1— n.
- Myosotis et Primevères, mazurka, *O* 1— n.
- Petite Curieuse, mazurka, *O* 1— n *Ghéluwe*.
- Piège à cœur, polka, *O* 1— n.
- Rameau Fleuri, mazurka, *O* 1—.
- Rêve de jeunesse, *quintette à cordes* av. *O* 1— n.

Boischot S. C'est le Protocole 3— *Michel*.

Boisdeffre, op. 9 Scherzo-Sérénade. *2P* 15— *Heugel*.

- Trois Pièces, *PCl* 4— *Enoch*.

Boisdeffre F. de. L'adieu au bois 5— *Heugel*.

- Le coucou 5— *Heugel*.
- Sérénade 6— *Heugel*.

Boisdeffre G. de, Le cantique des cantiques, paraphrase biblique 6— n *Heugel*.

- Les martyrs, drame sacré 15— n *Heugel*.
- Messe de Notre-dame de Sion pour soli, chœurs, *Org* 8— n *Heugel*.

Boisdeffre J. de, op. 10 Trio en mi bémol, *PVVc* 20— *Heugel*.

- Offertoire de la messe de Notre-dame de Sion, *VP* 6— *Heugel*.

Boisdeffre René Charles Henri de (1838). **op. 1 et 2** Deux recueils de romances sans paroles, *P* à 9— *Joubert*.

Hamelle:

- 4 O Salutaris, *Ca. Bar* à 4—.
- 12 Sonate, *PV* (*Cl*) 20—.
- 14 Marche rélig. *jms* 7.50.
- 15 Six pièces, *PVc* 2 Livres à 9—: 1er livre: Prélude en forme de canon. Élégie. Sérénade. 2. Adagietto. Barcarolle. Vil-

laneille. N. 2. Elégie, 1 Org (P), 1 Org
(P) à 4—, 1 VcHaOrg (P) 6—.
- 19 Suite poétique, PV, 2 Livres à 9—:
Liv. 1. Prélude. Méditation. Berceuse. II.
Elégie. Sérénade mystérieuse. Pastorale.
- 20 Trois pièces, PCl, PFl à 4— n, Mélodie
(De Vroye). PFl 5—.
- 21 N. 1. Romance. 2. Canzonetta à 6—
Enoch.
- 24 Suite romantique, PV, 2 Livres à 12—:
Liv. 1. Invocation. Ballade. Cantilène. II.
Badinage. Récit. Hymne triomphal. Cantilène VP, VcP à 2— n, P2V 7.50.
- 26 Trois pièces, Prélude pastorale. Prière.
Villanelle, HautbP 10—.
- 31 Trois pièces, Prélude. Orientale, Air de
ballet, FlP 12—.
- 32 Deuxième Trio (sol mineur), PVVe
8— n.
- 34 Berceuse, Vc (ou V ou Alto), P 6—.
- 35 Ave Maria, 2 voix, Org (P) 6—.
- 36 Epithalame, VVcHa (P) Org (H) 12—.
- 37 Méditation et Cantilène, PVc 7.50.
- 38 12 Morceaux de genre, P, 3 Livres à 9—:
Prélude, Aubade, Barcarolle, Sur la montagne. II. Berceuse, Villanelle, Scherzetto, Canzonetta. III. Chant du soir,
Scène de bal, Intermezzo, Petite Marche
militaire.
- 40 Trois pièces: Chanson napolitaine. Cantabile. Sérénade, AltoeVcl P 9—.
- 42 Suite orientale: 1. Sous les palmiers
(rêverie). 2. Chanson arabe. 3. Danse
orientale, PVc 9—, V, Vc à 1.20 n Schirmer.
- 44 Suite, 4ms: 1. liv.: Prélude, Air de
ballet 10—. 2e liv.: Orientale, Valse 9—.
- 50 Deuxième Sonate, PFl (V) 20—.
- 51 N. 1. Lamento. 2. Chant d'automne, PVc
à 6—.
- 52 Au bord, du ruisseau (sérénade champêtre). PV, PVc à 6—, PV —75 Fischer,
stO, Part 3— n, p. sép. 3— n.
- 54 Trois pièces: 1. Andante sostenuto. 2.
Légende. 3. Allegretto moderato, 1 VcP
6— n.
- 55 Rêverie, V, Vc, Va av. P à 5—, av.
1astr à cordes Ha, Part à 2.50 n, p. sép. à
2.50 n Hamelle.
- 56 Suite: Lied. Berceuse. Scherzo, PVc 9—.
- 57 Deux morceaux: 1. Andante Religioso.
2. Chanson arabe, PV à 6—.
- 59 Sérénade, FlP 6—.
- 60 Andantino, HautbP.
- 61 Elévation, HautbP.
- 62 Méditation, PV, PHautb à 5— Enoch.
- 63 Sonate, PVc 20—.
- 66 Pastorale, 4ms 7.50.
- 67 Troisième Sonate (sol maj.) PV 20—.
- 69 Quatre petites pièces faciles, 4ms 12—:
N. 1. Ronde champêtre 5—. N. 2. Sérénade 3—. N. 3. Bébé et sa Grand'Maman
5—. 4° Les cloches du village (carillon)
5—.
- 72 Ballade, PVc 7.50.
- 73 2e romance, PV 6— Enoch.
- 74 Sérénade, PV 5— Enoch.
- 75 Deux Idylles, PV 9—.
- 77 N. 1. Chant d'amour, VP 5—, N. 2.
Chant du Nautonier, PV 7.50 Enoch.
- 80 Cantique, 2 voix égales avec solo, part.

P chant 7.50, parties de chœurs —50
Enoch.
- 81 2e Sextuor en la mineur, P2VVaVcKb
12— n.
- 83 Suite, PVVc 7— n.
- 85 Sérénade, FlVP 9—.
- 86 Scènes villageoises, HautbP 10—.
- 87 Poème Pastoral, PVVe 6— n.
- 89 Chant d'Eglise, PV 4—.
- 90 Pastorale, Fl 7.50.
- Adagietto, VP 2— n.
- A l'Hirondelle 5—.
- Andalouse, FlP 6— Rudall.
- Andante, HP 2— n Mustel.
- Aubade 5— Enoch.
- L'aube 5— Enoch.
- A une mère 1.70 n.
- Berceuse 4—, P 3—.
- Canzonetta, V (Fl) P 2— n.
- Chanson 5—.
- Chanson de mer 4—.
- Chant d'Eglise, HA 2— n Mustel.
- Chant nuptial, Org VvcHa 9— Enoch.
- Le chant du pâtre 5— Enoch.
- Doux sommeil, berceuse, V (Fl) P 1.75 n.
- Elégie, HHaVVc, Mustel.
- Elévation, V, Ve à 6—.
- Être poète 4—.
- Fin d'été 4—.
- L'Hiver 4—.
- Invocation à la Vierge, S Solo et Chœur
4— n.
- La jeune Fille 3—.
- Les Martyrs, drame sacré, Chant P 15— n
Heugel.
- Le meilleur moment des amours 4—.
- Mélodie 3—.
- Six mélodies 6—: La Nymphe et l'Oiseau.
Le Papillon. Soupir. La Muse. Au lever du
jour. Chemin faisant, à 1.75 n Durand.
- Mère 4—.
- Mirage 4—.
- Mystère 4—.
- Offertoire de la Messe de Notre-Dame-de
Sion, V Org (P) 6— Heugel.
- O Salutaris 4—, 2 voix 5—.
- Pourquoi? 3—.
- Printemps d'amour 5— n.
- Regrets 3—.
- Romance et canzonetta, VO 2— n, part O
3— n, p. sép. à —20 n Enoch.
- Les roses de Nazareth 5— Enoch.
- Si vous m'aimez 4—.
- Sonnet à la vierge Marie 3— Enoch.
- Souhait 4—.
- La Source 5—.

Boise O. B. (1845), Konzert (G-m.), P 5—
Hofmeister.

Boise O. D. We lift our hearts to Thee
(Henselt), Quart. —40 Brainard.

Boisen Elisabeth. *Nordisk Musikforlag:*
Fire Folkeviser 1—: Russisk Folkevise:
Hej, du lyse Lyn og Lue. Czeckisk Folke-
vise: Marunja tækker Tungen ud. Finsk
Folkevise: På jorderingen der finnes ingen.
Ak, 1 Snefung.
- Fra Lunden. Tre Sange 1—: Bækken: Du
lille Bæk. Skærsommer: Solens varme
Straaler le. Lyt kun til Fuglens Sang:
Lægger sig henover Lunden.
- Frem over Hede! — 85.

- Hjaelp mig, min Gud og Herre —30.
- Kirkeklokkerne —50.
- Lejet —60.
- Tre religiøse Sange —50: Bøn: Du som bor saa højt. Guds Fred: Jeg ved en Hilsen. Herre, jeg tror.
- To Romancer —60; Vinterstemning: Det vides vel, at Lunden. I Lunden er der Fuglesang.
- Serenaden af J. L. Runeberg m. *P(Ha) H* 1—.
- Sommeraften —60.
- Vuggesang til lille Solstraale —85 *Nordisk Musikforlag.*

Boisisio, Crescendo, galop, *FullO* —75, *SmallO* —50, P acc. —20 *Hawkes.*
- Esmeralda, waltz, *FullO* —75, *SmallO* —50, P acc. —40 *Hawkes.*
- La Princesse Augusta, Valse, O 1— n *Marguerilat.*
- La Sultane, Valse, O 1— n *Marguerilat.*

Boisjoslinde, Tu es Petrus, *SATB (Org ad lib.)* 1— n *Pérégally.*

Boismortier (1691—1765), **op. 39** Les révérences nuptiales (Diémer, les vieux maîtres. 12 transcr. N. 1), *P* 3— *Heugel.*

Boisrenault, Recueil de Danses. *Cornet* 5— *Benoit.*

Boissat, Petite méthode d'accordéon 1.50 *Labbé.*

Boisseaux J. *Schott:* Airs populaires Vallons, *VcP* 1.50.
- Aux dames de Luxembourg, fantaisie, *VcP* 3.25.
- Elégie, Adagio religieux, *VcP* 1.50.
- 6 Etudes, 1—, 2 livres à 2—.
- Fantaisie de salon, *VcP* 2—.
- Fantaisie sur un air bavarois, *VcP* 3.25.
- 4 Morceaux de salon, *VcP*: N. 1. Allegretto 1.75. N. 2. Adagio religioso 1.25. N. 3. Bluette 1.75. N. 4. Allegretto 2—.
- Souvenir de Schubert, fantaisie, *VcP* 9— *Katto.*

Boissel L. Deux à deux, Polka, *4ms* 2— n *Gallet.*
- L'Héliotrope, valse 6—, *4ms* 7.50, O moderne 2— n *Leduc.*
- Le Souvenir, Valse 7.50 *Marchand.*

Boisselot Xavier (1811—1893), Chœur des bureurs, 4 voix d'hommes 1— n *Le Boulch.*
- Ne touchez pas à la Reine (Die Königin von Léon), Kom. Oper: KA (deutsch-franz.) 6— *Breitkopf*, 15— n *Gallet*, Textbuch 1.50 n *Breitkopf.*
  Ouverture, *P* —30 *Breitkopf*, 6— *Le Boulch*, *4ms* —60 *Breitkopf*, *VP* 6— *Le Boulch.*
  Breitkopf:
  1. Lied: Wer die Königin berühret. Ne touchez pas à la Reine, *S* 1— n.
  2. Romanze: Matt und bleich und ohne Leben. Devant moi pâle évanouie, *T* 1— n.
  3. Duett: Endlich werdet ihr mich wohl. Enfin vous voilà donc moins, *SB* 1— n.
  4. Serenade: Herrin, der Schönheit Stern. Reine à qui la bonté, *TTBB* 1— n.
  5. Soldatenchor: Fort in den Krieg ruft uns die Ehre. Noble Soldat du beau royaume, *TTBB* 1— n.
  6. Arie: Du meines Herzens Qual. Toi qui séduis mon cœur, *B* 1— n.
  7. Lied: Ich weiß einen Zauber. Je connais une chaîne, *S* 1— n.
  8. Duett: Was deine Weisheit wünscht. A tes désirs. Seigneur, *SB* 1—.
  9. Bolero: Peblo, der kühne Mann. Peblo le muletier, *S* —50.
  10. Kavatine: Blume der Frauen. Fleur de beauté, *T* 1—.
  11. Arie: O Gott! wer darf alsdann. Hélas! qui m'aimera, *S* 1— n.
  12. Lied: Wer der Lieb' sich will weihn. Il faut en amours, *S* —50.
  N. 1. *B* (A. Le Beau op. 93) 2— n *Mustel*, *V* 1.75 n *Gallet*. Potpourri, *P* 1— *Breitkopf*, (H. Cramer, Potp. sur des motifs d'opéras 73) 1.50 *Schott*, *4ms* 1— *Breitkopf.*
- Mosquita la Sorcière, Opéra comique Le Boulch: Partition, O 200— n, p. sép. 200— n, Chant *P* 12— n.
  Ouverture: O Part 25—, p. sép. —25, *P* 7.50, *V* 2.50, *VP* 7.50.
  1. Couplets: Ma nièce, tenez-vous droite, *S* 2—.
  3. Air de la sorcière: C'est Mosquita la sorcière, *S* 6—.
  4. Prière à la Vierge: Chœur de jeunes
  5. Chœur du balcon: Ouvrez, gentille châtelilles, à trois voix, *SSMS* 4—, laine, *ST* 9—.
  6. Air: Oui, gloire aux infidèles, *T* 4—.
  7. Cavatine: Jour de l'hyménée, *T* 3—.
  8. Chant des buveurs: Mes amis, buvons, *T* 3—.
  9. Mélodie du bouquet: Mon ami que j'aime tant, *S* 3—.
  10. Duo: D'où vient cette frayeur secrète? *ST* 7.50.
  11. Séguédille Il était une fillette, un jour. *S, MS* à 3—.
  12. Couplets: Pour tenter une douce épreuve, *T* 3—.
  13. Cavatine: De la nuit le mystère, *T* 2.50.
  14. Xacarilla: Où vas-tu, voyageur? *S* 2.50.
  15bis. Agitato: Un amant, un époux doit m'offrir, *S* 5—.
  16. Duettino: Celui qu'ici mon cœur préfère, *ST* 5—.
  17. Sérénade: Pour quatre voix d'hommes sans accompagnement, *TTBB* 1— n.
  18. Me laisserez-vous seul? *ST* 9—.
  Fantaisie, *P* v. Cornettant op. 58, *VP* vide Louis op. 218, *Harm*, Part 7— n *Evette.*
- Prière à la vierge, *2S2MS* 4— *Le Boulch.*
- Tirana, Manchegas, 3 airs caractéristiques de danses espagnoles, *G* 1— *Schott.*

Boissier A. Les Lignards, chanson-marche. *Scheffer.*

Boissier Durau, Au clair de la lune 3— *Ploix.*
- Chanson des Cévennes, *P* 6— *Noël.*
- Le chant de l'alouette, ballade 3— *Heugel.*
- Fanfan le petit Grenadier 3— *Ploix.*
- Hark! What Mean Those Holy voices, Chor. —25 *J. Fischer.*
- Jacot et le charbonnier 3— *Ploix.*
- Louez Dieu (chants de circonstance „les plus beaux jours" N. 8) 3— *Ploix.*

- Ma grand' mère, chansonnette 3— *Heugel.*
- Mestizzia, *P* 6— *Noël.*
- O All Ye People God Hath Made. Chœr —15 *J. Fischer.*
- Piccolinetta, *P* 6— *Heugel.*
- Prière de Moïse, *PV H* 1.75 n *Fromont.*
- Le renard et le corbeau, fable 5— *Heugel.*
- Ficinard et Blondel. Ch. du temps passe 3— *Benoît*, *Ch. s.* —40 n *Bornemann.*
- Robert le Diable. Trio du 5e acte. *PV Org* 10— *Benoît.*
- Le Saint Berceau, Noël. *T* av. chœur (ad lib.) 3— *Heugel.*
- Scène de coucours. 2 voix 4— *Sulzbach.*

Boissière, Zale pieszczotky —40 *Hösick.*

Boissière Frédéric, L'abeille et le papillon 3— *Noël.*
- Adieu, ma mie 1— n, *Ch. s.* —40 n *Bornemann.*
- Adieu mignonne 5—. *Ch. s.* 1— *Noël.*
- Adieu patrie 3— *Noël.*
- Les adieux à Ninette 3—. *Ch. s.* 1— *Bornemann.*
- A la santé de papa 1— n *Ercillard*, 3— *Noël.*
- Allopathe et Homéopathe duo bouffe 1— n, *Ch. s.* —35 n *Gallet.*
- L'Aimée. (Metidja) 1— n, *Ch. s.* —40 n *Bornemann.*
- L'alouette 3— *Noël.*
- A ma fenêtre 3—, *Ch. s.* 1— *Noël.*
- L'amazone, polka-mazurka 5— *Noël.*
- L'ami rouge-gorge, mélodie 3— *Mathieu, Noël.*
- Amour et Vengeance 1— n, *Ch. s.* —30 n *Rouart.*
- L'amour vainqueur 3— , *Ch. s.* —30 n *Ercillard.*
- L'Ange de la bienfaisance 1— n *Ercillard*, 3— *Noël.*
- L'Ange des petits enfants 1— n, —35 n *Coutarel.*
- Angelus des bois, rom. 1— n, *Ch. s.* —35 n *Coutarel.*
- L'angelus du soir 3— *Noël.*
- A quoi pensent les bêtes 1—, *Ch. s.* —35 *Schott Frères.*
- As-tu déjeûné Jacquot 1— n *Coutarel*, 3— *Noël*, —35 n *Coutarel.*
- A Toi! *TTBB* av. O. *Harm*, *Fanf*, Part 1.50, acc. à 1— *Pinatel.*
- Au bord de la mer 3—, *Ch. s.* 1— *Noël.*
- Avant l'audience, Duo 5— *Noël.*
- Ave Maria, *STB* 1.50 n, 4 voix inég. 1.50 n, solo et chœur ad lib. av *Org (H)* 1.50 n *Pinatel.*
- L'Avocate 1— n, *Ch. s.* —30 n *Abot.*
- Le Bagage de Croquemitaine, 2 tons 3—, *Ch. s.* 1— *Leduc.*
- Le Baiser d'une Mère 1— n *Lesigne*, 3— *Noël.*
- Le Bal de la rose 1— n, *Ch. s.* —35 n *Schott Frères.*
- Beaux jours d'avril 3—, *Ch. s.* 1— *Noël.*
- Berceuse de la poupée 3— *Noël.*
- La Bergère aux chansons 1— n, *Ch. s.* —35 n *Coutarel.*
- Bibernot, Bibernette, simple histoire 1— n, *Ch. s.* 1— n *Coutarel.*
- Bleu, blanc, rouge, trio 5— *Noël.*

- Blondinette, simple histoire 3—, *Ch. s.* 1— *Leduc.*
- La Bohémienne 1— n, *Ch. s.* —30 n *Abot.*
- Le Bois 3—, *Ch. s.* 1— *Noël.*
- Bonhomme Janvier 3— *Noël.*
- Bonjour Printemps 1.75 n *Lesigne.*
- La Boucle des cheveux 1— n, *Ch. s.* —40 n *Bornemann.*
- Boulanger et Charbonnier., Duo av. parlé 1— n, *Ch. s.* —35 n *Schott Frères.*
- La Branche d'Aubépine, romance 1— n *Coutarel.*
- Bûche de Noël 3— *Noël.*
- Les Buissons 1— n *Ercillard*, 3— *Noël.*
- Buvons, mes amis 1— n, *Ch. s.* —40 n *Bornemann.*
- Cadran de l'église 3—, *Ch. s.* 1— *Noël.*
- Cantate pr. réception d'évêque ou supérieur, *SATB* av. *P*. Part 2.50, p. sép. à —30 *Pinatel.*
- La Cathédrale. Collect. de Motets av. *Org* 10— n *Pinatel.*
  1. O salutaris, solo *ST* av. *STB* ad lib. Part 1.50 n, p. sép. —25 n.
  2. Ave Maria, solo *ST* av. *STB* ad lib. Part 1.50 n, p. sép. —25 n.
  3. Tantum ergo, *SATB* ou *STB*. Part 1.50 n, p. sép. à —25 n.
  3bis. Tantum ergo, chœur à 3 voix égales. Part 1.50 n.
  4. Ave Maria, *SATB* ou *STB*. Part 1.50 n. p. sép. à —25 n.
  5. Sub tuum, chœur à 2 voix égales. Part 1.50 n, p. sép. à —25 n.
  6. Salve Regina, soli et *STB*. Part 1.50 n, p. sép. à —25 n.
  7. Messe brève de requiem. *STB*. Part 3— n, p. sép. à —50 n.
  8. Domine Jesu, offertoire funèbre, solo *B* et *SATB*, Part 1.50 n.
- Celle que j'aimais 1— n, *Ch. s.* —40 n *Bornemann.*
- Les cerises et le garde 1— n, *Ch. s.* —35 n *Gallet.*
- C'est le réveil 1— n, *Ch. s.* —35 n *Schott Frères.*
- C'est nerveux 1— n, *Ch. s.* —35 n *Schott Frères.*
- C'est un oiseau qui vient de France, romance 1.75 n *Coutarel*, (Gobin P., Dupuis L., Les Maîtres classiques et modernes N. 6) *VP* 1.75 n *Pisa.*
- C'était en Mai 1— n, *Ch. s.* —30 n *Abot.*
- Chanson de Jeanne d'Arc, scène lyrique 3—, *Ch. s.* 1— *Leduc.*
- Chanson de la Pomme —35 n *Coutarel.*
- La Chanson des pâtres, Duo 1— n, *Ch. s.* —30 n *Rouart.*
- La Chanson du beau temps 1— n, *Ch. s.* —30 n *Abot.*, *Pinatel.*
- Le chant des vacances, à 3 voix —25 n *Pinatel.*
- Chante, petit Grillon 1— n *Coutarel*, 3— *Noël*, *Ch. s.* —35 n *Coutarel.*
- Charbonnier et Meunière, Duo av. parlé 5— *Cartereau.*
- Charlatan, chansonnette 1— n *Coutarel*, 3— *Noël*, *Ch. s.* —35 n *Coutarel.*
- Charlot 3— *Noël.*

- Hirondelle et propriétaire 1— n *Ch. s.* —35 n *Gallet.*
- Histoire d'Oiseau 1— n *Laurens.*
- L'homme de neige, chanson 3— *Noël.*
- L'homme-machine, (la gaîté française N. 250), *Ch. s.* 1— n *Noël.*
- L'huître et les plaideurs, duo 5— *Noël.*
- Humblement prosternés (au St. Sacrement) 2 voix, *Org(H)* 1— n *Pinatel.*
- Il a Bobo 3— *Noël.*
- Il faut lui couper les ailes 3—, *Ch. s.* 1— *Bornemann.*
- Il faut se contenter de peu, proverbe 1— n. *Ch. s.* —35 n *Coutarel.*
- Les Imposteurs 1.75 n *Joubert.*
- Inès 1— n *Lesigne.*
- Invitation à la promenade 3—, *Ch. s.* 1— *Bornemann.*
- J'ai perdu ma chatte, chansonnette 3— *Mathieu, Noël.*
- Jean Mathurin, chansonnette, 2 tons 3—, *Ch. s.* 1— *Leduc.*
- Jeanne 3—, *Ch. s.* 1— *Noël.*
- Jeanne d'Arc au Bûcher 3— *Noël.*
- Je ne suis pas bavarde, chansonnette 3—. *Ch. s.* 1— *Leduc.*
- Je suis gourmand 1— n, *Ch. s.* —35 n *Schott Frères.*
- Je suis Jacasse 1— n *Lesigne.*
- Je suis normand 1— n, *Ch. s.* —35 n *Coutarel.*
- Je suis trop sensible 1— n, *Ch. s.* —35 n *Coutarel.*
- La jeune Indienne 3—, *Ch. s.* 1— *Cartereau.*
- Je veux la lune 1— n. *Ch. s.* —35 n *Coutarel.*
- Je voudrais bien rester petite 3— *Noël.*
- Jolis Bluets 1— n *Laurens.*
- Un Jour de Fête 1— n *Lesigne*, 3— *Noël.*
- Jour du retour 3— *Noël.*
- La Journée d'un lycéen, rondeau 1— n, *Ch. s.* —35 n *Coutarel.*
- Juliette et Jeanne, Duo av. parlé 1— n *Ereillard.* —30 n *Joubert.*
- Les Lavandières du Village 1— n, Duo 1— n, *Ch. s.* —35 n *Coutarel.*
- La légende du Bois joli 3—. *Ch. s.* 1— *Bornemann.*
- Le livre rose 3—. *Ch. s.* —30 n *Ereillard.*
- Loin du village, Mélod. 1— n, *Ch. s.* —35 n *Coutarel.*
- Lord We Pray, *S.A.T.B.* —40 *J. Fischer.*
- Le louis d'or, mélodie 1— n. *Ch. s.* —35 n *Gallet.*
- Lys, l'Ange et l'Etoile, romance 1— n, *Ch. s.* —35 n *Coutarel.*
- Ma barque et mes filets 3—, *Ch. s.* 1— *Noël.*
- Ma bonne 3— *Noël.*
- Mademoiselle 1— n, *Ch. s.* —35 n *Coutarel.*
- Mademoiselle belle humeur, av. parlé 3— *Cartereau.*
- Mademoiselle Malice 3— *Noël.*
- Mademoiselle Margoton, Saynète 2— n *Joubert.*
- La Marchande d'oiseaux, bluette 1— n, *Ch. s.* —35 n *Coutarel.*
- La marraine de la cloche 3—, (la gaîté française N. 331), *Ch. s.* 1— *Noël.*
- Ma Vocation, av. parlé 1— n *Laurens.*
- Les mésaventures de Maester Track Forr, av. parlé 3— *Sulzbach.*

- Première messe brève (en Ré), 2 voix ég av. *P(Org* ou *H)* (1 vol. B. L., n° 66) 3— *Leduc.*
- Deuxième messe brève (en Fa), à 2 voix égales av. *P(Org* ou *H)*, (1 vol. B. L., n° 111) 3— *Leduc.* 5.30 n *Dietz.*
- Messe brève de Requiem à 3 voix inégales, *Org.* Part 3— n *Pinatel.*
- Mignonne, aimons-nous 1— n, *Ch. s.* —40 n *Bornemann.*
- Mignonne, il faut nous quitter 1— n, *Ch. s.* —40 n *Bornemann.*
- **Mois de Marie**, 32 cantates avec acc. *Org* ou *P* 10— n, à 3— *Noël*: 1. Le mois de marie, ouverture. 2. Immaculée conception. 3. Nativité de Marie. 4. Réveil. 5. Marie au temple. 6. Départ de Bethléem. 7. Retour à Nazareth. 8. Mater Dolorosa. 9. L'assomption. 10. Le nom de Marie. 11. Le coeur. 12. La nature. 13. Alma redemptoris. 14. Ave Maria. 15. Litanies. 16. Refuge des pécheurs. 17. Consolatrix Afflictorum. 18. Auxilium christianorum. 19. Montre-toi notre mère. 20. Notre dame d'espérance. 21. Bouquet à Marie. 22. Infandum regina. 23. Reine des flots. 24. Vers toi! 25. Souvenez-vous. 26. A marie notre amour. 27. Ave, Maris Stella. 28. La france aux pieds de Marie. 29. L'étendard de Marie. 30. Consécration à Marie. 31. Adieu à l'autel de. 32. Esprit de lumière (avant les instructions) Magnificat. Ave Maris Stella. Laudate.
- Les Moissonneuses 1— n, Duo 1— n, *Ch. s.* —35 n *Coutarel.*
- Mon bon ange, mélodie prière d'un enfant 3—, (la gaîté française N. 355), *Ch. s.* 1— *Noël.*
- Mon falot, mélodie 1— n, *Ch. s.* —35 n *Gallet.*
- Mon fils est reçu bachelier, mélodie 1— n. *Ch. s.* —35 n *Gallet.*
- Mon médecin me l'a défendu, Chansonnette com. 1— n *Joubert.*
- Mon Rosaire 1— n *Lesigne*, 3— *Noël.*
- Monsieur de Croustillac, mélodie 1— n, *Ch. s.* —35 n *Gallet.*
- Monsieur Tranquille 1— *Janin.*
- Mort de César, mélodie 1— n, *Ch. s.* —35 n *Gallet.*
- Le Moulin du Lapin blanc 1— n *Lesigne*, 3— *Noël.*
- Moumi-Mouna 3— *Noël.*
- La Mousse de Landerneau 1— n, *Ch. s.* —35 n *Schott Frères.*
- Les Muletiers de Castille, Duo 1— n, *Ch. s.* —30 n *Rouart.*
- Mulets de Chamonix 1— n, *Ch. s.* —35 n *Gallet.*
- La myche Echo 3—, *Ch. s.* —30 n *Ereillard.*
- N'effeuillez pas la marguérite, Rom. 1— n *Joubert.*
- La Neige tombait toujours, Rom. 1— n, *P* (A. Trojelli, Le Pianiste lyrique N. 17) 3— *Joubert.*
- Nicodème 1— n, *Ch. s.* —35 n *Gallet.*
- Les Nids, *P* (A. Trojelli, Le Pianiste lyrique N. 40) 3— *Joubert.*
- Nina la Glaneuse 1— n *Lesigne*, 3— *Noël.*
- Noir et blanc, duo 5— *Noël.*
- N'pleur' plus p'tit Pierre 1— n *Laurens.*

- Sérinette et Capotte, Duo 1.35 n *Lesigne*, 5— *Noël*.
- Si j'étais Millionnaire 1— n *Lesigne*, 3— *Noël*.
- Sœur de Charité, rom. popul. sur la célèbre mélodie: c'est un oiseau qui vient de France 1.50 n, *Ch. s.* —35 n *Coutarel*.
- Sœur Denise 1— n *Lesigne*, 3— *Noël*.
- Un Soir en mer, Duo 1— n, *Ch. s.* —30 n *Rouart*.
- Le Soleil de la liberté, Chans. patriot. 1— n, *Ch. s.* —40 n *Bornemann*.
- Solfège primaire 1— n, av. *P* 7— n *Noël*.
- Solfège secondaire des exercices à 1, 2 et 3 voix 2— n *Noël*.
- Le soulier de Marguerite 1— n, *Ch. s.* —35 n *Puigellier*.
- La Souris, Av. parlé 1— n *Schott Frères*.
- Souvenir d'amour 3—, *Ch. s.* 1— *Bornemann*.
- Souvenir de Grand'maman 1— n *Lesigne*, 3— *Noël*.
- Souvenir du Tyrol, Duo 1— n, *Ch. s.* —30 n *Rouart*.
- Soyez humains 1— n *Jallien*.
- Sub tuum, 2 voix ég. 1.50 n *Pinatel*.
- Sur la Sellette, Duo av. parlé 1— n *Schott Frères*.
- Le Sylphe des Roses 1— n *Ercillard*, 3— *Noël*.
- Une tache d'encre 1— n, *Ch. s.* —35 n *Schott Frères*.
- Tantum ergo av. *Org(P)* ad lib. 3— *Noël*, *SA*, *SAB* à —40 *J. Fischer*, 3 voix ég. 4 voix inég. à 1.50 n *Pinatel*.
- Premier Tantum ergo, 2 voix égales av. *Org(P)* —75 n *Leduc*.
- Tendre Fauvette 1— n *Ercillard*, 3— *Noël*.
- Le toast à la France 3—, *Ch. s.* —30 n *Ercillard*.
- La Tombe du petit oiseau 1— n, *Ch. s.* —30 n *Abot*.
- Ton petit doigt 1— n, *Ch. s.* —35 n *Gallet*.
- Touche à tout 3— *Noël*.
- Tour du monde 3— *Noël*.
- Tout ce qui brille n'est pas or. 1— n, *Ch. s.* —35 n *Schott Frères*.
- Tout vient à point à qui sait attendre 3— *Noël*.
- Le Travail, c'est la richesse 1— n, *Ch. s.* —35 n *Schott Frères*.
- Très discrète, Av. parlé 1— n, *Ch. s.* —35 n *Schott Frères*.
- Trois Gâteaux, simple récit 1— n, *Ch. s.* —35 n *Coutarel*.
- Turlurette 3— *Noël*.
- La Tyrolienne de Métélie 3—, *Ch. s.* —30 n *Ercillard*.
- Les vacances à 3 voix —25 n *Pinatel*.
- Vaillants coupeurs 3— *Noël*.
- Veillée au Village 1— n *Ercillard*, 3— *Noël*.
- Vendanges 3—, *Ch. s.* 1— *Noël*.
- Venez, petits enfants 3—, *Ch. s.* 1— *Noël*.
- La Vie d'un oiseau 1— n, *Ch. s.* —35 n *Lesigne*.
- Le vieillard et l'ormeau 3— *Noël*.
- Vieux chênes 3—, *Ch. s.* 1— *Noël*.
- Un vilain rêve 3— *Noël*.
- Violette et jeune fille, romance, 2 tons 3—, *Ch. s.* 1— *Leduc*.

- Voguez! barcarolle, duo avec solo 2— n, *Ch. s.* —25 n *Gallet*.
- Voici venir les hirondelles 1— n, *Ch. s.* —40 n *Bornemann*.
- Un Voyage au Ciel (Rêve d'Enfant) 1— n *Laureus*.
- Un vrai républicain, Chans. patriot. 1— n, *Ch. s.* —40 n *Bornemann*.
- We'll sing of love —50 *Ditson*.
- Y a du temps pour tout 3— *Noël*.
- Y a encore de beaux jours pour la France 3—, *Ch. s.* 1— *Bornemann*.
- Yvon 3—, *Ch. s.* 1— *Noël*.
- Zingara 3—, *Ch. s.* 1— *Noël*.

Boissier G. Berceuse, *VP* 1.35 n *Joubert*.

Bossière M. de la, Il m'a semblé 2— n *Ramond*.

Boisson F. Aérolithe. Polka, *O* av. *Pist* 1.50 n *Mar- gueritat*.
- Ah! la pauvre fille! Polka, *O* 1.50 n *Sulzbach*.
- L'Aiglon. Pas red. *Harm* ou *Fanf* 1.50 n *Margueritat*.
- L'Aimée. Schottisch, *O* 1— n *Margueritat*.
- A qui mieux mieux! *Harm* ou *Fanf* 2— n *L'Accord Parfait*.
- L'Aspirant, pas redoublé, *Harm* ou *Fanf* à 1.25 n *Pinatel*.
- L'Attente, mazurka, *O* 1— n *Pinatel*, *Harm* et *Fanf* 1.25 n, Cond. —25 n *Thomas*.
- L'Avant-Garde. Pas red. *Harm* et *Fanf* 1— n, Cond. —25 n *Thomas*.
- Babette. Polka, *Cornet(Fl) P* 2.50 n, *O* 1— n, *Cornet* ou *Fl* ou *2Cornets* ou *2Fl* ad lib. av. *Harm* 2— n, av. *Fanf* 1.50 n, Cond. —25 n *Margueritat*.
- Bacchus, Quadr. 1.75 n, *O* 1— n *Margueritat*.
- La Ballerine. Fant. *Harm* 4— n, *Fanf* 3— n, Cond. —50 n *Margueritat*.
- Un Bal au Casino. Quadr. *O* à cordes 1— n *Gobert*.
- Un Bal en pleine Mer. Quadrille, *O* à cordes 1— n, *Harm* 2.50 n, *Fanf* 2— n *Gobert*, *Harm* 2.50 n, *Fanf* 2— n *Naudin*.
- Bayard. Quadrille, *O* 1— n *Margueritat*.
- Bayonnette. Polka 1.75 n, *O* 1— n *Margueritat*, *Harm* ou *Fanf* av. *Pist* ou pet. *Fl* 1.50 n, Cond. —50 n *Chélure*, *Harm* ou *Fanf* av. *Pist* 1.50 n, av. pet. *Fl* 2— n, Cond. —25 n *Margueritat*.
- Le Beau Danseur. Quadrille, *O* 1— n *Margueritat*.
- Béhanzin. Quadrille, *O* 1— n *Margueritat*.
- La Belle Fatma. Valse, *O* 1— n *Margueritat*.
- Bengaline. Valse, *O* 1— n *Margueritat*.
- Bleu, Blanc, Rouge. Pas red. *Harm* et *Fanf* 1.25 n, Cond. —25 n *Thomas*.
- Bleu d'Azur. Valse, *O* 1— n *Margueritat*.
- Bleu de Ciel. Valse, *O* 1— n *Thomas*.
- Le Bleuet. Polka-Mazur, *O* à cordes 1— n, *Harm* ou *Fanf* 1.25 n, Cond. —25 n *Gobert*.
- Le Bleuret. Mazur, *Harm Fanf* 1.25 n, Cond. —25 n *Naudin*.
- Blondine. Polka-Mazur, *O* 1— n *Margueritat*.
- Le Bluet. Mazur, *Harm* 1.25 n, *Fanf* 1.10 n *Debert*.
- Bobine. Polka, *O* à cordes av. *Pist* ou *Fl* 1— n *Gobert*.
- Bonne chance. Marche, *Harm* et *Fanf* av. *Pist* 1.50 n, Cond. —25 n *Margueritat*.
- Bonjour. Polka, *O* 1— n *Margueritat*.

- Bonne fille, schottisch, O av. P cond. *Labbé*.
- La Botte à Pandore, quadr. O 1— n, P cond. —25 n *Gaudet*.
- Bouche en Cœur, Mazurka, O 1— n, P —25 n *Margueritat*.
- Boum-Boum, galop, O 1— n, P cond. —25 n *Gaudet*.
- Brighton. Pas red. *Harm* ou *Fanf* 1.25 n, Cond. —25 n *Gobert*.
- Calinette. Polka-Mazur, O 1— n *Margueritat*.
- Canari. Polka, O av. *Pist* ou *Fl* 1.50 n, *Harm* ou *Fanf* 1.50 n, Cond. —25 n *Thomas*.
- Le Canotier. Pas red. *Harm* et *Fanf* av. *Pist* 1.50 n, Cond. —25 n *Margueritat*.
- Caoutchouc. Quadr. 1.75 n, O 1— n *Margueritat*.
- Caprice. Valse, O 1— n *Margueritat*.
- La Capricieuse. Polka-Mazur, O 1— n, (P —25 n) *Margueritat*, *Harm* 1.50 n, *Fanf* 1.25 n *Billaudot*.
- La Carousel. Air varié, *Harm* 3— n, *Fanf* 2.75 n *Debert*.
- Cascadeur. Quadrille, O 1— n *Margueritat*.
- Cascadine. Polka, O av. *solo de piston* ou *Fl* 1— n *Billaudot*, O 1— n *Debert*.
- Casse-Cou. Pet. Fant. *Harm* 4— n, *Fanf* 3— n, Cond. —50 n *Margueritat*.
- Casse-tout. Quadrille, O 1— n *Margueritat*.
- Catarina. Valse, *Harm* ou *Fanf* av. *Pist* et *Bugle* 1.25 n, Cond. —25 n *Gobert*, *Harm Fanf* 1.25 n, Cond. —25 n *Naudin*.
- Célimène. Ouv. *Harm* 4— n, *Fanf* 3— n, Cond. —50 n *Margueritat*.
- Cendrillon. Redowa, O 1— n *Margueritat*.
- Le Centenaire, pas red. *Harm Fanf* 1.50 n *Gaudet*.
- Cerisette. Polka-Mazur, O 1— n *Margueritat*.
- Le Châlonnais, pas red. *Harm Fanf* 1.50 n *Gaudet*.
- Champagne, galop, *Harm Fanf* av. *basset* et *trombones* 1.50 *Gaudet*.
- Le Chant des Briards. Pas red. *Harm* et *Fanf* av. *Pist* 1.50 n, Cond. —25 n *Margueritat*.
- Charité. Andante, *Harm* ou *Fanf* 1.50 n *Margueritat*.
- Charles VI. *Harm* 4— n, *Fanf* 3— n, Cond. —50 n *Margueritat*.
- Château-Thierry. Pas red. *Harm* ou *Fanf* 1.25 n, Cond. —25 n *Gobert*.
- Chérubin. Quadrille, O 1— n *Margueritat*.
- Chiffonnette. Polka-Mazur, O à cordes 1— n *Gobert*.
- Chimène. Andante, *Harm* et *Fanf* av. *Pist* 1.50 n, Cond. —25 n *Margueritat*.
- Chonchon, polka, *Harm Fanf* 1.50 n *Gaudet*.
- Cocodette. Polka, O 1— n, (P —25 n) *Margueritat*.
- Les Cocottes. Polka 1.75 n, O 1— n *Margueritat*.
- Colette. Polka, O à cordes 1— n *Gobert*.
- Le Colisé. Andante, *Harm* et *Fanf* av. *Pist* 1.50 n, Cond. —25 n *Margueritat*.
- Colombine, maz. O 1— n, P cond. —25 n, *Harm Fanf* 1.50 n *Gaudet*.
- La Comète, polka, *Harm Fanf* av. solo de *Pist* ou pet. *Fl* 1.50 n *Gaudet*.
- Concorde. Ouv. *Harm* ou *Fanf* 3— n, Cond. —75 n *Gobert*.
- Le Concours à vue. Pas red. *Harm* ou *Fanf* 1.25 n, Cond. —25 n *Gobert*.
- Continental-Lanciers 1.75 n, O 1— n *Margueritat*.
- Coquelicot. Polka, O 1— n, *Harm* et *Fanf* av. *Pist* 1.50 n, Cond. —25 n *Margueritat*.
- Le Courrier. Polka. *Harm* ou *Fanf* av. *Pist* av. *Fouet* et *Grelots* (ad lib.) 1.25 n, Cond. —25 n *Gobert*.
- Le Couvre-Feu. Retraite, *Harm* 1.10 n, *Fanf* 1— n *Debert*, *Harm* ou *Fanf* 1.25 n, Cond. —25 n *Gobert*, *Naudin*.
- La Créole, marche, *Harm Fanf* 1.25 n *Pinatel*.
- Croquette. Polka, O à cordes av. *Fl* 1— n, *Harm* ou *Fanf* av. *Pist* ou *Fl* 1.25 n, Cond. —25 n *Gobert*.
- Dalila. Marche, *Harm* et *Fanf* av. Contrech. 1.50 n, Cond. —25 n *Margueritat*.
- Danses. 1ᵉʳ sans démancher 3ᵉ recueil 2— n *Margueritat*.
- Dans le Pétrin. Quadrille, O 1— n *Margueritat*.
- Les Diablesses. Polka 1.75 n *Margueritat*.
- Diablotine, valse 1.70 n *Gaudet*, *Ghéluwe*, O 1— n, P cond. —25 n, *Harm* ou *Fanf* 1.50 n, à 2, 3 ou 4 voix —50 n, av. *P* 1.70 n, av. O 1— n, av. *Harm* ou *Fanf* 1.50 n *Gaudet*.
- Diamantine. Schottisch, O à cordes 1— n *Gobert*, *Harm* ou *Fanf* 1.25 n, Cond. —25 n *Gobert*, *Naudin*.
- Diogène, pas red. *Harm Fanf* 1.50 n *Gaudet*.
- Le Double-Six. Quadrille, O 1— n *Margueritat*.
- Douce Rêverie. Varsoviana, O à cordes 1— n *Gobert*, *Harm* ou *Fanf* 1.25 n, Cond. —25 n *Gobert*, *Naudin*.
- Dulcinée. Schottisch, O 1— n *Margueritat*.
- Dzin! Boum! Pas red. *Harm* ou *Fanf* av. *Pist* duo 1.25 n, Cond. —25 n *Gobert*.
- L'Éclair. Galop, *Harm* 1.10 n *Fanf* 1— n *Debert*, *Harm* ou *Fanf* av. *Pist* 1.25 n, Cond. —25 n *Gobert*.
- L'Éclaireur. Pas red. *Harm* ou *Fanf* 1.25 n, Cond. —25 n *Gobert*, *Harm Fanf* av. *tutti de basses*, *Harm* 1.50 n, *Fanf* 1.25 n, Cond. —25 n *Naudin*.
- L'Eeuyère. Marche, *Harm* et *Fanf* 1.25 n, Cond. —25 n *Thomas*.
- L'Enchanteur. Quadrille, O 1— n *Margueritat*.
- L'Engagé volontaire, pas red. *Harm Fanf* 1.50 n *Gaudet*.
- En Marche. Pas red. *Harm* et *Fanf* av. *Pist* 1.50 n, Cond. —25 n *Margueritat*.
- Éphémerides musicales. Recueil unique de dix faits musicaux importants avec une préface de Dubosq 3.50 *Ghéluwe*.
- Escopette. Polka-Mazur, O 1— n *Margueritat*.
- Ésope, pas red. *Harm Fanf* av. *Pist* 1.25 n *Sudre*.
- Espérance. Ouv. *Harm* ou *Fanf* av. *Pist Bugle* 3— n, Cond. —75 n *Gobert*.
- L'Espiègle. Pas red. *Harm* ou *Fanf* (Contrech. *fifres* ad lib.) 1.25 n, Cond. —25 n *Gobert*.
- L'Étendard. Pas red. *Harm* et *Fanf* av. *Cl* et *Tamb* (ad lib.) 1.50 n, Cond. —25 n *Margueritat*.
- L'Étourdie, polka, O en ut av. *Pist* ou *Fl* 1— n *Billaudot*, *Debert*.
- Euterpe. Ouvert. *Harm* ou *Fanf* 4— n *Margueritat*.

- Express-Orient, galop, *Harm Fanf* 1.50 *Gaudet.*
- Fanchonnette. Schottisch, *Harm* ou *Fanf* Contrech. *Baryton* 1.25 n, Cond. —25 *Gobert.* *Harm Fanf* 1.25 n, Cond. —25 n *Naudin.*
- Fantaisie Originale, *Harm* 6—, *Fanf* 5—, Cond. —75 *Parès.*
- La Fée Princesse. Ouv. *Harm* 4— n, *Fanf* 3— n, Cond. —50 n *Marguerital.*
- La Fête du Régiment. Quadrille, *O* 1— n *Marguerital.*
- La Fête du Village. Quadrille, *O* 1— n *Marguerital.*
- Fier à bras, quadr. *Harm* 2.50 n, *Fanf* 2— n *Gaudet.*
- Fifrelin. Pas red. *Harm* ou *Fanf* (Contrech. *Fifres* ad lib.) 1.25 n, Cond. —25 n *Gobert.*
- Figaro, quadr. *O* 1— n, *P* cond. —25 n *Gaudet.*
- La Fille de l'Air, valse, *O* 1— n, *P* cond. —25 n *Gaudet.*
- La Fille de Mme. Angot. Fant. *Harm* ou *Fanf* 4— *Billaudot.*
- Fin-de-Siècle. Quadr. 1.75 n, *O* 1— n *Marguerital.*
- La Flamande. Ostendaise, *P* 1.75 n, *O* 1— n *Marguerital.*
- Flambart. Pas red. *Harm* et *Fanf* av. *Pist* 1.50 n, Cond. —25 n *Marguerital.*
- Fleur des Prés. Schottisch, *O* 1— n *Marguerital.*
- Floretta. Polka, *O* 1— n *Marguerital.*
- Fontenoy. Marche, *Harm* et *Fanf* av. *Pist* 1.50 n, Cond. —25 n *Marguerital.*
- Frétillon. Polka-Mazur, *O* 1— n *Marguerital.*
- Friponne. Valse, *O* 1— n *Marguerital.*
- La Gaillarde. Marche, *Harm* et *Fanf* av. *Pist* 1.50 n, Cond. —25 n *Marguerital.*
- La Gamme. Pas red. *Harm* ou *Fanf* 1.25 n, Cond. —25 n *Gobert*, *Harm* 1.50 n, *Fanf* 1.25 n, Cond. —25 n *Naudin.*
- Gavotte Bébé, *Harm* 2— n, *Fanf* 1.50 n, Cond. —25 n *Marguerital.*
- Gentil Cupidon. Quadrille, *O* 1— n *Marguerital.*
- Gentillette. Polka-Mazur, *O* 1— n (*P* —25 n) *Marguerital.*
- Gigolette. Polka 1.75 n, *O* 1— n *Marguerital.*
- Gillette de Narbonne, *Harm* 4— n, *Fanf* 3— n, Cond. —50 n *Marguerital.*
- Girandole. Valse, *O* 1— n *Marguerital.*
- Gladiator. Pas red. *Harm* et *Fanf* av. *Pist* 1.50 n, Cond. —25 n *Marguerital.*
- Goliath. Pas red. *Harm* et *Fanf* 1— n, Cond. —25 n *Thomas.*
- Grain de Beauté. Polka, *O* 1— n *Marguerital.*
- Graziella, valse 1.70 n, *O* 1— n, pet. *O* —75 n, *P* cond. —35 n *Cairanne.*
- Grenadine, polka, *O* avec *solo de Piston*, Fl ou *Flageolet* 1.50 n *Gaudet.*
- Le Grillon. Mazurka, *O* en ut 1— n *Ghéluwe.*
- Grisette, polka, *O* 1— n, *Harm* ou *Fanf* 1.50 n, 2 voix —25 n, av. *O* 1— n, av. *Harm* ou *Fanf* 1.50 n *Gaudet.*
- Le Gros Lot. Quadrille, *O* 1— n *Marguerital.*
- Guirlande. Valse, *O* 1— n (*P* —25 n) *Marguerital.*
- Hélène. Schottisch, *O* 1— n *Debert*, *O* à cordes 1— n *Gobert*, *Harm* ou *Fanf* 1.25 n, Cond. —25 n *Gobert*, *Harm Fanf* 1.25 n, Cond. —25 n *Naudin.*
- L'Héroïne. Marche, *Harm* ou *Fanf* (Contrech.

de *Bari*) 1.25 n, Cond. —25 n *Gobert*, *Harm Fanf* 1.25 n *Naudin.*
- Il faut aimer —30 n *Joubert.*
- Illusion. Andante, *Harm* 3— n, *Fanf* 2.25 n, Cond. —50 n *Parès.*
- Impression, mazurka, *O* avec *P* cond. *Labole.*
- L'Ingénue, polka, *O* en ut av. *solo de Piston* ou Fl 1— n *Billaudot*, *O* 1— n *Debert.*
- L'Intrépide. Pas red. *Harm* et *Fanf* av. *Pist* 1.50 n, Cond. —25 n *Marguerital.*
- Ismène, marche relig. *Harm Fanf* 1.25 n, Cond. —25 n *Naudin*, *Thomas.*
- Isolina. Polka-Mazur, *O* 1— n *Marguerital.*
- Jacquemart. Pas red. *Harm* et *Fanf* 1— n, Cond. —25 n *Thomas.*
- Janina. Varsoviana, *O* 1— n *Marguerital.*
- Jeanne d'Arc, marche, *Harm* av. *duo de piston et bugle* 1.50 n *Gaudet.*
- Jeanne de Flandre. Ouv. *Harm* 4— n, *Fanf* 3— n, Cond. —50 n *Marguerital.*
- Les Jeux enfantins de Nehr sur des rondes enfantines, quadr. *Harm* 2.50 n, *Fanf* 2— n *Gaudet.*
- Joërisse. Quadrille, *O* 1— n *Marguerital.*
- Joliette. Schottisch, *O* 1— n *Marguerital.*
- Joseph. *Harm* 4— n, *Fanf* 3— n, Cond. —50 n *Marguerital.*
- Judith. Andante, *Harm* et *Fanf* av. *Pist* 1.50 n, Cond. —25 n *Marguerital.*
- Le Juif-Errant. Pas red. *Harm* ou *Fanf* 1.25 n, Cond. —25 n *Gobert*, *Harm Fanf* av. *tutti de basses Harm* 1.50 n, *Fanf* 1.25 n, Cond. —25 n *Naudin.*
- Le Labyrinthe, thème pour alto ou saxoph.-alto, variations de baryton ou tromb. ou saxoph.baryt., de pist. ou petite Cl ou petite Fl, de bugle ou saxoph.-alto, d'alto mi ♭, de Cl ou saxoph. sopr., de petit bugle ou alto, duo de pistons ou bugles ou petites Fl av. *Harm* 4—, av. *Fanf* 3— *Gaudet.*
- Le Lac de Zug, pas red. *Harm* 1.50 n, *Fanf* 1.25 n, Cond. —25 n *Naudin.*
- Les Lanciers Parisiens, *P* 1.75 n, *O* 1— n *Marguerital.*
- Le Lion de Belfort, pas red. *Harm Fanf* 1.50 n *Gaudet.*
- Loïe Fuller. Valse 1.75 n, *O* 1— n *Marguerital.*
- Loin du Pays. Andante, *Harm* et *Fanf* av. *Pist* 1.50 n, Cond. —25 n *Marguerital.*
- Lolotte. Polka, *O* 1— n *Marguerital.*
- Lorita. Polka, *O* 1— n *Marguerital.*
- Lucrèce. Andante, *Harm* et *Fanf* av. *Pist* 1.50 n, Cond. —25 n *Marguerital.*
- La Lyonnaise. Marche, *Harm* et *Fanf* av. *Pist* 1.50 n, Cond. —25 n *Marguerital.*
- Ma campagne, quadr. *O* 1— n *Gaudet.*
- Le Magicien. Quadrille, *O* à cordes 1— n *Gobert*, *Harm* 2.50 n, *Fanf* 2.25 n *Debert*, *Harm* 2.50 n, *Fanf* 2— n, (Contrech. *Baryt Tro*) *Gobert*, *Naudin.*
- Maître Aliboron. Quadrille, *O* 1— n *Marguerital.*
- Malaga. Valse 1.75 n, *O* 1— n, *Harm* 2.50 n, *Fanf* 2— n, Cond. —25 n *Marguerital.*
- Mam'zell Froufrou, maz. *O* 1— n, *P* cond. —25 n *Gaudet.*
- Mandarine, schottisch, *O* av. *solo de piston* ou *V* 1— n, *P* cond. —25 n, *Harm Fanf* 1.50 n *Gaudet.*

- Marche des Fantoches, *Harm* et *Fanf* av. *Pist* 1.50 n, Cond. —25 n *Margueritat*.
- Marche des Gardes Françaises 1.70 n, *O* 1.50 n, *P* cond. —40 n, *Harm Fanf* av. *Tromb* et *Basses* 1.50 n, chantée av. 1ᵉ ad lib. 1.50 n, à 2 voix —50, av. *O*, *Harm* ou *Fanf* à 1.50 n *Gaudet*.
- Marche des Sauveteurs, *Harm* ou *Fanf* 2— n *Margueritat*.
- Marche des Soldats de Plomb 1.75 n, *O* Quintette à cordes 1— n *Margueritat*.
- Margot. Schottisch, *O* 1— n *Margueritat*.
- Marianina. Valse, *O* 1— n *Margueritat*.
- Marianne. Marche, *Harm* et *Fanf* av. *Pist* 1.50 n, Cond. —25 n *Margueritat*.
- Marie Rose, valse, *Harm Fanf* 1.50 n *Gaudet*.
- Marquisette. Polka-Mazur, *O* 1— n *Margueritat*.
- La Marseillaise. Pas red. *Harm* et *Fanf* 1— n, Cond. —25 n *Thomas*.
- Micmac. Polka, *O* 1— n *Margueritat*.
- Mignonne. Redowa, *O à cordes* 1— n *Gobert*.
- Mimi Pinson. Polka, *O* 1— n *Margueritat*.
- Minuit, pas redoublé, *Harm Fanf* 1.25 n *Pinatel*.
- Miss Helyett. Fant. *Harm* 4— n, *Fanf* 3— n, Cond. —50 n *Margueritat*.
- Moka. Ouv. *Harm* 4— n, *Fanf* 3— n, Cond. —50 n *Margueritat*.
- La Montagnarde. Polka, *O à cordes* av. *Hautb* ou *V* 1— n, *Harm* ou *Fanf*. Solo *Hautb* ou *Pist* av. *Sourdine* 1.50 n, Cond. —25 n *Gobert*, *Naudin*.
- Le Moulin des Amours, quadr. *O* 1— n, *P* cond. —25 n *Gaudet*.
- Mousseline. Valse, *O* 1— n *Margueritat*.
- Le Muscadin, quadr. *Harm* 2.50 n, *Fanf* 2— n *Gaudet*, Schottisch —25 n, *O* 1.40 n *Ghéluwe*.
- Musique en tête, pas red. *Harm*. *Fanf* 1.50 n *Gaudet*.
- Mustapha. Quadrille, *Harm* ou *Fanf* 2— n, Part cond. —50 n *Lory*.
- Nabuchodonosor. Fant. *Harm* 4— n, *Fanf* 3— n, Cond. —50 n *Margueritat*.
- Nanine. Redowa, *O* 1— n *Margueritat*.
- Nativa. Schottisch, *O* 1— n *Margueritat*.
- Némésis. Fant. Overt. *Harm* ou *Fanf* 4— n *L'Accord Parfait*.
- Nicodème. Quadrille, *O* 1— n *Thomas*.
- Niquette. Polka-Mazur. *O* 1— n *Margueritat*.
- Ninetta. Polka-Maz. 1.75 n, *O* 1— n, *Harm* ou *Fanf* av. *Pist* 1.50 n, Cond. —25 n *Margueritat*.
- Notre-Dame de la Garde. Andante, *Harm* et *Fanf* av. *Pist* 1.50 n, Cond. —25 n *Margueritat*.
- Nuit d'été. Valse, *Harm* av. *baryt* ou *bugle* 2.50 n, *Fanf* 2— n, Cond. —25 n *Margueritat*.
- L'Oasis. Polka-Mazur. *Harm* ou *Fanf* 1.25 n, Cond. —25 n *Gobert*, *Naudin*.
- L'Ombrage. Redowa, *O à cordes* 1— n *Gobert*, *Harm* ou *Fanf* 1.25 n, Cond. —25 n *Gobert*, *Naudin*.
- L'Orphéoniste. Pas red. *Harm* et *Fanf* av. *Pist* 1.50 n, Cond. —25 n *Margueritat*.
- Le Palais de la danse, quadr. *O* 1— n, *Harm* 2.50 n, *Fanf* 2— n *Gaudet*.
- Le Palais des Fées. Quadrille, *O* 1— n *Margueritat*.

- Papa Noël. Quadr. 1.75 n, *O* 1— n *Margueritat*.
- Pâquerette. Polka-Mazur. *O à cordes* 1— n *Gobert*, *Harm* ou *Fanf* av. *Contrech*. Bar 1.25 n, Cond. —25 n *Gobert*, *Naudin*.
- La Parade. Schottisch, *O* 1— n *Margueritat*.
- Paris-Joyeux. Quadrille, *O* 1— n *Margueritat*.
- La Passerelle. Pet. Fantaisie, *Harm* et *Fanf* 3— n, Cond. —50 n *Thomas*.
- Patrie, pas red. *Harm*. *Fanf* 1.50 n *Gaudet*.
- La Patriote. Pas red. *Harm* ou *Fanf* (Clair. ad lib.) 1.25 n, Cond. —25 n *Gobert*, *Harm* 1.50 n, *Fanf* 1.25 n, Cond. —25 n *Naudin*.
- La Perle de Venise, polka, *Harm*. *Fanf* av. 1 ou 2 *pistons* ou 1 ou 2 *Fl* ad lib. 1.50 n *Gaudet*.
- Les Perles de la danse, recueil de 30 danses, *V*. *Mand*. *Cornet à P* à 2— n *Gaudet*.
- Pervenche. Schottisch 1.75 n, *O* 1— n *Margueritat*.
- Le petit Duc. Fantaisie, *Harm* ou *Fanf* *Margueritat*.
- Pierrette. Polka —25 n, *O* 1— n *Ghéluwe*, *Harm* ou *Fanf* 1.25 n *L'Accord Parfait*.
- Les Pioupious d'Auvergne, pas red. *Harm*. *Fanf* 1.50 n *Gaudet*.
- Pipelette. Polka 1.75 n, *P* av. *Fl* ou *Cornet à P* 2.50 n, *O* av. *Fl* ou *Cornet à P* 1.50 n *Margueritat*.
- Pistache. Polka, *O* 1— n *Margueritat*.
- Les Plaisirs du Bal, 3ᵉ Répert. *Harm* ou *Fanf*, p. sép. à 2— n *Margueritat*; 1. Continental - Lanciers, quadrille. 2. Mic - Mac, polka. 3. Dulcinée, schottisch. 4. Fin de siècle, quadrille. 5. Ninette, mazurka. 6. Bacchus, quadrille. 7. La Flamande, ostendaise. 8. La Fête du Village, marche. 9. Niquette, mazurka. 10. Wilhelmine, valse. 11. Chérubin, quadrille. 12. Serpentine, polka. 13. Jocrisse, quadrille. 14. Fleur des Prés, schottisch. 15. Pomme d'Amour, valse. 16. L'Enchanteur, quadrille. 17. Gigolette, polka. 18. Casse-tout, quadrille. 19. Friponne, valse. 20. Lolotte, polka. 21. Maître - Aliboron, quadrille. 22. La Belle Fatma, valse. 23. Bengaline, mazurka. 24. Plume au Vent, schottisch. 25. Frétillon, mazurka.
- Plume au Vent. Schottisch, *O* 1— n *Margueritat*.
- Le Plus vaillant, quadr., *O* 1— n, *P* cond. —25 n *Gaudet*.
- Polichinelle. Pas red. *Harm* ou *Fanf* av. *Mirlitons* (ad lib.) 1.25 n, Cond. —25 n *Gobert*, *Gobert*.
- Polka des Canards, *O* 1— n *Margueritat*.
- Polka des Cocottes, *O* 1— n *Ghéluwe*.
- Polka des Mitrons, 1.75 n, *O* 1— n *Margueritat*.
- Polka des Pioupious, *O* 1— n, *Harm* et *Fanf* av. *Pist* 1.50 n, Cond. —25 n *Margueritat*.
- Pomme d'Amour. Valse, *O* 1— n *Margueritat*.
- Pomponette. Schottisch, *O* 1— n *Margueritat*.
- Poudre de Riz, maz. *O* 1— n, *P* cond. —25 n *Gaudet*.
- Pralinette. Polka - Mazur. *O* 1— n *Margueritat*.
- La Préférée. Marche, *Harm* et *Fanf* 1.25 n, Cond. —25 n *Thomas*.

- Le Provençal, pas red. *Harm. Fanf* 1.50 n *Gaudet.*
- Rataplan. Pas red. *Harm* et *Fanf* av. *Cl* (ad lib.) 1.50 n, Cond. —25 n *Margueritat.*
- Rayon d'or. Mazurka —40 n, 1— n *Ghéluwe. Harm* ou *Fanf* 1.50 n *L'Accord Parfait.*
- Les Refrains de 1789, quadr. *O* 1— n, *P* cond. —25 n *Gaudet.*
- Le Retour au bivouac, retraite. *Harm. Fanf* 1.50 *Gaudet.*
- Le Réveil. Pas red. *Harm* ou *Fanf* 1.25 n, Cond. —25 n *Gobert. Harm. Fanf* av. *tutti de basses, Harm* 1.50 n, *Fanf* 1.25 n, Cond. —25 n *Naulin.*
- La Roche du Diable. Quadrille, *O* 1— n *Margueritat.*
- Le Roi de la Lande. Quadrille, *O* 1— n *Margueritat.*
- Le Romanais. Pas red. *Harm* ou *Fanf* (Contrech. *Barytonf* 1.25 n, Cond. —25 n *Gobert.*
- Rosaline. Polka-Maz. 1.75 n, *O* 1— n *Margueritat.*
- Rose d'Or. Polka-Mazur. *O* 1— n *Margueritat.*
- Rose Thé. Polka-Mazur. *O* 1— n *Margueritat.*
- Sabretache. Quadrille, *O* 1— n *Margueritat.*
- Salon de la Folie. Quadrille, *O* 1— n *Margueritat.*
- Sans façon. Quadrille, *O* 1— n *Margueritat.*
- Sans Peur. Pas red. *Harm* et *Fanf* 1.25 n, Cond. —25 n *Thomas.*
- La Savoyarde. Polka, *O* 1— n *Margueritat.*
- Le Secret de Javotte. Valse, *O* 1— n *Margueritat.*
- Le Secret de Madeleine, opéra-comique. Ouvert. *Harm* ou *Fanf* 4— n *Margueritat.*
- Senoretta. Valse Pizzicato, 2 V. *Alto* Ve *Contre-Basse* —40 n *Gobert.*
- Sensitive. Schottisch, *O* 1.25 n *Massard.*
- Serpentine. Polka, *O* 1— n *Margueritat.*
- Séverine. Polka-Maz. 1.75 n, *O* 1— n *Margueritat.*
- Simplette. Marche, *Harm* et *Fanf* 1.25 n, Cond. —25 n *Thomas.*
- Une Soirée à Alger, Fant. *O* à cordes av. *Cl* 1.50 n *Gobert, Harm* ou *Fanf* av. *Cl* 1.50 n, Cond. —25 *Gobert, Naulin.*
- Une Soirée au Continental. Ouv. *Harm* 4— n, *Fanf* 3— n, Cond. —75 n *Gobert.*
- Sonnez Clairons. Quadrille, *O* 1— n *Margueritat.*
- Le Souffleur, défilé, *Harm. Fanf* av. *tambours* et *clairons* 1.50 n *Gaudet.*
- Le Souvenir. Gr. Valse. *O* à cordes 2— n, *Harm* ou *Fanf* 3— n, Cond. —75 n *Gobert.*
- Souvenir de Madrid. Polka 1.75 n, *O* 1— n *Margueritat.*
- Stentor. Pas red. *Harm* et *Fanf* av. *Pist* 1.50 n, Cond. —25 n *Margueritat.*
- La Terre promise. Andante, *Harm* ou *Fanf* 1.50 n *Margueritat.*
- Le Territorial. Pas red. *Harm* ou *Fanf* 1.25 n, Cond. —25 n *Ghéluwe.*
- La Tête d'Or. Fant. *Harm* 4— n, *Fanf* 3— n, Cond. —50 n *Margueritat.*
- Thermidor. Marche, *Harm* et *Fanf* av. *Pist* 1.50 n, Cond. —25 n *Margueritat.*
- Tire-Larigot. Quadrille, *O* 1— n *Margueritat.*
- Le Tourbillon, galop, *O* 1— n, *P* cond. —25 n, *Harm. Fanf* 1.50 n *Gaudet.*

- La Tour Eiffel. Gr. Marche, *Harm* et *Fanf* av. *Pist* 1.50 n, Cond. —25 n *Margueritat.*
- Le Tournoi. Marche, *Harm* et *Fanf* av. *Pist* 1.50 n, Cond. —25 n *Margueritat.*
- Turlurette. Polka, *O* 1— n *Dobert. O en ut av. solo de piston* ou *Fl* 1— n *Billaudot.*
- Vercingétorix. Andante, *Harm* et *Fanf* av. *Pist* 1.50 n, Cond. —25 n *Margueritat.*
- Vert-Vert, quadr. *O* 1— n, *P* cond. —25 n *Gaudet.*
- Wilhelmine. Valse, *O* 1— n *Margueritat.*

Boissier R. A. Heather Song 2— *Boosey.*

Les Bois sont aux amoureux 1— n *Joubert.*

Boisval de. Au Crépuscule 1.70 n *Choudens.*
- La brise et le vent, Duo 2— n *Hachette.*
- Caprice-valse, *P* 2— n *Choudens.*
- Chantez marquise 2.50 n *Hachette.*
- L'oubli 1.50 n *Hachette.*

Boisval S. Marche Royale 2— n *Jerlane.*

La Boîte à musique —30 n *Joubert,* Polka —15 *Jurgenson.*

La Boîte aux Agnus —30 n *Joubert.*

La Boîte aux ordures 1— n *Joubert.*

Les boîtes au lait 1— n, *Ch. s.* —30 n *Ondet.*

La Boiteuse, polka 5— *Delormel.*

Boito A. (1842). **Mefistofele.** *Ricordi:* Canto col libr. 15— n, testo franc. 20— n, testo ingl. ed ital. (Scellini) 8— n, testo tedesco 15— n *Ricordi,* 3— n *Jurgenson;* Voc. score 1.50 n, libr. with mus. —15 n *Ditson,* P-solo 10— n *Ricordi,* 2.50 *Nordisk Musikforlag;* 2— *Hirsch,* 5— *Lundquist,* 3— *Johansen;* 1ms 15— n *Ricordi,* 2.50 *Hirsch,* libretto 1—, francese 1—, ingl. ed ital. 2—, tedesco —50, spagnuolo 1—, spagnuolo (argomento) —10 *Ricordi.*
Preludio *1ms* (Autori diversi), Sinfonie ed opere teatrali) —75 n *Ricordi.*
Ricordi:
Atto I. Romanza, Faust: Dai campi, dai prati, *T* 2—.
Ballata del fischio, Mefistofele: Son lo spirito che nega, *B* 3.50.
Atto III. Xenia, Margherita: L'altra notte in fondo al mare, *S* 3—.
A due, Margherita e Faust: Lontano lontano, *ST* 2.50.
Atto IV. Serenata, Elena e Pantalis: La luna immobile, *SC* 3—.
Duetto d'amore (senza Cori), Elena e Faust: Forma ideal, purissima. *ST* 5—.
Epilogo. Romanza, Faust: Giunto sul passo estremo, *T* 2—.
(Testo ital-ingl.)
I. Act. Dai campi, dai prati (From the fields, from the grove), Faust's Romanza, *T* 2.50.
Son lo spirito che nega (I'm the spirit who denieth), Mephistopheles' Ballade, *B* 3.50.
II. Act. Cavaliero illustre e saggio (Cavalier, so great and learned), Quartet, *SCTB* 6—.
III. Act. L'altra notte in fondo al mare (Last night in the deep sea), Margaret's Xenia, *S* 3—.
Lontano, lontano (Afar and afar), Duet Margaret and Faust, *ST* 3.50.
IV. Act. La luna immobile (Moonlight in motionless), Serenade Helen and Pantalis, *SC* 4—.
Forma ideal purissima (Form of ideal loveliness), Duet Helen and Faust, *ST* 5—.

Epilogue. Giunto sul passo estremo (Nearing the extreme limit), Faust's Romanza, *T* 2.50. (Testo franc.)
I. Acte. Romance, Faust, *T* 3—.
Ballade du sifflet. Méphistophélès, *B* 1.50.
III. Acte. La mort de Marguerite. Complainte. *S* 4—.
A-deux, Marguerite et Faust, *ST* 4—.
A-deux. Marguerite et Faust, *MSBar* 3.50.
IV. Acte. La nuit du Sabbat classique. Sérénade, Hélène et Panthalis, *SC'* 4—.
Duo d'amour, Hélène et Faust, *ST* 6—.
Epilogue. Romance, Faust, *T* 3—. (Jngl.)
Cori Ragazzi — 6.
Cori Donne 1 —.
Cori Uomini 1 —.
Church :
From the fields. (Dai campi.) Aria —30.
I am the spirit who denieth. (Son lo spirito che nega.) —60.
Last night in the deep, deep sea. (L'altra notte in fondo al mare.) Air —30.
Serenata. (it.-engl.), *high low* voic. —35.
Sing softly, o sirens, *SA* —08 *Ditson.*
Schirmer :
„Lontano, lontano". (Afar from all Pain.) i. e. Duet for *S* and *T* —35.
Do. Serenata :„La Luna immobile". (Cynthia's Orb of Snow.) i. e. Duet for *S* and *A* —35, Cynthia's Orb of Snow. (Svo Chor. for Women's Voices 430), 2 parts —10 n.
Nordisk Musikforlag :
Fausts Romance: Mulm og Mørke nu bedaekker —50.
Fausts Arie: Men fylder dig en Stemning —50.
Bessel :
Duetto: „Rivolgi a me lo sguardo". Далеко, далеко, *T* e *S* —30.
„Giunto sul passo estremo". Вотъ я достигъ, *T* —30.
Gutheil :
Ballata del fischio (Баллада Мефистофеля) —50.
Romanza di Margherita (Пѣснь Маргариты) —30.
A-due-Margherita e Faust (Дуэтъ въ темницѣ) —25.
Serenata. Duo (Серенада дуэтъ) —25.
Epilogo. Romanza-Faust (Арія Фаууста изъ эпилога) —25.
Jurgenson :
Баллада —25.
Серенада. Дуэтъ —25.
Дуэтъ въ темницѣ —25.
Пѣснь Маргариты —30.
Арія Фауста изъ эпилога —25.
Hirsch : Duo Helena och Pantalis —75.
Napoleão : Nenia di Marguerite *S. MS* à 1.50.
Piano-solo, Ricordi :
Atto I. Obertas. Coro e Danza 3.50.
Romanza, Faust: Dai campi, dai prati 1.50.
Atto III. Nenia, Margherita: L'altra notte in fondo al mare 2.50.
A due, Margherita e Faust: Lontano, lontano 1.50.
Atto IV. Serenata, Elena e Pantalis: La luna immobile 2.50.

Duetto d'amore, Elena e Faust: Forma ideal, purissima 4—.
Epilogo. Romanza, Faust: Giunto sul passo estremo 1.50.
Nordisk Musikforlag :
Fausts Romance i 1. Akt, *P* —50.
Fausts Romance i Epilogen, *P* —50.
Dans og Kor i 1. Akt, *P* 1—.
Duet i 4. Akt, *P* 1—.
Vals, *P* —50.
Air de Faust —25 *Leopas.*
Ams, Ricordi :
Prologo in Cielo 8—.
Parte I. Atto I. La Domenica di Pasqua 8—.
Parte I. Atto II. Il Giardino. La notte del Sabba 10—.
Parte I. Atto III. Morte di Margherita 5—.
Parte II. Atto IV. La notte del Sabba classico 6—.
Epilogo. La morte di Faust 4—.
La Battaglia. Intermezzo sinfonico fra l'Atto IV e V. Riduzione di Marco Sala 7—.
Mand, Ricordi :
Romanza: Dai campi, dai prati —50.
Quartetto del Giardino: Colma il tuo cor d'un palpito —50.
Nenia: L'altra notte in fondo al mare —50.
Serenata: La luna immobile —50.
Duetto d'amore: Forma ideal, purissima —50.
Duetto d'amore (seguito): Amore! misterio celeste —50.
Chit, Ricordi : Dai campi, dai prati. Serenata. Elena e Pantalis, La Luna immobile (Autori diversi il chitarrista moderno) à —50 n.

Potpourri, *P :* (Brissler) 2.40 n *Breitkopf,* 2.50 *Cranz,* (J. H. Cornell) —75 *Schirmer,* (Brissler) 1.80 *Hals,* 1— *Gutheil,* (Beechgaard) 1— *Nordisk Musikforlag,* 2— *Lundquist. PCl* 1— *Zimmermann.*
Ams: (Brissler) 2.80 n *Breitkopf,* 2.50 *Nordisk Musikforlag, O* 4— n *Ricordi.*

P: **Fantasie,** trascriz. etc.: Alassio op. 367, Albanesi, Bonamici op. 144 N. 20, J. Burgmein, P. Canonica op. 142—143, N. Celega op. 199, Chiesa, A. Crescentini, V. De Meglio op. 226—227, G. Gastoldi, S. Gianini op. 308, C. Ginesi, W. Kuhe, G. Menozzi op. 132 N. 3, 4, J. Nagel, Ch. Neustedt, P. Novelli, N. Paoletti op. 220, A. Paoli, C. Roman, W. Smallwood, (Gems of Italy N. 3) A. Tessarin, A. Troisi op. 40, A. Vergopoulo.
Ams: Fantasie, trascriz. etc.: L. Albanesi op. 170, R. Amadei, R. de Vilbac, F. Fasanotti, F. Giaretta, P. Serrao, A. Tessarin.
PH: 3 transcript. v. L. Malipiero.
PV: C. Bufalari, R. Gautiero op. 12, A. Herman, G. Papini op. 47 E. Ramperti.
PFl: L. Hugues op. 104, L. Pieroni op. 24.
Mand: —40, MandP 1— *Zimmermann.*
MChit(P): Alassio, Divagazioni, Ia. serie N. 9.
O: Faust 5— n *Ricordi,* v. A. Montanari.

Boivieg. A la plus belle, Vals 1— *Elkan.*
- Confetti, Vals 1— *Lundquist.*
- La Gracieuse, Polka —50 *Elkan.*
- Karin Mansdotters Vaggvisa för Erik XIV —50 *Lundquist.*
- Kavalleri-Marsch —50 *Elkan.*
- Sládparti-Polka —50 *Lundquist.*
- Valse sné doise 1— *Hansen.*

Boivin, L'Ange l'Ame, *Org* —50 n *Pinatel.*
- Canzone, *H* 1.70 n *Mustel.*
- Chant du batelier, Nocturne, *P* 2— n *Loret.*
- Offertoire 1.75 n *Loret.*
- Les Vendangeurs, Danse rustique 1.75 n *Loret.*
- La Volonté de Dieu, *Org* 1— n *Pinatel.*

Bojan, Sbírka smésu slovanských písni (1. P r o c h a s k a), Sešit 1. Ctverylka z národních písní ceských od. F e r d. H e l l e r a. Seš. 2. Ctverylka z moravských písni od F e r d. H e l l e r a. *TTBB* prov. (ad lib.) à 2.70 n *Hoffmann.*

Bojano H. de, Beau soir 1— n, *Ch. s.* —35 n *Lesique.*
- Regrets 1— n *Lesique.*
- Rêverie 1— n *Lesique.*
- Sérénade 1.50 n *Lesique.*
- Sur la mer (les 3 fils d'or) 2— n *Lesique.*

Bojanowski A. Jugendlust, *P* 1— *Becker.*
- Zwei Lieder: 1. Siehst du am Weg ein Blümelein. 2. Wohl viel goldne Sterne, à —60 *Becher.*

Бошековъ C. Пѣсня Русалокъ, *P* —30 *Jurgenson.*

Bojle F. 20 Solfeggi, *MS* con *Basso* numerato, 4 Libr. à 2.50 *Ricordi.*
- 12 Solfeggi, *MSa* con Basso numerato, 2 Libr. à 3— *Ricordi.*

Bóka A. Ungar. Werbetanz, vide K á l d y G y. A régi magyar.

Bokelman R. F. op. 2 Andante, v. *2V.* *Dröse,*
.2V Va Vc. *Ansingh.*
- 13 Aan Koning en Koningin —75 *Ansingh.*
- 14 Zes kinderliederen. *Ansingh.*
- 15 Lof der Liefde, Kantate, v. driest. Vrouwenkoor. *Ansingh.*
- 18 Kovsje's Vinkje, 8 kinderliederen. *Dröse.*
- 19 Letzte Bitte; Morgen; 2 Duetten, *S* u. *Bar* od. *T* u. *B* —75 *Dröse.*
- Vryheid, *TTBB*, Part u. St 1— *Kessels.*
- Voor jeugdige zangers, 6 eenstem, kinderliedzes. Part —50 *Eck.*
- Zachtheid, *TTBB*, Part & St 1— *Kessels.*

Bokor József ifj, Az édes. Népszinmü összes dalai. Tartalma: 1. Azt mondják a kislánynak nem illik. 2. Hogyha akarom. 3. Beteg az én kicsi lányom. 4. Minek a. 5. Piros bort a pohárba. 6. Délibáb dal. 7. Ich ken dos 3— n *Bárd.*
- A szegedi boszorkány népszinmünek összes dalai. 1. Csipkebokor áll az erdö szélén. 2. Liliom, liliom sárga liliom. 3. Jogász úrfi. 4. Ne, ne, ne, ne kacsints. 5. Befagy a viz. 6. Német Miksa. 7. A Magyar Miksa. 8. El ne fáradj enyhe szellő. 9. Rigó dal. 10. Három bokor kolompér. 11. Rózsa, virító rózsa 3— *Harmonia.*
- Csillaghullás népszinmünek összes dalai. 1. Akáczfa hullatja levelét. 2. Tövises rózsa vagy szerelem. 3. Kettecskén, te meg én. 4. Ne tegye az Isten áldja meg. 5. Ossze vagyok kötve rózsám te veled. 6. Alkonyatkor

kis kertembe szállott a pacsirta. 7. El hallgatom holddal este ha dalol (Pacsirta dal). 8. Fürdik a levél a harmatban. 9. Hej, szerelme gyötrelme. 10. Kereslek én mindenfelé. 11. Csingi-lingi csengő. 12. Szép vagy én tejbe mosdom. 13. Ószre hajlik már 3— *Harmonia.*
- Férfi sorsa az asszony népszinmü összes dalai. Tartalma: 1. Alá is ut fel is ut. 2. Csakugyan nóta. 3. Esik eső látom. 4. Édes anyám adott nekem. 5. Kidült bedült a csárda oldala. 6. Édes anyám azt hallottam én máma. 7. Igazán nem bánom 3— n *Bárd.*
- Gyerekasszony énekes vigjátékának összes dalai ének és zongorára Tartalma: 1. Füle van a falnak. 2. Jaj de hamis ez a lányka. 3. Szédül a fejem. 4. De szeretnék a császárral beszélni. 5. Az üllöi nagy kaszárnya. 6. Ne haragudj édes. 7. Kakas és tyuk dala. 8. Csak az uram szeretem. 9. Nem állja a madár lába 3— n *Bárd.*
- Három légyott Operette 3 füzetben. Füzetenk 3— n *Bárd.*
- Lariletto letto letto Magyar szöveggel 1.80, *Z, Cymbal* à 1.50, *klO* 1.20 *Bárd.*
- Mária bátya népszinmü összes dalai. Tartalma 3— n *Bárd:* 1. Tó közepén bokor sás. 2. Tavasz tajban ha nyilnak a virágok. 3. Legény korában csak hagyján. 4. Ne is ngorj. 5. Szüz pártával koszoruval. 6. Jancsi Péter Miska. 7. Ossze van a lelkem növe. 8. Hallod-e te Miska. 9. Megszoktam én mindent tudni. 10. Mig azt mondják a kapások. 11. Jaj be jó. 12. Lapu, lapu lapulj meg. 13. Nézd csak babám azt a két galambot. 14. Ejnye kislány de megnöttél. 15. Csak azért is paploz menek én.
- Napfogyatkozás Operette 3— n *Bárd.*

Boker von Weissenfels. Orleana, R. E. op. 1 Frühlingsgedanken, Salonstück, *P* —80 *Bauer.*
- 2 Wiegenlied (Cradle songe), *P* 1— *Bauer.*
- 3 Fantasie originale, *P* 1.50 *Bauer.*
- 5 Gruß an Braunschweig, Walzer 1.50 *Bauer.*

Bolaffi, Cavatine: Caro rio, variée 1.50 *Haslinger.*

Bolan, Smoky Topaz March —50 *Kinley.*

Bolar Geo. W. Homer city, G. A. R. March —40 *Ditson.*

Bolbman H. La part du Diable, Quadr. *4ms* 2.50 n *Lesique.*

Bolck Oskar (1839—1888), op. 2 Elfentanz, Capriccio, 3V 1.75 *Hofmeister.*
- 5 Sechs Lieder 1— n *Breitkopf:* 1. Sehnsucht; Nur wer die Sehnsucht kennt. 2. Im Frühling; Morgens als die Lerche. 3. Abendreihn; Guten Abend, lieber Mondenschein. 4. Sonntagsfrühe: Aus den Talen hör ich schallen. 5. Liebespredigt; Was singt und sagt ihr mir. 6. Theone: Auf weichen Abendlüften.
- 7 Mädchens Geständnisse, 3 Gedichte 1— *Breitkopf:* 1. Das fragt sich doch sehr! Der Abend war so wunderschön. 2. Wie konnt es nur! 3. Ich liebe dich; Ich töricht Kind, ich liebe dich.
- 10 Preußischer Siegesmarsch 1— *Bote.*
- 18 Sechs Vortragsstücke, *P*, Heft I, II à 1.75 *Siegel.*

- 19 Tonbilder aus der Kinder- und Jugendwelt, Vortragsstücke, P, Heft I, II à 1— E. Stoll. (L. 1, 16) —35 Bessel. Nr. 4 —15 Gutheil.
- 20 Des Kindes Geburtstag. Zwanzig leichte Charakterstücke, P 2.50 Kahnt.
- 21 Frühling und Liebe. Zwölf leichte Tonstücke, P 3.— Kahnt.
- 22 Zehn Kinderstücke, P 1.50 Kahnt.
- 23 Zwölf instruktive Tonstücke, P 1.50 Glaser.
- 27 Drei Sonatinen als die ersten Vortragsstücke für Anfänger, P 1.50 Heinrichshofen.
- 28 Süße Vergangenheit. Salon-Piece, P —80 Heinrichshofen.
- 30 6 Sonatines instruct., P, Cah. I 1.30, II 1.80 André, N. 6 —30 Jurgenson.
- 31 Frühlingslied, Part —60, St à —15.
- 32 Der Himmel im Tale, (Solo oder Chor), Part —50, St à —25 Eude.
- 33 Charakterbilder. Sechs leichte Klavierstücke zur Bildung des Vortrags: 1. Erinnerung. 2. Scherz und Ernst. 3. Karnevalstreiben. 4. Frühlingssehnsucht. 5. Greif mich. 6. Ländlicher Tanz à —50 Forberg.
- 34 Tonbilder. Sechs leichte Klavierstücke. Heft I: Trotzkopf. Eigensinn. Abbitte 1.25. II: Schlummerlied. Beim Kränzewinden. In der Gondel 1.25 Forberg.
- 35 Sechs Charakterbilder, P, 2 Hefte à 1.25 Forberg. Heft I: Vergißmeinnicht. Johanniswärmchen. Du bist wie eine Blume. II: Treubruch. Starrsinn. Knabe schläft an Bächleins Rande.
- 37 Des Knaben Sommerferien. Ein Zyklus von 22 Charakterbildern, P 2.75 Kahnt.
- 38 Sechs Stimmungsbilder, P: 1. Verlornes Glück. 2. Frohe Erwartung. 3. Mädchens stille Gedanken. 4. Gekränktes Gemüt. 5. Schwerlastendes Geheimnis. 6. Selige Lust, à —50 Forberg.
- 39 Zwanzig Kinderstücke, P. Heft I: 1. Kindes-Unschuld. 2. Auf den Zehen. 3. Der Knabe erzählt. 4. Verirrtes Kind. 5. Näschendrehen. 6. Schwesterchen bittet, Brüderchen schmollt. 7. Schmeichelkätzchen. 8. Müdigkeit. 9. Lass' mich los! 10. Nachdenkendes Kind 1.20. II: 11. Schneeflocken. 12. Blumenpflücken. 13. Hopp. 14. Einwiegen der Puppe. 15. Kindes-Gebet. 16. Schlittschuhfahrt unter Gesang. 17. Plappermäulchen. 18. Kinderauflauf. 19. Kindes-Erstaunen. 20. Gewitter 1.50 Eulenburg. Nr. 4 —30 Jurgenson.
- 41 Sechs Studien zur Bekämpfung des Fehlers der Antizipation mit der linken Hand, P 3.— Hofmeister.
- 42 Sechs Charakterstücke, P: Nr. 1. Herbstblätter —80, Nr. 2. Ländliche Abendruhe —50, Nr. 3. Die Gärtnerstochter —50, Nr. 4. Sinnen und Träumen —80, Nr. 5. Unschlüssigkeit —50, Nr. 6. Zorn — Milde —80 Forberg.
- 43 Sechs Charakterbilder, P, Heft I: Bescheidene Bitte. Blumenmädchen. Stille Freude —80, II: Unsteter Junge. Schmeichelkätzchen. Verlassene Waise —80 Siegel.
- 44 Sechs Allegorien in Mazurkaform, P. Heft I. Trotz. Keckheit. Jokus 1.30, II. Klage. Koketterie. Jähzorn 1.50 Siegel.
- 45 Sechs Lieder. Heft I. An die Toten: Ich möchte bitter weinen. Wolle keiner mich fragen. Zwischen Weizen und Korn I —. II. Wehmut: Ihr verblühet, süße Rosen. — Die Zufriedenen: Ich saß bei jener Linde. — Die Spröde: An dem reinsten Frühlingsmorgen I— Siegel.
- 46 Sechs Charakterbilder, P. Heft I. Herzklopfen. Stille Ergebung. Kindes frohe Erwartung I—. II. Unbefangenheit. warnende Stimme. Unschuld. Ungarischer Tanz I— Siegel. III. —20 Presser.
- 47 Charakterbilder. Sechs kleine Klavierstücke zur Bildung des Vortrags mit genauer Angabe des Fingersatzes 2.50 Rieter.
- 48 Trinklied des Mohammedaners aus dem westöstlichen Divan, TTBB u. Bsolo. Part I — u, St 1.20 Rieter.
- 50 Ouverture zur Oper „Gudrun" Orch Part 4—, St 10—, KA [ms 3— Siegel.
- 51 „Herbstklänge". Fünf Gesänge: 1. Ich liebte dich. 2. In düsterer Zeit. Zu Boden sinkt von meinen Tagen. 3. Herbstgefühl. O wäre es blon der Wange Pracht. 4. Wer keinen Frühling hat. 5. Gute Stunden. Zähle nicht die trüben Stunden 2.50 Siegel.
- 52 Vier Lieder. 1. Erlösung: Wie dem Fische wird zu Mut. 2. Lieb und stirb: Durch Erd' und Himmel leise. 3. Der welke Kranz: Auf der Heide steht. 4. Das Mädchen und der Schmetterling: Lustwandelnd schritt ein Mädchen 2.50 Siegel.
- 53 Sechs Charakterbilder, P 1.50 Kistner: 1. Kinder im Garten. 2. Hangen und Bangen. 3. Mutwille. 4. Sorglosigkeit. 5. Klage. 6. Irrlichter.
- 54 Drei instruktive Sonatinen (C-G-F-dur) P 1.50 Kistner.
- 54 Rondino, P —25 Bessel, —20 Gutheil.
- 58 Zwölf Tonstücke für angehende Pianofortespieler 2— Kahnt.
- 59 Drei instruktive Sonatinen, P: Nr. 1 1.25, Nr. 2, 3 à 1— Kahnt.
- 65 Fünf Sonatinas, P: 1. in C, 2. in G, 3. in F, 4. in D, 5. in B à —80 Eude, à 3 — Loudy.
- 66 Leichte Sonate in D-dur, P1 4— Rieter.
- 67 Sechs Charakterbilder, P 1— Eude, Nr. 3 —25 Jurgenson.
- 68 Zwölf instr. Charakterbilder f. Anf. P 1— Steingräber.
- Cache-cache, P —40 Johansen.
- Fedelsedagen. P. Häft 1, 2, à 1.25 Landquist.
- Barcarole, P 1.25 Oertel.
- The Lord is my Shepherd, SATB, Voc. score 16, Voc parts 1— Novello.
- Mutterfreude 1— Kiss & Erler.
- O Lord how long wilt thou forget me. SATB, Voc score 16, Voc. parts 1— Novello.
- Petits Sonatines. P. N. 1 —25, N. 2 —40 Johansen, —20 Kistner.
- Pièces enfantines. P —20 Gutheil.
- 6 Pièces d'enfantines, P —50 Johansen, —50 Kistner.
- La Pièce d'enfant, P —40 Johansen.
- Rondino, P —50 Gutheil, —20 Kistner.
- 10 smastycken för barn, P 1.50 Landquist.
- Sonne rief der Rose, 88.14. 1.20 Licht.

Bold Ferd. op. 7 Ja wohl. (To be sure.) Polka mazurka —80 *Schubert jr.*, —40. (arr. H. Thiele (Orchestra 4) and Boscovitz op. 130, Gavotte Imperiale, O 1— *Rohlfing*.

- 8 Prairie queen Quadrille —60 *Brainard*.
- 9 Der kleine Liebling. (Everybody's Favorite.) Salon-Gavotte 1— *Schubert jr.*, —50 *Rohlfing*.
- 13 Kiss me dear. (Küsse mich), Polka withe Text ad. lib. —50, *8.4* —50, (arr. H. H. Thiele) (Orchestra 1) and op. 73, Military Life (Soldatenleben) N. 1. Encampment (Ins Manöver) O 1— *Rohlfing*.
- 17 The Water Fairy (Am Nixenteich—Undina) *P* —50 *Rohlfing*.
- 18 La Capricieuse. Polka de Salon 1.20 *Dieckmann*.
- 20 Auf Verlangen. (By special desire.) Salonstück, *P* 1— *Schubert jr.*, —50, (arr. H. Thiele) O (Orchestra 2) and op. 30, I Know, You Know (Ich weiß, du weißt es.) O 1— *Rohlfing*.
- 21 Auf der Landstraße. Rondo, *P* 1— *Dieckmann*.
- 22 Frisch gewagt. (Don't fear.) Polka —80 *Schubert jr.*, —40 *Rohlfing*.
- 24 Hab ich recht? (Am I right?) Polka —80 *Schubert jr.*, —40 *Rohlfing*.
- 25 Esmeralda, Serenade espagnole f.20 *Dieckmann*.
- 26 Die Blumenkönigin, Gavotte 1.20 *Dieckmann*.
- 29 Attaque des Ulans. Pièce caractéristique, *P* 1.20 *Dieckmann*.
- 30 Ich weiß, du mußt. (I know you do.) Polka française —80 *Schubert jr.*, —40, (arr. H. Thiele) (Orchestra 2) and op. 20, By Special Desire. (Auf Verlangen.) Salonstück, O 1— *Rohlfing*.
- 41 Damenwahl. (Ladies choice.) Walzer 1.50 *Schubert jr.*, —75, O (arr. H. Thiele) (Orchestra 5) 1— *Rohlfing*.
- 42 Ahead of All. (Mit frohem Sinn, frisch voran.) Marsch —50 *Rohlfing*.
- 43 Sehnsucht nach den Bergen. (The mountain chapel.) Salonstück, *P* 1— *Schubert jr.*, —50 *Rohlfing*.
- 44 Nr. 1. Rondo, 2. Immergrün. *P* à 1.20 *Dieckmann*.
- 50 Trotz alledem. (In spite of all.) Walzer 1.50 *Schubert jr.*, —75, O (Orchestra 7) 1— *Rohlfing*.
- 56 Marionetka Polka. (Les Marionettes.) —30 *Gebethner*.
- 60 Schneeflocken. Polka mazurka 1.20 *Dieckmann*.
- 61 Ich bin Tambour-Major, Rondo, *P*, 4ms à 1.20 *Dieckmann*.
- 72 Moft. (Hoch droben.) —50 *Rohlfing*.
- 73 Ins Manöver. (The Encampment.) (Soldatenleben Nr. 1.) Military life. Nr. 1.) Charakterstück, *P* 1— *Schubert jr.*, —50. and op. 13, Kisme dear, O (Orchestra 1) 1— *Rohlfing*.
- 74 Auf Urlaub. (Not on duty.) (Soldatenleben Nr. 2.) (Military life N.II.) Charakterstück, *P* 1— *Schubert jr.*, —50 *Rohlfing*.

- 75 Zur Parade. (Parade of the Guards.) (Soldatenleben Nr. 3.) (Military life N. III.) Charakterstück. *P* 1— *Schubert jr.*, —50 *Rohlfing*.
- 76 The Fragrant Roses are no more. (Nur um die Rosen läßt mich klagen.) —50 *Rohlfing*.
- 77 Auf hoher See. (Ocean waves.) Walzer 1.50 *Schubert jr.*, —75 *Rohlfing*.
- 78 Schmetterlingfljagd. Morceaux de Salon, *P* 1— *Dieckmann*.
- 79 Weißt du nicht. (Don't you know.) Polka —80 *Schubert jr.*, —40 *Rohlfing*.
- 80 Die ersten Veilchen. Salonstück, *P* —80 *Dieckmann*.
- 90 Ballgespräche. Polka française —80 *Dieckmann*.
- 91 Maientau. Polka mazurka —80 *Dieckmann*.
- 92 Schattenbilder. Polka française —80 *Dieckmann*.
- 93 Ein Alpentraum. Tonstück, *P* —80 *Dieckmann*.
- La première violette (первая фіалка) Pièce de salon, *P* —40 *Idzikowski*. Pièce de salon *P* —40 *Idzikowski*.

Bold J. A. Goddess of Liberty March and Two-step —50 *National Music*.

Boldemann, R. C. Am Abend. Glockenfantasie, *Z* —50 *Hoenes*.

Boiden A. Rittena Clog. Banjo —10 *Stern*.

Boldi J. B. Chanson bohémienne, *P* 5— *Boldi*.

- Danse nègre, *P* 5— *Boldi*.
- Joie d'aimer, VP 2.50 n *Hachette*.
- Mariska, valse 1.75 n *Hachette*.
- Mystérieuse, *P* 5— *Boldi*.
- Romance, VP *Boldi*.

Boldorino L. Un nodo d'amicizia *P* 1.50 *Ricordi*.

Boléro 1— n *Joubert*.

Boléro de l'étudiant (Le) 1.35 n *Joubert*.

Bolero, Mimi bilontra, *P* 1.50 *Bevilacqua*.

- Spanish Dance —40 *Fischer*.

Boles Gino, Album da ballo, *P* 8— *Venturini*: N. 1. Seduzioni, Valzer 4.50. N. 2. Marietta, Mazurka. 3. Bionda, Polka. 4. Bruna, Mazurka, à 2—.

- Bonheur inattendu, Morceau élégant, *P* 1.50 n *Ricordi*.

Boley, Marshall Institute Waltz —25 *Ellis*.

- Milton Waltz —25 *Ellis*.

Boleyn Max, Princess May Gavotte 4— *Hopwood*.

Болгарскій народый гимнъ. Шуми Марица —20, Д. однор. хора —20 *Seliwerstow*.

Bolgiano, Our Boys Over There —50 *Willig*.

Bolhmer, Les Grands Parents, Quadrille 4.50 *Benoit*.

- Polka des Enfants, 2.20 *Benoit*.
- Souvenirs du temps passe, Quadrille 4.50 *Benoit*.

Bolin, Mazurka-Caprice, *P* —50 *Elkan*.

Bolis E. op. 1 Spiriteita, *P* 1.50 *Ricordi*.

- 2 Chichibbio, *P* 3.50 *Ricordi*.
- 7 Les Mouscadins, Gavotta 3— *Mariani*.
- 8 Studio-Capriccio, *P* 4— *Mariani*.
- Arlecchino, Polka 3— *Mariani*.
- Marquita, Mazur 3— *Mariani*.

Bolla A. *Mariani:* Arte giovane. Valzer 3—.
- Cera una volta, Valzer 3.50.
- Chatteries délicieuses. Mazur 2.50.
- Ipnoti-mo, Valzer 4—.
- Rêverie 3—.
- Sport, Polka-Galop 2—.

Bollaert, Le sauveteur, *T.* Bar 3— *Salzbach.*

Bollaert A. Ave verum. 4 voix (collection de la maîtrise 2e année N. 20) 3.75 *Hengel.*
- Beatus, vir solo et chœur 1—n. chœur à 4 v. inég. *Org. H* —50 n *Pinatel.*
- O Salutaris en fa, 4 voix inég. —50 n. *Bar. BOrg* —50 n, *SATBOrg* —50 n *Pinatel.*
- Tantum ergo en la, 4 voix inég. —50 n. *SATBOrg* —50 n *Pinatel.*

Bollaert F. Marche nuptiale. *Org* 1— *Breitkopf, Harm* 3—n. Fanf 2—n *Millereau.*
- Morlanwelz, pas red. *Harm* 3—, Fanf 2— *Millereau.*

Bollarini G. *Mariani:* Buone vacanze, Valzer 2.50.
- Felicitazioni, Mazur. *Mand, V, Fl* à 1—, *MandP* 3.50, *VP, FlP* à 2.50. *GMand, VG, GFl* à 2—, *FlVP* 3—, *GMandFl* 2.50, *G\4 2Fl* 2.50.
- Un fiore, vedi Vademecum per Organista.
- Gemma e Cornelia, mazurka, *\4ns* 2.50 *Perosino.*
- I ghiribiss, *P* 2— *Perosino.*
- Gran suonata, vedi Vademecum per Organista.
- Ifigenia, Mazur 2.50.
- Laetitia, Nuova Quadr. (G. V o g l i a z z o) 4—, *Mand, V, Fl* à 1.50, *MandP, VP, FlP* à 1—, *FlVP* 5—.
- Largo agli sposi, *P* 1.50 *Perosino.*
- Lidia, Polka 3—.
- Liete ore, Mazur 2.50, *V, Fl* à 1.50, *VP, FlP* à 3—, *FlVP* 3.50.
- I Mandolinisti, *P* 1.50 *Perosino.*
- Marcia, vedi Vademecum per Organista.
- Messa, *Org* 3— *Perosino.*
- Mignognola, *P* 2— *Perosino.*
- Offertorio, vedi Vademecum per Organista.
- 2 Pastorali, vedi Vademecum per Organista.
- Ricordi della valle del Tanaro, *\4ns* 5—.
- Ripieno d'introduzione alla Messa. Versetti per il Gloria. Ripieno semplice per l'Epistola. Suonata per l'Offertorio. Per l'Elevazione. Per la Comunione. Ripieno semplice per la fine della Messa. Marcia 2.50 *Libr. Editr.*
- Romanza senza parole. *VP* 3— *Perosino.*
- Sempre concordi, *MandChit* 1.50 *Perosino.*
- Suonata per offertorio. Ite musica est, vedi Vademecum per Organista.
- Una gita a Viù, Polka 2.50.
- 9 Versetti, 8 versitti, 5 versetti, vedi Vademecum per Organista.
- Vittoria, Ricordo dei Tornetti (Viù), Mazur 2.50.
- Voci d'amore, Polka 3.50.

Bollarini T. Le Tre grazie, mazurka, *6ms* 3— *Perosino.*

Bollati G. *Mariani:* L'Addio 1—.
- Il buon capo d'anno, Romanza senza parole, *P* 2—.
- Canavesana, Polka 1—.
- Emi tradiva 2—.
- La Manuoletta 1.50, *S. MS* à —20 *Hösick.*
- Ma Sympathie, Polka 2—.

- Due Melodie 3—: Il fior del cuore. Canto e piango, à 1.50.
- 3 Stornelli: 1. Amor segreto 1.50.

Bolle F. M. Wilmienje, *TTBB*, Part & St 1— *Kessels.*

Bolle G. Aurore et prière du soir, *P* —15 *Jurgenson.*
- Le Train des maris 3—, *Ch. s.* 1— *Leduc.*
- Le t r o u b a d o u r, Fant. \'ms —60 *Jurgenson.*

Bollen, The Blackbird (old Irish), Quadrille. *FullBand* 4—, *medium Band* 3—, *small Band* 2— *Hawkes.*
- Granville, Polka 3— *Francis.*

Boller F. Basler Trommel-Märsche 1.25 n *Hug*; 14 alte Schweizermärsche mit Morgenstreich u. Tagwacht. 7 neue Schweizermärsche. 3 Berner Märsche. 6 Arabi-Pascha-Märsche.

Bollermann H. op. 19 Sängerfahrt. Lieder für die Jugend im Freien zu singen.
Teil I op. 19: 1. Sehnsucht ins Freie. 2. Morgenlied. 3. Lenzeslust. 4. Lob Gottes. 5. Frühlingslied. 6. Auf dem Wasser. 7. Lob der Vöglein. 8. Der Wachtturm. 9. Wandrers Nachtlied. 10. Erinnerung.
Teil II op. 28: 1. Morgenlied. 2. Der frohe Wandersmann. 3. Im Maien. 4. Pfingstgebet. 5. Am Morgen. 6. Reiselust. 7. Der Pumpbrunnen. 8. Dem Meister. 9. Abendlied. 10. Frühlingslied.
Teil III op. 31: 1. Gott ewig Ehr'. 2. Abendstille. 3. Frühlingslied. 4. Morgenwanderung. 5. Im Frühling. 6. Abschied vom Walde. 7. Zigeunerlied. 8. Gefunden. 9. Heidenröslein. 10. Meeresstille u. glückliche Fahrt. III Teile, Part à 1—n. St à 2—n *Haslinger.*

Bolies J. A. Easter carol (Engl. melody), Quart. —40 *Brainard.*

Bollhorn L. Zwei große Polonaisen, *P* 1.50 *Cranz.*
- Introduktion und Konzert-Variationen über ein eigenes Thema, *P* 1.50 *Cranz.*

Bolling Ernest Lee, op. 1 Restless heart, Polka caprice —35 *Gordon.*
- 2 Under the Lilacs, Mazurka —75 *Pond.*
- 5 Moonlight on the James, valse. *Pond.*

Bolling W. Queen of hearts. Waltz —35 *Gordon.*

Bollinger, Glaphyra. Waltz —40 *Groene.*

Bollinger A. E. Almighty and Everlasting God. *SATB* —08 n *Church.*
- Glory sing glory, *SATB* —06 n *Church.*
- Sing, Glory to God —3 *Bayley.*

Bollis Josef, Evening Bells, nocturne, *P* —40 *Gordon.*

Bollmacher Franz, Liederbuch für Volksschulen, Heft I —16 n, Heft II —24 n, Heft III —36 n *Merseburger.*

Bollman, The Broken Ring —30 *National Music.*
- Fiorette Kisvérág, polka 1.60 *Vador.*
- Jowa waltz —35 *White.*
- Litany of the blessed Virgin, *SA*, Quart. —08 *Ditson.*

Bollman C. Believe me if all those endearing young charms, Transcription, *P* —50 *Brainard.*

Bollmann E. Heitere Weisen im Volkston, 2. 3- u. 4stimm. Lieder, Part 1.20 n *Hoffmann*.
- Ruhe sanft in kühler Erde, *TTBB*, Part —50 n *Hoffmann*.

Bollmann Henri, Les Cloches du Couvent. Morceau de Salon, *P* 7.50 *Comptoir de Musique Moderne*. 4— *Ashdown*, —75 *Kinley*.
- I lancieri. Quadr. *Maud* —20 n, *G* —30 n *Bratti*.
- Lily, Polka. *Sms* 1— *Ditson*.

Bollo F. La Speranza. Romanza, 1 *P* 4— *Ricordi*.

Bolognese P. *Il Concerto*: Simpatie, polka. 2*MChit* —15.
- Tuberosa. 2*MChit* —15.
- Viole del pensiero, 2*MChit* —15.

Bolognesi David, A Lei! *Banda* 1.50 n *Lapini*.
- Après la valse, *P* 1.70 n, Quint. à cordes av. *P* cond. 1.50 n *Decourcelle*.
Ballo in maschera, Piccolo Divertimento, *P* 2.50 *Ricordi*.
- Ernani. Piccolo Divertimento. *P* 2— *Ricordi*.
- Esquisse Musicale, Intermezzo, *P* 3—. *O* 1.50 n *Venturini*.
- I due Foscari, Piccolo Divertimento, *P* 2.50 *Ricordi*.
- Lombardi, Piccolo Divertimento. *P* 3— *Ricordi*.
- Profumata. Intermezzo Gavotta 3—, *O* 1.50 n *Venturini*.
- Roma, *O* 5— n *Ricordi*.
- Serenata. *O* 2— n, m*M* 7— n *Ricordi*.
- Tentazioni 6—, *O* 4— n, m*O* 8.50 n *Ricordi*.
- Trovatore, Piccolo Divertimento, *P* 2— *Ricordi*.
- Fanfan la Tulipe, Quadrille 4.50, *V*, *Cornet* ou *Fl* (Musique de Danse pour Instruments seuls, 3e collection N. 50) —10 *Benoît*.
- Le Favori des enfants: 1. La Récréation, Quadr. 2. Les Vacances, Quadr. à 2— n *Lesigne*.
- Traine-Caisse, Quadrille 2— n *Lesigne*.

Bolognesi O. Florence Rink, Polka br. 3— *Venturini*.
- Sui monti, Valzer br. 4— *Venturini*.

Bolognini F. Ruy Blas. Piccolo Faut. 1 *P* 6— *Ricordi*.

Bolognini S. de, Le déporté, romance 1— n *Labbé*.
- Galochard, chansonn. comique 1— n *Labbé*.
- Mistriss (Polka), Scène com. 3 —, *Ch. s.*
- Mistriss (Polka), Scène com. 3 —, *Ch. s.* 1— *Bornemann*.
- Monsieur Plaisant. scène com. 1— n *Labbé*.

Bolognini Storno, *Hengel*: L'algérien, quadrille 5—, *4ms* 6—, *V*, *Fl*, *Cornet* à —30 n.
- Bataille, quadrille 5—, *4ms* 6—, *V*, *Fl*, *Cornet* à —30 n.
- Bombardement de Mogador, quadr. 5—, *4ms* 6—.
- Le chavalier du guet. Quadr. 5—.
- Le Fantastique, quadr. 5—.
- La journée d'une jolie femme, quadrille 5—.
- Les Loisirs de la vallée, quadr. 5— *Grus*.

- Le maitre d'école, quadrille 5—, *4ms* 6—, *V*, *Fl*, *Cornet* à —30 n.
- Noël. quadrille 5—.
- L'oriental. sur des motifs orig.. quadrille 5—, *4ms* 6—, *V*, *Fl*, *Cornet* à —30 n.
- La partie de campagne, quadr. 5— *Grus*.
- La perle du village, quadr. 5—, *4ms* 6—, *V*, *Fl*, *Cornet* à —30 n.
- Trois quadrilles moyen âge: 1. Le Trouvère. 2. Les Sorciers. 3. La Châtelaine. à 5—, *4ms* à 6—, *V*, *Fl*, *Cornet* à —30 n.
- Trois quadrilles originaux: 1. Ottoman. 2. Macabre. 3. Arabe, à 5—, *4ms* à 6—, *V*, *Fl*, *Cornet* à —30 n.
- Le Vieux Paris. Quadrille 5—, *4ms* 6—, *V*, *Fl*, *Cornet* à —30 n.

Bolondi L. Un Soriso 1.25.
- Torino o Firenze? Valzer fant. 3.50 *Mariani*.

Bolondok A. Grófja eredeti bohóság legkedveltebb dalai.
Nem átkozlak nem szokásom.
Itt maradnék véletek.
Szép állat a hattyu.
Kis kertemben zvilnak sokszép vizágok.
Haragszom az anyám szóza.
Biró uram panaszom van.
Fülemile dalol.
Az én rózsám kis gunyhója (Csip, kés a szöllö).
Bakter dala (Midőn minden allatsereg.
Este jött a parancsolat.
Nyxtezan vannak a miluduuik.
Kerek az én kis kalapom.
Árpád Lehel (Haj de hunerut).
Zavaros a Tisza, keskeny hidvan rejte.
A nagy hirü Attilanak, nak. nek, nak.
Ifju varjn kereszteől.
Azt szokták szenemze vetni.
Beborula, jaj elmula és Gyere be rózsám 3.60 *Nádor*.

Bolotin A. S. Восточный маршъ —25 *Syrkin*.
- Осенняя Ночь Вальсъ —50 *Syrkin*.

Bols C. Odilia. Schottisch de Concert. *Harm* ou *Fanf* 1— *Kessels*.

Bolt Finn. Paraphrase over „Den store hvide Flok" (Griegs Harmonisering). *P* 1— n *Oluf By*.

Bolte Adolf, Drei Lieder. 1. Ein letzter Blick. „O, wenn du gehst, dann bin ich allein". 2. Sommers Scheiden. „Mein Herz ist voll Kummer". 3. Leb' wohl liebes Gretchen. „Ach teuerster Herr Goldschmidt" 1.50 *Eisoldt*.

Bolten D. Les Concurrents, Marche —20 *Eck*.
- Kinderliederen, Potp., *P* —80 *Weygand*.
- Welkomst-Marsch. *P* met de Trans-vaalsche Feestliederen: „De vierklenr van ons dierbaar Land" —60 *Kusteel*.

Bolten Franz, op. 1 Impromptu, *P* 1.50 *Fürstner*.
- 4 Volkslied, *P* 1.30 *Fürstner*.
- 5 Waldmühle. Charakteristisches Tongemälde. *P* 1.30 *Fürstner*.
- 6 Improvisata: Entflieh' mit mir und sei mein Weib, *P* 1.80 *Fürstner*.

Bolten J. M. Lieder für eine Singst. *P*: Heft I. Sechs Lieder 1.50. II. Drei Lieder 1—. III. Drei Lieder 1— *Schott*.

Bolten M. H. Scènes pittoresques (Massenet) Kant. Nr. 4 de la suite d'O Hara, Part 12 — n Berlie, Henges.

Bolto, J. von, Fünf Lieder: Nr. 1. Frühling: „Durch die Flurea, durch die Wälder". 2. „Klagend ist der Mond gekommen". 3. „Blaues Sternlein du sollst schweigen". 4. „No ein blaues Flämmchen spielt". 5. Lenz: „Die Bäume blüh'n" 1.50 *Simrock*.
- Fünf Lieuer: Nr. 1. Nachtgedanken: „Euch bedaur' ich". 2. Der Traurige: „Allen tut es weh im Herzen". 3. Botschaft: „Mein Knecht steh' auf". 4. Intermezzo: „Im holden Mond des Maien". 5. Bescheidenes Los: „Bei dem Klang des Saitenspieles". 3 — *Simrock*.
- Neugriechische Liebes-Skolien 1— *Simrock*.

Bolto Arr. Mefistofele: Nenia di Margherita. Atto III, 1.50 *Berilacqua*.
Boiton J. K. G. P. O. Waltz 4 — *Phillips*.
- World's fair Quickstep. P —40. *National Music*.
Bolton Walter, Twelve solfeggi, 2 — n *Ashdown*.
- Nine solfeggi 1.6 n *Ashdown*.

Bolzoni G. *Ricordi*:
- L'Abbandono 2.25.
- A Castello Medioevale, la serenata, picc O, Part 4 — n p. staccati 2.50 n, 2a serenata, 2V Va Ve Kb, Part 2 — n. p. staccati 1 — n.
- Al mare: vedi che bella sera 1.50 n *Capra*.
- Andantino appassionata, 1P 6— *Mariani*.
- Armonia della sera, P 1.25 n. 2 — n, O, Part 3 — n *Capra*.
- A Te gentile 4.50.
- Autunno 2— *Venturini*.
- Dafnoide, P 2 —.
- Danse tranquille. Quint. à cord. transcr. P. 4.50 *Brocco*.
- Des bébés en marche. Pezzo caratteristico per O, riduzione per P 1.25 n *Capra*.
- Dolce sogno. Romanza senza parole, 2V1 a Vc, Part 2 — n. Parti staccate 1 — n, riduz. P 4—.
- Gavotta. 2V Va Vc Kb. Part 1.50 n. Parti staccate —50 n, riduz. P (G. Galluzzi) 4 —, pms (G. Casorti) 5 —.
- Impressioni Abruzzesi. Polka Marcia 4—. O 2 — n, Banda (Nevi) Part 3 —.
- Io vorrei 2— *Borriero*.
- Lactitia. Gavotta per Istrumenti ad Arco. Riduzione P 3— *Brocco*.
- Melanconia campestre Bozzetto per piccola Orchestra, in-8: Part 4 — n, Parti staccate 3 — n, pms (M. Saladino) 5 —.
- Melodia, O 5 — n, PV 2.50 n *Decourcelle*.
- Melodia Religiosa per 1Va Ve Org (H); Part 1.25 n. Parti staccate 1 — n, Ogni Parte staccata — 20 n.
- Minuetto, P: 2 —, 1.50 *Berilacqua*, *Guimaraes*, *Napoleao*, pms, 3 —, MP (Monti) 1.50, 1 P (Daubé) 2 — n, MChit (Monti) 1.25, 2MP (Monti), 1.75, 2M (V) Chit (Monti) 1.50 n, 2V1 a VcK, Part 1.50 n, parti stacc. 1.25 n, 2V1a VcKbP cond. Fl Cl ad lib. parti stacc. 1.50 n.
- Non mi lasciar 1.75 n *Bianchi*.
- Ora invernale 3.50 *Mariani*.
- Pastorale, Org 1.50 *Perosino*.
- Piacerà? P 1.50.

- Plasticromomino-machica?!? Polka o Marcia ad libitum (Frontispizio illustrato) 3— *Brocco*.
- La Poule. Scherzo per piccola Orchestra: Part 3 — n. Parti staccate 2 — n, P 1—.
- Sei preludi per organo sulla scala del 1° tono gregoriano 1.20 *Capra*, 1— *Libreria editrice*.
- Preludio per Org 1 — n *Capra*.
- Racconto di Gioventù. Bozzetto piccO. Part 2 — n, p. stacc. 1.50 n, riduz. P (M. Saladino) 1—.
- Responsorium a 4 voci sole — 60 n *Perosino*.
- Ricordo di Savona, notturno, P 4.50.
- Ritrattini sociali: N. 2. Galanteria francese. piccO, Part 4 — n. p. stacc. 3 — n.
- Romanze senza parole, 2V Va Vc: I seria, Part 8 — n, N. 1 — 3 à 2.50 n, N. 4 3.50 n, parti staccate 6 — n, N. 1 — 3 à 2 — n, N. 4 3 — n *Mariani*.
- Il Ruscello. 2V1 a Vc, 4 — n, riduz. P (G. Galluzzi) 3 — n *Venturi*.
- Solo di notte in riva al mare. Notturnino, P 5—.
- Spasimo e il pianto mi s'annoda in Gola. 2 — n *Venturi*.
- Tema con variaz. 2V1 a Vc, Part 3 — n. p. stacc. 2 — n *Ricordi*, 6 — *Mariani*.
- Tempesta in un bicchier d'acqua. Pezzo caratteristico per orchestra. Part 3.50 n, riduz. P 1.25 n *Capra*.
- Valzer fantastico, PV 6—.
- Zingaresca, polka fantastica, PV 7— *Mariani*.

Bolzoni O. M. 100 Melodier til Salmer, fornemmelig af Biskop Grundtvig. 4— stemmigt harmoniserede for blandet Kor 3—, med Org (H), Org (P) 5 3—, POrg eller blandet Kor 3— *Warmuth*.

Boman P. C. „Dagen förlåter de mörknande zoner", vide Odeon 4de häft.
- „Hvi är du sorgset arma hjerta", vide Samling af valda sangstycken.
- Lycksalighetens ö. „Rolig natt! ma du drömma gladt". 28 A med P, vide Konung Oscars drapa.
- Musik till fyra Tegnérs dikter med P. G 1.50 *Hirsch*: Sången. „Har du betraktat diktens lunder". Vintern. „Lustigt öfver slätten spänner". Floden. „Vid flodens källa sitter jag". Ätthögen. „Lik en urna i en blomsterpark".
- Pariserpojken. „Jag skulle gå med korrektur" —75 *Hirsch*.
- Tio svenska folkvisor för fyra mansröster Part. och stämmor 1.75 *Hirsch*; Oväntad brollopsgäst. „Det var två söta vänner". Ung Hillerström. „Du stig nu så vackert till sadel och häst". „Om dagen i mitt arbete". „Jag unnar dig ända allt godt". Sorgens makt. „Liten Kerstin och hennes moder". Necken. „Djupt i hafvet på demante hallen". De sju gullbergen. „Hertig Hillebrand han rider". „Och mins du hvad du lofvade". Två turtur dufvorh ade växt upp". „Nu vilja vi begynna en domaredans".

Bombara P. La Donna Romantica, P 3— *Ricordi*.

- Gli Italiani in Africa. Marcia 1— n. M
  —50, 4 P 2— *Sandron*.
- I Montanari. Fantasia. P 2— *Ricordi*.
- Le réveil de l'amour. Caprice, P 5 —
  Sandron.
- Un Ricordo dell'Autunno. Notturno, P
  7— *Ricordi*.
- Lo Scherzo. P 2.50 *Ricordi*.
- Les **Bombardiers**, Duo 1.70 n. *Ch. s.*
  —35 n *Eveillard*.
- **Bombasse** A. A Leila, 2.50 *Venturini*.
- Cuor morto 2— *Venturini*.
- **Bombe en feu**. pas red. *Harm Pauf*, 1.25
  Naddin.
- **Bombelles Carl Albert Graf**. *Cranz*: Op. 9
  Fantasie-Fahrt. P 1.20.
- 10 Barcarole, P 1.20.
- 11 Tarantelle. P 1.20.
- Bricabrac, Gavotte 1.50. O 6.30.
- Jugendträume. Walzer 1.50.
- Der Land-knecht. TTBB mit Tsolo u. P,
  Part u. St 2.30.
- Die Laxenburger. Walzer 1.50.
- Drei Lieder: Nr. 1. Der Lauf der Welt
  —80, Nr. 2. Mein altes Roß, 3. Der Land-
  knecht à 1—.
- O du mein Wien. Walzer 1.50.
- Trotzköpfchen. Polka française 1—, O
  4.20 n.
- **Bombelles H. Graf**, Gradual: Ave Maria
  und Memorare. SATB Org (ad lib.) 2.50
  Cranz.
- **Bomier**, Espièglerie. Polka 1.70 n *Lesigne*.
- **Bomier G.** *Kowart*: A la douane, 1— n, *Ch. s.*
  —30 n.
- La Chartreuse 1— n, *Ch. s.* —30 n.
- La Conscrite 1— n, *Ch. s.* —30 n.
- Daphnis et Chloë 1— n, *Ch. s.* —30 n.
- Demoiselle 1— n, *Ch. s.* —30 n.
- Le Diable en enfer 1— n, *Ch. s.* —30 n.
- Diavolina 1— n, *Ch. s.* —30 n.
- L'Écossais 1— n, *Ch. s.* —30 n.
- L'Explorateur. chanson-marche 1.35 n, *Ch. s.*
  —30 n.
- Le facteur 1— n, *Ch. s.* —30 n *Bigot*.
- Faut le lui dire 1— n, *Ch. s.* —30 n.
- Fille unique 1— n, *Ch. s.* —30 n.
- Le Huis-clos 1— n, *Ch. s.* —30 n.
- L'Ingénue de Grenelle 1— n. *Ch. s.* —30 n
  Société nouvelle.
- La Lanterne, chans. 1— n, *Ch. s.* —30 n
  Société nouvelle.
- Ma Châtelaine 1— n, *Ch. s.* —30 n.
- Le Mal de gorge 1— n. *Ch. s.* —30 n.
- Un mari qui ronfle 1— n, *Ch. s.* —30 n.
- Le mathurin 1— n, *Ch. s.* —30 n *Bigot*.
- Ménagez là 1— n, *Ch. s.* —30 n.
- Mon Valseur 1— n, *Ch. s.* —30 n.
- La Petite bonne 1— n, *Ch. s.* —30 n.
- Le Petit Noël de Papa 1— n, *Ch. s.* —30 n.
- Pour être avocat 1— n, *Ch. s.* —30 n *Bigot*.
- Le Rideau de Catherine 1— n, *Ch. s.* —30 n.
- Les Sapins de France 1.75 n, *Ch. s.* —30 n.
- Sous un chou 1— n, *Ch. s.* —30 n.
- Les Suites d'un souper 1— n, *Ch. s.* —30 n.
- Les yeux doux 1— n, *Ch. s.* —30 n *Bigot*.
- **Bommayer G.** 6 Valzer con trio, P 2— *Ri-
  cordi*.
- **Bommenel**, Je suis trop franche —90 n,
  Ch. s. —30 n *Abot*.

- Mignonne il faut aimer —90 n. *Ch. s.* —30 n
  Abot.
- **Bompani L.** Souvenir de la villa Baruzzi.
  Serenata. MandP 4— *Venturini*.
- **Bompard E.** Adele... a te 1.75 *Ricordi*.
- A Gonderico re dei Vandali 2.50 *Ricordi*.
- L'Ave Maria. S 2— *Ricordi*.
- Un fiore sopra una cara tomba 2.25 *Ri-
  cordi*.
- Un pensiero alla Patria 2.25 *Ricordi*.
- **Bomtempo**, Chrysantem. Menuet. P 4
  Lambertini.
- Fados e cancoes, P. serie 1 com letra —30
  Venancio.
- Papillons. valsa —50 *Venancio*.
- **Bomtempo Euclides**, Ingenua, valsa. *Banda*
  1.50 *Guimaraes*.
- **Bomtempo F.** Nouvelle année. gavotte. P
  —40 *Neuparth*.
- **Bomtempo F. A.** Saudades de Campinas.
  valsa, *Banda* 1— *Guimaraes*.
- **Bomtempo G. M.** A Redempeão. valsa.
  Banda 1.50 *Guimaraes*.
- **Bomtempo J. D.** Marsch (C) des Lord Wel-
  lington. nach einer portug. Hymne. 4ms
  1— *Hofmeister*.
- **Bomtempo J. M.** Affectuosa. valsa. *Banda*
  1.50 *Guimaraes*.
- A Graciosa, polka 1.50 *Berilacqua*.
- Amazonas. galope brilhante 2— *Berilacqua*.
- Leopoldina, valsa 1— *Berilacqua*.
- Saudades, meditação religiosa, P 1.50 *Be-
  rilacqua*.
- Saudosa (A.). valsa, *Banda* 1.50 *Guimaraes*.
- **Bon ange, veille sur moi**. Prière —30 n
  Joubert.
- **Bona**, Das Glück im Traum. engl. & germ.
  —35 *National Music*.
- **Bona A.** op. 70 „Nixen Reigen", Rheinländer
  —50 *P. Schirmer*.
- 175 Zum frohen Fest. Marsch 1— *Schirmer*.
- Anno dazumal. Rheinländer. stO vide
  „Deutsche Balltänze" Heft 152.
- Auf der Tanzwiese, Tyrolienne. stO vide
  „Deutsche Balltänze" Heft 153.
- Bei guter Laune. Polka. stO vide „Deutsche
  Balltänze" Heft 158.
- Bruder Luftikus, Walzer. stO vide
  „Deutsche Balltänze" Heft 156.
- Erika-Rheinländer. stO vide „Deutsche
  Balltänze" Heft 151.
- Frisch gewagt, Polka. stO vide „Deutsche
  Balltänze" Heft 164.
- Gruß aus Tirol, Polka Maz.. stO vide
  „Deutsche Balltänze" Heft 154 und 162.
- Junges Blut, Rheinländer. stO vide
  „Deutsche Balltänze" Heft 153.
- Der kleine Arno, Rheinländer. stO vide
  „Deutsche Balltänze" Heft 161.
- Klein und fein, Rheinländer. stO vide
  „Deutsche Balltänze" Heft 162.
- Komm lieber Mai, Walzer, stO vide
  „Deutsche Balltänze" Heft 157.
- Kuriosum-Polka. stO vide „Deutsche Ball-
  tänze" Heft 163.
- Märchen-Walzer, stO vide „Deutsche Ball-
  tänze" Heft 163.
- Maskiert, Walzer, stO vide „Deutsche Ball-
  tänze" Heft 164.
- Mein Liebchen will tanzen, Walzer. stO
  vide „Deutsche Balltänze" Heft 151.

- My Guirl, Walzer, s/O vide „Deutsche Balltänze" Heft 162.
- Osterglocken, Walzer, s/O vide „Deutsche Balltänze" Heft 152.
- Schön Rotraut, Walzer, s/O vide „Deutsche Blätter" Heft 161.
- Sophien-Walzer, s/O vide „Deutsche Balltänze" Heft 156.
- Tanz der Rheinnixen, Rheinländer, s/O vide „Deutsche Balltänze" Heft 164.
- Wie gefall' ich dir, Rheinländer, s/O vide „Deutsche Balltänze" Heft 159.

Bona F. E. *Perosino*: Anna, dancing, P 1.50.
- Chit-Chat, Mazurka 2—.
- Jeanette, valzer 4—.
- Jolosveinaz, skating, P 2—.
- Lelé, polka 2—.
- Marie e Momo, P 2.50.

Bona L. Souvenir de Rocca de Baldi, Schottisch 1.50 *Mariani*.

Bona P. *Ricordi*: Acerbo duol! Il 6 Giugno 1861. Pensiero elegiaco 2.50, 4ms 4—.
- Al Popolo Italiano. Il 2 Giugno 1861. L'Italia esultante. Inno-Marcia 2.50, 4ms 3.50.
- L'Avvenire. Melodia, S o T 3.50.
- Collana Verdiana di Duetti, Terzetti, Quartetti, Quintetti e Sestetti concertati per P e vari strumenti. Anello N. 1 al 8 M a c b e t h:
  1. Duetto, VcP 5—.
  3. Duetto, VP, VIP à 6—.
  4. Terzetto, PFIVc 7—.
  5. Gran Terzetto, PiVc, Parte 1 6—.
  6. Idem. Parte II 5—.
  7. Gran Scena del Sonnambulismo, Quartetto, PFIVc 5—.
  8. Gran Quartetto, PFIVVc 10—.
- Metodo Breve pratico applicabile a tutte le quattro specie di voci, diviso in tre Parti 14—:
  Parte I. Contenente: le Scale, i Salti, diversi Esercizi per rendere la voce agile, la cognizione degli abbellimenti ed otto Solfeggi che preparano l'allievo a sostenere la fatica delle frasi e dei periodi 6—.
  II. Contenente: 16 Solfeggi progressivi 6—.
  III. Contenente: 6 Duetti eseguibili da due S, da S e Contralto, da S e T o Bar, da due T, da T e B, ecc. 6—.
- Metodo completo per la Divisione, composto per uso degli Allievi del R. Conservatorio di Musica di Milano. Quarta edizione riveduta ed ampliata dall'autore. (Biblioteca didascalica, in-8) 3—n: Parti I e II 2—n, Parte I 1.50 n, (Method f. Rhythmical Articulation) 1—n *Fischer*, *Schirmer*, 4— *Bevilacqua*. Appendice al Metodo per la Divisione, ossia 24 Melodie divise in due parti espressamente composte per gli Allievi d'Armonia e Composizione, allo scopo di rilevarne i Bassi nonché le Imitazioni. Opera adottata nel Conservatorio suddetto (in-8) 5—.
- Metodo completo per la divisione e solfeggio ad uso della gioventù studiosa, adottato nel R. Collegio di Musica in Palermo. 21. ristampa riveduta e corretta 3—n: Parte 1, 2 à 1.25 n, Parte 1 e 2 unite 2—n, Parte 3 1.50 n *Sandron*.
- Nuovi Studi di perfezionamento del Canto italiano consistenti in Vocalizzi isolati, a due, a tre e a quattro parti, adatti a tutte le specie di voce e di qualsivoglia estensione; divisi in 7 Parti: Parte I per B profondo. II per Bar. III per T serio o robusto, IV per T-Contraltino, V per Contralto, VI per MS à 16—, VII per S sfogato 18—.
  In Libri staccati:
  Parte I per B profondo; Libro 1—3 à 7—.
  Parte II per Bar; Libro 1 4—, 2, 3 à 7—.
  Parte III per T serio o robusto; Libro 1 6—, 2, 3 à 7—.
  Parte IV per T-Contraltino; Libro 1—3 à 7—.
  Parte V per Contralto; Libro 1, 2 à 7—, 3 9—.
  Parte VI per MS; Libro 1—3 à 7—.
  Parte VII per S sfogato; Libro 1, 2 à 7—, 3 8—.
- Cantata per Soprani, Tenori e Bassi 8—.
- Collezione drammatica di mille Cadenze per ogni voce e per ogni stile, in Chiave di Sol e di Basso:
  Soprano regolare: Serie 1, 2, 3, Cadenze N. 100 à 7—.
  Soprano speciale: Serie 4. Cadenze N. 100 7—, Tutte le Cadenze 24—.
  Contralto o Mezzo-Soprano: Serie 5, 6. Cadenze N. 75 à 6—. Tutte le Cadenze per Contralto, riunite 10—.
  Tenore di forza e di grazia: Serie 7, 8. Cadenze N. 75 à 6—. Tutte le Cadenze per Tenore, riunite 10—.
  Serie 9. Cadenze N. 100, BarB 7—.
  Serie 10. S e MS. Cadenze N. 40 4.50.
  Serie 11. S e T. Cadenze N. 40 4.50. Serie 12. S e Bar. Cadenze N. 30 3.50. Serie 13. Contralto e T. Cadenze N. 20 2.50. Serie 14. Contralto e Bar. Cadenze N. 20 2.50. Serie 15. T e Bar. Cadenze N. 30 3.50. Serie 16. Bar e Basso. Cadenze N. 20 2.50. Tutte le Cadenze per due voci 18—.
- Continuazione e complemento alla Scuola del Canto italiano, ossia 50 Duetti senza parole, in Chiave di Sol, per S e MS, o T e B 40—: Fasc. 1, 2 à 6—, Fasc. 3, 4 à 7—, Fasc. 5 6—, Fasc. 6, 7, 8, 9 à 7—, Fasc. 10 8—.
- Corso completo di 60 Solfeggi per MS, in Chiave di Sol 48—: 1., 2. Grado à 7.50. 3., 4. Grado à 6—, 5., 6., 7. Grado à 7.50. 8. Grado 9—, (Biblioteca music didascalica) in 2 libri 5—n, libr. 1, 2 à 3—n.
- Corso completo per Contralto, ossia 48 Solfeggi progressivi, in Chiave di Sol 40—: 1. Grado 7.50, 2. 9—, 3. 10—, 4. 7.50, 5. 9—, 6. 10—, (Biblioteca music. didascalica) in 2 libri 5—n, libr. 1, 2 à 3—n.
- Domine salvum fac Regem. Prece per due Contralti, due T e due B, con P 3—.
- Don Carlo, Parte III. Recitativo e Romanza; Passa tra i fiori, o zeffiro. Edizione 2, MS 1.80, libretto —50 n.
- 100 Esercizi per S o T, in Chiave di Sol 8—.
- 50 Esercizi o Gorgheggi per Basso centrale 4.50.
- Preghiera 2.50.

- La Sensa, Mél. 2—.
- 100 Solfeggi di estensione limitata per le voci non sviluppate, preparatori ai Solfeggi di perfezionamento per *S* e *C* 40—. *Mariani*; Fasc. 1. 40 Solfeggi per *S* di limitata estensione 6—. Fasc. 2. idem 10—. Fasc. 3. 40 Solfeggi per *C* 6—. Fasc. 4. idem 10—. Fasc. 5. 20 Solfeggi per *S* e *C* 15—.
- 24 Solfeggi per *S* e *T*, in Chiave di Sol. composti allo scopo d'instradare l'allievo ai Vocalizzi di perfezionamento 20—: Fasc. 1 5—, Fasc. 2 6—, Fasc. 3 7.50, Fasc. 4 7—.
- 15 Solfeggi preparatori per *S* o *T*, in Chiave di *Sol*, preceduti da Esercizi giornalieri 7.50.
- 12 Solfeggi preparatori per *B* centrale, preceduti da Esercizi giornalieri 7.50.
- Tramway, Marcia, *P* 3—, *fms* 5—.
- 24 Vocalizzi per *B* centrale, composti allo scopo d'instradare l'allievo ai Vocalizzi di perfezionamento 25 : Fasc. 1 6—, Fasc. 2 7.50, Fasc. 3 8— Fasc. 4 9—.

Bonaccorsi G. Ricordo, Maria Mil. *Banda* 1.50 *Lupini*.

Bonachi Comte Alex. op. 2 Nocturne, *P* 1.50 *Heinrichshofen*.
- 3 L'Isolement, *P* 1— *Heinrichshofen*.

Bonacina C. Dimmi che non è un sogno! Melodia, Parole del Prof. Domenico Lanza, *T* 3.50 *Ricordi*.
- Polka-Marcia, *Banda*, 1.50 *Lupini*.

Bonafaccia A. L'echelle d'amour 1— *Ecrenbecmt*.
- Linda, Polka 1.50 *Venturini*.
- Les papillons 1— *Ecrenbecmt*.
- I patinatori, Valzer, *fms* 6— *Venturini*.
- Un pegno d'affetto, Mazurka 1.50 *Venturini*.

Bonafont J. Virginia, *P* 1— *Ricordi*.

Bonafont S. *Ricordi*; Fra l'urto dei nappi. Brindisi a tre voci (*S*, *T* e *B*) e *Bar* obligato 4—.
- La Ghirlanda d'Italia, Stornello, *MS* 1.50.
- La mia Stella, Canto, *MS* 3—.
- La povera donna, Strofe, *S* 2.50.
- Le Sourire, Nouvelle Danse de Salon 1.50.

Bonafous C. Dancemos, polka 1.50 *Berilacqua*.
- Guapa, polka 1.50 *Berilacqua*.
- Imitazione a la Gavotte —50 *Wagner y Levien*.
- I Moretti, Polka 1— n, picc *O*, parti staccati à —20 n *Fantuzzi*.
- Los Negritos, polka —50 *Wagner y Levien*.
- Os namorados, schottisch, *P* 1.50 *Berilacqua*.
- Que bonita! maz. *P* 1.50 *Berilacqua*.
- Republica, marcia, *P* —50 *Wagner y Levien*.
- Sogno Svanito, Valzer *Canto* 2— *Napoleao*.
- La Spiritella, maz. —40 *Acuparth*, —50 *Wagner y Levien*.
- La Vezzosa maz. *P* 1.50 *Berilacqua*.

Bonaglia E. Danziam? *M* —20 n, *MChit* —50 n *Rebagli*.

Bonajuti A. La campana dell'agonia, Romanza, *T* 1.50. *Ricordi*.
- La morte del pargolo, Romanza *MS* 2.50. *Ricordi*.

Bonaldi F. Complete Vocalization *S. C.* —— *Ellis*; 6 compl. and progress. studies in vocalization 1— *Brainard*, *S*, *A*: à —75 *Church*, à —60 *Ditson* à —80 *Gordon*, à —75 *Pond*, à —70 *White*.

Bonaldi G. La belle Amazone, *P* —75 *Ditson*.
- Thoughts of home, *P* —50 *Ditson*.

Bonaldi M. *Musica sacra*; Allegretto, Org —85 n.
- Breve melodia - Canone - Adagietto, Org —85 n.
- Deduxit me. antifona per *T* —35 n.
- Interludio, *Org* —35 n.
- Intermezzo Org —50 n.
- Preludio, *Org* —20 n.
- Versetti, Org — 20 n.

Bonalet J. B. Madrigal, *O* av *P* cond. *Monier*. Lyon.
- Reine des Alpes, Valse, *O* av *P* cond. *Monier*. Lyon.

Bonalumi A. 6 Valses 1.50 *Ricordi*.

Bonalumi Ferd. *Marbacaghi*; Adagio per l'Elevazione, *Org* 1.25.
- Festa Campestre, marcia brillante, *Org* —60 n.
- Luce divina, Pastorale in sol maggiore —60 n.
- La Natività del Redentore, Pastorale in do maggiore —60 n.
- Pastorale per la Solennità del Santo Natale in sol maggiore —60 n.
- La Primavera, marcia, Org —60 n.
- Suonata per l'Offertorio 1.25.

Bonalumi G. L. op. 34 Cesare Correnti, marcia grandiosa 3— *Mariani*.
- Hai due begli occhi d'angelo, Melodia 2.50 *Venturini*.

Bonalumi L. Mazurka fantastica 3— *Mariani*.
- Polka capricciosa 2.50 *Mariani*.
- Soavi emozioni del cuore, Romanza senza parole, *P* 3— *Mariani*.

Bonamici E. Mottetto (Alleluia!) 5— *Mariani*.

Bonamici Edmo. *Ricordi*; Op. 6 A Roma, Marcia 2—.
- Ad Espero! Melodia 3—.
- Brezze Livornesi. 2 Melodie: N. 1. A lei! 2. Partita! à 2—.
- Hourrah-Bersaglieri! Galop-Marcia 1.75.
- Mio povero amor! Romanza 2.50.
- Oh Dio... volesse! Stornello 2—.
- Perchè si muore? Piccola Romanza 1.50.
- Fu' Ora! 2—.

Bonamici Eligio, *Ricordi*; Op. 62 Mughetto Montenegrino, Marcia 1— *Ricordi*.
- Un felice augurio, Marcia, *P* 1.25 n.
- Lega Nazionale, Marcia, *P* 1— n.
- 2 Melodie, *MS* o *Bar*; N. 1. Dietrom sogno 3—. N. 2. T'adorerei 2—.
- Omaggio di Riconoscenza, Inno a quattro voci, con grande Orchestra e Banda. Riduzione per Canto e *P* 8—.
- Sinfoni a *giO*, Riduzione, *P* 6—.
- T'amo, Romanza, *S* o *T* 4—.
- L'Usignuolo, Polka 3—.

Bonamici Ferd. Composizione per *P*; *Ricordi*; Op. 8 Il Giorno del Pianista, N. 2. O sommo Carlo. Settimino variato sul Ernani 2.25.

cia Borgia, 9. Traviata à —50. N. 10.
Lucia, 11. Il Trovatore, 12. Fausto à 1—.
Lucia, 11. Il Trovatore, 12. Fausto à 1—n
Dolcsio.
- „Don Sebastiano", Bagatella sul 1.75.
- 16 Fantasie di Concerto: *Cottrau*: 1. Settimino d'Ernani, 2. Capriccio sulla Delfina di Lillo, 3. Capriccio sul Don Checco di De Giosa, 4. Fantasia sulla Schiava Saracena di Mercadante, 5. L'instancabile, Studio di Concerto, 6. Capriccio sull'Elena di Tolosa di Petrella, 7. Capriccio sul Guido Colmar di De Giosa, 8. Fantasia sulla Statira di Mercadante, 9. Divertimento brillante sulla Violetta di Mercadante à 1.50 n. N. 10. Corelia, Polka Mazurka 1—n. N. 11. Cantabile variato della Traviata 1.50 n. N. 12. Litanie Pastorali variate 1.50 n. N. 13. Improvviso 1—n. N. 14. Divertimento brillante sull'Ebreo di Apolloni 1—n. N. 15. Luisa, Melodia 1—n. N. 16. Dorina, Capriccio 1.50 n.
- Festa di famiglia, Il Carnevale, Scelta di Pezzi da ballo di Strauss, ridotti facilmente 7—; N. 1. Polka 1—, N. 2. Polka 1—, N. 3. Valzer 1.50, N. 4. Valzer 1.75, N. 5. Mazurka 1—, N. 6. Quadriglia 3—.
- „Folletto di Grésy", Divertimento sul 1.75.
- Forza del Destino, fant. (Rataplan) 1— *Napoleao*.
- Gentilina 3— *Izzo*.
- Gina, Mazurka —25 n *Fortieesi*.
- La Giornata del Pianista vedi op. op.
- Giovanna di Napoli, Schizzo (Petrella) 2—.
- Maria Stuarda, Schizzo 1.75.
- Il mondo così va! (Ainsi va le monde!), Arietta, Parole italiane e francesi 8, *MS* 3.50.
- Pezzo facile sulla Jone, *P* 2—n *Cottrau*.
- Piccola Fantasia sul Simon Boccanegra, *P* 2—n *Cottrau*.
- Scherzo facile sull'assedio di Leida, *P* 2—n *Cottrau*.
- Marta fant. 1— *Napoleao*.
- Mefistofele (serenata) Transcr, *P* 1— *Napoleao*.
- Melodietta campestre 2—n *Maddaloni*.
- Melomicron, Scelte Melodie vocali per camera, ridotte per le piccole mani che non prendono l'ottava: Fasc. 1. Tosti: *a)* Non m'ama più: *b)* Vorrei morire 2—. Fasc. 2. Rotoli, La Gondola nera 3—. Fasc. 3. Caracciolo, *a)* La mia fanciulla; *b)* Un sogno fu! 2—. Fasc. 4. Tosti: *a)* For ever and ever! (Per sempre e ancor per sempre!) *b)* Penso! 2—.
- Notturnino 2.50 n *Maddaloni*.
- Poliuto, fant. 1— *Napoleao*.
- Primi piaceri musicali: Sonatine facili e progressive diteggiate per le piccole mani a forma di studi à —50 n *Cottrau*: La Traviata, I Puritani, Luisa Miller, Morosina, Altra sonatina sulla detta opera, Loretta di Giaquinto, Nabucco, Altra sonatina sulla detta opera, L'assedio di Leida, Le Precauzioni di Petrella, La Schiava Saracena di Mercadante, Folco d'Arles di De Giosa, Medea di Pacini, Lo

Zingaro di De Giosa, Simon Boccanegra, Il Duca di Scilla di Petrella, Piedigrotta di Ricci, Caterina Howard di Lillo, Delfina di Lillo.
- Romanzetta 2—n *Maddaloni*.
- Scherzo 1.25 n *Dotcsio*.
- 2 Schizzi su motivi popolari: N. 1. Giulia gentil, Canto popolare di Firenze 1.75, N. 2. La manella, Canzone napolitana 2—.
- Schizzo sul Valzer della Guardia (Godfrey) 2—.
- Scintilla, Bozzetto 2.50 *Izzo*.
- Vespri siciliani, fant. 1— *Napoleao*.

Bonanni A. *Mariani*: Op. 1 Mazurka 1.50 n.
- 2 Polacca 5—.
- 3 Barcarola 4—.
- 4 Romanza senza parole 3.50.
- 5 Berceuse 2.50.
- 6 Valse impromptu 5—.
- 7 Gavotta 3—.
- 8 Notturno.
- 10 Serenata.
- 12 N. 3. Meditazione.
- Valzer sentimentale 1.50 n.

Bonanno G. Amore mesto, Romanza, *MS* o *Bar* 3— *Ricordi*.
- Ballo siculo, Danza, *P* 3— *Sandron*.
- Che ti feci? Notturno, *P* 3— *Sandron*.
- Impressioni 5—.
- Norma, Divertimento, *P* 5— *Sandron*.
- Cinque pezzi, *P* 10— *Venturini*: N. 1. Romanza senza parole 2—, N. 2. Capriccio brillante 2—, N. 3. Estasi, Serenata 2.50, N. 4. Allegretto ed agitato, Capriccio 2.50, N. 5. Contemplazione, Romanza senza parole 2.50.
- Sei pezzi di Concerto, *Crottau*: Improvviso sul Trovatore di Verdi 1.50 n, Polka Mazurka 4—n, Fantasia sul Trovatore di Verdi 1.50 n, Mélange sulla Saracena di Butera 1.50 n, Galoppa brillante 1.—n, Posilipo e Monreale, Capriccio di Concerto su motivi popolari 2—n.
- Posilipo e Monreale, Varizioni in forma di capriccio, *P* 5— *Sandron*.
- Rigoletto: Duetto: Tutte le feste al tempio, Fantasia sentimentale 4—.
- Sul Lido, Pensiero rom, *P* 3— *Ricordi*.
- Studio-capriccio in Do minore, *P* 2.50 *Sandron*.
- Studio in Mi bemolle, *P* 4— *Sandron*.
- La tempesta del cuore, Mazurke 2.25 *Sandron*.
- Trovatore, 1. Fantasia, *P* 5— *Ricordi*.
- Vespri Siciliani, Bolero, ridotto e variato brillantemente 4.50.
- (Figlio), Romanza senza parole, *P* 2— *Sandron*.

Bonanno R. Povero fiore, Romanza 2.50 *Santojanin*.

Bonanno S. Dolce malinconia, nottur, *P* 3.50 *Fortieesi*.

Bonanomi G. *Martinenghi*:
Ia. Messa per *Org* 5—:
Marcia d'introduzione, Versetti pel Gloria in sol min. Allegro per l'Offertorio, Andante per l'Elevazione, Allegro per la Consumazione, Polka per finale.
IIa. Messa per *Org* 5—:
Versetti pel gloria in sol min. Allegro moderato per l'Offertorio Andante per

l'Elevazione. Allegro moderato per la Consumazione. Tric Trac marcia per dopo la messa.
IIIa. Messa per *Org* 5—:
Marcia d'Introduzione alla messa. Versetti per il Gloria in sol min. Allegro per l'Offertorio. Larghetto per l'Elevazione. Allegro moderato per la Consumazione.
- Pastorale a stile antico in sol magg. —60 n.
- Pastorale in re maggiore —60 n.
- Pastorale p. l'Evazione in sol magg. —60 n.
- Scherzo Pastorale in sol maggiore —60 n.
- Versetti in Re magg. *Org* 2.50.
- Versetti in Sol magg. pel Gloria, *Org* 2 —.

Bonaparte Crossing the Alps. *P* — 10 *Willig.*

Bonaparte's Grand March (Hart's Cheap Music 533) —2 *Hopwood, Pitman* —10 *Willig, 4ms* — 2 *Hopwood, Pitman.*

Bonardi L. *Gregh*: Arbalète-polka 1—n.
- Les baisers du printemps, chon. *8, MS* 1—n. *Ch. s.* —35 n.
- Ca grise, chansonnette 1—n, *Ch. s.* —35 n.
- Chante bengali! havanaise, *MS, 8* 1—n. *Ch. s.* —35 n.
- En allant au bois, chanson sur „L'aigle double" (J. F. W a g n e r) *Ch. s.* —35 n.
Florita, havanaise, *Bar T B* 2—n, *Ch. s.* —35 n.
- Je pense à Dieu qui nous donna le vin *Bar B* 1—n.
- Le joli mexicain, excentricité 1—n. (orch. p. D e r a u s a r t) *O* 1—n. *P* cond. —50 n.
- La jolie Mexicaine, réponse au Joli Mexicain, *MS S* 1—n, *Gregh.*
- Ma femme couche avec ses bas *Bar T* 1—n. *Ch. s.* —35 n.
- Le mouchoir, *MS S* 1—n. *Ch. s.* —35 n.
- Les Musicos. Tziganes sérénade, *P* 1.70 n.
- La retraite russe, transcription brillante, *P* 1—n.
- Tourbillons légers. valse de salon 2.50 n.
- Transcription sur l'hymne russe, *P* 1.35 n.

Bonath J. Salon-Czardas —80 *Mörike.*

Bonati D. G. L'aurora del 21 Giugno 1894, marcia in re magiore. *Org* —60 n *Martinenghi.*

Bonati G. L'alunna, marcia, *Banda* 1.50 *Perosino.*
- Caprifoglio, Polka 2.50 *Mariani.*
- Cortesia, Mazur 2.50 *Mariani.*
- Esperia, mazurka 2.50 *Borricro.*
- Fior d'arancio, Polka 2.50 *Mariani.*
- Giandujot, valtzer, facilissimo, *Banda* 1.50 *Perosino.*
- Itala, Polka 2.50 *Mariani.*
- Maria, mazurka, *Banda* 1.50 *Perosino.*
- Mazurka 2.50 *Mariani.*
- Mirtillo, Mazur 2— *Mariani.*
- Rimembranze della Savoia, *4ms* 3.50 *Mariani.*
- Rina, Mazur 2— *Mariani.*
- Sogno avverato, *P* 2.50 *Perosino.*
- Sulle rive dell'Orco, Mazurka 2.50 *Borricro.*
- Tilde, polka, *Banda* 1.50 *Perosino.*

Bonati-Crosetti L. Fior d'Aglie, *P* 2— *Perosino.*

Bonato G. Versetti in Do, Fa, Sol magg. *Org* 1.50 *Martinenghi.*

Bonavia G. Annina, *P* 2— *Ricordi.*
- 5 Reggimento Alpini, Marcia milit. 1—n *Ricordi.*
- Sandrina, Polka 2.50 *Mariani.*
- Sulla vetta della Bisalta, polka 1.25 *Ricordi.*
- Trilli, Mazur 2.50 *Mariani.*
- Tui mesta memoria, pensiero funebre, *P* 2— *Borricro.*

Bonawitz (Bonewitz) J. H. (1839). op. 3 Tänze. (Polacca, Walzer, Polka, Mazurka, Galop Finale), *4ms* 2.50 *Bosworth.*
- 6 Sonate, *P* 2.60 *André.*
- 10 Chant d'amitié, *P* 1.50 *André.*
- 11 Fant. für gr. O. Arr. *4ms* 5.50 *Bosworth.*
- 13 Polonaise, *P* 1.50 *André.*
- 17 Divertissement, *P* 2.30 *André.*
- 21 Caprice, *P* 1.80 *Simrock.*
- 22 Vier Fantasiestücke: Mondschein, Geistertanz, Ständchen, Erwachen, *P* 1— *Breitkopf.*
- 25 2 morceaux, *P*: Chant du soir 1.50, Impromptu 1.75 *Schott.*
- 28 Auf dem Meer. Fantasie, *P* 1— *Breitkopf.*
- 29 Overt. zu G. Milano's Trauerspiel „1793" (mit Benutzung der Marseillaise f. gr. O arr.), *4ms* 3— *Bosworth.*
- 32 Drei Gedichte für eine Singst m. *P* 1— *Breitkopf*: 1. Denke mein: Wenn du dereinst in sternenheller Nacht (C. M ü l l e r). 2. Neapolitanisches Ständchen: Wach', erwach' aus holden Träumen! (H. M ü l l e r). 3. An die Nacht: Nächtig tönen leise Klänge (H. M ü l l e r).
- 36 Konzert, *P* m. *O*, Pianofortest. 1.50 *Breitkopf.*
- 37 Trio in E-dur, *PVVc* 5 — *J. Schuberth.*
- 39 Introduktion und Scherzo, *P* 3— *Bosworth.*
- 40 Sonate, *PV*, A-moll 2.60 *Breitkopf.*
- 42 Quint., *P2VVaVc* 15—, *2P* 9— *Simrock.*
- 43 Nocturne élégiaque, *P* 1.50 *J. Schuberth.*
- 43 N. 1. Melodie, *P* 1—. N. 2. Scherzo-Impromptu, *P* 1.50 *Bosworth.*
- A birthday song 4 — *Ashdown.*
- C. A. B. Gavotte, *VP* 3 — *Hopwood.*
- Concertino, *PV* 6 — *Rudall.*
- Daily Studies, *P* —35 *Schirmer.*
- Divertissement, *4ms* 5 — *Leonard.*
- F a u s t de Gounod, *2P* 3— *Schirmer.*
- Five dances (Polacca, Walzer, Polka, Mazurka, Galop Finale). *4ms* 5 —, sep. à 1 6 *Leonard.*
- Galop de concert 4 — *Leonard.*
- Historische Klaviermusik. Meister des 17. und 18. Jahrhunderts. F r e s c o b a l d i: Canzone. F o r d: Kanon. F r ö h b e r g e r: Toccata. M u f f a t: Gigue. C o u p e r i n: Le Dodo. C o u p e r i n: Le Reveil-Matin. R a m e a u: Le Tambourin. S c a r l a t t i: Allegro. S c a r l a t t i: Tempo di Ballo. S c a r l a t t i: Katzenfuge. P o r p o r a: Fuge. M a r c e l l o: Presto aus der C-m. Sonate 4— *Bosworth.*
- Impromptu, *PV* 5 — *Rudall.*
- Two Impromptus, *4ms* 4 — *Leonard.*
- Melody, *P* 3 — *Leonard.*
- Nocturne, *VP* 3 — *Hopwood.*
- Polka-Entr'acte, *VP* 4 — *Laudy.*
- R o m e o und J u l i e, Fant. *P* 1— *Breitkopf.*

Selections from Wagner's Lohengrin.
2P 3— *Schirmer.*
Sonatina, P 4 — *Leonard.*
Stabat Mater, SATB 2 6 *Leonard.*
Ungarische Tänze, P 1.50, P1, P1 c à 2 —
Bosworth.
Bonay G. *Lavrens:* Enfants et Oiseaux
1.70 n.
Femina, valse, succès 2—n, 1P 2.50 n.
HandP 2.50 n, *FIIP* 2.50 n, septuor P in s
2.50 n.
Idylle bretonne 7 — n.
La Lettre au Petit, valse lente 1.70 n.
Ma Mie, valse 2 — n.
Marche bohème, P 1.70 n, P quatuor à cor-
des P1 in S 1.50 n.
Rayons 1.70 n.
Romanesque, valse chantée 2— n, Ch. s.
— 35 n.
Tu ne peux refuser (sur les motifs de Valse
Galante) 2— n, Ch. s. — 35 n.
Tzigana, valse avec *tambourin* ad lib. 2— n.
Valse galante 2— n.
Valse lente, P 2— n.
Bonazzi Arnaldo, Regina Elena, marcia mi-
lit. P 1.50 n. *Banda* 1.50 n *Lapini.*
Bonazzi T. Ascolta 3— *Fantuzzi.*
Brise de mer, valse-boston 2— n *Binetti-
Vaudy.*
Bon blagueur qui vient de loin 1—n, Ch. s.
—35 n *Billaudot.*
Bonbonne et Sergent 1—n, Ch. s. —35 n
Puigellier.
Bon bourgeois (Le), Scène type 1—n
Joubert.
Bonbright Stephe S. My love's far over the
sea —50 *Ditson.*
Bonce C. L'Insouciante, chansonnette p.
femme —25, P solo —60 *Gaudot.*
Bon chien 1—n, Ch. s. —30 n *Ondet.*
Boncinelli E. Amor che dorme, Stornello
2.50 *Venturini.*
Jo ti vorrei, Melodia 2.50 *Venturini.*
Senza amor, Romanza con accompagnamento
di P e Vc 3.50 *Venturini.*
Bon coeur 1— n *Joubert.*
Bon coeur porte bonheur, Rom. —30 n
Joubert.
Boncour, Petite valse 1—n *Mennesson.*
Boncourt H. Boléro-Sérénade, *ms* 2.50 n
Gallet.
Caprice-Valse 2— n *Gallet.*
Divertissement gavotte 1.75 n *Gallet.*
Intermezzo, *mus* 6— *Hamelle.*
Mazurka fa majeur 2—n *Gallet.*
Provençale farandole et air populaire, *mus*
3—n *Gallet.*
Retraite de Carnaval, *mus* 2.50 n *Gallet.*
Tzigane, *mus* 2.50 n *Gallet.*
Bon curé Patience, Chanson —30 n *Joubert.*
Le bon Dieu doit bien rigoler, Ch. com.
1—n, Ch. s. —30 n *Ondet.*
Bon docteur (Le) 1—n *Joubert.*
Bond, Turkish reveille, 1*CornP* —60 *White.*
La Zingara, Polka Redowa —30 *Gordon.*
Bond A. Clara Polka —25 *Brainard.*
Bond C. H. Vesper and Amen — 1 *Weekes.*
Bond Carrie Jacobs, Is my dolly dead —35
Thompson Mus. Co.

Mother's Cradle Song —50 *Thompson
Mus. Co.*
Write to me often, dear 2 — n *Wickins.*
Bond F. Heddon, Vesper Hymn — 1 n *Vin-
cent.*
Bond Henry, Good night my love (The
Union Choralist 57), SATB — 3 *Ashdown.*
Wanderer's hymn 3 — *Williams.*
What makes your leaves fall down? 3 —
Williams.
Wounded lark 4 — *Williams.*
Bond W. H. The Mechanics of fingering, V
1— *Summy.*
Bondam, La Fête, Marche, VP —60 *Eck.*
Bondarenko, Méthode du tambour, P 1—
Jurgenson.
Bondarenko E. Надежды мечты, Вальсъ —40
Kastner.
Bonden och räfven, ,,Bonden han gick sig
ut i grönan äng" (Folkvisa) vida
Enkla melodiska sånger för A. S af ats-
killige komponister, 2dra häft.
Bondesen J. D. Ave Maria for S. T med P1,
med P(Org), med Org1 à —75 *Hansen.*
Dylt i Skumring kolig, 8T —75 *Hansen.*
Seks Romancer —85 *Hansen*; Aften. Ellens
Sang. Til lille Marie. Annas Sang. Ved
Aften. Hvor tindrer nu min Stjerne.
Bondeson, Frau Julgille och Lekstuga häft
1, 2 à 1— *Elkan.*
Lars. Varieté-Kupletter och Visor: Musik
och text, häft 1—10 à 1— *Lundquist.*
Bondi D. Album Carnevalesco, P 8— *Ri-
cordi*: N. 1. Suez, Valzer 2—. N. 2. Un
Saluto. Polka. 3. Diana, Mazurka. 4.
L'Estasi, Schottisch. 5. Veglia, Polka, à
1.50. N. 6. La Danzatrice italiana, Ma-
zurka 2—. N. 7. Le Maschere, Quadriglia
2.50.
La Danzatrice Italiana, P 2— *Ricordi.*
Diana, P 1.50 *Ricordi.*
L'Estasi, P 1.50 *Ricordi.*
L'Esultanza, P 3.50 *Ricordi.*
Le Maschere, P 2.50 *Ricordi.*
Rimembranza popolare, Polka 3— *Ven-
turini.*
Un Saluto, P 1.50 *Ricordi.*
Suez, P 2— *Ricordi.*
Veglia, P 1.50 *Ricordi.*
Bonds-Marsch, opgedragen aan den Nederl.
Scherpschuttersbond —60 *Poot.*
Bondy J. O. D. de. O Salutaris, SC, Duet
& Quart. —40 *Ditson.*
Bone Frank W. The Dancing Boughs, Idyl,
G —30 *Jacobs.*
The Dandelion, Waltz, G —30 *Jacobs.*
Days of Fun, Song and Dance, G —30
Jacobs.
Memories Dear, Gavotte, G —30 *Jacobs.*
Rambling, Caprice, G —30 *Jacobs.*
The Wild Rose, Waltz, G —30 *Jacobs.*
Bonehill Miss Bessie. *Francis:* Awkward
Moments 2 — n *Sheard.*
Buttercups and Daisies 4 —.
The Girls of the Day 4 —.
God Save Our King 2— n.
The Good Old-fashioned Days 4 —.
In the days of gay King Charlie 4/—.
Katty Brown 4/—.
Money 4/—.

- My last Night out; or, the bachelor's club 2 — n *Sheard*.
- Playmates 4 —.
- Scapegrace Brother Jack 4 —.
- Shoulder to Shoulder 3 —.
- Sweet Nell of Old Drury 2 — n *Sheard*.
- That's the Cutting Part 4 —.
- Two hundred years ago 4 —.
- When you're up in the World 2 — n.
- Women of To-morrow 2 - n.

Bonelli, Boston Step March, *FullBrass* and *Reed Band* —50 *Fischer*.
- Exercises and Scales, P 1 — n *Ditson*.
- Last Recollections, Funeral March, *Full Brass* and *ReedBand* —50 *Fischer*.

Bonelli C. Mina, Polka (S t r a u ß) 1— *Mariani*.

Bonelli L. A Lei! Mazur 2.50 *Mariani*.

Bonelli M. Non ti scordar 2.50 *Ricordi*.

Boneschanser E. F. Groote Lievelingspotp. —60 *Bolle*.
- 5 groote zangstukken, v. Mannenkoor —50 *Nijgh*.
- Het zingende kind. 15 Eenv. vorspr. cённ. kinderliederen —25 *Nijgh*.
- In lust en leed. 12 nieuwe zangstukken —40 *Boer*.

Boneschanser E. J. Bloemen en paarlen. 50 Liederen, voor groote en kleine gemengde zangkoren —90 *Nijgh*.
- Vijftig Deuntjes en Liedjes in noten- en cijferschrift, ten dienste van de Bewaarscholen en de laagste klassen der Volksschool —30 *Noordhoff*.
- Keurbundel, 20 Vierst. liederen, v. gemengd koor —50 *Nijgh*.
- 20 Liedjes voor school en huis, 2 deeltjes à — 30 *Nijgh*.
- Met mannenlied. 15 Vierst. Liederen, *TTBB*, 2 deeltjes à —40 *Nijgh*.
- Van meet af! Nieuwe complete liederencursus, bevattende 200 één- en meerstemmige zangnummers, methodisch gerangschikt in 4 bundeltjes voor van scholen, huisgezinnen en kinderzanggezelschappen. I. 50 Eenvoudige eenstemmige liedjes —30. II. 12 eenstemmige en 38 tweestemmige liedjes —35. III. 50 twee-, drie- en vierstemmige liedjes —45. IV. 50 liedjes voor 2 en 3 stemmen —45 *Vletter*.

Boneschanser F. J. Koorklanken, uitgezochte liederen voor gemengd koor, part 1.20, elke stem apart —30 *Wagenaar*.

Bonet, Biblioteca del *organista*, para todas las festividades del año. Colección de Misas, Juego de versos, Himnos, Magnificats, Salmos, Elevaciones, Ofertorios, Plegarias, Pastorales etc., fáciles y de mediana dificultad de los más distinguidos organistas de Europa, Org —20 n *Ayné*, 10 — n *Dotésio*.
- La España Penitente, 3 voces y Org 1.25 n *Dotésio*.
- La gaita y el tamboril, colección de veinte cantos populares y pastoriles con Org, H, P 5 — n *Ayné*, transcr. P 2.50 n, Org 4 — n *Dotésio*.
- Nuevo Le Carpentier, método elemental. P 15, edición 3— n *Dotésio*.
- Polux, danza. P —50 n *Dotésio*.
- Cinco Trisagios á la santísima Trinidad.

2 voces y Org 1.50 n, 3 voces y Org 2.25 n *Dotésio*.
- Tres trisagios á la Santísima Trinidad á 4 voces y Org 1.75 n *Dotésio*.

Bonet R. Castor, Vals — 75 n *Dotésio*.

Bonet S. Vals fácil — 50 n *Dotésio*.

Bonetti E. Chi sarà? *VS, C* 4 — *Ricordi*.
- Heart to Heart, S. *VS, B* à 4 — *Ricordi*.
- Lunge da te 3 — *Ricordi*.
- Sai tu? 2 — *Ricordi*.
- Who can it be? 3.50 *Ricordi*.

Bonewitz, Roméo et Juliette, Fant. P 2— *Breitkopf*.

Bonewitz-Volkmann Marie, Mondlicht. Phantasie, P 4 — *Breitkopf*.

Bonferino Pietro, L'amicizia vedi fanfarista moderno.
- L'Eroina, Marcia milit. *Banda*, Part 2 - n *Bratti*.
- Felicitazione, Marcia milit. *Banda*, Part 2— n *Bratti*.
- Fieramosca, Polke. Part *Banda* 1.50 n *Lapini*.
- Scherzando, O 1.50 *Lapini*.
- Viva il ballo! Quattro danze (Seconda edizione) P; *Venturini*; 1. Dellina, Polka. 2. Tutta brio, Mazurka. 3. Paolina, Polka à 2—. N. 4. Sensitiva, Mazurka 1.50, N. 1: Mand —25, *VP, MandP* à 4—, *MandChit* 3—, *2MandP* 4.50, *2MandChit* 3.50, *2MandMaP* 5—, *2MandMaChit* 4 —, Part *banda* 3— n *Venturini*, 1.50 n *Lapini*, N. 2: Mand —25, *VP* 3—, *MandChit* 2.50, *2MandP* 3.50, *2MandChit* 3—, *2MandMaP* 4—, *2MandMaChit* 3.50. Part *Banda* 3— n.

Bonfét Crescenzia, op. 2 Nacht-schatten-Ländler, Z —60 *Hofmeister*.
- 3 Lieder-Marsch, Z —40 *Hofmeister*.
- 4 Traum u. **op. 5** Gedenke mein. Lieder ohne Worte, Z —40 *Hofmeister*.
- 8 O kehr zurück, du süßer Traum. Lied ohne Worte, Z — 40, *Disk*- n. *SlZ* —60 *Voigt*.
- 10 Sehnsucht nach den Bergen. Abschied. Lieder ohne Worte, Z — 50 *Voigt*.
- 13 Die Graziöse, Polka. Z —60 *Voigt*.
- 20 Abendständchen. Tonstück, Z —40 *Voigt*.
- 23 Weihnachtsglocken, Melodien, *DiskZ* —50 *Kabatek*.
- 24 Morgengruß, Fantasie, *DiskZ* —50 *Kabatek*.
- 29 Herzensglöckchen, Lied ohne Worte, Z —50 *Voigt*.

Bonfichi P. Rondò: Tanti affetti in un momento, cantato dalla Signora Belloc nella Donna del Lago di Rossini, S 2 — *Ricordi*.

Bonfigli A. 6 Ariette 3— *Ricordi*.

Bonfiglio D. Amor mio mazurka. *M* —50 *Sandron*.

Bonfiglio-Porpora D. op 20 Minuetto, *P* *Mariani*.
- Allegria, Polka baill. 2— *Venturini*.
- Amor mio! Mazurke 2.50, V — 50 *Sandron*.
- Tre composizione 5— *Venturini*: N. 1. Telegrafo senza fili, Mazurka 2.50. N. 2. Un sorriso d'amore, Polka, 3. Prima Gavotta à 2—.
- Dimmi che m'ami. Melodia 4— *Sandron*.
- Il fioraio, Canzone popolare siciliana, V —50 *Sandron*.

- Messaggio d'amore 3— *Sandron*.
- Il ritorno della Primavera, Stornello 2.50 *Venturini*.
- Scherzo Brillante, *P* 4.50 *Venturini*.
- Sudorifero per l'influenza, Polka, *Mariani*: *P* 3.50, *Mand*, 1, *Fl* à 2—, MandP, VP, FlP à 4—, FlP P 4.50.
- I tuoi begli occhi, Schottisch 3.50 *Sandron*.

Bonfils A. Little duck, polka 5— *Clot Fils*.

Bonfond, 24 Petits Préludes et autres Petites Pièces très faciles, *H* 1— n *Mustel*.

Bon garçon mais farceur, Scène à parlé 1— n *Joubert*.

Bongartz Leop. Aan de Koninginne des Hemels, Lied. opgedr. aan de congregatiën in Nederland — 30 *Eck*.
- Feestlied voor Iz. H. Pius IX. —40 *Weygand*.
- Een lied voor den Koning —60 *Eck*.
- Kerstlied, *TTBB* met *T*-Solo en *Org* of *P*, Part 1—, Elke stem —10 *Eck*.

Bongini A. *Ricordi*: Un Ballo in maschera, Mel. *P* 1— n.
- La Favorita, Potpourri, *P* 1.50 n.
- Il Giardinetto, Nott. *P* 1— n.
- Poliuto, Mél. *P* 1.50 n.
- Ruy Blas, Fant. *P* 1— n.
- Un sorriso d'amore, Scherzo fantastico originale, *P* 1.50 n.
- La Spiritosa, Mazurka, *1ms* 1.25.

Bongini Oreste, Ad una fanciulla, valzer. *Forlivesi*: 3—, Mand(V) —25 n, MandP 3.50, Mand(V)G 3—, 2MandP 4—, 2Mand(V)P 5—, 2Mand(V)G 3.50, 2Mand(V) MaG 4.50.
- Album di Danze: *Chit (2Chit)* 5— *Bratti*: Volubile, Polka, Ritrosa, Mazurka, Storditella, Polka, Sarai mia? Mazurka, Trottolina, Schottisch, à 1—, Ciao nen! Valzer 2—.
- Arlecchinata, Polka 1— n, Mand —25 n, MandP 1.50 n, 2MandP 1.75 n *Ricordi*.
- La Danza delle Streghe, Maz. 3—, MandP 3.50, MandChit 3—, 2MandP 4—, 2Mand Chit 3.50.
- Gaiezza, Polka brill. *Chit* —75 n *Ricordi*.
- Giuseppina, Polka 1— n, Mand —25 n, MandP 1.25 n, 2MandP 1.50 n.
- Lilliputziana, Piccola Mazurka, MandChit 1— *Ricordi*.
- Mosé, Sfumature, *Chit* 1.50 *Ricordi*, Mand *P* 2.40 n *Breitkopf*, V (Mand) *P* 6—, Mand Chit 5— *Ricordi*.
- Nuova primavera, Romanza, MandP 3— *Bratti*.
- Otello, Ave Maria, Traser, MandChit 3— *Ricordi*.
- Pensieri Melodici, Piccola fant. *Chit* 2.50 *Bratti*.
- Pensieri Melodici, Piccola fantasia, MandP 3.50 *Bratti*, 5— *Forlivesi*, VcP —.65, Mand(V)G 4— *Forlivesi*, MandChit 3— *Bratti*, 2MandP 5.50, 2Mand(V)P 6—, 2Mand(V)G 4.50, 2Mand(V)MaG 5— *Forlivesi*.
- Per la patria (Für's Vaterland), Marcia militare, *Banda*, Part 2.40 n *Schmidl*.
- Il pianto delle Fate, Valzer, *Bratti*: 3—, MandP 4—, MandChit 3—, 2MandP 4.50, 2MandChit 3.50.

- La rollina, polka brillante, 2MandP 4—, 2MandChit 3.50 *Bratti*.
- Satanella, Mazurka —75 n, Mand —25 n, MandP 1.50 n *Ricordi*, 2MandP 3— *Schmidl*.
- Scellerata, Mazurka —75 n, Mand —25 n, MandP 1.25 n, 2MandP 1.50 n *Ricordi*.
- La Spiritosa, maz. *4ms* 1.25.
- Tutta brio, polka brill. *Forlivesi*: 2.50, Mand(V) —25 n, MandP 3—, Mand(V) G 2.50, 2MandP 3.50, 2Mand(V)P 4.50, 2Mand(V)G 3—, 2Mand(V)MaG 4—.
- Vita gaia, valzer, *Forlivesi*: 2.50, Mand(V) —25 n, MandP 3.50, Mand(V)G 3—, 2MandP 4—, 2Mand(V)G 3.50, 2Mand (V)MaG 4—.
- Vittoriana, Polka —75 n, Mand —25 n, MandP 1.25 n, 2MandP 1.50 n.
- Viva Savoja!... Avanti Savoia!... Inno-Marcia, *Bratti*: *P* 3.50, Mand 1—, Cornet 3.50, MandP, VcP, FlP à 4—, MandChit, FlChit à 3.50, 2MandP 4.50, 2MandChit 4—, 2MandFlP 5—, 2MandFlChit 4.50.

Bon gite (Le), Chanson 1— n *Joubert*.

Bonheur à deux 1— n, *Ch. s.* —35 n *Puigellier*.

Bonheur à quinze ans (Le) —30 n *Joubert*.

Bonheur à toi, Rom. —30 n *Joubert*.

Bonheur caché, Rom. —30 n *Joubert*.

Bonheur de l'Asile, —50 n *Bornemann*.

Le Bonheur de Jeannette 1— n, *Ch. s.* —40 n *Bornemann*.

Bonheur de jeune fille —30 n *Joubert*.

Bonheur (le) de se revoir, Tyrolienne —30 n *Joubert*.

Bonheur (le) du cabaret, Chans. 1— n *Joubert*.

Le Bonheur du Forgeron, *T. Bar* 1— n, *Ch. s.* —35 n *Ercillard*.

Bonheur (le) du foyer, Mél. —30 n *Joubert*.

Bonheur du premier jour, Parod. 1— n *Joubert*.

Bonheur et guignon 1— n, *Ch. s.* —35 n *Ercillard*.

Bonheur, Come back soon, waltz 2— n. (Gems for little players 129) —6 n, Full O 1 6 n, Sept. 1/— n *Wickins*.
- Dear old Home 2— n *Wickins*.
- Donetta, danse pittoresque, *P* 2 — n *Wickins*.
- Duchess of York, waltz 2/— n *Wickins*.
- First in the field 4/— *Williams*.
- For evermore 2/— n *Wickins*.
- Golden Sunshine, waltz 2/— n, FullO 1 6 n, Sept. 1/— n *Wickins*.
- Grand valse de concert (Mattei Tito) 5 — *Ashdown*.
- Lock keeper 4 — *Williams*.
- Merry bells Galop, Characterist. —60, *4ms* 80 *White*.
- Mexikansk Serenad, *P* —75 *Gehrman*.
- Mizpah, Gavotte —60 *White*.
- Off to the Ball, *P* (Memories of Home 7) 2/— n *Wickins*.
- La Reine du Printemps, waltz 2;— n *Wickins*.
- Skipping Rope, Dance, P2VVc, (Fl)Va ad lib. (Orch. Half-Hours 20) 2 — n *Wickins*.
- The Unfinished Picture 4/— *Cary*.
- Ziniska, russian dance, *P* 2 — n *Wickins*.

Bonheur F. A long lane 4/— *Williams*.

Bonheur G. Love's golden dream, Waltz —60 *Gordon.*
Bonheur Georges, Exercises Pratiques de la voix 5— n *Loret.*
Bonheur incompris 1— n. *Ch. s.* —30 n *Ondet.*
Bonheur Isidore. *Sheard*: The Bohemian Girl, Quadrille (Alexandra Mus. book 2) — 6.
- Hands and Hearts shall meet at last 2 — n.
- I'll ne'er forget thee 2— n.
- The last Chance (Samoa) 2 — n.
- Leap Year 2/— n.
- Lillian, Gavotte 4 —.
- Paulus, Polka 2 — n.
- Perdita, Waltz 2/— n.
- The Phonograph, Waltz 2 — n.
- Three Short Charakteristic Dances (Dance of Marionettes, Sabot Dance, Hungarian Dance) 4 —.
Bonheur L. Avec ma petite femme 3— *Sulzbach.*
Bonheur Otto, Elite Waltz 2/—, (Ch. Tuckwood) *FullO* 1/6 n, Sept 1/— n, extra parts —3 *Hopwood.*
- Lily Queen, Waltz 2/—, (Pleas Memor. I. E. Newell 8), —6 *Hopwood.*
Le bonheur qu'on se fait soi-même 1— n, *Ch. s.* —35 n *Ercillard.*
Bonheur R. Huit poésies de Francis Jammes. (Ornements d'Eugène Carrière) 10— *Demets*: 1. La maison serait pleine de Roses. 2. Le Paysan. 3. Le village à midi. 4. J'allai à Lourdes. 5. La Vallée. 6. Avec les pistolets. 7. C'est aujourd'hui. 8. Quand verrai-je les Iles.
Bonheur rêvé, Valse chantée 2— n *Joubert.*
Bonheur (le) s'effeuille et passe, Mél. 1— n *Joubert.*
Bonheur Theo. op. 30 Philomeno, Gavotte 1.50 *Germann.*
- 31 Marine-Polka 1.50, O 1.50 *Germann.*
- 32 Mückenspiel, Salonstück, P 1.50 *Germann.*
- Abbey Voluntaries book VIII N. 1—10, *Org, H. Americ Org* 1/— *Hopwood.*
- After Sundown Waltz 2/— n, (Gems for little players 4) —6 n, FullO 1/6 n, Sept. 1/— n *Wickins*, vocal 2/— n *Wickins.*
- After the Ball, Waltz 2/— n *Sheard.*
- After the fray, TB 4 — *Ashdown.*
- Aida my Queen 4/— *Hopwood.*
- Air de Ballet (Tolhurst), P 4/— *Swan.*
- Albanian Dance, P 1/—, 4ms 4/— *Larway.*
- Alexandra Mazurka, P 1/— *Larway.*
- All Hallow E'en, Valse on Pinsuti's popular Song 4/— *Keith.*
- Always friends, TB 4/— *Ashdown.*
- Always with Thee, Waltz 1/— *Hopwood.*
- Amorita, waltz 2.— n *Wickins.*
- 'Arry and 'Arriet. Lancers 3/— *Reynolds.*
- At the golden gates 4/— *Leonard, Williams,* —60 *Wood.*
- Azalea, Schottische 4/— *Weckes.*
- Bamboo Dance, P 3/—, 4ms 4/— *Larway.*
- Bataille des Fleurs 4/— *Francis.*
- The battle eve, TB 4/— *Ashdown.*
- Beauteous land 4/— *Swan.*
- Beating round the Bush —/2 *Broome.*
- Beatime Melodies —2 *Broome.*
- Belle étoile, valse 4/—, 4ms 4/— (Orch.)

Magaz. 11), *SmallO* 1/— n, *FullO* 2/— n *Leonard.*
- The Belle of Baltimore, barn dance 4— *Leonard.*
- Beneath the Stars 2/— n *Hopwood.*
- Berlin March 1/6 *Hopwood.*
- Beyond earth's shadowland 4/— *Williams,* with P oblig. 4/— *Larway.*
- Big Wheel, Lancers 2 — n *Sheard.*
- Biondinette, P 1/6 *Hopwood.*
- Bogie Man. Lancers 4—, *BanjoP* 4/— *Hopwood,* Marche Grotesque 4 — *Hopwood.*
- Bow-wow, Schottische (Band Journal 236) *FullO* 1/6, Sept. 1/—, Band parts 1 — *Francis.*
- Bow-wow, Waltz 4 —. (Band Journal 237) *FullO* 1/6, Sept. 1/—. Band parts 1— *Francis.*
- The Boys are marsching, Patriotic Song 2 — n *Broome.*
- Boys of the Regiment 4 — *Hopwood.*
- Brave patrol 4/— *Williams.*
- Bravest boys of all 4/— *Williams.*
- Breakers Ahead 4— *Hopwood.*
- Burlesque Schottische (introducing Wot Cher!) 4 — *Reynolds.*
- Butterflies Barn Dance — 2 *Broome.*
- Called Home 2/— n *Broome.*
- „Cap and Bells", Lancers, *Milit. Band* 15/— *Rudall.*
- Castanetta 2 — n *Wickins*, 4/— *Williams.*
- The Cathedral March 2/— n *Jeffery.*
- Cathedral Voices —/2 *Broome.*
- Chancel Echoes book II, XI, XX, *Org. H. Americ. Org* 4 1/— *Hopwood.*
- Child of Bethlehem 4 — *Williams.*
- The Children's new Century Album 1/— *Francis*: The Soldiers of the Queen. Little Dolly Daydream Waltz. For Old Times' Sake Waltz. The Piccadilly Johnny Polka. Many Happy Returns Birthday Waltz. Vienna Up to Date March. Balmoral Schottische. „Uncle Tom's" Barn Dance or Schottische. Tut-Tut Polka. Gordon Schottische. Koker Nut Barn Dance. Soldiers of the Queen Quadrilles. Society Dance.
- Chinese Wedding Dance 3/— *Moore.*
- Christmas Roses —/2 *Broome.*
- Circassian Dance 4/—, (Band Journal 154) *FullO* 1/6, Sept. 1/—, Band parts 1.— *Francis.*
- Circus Waltz 2/—, (Ch. Tuckwood) *FullO* 1/6 n, Sept. 1/— n *Hopwood.*
- The clang of the hammer —50 *Church, Mc Kinley,* 2/— n *Morley,* —50 *National Music, Schirmer,* TTBB (Morley's Part-song journal 11) —/3 *Leonard,* —06 *Wood.*
- Cloudland Waltz (Newell Pleas Memor. 48) —6 *Hopwood.*
- Colour Sergent Grey 2/— n *Hopwood.*
- Come to my Heart Waltz 2/—, VP (Trearhearne Winds Ser. 2) 1/6, FlP (Fancelli Holy Ser. 5) 1/— *Hopwood.*
- Concordia March 4/—, Org 4/— *Pitman.*
- Conquerors 4/— *Williams*, TTBB (Morley's part-song journal 4) —/3 *Leonard,* TTBB with P (Part-Song Journ. 8) —06 *Wood.*
- Constantinople Polka (Dance Album Book 2) 1/— n *Reynolds,* Violin part —/6 n.

- Constant Love 4/— *Whittingham*.
- The Continental, Waltz 2 — n *Sheard*.
- Coraline. *P* 3 — *Reynolds*.
- Corsican March. *P* 2 —, (Stuart Scott Little Favourites 2) —/6 *Hopwood*.
- Cosette, March 4 — *Ashdown*.
- The Costers, Barn Dance 4/—, Polka 4 — *Hopwood*.
- The Crusader 4/— *Whittingham, Williams*.
- Dainty Minuet, *P* —/2 *Broome*.
- Dance of the Butterflies, *P* 4 — *Sheard*, —50 *White*, *4ms* 2 — n *Sheard*, —75 *White*.
- The dance of the dwarfs, *P* 4 — *Leonard*, —40 *White*, *4ms* (Dupré) 3 —, (Palmieri) 4 —, *VP* 4 —, (Orch. Magaz. 1) *FullO* 2 — n, *smallO* 1/— n *Leonard*.
- Dance of the Giants, morceau grotesque, *P* 4 —, *4ms* 4 — *V. Fl* à —3 n *Reeks*, *Banjo* (Banjo Budget 378) 2 — *Turner*, *FullO* 1/4, Sept. 1/— n *Reeks*.
- Dance of the Gnomes, *P*, *4ms* à 4 — *Pitman*.
- Dance of the Goblins, *P* 2 — n. *P2VVeCorn* (*Fl*)*Va* ad lib. (Orch. Half Hours 27) 2/— n *Wickins*.
- Dance of the Liliputions, à la Tarantelle. Morceau de Salon, *P* 4/— *Sheard*, —60 *White*, *4ms* 4 — *Sheard*, 1— *White*.
- Dance of the Midgets, *P* 3/— *Cary*, *VP* (H. Terriss Chandos Series 30) —9 *Hopwood*.
- Dance of the Witches, *P* 1/— n, *4ms* 4 —, *VP* 3 —, *2MandP*, *2VP* (J. E. Newell) à 4 — *Reynolds*.
- Dance Pantomimique. *P* 3 —, *VP* (Trealhearne Winds Ser. 45) 1/6 *Hopwood*.
- Dance Romaine, A la Tarantelle. Italian Peasant Dance, *P* 4/—, *V* part. ad lib. —/3 n *Reeks*.
- Dandy Coon's Barn Dance 2/—, (Prom. Pearls 36) 1/—, *VP* (Treahearne Winds Ser. 40) 1/6, (Ch. Tuckwood, Band Journal) *FullO* 1/6 n, Sept. 1/— n, extra parts —/3 *Hopwood*.
- Danse Carnivale, *P* 4/—, (Prom. Pearls 43) 1/—, *4ms* 4/— n, (Chatsworth Edit. 12) 2/—, *VP* 4/—, *2V* (*P* ad lib.) 4/—, Brass Band 2/6 n *Hopwood*.
- Danse des Courtiers (Gavotte Majestique), *P* 3/— *Hopwood*.
- Danse des Sirènes —/2 *Broome*.
- Danse Gracieuse 4/— *Willcocks*.
- Danse Martinique, *P* 3/— *Hopwood*.
- Danse Orphique, *P* 4/—, (Orchestral Library 25) *O* 1/— n *Ashdown*.
- Danse Romaine, *Banjo* (Banjo Budget 375) 2/— *Turner*.
- The dare-devil crew 4/— *Leonard*.
- Darkies, Revels, *P* 3/— *Orpheus*.
- Daubert's New American Barn Dance, *4ms* 2/— n *Sheard*.
- The Daughter of the Regiment. March 2/— n *Hopwood*.
- Dearie Valse 2/— n *Morley*.
- Dear Kind Doctor. Waltz 1/—, *V Cornet* parts à —/6 *Hopwood*.
- Delighted to See You. Waltz —/2 *Broome*.
- The Divine. Waltz 2 — n *Sheard*.
- Domino Polka 2/— *Hopwood*.
- The Donkey Cart 4/— *Dary, Williams*.

- Donna Sabine. Sérénade, *P* 3/— *Leonard*.
- Dreaming of home 4/— *Williams*, with *V* 4/—, *SATB* —/3 n *Reeks*.
- Dream memories, Waltz 4/— *Williams*, (Orchestral Library 50) *O* 1/— n *Ashdown*.
- Duetto. Intermezzo, *P* 1.60 n *Ascherberg*.
- Dulcibel, *P* —/6, *4ms* 2 —, *V(Mand)P* (H. Terriss Chandos Series 27) —/9, *2VP* 1/6 n, Grand Valse (Ruby Series 7) 4 — *Orpheus*.
- Eastern Dance, *P* 3/— *Hopwood*.
- Six Eastern Dances. 2 in each book 2/— n *Broome*.
- 25 easy pieces, *P* à 1 — *Reynolds*.
- Echoes of St. Peter's, Morceau Religieuse, *P* 1/6 *Hopwood*.
- Echoes of the Old Chateau. Gavotte 3,— *Weekes*.
- 'E dunno where 'e are. Lancers 1/—, *VCornet* parts à —/6, Polka 1/—, *VCornet* parts à —/6 *Hopwood*.
- The Emperor's March, *P* 3/— *Donajowski*.
- Empress of the Sea 4/— *Moore, Williams*.
- Encore. Valse 4/— *Leonard*.
- Endless Love 4/— *Hopwood*.
- Endymion. Intermezzo, *P* 3 —, *4ms* 4/— n, (Ch. Tuckwood) *FullO* 1/6 n, Sept. 1/— n *Hopwood*.
- Enita Waltz 4/— *Hopwood*.
- Esmarita, Polish Danse 2/— n, *P2VVeCornet, Va* ad lib. 2/— n *Wickins*.
- L'Etoile d'or Waltz 4/— *Hopwood*.
- Extasy. Pas de Quatre 1/—, *VCornet* parts à —/6 *Hopwood*.
- The fairies and the flowers (Morley's school songs, two-part 19) —/3 *Leonard*, —06 *Wood*.
- Fairy barque, *MandP* 4/— *Whittingham*.
- Falstaff 2/— n *Sheard*.
- Faust (Gounod). Grand Selection, *P* 4/—, *4ms* 3/—, *VP* 3/— n *Sheard*.
- Russian Mazurka —50 *White*, with *V* part ad lib. —/3 n *Reeks*.
- Flemish Dance, *P* 4/— *Sheard*, —50 *White*, *4ms* 2/— n *Sheard*, —80 *White*, *O* —60 *White*.
- Forget menot 2/— n *Hopwood*.
- For the King 4/—, March 3/— *Ashdown*.
- Fox Bush Galop 2/— n, (Gems for little players 12) —/6 n, *P2VVeCornet, Va* ad lib. 2/— n, *FullO* 1/6 n, Sept. 1/— n *Wickins*.
- Frühlingslied (Spring Song), *P* 1/6 *Hopwood*.
- „Fun and Frivolity". Lancers, *Military Band* (arr. C. W. H. Hall) 15/— *Rudall*.
- Gabrielle. Pas de Danse 1/—, *VCornet* parts à —/6 *Hopwood*.
- Gate of mercy 4/— *Williams*, with *Org* ad lib. 4/— *Swan*.
- Geneviève, Gavotte 3/—, (Prom. Pearls 32) 1/— *Hopwood*.
- Gentle faces —35 *Ditson*, —30 *Gordon*, *National Music*, 4/— *Williams*, —/3 *Leonard*, —06 *Wood*, Song & Chor. —35 *White*, Transer. *P* 3/— *Dean*.
- The girls are the boys for me 4/— *Leonard, Williams*.
- Gitanelle. Spanish Dance 1/6, *VP* (H. Terris, Chandos Series 23) —/9 *Hopwood*.
- God Bless the Prince of Wales. March 1/— *Larway*, 4/— *Sheard*, *4ms* 4/—, *FullO* 1/6 n, Sept. 1/— n *Larway*.
- Golden Sunbeams. Waltz, *4ms* 2/— n *Broome*.

- Gondolina, *P* 3/— *Larway.*
- La Gonita. March 4/—, *1ms* 2/— n *Sheard.*
- Grannie's Rings in C in D à 2 — n *Reynolds*, 4/— *Williams.*
- Grenadier's Polka. March —50 *Gordon*, 4/—, (Prom. Pearls 11) 1/— *Hopwood*, —50 *White*, *4ms* (Chatsworth Edition 1) 2 —, *Mand* (Nic. Podesta Mand. Portf. 5) 1 6, *VP* (Treahearne Winds. Ser. 18) 1 6, *Banjo P* (Banjo Academie 1) 1/—, *2V* (*P* ad lib.) 4 —, (Tuckwood) *FullO* 1 6 n, Sept. 1/— n *Hopwood.*
- Griselda. Graceful Dance 3/—, (Prom. Pearls 39) 1/— *Hopwood.*
- Grotesque revels, *P* 4/— *Ashdown.*
- Guard of Honour, *P* —2 *Broome.*
- Half Hours with Best Music Hall Composers 1st. Selection, *P* 4/— *Hopwood.*
- Her Grace. Waltz 4/— *Hopwood.*
- High Jinks (on popular Melodies). Quadrille 2 — n *Sheard.*
- Hilarity, Selection, *Military Band* (arr. E. Sharpe) 15/— *Rudall.*
- The Holy Vision —2 *Broome.*
- Honor's Watchword in F in G à 2 — n *Reynolds.*
- Hungarian Dance 3/— *Hopwood.*
- Hush! Waltz, *4ms* 2/— n *Broome.*
- Hypatia, *P* 3/— *Pitman.*
- Imperial Light Infantry. Galop 2/— n *Sheard.*
- Imperial Parade March —2 *Broome.*
- Imps' Revels Characteristic Dance 2 —, (Newell, Pleas. Memor. 26) —6 *Hopwood*, —50 *White*, *4ms* 2/— *Hopwood*, —75 *White*, *6ms* 2/—, *VP* 2/—, (H. Terriss, Chandos Series 17) —9, *Mand(VP* —9 n, *2VP* 1 6 n *Hopwood.*
- In dreamland city 4/— *Ashdown.*
- In the Clouds. Waltz 4/— *Reynolds.*
- In the gloaming. Waltz, *4ms* 4/— *Whittingham.*
- In the moonlight. Barn dance 3/—, O (Orchestral Library 41) 1/— n *Ashdown.*
- Italian Dance 1/6 *Hopwood.*
- Jack my hearty 2/— n *Hopwood.*
- Jack's Wedding 4/— *Whittingham.*
- Japanese Cherry Dance. *Hopwood*; 3/—, (Iwan Caryll) 4/—, (Prom. Pearls 29) 1/—, *4ms* (Chatworth Edition 10) 2 —, *VP* 3/—, (Treahearne Winds Ser. 32) 1 6, (Ch. Tuckwood) *FullO* 1/6 n, Sept. 1/— n.
- Jolie Pas. Danse Piquante 4/— *Orpheus.*
- „Jollity" Fantasia, *Military Band* (arr. W. Bentley) 15/— *Rudall.*
- Josephine. Danse Espagnole 3 — *Leonard.*
- Just a little sunshine 4/— *Williams.*
- Kindergarten Series, *P* 1—62 à —6 n *Sheard.*
- „Kindergarten" Valsette, *P* 1/— n *Reynolds.*
- King of the Camp March 3/— *Larway.*
- The King's Cavaliers **4**/— *Willcocks.*
- The king's heroes, *TB* 4/— *Ashdown.*
- King's Own 2/— n *Hopwood*, 4/— *Williams*, March (Prom. Pearls 35) 1/—, *4ms* (Balmorel Ser. 9) 1/—, *Mand* (N. Podesta, Mand. Portf. 10) 1/6, *VP* (Treahearne Winds. Ser. 36) 1/6 *Hopwood.*
- Lady Fayre Gavotte 4/— *Whittingham.*
- Land of little children 4/— *Williams*, with *V* oblig. 4/— *Larway.*

- Lassie 4/— *Cary*, —50 *White*, Transer. *P* (Garland of Melodies 11) 3/— *Dean.*
- Leoline. Intermezzo, *P* 4/—, (Maubray G. Daisy Chains 10) *P* 1/— *Moore.*
- Let's away, *SATB* (Morley's part-song journal 32) —3 *Leonard*, —06 *Wood.*
- Life on a Troopship. Charactéristique Pièce, *P* 4/— *Hopwood.*
- The Lighthouse. Fantasia, *P*, *1ms* à 4 — *Larway.*
- The Liliputians à la Tarantelle. Danse Characteristic, *4ms* 2/— n *Sheard.*
- The little Alabama boon. Transer. *P* 4/—, *VP* 2 — n *Sheard.*
- The little grenadier 4/— *Ashdown.*
- Little Soldier's March 1/— n *Reynolds.*
- Little Soldiers. Waltz 4 — *Hopwood.*
- London, Night by Night, *P* 4 — *Sheard.*
- Lord is Love 4/— *Cary.*
- Loveland. Waltz 4/—, (Band Journal 174) *FullO* 1 6, Sept. 1 —, Band parts 1— *Francis.*
- Love Lane. Vocal Gavotte 2 — n *Wickins.*
- Lovelano. Valse —3 *Francis.*
- Love's Golden Dream. Waltz —60 *Century Music Publish*, —50 *Ditson*, *National Music*, *Presser*, —60 *White*, 1.25 *Elkan*, *Hals*, *V(Mand)P* —60 *Presser.*
- Love's way 4/— *Leonard*, —50 *Wood.*
- Lubbly Dinah. Plantation Dance 1/—, *VCornet* parts à —/6 *Hopwood.*
- Ma fiancée. Gavotte 4/— *Whittingham.*
- Mandolina 4/— *Williams*, with *Mand* 2/— n *Hopwood.*
- Manzanella 2 — n *Hopwood.*
- Marche des Géants. Morceau Grotesque, *P* —50 *Gordon*, 1/6 n *Moorley.*
- March in C 3 — *Hopwood.*
- March in D (Tolhurst) 4 — *Swan.*
- March in E flat 3/— *Larway.*
- March in F 1 — n *Reynolds.*
- Marchioness. Gavotte Modern 1 6 *Hopwood.*
- March Militaire. (Newell Pleas. Memor. 50) —/6 *Hopwood.*
- March of the Franciscans 4/— *Whittingham.*
- March of the Friars 1 6, (Pleas. Memor. Newell 19) —/6 *Hopwood.*
- March of the Monks 4/—, *VP* (Treahearne Winds. Ser. 50) 1/6 *Hopwood.*
- March of the Rank and File 1 6, (Newell, Pleas. Memor. 22) —/6 *Hopwood.*
- Marche Majestique. (Sanctuary March Album, Book 1 N. 1) 1/— n *Reynolds.*
- Marche Triumphale 3/— *Cary.*
- Marsh Goblins. Danse Grotesque 1/6 *Hopwood.*
- Matin voices 4/— *Williams.*
- Maypole Revels (a pastorale Dance), *P* 3/—, *4ms* 4/—, *VP* 3/—, *2MandP*, *2VP* (J. E. Newell) à 4/— *Reynolds*, (Band Journal 86) *FullO* 1/6, Sept. 1/—, Band parts 1/— *Francis*, Vocal Waltz 4/— *Francis.*
- Mazeppa, *P* 2 6 *Hopwood.*
- Mellow Autumntide Waltz 1/—, *FullO* 1 6 n, Sept. 1 — n *Larway.*
- A merry Christmastide, *SATB* (Morley's part-song journal 13) —3 *Leonard*, —06 *Wood.*
- Merry Melodies. Six easy pieces, *P* 1/— n *Ashdown.*
- Merry mountainers, *SATB* (Morley's part-song journal 36) —3 *Leonard*, —06 *Wood.*

- Mexican serenade, *P* —60 *Brainard*, 4 —. *4ms* 2 — n *Sheard*.
- The Midshipmites. Polka, *Hornpipe* 4 — *Francis*.
- The Mirror 2 — n *Wickins*.
- Miserere mei deus 4 — *Williams*.
- Moorish Dance 3 — *Hopwood*, 4 — n *Reynolds*.
- Les Mousquetaries Marche. (Musical Sunrays 14) 1 — *Agate*.
- Muscovite Revels —2 *Broome*.
- Musik ombord. Marsch —50 *Nordisk Musikforlag*.
- My bonny barque. March (on Godfrey Mark's song) 4/— *Leonard*.
- My Coon. Barn Dance 1/—, *VCornet* parts à —6 *Hopwood*.
- My dream, romance, *P*, *MandP*, *VP*, *VeP* à 2/— n *Wickins*, as a Song with *V* ad lib. 2/— n *Wickins*.
- My lady, valse 4 — *Leonard*.
- Mystic Melody 2 — n *Hopwood*.
- La Naiade Valse 2/— n, *FullO* 1/6, Sept. 1/— *Moorley*.
- Nautch Revels, *P* 4/— *Whittingham*.
- Neva, Mazurka Russe 4 —, *4ms* 2 — n *Sheard*.
- The Night Alarm 2 — n *Hopwood*.
- A Night in Town (Grand Selection), *P* 4 — *Hopwood*.
- Nina. Valse espagnole 3/— *Leonard*.
- Ninette Valse 2 —, (Prom. Pearls 34) 1/—, (Ch. Tuckwood) *FullO* 1/6 n, Sept. 1/— n *Hopwood*.
- Nita's Waltz 1 — n *Reynolds*.
- Nuit d'amour, valse 4/— *Leonard*, 2— n. *4ms* 3— n, *PMand* 2.50 n, *PV*, *PVl* à 3— n, *V(Mand)G* 1.75 n, *P2Mand* 3— n, *2MandG* 2— n *Durand*, (Orch. Magaz. 77) *FullO* 2/— n, *smallO* 1/— n *Leonard*, *O* 2— n *Durand*.
- Nursie 2/— n *Hopwood*.
- Odeon. Intermezzo, *4ms* 2/— n *Jeffery*.
- Old and new 2/— n *Wickins*, 4/— *Williams*.
- Old and New Gavotte 2/— n, (Gems for little players 8) —6 n, *P2VVe(Fl)Va* ad lib. (Orch. Half-Hours 13) 2/— n, *FullstO* 1/6 n, Sept. 1 — n *Wickins*.
- Old Antwerp, *P* 3/— *Swan*.
- The Old Bastille. Gavotte 3/— *Weekes*.
- Old chums. March 4/— *Leonard*.
- Old Comrades, *TB* 2/— *Hopwood*.
- Old Minster March 4/—, (Maubray G. Daisy Chains 12) 1/—, (Bradley C. Compositions & Arrangements 1) *Org* 3/— *Moore*.
- Only then 4/— *Leonard*.
- Orange blossoms. Intermezzo, *P* 4/— *Hopwood*.
- Original Voluntaries 1—12 à 1/— n *Reynolds*.
- Orpheus. Intermezzo 4/— *Francis*.
- Our Army and Navy. Fantasia, *P* 4/— *Larway*.
- Our mate 4/— *Ashdown*.
- Out in the Bay, *B. Bar* 4/— *Orpheus*.
- La Pantalon Polka 1/6 *Hopwood*.
- Pas de Danse, *P* 4/— *Hopwood*.
- Peaceful echoes 4/—, with *PH* 4/—, SATB (Part-Song Journal 28) —/3 *Leonard*, —06 *Wood*.
- Les petits Soldats. Polka 4/— *Francis*.
- Philomene, graceful dance 3/— *Cary*.
- Le Picadors March 4/— *Francis*.

- Pilgrim's prayer 4 — *Williams*.
- Pit-a-Pat, Polka 2 —, *MandP* (G. Silvani Mandoline Gems 4) 1/6, *VP* (Treahearne, Winds Ser. 12) 1/6, *2VP* 1/6 n.
- Pleasant thoughts. Six easy pieces, *P* à 2/6 *Ashdown*: 1. Gardenia waltz. 2. Royal dance. 3. Fairy steps. 4. Drummer boy's march. 5. Bonnie laddie, Schottische. 6. Circus galop.
- Plus que Reine. Intermezzo, *P* 2 — n, (London Orchestral Journal 14), *FullO* 1/6 n, Sept. 1 — n, *P* —/6 n *Jeffery*.
- Popular Pianoforte Compositions. First Album: 1. La Perle, Mazurka. 2. Espanola, Spanish Dance,. 3. Les Lontains, Valse. 4. True Love, Gavotte. 5. Pascarel, Sketch. 6. Zenobia. Gavotte. Second Album: 1. Sylvia, Schottische. 2. La Grotesque, Dance. 3. En Garde, Polka-March. 4. Domino, Dance. 5. Entre-Nous, Polka. 6. Sparkling, Galopade. (Castle Series of Music Books 26, 27 à —/6 *Donajowski*.
- Prayer in the storm 4 — *Williams*.
- La première, Valse 2—, *VP* (Treahearne Winds Ser. 47) 1/6, *4ms*, *Mand* (G. B. Marchisio) 4/—, (Ch. Tuckwood) *FullO* 1/6 n, Sept. 1 — n *Hopwood*.
- The 'prentice Lad 2/— n *Morley*.
- Pretty little Maidens Polka, (Band Journ. 220) *FullO* 1/6, Sept. 1 —, *Band* parts 1/— *Francis*.
- Twelve Pretty pieces for the Pianoforte: 1. La Perle. 2. Espanola. 3. Sylvia. 4. Grotesque Dance. 5. Les Lointains. 6. True Love. 7. Pascarel. 8. Zenobia. 9. En garde. 10. Domino Dance. 11. Entre nous. 12. Sparkling, Galopade, à 1/— *Donajowski*.
- The Prince of Wales. Fantasia, *P*, *4ms* à 4/— *Larway*.
- Prince of Wales own, Marche Milit. *P* 4/—, *V* part ad lib. — 3 n *Reeks*. *Banjo* (Banjo Budget 376) 2/— *Turner*.
- Queen of the Highlands Schottische, (Ch. Tuckwood) *FullO* 1/6 n, Sept. 1/— n *Hopwood*.
- Queen's review march, Palais royal (Dance de ballet). March of the Normans, Coryphée gavotte, *VP*, *VeP*, *CornetP* à 1/— n, *2VP*, *VVeP*, *FlVP*, *CornetVP* à 1/6 n *Leonard*.
- Ra-ta-ta-ta 4/— *Francis*.
- The Reason Why 2 — n *Sheard*.
- Red scarf —50 *Ditson*, 2/— n *Reynolds*.
- Reminiscences, *P* 4/— *Whittingham*.
- Return of the Guards, March —2 *Broome*.
- Review March 1/6 *Hopwood*.
- Reynella, *P* 4/— *Whittingham*.
- River of life —60 *Brainard*, 4 — *Williams*, with *V*, *Vc*, *Org* acc. à 4/— *Reeks*.
- Robin is awa' 4/—, (Band Journal 162) *FullO* 1/6, Sept. 1/—, *Band* parts 1/— *Francis*.
- Rosemonde, Graceful Dance 4 — *Sheard*.
- La Rosette, Morceau Poétique, *P* —50 *White*, 4/—, *V* part ad lib. —3 n *Reeks*.
- Royal Naval Brigade March 4/— *Hopwood*.
- Royal Military Tournament, *P* 4/— *Cramer*.
- Royal Navy Polka 4/— *Cary*, *Hornpipe* 4/—, (Band Journal 180) *FullO* 1/6, Sept. 1/—, *Band* parts 1/— *Francis*.

- Vienna, Stately March 1/6, (Scott, Little
Favour. 11) —/6, *Ims* (Juven. Treasures 22)
— 9 *Hopwood*.
- Virgilia. Intermezzo, *P* 3/— n, (Prom. Pearls
46) 1 —, (Ch. Tuckwood) *Full O* 1/6 n,
Sept. 1 — n *Hopwood*.
- Vivacity. Lancers 2/— n *Sheard*.
- Ten Voluntaries. (The Vesper Voluntaries
Book XXXIII.) *Org H (Americ Org)* 1/—
Hopwood.
- Twelve Voluntaries. (The Vesper Voluntaries
Book IX.) *Org H (Americ Org)* 1 — *Hopwood*.
- Waltzes (Très douce, May and December,
Sweet roses, Mon adorée), *VP*, *Ve P*, *Fl P*,
Cornet P à 1/— n, *2VP*, *VVe P*, *Fl VP*,
Cornet VP à 1/6 n *Leonard*.
- Waving Poppies, Danse Legère 3/— *Weekes*.
- Westward ho! —50 *Ditson*, 2/— n *Hopwood*,
—50 *National Music*, 4/— *Williams*.
- When the Boys come marching home. March
— 2 *Broome*.
- When the lights low, valse 4/— *Leonard*,
—60 *White*, *4ms* 4 —, (Orch. Magaz. 2)
Small O 1/— n, *Full O* 2/— n *Leonard*.
- When you forget! 4/— *Williams*, with 1¨
oblig. 4/— *Larway*.
- With drum and fife 4/— *Williams*.
- Within the veil 4/— *Williams*.
- With the Colours 4/— *Larway*.
- Woodland Revels. Morceau Charactéristique,
P 1/6 *Hopwood*.
- Zarabanda. Mazurka 3/— *Larway*.
- Zinga. Russian March 2/—, (Scott, Little
Favour. 7) —/6, *4ms*, *6ms* à 2/—, *2VP* 1/6 n
Hopwood.
- Zitana. Polish Dance 4/— *Hopwood*.
- and S o u t h w e l l A l v e y, Romeo's Song
2 — n *Sheard*.

Bonheur et Neuzillet, Ses trois amoureux.
Tous les trois. *Puigellier*.
Bonheur, tristesse, amour, Rêverie —30 n
Joubert.
Bonhomme B. Chrysis, polka-mazurka (n°
17 de „La Jeunesse dansante") 1— n
Gregh.
- Le 2. décembre 1851. Pas red. *Harm* av.
Tambours et Clairons 3— *Evette*.
Bonhomme de guerre s'en va d'jouga 1 — n
Joubert.
Bonhomme de pain d'épice, Chans. 1— n
Joubert.
Bonhomme (le) dimanche, Chans. —30 n
Joubert.
Bonhomme Etrennes, 1— n, *Ch. s.* —35 n
Eveillard.
Bonhomme la joie, Chans. 1— n *Joubert*.
Bonhote J. Sweet Visions 4 — *Cramer*.
Boni A. Elisabetta, Mazur 2— *Mariani*.
- Guglielmina, Mazur 2— *Mariani*.
- Ricordo di Torino, Polka 2.50 *Mariani*.
Boni E. Parfum d'Orient. Valse lente. Quint.
à cordes avec *P* cond. 1.25 n *A. Courmes-
Nice*.
Boni T. 1. Pensiero, *P* 1—.
Bonicart L. Anna —20 *Bornemann*.
- Comment l'esprit vient aux garçons 3 —,
Ch. s. 1— *Bornemann*.
- La Fille perdue 1— n, *Ch. s.* —40 n *Borne-
mann*.

- Il va mourir 1— n, *Ch. s.* —30 n *Labbé*.
- innocence et bonheur —20 n *Bornemann*.
- Lise, bluette —25 n *Labbé*.
- Lise et Lubin 3—, *Ch. s.* 1— *Bornemann*.
- Le mois des roses, mélodie 1.20 n *Labbé*.
- Pauvre Berthe, légende —25 n *Labbé*.
- Portrait de femme 1— n, *Ch. s.* —35 n
Puigellier.
Bonicioli R. op. 53 Tipi Milanesi, *P* 2.50.
4ms 4— *Ricordi*.
- 212 Beauté Russe, *P* 6—.
- Cassette Postali, Galop, *P* —60 *Idzikowski*.
- Cavalleria rusticana, Potpourri *O* 10— n
Sonzogno.
- Chagrins d'amours, valsa. *Banda* 2—
Guimaraes.
- Elegia à memoria de Carlos Gomes. *P* 2—
Guimaraes.
- Enfin seuls, valsa, *Banda* 2.50 *Guima-
raes*.
- Краса Россіи. Вальсъ, *P* 1— *Idzikowski*.
- Sous ta fenêtre, *P* 1.50 *Guimaraes*.
Boniface Bro. Ecce Panis. *SA* —35 *Gordon*.
- Jesu Redemptor Omnium, Quartet mix.
voices —35 *Gordon*.
Bonifaci, La soberania nacional, rigodone
1.20 n *Dotesio*.
Boniforti A. 5 Versetti in fa, *Org* —40 *Mar-
tinenghi*.
- 5 Versetti in re, *Org* —40 *Martinenghi*.
Boniforti Carlo (1818—1879) *Ricordi*:
- L'Alba, Romanza 2.50.
- Daguerrotype, Valzer e Galop 2.50.
- L'Esule Ebreo, Romanza 1.25.
- G i o v a n n a d i F i a n d r a, Libretto
—50:
- Scena e Cavatina: Era innocente l'anima,
S 5—.
- Scenae e Cavatina: Ch'io prema alfine di
Fiandra il trono, *T* 3.30.
- Atto II. Scena e Duetto: Il mio diletto
pargolo, *ST* 5—.
- Atto III. Scena e Romanza: Quando inno-
cente vergine *Bar* 2—.
- Scena e Duetto: Per queste amare lagri-
me, *SBar* 3—.
- Scena e Terzetto: Folle! ... folle!! ...
STBar 3.90.
- Scena ed Aria finale: Oh tu che atterri, *S*
6—.
- Marcia 1—.
- Una notte a Venezia, Duettino, *SBar* 3.50.
- Pater Noster, a cinque parti reali, senz'acc.
2.25.
- Secreto e Speranza. Romanza 3—.
- 6 Valzer 2—.
Boniforti L. I Destini d'Italia. Inno trion-
fale a due voci 2.50 *Ricordi*.
Les Boniments de Lachemoilcoude 1— n
Delormel.
Les boniments de ma soeur, Ch. com. 1— n,
Ch. s. —30 n *Ondet*.
Les boniments de Paris, Avec parlé —35 n,
Ch. s. —30 n *Pomier*.
Bonino G. Anna, Polka 2— *Borriero*.
Bonis A. Valse aimée 6— *Petit*.
Bonis Mel. *Leduc*:
- Ballabile, *P* 5—.
- Ballade. *P* 7.50.

- Balle de Piano 7.50.
- Barcarolle-étude, P 6—.
- Berceuse, P 4—.
- Berceuse de Noël 5.90, 1.75 n *Grus*.
- Bourrée, P 1.70 n *Demets*.
- Carillon mystique P 5—.
- La chanson du rouet, P 7.50.
- Danse sacrée O symphonique, Partit. et p. sép 6— n.
- Elève-toi mon âme av. PVc 5— *Bretonneau*.
- L'Escarpolette, valse 5—.
- Etiolles, valse 6— *Grus*.
- Les Gitans, P 3—, 4ms 5— *Hamelle*.
- Interlude et valse lente, P 5—.
- Largo en mi majeur (Haendel), VP 1.70 n *Demets*.
- Madrigal- chœur 2 voix avec Solo 2.50 n, 3 voix de femmes 2.50 n *Hachette*.
- Marionnettes, P 5—.
- Mazurka, P 5—.
- Méditation, P 5—, VcP 5—.
- La Mer 6.90.
- Le Moulin. Duo ou Chœur 5— *Hamelle*.
- Le Moustique, P 2— n *Demets*.
- Noël de la vierge Marie 2— n *Hachette*.
- Noël pastoral 5—.
- Orientale, valse, P 6—.
- O Salutaris, Bar av. Orgli —75 n.
- Pensées d'automne. P 5—.
- Cinq Pièces, P: 1. Gai printemps, impromptu. 2. Romance sans paroles. 3. Menuet. 4. Eglogue. 5. Papillons 4— n, N. 1. 4.50, N. 2. 6—, N. 3. 5—.
- Pourriez-vous pas me dire, mélodie 1.70 n.
- Prélude, P 5—.
- Près du ruisseau, P 6—.
- Prière, SATB —60 n.
- Prière de Noël, chœur, 4 voix mixtes —60 n *Leduc*.
- Regina Coeli, 2 voix égales avec P ou Ha 1.50 n, acc. Org. V. Vc ad lib. à —50 n.
- Reproche tendre 5— *Leduc*.
- Romance sans paroles, P 1.70 n *Lemoine*. Rondo dans le genre ancien, P 5— *Grus*.
- Le Ruisseau, Duo ou chœur à 2 voix de femmes 2— n.
- Scherzo 2P 4— n.
- Scherzo-valse, P 5—.
- Sérénade, VP, VcP à 6—.
- Sonate, FlP 7— n *Demets*. Sorrente 1.50 n *Demets*.
- Suite en forme de valses, P 4—, 4ms 6— n, O symph. Part 3.50 n, p. sép. 1— n. 1. Ballabile, 2. Valse lente, 3. Danse sacrée, 4. Scherzo-valse. 5. Interlude et Bacchanale 4ms: N. 1, 4 à 6—, N. 5 7.50.
- Suite orientale, PVVc 4— n *Durand*.
- Sur la plage av. P ou G 4— *Grus*.
- Suzanne! 1— n *Demets*.
- Tambours et clairons, P 1.70 n *Baudoux*.
- Variations, 2P4ms 5— n *Hachette*.
- Veille de Noël 5— *Grus*.
- Viennoise, P 5— *Leduc*.
- Villanelle, rom. av. P ou G 5— *Grus*.
- **Bonjakoff E. op. 36** Chanson vénitienne, P 1.80 A. *Hoffmann*.
- **Bonjean J. M.** *Sudre*:
- Alerte, galop, HarmFanf 1.25 n, Cond. —25 n.
- L'Amiral, pas red. HarmFanf 1.25 n, Cond. —25 n.

- Ave Maria, solo avec duo ou tutti (ad lib.) avec Org 4— *Ploix*.
- Un beau jour, Romance, P 5 — *Ploix*, Harm Fanf av. solo de saxophone et Baryton 3— n, Cond. —50 n.
- Beauséjour, pas red. HarmFanf av. barytons 1.50 n, Cond. —25 n.
- Fleur de Mai, ouverture. HarmFanf 2— n, Cond. —25 n, fantaisie. HarmFanf 2— n, Cond. —25 n.
- Jeanne d'Arc, drame lyrique, O et SATB: L'opéra complet (livret, chœur, chant, orchestration et acc.) 4—, sans livret 3—, 1a, 2eV, Ve, Kb à —50. Pas red. Harm ou Fanf 1.25 n, Cond. —25 n.
- Messe Militaire, HarmFanf 4— n, Cond. —75 n: N. 1. Entrée, andante religieux. 2. Offertoire. 3. Communion. 4. Sortie, marche religieuse à 1.25 n, Cond. —25 n.
- La Saint-Joseph, marche rel. HarmFanf 1.50 n, Cond. —25 n.
- Souvenir de Luxeuil, pas red. HarmFanf av. clairons et tambours ad lib. 1.50 n, Cond. —25 n.
- Souvenir de Mutzig, pas red.HarmFanf av. chant de basses et duo de piston 1.50 n, Cond. —25 n.
- Souvenirs de Printemps, ouverture, Harm Fanf av. solo de piston 3— n, Cond. —50 n, fantaisie, HarmFanf av. solo de piston 3— n, Cond. —50 n.
- Spéranza, Mél. rel., Cl si b, saxophones soprano si b ou ténor si b, cor ou alto mi b, ou saxophone alto mi b, hautb ou V, av. Org. P(H) 3—.
- Trompettes et Basses, pas red. Harm Fanf av. barytons, trombones, basses 1.50 n, Cond. —25 n.
- Vercingétorix, pas red. Harm Fanf 1.25 n, Cond. —25 n.
- La Vierge de Domrémy, ouverture, Harm Fanf av. barytons et trombones 3— n, Cond. —50 n, fantaisie, HarmFanf av. barytons et trombones et tutti de basses 3— n, Cond. —50 n.
- **Bonjour,** Av. parlé 1— n. Ch. s. —35 n *Ercillard*, (Arthur Lardenois) 1— n, Ch. s. —25 n *Ghéluwe*, 1— n, 2 tons 1.35 n *Joubert*.
- **Bonjour à l'Hirondelle** 1— n. Ch. s. —25 n *Ghéluwe*.
- **Bonjour, Avril!** 1— n, Ch. s. —30 n *Ondet*.
- **Bonjour bon an** 1— n *Joubert*.
- **Bonjour, Cyprien** 1— n *Joubert*.
- **Bonjour, François** 1— n *Joubert*.
- **Bonjour, la belle,** 2 tons 1— n *Joubert*.
- **Bonjour, Lison** 1— n *Joubert*.
- **Bonjour lunettes, adieu fillettes,** Rom. —30 n *Joubert*.
- **Bonjour Madame,** T. Bar à 1— n, Ch. s. —35 n *Ercillard*.
- **Bonjour, ma Mie** 1— n, Ch. s. —35 n *Puigellier*.
- **Bonjour, Nini** 1— n, Ch. s. —40 n *Bornemann*.
- **Bonjour, Ninon,** Rom. 1— n *Joubert*.
- **Bonjour petite abeille** 1— n *Joubert*.
- **Bonjour, petite Thérèse,** Idylle 1— n *Joubert*.
- **Bonjour printemps,** Bluette 1— n, Ch. s. —40 n *Bornemann*, 1— n *Joubert*.

Bonjour, Sébastienne, Scie 1—n *Joubert.*
Bonjour Soleil, *T. Bar* à 1—n, *Ch. s.* —35 n
Eveillard.
Bonjour, Suzon, (P. L a c o m e), (Fra vore
Vise Aftener), *S. MS* à —75 *Hansen,*
Aubade 1.75 n. 2 tons 1.75 n *Joubert,*
(M u s s e t) 1.35 n, *Ch. s.* —30 n *Ondet,*
—50 *Idzikowski.*
Bonjour voisin, bonjour voisine duo 2—n
Hachette, Pomier.
Bonjour M. L'Amour! Polka chantée 1—n.
Ch. s. —30 n *Ondet.*
Bonjour P. L'histoire de mon aïeul 1—n,
Ch. s. —35 n *Gallet.*
· Le premier pays du monde 2.50 *Heugel.*
· Les tribulations d'un troupier 1—n *Gallet.*
Bonkowski D. *Idzikowski :* Де шляхъ черный.
Dumka z Ukrainy, *P* —45.
· Карп очи —30.
· Kozak Ukrainiec Гей я козакъ зовутъ воля
—40.
· Tęsknota kozaka. Була дивчинонька любка
—60.
· Тамъ де Горынь розыслався —30.
· Тройакъ. (Ой пишла бъ я на музыки) —40.
Le Bon larron —30 n *Joubert.*
Bonlay H. E. Salve regina, *SATB* with *SA*
—12 *Ditson.*
Bonmartini F. Ouverture, ½ms 10— *Ven-
turi.*
Bonn E. Ave Maria —10, 4 mix. voic. —10
J. Fischer.
· Ecce Sacerdos —35 *J. Fischer.*
· Smile Mazurka Impromptu, *P* —40 *Gordon.*
Bonn E. T. After-glow, *S. MS* à 4— *Ri-
cordi.*
Bonn Franz, Zwei Lieder: 1. Das erste
Veilchen. 2. Liebesgruß 1— *Feuchtinger.*
Bonn Jos. op. 4 Die Schlacht bei König-
grätz, Großer Sieges-Marsch 1— *Fürstner.*
Bonn J. E. Marche Héroïque, *VP* 3.—
Cecilia.
Bonn de Th. N. Méthode d'accordage de
Piano 3— *Georges Oertel.*
Bonn & Taubert, The Throne 1 Offer Thee,
Dear Heart —50 *National Music.*
Bonnadier E. Le chemin des amoureux 2.50
Mathieu.
· Les Cydalises 1— n *Société nouvelle.*
· Est-il d'autre bonheur 1.35 n *Durand.*
· Jalouse, chanson villageoise 1.75 n *Durand.*
· Lon, lon, la 1.35 n *Durand.*
· Deux pièces: Romance et Menuet, *VcP* à
5— *Heugel.*
· Sérénade d'automne 1.35 n *Choudens.*
Bonnafos de la Tour R. P. Le, Cantique
sur les vanités des plaisirs du monde (col-
lection de la maitrise 4e année N. 21)
1— n *Heugel.*
Bonnal J. E. Vaine prière 1.50 n *La Vie
musicale*-Paris.
Bonnamour, Joujou, polka 2.50 *Heugel.*
Bonnamy, Az elváltak (Kuplé a „Század-
végi lányookból") 1.50 *Nádor.*
Bonnamy E. op. 30 Chanson d'aïeux, *P* 5—,
O 1.50 n *Noël.*
· 54 Pierrots et Pierrettes, *P* 6— *Noël.*
· 61 12 pièces enfantines, *P* à 3— *Noël:*
1. Colombine. 2. Le Matelot anglais, gigue.
3. Le maître d'école. 4. L'âne à Martin.

5. Les 2 gendarmes. 6. Le pont cassé. 7.
Le rémouleur. 8. Pierrot. 9. Madame Poli-
chinelle. 10. La marchande de plaisirs. 11.
Croquemitaine. 12. Defilé des ombres.
· A demain soir! polka 1.50 n *Haakman.*
· A la charrue 1.75 n, *Ch. s.* —30 n *Rouart.*
· A la mairie 1.75 n, *Ch. s.* —30 n *Rouart.*
· A la très chère 1.75, *Ch. s.* —30 n *Rouart.*
· Allégresse! 1.50 n *Pomier.*
· Angelus d'amour 1.75 n, *Ch. s.* —30 n
Rouart.
· Aubade à Pierrette 1.75 n, *Ch. s.* —30 n
Rouart.
· Barcarolle, *P* 1.70 n *Société nouvelle.*
· Caprice-Ballet, *P* 1.35 n *Société nouvelle.*
· Caprice-Valse 2— n *Société nouvelle.*
· Chanson du poète 1.75 n, *Ch. s.* —40 n
Fromont.
· Les cigales, valse 6—, *O* 2—n *Enoch.*
· Colas, voulez-vous t'y finir? 1— n, *Ch. s.*
—35 n *Astruc.*
· Les Dactylographes, *Bourlant.*
· La Danse philanthropique 3—, (H e n r i
D r e y f u s, Chansons Rosses N. 4) 1—n,
Ch. s. 1— *Girod.*
· Dans ton petit coeur 1.75 n, *Ch. s.* —30 n
Rouart.
· Déclaration 1.75 n, *Ch. s.* —30 n *Rouart.*
· La Décoration des boulevards 3—, (H e n r i
D r e y f u s, Chansons Rosses N. 3) 1—n,
Ch. s. 1— *Girod.*
· Dormez marquise! 1.25 n, *Ch. s.* —30 n
Rouart.
· Douces choses 1.75 n, *Ch. s.* —30 n *Rouart.*
· La Femme-Tronc. 1.75 n *Bourlant.*
· Le Frotteur, chant 1— n, *Ch. s.* —30 n
Société nouvelle.
· Le Gars breton 1.75 n, *Ch. s.* —30 n *Rouart.*
· Le Guilledou 1.50 n *Haakman.*
· Hymne nuptial. (Pour mariage) 1.75 n,
Ch. s. —30 n *Rouart.*
· Il ne faut rien exagérer! 1.75 n *Bourlant.*
· Je t'aime 1.75 n, *Ch. s.* —30 n *Rouart.*
· J'viens payer mes contributions! chanson.
Ondet.
· Les Joyaux 1.75 n, *Ch. s.* —30 n *Rouart.*
· Le Lac des Pyrénées 1.75 n, *Ch. s.* —30 n
(H e n r i D r e y f u s, Chansons Rosses
Rouart.
· Les Lamentations d'un patineur 3—,
N. 7) 1— n *Girod.*
· Légende et sérénade, *Ch. s.* —35 n *Pui-
gellier.*
· Lèvre close 1— n, *Ch. s.* —30 n *Rouart.*
· Menuet des Pages 1.75 n *Rouart.*
· Mousseline, mazurka 5—. *Mand, Fl, Cl,
CornetàP* (Les refrains du bal N. 29) à
—20 n, *O* 1.50 n *Enoch.*
· Moyens d'communication, chanson. *Ondet.*
· Ne cueille pas la rose 1.75 n, *Ch. s.* —30 n
Rouart.
· Nos Concierges 3—, (H e n r i D r e y f u s,
Chansons Rosses N. 2) 1— n, *Ch. s.* 1—
Girod.
· Petit bouquet 3— *Jerlane:* Laisse ta rê-
verie, Sérénade. A la gavotte, Gavotte.
Pavane Trianon, Pavane. C'est vous! Cau-
serie. Si j'étais comme vous, Madrigal.
Avec le Temps, Mélodie.
· Petite femme occupée 1.75 n *Bourlant.*
· Les pianistes 1.70 n *Eveillard.*

- Polka des crêpes 1.75 n, Chant *P* 2—n, *Ch. s.* —30 n *Rouart*, *O* 1.50 *Meuriot.*
- Près d'un nid 1.75 n, *Ch. s.* —30 n *Rouart.*
- Recueil blanc pour jeunes filles 2.50 *Jerbau*; Conseils de grand'mère, Bavardage. Dis-le! Paysannerie. Carillon d'amour, Tableau Villageois. Mariage de pinsons. Simple Histoire. Moulin de Fanchette, Bluette.
- Le Repos à la mer 3—. (Henri Dreyfus, Chansons rosses N. 6) 1—n *Girod.*
- Roi du monde 1.75 n, *Ch. s.* —30 n *Rouart.*
- Ronde du berger Lucas 1—n, *Ch. s.* —30 n *Société nouvelle.*
- Roses de Noël 1.75 n, *Ch. s.* —30 n *Rouart.*
- Ruban fané, Gavotte 1.90 n *Haakman.*
- Silistria, Grande Valse 2—n *Rouart.*
- Les Six Filles de madame Durand 1—n, *Ch. s.* —35 n *Astruc.*
- Solonet libre, *Ch. s.* —35 n *Puigellier.*
- Songe galant 1.75 n, *Ch. s.* —30 n *Rouart.*
- Souviens-toi Ninon! Villanelle 1.75 n, *Ch. s.* —30 n *Rouart.*
- Spleen, Pantomime de Marc Legrand et Tarride, *P* 4—n *Rouart.*
- Les Trois cousines, opéra-comique p. 2 hommes, 3 femmes, Part 4—n *Société nouvelle.*
- Toix ailées 1—n, *Ch. s.* —30 n *Rouart.*
- Voluptueusement, valse 1.90 n *Haakman.*
- Voyage de noces 1.75 n, *Ch. s.* —30 n *Rouart.*

Bonnamy-Meusy, Gaspard et Fanchette 4— *Heugel.*

Bonnand H. op. 6 Sous le Masque, Grande Valse 2— *Bertram.*
- Au Bal, Valse chantée 6— *Corbonet.*
- Bataille de Fleurs, Quadrille 5— *Carbonel.*
- Pulcinella, Polka 5— *Carbonel.*

Bonnand Paul, Friandise, Valse 6— *Carbonel.*

Bonnange, La Sultane, Polka 2.50 *Benoit.*

Bonnano, Uechiuzzi niuri, canzone 5 *Heugel.*

Bonnard, Délassements de l'étude, *Cl* 3 suites à 6— *Benoit.*

Bonnard C. Exercices pour la pose et l'égalisation de la voix 1.50 n *Janin.*

Bonnard P. Adoration 1—n *Leduc.*
- Faust: Air, gloire immortelle de nos aïeux 1—n *Leduc.*
- Souvenir de l'„Alceste" te de l'„Orphée" 2—n *Leduc.*
- Souvenir de la Marseillaise (deuxième version) Etude canonique à pleine harm. (trois parties), *P* 1—n *Leduc.*

Bonnaud, Amélie, Valse 4.50 *Benoit.*
- Fleur de Marie, Valse 6— *Benoit.*
- La Gloire, Valse 6— *Benoit.*
- Larmes du Coeur, Valse 5— *Benoit.*
- La Limousine, Valse 1.70 n *Lesigne.*
- Louise, Polka 4.50 *Benoit.*
- L'Onde, valse 6— *Gras.*
- Le Réveil de la Lyre, Valse 5— *Benoit.*

Bonnaud E. Les Mimosas, valse 2—n *Fromont.*

Bonnaud F. Children's Serenade, *P* —40, and Steck P. A. Flirtation. Waltz. String *O* parts —75 n. *P* part —30 n *Fischer.*
- Dans la Serre, *P* 2—n, Quint. à cordes, Part et parties 2.50 n *Decourcelle.*

- Joyeuse, polka 1.75 n, *O*, *P* cond. 2—n *Costil.*
- Marche russe (Mayeur L.) *Harm* ou *Fanf*, Part 3—n, p. sép. à —10 n *Evette.*
- Une Nuit à Naples, *P* 2—n *Decourcelle.*
- Sérénade Enfantine, *P* 1.70 n *Decourcelle*, 1.50 *Bevilacqua*, Guimaraes, (Christotoro), *MandG* —60 n, *2MandG* —90 n, *2MandMaG* (*Fl* ad lib.) 1.50 n, *2Mandb* av. Quint. à cordes 2.50 n, *O* av. *P* cond. 1.50 n *Decourcelle*, *Harm* ou *Fanf*, Part 3—n, p. sép. à — 10 n *Evette.*

Bonnaventure, Pie Jesu, av. *Org* ou *P* 1.50 n *Decourcelle.*
- Tantum ergo, av. *Org* 1—n *Gailet.*

Bonnay, La branche de lilas blancs, *T. Bar* à 3— *Sulzbach.*
- C'est un rêve, *T. Bar* à 3— *Sulzbach.*
- Le Défilé des réservistes, Marche 3— *Sulzbach.*
- La dernière nuit d'orgie —90 n, *Ch. s.* —30 n *Abot.*
- L'Ivresse de Jeanne, Valse 1.50 n *Debert.*
- La petite Cora 1—n, *Ch. s.* —35 n *Puigellier.*
- Plaisir et Folie 1—n, *Ch. s.* —35 n *Puigellier.*
- Polka des Bossus 3— *Sulzbach.*
- Pour fêter les beaux jours 1—n, *Ch. s.* —30 n *Bigot.*
- La queue du chien 3— *Sulzbach.*
- Le sentier aux baisers 3— *Sulzbach.*

Bonnay E. Le cabaret de Meudon —90 n, *Ch. s.* —30 n *Abot.*

Bonnay Th. L'Amour est là 1—n, *Ch. s.* —35 n *Puigellier.*
- Le bonheur à deux 1—n, *Ch. s.* —35 n *Puigellier.*
- Chantons l'amour et nos vingt ans 1—n, *Ch. s.* —35 n *Puigellier.*
- Cousine Rose 1—n, *Ch. s.* —35 n *Puigellier.*
- L'Espérance, Andante. *VP* 1.70 n, *2VP* 2.50 n *Rouart.*
- L'habit de mon grand-père 1—n, *Ch. s.* —30 n *Rouart.*
- J'ai tout perdu 1—n, *Ch. s.* —35 n *Puigellier.*
- Le Myosotis, Schottisch (Danses et Morceaux de Genre, 3e Série N. 20), *V*, *Pist*, *Fl*, *Cl* à —20 n *Rouart*, *Harm* ou *Fanf* 1.25 n *Pomier.*
- L'ouvrière 1—n, *Ch. s.* —35 n *Puigellier.*
- Pif, paf, pan 1—n, *Ch. s.* —35 n *Puigellier.*
- Qu'on me verse du vin gaulois! 1—n, *Ch. s.* —35 n *Puigellier.*
- Le Souvenir, Caprice, (Danses et Morceaux de Genre, 2e Série N. 13), *V*, *Pist*, *Fl*, *Cl* à —20 n, *VP*, *CIP*, *PistP* à 1.70 n *Rouart*, *VP* (Mus. instr. 118) 1.25 n *Debert.*
- Tchinn Tchinn, Polka chinoise 1.75 n, et Goublier G. Un voleur, Mélodie, *V*, *Pist*, *Fl*, *Cl* (Danses et Morceaux de Genre, 4. Série N. 15) —20 n *Rouart.*

Bonne année, 1.75 n *Joubert.*

Bonne aventure, (Les chansons de nos pères N. 22) —25 n *Abot.*

Bonne Bouche Lancers, (Hart's Cheap Music 818) —/2 *Pitman.*

Bonne de Barbassou 3— (Paris-Chansons, Répertoire Paulus, 2. Serie) *Delormel*, 1.70 n, *Ch. s.* —30 n *Pomier.*

Bonne du propriétaire 1 — n *Joubert*.
Bonne et le Turco 1 —, *Ch. s.* —35 n *Ghéluwe*.
Bonne farce de chasseurs, 6 voix d'hommes av. *P* 2— n *Billaudot*, 2— n, *Ch. s.* —50 n *Lory*.
Bonne femme sans tête, Légende 1— n *Joubert*.
Bonne folie 1— n *Joubert*.
Bonne fontaine 6— *Delormel*.
Bonne fortune 1— n, *Ch. s.* —30 n *Ondet*.
Bonne histoire 1— n *Joubert*.
Bonne message, Valse 2— n, *Ch. s.* —30 n *Ondet*.
Bonne petite dame 1— n, *Ch. s.* —30 n *Ondet*.
Bonne Providence —30 n *Joubert*.
Bonne vieille 1— n *Joubert*.
Bonne villageoise 1— n, *Ch. s.* —40 n *Bornemann*.
Bonnechope A. Aux trois Suisses, Polka —25 *Gordon*.
Bonnefond F. G. Ave Maria en fa 2 voix ég. av. *Org* —30 n *Pinatel*.
- La Bourguignonne —20 n *Labbé*.
- La Brebis à 3 v. ég. —25 n *Pinatel*.
- La Chanson du Villageois à 2 ou 3 voix ég. av. *P* —25 n *Pinatel*.
- Le Déluge. 3 voix d'hom. Part 1— n, p. sép. à —25 n *Bornemann*.
- Diamants et rivière, *Ch. s.* —20 n *Bornemann*.
- Fleur modeste 3—, *Ch. s.* 1— *Bornemann*.
- Bonnefond, Harmonisateur pratique et mécanique du plain-chant, pour harmoniser et accompagner le chant liturgique, *P* ou *Org* ou *H* 2— n *Fromont*.
- L'Hirondelle du Prisonnier à 3 v. ég. —25 n *Pinatel*.
- Hymne pour la première communion à 3 voix avec solo —50 n *Fromont*.
- L'Ile Saint-Ouen, ronde de canot —40 n *Labbé*.
- Mon coeur est mort *Ch. s.* —20 n *Bornemann*.
- La Nuit, 3 voix ég. av. *P* —25 n *Pinatel*.
- Ode la Nuit, 3 voix ég. —25 n *Pinatel*.
- La Part du bon Dieu, 3 v. ég. —25 n *Pinatel*.
- 24 petits Préludes et autres petites pièces très faciles, *Org* ou *H* (La Tribune des Organistes Table de la 1. année, 9. Livr.) 1— n *Pinatel*.
- La piquette, chanson 1— n *Labbé*.
- Pour la Visite du Curé à 2 voix ég. av. *P* ou *Org* —25 n *Pinatel*.
- Pour un Protecteur à 2 voix ég. av. *P* ou *Org* —25 n *Pinatel*.
- Le Printemps à 2 ou 3 voix ég. av. *P* —25 n *Pinatel*.
- Si j'étais, *Ch. s.* —20 n *Bornemann*.
Bonnefond L. Ciao, célèbre valse italienne, *Mand*, *Impr*. *Röder*.
- Sobre las olas, valse (Juventino Rosas) 5—, *Mand* —30 n *Impr*. *Röder*.
Bonnefonds, Rêverie. *P* 3— *Girod*.
- Salvator, quadr. 5— *Joubert*.
Bonnel Louis, op. 23 Valse-Ballet. *P* 7.50 *Lemoine*.
- **26 N. 1.** Retour d'Espagne, 6— n *Lemoine*.
- Ave Maria, *Bar* av. 1 *Org* 5— *Lemoine*.

- Fleurs d'Alger maz. *V*, *Mand* à —30 *Fatout*.
- Gaillette. *P* 2— n *Durand*.
- Les Gaulois vont mourir, *TTBB*, Part 1.50 n, p. sép. à —25 n *Lory*.
- Pluie de Confetti. valse, *V*, *Mand* à —30 n *Fatout*.
- Retour d'Espagne 6— *Lemoine*.
- Rondalla 2.50 *Lemoine*.
- Rosetta, habanera, *V*, *Mand* à —30 n *Fatout*.
- Salut à la Savoie, *TTBB*, Part 1.50 n, p. sép. à —25 n *Lory*.
- Tantum Ergo. *Bar* av. Choeur et *Org* 6— *Lemoine*.
- Violette d'Alger, schottisch, *V*, *Mand* à —30 n *Fatout*.
Bonnell, Turkey in the Straw —50, *MandG* —50 *Mc. Kinley*.
Bonnell J. F. Hymn of the returning heart, *SATB* —08 n *Church*.
Bonnelle, Duquesne. pas red. *Harm* 3— n, *Fanf* 2— n, Cond. —25 n *Millereau*.
- Der Freyschuts. Robin des Bois (Weber), ouv. *Harm* Part 12— n *Evette*.
- La Fugitive, Polka, *Harm* ou *Fanf* 1.50 n, Cond. —50 n *Lory*.
- Jacqueline, polka, *Harm* 3— n, Cond. —25 n *Millereau*.
- Mam'zelle Quat'Sous. Fant. *Harm* 4— n, *Fanf* 3— n, Cond. —50 n *Margueritat*.
- Rives de l'Andelle, mazurka, *Harm* 3— n, *Fanf* 2— n, Cond. —25 n, Doubl. —10 *Millereau*.
- Souvenir d'Athènes, Valse, *Harm*, Part 6— n *Evette*.
- Souvenir de Trouville, Valse, *Harm*, Part 6— n *Evette*.
- Vengeance, Pas red. *Harm* ou *Fanf* 1.50 n, av. choeur (ad lib.) —50 n, Cond. —50 n *Lory*.
- Vernon-Vernonnet, Pas red. *Harm* et *Fanf* av. *Pist* 1.50 n, Cond. —25 n *Margueritat*.
Bonnelle A. Charles Al. (Halévy) Fant. *Harm*, Part 12— n *Evette*.
- La Givetoise, Polka 1.50 n *Lesigne*.
- Normandie, quadr. 5— *Joubert*, *Harm*, Part 5— n *Evette*.
- Rouen, Pas red. *Harm* 3— n *Evette*.
Bonnelle J. Bouquet d'azalées, suite de valses 6—, *Joubert*, *O* 1.50 n, *Ghéluwe*, *Joubert*, *Harm* Part 4.50 n *Evette*.
Bonnelle V. Les Amoureux de Cathérine (Maréchal) Fant. *Harm* ou *Fanf*, Part 4.50 n, p. sép. à —15 n *Evette*.
- L'Amour mouillé (Varney) Fant. *Harm* ou *Fanf*, Part 12— n, p. sép. à —25 n *Evette*.
- Baccace (Suppé V.) Fant. *Harm*, Part 12— n *Evette*.
- La Basoche (Messager) entr'acte Passe-Pied, *Harm* ou *Fanf*, Part 3— n, p. sép. à —10 n *Evette*.
- Jean de Nivelle, fantaisie, *Harm*, Part 10— n, p. sép. à —25 n *Evette*, *Heugel*.
- Roméo et Juliette (Gounod C.) Fant. *Harm*, Part 1— n, p. sép. à —25 n *Evette*.
- La Saint-Victor. Pas red. *Harm* 3— n *Evette*.
- Suite algérienne (Saint-Saëns C.) N. 3. Rêverie du soir, *Harm*, Part 3— n,

p. sép. à —10 n, N. 4. Marche milit. franç. *Harm*, Part 6—n, p. sép. à —15 n *Evette*.

Bonner, op. 7 Twilight. Idylle, *P* —35 *White*.

Bonner Carey, Away to the West. (Part-Songs and Glees 7) — 1 *Pitman*. *Curwen*:
- Three Choral Benedictions: I. Of Grace and Peace: II. Of Farewell: III. Of the Trinity —1.
- Comrades, Cantata 1/—, words — 2.
- Cool waters. (St. Paul's Music Leaflets 76) Solo and Chor. —1.
- Crossing the Bar. (Apollo Club 190.) *TTBB* —/2 *Curwen*.
- Girt with heavenly armour. (St. Paul's Music Leaflets 78) —1 *Curwen*.
- If you love me. Mix. Quart. —08 *Ditson*.
- In the Greenwood. (Part-Songs and Glees 32, 33) —/2 *Pitman*.

In the house of many. (St. Paul's Music Leaflets 77) Solo and Chor. —/1 *Curwen*.
- I think when I read. (Sacred Music Leaflets 485) —1/2 *Curwen*.
- Jesus we would seek Thee, unison. (St. Paul's Music Leaflets 80) —1 *Curwen*.
- The Mariners. (Choral Handbook 436) mixed voic. — 2 *Curwen*.
- Nightfall. (Choral Handbook 437) chor. —3 *Curwen*.
- O all ye Lands. (The Chorister 103) — 2 *Pitman*.
- Praise your Lord and Saviour. (Chor. Anthems etc. 35) —1 *Pitman*.
- A social glass. (The Temperance Vocalist 133-4) *TTB* —6 *Curwen*.
- Something for all. unison. (St. Paul's Music Leaflets 79) —/1 *Curwen*.
- There is a song which the angels. (St. Paul's Music Leaflets 75) —1 *Curwen*.
- Vespers. (Choral Handbook 435) *SSC* — 3 *Curwen*.

Bonner J. C. Ave Maria —30 *J. Fischer*.
- Mass in hon our of St. Aloysius, 2—4 voic. —75 *J. Fischer*, 4 mix. voices 5 — *Cary*.
- Mass in honor of St. Michael, *SATB* —80 *J. Fischer*.
- O Salutaris —40 *Ditson*.
- Salve Regina, S —40 *J. Fischer*.
- Tantum Ergo, 4. *Bar* and Chor. —15 *J. Fischer*.

Bonner Robert, Angels from the Realms of Glory, Christmas (Coll. of Carols 69) —05 n *Schirmer*.
- Chime softly, bells of Easter; Day of Resurrection —08 *Ditson*.
- Christ was born on Christmas Day. (Coll. of Carols 72) —05 n *Schirmer*.
- Come let us celebrate the Day, Christmas. (Coll. of Carols 70) —05 n *Schirmer*.
- Far be sorrow; Jesus lives —08 *Ditson*.
- Hear my Cry, Anthem from M. Hauptmann —60 *Schirmer*.
- Let us sing the Praise of Him, Christmas. (Coll. of Carols 71) —05 n *Schirmer*.
- Stars all bright and beaming, Christmas. (Coll. of Carols 73) —05 n *Schirmer*.
- Sweet and low, *S.A. SMS* à —25 *Ditson*.

Bonner & Petrie, Back among the clover & the corn —50 *Stern*.

Bonnerose, Svärmeri, Vals 1—, O (Orkester-Bibliotek N. 1) 2— *Gehrman*.
- Under Stjärnorna, Vals 1— *Gehrman*.

Bonnerue A. Les gais Alpins, Marche 1.35 n *Rabut*.

Les bonnes 1—n, *Ch. s.* —30 n *Ondet*.

Bonnes d'enfants et les militaires 1—n *Joubert*.

Bonnes gens, chanson 2—n *Hachette*.

Les bonnes grosses dames, *Ch. com.* 1—n, *Ch. s.* —30 n *Ondet*.

Bonnes recettes 1—n *Joubert*.

Bonnes traditions du pianiste, 8 vol. à 7—n *Durand*.

Bonnet de coton 1—n *Joubert*.

Le Bonnet de Marguérite 1—n, *Ch. s.* —35 n *Puigellier*.

Le Bonnet de ma Voisine 1—n, *Ch. s.* —35 n *Puigellier*.

Bonnet de nuit, Chans. tyrol. 1—n *Joubert*.

Bonnet, Boul.-Mich. quadr. 1.70 n, O 1—n, p. (0 — 75 n, *P* cond. —35 n *Caironne*.
- Charlotte, Polka-Mazur 3— *Sulzbach*.
- Dors mignonne, Berceuse, *P* 3— *Sulzbach*.
- Le garçon épicier 3— *Sulzbach*.
- Douze mélodies 6— *Girod*: 1. Marie. 2. Sérénade du passant. 3. Etre deux. 4. Rondeau de nouvelle année. 5. Folie espagnole. 6. Sérénade. 7. Rappelle-toi. 8. Soupir d'amour. 9. Si je vous le disais. 10. Stella. 11. Souvenir. 12. Monsieur, demandez à ma tante.
- New life waltzes —35 *White*.
- Le réveil du printemps —90 n, *Ch. s.* —30 n *Abot*.
- La Rose, Polka-maz. —24 *Sassetti*.
- Treil, Polka-Mazur 5— *Sulzbach*.

Bonnet (Le), Naïveté 1—n *Joubert*.

Bonnet A. Souvenir de St. Léger, Valse 2.50 n *Lesigne*.

Bonnet Col. Gaiety for ever, polka burlesque, *P* 1.75 n *Joubert*.

Bonnet Gaston, Mignonne-Gavotte, *V* (*Mand*) *P* 5— *Equilbey*.

Bonnet J. Rose femmoise. Polka-mazurka 6— *Thomas*.

Bonnet L. Les Etoiles filantes, mélodie, 2 tons 4—, *Ch. s.* 1— *Leduc*.
- Ici-bas, mélodie. 2 tons 3—, *Ch. s.* 1— *Leduc*.
- Une Valse, (Provence Musicale-Album des Pianistes 1e collection N. 6) 4— *Pépin*.

Bonnet M. Dieu le verra 1—n *Bornemann*.

Bonnet N. L'Hymne des peuples 1.50 *Perand*.
- Moun cacho-maio, Galejado, Sourneto, Cansoun e conte de ma grand, avec musique.. *Sequin*, à Avignon.

Bonnet O. Le Boston Danse américaine —80 n *Schott Frères*.

Bonnet P. 6 Duos concertants, 2V 2 Hefte à 4.50 *Haslinger*.

Bonnetain J. Les Amis de l'Orchestre, Polka —25 n, O à cordes av. Cl 1—n *Debert*.
- Belle Capricieuse, valse, O 1—n, *P* cond. —25 n *Gaudet*.
- Le Franco-Russe. Nouv. Pas de quatre, *P* —25 n, O à cordes 1—n *Debert*.
- Poème d'amour, valse. O av. P cond. *Bonnetain-Boulogne-sur-Seine*.

- Souvenir de l'Himalaya, Schottisch —25 n, O à cordes 1— n *Debert.*
Bonnetain-Buridant, Violettes niçoises, schottisch, O av. P cond. *Bonnetain-sur-Seine.*
Bonneterre, Les Bords de l'Aisne, Valse 4.50 *Cartereau.*
- Le Chevalier Printemps, quadrille, O 1— n *Pinatel.*
Bonnets et Moulins, (Le Bal du Casino N. 5) Polka —85 n *Evéillard.*
Bonneval Jean, Moments musicaux, P: 1. Au village, Allegretto scherzando. 2. Souvenir de la Pologne (Tempo di mazurka). 3. A l'Hongroise, Allegro moderato, à 3.— *Léonard.*
- Quatre morceaux caractéristiques, P: 1. Gigue. 2. Rondelet. 3. Danse Espagnole. 4. Danse grotesque, à 3 — *Léonard.*
Bonnichsen M. Sänger-Bundeslied: „Deutsches Lied aus deutschem Sängerkehlen" (Choral-Perlen Nr. 90), Part —10, St —05 *Rühle & Wendling.*
Bonnie banks o'Loch Lomond, the — 2 *Hopwood*, (Hart's Cheap Music 723) —2 *Pitman.*
Bonnie bit of blue, (Temperance Music Leaflets 190) —1/2 *Curwen.*
Bonnie Dundee, Scotch song —35 *Church*, —2 *Hopwood*, (Hart's Cheap Music 520) —2, Quadr. (Hart's Cheap Music 1017) — 2 *Pitman.*
Bonnie Mary of Argyle —/2 *Hopwood.*
Bonnie Soldier Laddie 2 — n *Sheard.*
Bonnie sweet Bessie —2 *Hopwood.*
Bonnier, Chien et Chat, opérette en un acte, Part 5— n *Joubert.*
- Le chloroforme, chansonnette 3 — *Le Boulch.*
Bonnier Abbé. *Pinatel*: Agnus Dei ou Pie Jesu, Bar. B Org —50 n.
- Ave Maria, en fa, T Org —50 n.
- Ave Maria, en la b, T Org —50 n.
- Ecce panis, 2 voix ég. avec solo Org —50 n.
- Marche religieuse, Org. H —25 n.
- O Salutaris, 2 voix ég. T 1— n.
- O salutaris, en fa, Bar. B Org —50 n.
- Paint vivant à 2 voix ég. Solo Org —25 n.
- Tantum ergo, en la b, T Org —50 n.
Bonnin Fr. Offertorio, Org 4— *Mariani.*
- Un Pensamiento, Org 2— *Mariani.*
Bonin Marie v. op. 10 So viel Stern' am Himmel stehen. Fant. P 1.50 *Heinrichshofen.*
Bonin Pons, La Main du passé 1.75 n *Jaain.*
Bonnisseau, Eight Airs Varie, Cornet 2/— *Hawkes.*
- Three Airs Varie, Tro, Euphonium à 2/— *Hawkes.*
- Apollo. Overture (E. V. Catlin), FullO 1.25, 14 parts 1—, 10 parts —75, P —30 *Cundy.*
- Auld Robin Gray. March, Full Band 2/8, Medium Band 2/—, Small Band 1/4 *Hawkes.*
- L'aurore dans les bois, valse, O av. Fl ou flageolet 1.50 n, p. 2Fl ou flageolets 1.50 n, P cond. —40 n *Gaudet.*
- Awfully Clever. Quick-March, FullBand 2/8, medium Band 2/—, Small Band 1/4 *Hawkes.*
- Blue Dahlia, mazurka, FullO —75, SmallO

—50, P acc. —20, Full Band 2/8, medium Band 2/—, Small Band 1/4 *Hawkes.*
- Bluette. Caprice, P 5— *Benoît.*
- Brennus, Slow-March, Full Band 2/8, medium Band 2/—, Small Band 1/4 *Hawkes.*
- Cambria. Selection on Welsh melodies, FullO 3/4, P —8 *Hawkes.*
- Carabineers. Polka, Full Band 2/8, medium Band 2/—, Small Band 1/4 *Hawkes.*
- Cavalry. Slow-March, Full Band 2/8, medium Band 2/—, Small Band 1/4 *Hawkes.*
- La Chanson de Fortunio. Quick March. Full Band 2/8, medium Band 2/—, Small Band 1/4 *Hawkes.*
- Les Cloches de Corneville. Troop, Full Band 2/8, medium Band 2/—, Small Band 1/4 *Hawkes.*
- Complete Method for the Bb Tenor Slide Trombone in bass or treble clef 1.50 n *Fischer.*
- Daniel's Band. Sunday Quick March, Full Band 2/8, medium Band 2/—, Small Band 1/4 *Hawkes.*
- Dauntless. Quick March, Full Band 2/8, medium Band 2/—, Small Band 1/4 *Hawkes.*
- Don Giovanni, CornetP 1—, FullO —75, SmallO —75, P acc. —20 *Hawkes.*
- Dover. Quick March, Full Band 2/8, medium Band 2/—, Small Band 1/4 *Hawkes.*
- 12 Easy Duets. 2Cornets 1— *Fischer*, 2Cornets (28axoph) 2— n *Gaudet.*
- The Eden Above. Sunday Quick March, Full Band 2/8, medium Band 2/—, Small Band 1/4 *Hawkes.*
- Edinburg valse. on scotch melodies, P —60, *Brainard*, FullO —75, SmallO —50, P acc. —40 *Hawkes*, (Universal Band Journal 99) Milit. Band 2— n *Fischer.*
- Elegant. Quadrille, FullO —75, SmallO —50, P acc. —20 *Hawkes.*
- Esmeralda Mazurka, p.FlP 1/6, with Piccolo solo, FullO 1—, SmallO —75, P acc. —40 *Hawkes.*
- 15 études pour Cornet 2— n *Billaudot*, Cornet ou Alto 2— n *Debert*, Cornet ou Saxoph 2 livr. à 3— *Gaudet.*
- Even Me. (Sunday Troop). Full Band 2/8, medium Band 2/—, Small Band 1/4 *Hawkes.*
- Fall of Pearls. p.FlP 1/6, with Piccolo solo FullO 1—, SmallO —75, P —40 *Hawkes.*
- Farewell. Quick March. Full Band 2/8, medium Band 2/—, Small Band 1/4 *Hawkes.*
- Field Day. Quick March. Full Band 2/8, medium Band 2/—, Small Band 1/4 *Hawkes.*
- Formosa. Quick March, Full Band 2/8, medium Band 2/—, Small Band 1/4 *Hawkes.*
- Gastibelza. Quick March, Full Band 2/8, medium Band 2/—, Small Band 1/4 *Hawkes.*
- Geneviève de Brabant. Quick March, Full Band 2/8, medium Band 2/—, Small Band 1/4 *Hawkes.*
- Gentilette, polka, FullO —75, SmallO —50, P acc. —40 *Hawkes.*
- Girofié-Girofla. N. 1. Quick March, Full

Band 2 8, *medium Band* 2/—, *Small Band* 1/4 *Hawkes*.
- Grand Method, *Hawkes*: 16 Duets *Cornet* 2 8, 8 Duets *Euphonium* 2/—, 6 Duets *Tenor Tro* 2/—, 60 Progressive Studies *Cornet* 4 —, 24 Studies *Tenor Tro* 4/—, 20 Studies *Euphonium* 4 —.
- The Great Physician. (Sunday Troop) *Full Band* 2 8, *medium Band* 2 —, *Small Band* 1/4 *Hawkes*.
- Les Grillons, polka, O av. *Fl* ou *Flageolet* 1.50 n *Gaudet*.
- La Grotte d'azur, redowa, O 1— n *Gaudet*.
- Hector, Quick March, *Full Band* 2 8, *medium Band* 2 —, *Small Band* 1/4 *Hawkes*.
- Hermione, polka, O av. *Piston* 1.50 n *Gaudet*.
- Himalaya. Quick March, *Full Band* 2 8, *medium Band* 2 —, *Small Band* 1/4 *Hawkes*.
- Hippolyte, galop, *FullO* —75, *SmallO* —50, *P* acc. —20, *Full Band* 2/8, *medium Band* 2 —, *Small Band* 1/4 *Hawkes*.
- Infernal, (Concert-Polka) *VP* —25, *VCornetP* —30, *FullO* 1—, *10 pts.* —80, *10 pts.* —60 *Coleman*, *FullO* —75, *SmallO* —50, *P* acc. —20 *Hawkes*. *Full Reed Band* (Military Band Journal N. 3), 2.50 n and J. S. Cox, Ritzinger March, *FullO* 1—, *1/pts.* —75, *10 pts.* —60 *Coleman*.
- Invocation à la Vierge, *HarmFanf* av. solo d'alto, contrechants trombone baryton *Harm* 1.50 n, *Fanf* 1.25 n, Cond. —25 n *Billaudot*.
- Keel Row. Air varied, p.*FlP* 1.6, Piccolo solo with *FullO* 1—, *SmallO* —75, *P* acc. —40 *Hawkes*.
- Lydia, schottisch, O av. *clochette* ad lib. 1— n *Gaudet*.
- The Men of Harlech. Slow March. *Full Band* 2 8, *medium Band* 2/—, *Small Band* 1/4 *Hawkes*.
- Mon Caprice. Valse 5— *Benoit*.
- The Old soldier. Quick March, *Full Band* 2 8, *medium Band* 2/—, *Small Band* 1/4 *Hawkes*.
- Palerme, waltz, *FullO* —75, *SmallO* —50, *P* acc. —20 *Hawkes*.
- Piccolo Diavolo. Polka, p.*Fl* 1.6, Piccolo solo with *FullO* 1—, *SmallO* —75, *P* acc. —40 *Hawkes*.
- La Prière du matin, andante relig. *Harm Fanf* av. solo de *piston*, *Harm* 1.50 n, *Fanf* 1.25 n, Cond. —25 n *Billaudot*.
- The Prodigal Child. Sunday Quick March, *Full Band* 2/8, *medium Band* 2/—, *Small Band* 1/4 *Hawkes*.
- Récompense de l'étude, *P* 5— *Benoit*.
- La Retraite, *Harm* 1.50 n, *Fanf* 1.25 n, Cond. —25 n *Billaudot*.
- Ring the Bells of Heaven. Sunday Quick March, *Full Band* 2/8, *medium Band* 2/—, *Small Band* 1/4 *Hawkes*.
- Robert Bruce. Selection on scotch melodies, *FullO* 3/4, *P* —/8, *Hawkes*, (Reeves Military Band Journal 32 parts 3—, 27 parts 2.50, Saxophone parts à —50 Cundy, Milit. Band 12 — *Hawkes*.
- Saint David's Day, Lancier, *FullO* —75, *SmallO* —50, *P* acc. —20, *Full Band* 4 —,

medium Band 3 —, *Small Band* 2 — *Hawkes*.
- Shew Fly. Quick March, *Full Band* 2 8, *medium Band* 2/—, *SmallBand* 1/4 *Hawkes*.
- Snow Drop Polka. (Choice Coll. of Popular Pieces 1) *CornetP* — 60 *Fischer*.
- Spring. Galop, *Full Band* 2 8, *medium Band* 2 —, *Small Band* 1/4 *Hawkes*.
- Spring Drill. Quick March, *Full Band* 2 8, *medium Band* 2 —, *Small Band* 1/4 *Hawkes*.
- Spring, gentle Spring. Air varié, *CornetP* 1 6 *Hawkes*.
- Il Staccato, polka, O av. solo de *Fl. flageolet* ou *Piston* 1.50 n *Gaudet*.
- Le Suaire, marche funèbre. *HarmFanf* av. solos de *piston* et *bugle*, *Harm* 1.50 n, *Fanf* 1.25 n, Cond. —25 n *Billaudot*.
- Ta-ta-ka-ta Polka, *Cornet* 1 —, *Cornet* solo with *FullO* 1—, *SmallO* —75, *P* acc. —40 *Hawkes*.
- The Terrible. Quick March. (American Star Journal 286) *Milit. Band* —50 n *Fischer*, *Full Band* 2 8, *medium Band* 2/—, *Small Band* 1/4 *Hawkes*.
- They all do it. Quick March, *Full Band* 2 8, *medium Band* 2/—, *SmallBand* 1/4 *Hawkes*.
- The Thunderer. Quick March. *Full Band* 2 8, *medium Band* 2 — , *Small Band* 1/4 *Hawkes*.
- Thunder Storm. Quick March. *Full Band* 2 8, *medium Band* 2/—, *Small Band* 1/4 *Hawkes*.
- When Jesus Comes. Sunday Quick March, *Full Band* 2/8, *medium Band* 2 —, *Small Band* 1/4 *Hawkes*.
- York and Lancaster. Quick March, *Full Band* 2 8, *medium Band* 2 —, *Small Band* 1/4 *Hawkes*.

Bonnoli G. Post Mortem, *Banda* 1.50 *Lapini*.
- Preludio Sinfonico, *Banda* 4— *Lapini*.

Bonnot C. *Ecrite*:
- Barbe bleue (Offenbach) Pas red. *Harm* 3— n, *Heugel*.
- Belphégor. Pas red. *Harm* 3— n.
- Boléro. *Harm* av. pet. *Fl* et pet. *Cl*, Part 3—n.
- Les Bords du lac de Garde. Tyrolienne, *Harm*, Part 3— n.
- Les Chasseurs de Chamois, Choeur —50 n *Hachette*.
- Choeur de Castor et Pollux. (Rameau) Fant. *Harm*, Part 3— n.
- Le Dégourdi, Pas red. *Harm* av. *Tambour* 3— n.
- Domine salvum, *Harm* av. voix d'hom. Part 3— n.
- L'Etourdi, Galop. *Harm*, Part 3—n.
- Les Gardes Côtes, Choeur —50 n *Hachette*.
- Hymne d'Haydn, Air autrichien, *Harm*, Part 4.50 n.
- Les Maries français, Choeur —50 n *Hachette*.
- Miss, Schottisch, *Harm*, Part 3— n.
- Moïse, (Rossini), Fant. mosaïque, 2 suites, *Harm*, Part à 10— n.
- Montebello, Pas red. *Harm* 3— n.
- Les Murmures du bal (Strauß), Valse, *Harm*, Part 6— n, 6— n *Heugel*.
- Ninette, Polka, *Harm*, Part 3— n.
- Pas redoublé, *Harm* 3— n.

- Le Paysage, Choeur —50 *Hachette*.
- Primevère, Valse, *Harm*, Part 4.50 n.
- Sans souci, Pas red. *Harm*, Part 3— n.
- Schottisch des Guides (Strauß), *Harm*, Part 3— n, 3 —n *Heugel*.
- Simplette, Redowa, *Harm*, Part 3— n.
- Sympathie, Redowa, *Harm*, Part 3— n.
- La Traviata (Verdi), Gr. Fant. mosaïque, *Harm*, Part 12— n.
- Il Trovatore (Verdi), Fant. mosaïque, *Harm*, Part 12— n.
- Valse, *Harm*, Part 3— n.

Bonny Moree 2 — n *Sheard*.
Bonny Nell 1 — *Chappell*.
Bono Del. Berceuse Orientale, P 5— *Joubert*.
- Intermezzo, VP 1.75 n *Joubert*.
Bono Giorgio. *Mariani*: Adelaide e Giuseppina, 2 Mazurke 1.50.
- Affetto Coniugale, Mazur 2 —.
- Amalia, Mazur 2—.
- Astigiana, Polka 1.50.
- L'Ave Maria del mattino, Org 1—.
- Balbina, polka, ½ms 2.50 *Perosino*.
- Bohémienne, P 2— *Perosino*.
- Cecilia, Polka 1—.
- Crispino e la Comare, dei fratelli Ricci, Gran Valzer 3.50.
- Diana, Valse 3—.
- Febo, Valzer 3—.
- Fleur d'amour, P 1.50 *Perosino*.
- La Franchezza, Mazur 1.50.
- Nodo gentile, P 2— *Perosino*.
- Pastorale, Org 1.25.
- Ricordo di Cumiana, P 2— *Perosino*.
- Romanza, P 1.25 n *Ricordi*, VP 2— *Gori*, PVc 5— *Perosino*.
- Rosalia, Mazur 1—.
- Un saluto agli amici, Mazur 2 —.
- Schottisch 1—.
- Sogno della vita, Mazur 3—.
- Sonata prima, Org 2.50.
- Sonata terza, Org 3—.
- Sonata quarta, Org 2—.
- Tantum Ergo, B 3—.
- Tantum Ergo, TB 3—.
- 2 Tantum Ergo, T 3—.
- Unione, Valse 3—.
- Valentina, Valse 1.50.
- La Vendange, Mazur 1.50.
- La Vercellese, Polka 1—.
Bono P. *Mariani*: Adele, Polka 1—.
- All'augustà memoria di Vittorio Emanuele II, Pensiero funebre, P 3—.
- Ama! Barcarola-Serenata 2— *Venturini*.
- Ballabile mesco, P 2.50.
- Barcarola-Serenata, P 3.50 *Ricordi*.
- La bella capricciosa, tempo di maz. P 3.50.
- Biricchina, Polka 2—.
- Canto notturno del viaggiatore 1.50.
- Canzonetta, P 2.50.
- Jo t'amo tanto! 2—.
- Madre, addio per sempre addio 2—.
- Melanconia, P 2.50.
- Minuetto, P 2— *Ricordi*.
- Notturno, P 2.50.
- Le Nozze di Figaro, Riduzione, MandP 7— *Ricordi*.
- Un pranzo sulla quercia —60 *Libreria salesiana*.
- Prière, Morceau, P 2.50.
- Romanza senza parole, P 2.50.

- Sareno felici, Mazurka 2.50 *Borriero*.
- Simpatica, Polka 1— *Eerenbeemt*.
- Une soirée de plaisir, Polka 1—.
- Storiella amorosa, Bozzeto, P 4—.
Bono P. M. Amor teco è sepolto, Roni, S. MS à 4— *Ricordi*.
- Perchè destarmi? Mél. CA, B à 3— *Ricordi*.
- L'ultimo lamento: Forse una volta 4— *Ricordi*.
Bonocuore F. L'Esposizione, Polka 2.50 *Mariani*.
- Ricreazioni autunnali, Polka 3— *Mariani*.
Bonola J. Grahn, P 1— *Ricordi*.
- Jessie, P 1.75 *Ricordi*.
- Mazurka —90 *Ricordi*.
- Odaliska, P 1.50 *Ricordi*.
Bonoldi F. *Hachette*: Adieux de Marie Stuart, 2 tons 1— n.
- Air d'église de Stradella, VPOrg(H) 2.50 n, 5— *Ashdown*, 2.50 *Ricordi*, VP 4— *Ashdown*.
- Album de Chant 8— n: 1. Voi Sietta la più bella Ragazzina. 2. La Serenata. 3. L'Indifférente. 4. Deh! non chredermi perché. 5. La Danza. 6. Nenna.
- L'ami françois —75 n.
- 3 Ariette, Ca 2.25, S 3— *Ricordi*.
- L'Aumône aux petits oiseaux —75 n.
- Un Canta ancora! Mélodie av. Vc 2— n.
- Les chasseurs de Chamois choeur —50 n.
- La cloche —75 n.
- Come o'er the waters, (Drawing Room Trios 17) Treble voices 2 6 *Ashdown*.
- Comme vous —75 n.
- Conseil à l'enfance —75 n.
- Courage, pauvre mère, romance 1— n.
- Une course de Taureaux, duo 1.35 n.
- The Daylight is Fading —02 *Jennings*.
- Le dernier chant du tasse scène 1.75 n.
- Eleonora di Guienna, Aria, Ca 3— *Ricordi*.
- L'étincelle —75 n.
- Etude complète et progressive de vocalisation en six tableaux, S. CA, MS à 2— *Schott*, à —60 *Schirmer*, 2— *Guimaraes*.
- Félice Donzella. Nocturne à 3 voix 1.75 n, 2— *Ashdown*, 28A —40 *Schirmer*.
- Les Garde-Côtes, choeur —50 n.
- Già la notte 2.10 *Ricordi*.
- Les gondoliers de l'Adriatique, duo 1.75 n.
- L'Hirondelle, 2 tons —85 n, —50 *Schott*.
- La Japonaise, P 2— *Ricordi*.
- Joys bloom like roses, (Czerny W. Coll. of Ladies' Chor. 19), 3 voices — 4 *Ashdown*.
- Maria d'Inghilterra, Duetto 2.50 n, 3.50 *Ricordi*.
- Les marins français, choeur —50 n.
- Mauro, *Ricordi*:
  Duetto: No, con me giammai s'infuse, ST 3.50.
  Preghiera: Deh, non porre a dura prova, T —50.
  Cavatina: Sì, per me felice io spero, S 2.50.
  Duetto: Questo filtro è il più possente, BB 3.50.
  Aria: A tal viltà discendere, T 3—.
- Le moulin de Milly, romance —50 *Schott*.
- Nenna 2— n.
- Néra —85 n.
- L'original sans copie —85 n.
- Le paysage, choeur —50 n.

- I Pescatori Siciliani, Barcarola per due voci eguali 2.25 *Ricordi*.
- Le premier crime, scène biblique, *B* 1.50 n.
- Prière exaucée 1— n, —50 *Schott*.
- Puritani, Quatuor Transcr. *4ms* 3—, Variazioni, *4ms* 3.50 *Ricordi*.
- 5 Quatuors, 2 *VaVc* à 4.75 *Schott*.
- Le regard de Marie, romance —50 *Schott*.
- Le retour aux montagnes, 3 voix av. *P* 1.75 n.
- Le Sabot cassé —85 n.
- Seize ans, romance —50 *Schott*.
- Le soldat —85 n.
- 12 Solfeggi, *MS* con Basso numerato 5— *Ricordi*.
- Souvenir de bonheur, Notturnino, *P* 2—.
- Tablettes du Chant, Etudes complètes de vocalisation pour développer et adoucir la voix 4— n.
- Le trésor de Madeleine, romance —50 *Schott*.
- Tristesse —85 n.
- Thy will be done, (Chamber Trios for Treble voices 118) 2— *Ashdown*.
- Vieux Caporal (Chanson de Béranger), 2 tons 1— n, —50 *Schott*.
- Vocal Exercises, *C. S* à —75 *Presser*.
- Voi Sietta la più bella Ragazzina 1.75 n.
- Warszawa (Varsovie), *P* 2.50 *Ricordi*.

Bononcini G. B. Astarto, Aria: L'esperto nocchiero, *MS* —60 n *Ricordi*.
- Deh! più a me non v'ascondete, Arietta, *MS* —50 n *Ricordi*.
- Eterna fac cum sanctis, *SB* — 6 *Novello*.
- Griselda, Per la gloria d'adorar, *MS* 1— n *Ricordi*, 1— *Hug*.
- Largo (12th Sonata), *Org* (Travis's Amat. Org. book 51). *Jeffery*.
- Largo and presto assai, (B u r n e t t A l f r e d, The Violinist's repertoire 3), *VP* 3— *Ashdown*.
- Lento e Dolce (10th Sonata), *Org*, Travis's Amat. Org. book 52. *Jeffery*.

Bonora A. Preghiera 3— n *Venturi*.
Bonora Rodriguez Lidia, T'attendo! Valzer 5— *Mariani*.
Bonotte Justin, Au Printemps, Morceau de Salon, *P* 1— *Zechlin*.
- Con Amore, Gavotte, *P* 1—, *PV* 1.20 *Zechlin*.
Bon pasteur, Rom. —30 n *Joubert*.
Bon Pasteur, Scène lyrique pour réception d'évêque, fête d'aumonier etc. av. parlé, solos et chœurs —50 *Bornemann*.
Bon séminariste 1— n *Joubert*.
Bons bons villageois, Av. parlé 1— n, *Ch. s.* —35 n *Ercillard*.
Bons comptes font les bons amis 1— n, *Ch. s.* —35 n *Ercillard*.
Bons Conseils 1— n, *Ch. s.* —30 n *Ondet*.
Bons crûs, Ch. com. 1— n, *Ch. s.* —30 n *Ondet*.
Bons fantômes —30 n *Joubert*.
Bonser A. Olive, Schottisch 3 — *Francis*.
Bonser A. H. Benedicite Omnia Opera, *SATB* —/2 *Weekes*.
- Dance of Sprites, *P* 3— *Williams*.
- Dorothy Mazurka 3 — *Williams*, *Milit. Band* 15/— *Rudall*.
- The faithful Friend in *C* 4 — *Weekes*.
- The Gipsies, *ATTB* — 3 *Weekes*.

- Hark! the herald angels sing, *SATB* —3 *Weekes*.
- Magnificat and nunc Dimittis in *F* union —3 *Weekes*.
- The Merry Foresters, Bourrée, *P* 4 — *Weekes*.
- Sweet is the breath of morn, *ATTB*, *SATB* à — 3 *Weekes*.
- Welbeck Abbey March, *P* 4 — *Weekes*.
Bonsoir amical, Chœur —75 n *Ghéluwe*.
Bonsoir amical fin de soirée 1— n, *Ch. s.* —50 n *Ghéluwe*.
Bonsoir au village 1— n, *Ch. s.* —40 n *Bornemann*.
Bonsoir bonsoir, duo 1.75 n *Hachette*.
Bonsoir la compagnie, Chans. 1 — n, *Ch. s.* —30 n *Joubert*.
Bonsoir Madame la Lune, romance —30 n *Noudin*.
Bonsoir M. le capitaine 1.75 n *Joubert*.
Bonsor Arthur H. Twilight Fancies, *P*, *4ms* à 4 — *Reynolds*.
Bont Ch. de, Geeft Acht! Defileermarsch, *P* —45, *Harm* 1.50 n *Mosmans*.
- Grootje aan 't Prinsesje, Ballade, *A. Bar* à —70 *Van Wees*, Breda.
- Zes Liederen voor 4 of *Bar* 1.80: N. 1. Blauw Bloemelijn —30, N. 2. Lenteavond —30, N. 3. In 't voorbijgaan —45, N. 4. Der kerels zonen —30, N. 5. Nu is de lieve lent —45, N. 6. De morgend komt —45 *Mosmans*.
- Salut Néerlande! Chant patriotique —50 *Vieuxenhuijs*-Breda.
Bont P. A. Aan Nederland, Voor mannenkoor, Part —40, Partijen —40 *Mastrigt*.
- Een Maria- en Caecilia-lied, v. *SAT* en Part —50, St à —05 *Mastrigt*.
- Klaverbladjes I, Drie vierst. Mannenkoren, (Weldadigheid, Mijn Vaderland, Zomermorgen), Part —60, Stel stemmen —60 *Mastrigt*.
- Zangermarsch, voor 4st. Mannenkoor, Part —40, Stel stemmen —30 *Mastrigt*.
Bonté Emile, La Duchesse, Gavotte 4/—, *FullO* 1 6 n, Sept. 1 — n, *Milit. Band* 2 — n, *BrassBand* 1 6 n *Ascherberg*.
- Espièglerie, Gavotte 3 — *Ashdown*.
- La Gracieuse, *P* 4 — *Ascherberg*.
- Sylvana, Danse villageoise, *P* 3 — *Ashdown*.
- Up to date Barn Dance 4 —, *FullO* 1 6 n, Sept. 1 — n, *Milit. Band* 2 — n, *Brass Band* 1 6 n *Ascherberg*.

Bonten, op. 14 Fantaisie et variations sur un thème de B e e t h o v e n, *P* 7.50 *Sulzbach*.
- 24 Les Perles, mélodie, *P* 5— *Grus*.
- 31 Mélancolie, romance, *P* 6— *Grus*.
- Les Clochettes, Galop 3— *Sulzbach*.
- Les Hirondelles, Valse 5— *Sulzbach*.
- La Maria, Polka 3— *Sulzbach*.
- Souvenir de Londres, Valse 6— *Sulzbach*.
Bonten A. Causerie, redowa, *P* 2.50 *Katto*.
Bonten Ad. op. 32 Souvenir, grande fantaisie brillante, *P* 7.50 *Heugel*.
Bonten Corn. A. op. 14 Avondlied voor mannenkoor, Part —30, stemmen —50 *Mosmans*.
- Salve Regina, 2 gelyke st. m. *Org* (uit S

Salve Regina), Part 1.25, St —80 *Mosmans.*

Bonten E. op. 25 Danse napolitaine 5— *Heugel.*
- 26 L'absence, nocturne de concert, P 6— *Heugel.*
- 27 Le Camélia, grande valse 6— *Heugel.*
- 33 Le départ, P 6— *Heugel.*

Bonten Th. op. 20 Prière, caprice, P 7.50 *Katto.*

Bontens, Gammes caractéristiques, P 12— *Benoit.*

Bontoux, Bénédiction nuptiale, trio religieux pour *Cl* si bémol, *Cl basse* et *Org* 6— *Erette.*
- Hymne à sainte Cécile, 1re et 2e *Cl* si bémol. *Cl alto, Cl basse, Cl contrb* av. P 6— *Erette.*

Bonucci A. Il lamento, Romanza, *MandP* 1.50 *Venturini.*

Bonum vinum, Chans. à boire 1— n *Joubert.*

Bonuzzi A. Metodo per Canto Gregoriano 3.70 *Leonardo da Vinci,* 3.75 n *Musica sacra.*

Bonvecchiato G. *Forlicesi:* Adalgisa Polka, *M(V)* —25 n.
- Album completo di 9 danze, *Mand(V)* 1.75 n.
- Bei Tempi, Valzer, *M(V)* —25 n.
- Edelweiß-Mazurka, *M(V)* —25 n.
- La Festa delle Bambole, P 2—.
- Fiori d'arancio, P 2—,
- La Mazurka de Pierrot, *M(V)* —25 n.
- Nouveau pas de quatre, P 1.50, *Mand(V)* —25 n. *MandP* 3—, *Mand(V)G* 2.50, 2*MandP* 4—, 2*MandVP* 5—, 2*MandVG* 3.50, 2*MandVMandoloncelloG* 4.50.
- Papillon, Valzer, *M(V)* —25 n.
- Polka-Coquette 1.50.
- La Polka dei Briganti, *M(V)* —25 n.
- Rina, mazurka 1.50.
- Ritornella, Mazurka, *M(V)* —25 n, *Mand P* 2.50, *Mand(V)G* 2.50, 2*MandP* 3—, 2*MandVP* 3.50, 2*MandVG* 3—, 2*MandV MandoloncelloG* 3.50.
- La serenata, mazurka 2.50. *Mand(V)* —25 n, *MandP* 3—, 2*MandP* 3.50, 2*Mand VP* 4—, 2*MandVG* 3—, 2*MandVMandoloncelloti* 3.50, O 2— n, O con P 2.50 n.
- Valkiria Polka, *M(V)* —25 n.
- La Valse de Pierette, *M(V)* —25 n.

Bonville, A ma grosse Fanchette 1— n, *Ch. s.* —30 n *Bigot.*
- Ce qui dépasse, *Dorcy.*
- La Coccinelle 3— *Mennesson.*
- L'Enfant trouvé, *Bigcard et fils-Paris.*
- En jouant du piston 1—, *Ch. s.* —30 *Bigot.*
- Mes proses et vers beaux, *Payerac-Paris.*
- Mignonna, Mazurka 1.50 n *Pitault.*
- Pourquoi me rappeler? 1— *Payerac-Paris.*
- La Roublade, 1— *Bigcard et fils-Paris.*
- Les trois Bouquets 3— *Mennesson.*
- La valse des vagues 1—, *Ch. s.* —30 *Bigot.*

Bon Vieuxtemps, Chansons populaires du Canada, impr. *Crevel frères.*
- Viv'la Canadienne, impr. *Crevel frères.*

Bonvin Ludwig P. S. J. (1850), **op. 4b** Easy Litany of the Blessed Virgin, *SATB Org,* Part —24 *Cary,* —35 *J. Fischer.*
- 5 Cantus sacri. Fest-Offert. Segensges., Herz

Jesu- und Marieni. (24 in latein., 6 in deutscher und engl. Spr.) *SATB,* Part 4— *Schwann.*
- 6 Missa in honorem. S. S. Cordis Jesu. Messe f. zwei- od. dreist. gem. Chor. Part —40 *J. Singenberger.*
- 6a Missa in hon. S. S. Cordis Jesu. Mass for Mixed Chorus with Accomp. of *string* and *Organ* or *Organ* alone. Part —80, Voice parts 1— *J. Fischer.*
- 7 Ave Maria. f. *S* and *A* with. *Org,* Part —40 *J. Fischer.*
- 8 Drei Tondichtungen. Three Tone Pictures for *Pipe* or *Cabinet Organ.* —50 *J. Fischer.*
- 9 Vesperae in hon. B. Mariae Virginis, f. *S* and *A* with *Org,* Part 4 — *Cary,* —60 *Fischer.*
- 10 Christnachtstraum. (Christmas Night's Dream), O, Part —75, St —75 *Siegel.*
- 11 IV Antiphonae Beatae Mariae Virginis ad 4 voces inaequales compositae. Part 2 8, *Cary,* —40 *J. Fischer.* *Breitkopf:*
- 12 Drei Tonbilder f. *gr.* O: 1. In gehobener Stimmung (Elevation). 2. Verlangen (Desire). 3. Verhaltene Wehmut bei fröhlichem Feste (Suppressed Sadness at the joyous Feast). Part 6— n, St 28 Hefte à —30 n.
- 13 Vier Lieder. Deutsch-engl. 1. Frühlingstrauer. Ich wandle durch die Frühlingsau. Springtide Sorrow. 2. Vaters Frühlingsfreude. Seh' ich erst wieder blühen. Father's Spring joy. 3. Frohes Wandern. Ins Weite hinein. Happy Wandering. 4. Das Vöglein. Heut kam mir vor das Fenster. The little Bird. 3—.
- 14 Vier Lieder. Deutsch-engl. 1. Feldmusik und Waldmusik. Nicht bess're Musik in der weiten Welt. Music of Meadow and Music of Glen. 2. Abendglocken. Die Abendglocken, o wie sie. Evening Bells. 3. Nicht ganz. Es ist so öd' kein Heidegrund. Not Wholly lost. Frohes Wandern. Ins Weite hinein. Happy Wandering. 3—.
- 15 Sonntagsfeier. Auf Flügeln des Maiwinds. Duett f. *S* u. *Bar,* Deutsch-engl. 1—.
- 16 Ecce sacerdos. For the Reception of a Bishop. For 1 or 2 voices and *Org* Part 1— *Cary,* —15 *J. Fischer.*
- 19 Romanze f. *V* m. O, KA f. *V* m. P 1.30.
- 20 Du sonnige, wonnige Welt. (O World full of Sunny Delight!) f. *S* u. gem. Chor m. O od. P. Deutsch-engl. KA 2—, Chorst à —15 n.
- 21 Zwei Weihnachtslieder. Deutsch-engl. (1. Die Hirten. The Shepherds. 2. Christus, der Kinderfreund. Christ, the friend of Children.) 1—.
- 22 Omni die die Mariae. I. For 2 equal Voices (f. 2 gl. St), II. For 2 Mixed Voices (f. 2 gem. St) with Accomp. of *Organ* or *Harm* —20 *J. Fischer.*
- 23 Fünf Lieder. Deutsch-engl. (1. Das Vöglein spricht. The Birdie says. 2. Frühlingswunsch. Spring Wish. 3. Herbstabend. Autumn. 4. Heimat, liegst so fern.

Home of my Childhood far away. 5.
Wünsche. Wishes 2—.
- 24 Drei geistliche Lieder f. 1 od. *B* cl.
Wünsche. Wshes. 2. Abendgesang. Evening
Hymn. 3. Himmelssehnsucht. Paradies.)
1—, Nr. 3 —60.
25 Ballade f. O. G-dur. Part 3— n, St 25
Hefte à —30 n.
- 26 Missa in hon. B. Consii. f. vereinigte
Ober- u. Unter-St m. *Org* od. *H*, Part 2— n,
St à —25 n *Feuchtinger*.
- 27 Festzug. *g-O*. Part 4—. St 7.80 n,
PH 2\ Vol\ KbFl 4.80 n.
28 Wittekind. Balalde, *TTBB*, s u. *Bar-Solo*
m. O od. *P*, St 7.50 n, KA 3—, Chorst
1.20 n.
29 Easy Latin Chants, *SATB*; Part 4 —
Cary, —60 J. *Fischer*.
30 Two Sacred Songs f. s or T. 1. Stay
with us o Lord. Bleib' bei uns, o Herr
—40. 2. Our Heavenly Father. Unser
Vater im Himmel —30 J. *Fischer*.
- 31 Erinnerungen. O: Part 3— n, St 8.10 n,
PV Ve; 2.10 n, *PV*; 1.30.
32 Zwei Lieder. Deutsch-engl. 1—. 1. Er
kommt! Die schwarzen Raben fliegen hoch.
2. Scheiden und Meiden. Ein Verslein soll
ich schreiben.
- 33 Singet, jubelt eurem Gott. Sing joy-
fully to God. *SATB Org*; Part 1.20, St
—80 *Hug*.
- 35 Wie lieblich sind deine Wohnungen.
(How Lovely Are Thy Tabernacles.)
SATB m. s od. *T-Solo Orgs* Part 1—,
St —80 *Hug*.
- 36 Gesänge (und Chöre) zu P. X. Simeon's
Schauspiel: „Gott schützt das Recht" in
1. Stile komponiert. Part —80 *Bonifa-
cius-Druckerei*.
- 37 Zwei Lieder. Deutsch-engl. (1. Ich will
es nicht vergessen. 2. Wonnig ist's in
Frühlingstagen.) 1—.
- 38 Hymns for Benediction. 7 O salutaris
and 7 Tantum Ergo. *SATB Org*; Part4 —
Cary, —60 J. *Fischer*.
- 39 In der Sommernacht: „Nun rasch hinaus
in die Sommernacht", *SATB*, *Bar-Solo* n, O
od. *P*: OSt 7.50, KA 3— n, Chorst 1.20 n.
- 40 Zwei Lieder. (1. Pfeil und Lied. 2. Re-
gentag.) 1—
- 41 Im Wald, im hellen Sonnenschein.
Deutsch-engl. 1—.
- 43 Fahrende Sänger. Strolling Bards. 1.
Morgenlied. Morning Song. 2. Abendlied.
Evening Song. *TTBB* —5 *The Männerchor Publishing Co.*
- 44 Zwei neue Lieder. 1. Ist die Drossel weg-
gezogen. 2. Süßer Schlag der Heidelerche
1—.
- 45 Abend wird es wieder. Lo again' tis
evening 1.20 *Hug*.
- 47 Geistl. Kriegsruf. Spiritual War Song,
TTBB —5 *The Männerchor Publishing Co.*
- 48 Am Spinnrocken. (Song of the Spinning
Wheel): „Schnurre, schnurre, meine
Spindel", *SSMSA P*; Part 1.20, St —80
Hug.
- 50 Morgen an nordischer Küste, *SATB*, *Bar
Solo O*; OSt 7.80 n, KA 4—, Chorst 1.20 n.
- 51 Der Herr ist mein Licht und mein Heil.
(Dominus illuminatio mea). *SATB*: Part
1— n, St 1.20 n.

- 52 Lobt den Herrn alle Lande. Praise
Jehovah, All the Nations, *TTBB*; —5 *The
Männerchor Publishing Co.*
- 53 Schwanenlied: „Es singt der Schwan
am Ufer" (The swan's last song). Deutsch-
engl. 1—.
- 54 Neues Leben (New Life.) Deutsch-engl.
8 od. *T* m. *P* u. 1 ad lib. 1—.
- 55 Scheidende Hoffnung (Vanishing Hope).
Deutsch-engl. *Ms* od. *Bar* m. *P* u. *V* ad
lib. 1—.
- 56 Melodie. 1 n, *P* 1.30.
- 57 1. Mein Gott, dich lieb' ich (My God,
I Love Thee) f. m. St. m. *Org* u. *V* ad lib
1—. 2. Maria Wiegenlied (Rest Thee, My
Jesus) f. m. St, m. *Org* u. *V* ad lib. 1—.
- 59 Litaniae S. S. Cordis Jesu, f. 1 od. 2 S.
St. m. *Org*, Das Dutzend —60. Fel. Rauch,
Amerik. Ausg. Apostleship of Prayer, per
Dozend —15.
- 60 Bretagne. (Brittany): „An den Ufern
der Bretagne". Ballade, *SATB*, *Bar-Solo*
O; KA 4—, Chorst 1.20 n.
- 62 Johanna d'Arc vor dem Scheiterhaufen:
„Du riefst, da folgt' ich meinem Gotte".
Konzertszene, *SO*; KA franz., deutsch,
engl. 2—.
- 64 Du bleiche Blume, deutsch-engl. 1—.
- 65 Elmar im Klostergarten. Liederzyklus.
Deutsch-engl. Heft 1: 1. Ehrlos, wehrlos!
Scanted, honted. 2. Die beneid' ich, die
im Glanze. Those I envy. 3. Geh' ich einsam durch die Büsche. When alone I
scour the forests. 4. Wind, unsre und
hidden rambler 2—. II: 5. Wunderlich.
Ein altes Märchen däucht es mir. Strange
to say. 6. Wollte manchmal stille Hoffnung. When at times sweet hope. 7. Auch
die Feinde soll ich lieben? Even foemen
I should cherish? 8. Im Klosterchor.
Hell im Chor der Klosterkirche. In the
Cloister Chapel 2—.
- 66 Organ or Harmonium Accomp. to A.
Rösler's Hymnbook „Psallite" 2 —
B. Herder.
- 67 Symphonie, G-moll, O; Part 15— n. St
16.20 n.
- 68 Der 103. Psalm: „Lobpreise, meine
Seele, den Herrn", *SATB*, *S-Solo O* od. *P*;
KA 3—, Chorst 1.20 n.
- 69 Heil dem Kaiser! *SATB P*: Part 1—,
St —40 *Schwann*.
- 70 Zwei Lieder. Nr. 1. Im Herbst. 2. Verrauscht und verronnen à 1.50 *Siegel*.
- 73 Wonnig ist's in Frühlingstagen. (Springtime.) Duett od. Chor, *SA* m. *P* od O, KA
1—
- 80 Ave Maria f. 2 gl. St u. *Og*, Part —60 n,
St —20 n *Schwann*.
- Gregorian Requiem, Harmonized 3 4 *Cary*.
- Litany of the B. V. M. 2 equal voic. —35
J. *Fischer*.
- Missa in hon. S. Ludovici Regis ad quatuor
voces inaequales comitante organo. Part
2.60, St 1.20 *Pustet*.
- Missa in hon. B. Berchmans ad quatuor voces in aequales comitante organo
composita. Part 2.60, St 1.20 *Pustet*.
- O Salutaris in A —15 J. *Fischer*.
- O Salutaris in Eb —10 J. *Fischer*.
- O Salutaris in G —10 J. *Fischer*.

- Tantum Ergo (Phrygian) 12 *J. Fischer*.
- Tantum Ergo in F in G —15 *J. Fischer*.
Bonvoisin G. Trac-trac. Polka de fanfare 1.50 *Henkel*.
Bonvoisin J. Les Brises Provençales N. 3. Mazur 3— *Dermand*.
- Pour les beax yeux. Mazurka 3— *Carisch*.
Bonvoisin Th. V'là c'que c'est qu' d'avoir du talent 1— *Schott Frères*.
Bony L. In Istrada, marche militaire, P 5— *Ciot fils*.
Bonzon F. A. Bacchus. Pas red. pet. *Fauf* 1.50 *Foetisch*.
- Cérès. Andante pet. *Fauf* 1.50 *Foetisch*.
- Chant du soir. Hymne à la nuit. Andantes pet. *Fauf* 1.50 *Foetisch*.
- En Ardennes. Scène pastor. HautbP 2— *Schott Frères*, 1.25 *Kessels*.
- Rève d'amour. Valse pet. *Fauf* 1.50 *Foetisch*.
Boo! Boo! Boo! Another Peek-a-Boo 2— n. *Maud* 2— n *Sheard*.
Bood Edwin, Three Months Hard 4— *Reeder*.
Boogaerde Vanden F. Le Fils de l'aveugle —85 *Schott Frères*.
- Souvenirs et Regrets 1— *Schott Frères*.
Book Philipp, op. 30 Das kranke Püppchen 1.50 *Staegermann*.
- Bärbchen-Polka u. Gavotte Else, P 1.50. stO 2— *Staegermann*.
Books of Banjo with P, Selection 1—12 à 1.6 n *Turner*.
A Book of Famous Compositions, P —60 *Church*.
Book Teas 4— *Reynolds*.
Boom Jan de (1807—1872), op. 33 Fantaisie et Variations sur l'air „Le Boris-thène", FlO 3— n *Schott*.
- 34 Air varié, 2Fl 1.50 *Schott*.
- 40 Beautés de la Scandinavie. Fantaisies dans le style moderne, P. *Schott*: N. 1. Nära, de A. F. Lindblad 2—. N. 2. Neckens Polska 1.75. N. 3. Dalkarts Polska 2—. N. 4. Danska Folksanger 2—. N. 5. I Skogen 2—. N. 6. Nyars-Song 2.75. N. 7. Längtan fran hafvet 2.75.
- 45 6 études de salon, élégantes et instructives, P à 1.50 *Schott*. *Bote*:
- 50 Grande Valse 1.80.
- 63 La Fontana, Impromptu, P 1.50.
- 64 Grand Capriccio, P 3—.
- 65 Impromptu expressivo, P 1.50.
- 70 Adagio religioso, H —80.
- 73 Troisième Impromptu, P 1.30.
- 74 Quatrième Impromptu, P 2.50.
- 75 Cinquième Impromptu, P 2—.
- 82 Le Désir, Impromptu, quasi Fantasia, P 1.50.
- Amusement de salon, ou Fant. brill. sur motifs de l'op. Anna Bolena, P 2.50 *Hirsch*.
- Les cloches du soir — 50 *Rahr*.
- 3 Fantaisies de Salon sur des Airs suédois. P: Suite 1 2—, Suite 2 2.30, Suite 3 2—.
- Grande Valse 1.50 *Hirsch*.
- Missa pro defunctis, Cherubini, Requiem en ut mineur, HP 11.90 n *Mustel*.
- Pfingstkantate von Bach, Arie, P 1.50.
- Trois Polkas de salon 1— *Hirsch*.
- Sammlung beliebter Stücke a. d. Werken v. Beethoven, Händel u. Mozart,

H(P): Heft 1: Zauberflöte: *a*) O Isis. *b*) Choral. *c*) Marsch. *d*) Arie des Sarastro. *e*) Arie der Pamina. Messias. Ouverture. Halleluja 1.80.
- H: Messias. Chor: Denn die Herrlichkeit Gottes. Beethoven. Andante aus der Sonate op. 47. Largo aus der Sonate op. 7. Messias. Chor: Durch seine Wunden. Würdig ist das Lamm 3—.
- Slumrerskan „J hängmattan gungad". Romans 1— *Hirsch*.
- Stor sonat Cmoll, P 3— *Hirsch*.
- Svensk flaggsang. „Var helsad flagga, svenska namnets heder", För en eller fyra röster —50 *Hirsch*.
- Tiggargossen: Jag stackare lille —35 *Hansen*.
- 12 valses, 2Fl 2— *Schott*.
- Vinterblommor: „Barn snö pa marken". Den liknöjde: „Glada sang. ljud fritt i skogen." Till henne: „Farväl, jag far ej merdig trycka." Tiggargossen: „Jag stackare lille far vandra omkring". Fruktsäljerskan: „Kom hit, söta herre" 1.50 *Hirsch*.
Boom L. Drie Bloemkens —60 *Eggers*.
Boon M. Twee komische Duetten: 1. Kees en Trijn. 2. Ond worden, ond zijn —40 *Heynis*.
- 12 Liederen, v. gemengd koor, TTBB, SATB à —60 *Kluitmans*.
- 8 Liederen, TTBB —50 *Kluitmans*.
- Twee Transvaalsche Liederen: 1. Het vrijheidslied. 2. Het vredelied (1-, of 2st.) —40 *Heynis*.
- 34 driest. Liederen van stichtelijken inhoud —60 *Heynis*.
Boon de T. N. A ma princesse, P 2— n *Georges Oertel*.
- La petite Josette, valse mignonne 1.35 n *Georges Oertel*.
Boone, Whip-poor-will. Romance, P —60 *White*.
Boone Blind, Cleo. Waltz song —35 *Ditson*.
Boone L. op. 49 Elan du coeur, Polka 1— n *Schott Frères*.
- 50 Chants lointains. Polka-Mazur 1— n *Schott Frères*.
- 51 Joyeux entrain, Polka 1— n *Schott Frères*.
- 52 Heureux instants, Polka-Mazur 1— n *Schott Frères*.
- A Coeur joie, Polka —85 n, O 2— n *Schott Frères*.
- Belgisch polka —50 *Cranz*.
- Chant d'oiseaux, P —50 *Cranz*.
- Désir de plaire, Polka-Mazur —85 n *Schott Frères*.
- Deux à deux, Redowa, O 2— n *Schott Frères*.
- Fanchette, P —50 *Cranz*.
- Feu de joie, P —50 *Cranz*.
- Gaité de coeur, P —50 *Cranz*.
- Galop des Régates, P 1.50, 4ms 2— *Cranz*.
- Honni soit, Polka —50 *Cranz*.
- Ludwina, P —80 *Cranz*.
- La Malle-Poste, P —50 *Cranz*.
- Maria, P —50 *Cranz*.
- Mariette, P —50 *Cranz*.
- La Meunière, P —50 *Cranz*.
- Moments joyeux, P —50 *Cranz*.
- Le Paradis des fleurs, P 1— *Cranz*.

- Les Perles d'Or, P —50 *Cranz*.
- Petit Postillon, Schottisch —85 n *Schott Frères*.
- Plaisir de l'âme, P —50 *Cranz*.
- Les plaisirs de la jeunesse, 6 danses faciles, P 3—: N. 1. Bras dessus, bras dessous, polka. 2. Plaisir extrême, polka. 3. Gabrielle, maz. 4. Souvenir, redowa. 5. Amusez-vous bien, polka. 6. À demain, galop, à —75 *Beyer*.
- Premier aveu, P —50 *Cranz*.
- Raphaëla, P —80 *Cranz*.
- Rayon d'espoir, Redowa, P —80 *Cranz*.
- Saïdah, P — 80 *Cranz*.
- Simple fleur, P —50 *Cranz*.
- Suivez-moi, P —50 *Cranz*.

Boór Gyula, Aurélie, polka mazurka 1.50 *Klökner*.

Boor H. de, Deutsche Soldatenlieder: 1. Soldatenlied. 2. Reiter-Marschlied. 3. Bismarck-Lied. 4. Derflinger Dragoner-Lied. 5. Lehmupp! König Wilhelm I. 6. Trommellied. 7. Ulanenlied. 8. Bayrisches Reiterlied. Prinz-Karl-Kürassiere. 9. Bayrisches Marschlied. 10. Lied der sächs. Gardereiter, I. schweres Regiment. 11. Moltkelied. 12. Volkslied 1870: Bei Wörth, à —50 *Haslinger*.

Boorn J. E. von, Koninginne-Marsch —50 *Noske*.

Boos F. O. Old Call. March, *Milit. Band* —50, and Set the Pace Galop, *FullO* 1—, 14 pts. —80, 10 pts. —60 *Church*.

Boos Jos. Kurze, sehr leichte deutsche Messe, *SATB* m. *Org ad lib.* 3— *Böhm*.
- Messe (Alb. Lipp) m. *Org* 1.80 *Böhm*.

Boos von Waldeck Victor, 50 Lieder und Gesänge 15— *Wetzler*: 1. Auftrag. 2. Frühlingsglaube. 3. Heller Tag. 4. Im Maien. 5. Wenn ich auf dem Lager liege. 6. Kuß und Lied. 7. Blickt dein Aug' den Himmel an. 8. Die Stille. 9. Mädchenlied. 10. Andenken. 11. Nachts. 12. Mein Engel hüte dein. 13. a) Wanderers Nachtlieder. 14. b) Wanderers Nachtlieder. c) Wanderers Nachtlieder. 16. Du bist wie eine Blume. 17. Verschwiegene Liebe. 18. Wiegenlied. 19. Wiegenlied. 20. Morgens steh' ich auf und frage. 21. Mädchen mit dem roten Mündchen. 22. Der Mond durchzieht des Himmels Räume. 23. Bettlerliebe. 24. Viel Träume. 25. Sonnenblicke. 26. Gekommen ist der Maie. 27. Abendlied. 28. Komm bald. 29. Lied aus dem Singspiel „Rosamunde". 30. Das verlassene Mägdlein. 31. Vorbei. 32. Auf der See. 33. Wanderers Nachtlied. 34. Vom Berge. 35. Winterreise. 36. Vesper. 37. Erinnerung. 38. Manch' Bild vergess'ner Zeiten. 39. Der Gärtner. 40. Neuer Frühling. 41. Nebel. 42. Aus „Nachklänge". 43. An die Vergessene. 44. a), b), c) Wie die Zeit vergeht. 45. Meerfahrt. 46. Vergiftet sind meine Lieder. 47. Reiters Morgengesang. 48. Der tote Soldat. 49. Der Wachtturm. 50. Des Klausners Nachtgesang am die Erde.

Boot, Notturno —35 *White*.
- We two are bound together, *ST* —35 *White*.

Boot F. Easter Carols, (Jesus our Saviour) —10 *Ditson*.

- God who madest the tempests, Quart. —10 *Ditson*.
- Union and liberty.(Nation Anthem) Quart. Chor. —08 *Ditson*.
- Viva l'Italia, Inno, solo, con coro ad lib. 3.50 *Venturini*.

Boot H. C. Bonnie Dundee Caledonians, P 4 — *Cecilia*.

Booth, Betrothed, Waltz 1 3 n *Liban Mozart*.
- The Flower Girl, *SATB* (The Choralist 252) — 1 *Boosey*.
- Merry reaper 4 — *Williams*.
- My Betsey Jane and J. — 35 *Ditson*.
- Pretty little warbler 4 — *Ascherberg*.
- Queen of May, Waltz 1 8 n *Liban Mozart*.
- To Flowers, *SATB* (The Choralist 239) —1 *Boosey*.

Booth Alban, Andante and Moderato, *Banjo* (Banjo Budget 708) 2 — *Turner*.
- The Children's Home, *MandP* 1 6 n *Morley*.
- The Countess Cecil Neilson, *MandG* 4 — *Agate*.
- David Garrick, Gavotte, *MandG* 4 — *Agate*.
- La Favorita, Waltz, *Banjo* (Banjo Budget 738) 2 — *Turner*.
- Mandoline Tutor 1 — n *Morley*.
- Old Westminster March, *MandG* 4 — *Agate*.
- Rush about, polka-march, *MandP* 4 —, *Mand. G* à — 6 *Leonard*.
- Windermere Barn Dance, *Banjo* (Banjo Budget 726) 2 — *Turner*.

Booth B. Berceuse, *VP* 1.75 *Schott*.

Booth C. H. H. Molineux: Op. 66 N. 3. Mazurka —40.
- Allegretto Scherzando, *VP* —50.
- Annette, Polka 1 — *Green*, P, 4ms à —25.
- As Pants the Wearied Heart —12.
- Barcarolle, *VP* —40.
- Benedictus (Lat. engl.) —10.
- Birthday Waltz —25.
- Bow Down Thine Ear —12.
- Emma's Waltz —25.
- Gertrude Mazurka, P, 4ms à —25.
- Happy Moments Waltz 3 — *Green*.
- Heart of my Heart, T. Bar à —60.
- Let Your Light (Offertory Sentence), B & Chor. —10.
- Linwood, Waltz —25, P, 4ms à —25.
- Lord's Prayer (Pater Noster) —10.
- Marion, Gavotte, P, 4ms à —25, *VP* —40.
- Maypole Dance, P, 4ms à —25.
- Minuet, *VP* —40.
- National Guard Grand Parade, two-Step. 4ms —40, O —50.
- Sanctus (Holy! Holy! Holy! Latin-engl. words) —15.
- Silverdale, Waltz 1 — *Green*, P, 4ms à —25.
- Wild West, Galop —50.

Booth E. A. Flower she gave —35 *Ditson*.

Booth Frank, A Blackberry Song (Unison Sgs. 76) — 1 *Curwen*.
- The Bogus School Inspector, A Comic Operetta for Boys or Girls —60 n *J. Fischer*.
- Cheap Jack, Action Sg. Boys 1 — *Curwen*.

Booth Hope (Miss), A Lubly Gal was Einah 4 — *Francis*.

Booth J. Babes in the Wood, Fourpart chor. 2 — *Curwen*.
- Come, ye children, and hearken unto me, (Trinity) *SATB* —3 *Novello*.

59*

- Grant we beseech Thee (Lent), SATB — 1½ Norello.
- Hark! the village bells. (School Music Leaflets 295), 8º — 3 Curwen.
- He that dwelleth in the secret place. (Whitsuntide and General), SATB — 4 Norello.
- I will sing of the mercies, SATB — 5 Norello.
- Jack's chum 4 — Chappell.
- Magnificat and Nunc dimittis in D — 4 Norello.
- May Britain be by God (Modern Part Sgs. 107) — 3 Curwen.
- Phillis 'choice, SATB (The Choralist 255) — 4 Boosey.
- Six Princesses, S. C chor. 2 6 Curwen
- Thou crownest the year with Thy goodness. SATB — 1½ Norello.
- The Vivandière 4 — Ascherberg.

Booth James. My own, my Native Land 1 3 n Allan Mozart.
- On, Comrades, on 1 8 n Allan Mozart.
- Pingferrying — 5 Allan Mozart.
- The Star O'Robbie Burns 1 8 n Allan Mozart. Williams.
- They' re far, far awa' 1 3 n Allan Mozart.

Booth Josiah, Alexandra March. Org 2 — Norello.
- Autumn. Mixed voic. — 1½ Norello.
- Autumn's Queen —2 Curwen.
- Blow gentle breeze, Mixed voic. — 1½ Norello.
- Christmas Party — 4 Curwen.
- Day of rest, the 1 6, Fem. voic. 2 6 Novello.
- Glad New Year — 4 Curwen.
- It was a lover and his lass, Mixed voic. — 3 Norello.
- Lancashire Songs, Two-part songs — 4, P 1 — Curwen.
- May Britain be by God preserved. (Choral Handbook 112) part-sg. — 3 Curwen.
- May Festival — 2 Curwen.
- Merry Mad Wind, Eight two-part songs 1 — Curwen.
- The mighty caravan, Mixed voic. — 2 Norello.
- Nehemiah with S, C, T solos 2 6, H part 2 6, sep. voic. à 1 — Curwen.
- O come let us sing (Anthems of Praise 44) — 4 Curwen.
- Oh! the gipsy's life (Choral Handbook 164), mixed voic. — 2 Curwen.
- Once o'er the fields (Christmas and Easter Leaflets 27) — 1 Curwen.
- A Pastoral Ballad, ATTB — 3 Norello.
- Queen and Huntress. (Hymn to the Moon). Mixed voic. — 4 Norello.
- Riding Together, Mix. voic. — 1 Boosey, — 16 Molineux.
- The Shepherd Boy. Mixed voic. — 1½ Norello.
- When wilt thou save the people? (The Church Choralist 227) — 2 Curwen.

Booth O. Album Leaflets. Six pieces, H or Org 1/6 Norello.
- Beautiful May, SATB — 2 Weekes.
- Boléro. VP 2 — n Schott.
- Gavotte and Bourée, P 1 — n Norello.
- Impromptu, VP 2 — n Schott.
- In strawberry time, SC 4 — Ashdown.

- Jerusalem the Golden. Fantasia. Og 4 — Donajowski.
- Morceaux Faciles, PV, Weekes:
  1. Gavotte 2 —. 2. Allegretto 2 —. 3. Notturno 2 —. 4. Marche Grotesque 3 —. 5. Bourrée 2 —. 6. Bauerntanz 2 —. 7. Song of the Brook 2 —. 8. Marche Funèbre 3 —.
- Princes and Blanks. Operetta. P 2/6 n Jefferys.
- The rose and the rue 4 — Ashdown.
- Schlummerlied. (Boyse Arthur. Transer. 2) Org — 6 Norello, and M. Hanser. Schifferlied. VP —35 Fischer.
- Serenade with VP, h. l. à 1.50 Schott.
- Sonata. Og 5 — Weekes.
- The Song of the brook. VeP 2 — Weekes.
- Tarentella. VP 4 — Chanot.
- Victoria March, Og 3 — Weekes.
- Violin Album, PV 2 — n Weekes.

Booth Robert (1862). Harmonious Blacksmith (Händel). P 1 3 n Allan, Mozart.
- Nazareth by Charles Gounod. Chorus with Ca and Bar soli and OgP 1.50 Schott.
- Sisters Three, Allan Mozart: 1. Gigue 1 3 n, 2. Lancers 1 8 n, 3. March, 4. Minuetto, 5. Polka, 6. Schottisch à 1 3 n.
- Sonatina in G, P simpl. 1 3 n Allan Mozart.

Booth T. Jock of Hazeldean. Mixed voic. — 3 Norello.
- Now thank we all our God. Anthem — 4 n Vincent.

Booth Victor G. The Sunbeam 2 — n Reynolds.

Booth Williams, Air de Ballet, VP 4 — Rudall.
- Allegro Cantabile, P 1 3 n Allan Mozart.
- Allegro Scherzando, VP 5 — Rudall.
- Barcarolle, VP 5 — Rudall.
- Evensong 4 — Williams.
- Fifteen Hymn Tunes — 3 n Vincent.
- Legend, VP 4 — Rudall.
- Mignonette, VP 3 — Rudall.
- Two Pieces, VP 3 — ObP 1 6 n Rudall.
- Two Romances. CVP 2 6 n Rudal.
  Star of my Night 4 — Schott.
- Valse Brillante, VP 5 — Rudall.

Boothby R. T. Flannel 2 — n Paterson, 4 — Williams.
- Flat-footed Jean 2 — n Paterson, 4 — Williams.
- Waitin 'for the Illesca Train 4 — Paterson.

Boott, Album of songs. N. 1 u. 2. —80 n Ditson.
- Miserere (Lat.) Quart. Chor. —20 Ditson.

Boott E. Thou dost not remember the hour —25 Braiaard.

Boott Francis (1813). Ditson:
- After absence —35.
- Ah! when the fight is won —50.
- Album of songs. 2 vol. à 1—.
- Angels roll the rock away (Easter) —05.
- The Angels —35.
- As flowers in shade that grow —35.
- At the garden gate —35.
- Ave Maria. Hail holy Mary. Female Quart. —35.
- Black friar —35.
- Blind man's bride —50. Brainard.

- Break, break, break! (Oh, well for the fisherman's boy —35.
- Bring me no cup —35.
- The Bull Buoy —50 *Thompson*.
- Clover blossoms, *MST* —35.
- Coming —35 *Schirmer*.
- Convict's lullaby —40 *Brainard*.
- Father of mercy. Quart. —35.
- Father, the watches of the night are o'er. Duet —40.
- Here 's a health to King Charles. Song and chor. —35.
- Ho! till me a flagon —50.
- How to put the question —40 *Brainard*.
- If you love me —40.
- I'm weary with rowing —35.
- In the dark, in the dew —35.
- I've a letter from thy sire. (Sailor's wife) —35.
- Jonathan to John. *Sg*. Chor. —40 *Brainard*.
- Leoni —30 *Thompson*.
- Lethe. (I have brought poppies) —30.
- Lift your glad voices —05.
- Love. Duet —40.
- Love song —35.
- Mahogany tree, male quart. —08.
- Mandalay —50 *Thompson*.
- Memorial —30 *Thompson*.
- Metempsychosis —35.
- Miserere, *SATB* —20.
- My harp has one unchanging theme. Trio —50.
- Nightingale —35.
- O well for the fisherman's boy. (Break, break) —35.
- Poor lone Hannah —35.
- Rivaulet —35, *MST* (*Bar*) —35.
- Sailor's wife —35.
- Sands O'Dee —35.
- Sixty and six —35.
- Soft brown smiling Eyes —35 *Schirmer*.
- Spanish cradle song —35.
- Stars of the summer night, Song and chor. —35.
- Strike me a note —35.
- Te Deum in F —20.
- Three in a bed. Song and chor. —35.
- Through the long days —35.
- Tirana espanola. (Were the sky, love, naught but paper. (Engl.-spanisch) —50 *Brainard*.
- A Toast —40 *Thompson*.
- Tramanto. Barcarola: Co'l sol drio l'isole. 3— *Ricordi*.
- Union and liberty, chorus and Fr. Jos. Haydn. Song of Columbus day, chorus —06.
- Viva Italia, 8-solo u. *SATB* —12.
- Waiting for the bugle —35.
- When Sylvia sing —35.

Bootz Otto, op. 15 Sommerlust, Walzer 1.50. O 4 — *Witte*.
- 16 Liebesfrühling. Lied ohne Worte, *P* 1— *Witte*.
- 23 1. Dem Kaiser! *TTBB*, Part —50 u *Oertel*.
- 30 Erinnerung an den Harz, *P*: 1. Fröhliches Wandern im Bodetal, 2. Auf dem Hexentanzplatz, 3. Abend im Ilsethal, 4. Abschied von Harzburg à 1— *Mörike*.

Bopp, Berceuse, (Les progrès du jeune violoniste, 2. Serie) —50, *IP*, *VeP* à 1.25 *Pinatel*.

Bopp junior, Assim é que é, polka. *Banda* 1— *Guimaraes*.

Bopp A. Air de Ballet, *HarmFanf* 2.50 *Kessels*.
- Au Koenig-bourg, Mazurka de Concert. *Harm* ou *Fanf* 1— *Kessels*.
- Souvenir d'Osny, Polka Caprice, *Harm* ou *Fanf* 1— *Kessels*.

Bopp von Oberstadt (Gräfin) *Schmid*:
- **Op. 1** Phantastischer Tanz 1.50.
- 2 Valse K. S. W. 1.50.
- 3 „Der Brief, den du geschrieben" 1—.
- 4 „Wie sehr ich dein" 1—.
- 5 Der Nebel 1—.
- 6 Bitte 1—.
- 7 Butterfly-Marsch 1.50.
- 8 „Im Walde wandl' ich und weine" 1—.
- 9 „Vergiftet sind meine Lieder" 1—.
- 10 Vorwort 1—.
- 11 Zwei Melodien; Nr. 1. Mein Traum 1—. Nr. 2. Verfehlte Liebe, verfehltes Leben b. t. à 1—.
- 11 Mein Traum, *VeP* (Kretschmar) 1.80.
- 12 Berceuse, *P* 1.50.
- 13 „Der Tag ist in die Nacht verliebt" 1—.
- 14 An die Melancholie 1—.
- 15 Passauer Walzer 1—.

Borani G. Album di 8 Composizioni 12—: N. 1. Inkerman, Scena guerresca per *Bar* 3—, 2. Alla sera, Notturno 2.50, 3. La tomba, Notturno 2—, 4. Eternamente, Romanza 1.50, 5. Il prigioniero, Elegia per *Bar* 2—, 6. Danza d'amore, Valzer per *Bar* 3—, 7. La lontananza dalla patria, Eligia per *B* 2.50, 8. I pescatori, Duettino 3— *Mariani*.
- L'Aralda, Contraddanza, *FlP* 4— *Mariani*.
- Corso Gr. duato e progressivo di 100 suonatine, *P* 20—, 4 Fase. à 6— *Mariani*.
- Il dono del fiore 1— n *Blanchi*.
- Le illusioni passate, Romanza 2— *Mariani*.
- Margherita 1— n *Blanchi*.
- Messa breve, 3 voci 4— n *Blanchi*.
- Metodo breve per *P* 12— *Ricordi*.
- Il prigioniero, Elegia per *Bar* 3— *Marini*.
- 5 Romanze 4—: N. 1. Il cantore, 2. Sempre sola, 3. La preghiera della sera, à 2— *Mariani*.
- Rubacori, Canzone toscana 2— *Mariani*.
- La sera d'Estate, Serenata 2— *Ricordi*.
- 10 Studi melodici sull'agilità ad uso di Vocalizzo, fatti appositamente per rinforzare le note medie del *Sopr*, e per esercitare nelle note acute il *Mezzo-Soprano* 9— *Ricordi*.
- Il trovatore 1— n *Blanchi*.

Borani J. Italie, Mazur 1.50 *Mariani*.
- Ricreazioni autunnali. Mazur 3— *Mariani*.
- Sérénade à Venise, Mazur 1.50 *Mariani*, 4— *Girod*.

Boratti V. L'Allegria, *P* 3— *Ricordi*.

Borba Aristides P. Judith, polka, *Banda* 1— *Guimaraes*.

Borba Thomaz R. *Benjamin & Filgueiras*: Barcarolla.
- Fado do Limoeiro, *P* com lettra.

- Lembras-te.
- Senhor! Eu sou teu Fitho.
Borbonese, Tantum Ergo, *B 3* — *Mariani*.
Borbonese C. La gemma 2— *Mariani*.
- La viola del pensiero, Romanza 2.50 *Mariani*.
Borbonese E. Coraggio, marcia militare 2.50 *Perosino*.
Borch Gaston, op. 5 Deux Morceaux. 1. Elégie. 2. Erotique, *P* à 3— *Augener*.
- 6 My Darling, Vals 1— *Hals*.
12 Bouton de Rose, Vals 1— *Elkan*, 1—, VP 1.25 *Hals*.
- 12 Morceaux lyriques, *P*, 2 Haefte à 1— *Hansen*; Haefte I: Le mécompte. Erotik. Mazurka. II: Aveux. Menuet. Marche.
- 22 Suite norvégienne. Scènes rustiques. (Aurore, Chant du Matin; Langeleik, Histoire; Chanson; Retour vers la vallée), *P* 1— n, FullO score 3,— n, parts 5— n *Augener*.
- 22 Nr. 1. Albumblad, *P* —25 *Hals*.
- 30 Gnom Dans, *P* —75 *Hals*.
- 32 Af Suiten, Fête champêtre, *P*: N. 1. Gavotte —75. N. 2. Intermezzo 1—. N. 3. Sérénade —75 *Hals*.
- 33 Romance, PV 1— *Hals*.
- 35 Andante, D-dur, VcP 1— *Hansen*.
- 37 Deuxième, Valse-Caprice, *P* 1— *Hals*.
- 43 Zwei Gesänge: 1. Mutter Erde. 2. In der Vollmondnacht, à —50 *Hansen*.
- 45 Nr. 1. Frau Nachtigall, Fru Nattergal —60 *Hansen*.
- 46 Bon: Det var en stille Aftenstund —50 *Hals*.
- 48 3me Valse-Caprice, *P* 4— *Augener*.
- 49 Petites Pièces caractéristiques, Book I. (Chant de la Bergère, Sarabande, Le hautbois du berger, Chanson et Danse norvégienne), *P* 1— n, N. 1, 2 à 1—, N. 4 3—. N. 1 Org (Ed. H. Lemare) 3— *Augener*.
- 50 Berceuse, *P*, VP à 3— *Augener*.
- 53 Drei Lieder 1.50: Nr. 1. Sehnsucht —75. Nr. 2. Schlummerlied —75. Nr. 3. Lied —50 *Warmuth*.
- 55 Adagio religioso, VcOrg 1.6 n *Augener*.
- 56 Deux Morceaux, *P*: 1. Elégie. 2. Erotique, à 3 —, N. 1 String Quint. StringO à 1— n *Augener*.
- 57 Romance, VP 1.6 n *Augener*.
- 58 Petites Pièces caractéristiques, Book II. Tristesse, Mazurk, and „Gangar", Danse norvégienne, *P* 1— n, N. 1 3— *Augener*.
- 62 Trois Morceaux, *P*: N. 1. Nocturne 3—. N. 2. Etude 3—. N. 3. Scherzo 4— *Augener*.
- 67 Deux romances sans paroles, *P* à 3/— *Augener*.
- Easter Tide —50 *Ditson*.
- Gone —50 *Ditson*.
- Mater Dei, Mix. Chor. with S. HaP ad lib. —12 *Ditson*.
- Meditation (I love you, dear) —50 *Summy*.
- Osten for Sol og Vesten for Maane, Eventyr komedie 1.50; Drom og Alfedans, *P* —75 *Hansen*.
- Pièces caractéristiques, *P* 1— n *Augener*.
- Praise the Lord —50 *Ditson*.
- The Secret —50 *Ditson*.
- S i l v i o, Intermezzo, PV 1— *Warmuth*.

- When? —50 *Ditson*.
- Why I sing G —40 *Summy*.
Borchard Robert, op. 17 Deuxième Etude, *P* 1.25 *Sommermeyer*.
- 29 Romance, PV 1.50 *Sommermeyer*.
- 33 Orgueil 1.20 *Fürstner*.
- 33 Te souviens-tu —80 *Sommermeyer*.
- 35 Romance, *P* —80 *Sommermeyer*.
- Nocturne, *P* —80 *Sommermeyer*.
Borchardt M. Gruß aus Thüringen, Gavotte 1— *Augustin*.
Borchart Franz, Der Fischer, TTBB —50 *Bote*.
- Stilles Sehen —80 *Bote*.
- Walzer, SATB, Part —50 *Bote*.
Borchers Carl, op. 4 Drei Lieder: 1. Wenn du glaubst, ich lieb' dich nicht. 2. Anfangs wollt' ich fast verzagen. 3. Mir tut mein Herze weh, à —75 *Weinberger*.
- 5 Drei Lieder: Nr. 1. Der Eichwald —75. Nr. 2. Der See 1.20. Nr. 3. Gute Nacht —75 *Weinberger*.
- 6 Drei Terzette f. 3st. Frauenchor: Nr. 1. Gott grüße dich, Part, St à —75. Nr. 2. Hochzeitslied, Part, St à 1—. Nr. 3. Waldesnacht, Part, St à 1.50 *Weinberger*.
- 7 Burschenlied 1— *Weinberger*.
- 9 Fest-Kantate: „Wie lange auf dem deutschen Volke". Sstimm. gem. Chor, Part 4—, St 4.80 O. *Forberg*.
Borchers Gust. (1865), op. 1 Noch ist die blühende goldne Zeit 1— *Bauer*.
- 9 Meine Mutter: „Längst haben sie dich geschlagen", A. Bar à 1— *Breitkopf*.
- 10 Seltsam: „Die Trompeten schmettern", Scherzlied a. d. „Fliegenden Blättern", T. Bar à —30 *Breitkopf*.
- 11 Der Liebe Leid und Lust 3— *Breitkopf*: 1. Das Mädchen: Wer singt das Herz mir in Schlummer. 2. Der Mond: O holdes Mädchen, o weine nicht. 3. Die Liebtelei: Webet, webet nur leise. 4. Der Knabe. Wach' auf vom Schlummer. 5. Die Nachtigall am Fenster: Glück zu! Glück zu!
- 12 Kling, klang, 7 kreuzfidele Lieder für fahrende Leute 1— *Breitkopf*: 1. Sängerleben: Herrlich ist des Sängers freies Leben. 2. Fahrende Leut': Tanzt und springt. 3. Drei Kronen und ein Heller. 4. Zecherlied: Wein, du edler Sorgenbrecher. 5. Der geraubte Kuß: Schenkt ein, Frau Wirtin. 6. Kling klang: Sitzen wir wohlgemut. 7. Das letzte Lied: Nun sind wir bei der letzten Flasche.
- 14 Vergiß für mich die Rose nicht, TBar. TA à 2.50 *Rieter*.
- 15 Acht Lieder im Volkston 3— *Rieter*: 1. Sonntagsmorgen: „Gottes Friede ruhet". 2. Im Lenz: „Blühender Flieder am Weg". 3. Treu bis in den Tod: „Wen ich in die Kammer meines Herzens getan". 4. Grüße: „Wundersüße kleine Lieder". 5. Liebesleid: „Denk', wenn die Rosen blühn". 6. Sehnsucht: „Denkst du der Stunden". 7. Über die Heide: „Über die Heide geht". 8. „Die Welt ist so öde".
- 16 Drei Lieder 2.50 *Rieter*: 1. Harren: „Es blühen an den Wegen". 2. Bei Wocken und Krug: „Sie saß am Wocken und spann". 3. Kuckuck: „Kuckuck, was rufst du im Wald mich an".

- 17 Drei humoristische Rattenfängerlieder
  2.50 *Ricter*: 1. Schelmentag: „Das ist für
  mich ein Schelmentag", 2. Spatz. Ratz.
  Katz: „Auf dem Dache der Spatz." 3. Die
  zwei Ratten: „Es waren zwei Ratten mit
  rauhem Schwanz".
- Liebe 1— *Schuberth jr.*
- Röslein, für 4stimm. Frauenchor, Part u.
  St 1.20 *Eude*.
- Singe vom Blatt 1.50 n *Breitkopf*.
- Waffenschmied: Zwischenakt u. Szene zum
  2. Akt: „Die bangen Zweifel sind entschwunden" i— *Breitkopf*.

Borchers M. O glücklich, wer ein Herz gefunden —80 *Rühle*.

Borchert Carl, Wiegenlied, *VP* 1.50 *Salzer*.

Borchert H. Zwei plattdeutsche Lieder, *Z*
(C. Serpenthien) —75 *O. Forberg*.
- Romaneska v. Zikoff, *Z* 1.25 *Hoacs*.
- Zwei Stücke, *Z*: 1. Variationen über das
  Fuchslied: „Was kommt dort von der
  Höh." 2. Die Post im Walde! „Im Walde
  rollt der Wagen" (mit Text) 1— *Hoacs*.
- Zwei Stücke, *Z*: 1. Humoristische Varia-
  tionen über das altdeutsche Volkslied
  „Lott ist tot". 2. Das Aveglöckchen von
  Hartig —75 *Hoacs*.
- Traumbilder-Fantasie (Lumbye), *Z* 1—
  Rühle.

Borchert Wm. op. 14 Meine Muttersprache,
TTBB, Part u. St 1.30 *Kaun*.
- 17 Du bist mein Traum, *TTBB*, Part u. St
  1— *Kaun*.
- Otumba: Sei treu (Be true), Walzerlied
  1.75 *Schuberth jr.*, —75 *Rohlfing*.
- Schifferlied, *TTBB*, Part u. St 1.65 *Kaun*.

Borchmann A. v. Bonn, *TTBB*, Part u. St
1.60 *Klemm*.

Borchmann F. Zwei Tirolerlieder, *SchZ*,
StZ (B-Schl.) —90 *Domkowsky*.
- Zauberflöte: Es klingt so herrlich, *SchZStZ*
  —90 *Domkowsky*.

Borck C. F. op. 2 Etude, *P* 1.50 *Bote*.
- Anna-Polka —80 *Bote*.
Le bord de l'abime, *T. Bar* à 1— n, *Ch. s.*
  —35 n *Ercillard*.

Borda I. Cuatro danzas: Emilia, Sara, Elisa,
Carlota —50 *Wagner y Levien*.

Borde E. Marche militaire, *P* 1.75 *Durdilly*.

Borde de la, J. B. Ledepart (The farewell),
(Old world songs 6) 4— *Chappell*.
- Depuis que l'aimable thémière (Now that
  Cynthia fair has leftus) (Old world songs
  5) 4— *Chappell*.
- En revenant de la ville, (returning from
  the village (Old world songs 7)—
  Chappell.
- Faut-il être tant volage? Oh, sweet pleasure
  why so fleeting? (Old world songs 7) 4—
  Chappell.

Bordeaux, Un rêve à Trianou, *Ch. s.* —35 n
Puigellier.

Bordeaux Géza de, Gnomentanz, Polka brill.
de Salon —20 *Rühle*.
- Notturno (Ej van scendés nyngalommakéje)
  1— *Nádor*.
- Scherzo hongrois f. *P* 1— *Méry*.

Bordelais et Marseillais, Duo av. parlé
—50 n *Bornemann*.
Les Bordelais sont toujours gais 1— n
Joubert.

Bordène Charles, Entre nous, Intermezzo,
P 1.20 *Rühle & Wendling*.

Borders W. op. 87 Morceau à l'irlandaise,
VP, VcP à 4— *Augener*.
- 88 Romance and Bolero, Duo Concertante,
  VP 5— *Augener*.
- Never again 4— *Chappell*, —50 *National
  Music*.

Bordes, Cantabile de Franck C. *HVc*
2— n *Mustel*.
- 3 Danses bearnaises, *pns* 4— n, N. 1. 2 à
  2— n, N. 3 2.50 n *Choudens*.

Bordes Charles (1863), op. 12 O Salutaris,
solo et chœur à 3 voix égales av. Org, *Ha*
(P) 1.70 n *Bornemann*.
- 17 Litanies à la très sainte Vierge, à 2 voix
  de fem. av. chœur 3—, Chœur av. Org
  3— *Bornemann*.
- 18 Tantum ergo, *ST* ou *T* solo av. Org 1.35 n
  Bornemann.
- Ave Maria, à 2 voix égales (en Mi mineur)
  av. V (et Org 1— n *Bornemann*.
- Avril 5— *Hamelle*.
- Caprice à cinq temps, *P* 2.50 n *Mutuelle*.
- Chanson triste 1.70 n *Bornemann*.
- Trois Danses bearnaises, O, Part 5— n, p.
  sép. 5— *Choudens*.
- Dansons la gigue 6— *Hamelle*.
- Domine puer meus jacet (Dialogue spirituel
  4, 6 et 7 voix seul), Part av. réduction
  des voix au *P*) 3— n *Mutuelle*.
- Euskal Herria (musique de fête p. accomp.
  une partie de paume au pays basque p.
  divers instruments), *pns* 5— n *Mutuelle*.
- Fantaisie persane, *P* 1.70 n *Bornemann*.
- Quatre Fantaisies rhythmiques, *P* 3— n
  Mutuelle.
- Green 1.50 n *Mutuelle*.
- L'Hiver, *ST* 2— n *Mutuelle*, *Schola Can-
  torum*.
- J'allais par les chemins perfides 1.75 n
  Mutuelle.
- Madrigal à la Musique, chœur mixte 2— n
  Baudoux.
- Trois Mélodies: 1. Chanson triste. 2. Sé-
  rénade mélancolique. 3. Fantaisie persane,
  à 1.70 n *Mutuelle*.
- O triste, triste était mon âme 1— n *Mu-
  tuelle*.
- Paysage vert. 1.50 n *Mutuelle*.
- Paysages tristes: 1. Soleils couchants. 2.
  Chanson d'Automne. 3. L'Heure du Ber-
  ger. 4. Promenade Sentimentale 4— n
  Mutuelle.
- Pensées orientales 2— n *Demets*.
- Petites fées honnêtes gnomes 2.50 n *Mu-
  tuelle*.
- Quatre Poèmes: I. La Poussière des Tamis
  chante au soleil et vole, *s* 1.75 n. II. La
  Paix est dans le Bois silencieux 1.50 n.
  III. Oh! ce Parfum d'Enfance dans la
  Prairie 1.75 n. IV. Du Courage, mon Âme
  2— n *Mutuelle*.
- Rapsodie basque, *2P* (Gustave Sama-
  zeuilh), arr. 6— n *Mutuelle*.
- Sérénade mélancolique, *P* 1.70 n *Borne-
  mann*.
- Soleils couchants, Soirée d'hiver — Amour
  évanoui 7.50 n *Mutuelle*.
- Le son du cor s'afflige vers les bois 1.75 n
  Mutuelle.

Spleen 1.50 n *Mutuelle*.
Suite basque (E. Chausson), *bas* 2.50 *Bornemann*, P125 Voix, Part 8 —, p. sép. 15 — *Bornemann*, *Mutuelle*.
Tantum ergo, Motet, *ST* ou *T* s. av. *Org* 1.35 *Bornemann*.
Les Trois Vagues, Drame musicale. O, Part 20 — *Mutuelle*.

Bordes Elis. Prélude, P 6 — *Heugel*.
Valse concert, P 7.50 *Heugel*.

Bordes G. Cantiques des écoles du dimanche de France. *Berger*.
Pie Jesu avec acc. *Org* ou *P* —50 n (2 tons). *Leduc*.

Bordese Luigi (1810—1886). École mélodique moderne, P. *Costallat*: **Op. 20** 1er degré, 40 études, petites mains 4 —.
21 2e degré. 25 études faciles et mélodiques 4 —.
22 3e degré. 25 études intermédiaires 4 —.
23 4e degré. 25 études d'agilité 6 —.
24 5e degré. 25 études spéciales, main gauche 5 —.
25 6e degré. 25 études expressives en 2 suites, Chaque 5 —.
26 25 études élémentaires à 4 mains, pour la mesure 5 —.
28 Vocalises faciles, S ou T 6 — n *Costallat*. Die Kunst des Gesanges (L'art du chant): 25 leichte stufenweise geordnete Gesangsübungen, S (Deutscher u. französischer Text), komplett 7 —, Heft 1, 2, 3 4, 5 à 2.30, komplett ohne Text 2.50 n *André*.
29 Vocalises, C ou M 5.50 n *Costallat*: 25 leichte Übungen, A od, MS m. P 2 — *André*.
30 Vocalises, Bar ou B 5.50 n *Costallat*; 25 leichte Übungen, B od. Bar m. P 2 — *André*.
31 Vocalises, à 2 voix moyennes 6 — n *Costallat*: 25 leichte zweistimmige Übungen f. 2 Singst, S u. MS(A) od. T u. Bar(B) 2.50 *André*. od. S u. Bar(B) od. T u. MS (A) m. P 2.50 *André*.
32 Vocalises de style, S ou T 7 — n *Costallat*.
33 Vocalises, C ou M 6 — n *Costallat*.
34 Vocalises, B ou Bar 6 — n *Costallat*.
35 Vocalises, 2 voix 7 — n *Costallat*.
36 Vocalises, 2e liv. 5 — n *Costallat*.
36 Leçons de chant, Mez., 1er liv. 5 — n *Costallat*.
37 Le maître et l'élève, méthode de chant, 2 voix 4 — n *Costallat*.
38 Exercices, S, MS ou T 6 — n *Costallat*.
39 Exercices, Bar ou B 5 — n *Costallat*.
40 Six Fantaisies, P, *Lemoine* 1. Sur la Prima Donna, 2. Sur l'Esclave mauresque, 3. Sur „O suave mélodie", 4. Sur Geneviève de Paris, 5. Sur Gina la devineresse, 6. Sur Rebecca à 5 —.
118 36 Leçons de Chant en forme d'Ariettes avec paroles italiennes, Liv. 1 et 2 à 4.25, Liv. 3 5.50 *Schott*.
125 Le Vade Mecum du Chanteur (Hilfsbuch für Sänger), Points d'Orgue pour toutes les voix et dans tous les tons, a une et deux voix avec acc. de P 3.50 *Schott*.

272 Cantate (demoiselles), solo et chœur à 3 voix 3 — n *Pérégally*.
273 Fête d'un Supérieur, solo et chœur à 3 voix ég. 2.05 n *Pérégally*.
274 (garçons), solo et chœur à 3 voix 4 — n *Pérégally*.
275 Fête d'une Supérieure, solo et chœur à trois voix égales 2 — n *Pérégally*.
276 Fête d'une Directrice, solo et chœur à deux voix égales 2.50 n *Pérégally*.
312 Le Trésor des Confréries (Mois de Marie), 15 Cantiques à 2 voix avec acc. de P(Org): 1. Salut ô Vierge. 2. Reine des cieux. 3. Du mois chéri Salut. 4. Divin cœur de Marie. 5. Reine d'espérance. 6. Viens pécheur et vois le martyre. 7. Devant ton image. 8. A ton autel. 9. Reine des cieux Vierge. 10. Espoir du pécheur. des cieux Vierge. 10. Espoir du pécheur. 11. Espoir du pécheur. 12. Sion de ta mélodie. 13. C'est le mois de Marie. 14. Adressons nos hommages. 15. Du haut du céleste séjour, à —50 *Schott*.
La Semaine. Sept morceaux caractéristiques 7 — n *Mennesson*:
740 Lundi. Soirée en mer, rêverie.
741 Mardi. Chant des Bateliers.
742 Mercredi. Sur le Bosphore.
743 Jeudi.
744 Vendredi. Soupirs du Prisonnier.
745 Samedi. Chanson à boire.
746 Dimanche. Tarentelle, à 5 —.
L'Abandonnée (Pergolèse) 2 — n *Costallat*.
A bas les yeux 1 — *Costallat*, —85 *Schott Frères*, —20 n *Sennewald*.
A beau mentir, qui vient de loin 3 —. Ch. s. —20 n *Lemoine*.
Les abeilles, chœur 2 ou 3 voix ég. acc. P ou Org 1.70 n. sans acc. —50 n *Labbé*.
A bon Chat bon Rat, SC 5 —. Ch. s. —20 n *Lemoine*.
Adeste, solo et chœur à 3 voix av. Org ou H —30 n *Costallat*.
A cheval à cheval, Duo S. CA 2 — n *Joubert*.
Adieu (sur l'adieu de Dussek), duo 1.75 n *Hachette*.
Adieu les beaux jours 2.50 *Heugel*.
Adieu, printemps 3 — *Lemoine*.
Adoro te supplex, solo et ch. à 3 voix avec Org ou H —50 n *Costallat*.
Agnus Dei, Messe à 2 voix avec Org ou H —50 n, 4 voix d'hommes sans acc. —30 n *Costallat*.
Agnus Dei, from the Mass in F (Hail truth's effulgent), Quart. Domine Salvam (Praise the Lord), Quart. O Salutaris (To Thee) —12 *Ditson*.
Agnus Dei, 2 voix de sa petite messe solennelle 3 — *Mathieu*.
Agnus Dei, 2CornetP or CornetTro and O Salutaris, CornetP or Tro.BaritoneP —60, FullO 1.25 n, 1½ Instr 1— n, 10 Instr —75, P acc. —25 n, Milit. Band —75 n *Fischer*.
Ah! se nemico fato, aria, T (la lira d'Italia N. 37) 3 — *Boulch*.
Ah! vous dirai-je maman, chœur, 2 voix 2.50 n *Costallat*.
Aidons-nous les uns, les autres Duo, SMS 1.75 n *Joubert*, 1 — *Schott Frères*.

- L'aiguille cassé, romance — 75 *Schott*.
- L'Aiguille de l'Orpheline 3— *Lemoine*.
- Aimons tous bas, nocturne pour toutes voix 3— *Lolac*.
- Airs. Cavatines, Scènes etc. 8 n. *MS*; Cendrillon. Scène lyrique 1.50, Colombine. Air bouffe 1.50. La Dilettante. Scène lyrique 1.50. Mère du Déserteur. Grande scène dramatique 2—. Odette. Grande scène dramatique 1—. L'Oiselière. Cavatine 1— *Muraille*.
- Airs. Mélodies, Scènes av. *P.* Un vol. *T. Bar* à 10— n *Choudens*; 1. David devant Saül. 2. Jean-Bart. 3. Le Pêcheur roi. 4. Méphistophélès. 5. Moïse. 6. Chant de la conquête. 7. Attila. 8. Coriolan à Rome. 9. Homère aveugle. 10. Caïn. 11. Les Cloches de mon village. 12. L'Ange des larmes. 13. Pourquoi j'adore Dieu. 14. Les Enfants. 15. Faust.
- Alma fa, 3 voix av. *Org(H)* —50 n, 4 voix s. acc. —30 n *Costallat*.
- Alma ré, 4 voix —30 n *Costallat*.
- Alma si bémol, 3 voix av. *Org(H)* —50 n. 4 voix s. acc. —30 n *Costallat*.
- Alma, *MS* ou *T* av. *Org(H)* —30 n *Costallat*.
- Alma, duo ou choeur av. *Org(H)* —50 n *Costallat*.
- Alma, duo de Gluck av. *Org(H)* —30 n *Costallat*.
- Alma redemptoris la bémol av. *Org(Hq* —50 n *Costallat*.
- Alma redemptoris (G r é t r y) av. *Org(H)* —50 n *Costallat*.
- Alma Redemptoris —50 n *Schott Frères*.
- L'Aimée Nil, Bayadère 2— n *Joubert*.
- Les abuses, duettino, *SMS* 2— n *Joubert*, 1— *Schott*.
- Les Alsaciennes, duettino avec acc. *P* 5— *Clot Fils*, 1.75 n *Gallet*.
- A la Sainte Cécile. Hymne à 3 voix 4— *Mennesson*.
- L'Allouette et la Jeune fille, *S. MS* 4.50, *Ch. s.* —20 n *Lemoine*.
- L'alouette et le laboureur, Duo 1— n *Pinatel*.
- Amandine, la Française, cavatine, *S. MS* 5—, *Ch. s.* —20 n *Lemoine*.
- L'Amazone 1— *Schott Frères*.
- Les amazones, *SCA* 5— *Heugel*, duo 5— *Katto*, 2S 1.50 *Schott*.
- L'âme des fleurs, mélodie 3— *Katto*.
- L'Ame des mères 1— *Schott Frères*.
- L'Ami du Pauvre, *S. MS* 3— *Lemoine*.
- L'ami jour de l'an, romance — 75 *Schott*.
- Amour de soi-même (L') 1— n *Costallat*, —50 *Schott*, —85 *Schott Frères*.
- L'Amour ermite, *S. MS* 3— *Lemoine*.
- Amour et mystère (S c h u b e r t), varié 2— n *Costallat*.
- Andalouse et Castillane, duo —20 n *Lemoine*.
- André Chénier, *B. Bar* 6— *Lemoine*.
- Un Ange 3—, *Ch. s.* —20 n *Lemoine*.
- L'Ange des berceaux 1— *Costallat*, 1— *Schott Frères*.
- L'Ange de la Charité 3— *Lemoine*.
- L'Ange des larmes 1.70 n *Choudens*. 3— *Noël*, —50 *Schott*.

- L'Ange du bien, air. *S. MS* 5— , *Ch. s.* —20 n *Lemoine*.
- L'Ange du mal, *B. Bar* 5—, *Ch. s.* —20 n *Lemoine*.
- L'Ange du souvenir 1— n *Costallat*.
- L'Ange et la jeune fille 3— *Mennesson*.
- Un Ange veille à ses Côtes 3— *Benoit*, *Ch. s.* —40 n *Borneman*.
- L'Année Catholique, Choix de Motets à une et plusieurs voix avec acc. d' *P* ou *Org* ou *H*, 1er Année (Paroles Latines), *Schott*; 1. Kyrie à 2 voix, ou Choeur à 2 parties avec Solos. 2. Gloria à 2 voix, ou Choeur à 2 parties avec Solos. 3. Sanctus à 2 voix, ou Choeur à 2 parties avec Solos. 4. O Salutaris. Solo. 5. Agnus, à 2 parties. 6. Domine Salvum, à 2 parties avec Solos. 7. Credo. Choeur, à 2 parties avec Solos. (N. 1 à 7 formant la 1re Messe en Sol min.) 3.25. N. 8. Alma, Solo — 25. N. 9. Invenerunt Puerum —25. N. 10. Cantate Domino. Choeur à 2 parties —50. N. 11. Ave Regina Solo. 12. Ave Maris Stella. Choeur à 3 parties. 13. Regina Coeli, à 2 parties. 14. Hoce Dies, Duo ou Choeur à 2 parties. à —25. N. 15. Stabat Mater, à 2 parties. 16. Quis est Homo, Solo. 17. Eïa Mater, à 2 parties. 18. Tui Nati, Solo. 19. Fac ut Portem, à 2 parties. 20. Quando Corpus, à 2 parties. (N. 15 à 20 formant "Stbat Mater." 1.25. N. 21. Bone Pastor, à 3 parties (sans acc.) — 25. N. 22. Ecce Panis —25. N. 23. Tantum Ergo, Solo (en Mi-b). 24. Ave Verum, à 2 parties. 25. Ecce Panis, à 2 parties. 26. Tantum Ergo, à 2 parties. 27. Ave Verum, à 2 parties. 28. O Salutaris, Duo, à —50. N. 29. O Sanctissima, à 2 parties —25. N. 30. Sub tuum Presidium, Solo —50. N. 31. Ave Maria, Solo —25. N. 32. O Salutaris. à 3 parties (sans acc.) —25. N. 33. Sub tuum Presidium, à 2 parties —50. N. 34. Bone Pastor, Solo —50. N. 35. O Sacrum Convivium, à 2 parties —25. N. 36. O Fons Pietatis, à 2 parties —25. N. 37. Salve Regina, à 2 parties. 38. Inviolata, Solo. 39. Inviolata, à 2 parties. 40. Ave Verum, à 2 parties. à —50. N. 41. Panis Angelicus, à 2 parties —25. N. 42. Ave Maria, à 2 parties. 43. Ave Regina, à 3 parties. 44. O Salutaris, à 2 parties, à —50. N. 45. Kyrie, pour voix seule —25. N. 46. Gloria, pour voix seule — 50. N. 47. Sanctus, pour voix seule —25. N. 48. Agnus Dei, pour voix seule —25.
- Années Catholiques (in-8°), 7 années à 8— n *Costallat*:
  Première année: 52 Morceaux à 1, 2 ou 3 voix pour toutes les fêtes de l'année; Messes, Saluts, Motets, Hymnes etc., avec acc. d'*Org* ou *H*.
  Deuxième année: Morceaux de musique sacrée pour toutes les fêtes de l'année: Messes solennelles, Oratorios, Motets etc. Te Deum à 1, 2, 3 et 4 voix seules et en choeur avec acc. d'*Org* et *H*.
  Troisième année: L'Orphéon religieux. 41 choeurs à 4 voix d'hommes sans acc.
  Quatrième année: 3 Messes et 25 Motets pour les différentes fêtes de l'année 1, 2,

3 et 4 voix seules ou en chœur avec acc. d'Org ou P.

Cinquième année: 40 Motets et Saluts à 3 et 4 voix avec acc. d'Org (ad lib.) à l'usage des maisons religieuses.

Sixième année: Messe complète, 12 Motets au Saint-Sacrement et à la Sainte-Vierge et 19 Saluts avec acc. d'Org à 1, 2, 3 et 4 voix.

Septième année: Vade Mecum du chanteur d'église, 30 Motets: motifs de Gluck, Méhul, Haendel, Rossini, Mozart, Weber etc. avec Org ou H.

Année musicale. N. 13—28 à 4— *Lemoine*: A deux voix: N. 13. La Veillée, duettino comique, ou chœur à 2 parties avec solo. 14. Diane chasseresse, duettino ou chœur à 2 parties. 15. Les Peureuses, duettino. 16. Le Lavoir du village, duettino. 17. Passez l'eau, duettino. 18. Le Voyage des Hirondelles, duettino ou chœur à 2 parties 19. Andalouse et Castillane, duettino. 20. La Retraite, duettino. 21. La Brune et la Blonde, duettino. 22. Les Druidesses, duo ou chœur. 23. Chant des Bateliers du Nil, duo. 24. Le chant des Sylphes, duo ou chœur. 25. La Glandée, duettino. 26. La Chaumière incendiée, duettino. 27. Les deux Frères, duettino. 28. Concert sur l'eau, duettino.

Anne de Boleyn scène dramat. 8. MS 5—, Ch. s. —20 n *Lemoine*.

- Antony. Scène 1.75 n *Joubert*.
- L'Apostat pour B ou Bar 1— *Costallat*, 1— *Schott Frères*.
- Après l'orage, chœur, 2 ou 3 voix ég. avec acc. P ou Org 1.70 n, sans acc. —50 n *Labbé*.
- A quelque chose malheur est bon 3—, Ch. s. —20 n *Lemoine*.
- A quoi servent les Fleurs 3— *Benoît*.
- L'Art de Vocaliser (Rossini), 1er vol. 4— n, 2e vol. 3.50 n *Leduc*, Cah. I. A une voix 8—, II. A deux voix 5.50 *Bote*.
- A Sainte-Cécile, 2, 3, 4 voix ég. 1.15 n *Mennesson*.
- A seize ans 3—, Ch. s. 1— *Noël*.
- Assauts de soubrettes, pour demoiselles. Part 4— *Lemoine*.
- Astre que l'Olympe vénère, Duos ou Chœurs à 2 voix 2.50 n *Costallat*.
- Athalie, scène lyrique 1.25 *Schott*.
- A tout oiseau —75 *Schott*.
- L'Attente (Pergolèse) 1.70 n *Costallat*.
- Attente et Désir, 88 4— *Benoît*.
- Attila, 2 tons 2— n *Costallat*, 1.70 n *Choudens*.
- Aubade 3— *Lemoine*.
- Au bord du lac de Côme, duo, 8, MS av. P 2— n *Joubert*.
- Au bord du Nil, Duo, Ch. s. —20 n *Lemoine*.
- Au clair de la lune, duettino 2.50 n.
- A un lilas, romance 3—, Ch. s. 1— *Noël*.
- Au revoir 1— n *Costallat*, —85 *Schott Frères*.
- L'Aurore brillante et vermeille, Duos ou Chœurs à 2 voix 2— n *Costallat*.
- Auteur de toutes choses, Duos ou Chœurs à 2 voix 2— n *Costallat*.
- Ave Maria, fa, 2 voix av. Org(H), 3 voix av. Org(H) à —50 n *Costallat*.

- Ave Maria, mi-b, 4 voix —30 n, av. Org(H) ad lib. —50 n *Costallat*.
- Ave Maria, si bémol, 8 av. Org(H) —50 n *Costallat*.
- Ave Maria, sol, MS, 7 av. Org(H) —30 n *Costallat*.
- Ave Maria, sol, 2 voix av. Org(H) —50 n *Costallat*.
- Ave Maria, ut, 2 voix av. Org(H) —30 n 3 voix av. Org(H) —50 n *Costallat*.
- Ave Maria (Händel) av. Org(H) —50 n *Costallat*.
- Ave Maris Stella en fa, 3 voix av. Org(H) —50 n *Costallat*.
- Ave Maris Stella en ré, 3 voix av. Org(H) —30 n *Costallat*.
- Ave Maris Stella de Guglielmi, 2 voix av. Org(H) —50 n *Costallat*.
- Ave Maris Stella de Mendelssohn av. Org(H) —30 n *Costallat*.
- Ave Maris Stella de Weber, 2 voix av. Org(H) —50 n *Costallat*.
- Ave Maris Stella, 4 voix d'hommes —30 n *Costallat*.
- Ave Maria —50 n *Schott Frères*.
- Ave Maria, B. Bar —60 n *Muraille*.
- Ave Maria, Duet, fem. voic. and Ditsch, Ave Maria, 8 —08 *Ditson*.
- Ave Regina la bémol (in-8°), 2 voix av. Org(H) —30 n *Costallat*.
- Ave Regina, ré, 4 voix —30 n acc. Org(H) ad lib. —50 n, 3 voix av. Org(H) —50 n *Costallat*.
- Ave Regina sol, 3 voix av. Org(H) —50 n *Costallat*.
- Ave Regina ut, 4 voix —50 n, 3 voix av. Org(H) —50 n *Costallat*.
- Ave Regina, M. S. ou T (in-8°) av. Org(H) —30 n *Costallat*.
- Ave Regina, duo ou ch. av. Org(H) de Gluck (in-8°) —50 n *Costallat*.
- Ave Regina, quatuor de Rossini (in-8°), 4 voix av. Org(H) —50 n *Costallat*.
- Ave Regina, 2 voix —50 *Schott Frères*, —30 *Willig*.
- Ave Regina (lat. w. only), 8 and Stadler, Ave Regina (Lat. words), Quart. —08 *Ditson*.
- L'Aveugle de Jericho, Ch. s. —20 n *Lemoine*.
- Ave verum de Mendelssohn (in-8°) av. Org(H) —50 n *Costallat*.
- Ave Verum, fem. voic. —08 *Ditson*, 8A —20 *J. Fischer*.
- Babillage de Pensionnaires, P 1.70 n *Mennesson*.
- Les babillardes, 8CA 5— *Heugel*, Katto, 28 1.25 *Schott*.
- La Bague d'or rom. av. P. G 3— *Grus*.
- Baiser qui vole, 8, MS 3— *Lemoine*.
- Ballade corse 1.75 n *Durand*.
- Barbe-Bleue, Ch. s. —40 n *Lemoine*.
- Les basques, Duo 2— n *Hachette*.
- Bataille de fleurs, chœur ou duettino avec P 5— *Clot*, 1.75 n *Gallet*.
- La Batelière du lac, 2 tons 2— n *Joubert*, 5— n *Pérégally*, CornetP (Amourdedieu) 7.50 *Leduc*.
- Le beau Jean-Pierre 2.50, Ch. s. —20 n *Lemoine*.

- Bélisaire, *B. Bar* 6—, *Ch. s.* — 20 n *Lemoine*.
- La Belle au Bois-Dormant, *Ch. s.* —40 n *Lemoine*.
- Les belles de nuit, ronde, *Ch. s.* 1— *Noël*, duo-valse, *P* 1— n *Joubert*.
- Bel ombrage (Le) 1— n *Costallat*.
- La Benedicite, Prière 3— *Benoit*, *Ch. s.* —40 n *Boracmann*.
- Benedictus à 2 voix ég. 1— n *Maraille*.
- Benevenuto, *B. Bar* 3—, *Ch. s.* 2—n *Lemoine*.
- Beppo, roi des lagunes, *B. Bar* 3—, *Ch. s.* —20 n *Lemoine*.
- Berceuse, Chans. 1— n *Joubert*.
- Le Berger du Bon Dieu, *SS* 3— *Benoit*.
- La bergère des alpes (Die Sennerin) 1— *Schott*.
- Berthe, l'Allemande, cavat.-valse, *S. MSS. Ch. s.* —20 n *Lemoine*.
- Bethléem, pastorale, *Ch. s.* —20 n *Lemoine*.
- Bibliothèque musicale religieuse (Paroles latines, av. *Org* ou *H*, avec les parties de chant séparées. *Lemoine*:

(Collection Zingarelli.)
1. Pater noster, à huit voix 1.50 n.
2. Dixit Dominus, *STAB* 1— n.
3. Laudante, pueri, *STAB* —90 n.
4. Laetatus sum, *STAB* —70 n.
5. Nisi Dominus aedificaverit, *STAB* —90 n.
6. Magnificat, *STAB* 1.10 n.
7. 8. Christus et Miserere, *STAB* 2— n.
9. 10. Beatus et Gloria patri, *STAB* 1.20 n.
11. Kyrie, N. 1, *STAB* —80 n.
12. Gloria, Nr. 2, *STAB* 1.60 n.
13. Patrem omnipotentem, Nr. 3, *STAB* 1— n.
14. Sanctus, Nr. 4, *STAB* —70 n.

Formant Vespri pastorale.
15. Te Deum, *STAB* 1.60 n.
16. Pange lingua, *4S* —70 n.
17. Pange lingua, *STAB* —40 n.
18. Dixit, *STAB* —90 n.
19. Confitebor tibi, *STAB* 1.60 n.
20. Beatus vir, *STAB* 1.40 n.
21. Laudate, pueri, *STAB* 1.40 n.
22. Magnificat, *STAB* 1.60 n.

Formant Vespri salmi.
23. Pange lingua, *STAB* 2— n.
24. Kyrie, N. 1, *STAB* —80 n.
25. Gloria, N. 2, *STAB* —90 n.
26. Credo, N. 3, *STAB* 1.50 n.
27. Sanctus et benedictus, N. 4, *STAB* —50 n.
28. Agnus Dei, N. 5, *STAB* —50 n.

Formant Messe.
29. 30. Haec dies quam fecit, *STAB* —80 n.
31. Veni, sancte Spiritus, *STAB* —70 n.
32.—34. Tantum ergo, *STAB* à —40 n.
35. 36. Pange lingua, *STAB* à —40 n.
37. Sacri manes, *STAB* —60 n.
38. O sacrum vonvivium, 3 voix de femme —40 n.
39. Domine, salvum, *STAB* —40 n.
40. Kyrie, *2SB* —50 n.
41. Gloria, *2SB* —80 n.
42. Miserere nobis, *2SB* —70 n.
43. Et incarnatus, *2SB* —60 n.
44. Sanctus, *2SB* —40 n.

Formant Messe.
45. Kyrie, *2TB* —70 n.
46. Gloria, *2TB* 1.20 n.
47. Domine Deus, *2TB* 1.10 n.
48. Qui sedes, *2TB* —60 n.
49. Quoniam tu solus, *2TB* —70 n.
50. Requiem, *2SB* 1.20 n.
51. Domine Jesu, *2SB* —50 n.
52. Sanctus, *2SB* —50 n.
53. Agnus Dei, *2SB* —50 n.
54. Libera me, *2SB* —60 n.

Formant Messe.
55. Kyrie, *2TB* —60 n.
56. Gloria, *2TB* —70 n.
57. Credo, *2TB* —70 n.

Formant Messe.
58. Kyrie eleison *2TB* —60 n.
59. Glorit in excelsis, *2TB* —60 n.
60. Patrem omnipotentem, *2TB* —70 n.
61. Sanctus et Agnus Dei, *2TB* —50 n.

Formant Messe.
62. Benedic anima mea, *2TB* et choeur —80 n.
63. Fidelum Christi famulum, *2TB* et choeur 1— n.
64. Kyrie eleison, *2TB* et choeur 1.20 n.
65. Benedictus, *2SB* et choeur —70 n.
66. Stabat mater, *2SB* et choeur 1.50 n.
67. Miserere, *2SB* et choeur 1.50 n.
68. Confitebor tibi, *2T* —80 n.
69. Kyrie, *2TB* —60 n.
70. Tantum ergo et Genitori, *3S* —50 n.
71. Tantum ergo sacramentum, *2TB* —50 n.
72. Benedictus Dominus Dei, *2TB* et choeur 1— n.
73. Offertoire, *2TB* et choeur 1— n.
74. 75. O sacrum convivium, *3S* à —40 n.
76. Magnificat, *2SC* 1— n.
77. Magnificat et Gloria Patri, *2TB* —60 n.
78. Confitebor et Gloria Patri, *2T* et *B*, ch. et soli 1— n.
79. Beatus vir et Gloria Patri, *2SB* et solo 1— n.
80. Dixit, *2SB* —70 n.
81. Anima Christi, sanctifica me, 3 voix égales —40 n.
82. Pater noster, *2SB* —70 n.
83. Veni, sancte Spiritus, *2TB*, ch. et soli 1— n.
84. Libera me, *3S* —50 n.
85. O Salutaris, *3S* —40 n.
86. Laudate, pueri, *2TB*, ch. et soli — 70 n.
87. Gloria, *2TB* et soli —80 n.
88. Te Deum, *2SB* 1— n.
89. 90. Credo, *2TB* av. soli à 1— n.
91. Agnus Dei, *3S* —50 n.
92. Agnus Dei, *2SB* —40 n.
93. Agnus Dei, *2TB* —40 n.
94. Sanctus, *2TB* —50 n.
95. Trois litanies à la Vierge, *2SC* —50 n.
96. Decus veni, sponsa Christi, *2SB* —80 n.
97. Salve regina, *2SC* —50 n.
98. Litanie, *2SC* 1.30 n.
99. Litanie à la Vierge, *3S* 1.10 n.
100. 101. Tota pulchra es, Maria, *2TB* et choeur à —50 n.
102. Sancta Maria, hymne, *3S* —50 n.
103. Stabat mater, *8B* 1.80 n.
104. Requiem aeternam, *TB* 1.80 n.

105. Credo, *TB* —70 n
106. Ecce panis, *SC* —50 n.
107. Salve, pretiosissime. *TB* 1— n.
108. Gloria. *TB* —50 n.
109. Kyrie, *TB* —50 n.
110. Alma, *2S* — 40 n.
111. Magnificat, *2S* —50 n.
112. Tantum ergo, *2S* —40 n.
113. Trois O salutaris. *2S* —70 n.
114. Litanie à la Vierge, *2T* —80 n.
115. O sacrum convivium, *2ST* —40 n.
116. Salve, regina, *2ST* —70 n.
117. Salve, regina, *TB* —70 n.
118. Ave, maris stella, *2S* — 40 n.
119. Pater noster, *S* —70 n.
120. Tantum ergo, *T* avec chœur — 40 n.
121. Tantum ergo, *T* av. chœur —50 n.
122. Litanie à la Vierge, —80 n.
123. Pater noster, —50 n.
124.—130. Sept. Tantum ergo à —40 n.
131. Domine salvum fac — 40 n.
132. Salve, regina — 50 n.
133. Salve, regina — 40 n.
134. Salve, regina —50 n.
135. Salve, regina —70 n.
136. Salve, regina —50 n.
137. Salve, regina —50 n.
138. Passio Domini —60 n.
139. Passio Domini —50 n.
140. Ecce panis —40 n.
141. Salve, sponsa Dei —60 n.
142. Bone Pastor — 40 n.
143. Ave, verum —40 n.
144. O dulcissime Jesu —40 n.

- Bienfait porte Bonheur *S*, *MS* 3— *Lemoine*.
- The Birthday —85*Schott Frères*, fem. voie. 2parts —10 *J. Fischer*.
- Blondine 1— n *Durand*.
- Le Bluets, *S*, *MS* 1.70 n *Choudens*, chœur 2 ou 3 voix ég. acc. *P* ou *Org* 1.70 n, sans acc. —50 n *Labbé*.
- Les Bohémiens, *S*, *MS* 6— *Lemoine*.
- Boléro pour *S* et *C*: Les Madrilènes (Die Madrilenen), Texte fr. et al. 1—, Les Madrilènes (The Madridians), Texte fr. et ang. 1.50 *Schott*.
- Le bon chemin 3—, *Ch. s.* —20 n *Lemoine*.
- Bone Pastor, solo (in 8) av. *Org* ou *H* —50 n *Costallat*.
- Bon gite (Le), *P*, Chanson 1— n *Joubert*.
- Bonjour, bonsoir, *SC* 5—, *Ch. s.* —40 n *Lemoine*.
- Un bon saint homme 3— *Hachette*.
- Bouquet musical et religieux, Dix Duos faciles ou Chœurs, A deux et trois parties, avec solos sans accompagnement. Pour le mois de marie, *Ch. s.* à —20 n, av. *P* acc. à 2.50 *Lemoine*: 1. Retour de mai. 2. Harmonies. 3. Maris stella. 4. La Bergère divine. 5. Bouquet. 6. Hosanna. 7. Enfants et fleurs. 8. La Procession. 9. Fête au ciel. 10. Consécration.
- Les Bouton et les fleurs 1— n, *Ch. s.* —35 n *Choudens*, 1— *Bornemann*.
- Les Bravi de Venise, Duo p. v. d'hom. 5—, *Ch. s.* —20 n *Lemoine*.
- Les Brésiliennes (Die Brasilianerin), *S MS* 2— n *Joubert*: Texte fr. et al. 1.25, Texte fr. et ang. 1.50 *Schott*.
- Les Brésiliennes Chœur à 2 v. av. *P* 2— n,

Ch. s. —60 n; p. sép. —30 n *Joubert*, *P* (Rupp) 1.75 *Schott*, 4ms 7.50 *Joubert*.
- Brin d'herbe (Le), *S* 1— n *Costallat*.
- Brise du printemps (La), *S* ou *T* 1— n *Costallat*.
- The broom girls, *S MS* 4— *Ashdown*.
- La Brune et la Blonde, duo —20 n *Lemoine*.
- The butterfly. (La Farfalla), *SC* 1 6 n *Augener*.
- Les Byzantines, Duo voix ég. 5— *Katto*.
- La Cachette aux épargnes 1— n, *Ch. s.* —35 n *Choudens*, —30 n *Joubert*.
- Ca m'est égal, *2S* 1.70 n *Choudens*.
- Le Camoën, mélodie 2.50 n *Costallat*.
- Les Canadiens, *Bar B* 5— *Lemoine*.
- Les cancans 3.50 *Pérégally*.
- La Captive de Lamos, *S*, *MS* 5—, *Ch. s.* —40 n *Lemoine*.
- Les Caquets du Lavoir, *SCA* 4.50 *Lemoine*.
- Les Caractéristiques, six duetti de genre pour 2 voix égales 20— *Heugel*; 1. Tyrol, tyrolienne. 2. Venise, barcarolle. 3. Allemagne, valse. 4. Naples, tarentelle. 5. Espagne, boléro. 6. France, quadrille à 4.50.
- Les Caractéristiques, 6 Duos pour voix de femmes, *Schott*: N. 1. Les Trastévérines. Duo caract. —75, 2. Les Norvégiennes. Chasse aux Flambeaux —75, 3. Les Indiennes, Duo 1—, 4. Les Sahariennes, Duo —75, 5. Les Calabraises, Duettino 1—, 6. Les Bretonnes, Duo légende —75.
- Le Carillon de Dunkerque, chœur à 3 voix av. *P* in 8° 1— n *Lemoine*.
- Les carillonneurs, *T* ou *Bar B* 1.50 *Muraille*, *TB* 6— *Noël*.
- Les Carnaval de Venise, duo, *SS P* 2— n. *Joubert*, —65 *Schirmer*, Chœur à 2 voix av. *P* 2— n; *Ch. s.* —60 n; p. sép. —30 n.
- La Catalane, Duo, *Ch. s.* —20 n *Lemoine*, fant. 4ms 7.50 *Joubert*, 6— *Breitkopf*.
- La Catarina, *S MS* 6—, chœur 2 voix acc. *P* (Le petit orphéon) 1— n *Leduc*.
- Catherine d'Aragon 6— *Benoit*.
- Cavatine, Hélas' il ne vécut pas *Ch. s.* —20 n *Lemoine*.
- Cendrillon, scène lyrique 5— *Noël*, *Ch. s.* —40 n *Lemoine*.
- Ce qu'on entend le voir, Duo 2 voix égales 5— *Katto*.
- Le Cerf et la vigne 1.35 n *Joubert*.
- C'est bien ennuyeux, fantaisie *P* sur la romance de Oscart 5— *Katto*.
- C'est toi Noël.*S MS* 1.70 n *Choudens*, chœur 2 ou 3 voix avec acc. *P* ou *Org* 1.70 n, sans acc. —50 n *Labbé*, chœur sans acc. —25 n *Choudens*.
- Chactas pleurcant la mort d'Atala, *B. Bar* 6— *Lemoine*.
- Chanson à boire 1.70 n *Menaesson*.
- Chanson à boire des mousquetaires, Chœur à 4 voix, Part 1— n, p. sép. —30 n *Joubert*.
- La chanson de l'aurore, duo 5— *Pérégally*.
- Chanson de la rêveuse, valse chantée 2— *Costallat*.
- La Chanson de l'Epine blanche, *SA* 5— *Lemoine*.
- Chanson de Mai 3— *Benoit*, *Ch. s.* —40 n *Bornemann*.
- La chanson de roses 3—, *Ch. s.* 1— *Noël*.
- Chanson des Ailes 3— *Benoit*.

Chanson du grand-père, Chant. 1— n *Joubert*.

Chanson du petit Pauvre. *Ch. s.* —20 n *Lemoine*.

Chanson du Rouet (La) 1— *Costallat*, —85 *Schott Frères*.

Les Chansons de l'épine blanche, Duo, *Ch. s.* —40 n *Lemoine*.

Chant de David (En Dieu j'ai mis). Duet. *SC* 3— *Ashdown*.

Chant de la berceuse 1— n *Choudens*, —85 *Schott Frères*, *Ch. s.* —35 n *Choudens*.

Le Chant de la conquête, *Bar. T* à 2— n *Choudens*.

Chant des bataillons scolaires 1.35 n, *TTBB* 1— *Choudens*.

Chant des Bateliers, *P* 1.70 n *Monacesson*.

Chant des Bateliers du Nil, duo —20 n *Lemoine*.

Le chant des nuages. Duo, *Ch. s.* —40 n *Lemoine*.

Chant des Pirates, *Bar. B* 5— *Lemoine*.

Chant des Sylphes, duo —20 n *Lemoine*.

Chant du Calvaire Jésus 1.35 n *Costallat*.

Chanteuse de Madrid (La) 2— *Costallat*.

Les Chanteuses des rues, *SMS* 1.75 n *Gallet*.

Chants célestes, 3 voix, pouvant être chantés à 1 ou 2 voix à 3— *Lemoine*: 1. L'Ange des Nuits, hymne, 2. Au Soleil, hymne, 3. L'Aurore, chœur, 4. La Fleur des Chérubins, lég. avec solos, 5. Les Anges du printemps, p. avec solos, 6. La Famille des Cloches, ch. avec solos, 7. Les Heures, chœur avec solos, 8. Foi en Dieu, chœur avec solos, 9. La Prière des Oiseaux, ch. avec solos, 10. La patronne des musiciens, duet. à 2 p., 11. Sainte Espérance, duetto, 12. Saint. cine, trio ou chœur à 3 voix.

La Chapelle de la forêt. *2SC* 2— n *Choudens*.

La Charité, *S. MS* 1.70 n *Choudens*.

Charles-Quint au couvent de Saint-Just, 2 tons 2— *Costallat*.

Charles IX. et Coligny. *Bar. B* 6— *Lemoine*.

Charlotte Corday 2— n *Joubert*, 1.50 *Schott*.

Chasse (La). Duos ou Chœurs à 2 voix 2.50 n *Costallat*.

La Chasse aux maris 1— n *Joubert*, *S. MS* 3— *Lemoine*.

Les Chasseresses, *SMS* 2— n, chœur à 2 v. ov. *P* 2— n, *Ch. s.* —60 n; p. sép. —30 n faut. *pas* 7.50 *Joubert*.

Les Chasseurs à pieds 1— n *Joubert*.

Le Chat-Botté, *Ch. s.* —40 n *Lemoine*.

Chatterton, *B. Bar* 5—, *Ch. s.* —20 n *Lemoine*.

Chaumière et Château, *SMS* 4— *Benoît*.

La Chaumière incendiée, duo —20 n *Lemoine*.

La chauvrière, romance 2.50 *Heugel*, *Katto*, —50 *Schott*.

Le Chêne de Saint-Louis, pour garçons, operette. Part. 4— *Lemoine*.

Le Chêne des Amourettes, *SMS* 3— *Benoît*.

Les Chercheurs d'ors, Duo p. voix d'hommes 5—, *Ch. s.* —20 n *Lemoine*.

Chevrière des Apennins (La) 2— n *Costallat*.

Chien et Chat. Duo 3— *Sulzbach*. ov. *P* 2— n, *Ch. s.* —60 n; p. sép. —30 n

Chien qui lâche sa proie pour l'ombre 1— n *Joubert*.

Chimène, Scène 2— n *Joubert*.

Douze chœurs à 4 voix sans acc. à 1— r *Labbé*.

Labbé: L'Aurore brillante. Auteur de tou tes choses. Créateur des humains. De tou tes les couleurs. Grand Dieu qui fit les cieux. Grand Dieu qui fait briller. Les portes du jour sont ouvertes. Sombre nuit. Source indable. Tandis que je sommeil. Ta sagesse, grand Dieu. Verbe égal au Très-Haut.

Chœurs populaires, 4 voix à— 25 n *Labbé*: Ah! vous dirai-je maman. Aussitôt que la lumière. Cadet-Roussel. Charmante Gabrielle. Combien j'ai douze souverance. Le comte Ory. La curieuse. Geneviève de Brabant. J'ai du bon tabac. Je l'ai planté. Malbrough. Malgré la bataille. Le matelot de Bordeaux. Nous n'avons qu'un temps à vivre. L'orage. Pauvre Jacques. Le point du jour. Quand je bien-aimé. Que ne suis-je la fougère. Le ran tan plan. Le roi Dagobert. Suivant l'amour Une tendre musette. Venez-vous donc!

Christophe Colomb, 2 tons, mélodie 1.35 n *Costallat*.

Cinq-Mars, *B. Bar* 6— *Lemoine*.

Clair de la lune (Au), duettino, Duos ou Chœurs à 2 voix 2.50 n *Costallat*.

La Clé des champs, *MS* 2— n *Choudens*.

Cléopâtre, pour *S* 2— n *Costallat*.

La Cloche de mon village 1.70 n *Choudens*.

La cloche qui tinte, *SC* 1.75 n *Hachette*.

Les Cloches du couvent, *SMS* 2— n *Ch. s.* —25 n *Choudens*, duettino —25 n *Labbé*.

Les Cloches du Soir 4— *Benoît*.

Clotilde, reine des Francs, Scène 2— n *Joubert*.

Clovis à Tolbiac, mélodie, 2 tons 1.70 n *Costallat*.

La Cocarde, Chant 1— n *Joubert*.

Le cœur donné, grande valse chantée 6— *Heugel*.

Le Cœur d'une Mère 3— *Benoît*.

Colombine, scène bouffe 3— *Noël*.

Comment sont les Enfants 3— *Lemoine*.

Les Compagnons du Tour de France, duo, *TB* 7.50 *Lemoine*.

Complainte du Tourneur 1— *Costallat*.

Concert champêtre. Douze morceaux à deux ou trois voix égales, *S. MS Lemoine*: N. 1. Concert champêtre 6—, *Ch. s.* 2— n. N. 2. Sous les Peupliers 4—, N. 3. Les Muses 4—, N. 4. Une Fête à Pékin 6—, N. 5. Le Sabbat 4—, N. 6. Les Tisserands de Silésie 4—, N. 7. Les Feux follets 3—, N. 8. Le Marché aux Esclaves 4—, N. 9. Au Bord du Nil 3—, N. 10. Le Chant des nuages 6—, N. 11. Danses Espagnoles 5—, N. 12. Les Filles du Chasseur 6—.

Concert sur l'Eau, duo —20 n *Lemoine*.

La confession de bayard mourant, scène dramat. 6—, *Ch. s.* 1— *Noël*.

Les Confidences, *S. MS* 1.70 n, chœur —25 n *Choudens*, *SC* —40 *Labbé*, *SC* 1— *Schott*.

Les Conscrits, *T. B* 6— *Lemoine*.

Conseils 3— *Benoît*.

Conseils de grand'mère, *Ch. s.* —40 n *Bornemann*.

- Les Disciples d'Anacréon, duo 5— *Lemoine*.
- Disertore svizzero. *Le Boulch*:
  1. Barcarola Giovine gondoliera (Lira 36), *S* 3 —.
  2. Arietta. Ah! se nemico fato (Lira 37). *T* 3 —.
  3. Cavatina. Seco d'un rio sul margine (Lira 357), *S* 6 —.
  4. Aria buffa. Largo, largo son qua. *B* 7.50.
  5. Duett. Buff. Dalla riposta. *SB* 9—.
- Dispute de jeunes filles, duettino bouffe 6— *Clot fils*, 2— n *Gallet*.
- La Distribution des prix. *SMS* 1— n *Choudens*, *SMS* 2—n *Muraille*, *2S* 6— *Noël*, —85 *Schott Frères*, chœur av. solo —25 n *Choudens*.
- La Diva des Champs-Elysées, *S*. *MS* 6— *Lemoine*.
- Le Doigt de Dieu, *ST*, *BarB* à 2 — n, *Ch. s.* —35 n *Choudens*.
- Le Doigt qui dit tout 3— *Lemoine*.
- Dolce calma (ital.) à 1 voix 1.75 n *Joubert*.
- Il dolce far niente, six duos pour voix de *S MS* ou *CA*, *Heugel*: 1. La légende de l'oranger. 2. Les Sirènes. 3. Les Rosières. 4. Les Vivandières. 5. Les Débutantes. 6. Il dolce far niente, à 4.50.
- Domine exaudi (in-8°) avec *Org* ou *H* —50 n *Costallat*.
- Domine Salvum, en ré, messe, 2 voix av. *Org* ou *H* —80 n, sans acc. —50 n *Costallat*.
- Domine Salvum, 3 voix avec *Org* ou *H* —30 n *Costallat*.
- Domine Salvum, 4 voix avec *Org* ou *H* —30 n *Costallat*.
- Domine salvum de sa petite messe solennelle 3— *Mathieu*.
- Donne, donne, petit Enfant, rom. 3—, *Ch. s.* —20 n *Lemoine*.
- Donnez aux pauvres, *Ch. s.* —25 n *Gras*.
- Dormeuse 1— n *Costallat*.
- La Dot du bon Dieu 3—, *Ch. s.* —20 n *Lemoine*.
- Doux rêve d'enfance, *S. B. Bar* 5— *Lemoine*.
- Les Druidesses, duo —20 n *Lemoine*.
- Duchesse de Guise 2.50 n *Joubert*.
- 10 Duetos faciles o coros a 2 partes con solos, *Lemoine* à 8—: 1. Vuelta de mayo. 2. Harmonia. 3. Estrella del mar. 4. La Divina pastora. 5. Ramillete. 6. Hosanna. 7. Ninos y flores. 8. La Procesion. 9. Una funcion en el cielo. 10. Consagracion.
- Duets for School-Festivals —85 *Schott Frères*.
- Duos p. *S* et *MS* av. *P*, Un vol. (in-8°) 10— n *Choudens*: 1. Les Madrilènes. 2. Les Fauvettes. 3. Un nid de rossignols. 4. Les Dentellières de Bayeux. 5. Le Retour à Bysance. 6. Le Renouveau. 7. Les Vendangeuses napolitaines. 8. Les Marinières de l'Adriatique. 9. Les Moissonneuses des marais Pontins. 10. La Clé des champs. 11. Le Meilleur pain des familles. 12. Les Emigrantes. 13. Nizza. 14. Les Cloches du Couvent. 15. Les Bluets.
- Du pain 1— n *Costallat*.
- Easy Two-Part Songs and Choruses for the special use of Schools etc. *Schott*: A d a m L.: 1. Sérénade en Mer (Night Song at Sea). 2. Soleil du Printemps (A Spring Song). B a t t m a n n J. L.: 3. Les Demoiselles (The Open Air). 4. Un Jour
- de Mai (The First Day of Spring). 5. Les Soeurs des Abeilles (The Bees). B o r d è s e L.: Les Fêtes des Pensionnats (Duets for School Festivals). 6. La Distribution des Prix (The Distribution Birthday). 8. La Fête de la Maîtresse (The Teacher's Birthday). 9. Le Retour à la Pension (The Return to School). 10. Le Depart pour les Vacances (The Departure for Home). 11. La Fête des Pensionnats (Holiday Time). D e n e f v e J.: 12. La Fête de Noël (Christmas) à 2 —. J o u r e t L.: 13. Tombée du Jour, Chœur à 3 voix (Nightfall). 14. Espoir en Dieu (Faith in God). 15. Les Fleurs (Flowers). 16. L'Etoile du Soir (To the Evening Star). 17. Musique, Parfum et Prière (Nature's Prayer). 18. Les Clochettes bleues (Blue Bells) à 4 —.
- Ecce panis en fa pour *MS* ou *T* (in-8°) av. *Org* (*H*) —30 n *Costallat*.
- Ecce panis en si bémol (in-8°) av. *Org* (*H*) —50 n *Costallat*.
- Ecce Panis Duet —30 *Ditson*.
- Ecce Panis, Adore Te, Sub Tuum, *S A* —50 *Fischer*.
- L'Ecole buissonnière, *SMS* 4— *Benoît*. Duo 1— *Schott Frères*.
- Les Ecuyères. Duo, *Ch. s.* —20 n *Lemoine*.
- L'Eglise du Village. Chœur à 2 voix 3— *Mennesson*.
- Lia Mater (in-8°) 2 voix avec *Org* ou *H* —50 n *Costallat*.
- Elementary Method of Singing (Méthode de Chant élémentaire) 6.25 *Schott*, (c. f.) 1.50 *Schirmer*.
- Les Elèves de Bengali. Duo, *Ch. s.* —40 n *Lemoine*.
- Elisabeth et Marie Stuart, chœur 2 voix 2— n *Costallat*.
- Elisabeth, reine de Hongrie, romance 1— *Schott*.
- Les Emigrantes, *S MS* 2— n, chœur av. solo —25 n *Choudens*.
- L'Emigration des Alsaciens pour 2 voix femmes 1— n *Durand*.
- Enfant de Dieu (L'), mélodie 1— n *Costallat*
- L'Enfant du bon Dieu —85 *Schott Frères*.
- L'Enfant égaré 1.70 n, *Ch. s.* —35 n *Choudens*, —40 n *Labbé*.
- Les Enfants, *Bar. T* 1.70 n *Choudens*.
- Enfants d'Edouard (Les), *S* et *C*. Duos ou Chœur à 2 voix 2.50 n *Costallat*, (The children in the tower. Les Enfants d'Edouard Lütgen), *SC* 2 — n *Augener*.
- Les enfants de la madone, *SMS* 1.75 n *Gallet*.
- En traîneau, sur la Newa, duo, *S MS P* 1.35 n *Joubert*.
- Ermite du Mont Carmel (L'), 2 tons 2— n *Costallat*.
- Der erste Lehrmeister im Gesange, für den Umfang jeder Stimme (deutscher und französischer Text) 6— *Fürstner*.
- L'esclave blanche, romance —75 *Schott*.
- L'Esclave mauresque, air *S. MS* 5—, *Ch. s.* —20 n *Lemoine*.
- Esméralda, rom. av. *P. G* 5— *Gras*.
- L'Esprit et le Coeur. Operette en 1 acte 4.50 *Schott Frères*, Quadr. 1.35 *Schott Frères*, 1— n *Costallat*, Valse 1— *Schott Frères*. 1.70 n *Costallat*.

- L'Etna, sicilienne 1— *Lemoine*. (Nouvelle Danse Nationale de Salon précédée de la théorie) 1.50 *Ricordi, pas* 5— *Lemoine*.
- L'Etoile du Marin. (The Star of Love. Trio à Chœr. 28 1 —.55 *Schirmer*.
- L'Etoile du marin, 28C 1.70 n, chœur —25 n *Choudens*.
- Les Voix, *S. MS* 6— *Lemoine*.
- L'Evasion. Chant 1.35 n *Joubert*.
- La Faction du bon curé 1— n, *Ch. s.* —35 n *Choudens*, —40 n *Labbé*.
- Fac ut portem. 2 voix av. Org ou *H* —50 n *Costallat*.
- Fairy music, *SC* 4 — *Ashdown*.
- Fais ce que dois, advienne que pourra. Operette, Part 4— *Lemoine*.
- La famille suisse, quadrille 1.75 n *Gallet*.
- Les Faneuses de Tivoli, *S. MS* 5—, *Ch. s.* —40 n *Lemoine*.
- Farewell Song. Fem. voic. 2 parts —10 *J. Fischer*.
- Les fauconniers de la reine, *T* ou *Bar C* 2— n *Muraille*, *TBar* 6— *Noël*.
- Faust, *1 S. T, 2 Bar. B* 2— n, *Ch. s.* in 8° —35 n *Choudens*, —30 n *Joubert*, —25 n *Ronart*.
- *T. Cornet, Fl* seuls (les succès modernes N. 29) —25 n *Fromont*.
- Faust et Mephistophélès, *TB* 6— *Lemoine*.
- Les Fauvettes, *S MS* 2— n, à 2 voix ég. 1.70 n *Choudens*, (Die Grasmücken) Texte fr. et al. *SC* 1—, (The sisters) Texte fr. et ang. 1.50 *Schott*, duettino, *S* —40 n *Labbé*, *SMS* —50 *Schirmer*, chœur —25 n *Choudens*, Transcr. *P* 1— n *Choudens*.
- La Fée mélusine, cavat. *Ch. s.* —20 n *Lemoine*.
- Les Fées, *Ch. s.* —40 n *Lemoine*.
- Les femmes de la bible, *SMS*: 1. Le Triomphe de Judith, air. 2. Rebecca à la Fontaine, cavatine. 3. La Reine de Saba, air. 4. La Fille de Jephté, scène dramatique. 5. Agar, scène dramatique. 6. L'Eden ou Eve, chant. 7. La Fille de Pharaon, air. 8. Ruth la Glaneuse, cantate. 9. Rachel pleurant ses Enfants, air. 10. Tamar, scène dramatique. 11. Esther. 12. Déborah, air à 5— *Lemoine*.
- Festival Mass. 2 voic. —.75. Voice parts —50 *Fischer*.
- La Fête de la Madone d'Arc. *SC* 5—, *Ch. s.* —40 n *Lemoine*.
- La Fête de la maîtresse, chœur av. solo —25 n *Choudens*.
- La Fête des Fleurs. *SMS* 3— *Benoît*, *Lemoine*.
- La Fête des pensionnats, *S MS* 1— n. chœur av. solo —25 n *Choudens*.
- Fête des roses à Mergellina (La), duo *SMS* 2— n *Joubert*, 1.25 *Schott*.
- La Fête du Bon Dieu, *S. MS* 1.70 n *Choudens*, chœur —25 n *Choudens*.
- La Fête d'un supérieur, chœur 2 voix 2.50 n *Costallat*.
- La Fête du pasteur, chœur —25 n *Choudens*.
- Les Fêtes bénies, album de douze chants religieux à 1, 2 ou 3 voix, en solos ou chœurs, av. *P* acc. 8— n, sans acc. 3— n *Heugel*. 1. Le Jour de l'an. 2. L'Epiphanie. 3. Les Rameaux. 4. Pâques. 5. Mois de Marie.

6. L'Ascension. 7. La Pentecôte. 8. La Fête-Dieu. 9. L'Assomption. 10. La Toussaint. 11. La Sainte-Catherine. 12. Noël à 3—, sans acc. à —40 n.
- Les Fêtes des Pensionnats. Six duettinos ou chœurs à deux voix pour distributions de prix, av. *P* à 1— n *Choudens*: Le Départ pour les vacances. La Distribution des prix. La Fête de la maîtresse. La Fête des pensionnats. La Fête du pasteur. Le Retour à la pension.
- Les Fêtes des pensionnats, 6 duettini ou chœurs à 2 parties: 1. La Distribution des prix. 2. La Fête du Pasteur. 3. La Fête de la Maîtresse. 4. Le Retour à la pension. 5. Le Départ pour les vacances. 6. La Fête des Pensionnats à —85 *Schott Frères*.
- Une Feuille d'automne 1— n *Costallat*.
- Les Feux follets. Duo. *Ch. s.* —20 n *Lemoine*.
- La Feuille morte 3— *Benoît*.
- Le Fiancé de Rachel, *B. Bar* 6— *Lemoine*.
- La Fiancée du Pêcheur albanais, *S. MS* 6— *Lemoine*.
- Les fiancées, 2S 6— *Noël*.
- La Fille de l'Exilé 2— n *Jullien*.
- La Fille du passeur du Gué —50 *Schott*.
- Fille du Régiment, 2 fantaisies sur la, Org *F, Org Ve* à 9— *Lemoine*.
- Les Filles de Dieu, *SC* 5— *Ch. s.* —40 n *Lemoine*.
- Les Filles de Milton, *SC* 5—. *Ch. s.* —40 n *Lemoine*.
- Les Filles des Pêcheurs. *SCA* 2.50 n *Costallat*, *SMS* 3— *Benoît*.
- Les Filles d'Otaïti, chœur 2 voix 2.50 n *Costallat*.
- Les filles du carillonneur, *SMS* 1.75 n *Gallet*. (Die Töchter des Glockentürmers) 1— *Schott*.
- Les Filles du chasseur. Duo. *Ch. s.* —40 n *Lemoine*.
- Les Filles du Déserteur, *S C* 5— *Lemoine*.
- Fiori d'Italia: Douze chants, N. 1. à 12 à 3—. N. 13 et 14 à 5— *Lemoine*.
- The first Christmas night. Sacred song 4 — *Ashdown*.
- Une fleur, c'est Marie 1— n, *Ch. s.* —35 n *Costallat*.
- Fleur de Messine, valse 4.50 *Lemoine*.
- Fleurs (Les), Duos ou Chœurs à 2 voix 1.35 n *Costallat*.
- Fleurs à Marie (quinze cantiques à 2 voix p. le moi de Marie) 15— *Benoît*.
- Les Fleurs de l'Ange —85 *Schott Frères*.
- Fleurs de la vie, nocturne-Duo avec *P* 6— *Clot fils*, duo 2— n *Gallet*.
- Fleurs printanières, mazurka 1— n *Costallat*.
- Flibustier (Le) 1.35 n *Costallat*.
- Flower Girl (Venditrici di Flori) —50 *Schirmer*.
- La foire aux rubans 2.50 n *Costallat*.
- La Folie du roi Charles VI., Scène 1.75 n *Joubert*.
- Folie du Tasse (La), 2 tons 2.50 n *Costallat*.
- Folie du Village (La) 2.50 n *Costallat*.
- Les fondeurs, *T* ou *BarB* 1— *Muraille*, *TBar* 6— *Noël*.
- La Fontaine de l'Ermite 3— *Lemoine*.

- La Fontaine Miraculeuse, pour jeunes filles, operette. Part 5 — *Lemoine*.
- Fort comme un Turc, pour garçons, operette. Part 5 — *Lemoine*.
- François 1er à Pavie, scène dramatique 6—. *Ch. s.* 1— *Noël*.
- François 1er et Bayard, *VB* 6— *Lemoine*.
- François 1er et Charles-Quint, *T Bar* 6— *Lemoine*.
- Les Francs, chant de guerre. *Bar B* 6— *Lemoine*.
- Le frappé de Dieu (N. 1 T, N. 2. Bar) Scène dram. 3—, *Ch. s.* 1— *Bornemann*.
- Frédégonde, scène dramati que 1.70 n *Costallat*.
- Frère et soeur, petit opéra-comique pour pension 3— n *Lemoine*: 1. Duettino. Travaillons, travaillons encore, 8 *MS* 3.75, 2. Ballade. Déjà la nuit couvre la plaine, *MS* 2.50. 3. Romance. Des monts de la Savoie 2.50. 4. Cavatine. Hélas! il ne vient pas! 3.75. 5. Duo. J'avais encore les yeux en larmes 3.75. 6. Romance. Ce n'est pas d'un artiste 2.50. 7. Duetto final. Quel transport, quelle joie 2.50.
- Fuseau de ma grand'mère (Le), Duos ou Choeurs à 2 voix 1— n *Costallat*.
- Galilée devant l'inquisition, 2 tons 1.70 *Costallat*.
- Le Geai paré des plumes de paon. Fable 1— n *Joubert*.
- Gemelli di Preston, Simfonia, *P* 2.75, Cavatina: Così dolce egli ha l'aspetto, 8 2.75, Canzone: Avea Roberto prode guerrier, *Bar* 1.50 *Ricordi*.
- Geneviève de Paris, 8. *MS* 4.50, *Ch. s.* —20 n *Lemoine*.
- Geneviève et Attila, *SB* 7.50 *Benoit*.
- Gesangschule des neueren Gesanges m. vorausgehenden Solfeggien. Ausg. deutsch. franz., engl. Text: I. Teil Solfeggien. II. kl. Gesangschule à 2.50 n, komp. 4— n *Audré*.
- Già la notte, *SC* 4.50 *Heugel*.
- Le Gilet de mon oncle Thomas 3—, *Ch. s.* —40 n *Lemoine*.
- Gina, la devineresse, scène, 8. *MS* 5—, *Ch. s.* —20 n *Lemoine*.
- Giovine gondoliera, 8 (la lida d'Italia N. 36) 3— *Boulch*.
- La Glandée, duo —20 n *Lemoine*.
- Glaner pour sa mère, Cavat. 2— n, *Ch. s.* —35 n *Choudens*.
- Glaneuse de la Beauce (La) 1— n *Costallat*.
- Gloria (G l u c k), Messe, 2 voix av. *Org* ou *H* 1—n *Costallat*.
- Gloria, Mass in F, *SSAB*. (Quincy Chor. Collect. L. T. W a d e Part 1. N. 1) 6— *Silver*.
- Gloria, Messe, 4 voix d'hommes sans acc. 1—n *Costallat*.
- Gloria de la petite messe solennelle, 2 voix avec *Org* ou *H* —75 n *Costallat*.
- Gloria, 2 voix, solo et choeur messe solennelle 6— *Mathieu*.
- Gloria Patri de Mercadante, solo et choeur à 4 voix (in-8°) avec *Org* ou *H* 1.50 n *Costallat*.
- Godefroy de Bouillon devant Jérusalem chant mystique 2— n *Costallat*, 1.70 n *Joubert*.

- Gogo, le petit nègre, à son maître, Claus, 1— n *Joubert*.
- Le Golfe de Naples, duo, 8 *MSP* 2— n *Joubert*.
- Collection de Mélodies etc.: La Gondoliera, chant 8, *MS* 5—, *Ch. s.* —40 n *Lemoine*.
- Goutte d'eau 3— *Lemoine*.
- Gracieuse 3— *Benoit*.
- Le Grain de Blé 3— *Benoit*.
- La G r a n C a n t a t r i z, Cabatinas, Arios y Escenas: 1. La Gran cantatriz. 2. La Profesion. 3. Flor de alheli. 4. La Esclava. 5. El Sueno de Ines. 6. La Entrada en el mundo. 7. O suave melodia, à —20 n *Lemoine*.
- Graziella. Mél. 1— n *Joubert*.
- Grenade, choeur, 2 ou 3 voix ég. avec acc. *P* ou *Org* 1.70 n, sans acc. —50 n *Labbé*.
- La Grenadine, Boléro 5— *Benoit*.
- Guardian Angel, or, Little Mother, operetta —50 *Ditson*.
- Guillaume le conquérant, *B*. *Cl* 1— *Schott*.
- Guttenberg, 2 tons 2— n *Costallat*.
- Gipsy girls, *SC* —50 *Ditson*, *SA* —50 *Schirmer*.
- Hace dies (Latin text only), *SA* —06 *Ditson*.
- La Halte des Turcos, Chant du soldat 1.35 n *Joubert*.
- Heavenly Father, Trio, fem. voice. —08 *Ditson*.
- Henri III. et sa cour, Chant du page 1— n *Joubert*.
- Henry IV. devant Paris, *B*. *Bar* 3— *Benoit*.
- L'Héroïne de Beauvais, 8 ou *MS* 2— n *Costallat*.
- L'Heure bénie, nocturne, Duos ou Choeurs à 2 voix 1— n *Costallat*.
- Heure du soir, Duo, *Ch. s.* —40 n *Lemoine*.
- L'Hirondelle messagère. Var. 8, *MS* 5—, *Ch. s.* —40 n *Lemoine*.
- Histoire d'un Liseron 2—n *Costallat*, —85 *Schott Frères*.
- L'Histoire d'un Nid 1— n *Costallat*.
- Holiday Time —85 *Schott Frères*.
- Homère aveugle 1.70 n *Choudens*.
- The Huntresses (Les Chasseresses), *SA* —75 *Schirmer*.
- L'hymne à l'artiste, mélodie 1— n *Labbé*.
- Trois Hymnes sacrés, pour 2 voix égales pouvant être chantées en choeur, les solos exécutés par une seule voix: 1. Jésus enfant. 2. O mes cloches du soir. 3. Vierge Marie, à 4.50, p. sép. pour être chantées en choeur, chacune —50 n *Heugel*.
- Hymnes: 1. A la Patrie. 2. Aux Aïeux. 3. A l'Espérance. 4. Au pouvoir de l'harmonie. 5. A l'Harmonie, à 2.50 *Lemoine*.
- Il était deux Orphelines, *SMS* 3— *Benoit*, Duo av. ou sans parlé 3— *Monnesson*.
- Les Immortelles, choeur, 2 voix de Femmes 1.35 n *Costallat*, 1— *Schott Frères*.
- L'Improvisatrice, cantilène 3—, *Ch. s.* —20 n *Lemoine*.
- Les improvisatrices, *SMS* 1.75 n *Gallet*, (Les Improvisatrices, Die Improvisatorinnen). Duettino, *SMS* 1.25 *Schott*.
- Inès l'Espagnole, air, 8. *MS* 5—, *Ch. s.* —20 n *Lemoine*.
- L'Infidèle, Pergolèse 1— n *Costallat*.
- L'Innocent, histor. *Ch. s. Lemoine*.

- Les Inséparables, *SCA* 5— *Lemoine*.
- Invenerunt puerum, solo, *MS* ou *T* avec *Org* ou *H* (in-8°) —30 n *Costallat*.
- Invenerunt Puerum (Lat. w. only), Werner A. Attende Domine (Lat. w. only), Quart. Chor. —08 *Ditson*.
- Inviolata (in-8°), 5 voix av. *Org (H)* —50 n *Costallat*.
- Inviolata en si bémol (in-8°) avec *Org* ou *H* —50.
- Inviolata en si bémol (in-8°), 2 voix —50, 1 voix av. *Org (H)* —30 n
- Inviolata en sol, *MS* ou *T* (in-8°) avec *Org* ou *H* —50 n *Costallat*.
- Inviolata, duo de Mayer (in-8°) avec *Org (H)* —50 n *Costallat*.
- Inviolata, *S* —60 n *Muraille*, —50 n *Schott Frères*.
- Invocation, hymne à 3 voix 2— n *Costallat*.
- Isolement. 3— *Benoit*.
- L'Italie —85 *Schott Frères*.
- L'Italie délivrée, *S*. *MS* 3—, *Ch. s. Lemoine*.
- La Jalousie d'Orosmane, rom. av. *P*. *G* 5—, *Ch. s.* —50 *Grus*.
- Jane Grey, Air 2— n *Joubert*.
- Le Jardin du cœur, mélodie redowa 2.50 *Costallat*.
- J'avais encore les yeux au large, duo —40 n *Lemoine*.
- Jean-Bart, *1. Bar. B. 2. T* 2— n, *Ch. s.* —35 n *Choudens*, —40 n *Labbé*, — 25 n *Rouart*, V. Cornet. Fl N. 78) à —25 n *Fromont*.
- Jean, roi de Danemark (mort d'Ophélie) 2— n (Le nom d'Ophélie) 1.75 n *Joubert*.
- Jeanne d'Arc à Rouen, Scène, 2 tons 2.50 n *Joubert*, (Johanna d'Arc im Kerker) (franç. et allem.), *S*. *C*. (franç. et angl.) *S. C* à 1.50 *Schott*, Fant. 4ms 7.50 *Joubert*.
- Jeanne d'Arc et l'Ange, chœur, 2 v. ég. 5—, p. sép. —25 n, 2 voix ég. sans acc. —50 n *Mathieu*.
- Jeanne la folle, Scène dramatique 1.25 *Schott*.
- Je change tous les jours, air bouffe, *Ch. s.* —20 n *Lemoine*.
- Jérusalem, scène dramatique, *Ch. s.* —20 n *Lemoine*.
- Jésus 1.35 n *Costallat*.
- Jésus Deus Angelicum, solo (in-8°) avec *Org* ou *H* —50 n *Costallat*.
- Je t'appelle (Pergolèse) 1.35 n *Costallat*.
- La Jeune aveugle, *S* ou *MS* 1— n *Costallat*.
- La jeune Fille à sa chèvre —85 *Schott Frères*.
- La jeune Fille à son Pigeon 3— *Benoit*.
- La Jeune Fille de Charité, *SCA* 5— *Lemoine*.
- La jeune Fille et le Bouvreuil, *SMS* 5— *Benoit*.
- La Jeune Martyre 1.70 n *Choudens*, (Die junge Märtyrin) scène dramat. 1— *Schott*, *Ch. s.* —35 n *Choudens*, —40 n *Labbé*.
- La Jeune ouvrière 1— n *Costallat*.
- Les jeunes filles de l'Echo, Duo —40 n *Lemoine*.
- Jeunesse des Mousquetaires, Couplets 1— n *Joubert*.
- Joan of Arc —75 *Ditson*.

- Joan, roi des forêts, *B*. *Bar* 3—, *Ch. s.* —20 n *Lemoine*.
- Jocelyn. *1. Bar. B. 2. T* 2— n *Choudens*, *Ch. s.* 1— *Bornemann*, —35 n *Choudens*, —25 n *Rouart*.
- Judas, air, *Ch. s.* —20 v *Lemoine*.
- Joseph vendu par ses frères, *Bar* 2— n *Costallat*.
- Juif de Venise, air 1.35 n *Joubert*.
- Jules César, scène dramat. *B*. *Bar* 5—, *Ch. s.* —20 n *Lemoine*.
- Jusqu'à demain, nocturne, Duos ou Chœurs à 2 voix 1— n *Costallat*.
- Kettly, la Tyrolienne, Cavatine, *S*. *MS* à 5—, *Ch. s.* (Les Chants de l'Atelier 561e livr.) —20 n *Lemoine*.
- Kyrie, 2 voix de sa petite messe solennelle 3— *Mathieu*, av. *Org (H)* —50 n, 4 voix d'hommes —30 n *Costallat*.
- Kyrie de Gluck, 2 v. av. *Org* ou *H* —50 n *Costallat*.
- Kyrie (Stradella), 2 voix avec *Org* ou *H* 1— n *Costallat*.
- Kyrie, Gloria, Credo, 1er et 2e *T* av. *Org* ou *H* 3.50 n *Costallat*.
- Là-bas, là bas! 3—, *Ch. s.* 1— *Bornemann*.
- Le Laboureur et ses enfants 1— n *Joubert*.
- Le Lac bleu (2 tons) 1— n *Costallat*.
- Laissez glaner les Orphelins, Duo 1.50 n *Jullien*.
- Laitière et le pot au lait 2— n *Joubert*.
- Le Langage des petits Oiseaux 3— *Benoit*. *Ch. s.* —40 n *Bornemann*.
- La langue bien pendue, chansonnette 3.50 *Pérégally*.
- Le Lansquenet 1— *Costallat*.
- Last Day of School, Duet or Chor. (Chor. for Women's Voices 70) —10 n *Schirmer*.
- Laudate dominum av. *Org (H)* —30 n *Costallat*.
- Laudate pueri, solo *S* av. chœur, 4 voix 1.50 n *Costallat*.
- Les Laveuses du Hameau, *SMS* 5— *Benoit*.
- Le Lavoir de Village, duo —20 n *Lemoine*.
- Lazare, grande scène. *B*. *Bar* à 6—, *Ch. s.* —20 n *Lemoine*.
- Les Lazzaroni, *TBar* 1.50 n *Muraille*, 6— *Noël*.
- La Leçon de chant du Rossignol 2.50 n *Costallat*.
- La leçon des fleurs 1— n *Hachette*.
- La Leçon du Bengali 3— *Lemoine*.
- 36 leçons faciles et graduées, suivies de 100 exercices journaliers 6— n *Leduc*.
- La Légende de Bethléem. *SMS* 1.70 n *Choudens*.
- La légende de St. Cécile, romance —75 *Schott*, 1— *Schott Frères*.
- Légende romaine, mélodie religieuse 1— *Costallat*.
- Les légendes évangéliques, Scènes bibliques pour *B* ou *Bar*: 1. Les Rois mages, air. 2. Bethléem, pastorale. 3. La Prophétie, scène. 4. L'Aveugle de Jéricho, scène. 5. Judas. 6. Jérusalem, scène, à 4— *Lemoine*.
- Lesson in Charity. or. Miracle of the roses, operetta —38 n *Ditson*.
- Lettre d'Enfant 5— *Benoit*.
- Lettre d'une petite Fille à son Papa 1— n *Jullien*.

- 6 litanies à 1 et à 2 voix —50 n *Schott Frères*.
- Le Louis d'or 2.50 *Lemoine*, —85 *Schott Frères*.
- Luther, mélodie dramatique —75 *Schott*.
- La Lyre d'Oor des Pensionnats et Communautés religieuses, 24 duettini ou chœurs à 2 voix égales, avec accomp. de P: 1. Amour de mère. 2. Bataille. 3. Le Bénitier, à 1—. N. 4. Le Berger du Bon Dieu. 5. Le bonheur facile, à 1.35. N. 6. Bon Voyage 1—. N. 7. Brise d'Avril. 8. Le Chant du Soleil. 9. Le Cheveu blanc. 10. Le Destin. 11. Dieu bénit les grandes familles. 12. L'Épave. 13. Les Farfadets. 14. Le Grain de blé. 15. Le Livre du passé. 16. La Loi du Baron. 17. Messire Ecbert. 18. Le Miroir de la Fontaine. 19. Le Moine de Saint Gildas. 20. Le Nid de bonheur, 21. La Quenouille de Grand'maman. 22. Le Rameau de buis. 23. La Ros mousseuse. 24. La Vache à Colas à 1.35 *Schott Frères*.
- Ma brunette 1—n *Costallat*.
- Madame Satan, légende maritime 5—, (la gaîté française N. 312) *Ch. s.* 1— *Noël*.
- Madeleine, ou la Mère du Pêcheur, *Ch. s.* ég. 2—n *Choudens*, duo —30 n *Joubert*, chœur (L'Orphéon de la Jeunesse) —25 n. Transer. P 1—n *Choudens*.
- Mademoiselle Fauvette 3— *Lemoine*.
- Les Madrilènes, Boléro, *SMS* 1.70 n, 2 voix
- Magnificat, 1er et 2e *T* avec *Org* ou *H* 8° 1.50 n *Costallat*.
- Ma Guitare romance —75 *Schott*.
- —20 n (Les Chants de l'Atelier, 412e livr.) *Lemoine*.
- Mahomet, *B* ou *Bar* 2—n *Costallat*.
- La Maison blanche 1—n *Costallat*.
- La Maison de Dieu 1—n *Costallat*.
- Le Malade malgré lui, pour garçons, opérette, Part 3— *Lemoine*.
- La Malédiction 1.79 n *Costallat*.
- Ma Mère et mon Brick, *Ch. s.* —20 n (Les Chants de l'Atelier, 410e livr.) *Lemoine*.
- Le Manteau troué 3—, (Les Chants de l'Atelier 534e livr.) *Ch. s.* —20 n *Lemoine*.
- La Mantille: Part O 200—n, Ouvert. 2ff 2—n, 2ff 1.70 n, Airs 2ff 2.50 n *Costallat*.
- Marcel le Pêcheur, *Ch. s.* —20 n (Les Chants de l'Atelier, 406e livr.) *Lemoine*.
- La Marchande des Quatre-Saisons, mél. (Les Chants de l'Atelier, 403e livr.), *Ch. s.* —20 n *Lemoine*.
- Le Marché aux domestiques, paysannerie, Part 4— *Lemoine*, 6—n *Kutio*.
- Le marché aux esclaves. Duo —20 n *Lemoine*.
- La Marguerite 3— *Benoît*.
- Maria Stuart à Fotheringhay, romance 1.25 *Schott*.
- Marie. *Ch. s.* —35 n *Costallat*.
- La Mariée du Moulin 3— *Benoît*, (Lyre du jeune age N. 13) *Ch. s.* —40 n *Bornemann*.
- Marie ou la Femme du Pêcheur, mélodie 2—n *Costallat*, (Echos de France 11) 1—n *Augener*.
- Mariette la Promise 3— *Benoît*, (Lyre du jeune age N. 14) *Ch. s.* —40 n *Bornemann*.
- Mariner's daughter, (from The rose of

Savoy) 3— *Chappell*.
- Les marinières de l'adriatique, *SMS* 2—n *Choudens*, —60 n, *Ch. s.* —50 n *Labbé*, chœur (L'Orphéon de la Jeunesse) —25 n *Choudens*.
- Marino Falıero, mélodie, 2 tons 2—a *Costallat*.
- La Marmite des Pauvres, *SC* 5— *Lemoine*.
- Marquis et duchesse, *SMS* 2—n *Gallet*.
- Marquise et meunière, voix de femmes, Duos ou Chœurs à 2 voix 2—n *Costallat*.
- Marquis et Paysanne 3— *Benoît*.
- Les Martyrs, Duo, *SMS* 2.50 n *Joubert*, 2 Fant. *H* à 3—n, *H1*, *H1 c* à 3—n *Mustel*, *Org*(1) *Tc* à 9— *Lemoine*, *HPV* à 3—n *Mustel*.
- Mary Jane, villanelle, 8. *MS* 5— *Lemoine*.
- Masaniello, (Répertoire moderne 79) —25 n *Roart*.
- Mass vide Messe.
- Maudite pension, canzonetta 3— *Kutlo*.
- Ma vieille mère et mes amours 2.50 *Lemoine*.
- Médée, scène dramatique, 8. *MS* à 5—, *Ch. s.* —20 n *Lemoine*.
- Le Meilleur pain des familles, *SMS* 2—n *Choudens*, *SS* (franz.-deutsch-engl.) 1.25 *Schott*, chœur (L'Orphéon de la Jeunesse) —25 n *Choudens*.
- Quatre Mélodies religieuses: 1. Invocation à la Vierge, à 1 voix. 2. L'Aurore, à 1 voix. 3. Que dit la fleur, à 2 voix. 4. Hosannah, à 2 voix, à 2.50 *Heugel*.
- Memorare, solo en ut avec *Org* ou *H* —50 n *Costallat*.
- Le Ménétrier du village 3—, *Ch. s.* —20 n *Lemoine*.
- Les Mensonges de la marquise, opérette, Part in 4° 4—n *Lemoine*.
- Menuet, *Bar* 1.70 n *Costallat*.
- Méphistophélès 2—n, *Ch. s.* —35 n *Choudens*, —30 n *Joubert*, —25 n *Roart*.
- Merci, *SMS* 5— *Benoît*.
- La Mère du Conscrit, 8. *MS* 2.50 *Lemoine*.
- La mère du déserteur, scène dramat. 6— *Noël*.
- Mère réponds-moi 3—, *Ch. s.* —20 n *Lemoine*.
- Mérope 2—n *Costallat*.
- The Merry Mountain Horn, Fem. Voice, 2 parts —12 *J. Fischer*.
- Merry spring, *SMS* —60 *Ditson*.
- Merry warblers. *SC* —60 *Ditson*.
- Mes Adieux à ma Chèvre 3— *Benoît*.
- Mes de Maria, 15 Cânticos à 2 voces (texto español) 2— *Wagner y Levien*.
- Mes petits 1—n *Durand*.
- Messe brève à une voix 3— *Lemoine*, (compl.) à une ou deux voix ég. av. *Org* (*H*) 4—n *Costallat*.
- Messe brève à 2 voix 3.60 *Lemoine*, av. *Org* (*P*) ad lib. 2—n, p. à —25 n *Lory*, Part 3—, *St* 1.25 *Schott*.
- Messe (facile), *S2MS* 12—, p. sép. à —50 n *Benoît*, à trois voix d'hommes av. *Org*(*H*) ou *O* 3.50 n *Costallat*, (brève) 3.50 *Lemoine*, Part 5—n, p. sép. à —75 n *Pérégally*.
- Messe brève à 4 voix 3— *Lemoine*, facile (accomp. *Org* ad lib.) 4—n *Lory*; N. 1. Kyrie —90. N. 2. Gloria 1.25. N. 3. Credo 1.50. N. 4. Sanctus —90. N. 5. Agnus Dei

—75. N. 6, O Salutaris —75. Chaque partie de chaque numéro —20.

- Messe en fa, 2 voix ég. OrgO ou P 2.50 n Schott Frères, 8 — Schott, Ditson —38 n: Kyrie Eleison (Merciful and gracious Lord), Quart. —08. Gloria (Glory and power), 8 & Quart. Credo (We believe), 8 & Quart. Sanctus (Worship, honor.), 8 & Quart. —30. O Salutaris (To Thee), 8. Agnus Dei (Hail truth's effulgent), Quart. Domine Salvam (Praise the Lord), SATB —12.
- Second Mass in F —30 n Ditson, 6 — Schott.
- Mass in G min. 2 voix ég. OP(Org) 2.50 n Schott Frères, for 2 voices —75 n Ditson. —60 J. Fischer, 6— Schott.
- Messe en si bémol, 4 voix mix. av. Org 3.50 n Costallat.
- Messe en ut mineur, 1 voix, OOrg ou P 3— n Schott Frères.
- 1. petite Messe solennelle en Sol min. 2 voix ég. av. Org(H) 4— n. p. de chant à —50 n Costallat, 2 voix et solos 15 —. p. sép. 1— n Mathieu, à 2 voix ou Choeur 2 Parties et Soli (B ad lib.) Part 3.50. p. de chant 1— Schott, 2 voic. or Chor. in 2 parts —60 White.
- 2. petite Messe solennelle en Fa à 2 Sopranos (ou T et B, ou 8 et B) Soli ou en Choeur et Soli, Part et p. sép. 4.25. p. de Chant 1.25 Schott.
- 4. Petite Messe en Fa à 2 voix égales (A), Part et p. sép. 2.75. p. de Chant 1— Schott.
- 5. Petite Messe en Sol-min. à 2 voix égales (B), Part et p. sép. 2—, p. de Chant 1— Schott.
- 6. Petite Messe en Ut-min. à une voix seule ou en Choeur à l'unisson (C), Part 1.75 Schott.
- 7. Petite Messe en Fa à une voix seule, Part 1.25 Schott.
- Messe brève de Cimarosa, 3 voix d'hommes avec Org, H(O) 2.50 n Costallat.
- Messe de Gloria à 3 voix, solo et choeurs 8— Lemoine.
- Messe de Mercadante en ut mineur, à 4 voix d'hommes, avec Org 5—n Costallat.
- Messe de Paisiello en sol, 88C(B) avec Org (H) ou O 5— n, p. sép. à —50 n Costallat.
- Messe de Requiem à 2 voix égales, avec Org (H) 3—n Costallat, 3.20 Lemoine.
- Messe du Saint-Esprit à 2 voix 3— Lemoine.
- Petite Messe de Sainte-Cécile, 2 voix avec Org ou H 3—n Costallat.
- Petite Messe du Saint-Esprit, avec Org(H) 4— n, p. de chant à —50 n Costallat.
- Messe pour l'Ascension, 3 voix d'hommes avec Org, H (O) 5—n, p. sép. à —50 n Costallat.
- Messe pour l'Assomption en la bémol, 3 voix mixtes, soli et choeur avec Org, H (O) 5—n, p. sép. à —50 n Costallat.
- Messe pour l'Avent et le Carême de Cimarosa, en sol majeur, à 4 voix mixtes avec Org 3—n Costallat.
- Messe pour Noël, deux voix ég. avec Org (H) 4—n, p. sép. à —50 n Costallat.
- Messe pour Pâques en si bémol, 2 voix ég.

avec Org(H) 3—n, p. sép. à —50 n Costallat.
- Messe pour la Pentecôte en sol, à 4 voix mixtes avec Org (in 8) 4—n, p. sép. à —50 n Costallat.
- Messe pour la Toussaint en mi min. 3 voix ég. avec Org ou H(O) 4.50 n, p. sép. à —50 n Costallat.
- Deux Messes faciles, 88: N. 1, en sol, 2. en fa, Part à 3— n, p. sép. à —50 n Pérégally.
- Les meunières, 8C 4.50 Heugel, 2 voix ég. 5— Katto, 1— Schott.
- Mignon, cavatine 1—n Costallat.
- Mignon regrettant sa patrie, Ch. s. —40 n Bornemann.
- Un Miracle, 8. MS 5—, Ch. s. —20 n Lemoine.
- Miracle des Roses, op. com. pour demoiselles, Part 4— Lemoine, 1.50 n Schirmer.
- Mirrha l'abandonnée, 8. MS 6— Lemoine.
- Misa de Requiem, Banda española 10—n Ayné.
- Miserere, 2TB avec Org ou H 2.50 n Costallat.
- Missa Exultet, 2 voix 1.25 J. Fischer.
- Les Moineaux du Palais-Royal 1—n Costallat, Schott Frères.
- Les moines du mont Saint-Bernard, TBar 2—n Muraille, 9— Noël.
- Le Mois de Mai, 8MS 5— Benoit.
- Moïse, Bar. B. T à 2—n, Ch. s. —35 n Choudens, 1—n Joubert.
- Les Moissonneuses des Marais Pontins, 8MS 2—n Choudens, —60 n, Ch. s. —50 n Labbé, choeur (L'Orphéon de la Jeunesse) —25 n Choudens.
- Mon Gagne-Pain (Les Chants de l'Atelier, 411e livr.), Ch. s. —20 n Lemoine.
- Mon éspoir, mélodie, Ch. s. —20 n Lemoine.
- Mon seul rêve, mélodie 1—n Costallat.
- Monsieur le printemps, 8MS 1.70 n, choeur av. solo —25 n Choudens.
- Monte-Cristo, Barc. (Dantès pleurant la mort de Faria) 1.75 n, (Chant des contrebandiers) 2—n, 8C. TB à 2—n Joubert.
- Le Mont Saint-Bernard 1—n Costallat, Schott Frères.
- Quatre morceaux en fa, 2 voix, en sol min., en ut min., 1 voix. Kyrie, Gloria, Sanctus, Agnus Dei, à —50 Schott Frères.
- Le More de Venise, B. Bar à 2—n Costallat.
- La Mort d'Abel 1—n Costallat, Schott Frères, B. Bar à 1— Schott.
- Les Morts sont vivants, Chans. 2—n Joubert.
- Mosaïques faciles sur la reine, Jeanne en 2 suites: 1. Andante et Barcarolle. 2. Tarentelle, P à 2—n Costallat.
- Mos espoir 3— Lemoine.
- Motets au Saint-Sacrement à 2 voix avec Org(H), Costallat: Adoro te supplex. Ave verum, en fa, à —30 n. Ave verum, en fa. Ave verum, en fa. Ave verum, en mi bémol, T et B à —50 n. Ave verum, en sol. Beatus vir, en si bémol. Cantate Domino. Ecce panis de Gluck, à —50 n. Ecce panis, en fa —30 n. Ecce panis, en mi bémol —50 n. Haec dies, duo en choeur —30 n. O cor amoris victima, en si bémol

—70 n. O Filii —35 n. O Fous pietatis —30 n. O Jésus dulcis, en ut —50 n. O Sacrum convivium —50 n. O Salutaris, en fa. O Salutaris, en sol, à —50 u. Panis Angelicus, en sol —30 n. Panis Angelicus, en sol —50 n. Quando corpus —50 n. Qui ascendit, en fa. Tantum ergo de Mozart. Tantum ergo, en fa. Tantum ergo, en la bémol. Tantum ergo, en si bémol, à —50. Tantum ergo, en sol —30 n. Veni sancte spiritus, en sol —75 n. Vir fidelis, en sol —50 n.

à 3 voix: Adeste fideles, trio —50 n. Adeste, solo et choeur à 3 voix —30 n. Adoro te supplex, solo et choeur à 3 voix. Adoro te. Adoro te, trio de Sacchini, à —50 n. Anima Christi, en sol —75 n. Ave verum, en la. Ave verum, en ré bémol, à —30 n. Benedictus —50 n. Bone Pastor sans accompagnement —30 n. Cantate domino —50 n. Dixit, trio, en ut 3— n. Ecce panis, en la. Ecce panis, en mi bémol, à —30 n. Ecce panis, en ré bémol —50 n. Ecce panis, en ré. Ecce panis, trio de Weber. O Filii, à —30 n. O Salutaris à 3 voix de S. de B e l l i n i. O Salutaris de G l u c k. O Salutaris, en mi bémol. O Salutaris, en si bémol, à —50 n. O Salutaris, en ut. O Salutaris, en mi bémol, sans accompagnement. O Salutaris, en ré bémol, à —30 n. Panis Angelicus, en si bémol —50 n. Rorate —30 n. Tantum ergo, en fa. Tantum ergo, en mi bémol, à —50 n. Tantum ergo, en sol —75 n. Veni creator, en mi bémol —30 n.

à 4 voix: Adorate, en ut sans accompagnement. Ave verum, en la sans acc. Ave verum, en ré sans acc. à —30 n. Cantate Domine, en fa —50 n. Cantate, en sol sans acc. Cantate domino, en ut sans acc. Ecce panis, en si bémol à 4 voix. sans acc. Ecce panis, en ré sans acc. Ecce panis, en la sans acc. Ecce panis, en mi bémol sans acc. Ecce panis, en ré sans acc. à —30 n. Ecce panis, en la —50 n. Gloria Patri de Mercadante, solo et choeur à 4 voix 1.50 n. Laudate pueri, solo S ou T avec choeur à 4 voix 1.50 n. O Filii, 4 voix d'hommes sans acc. —30 n. O Filii. O salutaris, en mi bémol. O salutaris, en si bémol, à —50 n. O salutaris, en ut sans acc. O salutaris, en si bémol sans acc. O salutaris, en mi bémol sans acc. O salutaris, en mi bémol sans acc. O salutaris, en ré sans acc. Rogate, 4 voix d'hommes, à —30 n. Tantum ergo, en ut —50 n. Tantum ergo, en mi bémol sans acc. Tantum ergo, en ut sans acc. à —30 n. Veni Creator, 4 voix d'hommes —50 n.

- Douze Motets, au Saint-Sacrement et à la Sainte Vierge 6— n *Pérégally*: 1. Ave Maris Stella, en ut, duo. 2. Ave Regina, en ut, duo. 3. Alma Redemptoris, en ré. solo. 4. Inviolata, en sol. duo. 5. Ave Verum, en sol, duo. 6. Ecce Panis, en si b. solo. 7. Ave Maria, en fa, duo. 8. Sub Tuum, en sol, duo. 9. O Salutaris, en fa. duo. 10. Tantum ergo, en mi b, solo. 11. O Salutaris, en si b. solo. 12. Regina coeli, en si b, duo.

- Le Moulin des Oiseaux, operette, pour demoiselles. Part 5— *Lemoine*.
- Mountain Riders (Les Brésiliennes), *SMS* —75 *Schirmer*.
- La mule de M. le Président 3—, Duo 5— *Sulzbach*.
- Les mules, choeur. 2 voix 6—, p. sép. —50 n *Mathieu*.
- Les Muses, Duo, *Ch. s.* —20 n *Lemoine*.
- Musique Religieuse en latin. Célèbre Avé Maria, *B* ou *Bar* —75. Benedictus, à 2 voix ég. 1—. Inviolata, *S* —50. O Salutaris, *S* —60. Idem, à 3 voix ég. 1—. Sub tuum praesidium 1—. Tantum ergo et Genitori, *Bar* —75 *Mauillie*.
- Le Myosotis, 2 tons 1— n *Costallat*.
- N a b u c o, (V e r d i) 2 faut. *Org*F(*Ve*) à 9— *Lemoine*.
- Napolitains, Duo p. v. d'hommes 5— *Lemoine*.
- Négresse et Négrillon, duo 6— *Mathieu*.
- Ne pleure pas 2.50 *Heugel*.
- Les Napolitains, Duo. *Ch. s.* —20 n *Lemoine*.
- Néron, scène, *Bar.B* à 5— *Benoit*. 2 tons 2—n *Costallat*.
- Le nid de Rossignols, rom. av. *P. G* 5— *Grus*, à 2 voix ég. *SMS* à 2—n *Choudens*, duo —30 n *Joubert*, choeur av. solo —25 n *Choudens*.
- Nidza, la Polonaise, maz. *S. MS* 5—, *Ch. s.* —20 n *Lemoine*.
- Nightingale's Nest (Un Nido d'Usignuoli), *SMS* —75 *Schirmer*.
- Ninon et Ninette, *2S*, Duo ou Choeur à 2 voix 2—n *Costallat*.
- Nizza, *SMS* 2—n *Choudens*, *Ch. s.* —20 n *Bornemann*, choeur avec solo —25 n *Choudens*.
- Noé, scène biblique 5— *Heugel*.
- Noël, *S. MS* à 5—, *Ch. s.* —20 n *Lemoine*, choeur avec solo 1.35 n *Costallat*.
- Un Nom 3— *Benoit*.
- Notre Père, Oraison dominicale 3— *Benoit*.
- Nouveau mois de Marie, 12 prières à la Sainte Vierge, av. *Org* 3— n, à —30 n *Lemoine*: Paroles latines: 1. Stella matutina, duo. 2. Mater Christi, duo. 3. Rosa mystica, duo. 4. Virgo veneranda, solo. 5. Ave, solo. 6. Mater amabilis, solo. Paroles françaises: 7. Marie. 8. Je vous salue. 9. Salut, noble étoile. 10. Tresse une couronne. 11. Heureux qui dès le premier âge. 12. Adressons nos hommages.
- Le nouveau Titus, mél. 3.50 *Pérégally*.
- La Novice, air, *S. MS* à 5—, *B. Bar* à 6—, *Ch. s.* —20 n *Lemoine*, *SMS* 2—n *Joubert*.
- Un Nuage, *ST*, Part. 2— n *Choudens*.
- La Nuit de Noël 3— *Benoit*, 2—n. —40 n *Bornemann*.
- L'Odalisque, *S. MS* 5— *Lemoine*.
- Odette, scène dramat. 6— *Noël*.
- Oeuvres célèbres de C h o p i n, transcrites. 1 ou 2 voix ég. 10—n *Heugel*: 1. L'Attente (mazurka, op. 7). 2. La Fête des prairies (mazurka, op. 7). 3. L'Inondation (mazurka, op. 7). 4. Beau Rossignol (mazurka, op. 17). 5. Les Brises (mazurka, op. 30). 6. Les Nuages (nocturne, op. 32). 7. La Fille de l'onde (ballade, op. 38). 8. Violette (mazurka, op. 50).

9. Les Traîneaux (mazurka, op. 59), à 3—. N. 10. Voici les beaux jours (mazurka, op. 59) 4.50. N. 11. Les Fleurs (valse, op. 61). 12. La Mazurka (mazurka, op. 21), à 3—.
- O Filii, chœur et solo avec Org(H) —50 n *Costallat*.
- Oh! la Menteuse 3— *Benoit*.
- O holy Lord, Quart. Chor. —25 *Brainard*.
- L'Oiseau bleu 3— *Lemoine*.
- L'Oiseau du bon Dieu, airie, *Ch. s.* —20 n *Lemoine*.
- L'Oiseau vigilant se réveille, duo ou chœur à 2 voix 2—n *Costallat*.
- L'oiselière, cavatine 5— *Noël*.
- Les Ondines du lac Majeur, *SC* 2—n *Joubert*.
- L'orchestre du bon Dieu, duo 5— *Pérégally*.
- Oreste et Pylade, op. comique pour garçons, Part 3— *Lemoine*.
- The Orphan, (L'orfanella) 1—n *Augener*.
- Orphée 6— *Benoit*.
- Orphée aux enfers, Fant. 1—n *Joubert*.
- Les Orphelines, op. comique pour jeunes personnes, Part 3— *Lemoine*.
- Les Orphelines de Portici, *SCA* 5— *Lemoine*.
- Les orphelines du régiment, *SMS* 1.75 n *Gallet*, *SC* 1.25 *Schott*.
- L'Orphéon classique et populaire. Fragments de chefs-d'œuvre des plus célèbres auteurs arrangés sur des paroles françaises, en chœur à 4 voix (avec ou sans acc.), 4 vol. 12—n *Hengel*: N. 1. La Sainte Ligue, Symphonie, en la et en ut mineur, B e e t h o v e n 2—n. N. 2. Les Gueux de Flandre, Ouverture de Sémiramide, R o s s i n i 2—n. N. 3. L'Aubade. Barcarolle d'Oberon, W e b e r 1.25 n. N. 4. La Chasse, Ouverture du Jeune Henri, M é h u l 3—n. N. 5. Cri de Guerre, Marche héroïque de Fr. S c h u b e r t 1.25 n. N. 6. L'Aurore, Andante de M o z a r t —75 n. N. 7. Les Druides, Introduction de Norma, B e l l i n i 2—n. N. 8. Orgueil humain, Andante de H a y d n, chant national —75 n. N. 9. Chant des Routiers, Marche militaire de Fr. S c h u b e r t 2.50 n. N. 10. Ave Maria, Air d'église de S t r a d e l l a 1.25 n. N. 11. Les Trappistes, Final de Sémiramide, R o s s i n i 1.25 n. N. 12. Les Cyclopes. Chœur de Norma, B e l l i n i 1.50 n. N. 13. Chant de Mai, Andante de B e e t h o v e n (op. 26) 1.25 n. N. 14. O Salutaris, Prière de Sémiramide, R o s s i n i —75 n. N. 15. Les Enfants de St-Marc, Barcarolle de M o z a r t 1.25 n. N. 16. La Suisse délivrée, Romance, chœur et finale de la Donna del lago, R o s s i n i 2—n. N. 17. Robin des bois, Ouverture et valse de Robin des bois, W e b e r 1.25 n. 18. Fête villageoise, Septuor et symphonie pastorale de B e e t h o v e n 2—n. Les N. 3, 4, 8, 10, 11, 13, 14, 15 et 17 sont aussi arrangés pour 3 voix.
- O Sacrum Convivium, avec Org(H) —30 n *Costallat*, *SA* —20 *J. Fischer*.
- O Salutaris, *C. B* avec Org(H)Vc 2.75 Costallat, *S. T* —60 n *Muraille*, av. V(Basse) Org 1.35 n *Schott Frères*, fem. voie. —08.

(N. 27) —35 *Ditson*, à 3 voix 1—n *Muraille*.
- O Salutaris, en la bémol, *MS. T* avec Org (H) —30 n *Costallat*.
- O Salutaris, en si bémol, av. Org(H) —50 n *Costallat*.
- O Salutaris de G l u c k avec Org(H) —50 n *Costallat*.
- O Salutaris de M o z a r t, avec Org(H) —50 n *Costallat*.
- O Salutaris de S a c c h i n i, avec Org(H) —50 n *Costallat*.
- O Salutaris, solo de sa petite messe solennelle 3— *Mathieu*.
- O Sanctissima, 2 voix avec Org(H) —50 n *Costallat*.
- O suave mélodie thème et variations, *S. MS* à 5—, *Ch. s.* —20 n *Lemoine*.
- Othello ou le More de Venise 1.35 *Schott Frères*.
- O Toi qui d'un œil de clémence, Duo ou Chœur à 2 voix 2—n *Costallat*.
- Oar happy valley, (Drawing-Room Trios 59) Treble voices 2.6 *Ashdown*, fem. voie. 3 parts —20 *J. Fischer*.
- Our School, fem. voie. 2 parts —10 *J. Fischer*.
- Le pain bénit de petits oiseaux 3—, *Ch. s.* —20 n *Lemoine*.
- Le Pain du bon Dieu 3— *Lemoine*, avec *P. G* 3— *Grus*, 2 voix 2.50 n *Costallat*.
- Paix aux Héros, *BarB* 6— *Lemoine*.
- Panis Angelicus (M é h u l), avec Org(H) —50 n *Costallat*.
- Le Papillon et la Fleur 3— *Lemoine*.
- Pâques fleuries, *SCA* 5—, *Ch. s.* —20 n *Lemoine*.
- Les parfums, valse et polka 4.50 *Lemoine*.
- Paris 3— *Benoit*.
- Paris, ça n'est pas un pays 3—, —20 n *Lemoine*.
- La Parisienne et la paysanne, *2S* 1.25 n. Duo ou Chœur 1.35 n.
- Passez l'eau, duo —20 n *Lemoine*.
- Pastoures des Apennins, chœur, 2 voix de femmes 2—n *Costallat*.
- Pater Noster 1.75 n *Joubert*.
- Pater Noster, 4 voix, *S.* en mi bémol 1—n *Costallat*.
- Le Pâtre, chant rustique 3— *Lemoine*.
- La Patricienne et la mendiante, Duo ou Chœur à 2 voix 2.50 n *Costallat*.
- Pauvre Azor, chansonnette 3.50 *Pérégally*.
- La pauvre Fille —85 *Schott Frères*.
- La pauvre ouvrière, rom. av. *P. G* 5— *Grus*.
- Pauvre petit, mélodie 1—n *Costallat*, *Schott Frères*, —75 *Schott*.
- Pauvre petit matelot 1—n *Costallat*.
- Pauvre riche 3—, *Ch. s.* —20 n *Lemoine*.
- Les pauvres Trovatelles, *SCA* 5—, *Ch. s.* —10 n *Lemoine*.
- Le Pays inconnu, duo 3—n *Joubert*.
- Péché caché 3—, *Ch. s.* —20 n *Lemoine*.
- Le Pêcheur-roi, *Bar. B. T* à 2—n, *Ch. s.* —35 n *Choudens*. —10 n *Labbé*.
- La Pêcheuse de crevettes, air 3— *Lemoine*.
- Un Pèlerinage à Notre-Dame des Bois, Duo voix ég. —85 *Schott Frères*.
- Les Pèlerines, Duo av. un son parlé 3— Chœur à 2 ou 3 voix 3— *Mennesson*.
- Les Pèlerines ou la Caravane au Désert

Duo voix d'hommes 5—, *Ch. s.* —20 n *Lemoine*.
- Pendant le bal, scène dramatique 5— *Leduc*.
- La Pensée 1— n *Costallat*.
- La Pensionnaire 1.70 n *Jullien*.
- Les Pensionnaires. Duo ou Chœur à 2 voix 2.75 n *Costallat*.
- Les Pensionnaires captives, chœur 2 voix 2.50 n *Costallat*.
- Perdu dans le bois, scène dramat. 1.25 *Schott*.
- La Perle de Grenade, valse 4.50 *Lemoine*.
- La Perle de Procida 2.50 n *Costallat*.
- Les Perles de l'Aurore 3— *Benoit*, *Ch. s.* —40 n *Bornemann*.
- Les Perles de Paris. Trois duettinos pour jeunes personnes, *Lemoine*: N. 1. Les Écuyères. 2. Les Élèves de Bengali. 3. Les Sœurs de Colibris à 4—.
- Le petit Chanteur des rues, *S. MS* 5— *Lemoine*.
- Le Petit Chaperon-Rouge, *Ch. s.* —40 n *Lemoine*.
- Le petit Noël, 2.50, *Ch. s.* —20 n *Lemoine*.
- La petite cousine, Histor. 1.75 n *Joubert*.
- La Petite Fadette 1— n *Costallat*.
- La petite Marchande d'allumettes 3— *Lemoine*.
- Petite Méthode élémentaire de chant pour toutes les voix, ou petit Solfège moderne d'Italie. (Kleine Elementar-Gesangschule etc.) Texte al. et fr. 6.25 *Schott*.
- Petite pluie abat grand vent 3—, *Ch. s.* —20 n *Lemoine*.
- Les petites confidences. Quadrille 5— *Benoit*.
- Les Petites marchandes de gâteaux, *SMS* 2— n *Choudens*.
- Les petites Menteuses, *S. MS* 2.50 *Lemoine*.
- La petite Sœur de Charité 3— *Benoit*. 3— *Noël*, *Ch. s.* —40 n *Bornemann*, 1— *Noël*.
- Petit Pierre, *S. MS* 5— *Lemoine*.
- Le Petit-Poucet, *Ch. s.* —40 n *Lemoine*.
- Petits chagrins, romance 2.50 *Heugel*.
- Les petits Maraudeurs —85 *Schott Frères*.
- Les Petits Montagnards 3— *Alleton*.
- Petits! petits! romance —75 *Noël*.
- Les petits riens, mél. 3.50 *Pérégally*.
- Pétrarque, scène dramat. *CA* 1— *Schott*.
- La peureuse, chansonnette 3.50 *Pérégally*.
- Les Peureuses, duo —20 n (Les Chants de l'Atelier, 478e livr.) *Lemoine*.
- The phantom ship 4— *Ashdown*.
- Pierre qui pleure et Paul qui rit. Duo 3— n *Suizbach*.
- Pierre qui roule 3— *Lemoine*.
- Les Pifferari, *S MS* 1.70 n, chœur av solo —25 n *Choudens*.
- Plaintes de la Fleur 1— n *Costallat*.
- Plaintes du Pasteur (Les), Pergolèse 1.70 n *Costallat*.
- Fleurs le jeunes Filles 3— *Lemoine*.
- Pleurs de joie (trophées de l'enfance), chœur à 3 voix égales, av. P 1.25 n, 1re, 2e, 3e voix séparées —15 n *Joubert*.
Les pleurs de l'ange, romance 1— n *Costallat*, —50 *Schott*.
- Plus d'Amour, mélodie 1— n *Costallat*.
- Plus de vendredis, chansonnette 3.50 *Pérégally*.
- Plus on a, plus on veut avoir 3— *Lemoine*.

- Polka mazurka 1— n *Costallat*.
- Polyeucte, *B. Bar* 6— *Lemoine*.
- Portes du jour sont ouvertes (Les), Duo ou Chœur à 2 voix 2.50 n *Costallat*.
- La Pot de terre et le pot de fer 1.75 n *Joubert*.
- Le Poule noire, paysannerie pour jeunes filles. Part 1— *Lemoine*.
- Pour l'amour de Dieu, mél. 3.50 *Pérégally*.
- Pourquoi j'adore Dieu 1— n, *Ch. s.* —35 n *Choudens*.
- Pourquoi les rossignols chantent la nuit, légende bourguignonne 7.50, *MS* 7.50 *Noël*.
- Praise ye the Lord, *SATB* —10 n *Church*.
- Le Presbytère du Village 3— *Benoit*.
- La Prédiction, *SCA* 5—, —40 n *Lemoine*.
- Le premier bal, 2 voix 1.70 n *Costallat*, *SM* 8 1— *Maraille*, 88 6— *Noël*.
- La première communion, *SMS* 2— *Maraille*, *S* 6— *Noël*.
- Première Fleur 1— n. Duo ou Chœur à 2 voix 1.35 n *Costallat*.
- Premières leçons de chant (Les), vocalises pour le medium de la voix 8.35 n *Joubert*.
- Le premier mot, romance —50 *Schott*.
- Premiers lauriers (Trophée de l'enfance). P. chœur à 3 voix égales, av. P 1.25 n, 1re, 2e, 3e voix séparée, chaque —15 n *Joubert*.
- Les Premiers Rêves 2.50, *Ch. s.* —20 n *Lemoine*.
- Près du Chemin 3— *Lemoine*.
- Prière de la jeune fille, *Ch. s.* —40 n *Bornemann*.
- Prière des Oiseaux 3— *Benoit*, *Ch. s.* —40 n *Bornemann*.
- La prière du matin, chœur 2 ou 3 voix ég. acc. P ou Org 1.70 n, sans acc. —50 n *Labbé*.
- Les prières d'une Mère 1— n *Costallat*. *Schott Frères*.
- Priez, chœur 2 ou 3 voix ég. acc. P ou Org 1.70 n, sans acc. —50 n *Labbé*.
- La Prima donna: N. 1. La Prima donna, cavatina, *S. MS* à 5—, *Ch. s.* —40 n, N. 2. La Giovane manaca, aria, 3. Gina la zingara, scena, 4. La schiava saracena, aria, 5. Il sogno di Lucia, scena, 6. La Prima festa di ballo, scena, 7. Dolce speme, avec variations à 5— *Lemoine*.
- Primavera, Répertoire des jeunes Personnes, Cavatines, Airs, Duos etc. *SC*: N. 1. Geneviève de Paris (Genoveva von Paris), Scène lyrique (Die Débutante (Die Debütantin), Air à 1.25, N. 3. L'Alouette et la jeune Fille (Die Lerche und ads junge Mädchen), Cavatine 1—, N. 4. Primavera (Der Frühling), Duettino, 5. Les jeunes Filles et l'Echo (Die jungen Mädchen und das Echo), Duo, 6. Les Rival. (Die Rival.), Duo à 1.50 *Schott*, N. 4. *SMS* 1.75 n *Gallet*.
- Prions, chœur 2 ou 3 voix ég. acc. P ou Org 1.70 n, sans acc. —50 n *Labbé*.
- La Prise de voile, air, *S. MS* à 5—, *Ch. s.* —20 n *Lemoine*.
- Les Prisonniers du Spielberg, *TBar* 3— *Benoit*.
- Prix et couronnes (trophées de l'enfance). P. chœur à 3 voix ég. av. P 1.25 n, 1re, 2e, 3e voix sép. à —15 n *Joubert*.

- Procession de la Fête-Dieu, 2 v. de fem. Duo ou Chœur à 2 voix 1.70 n.
- Procida, proscrit, *B. Bar* 6— *Lemoine*.
- Les Promis, duo, *ST* 5— *Lemoine*.
- La Prophétie, scène dramatique, *Ch. s.* —20 n *Lemoine*.
- Les Prunes 1— n. *Ch. s.* —30 n *Ercillard*.
- Les Pupilles de la Garde, *SC* 2— n *Joubert*, Quadrille 1— n *Costallat*.
- Quadrille champêtre 1— n *Costallat*.
- Quand on n'a plus de mère 1— n *Costallat*.
- Quand on ne peut faire autrement, fantaisie sur la romance (Oscar t), *P* 5— *Katto*.
- Quasimodo, *B. Bar* 2— n *Costallat*, 1.75 n *Schott Frères*.
- Que Dieu garde nos soldats, Chant 1.75 n *Joubert*.
- Que le Jour me dure 3— *Benoit*.
- La Quenouille et la Moisson, *SMS* 4— *Benoit*.
- La Quenouille et l'Oreiller 2.50, *Ch. s.* —20 n *Lemoine*.
- Qui es Homo, *Bar. C* avec *Org (H)* —30 n *Costallat*.
- Le Rat de ville et le rat des champs 2— n *Joubert*.
- Reçois nos hommages, Cantique à 2 parties avec *Org* ou *H* —30 n *Costallat*.
- Recordare, 3 voix avec *Org* ou *H* —75 n *Costallat*.
- Récréations lyriques. 1. N.-D. des Bois, 2. Il est doux de rêver, 3. Humble Chaumière, 4. Que n'av. nous des ailes, 5. Les voix de la nuit, 6. N.-D. de la Garde à 2.50 *Lemoine*.
- Refrain de la sœur aînée 1— n *Costallat*.
- Le Refrain des Forgerons. Duo voix ég. 1— *Schott Frères*.
- Refrain des moissonneurs, chœur 2 ou 3 voix ég. avec acc. *P* ou *Org* 1.70 n, sans acc. —50 n *Labbé*.
- Regina Coeli en ré. 2 voix avec *Org (H)* —50 n *Costallat*.
- Regina Coeli en mi bémol, *TB* avec *Org (H)* —50 n *Costallat*.
- Regina Coeli en si bémol, 2 voix avec *Org (H)* —50 n *Costallat*.
- Regina Coeli en ré, 3 voix avec *Org (H)* —50 n *Costallat*.
- Regina Coeli en mi bémol, 3 voix avec *Org (H)* —50 n *Costallat*.
- Regina Coeli en ré, 4 voix sans acc. —30 n *Costallat*.
- Regina Coeli en mi b. 4 voix sans acc. —30 n *Costallat*.
- Regina Coeli en si b. 4 voix sans acc. —30 n *Costallat*.
- Regina Coeli de G l u c k, 4 voix avec *Org (H)* —50 n *Costallat*.
- Regina Coeli de M e n d e l s s o h n, 4 voix avec *Org (H)* —30 n *Costallat*.
- Regina Coeli. Quart. and J u v i n. Regina Coeli Quart. —08 *Ditson*.
- Regina Coeli. Quart. and W i t s k a. Regina Coeli. Quart. —10 *Ditson*.
- Les Regrets de Mignon, 2— n *Costallat*.
- La Reine Berthe 2— n *Costallat*.
- La Reine Blanche 2— n *Costallat*.
- La Reine de la Fève 3—, *Ch. s.* —20 n *Lemoine*.

- La Reine des chalets, Cav. 2— n *Joubert*.
- La Reine de Suède 2.50 n *Joubert*.
- La Reine Mab 2— *Costallat*.
- Les Reines de Venise, *SMS* 6— *Leduc*.
- La Religieuse et la Novice, *SCA* 2.75 n *Costallat*.
- Le Renouveau, duo 2— n *Choudens*, Chœur à 2 voix 3— *Mennesson*.
- Répertoire des jeunes Personnes, Recueil de Cavatines, Airs et Scènes, *S. MS*: N. 1. La Prima Donna (Die junge Künstlerin). 2. La Prise de voile (Der Eintritt ins Kloster). 3. Cina, la Devineresse (Gina, die Wahrsagerin). Scène. 4. L'Esclave mauresque (Der maurische Sklave). 5. Le Rêve d'Yvonne (Yvonnens Traum). 6. Le Début dans le monde (Das Debüt im Salon). 7. O suave mélodie (O Zaubermacht der Töne). Thème et Variations faciles à 1— *Schott*.
- Répertoire des petites Chapelles, Pensionnats et Communantés relig. Collection de morceaux fac. et chant. 1 et 2 voix ég. *Org* ou *H* N. 1—30 à —40 n, N. 31—32 1.20 n *Schott Frères*.
- Requiem, *TB* av. *Org* ou *H* 3— n *Costallat*.
- Le Retour, *SMS* 1.35 n *Joubert*.
- Le Retour à Bysance, duo 2— n, chœur avec solo —25 n *Choudens*.
- Le Retour à la pension, duo 1— n, chœur avec solo —25 n *Choudens*.
- Le Retour au Chalet, Ronde 2— n *Joubert*.
- Le Retour dans la Patrie 3— *Benoit*.
- La Retraite, duo —20 n.
- The Return to School. —85 *Schott Frères*.
- Le Rêve 1.70 n *Costallat*.
- Rêve de Jeunes Filles, *SCA* 5— *Lemoine*.
- Le Rêve de l'orpheline 1— n *Costallat*.
- Rêve d'or, Cav. 2— n *Joubert*.
- Le Rêve du Marin, *B. Bar* 6— *Lemoine*.
- Rêve d'Yvonne, air, *S. MS* à 5—, *Ch. s.* —20 n *Lemoine*.
- Réveil du Jour 1— n, à 2 voix 1.35 n *Costallat*.
- Richard, *B. Bar* à 5—, *Ch. s.* —20 n *Lemoine*.
- Riche et pauvre, romance —50 *Schott*.
- Ricochets 2.50, *Ch. s.* —20 n *Lemoine*.
- Rikke, Tikke, Tac, *TT* 2.50 n *Costallat*.
- Riquet à la Houppe, *Ch. s.* — 40 n.
- Rita la Bohémienne 1.35 n *Costallat*, 1— n *Schott Frères*.
- Les Rogations ou la Fête aux champs, Duo 1.25 n *Costallat*, 1— n *Schott Frères*.
- Le roi des montagnes, mél. 1— n *Joubert*.
- Le Roi More, *B. Bar* 3—, *Ch. s.* —20 n *Lemoine*.
- Le roi St. Louis et Marguer. de Provence, *SB* 6— *Lemoine*.
- Les Rois mages, *SC* 5—, *Ch. s.* —20 n *Lemoine*.
- Romance et Cantique, Duo 1.50 n *Jullien*.
- Romances, Mélodies etc.: 1. La Chanson des quatre saisons, mélodie. 2. Chanson du petit Pauvre. 3. L'Innocent, historiette bretonne. 4. Marcel le pêcheur, récit. 5. La Croix du premier pas, légende bretonne. 6. Les trois Lettres du Conscrit à sa grand' mère. 7. L'Oiseau du bon Dieu, ariette. 8. La Fée Mélusine. 9. Ma Mère et mon Brick. 10. Mon Gague-Pain. 11. Made-

leine ou la Mère du Pêcheur, à 3— *Lemoine.*
- Rosa la bouquetière, Cavat. 2— n *Joubert.*
- Rose et Violette, duettino 1.70 n *Costallat.*
- Rose of Savoy, operetta, vocal score 5 — n *Chappell,* —50 *Ditson.*
- Les Roses, *S. MS* à 2— n *Costallat.*
- Rosine 1— *Schott Frères.*
- Le Rouet de la Grand'Mère, rom. av. *P. G* 5— *Gras.*
- Le Rouge-Gorge 3— *Benoit, Ch. s.* —40 n *Bornemann.*
- Royal Dindon, op. com. pour garçons, Part 4— *Lemoine.*
- Le Ruban de l'Ancien, *SMS* 3—, *Ch. s.* —40 n *Lemoine.*
- Rubans et Fleurs, duettino en échos, *SCA* 5— *Lemoine.*
- Le ruisseau, rondino, *P* 5— *Katto.*
- Ruth et Noémi, chœur, 2 voix 2— n *Costallat.*
- Le Sabbat, Duo, *Ch. s.* —20 n *Lemoine.*
- Sailor's bride —50 *White.*
- Les Saisons: 1. Le Printemps. 2. L'Été. 3. L'Automne. 4. L'Hiver, à 2.50 *Lemoine.*
- La Saint-Crépin, *SMSCA* et *P. TBarB* et *P* 1.70 n *Choudens.*
- La sainte amulette, romance 2.50 *Heugel. Katto,* —50 *Schott.*
- Sainte-Cécile 2— n *Lemoine.*
- Sainte-Hélène, air 3— *Lemoine.*
- Sainte-Patric 6— *Lemoine.*
- Sainte-Solange 2— n *Costallat.*
- La Saint-Jean, Ronde, *SMS. TBar* 1.70 n, *SMSCA* et *P. TBarB* et *P* 1.70 n *Choudens.*
- Saint-Louis 1— n *Costallat.*
- Saint-Louis rendant justice 1— *Schott Frères.*
- La Saint-Nicolas, duo 2— n *Choudens.*
- Saint-Roch et son chien, *SMS* 2 — n *Choudens.*
- Salomon de Caux, 2 tons 1.70 n *Costallat.*
- Salve Regina, en si bémol avec *Org(H)* —30 n *Costallat.*
- Salve Regina, en mi bémol, 2 voix avec *Org(H)* —50 n *Costallat.*
- Salve Regina, en fa, 2 voix avec *Org(H)* 1— n *Costallat.*
- Salve Regina, en ut, *TB* avec *Org(H)* 1.50 n *Costallat.*
- Salve Regina de *Mozart* avec *Org(H)* —50 n *Costallat.*
- Salve Regina, Quart. and *Fiske* W. O. Salve Regina, Duet —08 *Ditson.*
- Sancta Maria, en sol, 3 voix avec *Org(H)* —30 n *Costallat.*
- Sanctus, 3 voix avec *Org(H)* —30 n, 4 voix d'hommes sans acc. —30 n *Costallat.*
- Sanctus de sa petite messe solennelle 3— *Mathieu,* 2 voix avec *Org(H)* —30 n *Costallat.*
- Sans regret 2.50 *Heugel.*
- Sapho, scène lyrique 5— *Heugel.*
- Sarah la baigneuse, *SMS* 2— n *Choudens,* chœur, 2 ou 3 voix ég. avec acc. *P* ou *Org* 1.70 n, sans acc. —50 n *Labbé.*
- Sardanapale, *Bar. B. T* à 2— n, *Ch. s.* —35 n *Choudens.*
- La Science de Dieu 1— n *Costallat.*
- Seco d'un rio sul margine, cavatina, *S* (la lira d'italia N. 357) 6— *Boulch.*

- Le Secret de Lise 1— n *Choudens.*
- La Semaine lyrique des Pensionnats, chœurs à 3 voix av. *P*: Grand Dieu qui vis les Cieux. Grand Dieu par qui de rien, à 1.50 n. Sombre nuit, aveugles ténèbres 2.50 n. Grand Dieu qui fais briller 1.35 n. De toutes les couleurs que di stinguent 1.50 n. Seigneur, tant d'animaux, solo et chœur 2— n. Créateur des humains 1.50 n. Notre-Dame des bois, 3 voix de femmes. Les filles du Temple, 3 voix de femmes. Vite, vite, allons, chœur à 3 voix, à 2— n. La Fauvette des blés, 28 et *C* 1.70 n *Costallat.*
- La semaine religieuse des demoiselles av. *Org*: 1. Ave Maria à 1 voix. 2. Sub tuum à 1 voix. 3. Ave Verum à 1 voix. 4. O Salutaris à 1 voix. 5. Ecce Panis à 1 voix. 6. Salve Regina à 1 voix. 7. Inviolata à 1 voix. 8. O Salutaris à 1 voix à —30 n *Lemoine.*
- Les Sentinelles du donjon, *TBar* 1— n *Maraille,* 6— *Noël.*
- Sérénade de Haben-Hamet, varié 2— n *Costallat.*
- Service for the Holy Communion 2 6 n *Schott.*
- Sicilienne nationale, *P* —75 *Schott,* 1.25 *Ricordi, 1ms* 1— *Schott.*
- Si j'étais —85 *Schott Frères.*
- Le Simoun, *B. Bar. T* à 3— *Benoit,* 1— *Schott Frères.*
- La sœur de charité, romance —50 *Schott.*
- La sœur des rossignols, chans. 3— *Heugel,* —35 *Ditson,* arr. *P* (Devrient) 1.75 *Schott.*
- La Sœur du Soldat 3— *Benoit.*
- La Sœur du Volontaire, *S. MS* 5— *Lemoine.*
- Les Sœurs de charité, *SMS* 2— n *Choudens.*
- Les Sœurs des Chouans, *SCA* 5—, *Ch. s.* —40 n *Lemoine.*
- Les sœurs des Colibris, Duo, *Ch. s.* —20 n *Lemoine.*
- Les Sœurs des Etoiles, *SCA* 5— *Lemoine.*
- Une soirée en mer, duo, *SMS* 2— n *Joubert,* Rêverie, *P* 2— n *Mennesson.*
- Les Soirées de Portici. 5 Fantaisies pour *PV* sur des Chants favoris, transcrits et variés: N. 1. La Prima Donna, Scène dramatique 1.75. N. 2. Geneviève de Paris, Scène dramatique 1.75. N. 3. L'Esclave mauresque, Scène dramatique 2—. N. 4. Gina, la Devineresse, Scène dramatique 1.75. N. 5. Les Brésiliennes, Duettino 2.25 *Schott.*
- Solennités religieuses musicales, acc. *Org* ou *H* avec les parties de chant sép. solos, Duos et Trios pour différentes voix, *Lemoine*:
  Solos: 1. Kyrie —40. N. 2. Gloria —50. N. 3. Credo —80. N. 4. Sanctus —50. 0 Salutaris —50. N. 6. Agnus —40. N. 7. Domine salvum —40. Formant messe. 8. Sub tuum —50. N. 9. Tantum ergo —40. N. 10. Alma —50. N. 11. Ave Maria —50. N. 12. Salve regina —50. N. 13. Pater noster. 14. Panis angelicus. 15. Ave verum. 16. Bone pastor. 17. Ecce panis. 18. Inviolata. 19. O filii, à —40. N. 20. Laudate —50. N. 21. Adoro te —40. N. 22. Six Litanies —60.

Duos: 23. Kyrie —50. N. 24. Gloria —70. N. 25. Credo. 26. Sanctus, 27. O Salutaris. 28. Agnus. 29. Domine, salvum, à —50. Formant messe, 30. Sub tuum. 31. Tantum ergo. 32. Alma. 33. Ave Maria. 34. Salve regina. 35. Sanctissima, à —50. N. 36. Miserere 2—. N. 37. Stabat Mater 2—. N. 38. Ave regina. 39. Ave verum. 40. Ecce panis. 41. O sacrum convivium. 42. Inviolata. 43. Ave Maris stella. 44. O filii. 45. Rorate, à —50. N. 46. Te Deum —80. N. 47. Requiem 2—. N. 48. Sanctus, 49. Agnus Dei, 50. Benedictus, à —40. Formant messe des morts.

Trios: 51. Kyrie eleison —50. N. 52. Gloria —80. N. 53. Credo —90. N. 54. Sanctus. 55. O salutaris. 56. Agnus. 57. Domine salvum, à —50. Formant Messe. 58. Magnificat —80. N. 59. Cantate —50. N. 60. Regina coeli —50. N. 61. O salutaris. 62. O salutaris. 63. Tantum ergo. 64. Ave verum, à —40. N. 65. Salve regina —50. N. 66. Ave regina. 67. Tantum ergo. 68. Ave verum, à —40. N. 69. Kyrie —80. N. 70. Sanctus —50. N. 71. O salutaris —50. N. 72. Agnus Dei —40. N. 73. Sanctus —50. N. 74. Agnus —40. N. 75. Alma —50. N. 76. Tantum ergo — 80. N. 77. Adorote —50. N. 78. Ave verum —50. N. 79. O salutaris —40. N. 80. O salutaris —60. N. 81. Adeste —40. N. 82. Adoramus - 40. N. 83. Adoro te. 84. Regina coeli. 85. Tantum ergo, à —50. N. 86. Ecce panis -60. N. 87. O cor amoris —40. N. 88. Kyrie —60. N. 89. Gloria 1.20. N. 90. Regina coeli —50. N. 91. Gloria 1.20. N. 92. Veni, Creator —40. N. 93. Ave maris —40. N. 94. Ave Maria —50. N. 95. Alma —40. N. 96. Tantum ergo. 97. Tantum ergo, 98. *a)* Gr. litanie à la Vierge. 8. *T* à —60. N. 99. *b)* Gr. litanie à la Vierge. à 2 voix, *TB*. 100. *c)* Gr. litanie à la Vierge. à 4 voix, *TB*. 100 bis. *d)* Gr. litanie à la Vierge, voix seule avec choeurs, à 1—.

Solos: 101. Kyrie —50. N. 102. Gloria —80. N. 103. Sanctus —80. N. 104. Agnus Dei —40. N. 105. O salutaris —50. Formant Messe brève. 106. Ave Maria, 107. Ave verum, 108. Tantum ergo. 109. Sub tuum. 110. Ecce panis. 111. Ave regina. 112. Alma, à —40.

Duos: 113. Kyrie —80. N. 114. Gloria 1.20. N. 115. Sanctus —60. N. 116. Agnus Dei. 117. O salutaris à —50. Formant Messe brève. 118. Ave Maria. 119. Ave verum, à —50. N. 120. O salutaris, 121. Salve regina. 122. Adeste, fideles. 123. Sub tuum, à —60. N. 124. Monstra te esse matrem —50. N. 125. Inviolata —60. N. 126. Rorate —60. N. 127. O sanctissima —50. N. 128. Adeste fideles —40. N. 129. O filii —80. N. 130. Ave maris stella —40. N. 131. Tantum ergo —40. N. 132. Panis angelicus —40.

Trios: 133. Kyrie 1.40. N. 134. Gloria 2.40. N. 135. Sanctus —50. N. 136. Agnus Dei —60. N. 137. O salutaris —80. Formant Messe brève. 138. O salutaris. 139. Tantum ergo. 140. Cantate Domino, à —50. N. 141. Kyrie —70. N. 142. O Salutaris

—50. N. 143. Gloria 2.40. N. 144. Sanctus, 145. Agnus Dei, à —80. Formant Messe.

À Quatre voix: 146. Kyrie —80. N. 147. O Salutaris —80. N. 148. Gloria 2.40. N. 149. Sanctus —80. N. 150. Agnus Dei —80. Formant Messe. 151. O Filii 1—. N. 152. Inviolata 1—. N. 153. Pater noster 1—. N. 154. Cantate Domino 1.10. N. 155. Adeste —90. N. 156. Alma 1—. N. 157. Veni Creator —80. N. 158. O Salutaris 1—. N. 159. O Salutaris 1—. N. 160. Sub Tuum —90. N. 161. Sub Tuum —90. N. 162. Ave Maria —80. N. 163. Ave Maria Stella 2.40. N. 164. Ave Regina 1.10. N. 165. Ave verum —90. N. 166. Tantum ergo 1—. N. 167. Ecce panis —90. N. 168. Regina coeli 1—. N. 169. Adoro te Supplex 1.10. N. 170. Veni Creator —80.

- Un Songe au Ciel, *S. MS* 6— *Lemoine*.
- Songe de Lady Macbeth 1.35 n *Joubert*.
- The song of David, *SMS* 3— *Absdown*.
- Les Sorrentines, *SMS* 1.75 n *Gallet*. 1.25 *Schott*.
- Le soudard, romance, *B. Bar* 1.75 *Schott*.
- Soupirs du prisonnier, romance 2.50 *Heugel*, transcr. *P* 1.70 n *Mennesson*.
- Source éternelle de lumière, 2 voix 1.70 n *Costallat*.
- Source ineffable de lumière, Duo ou Choeur à 2 voix 1.70 n *Costallat*.
- La source miraculeuse, duo 5— *Mathieu*.
- Sourdes pour rires, duo, *SMS* 1.35 n *Joubert*.
- Sous les grenadiers, duo, boléro 2.75 n *Costallat*.
- Sous les peupliers, Duo, *Ch. s.* —20 n *Lemoine*.
- Sous les tilleuls (l'été), duo, 2 voix ég. 1— *Katto*.
- Souvenir de Jeunesse 3— *Lemoine*.
- Les souvenirs, *SMS* 1.50 n *Muraille*, 28 6— *Noël*.
- Spartacus, *B. Bar* à 1.70 n *Costallat*, 1.35 n *Schott Frères*.
- Stabat Mater, 2 voix avec *Org(H)* —50 n *Costallat*.
- The Streamlet and River, fem. voie. 2 parts —12 *J. Fischer*.
- Sub tuum à 2 voix 1— n *Muraille*, —50 n *Schott Frères*.
- Sub tuum, en la bémol, *TB* avec *Org(H)* —50 n *Costallat*.
- Sub tuum, en mi bémol, 2 voix avec *Org(H)* —50 n *Costallat*.
- Sub tuum, en sol, 2 voix avec *Org(H)* —50 n *Costallat*.
- Sub tuum, en fa, 3 voix avec *Org(H)* —50 n *Costallat*.
- Sub tuum, en si bémol, 3 voix avec *Org(H)* —50 n *Costallat*.
- Sub tuum, en ut, 3 voix avec *Org(H)* —30 n *Costallat*.
- Sub tuum, en si b, 4 voix sans acc. —30 n *Costallat*.
- Sub tuum, en ut, 4 voix sans acc. —30 n *Costallat*.
- Sub tuum de M é h u l, avec *Org(H)* —50 n *Costallat*.
- Sub tuum de M e n d e l s s o h n, 3 voix sans acc. —30 n *Costallat*.

- Sub tuum, trio de M o z a r t, 3 voix avec *Org(H)* —50 n *Costallat.*
- Sub tuum praesidium, S. *MS* avec *Org(H)* —50 n *Costallat.*
- Suisse et Tyrol, airs connus, quadrille 1.75 n. *Ims* 2— n *Gallet.*
- Le sultan Abonl-Azor, opérette, Part 4— n *Lemoine.*
- La Sultane et l'Esclave, chœur, 2 voix 2.50 n *Costallat.*
- Sur le Bosphore, P 1.70 n *Mennesson.*
- Suspice domine, solo en fa avec *Org* ou *H* —50 n *Costallat.*
- Le Sylphe 1— n, et Chanson créole, P 2— n *Costallat.*
- Les sylphes, S.MS ou CA 4.50 *Hengel*, 2 voix ég. 5— *Katto*, SS 1.50 *Schott.*
- Sylphide de Toledo, Bol. 2— n *Joubert.*
- Le talisman de la jeune fille, duo 5—. p. sép. —50 n *Mathieu.*
- Les Talismans, S. *MS* à 2.50 *Lemoine.*
- Tandis que le sommeil, Duo ou chœur à 2 voix 2— n *Costallat.*
- Tantum ergo, 1 voix, V ou *Basse Org* 1.35 *Schott Frères.*
- Tantum ergo en mi bémol avec *Org(H)* —50 n *Costallat.*
- Tantum ergo en sol, S avec *Org(H)* —50 n *Costallat.*
- Tantum ergo et Genitori, Bar —75 n *Muraille.*
- La Tarantelle, S.MS 2— *Joubert*, Transcr. P 1.70 n *Mennesson.*
- Ta sagesse, grand Dieu, Duo ou chœur à 2 voix 2— n *Costallat.*
- Le Tasse dans sa prison, B.Bar 6— *Lemoine.*
- The Teacher's Birthday —85 *Schott Frères.*
- Te Deum 3 voix d'hommes avec *Org(H)* 1.50 n *Costallat.*
- Telling Secrets, (Les Confidences) S.A —50 *Schirmer.*
- Le Tisserand de Silésie, Duo —20 n *Lemoine.*
- Théodora 2— n *Choudens.*
- Thérésa l'Italienne, rom. *Ch. s.* —40 n *Lemoine.*
- Un tiens vaut mieux, chansonnette 3.50 *Pérégally.*
- Le Toit sans fumée 5—, *Ch. s.* —20 n *Lemoine.*
- Tota pulchra es, 2 voix —50 n *Schott Frères.*
- Tota pulchra es en sol, 1 voix av. *Org* ou *H* —50 n *Costallat.*
- To thee great God of grace, Quart. and N o r t h. Christ our passover Quart. —08 *Ditson.*
- La Tour de Nesles, Revanche de Buridan 2.50 n *Joubert.*
- Le Tournoi, Duo p. v. d'hommes 5—, *Ch. s.* —20 n *Lemoine.*
- Tout babille, SCA 5—, *Ch. s.* —40 n *Lemoine.*
- Les Traineaux, chœur 2 voix 2.50 n *Costallat.*
- Travail et prière, duettino 2— n *Costallat.*
- Travailler pour trois et manger pour deux 1— n, *Ch. s.* —35 n *Choudens*, —40 n *Labbé.*
- Travaillons, travaillons encore frères et sœurs, duo —20 n *Lemoine.*
- Le Trésor du Logis 3— *Benoit.*
- Trésor musical des enfants. Chants et prières, *Lemoine*: le Collection à 1 n, 2 voix: 1. L'Oiseau sous l'ombrage. 2. La Leçon de chant. 3. Die partout. 4. L'Ange des enfants. 5. Prions. 6. L'Étoile d'or. 7. Prière du soir. 8. Dieu de bonté. 9. Notre-Dame de la Consolation. 10. Espoir en Dieu. 11. L'Ange gardien. 12. La Chanson du Rossignol. 13. Je t'adore, Seigneur. 14. Le Réveil d'un beau jour. 15. Dieu te bénira. 16. L'Étoile du soir. 17. Les Jours de l'enfance. 18. Ce qu'on aime toujours. 19. Pour les pauvres. 20. Le Bon Ange. 21. Le chant du soir. 22. Le Ruisseau. 23. Le chant du matin. 24. Le Chant de l'oiseau. 25. Enfant, console toi. 26. L'Ange aux doux regards. 27. Donne, mon Dieu. 28. Le bonheur. 29. Les chants en fleurs. 30. Le Seigneur est bon. 31. Que dit la fleur. 32. L'Innocence. 33. Adoration. 34. Le Papillon. 35. Chante, petit oiseau. 36. Bonheur des Enfants. 37. Les Souvenirs d'enfance. 38. L'Alouette. 39. Brillante fée. 40. Gardenous du péché, *Ch. s.* à —20 n. 41. Coll. à 2 voix. 41. J'ai vu. 42. O mon Dieu. 43. Qui donc m'a donné naissance. 44. Souffre sans murmurer. 45. Si je devais un jour. 46. Droite et sincère. 47. Seigneur. 48. Les Cieux. 49. Mon Dieu. 50. Inspire-moi. 51. Les méchants. 52. L'Éternel. 53. O père. 54. Quel charme. 55. Regarde autour de toi. 56. Le plus saint des devoirs. 57. O jour heureux. 58. O douce providence. 59. Cœur bienfaisant. 60. Chantons en ce jour. 61. Perçant les voûtes de l'aurore. 62. Ah! qu'il est beau. 63. Tout dans la nature. 64. Dieu donne aux fleurs. 65. Tout me confond. 66. Heureux séjour. 67. Salut aimable asile. 68. Que je me plais. 69. Sa mort peut de ton ombre. 70. Loin du tumulte. 71. Entendrons-nous. 72. Le temps s'échappe. 73. Venez par un rayon propice. 74. Amour, honneur et gloire. 75. Mon cœur en ce jour. 76. Répond mon ami à Jésus. 77. Qu'ils sont aimés, grand Dieu. 78. O toi du Rédempteur. 79. Bénissons ce jour la mère. 80. O sacré cœur d'un Dieu. 81. Contemplé en silence. 82. Au fond des brûlants abîmes. 83. Nous passons comme une ombre. 84. Suivons Jésus. 85. J'ai vu mes tristes journées. 86. Cœur de Jésus, ô sources. 87. Cœur de Jésus, cœur à jamais. 88. Les nuages. 89. Isolement. 90. Les fleurs, *Ch. s.* à —25 n; av. P'*Org* à —50 n.
- Le Trèfle à quatre feuilles 1— n *Costallat.*
- Un tribunal correctionnel, fantaisie sur la romance (O s c a r t), P 5— *Katto.*
- Triomphez reine des cieux, cantique à 2 parties avec *Org* ou *H* —30 n *Costallat.*
- Triste et rieuse, duetto 6— *Clot fils*, 2— n *Gallet.*
- Les trois Carillons, SCotA 4.50 *Lemoine.*
- Les trois Dévises 1— n *Hachette.*
- Trois jeunes sœurs 1.35 n *Costallat.*
- Trois jours de Vendange 1— n *Costallat.*
- Les trois lettres du conserit à sa mère, *Ch. s.* —20 n *Lemoine.*
- Les trois Médecins 3— *Lemoine.*
- Les trois parts du cœur 1— n, *Ch. s.* —35 n *Choudens*, —30 n *Joubert.*

Tui Nati, *SMS* avec *Org* ou *H* —30 n *Costallat*.
Unis aux concerts, cantique à 2 parties avec *Org* ou *H* —30 n *Costallat*.
- Vacation Is Near, fém. voic. 2 parts —10 *J. Fischer*.
- Valses faciles 1.70 n *Costallat*.
- Vashti, Scena 4— *Ashdown*.
- La Védette 3— *Lemoine*.
- La Veillée, Duo —20 n *Lemoine*.
- Vellèda, *S. MS* à 5— *Lemoine*.
- Les vendangeuses napolitaines, *SMS* 2.— n *Choudens*, —40 n, *Ch. s.* —35 n *Labbé*, choeur —25 n *Choudens*.
- La Vendéenne, *SMS* à 2— n *Costallat*, 1.35 n *Schott Frères*.
- Venezia, chanson de nuit, 2 tons 2— n *Costallat*.
- Veni Creator, *S.3* —20 *J. Fischer*.
- Les Vents des Nuits 1— n *Costallat*.
- Verléda, *Ch. s.* —40 n *Lemoine*.
- Le Ver luisant 3— *Benoit*.
- Vers l'Ecole, *SMS* 4— *Benoit*.
- La Vestale, *SMS* 6— *Lemoine*.
- Le Vicaire de Wakefield 5— *Benoit*.
- La Vierge à la Crèche 3— *Benoit*.
- La Vierge aux Oiseaux 3—, *Ch. s.* —20 n *Lemoine*.
- La Vierge de Vaucouleurs, 2 tons 2— n *Joubert*.
- Le vieux Marquis 3—, *Ch. s.* —20 n *Lemoine*.
- Le vieux Soldat 2.50, *Ch. s.* —20 n *Lemoine*.
- Les Villageoises au dimanche, choeur 2 voix 2— n *Costallat*.
- Le Villageois et le serpent 1.35 n *Joubert*.
- Les Violettes 1— n *Costallat*.
- Virginie au retour, *SMS* à 5—, *Ch. s.* —40 n *Lemoine*.
- La Virtuose des buissons 1.35 *Schott Frères*.
- La Vision de Jeanne d'Arc 2— n *Choudens*.
- La Vision de Saint Louis, *BBar* 6— *Lemoine*.
- La Vivandière 6— *Lemoine*.
- Vivat, choeur à 3 voix av. *P* 1— n *Lemoine*.
- Vive la France, Chant 1— n *Joubert*.
- 30 Vocalises élémentaires pour le Médium de la Voix avec Acc. *P* 4— *Fürstner*, 3.50 *Schott*, 1.50 *Schirmer*.
- Voeu de jeune Fille 2— n *Costallat*.
- Un Voeu ou Neuvaine al Bambino, *2S* 5—, *Ch. s.* —10 n *Lemoine*.
- Voici-les Loups, *BBar* 5— *Lemoine*.
- Les voix intérieures 2.50 *Heugel*.
- Les voix rivales, Duo —40 n *Lemoine*.
- Le Volontaire, *SMS* à 5—, *Ch. s.* —20 n *Lemoine*.
- Votre Ange et moi veillons sur vous 1— n *Jullien*.
- Vous fuyez, mes beaux jours 1— n *Costallat*.
- Le Voyage des Hirondelles, duo —20 n *Lemoine*.
- Voyage d'une Fourmi (Le) 1— n *Costallat*.
- Le voyage impossible, duetto comique 6— *Clot fils*, 2— n *Gallet*.
- Les Voyageuses, duo 2— n *Choudens*.
- Weavers of Brianza, The, (Le Filatrice della Brianza), *SC* 1.6 n *Augener*.
- The wedding jewels 4 — *Ashdown*.
- Werther, *BBar* 6— *Lemoine*.

- While the days are bright, (Drawing-Room Trios 83), Treble voices 2.6 *Ashdown*, 3 parts —15 *J. Fischer*.
- The Wish, fém. voic. 2 parts —10 *J. Fischer*.
- The world we knew, 87 or *SS* 4 — *Ashdown*.
- Yvon le Fauconnier, *SC* 1 4.50 *Lemoine*.
- Zaire 2— n *Costallat*.
- Zémire et Azor, sur des airs populaires, quadrille 1.75 n, *4ms* 2— n *Gallet*.
- Les Zingarelles, *SMS* 1.75 n *Gallet*, 1— *Schott*.
- Zwierzenie, Duettna, (Konzert w Salonie 10) —50 *Hösick*.
- et Sav. Laporte. Mon Marteau, *Ch. s.* —20 n *Lemoine*.

Bordet C. L'Abbandonata, Romanza 1— *Ricordi*.
- La Beneficenza, Aria 2— *Ricordi*.
- Crédit à tout le monde 1— n, *Ch. s.* —25 n *Margueritat*.
- La Fioraia, Romanza 1.50 *Ricordi*.
- Lamento in morte della Duchessa Camilla Litta 2.50 *Ricordi*.

Bordier d'Angers Jules (1846) **Op. 33** Les ménétriers du Diable, Caprice fant. *2VVa* 5— n *Baudoux*.
- 40 Suite fantaisiste, *VP*: N. 1. Air d'église 2— n, N. 2. Menuet-polonaise 2.50 n, N. 1. *VcP* 2— n, *VcOrg* 1.70 n *Costallat*.
- Adieu suprême, *P* 2— n, *4ms* 2.50 n, O Part 5— n, p. sép. 8— n *Baudoux*.
- A la bien aimée 1.35 n, *Ch. s.* —30 n *Rouart*.
- A la rame, Barcarolle, *V* 2.50 n *Baudoux*.
- Aria et Gavotte, *PV* 7.50 *Hamelle*.
- Berceuse, *PV* (*Hautb*) 1.75 n, parties d'O 1— n *Durand*.
- Canzonetta, 1 *P* 2— n, *V* av. O ou Quat. à cordes 4— n *Costallat*.
- Chanson mélancolique 1.35 n, avec *VcP* 1.75 n, *Ch. s.* —30 n *Rouart*.
- David, scène biblique, Chant *P* 5— n *Heugel*.
- Les Deux Coeurs 1.70 n *Decourcelle*.
- Escarpolette, fantaisie, *VcP* 1.70 n, *2VVa Vc* 2— n *Costallat*.
- La Fauvette du calvaire, *B* av. *V* (*Org*) 4— n *Durand*.
- Fiancé de la Mer, 3— n *Baudoux*.
- Habanera, *PHautb* 2— n, O Part 2— n, parties 2— n *Durand*.
- Hora Rumanesca, air valaque, O Part 2— n, p. sép. 2— n *Durand*.
- L'Infidèle 1.70 n *Baudoux*.
- Méditation sur le 7e petit prélude de B a c h, *HPV* (*Vc*) 3— n, *HHaV* (*Vc*) 4.40 n *Mustel*.
- Douze Mélodies 5— n *Heugel*: 1. La Réligieuse. 2. Ballade des pauvres gens. 3. Chanson d'amour. 4. Le Chien du braconnier. 5. Le Rideau de ma voisine. 6. Chanson de Malartie. 7. Chanson turque. 8. Viens aux champs. 9. Chanson Monténégrine. 10. Maudit printemps. 11. Guitare. 12. Habanéra.
- Trois mélodies sur de vieilles paroles 5— *Baudoux*: 1. Le petit Lyré. 2. Félicité vaine. 3. Rondelet, à 1.35.
- Nadia, opéra-com. Part 10— *Durdilly*.
- Panychis, idylle antique 2— n, av. *Hautb Ha* (*P*) 3— *Durdilly*.
- Printemps 1.70 n *Baudoux*.
- Un Rêve d'Ossian, Scène lyrique, soli et choeurs 5— n *Durand*.

Romance, *PV* 2— n *Durand*.
- Scherzo oriental, *PO*, Part 5— n, p. sép.
10— n, *2P* 5— n *Heugel*.
- Sous Bois 1.70 n *Bombour*.
- Souvenir de Budapesth, Danses hongroises,
O, Part 5— n, p. sép. 6— n *Costallat*.
Harm, Part 3— n *Evette*.
- Super illumina 1.75 n, av. *PVOrg* 3— n.
av. *O*, Part 2.50 n, p. sép. 4— n *Durand*.

Bordier Paul. Fantasia pastorale et guer-
rière, *O*, Part 5— n, p. sép. 10— n *Girod*.
- J'ai dit à mon coeur 2.50 *Girod*.
- La prière de l'aïeule 2.50 *Girod*.

Bordman Mrs. G. N. The blacksmith's song.
P —25 *Ditson*.
- Dancing on the Green, *P* —25 *Ditson*.
- Kingdom of Mother Goose, ope-
retta —25 *Ditson*.
- The Mill Wheel, *P* —25 *Ditson*.
- Old church bell, *P* —25 *Ditson*.
- Return to school, *sC* —10 *White*.
- Soft soft my love she sleeps —35 *White*.
- Summer time that was —30 *White*.
- Village sounds, 6 five-finger amusements,
P à —25 *Ditson*.
- When we are old, Solo and Quart. —35
White.

Bordner, Daybreak (Le point du jour).
Waltz —50 *Swisher*.
- Irene, or thou art the fairest flower —40
Swisher.

Bordogni, op. 4 Air de Lucia de Lammer-
moor, varié, *BassonP* 6— *Grus*.
- Charité. Fant. relig. *Fanf* 1.25. p. suppl.
—10 *Deplaix*.
- 24 études, *CoP*, 2 suites à 2— n, *CornetP*,
2 suites à 5— n *Costallat*.
- Love's protestation, engl.-ital. —40 *Gordon*.
- Présage du retour 1— n *Joubert*.
- Mélodies, *BassonP* v. Koecken op. 37.
- Return, engl.-ital. —40 *Gordon*.
- Rubis grenats, *TTBB*, Part 1— n *Lory*.

Bordogni E. W. *Bornemann*: Ça n'mange
pas d'pain 1— n, *Ch. s.* —40.
- Le fruit défendu 3—, *Ch. s.* 1—.
- J'en sais long là d'ssus 1— n, *Ch. s.* —40 n.
- Lettres d'amour 3—, *Ch. s.* 1—.
- Lola, opéra-comique en un acte, part. *P*
chant 8° 5— n *Heugel*.
- Ma Toinon 3—, *Ch. s.* 1— *Bornemann*.
- Le premier rendez-vous 3—, *Ch. s.* 1—.
- Le réveil de la Pologne 3—, *Ch. s.* 1—.
- La Somnambule. Ch. com. 3—, *Ch. s.* 1—.

Bordogni Giulio Marco (1788—1856), **op. 8**
Tre Esercizi e 12 nuovi Vocalizzi per *S. MS*
à 1.25 n *Ricordi*, *S. MS. A* 2 Hefte à 2—
Haslinger, *S. MS* à 1— *Litolff*, *h. t.* à 1—
Peters, (Edit. A.) *S* 13 Bg., I. livre 6 Bg.,
II. livre 7 Bg. (Edit. B.) *MS* 13 Bg. I.
livre 6 Bg., II. livre 7 Bg. (Edit. C.)
Bar. B 12 Bg., II livres à 7 Bg. *Schott*,
hoch 1.20 *Un. Ed.*, *h. med.* à 1— *Ascher-
berg*, *S. MS. Bar* à 2 books à 4 *Schirmer*,
S. MS à 2 books à 2— *Schirmer*, *Bar* 1.80
Bessel, I 12 vocalizzi solo: *S(T)*, *Bar. MS*
per ciascuna voce in 2 libri à 6— *Ricordi*.
- L'Art de la Phrase, de la Respiration etc.
v. 24 nouvelles vocalises.
- Ein- und zweistimm. Solfeggi (G. W.
Teschner), Heft I, II, *S* à 4—, Heft
III für 2*S* 3— *Heinrichshofen*.

- Vocalizzi per *S(T)* cplt. 7—, 6 libri à 1.50
Cottrau.
- 50 Vocalisen (Th. Hauptner), *h. n.*
3— n *Eulenburg*.
- 36 Vocalizzi per *S* o *T*, secondo il gusto
moderno 18—; fasc. 1—6 à 4—, Nuova
Edizione riveduta, col Canto trascritto in
Chiave di Sol 20—, fasc. 1—6 à 4—, composti p. *S*, ridotti p. *B*: fasc. 1—6 à 4.50.
36 Vocalizzi, *S. MS* à 2.50 n *Ricordi*, (G.
W. Teschner) *S(T)*, *A(MS)*, *Bar(B)*
3 Hefte à 3—, (Groß-Oktav) 3 Hefte à
1— n *Haslinger*, *S* cplt. 2—, 3 Hefte à
1—, *MS(T)* cplt. 2—, 3 Hefte à 1— *Litolff*, (Dörffel) *h. t.* à 2 — *Peters*, *m.
h.* à 2.40 *Un. Ed.*, *S(T)* 3 books à 10 6
Ashdown, à 6 — *Novello*, *S. MS.* 13 books
à —50 n *Schirmer*, (para tiple ó tenor, divididas en tres cuadernos) Cada uno 2— n
Dotesio.
- 24 nouvelles Vocalises, *MS(C)*, L'Art de
la Phrase, de la Respiration, de l'Accentua-
tion et de l'Expression dramatique, réun.
17 Bg., livre I 8 Bg., livre II 9 Bg. *Schott*,
two books à 1.25 *Ditson*.
- 24 nuovi Vocalizzi adatti a tutte le voci
1.25 n, in Chiave di Sol 10—, fasc. 1° (N.
1—12), fasc. 2° (N. 13—24) à 6— (M.
Sieber) 2 Hefte à 2— *Haslinger*, *MS*
(C) 1—, (Introduct. zu 36 Vocalises)
1— *Litolff*, *MS(C)* (Dörffel) 1 — *Peters*, cplt. 14 Bg. livre I 7 Bg., livre II
8 Bg. *Schott*, (24 Nouvelles Vocalises faciles et progres.) *MS* à 1.20 *Un. Ed.*, (24
nouvelles vocal. fac. et progr.) 16 *Novello*,
2 books à 1 — *Boosey*, *MS* 16 *Novello*,
(24 Nouvelles Vocalises faciles et progres-
sives à la Portée de toutes les Voix. 2
books, each 1.50, *MS(A)* cplt. 3.75, in
2 books à 2— *Schirmer*, 8.35 n *Joubert*,
livre I —75, livre II —90 *Jurgenson*.
- 12 nuovi Vocalizzi, *C(MS)*, *Bar(B)* secondo il gusto moderno due libri à 5.50,
(sei dei quali con poesia), *S. MS* à 1.75 n
Ricordi, riuniti 3—, tre libri à 1.50 *Cottrau*, *S* 2 Hefte à —50 *Hansen*, *S(T)*,
(*MS*)*Bar(B)* (G. W. Teschner), 2
Hefte à 2—, (Groß-Oktav) 2 Hefte à
—60 n, *A(Bar)* (bearb. von A. Pause-
ron à Tambourini), Heft 1 3.80, Heft 2
4.50 *Haslinger*, (12 Vocalises, dont 6 avec
paroles italiennes) *MS* 1— *Litolff*, *h. t.*
(Dörffel) à 1— *Peters*, *C(MS)* réunis
10 Bg. livr. I, II à 5 Bg. 2 voix *S.MS.
T.MS* réunis 10 Bg., livre I, II à 5 Bg.
(12 vocalises, dont 6 av. parol. ital.) réunis 17 Bg., livre I 8 Bg., livre II — 9 Bg.
Schott, h. m. à 1.20 *Un. Ed.*, *C(MS)*, *Bar
(B)*, *MS* à 10 6, à in 2 books à 6— (6
with ital. words) 16 n *Ashdown*, 2 books
à 1.50 *Ditson*, *S. MS(A)* 2 books à —30 n
Schirmer, *C(MS)*, *Bar(B)* à 3— n *Dotesio*.

Bordon, Dantza, *P* (Coleccion de marchas
Bailes etc. N. 3 1.50 n *Diaz*.
- Violets, you break my heart —50 *Thomp-
son Mus. Co.*

Bordone, Giuseppina, Mazurka 1— *Gori*.

Bordonel T. J. Collegiate Mass, 2 voices
1 —, *SAB* 1 6, *SATB* 1/10 *Cary*.

- Mass of St. Agnes (2nd Messe Solenelle). Mixed voic. 2 — n *Ashdown*.
- Messe de notre Dame, 2 voic. 1 — *Cary*.
- Pfingstmesse für Soli, Chor und *Org* od. O, vollst.(*Org*) Part 5— n, Gesangspart 1.50 n, *VP* 1.30 *Breitkopf*.
- Victimae Paschali, *SATB* — 4 *Cary*.
- Zur Verehrung des Allerheiligen Sakraments. (Complete Benediction Service „The Loretto".) Für Soli, Chor, *Ha*, *Org*. Vollst. Part 4— n. Gesangspart 1.20 n *Breitkopf*.
- **Bordoni G.** Agnus Dei, con *Org* 2— *Mariani*.
- Offertorio, Gloria ed Hymno, con *Org* 3— *Mariani*.
- Stabat Mater. 3 voic. con *Org* 10— *Mariani*.
- **Bordot A.** Tambour de Wagram, chanson militaire —50 n *Labbé*.
- **Bordowska Olga, op.** 1 Souvenir. Valse —75 *Idzikowski*.
- **Bordoy,** El tintero, vals 1.20 n *Dotesio*.
- Recuerdos de un destacamento, mazurka —75 n *Dotesio*.
- **Bordt H. R. op. 25** Dinorah (Pardon de Ploërmel), Divertissement, *PFl* 2— *André*.
- 26 Leicht Gepäck, Divertissement, *PFl* 1.80 *André*.
- **Bordt Ludwig,** Cantionale. Sammlung liturg. Gesänge, Chor 3— *Vieweg*.
- Communio, Ausw. v. geistl. Liedern, *SATB*, *TTBB*, *SSMSA* à —60 *Vieweg*.
- Die Psalmtöne nebst Falsibordoni (mit dem Cantus Firmus im *S u. T*). Für den kirchl. Chor- u. Volksgesang bearb., *SATB*. Ausg. f. Dirigenten —80 n, f. Sänger —50 n *Vieweg*.
- **Bórea V.** Marcia Militare, ricavata dalla Canzone: A frangesa, *Banda* Part 2— *Ricordi*.
- Marcia Militare, ricavata dalla Canzone popolare: Africanella, *Banda* Part 3— *Ricordi*.
- Marcia Militare, ricavata dalle Canzoni: 'OPizzaiolo nuovo, e Tenzo'a freva, *Banda* Part 3— *Ricordi*.
- Margherita, *Banda* 1.50 *Lapini*.
- Non dovrei ridere! Polka caratteristica 2— *Venturini*.
- Sempre gentile. Mazur, 2.50 *Venturini*.
- Treno diretto. Galop 1.50 *Venturini*.
- **Boreel A.** Souvenir de l'Exposition. Valse 1.25 *Eck*.
- Vision. Polka-Maz. —60 *Eck*.
- **Borel, L'Anniversaire.** Polka 3— *Sulzbach*.
- Au bord de l'eau. Fant. *Cornet* —75 n, *CornetP* 2.50 n *Pomier*.
- Denise. Quadrille 5— *Benoit*.
- Les Deux Sergents. (Louis N.) Trio du 2e acte, Fant. *Harm* Part 3— n *Erette*.
- La Fleur du Félibrige 3— *Benoit*.
- Mandolinette. Polka-Mazur 5— *Benoit*.
- Orizaba. Schottisch, *Harm* Part 3— n *Erette*.
- Polka militaire, sur des motifs des Deux Sergents. *Harm* Part 3— n *Erette*.
- Souvenir du gymnase. Pas red. *Harm* 3— *Erette*.
- **Borel-Clerc Charles,** Ah! qu' c'est beau, la nature, chanson-marche 1.50 n *Ricordi*.
- Amours de Trottins. Marche 1.50, O av. P cond. 2—, Chant P 1.25 n, *Ch. s.* —25 n *Ricordi*.

- La Bague d'étain 1.75 n *Hachette*.
- Baiser d'oubli, valse 2— n, O 2— n, Chant P 1.75 n, *Ch. s.* —35 n *Hachette*.
- C'est difficile à dire. *Raeff*.
- Chanson d'Amour 1.70 n, *Ch. s.* —30 n *Ista*.
- Cœur blasé 2— n, *Ch. s.* —30 n *Ista*.
- Cœur brisé. Valse chantée 2— n *Ista*.
- Conseils d'une fille à sa mère le soir de ses noces. L'Engagement de Flora. *Ondet*.
- Délaissée 1.25 n, *Ch. s.* —25 n *Ricordi*.
- Enjôleuse. Valse 2— n, *PV*, *PFl* à 2.50 n, O 3— n, Cond. —50 n, Chant P 2— n, *Ch. s.* —30 n *Ista*.
- Halte au Village, Marche caractéristique 2—, O av. P cond. 2— n, Chant P 2— n, *Ch. s.* —25 n *Ricordi*.
- Joie de vivre, valse viennoise 2— n *Hachette*.
- Lettre d'amoureuse 1.25 n, *Ch. s.* —25 n *Ricordi*.
- Les lettres d'amour, valse-intermezzo, P 1.50 n, O av. P cond. 2— n, Chant P 1.75 n, *Ch. s.* —25 n *Ricordi*.
- Marche des Avocates, P 1.70 n, *PV* 2— n, O 2.50 n, *Harm* ou *Fanf* 3— n, Cond. —50 *Ista*.
- Marche des cœurs 2— n *Ricordi*.
- Marche d'hyménée 1.25 n, Chant P 1.25 n, *Ch. s.* —25 n *Ricordi*.
- 1804, marche française 2—, O av. P cond. 2— n, *Banda* 2— n, Chant P 2— n, *Ch. s.* —25 n *Ricordi*.
- Nos vingt ans 1.70 n, *Ch. s.* —30 n *Ista*.
- On a tant aimé! *Ista*.
- La petite princesse. *Joullot*.
- Prélude, *VP* 2— n *Ista*.
- Renouveau d'amour. Valse chantée 2— n, *Ch. s.* —25 n *Ricordi*.
- Un rève, *PMand*, *PV*, *PVc* à 2— n, O 5— n. Cond. 1.50 n *Ista*.
- Rupture. Valse lente 2— n, O 2— n, Chant P 1.70 n, *Ch. s.* —35 n *Enoch*.
- Si tu t'en vas 1.75 n, *Ch. s.* —25 n *Ricordi*.
- Valse des adieux 1.25 n, *Ch. s.* —25 n *Ricordi*.
- Valse heureuse, P 2— n, O 2— n *Hachette*.
- **Borel G.** Le Cocoyer. Danse havanaise 5— *Benoit*, *Harm* Part 4.50 *Erette*.
- Elisabeth. Polka-mazurka 4— *Carbonnel*.
- Grande Marche triomphale, *Harm* Part 6— n *Erette*.
- Le Grelots. Quadrille, *Harm* av. Grelots et Triangle (M. M. d'Hanterive) Part 6— n *Erette*.
- **Borel H.** Le Pas de la jouvencelle, *Harm* ou *Fanf* (Conduct. si bémol). *Deplais*.
- Les Refrains de nos aïeux. 1re et 2e fantaisie s. d. airs anciens, *Harm* ou *Fanf* (Conduct. si bémol). *Deplais*.
- **Borel M.** Schottisch des amoureux 1.50 n *Mariani*.
- **Borelli.** Album de Noce: Romance pour le Marie. Romance pour la Mariée. Chansonnette pour la Demoiselle d'honneur. Chansonnette pour le Garçon d'honneur. Chanson de table pour un Témoin. Chansonnette pour un Invité, à 1— n, *Ch. s.* à —25 n *Marguerital*.
- Album de Métiers: Sur des airs connus ou nouveaux à la volonté du chanteur 2.50 n: St. Joseph, Patron de Charpentiers. St. Vincent, Patron des Vignerons. St. Honoré,

Patron des Boulangers. St. Fiacre, Patron
des Jardiniers. St. Eloi, Patron des Ouvriers
en métaux. St. Crépir. Patron des Cordon-
niers. St. J.-Baptiste, Patron des Couteliers.
St. Pierre, Patron des Maçons. Ste. Anne,
Patronne des Menuisiers. Ste. Barbe, Patronne des Artilleurs et Pompiers. St. An-
toine, Patron des Charcutiers, St. Maurice,
Patron des Teinturiers, à —25 n *Margueritat.*
- Marguerite, polka 1.35 n *Gregh.*
- Mireille de Gounod, fant. *P* 2— n *Choudens.*
- Roméo et Juliette de Gounod, fant. *P* 2— n
Choudens.
Borelli Calisto, op. 53 Trois Divertissements,
2*VVeP*: 1. Pastorale 3 —, 2. Tempo di
Minuetto 5—, 3. Capriccio 5— *Chanot.*
- 54 Jubilée marche, *P* 5— *Noël.*
- 58 Air de Ballet, 3*VP* with *VeBass* ad lib.
1— *Fischer.*
- Air de Ballet, 3*VPVe* (*Basso* ad lib.) 6—
Chanot.
- Au Moulin. Scherzo, *VP* 4— *Chanot.*
- En route. Polka-Marche 1.75 n *Loret.*
- Fantasia, *P* 4— n *Sonzogno.*
- Giannina, *P* 2— *Ricordi.*
- Jubilée March, *P* 3 —, 2*VP* (*Ve* ad lib.) 4—,
3*VP* 4—, *Ve Basso* ad lib. —3 n *Chanot.*
- Leggiadra. Mazur 1.75 n *Loret.*
- Marche, *VP* 3— *Chanot.*
- Mercure. Marche, *P* 1.70 n *Decourcelle.*
Borelli G. Camilla. Waltz 4—, (Orchestral
Journal 286) *FullO* 2— n, Septet 1— n
Chappell.
Borello Theodor, 1ste Konzert-Fantasie (B-dur),
PO Part 12— *Fürstner.*
Boren, Aklejor. Pas de quatre —75 *Elkan.*
Borg G. Daisy Deane. (Marray) Sg. Chor.
with *G* —40 *Brainard.*
- Grafted into the army. (Work) Sg. Chor.
with *G* —40 *Brainard.*
- Just before the battle, mother. (Rood) Sg.
Chor. with *G* —40 *Brainard.*
- Little major. (Work) S.4 Chor. with *G* —40
Brainard.
Borg G. B. op. 4 Pezzo di Concerto su God
save the Queen, *P* 3.50 *Ricordi.*
- 22 Primo pensiero Fiorentino, *P* 3.50 *Ricordi.*
Borg L. op. 25 Un prix de cotillon. Valse
brillante 4— *Venturini.*
- 26 Fiamma d'amore. Melodia F. 3— *Venturini.*
- 27 At Tifkira. Polka brillante 3— *Venturini.*
- Tobine, boléro —75 *Schott.*
Borg Oscar. *Warmuth:*
- Op. 1 Roserne —50.
- 2 Sangarens hem. 1. Gjeter-Jenten. Under en
Gran 1—. N. 2. Gjeter-Jenten —25.
- 3 Jeg beder dig ikke om Rosen paa dit Bryst
—50.
- 4 Natthimlen (E. G. Geijer) 1—.
- 7 Ti firstemmige Mandssange og et Sanger-
Hurra: 1. Sangen. 2. Nordens Kvinder. 3.
Gjaeter-Jenten. 4. Flyo, Fugl, flyo. 5. Aften-
rosler. 6. Lokkende Toner. 7. Agnes. 8. God-
morgen. 9. Over de hoie Fjelde. 10. Norsk
Natur, Part 1—, Udvalg af op. 7. 5 Sange
(N. 1, 2, 3, 5, 7 af den kompl. Samling) for
firstemmige Mandssange —50.
- 8 Idylle, *P* 1—.
- 9 Huldreslaat, *P* —50.

- 10 Humoreske, *P* 1—.
- 11 Norsk Turnermarsch —50, *lus* —75.
- 16 Ballade, *PV* 1.50.
- 17 Syv Sange for Mandskor: 1. Lokkeleg.
2. Forkvinden. 3. Dulgt Kjaerlighed. 4. Pigen
ved Stranden. 5. Den frie norske Bonde.
6. Tonernes Flugt. 7. Aftensang, Part —75.
- 33 Nordpol-Marsch —60.
- 34 En Vaarnat (Weihaven) for *4 MS* og
Solo —50.
- 36 Syttende-Maisang for Mandskor —25.
- 37 „Jeg vil fly" for Mandskor —30.
- 38 Flagsang for Mandskor —25.
- 39 Faedrelandssang: „Gud signe Norigs
Land" —25.
- Fredrikstens-Marsch —75.
- Tordenskjold-Marsch 1— *Oluf By.*
- Ved Havet. Vals 1.50.
Borg W. Ammore trase 1— n *Perrone.*
- Conforti 1.25 n *Perrone.*
- Petite Suite, *P* 2— n: 1. Buon giorno, Mamma!
2. Piccola Danza. 3. Sogno innocente à 2—
Carisch.
- Pria di Partire 1.50 n *Perrone.*
- Spes ultima Dea 1.25 n *Perrone.*
- Triste sera. Melodia: Non ha più luce il
giorno 3— *Ricordi.*
- Valse mignonne —40 *Nordisk Musikforlag.*
Borganti Aless. La sortita, marcia brillante
in re, *Org* —50 *Martinenghi.*
Borganti E. Imeneo. Mazur. 1.50 *Mariani.*
Borgarth M. M. Ella que diga, polka, *Banda*
1— *Guimarães.*
- Mysteriosa, polka, *Banda* 1— *Guimarães.*
Borgatta E. *Ricordi:* Capriccio e Rondò, *P* 2—.
- Francesca da Rimini. Recitativo e Romanza:
Tu che forse in quest'istante, *T* 1—.
- Le Pouvoir. Gran Fantasia, *P* 3—.
- Il Quadromaniaco. Scena e Cavatina: Cara
al mio cor tu sei, *T* 2—.
- Romanza: Io beato d'un solo tuo sguardo 1—.
Borgatti R. Alla mia stella 1.50 n *Mariani.*
Borge P. A. Echoes from Lake George. Waltz
—50 *Brainard.*
Borges, Nightingale's wild tender lay 4—
Chappell.
Borges Rodolpho B. Adelina, valsa, *Banda*
1.50 *Guimarães.*
- Carmita, polka, *Banda* 1.50 *Guimarães.*
- Quirimide, mazurka, *Banda* 1.50 *Guimarães.*
Borghèse Mme. Trois valses et trois galops
4.50 *Girod.*
Borghese G. Notturno 2— *Romano.*
Borghèse J. Zarah, boléro 3— *Girod.*
Borghesi A. Douze petits Airs, *G* —80 *Simrock.*
Borghési A. Pensiero, *P* 2— n *Gallet.*
Borghetti G. La Primavera, marcia brillante
—30 *Martinenghi.*
Borghi, Largo, *Og* Travis's Amat. *Org* book 19
Jefferys.
- Litanies de la vierge, *SCATB* acc. *Org P*
quatuor 4— n *Gallet.*
Borghi A. Chant de l'Exilé. Sérénade *Mand
Chit* 2.50 *Venturini.*
- Chants d'étudiants, quadrille des Chiades
5— *Joubert.*
- La Chitarra, Metodo pratico 1— n *Venturini.*
- Cuoricino mio, mazurka. *Mand* —25 n.
Mand Chit —40 n, 2 *Mand Chit* —60 n *Maurri.*

- Fior di virtù. *Mand* —20 n, *Mand Chit* —50 n
  Rebagli.
- Lasciando Firenze, Marcia, *Mand* —25 n,
  Mand Chit —40 n, *2 Mand Chit* —60 n
  Maurri.
- Refrains d'etudiants, quadr. des Chiades 5—
  Joubert.
Borghi Edoardo, Marguérite. Polka —50
  Forberg.
- La moretina (Chi te vedi moretina), canzonette
  popol. triestine 1— n *C. Schmidl.*
Borghi G. Tu es sacerdos, 3 voci 3— n *Blanchi.*
Borghi Luigi (18. Jahrh.), op. 3 Six diverti-
  mentos, 2 V 6— *Ashdown*, 4 — *Leonard.*
- 5 Sonate I, *VP* (Mard, Maitres classiques
  N. 52) 2.75 *Schott.*
- 10 Three duets, 2 V, in 2 sets à 6— *Leonard.*
- Preludio et rondeau, *VP* (Moffat, Sonaten-
  studien Nr. 9) 2— *Schott.*
- Sonata N. 2 in A maj. *VP* 1— n *Augener.*
- Sonata N. 4 in G min. *VP* 1— n *Augener.*
Borghi V. 7 Giugno 1900 2— *Libreria sale-
  siana.*
Borghini G. Andante et mazurka, *VeP* 7.50
  Leduc.
- Au bord de la mer, *P* 6— *Heugel.*
- Au pays des rêves, mazurka 1.50 n *Hachette.*
- Chanson andalouse, *VeP* 2— n *Hachette.*
- Dis-lui! 6— *Poulalion.*
- Etoile Monégasque. Valse 2— n, *O* 2— n
  Decourcelle.
- Gavotte Richelieu, *P* 2— n, *Ams* 2.50 n, *O*
  1— n *Decourcelle.*
- Giannina, polka-maz. 4.50 *Heugel.*
- Les lundis de l'Impératrice, *P* 1.75 n *Hachette.*
- Deux pièces, *P*: 1. Do ré, mi do impromptu
  1— n, N. 2. Petite valse des marguerites
  1.70 n *Decourcelle.*
- Les Voix 1— n *Decourcelle.*
Borghini L. Romance, *Saxophone* mi bémol *P*
  6— *Evette.*
Borght Van der. Pièces légères, *P* 2— *Schott
  Frères.*
Borgias P. Trauer-Marsch, *P* —30, *Ams* —50
  Böhm.
Borgioli A. Perchè? Romanza 3.50 *Venturini.*
Borgna G. Cedi al pacifico sonno, Ninnarella
  1— n *Ricordi.*
Borgnino T. La Scherzosa. Mazur. 1.50
  Mariani.
Borgo P. Berceuse, *Mand Chit* 2.50 *Porriero*
Borgognoni P. *Lapini:*
- A mia Madre, *Banda* 1.50.
- Angeli e Santi Marcia religiosa di grande
  effetto, *Banda* Part 1.50.
- Dite di No? *Banda* 1.50 n.
- Dolce Ricordo, Gran Valzer a Numeri, *Banda*
  Part 2.50.
- Libertas, Sinfonia originale, *Banda* 4—.
- Non dimandar. Romanza 3— *Venturini.*
Borgongino E. *Guimarães:*
- Capelle Bionde, Ballata 2—.
- Ciumes 2—.
- D'amor io morirò. Canzonetta 1.50.
- La Danse des Oiseaux. Maz. 1.50.
- Gran Peccato. Romanza 2—.
- Gruda é la sotte del Marinar 1.50.
- Mesta Luna (Ricordo di Mergellina), serenata
  1.50 *Bevilacqua.*
- Recordacões de Napoles, maz. *Banda* 1.50.

- Ricardo. Canzonetta 2—.
- La Valse des Brésiliennes 2.50.
- Vem Donzella. Barc. 2—.
Borgongino F. Va la bella a ritrovar, barcarolla
  1.50 *Bevilacqua.*
Borgonovo A. Les Charmes, *P* 1.50 *Ricordi.*
Borgström (Jensson) Hjalmar, op. 2 3 Sange:
  Spillemaend. Sängtau. Abendlied 1— *Warmuth.*
- 3 Sex Klaverstykker 2—: N. 1. Scherzo —75.
  N. 2. Menuet, 3. Burleske, 4. Valse-Caprice,
  5. Gavotte, 6. Stormmarsch, à —50 *War-
  muth.*
- 10 Tre Klaverstykker: 1. Menuet 1.25. N. 2.
  Impromptu 1—. N. 3. Walzer —75 *War-
  muth.*
- 12 Romanze, *VP* 2.50, *VO*, Part 6— n, *V*
  1—. St 7.50 n *Kistner.*
- Fünf Gedichte aus „Buch der Lieder" 2.50
  Hansen: Laß dem Beter seine Djami. Wer
  von einst'ger Liebe spricht. Dein Ge-
  ständnis. Meine Haft ging jäh zur Rüste.
  Hör nicht auf die tollen Klagen.
Borie, Quand les roses s'effeuilleront, romance.
  Digoudé.
Borini, Prince Charlie (Illustrated), Quadrille
  1.3 n, *Ams* 1/8 n *Allan.*
Borini B. op. 7 L'Esposizione Nazionale di
  Milano 1881. Galop di bravura 5— *Ricordi.*
- Divina Commedia. (Inferno Canto V) 2.50
  Venturini.
- La Loutananza. Romanza 3.25.
- Nel sonno mio. Romanza 3— *Venturini.*
Borinski Karl, Drei Lieder 1.20 *Kahnt.*
Borioli O. 2 Melodie 3—: N. 1. Chi sa! 2.
  Credilo, à 2— *Mariani.*
Boris Scheel, op. 81 Enfant! si j'étais roi
  5— *Ricordi.*
- 83 Puisque j'ai mis ma lèvre, av. *VeP* 5—
  Ricordi.
- 139 Barcarolle: Viens! L'heure est propice
  4— *Ricordi.*
- Ricordo d'Imatra. (Glauche le luci) 2.50
  Ricordi.
Borisoff, Papillons valse —65 *Idzikowski.*
Borisch Alfred, op. 1 N. 1. Berceuse, *VP(H)*
  1— *Simgton.*
Borja Rodriguez, Acaso! Danza, Canto, *P* —38
  Wagner y Lerien.
- No puedo ir al baile, vals 3— *Wagner y Lerien.*
Borjes G. op. 1 Frühlingsboten. Reveille,
  Ams 1— *A. E. Fischer.*
- 2 Elisabeth-Ländler, *VP* —75 *A. E. Fischer.*
- 3 Vergißmeinnicht-Ländler, *VP* —75 *A. E.
  Fischer.*
- 4 Zwei Lieder („Nach dem Abschiede —
  Tanz-Schwesterlein"), *TTBB*, Part —40, St
  —60 *A. E. Fischer.*
Bork C. F. op. 1 Le désir ardent, *P* —80 *Bote.*
- 2 Etude, *P* 1.50 *Bote.*
- All mein Sehnen —80 *Bote.*
- Konzert-Variationen über das Volkslied:
  Freut euch des Lebens, *P* 4.50 *Bote.*
- Morceau caractéristique, *P* 1.50 *Bote.*
- Ständchen, *P* 1— *Bote.*
Borkowski Bohd. Drapieżna ptaszyna —50
  Gebethner.
- Piésn do Matki Boskiej. Muzyka podług
  Preludyûm Chopina na 4 głosy mieszane z
  org lub *P*, Part —30 *Gebethner.*

Borlenghi A. *Traviata.* Parigi, o cara, noi lasceremo. Duetto, trascr. P 3.— *Ricordi.*

Borlt A. op. 10 „Im Walde". (...! Wald, wie bist du wunderschön!") TTBB, Part —40, St —30 *Günther.*

Bormans G. Americ. cake-walk, V (Mand) *Bormans-Valenciennes.*

- Princesse-Gavotte. V (Mand) *Bormans-Valenciennes.*

Bormioli Cesare, Tre pezzi, Org(H) 1— n. 1. Fugato, 2. Fughetta, 3. Postludio, à —50 n *Bertarelli.*

Born Carl, op. 25 Des Rheines grüne Wogen 1— *Petering.*

- 27 Zwei Lieder (...Waldeinsamkeit. — Ade!? 1— *Praeger.*
- 28 Mit dem Sommer zog die Schwalbe —60 *Hofmeister.*
- 31 Mein Lieb' Margreth —50 *A. E. Fischer.*
- 32 Lob des Trinkens. Heiteres Lied —60 *Eule.*
- 33 Mein Freund Humor, Walzer mit Ges. 1— *A. E. Fischer.*
- 35 Norddeutsches Wiegenlied: „Schlaf ein, du mein Engel, mein alles, mein Kind" (auch plattdeutsch) —60 *A. E. Fischer.*
- 50 Das ist die Wirkung. Couplet mit Paukenschlag 1— *O. Dietrich.*
- 51 Komm' o süßes Täubchen! Walzerlied 1— *O. Dietrich.*
- 61 Die lustigen Zwei. Orig.-Marsch mit Text. P, Ims à 1.20 *Gerdes.*
- 63 Anarchisten-Couplet 1— *Danner.*
- 66 Die lustigen Heidelberger. Gesamtspiel 3— *Danner.*
- 81 Radfahrer-(Turner-)Gruß. Marsch mit Text 1— *Petering.*
- 90 Rheingeister. Kom. Walzer, auch mit Textunterlage, P: Loreley. Es schlägt Mitternacht. Erwachen der Geister. Die Geister tanzen. Die Loreley erscheint. Es schlägt 1 Uhr, die Geister verschwinden 1.50 *Gerdes.*
- 94 Reklame-Duett oder Was sagen Sie dazu: Zeitungslesen tun wir gerne etc. 1.20 *Gerdes.*
- 100 Meine Mama hat's gesagt! Walzer mit humoristischem Text, P 1.20 *Gerdes.*
- 101 Was meinen Sie biota? Das wär' doch famos! Orig.-Duett 1.20 *Gerdes.*
- 103 Lebende Photographien, oder Er und ich. Polka-Marsch mit Text 1— *Hattendorff.*
- 105 Ich hab' was mitgebracht. Musikal. Panorama. Orig.-Couplet od. Duett 1.20 *Gerdes.*
- 107 Glückskinder. Walzer mit Text 1.20 *Petering.*
- 108 Der deutsche Aar. Deutscher Marsch mit Text 1—, gr mO 2— n, kl mO 1.50 n *Petering.*
- 109 Im frohen Kreise. Walzer mit Text 1.20 *Petering.*
- 110 Eine musikalische Anleihe. Humor. Potpourri, P (mit Text) 2— *Petering.*
- 111 Hettichrad-Marsch mit Text 1— *Hattendorff.*
- 112 Im Lande der Sonne. Serenade, P (mit Text) 1— *Petering.*
- 115 Unsere Paradebummler: „Wenn Mittag schlägt die Uhr halb ein". Couplet, 1 oder mehrere Singst mit P 1— *O. Dietrich.*
- 120 Die Waffen nieder. Weltfrieden-Marsch mit Text 1— *Petering.*

Universal-Handbuch der Musikliteratur. B.

- 122 Die schöne Lore am Tore. Walzer mit Text 1.20 *Petering.*
- 125 Dürf i's Diandl (Büah'l) hab'n —so *Petering.*
- 128 Laßt uns Blumen pflücken. Walzerlied 1.20 *Petering.*
- 130 Die Blume der Mosel. Mosellied 1— *Petering.*
- 140 Hansa-Marsch mit Text 1.20 *Petering.*
- 142 Auf zum Standesamt. Couplet-Polka mit Text 1.20 *Petering.*
- 145 „Fern im Süden meine Heimat" 1— *Petering.*
- August und Auguste oder: Preciosa in der Küche. Duett 1.50 *O. Dietrich.*
- Die kleine Übermütige 1— *P. Fischer.*
- Mein Freund „Humor". Walzer, O und Ges. —50 n *A. E. Fischer.*
- Unsere Paradebummler 1— *O. Dietrich.*
- Die Weinprobe, 3 m. St. (Lustige Kostümterzette f. Herren Nr. 2) 2— *Fr. Dietrich.*
- Die Weltreisenden od. Haben Sie je solche Mädels gesehen! 1 od. 2 Singst 1.20 *O. Dietrich.*
- Wo hab' ich denn den schon gesehen? Couplet 1— *O. Dietrich.*

Born Erich, op. 10 Gänseblümchen, P —60 *Heinrichshofen.*
- 11 Täubchen-Walzer, P —80 *Heinrichshofen.*
- 12 Am blauen Alpsee, P —80 *Heinrichshofen.*
- 12 Roses sans épines. Salon-Polka-Mazurka 1— *Hug.*
- 13 Pic-nic. Polka (Schottisch allemande) 1— *Hug.*
- 14 Le premier baiser. Polka brillante —75 *Hug.*
- 15 Les Mousquetaires. Grande marche militaire (Pas redoublé) 1— *Hug.*
- 16 Eureka. Galop brillant 1— *Hug.*
- 17 Aux bords du Rhin. Valse brillante 1.50 *Hug.*
- 18 Erika. Polka-Mazurka 1— *Hug.*

Born Paul, op. 15 Tauperlen-Polka 1.20. Par. Bes. 1.50 n. gr O 2— n *Ulbrich* u. Pastor A. op. 22 Ein Kind der Großstadt. Rheinländer-Gavotte. Par. Bes. 1.50 n *Ulbrich.*
- Boykottiert. Couplet 1— *P. Fischer.*
- Rosabelle, du allein. Walzer-Serenade (Arnold Frank!) 1.50 *P. Fischer.*

Bornaccini G. *Ricordi:*
- Deh! quanto il giorno manca 1—.
- L'Elitropio. Romanza 1.25.
- In memoria di Vincenzo Bellini. Ode 2.50.
- La Lucertola. Romanza 1.25.
- 6 Melodie 15—: N. 1. Amo te solo 2.50, N. 2. Chi ami? 2.50, N. 3. Tu di Fata, S. MS à 3.50, N. 4. Tutto ritorna 2.50, N. 5. Ho piantato una rosa in cimitero 2.50, N. 6. Quando ahimè del tuo bel viso, S. MS à 3.50.
- Questa notte morì la mia fanciulla. Melodia 1.50.

Borne, L'Africaine. Fant. brill. FlP 10— *Benoit.*
- Carmen. Fant. FlP 3— n *Choudens,* 2— n *Sudre.*
- Confidence, romance, P 6— *Hengel.*
- Mazurka-rêverie, P 5— *Hengel.*
- Minuetto, P 6— *Hengel.*

Borne Fern (1ei vide Le Borne Fern.
Borne J. Allegrezza, valse de concert, FlP 4— n *Clot Fils.*
- Mazurka de concert, FlP 3— n *Clot Fils.*

Børnebailet, lette Danse af H. C. Lumbye.
A. F. Lincke og L. Horneman, 3 Hæfte
à —70 *Hansen:*
Hæfte I. Velkommen, Polka-Mazurka.
Hopsa, Galop, TryllcVals, Prinsessegalop.
II. Maa jeg have den Fornøjelse, Polka.
Spil op, Galop. Lisbet Polka-Mazurka. Lille
Kathrine, Vals.
III. Invitationsvals. Tommeliden. Polka.
Palrose, Polka-Mazurka. Julegalop.

Børnefantasier, *P.* 3 Hefte à 1—. 4. Heit
1.25 *Hansen:*
Hæfte I. Skyd frem. Skovmærke (Mel. af
S. A. E. Hagen). Der bor en Bager paa
Nørregade. Hønseiodder og Gulerødder. Vor
gamle Karo holdt en Stoj.
II. Skære, skære Havre, Bornenes Jæger-
vise; forvar Dig, forvar Dig! Storke, Storke,
Steje (Mel. af S. A. E. Hagen). Klanfinale
og Shammerpolka.
III. Staa nu op, mit lille Nor (Mel. af
E. Horneman). Op, lille Hans! Jordens
Fader, Himlens Drot (Mel. af S. A. E. Hagen).
Vipper springe over Klinge (Mel. af Weyse).
Søskende jeg kender fem (Mel. af J. C. Ge-
bauer). Oldenborre, flyv, flyv!
IV. Klappe, klappe Kage. A. B. C. Nu
tine til himanden. Vissebulle, min Lise. Ach,
du lieber Augustin. De gode, gamle
Ægyptere.

Børnehave-Lege, udgivne under Redaktion af
Adolf Langsted ved Dansk Frobelfore-
ning I— *Hansen:* Dansk Bornehavemarsch
(Tekla Griebeb. Den lille Mus. Den lille
gule Lok. Tingelingelater. Nu skal Stenen
gemmes. Boldvisen. Gadevisen. Haren hist i
Grøften. En Bonde kloved Brænde. Dybt i
Skovens Skygger. Vi slutte Kreds. Julevisen.
Jeg gik mig over Sø og Land. Save, save
Brænde. Der bor en Bager. Sig, hvem kan
i Agerland. Saed og Host. Vejrmøllen. Den
lille Hyrdepige. Morten Holck. Mit Dueslag.
Studedriveren. De tre Brødre. Snehvide.
Heller bede end true.

Børnekor, *28.4,* Part —50 *Hansen:* Sommersang: Vinden vifter, Løvet skælver. Kor:
Det klinger saa herligt, af Op. Trylleflojten.
Vaagn op, af F. Andersen. Kor: Bryder
ud i Sang, af Op. Josef og hans Brødre.

Bornemann & Grell, Lied zum Weihnachts-
markt: „Als heut' vor neunundsiebzig
Jahr", für 5 St mit *P* —75 *Heinrichshofen.*
— Vier Volkswiegenlieder, *SATB.* Nr. 1. Mann,
Mann, Mann. 2. Suse leve Suse. 3. Bäh-
lämken, bäh. 4. Buhköken von Halverstadt,
St 1— *Heinrichshofen.*

Bornenes Bal-Album (50 Øres Bibl. 24, *P* —50
Nordisk Musikforlag: Wiener Kreuz-Polka.
Métra: London Polka, Le Rhin, Mazurka,
La vague, Vals, og La Newa, Mazurka.
Jens Kok: Fire lette Danse. Mikel: Les
Lanciers. Fahrbach: Preciosa Polka Maz.

Børnenes Ballet-Album (50 Øres Bibl. 67) —50
Hansen: Tarantella af Napoli. Eskimo-
Dans af Fjernt fra Danmark. Militær-Polka
af Livjægerne paa Amager. Menuet af
Fjeldstuen. Valkyriernes Dans af Valkyrien.
Polka af Konservatoriet. Polka af Brude-
færden i Hardanger. Zapateado af Torea-
doren. Ländler af Fra Sibirien til Moskow.

Vals af Blomsterfesten i Genzano. Troldenes
Dans af Et Folkesagn. Gudernes Triumph-
marsch af Thrymskviden. Dans af Sylfiden.
Dans af Valdemar.

Børnenes Dandse-Musik (50 Øres Bibliothek
Nr. 32, 33, 34) à —50 *Hansen:* 1. Album.
Riberhus-Marsch af Balletten „Erik Menveds
Barndom". Brude-Vals af „Et Folkesagn".
Otto Allina Tromme-Polka. Velkommen
Polka-Mazurka. Bouquet Royal Galop.
Francaise. Den gamle Vals. Den lille
Soldat, Polka. Russisk Mazurka. Studenter
Tappenstreg. 2. Album. Les Lanciers. Lang-
som Vals. Thora Mazurka. Rheinländer.
Dansk Kvadrille, Juleballet, Galop. Menuet
af „Elverhoi". Cotillon. Tyrolervals. Tyroler-
hopsa. Columbine Polka-Mazurka. I Kon-
gelunden, Vals. Champagne-Galop. Tappen-
streg. 3. Album. Plunderei, Polka. Paa
Hjemvejen fra Revyen, Marsch-Polka. Land-
sturm-Galop. Millionen kommer, Marsch
Polka. Les Roses, Vals. Les Sauterelles
(Græshopperne), Polka. Eva-Vals (af „Stab-
strompeteren"). Sophie-Polka. I Rosentiden.
Polka-Mazurka. Britta Polka. Immer
elegant, Polka-Mazurka. Mikado-Vals. Op
og ned, Galop.

Børnenes Danse-Album, Favorit-Danse Hefte
I.—IV. (à 200 à 1— *Warmuth.*

Børnenes Julemusik Julepsalmer og Melodier
meget let udsatte, *P* —50 *Hansen.*

Børnenes Klassiker-Album (50 Ørses Bibliothek
Nr. 63) —50 *Hansen:* Mozart: Menuet.
Haydn: Ungarsk Rondo. Beethoven:
Tyrkisk Marsch. Mendelssohn: Andante
af Symfoni i D-moll. Gluck: Gavotte.
Bach: Sarabande. Czerny: Rondo à la
Valse. Boccherini: Menuet.

Børnenes Melodi-Album (50 Øres Bibl. 66)
—50 *Hansen:* 2 Sange af Ambrosius. Aa
kjøre Vatn aa kjøre Ve, Russisk Nationalhymne. Lumbye, Violen. Lille røde Rønne-
bær. Mandolinata. Estudiantina. Messe-
vangen. Holder Du af mig? Hver en Smaa-
fugl blunder. Aladdins Vuggevise. Lille
Cathrine. Hartmann, Nøkken. Skjær-
sommersang, Naar Solen ganger til Hvile.
Mikado-Vals. Barn Jesus i en Krybbe laa.
Hartmann, Vuggesang. La veritable manola. Flyv lille Sommerfugl. Fred hviler over
Land og By. Partant pour la syrie. Lordley.
Weyse, Vuggesang. En Kanefour, Il Bacio.
Pigen paa Fuglefangst. Karnevalet i Venedig. Agnetes Vuggevise. Venzano-Vals.
Sang af Diane de Lys. Mit eget Kompagni.

Børnenes Melodibog, kendte Melodier i let
Arr. til Brug ved Undervisningen, *P:* Bd.
I—III à 1.50 *Nordisk Musikforlag, Hansen:*
Hefte I—10 à —50.
Indhold: Bind 1. Hefte 1: Det var en
Lørdagaften. Hurra, min Jente. Sang af
„Intrigerne". Neapolitansk Melodi. Der
vanker en Ridder. Sur, sur, lille Bi. Kukuk
lyder i Skov. Af „Regimentets Datter".
Vise af „Boccaccio". Brudekor af „Lohen-
grin". Aldrig er jeg uden Vaade. Sang af
„Farinelli". Joachim uti Babylon. Kys-
Vals. Sang af „Nej".
Hefte 2: Kom, skønne Maj. Igaaraftes
peb min Vagtel. Ensom er jeg, dog ej ene.

Glæd dig ved Livet. Mig svigte alle Glæder. Russisk Sang. Vals af Schubert. Loreley. Til Alexis. Russisk Nationalhymne. Tysk Folkesang. Tysk Folkesang. Yankee doodle. Duet af „Norma".

Hefte 3: Choral: Vor God han er saa fast en Borg. Ännchen fra Tharau. Folkesang fra Thüringen. Carneval de Venise. Længsels Vals af Beethoven. Sidste Rose. God save the queen. Skønne Minka. Arie af „Joseph og hans Brødre". O sanctissima.

Hefte 4: Es ist bestimmt in Gottes Rat. Tysk Folkesang. Englenengerens Sang af „Tryllefløjten". Vi binde dig en Jomfrukrans. Det klinger saa herligt. La Cachucha. Ave verum. Jægersang af „Elverhøj". Mazurka af „Spillemanden". Marsch af „Aïda". Elsa Gavotte. Sang af „Mikadoen".

Hefte 5: Serenade af „Der var engang". Forellen. Arie af „Don Juan". Hollandsk Nationalsang. Vals af „Jægerbruden". Arie af „Jægerbruden". Serenade af „Don Juan". Mødehenlied. Parla Vals. Kransedans af „Elverhøj". Af „Mefistofeles". Af „Mikadoen".

Bind II. Hefte 6: Vergebliches Ständchen. Menuet af „Don Juan". Arie af „Don Juan". Polsk Folkesang. Vuggesang. Af „Traviata". Af „Trompeteren fra Säkkingen". Af „Mikadoen". Midsommervise af „Der var engang —". Tysk Folkevise. Dansevise af „Der var engang —". Arie af „Czar og Tømmermand". Feenreigen.

Hefte 7: Folkesang fra Thüringen. Hvor jeg er glad. Tyrolienne af „Regimentets Datter". Webers sidste Tanke. Paa Bjerget hist i Skoven. Kor af „Jægerbruden". Arie af „Martha". Marsch af „Troubadouren". Marseillaisen.

Hefte 8: Tyroleren og hans Barn. Vals af „Lucia". Kor af „Hugenotterne". Kor og Marsch af „Tannhäuser". Naade-Arien af „Robert". Arie af „Jægerbruden". Drikkesang af „Stradella". Vals af „Regimentets Datter".

Hefte 9: Galop af „Martha". Polka af „Martha". Marsch af „Faust". Siebels Sang af „Faust". Vuggesang af Taubert. Arie af „Barberen". Marche française. Menuet af Beethoven. Arie af „Den Stumme".

Hefte 10: Andante af Beethoven. Skyggedans af „Dinorah". Sekstet af „Lucia". Il bacio. Forspil til 2 den Akt af „Romeo og Julie". Thema af „Oberon". Af „De lystige Koner".

Bind III. Hver Gang Roserne Knoppen brød (af „Heksen"). Wiener Kreuz-Polka. My queen, Vals. Soldatersang. Serenade af Schubert. Charlotte russe, Polka. Kongebørn var der tvende (af „Heksen"). Den engelske Gardes Vals. Arie af „Troubadouren". O bitt' euch, liebe Vögelein. Bonne nuit! Cavatine af „Ernani". Frauenherz, P. Maz. Tyrolersang. Vals af Chopin. Duet af „Norma". Aufforderung zum Tanz. Kor af „Faust". Duet af „Norma". Kærlighedsdrømmen efter Ballet. Havescenen af „Faust". Fausts Arie af „Faust". Lionels Arie af „Martha". Duet af „Wilh. Tell". Valse infernale af „Robert". Duet af „Lucrezia".

Spillemandsvise af „Der var engang — (af „Skabelsen". Tyrolienne af „Wilh. Tell".

Børnenes Musik. Lis Løge og Danse, samlede af en Moder (Serine og Sophus Hagen. Musik og Teks. 3—, Musik 2,50 Hansen: Ved Vuggen: Alt er tyst paa Mark og Eng. Du lille Park midt i din Vuggeseng. Eia popeia. Mit elske Barn. Nu skal Du kom! Dig putte ned. Sov Barnlille. Sov i Din Vugge. Sov, lille Barn, sov. Sov, mit Bara, sov længe. Sov, sov, mit Barn. Visschulle, min Lire. Visschulle, sur lille Barn. Visse, visse, sov, min lille Bakke. Hvorledes Dagen gaar: Alles Fader om. Der er i Himlen en Dreng. Forvar Dig, forvar Dig. Fred hviler over Land og By. God ske Tak og Lov. Hver Skoven dog er frisk. Jeg er træt, jeg sove vil. Jordens Fader, Himlens Drot. Kom, mit lille Pus. Lille Viggo. Lyksalig, lyksalig hver Sjæl. Naar den sortblaa Svale kommer. Naar fromme Børn. Nu hvile Mark og Enge. Nu lukker sig mit Øje. Nu titte til hinanden. Oldenborre, flyv, flyv. Om Du vil Tiden vide. Op, lille Hans. Ræve luske. Skyd frem, Skovmærke. Staa nu op, mit lille Nor. Storken sidder paa Bondens Tag. Til vor lille Gerning ud. Vipper springe. Smaahistorier. A. B. C. D. E. F. G. A. B. C. Pigen faldt i Sne. Alverden gaar omkring. Danmark, vor milde. Den Kukkermand paa Tracet sad. Der bor en Bager. Der var engang tre Brødere. Dippe, dippe Due. Du lille Dukke. En lille Nisse rejste. Forgangen Nat. Hans, Hans, Hans, hvad har Du i Din „Kurre". Hist, hvor Vejen slaar en Bugt. Hver Morgen gække mine Gæes. Hyo rider gennem Skoven. Højt paa en Gren en Krage. Hønsefødder og Gulerødder. I Skoven skulde være Gilde. Langt ud i Skoven laa et lille Bjerg. Lille Egern sad. Lille Pige gik i By. Mester Jakob. Min Fader far saa rig. Min Fader vil mig gifte iaar. Mis, Mis, grau Kat. O, Du gode, gamle Gen'ralløjtnant Jansen. Og dette skal være. Og det var den unge Hr. Peder. Og Brogtyve Trommer. Og bor nu, lille Lise. Og Kejseren bor paa det høje Slot. Og Ræven laa under Birkerod. Og send nu Bud. O Mads, o Mads. Palle rejser til Norge. Pandeben. Povl sine Høns. Ride, ride Ranke. Rosclil. Stork, Stork, Langeben. Storke, Storke, Steje. Sur, sur, sur. Søskende Jeg kender fem. Tommeliden var sig en Mand. Videvidevit. Vor gamle Karo. Vor Hund, vor Hund. Vor Sang skal komme som en Vind. Fædrelandssange. Danmark, dejligst Vang og Vænge. Dengang jeg drog afsted. Der er et Land. Du gamla, Du friska. Igaar jeg fik min Trøje. Kong Kristian stod ved højen Mast. Moders Navn er en himmelsk Lyd. Saa hive vi vort Anker op. Lege. Adam havde syv Sønner. Bro, bro, Brille. Den Jomfru er i Kloster sat. Den ripe Fugl kommer susende. Fald paa Knæe min Rose. Hvo, som denne Leg. Hvor er Fa'er hemme. Jeg gik mig over Sø og Land. Jeg svinger mine Kyllinger. Klappe, klappe Kage. Munken gaar i Enge. Og hør, lille Mo'er. Og Ræven han lukked'.

Og ville I nu vide. Pluk Roser. Save.
save Braende. Se, se, sua faar Du mig.
Skaere, skaere Havre. Storken sidder paa
Bondens Tag. Tinglingelater. Vil Du, vil
Du, Vinde, vinde Nøglegarn. Danse, Bed-
stemoders Dans. Dans, Du Moders Unge-
sød. De gode, gamle Ægyptere. Dideravrav.
Lott' ist tot. Grønlandsk Dans. Hansemand.
Heidikkedom. Ach, Du lieber Augustin.
Høje Bjerg og dybe Dale. Klapdnäle. Kom
lille Frants. Med min Haand jeg banker.
Mine Gedebukke. Negerians. Polka. Slummer
Polka. Tarantel. Traeskodans. Tyrolervals.
Vi Spillemaend. Om Julen. Barn Jesus
i en Krybbe laa. De hellig tre Konger.
Deilig er Jorden. Det kiner nu til Julefest.
En, to, tre. Et Barn er født i Bethlehem.
Højt fra Traeets grønne Top. Og Dagen led.
O, Stjerne, hav Tak. Sikken voldsom
Traengsel. Stille Nat.

Børnenes Opera-Album (50 Øres Bibl. 42—45)
4 Album à —50 *Hansen*: I. Tyrolienne af
Wilhelm Tell. Kroningsmarsch af Profeten.
Maries Romance af Regimentets Datter. An-
gelas Sang af Den sorte Domino. Drikkevise
af Ungdom og Galskab. Sang af Brama og
Bayaderen. Menuet af Don Juan. Soldaternes
Marsch af Faust. Skygge-Vals af Valfarten
til Ploërmel. Ballade af Robert af Norman-
diet. Jaegerkor af Wilhelm Tell. Sang af
Fra Diavolo. Spindevise af Den Bjergtagne.
Rosinas Arie af Barberen i Sevilla. Elviras
Cavatine af Ernani. Heksenes Spindevise
af Lulu. Edgardos Cavatine af Lucia di
Lammermoor. Figaros Arie af Figaros
Bryllup. Guillaumes Romance af 1 Mollen.
Serenade af Don Juan. Wilhelmines Romance
af Ungdom og Galskab. Marsch og Kor af
Alda. Romeos Cavatine af Romeo og Julie.
Wolframs Cavatine af Tannhäuser. Germonts
Romance af La Traviata. Frederikkes Sang
af Et Eventyr i Rosenborghave. Aases Sang
af Drot og Marsk. Sarastros Aris af Trylle-
fløiten.

II. Hertugens Sang af Rigoletto. Duet af
Don Juan. Barcarole af Den Stumme i Portici.
Ballade af Zampa. Arie af Elskovsdrikken.
Siebels Arie af Faust. Arie af Figaros
Bryllup. Brudevise af Jaegerbruden. Arie
af Preciosa. Vals af Preciosa. Bondemarsch
af Hans Heiling. Drikkevise af Hugenotterne.
Kor af Robert af Normandiet. Slutnings-
sang af Ungdom og Galskab. Romance af
Joseph og hans Brødre. Drikkevise af Lulu.
Kor af Den hvide Dame. Duet af Lucia di
Lammermoor. Arie af Fra Diavolo. Arie
af Røverborgen. Champagne-Sang af Don
Juan. Arie af Norma. Sang af Czar og
Tømmermand. Duet af Ildprøven. Vise af
Postillonen i Longjumeau.

III. Arie af Linda die Chamounix. Arie
af Regimentets Datter. Kor af Hugenotterne.
Arie af Bortførelsen fra Seraillet. Safts
Friervise af Sovedrikken. Barca's Vise af
Lulu. Menuet af Drot og Marsk. Aases
Sang af Drot og Marsk. Vexelsang af Liden
Kirsten. Vise af Ørnens Rede. Ingeborgs
Romance af Liden Kirsten. Vise af Murme-
steren. Arie af De to Dage. Romance af
Jødinden. Romance af Euryanthe. Gugliel-

mos Arie af Cosi fan tutte. Romance af
Stormen paa Kjøbenhavn. Vise af Ravnen-
Lyonels Arie af Martha. Romance af Ild-
prøven. Vise med Kor af Elverhøi. Jaeger-
kor af Elverhøi. Vise af Tempelherren og
Jødinden. Roses Vise af Den lille Rødhaette.
Falstaffs Sang af De muntre Koner i Windsor.

IV. Sang af Martha. Sang af Elverpigen.
Brudekor af Lohengrin. Kor af Preciosa.
Arie af Bruden. Sang af Oberon. Cavatine
af Norma. Arie af Regimentets Datter.
Cavatine af Robert af Normandiet. Arie
af Zampa. Cavatine af Elskovsdrikken.
Morgensang af Wilhelm Tell. Barcarole af
Elskovsdrikken. Sicilienne af Robert af
Normandiet. Arie af Jaegerbruden. Ro-
mance af Mariotta. Kor af Stradella. Marsch
af Regimentets Datter. Kor af Norma. Arie
af Ernani. Cavatine af Sovngjaengersken.
Zigeunerdands af Preciosa. Cavatine af
Norma. Menuet af Iphigenia i Aulis. Selins
Romance af Paschaens Datter. Guglielmos
Arie af Cosi fan tutte. Kvartet af Rigoletto.
Barcarole af Corsarerne. Vexelsang af Hans
Heiling. Ballade af Un Ballo in Maschera.
Aases Sang af Drot og Marsk. Drikkevise
af Kroatinden.

Bornengo B. Un evviva ai Dieci. Polka 2—
Mariani.
- Una sorpresa. P 1.50 *Mariani*.

Børnesange, 40 let arr. (Reissiger) 2 Hefter
à 1— *Warmuth*.

Bornet, Méthode, V 15— *Benoit*.
- O salutaris 1.35 n *Bossard*.
- Douze petits Duos, 2V 7.50 *Benoit*.

Bornet Rod. op. 71 Kios-Marsch 1— *Portius*.
- 72 Flottenrevue. Marsch 1— *Portius*.
- 75 Urkomisches Pfeif-Couplet für 1 oder 2
St mit P 1.50 *Peuger*.

Bornhardt (Bornhard) J. H. C. (1774—1840),
op. 22 Sechs Lieder mit G od. P, Heft 1, 2
à 2.30 *Simrock*.
- Anweisung, die Guitarre zu spielen und zu
stimmen, mit zweckmäßigen, Beispielen und
neuen, leicht spielbaren Liedern etc. (Navedeni
ku hře Kyt. něm.) (Anvisning til at laere
at spille Guitar tilgemed Øvelsesstykker)
4°, Bg. *André*, 1.50 *Buchmann*, 2— *Böhm*,
cplt. 1.50, Heft 1 1—, II —80 *Cranz*, 2—
Hostinger, 4 Bg. *Schott*, —75 *Siegel*, 1.50
Stoll, 1.44 *Urbánek*, 1.50 *Weinberger, Hansen*,
2— *Schott Frères*.
- Acht Canzonetten für eine Singstimme mit
Guitarre. Deutsch u. italienisch 1— n *Breitkopf*: 1. Cara spene, ahtu pur sei. 2. Donne
mie non vi. Holde Schönen. 3. Se con
quell'occhio. Brich einst mein sterbend Auge.
4. Donne belle, a vete. Liebe Mädchen, laßt
euch preisen. 5. Care selve! piagge amata!
Schöne blumenreiche Auen. 6. Son pietosa
a sono amante. Heiter bin ich. 7. Caro
amore. Holde Liebe. 8. Vieni, o cara. Komm,
o Schönste.
- Cheerful heart, quart. and R. Müller. Marching song, quart. —06 *Ditson*.
- Drei deutsche Lieder mit P od. G 1.30 *Simrock*.
- Duos faciles, arr. d'Opéras italiens et allemands, 2V 2— n *Simrock*.

- Fröhlich und wohlgemut, P vide Chwa-
tal F. H. op. 207 Liei. II N. 5.
- Ich denk an euch, mit G vide Liederborn
Heft 1.
- Sechs kleine Kanons für 3 Singst mit P
zur Übung für Anfänger im mehrstimm.
Gesange —75 *Breitkopf*: 1. Hoch auf Ber-
gen und im Tale. 2. Dulde mutig dieses
Lebens Bürde. 3. Glücklich, wem kein Un-
glück schlüpfet. 4. Süß ist des Gewissens
Lohn. 5. Kind! in guter Menschen Mitte.
6. Begünstigt dich das Glück.
- Der Konzertmeister. Ein musikalischer
Scherz für eine Singst, G, Fl u. A 1,60;
Wertgeschätzte Frau'n und Herren.
- Die Lebensalter: „Weinend tritt der junge
Mensch ins Leben" 5— *Simrock*.
- Sechs leichte Duetten für 2 Singst m. P od.
G à 1—n *Breitkopf*: 1. Holde Tugend!
leite mich in meiner Jugend. 2. Ich weiß
einen sichern Wanderstab. 3. Selig wer
die Rosenjahre. 4. Im Strahle der Freude
gedühet die Blume. 5. Wenn der Früh-
ling lachet. 6. Begünstigt dich das Glück.
- Lieder der Geselligkeit für fröhliche Zirkel,
mit G od. P od. beider Instrumenten zugleich 3 — *Simrock*.
- Raoul, Sire de Crequi, Overt. Fl G 1,50
Simrock.
- Der Sänger zur Zither. Sammlung ernster
u. froher Lieder, G 1—n *Breitkopf*: 1.
Canzonette: Wenn die unschuldvolle
Taube (Eschenburg). 2. Minnelied:
Kommt, des schönen Maien. 3. Die Nonne
an die Schwalbe: Zwitschre, Schwalbe, in
den Lüften. 4. Doris an Lotten bei ihrer
Trennung: Du fliehst, umringt von Schmer-
zen. 5. Punschlied: Verzeihlich haben, bei
den Alten. 6. Abschiedslied eines Krie-
gers: Wo rote Todesblitze fliegen. 7. Amors
Zauberei: Durch Tunkus, Pleaps und
Schallali. 8. Die Blödigkeit: Heute war
sie ganz allein. 9. Liebe und Wein: Ich
habe gern auf deinen holden Wangen (J.
F. Ratschky). 10. An die Musik:
Holde Göttin, schwebe nieder (W. G.
Becker). 11. Rundgesang im Winter:
So trübe, so traurig (Bouterweck).
12. Des Reichen und des Armen Abenteuer:
Von Haus zu Haus (Gleim). 13. Tisch-
lied: Des Mannes Herz erfreut der Wein
(Elisa). 14. Der Offenherzige: Ob ich der
Phyllis Treue schwöre (K. Schmidt).
15. Das Fischermädchen: Das Fischermäd-
chen harret am Ufer auf und ab (S. Ch.
Pape). 16. Serenade: Mit ihrem Raben-
ittich (Filidor). 17. Michel: Ich bin
der Hexe gar zu gut. 18. Mutterlehren an
einen reisenden Handwerksburschen: Mein
Sohn, sprach Gertraud (Denis). 19. Lob
der Alten: Es leben die Alten. 20. Das
Geständnis: Wohl gibt es Mädchen so viele
(W. G. Becker).
- Der Schiffer (Liedergarten Nr. 1) —50
Bachmann.
- Sechs kleine Sonatinen für angehende Spie-
ler, *Hus* 3— *Breitkopf*.
- Sechs leichte Sonatinen, Pfl, Heft 1 3—
Breitkopf.
- Drei leichte Sonatinen, P, Heft 2, C-dur.
G-dur, D-dur 1—n *Breitkopf*.

- Drei leichte Sonatinen, P, Heft 3, A-dur.
C-dur, G-dur 1—n *Breitkopf*.
- Drei Themen mit Variationen, Fl G 1—n
Breitkopf.
- Leichte Variationen für Anfänger über das
Favorit Liedchen: Einsam wandelt dein
Freund im Frühling garten (Fl), P — 70
Cranz.
Bornhardt J. H. C.-St. H. op. 26 Korte hand
leiding voor het gebruik des toons de gom-
en nieuwste leerwijz. 1,50 *Hofmeister*.
Bornia F. *Rigoletti*: La Capanna, Romanze,
T 2,50.
- Io non amai timor, stornello melodico, *B*
3—.
- L'Iride, Album 12 — N. 1, Cuor morto!
Romanza 2—. N. 2. La prima viola, Ro-
manza 2—. N. 3. Qual che agli altri si fa
ne vien rifatto, Canto popolare 2,25. N. 4.
Il Ruscello, Melodia 2—. N. 5. La Vita,
Canzone 2 —. N. 6. L'Aprile, Duettino
(da potersi cantare anche in Coro), SC
2,75. N. 7. La Sveglia, Duettino militare,
TBar 2—.
- Lamento, Romanza 1,50.
- Pensieri! 2,50.
- Ricordo, Album 9 —: N. 1. Scordati di me,
Romanza 2—. N. 2. Il Trovatore, Ro-
manza 2—. N. 3. Non sei più mia! Ro-
manza 1,50. N. 4. La Sorella, Ballata
1,50. N. 5. La Fidanza, Romanza 2—.
N. 6. L'Amore, ST 2,50.
- Se dalla polve sciogliesi 3—.
Bornibus, Simplice, Pas red. *Harm et Fanf*
1,50 n, Cond. —25 n, p. *Pist solo* —10 n
Margueritat.
Bornier A. La Francaise, Retraite, *Fanf*
1 — n, *Harm* 1,25 n, Cond. —15 n, (*Clair
et Tr* ad lib.) *Benacerle*.
- Le menuhon i— n, Ch. s. —35 n *Paigellier*.
Bornschein G. Bonita, Concert Polka for
Cornet P —20 n, 10 Lustr —75 n, 14 Lustr
1 — n, Full O 1,25 n *Fischer*.
Bornstein A. Days of long ago —40 *Gagnon*.
- First Violets, Polka Maz. —40 *National
Music*.
- The golden Robe —40 *National Music*.
- Love, Song and Dance —40 *National Music*.
Borodin Alexander (1834—1887), op. 1 N. 3.
Mazurka (Germer's Academic Classics
11). 4. Mazurka (Germer's Academic
Classics 12), P à 4 —. N. 6. Serenade
(Germer's Academic Classics 13). 7.
Nocturne (Germer's Academic Classics
14). P à 3 — *Bosworth*.
- Chez ceux-là et chez nous 1,50 n, av. O, Part
1,60, p. sép. 2— *Belaïev*.
- Dans ton pays si plein de charmes 1,50 n.
- Dornröschen (Die schlafende Prinzessin):
„Tief im Waldesdickicht traf", (engl.-
deutsch), —40, Transer. P —20, av. O,
Part —75, p. sép. 1,50 *Jürgenson*.
- Die falsche Note: „Nie glaubt ich in seligen
Stunden", (engl.-deutsch) —20 *Jürgenson*.
- Fleurs d'amour, mélodie 2 tons 3— *Leduc*.
- Князь Игорь (Le Prince Igor). Fürst Igor)
(1890 St. Petersburg) Opera. 4 act. *Belaïev*:
Part 180—, p. sép. 110—; KA 25—, 20—,
P 12—; Ouverture O Part 5—, p. sép. 9—,
P 1,80, *4ms* 2,50:

3. Спѣсь. Ходитъ спѣсь —50.
4. У людей то въ дому. Перел. Дютша
—75.
Jurgenson: N. 1—4 cpl. 1—:
1. Спящая книжка. Сказка. —40.
2. Фальшивая нота — 20.
3. Отравой полны мои пѣсни —20.
4. Море. Баллада, для тенора —70.
Petite Suite. O (A. Glazounow) Part 3.25 u.
St 6.50 u *Bessel.* O symphonique Part et
p. sép. 32— u *Leduc.*
P 1.65 *Bessel:* 1. Au couvent, 2. Intermezzo, 3. Mazurka, 4. Mazurka à —40.
5. Rêverie, 6. Serenade, 7. Nocturne à —50.
cplt. 2—, N. 5 —20 *Bosworth,* N. 5—7
à —25 *Schirmer,* cplt. 1 vol. 1— u. N. 1
1— u, N. 2, 3 à 1.75 u, N. 5 1.35 u, N. 6,
7 4—, N. 8. Scherzo 2.50 u *Leduc.*
Ims: 2.70, N. 1 —40, N. 2—4 à —50.
N. 5 —25, N. 6, 7 à —40 *Bessel.*
2P N. 1 (C. Tschernow) —40. 1'P
N. 2 —60, N. 5, 7 —75, N. 1, 5, 8 à —30
Bessel. P et St Quatuor 1.25 u *Leduc.*
- Polka v. Paraphrases.
- Quartett N. 1. 2P *P et P* Part 3—, 8° —80
Belaiew, 1— u *Eulenburg,* St 5—, *Ims* 6—.
Scherzo, P 1.40 *Belaiew.*
- Quartett N. 2. D-dur, Part 1.20, 8° —80
Belaiew, 1— u *Eulenburg,* St 4—, *Ims* 5—
Belaiew.
- La Reine de la mer, mélodie. 2 tons 5— *Leduc.*
- Requiem v. Paraphrases.
- Scherzo für Orchester. Transcr. P (Th. Ja-
doul) —75, *Ims* 1.15 *Bessel.*
- Serenade de 4 galants. Der weil alles schlum-
mert, TTBB Part 1.20, St —80 *Belaiew.*
- Serenata alla spagnola du Quatuor s. 1. nom
B-la-f, P —80 *Belaiew.*
- Спѣсь: Ходитъ спѣсь 1— *Belaiew.*
- Eine Steppenskizze aus Mittelasien, O Part
2—, St 5.50, P 1.50, *Ims* 1.80 *Belaiew.*
- Symphonie Nr. 1. in Es-dur, grO Part 6— n.
St 15— u, *Ims:* 4.50. Daraus: Andante P.
—60 *Bessel.*
- Symphonie N. 2. in H-moll, O Part 6— n.
St 13.60, *Ims* 3.50, 2P 4— *Bessel.* Konzert-
führer 10— u *Breitkopf.* N. 1. Allegro mode-
rato, *Ims* 10— *Bessel,* N. 3. Andante, *Ims*
7.50 *Leduc.*
- Symphonie N. 3. A-dur (inachevée). Term.
et instr. p. A. Glazounow, O Part 6—,
p. s. 11—, *Ims* 3— *Belaiew.*

Borodin J. A. op. 183 Auf der Vogelwiese.
Quadr. —60 u *Blosfeld.*
- **184** Въ мірѣ чудныхъ грезъ. Der Träume-
Welt, mit *P et P* —60 n *Blosfeld.*
- **185** Carmen. Pas d'Espagne, P —30 n. 8°
1.50 n *Blosfeld.*
- Была пора. Романсъ —40 *Adler.*
- Лишь увидѣть я тебя. Вальсъ-романсъ
—60 *Adler.*
- Романсы, *Blosfeld:*
1. Встрѣча. 2. Вы унесете на чужбину
(А. Я. Краббе) —40.
3. Ни словомъ, ни взглядомъ (А. Я. Краббе)
—40.
4. Сердца порывы (А. Я. Краббе) —40.
5. Любить! Дуэтъ (А. Лукьянова) —30.

Johnson:
1. Мнѣ снилось вечернее. —30.
2. Пусть плачетъ —30.
3. Мой другъ оставь —30.
4. У яркихъ звѣздъ —30.
5. Улеглася печаль —40.
6. На ангельски сіяющихъ —30.
7. Не грусти, что листья —30.
8. Не шбръ —30.
9. Я тебѣ ничего не скажу —30.
10. Разойтися думы —30.
11. Теремъ —30.
12. Нѣтъ ни радости —30.
13. Цыганки вѣ тоск пыли —30.
14. Была пора —40.
Zimmermann:
1. Я вновь одинъ —40, съ *P et P* —75.
2. Если-бъ знали цвѣты полевые —30.
3. Не ругай, не брани. Пѣсенка —30.
4. Прости меня, мой милый другъ. Вальсъ —40.
5. Коль любить, такъ безъ разсудка —30.
6. Что онъ ходитъ за мной. Вальсъ —40.
7. Не тамъ отрадно —40.
8. Разлука —40.
10. Я люблю какъ ребенокъ капризный
—40.
11. Ахъ селигъ счастіе —40.
12. Слѣзы. Съ *P et P* —50.
13. Мы сплотѣлъ съ тобою —40.
14. Родное —40.
15. Не томи ты меня —40.
16. О, будь моей звѣздой —40.
17. Отчего такъ грустно? —40.
18. Въ очахъ смуглянки черноокой —40.
19. Ахъ не найти въ прошломъ забвенья
—40.
20. Призывъ —40.
21. Трепетъ сладостной любви —40.
22. Грядой клубится бѣлою —40.
23. О не тоскуй —40.
24. Не увѣряй — просъ —40.
25. То было разъ —40.
26. Онъ не придетъ —40.
27. Мнѣ въ сердце врѣзалось глубоко —40.
28. Къ тебѣ цыганка я пришелъ —40.
- Романсы и пѣсни. *Meykow:*
1. На могилѣ —40.
2. Живъ коптѣка —40.
3. Когда увижу я! —40.
4. Ты счастье, ты радость —40.
5. Снова одинъ я —40.
6. Зачѣмъ живу? —50.
7. Живъ —50.
8. Ночь упоенъ голосъстрастный —40.
9. Вечеръ. „Окно отворено" —50.
10. Въ очахъ надежду я читалъ —40.
11. Просьба. „Положи скорѣй мнѣ руку"
—40.
12. Мое оправданіе. „Не осуждай меня"
—40.
13. Небесный сводъ зажегъ весь звѣздами
—40.
14. Сонъ. „Зачѣмъ такъ скоро прекра-
тился" —40.
15. Нѣтъ! отвѣчала ты —40.
- Цыганскіе романсы. *Zimmermann:*
Ахъ, не найти въ прошломъ забвенья —30.
Въ очахъ смуглянки черноокой —40.
Грядой клубится бѣлою —40.
О не тоскуй (И. мотивъ) —40.

Отъ это такъ грустно — 0.
Приливъ. „Приди моя радость" —40.
Трепетъ сладостной любви —40.
Царскіе романсы, *Bernard*:
На сердцѣ скорбь на 1 или 2 голоса —40.
О, не бойся любви. „Свою милую головку"
—40.
Ты блаженство, ты рай земной —40.
Бородинъ Н. А. Осень сонливая. Цар.
дуэть —40 *Zimmermann*.
Borodzicz T. 3. op. 2 Bałamutka —60 *Gebethner*.
Boroffka J. op. 1 Zwei Klavierstücke: Nr. 1
Melodie, Nr. 2. Impromptu à 1—.
- 2 Variationen über ein Originalthema 3—
Rahter.
Borosdine vide Бородинъ, pag. 969.
Borovansky J. F. Abschieds-grüsse. Polka
Mazurka —80 *Bosworth*.
Hoch den Katzenbachen! Polka schnell —80
Bosworth.
Im fernen Hain. Polka française —80
Bosworth.
Borowski E. Duo d'amour. P —50 *Idzikowski*.
- Valse-Barcarolle. P —40 *Idzikowski*.
Borowski Felix, op. 5 Deux Esquisses. P:
1. L'Enfant dort (Petite Berceuse). 2.
L'Enfant s'amuse (Tempo di Minuetto).
Williams.
- 17 Premiere schoumka de l'Ukraine. P 5—
Leduc.
18 Ronde des masques. P 5— *Leduc*.
- Adoration. 1 P 4— *Chanot*, —65 *Presser*.
- Album Lyrique, P 4—n *Landy*: 1. Idylle,
2. Vieille Chanson, 3. Berceuse, 4. Sérénade
à la Lune, 5. Rêverie, 6. Danse Polonaise
à 3—, N. 2. s 10 14 n, N. 6. 1 P 4—.
- L'amazone. P —75 *Nordisk Musikforlag*.
- Aria, 1 P 4— *Landy*.
- Au Bal, P —65 *Schmidt*.
- Au son de la musette, P —75 *Nordisk Musikforlag*.
- Babillage, P 3 — *Chanot*.
- Ballet féerique, 1 P 4 — O 3 —n *Landy*.
- Caprice Pompadour (Hofmann Richard
Miniatures 1), 1 P 4— *Landy*.
- La Capricieuse, P —65 *Ditson*.
- Chanson de Berceau, 1 P 4— *Landy*.
- Danse mignonne, P 3 — *Ashdown*.
- Danse Rustique, 1 P 4 — *Landy*, —50 *Presser*.
- Duo d'amour, P —75 *Nordisk Musikforlag*.
- Élégie, 1 P 3 — *Landy*.
- Episode de Bal, P 3 — *Chanot*.
- Études techniques des sept positions du
Violon, 1 3 books à 4 — *Chanot*.
- Invocation. 1 P 4—, Org (Pearce) 4—,
1 P 3 — *Landy*, 1 P —n *Nordisk Musikforlag*.
- Madrigal, P —75 *Nordisk Musikforlag*.
- Marche triomphale, O, Part 3 — n, Sc 8 —n
Landy.
- Mazur, 1 P 5 — *Landy*, 1.50 *Nordisk Musikforlag*.
- Mazurka N. 1 in C 3 — *Augener*, —35
Schirmer, —40 *Willig*, 1.75 *Durdilly*.
- Mazurka N. 2 in C minor 3 — *Augener*,
—65 *Ditson*, —40 *Presser*, —50 *Schirmer*,
Willig, 1.75 *Durdilly*, 1 P 5 — *Chanot*.
Mazurka Russe —75 *Boston*.

Méditation. P —65 *Schmidt*.
Melodie lyrique, 1 P 3 — *Ashdown*.
A Memory —40 *Presser*.
Menuet à la l'antique, 1 mis 4 —, 1 P 1—
Landy, 1 — *Nordisk Musikforlag*.
Menuet in G (Pearce), Org 4 — *Landy*.
Morceau de Genre (Pearce), Org 4 — *Landy*.
- 6 Morceaux de Genre P. 1. Gavotte, 2.
Danse Hongroise, 3. Valse-Barcarolle, 4.
Duo d'Amour, 5. Taquinerie, 6. Au son de
La Musette à 4 — *Landy*, N. 1—3 à —75
Nordisk Musikforlag.
3 Morceaux, 1 P: N. 1. Valse gracieuse, N.
2. Sur le Lac, 3. L'Adieu, à 1 20 *Schmidt*.
- 2 Morceaux, P: N. 1. Méditation, 2. Au
Bal, à 1 — *Schmidt*.
- Trois Novellettes, P: 1. Valsette, 2. Menuet, 3. La Coquette à 4 — *Landy*, à —75
Nordisk Musikforlag, 1 mis à 4 — *Landy*.
Passepied, 1 P 4 — *Landy*.
Petite Suite, O 6 — n *Landy*.
- Pièces diverses, P. 1. Madrigal, 2. Mélodie,
3. Pas de Pierrots, 4. Valse Romantique,
5. Menuet à l'antique à 4 —, N. 6. Invocation, 7. Elegie à 3 —, N. 8. Mazur,
9. Schoumka, Danse Cosaque, 10. Chanson
de Mai, 11. Impromptu en forme d'une
Valse, 12. Chant du Soir, 13. Mazurka
Caprice, 14. Danse Rustique, 15. Chanson
de Berceau, 16. Ritournelle à 4 — *Landy*.
Pièces Pittoresques, P: 1. Ballet féerique,
2. Marquis et Marquise, 3. Caprice Pompadour, 4. Passepied, 5. Air à Danser.
6. Scène de Ballet à 1 — *Landy*, N. 6
—50 *Nordisk Musikforlag*.
Sept Préludes, P. 4 — n *Landy*; N. 1 in
B minor, 2 in G major, 3 4 in C maj. and D
min., 5 in A major, 6 in A ß. major, 7 in
D minor à 4 —.
Prière, Org 4 —, 1 P 4 — *Landy*.
Printemps, P 5 — *Cary*.
Ritournelle, 1 P 4 — *Landy*.
- Scènes Russes, P: 1. Valse Champêtre, 2.
L'Amazone, 3. 2e Schoumka Ukrainienne
à 4 — *Landy*, N. 3 —75 *Nordisk Musikforlag*, 1 P (Mistowski) 4 — *Landy*.
- Schoumka, 1 P 1.50 *Nordisk Musikforlag*.
- Schoumka. Danse Cosaque, 1 P 5 — *Landy*.
- Troisième Schoumka Ukrainienne, P 3 —
Ashdown.
- Sonate grande Russe, P 2 6 n *Augener*.
- Sonnet d'Amour, 1 P, 1 V 1 P 4 — *Metzler*.
- Suite, Org 4 —n *Landy*: 1. Prélude, 2.
Toccata, 3. Méditation Elégie, 4. Marche
Solennelle.
Suite Rococo. O 6 — n *Landy*.
Taquinerie, P —75 *Nordisk Musikforlag*.
- Valse Caprice P 3 — *Cary*.
- Valse champêtre, P —75 *Nordisk Musikforlag*.
- Valse Mignonne —65 *Ditson*.
- Valsette, 1 P 4 — *Landy*
Borozdin M. A. Śpiewy i dumki. N. 1—8
3— *Idzikowski*:
1. Serenada —45.
2. Sen —60.
3. Chcesz mojej pieśni —45.
4. Powiedz ty mi brzozo biała —45.
5. Niema czego trzeba —45.

6. O gwiazdeczko coś blyszczala —30.
7. Hej koniu mój wrony, dumka —40.
8. Kiedy zgasla gwiazdka bloga. Dumka —60.
9. Dary. „Trzech dziś u mnie chlopców bylo". Podarki —40.
10. Spiewak w obcej stronie —60.

Бороздинъ Н. А. *Jurgenson:* Кольыбельная пѣсня. Сии, малютка —30.
- Молитка, Въ минуту жизни трудную —20.
- Очи Черкешенки —30.
- Саду я за столъ —20.
- Salut à la patrie. Variations faciles s. d. chans. russes. *P* 7—; N. 1. Коса. 2. Не отходи. 3. Вотъ на пути. 4. Любушка. 5. Вхали ребята. 6. Матушка, голубушка. 7. Ты душа ль моя а —30.
- Valse mélancolique —75.
- Mazurka —60.

Бороздинон, Дѣвица красавица —25 *Jurgenson.*

Borra A. Ernani, *P* 3 *Ricordi.*
Una gita ciclistica —20 *Il Mandolino.*

Borra G. Piccola melodia, *Mand* —20 n *Rebagli.*

Borräus Karl. *Selbstverlag:* **Op.** 1 Lied ohne Worte. *P.*
- 2 Melodie, *P.*
- 3 Rondo brillant, *P.*
- 4 Impromptu, *P.*
- 5 Fantasie, *V.*
- 6 Lied auf der G-Saite, *VP.*
- 7 Fantasie, *Fist B(Cl) P.*
- 8 Fantasie, *FVP.*
- 9 Nr. 1 Lied eines Armen (Ludwig Uhland).
- 10 Nr. 3. Das deutsche Volkslied.
- 11 Tremolo, *P.*
- 12 Melodie mit Variationen. *V.*
- 13 Verhängnis, Nr. 1. Nr. 2, *VP.* Nr. 3. *Fist B(Cl) P.*
- 14 Etude, D-dur, *V.*
- 14 Etude, Es-dur, *P.*
- 15 Air varie, *FVP.*
- 16 Romance Italienne, *P.*
- 17 Mazourka brillante, *P.*
- 18 Konzert, G-dur, *VP.*
- 19 Air varié, *Fist B(Cl) P.*
- 21 Fantasie über eine Originalmelodie, *P.*
- 22 Air varié, *O.*
- 23 Air varié. *P.*
- 24 Im Dünensand am Meerestrand. Nr. 1. Nr. 2. (Duett mit *P).*
- 25 Die Stunde des Glücks. Nr. 1. Nr. 2 (Duett mit *P).*
- 26 Sonate, C-dur, *P.*
- 27 Polonaise, *Fist B(Cl).*

Borrás de Palau J. *Dotesio:* L'addio del soldato, romanza 1.50 n.
- Angel meu 2—n.
- La barca, letra catalana 1.75 n.
- Cansó de Maig 1—n.
- El cuento de la lechera, canción 1.50 n.
- La farigola, canción catalana 4a edición 1—n.
- Paso à cuatre, *P* 1.25 n.
- Pensament religiós (tantum ergo), melodia letra catalana y castellana 1.50 n.
- Voreta la mar, letra catalana 1.50 n.

Borre van den (Abbé). *Foyer:* Ave Maria pour voix basse 1—, voix élevée —75.
Benedictus à 2 voix —75.
La Colombe —75.
Consécration à Marie, cantique 1—.
Consécration au Sacré-Coeur de Jésus, solo ou à l'unisson —85.
L'envers du ciel —75.
Fleurs à Marie, recueil de 20 Cantiques av. solo et choeur 5—, Chaque Cantique —85, sans acc. —50.
Gloire à la Vierge Immaculée, solo et choeur à 2 v. 1—.
O salutaris pr. 2 voix, voix élevée à —75.
Pie Jesu à 3 v. —75.
Pourquoi je chante, Marie, solo ou à l'unisson 1—.
Retour au foyer pr. 4 v. d'hommes 2.50.
Si long, solo ou à l'unisson —85.
Sub Tuum, duo 1—.
Veille sur moi, solo ou à l'unisson —85.

Borregaard Eduard, Adoration. Quasi una fantasia, *P* 1— *Hansen.*
- Dansk Nationaldans 1— *Hansen.*
- Mazurka 1 — *Nordisk Musikforlag.*

Borrel H. *Deplaix:* Amour et Patrie. Pas red. *Harm* 2—n. *Fanf* 1.50 n.
- A toute Volée. Quadr. O —75 n.
- A travers la cloison, Schottisch. O av. *P* Cond. 1—n, O —75 n.
- L'Auréol de Gloire, Fant. symph. (préinde, adagio, choeur, hymne). *Harm* 6—, *Fanf* 5—. Cond. —50.
- Avant de nous quitter, Polka. O —75 n.
- Avant le sacre. Hymne. *Harm* 6—, *Fanf* 5—. Cond. —50.
- La Belle Arlésienne. Valse. O —75 n.
- Belle Nuit, Andante. *Harm* 2—n. *Fanf* 1.50 n.
- Bergerette, Polka. O —75 n.
- Bonheur sans fin, Valse, O —75 n.
- Bon Pied, bon Oeil. Marche. *Harm* 2—n. *Fanf* 1.50 n.
- Boule carrée. Quadrille. O —75 n.
- Bouton Rose, Polka. O —75 n.
- Le Brillant Florentin, Quadr. O —75 n.
- Brise-Tout, Polka. O —75 n.
- La Cantinière de la Garde, Marche, *Harm, Fanf* à 1.50 n.
- Carabins et Carabines, Polka. O —75 n.
- Carmosinette, Mazurka, O —75 n.
- La Castillane, Ouv. *Harm* 4—, *Fanf* 3—.
- Chacun son tour, Marche, variat. (ad lib.), *Harm* 4—, *Fanf* 3—, p. Cond. 1.25 n.
- Chant d'allégresse, Marche, *Harm* 2—n. *Fanf* 1.50 n.
- Chant de Victoire, Marche, *Harm* 4—, *Fanf* 3—.
- Le Chevalier martyr, Fant. ipisod. *Harm* 4—, *Fanf* 3—.
- Les Chevaliers Fantômes, Ouv. *Fanf* 5—, *Harm* 6—, Cond. 1—.
- Chrysanthème - Gavotte (L. Grillet), *Harm* 2—n, *Fanf* 1.50 n.
- Clopin-Clopant, Polka-marche, *Harm* 2—n. *Fanf* 1.50 n.
- Le Coq du Village, Quadrille. O —75 n.
- La Créole, Mazurka, *Harm* ou *Fanf*. Part 3—n *Evette.*
- Dans la Chambrette, Polka, O av. *P* cond. 1—n. O —75 n.

- Dans le Mille! Quadrille. O —75 n.
- Le Défilé de Fanfan la Tulipe, *Harm* 2— n. *Fanf* 1.50 n, *Tambours et clairons* ad lib.
- Le Déessse, Quadr. O —75 n.
- Les Diablotins, Quadrille, O —75 n.
- Dors Mignonne, Berceuse. *Harm* 2— n. *Fanf* 1.50 n.
- D'un Pied sur l'Autre, Schottisch, O —75 n.
- En Festival dans la Forêt, Fant. *Harm* 4—, *Fanf*. 3—.
- Feuille de Lierre, Polka, O —75 n.
- Les Fiancés d'Auvergne, Fant. *Harm* 4—, *Fanf* 3—.
- Les Fils de France, Défilé, *Harm* 2— n. *Fanf* 1.50 n.
- Fleur de Lotus (Laurent Grillet), Valse, *Harm* 4—, *Fanf* 3—.
- Fontenoy, Ouvert. héroïque, *Harm* ou *Fanf*.
- Franche allure, pas red. *Harm* ou *Fanf*.
- François les bas bleus, Fant. (Messager), *Harm* 4—, *Fanf* 3—.
- Frankita, Valse, O av. P cond. 1— n. O —75 n.
- Gai Compagnon, Marche, *Harm* 2— n. *Fanf* 1.50 n.
- La Galbeuse, Schottisch, O —75 n.
- Gentil Rigodon, Quadr. O —75 n.
- Le Glorieux, Pas red. *Harm* 2— n. *Fanf* 1.50 n.
- Le Gribier, Pas red. Ch. de *basses*, *Harm* 2— n. *Fanf* 1.50 n.
- Les Guerriers Francks, Gr. Marche, *Fanf* 5—, *Harm* 6—, Cond. 1—.
- The gueth scheich Tell, Quadr.-lancier, O —75 n.
- Haô!! les baôs Lanciers, Quadr. O —75 n.
- Les Héros de Gravelotte, Ouv. *Fanf* 5—, *Harm* 6—, Cond. 1—.
- Heureux Jour, Andante, *Harm* ou *Fanf* à 1.50 n.
- Le Hussard, Pas red. *Harm* 2— n. *Fanf* 1.50 n.
- Les Joies de la Chaumière, Fant. *Harm* 4—.
- Les Jois de la Chaumière, Fant. *Harm* 4—, *Fanf* 3—.
- Jolie Brunette, Valse, O —75 n.
- Le Jour s'enfuit, Sérénade, *Harm* 2— n. *Fanf* 1.50 n.
- Le Joyeux Volontaire, Pas red. *Harm* 2— n. *Fanf* 1.50 n.
- J'yeux bien, Schottisch, O —75 n.
- La Kermesse improvisée, Ouv. *Harm* 4—, *Fanf* 3—.
- Landérirette, Schottisch, O av. P cond. 1— n. O —75 n.
- Le Lion de Belfort, Ouv. *Harm* 4—, *Fanf* 3—.
- Madeleine Bastille, Quadr. O —75 n.
- Mam'zelle Fanchon, Polka, O —75 n.
- La Marche des Canonniers, Pas red. *Harm* 2— n, *Fanf* 1.50 n.
- Marche des Moujicks, Marche de concert (de Kennelle), *Harm* 2— n, *Fanf* 1.50 n.
- Marche solennelle des Frondeurs, *Harm* 4.50, *Fanf* 3.50, Cond. 1—.
- Marquisette, Bluette-sérén. *Harm* 2— n. *Fanf* 1.50 n.
- La Marseillaise, *Harm* 1.50 n, *Fanf* 1.25 n, Chœur dans le même ton, p. —20 n.
- Menuet des Fantoches, *Harm* 2— n. *Fanf* 1.50 n.

- Menuet du célèbre, quintette, *Harm* 2— n. *Fanf* 1.50 n.
- Minauderie, Gavotte, *Harm* 2— n. *Fanf* 1.50 n.
- Mirlitonnette, Polka, O —75 n.
- Les Mousquetaires rouges, Gr. Marche, *Harm* 4—, *Fanf* 3—.
- Les Muscadins, Quadr. O —75 n.
- La Mystérieuse, Schottisch. *Harm* ou *Fanf*, Part 3— n *Ecette*.
- Les Noces d'Omphale, Fant. *Harm* 4—, *Fanf* 3—.
- Noumou et Dada, Mazurka, O —75 n.
- L'Oracle de Delphes, Prélude et Marche sol. *Harm* 5—, *Fanf* 4—, Cond. —50.
- Paniers de Fraises, Mazurka, O av. P cond. 1— n. O —75 n.
- Parure de Printemps, Fant. *Harm* 4—, *Fanf* 3—.
- Pas des Fiançailles, Gavotte, *Harm* 2— n, *Fanf* 1.50 n.
- Les Patriotes de l'Avenir, Fant. *Harm* 4—, *Fanf* 3—.
- Pendant la Moisson, Scène champêtre, *Harm* 5—, *Fanf* 4—, Cond. —75.
- La Petite Mitronne, Mazurka, O av. P cond. 1— n, O —75 n.
- Les Petits Plaisirs, Valse, O —75.
- Petit Voyage en Mer, Fant. *Harm* 4—, *Fanf* 3—.
- Le Pétulant, Quadr. O —75 n.
- Polka des Bonnes d'Enfants, O —75 n.
- Polka des crevettes, O —75 n.
- Polka des Moutards, O av. P cond. 1— n. O —75 n.
- Polka des Tourlourous, O av. P cond. 1— n. O —75 n.
- Première confidence, Valse, O —75 n.
- Le Premier Rêve, Andante, *Harm* 2— n. *Fanf* 1.50 n.
- Près de la Source, Andante, *Harm* 2— n. *Fanf* 1.50 n.
- Près des Etoiles, Rêverie Andante, *Harm* 2— n, *Fanf* 1.50 n.
- Quand tu voudras, Mazurka, O —75 n.
- Recueil de gammes, intervalles et accords, O ou mO, *Mourasin*.
- Le Refrain des Camps, Pas red. *Harm* 2— n, *Fanf* 1.50 n.
- La Reine du Temple, Ouv. *Harm* 4—, *Fanf* 3—.
- Réjoui-Bontemps, Polka-marche, *Harm* ou *Fanf*.
- Le Rendez-vous des solistes, Air varié, variat. (ad lib.), *Harm* 4—, *Fanf* 3—, Cond. 1.25.
- Le Retour de la Chasse, Quadr. O —75 n.
- Retour de Madrid (Antréassian), Valse, *Harm* 4—, *Fanf* 3—.
- Le Rêve de Fanfan la Tulipe, Fant. *Harm* ou *Fanf* av. Chœur, ch., *Tambours et clair* (ad lib.), *Harm* 6—, *Fanf* 5—, Cond. 1—, Part du Chœur 1.50, *Ch. s.* —30 n.
- Le Réveil de Ninette, Polka, O av. P cond. 1— n, O —75 n.
- Rêvons tous deux! Schottisch, O. *Bléger*.
- Les Roches noires, Fant. *Harm* 4—, *Fanf* 3—.
- Roule ta bosse, Quadrille, O —75 n.
- Le Royaume de Joïada, Fant. *Harm* 4—, *Fanf* 3—.

- Salut aux trois couleurs. Défilé. *Harm* 2.— n.
  Fanf 1.50 n.
- Sans souci, Quadr. *O* —75 n.
- Si c'était vrai! Valse, *O* av. *P* cond. 1.— n.
  O —75 n.
- Soirée intime. Fant. *Harm* 4.—, *Fanf* 3.—.
- Le Soleil d'Austerlitz, Ouv. *Harm* 4.—,
  Fanf 3.—.
- Le Sonneur en goguette. Quadr. *O* —75 n.
- La Source merveilleuse. Morceau développé.
  Harm 4.—, *Fanf* 3.—.
- Sur le Gazon, Polka. *O* —75 n.
- Sur le Pont d'Avignon. Polka. *O* av. *P*
  cond. 1.— n. *O* —75 n.
- Les sylphes, Ouv. rom. *Harm* 6.—, *Fanf* 5.—,
  Cond. —50 n.
- La Taverne des Trabans, Selection, *Harm*
  6.—, *Fanf* 5.—, Cond. 1.— n.
- Totor et Lilie, Mazurka. *O* —75 n.
- Fraîche et bonne, Schottisch. *O* —75 n.
- Le Triomphe des déesses, Ouv. *Harm* 6.—,
  Fanf 5.—, Cond. 1.— n.
- La Vallée des Lilas, Fant. *Harm* 4.—, *Fanf*
  3.—.
- La Veillée de Reischoffen. Ouv. *Harm* 6.—
  Fanf 5.—, Cond. —50 n.
- Vers l'Horizon. Fant. *Harm* ou *Fanf* av.
  soli de *Pist*, bugle et baryton, *Harm* 4.—
  Fanf 3.—.
- V'là l'plaisir, Quadr. *O* —75 n.
- Les Voix de la patrie, Fant. *Harm* 5.—,
  Fanf 4.—, Cond. —50 n.
- Vulma, mazurka russe. *Bléger*.

Borrell. La clef dans la poche, rigodone 1.— n
  Dotesio.
- Los rizos de una cubana, Lancero 1.— n
  Dotesio.
  Salve, 3 voces y *Org* 1.75 n *Dotesio*.
- Ya viene, papá, vals 1.— n *Dotesio*.

Borrelli Ernesto, O core mio si tu, *Maad*
  —10 n *Bideri*.

Borri P. Nephte o il Figliuol prodigo: *P.
  Ricordi*:
  Atto I: Preludio. Azione mimica: Festa
  d'anniversario del vecchio capo della tribù
  (Giaquinto) 3.—. La Moresca, Danza
  (Giaquinto) 1.50. Azione mimica:
  Partenza dalla casa paterna di Azaele
  (Giaquinto) 3.—.
  II: Azione mimica: Feste saturnali, ge-
  losie d'Agar. Istruzioni di Bocoris alla
  Sibilla (Giorza) 1.50. Saturnale delle
  maschere Egizie e Popolo (Giaquinto)
  4.—. Azione mimica: Presentazione di
  Nephte (Giaquinto) 3.—. Passo dei
  Giocolieri e Ballabile dei Beduini (Marenco) 5.—.
  III: Azione mimica: Il buono e cattivo
  genio di Azaele (Bolelli) 4.—. Azione
  danzante. La dissuazione del vizio (Giaquinto) 3.—. Azione mimica. Azzaele
  ha tutto perduto e crede Nephte infedele
  (Giaquinto) 2.—.
  IV: Azione mimica. Elezione del capo
  supremo del tempio d'Iside (Giaquinto) 1.75. Marcia et Orgia dei se-
  guaci d'Iside con l'Almée (Giaquinto)
  3.—. Gran Ballabile (Döppler) 4.50.
  Azione mimica. La vendetta d'Agar (Giaquinto) 2.—.

V: Azione mimica. Ravvedimento di
  Azaele e perdono di Ruben (Giaquinto)
  4.50.
  VI: Introduzione alla festa (Gia-
  quinto) 1.50. Festa di Nozze. Gran
  Ballabile (Giaquinto et Marenco)
  3.—. Apoteosi (Giaquinto) 1.—. Il
  Ballo compl. 20.—. (Autori diversi.)

Borrini O. A lei! Melodia 2.— *Venturini*.
- Parliam d'amore 3.— *Venturini*.
- Se fossi! Melodia per *S* o *Bar* à 2.50 *Ven-
  turini*.
  Sul lido, Melodia 2.50 *Venturini*.

Borrone R. Il Barbiere di Siviglia.
  Reminiscenze. *Ricordi*: *Cl* in Si bemolle
  1.50 n. *CornI* 3.—. *Flicorno* in Si bemolle.
  Flicorno Basso à 3.—, *CIP*, *CaIP*, *TrombP*,
  Bombardia.aP *EnfonclioneP*, *Flicorno* in Si
  bemolle, in *BassoP* à 1.50 n.

Borroni L. *Marciar*: Alleanza, marcia 1.50.
  Cavalleria, marcia 1.50.
  Esposizione, marcia 1.50.
  Italia e Casa Savoia, marcia 1.50, 2.—
  Ricordi.
  Laveno, marcia 1.50.
  Sull'Appennino, marcia 1.50.

Borroni V. Verbum caro, *SS* —50 *Ecco-
  bocaci*.

Borrow W. L'Allegro. *P* 4.— *Metzler*.
- Let the miser hoard his treasure 3.—
  Francis.
  Murmur of the stream, *P* 4.— *Metzler*.
  Passion Flower, polka 4.—. (W. Small-
  wood), choice melodies 35) 1.— *Cramer*.
  Ring out a joyful peal. (Christmas) —2
  Novello.
  The rivulet, Valse 3.— *Ashdown*.
  Where Claribel low lieth, Mixed voic. —3
  Novello.

Borsani M. Preludio e Tema con Variazioni
  per uso di studio, *V* 2.40 *Ricordi*.

Borsatti Bartolommeo. Non mi lasciare!
  5.— *Bratti*.

Borschitzky J. F. Concordia. Eine Auswahl
  von Ouvertüren und Tänzen arr. als Trios,
  V, *Fl* 2, *V*, *P*: Nr. 1. Figaro, Ouverture
  3.—. Nr. 2. Fra Diavolo, Ouv. 4.—. Nr. 3.
  Stumme, Ouv. 3.75. Nr. 4. Tancred, Ouv.
  3.75. Nr. 5. Weiße Dame, Ouv. 3.75. Nr. 6.
  Norma, Ouv. 2.50. Nr. 7. Die Troubadours,
  Walzer von Lanner 3.—. Nr. 8. Almacks-
  Tänze, Walzer von Lanner 3.—. Nr. 9.
  Hofball-Tänze, Walzer von Lanner 3.25.
  Nr. 10. Deutsche Lust, Walzer v. Strauß.
  Vater 3.—. Nr. 11. Steirische Tänze, Länd-
  ler von Lanner. Nr. 12. 's Hoamweh,
  Ländler von Lanner 2.75. Nr. 15. Na-
  buco, Marsch 1.25.
- Violoncell-Schule für Violonisten. Übungen
  und Tonleitern 5.50 *Schott*.

Borscy Remvar, op. 29 Ballet music. *P* —35
  Gordon.
- Ah, sweetheart mine —35 *Gordon*.
- Do You remember love —35 *Gordon*.
- Love Is not for a Day —40 *Gordon*.
- Love's Lullaby —10 *National Music*.
- The Other day —50 *Gordon*.
- Phoebe Sat Milking Her Cow. —40 *Gordon*.
- La Teracita, Waltzes —50, *VP* —25. *Cornet*

*I P. —50, Folio 1. — 1½ pts. —75, 10 pts.
—60 Gordon.*

Borsdorf Julius. op. 3 Glaube, liebe, hoffe:
Menschleben?, was stärket dich. *TTBB*
(Deutsche Eiche Nr. 256), Part u. St à
—50 *Eulenburg*. *Hug*. Part u. St —80
Siegel.

- 1 Fünf Lieder: Nr. 1, Wie gerne dir zu
Füßen. 2. Ruhe in der Geliebten; So laß'
mich sitzen ohne Ende. 3. Einst wirst du
schlummern; Ist Nachts auch tränenfeucht
dein Pfühl. 4. Wiegenlied: Draußen blinkt
in silbernem Schein. 5. In der Ferne; Will
ruhen unter den Bäumen hier 1.50 *Kahnt*.
- 3 Daheim, daheim. *TTBB* (Deutsche Eiche
Nr. 257), Part u. St à —40 *Eulenburg*.
- 5 Die Mühle im Tale; Ich weiß eine Mühle.
TTBB (Deutsche Eiche Nr. 258), Part
u. St à —40 *Eulenburg*.
- 7 Ständchen: Klinge leise, Lied, beim Ster-
nenschimmer. *TTBB* mit *Bar-solo* (Deutsche Eiche Nr. 290), Part u. St à —40
Eulenburg.
- 10 Liebchen überall: Wo die Berge blinken. *TTBB* mit *T-solo* (Deutsche Eiche
Nr. 269), Part u. St à —40 *Eulenburg*.

Trost beim Scheiden; Ich bleibe stets bei
dir. *TTBB* mit *Bar-solo* (Deutsche Eiche
Nr. 319), Part u. St à —40 *Eulenburg*.

- Vollgesänge für Männerstimmen: 1. Werk.
Glaube, liebe, hoffe. Wortl. von A. Lehmann. 2. Wein, Weib und Gesang. Wortlaut von G. Julius. 3. Daheim! daheim!
Wortlaut von J. Sturm. 4. Trost beim
Scheiden, mit *Bar-solo*. Wortlaut von Hermann Weise. 5. Die Mühle im Tale.
Wortlaut von wem? 6. Alles schendet,
liebes Herz. Wortlaut von Hoffmann
v. Fallersleben. 7. Ständchen mit
Bar-solo. Wortlaut von H. Heinlein.
8. Trinklied. Wortlaut von Graf Platen.
9. Unter allen Wipfeln ist Ruh'. Wortlaut
von Wolfgang v. Goethe. 10. Liebchen überall mit *T-solo*. Wortlaut von Un-
bekannt, Part u. St à 1— *Dietrich*.

Borse P. de, Le Rhin allemand 2.50 *Heugel*.

Borsi V. Benedictus, 3 voci 1— *Eerenbeemt*.
- Te ergo quaesumus, 8? 1.25 u *Eerenbeemt*.

Borsotti F. L' arboscello, Mazur 2— *Mariani*.

Borssat de Laverrière H. *Bornemann*:
- L'Audition 4— *Benoit*.
- Cric, Crac —20 n.
- Les démons de la nuit —20 n.
- La fête de la gerbe —20 n.
- Fleur d'Orient —20 n.
- La France guerrière —20 n.
- Le mariage aux tambours —20 n.
- Le Noël des revenants —20 n.
- L'orgie —20 n.
- L'Orgueil. Quadrille 4.50 *Sulzbach*.
- L'Ouvrier de Paris 1— n, *Ch. s.* —40 n.
- Peinria la Bohémienne 3—, *Ch. s.* 1—
Costerean.
- Le petit sabot de Jeanette —20 n.
- Le petit tambour de la grande armée —20 n.
- Le pied d'ma jambe —20 n.
- La ronde des cotonniers —20 n.
- Ronde des mohicans d'Irlande —20 n.
- V'la qu'ça tombe —20 n.

Borst Albert W. A gentle maiden walks
the Earth —40 *Sammy*.
- On a Vacation, P —20 *Presser*.

Borst Anten, op. 2 Frühlingszauber. Serenade. P *Goll*.

- 3 Nr. 1. Einsames Röslein. Melodie, P. 2.
Jasminblüte. Romanze, P *Goll*.
- 4 Waldeinsamkeit. Idylle. Dornröschen. Romanze, P, *Goll*.
- 5 Nr. 1. Les Adieux. Tonstück. P —2. La
salation. Elegie, P à 1.20 *Kramer*.

Borst Max. Aus erster Zeit: „Wenn sich die
Lider senken", b. l. à 1.20 *Barth*-Würzburg.
- Nacht: „Die Nacht ist weich wie deine
Wangen", b. l à 1.20 *Barth*-Würzburg.
- Weihnachtsklänge, P, C. *Spalmeyer's* N.

Bortelli, Marcia, Org 1— *Mariani*.

Бортнянскій, Дм. Bortniansky Dm. (1751
—1825). Дух. муз. сочиненія д. хора:
1. Слава и нынѣ 25 —30.
2. Херувимская пѣснь N. 1. 25 —30.
3. „   „   „ 2. 25 —30.
4. „   „   „ 3. 25 —30.
5. „   „   „ 4. 25 —30.
6. „   „   „ 5. 25 —25.
7. „   „   „ 6. 25 —25.
8. „   „   „ 7. 25 —25.
9. Достойно есть 25 —25.
10. Ангелъ вопіяше 25 —25.
11. О тебѣ радуется 25 —25.
12. Отче нашъ 25 —25.
13. Хвалите Господа 25 —25.
14. Подъ Твою милость 20 —25.
15. Тѣло Христово 20 —25.
16. Да исполнятся уста 20 —25.
17. Нынѣ силы. N. 1. 25 —25.
18. Нынѣ силы. N. 2. 25 —25.
19. Вкусите и видите 30 —30.
20. Благословлю Господа 20 —25.
21. Чертогъ Твой 20 —25.
22. Благообразный Іосифъ 25 —25.
23. Пріидите ублажимъ 25 —30.
24. Слава и нынѣ. Дваа 30 —30.
25. Слава тебѣ, Боже нашъ 25 —25.
26. Многолѣтіе, большое и малое 20 —25.
1—26 вмѣстѣ. Парт. и Гол. по 2—.
27. Давыдовъ. Слава и нынѣ 25 —25.
28. Давыдовъ. Пріидите 25 —25.
29. Давыдовъ. Вѣрую во едина. Бога 25
—25.
30. Давыдовъ. Милость мира 25 —25.
31. Давыдовъ. Достойно есть 25 —25.
32. Давыдовъ. Отче нашъ 25 —25.
27—32 Давыдовъ. Полная обѣдня для 4
мужск. голосовъ 1. р. 1—.
33. Галушп. Слава и нынѣ 25 —25.
34. Галушп. Плотію уснувъ 25 —25.
35. Галушп. Благообразн. Іосифъ 25 —25.
36. Березовскій. Вѣрую во единаго Бога
25 —25.
37. Симоновскій. Херувимская пѣснь 25
—25.
1—37. Въ Итомѣ П. Г. д. мужск. гол.
à 3—, д. женск. г. à 3—, д. смѣш. х.
à 3—.
38—47. Бортнянскій, Дм. 3-хъ голосныя.
10 нумеровъ вмѣстѣ, для мужскихъ
голосовъ. П. Г. à 1—, Тѣже, для
женск. голосовъ. П. Г. à 1—.
38. Трехголосная литургія 60 —75.

39. Не полла эти деспота 20 —20.
40. Да исправится молитва N. 1. Для трiо съ хоромъ 25 —25.
41. То-же. N. 2. Для трiо съ хоромъ 25 —25.
42. То-же. N. 3. Для трiо съ хоромъ 25 —25.
43. То-же. N. 4. Для трiо съ хоромъ 25 —20.
44. Архангельскiй гласъ. Для трiо съ хоромъ 20 —25.
45. Воскресни, Боже 25 —25.
46. То-же. Въ исправленномъ видѣ 25 —25.
47. Надежда и предательство 20 —20.
48. Вкусите и видите 15 —15.
49. Ирмосы Четыредесятницы 50 —50.
50. Тебе Бога хвалимъ 60 —60.

Эти же 50 нумеровъ, для женскихъ голосовъ, по тѣмъ же цѣнамъ.

Двухорныя пьесы, переложенныя для дисканта, альта, тенора и баса. В. Соколовымъ.

51. Слава и нынѣ. Единородный Сыне. Парт. и гол. по —25.
52. Херувимская пѣснь. Парт. и гол. по —25.
53. Да молчитъ всякая плоть человѣча. Парт. и гол. по —25.
54. Вечери твоея тайныя. Парт. и гол. по —25.
55. Творяй ангелы своя духи. Парт. и гол. по —25.
56. Въ память вѣчную: N. 1. Es-dur. Парт. и гол. по —25.
57. Въ память вѣчную: N. 2. B-dur. Парт. и гол. по —25.
58. Во всю землю изыде вѣщанiе ихъ N. 1. C-dur. Парт. и гол. по —25.
59. То-же. N. 2. C-dur. Парт. и гол. по —25.
60. Радуйтеся, праведнiи, о Господѣ. Парт. и гол. по —25.
61. Явися благодать Божiя. N. 1. A-dur. Парт. и гол. по —25.
62. То-же. N. 2. E-dur. Парт. и гол. по —25.
63. То-же. N. 3. G-dur. Парт. и гол. по —25.
64. То-же. N. 4. E-dur. Парт. и гол. по —25.
51—54. Въ одномъ томѣ. Партитура Т. 950, голоса Т. 951 по 1.50.

- Полное собранiе духовно-музыкальныхъ сочиненiй. Изданiе подъ редакцiею П. Чайковскаго, 11 томовъ, Парт. 12—, Гол. 12—.

Отдѣлъ I. Часть I (Однохорный). А. Восемь Духовныхъ трiо, для 2 дискантовъ и альта съ хорами и переложенiемъ для фортепiано.

1. Не полла эти деспота. П. —15, Г. —15.
2. Да исправится молитва моя. N. 1. П. —15, Г. —15.
3. То-же. N. 2. П. —15, Г. —15.
4. То-же. N. 3. П. —15, Г. —15.
5. То-же. N. 4. П. —15, Г. —15.
6. Архангельскiй гласъ: вопiемъ, Ти, чистая (величанiе, Благовѣщенiю знаменнаго напѣва), П. —15, Г. —15.
7. Воскресни, Боже (въ двухъ видахъ), П. —15, Г. —15.
8. Надежда и предательство. П. —05, Г. —05.
9. Трехголосная литургiя, заключающая въ себѣ: Слава и нынѣ: Единородный Сыне; Херувимская пѣснь: Вѣрую (Символъ вѣры); Тебѣ поемъ; Достойно есть; Отче нашъ; Хвалите Господа съ небесъ. П. —20, Г. —20.

Всѣ 9 нумеровъ въ одномъ томѣ, П. —60, Г. —60.

Б. Четырехголосныя. Однохорныя, для дисканта, альта, тенора и баса:

10. Слава и нынѣ: Единородный Сыне (перелож. съ кiевск. напѣва). Парт. по —15, Гол. по —20.
11. Херувимская пѣснь. N. 1. Es-dur. Парт. по —15, Гол. по —20.
12. То-же. N. 2. D-moll. Парт. по —15, Гол. по —20.
13. То-же. N. 3. F-dur. Парт. по —15, Гол. по —20.
14. То-же. N. 4. C-dur. Парт. по —15, Гол. по —20.
15. То-же. N. 5. F-dur. Парт. по —15, Гол. по —20.
16. То-же. N. 6. F-dur. Парт. по —15, Гол. по —20.
17. То-же. N. 7. D-dur. Парт. по —15, Гол. по —20.
18. Достойно есть. F-dur. Парт. по —15, Гол. по —20.
19. Ангелъ вопiяше. A-moll (перел. съ греческаго напѣва). Парт. по —15, Гол. по —20.
20. Отче нашъ. Парт. по —15, Гол. по —20.
21. Хвалите Господа съ небесъ. N. 1. F-dur. Парт. по —15, Гол. по —20.
22. То-же. N. 2. C-dur. Парт. по —15, Гол. по —20.
23. Да исполнятся уста наша (перел. съ кiевскаго напѣва). Парт. по —15, Гол. по —20.
24. Слава Тебѣ, Боже нашъ (принаѣва на молебнѣ Спасителю). Парт. по —15, Гол. по —20.
25. Многая лѣта (большое и малое). Парт. по —15, Гол. по —20.
26. Слава и нынѣ. Два днесь (перел. съ болгарскаго напѣва). Парт. по —15, Гол. по —20.
27. Господи, силою Твоею возвеселится Царь. Парт. по —15, Гол. по —20.
28. Подъ твою милость прибѣгаемъ. Богородице Дѣво (переложенiе съ греческаго напѣва). Парт. по —15, Гол. по —20.
29. Ирмосы первой седмицы Великой Четыредесятницы (перелож. съ греческаго напѣва). Парт. по —15, Гол. по —20.
30. Нынѣ силы небесныя (перелож. съ кiевскаго напѣва). Парт. по —15, Гол. по —20.
31. Нынѣ силы небесныя (перелож. съ старишнаго напѣва). Парт. по —15, Гол. по —20.
32. Вкусите и Видите N. 1. Парт. по —15, Гол. по —20.

33. То же N. 2 пер. изъ двухорнаго. Парт. по —15, Гол. по —20.

34. Тѣло Христово пріимите (переложеніе съ кіевскаго напѣва). Парт. по —15, Гол. по —20.

35. О тебѣ радуется. Благодатная. Парт. по —15, Гол. по —20.

36. Чертогъ Твой (переложеніе съ кіевскаго напѣва). Парт. по —15, Гол. по —20.

37. Благообразный Іосифъ. Парт. по —15, Гол. по —20.

38. Пріидите убл жимъ Іосифа. Парт. по —15, Гол. по —20.

N. 10—38, въ одномъ томѣ. Парт. 1.50. Гол. 1.20.

Отдѣлъ II. 35 концертовъ. N. 69—103. Для дисканта, альта, тенора, баса съ перел. для фортепіано. Собраніе псалмовъ царя-пророка Давида и другихъ церковныхъ пѣснопѣній на четыре голоса, написанныхъ въ формѣ концертовъ.

69. Воспойте Господеви пѣснь нову. Конц. N. 1, Парт. по —25, Гол. по —20.

70. Торжествуйте днесь вси любящіи Сіона. Конц. N. 2. Парт. по —25, Гол. по —20.

71. Господи, силою Твоею возвеселится Царь. Конц. N. 3. Парт. по —25, Гол. по —20.

72. Восклицайте Господеви вся земля. Конц. N. 4, Парт. по —25, Гол. по —20.

73. Услышитъ тя Господь въ день печали. Конц. N. 5, Парт. по —25, Гол. по —20.

74. Слава въ вышнихъ Богу (на Рождество Христово). Конц. N. 6. Парт. по —25, Гол. по —20.

75. Пріидите, возрадуемся Господеви. Конц. N. 7, Парт. по —25, Гол. по —20.

76. Милости Твоея Господи, во вѣкъ воспою. Конц. N. 8. Парт. по —25, Гол. по —20.

77. Сей день, его же сотвори Господь. Конц. N. 9, Парт. по —25, Гол. по —20.

78. Пойте Богу нашему, пойте. Конц. N. 10, Парт. по —25, Гол. по —20.

79. Благословенъ Господь, яко услыша гласъ. Конц. N. 11, Парт. по —25, Гол. по —20.

80. Боже, пѣснь нову воспою Тебѣ. Конц. N. 12. Парт. по —25, Гол. —20.

81. Радуйтеся Богу, помощнику нашему. Конц. N. 13, Парт. по —25, Гол. по —20.

82. Отрыгну сердце мое слово благо. Конц. N. 14, Парт. по —25, Гол. по —20.

83. Пріидите, воспоимъ людіе (изъ св. Пасху). Конц. N. 15, Парт. по —25, Гол. по —20.

84. Вознесу Тя, Боже мой, Царю мой. Конц. N. 16, Парт. по —25, Гол. по —20.

85. Коль возлюблена селенія Твоя, Гос-

поди. Конц. N. 17, Парт. по —25, Гол. по —20.

86. Благо есть исповѣдатися Господеви. Конц. N. 18, Парт. по —25, Гол. по —20.

87. Рече Господь Господеви моему. Конц. N. 19, Парт. по —25, Гол. по —20.

88. На тя, Господи, уповахъ. Конц. N. 20, Парт. по —25, Гол. по —20.

89. Живый въ помощи Вышняго. Конц. N. 21, Парт. по —25, Гол. по —20.

90. Господь, просвѣщеніе мое. Конц. N. 22, Парт. по —25, Гол. по —20.

91. Блажени людіе, вѣдущіи восклицаніе. Конц. N. 23, Парт. по —25, Гол. по —20.

92. Возведохъ очи мои въ горы. Конц. N. 24, Парт. по —25, Гол. по —20.

93. Не умолчимъ никогда, Богородице. Конц. N. 25, Парт. по —25, Гол. по —20.

94. Господи, Боже Израилевъ. Конц. N. 26, Парт. по —25, Гол. по —20.

95. Гласомъ моимъ ко Господу воззвахъ. Конц. N. 27, Парт. по —25, Гол. по —20.

96. Блаженъ мужъ, бояйся Бога. Конц. N. 28, Парт. по —25, Гол. по —20.

97. Восхвалю имя Бога моего пѣснію. Конц. N. 29, Парт. по —25, Гол. по —20.

98. Услыши, Боже, гласъ мой. Конц. N. 30, Парт. по —25, Гол. по —20.

99. Вси языцы, восплещете руками. Конц. N. 31, Парт. по —25, Гол. по —20.

100. Скажи ми, Господи, кончину мою. Конц. N. 32, Парт. по —25, Гол. по —20.

101. Вскую прискорбна еси, душе моя. Конц. N. 33, Парт. по —25, Гол. по —20.

102. Да воскреснетъ Богъ и расточатся врази Его. Конц. N. 34, Парт. по —25, Гол. по —20.

103. Господи, кто обитаетъ въ жилищи Твоемъ. Конц. N. 35, Парт. по —25, Гол. по —20.

Всѣ 35 Концертовъ въ одномъ томѣ, Парт. 5—, Гол. 5—.
Каждый голосъ отдѣльно 1.50.

10 Концертовъ двухорныхъ, N. 104—113, для 2 диск., 2 альт., 2 тен., 2 бас. Фортепіанное переложеніе П. Чайковскаго.

104. Исповѣмся Тебѣ, Господи, всѣмъ сердцемъ моимъ. Парт. и гол. по —30.

105. Хвалите отроцы, Господа. Парт. и гол. по —30.

106. Пріидите и видите дѣла Божія. Парт. и гол. по —30.

107. Кто взыдетъ на гору Господню? Парт. и гол. по —30.

108. Небеса повѣдаютъ славу Божію. Парт. и гол. по —30.

109. Кто Богъ велій, яко Богъ нашъ. Парт. и гол. по —30.

110. Слава въ вышнихъ Богу. Парт. и гол. по —30.

111. Воспойте, людіе, благолѣпно въ Сіонѣ. Парт. и гол. по —30.

112. Се нынѣ благословите Господа, Парт.
и гол. по —30.

113. Утвердися сердце мое о Господѣ,
Парт. и гол. по —30.

Въ одномъ томѣ, Парт. 2.50, Гол. 2.50.

Отдѣлъ III. Гимны и Частныя Молитвы.
N. 111—118.

114. Превѣчный и необходимый. Гимнъ,
для одного голоса, Парт. и гол. по
—05.

115. Гимнъ Спасителю, Парт. и гол. по
—05.

116. Коль славенъ нашъ Господь въ Сіонѣ,
для одного голоса, Парт. и гол. по
—05.

117. То-же, для 4-хъ голосовъ, Парт. и
гол. по —05.

118. Молитвы предъ обѣдомъ и ужиномъ
и послѣ оныхъ, Парт. и гол. по —05.

- Херувимская пѣсенъ, *P* —25 *Leopas*.

- Коль славенъ нашъ Господь въ Сіонѣ —15
Gutheil. —20 *Seliverstow*, *SATB*, *SSMSA*
à —20 *Gutheil*, *Seliverstow*.

- 55 choeurs d'église, transcr. *PH*, cah. 1—III
à 1—.

- Херув. пѣсни N. 1—7 по —10, грі. —50
Seliverstow.

- Слава и нынѣ —15 *Seliverstow*.

- Четырехголосныя, однохорныя духовно-
музыкальныя сочиненія, для дисканта,
альта, тенора и баса, *Gutheil*: Парт.1.50,
гол.1.20: N. 1. Слава и нынѣ. N. 2. Херу-
вимская пѣснь. N. I. Es-dur. N. 3. Херу-
вимская пѣснь. N. II. D-moll. N. 4. Херу-
вимская пѣснь. N. III. F-dur. N. 5. Херу-
вимская пѣснь. N. IV. C-dur. N. 6. Херу-
вимская пѣснь. N. V. F-dur. N. 7. Херу-
вимская пѣснь. N. VI. F-dur. N. 8. Херу-
вимская пѣснь. N. VII. D-dur. N. 9. Достойно есть. N. 10. Ангелъ вопіяше. N. 11.
Отче нашъ. N. 12. Хвалите Господа съ
небесъ. N. I. F-dur. N. 13. Хвалите Господа
съ небесъ. N. II. C-dur. N. 14. Да исполни-
нятся уста наша. N. 15. Слава Тебѣ Боже
нашъ. N. 16. Многая лѣта. N. 17. Многолѣтіе (малое). N. 18. Слава и нынѣ. N. 19.
Господи силою Твоею, возвеселится Царь.
N. 20. Подъ Твою милость прибѣгаемъ.
N. 21. Помощникъ и покровитель. N. 22.
Нынѣ силы небесныя. N. I. N. 23. Нынѣ
силы небесныя. N. II. N. 24. Вкусите и
видите. N. I. N. 25. Вкусите и видите.
N. II. N. 26. Тѣло Христово пріимите.
N. 27. О тебѣ радуется, Благодатная. N.
28. Чертогъ Твой. N. 29. Благообразный
Іосифъ. N. 30. Пріидите ублажимъ Іосифа,
Парт. à —15, Гол. à —20.

Adoration, *VP* 3 — *Augener*.

- Adoremus, chant des chérubins, à 4 parties
sans acc., paroles latines (adaptées Berlioz) —75 n *Costallat*.

- Adoremus Te Christe, Quat. —06 *Ditson*.

- Ave plena gratia, *SATB* 2— *Germann*.

- Ave verum, *SATB* 1.35 n *Durand*.

- Beato l'uomo che te me il Signore, *SATB*
3.20 *Guiseppe*.

- Blessed be Jehovah, God of Israel, Emerson
Irving, Lord have mercy, Quart. —10 *Brainard*, —06 *Ditson*.

- Cantico del Natale —30 n *Capra*.

Chant des Chérubins, choeur mixte 4 voix,
Part. 1 — n *Costallat*.

Cherubim Song N. 7, (Mixed Voices 560)
—40 *Schirmer*.

12 Choeurs liturgiques, *H* 2.50 n *Mustel*.

Dostoyno, Adoremus, 1st. Part. —80, St
—50 *Haslinger*.

Die große Doxologie „Ehre sei Gott", f.
5st. Chor —40 *Bratfisch*, *SATB*, Part u.
St à —20 *Bote*, à —40 *Nasilicacho*, *TTBB*,
Part u. St à —40 *Eulenburg*, *Hug*, *Siegel*;
3 versch. Komp. *SATB*, Part 1.20, St 1—
Pretze; Z —50 *Augustin*, —40 *Kranz*; Z
(I, II) *A.Z.*, *SstZ*, *VdT* 2.80 *Domkowsky*,
Schindler-Berlin; und: Ich bete an die
Macht der Liebe, mit *H(Org)* —60 *Simon*.

Geistliches Lied, *VP* v. Ritter, Mus. Juwe-
len Nr. 5.

Gloria in excelsis Deo (Ehre sei Gott), *HP*
1.20 *Reinecke*.

Hear o thou Shepherd of Israel, *SATB* —2
Laudano.

Der Hirte Israels v. Harm en Fant 1 —
Babach.

Holy Father (Choralist 2471) — 1½ *Curwen*.

Hymna v. Rauscher, Houslova Kvartetta.

Hymne, 1. v. Stunden der Andacht, v.
Beyschlag, *Musica sacra*.

3 Hymnus, *P* (Dubuque) —20 *Jurgenson*.

Ich bete an die Macht der Liebe —50
Schilbauer, —50 *Zumsteeg*, für 1 od. 2
Singst m. *P* —80 *Richter-Leipzig*; *SATB*
—40 *Zumsteeg*; *TTBB*, Part u. St à
—40 *Eulenburg*, *Siegel*, *Tonger*, Part — 10,
St —20 *Kuhl*, *d. Wendling*; Part —40, St
—60 *Seeling*, à —60 *Zumsteeg*; *P* 1—
Brauer; für Harm 1.35 *Zimmermann*; vide
Grosse Doxologie.

I will arise, O Lord my God —05 *Ditson*.

Ige Cherubini Sanctus, 4st. Part. —80, St
—50 *Haslinger*.

Komm heil'ger Geist, *TTBB*, Part u. St
à —40 *Eulenburg*.

Liturgische Chorgesänge, *H(Org)* od. *Org*
(August Reinhard) 2— *Simon*: Nr.
1. Ich bete an die Macht der Liebe, Andante. 2. Ehre sei Gott in der Höhe, Allegro. 3. Du Hirte Israels, Adagio. 4. Gesang der Cherubim, Larghetto. 5. Sage
mir, o Herr, mein Ende, Largo. 6. Erhöre
mein Gebet, Adagio. 7. Unser Vater, Adagio. 8. Lobet den Herrn im Himmel, Moderato. 9. Wenn deine Seele noch so betrübt ist, Largo. 10. Herr Gott, erhöre
meine Stimme, Adagio. 11. Herr, deine
Gnade will ich ewig preisen, Andante.
12. Herr, wer wird in deinem Reiche wohnen, Andante sostenuto.

- Lobgesang: Heilig, heilig, *TTBB*, Part u. St
à —40 *Eulenburg*, *Hug*, *Siegel*.

- Mélodies sacrées, *H* (Raynoffet). 1re
Cah. Liturgie à 3 voix 1.60 n. 2e Cah.
Recueil de pièces à 4 voix 6— n. 3e Cah.
8 Trios sacrés 2 — n *Mustel*.

- Militärischer Abendsegen: Die Erde ruht,
TTBB, Part u. St à —40 A. *Hoffmann*.

- 5 Motetten, *SATB*: Nr. 1. Herr lehre doch
mich, daß es Ende mit mir haben muß.
2. Was betrübst du mich, meine Seele. 3.
Gott, stehe auf, daß seine Feinde zerstreut
werden. 4. Wohl dem, der den Herrn fürch-

tet. 5. Weihnachtsmotette. Ehre sei Gott
in der Höhe, à Part 1.50, à St 1.20 *Zimmermann*.

- Oeuvres d'église. *H* (A. J. Roschpow).
Ire Cah. Liturgie à 5 voix 1.20 n, 2e Cah.
Chants à 4 voix 4— n, 3e Cah. 8 Trios
sacrés 1.40 n *Mustel*.

- O Salutaris. —30 *J. Fischer*.

- Pater Noster, *SCATB* sans acc. (Berlioz)
8° —50 n *Costallat*.

- 12 Préludi (Reinhardt). *H* 2.75 n
Capra.

- Russischer Vesperchor, *SATB*, Part —70
St. —60 *Zimmermann*.

- Tantum ergo, *SSTB* av. Org ad lib. —60 n
Bornemann.

- Teach me O Lord. *SATB* —25 n *Schirmer*.

- Traungslied, *TTBB*, Part —40, St —60
Hochstein.

- Tu pastor d'Israele —30 n *Capra*.

- Vespergesang. Hoch die Wellen. *SATB*,
Part —20 *Germann*, f. 6 st. gem. Chor
(L. Thuillier), Part n. St à 1—
Leuckart.

- Vieux Esprit Saint, *Ch. s.* —50 *Foetisch*.

Bortniansky-Berlioz. Chant des Chérubins.
4 voix mixtes sans acc. 1— n *Costallat*.

Bortnoff Leo. op. 1 Schüler Konzert. (G.u.l.
VP 3— n *Eckermann*.

Bortolan C. op. 7 Desio dell'Orfanello.
Coro a 3 voci bianche con accompagnamento di *P* per educandati. Part 2— n *Capra*.
2— *Libr. Editrice*.

- 8 Te Deum. *CTB*, con accomp. d'or anc.
Part e parti 1.55 n *Capra*, 1.55 *Libr. Editrice*.

- Agnus Dei —50 *Leonardo da Vinci*.

- Coro mea. Mottetto a 4 voci miste con
accomp. Org. Part e parti 1.85 n *Capra*.

- Credo. 2 voci con Org 1— *Leonardo de Vinci*.

- Ego sum panis. Mottetto a 2 voci bianche
con accomp. Org. Part e parti —90 n
Capra, —90 *Libr. editrice*.

- Gloria, 2 voci con Org —80 *Leonardo de Vinci*.

- Kyrie, 2 voci con Org —50 *Leonardo de Vinci*.

- Due Pange Lingua con relativi Tantum ergo.
ambedue. *CTB*, con accomp. Org. Part e
parti 1.45 n *Capra*, 1.45 *Libr. editrice*.

- Messa, *SC* 3— n *Bertarelli*.

- Sanctus et Benedictus —50 *Leonardo da Vinci*.

- Tantum ergo. 3 voci con Org —50 *Leonardo da Vinci*.

Bortolazzi B. op. 2 Variationen. *Mand* (1)
G 1— *Breitkopf*.

- 9 Sonate in D-dur. *P.Mand* (1) 2— *Breitkopf*.

- 10 6 Arietten mit *G* 1— *Breitkopf*: N. 1.
Chi più felice de me saria, 2. Sceglier fra
mille un core, 3. Mi sento in mezzo al core,
4. Io non so, se amor tu sie, 5. Sprezza
mi, sprezza mi, 6. Partir tu vuoi, avec
Variations. 4 (*Mand*)*G*, Liv. 1, 2 à 1.80
Simrock.

- 11 Six Airs italiens avec *G*. *P* 2.50 *Simrock*.

- Neue theoret.-prakt. Guitarre-Schule.
Vollständiger Unterricht (deutsch, ital.)
3— *Haslinger*.

- Schule für die neapolitanische Mandoline
(System Violino). Neue Ausgabe. (Engelbert Röntgen.) 2— *Breitkopf*.

Bortolini G. *Ricordi*: Amori Veneziani. Canzonette popolari 12—: N. 1. Andemo in
gondola. Barcarola 1.50, N. 2. La Serenada
2.50, N. 3. La Spiegazion. Duetto 2.50, 4.
La Pase. Arietta 1.50, 5. El Gondolier.
Aria per *B* con Coro 3.50, 6. La Lontananza. Arietta 2.50, 7. La Canarigiota
1.50, 8. La Castelana. Arietta 1.50.

- Arietta con Coro 2.50.

- Barcarola —50, Duettino —80 *Crocz*.

- La barchetta a la riva. 2 voci 1.50, *P* 1—.

- Canti Popolari Veneziani. con *P*. anche *P*
solo: N. 1. Inno popolare a Carlo Goldoni:
Non v'ha alcun 3—, N. 2. La Partenza per
la Pesca. Coro e Preghiera: Alla vela. e
la barchetta 3.50, N. 3. La Regata a
Venezia. Coro: Dai avanti 4—, N. 4. La
Burrasca dei Pescatori. Coro e Preghiera
(in dialetto Chioggiotto): Oh! che tempo
4—, N. 5. Fendi l'onda, o gondolier. Barcarola 3—, N. 6. L'ultimo zorno del Carnavai de Venezia. Coro. Gran Baccanale in
Piazza a San Marco: El va, el va 4—.

- Raccolta di 6 Canti popolari Veneziani.
con *P*. anche *P* solo 8—: N. 1. Vedi che
bella sera. Barcarola. 2. Di gioia sincera.
Brindisi a Coro per nozze. 3. La brava
Gondoletta. Barcarola à 2—. N. 4. Versa,
tocca, si bevi, si canti. Brindisi a Coro.
5. E puro l'aere, sereno il cielo. Barcarola.
6. L'Allegria. Brindisi a Coro: Beviam,
beviam à 2.50.

- Raccolta di 12 Canzonette Popolari Veneziane. con *P*. anche *P* solo 12—: N. 1.
Voga, voga verso el mar. la bandiera va
a ciapar. Canzonetta: Voga, voga, tira
dreto 2—, N. 2. I Venditori d'aqua a Venezia. Galop a Coro: Chi vol bever 3—,
N. 3. La sfida de nove gondole a un remo.
Coro e Strofe: Fermi in pupa 4—, N. 4.
El Porto Franco a Venezia. Coro e Strofe:
L'n'ha tolto el Porto Franco 3—. N. 5. Un
saluto a Venezia. Coro: Or che l'aer d'intorno è muto. 6. E da San Marco el Bocolo. Canzonetta: La stagion xe capitada.
7. Al tramonto in barcheta. Barcarola:
Co ti vedi à 2—. N. 8. I tre Antenati
Veneziani. Terzetto buffo a sole voci: Semo
in tre 2.50. N. 9. Santa Lucia. Barcarola.
con aggiunta, come si canta sul Canalazzo
di Venezia: Sul mare luccicaa. 10. Sia
Premi-Stali o Il segnale dei Gondolieri.
Canzonetta: L'aria xe placida, 11. Venezia
libera. Canzonetta: Via, spiegheму ste bandiere. 12. Venzia resiste ad ogni costa.
Canzone: Ti ga dito à 2—.

- La stessa, *CT* 1.50.

- Venezia — Canti Nazionali della Laguna.
con *P*, anche *P* solo 15—: N. 1. El giazzo
dell'anno 1864. Canzonetta. 2. Betina in
barcheta, Canzonetta. 3. Giustiniana, astronoma Veneziana. Arietta con Coro, à 2.50,
N. 4. La Stagion dei bagni a Venezia. Canzonetta 2—. N. 5. I Caleghéri, Canzonetta
3—, N. 6. Viva l'union, Canzonetta 2—.
N. 7. Canto antico del Gondolier, sul
poema di Torquato Tasso, Coro 2.50. N. 8.

La note deliziosa in Laguna, Coro 2.50.
N. 9. L'Eco della Laguna, Coro 3—. N. 10.
La nana in gondola, Barcarola per *T* con
Cori. 11. El vin a maea, Canzoneta. 12.
All'Alba in gondola, Canzoneta, à 2—.
- Vieni la barca è pronta 1—, *P* 1—.

Bortoluzzi A. Gemma, Mazurka —60 *Libreria salesiana*.
- Requiem. Andante funebre —25 *Libreria salesiana*.

Borton Alice. Are all the Sweet Days o'er
4— *Willcocks*.
- Awake, awake put on strength. Verse. 8
— 1¹, *Novello*.
- Barbara Deane 4 — *Ashdown*.
- Binding sheaves 4 — *Ashdown*.
- Birds in the high Hall Garden and Go not
happy day! 8. *MS* à 2— n *Ricordi*.
- The child and the shadow 4 — *Ashdown*.
- "Coleen" Song. Cornet with *Milit. Band*
arr. E. S h a r p e 15 — *Rudall*.
- Come a-maying 4 — *Ashdown*.
- Coronation March Song. God bless King
Edward and our gracious Queen 2 —, mix
voic. —4 *Novello*.
- A cradle song 4 — *Ashdown*.
- Da nobis pacem 4 — *Chappell*.
- Do the next thing 4 — *Larway*.
- Erin to Victoria 4.— *Cramer*.
- Evermore 4 — *Ashdown*.
- Farewell to England's ladies fair, (Modern
Part-Sgs. 233) — 1¹, (Choral Handbook
150) mixed voic. — 1¹, *Curwen*.
- Floating, floating 4— *Ashdown*.
- Good night and good morning 4 — *Ashdown*.
- Go to my love 4 — *Ashdown*.
- Hark! how merrily birds are singing (Natura resurgat) 4 — *Ashdown*.
- Hearken! O children of men 4 — *Chappell*.
- Home to Thee 4 — *Ashdown*.
- If I could choose, 8. *MS* à 2— n *Ricordi*.
- Immortality 2— *Novello*.
- In Summer and A Morning Carol 2— n
Ricordi.
- Irene. Arranged from the Menuet in the
XVIII. Pianoforte Sonata (op. 31 N. 3)
composed by B e e t h o v e n: and adapted
to words from Metastasio's Canzonets,
with an English translation 2 — *Novello*.
- Little Colleen 4 — *Willcocks*.
- Love that lives for aye 2 — *Boosey*.
- Love that ne'er grows old 4 — *Williams*.
MS. C à 2— n *Ricordi*.
- Margaret to Dolcino 4 — *Chappell*.
- A may-tide lullaby 4/— *Ashdown*.
- A merry Andrew 4 — *Ashdown*.
- O! for a breath of spring 4 — *Ashdown*.
- Oh, dear dear heart 4/— *Ashdown*.
- Oh! how blest! 4 — *Ashdown*.
- O let the solid ground 4 — *Chappell*.
- Peace 2/— *Novello*.
- Rarely, rarely comest thou 4 — *Leonard*.
- Recompense 4 — *Ashdown*.
- Red, white and blue 4 — *Ashdown*.
- Remembrance (Swifter far than summer's
flight) 4/— *Leonard*.
- Three Scotch pieces (Tighnabruaich, Loch
Aline, Ballachulish), *P* 5— *Ashdown*.
- Serenade (She loves me) 4 — *Ashdown*.
- Shepherdess Song 4 — *Chappell*.
- The shepherd's wooing 4 — *Ashdown*.

Sing. Lied, *P* 3 —, *pns* 4 — *Willcocks*.
- Sing O Daughter of Zion. 8 solo and Choir,
—4 *Novello*.
- Sing thro-tle -ing 4 — *Ashdown*.
- Soft, soft wind from out the sweet south
4 — *Chappell*.
- The Song of a Boat 4 — *Willcocks*.
- Song of victory. Org (Alf. R e d h e a d,
Classical movements 9) 3 — *Leonard*.
- Two Songs: 1. Love's Reverie. 2. Sing ye
Birds! 2 — n *Ricordi*.
- Suite de pièces. (Prelude, Allemande, Courante, Air with variations and Gavotte),
P 5 — *Ashdown*.
- Sweetheart be mine 4 — *Ashdown*.
- This cheery morn 2 — *Boosey*.
- Thy gift to me 4 — *Ashdown*.
- A voice by the Cedar Tree, 8. *MS* à 2 — n
Ricordi.
- The torrent 4 — *Ashdown*.
- When all the world is young lad 4 —
Chappell.
- When Summer was' *MS. C* à 2 — n *Ricordi*.
- When the dimpled water slipp-th 4 — *Ashdown*.
- When you are near me 2— n *Ricordi*.

Borussia-Britannia, PreußBisch engl. Volkslied —50 *Haslinger*.

Borzi C. A te 3— *Venturini*.
- 4 canti ad uso scuole, istituti e collegi 7—
Mariani: N. 1. D'un vago fiorello 3—.
N. 2. Alla madre 2 —. N. 3. Questo giorno
sospirato 2 —. N. 4. In questo dì che un
palpito 1.50.
- Com' è gentil la rosa, Canto popolare marinaresco 3.50 *Ricordi*.
- Minuetto in Sol maggiore. (Dal quartetto
ad archi), *P* 2— *Venturini*.
- Salve Regina, 8 con Org 2— *Ricordi*.

Borzi V. Ha parola del N. S. G. C. 4 voci
1.25 *Eerenbeemt*.
- Ha parola del N. S. G. C. *TB* 1.25 *Eerenbeemt*.
- Va parola del N. S. G. C. *STB* 1.25 *Eerenbeemt*.
- Qui tollis con *Ve* 1.50 *Eerenbeemt*.
- T'amo ancora 2.50 *Eerenbeemt*.

Borzó M. *Rozsavölgyi*: Losonez végromlása. Magyar jellendarab, czigányzenekarra. Die Zerstörung Losonez'. Zig.-O,
Part 2— n, 1 *P* 3—, *P* 2—, *Cymb* 2—.

Bos Coenraad V. (1875), Niederländische
Volkslieder 3—n *Bote*.

Bos H. J. 20 bekende melodien in letteraccorden —50 *Gorische drukkerij-Naarden*.

Bos Js. The small Club, American cake walk
1— *Rothenauer*.

Bos L. van den, Air de Ballet, *4ms* 1.25
Lichtenauer.
- La Fête du chasseur, Fant. *Tr de chasse*,
Part 2— n, p. sép. à —15 n *Evette*, 2— n
Pomier.
- Méthode complète, *Trompe de chasse* 3— n
Lemoine.
- Les Monts d'Auvergne, Fant. *Tr de chasse*,
Part 1— n, p. sép. à —10 n *Evette*.

Bosanquet Edmund, The Craggs, Waltz
2— n *Sheard*.
- Mascotte, Waltz 4 —, (Band Journal 325)
FullO 1.6, Sept. 1—, *Band parts* 1—
Francis.

- Romance, VP 2— *Schott*.
Bosanquet J. M. Happy Thoughts, Waltz 4— *Weekes*.
Bosany M. Tini Czardas —50 *Cranz*.
Bosc Auguste. Bose; A. Madagascar, Marche patriot —15 n.
- Après Noël, Pastorale, 4— —50 n, VP 1.70 n.
  Aubade à ma Mie 1.35 n, *Mand* ( ) —50 n, *Mand* ( ) P 2.50 n, Quint. à cordes 1— n.
- Aux Armes! Marche 1.70 n, O 1— n, *Harm* ou *Fanf* 2— n *Bose*, *Harm* ou *Fanf* 2— n. Cond. —25 n *Margueritat*.
  Belle Sultane, Valse 2— n, O 2— n.
- Berline rhythmée, Polka milit. O avec P cond.
- Big Boot (Danse des grands Souliers), Schottisch 1.70 n, O 1— n.
- Biscotte, Polka 1.70 n, O 1— n *Bose*, O à cordes 1.50 n *Debert*.
- Blondinette, Polka 1— n, O 1— n.
- Bonne nuit (Good Night), Retraite finale, P 1.70 n.
- Brunette, Polka 1.70 n, O 1— n.
- Buvez de l'eau de Seine 1— n.
- Canta-Canta, valse it. O 1.50 n, P cond. —40 n *Gaudet*.
- Le Cascon, Quadrille 1.70 n, O 1— n.
- La chanson des Travailleurs 1— n.
- Charmante aventure, Intermezzo, P 2— n, V —50 n, PV 2.50 n, O 1.50 n.
- Cocorico, Marche 1.70 n, O 1— n.
- Coeur d'or, Schottisch 1.70 n, O 1— n.
- Le cyclone, Galop, O 1— n.
- Le cynique, Quadrille 1.70 n, O 1— n.
- Danse de Patineurs (A. Pechini).
- Delizia, Mazurka, O.
- Devant l'âtre 1— n.
- Discrète, Mazurka 1.70 n, O 1— n.
- Dors bébé, Berceuse, VP 2— n, V av. Quint. à cordes 1— n.
- Espagnolade 1— n, *Ch. s.* —35 n.
- L'Eternel Pardon.
- La Faridondaine, Polka 1.70 n, O 1— n.
- Fin de Rêve, 2e valse lente 1.35, *fms* 3— n, *Mand,* V à —50 n, *MandP,* VP à 2.50 n, Quint. à cordes 2— n, O 1— n.
- Frétillante, Schottisch 1.70 n, O 1— n.
- Le Gascon, Quadr. O.
- Germaine, Valse 2— n, O 2— n.
- Gervaise, Valse 2— n, O 2— n.
- La Grande Fête Française, Chans.-Marche 1— n.
- Here, There and Everywhere, March 4'— *Reeder*.
- Heures d'Amour —50 n.
- International! Valse 2— n, O.
- Je croyais, Valse chantée.
- Je ne dirai plus rien 1— n.
- Je n'osais pas, Chans.-Valse 1— n, *Ch. s.* —35 n.
- Je t'aime 1— n.
- Kitty my love trans-atlantic, nouvelle danse améric, P 2— n.
- Les Lanciers du Touring 2— n, O 1.50 n.
- Le lapin, Galop, O 1— n.
- Lettre de Soubrette 1— n.
- Lili, Polka 1.70 n, O 1— n.
- Magali, Valse 2— n, O 2— n.
- Marche algérienne 1.70 n, O 1— n *Bose*, O à cordes 1.50 *Debert*, *Harm* ou *Fanf* 2— n

- *Bose*, av. *Pist* 2— n. Cond. —25 n *Margueritat*, Chant P 1— n.
- Marche cosmopolite de G. Klotz, O av. P cond.
- Marche des blanchisseuses (d'E. Niomeb), O avec P cond.
- Marche des Chauffeurs, Av. corne d'automobile 2— n, *fms* 3— n, O 1.50 n, *Harm* ou *Fanf* 2— n *Bose*, *Harm* ou *Fanf* 2— n. Cond. —25 n *Margueritat*, Chant P 1— n *Bose*.
- Marche des petits Pierrots 1.35 n *Bose*, 1— *Feder*, —40 *Ghéluwe*; —40 *Fischer*, —50 *Wood*, —30 *Mephone*; *fms* 2.50 n, *Mand,* V à —50 n, *Cythare* 1— n, VP, *MandP* à 2.50 n, O 1— n *Bose*, O 1.50 n *Ghéluwe*, 2— n *Apollo*, *stO* 2— *Apollo*, 1.50 n *Debert*, Par. Bes. 1.20 n *Apollo*, (American Star Journal 605) *Witil*, *Band* —50 n, and Mullen J. B. Mandy, Schotische, P —15 n, *10 Instr* —40 n, *11 Instr* —80 n, FullO 1— n *Fischer*, Chant P 2— n *Bose*.
- Marche des Sapins, Chans.-Marche 1— n.
- Mazurka parfumée, célèbre mazurka russe, O, O 1— n, P cond. —25 n *Gaudet*.
- Miralda, Valse 2— n, O 2— n *Bose*, O à cordes 2— n *Debert*, *Harm* ou *Fanf* 2.50 n *Bose*, *Harm* 3— n, *Fanf* 2.50 n. Cond. —25 n *Margueritat*.
- Mirette, Schottisch 1.70 n, O 1— n.
- Miss Rigolette, Polka angl. 1.70 n, O 1— n, Chant P 1— n.
- Mondaine, Valse berceuse 2— n *Bose*, —75 *Wood*, O 2— n, FullO 1—. *14 Instr* —80, *10 Instr* —60, P —15 *Wood*, *Band* 1— *Jacobs*.
- Montrouge 1— n.
- Ninette, Valse 2— n *Bose*, —50, *Mand* —30, *MandP* —50, *MandG* —40, *2MandP* —50, *2MandG* —50, *2MandMaP* —75, *2Mand MaG* —60 *Wood*, O 2— n *Bose*, FullO 1—, *14 Instr* —80, *10 Instr* —60, P —15 *Wood*.
- Nos petit's Modistes 1— n.
- Orlofsky-Polka 5— *Heugel*.
- Pensive, valse de ii. Burger, O av. P cond.
- Petite Souris, Mazurka 1— n, O 1— n, *Harm* ou *Fanf* 1.50 n *Bose*, *Harm* ou *Fanf* 2— n. Cond. —25 n *Margueritat*.
- Les petits Laidrons 1— n.
- Pomponnette, Polka, O à v. 1.50 n *Debert*.
- Pourquoi je t'aime, Sur les motifs de la célèbre valse „Fin de Rêve" 1— n *Bose*.
- Pour ton amour, Valse chanté 2— n.
- Premier bonheur, Pet. pensée musicale, V —50 n, VP 1.70 n.
- Le premier mort 1— n.
- Les P'tites Mémères, Marche 1.70 n.
- Reste encore! Valse lente (T. Wittmann) O av. P cond. 2— n *Leduc*.
- Le retour du Dahomey 1— n.
- Ronde des Bébés, Marche 1.70 n, O 1— n, *Harm* ou *Fanf* 2— n *Bose*, *Harm* ou *Fanf* 2— n *Margueritat*.
- Rondo des petits Pierrots, Marsch 1.60 *Apollo*, —60 *Fezis*, —25 *Guiheil*, *Harm* ou *Fanf* 2— n *Bose*, av. *Pist* 2— n, Cond. —25 n *Margueritat*, Pomier.
- Rose Mousse, Valse lente 1.35 n, 1.95 *Apollo*; —50 *Fischer*, —50 *Stern*, —40 *White*,

Wood: —25 *Gutheil, Lure*, (Alegria dos
saloes 513) 1.50 *Napoleon*.
   ms 3— n, *Mand*, 1, 6 à —50 n. *P
Mand*, P1 à 2.50 n, *Quint. à c.* 2— n. O
4— n *Bosc*, *Mand* —30, *MandP* —50,
2*Mand* —40, *MandG* 40, 2*MandP* —60,
2*MandG* —50 *Fischer*, st*Quint.* 2 — *Apollo*,
FullO 1— n, *Vi Instr* —80 n. *10 Instr*
—60 n. *P* —15 n *Fischer*, *FullO* 1.50,
sma*llO* 1—, *P acc.* —30 *Hawkes*, *Harm*
4— n *Bosc*, 4— n. Cond. —50 n *Margueritat*, *Pomier*, *Milit. Band* (Universal
Band Journal 589) 1.50 n *Fischer*, 6 —
Hawkes.

- Le Rouet de la Reine, Menuet, *P* 2 — n,
Quint. à c. 1— n.
- Rupture 1— n.
- Sahra du Sahara 1— n.
- Saumur, Polka-marche milit. 1.70 n, O 1 — n.
- Sérénade discrète, *P* 2 — n, *Quint. à c.* 1—n.
- La Sultane, (R. Berger), arr. O 1.50 n
Enoch.
- Sur la piste, Galop, O 1— n.
- Tabarin, Valse-boston 2 — n.
- Ta bouche 1— n.
- Teuf-Teuf, Polka-marche, O.
- Titiche, valse 2— n.
- Trompette-Polka, Polka-Marche 1.70 n, O
1 — n.
- Trop petite 1— n.
- Valse des châteaux en Espagne, *P* 6—, O
av. *P* cond. 2 — n *Société nouvelle*.
- Valse tendre (T. Lack), O avec *P* cond.
2 — n *Heugel*.
- Veilleurs de nuit, ronde nocturne, *P* 2 — n.
- Le vent 1— n.
- Vénus, valse tirée, de l'opérette de P.
Lincke, O.
- Verbena, schottisch espagnole, (T. Bre-
ton) 2—n *Dotesio*.
- Vers le bal, Valse (A. Léo), O av. *P* cond.
- La vieille Garde, Marche 1.70 n, O 1—n,
Harm ou *Fanf* 1.50 n.
- Vivandière et Houzards, Marche 1.70 n.
- Volupté, Valse 2— n, O 2— n.
- Voluptueuse, Valse, (M. Symiane), O
avec *P* cond. 2—n *Leduc*.
- Yvonne, valse 2— n.

Bosc Munzer, La Violette de Toulouse, *Bosc-
Toulouse*.

Bosc-Voelker, Golden Rod Two Step, *Milit.
Band* —50 *Coleman*.

Bosch, La Bague de Noël, Ouv. *Harm*, Part
9— n *Evette*.
- Barbier de Seville, Gr. Air fant. *Harm*,
Part 6—n *Evette*.
- La Belle Imperia, Fant. *Harm* ou *Fanf*
3—n, Cond. —50 n *Lory*.
- Chants d'Italie, sur des motifs poluraires
ital. Pas red. *Harm* 3—n *Evette*.
- La Cour des Miracles, Ouv. *Harm* ou *Fanf*
3—n, Cond. —25 n *Lory*.
- Dalila, Ouv. *Harm*, Part 10—n *Evette*.
- Les Dieux en exil, Ouv. *Harm*, Part 9—n,
p. sép. à —25 n *Evette*.
- Euterpe, Valse 6— *Sulzbach*.
- Le Freyschutz, Marche et air, *Harm* 3—n
Evette.
- Inès l'Andalouse, Polka 1—n *Durand*.
- Jean Bart, Pas red. *Harm* 3—n *Evette*.
- Marcha funèbre 1.25 n *Dotesio*.

- Marianita, mazurka 1.75 n *Dotesio*.
- Miss Dora, Ouv. *Harm* ou *Fanf* 3 —n, Cond.
50 n *Lory*.
- Un nouveau nid 4— *Sulzbach*.
- Primerose, Polka-Mazur 4 — *Sulzbach*.
- Le Retour, Pas red. *Harm* 3— n *Evette*.
- Un soir d'été, Polka-Mazur 4 — *Sulzbach*.
- Le Tournoi, Pas red. *Harm* 3— n *Evette*.
- V'lan! Polka 4— *Sulzbach*.

Bosch A. Jôvivat. Marsch —50 *Rahr*.
- Oranje en Nederland, Feestmarsch, *P* —60
Rahr.

Bosch B. op. 8 Die Zugerin —25 *Hansen*.
- 10 Lied an den Abendstern, *P* Übertragung
aus Tannhäuser 1 — *Förster*.
- 11 Einzug der Gäste auf Wartburg, *P*
Tannhäuser) 1— *Forster*.
- 12 Ein Traum, Lied, *P* 1— *Philipp*.
- 13 Arie aus Stabat mater, *P* (Rossini)
1— *Philipp*.
- 14 Walzer, Arie, *P* (Balfe) 1— *Philipp*.
- 15 Leichtes Rondo, *P* 1— *Philipp*.
- 16 Loreley, Fantasie, *P* 1— *Philipp*.
- 17 Karneval von Venedig, *P* 1— *Philipp*.
- 20 Nr. 1. Transcription über „Zieht ihr
Herbst die Lerche fort", Nr. 2. Transcription über „Wir saßen still am Fenster",
P à 1— *Rühle*.
- Cölner Karneval, Polka —50 *Philipp*.
- Die jüdischen Rekruten, (Für Antisemiten
Nr. 16) 1— *Fr. Dietrich*.
- Lieder Tänze, Sieben (Lieder —50 n *Philipp*.
- Souvenir de Fanny Elsler, *P* 1— *Philipp*.

Bosch Elisa, op. 15 Trois pensées mélodi-
ques: 1. L'écho de la vallée, 2. La Na-
celle, 3. Adieu, beaux rêves, *P* 7.50 *Heugel*.
- 55 Rêve enchanteur, *P* 1.35 n *Durand*.
- 57 Gavotte, *P* 1.35 n *Durand*.
- Le Chant des cigales, Polka-Mazurka 1.75 n
Durand.
- Colombine, danse des clowns, *P* 5— *Heugel*.
- Dites oui! *P* 1—n *Durand*.
- Djemma, mazurka 2—n *Gregh*.
- Dors, enfant 1— *Durand*.
- Espère, mélodie 1—n *Labbé*.
- Je veux plaire, Polka-Mazurka 1—n *Du-
rand*.
- Légère et gracieuse, Schottisch 1.75 n, O
2 —n *Durand*.
- Le Mancanarez, boléro, *P* 2—n *Durand*.
- Le Myosotis, Polka Mazurka 1—n *Durand*.
- Pavane, air de danse du XVII. siècle, *P*
1.75 n *Durand*.
- La Sensitive, valse 1.35 n *Durand*.
- Valsons toujours, valse chantée 1—n
Labbé.
- La villageoise, polka-maz. 3.75 *Heugel*.

Bosch F. Air Louis XIII. Rheinländer-Polka
—60 *Lau*.
- Festpolonaise 1— *Bote*.
- Heimats-Walzer nach dem Liede: Was soll
ich in der Fremde tun —50 *Bote*.
- Indigo, Walzer —80 *Cranz*.
- Jubelklänge, Walzer —60 *Lau*.
- Laßt uns scherzen, Walzer —60 *Lau*.
- Marie, die Tochter des Regimentes, Contre-
tänze 1— *Bote*.
- 1 Montecchi e Capuleti, Handstücke in
Form eines Potpourri, *P* 1.50 *Bote*.
- Rheinwein-Galopp nach dem Trinkliede aus

der Oper: Die Weiskappen, von A u b e r —50 *Bote.*
- Die schönsten Augen, Walzer —60 *Lau.*
- Stille Liebe, Walzer —60 *Lau.*

Bosch Hermann, op. 15 Das Bettelkind, *TTBB,* Part u. St 1— *Tonger.*
- 23 Nachtigallensang, *TTBB,* Part u. St à —60 *Tonmann.*
- Drei Klavierstücke: Nr. 1. Wiegenlied —25, Nr. 2. Wanderbild —50, Nr. 3. Ländler —25 *Gutheil.*
- Studien für Technik und Theorie des Klavierspiels, Heft 1 3— n. II 4— n *Pabst.*

Bosch J. *Lemoine:* Op. 85 Plainte moresque, *Mand* —25 n. *G* 3—, *MandP* 7.50, *MandG* 6—, Chant av. *G* 5—.
- 86 Passacalle, *G* 3—.
- 88 La Rose, *G* 5—.
- 89 Six pièces faciles, *G* 6—: 1. Enfantillage. 2. 1re Guagirana, 3. 2e Guagirana, 4. Les Adieux, 5. Lamento, 6. Gitanilla.
- 90 L'amazone, *G* 3—.
- 91 Au son des cloches, *G* 3—.
- 92 Venise, *G* 3—.
- 93 Les Echos, *G* 3—.
- 94 Cello, *G* 5—.
- 98 L'Amazone, *G* 3—.
- Boléro, *G* 3—, *MandG* 6—, 2*MandG* 9—.
- Canzonetta-Valse, *G* 1.50 n *Pisa.*
- Elégie des Erinnyes (M a s s e n e t), *G* 1— n *Fromont.*
- Grande Méthode de Guitarre 1— n *Girod.*
- Jaleo, *Mand* —25 n, *MandG* 6—.
- Menuet, *G* 1.50 n *Pisa.*
- Passacaille, de C. Gounod, arr. *Estudiantina* 1.50 n.
- Douze pièces, *G* 12— *Girod:* 1—2. Habanera, Valse échantillon 3—, 3—4. Récit sans paroles, Romance 3—, 5. Banjo 3—, 6—7. Scherzo-valse, Anda salera 3—, 8. Mélancolie 3—, 9—10. Barcarolle, Hymne russe 3—, 11—12. Espoir, Tango 3—.
- Dix pièces, *G:* 1. Duettino 3—, 2. Etoiles et fleurs 3—, 3. Celia, jota-valse 5—, 4. Fantaisie dramatique 5—, 5. Brimborion, romance sans paroles 4—, 6. Souvenir de Barcelone 4—, 7. Retraite espagnole 3—, 8. Méditation 3—, 9. Ballade 3—, 10. Alle gro de sonate 4—.
- Retraite espagnole, *Mand* —25 n, *MandP* 7.50, *MandG* 6—, 2*MandP* 7.50, 2*MandG* 7.50, *Estudiantina* 1.50 n.
- La Rose, *MandG* 6—.
- Souvenir de Monte-Carlo, Tyrolienne caprice, *G* 1— n *Pisa.*
- Tout dort, sérénade 3— *Girod.*
- La Triomphale, Marche, *G* 1.75 n *Pisa.*
- Zapateado, valse, *MandG* 6—.

Bosch J. G. A. Jövivat, Marsch —50 *Rahr.*
- Oranje en Nederland, Feestmarsch —60 *Rahr.*

Bosch L. E. Maskerade-wals 1— *Alsbach.*

Bosch Rom. Van den, A Fleur d'Eau, Barcarolle-Berceuse, *Mand* —50 n, *MandP* 1.75 n, *MandG* 1.50 n, 2*MandP* 2— n, 2*Mand* *G* 1.75 n, 2*MandGP* 2.25 n, 2*MandMandole* *P* 2.25 n, 2*MandMandoleG* 2— n, 2*Mand* *MandoleGP* 2.50 n *Pisa.*
- Clochettes, Gavotte-Fantaisie, *Mand* —50 n, *MandP* 1.75 n, *MandG* 1.50 n, 2*MandP* 2— n, 2*MandG* 1.75 n, 2*MandGP* 2.25 n,

MandMandoleP 2.25 n, 2*MandG* 2— n, 2*MandMandoleGP* 2.50 n *Pisa.*
- Les Fantoches, Polka-Marche, *MandG* —60n, 2*MandG* —90 n, 3*MandMandoleG* et *Gibasse* 1.50 n *Decourcelle.*
- Illusion, Rêverie, *Mand* —50 n, *MandP* 1.75 n. *MandG* 1.50 n. 2*MandP* 2— n. 2 *MandG* 1.75 n, 2*MandGP* 2.25 n, 2*Mand* *MandoleP* 2.25 n, 2*MandMandoleG* 2— n, 2*MandMandoleGP* 2.50 n *Pisa.*
- Souvenir Lointain, Polka-mazur, *MandG* —60, 2*MandG* —90 n, 2*MandMandoleG* 1.50 n *Decourcelle.*
- Souviens-toi, Valse, *Mand* —50 n. *MandP* 1.75 n, *MandG* 1.50 n, 2*MandP* 2— n, 2*Mand* *G* 1.75 n, 2*MandGP* 2.25 n, 2*MandMandoleP* 2.25 n, 2*MandMandoleG* 2— n, 2*MandMandoleGP* 2.50 n *Pisa.*

Bosch V. Sous mes blanches voiles, mélodie 5— *Noël.*

Bosch & Gounod, Passacaille, 2*MandP* (J. C o t t i n) 7.50 *Lemoine.*

Bosch & Humet, op. 42 Il mio canto 5— *Venturini.*

Boscha, Band March 1 6 *Williams.*
- Grande Méthode pour *Harpe* 5— *Debert.*

Boscher A. Addio-Speranza, Fant. *Harm* ou *Fanf* av. *Pist* effets *Alto Baryton Basse* 3— n, Cond. —75 n *Gobert.*
- L'Armée en Campagne, Pas red. *Harm* ou *Fanf* 1.25 n, Cond. —25 n *Gobert, Naudin.*
- Au Bord de l'eau, Polka-Mazur, *Harm* ou *Fanf* av *Pist* et *Bugle* 1.25 n, Cond. —25 n *Gobert, Naudin.*
- Le Bohémien, Pas red. *Harm* ou *Fanf* 1.25 n, Cond. —25 n *Gobert, Naudin.*
- C'est une Farce! Quadrille, *Harm* 2.50 n, *Fanf* 2— n *Gobert, Naudin.*
- Chant du Départ, *Harm* ou *Fanf* 1.25 n, Cond. —25 n *Gobert.*
- Un Dernier Adieu, Marche funèb. *Harm* ou *Fanf* 1.25 n, Cond. —25 n *Gobert, Naudin.*
- Les échos du Bal, 2 séries, 1 *Fl (Flageolet)* ou *Cl (Pist)* à 2— n *Gobert.* 1. 30 morceaux faciles et brillants, dont 8 Quadrilles, 6 Polkas, 5 Mazurkas, 5 Valses, 2 Schottischs, 2 Galops, la Marseillaise et le Chant du Départ. II. 30 morceaux faciles et brillants, dont 8 Quadrilles, 6 Polkas, 5 Valses, 2 Schottischs, 2 Galops, 1 Redowa et 1 Varsoviana.
- Gabrielle, Polka, *Harm* ou *Fanf,* Contrech. *Baryt.* 1.25 n, Cond. —25 n *Gobert, Naudin.*
- La Jeune France, Ouv. *Harm* ou *Fanf* av. *Pist* 2.50 n, Cond. —50 n *Gobert.*
- Julia, Marche, *Harm* ou *Fanf* 1.50 n, Cond. —25 n *Gobert.*
- Le Lac de Zug, Pas red. *Harm* ou *Fanf* 1.25n, Cond. —25 n *Gobert.*
- Léona, Marche, *Harm* 1.25 n, *Fanf* 1— n *Debert, Harm* ou *Fanf* (C.-ch. *Barytone Tromb*) 1.25 n, Cond. —25 n *Gobert, Harm* ou *Fanf* 1.25 n *Naudin.*
- La Libellule, Valse ronde amérie. *Harm* ou *Fanf* 2— n, Cond. —50, Doubl. —15 *Gobert.*
- Madagascar, pas redoublé, tierces, contrechant, tutti de *basses* av. *Harm* 1.50 n, *Fanf* 1.25 n, Cond. —25 n *Bajus.*
- Marseillaise, *Harm* ou *Fanf* 1.25 n, Cond. —25 n *Gobert.*

- Messe militaire, entrée, offertoire, élévation, communion, sortie. Harm ou Fanf 4—n Gobert, Naudin.
- Méthode Générale d'ensemble. Gobert: Part du chef 12—n. Petites méthodes spéciales: Méth. de 1er, 2e, 3e cornet si b, petit bugle ou sopr. mi b, 1er, 2e, 3e bugle ou contr. si b, T mi b, 1er, 2e alto mi b, 1er, 2e cor mi b, 1er, 2e Bar si b, 1er, 2e, 3e T en ut, basse si b rel. de sol ou fa), contreb. mi bi, contreb. si b, 1er, 2e basson en ut. Tamb. grosse caisse, d'ophicl. si b (9, 10, 11 clés), Saxophone soprano. Saxophone-alto. Saxophone-ténor. Saxophone-baryton à 1.20. petite flûte en ré b, grande flûte en ut. hautbois en ut, petite clarinette en mi b, 1er, 2e, 3e clarinette en si b à 1.60, Tablature seule à —25.
- Mi-Si-Mi-La. Polka, Harm ou Fanf 1.25 n. Cond. —25 n Gobert, Naudin.
- L'Orléanaise. Valse, Harm ou Fanf av. Contrechant Baryt. 1.25 n, Cond. —25 n Gobert, Naudin.
- Le Roi de l'Atlas, Harm ou Fanf av. Pist duo 1.25 n, Cond. —25 n Gobert, Naudin.
- Un Soir d'Antoine. Quadrille av. Pist duo. Harm 2.50 n, Fanf 2—n Gobert, Naudin.
- Souvenir de Maisons-Laffite. Polka, Harm ou Fanf, Contrech. Baryton 1.25 n, Cond. —25 n Gobert, Naudin.
- Souvenir de Robinson, Polka, Harm ou Fanf, Contrech. Bar 1.25 n, Cond. —25 n Gobert, Naudin.
- Traité Général et Pratique de Musique Vocale ou Solfège à 2 et 3 voix. Partie du Professeur 6—n, Extrait 8, 1er T, 2e T, MS, Ca, Bar, B à 1.75 n Gobert.
- Velléda, Faut. Harm ou Fanf av. Pist, Bugle Contreb. pet. Bugle Cl Bar 3—n. Cond. —75 n Gobert, Naudin.
- Zélia, Valse, Harm ou Fanf (Contrech. pet. Bugle ad lib.) 1.25 n, Cond. —25 n Gobert, Naudin.

Boschet L. Pays natal, romance 1.70 n Amand.

Boschetti A. Andemo in gondola a respirar, Mazurka 2— Venturini.

Boschetti G. Omaggio agli studiosi, Gavottina —20 n Ronzini.

Boschetti Victor, Buď milostiv mi „Otče"! (Hudebnf, Příloha Zlaté Prahy, Roč. VI, čís. 3) 1— Otto.
- Zwei Lieder: 1. Kindesklage. 2. Winters Beginn 2— Wiener Musikverlagshaus.
- Zwei Vierkreuzerstücke, P: 1. Marciale. 2. Tempo di Valse 1.50 Kahnt.
- Vogel im gold'nen Bauer 1.20 Goll.

Boschi P. Composizioni vide Il Fanfarista moderno.
- Un bacio al buio.
- Barbera.
- Catena d'amore.
- Eterno Addio.
- Lucia.
- Ricordo funesto.
- Teresa.
- Ultimo tributo.

Boschis L. Pastorella, Polka 1— Mariani.

Bosco A. Angelo, Mazurka —20 Il Mandolina.

Bosco G. *Ricordi:* **Op. 16** Leggiadrie Musicali. Album, P 9—; N. 1. Le prime gioie, Valzer 4.50. N. 2. Cicaleggio, Polka 1—. N. 3. Vorrei... e non vorrei, Polka 2.50. N. 4. Con tutta l'anima, Mazurka 1.50. N. 5. Sempre con te! Mazurka 1—. N. 6. Saluto, Galop (a quattro mani) 3—.
- 17 Rassegnazione, Mazurka, Pas 4.50
- 18 L'Elegante, P 2.50.
- 19 La Chinese, Marcia Carnevalesca, P 2—.
- 20 Un fiore, Romanza 3.50.
- 21 Ricordo, Romanza 2.50.
- 22 T'amo! Romanza 3—.
- 23 La Rosa, Allegoria, MS, T à 3—.
- 24 Ricordati di me! Stornello 2.50.
- 26 Dolci Rimembranze, La Rosa Ligure, Aria 2.50.
- 27 Scegli uno sposo giovane, Aria, B 2.50.
- 28 Brindisi 3.50.
- 41 Ricordi giovanili, Piccolo preludio e tempo di mazurka, P 3— Mariani.
- Addio! Marcia, Pas 3—.
- Album, P 8—; N. 1. Follia, Polka 2—. N. 2. Illusione, Schottisch 2.50. N. 3. A te vicino! Polka 2 —. N. 4. Devo lasciarti! Mazurka —2.50. N. 5. Addio! Marcia (a quattro mani) 3—.
- A te vicino, P 2—.
- Devo lasciarti! P 2.50.
- Follia, P 2—.
- Illusione, P 2.50.
- Inaugurazione della Strada Ferrata in Genova 1—.
- Lode a Gesù Bambino —20 Libreria salesiana.
- La più cara luce 3— Mariani.
- Il Re nel Vundherold, Scena e Preghiera: Gran Dio, deh! ti commova, B 2.50.

Boscodelli, Wevecometoit, March, Full Brass and Reed Band —50 Fischer.

Boscolti A. L'Assomption, Marche de Proc. Harm ou Fanf 1— Kessels.
- Santa Lucia, Valse de Concert, Harm ou Fanf 1.25 Kessels.
- La Speranza, Fantaisie, Harm ou Fanf 2.50 Kessels.

Boscolo E. Mesto ricordo, Fant. P 3— Mariani.

Boscoop Cornelis, 50 Psalmen Davids, met vier partijen (Dr. Max Seiffert), Part 6—, per Stem —80, per Stel 1.25 De Algem. Muziekhandel, (Publik d. Maatschappij tot Bevordering d. Toonkunst, Bd. 22) 10.20 n. St 1.40 n Breitkopf.

Boscovitsch. Отъ нечего дѣлатъ. Polka-Mazurka —60 Jurgenson.

Boscovitch Fr. Rozsavölgyi, P: Op. 8 La prière de la fiancée 1.20.
- 16 Les mamelukes, Danse orientale 1.60.
- 17 Le chant des sirènes, Caprice 1.60.
- 19 Les tambours, Fanfare militaire 2—.
- 22 Les cloches de noël, Rêverie 1.60.
- 32 Dans ma barque, Etude 1.60.
- 116 Le mirliton, Chanson Bretonne 1.50.
- Danse des ondines, Fantôme 1.60.
- L'amour, Rêverie 1.60.
- Marche des Amazones 1.20.
- Pluie des étoiles, Caprice 2—.
- Salut à ma Patrie, Rhapsodie hongroise 2.40.
- Souvenir à Vienne 1.60.

Boscovitz F. op. 9 Nocturne (Chopin), *P* —35 *Mc Kinley.*

- 18 Valse (Chopin), *P* — 40 *Mc Kinley.*
- 20 Chanson tyrolienne, *P* 1.50 *Schott.*
- 22 Les tambours, fanfare militaire, *P* 5 — *Hengel.*
- 26 Souvenir de Vienne, Galop de Concert, *P* — 40 *Gordon,* 6— *Hengel.*
- 28 Les Cloches de Noël, rêverie, *P* 6— *Leduc.*
- 53 Bohémia, caprice de salon, *P* 1.50 *Schott.*
- 54 Berceuse hongroise, *P* 6— *Leduc.*
- 57 Carnaval hongrois, caprice, *P* 2— n *Gregh.*
- 58 Le Vésuve, polka brillante, *P* 1.70 n *Gregh.*
- 60 Fanfare des Dragons, *P* 1.50 *Fürstner,* 4— *Ashdown,* —50 *Ditson,* G. Theophil. Baruch et Daisies 6 —35 *Ellis,* — 40 *Gordon,* White, 6— *Leduc,* Ims 5 — *Ashdown,* 1— *Ditson,* (R. de Vilbac) 1.25 *Schirmer,* 1— White, 9— *Leduc,* H (G. Cornède) 1.65 n *Mustel.*
- 60 Guirlande de Perles, *P* 6— *Grus,* 3— *Mariani.*
- 62 Concert d'oiseau. Capr. *P* 3 — *Augener.*
- 65 Sérénade espagnole, *P* 6— *Leduc.*
- 66 Marche aux flambeaux, *P* 7.50, Ims 9— *Leduc.*
- 67 Le Chant du Matin. 1° Idylle, *P;* 1.50 *Fürstner,* —60 *Ditson,* —40 *Gordon,* —60 *Schirmer,* 3— *Williams,* —50 *Willig,* 6— *Leduc,* 1.50 *Berilacqua,* 1— *Napoleao, Ims* 4 — *Williams, VP* (Palmer) 3 — *Williams.*
- 68 La Valse des feuilles, *P* 7.50 *Leduc.*
- 69 Trot de l'Amazone, *P* —60 *Gordon,* 6— *Leduc.*
- 70 La poste aux grelots. Galop —75 *Ditson, Gordon,* 7.50, Ims 9— *Leduc.*
- 71 Le Chant du soir, idylle, *P* 6— *Leduc,* 1.50 *Berilacqua,* 2— *Napoleao.*
- 72 Avant le combat, scène militaire, *P* 6— *Leduc.*
- 73 Sous les palmiers (under the palms). *P* —40 *Gordon,* 6— *Leduc.*
- 75 Illustration de la Grande Duchesse de Gérolstein, *P* 7.50 *Joubert.*
- 76 La Bohémienne, chanson, *P* 6— *Leduc.*
- 77 Un rêve de bonheur, rêverie, *P* 6— *Leduc.*
- 78 Une larme, rêverie, *P* 6— *Leduc.*
- 80 Grand torchlight march. March aux flambeaux —60 *Brainard.*
- 81 Evening chimes. Carillon du soir, *P* —60 *Brainard.*
- 81 La Marseillaise, de Rouget de l'Isle, fantaisie 6— *Leduc.*
- 82 Valse des sirènes 7.50, Ims 9— *Leduc.*
- 83 Vesper bells, *P* —60 *Brainard,* 7.50 *Leduc.*
- 84 Fairy harp. Etude de Concert, *P* —75 *Brainard.*
- 84 Mazurka hongroise 6— *Leduc.*
- 85 Chant du berger, souvenir, *P* 6— *Leduc.*
- 86 Caprice sur un thème allemand, *P* 6— *Leduc.*
- 87 Envoi de fleurs, souvenir, *P* 5— *Leduc.*
- 89 A franc-étrier, allegro militaire, *P* 5— *Leduc.*
- 112 Christmas bells, *P* —50 *Ditson.*
- 114 Introd. et Menuet, *P* 1— *Schirmer.*
- 124 Carine. Mazurka brill. —60 *Rohlfing.*
- 125 Marianka. Danse Polonaise —60 *Rohlfing,* 1.20 *Schuberth jr.*
- 126 Marche Héroïque. Scène militaire —60 *Rohlfing,* 1.20 *Schuberth jr.*
- 127 Gold Drops (Goldtropfen). Chanson à boire, *P* —60 *Rohlfing.*
- 128 Carnaval Hongrois, *P* —60 *Rohlfing,* 1.20 *Schuberth jr.*
- 129 Dragoon Guards, Grand Galop Milit. —60 *Rohlfing.*
- 130 Gavotte Imperiale —60. (H. Thiele and Bold Ferd. op. 7, To be sure. (Ja wohl.) Polka Mazurka, 0 1— *Rohlfing.*
- 131 La petite Princesse. Gavotte, *P* 3 — *Chappell.*
- 143 Chanson Provencale. Serenata, *P* —60 *Rohlfing,* 1.20 *Schuberth jr.*
- 298 N. 1. Thoughts of Home. Rêverie, *P* —30. N. 2. Harvester's Dance. Pastorale, *P* —30. N. 3. The Silver Bark. Barcarolle, *P* —30. N. 4. The Merry Plow-boy, *P* —25. N. 5. The Cuckoo and the Wanderer, *P* —30. N. 6. Present Arms. Scene militaire, *P* —30 *Presser.*
- Angelina. Rêverie, *P* —65 *White-Smith.*
- At Parting. *P* —40 *Mc. Kinley.*
- Barcarolle (Venetian Boat song. Mendelssohn), *P* —40 *Mc. Kinley.*
- Bella Napoli 2 — n *Enoch,* —60 *White,* 4 — *Williams;* Duet 4—, two-part song — 6 n *Enoch.*
- Bells at Twilight, *P* —40 *Mc. Kinley.*
- Bells of Geneva, *P* —65 *White.*
- Break of Morn, *P* —40 *Mc. Kinley.*
- By the river, *P* —40 *Mc. Kinley.*
- Camelia, valse 6— *Grus.*
- Campanella, (Paganini), *P* —40 *Mc. Kinley.*
- Chanson des villageoises Bohémiennes, *P* 4 — *Ashdown.*
- Chanson du Moulin, *P* 3 — *Donajowski.*
- Le chant des sirènes. Capr.-étude, *P* 4 — *Ashdown.*
- Conqueror March, MandG —40 *Mc. Kinley.*
- Consolation. Nocturne, *P* —40 *Mc. Kinley.*
- Cujus Anima, *P* —40 *Mc. Kinley.*
- Danse aux Eperons, *P* (J. E. Newell) 2 6 *Forsyth.*
- Distant bells. Morceau caractéristique, *P* —50 *Ditson.*
- Dora Waltz —40 *Mc. Kinley.*
- Dream and the waking 2 — n *Jeffery.*
- Elena. Spanish Serenade, *P* —40 *Mc. Kinley.*
- Entre Nous. Chanson d'Amour, *P* 2'— *Donajowski.*
- Evening Bells, *P* —40 *Mc. Kinley.*
- Evening Star, *P* —40 *Mc. Kinley.*
- Eventide —60 *Ditson.*
- Fairest of all. Waltz —75 *Ditson.*
- Farewell. Rêverie, *P* —40 *Mc. Kinley.*
- For thee and thee alone 2 — *Boosey.*
- Funeral March (Chopin) —35 *Mc. Kinley.*
- Galop Militaire (Mayer) —40 *Mc. Kinley.*
- Garland of roses. Mazurka de concert, *P* —65 *White.*
- Gavotte. G minor (Bach), *P* —40 *Mc. Kinley.*
- Gitana 2'— n *Hopwood.*
- Grand Valse brillante (Chopin), *P* —40 *Mc. Kinley.*
- Les Grelots. (Sleigh-bells.) Galop brill. —75 *Schirmer,* Ims 1— *Schirmer.*
- Hungarian Dance N. 7 (Brahms), *P* —40 *Mc. Kinley.*

- Hunter's call, *P* —40 *Me. Kinley.*
- Hunting Song (Schumann), *P* —40 *Kinley.*
- In the valleys of Castilla 4 — *Chappell.*
- Jack's wedding morn 4 — *Chappell. Williams, P* (William Smallwood Pleasing Themes 35) 1 — *Chappell.*
- King Neptune March, *MandG* —40 *Me. Kinley.*
- Largo (Haendel), *P* —40 *Me. Kinley.*
- Last Hope, *P* —50 *Me. Kinley.*
- Little Journeys to Melody Land, *P* —50 *Me. Kinley.*
- Look before you leap 4 — *Ashdown.*
- Mazurka (Chopin), *P* —40 *Me. Kinley.*
- Meadow Song, *P* —40 *Me. Kinley.*
- Meditation, *P* —40 *Me. Kinley.*
- Melody in F (Rubinstein), *P* —40 *Me. Kinley.*
- Merry Hussar, *P* —40 *Me. Kinley.*
- Merry Wanderer, *P* —40 *Me. Kinley.*
- Military Polonaise (Chopin), *P* —40 *Me. Kinley.*
- Minuet (Mozart), *P* —40 *Me. Kinley.*
- Le Mirliton Chanson Bretonne — 75 *Pond.*
- Mountaineer's Farewell, *P* —40 *Me. Kinley.*
- My fate 4 — *Cramer.*
- Nocturne in Bb (Field), *P* —40 *Me. Kinley.*
- Ocean spray, Waltzes —75 *Ditson.*
- Old horseshoe —60 *Ditson.*
- O loving eyes —50 *Church.*
- Pastorale, *P* —40 *Me. Kinley.*
- Polish Dance (Scharwenka), *P* —40 *Me. Kinley.*
- La prière de la fiancée, *P* 3 — *Ashdown.*
- Quaint Airs and Dances, *P*: N. 1—6 à 3 — *Chappell.*
- Queen Bess, *P* —40 *Me. Kinley.*
- Queen Elizabeth's minuet —50 *Ditson.*
- Rakoczy March (Berlioz), *P* —40 *Me. Kinley.*
- The Rivals, Neapolitan duet 4 — *Chappell.*
- The rolling stone 4 — *Cramer.*
- Rose d'amour, mazurka 1.50 *Schott.*
- Rose des champs, mazurka 7.50 *Heugel.*
- Rose et papillon, Capr.-étude, *P* 4 — *Ashdown,* —40 *Me. Kinley.*
- Sailor's love —50 *Ditson.*
- Sérénade espagnole, *P* 4 — *Augener.*
- Simple Confession (Thomé), *P* —40 *Me. Kinley.*
- Song of the Mills, *P* —40 *Me. Kinley.*
- Souvenir à Vienne, Galop de concert, *P* 4 — *Ashdown.*
- Souvenir de Byarritz, Aubade et Mazur 1.50 *Haslinger.*
- Souvenir du Bal, *P* 4 —, (Orchestral Journal 327) *FullO* 2' — n, Septet 1 — n *Chappell.*
- Spinning Song (Flying Dutchman), *P* —40 *Me. Kinley.*
- Starlight Gavotte, *P* —40 *Me. Kinley.*
- Sultana Gavotte —60 *Ditson.*
- Sur les Flots, Barcarolle, *P* 4 — *Donajowski.*
- Sweet Content, *P* —50 *Me. Kinley.*
- Sweet Ethel, Waltz —75 *Ditson.*
- Sweet nightingale —50 *Church,* —60 *Ditson,* 4'— *Williams,* quart. —66 *Ditson.*
- Swing Song, *P* —40 *Me. Kinley.*
- Tarantelle (Heller), *P* —40 *Me. Kinley.*
- Three knights of old 4 — *Chappell.*
- Tossing the hay 4'— *Chappell.*

- Under the Linden, *P* —40 *Me. Kinley.*
- Valse Caprice (Rubinstein), *P* —40 *Me. Kinley.*
- Valse des sirènes 4 — *Ashdown.*
- Valse Miniature —75 *Pond.*
- The Vesper Hour, Idylle, *P* —40 *Me. Kinley.*
- Virginia, Rêverie, *P* 3, — *Ashdown.*
- Wanda, Mazurka —40, *MandP, MandG* à —40 *Me. Kinley.*
- White shells —60 *Ditson.*
- Willard Waltzes —50 *Bloom.*
- Words of Love, *MandP, MandG* à —40 *Me. Kinley.*
- Yes —50 *Ditson.*

Boscu L. *Venturini:*
- Amor crudele! Aria drammatica 3—.
- Baciami! Romanza in chiave di sol, *ST* 3—.
- Ballerou, ballerem! Polka 1.50.
- L'enfant gâté, Mazurka-Rebus, *P* 1.50.
- La, Fa, Re, Bizzarria artistica. Polka 2.50.
- Lontano da me! Pensiero melodico 2.50.
- Mestizia, Mazur *1ms* 3—.
- Oh, com'è buono! Mazurka 2—.
- Povero amore! Romanza 3—.
- Quando . . . . Romanza drammatica 4—.
- Ridente avvenire, Polka 1.50.
- Se tossi un uomo, Valzer-Scherzo 4—.
- Tiamo! Valzer d'amore 3.50.

Bose Fritz von (1865), op. 2 Drei Gesänge, *SATB:* Nr. 1. Bei der Trauung. „Segen über diese Stunde". 2. Wanderers Nachtlied. „Der du vom Himmel", 3. Himmlische Zeit, o selige Zeit. „Ist es denn wahr", à Part u. St 1.20 *O. Forberg.*
- 3 Nr. 1. Albumblatt, *P* 1—. Nr. 2. Menuett, *P* 1.25 *Curisch.*
- Neujahr: Das Jahr entflieht, die letzten Stunden scheiden, *TTBB,* Part u. St 1.40 *Reinecke.*
- Novellette, *P* 1— *Schuberth jr.*

Bose Julia von (1869), Drei Lieder 1.80: Nr. 1. Morgenlied 1—. Nr. 2. Das Meislein —60. Nr. 3. Zauberhütchen 1— *Luckart.*
- Zwei Lieder: Der Mutter Wiegenlied. Trost 1— *O. Forberg.*

Boseck Oscar J. Before the Pastor Says the Word —50 *National Music.*

Boselli, Germaine, polka 1— n *Delmouly.*
- Joyeux Bataillon, marche, 1— n *Delmouly.*
- Odette, maz. 1— n *Delmouly.*
- Preludio, *Chit* —15 *Il Concerto.*
- Tempo di mazurka, *Chit* —15 *Il Concerto.*
- Vita allegra, Polka, *Chit* —15 *Il Concerto.*
- Yvonne, valse 1— n *Delmouly.*

Boselli A. Le Baiser maternel, Schottisch 1— *Mariani.*
- Bonté de coeur, Mazur 1— *Mariani.*
- Costanza 1.50 *Ricordi.*
- Etait-il un rêve? *P* 1— *Mariani.*
- La Géniale, Polka 1— *Mariani.*
- Heureux, Mazur 1— *Mariani.*
- Lucera, *P* 1.50 *Ricordi.*
- Mazurka 1— *Mariani.*
- Non è più, romanza 2— *Perosino.*
- La première danse, Polka 1— *Mariani.*
- La Regina delle Amazzoni, Mazur 1.50 *Mariani.*
- La vie à Turin, Valse 3— *Mariani.*

Boselli G. *Société nouvelle:*
• Les Cygnes 1.70 n.

- Duo des Naïades 1.70 n.
- Les préludes 1.70 n.
- Rayon de lumière 1.70 n.
- Le remords de Judas 1.70 n.
- Voici le soir, sérénade 1.70 n.

Boselli Jules, La Mort d'Armide, drame lyrique, Part 15— n *Société nouvelle.*

Bosen F. Ahasverus (Der ewige Jude), Bass Sgs. s and Germania 2.40 2-— n *Augener.*
- Ave Maria (Fr. Schubert), Fantaisie, *VP* 1.80 *Simrock.*
- Bluette, *VP* 1.30.
- The enchanted land (Das Zauberland), Germania 2.40 1— *Augener.*
- Frühlingsmorgen. 2S. Wie reizend, wie wonnig ist alles umher! 1— n *Breitkopf.*
- Drei Gesänge, *Bar. B* à 2— *Breitkopf:* Nr. 1. Soldatenliebe: Steh' ich in finstrer Mitternacht, 2. Des alten Baumes Klage: Mir armen alten, 3. Herbstlied: Ein Ritter ist der Herbst.
- 3 Notturnos, *P*: Nr. 1. Das Irrlicht, 2. Ein Traum, 3. Der Felsenbach 2— *Breitkopf,* à 3 — *Augener.*
- The Outpost (Die Feldwache) (Germania 2.40) 1— n *Augener.*
- Sailors' farewell (Der Matrosen Abschied) 3— *Williams.*
- Serenade (In dem Himmel ruht die Erde 1/— *Novello.*
- The Shamrock. Three Dances: 1. Mazurka 1— n, 2. Polka 1— n, 3. Waltz 1 6 n *Novello.*
- Valse brillante, *VP* 1.80 *Simrock.*

Bosetti C. Would I were with thee —40 *Ditson.*

Bosetti P. Indispensabile Esercizio giornaliero, *Cl* 6.50 *Ricordi.*

Bosi, L'Epifania, Melodramma sacra, Canto *P* 3— n *Bertarelli.*
- Soave ricordo, mazurka, *2MandChit* —15 *Il Concerto.*

Bosiers Jos. Air de Chasse, *P* 2— n *Fürs.*
- Loreley, *P* 2— n *Fürs.*

Bosiljevac Alex. op. 42 La Sérénade. Mazur 1.20 *Hoffmann.*
- **44** Sänger-Marschlied, *TTBB,* Part —60 *Hoffmann.*
- Cisařská mše. TTBB prav. *Varhan,* Part 2.40, hlasy 1.60 *Hoffmann.*
- Kaiser-Messe, *TTBB Org,* Part 2.40, St 1.60 *Hoffmann.*

Bosiljevac J. op. 11 Hrvaticam. Kolo 1.20 *Hoffmann.*
- **12** Puna srca, pune čaše. Marsch —80 *Hoffmann.*
- **13** Naše pjesme. Gavotte sur de thèmes croâtes, *P* 1— *Hoffmann.*

Bosio E. Amalia. Mazur eleg. 2— *Mariani.*
- Elisa. Mazur eleg. 2.50 *Mariani.*
- Ricordi di campagna. Mazur 2— *Mariani.*
- Sarà eterno il nostro amore. Mazur 1.50 n *Mariani.*

Bosio G. Sai tu fanciulla 1.50 *Mariani.*

Bosio R. op. 2 Perchè non m'ami?! Valse 1.50 n *Mariani.*
- Entre Violetas y Jasmines. Schottisch 1.50 n *Mariani.*

Bosisio, Les Andalouses, valse, O av. castagen. ou tambour de basque ad lib. 1.50 *Gaudet.*

- Angiolina. Valse 5—, V, Cornet ou Fl (Musique de Danse pour Instruments seuls. 3e collection N. 56) —10 n *Benoit.*
- La Belle Gipsy, valse, O 1.50 n *Gaudet.*
- Les belles de nuit. Valse 3— *Ashdown.*
- Le Bouquet de camélias, valse, O 1.50 n *Gaudet.*
- Celina. Polka-Mazur, V, Cornet ou Fl (Musique de Danse pour Instruments-seuls. 3e collection N. 59) —10 n *Benoit.*
- Crimea. Galop, FullBand 2 s, MediumBand 2/—, SmallBand 1/4 *Hawkes.*
- Les Dames de la Cour, valse, O 1.50 n *Gaudet.*
- Les Dames de Varsovie. 4 Polkas 2.50 *Mariani.*
- Diable au Moulin. Quadrille, FullO —75, SmallO —50, P acc. —20 *Hawkes.*
- L'Engagé volontaire. Quadrille 4.50 *Benoit.*
- English. Quadrille, FullO —75, SmallO —50, P acc. —20 *Hawkes.*
- La Esmeralda. Valse 3— *Ashdown.*
- Le fidèle berger, valse 1.70 n *Costallat.*
- Follette, valse, O 1— n *Pinatel.*
- Fusées, galop, FullO —75, SmallO —50, P acc. —20 *Hawkes.*
- Gallant Trumpeter, polka, FullO —75, SmallO —50, P acc. —40 *Hawkes.*
- Germania, Cornet P 1 6, Cornet with FullO 1.75, SmallO 1.10 n, P acc. —40 *Hawkes.*
- Il Giuramento, Oper, Quadr. N. 1, 2 à 1— *Crans.*
- Les Gondoles de la Tamise, valse, O 1.50 n *Gaudet.*
- Hébé, valse, O 1.50 *Gaudet,* FullO —75, SmallO —50, P acc. —20 *Hawkes.*
- L'Ile de Wight, valse, O 1.50 n *Gaudet.*
- Isabelle, valse, O 1.50 n *Gaudet.*
- Jenny Lind, valse, O 1.50 n *Gaudet.*
- La jolie Messagère, valse 5— *Benoit.*
- Lélia, valse, O 1.50 n *Gaudet.*
- Les Lionnes, valse, O 1.50 n *Gaudet.*
- Les Lorettes, valse, O 1.50 n *Gaudet.*
- Mazagran, quadr. O 1— n *Gaudet.*
- Médéah, valse, O 1.50 n *Gaudet.*
- Milia, valse, O 1.50 n *Gaudet,* Harm (E. André), Part 6— n *Erette.*
- Les Muses, valse, O 1.50 n *Gaudet.*
- Les Persanes, valse 5— *Benoit,* V, Cornet ou Fl (Musique de Danse pour Instruments seuls. 3e collection N. 57) —10 n *Benoit.*
- Polonia, Varsovienne, FullO —75, SmallO —50, P acc. —20 *Hawkes.*
- Le Pont Saint-Michel. Quadrille, V, Cornet ou Fl (Musique de Danse pour Instruments seuls. 3e collection N. 54) —10 n *Benoit.*
- Princess, Varsouvienne, FullO —75, SmallO —50, P acc. —40 *Hawkes.*
- Rachel, valse, O 1.50 n *Gaudet.*
- La Reine, valse, O 1.50 n *Gaudet.*
- Rêve d'amour, schottisch, O 1— n *Pinatel.*
- Le Roi d'Yvetot, quadrille, sur des chants popul et enfantins, O 1— n *Gaudet.*
- Rose, valse, O 1.50 n *Gaudet.*
- Les Sibylles, valse, O 1.50 n *Gaudet.*
- Le Soir des noces, valse, O 1.50 n *Gaudet.*
- Une Soirée musicale. Quadrille 4.50 *Benoit.*
- Sommambula, Schottisch, FullO —75, SmallO —50, P acc. —20 *Hawkes.*
- Souvenir de Cadix. Ouv. O 2— n *Debert,* Boléro. Cl Fl Cornet (Catlin), Candy, O av.

Cl(Fl) Pist 2— n, *P* cond. —50 n *Gaudet*, *Military Band* 1.50 *Cundy*.
- Souvenirs d'Ecosse. Quadrille 4.50, *V, Cornet* ou *Fl* (Musique de danse pour Instruments seuls. 3e collection N. 52) —10 *Benoit*.
- Souvenir de l'Exposition de Londres, valse, *O* 1.50 n *Gaudet*.
- Steeple chase. Quadr. 3 — *Ashdown*.
- Venus et sa cour, valse, *O* 1.50 n *Gaudet*.
- Victoria à Paris. Quadrille 1.50 *Benoit*.
- Windsor, valse, *O* 1.50 n *Gaudet*.

Boskerck van, Le rapide galop, *P* 2— n *Hachette*.

Boslet Ludwig, op. 4 Motette, *SATB*, „Wie lieblich sind deine Wohnungen o Herr", Part —60, St —80 *Luckhardt*.
- 5 Naturfreiheit, *SATB*, Part —80, St 1— *Luckhardt*.
- 6 Sonate Nr. 2, *Org* 3— *Eisoldt*.
- 10 Sonate N. 3 in E min. *Org* 3— n *Schott*, 3— *Schott Frères*.
- 11 Charakterstück, *P* 1.20 *Eisoldt*.
- 13 Große Festfantasie, *Org* 2— *Reinecke*.
- 14 Arioso und Fugato, *Org* 1— *Forberg*.
- 15 Sonate (N. IV) in B-moll, *Org* 3— *Forberg*.
- 16 Vor- und Nachspiele zum Gebrauche bei dem kathol. Gottesdienste, *Org* 3— *Forberg*.
- 17 Präludium und Ciacona, *Org* 3— *Eisoldt*.
- 20 Zwei Trios, *V Ve Org (H)*, Nr. 1 1.80, Nr. 2 2— *Eisoldt*.
- 21 Drei Veni Creator Spiritus zum Pange lingua, *SATB*, Part, St à —80 n *Feuchtinger*.
- 22 Zwölf größere Orgelstücke, 2 Hefte à 2.50 n *Feuchtinger*: I. Nr. 1. Präludium und Doppelfuge, D-dur. 2. Fantasie zu einem alten Kirchenlied, G-dur. 3. Festpräludium, B-dur. 4. Fantasie, As-moll—As-dur. 5. Einleitung und Doppelfuge, H-moll. 6. Festpräludium, D-dur. II. Nr. 7. Einleitung und Fuge, A-moll. 8. Nachspiel (Kanon), F-dur. 9. Introduktion und Trigalfuge, A-moll (Nachspiel). 10. Präludium, G-dur. 11. Festpräludium, F-dur. 12. Adagio (freier Kanon), G-moll.
- 23 Praeludium et Fuga, E-moll, *Org* 1.80 *Schwers*.
- 24 Festpräludium und Hymne, *Org* 1.20 *Junne*.
- 25 Drei Tonstücke, *Org*: Festpräludium, Recitativ, Finale 2.50 *Ritter*.
- Thema und Variationen, *Org* 2— *Eisoldt*.

Bosone Aug. Mon Printemps. Valse Salon 4.50 *Mariani*.

Bosone G. Ortensia 1— *Ricordi*.

Bosoni C. E. *Ricordi*: **Op.** 3 Orazi e Curiazi. Marcia trionf. var. 2—.
- 5 Marcia trionfale, *P* 3—.
- 6 Notturno sentimentale, *P* 1.80.
- 8 Terzetto nella Luisa Miller, *Ims* 2.50.
- 10 Andante, *P* 3—.
- 11 Largo finale dell'Atto II della Traviata, variato, *P* 2.50.
- 12 La Traviata. Romanza: Addio del passato, bei sogni ridenti, variata, *P* 2.25.
- Aïda, Rom. Celeste Aïda trasc. *P* 4—.
- Altri dì! (Other Days), Romanza —35 *Schirmer*.
- La Gioja (Joy), Valser de Bravoura —75 *Schirmer*.
- Marcia, *P* 1—.

- Notturno, *P* 1.50.
- 2 Pensieri melodici, *P* à 2—.
- Rigoletto, Canzone, var. *P* 1.25, 1.50 *Guimarães*.

Bosponnier, Expansion, mazurka, *Mand* —30 n, *Mand Chit* —75 n, 2 *Mand Chit* 1— n *Ruge*.

Bosquellas. Seis Canciones. 1. El Pesar, 2. Una lagrima. 3. A tu retrato. 4. Atala, 5. Lubina, 6. La Desconfianza, à = — *Lemoine*.

Le Bosquet de Jeannette —25 n *Debert*.

Bosquet. *Mand*:
- Impromptu-Valse, *P* —.
- Lotti's Polka.
- Prélude étude, *P*.
- Remembrance of Baden-Baden. Grand Valse —60 *White*.
- Rêve d'automne, *P*.
- Royal Piémont, *P*.
- Souvenir de Bourbon Lancy, *P*.
- Tarentelle, *P*.

Bosquet A., op. 1 Mazurka de salon, *P* 5— *Katto*.
- 9 Bouchard d'Avesnes, transcr. brill. s. d. mot. de l'opéra Miry, *P* 7.50 *Katto*.
- 10 Le lever, *P* 5— *Katto*.
- 11 No more spleen fantaisie-polka, *P* 5— *Katto*.
- 22 Air de Ballet, *P* 2— n *Cantard*.
- Caprice-Valse 6— *Hamelle*.
- Le dessert des petits enfants 2.50 *Katto*.
- Mazurka de salon 5— *Katto*.
- Te voir et l'oublier, romanze 3— *Katto*.

Bosquet Emil, Moderne Technik des Klavier-Virtuosen 6— n *Schott Frères*.

Bosquet N. 36 Celebrated Studies, *Cornet Alto Tenor or Baritone* 1— *Coleman*.
- Les Fauvettes, Polka *Fl (Piccolo) P* —60 n *Standard*.
- La Gazouilleuse, Polka *Fl (Piccolo) P* —60 n *Standard*.
- Golden robin, polka —35 *Ditson*, *O* 9 *Instr* —50 n, 10 *Instr* —60 n, 11 *Instr* —80 n *Fischer*.
- Nightingale, polka —35, *Fl* —30, *Fl P* —75 *Ditson*.
- Souvenir de Baden-Baden, Waltzes, 10 pts. —50, 14 pts. —75, FullO 1— *Coleman*.
- Spring Flowers, Waltzes, 10 pts. —50, 14 pts. —75, FullO 1— *Coleman*.

Bosquet-Luigini, Dansez, chantez, *P* 6— Le *Boulch*.

Bossa A. Dopo l'alba 4.50 *Izzo*.
- Melodia 4— *Izzo*.
- 'O Barbiere Canzonetta Napoletana, *P* 2— *Forlivesi*.
- Odalisca, *Izzo*.
- Ricordati di me 1.25 n *Perrone*.
- Souvenir 2— n *Sandoz*.

Bossa G. Im Lambgang (Nel viale), (Musikal. Intermezzi 144) *klO* —80 n *Breitkopf, O* 1— n *Ricordi*.

Bossaers, Sérénade, part. 1— n, p. sép. à —25 n *Katto*.

Bossaers L. & Gordigiani F. Tantum Ergo, Quart. O Santissima, Quart. —06 *Ditson*.

Bossaerts, Benedictio 3 voix, *Org* (Rentsch, répertoire de musique d'église N. 6) —50 *Schott*.

Bossányi S. op. 30 Hildegarden-Polka —50 *Bosworth*.
- 31 Sophien-Quadr. 1— *Bosworth*.

Bossard F. A. O joy has a voice (Donizetti) with G —25 *Brainard*.
- Rose polka, G —40 *Brainard*.
Bosse E. G. Quator, p. 2 V Va Vc 2 — *Koster*.
Bosse Ludwig, op. 1 Festpolonaise 1— *Kott*.
- 2 Drei Lieder. Heft I. Nr. 1. „Es fiel ein warmer Frühlingsregen", 2. Ständchen: „Öffne, Lieb, das Fensterlein" 1.20, Heft II. Nr. 3. Scheideblick: „Als ein unergründlich Wonnemeer" —60 *Kahnt*.
- 3 Liebessterne. „Die Sterne am Himmel", TTBB, Part u. St 1.20 *Bauer*.
- 4 Nun weht es milde, TTBB, Part u. St 1.20 *Bauer*.
- 5 Drei Lieder. 1. Mainacht, 2. Die Nonne, 3. Ins offne Fenster 1.50 *Ries & Erler*.
- 6 Nr. 1. Abschied: „Fahr wohl herzliebster Schatz", 2. Ostern. „Es lenzt in allen Landen", SATB, à Part u. St 1.20 *Bauer*.
Bosselet Charles Franz Maria (1812—1873). *Katto*: L'ange consolateur, romance 2.50.
- L'ange de la chaleur, mélodie 3—.
- Le bal champêtre, TTBB, part. 1— n, p. sép. à —25 n.
- La charité, mélodie 2.50.
- Les chasseurs égarés, TTBB, part. 1.50 n, p. sép. à —25 n.
- La fête villageoise, TTBB, part. 1— n, p. sép. à —25 n.
- Les feux follets, chœur 2 voix ég. part. 2— n, p. sép. à —25 n.
- Ka-ein-ka-a, TTBB, part. —75 n, p. sép. à —25 n.
- Les louis d'or, récréation musicale pour pensionnats, part. chant P 3— n.
- Messe à 3 voix égales acc. Org part. 4—, p. sép. à —50.
- Les mineurs, TTBB, part. 1.75 n, p. sép. à —25 n.
- La nuit, TTBB, part. 1.25 n, p. sép. à —25 n.
- Les pêcheurs napolitains, TTBB, part. —75 n, p. sép. à —25 n.
- Les peureuses, duo 2 voix égales 4—.
- La polka, TTBB, part. —75 n, p. sép. à —25 n.
- Prière à la vierge, 3 voix 1— n, chœur 3 voix ég. part. 1.50 n, p. sép. à —25 n.
- La prière du moine, scène, B 4—, —70 *Weygand*.
- Promenade au moulin, marche, TTBB, part. 1.25 n, p. sép. à —25 n.
- Le rendez-vous de chasse, TTBB, part. 1— n, p. sép. à —25 n.
- Le réséda, duo 2 voix égales 4—.
- Le retour au village, pas redoublé, TTBB, part. —75 n, p. sép. à —25 n.
- Le retour des champs, TTBB, part. 1.25 n, p. sép. à —25 n.
- La ronde des archers du roi, TB 3—.
- Le ruisseau, TTBB, part. 1.75 n, p. sép. à —25 n.
- Le soir, TTBB, part. 1.25 n, p. sép. à —25 n.
- Tantum ergo, 3 voix ég. acc. Org (Echo des maîtrises N. 56) 1.25 n.
- Les tribulations d'un choriste. Av. parlé 3— *Salzbach*.
- Valse des étudiants d'Inspruck, TTBB, part. 1— n, p. sép. à —25 n.
- Les vendangeurs, TTBB, part. 1— n, p. sép. à —25 n.

Bossenberger Heinrich, op. 57 Schelmische Herzen. Gavotte 1.25 *Buchmann*.
- 57 Weh mir, daß ich zu fragen wagte, h. t. —50 *Buchmann*.
- 64 Nichts Schöneres, TTBB, Part u. St 1— *Hoffheinz*.
- Aime-moi! Romance sans paroles, P 1.50 *Haimaner*.
- Boom-Champagner. Polka —80 *Bote*.
- Das läuft nicht fort. Duett aus der Posse: „Humor verloren" —60 *Bloch*.
- Drei Lieder, Bar: 1. Gefangen: Frei wie der Vogel. 2. Windwolken: Erst waren rings im Abendschein. 3. Abschied: Vorbei, vorbei, weil's sein muß à —50, Nr. 1 S 1— *Bote*.
- Maienzeit, h. t. à 1.20 *Hoffheinz*.
- Scheiden, TTBB u. Tsolo, Part —50, Solost —10, Chorst —60 *Hoffheinz*.
- Die schönste Frau vom Rheine, TTBB, Part u. St 1.30 *Hoffheinz*.
- Die Tanzhexe. Caprice fantastique, P 1.50 *Haimaner*.
- Trockne mir die Träne. Komisches Duett aus der Posse: „Graupenmüller" —60 *Bloch*.
- Zu lieben und zu singen —80 *Hoffheinz*.
Bosselot, Mosquita la sorcière. Allégro milit. *Harm* (A. Douard) 3— *Evette*.
Bosserman, As pants the hart. Solo and Quart. —35 *White*.
Bosshardt Hans, op. 26 Fünf Klavierstücke für den Salon: Reigen-Walzer, Jagdlied, Polka, Wiegenlied 1— n *Helianthus*.
- Dem Schweizerland. „Sei mir gegrüßt", TTBB, Part, St à —60 *Hug*.
Bossi C. Adolpho (1876), **op.** 6 Quattro pezzi, Org 1.50 *Bertarelli*.
- 10 Tantum ergo a 3 voci ed Org 1.30 n *Capra*.
- 11 Messa a 3 voci ed Org 2.90 n *Capra*.
- 17 Messa a 4 voci ed Org 4— n *Böhm*.
- 18 La Speranza. Marcia Eucaristica, Org 1—, *Banda* 2— *Ricordi*.
- 20 Quando orabas, 2 voci ed Org —50 *Bertarelli*.
- 21 En s'amusant, P 1.50 *Carisch*.
- 22 Ester Cantata biblica (Soli-Coro-Orchestra) 3— *Fantuzzi*.
- 23 Gondoliera, P 2— *Carisch*.
- 24 Scherzando, P 1— n *Società*.
- 25 Messa, 2 voci ed Org 3.10 *Capra*.
- Adoramus Te —40 *Libr. Salesiana*.
- Andantino, Org —70 n *Musica sacra*.
- Ave verum corpus. Mottetto, C2TB con Org 1.65 n *Capra, Libr. Editrice*.
- Barcarola, Sul Mare, P V 2— *Fantuzzi*.
- Canticum B. M. V. Magnificat, CTB con Org 1.85 n *Capra*.
- La Carità, Marcia religiosa, Org 1.50, *Banda* 2.50 *Capra*.
- Deus in adiutorium e Dixit Dominus, a quattro voci dispari, con Org 1.20 *Libr. Editrice, Libr. Salesiana*.
- Dixit Dominus, 4 voci ed Org 1.20 *Salesiani*.
- La Fede. Marcia Eucaristica 1.50, *Ins* 2—, Org 1.50, *Banda*, Part 2— *Ricordi*.
- Messa „in onore di S. Abbondio", 2TB con Org, Part 2.90, Partine à —30 *Libr. Editrice*.
- O Salutaris hostia —75 *Eerenbeemt*.
- La Palestra Comense, marcia 1.25, piec. *Banda*, Part 2— *Ricordi*.

- Panis anglicus —75 n *Ercnlecend.*
- Tre Pezzi (Biblioteca dell'Organista in 4), *Org.* N. 1. Preludio —50, N. 2. Adagio cantabile —75, N. 3. Intermezzo Corale 1— *Ricordi.*
- Quando orabas, 2 voci —30 *Leonarda da Vinci.*
- Souvenir de Limido, *P.* 3— *Fantuzzi.*
- La Speranza. Marcia eucaristica, *Org* —80 n *Breitkopf.*
- Tantum ergo, 2 voci —80 *Libr. Salesiana.*
- Tantum ergo, 3 voci pari con *Org* —35 n *Musica sacra.*
- Tantum ergo, *2TB* con *Org* —80 *Libr. Editrice.*
- Tantum ergo, 4 voci reali con *Org* —80 *Libr. Editrice.*
- Tantum ergo, *C2TB* con *Org* —50 n *Musica sacra.*

Bossi G. op. 49 Nuvoletta di lagrime. Coro. *SC* con *P* 2.50 n *Capra.*

Bossi L. La Mère du Soldat. Romance dramatique; Il est parti, *MS. C* à 3— *Ricordi.*

Bossi Marco Enrico (1861), **op. 2** Rondo, *P. Hutchings.*

- 3 Ouverture, *Org* 1.50 n *Musica sacra.*
- 4 N. 1. Inspiration à Baveno, *VeP. Ricordi.* 2. Dolce soffrire, *VP, Costallat.*
- 5 Ricordi? Romanza *Ricordi.*
- 6 The old clock on the stairs, *Baffo*-Milano.
- 7 Capriccietto, *Ims* 6.50 *Ricordi.*
- 8 Salve Regina, *S* 3— *Ricordi.*
- 9 Preludio e Fuga, *P* 1— n *Ricordi.*
- 11 1. La Maternità. Melodia-Barcarola, *P.* 2. Sur le lac. Sérénade, *P.* [3. Le bal du Grand Père. Gavotte poudrée, *P.* 4. Scherzo. *Ims Ricordi.*
- 49 N. 1. Scherzo in Fa magg. 2. Scherzo in Sol min. *Org* à 1.50 *Capra.*
- 50 N. 2. Ave Maria, *MS* con *VP* (*Org*). *Ricordi.*
- 53 Inno Trionfale, *Org* (Vol. XXX della Raccolta „Cecilia") *Augener.*
- 54 Res severa magnum gaudium. Prima Suite di 4 pezzi per organo: Preludio, Allegro moderato, Corale, Fuga 2— n *Bertarelli.*
- 56 Pange lingua, 4 voci con *Org, Bertarelli.*
- 57 Credo, *C2TB* con *Org* 1.50 n *Bertarelli.*
- 58 Allegro alla Tarantella, *P* 5— *Ricordi.*
- 59 N. 1. Coccata. 2. Pastorale. 3. Meditazione, 4. Offertorio, *Org, Bertarelli.* N. 1, 3 *Landy.*
- 60 Sonata in Re (Biblioteca dell'Organista) 2.50 n *Ricordi.*
- 61 Messa breve (intitolata a. S. Marco) *2TB* 2.80 n *Bertarelli.*
- 62 Fuga „Fede a Bach", *Org* (1. Premio al concorso Musica Sacra), *Bertarelli.*
- 63 3 Bozzetti pianistici: 1. Romanza, 2. Valse fantastico, 3. Momento appassionato à 3— *Ricordi.*
- 64 Fantaisie, *Org* 2.50 n *Durand.*
- 66 Fanciulla non scherzar col tuo visnio 2.50 *Ricordi.*
- 67 N. 1. Fra i campi, 2. Una stella cade in mezzo a noi, 3. Ninna Nanna per due voci 3— *Ricordi.*
- 68 Marcia di Processione. (Be st) *Org* 1— n *Augener.*
- 70 Six pièces, *Org* 5— n *Durand:* N. 1. Pre-

lude 1.35 n, N. 2. Musette 1.75 n, N. 3. Choral 1.35 n, N. 4. Scherzo 1.75 n, N. 5. Cantabile 1.35 n, N. 6. Alleluia final 2— n.
- 71 Second-Sonata, *Org* 3 — *Cocks, Novello.*
- 72 Marche héroïque (Hero's march), *Org* 2— n *Durand.*
- 73 Siciliana e Giga, (6 Part.) à 2.50 n, Parti st. (A) 2.50 n, *FII* 2.50 *Ricordi.*
- 74 N. 1. Preghiera. 2. Siciliana, 3. Offertorio, *Org* à 1.25 n *Ricordi.*
- 76 Westminster Abbey. Hymn of Glory, Hymne de Gloire, *Org* seul, ou *Org* et Choeurs (paroles latines), Part 1— n, Parties de choeurs —60 n *Rieter.*
- 77 N. 1. Commérage, 2. Les Culbutes de Polichinelle, 3. In Carnevale, *P* 6— *Esso.*
- 78 Etude symphonique, *P(à Org*) — *Schirmer.*
- 79 Albumblätter, *P:* Nr. 1. Sehnsucht 3—, Nr. 2. Ländler 4— *Società.*
- 80 Six Morceaux faciles, *P:* N. 1. Mélodie 2—, N. 2. Bagatelle 3.50, N. 3. Gondoliera 3—, N. 4. L'escarpolette 3—, N. 5. Barcarolle 3—, N. 6. Tarantelle 3.50 *Esso.*
- 81 Papillons dorés, *P* 5— *Esso*, 1— *Hansen*, 1.80 *Heinrichshofen.*
- 83 Sonate E-moll, *VP* 6.90 *Breitkopf.*
- 84 Adagio, *V Org* 1.30 *Breitkopf.*
- 85 Composizioni (Serie A) facilissime, *P* 12— *Pisano:* Petite valse, Barcarola, Serenata, Polka, Notturnino, Tarantella à 3—, N. 1—6 à 1— *Hug.*
- 86 Composizioni (Serie B) media difficoltà, *P* 16— *Pisano:* Maggiolata 3—, Nuptialia (Gavotta) 4—, Mazurka Salon 4—, Amore in gondola 3.50, Canzone gaia 3.50, Aria di ballo 3.50.
- 87 Messa d'Averno, Cantate, 4 voci con *PII, Gödel*-Leipzig.
- 89 Romanza, *Ve(Va)P* 1.30 *Breitkopf.*
- 90 Quatre morceaux, *P:* 1. Gavotte, 2. Impromptu, 3. Scherzino, 4. Valse à 1.50 *Rieter.*
- 92 Trois Pièces, *Org:* 1. Chant du soir, 2. Idylle, 3. Allegretto à 1.50 *Rieter*, à 4 — *Schott.*
- 93 Suite de Valses, *Ims* 3— *Rieter.*
- 94 Deux Pièces, *Org:* 1. Elevation, 2. Noël à 1.50 *Rieter*, à 4— *Schott.*
- 95 Cinq Morceaux, *P:* N. 1. Romance 1.50, N. 2. Humoresque 2.50, N. 3. Poème d'amour 1.50, N. 4. Triste nouvelle 1.50, N. 5. Mouvement perpétuel 2.50 *Rieter.*
- 96 Tota pulchra es, Maria. Mottetto a 4 voci miste con *Org*, Partitura e parti 2.30 n *Capra.*
- 97 N. 1. Andante con moto, *Org* 1 —, N. 2. Aspiration, *Org* 1 —, N. 3. Grand Choeur, *Org* 1 6 *Novello.*
- 98 N. 1. Non posso credervi, 2. Dio siete buonoì, *VP* od. *Org, Novello.*
- 99 Vier Stücke in Form einer Suite, *VP:* 1. Romanze, 2. Auf dem Rasen. 3. Wiegenlied. 4. Bacchische Szene 3.90 *Breitkopf.*
- 100 Konzert, A-moll, *Org, stO, Hörner und Pauken.* Part 9— n, *OSt* 9— n, *OrgSt* 4.50 n *Rieter.*
- 101 Six Morceaux, *P:* N. 1. Prélude 1—, N. 2. Giga 1—, N. 3. Canon 1.20, N. 4. Canzonetta 1—, N. 5. Cache-Cache 1—, N. 6. Valse mélancolique 1.20 *Hug.*
- 102 Jugend-Album, *P:* 1. Romance, 2. Tam-

bourin, 3. Scherzino, 4. Ninna-Nanna, 5. Toccatina, 6. Ventitienne, 7. Pantomime, 8. Caccia à 1— *Hug.*
- 103 Quatre Pièces en forme d'une Suite ancienne, *P*: 1. Preludio, 2. Gavotta, 3. Aria variata, 4. Presto à 1.50 *Rieter.*
- 104 Cinq Pièces, *Org*: 1. Entrée Pontificale 2. Ave Maria, 3. Offertoire, 4. Résignation, 5. Redemption à 1.50 *Rieter*, à 4 — *Schott.*
- 105 Metodo Teorico-Pratico per *Org* 12— n. 2 Vol. à 7— n *Carisch.*
- 106 N. 1. Tendresse, *P* 1—, N. 2. Histoire douleureuse, *P* 1—, N. 3. Enjouement. *P* 1.30 *Heinrichshofen.*
- 107 Trio en Ré-mineur, *PVVc* 10— n *Rieter.*
- 109 Quatre Morceaux, *P*: 1. Mazurka, 2. Fileuse, 3. Ultimo Canto, 4. Toccata à 1.50 N. 3. O, Part 3— n, St 5— n *Rieter.*
- 110 N. 1. Graduale, 4 voci, 2. Offertorio, 5 voci, 3. Communio, 6 voci, *Ricordi.*
- 110 N. 4. Savoya-Petrovich, Hochzeits-Marsch. Marcia Nuziale, *Org* 2—, *P* 1.50, *1ms* 2—, *O* Part 3—, St 6— *Senff.*
- 111 Feuillets d'Album: N. 1. Bénédiction nuptiale, *VcP(Org)* 1.50, *Va(Cori)P(Org)* 1.50, N. 2. Menuet et Musette, *VcP* 2—, *BassonP* 2—, N. 3. Rêverie, *VcP* 2— *Rieter.*
- 112 Il Cieco (Der Blinde). Lyrische Szene für *Bar* Chor u. O, K-A 4—. Text (d. it.) —15 *Rieter.*
- 113 *Il* od. *Org, Capra*: N. 1. Offertorio 1.25 n, 2. Graduale 1— n, N. 3. Canzoncina a Maria Vergine —80 n, N. 4. In memoriam, 5. Laudate Dominum 1.25 n.
- 114 Six morceaux: 1. Valse, 2. Gavotte, 3. Petite Polka, 4. Impromptu, 5. Canzone-Serenata, 6. Romance. *P* à 1.25 n *Carisch.* N. 1, 2 à —60, 3—6 à —10 *Schmidt.*
- 115 Thème and Variations, *Org* 3— *Rieter.*
- 116 Sette Canti lirici (it. engl. d.) 3— *Carisch*: N. 1. Dove, dove scintillano —75, N. 2. Serenata 1—, N. 3. O piccola Maria —75, N. 4. A Nerina 1—, N. 5. Sous les branches 1.25, N. 6. Canto d'aprile 1—, N. 7. Similitudine 1—.
- 117 Sonate Nr. 2, *(O)VP* 7.50 *Kistner.*
- 118 Dix Compositions, *Org*: 1. Preludio, 2. Fughetta, 3. Pastorale, 4. Angelus à 3—, 5. Toccata di Concerto 5—, N. 6. Melodia, 7. Invocazione, 8. Marcia festiva, 9. Intermezzo à 3—, N. 10. Finale 4— *Carisch.*
- 119 Deux Morceaux, *VP*: N. 1. Flatterie 1.75, N. 2. Visione 1.25 *Carisch.*
- 120 Canticum Canticorum (Das Hohe Lied). Cantata biblica in tre parti, *BarS* Cori O ed *Org* ad lib., Part 50— n, *OSt* 80— n. Chorst 8 6— n, KA 7.50 n, Textbuch —10 n, Textbuch mit Einführung in Das Hohe Lied (Fr. Gernsheim) —30 n *Rieter.*
- 121 Otto Canti lirici (it. engl. d.), Fasc. I. II à 2— n *Carisch*: Fasc. I. N. 1. La Serenata, N. 2. Sul prato à 1—, N. 3. Aprile, N. 4. Che spera à 1.25. II. N. 5. O dolce notte, N. 6. Il canto del dubbio à 1.25, N. 7. Madrigale 1—, N. 8. Lungo il ruscello 1.25.
- 122 Album pour la jeunesse: 1. Caresses, 2. Souvenir, 3. Scherzando, 4. Nocturne, 5. Babillage, 6. Gondoliera, 7. Valse charmante, 8. Berceuse, *P* à 4—, N. 2, 6, 8, *VP*, *Carisch.*

- 123 Trio sinfonico in re maggiore, *PVVc* 15— n *Rieter.*
- 124 Miniatures. Huit petits morceaux: 1. Bluette, 2. Chitarrata, 3. Nuit etoilée, 4. Romance, 5. Ländler, 6. Sur les vagues, 7. Consolation, 8. Danse exotique, *P* à 5— *Carisch.*
- 125 Das verlorene Paradies, symphonische Dichtung, Soli, Chor, O, *Org*, 24, *Va*, *Vc*, *Kb* à 5— n, KA 15— n, Chorst 8— n, Textbuch (deutsch-it.) —40 n, Einführung (Weber) —50 n *Rieter.*
- 126 Suite (Praeludium, Fatum, Kirmesse), *grO* Part 30— n, St 40— n, *1ms* 5— n *Rieter.*
- 127 Suite (Intermezzi goldoniani) p. *O d'archi*: 1. Preludio e Minuetto, 2. Gagliarda, 3. Coprifuoco, 4. Minuetto e Musetta, 5. Serenatina, 6. Burlesca, *P* 5—, N. 1. Minuetto *1ms*. N. 3 p. *Org*. N. 5. *VP* à 1.50 *Rieter.*
- Adorazione, *Org (Armonio)* —50 n *Bertarelli.*
- Aria con Variazioni della Sonata in Do di Martini, *O*, *Capra*.
- Les culbutes du Polechinelle, *P* 5— *Izzo*, 1— *Hansen.*
- Golden Butterflies, *P* —60 *Presser.*
- Inno trionfale, *Org* 1— n *Augener.*
- Maggiolata, *1ms* 5— *Pisano.*
- Mailied, *1ms* 1.20 *Hug.*
- Meditazione, *Org (Armonio)* 1— n *Bertarelli.*
- Les Moissonneurs, Morceau, *P* 1— n *Ricordi.*
- Offertorio, *Org* —75 n *Musica sacra*, 1.25 n *Ricordi.*
- Pange lingua, *1TB* con *Org* ad lib. —80 n *Bertarelli.*
- Pange lingua e Tantum ergo, *SCTB* con *Org* —90 n *Bertarelli*, 1.50 *Pisano.*
- Pastorale, *Org(H)* —60 n *Bertarelli.*
- Petite sérénade, *P* 2.50 *Izzo*, —60 *Hansen*, 1— *Heinrichshofen.*
- 6 Pieces, *Org* 5— n *Schott.*
- Deux Pièces, *Org*: Méditation, Toccata à 4— *Landy.*
- Postludio per *Org* 1— n *Capra.*
- Preghiera (Biblioteca dell'Organista) 1.25 n *Ricordi.*
- Preludio festivo, *Org* (L'Orgue Moderne, 12e livr.) 2— n *Leduc.*
- Sanctus e Benedictus, *C* con *P(Org)* 1.25 n *Capra.*
- Satire musicali, *P* 1.50 n *Rieter.*
- Serenatella, *MandP*, *VcP*, *VP* à 4— *Izzo.*
- 6 Stücke, *P*, *Hug*: Nr. 1. Mailied 1—, Nr. 2. Hochzeits-Gavotte, Nr. 3. Mazurka, Nr. 4. Amor im Nachen à 1.20, Nr. 5. Lied ohne Worte 1—, Nr. 6. Ballettszene 1.20.
- Tantum ergo, 3 voci pari con *Org* —70 n *Musica sacra.*
- Tantum ergo, *SCATB* con *Org* —75 *Pisano.*
- Tarantella, *P* 5— *Schmidt*, *1ms* 5— *Pisano.*

Bossi R. Sei studi di perfezionam, *FlA* — n *Izzo.*
Bossi R. Renzo (1883), op. 4 Acquerelli, *PV* *Carisch.*
- 7 Fantasia Sinfonica, *O* 10—, *4ms* 5— *Fantuzzi.*
- 8 "La leggenda d'un fiore", Poemetto per Soli, Coro misto, Achi, Pianoforte, Timpani 10—, *P* e canto 6— *Fantuzzi.*
- 13 "Corolle Gemmate", 6 piccoli pezzi, *P* 5— *Fantuzzi.*

Bossière-Duran. O Salutaris —15 *J. Fischer.*

- Tantum Ergo. 2—4 voic.—40, 8 with Chor. —25 *J. Fischer*.
Bossiers J. op. 5 Sérénade. *P* 1.50 *Schott*.
- Rappelle-toi 1— n *Schott Frères*.
Bosso Arn. op. 12 La Sirène. Polka de salon 1.50 *Foetisch*.
Bossola Carlo, op. 3 Vita spensierata. *P* 5— *Ricordi*.
- Les Bossus en fête, polka 5— *Joubert*.
- Clarickaut. Polka 1— *Mariani*.
- In Automobile. Polka-Marcia 1.25, *O* 2— n, piccola *O (Fl Cl Corni Tromba Trombone Batteria Archi P* (Intermezzi Musicali N. 221) 2— n *Ricordi*.
- Momenti d'estasi. Mazur 1.50 *Mariani*.
- Sa Majesté l'Argent. Polka 3— *Mariani*.
- La siesta di Candolin. Mazur 2.50 *Mariani*.
Bossola G. L'Anello nuziale. Polka 2.50 *Mariani*.
- Mazurka, Capr. brill. *P* 2— *Ricordi*.
- Pezzi fantastici. *P:* 1. Toccata-Impromptu. 2. L'Affanno. 3. Dolorose Rimembranze. 4. La Tristezza à 2.50 *Ricordi*.
Bossolasco G. Felicitazione. Polka 3— *Mariani*.
Bosson Arthur G. „That's Not Chicken Stealin'. Man." —50 *Thompson*.
Bossotti G. op. 2 I Masnadieri, *P* 1— *Ricordi*.
- Postillon, *P* 1— *Ricordi*.
Bossy L. L'ange et l'âme, duo 1.50 n *Pérégally*.
- Entendez-vous ces chants joyeux, pastorale, solo et choeur 1.50 n *Pérégally*.
- Les Hymnes du Tabernacle, recueil de cantiques à l'Eucharistie 10— n *Pérégally*.
- Manne cachée, solo et ch. à 2 v. 1.50 n *Pérégally*.
- Les Trois Lyres, recueil contenant Motets, Litanies et Cantiques pour le mois de Saint Joseph, mois de Marie et le mois du Sacré-Coeur 8— n *Pérégally*.
Bost, Winter Song. 12 Stamps *Allan*.
Bost L. *Foetisch:* **op. 29** Noël! Noël! (Arion. Collection des choeurs à 4 voix mixtes 30) —60 n.
- **30** Je crois Seigneur. (Arion. Collection des choeurs à 4 voix mixtes 31) 1— n.
- **34** Reste avec nous. (Arion. Collection des choeurs à 4 voix mixtes 32) —80 n.
- **39a** Hymne à la Vérité 2.50 n, Refrain-choeur (ad lib.) —20.
- **40** Fauvette et Fillette 1.50 n.
- **43a** Cantique nuptial. Choeur mixte 3.50.
- **44** Pardonne (pour Pâques ou Vendredi-Saint) (Arion. Collection des choeurs à 4 voix mixtes 111) 1.25 n.
- **49** Je viens! Noël. Choeur mixte 1— n.
- Hymne à la Vérité. (Répertoire Choral. Collection de choeurs d'hommes 32) —60 n.
Bostelman J. C. Kenka Waltzes. *10 parts* —60 n, *14 parts* —80 n, *FullO* 1— n *Standard*.
- Spanish Dance and Meditation. *FullO* 1.25 n, *14 parts* 1— n, *10 parts* —75 n, *P* acc. —40 n *Standard*.
Bostock N. C. Flo Majilton & Nellie Wilson. The pretoria dinner partie; or, in walked England 2— n *Sheard*.
Boston Academy, Collection of Choruses 1.31 n *Ditson*.
Boston Collection, *P* —50 *White*.
Boston Conservatory Method for *Piano* 2.50 *Mc. Kinley, White*.

Boston Quart. and Chor. Book, Mixed voic. —75 *White*.
Boston Le. Valse Américaine with Description of the Figures 3— *Hammond*.
Bostwick W. J. *Brainard:* Beautiful day Waltz, *G* —40.
- Belles of the West. Polka, *G* —25.
- Dancing feather schottische, *G* —25.
- Dream of the past. Waltz, *G* —25.
- Dream waltz, *G* —25.
- Fair Flower Waltz, *G* —25.
- Fairies of the glen. Waltz, *G* —40.
- Festival Waltz, *G* —40.
- Flowers of spring. Schottische, *G* —25.
- Fulton schottische, *G* —25.
- Glad New Year —05 *Ditson*.
- Grand ländler Waltz (Beethoven), *G* —25.
- Hail-storm Galop, *G* —40.
- Ida Waltz, *G* —25.
- Laughing heart schottische, *G* —25.
- Morning star mazurka, *G* —40.
- Mountain-sylph waltz, *G* —40.
- Nightingale schottische, *G* —25.
- Peri waltzes, *G* —30 *Church*.
- Petunia Waltz. (Beethoven, *G* —25.
- Pretty girls polka, *G* —40.
- Red plume polka, *G* —25.
- Silver bell waltz, *G* —40.
- Silver cloud schottische, *G* —25.
- Wood-nymph's waltz, *G* —40.
Bosville A. W. M. Magnificat and Nunc dimittis in D —2 *Novello*.
- Valiant Volunteer 1— *Willcocks*.
Bosworth, Brigade March, *P* —25 *Ditson*.
- Britons, brave and true 2— n *Wickins*.
- Days that are to come —35 *Ditson*.
- Gaetana Mazurka —25 *Ditson*.
- Zingara Mazurka —25 *Ditson*.
Bosworth Annie E. Bird song —40 *Ditson*.
- On the Beach March, *Brass Band* —50 *Cundy*.
Bosworth H. M. Benedictus. Arr. J. Lemmens. (8 vo Church Music 569) —10 n *Schirmer*.
- Little Fingers. Schottische —25 *Ditson*.
- Medley of Irish Airs. *P* —40 *Ditson*.
- Shades of night are slowly falling (Lacome) —40 *Brainard*.
- Vivian medley, *P* —50 *Ditson*.
Bosworth Mabel Douglas. Absence —50 *Church*.
- O Jesus, I have promised. Mix. Chor. —10 *Ditson*.
Bosworth T. H. Military waltz 4'— *Ashdown*.
- Springtide 4— *B. Williams*.
Botrel Th. Au pied du Calvaire, cantique breton 1.50 n *Ondet*.
- La Belle Corvette 1— n *Ondet*.
- La Bérengère, chanson ross. trospective —50 n *Creed*.
- Les Bourlingueurs, chanson de corsaires 1— n *Gallet*.
- Le Cantique du Départ 1— n *Ondet*.
- La Catholique, réponse à „la Carmagnole" —50 n *Ondet*.
- Chanson de corsaire 1— n *Ondet*.
- **8 Chansons,** *Bar. T. B* 10— *Gregh:* 1. Marie ta fille, ch. de veillée. 2. Le fil cassé. 3. L'Espéré. 4. Les filles de chez nous. 5. Debout, au vent! ch. de marin. 6. La veillée. 7. Le chant du pays. 8. En dérive! à 1— n, *Ch. s.* à —35 n.

- Chansons de nos' pays 10— n *Gregh:* La
bombarde. *Bar.* T à 2— n. Les cancans du
lavoir, chansons. *Bar.* T à 1— n. Fleur
d'ajonc, chanson bret. *Bar.* T à 1.70 n.
Cœur de chêne, légende bretonne, *S. MS.*
à 1— n. Printemps de Bretagne, mél. *Bar.*
T à 1.70 n. Scènes d'été, chanson, *Bar.* T
à 1.70 n. Le vieux grigou, chanson. *Bar.* T
à 2— n. Vogue ma charrue! mél. *Bar.* B
à 2— n. Tous ces chansons, *Ch. s.* à —35 n.
- Le Chant des Forgerons 1— n *Gallet.*
- Les Cloches de chez nous 1— n *Gallet.*
- Le Cœur de Du Guesclin, cantate —50 n
Ondet.
- Le Conscrit 1— n *Gallet.*
- Le Couteau. La Meule de foin. La Nuit
en mer. Yann-la-Goutte. Chaque 1— n
Ondet.
- La Cruelle, Berceuse, *Ondet.*
- La Dernière Bûche. Légende de Noël 1.50 n
Ondet.
- Le Diable en bouteille 1— n *Ondet.*
- Les Filles de Cancale 1— n *Ondet.*
- Fraternité. (Lefèvre E.) Cantate, *Harm* ou
Fanf av. Chant (ad lib.), Part 15— n, p.
sép. à —25 n *Evette.*
- Les Gabariers de la Rance 1— n *Ondet.*
- Le Gars d'Arzon 1— n *Ondet.*
- Gompremanket, chanson dialoguée *Ondet.*
- Le grand Lustucru. Berceuse de Lacôte 1— n
Ondet.
- L'Horloge de grand'mère. (A. Colomb)
1— n *Ondet.*
- Jean Sac-au-Dos 1— n *Ondet.*
- La lettre du gabier 1— n *Ondet.*
- La Lettre du Sergent au Garde 1— n *Ondet.*
- Lilas blanc. Idylle parisienne *Ondet.*
- La Louve Anglaise. Histoire véridique 1— n
Ondet.
- Les Lunettes de Grand'Mère 1— n *Gallet.*
- Mes Talismans 1— n *Ondet.*
- Le Noël des bergers 1— n *Ondet.*
- Noël des petits pauvres 1— n, *Ch. s.* —35 n
Gallet.
- La Paimpolaise. Valse sur la célèbre chanson
(A. Colomb), O 1— n (P —25 n, *Mar-
gueritat.*
- Le Pain d'amour 1— n *Ondet.*
- Par lle petit doigt. Chanson alternée 1— n
Ondet.
- Les Petits Sabots 1— n *Ondet.*
- Quèqu's renseign'ments 1— n *Ondet.*
- La Sabotière 1— n *Ondet.*
- Serrons les rangs, chanson-marche 4—, *Ch. s.*
—50 n *Ondet.*
- Surcouf le Malouin 1— n *Ondet.*
- Tout le long des chemins creux 1— n *Gallet.*
- Le Vieil Enjôleur. Polka-duo 1.50 n *Ondet.*

Botrel T. et A. Colomp. Le Bruit des berceaux. Transcr. *MandG* (Eyre J. L.) *Gallet.*

Botrel Th. et Durand E. *Gregh:* La Bom-
barde 2— n.
- Les Cancans du lavoir 1— n.
- Cœur de chêne 1— n.
- L'Espéré 1— n.
- Les Filles de chez nous 1— n.
- Fleur d'ajonc 1.70 n.
- Marie ta fille 1— n.
- La Moussaillonne (marche des mousses) 1— n
Ondet.

- Pauv' tit gâs!!! 1— n *Ondet.*
- Printemps de Bretagne 1— n.
- Quê qu't'as, mon gâs? 1— n *Ondet.*
- Réponse de la grand'mère 1— n *Ondet.*
- Scènes d'été 1.70 n.
- Le Vieux grigou 2— n.
- Vogue ma charrue 2— n.

Botrigari, Les violettes, valses de concert, *Sms*
15— *Le Boulch.*

Bots G. L. 24 Cantationes, *Org* 1.50 *Rossum.*
- Communieliedje —40 *Mosmans.*
- De Grez oriaansche Organist, Orgelschool 1.25
Rossum. 24 imitations —90 *Verlinden.*
- Missa Brevis. *ATB* cum *Org* vel *H* comitante
Part 1.25, stel stemmen —75 *Bergmans.*
- Missa dominicalis ad 3 voces aequales, Part
1.25 *Rossum.*
- Missa in hon. B. M. V. *SATTB.* Part 1.60,
Stel St —90 *Rossum,* Part 2.70, St 1.50
Pustet.
- Missa pro Defunctis ad 3 voces inaequales
(Cantus, *T* et *B*) Part 1.50, St —75 *Pustet.*
- Requiem voor Cantur, *T* en *B,* met *Org.*
Part —90, Stel St —45 *Rossum.*

Bots J. Vyf Ave Maria's voor 2 en 3 gelyke
St m. *Org* of *H,* Part —75, Zangpartyen
—50 *Mosmans.*
- Gelegenheidsliedje —40 *Mormans.*
- Missa in honorem St. Vincentii voor 3 mannen
St m. *Org,* Part & St 1.75 *Mosmans.*
- Salve Regina voor 2 gelyke St m. *Org* (mit
8 Salve Regina's), Part 1.25, St —80 *Mosmans.*

Bott A. Douze caprices, d'après la manière
de jouer de Paganini, *V* deux livres à 15—
Girod.
- Six caprices ou études d'après la manière de
jouer de Paganini, *V* 2 liv. à 15— *Girod.*

Bott Jean Josef (1826—1895), **op. 1** Vier Solostücke, *VP* 5—, *VO,* St 14— n *J. Schuberth.*
- **2** Concertino in E. *VP* 5.50, *VO* St 14— n
J. Schuberth.
- **4** Souvenir de Bellini, *VP* 3.75, *VO* St 9— n
J. Schuberth.
- **5** Etude in A-moll, *P* 1— *J. Schuberth.*
- **6** Adagio religioso, *OrgV* 4— *Schott,* *VP,*
VOrg à 1.50 *J. Schuberth,* *VOrg* —50 *Fischer,*
VO St 3— n *J. Schuberth.*
- **8** Sechs Lieder: 1. In der Sterne sanftem
Scheine. 2. Der Schiffer. 3. Die Monduhr.
4. Ständchen. 5. Der Spinnerin Nachtlied.
6. Die Weinende 2.50, Nr. 2, 3 à —75, Nr.
6 —50 *Raabe.*
- **9** Andante cantabile, *VP* (*Org* od. *H)* 1.50,
VO 3.50 *Raabe.*
- **10** Romanze, *P* 1— *Raabe.*
- **13** Romanze, *VP* (*Org* od. *H)* 2— *Raabe.*
- **14** La Polka. Caprice, *VP* 3.50, (A son Altesse
royal Frédéric Guillaume 1. Electeur de
Hesse) *VO, O* St 10.50 n *J. Schuberth.*
- **15** Drei kleine Tondichtungen, *PV* 3.20 *André.*
- **17** Drei Lieder 1.50: 1. „Du bist so schön,
ich wag es nicht, dich anzuschauen" —50.
2. „O weißt du, was den wilden Schwan".
3. „O du der Schönheit Fürstin stolz und
hoch" à —75 *Raabe.*
- **18** 3 Morceaux de salon, *VP* 3.50 *Schott.*
- **19** 5 valses und 2 écossaises, *G Schott.*
- **20** Drei Lieder 1.25: Nr. 1. Gute Nacht.
„Schlummre sanft auf weichem Pfühle" —50.
Nr. 2. „Ein Vöglein sang die ganze Nacht"

—75. Nr. 3. Dahin! „Wie der Wanderschwan nach Süden zieht" —50 Raabe.
- 22 Fantasie über Themen der Oper Cassilda von E. H. zu S. VP od. Org od. H 4— Raabe.
- 23 Drei Salonstücke, VP 1.30 Breitkopf.
- 25 Drei Stücke (Fis-moll, A-dur, E-moll), VP 4— Lauckart.
- 27 Vier Lieder, TTBB, Part 1.20 Ries & Erler.
- 28 Drei Tondichtungen, VP 4— J. Schuberth.
- 35 Schlummerlied und Ballettmusik a. d. Oper: „Das Mädchen von Corinth", P à 1—. Schlummerlied (D-dur), VP 1— Reinecke.
- 37 Wiegenlied, VP 1.25 Bachmann.
- 38 Maiabend. Fant. Lied ohne Worte, VP 2— Haslinger.
- 40 Winzerfest. Lied ohne Worte, VP 1.25 J. Schuberth, 3 — Ashdown.
- 44 Venezianische Serenade —50 Cranz.
- 45 Drei Lieder: 1. Liebeständelei. 2. Der erste Frühlingstag. 3. Adé à —80 Schuberth jr.
- 46 Indianisches Wiegenlied, VP —75 Schuberth jr., 2 — Ashdown.
- Ave Maria, V (Mand) P —40 Pond.
- Cavatine, VP 1.80 Kühle & Wendling.
- Festmarsch 1— Bachmann.
- Sechs Gedichte: Gondellied. Rheinweinlied. Schneeglöckchens Trauergeläute. Im Wald. Weihelied. O Tannenbaum, mehrst. Gesang. Part —70. St 1.80 Bachmann.
- Die Industriellen. Walzer 1— Bachmann.
- Longing, V(Mand)P —40 Pond.
- Love Scene at the Rivulet, V(Mand)P —75 Pond.
- The Poacher 4 — Landy.
- Romanesca aus dem 16. Jahrhundert, VP od. Org od. H, VeP à 1.25 Raabe.
- Der Unbekannte, Oper, P: Ballet 2—, Fantasie 2—, Ländler —75 Raabe.
- Valse de Gutenberg —50 Schott.

Bottachiari U. Il Concerto: A Linda mia. Notturno, 2 Mand Chit —15.
- Amore ed' Arte. Mazurka, Mand —15.
- Cadon le foglie, 2 Mand Ma Chit —15.
- Casque d'or. Notturno, 2 Mand Chit —15.
- Castelraimondo. Marcia, 2 Mand Chit —15.
- Ci amavamo, Mand Chit —15.
- Civetteria amorosa, 2 Mand Chit —15.
- Filomena. Valzer, Mand —15.
- Nevicata. Valzer, 2 Mand Chit —15.
- Una notte a Firenze, 2 Mand Chit —15.
- Nubi d'amore. Mazurka, 2 Mand Chit —15.
- Vezzosetta, Mand —15.

Bottagisio A. Alba e Crepuscolo. Scherzo, VP 3.50.
- Augurio felice, P 3—.
- Ave Maria, B con Org 2.50.
- Beida, Dramma lirico, P 15— n Mariani.
- Carezze del pensiero, P 2.50.
- Ella! Romanza 3—.
- Fame, Scena comica, B 7.50.
- Fanciulla, che cosa è Dio? Romanza 4—.
- Fiori del Prato. Ballabile, P 3.35.
- Luce ed Amore. Romanza 2.50.
- Macalda, Opera, Canto P col libretto 20— n.
- Marcia funebre 2.50.
- Una Marina in sull'Alba. Capriccio, P 3.50.
- Mesti pensieri. 3 Pezzi: 1. La fanciulla moribonda. Lamento. 2. L'Oblio. Romanza. 3. L'Addio. Canzone à 3—.

- Preludio, 3V Va Ve Basso, Part 3—.
- Un saluto dalle nubi. Preludio, P 2.50.
- Sorriso d'amore, P 3—.
- La Tomba. Notturno, P 2.50.
- Tu m'amerai così? Canzone, S, MS 4.50.

Bottali A. Metodo completo, Cl 20—, (Bibl. del Clarinettista 5— n. 2 Parte à 12—. Tavole 1.50 Ricordi.
- La Mosca bianca. Marcia facile 1— Ricordi.

Bottarelli A. op. 16 Fede. Marcia, Banda, Part 2.50 n Bonzini.

Bottarelli E. op. 11 Alla compianta e non peritura memoria di S. E. il conte Camillo Benso di Cavour. Pensiero lugubre, P 2— Ricordi.
- 12 Canto funebre, P 1.25 Ricordi.
- 14 Omaggio a Najade, P 1.25 Ricordi.
- Marcia Reale, dedicata a S. M. Vittorio Emanuele II, Re d'Italia, in mi b, P —60 Martinenghi.
- Messa funebre, 3 voci 3— Ercobeard.
- Pastorale, Org —75 Ercobeard.
- Tantum ergo, Bar con P od Org 2.50 Ricordi.
- Vittoria, Mazurka, Cl P 2— Ricordi.

Bottarelli G. Amore. Mazurka, Ams 1.50 Ricordi.
- La Speranza. Polka, Ams 1.50 Ricordi.

Bottarelli T. Una Rosa di maggio, Valzer. Ams 3— Martinenghi.

Bottari A. El Arte. Polka 1.50 n Mariani.

Bottari G. Ботари (Дж. де. Zimmermann:
Op. 30 Шампанскія волны (Champagner-Wellen). Вальсъ —75, V —40, VP —85, O 1.50.
- 31 Чудо-Полька —40, simpl. —20.
- 32 Признаніе въ любви на балу (Aveu d'amour au bal. Вальсъ —75, m0 1.50.
- 33 Madame sans gène, Вальсъ —75, simpl. —30.
- 34 Осенняя пѣсня P —50.
- 35 Утерянная родина. Тихій вальсъ (Valse de l'exilée) —75, O 1.50.
- 36 Causeries intimes en valsant. Valse-intermède —75, O 1.50, st0 1—.
- 37 Новый Шаконъ (Nouvelle Chaconne) —50.
- 38 Новый Аркадіецъ (Nouveau Arcadien) —50.
- 39 Балъ въ Мадридѣ (Un bal à Madrid). Valse —75.
- 40 Севильяна (Sevillana). Valse —75.
- 41 Муки сердца (Trouble coeur). Вальсъ —75.
- 42 Подъ побѣдоноснымъ знаменемъ Россіи (Unter russischer Siegesflagge). Маршъ —50. O Part 1—.
- 43 Подъ чарующей лаской твоей (Sous ta caresse enivrante). Вальсъ на мотивы нов. цыганскихъ пѣсенъ —65, V —40, VP —85, O 1.50.
- Отганіе —40.
- Ты не спрашивай —40.

Bottasso O. Andante variato, VP 3— Mariani.

Bottazzi O. Feuilles d'Album. (Autori diversi, Francia F. op. 100 N. 1) Mand —75 n, Ma P (Autori Diversi Sei Pezzi N. 1) —75, VP 3.50 Ricordi.

Bottazzo L. (1510–1586). (Capra: **Op. 101** Fünfundzwanzig Orgeltrio 3.80 Coppenrath.
- 104 Zwanzig leichte Orgelpräludien 2— Coppenrath.

- 105 Hundert Versetten für *Org* od. *H.* I. Teil: 40 Versetten in den alten Tonarten. II. Teil: 60 Versetten in den neuen Tonarten 3— *Coppenrath*.
- 106 Sieben Orgeltrio 1.50 *Schwann*.
- 110 Sei trio per *Org* 1.50 n.
- 111 Missa in honorem B. M. Virginis Auxiliatricis a 3 voci (2T e B) con organo 3— *Bertarelli*.
- 112 Caligaverunt oculi mei. Ad 4 voces aequales harm. com. Part 1.40 n, parti à —10 n.
- 113 Preludio per gran *Org* 1.25 n.
- 114 Salmo 112. Laudate Pueri, a due voci virili alternate col canto Gregoriano, con accompagnamento d'organo. Part e parti 1.65, parti di canto à —20.
- 116 Due Pezzi per grande Organo: 1. Preghiera. 2. Postludio. (Biblioteca dell'Organista, in-4, *Org B* 1.25 n *Ricordi*.
- 119 Missa pro Defunctis colla Sequenza „Dies irae" ed il responsorio „Libera" a 3 voci pari (virili o femminili) con accomp. d'organo. Part e parti 1.20 n, parti à —40 n.
- 123 Elevazione per *Org* 1— n.
- 126 La Santa Messa. Cinque composizioni per armonio (preludio, offertorio, elevazione, comunione, postludio) 1.50 n.
- 127 Due pezzi facili. Preludio — Elevazione, *Org* 1.25 n.
- 130 Missa in honorem St. Heleonorae Imperatricis. Ad unam vocem comitante organo vel harmonio. Part 1.40, St —20 *Coppenrath*.
- 132 a Preludio fugato, *Org* 1— n.
- 132 b Melodia, *Org* 1— n.
- 132 c Corale, *Org* —80 n.
- 132 d Preghiera, *Org* —80 n. Le quattro composizioni precedenti raccolte in un sol volume 2— n.
- 133 Salmo 129. De profundis, a due voci simili con accompagn. d'arm. e d'org. Part e parti 1.65 n, parti à —20 n.
- 134 a Ego sum pastor bonus. Mottetto per voce di baritono o mezzo soprano (oppure per coro di voci medie unisone) con accomp. d'armonio. Part e parti —90 n, parti à —10 n.
- 134 b Due mottetti per una voce di baritono o di mezzo soprano (oppure per coro di voci medie unisono) con accompagnamento d'armonio. 1. Ego sum pastor bonus. 2. Ave Maria. — Offertorio. Part e parti 1.45 n, parti à —20 n.
- 135 Tantum ergo, a una voce (per baritono solo o coro di voci medie) con accompagnamento d'armonio. Part e parti 1.35 n, parti à —10 n.
- 137 Salmo 131. Memento Domine David, a 2 voci con accomp. d'organo. Part e parti 1.65 n, parti à —20 n.
- 141 Salmo 109. Dixit Dominus a due voci simili con accompagnamento d'armonio o d'organo. Part e parti 1.65 n, parti di canto à —20 n.
- 147 Antologia decima (La Bottazziana). Vademecum organiste liturgici. (V. a pag. 10, col. 1ª) 201 prel. ecc. 4— n.
- 147 N. 2, 3, 4, 5. La Santa Messa (Offertorio, Elevazione, Comunione, Postludio). (Tratta dalla Decima Antologia N. 728) 1.50 n.
- 148 Missa in honorem Ss. Stygmatum S. Francisci in Monti Vernae. Ad chorum duarum vocum aequalium. C. A. vel T. B., organo comitante. Part 3.10 n, parti à —30 n.
- 153 a Victimae paschali. Sequentia in Dominica Resurrectionis. Ad chorum duarum vocum aequalium. (C., A. vel T., B.) comitante harmonio. Part 1— n, parti à —10 n.
- 153 b Veni, Sancte Spiritus. Sequentia in Dominica Pentecostes. Ad chorum duarum vocum aequalium. (C., A. vel T., B.) comitante harmonio. Part 1— n, parti à —10 n.
- 153 c Lauda Sion. Sequentia in solemnitate Corporis Christi. Ad chorum duarum vocum aequalium. (C., A. vel T., B.) comitante harmonio. Part 1— n, parti à —10 n.
- 153 d Stabat mater. Sequentia in festo Septem Dolorum B. M. V. Ad chorum duarum vocum aequalium. (C., A. vel T., B.) comitante harmonio. Part 1— n, parti à —10 n.
- Andante cantabile. *Org* —60 n *Musica sacra*.
- Antologia decima organaria. Vade-mecum dell'organista liturgico. Collezione di 201 pezzi per organo (versetti, modulazioni pre-, inter-, postludi) ad uso di chiesa, in parte composti ed in parte raccolti 4— *Libreria editrice*.
- Ave Maria. Offertorium ad chorum unius vocis mediae, organo comitante. Part —90 *Libreria editrice*, 4 voci disp. —35 *Musica sacra*. Notturno, P 3— *Ricordi*.
- Ave Verum a 4 voci miste, senz'organo —35 *Musica sacra*.
- Cantiones variae de SS. Sacramento, ad duo voces aequales, org. vel harm. com. Part 1.80, Partine —80 *Libreria editrice*: Cont.: 1. Adoremus in aeternum. 2. Laudate Dominum. 3. Panis Angelicus. 4. O salutaris hostia. 5. O sacrum convivium. 6. Ave verum Corpus. 7. Sacris solemnis. 8. Verbum supernum. 9. Adoro Te devote. 10. O esca viatorum. 11. Pange lingua. 12. Pange lingua.
- Quindici Canzoncine a due voci con organo per la Prima Comunione. Raccolta di Canti Liturgici. Part 2.20 *Libreria editrice*.
- Six Compositions, *Org, Laudy*: N. 1. Preludio 3—. N. 2. Elevazione 3/—. N. 3. Allegretto 4/—. N. 4. Melodia 3—. N. 5. Trio 3/—. N. 6. Fantasia 4/—.
- Quattro composizioni per organo 2— *Libreria editrice*: Fasc 1. Preludio fugato 1—. Fasc 2. Melodia 1—. Fasc 3. Corale —80. Fasc 4. Preghiera —80.
- De profundis ad chor. duarum voc. aeq., harm. vel org. com. Part 1.65, Partine —20 *Libreria editrice*.
- Ego sum Pastor Bonus. Motectus ad chor. unius vocis, harmon. com. Part —90, Partine —10.
- Ego sum et Ave Maria (Offert.) Duo Motectus ad chor. unius. voc. med., harm. vel org. com. Part 1.45, Partine —20.
- Elevazione, *Org* 1.50 *Libreria editrice*, —60 *Musica sacra*.
- Fuga a 4 parti, *Org* —35 n *Musica sacra*.
- Fuga, *Org* —50 n *Musica sacra*.
- Haec dies quam fecit, Graduale, e Pascha nostrum immolatus est, Communio a 4 voci, *SCTB* con *Org* 1— *Bertarelli*.

- In Ascensione Domini Off. a 2 voci, *TB* con organo —50 *Musica sacra*.
- Jesu corona virginum, iste confessor etc. a 2 voci ut supra —50 *Leonardo da Vinci*.
- Laudate pueri ad chor. duarum voc. aeq., org. com. Part 1.65, Partine —20 *Libreria editrice*.
- Litanie Lauretane a 3 voci pari con organo 1.20 n *Musica sacra*, 1.35 *Pisano*.
- Marcia religiosa, *Org* —70 n *Musica sacra*.
- Memento Domine David ad chor. duarum voc. aeq., org. com. Part 1.65, Partine —20 *Libreria editrice*.
- Miserere a 3 voci pari con organo ad libitum 1— n *Musica sacra*.
- Messa (Missa) a 2 voci sole, *TB*, per le chiese sprovviste di organo 1.30 n *Musica sacra*.
- Messa a 3 voci eguali, *2TB*, con organo 2— n, *T I, II, B* à —25 n *Musica sacra*.
- Messa „a Gesù Redentore" a quattro voci (soprano, contralto, tenore, basso) con accompagnamento d'organo. Part 3— *Libreria editrice*.
- Missa Benedicamus Domino a 3 voci, *2T e B*, organo ad libitum 1.80 n *Musica sacra*.
- Messa completa, *Org* 1.50 *Leonardo da Vinci*.
- Missa Defunctorum, cum Dies irae ac Libera, ad chorum trium vocum aequalium, org. comitante. Part 4.20, Partine —40 *Libreria editrice*, 3— n *Musica sacra*.
- Messa degli angeli, *Org* 1.50 n *Musica sacra*.
- Messa delle Domeniche fra l'anno 1.20 n *Musica sacra*.
- Messa della Madonna (ed interludi per il Pange lingua), *Org* od. *H* 1.20 *Musica sacra*.
- Missa in honorem Beatae Mariae Virginis Auxiliatricis a 3 voci pari, *2T* e *B*, con organo 3— n, *T I, II, B* à —25 n *Musica sacra*.
- Missa in honorem S. Aloisi a 3 voci, *2T* e *B*, organo ad lib. 1.80 n *Musica sacra*.
- Missa in honorem S. Antonii de Padua, a tre voci eguali, *2TB*, con organo 2.50 n, *T I, II, B* à —30 n *Musica sacra*.
- Missa II in honorem S. Antonii a 3 voci, *ATB*, con organo 3— n, *TBA* à —30 n *Musica sacra*.
- Missa in honorem SS. Rosarii B. M. V. a 2 voci, *TB*, con organo 2.50 n *Musica sacra*.
- Missa „in honorem SS. Stygmatum S. Francisci in Monti Vernae" ad chorum duarum vocum aequalium *CA* vel *TB*, organo comitante. Part 3.10, Partine —30 *Libreria editrice*.
- Messa in II tono, *Org* 2— n *Musica sacra*.
- Offertorio, *Org* —60 n *Musica sacra*.
- Offertorio in Dominica Resurrectionis a 2 voci, *TB* —35 *Musica sacra*.
- Pange lingua per *T* e *B*, senz' *Org* —25 n *Musica sacra*, *Pisano*.
- 12 pezzi, *Org* 1.50 n *Musica sacra*.
- 12 pezzi facil. *Org*: 2 preludi, 2 offertori, 2 elevazioni, 2 comunioni, 2 postludi vivace 2.50 *Leonardo da Vinci*.
- Altri 10 pezzi *Org*: 2 preludi, 2 offertori, 2 elevazioni, 2 comunioni, 2 finali 2,50 *Leonardo da Vinci*.
- 8 pezzi, *Org*: Preludio, offertorio, elevazione, comunione, postludio, preghiera, marcia funebre, marcia solenne 2— *Leonardo da Vinci*.

- 6 pezzi, *Org* 1— n *Musica sacra*.
- 5 pezzi, *Org* 1.20 n *Musica sacra*.
- 5 pezzi per la benedizione, *Org* —60 n *Musica sacra*.
- 4 pezzi, *Org* —80 n *Musica sacra*.
- Postludio, *Org* —70 n *Musica sacra*.
- Preludio corale per *Org* 1— n.
- Preludio e Fuga, *Org* 1.10 n *Musica sacra*.
- Regina coeli, *2TB* —25 n *Bertarelli*.
- Salmo 121, Laetatus sum a 3 voci, *ATB Org* 1.50 n *Musica sacra*.
- Salve Regina, a 3 voci pari —50 n *Musica sacra*.
- Sillabario ritmico per il pianoforte 112 studi 4— *Leonardo da Vinci*.
- Sonata. *Org* 1.60 n *Musica sacra*.
- 12 Sonatine, *Org* 2— n, N. 1—12 à —50 n *Musica sacra*.
- Tantum ergo per *2 Contralto* —50 *Leonardo da Vinci*.
- Tantum ergo a 3 voci e *Org* —50 *Leonardo da Vinci*, —70 n *Musica sacra*, —75 *Pisano*.
- Tantum ergo a 4 voci con *Org* —50 *Leonardo da Vinci*.
- Te Deum a 2 voci con *Org* ed a versetti alternati col canto gregoriano —80 *Leonardo da Vinci*.
- Terra tremuit, Offertorio, *TB* ed *Org* —50 n *Bertarelli*.
- Sei trio per organo ad uso ecclesiastico 1— *Libreria editrice*.
- Vers. pel Magnificat, *Org* —35 *Musica sacra*.

Bottazzo L. *Ricordi*; **Op. 125** N. 1. Berceuse. N. 2. Minuetto. N. 3. Notturnino. *P* à 4— *Carisch*.
- Il Bengalino d'Enrichetta, *P* 1.50 *Leonardo da Vinci*.
- 3 Bozzetti, *P*, *Ricordi* 4—: N. 1. Mestizia 2—, N. 2. Fanciulli in festa 2—, N. 3. Quella sera 1.50.
- Camilla. Pensiero, *P* 3.50.
- 4 Fides. Canzone senza parole, *P* 3—.
- Melanconia. Notturno, *P* 4—.
- Quel dì! Pensiero, *P* 3—.
- Romanza senza parole, *P* 2.50.
- Sangarr. Danza selvaggia, *P* 4—.

Bottazzo L. e O. Ravanello. *Capra*:
- Accompagnamento facilissimo d'armonio pel Canto gregoriano dello Asperges me, del Vidi aquam e della Missa in festis solemnis 1.50 n.
- Allievo (L') al Piano. Metodo di Pianoforte 3— n.
- L'armonio quale strumento liturgico. Metodo teorico-pratico per imparare a suonare l'armonio ed accompagnare il Servizio Divino (Testo italiano e francese) III parte 3— n, IV. Parte del metodo per armonio ut supra — Modi ecclesiastici redatta secondo le edizioni tradizionali. Contenuto: Teoria dei modi ecclesiastici. Asperges me. Vidi aquam. Missa de Angelis. Modus respondendi in missa. Missa pro defunctis. Toni psalmorum. Hymni. Magnificat. Duo Pange lingua. Te Deum. 42 versetti gregor. di Giacomo Carissimi. (Testo italiano e francese) 2— n.
- 9 Inni, Magnificat e Te Deum in Canto Gregoriano armonizzati facilmente per l'accompagn. coll'armonio ed intercalati con numerosi interludi. Veni Creator, Iste Con-

tessor. Ave, maris Stella, Jesu corona Virginum. Creator alme siderum, Deus tuorum militum, 2 Pange lingua, Magnificat, Te Deum (Editio Medicea) 2 — n.
- Metodo di Canto Corale (Vedi a pag. 13) Forte volume grande 2.50 n.
- L'Organista di Chiesa. Breve Metodo per Organo, *Org* 5.70 n *Ricordi*, 5.60 *Leonardo da Vinci.*
- Raccolta di 20 pezzi per armonio di autori antichi e moderni 2 — n.
- I responsi della Santa Messa armonizzati facilmente per l'accompagnamento del coro coll'armonio —60 n.
- I toni della salmodia armonizzati facilmente per lo accompagnamento coll'armonio 1.50 n.
Botte, Nuit d'été —25 n *Margueritat.*
- Sous le balcon —25 n *Margueritat.*
Botte Ad. op. 11 Grande valse, *P* 5— *Leduc.*
- 42 Souvenir de l'Ange gardien, mélodie transcrite, *P* 7.50, *4ms* 9— *Leduc.*
- 44 6 études de Style, *P* 15— *Leduc.*
- 49 Régina, grande valse brillante, *P* 6— *Leduc.*
- 52 Valse rêvée. *P* 6—. *4ms* 7.50 *Grus.*
- 53 Les Echos du monastère, six mélodies, *P* 3.50 n *Leduc.*
- Allegretto, scherzando, *P* 7.50 *Mathieu.*
- L'Ange gardien, mélodie, 2 tons 3— *Leduc,* *H* (J. L. Battmann op. 164) 1.65 n *Mustel.*
- Le chrétien mourant, méditation poétique 1.80 n *Labbé.*
- Le Crucifix méditation traduite. *P* 5— *Joubert,* 1.60 n *Labbé.*
- Elegia et marcia, *P* 7.50 *Mathieu.*
- Galop de concert, *P* 6 — *Mathieu.*
- Juana, polka-mazurka 4.50 *Heugel.*
- La Sagesse, méditation. *P* 5— *Joubert,* 1.60 n *Labbé.*
- Souvenir de l'ange et l'enfant, *P* 7.50 *Mathieu.*
- Tristesse, andante de salon, *P* 7.50 *Heugel.*
Botte C. F. Fugue, *P* 1.35 n *Rouhier.*
- Gavotte 1— n *Rouhier.*
- Marche 1— n *Rouhier.*
- Nocturne, *P* 1— n *Rouhier.*
- Rondo, *P* 2— n *Rouhier.*
- Scherzo, *P* 1— n *Rouhier.*
Botterill Jessie, Joy bells are ringing now. —2 *Novello.*
- The Lark 4/— *Agate.*
- Pack clouds away 4 — *Lucas, Williams.*
Bottero A. Gran Marcia militare 2.50, *4ms* 3.50 *Ricordi.*
Bottero G. Il Pastor buono, Inno, *8Ca* con *P* 3.50 *Ricordi.*
Bottero O. Alla tua salute! *P* 3— *Ricordi.*
- A rivederci! *P* 1.50 *Ricordi.*
- Avvenire! *P* 1.50 *Ricordi.*
Les Bottes de foin, 1— n *Joubert.*
Les bottes en faïence, A danse 1— n, *Ch. s.* —35 n *Evillard.*
Bottesella L. Messa facile, *A Bar* con *Org* 2.30 n *Musica sacra.*
Bottesini Giovanni (1821—1889), 3 Ariette 4— n *Ricordi.*
- **Alì Babà**, opera (1871), *Ricordi*: *Canto P* —40; Vocal Score 3 — n *Williams,* libretto

—50: libr. 6 — n *Williams,* Sinfonia, *P* 5 —, Ballabile 3—.
Atto I. Introduzione e Coro: Viva, viva 5—.
Aria — Alì Babà: Oh spettacolo che incanta, *Bf* 5—.
Recitativo e Romanza — Delia: Non è il poter, *S* 2—.
Recitativo e Duetto — Aboul e Alì Babà: D'immenso giubilo, *BBf* 3—.
Recitativo e Terzetto — Delia, Aboul, Alì Babà: Esultiamo, *SBBf* 5—.
Recitativo e Duetto — Delia e Nadir: Dal giorno beato, *ST* 3—.
Terzetto — Delia, Nadir e Alì Babà: Partirò, se l'affanno che m'ange, *STBf* 5—.
Romanza — Nadir: Lunge da te, mia Delia, *T* 2.50.
Recitativo e Finale I. Marcia e Coro 5—.
Atto II. Coro di Schiave: Oh come è bello 2.50.
Recitativo ed Aria — Delia: O Nadir, compagno, *S* 2.50.
Recitativo, ripresa del Coro e Duettino — Delia ed Aboul: Parla, imponi, *SB* 5—.
Recitativo e Scena: Alfin vi trovo insieme 1.50.
Recitativo e Quartetto — Delia, Morgiana, Nadir, e Alì Babà: Nadir! lui stesso, *SMSTBf* 5.50.
Duettino — Delia e Nadir: Sei tu dunque, *ST* 2—.
Recitativo e Duetto — Nadir e Alì Babà: Nella prossima foresta, *TBf* 6—.
Marcia e Coro: Alla leggiadra Delia 2.50.
Recitativo e Finale II 8—.
Atto III. Preludio e Terzettino — Morgiana, Nadir Faor: Ratti voliam sull'orme, *MSTT* 3—.
Pezzo concertato e Coro: Mille ducati 2—.
Scena e Ballata — Orsocane: Per monti e boschi ognora, *Br* 5—.
Recitativo e Terzetto — Delia, Orsocane, Calaf: Serena la fronte, *SBrB* 3.50.
Coro: Compagni a cavallo 2.50.
Recitativo ed Aria — Delia: In questa grotta, *S* 3—.
Recitativo ed Aria — Alì Babà: Oh prodigio, *Bf* 5—.
Recitativo e Finale III 7—.
Atto IV. Coro di Schiave: Gloria al Profeta 1.50.
. Recitativo e Romanza — Nadir: Da te lontano, *T* 3—.
Recitativo e Quintetto: E troppa l'angoscia 6—.
Recitativo e Terzetto con Coro — Delia, Morgiana, Nadir: Chi va là? *SMST* 5.50. Ballabile 3—.
Recitativo e Valzer con Coro — Delia, Alì Babà: Se un bicchier di tal squisito Shirà, *SBf* 5—.
Finale ultimo 3—.
- **Assedio di Firenze (l')**, (1857), *Ricordi*:
Scena e Duetto: Scellerato! e muover guerra, *TB* 4—.
Scena e Cavatina: Ah! così potessi anch'io, *S* 3.50.
Romanza: Vidi tua bella imagine, *T* 2.25.
Recitativo e Romanza: Io credea da te lontano, *Br* 2.50.

Duetto: Volge ornai la quarta luna. *SBr* 4—.

Scena e Duetto: A te, pura vergine, *ST* 3.50.

- Un bacio, Melodia: Salutava il bell'astro, *Br* 3— *Ricordi*.
- Bombardon, Polka, *Full Brass* and *Reed Band* —50 *Fischer*.
- La campana del mio villaggio 2.50 *Heugel*.
- Il camposanto 3.50 *Venturi*.
- Le Carneval de Venise, *KbP* 3— n *Costallat*.
- Le chagrin de Jeanne 4 — *Heugel*.
- Che cosa è Dio? *MS* o *Br* 3—, Che cosa è Satana? *Br* 3—, I due Pezzi uniti 5— *Ricordi*.
- Ci divide l'Ocean! . . Romanza: N. 1. *S* o *T* 2.50. N. 2. *MS* o *Br* 2.50 *Ricordi*.
- La cloche du village 5— *Heugel*.
- Il Contrabbandiere. (Su pei gioghi), *Br* 3.50 *Ricordi*.

- **Il Diavolo della notte**, opera (1858). *Ricordi*: Canto e *P* 36—, *P* solo —26, libretto —50, Sinfonia, *P* 4—, *4ms* 5—.
Atto I. Introduzione: Non fate strepiti 5—.
Recitativo e Cavatina: Mentre con fredde lagrime, *S* 6—.
Recitativo e Ballata: Lo spavento dei tutori, *T* 4.50.
Recitativo e Coro: Viva il Duca di Turenna 2—.
Recitativo e Duetto: Bene, benissimo, *TBr* 5—.
Romanza: Egli è contento appieno, *Br* 1.75.
Pezzo concertato-Finale I, con Coro: Io di stucco son rimaso, *STBr* 9—.
Atto II. Recitativo ed Aria: Io non manco di ricchezze, *Bf* 5—.
Recitativo e Duetto-Finale II: Aspettate, di prospetto, *BrBf* 6—.
Atto III. Recitativo ed Arietta: Giorni lieti in cui le rose, *MS* 2.50.
Scena e Coro: Giriam il parco 2.50.
Recitativo e Duetto: Io dei mostri nella strenna, *SBr* 5.50.
Coro e Stretta dell'Introduzione dell'Atto III 6—.
Recitativo e Duettino: Il giuoco è finito, *BrBf* 4.50.
Recitativo e Terzetto: Se pronunzi una parola, *SBrBf* 4.25.
Recitativo e Duetto: Tu spagnuola non sei, *SBr* 1.75.
Recitativo e Duetto: Guai se alcuno dir potesse *ST* 3.25.
Adagio del Quartetto-Finale III: Del nome d'una giovane, *STBrBf* 3.25.
Stretta del Quartetto-Finale III: Vieni pure a pugnare, o codardo, *STBrBf* 4.50.
Atto IV. Scena con Cori e Romanza: Tu non sai dunque che il matrimonio, *T* 3.50.
Brindisi: Beviamo, gustiamo. *Br* 4.50.
Recitativo ed Aria: Di cascia e noci vomiche, *Bf*, e Duetto: Adesso di spropositi, *BrBf* 4.50.
Scena del finto ammalato: Chi sa, *SMSBr Bf* 2.25.
Terzetto: Se vivrete, lieta appieno, *SBrBf* 6—.
Scena: Che vedo! 2—.

Rondò finale: Per te solo io son felice, 8 4—.
Piano solo:
Atto I. Introduzione: Non fate strepiti 3—.
Cavatina: Mentre con fredde lagrime 3—.
Ballata: Lo spavento dei tutori 2.50.
Coro e Duetto: Bene, benissimo 2.75.
Romanza: Egli è contento appieno 1.75.
Pezzo concertato-Finale I 4—.
Atto II. Aria: Io non manco di ricchezze 4—.
Duetto-Finale II: Aspettate, di prospetto 4—.
Atto III. Arietta: Giorni lieti in cui le rose 2.50.
Coro: Giriam il parco 1.25.
Duetto: Io dei mostri nella strenna 4—.
Coro e Stretta dell'Introduzione dell'Atto III: D'ortiche, di spini 4—.
Duettino: Il giuoco è finito 2.50.
Terzetto: Se pronunzi una parola, e Duettino: Tu spagnuola non sei 1.75.
Duetto: Guai se alcuno dir potesse 1.50.
Quartetto-Finale III: Del nome d'una giovane 4—.
Atto IV. Coro e Romanza: Tu non sai dunque che il matrimonio 2.25.
Brindisi: Beviamo, gustiamo 2.25.
Aria: Di cascia e noci vomiche, e Duetto: Adesso di spropositi 2.25.
Scena del finto ammalato e Terzetto: Se vivrete, lieta appieno 4—.
Rondò finale: Per te solo io son felice 2.25.

Fantasie etc. *P*: v. Truzzi op. 67, 158, 159, 316—518, *4ms Truzzi*, *PV Trombini*.
- Délire, pensée élégiaque, *VcP* 2.50 n *Costallat*.
- Il desio, Romanza —50 *Hansen*.
- Ero e Leander, opera. *Ricordi*: Canto e *P* col libr. 12— n, *P* solo 7— n, libr. 1—.
Atto I. Anacreontica — Leandro: Era la notte, avbravano, *T* 2.50.
Aria della Conchiglia — Ero: Conchiglia rosea, *S* 4—.
Atto III. Romanza (Scena drammatica) — Ero: Splendi! erma facella, *S* 4—.
La stessa, mezzo tono sotto, *S* o *MS* 2.50.
Atto III. Romanza (Scena drammatica) — Ero: Splendi! erma facella 2.50.
- Farewell ye verdant hills, (Chor. for Treble voices 189) Two-part —.4 *Ashdown*.
- Grand duo, *VKb* on *VcP* 6— n *Costallat*.
- Grand duo avec acc. *PVKb* 7— n *Costallat*.
- Inaugurazione del Monumento a Cavour, *P* 4— *Mariani*.
- Je t'aime, Mélodie. *S* o *MS* o *T* 2—.
- Marion Delorme, reminiscence, *Pc* 1.70 n *Costallat*.
- Marche Orientale, Transcr. (Mattei Tito) *P* 4— *Ashdown*.
- La martyre chrétienne 5 — *Heugel*.
- 3 Melodie, *PVc*, *Ricordi*: N. 1. Delirio. Pensiero elegiaco 3—. N. 2. 2.50. N. 3. Reminiscenze della sua opera Marion Delorme 2—.
- Mélodie de concert, *VcP* 2— n, *KbP* 2.50 n *Costallat*.
- Messa da requiem 12— n *Blanchi*: Requiem aeternam 3— n. Dies irae, corale 3— n. Quid sum miser, *T* 1— n. Querens me,

coro 1— n. Ingemisco, *T* 1— n. Confu-
tatis, fuga 1.50 n. Lacrymosa, soli e coro
2— n. Offertorio, *S* 1— n. Sanctus coro
1.50 n. Benedictus, fuga 1.50 n. Agnus Dei,
SC 1— n. Cum sanctus, fuga 2.50 n. Libera me, *S* e coro 1— n. Dies illa, coro
2.50 n.

- Un mio ricordo a S. Mercadante, Gran Quin-
tetto, *2V i al cKb* 10— *Ricordi.*
- Metodo per *Contrabasso*: 30—, Parte I.
Del Contrabasso in Orchestra 24—, II. Del
Contrabasso solista 1—, 15 n. av. texte
angl. 22.50 n *Lemoine*, 15— *Sudre* (texto
ital.) 15— *Ayné.*
- Mezzanotte. Ballata, *MS* o *Bar* 1.25 *Ricordi.*
- La nostra Canzone: Quando cadran le foglie, *MS* 2— *Ricordi.*
- Notti d'Oriente. Album 10— *Ricordi*: N.
1. Ad Ischia. Rimembranza, *MS* 2—. 2.
Sognai. Melodia, *S* 2—. 3. Tutto per me
sei tu. Romanza, *T* 2 —. 4. La Fidanzata
del Demonio. Leggenda tedesca, *MS* o *T*
2—. 5. Torna, o mio bello. Romanzetta,
MS 2—. 6. Il Pianto. Duetto, *ST* 2—.
7. Lucifero. Canto infernale, *Bar* 2—.
- O my Fernando, Rondo, Favorita. Engl.-
Ital. —60 *Brainard.*
- Ommaggio a S. A. il Principe Umberto. Polka 2— *Mariani.*
- 3 Polke 3.50 *Mariani*: N. 1. Arlecchino 2—.
Arlecchino. Polka riduz. facile del M° Berra
2—. N. 2. Brighella 1—. N. 3. Ta Tremblante 1—.
- Povera mamma! Melodia: Un giorno mi
destai, *MS* o *Bar* 3.50 *Ricordi.*
- Quartetto in Re, *2V VaVe* (Partitura). Pre-
miato al Concorso Basevi (1863), *B* netti
1— *Ricordi.*
- Quartetto in Re, *2V Va Ve* (Parti staccate)
10— *Ricordi.*
- Quintetto in Re, *2V Va Ve* e *Contrabasso*
4— *Venturini.*
- Rêverie, *P* 1— n. *PV, PVe, PKb* à 1.70 n
Decourcelle, *PV* 4— *Hatzfeld*, 2— n *Schott*,
PV e 2.50 *Santojanin*, —50 *Fischer*, *Ve* ou *V*
av. Quint. Part et parties 1— n *Decour-
celle*, —20 *Schuorstow.*
- Ricordi di Napoli. 2 Album à 8— *Ricordi*:
I. N. 1. La Ninna nonna. Stornello, *MS*
1.50. N. 2. A Lei. Stornello, *S* 1.25. N. 3.
La Venditrice di fiori. Romanza, *S* 2—.
N. 4. La Villanella. Stornello, *MS* 1—.
N. 5. L'Abbandonata. Romanza, *MS* 2—.
N. 6. La Spagnoletta. Stornello, *S* 1.25.
II. N. 1. L'Addio d'una Viggianese. Scena
e Racconto, *S* o *MS* 2.50. N. 2. La Rimem-
branza. Stornello, *MS* 1.50. N. 3. La pic-
cola Mendica. Stornello, *C* o *Bar* 1.25.
N. 4. La vo cercando. Romanza, *T* o *S*
2.50. N. 5. Magari! Canzonetta veneziana
2—. N. 6. Serenata. Stornello, *T* o *S* 2—.
- Romanza, *S* 1.50.
- Something tells me so. 4/— *Chappell*, *Ri-
cordo.*
- Sonnambula, Fantaisie, *PKb* 3— n *Costal-
lat*, *Pomier.*
- Strada ferrata, *P* 1— *Mariani.*
- Tarentelle, *KbP* 2.50 n *Costallat.*
- Vinciguerra il bandito, operetta buffa. libr.
—50 n *Sonzogno*, valse chantée: texte

franc. ital. à 2— n, *O* 2— n, *P* cond. 1.50 n
Gregh, *PullO* —75, *smallO* —50, *P* acc.
—20 *Hawkes.*
- Were I a king — 40 *Ditson.*

Bottesini L. Amalia, *P* 1.25.
- Souvenirs de Cuirassiers de Nice, *P* 1.25.

Bottesini P. 6 Arie di vari Autori, ridotte,
P 5— *Ricordi.*
- Tema con Variazioni. *ChitFl* 2 — *Ricordi.*
- Variazioni sopra un tema di Mercadante.
ClP 1— *Ricordi.*

Bottesini-Bockmühl, Duo arrangé, *PVVe*
7— n *Castallat.*

Bottge A. Fidele Fastnacht! Großes Potpourri. Pariser *sO* 2— n *Oertel.*

Bottiglieri E. *Izzo*:
- Ave Maria, *T* con *H* o *Org* 1.50 n.
- Ave maris stella, 2 o 3 voci con *H* o *Org*
1— n.
- La charmante, *P* 2.50.
- Laudate dominum, 3 voci con *H* o *Org* 1.50 n.
- 5 Litanie, 1 e 2 voci con *H* o *Org* 1.50 n.
- 4 Litanie con *H* o *Org* 1.25 n.
- Meditazione, *H* 1.25 n.
- Regnum mundi con *H* o *Org* 1.50 n.
- Sacrum convivium con *H* o *Org* 1.50 n.
- Scherzando, *Ams* 1—.
- Tantum ergo, 1 o 2 voci con *H* o *Org* 1.25 n.
- Tantum ergo, 3 voci con *H* o *Org* 1.50 n.

Bottigliero Edoardo (1864), op. 46 Tantum
ergo, ad tres voces aequales (*C* I. *C* II. *A*
vel *T* I. *T* II. *B*) organo comitante. Part
a 10. Part 1.30 n, parti à —10 n *Capra.*
- 47 Scherzo facile, *Org*(*H*) 1.50 *Bertarelli.*
- Al SS. Nome di Geú. Mottetto, *2TB* —25
Bertarelli.
- Canzonetta allegra, *P* 3.50 *Izzo.*
- Chojette, Gavotte 3— *Pisano.*
- Eco de l'anima. Melodia, *VP* 2.50 *Venturini.*
- Estasi. Melodia, *P* 1.25 n *Ricordi.*
- Litanie della B. V. M., *2T2B* —25 n *Ber-
tarelli.*
- Litanie in onore del S. Cuori di Gesú, *2TB*
con *Org* 1.50 *Leonardo da Vinci.*
- Litaniae Lauretanae in honorem B. Mariae
Virginis desumptae ex libro, cui titulus
„Variae Praeces" transpositae et harmo-
nice ornatae —25 *Bertarelli.*
- Meditazione, *Org*(*Armonio*) —50 n *Berta-
relli.*
- Missa Defunctorum, cum Dies irae et Libera
ad chorum unius vocis, harmonio vel or-
gano com. Part 3.40 n, parti à —40 n
Capra, Part 3.40, partine à —40 *Libreria
editrice.*
- Mottetto al SS. Nome di Gesú a 3 voci
uguali con *Org* ad lib. —25 n *Musica sacra.*
- 2 pezzi, *Org* —70 n *Musica sacra.*
- Preghiera, *Org* 1— n *Capra*, 3.50 *Izzo.*
- Sub tuum Praesidium, Antifona, *2S2C* con
Org o *H* ad lib. —50 n *Bertarelli.*
- Sub tuum Praesidium. Mottetto alla SS.
Vergine, *SATB* con *Org* ad lib. —35 n *Mu-
sica sacra.*
- Tantum ergo a 4 voci sole, *SCTB* in tempo
libero —25 n *Bertarelli.*
- Tantum ergo, *2T 2B* —50 *Leonardo da
Vinci.*

- Veni sponsa Christi, 284 —25 n *Musica sacra*.

Les Bottines du Marseillais —30 n (Paris-Chansons 13. Série) *Deborral*.

Botting Celia M. Once long ago 2 — *Novello*.

Botting H. Advent Hymns: O come, Emmanuel; and Hark, a thrilling voice — P. *Novello*.
- Assyrian March, Og 4 — *Weekes*.
- Ballet d'amour, P 4 — *Donajowski*.
- Cantilena dolorosa, Org 4 — *Lundy*.
- Caprice, Og 16 n *Vincent*.
- Two Carol Anthems for Christmas. SATB: 1. Angel forms are bending. 2. Softly on the midnight air à —3 *Novello*.
- The Chase. Scene for Chorus and O Vocal Score 1 — *Novello*.
- Chorales: A few more years shall roll and Jerusalem on high. 2. Sing praise to God and Just as I am à — P. *Novello*.
- Church Hymn — P. *Novello*.
- Two Cradle Songs, Org 4 — *Lundy*.
- Festival Hymns, for the Dedication of a Church. 1. Christ is made the sure foundation. 2. Hosanna to the living Lord — P. *Novello*.
- Festival Te Deum in Bflat with O, Vocal scores — 4, 1st and 2 nd V, Va, Ve, Kb à —9 *Weekes*.
- God is Our Hope —60 *Lorenz*.
- Magnificat and Nunc Dimittis, in Bflat —4 *Weekes*.
- Marionettentanz, P 4 — *Donajowski*.
- My lost love 4 — *Weekes*.
- Les Petites Danseuses, P 2 Books à 2 — n *Vincent*.
- Ping Pong, unison. (Chor. for Equal Voices 750) — 2 *Curwen*.
- Responses to the Commandments. Eight Settings — 6 *Novello*.
- Rise up, My Love —50 *Lorenz*.
- The Sleeper. (St. Cecilia, 10. Series 1), Part Sg. — 3 *Williams*.
- Te Deum, in Bflat for chorus, OOrg —4, string parts à —9 n *Weekes*.
- Te Deum Laudamus, Bflat —4 *Weekes*.
- Vesper Hymns. 1. The days is past and over. 2. Saviour, again to Thy dear Name — P. *Novello*.
- A Winged Song, two-part — 4 *Forsyth*.

Bottino E. Elvira, *Fanf*, Part —50 n *Lapini*.
- Jole, *Fanf*, Part —50 n *Lapini*.

Bottrigari E. *Ricordi*:
- Album di Pezzi per Canto, P e P-solo 10—: N. 1. Pianto funebre in morte del D. G. Gavazzi 1.50. N. 2. Valzer, P 2—. N. 3. L'Invito. Romanza 1—. N. 4. Melodia romantica in forma di Studio, P 1.50. N. 5. Il canto d'amore. Romanza 1.50. N. 6. La Rondine, Valzer, *jeu* 3.50.
- I miei primi anni di gioventà. Melodia-Notturne, P 5—.
- Notturno, P 2.75.
- Oh! . . . . se t'amo, Romanza 1.50.
- Preziosa, P 1—.
- Rimembranze piacevoli, P 2.50.
- La Rondine, Valzer, *jeu* 3.50.
- Scherzo, P 2—.
- Senza amore, Romanza 2—.

- Sogno d'amore 3— *Mariani*.
- Stella, P 1.75.
- Jamo! Romanza 2—.
- Le Vivandiere, SC 3—.

Botturi G. L'Ange des Mers. Scène lyrique, S, MS à 3.50 *Ricordi*.
- Fleur de Souvenance. Romance 1— *Ricordi*.
- Il voto d'un amico. Romanza acrostica 1.50 *Ricordi*.

Botume John F. Ancient of days, SATB —10 *Thompson*.
- Modern Singing Methods; their use and abuse —40 n *Ditson*.
- Respiration for advanced singers —38 n *Ditson*.

Botwood R. V. Kyrie Eleison — 1 n *Vincent*.

Botz A. op. 18 Wie das elektrisiert! „Ja heut will ich's dir sagen". Walzerlied. 1.20, Par. Bes. 1.50 *Eisoldt*.

Botzko G. Il Soldato allegro. Marcia 1— *Ricordi*.

Bouault O. Barcarolle, P 5—, PV 5— *Leduc*.
- Trois Esquisses, P 6 — *Hamelle*.
- O Salutaris, *Bar*. T acc. Org ou P à 1 — n *Leduc*.
- O Vos omnes. T acc. Org ou P 1 — n *Leduc*.

Boubée F. C. P. La Campana. Suona, o campana —50 n *Cottrau*.
- Che sape fa, Canz. populare (Napule) 1— *Società*.
- La Croce. Quand'io nacqui, mi disse una voce —50 n *Cottrau*.

Bouber, Gavotte d'Antan, P 2—n *Abot*.

Boubert, Berceuse, PV 2.50 n *Abot*.

Boubert A. Marianne, polka-mazurka 5— *Noël*.
- Méditation, PV 2— n *Coutard*.

Boubert E. Air varié, VP. Imp. *Chaimbaud*.

Bouc H. Sechs Lieder: 1. Mir ist so ernst und feierlich. 2a. Wenn ein Liebes dir ist fern. 2b. Dasselbe Lied. 3. Das Veilchen: Unterm Grase still verborgen. 4. Ging unter dichten Zweigen. 5. Wie ist die Erde so schön. 6. Minnelied: Wie sich die Lotosblume erschließt. 1.50 *Kahnt*.

Boucard L. Lawn-Tennis, Marche, *Harm* ou *Fanf* 1.50 n.
- Pour la patrie. Marche, *Harm* ou *Fanf* 1.50 n à l'accord parfait.

Bouchaer L. Noël à 4 v. av. solo 1.75 *Beyer*.

Bouchage F. Le Drapeau de la France —60 *Prosper*.

Bouchar T. Elodie, polka 3— *Katto*.
- La Tournante, polka-mazurka, P 3— *Katto*.

Bouchard C. Marche des orphéonistes fertois, duo bouffe 2— n *Bose*.

Bouchard E. Frêle fleur, ou vastu 3— *Mathieu*.

Bouché, op. 3 Fant. sur les Puritains, CornetP 2.50 *Joubert*.
- 4 Air varié, faut. Cornet à pist av. O 7.50 *Lemoine*.
- 9 Mosaïque sur Nabucodonosor pour Cornet seul. N. 1, 2 à 3.30 *Ricordi*; Cornet à pist: 2 suites à 5—, *Bugle*: 2 suites mélanges à 5— *Lemoine*.

- Air varié, *Cara à pist* av. O 9—, *Bugle* av. O 9— *Lemoine*.
- Douze duos faciles et brill. *2Cornets à pist*, 2 suites à 5— *Lemoine*.
- Linda de Donizetti, choix des plus beaux airs, *Saxhorn*, 2 livres 5— *Lemoine*.
- Maria Padilla, *Bugle*, 2 suites mélanges 5—, Orphicléide 5— *Lemoine*.
- Mosaïque sur L i n d a d i C h a m o u n i x pour *Cornet* seul, en 2 Suites: N. 1, 2 à 2— *Ricordi*, *Cornet à pist*, 2 suites à 5— *Lemoine*.
- Mosaïque sur M a r i a P a d i l l a pour *Cornet* seul: N. 1, 2 à 3— *Ricordi*, *Cornet à pist*, 2 suites à 5— *Lemoine*.
- Méthode complète élémentaire à *3 pistons* 15— *Lemoine*.
- Méthode complète élémentaire. *Cornet à 2 pist* 12— *Lemoine*.

Bouchel J. Alcibiade, quadrille, O 1—n, *Harm* ou *Fanf* 2—n *Pinatel*, 2— *Pomier*.
- Les Amants de Vérone (Marquis d'I v r y), sélection sur les 3e et 4e actes pour *musique militaire* 10—n *Erette*.
- L'as-tu vu, quadrille, O 1—n *Pinatel*.
- L'Aventurier, quadrille, O 1—n *Pinatel*.
- Le Baptême d'une poupée, Fant. rom. *Harm* 4—n, *Fanf* 3—n *Deplaix*.
- Benjamine, Mazurka 4— *Erette*, *Harm* ou *Fanf* 1.25 n, O 1—n *Pinatel*.
- Bouche-en cœur, quadrille, O 1—n *Pinatel*.
- Brésilienne (G o d a r d B.), Fant. *Harm* ou *Fanf*, Part 3—n *Erette*.
- Brune et Blonde, schottisch, O 1—n *Pinatel*.
- Brune et Blonde, schottisch, O 1—n *Pinatel*.
- Le Cavalier seul. quadr. O. *Pinatel*.
- Le Charlatan, quadrille, O 1—n, P cond. —25 *Pinatel*.
- Coco rigolo. Quadrille, O en ut 1—n *Ghéluwe*, O 1— *Pinatel*.
- Coquetterie, schottisch, O av. P cond. 1—n *Pinatel*.
- Le Diable en voyage, quadrille, O 1—n *Pinatel*.
- Doux langage, mazurka. O 1—n *Pinatel*.
- Enfant de giberne, quadrille, O 1—n *Pinatel*.
- Epée de Damoclès, mazurka, O 1—n *Pinatel*.
- Esprit de vin, quadrille, O 1—n *Pinatel*.
- Les filles de Capri suite de valses, sur le succès d'E. Camys, *Harm* ou *Fanf* 4— *Billaudot*.
- Le Fiston, Pas- red. *Harm* exempl. cplt. 2—, *Fanf* 1.50 n *Deplaix*.
- Frais minois, mazurka, O 1—n, P cond. —25 n *Pinatel*.
- Le Franc Luron, Marche, *Harm* exempl. cplt. 2—, *Fanf* 1.50 n *Deplaix*.
- Friponnette, polka. O 1—n *Pinatel*.
- Le gai Pioupiou, Quadr. O 1—n *Pinatel*.
- Gai Réveillon, polka, O 1—n *Pinatel*.
- Gavotte Milady, *Harm* 2—n, *Fanf* 1.50 n *Deplaix*.
- L'Homme qui rit, quadrille, O 1—n *Pinatel*.
- L'Ingénue, valse, O 1—n *Pinatel*.
- La Jolie faneuse, polka, O 1—n *Pinatel*.
- La Jolie Messagère, mazurka gracieuse, O av. P cond. 1—n *Pinatel*.
- La Jolie Rieuse, mazurka O 1—n, P cond. —25 *Pinatel*.

- Joyeux floutlons, Polka - marche, *Harm* exempl. cplt. 2—n, *Fanf* 1.50 n *Deplaix*.
- Le Joyeux sapeur, quadrille, O 1—n *Pinatel*.
- Iveline, Ouv. (E. G i l l e t), *Harm* exempl. cplt. 4—, *Fanf* 3—n *Deplaix*.
- Lakmé, fantaisie, *Harm* ou *Fanf* 5— *Billaudot*.
- Lanciers Arlésiens, O 1—n *Pinatel*.
- Le Lignard, quadrille, O 1—n *Pinatel*.
- Manonvillers, pas red. *tutti basses Harm Fanf*, *Harm* 1.50 n, *Fanf* 1.25 n, Cond. isolé —25 *Billaudot*.
- Le Martial, Défilé, *Harm* ou *Fanf* 1.50 n *Billaudot*.
- Paméla, Polka —50 n, O 1—n *Bosc*.
- Petite frileuse, valse, O 1—n, *Harm* ou *Fanf* 1.25 n *Pinatel*.
- Pif! Paf! Pouf! quadrille, O 1—n *Pinatel*.
- Le Poivrot, quadrille, O 1—n, P cond. —25 n *Pinatel*.
- Pourquoi pas? Polka (L. L e l i è v r e), O av. P cond. 1—n *Pinatel*.
- Les Rois Mages, Ouv. *Harm* 4—n, *Fanf* 3—n *Deplaix*.
- Le Rouennais, quadrille, O 1—n *Pinatel*.
- Souvenir de l'Embarco, quadrille, O 1—n *Pinatel*.
- Tape dur: Quadrille, O en ut (si) 1—n *Ghéluwe*, O 1—n, *Harm* ou *Fanf* 2—n *Pinatel*.
- Le Tringlot, quadrille, O 1—n *Pinatel*.
- Les Trois Couleurs, valse chantée, *Harm* 3—n, *Fanf* 2—n, Cond. —25 n *Millereau*.
- Vaillant soldat, quadrille, O 1—n *Pinatel*.
- La Villageoise, Polka pastor, *Harm* ou *Fanf* av. *Hautb*, Part 4.50 n, p. sép. —15 n *Erette*.

Boucher, Método de *corneta* (N i e s s e l), *3pist*, contiene les principios y representacion de este instrumento, escales, duos, arias, el modo de tomarlo etc. Nouvelle édition 40— *Lemoine*.
- Verbena, Waltz —30 *Willig*.
- Waiting 4— *Ascherberg*.

Boucher E. Marche br. 1.6 n *Novello*.

Boucher H. Andante, *PV*, *PVc*, *PKb* à 5— *Courleux*.
- Bonsoir, Berceuse, *V* accomp. de *P* 5— *Courleux*.
- Dernières fleurs, Mélodie, *V* acc. de *P* 4— *Courleux*.
- Polonaise, *V* acc. de *P* 6— *Courleux*.

Boucher J. Ah! que le matin fait d'heureux, romance 3—, *Ch. s.* 1— *Noël*.
- Air du talisman (Bibelots du diable) —75 *Schott*.
- L'amour du roi, romance 3—, *Ch. s.* 1— *Noël*.
- Ce que j'aime, rêverie 3— *Noël*.
- Chanson du pâtre (Bibelots du diable) —50 *Schott*.
- La mère du corse, chant dramatique 3—, *Ch. s.* 1— *Noël*.
- Ne l'éveillez-pas, berceuse 3—, *Ch. s.* 1— *Noël*.
- Oh! rendez-moi mon fils, romance 3—, *Ch. s.* 1— *Noël*.
- La pensée, chansonnette 3— *Noël*.

- Seule, ici bas, je pleure, romance 3—, *Ch. s.* 1— *Noël.*
La Source dans les bois (2 tons) à 1.70 n *Société nouvelle.*
- Le Vent du soir, rêverie 1— n, *Ch. s.* —30 n, 2 voix av. *P* 2— n *Société nouvelle.*

Boucher J. B. Beware beware, Mixed voic. — 3 *Novello.*
- Come to my soul in dreams 3 — *Chappell.*
- Flora, Grand March 2 — n *Novello.*
- The reaper and the flowers 1 6, 8° — 3 *Novello.*
- Sunlight and music, Duet 4— *Chappell.*

Boucher J. Bishop, A country dance, *P* 3'— *Ashdown.*
- The dream of joy, Valse 4— *Ashdown.*
- Grand Masonic march 4— *Leonard.*

Boucher Julien P. Le Réveil des Faneuses, villanelle 2.50 *Heugel.*

Boucher L. La charlatane, chansonnette 1— *Ayassa.*
- Le jardin de Lise 1— *Ayassa.*

Boucher Maurice, Quatre Mélodies: Nocturne, Amour d'Antan, Printemps, Nos Souvenirs, à 1.70 n, Recueil 4— n *Baudoux.*

Boucher de Pertes, Petit Pierre à 2 voix —25 n *Pinatel.*

Boucherat A. Noël-Marche —25 *Gutheil.*
- Le printemps, Galop —30 *Gutheil.*
- Le Refus, Polka —30 *Gutheil.*

Boucheron Miss Helyett. *Poinier*: Le maître qui d'en haut fait. —10.
- Pour peindre une beauté —10.
- Ah! quel superbe point de vue, duo —10.
- Pour que votre image adorée, duo —40.

Boucheron E. Frissonnante, Valse, *P* (*Mand*, *V* ad lib.) 2— n *L.* Barbarin-Paris.

Boucheron Raimondo (1800—1876). Caro un segreto tenero, Romanza nel paema 11 Corsaro di Lord Byron, *S* 1.75 *Ricordi.*
- Che fai? che pensi? Sonetto del Petrarca, *B* o *C* 1.50 *Ricordi.*
- Corso elementare completo di lettura musicale in brevi ed utili Solfeggi. Opera composta per gli Alunni della Scuola Metropolitana di Milano. *Ricordi:*
  Corso per *S:* Libro I 8—, II 12—.
  Corso per *Contralto:* Libro I 8—, II 12—.
  I detti Solfeggi per *S* (in Chiave naturale) senza acc.: Libro I 5—, II 7—.
  I detti Solfeggi per *S* (in Chiave di Sol), senza acc.: Libro I 5—, II 7—.
  I detti Solfeggi per *Contralto* (in Chiave naturale), senza acc.: Libro I 5—.
- Elena, Sonetto, Bar 2.50 *Ricordi.*
- Esercizi d'Armonia in 42 Partimenti numerati, preceduti da un breve insegnamento teorico, e seguiti da una chiave o traduzione dei numeri in note, Opera divisa in due parti (in-8°): Parte I. Insegnamento teorico e Partimenti numerati (*A*) 10— n, II. Chiave o Traduzione dei numeri in note (*A*) 5— n *Ricordi.*
- Fantasia 4.50 *Ricordi.*
- Filosofia della Musica, o Estetica applicata a quest'Arte, Edizione 2. 5— *Ricordi.*
- L'Italia degl'Italiani, 2 Marcie, *P*: 1. La Partenza dei Guerrieri. 2. Il Ritorno dei Vincitori, à 2—, 4ms à 3.50 *Ricordi.*
- L'Orazione Dominicale a Coro di quattro voci, senza acc. 1.20 *Ricordi.*
- Il Sabato verso sera, Canone infinito a sei voci, *3 S* e *3 T* alternati, senza acc. 1.50 *Ricordi.*
- Salve Regina a Coro di *Sop.* e *Contralti* ed anche a sole otto voci, con Organo o Fisarmonica 2 . Idem. La sola Parte cantante —50 *Ricordi.*
- La Scienza dell'Armonia spiegata dai rapporti dell'Arte coll'umana natura. Trattato teorico-pratico, Due volumi 25 — *Ricordi.*
- Sinfonia per *P* (od *Org*) 2— *Ricordi.*
- Il Trovatore che cerca e trova, Scherzo, *MS* 2.25 *Ricordi.*
- 7 Versetti in Sol minore ed una Marcia 1.50 *Ricordi.*

Bouchinot Eug. C'est la nuit, *T. Bar* 6— *Sulzbach.*
- Gavotte, *P* 1.35 n *Bossard.*
- Noël, Mélodie, 3 tons 1— n *Costallat.*
- Romance sans paroles, andante religioso (F), *PV*, *PVc*, *OrgV* à 2 — n *Costallat.*

Bouchoir M. Plein air, chanson de marche, à 2 voix av. *P* (Braver) —25 *Sinol.*

Bouchor M. Chants pour la jeunesse 3.50 *C. Delagrave*-Paris.
- Madrigal à la Musique, Choeur à 4 voix 2— n *Baudoux.*
- Le Temps des Lilas 1.70 n *Baudoux.*

Bouchowtzeff vide Buchowtzew.

Bouicault D. Wearin o'the green (Arrah na Pogue) 4— *Chappell, Williams.*

Boucke E. op. 4 N. 1. Thème et Variations, *P* 1.55 *Jurgenson.*

Boucles d'oreilles de Roe, Chansonnette 1— n *Joubert.*

Boucoiran C. C'est du nanan. *F. Martin.*
- Les Confectionneuses. *Martin*-Marseille.
- Mam'zelle Trouspinette. *F. Martin.*
- Non, je ne prêt' pas. *F. Martin.*
- La P'tit' Mimosette. *F. Martin.*
- Le Trou d'rat. *F. Martin.*

Boucourt, L'Aurore, Schottisch 1.75 *Marguerital.*
- Barcarolle sérénade, *VP* 1.75 n *Gallet.*
- Fleurs de Maïs, Schottisch 1.75 *Marmeritat.*
- Le Vrai Bonheur, Schottisch 1.75 *Marguerital.*

Boucquin A. C'est moi 1— n, *Ch. s.* —40 n *Bornemann.*
- Une demoiselle à 20 ans 3—, *Ch. s.* 1— *Bornemann.*
- Dindonnette, mazurka, *O* 1— *Pinatel.*
- Il s'appelle Timoléon 3—, *Ch. s.* 1— *Bornemann.*
- J'm'en tamponne le Coquillard 1— n, *Ch. s.* —35 n *Puigellier.*

Boudeman D. Come while the world lies dreaming, *Sg. Chor.* —40 *Brainard.*
- We'll have to get the style, *Sg. Chor.* —40 *Brainard.*

Bouderie, Chansonnette —30 n *Joubert.*

La Boudeuse 1—, *Ch. s.* —30 *Ghébarc, Ch. s.* —30 *Debert.*

Boudeuse! (Ne te fâche pas!) 1—, *Ch. s.* —35 *Ghébucc.*

Boudier C. Sérénade. Impromptu, P 5— *France.*
- La Prise de Sébastopol, Pas red. *Harm* et *Fanf* 1.50, p. sép. —30, p. Cond. s. —25 n, p. *Pist.-solo* — 10 n *Marguerillat.*
Boudinet E. „Ma Grandmère" (Meine Großmutter) 1.50 *Bloch.*
- Su l'canal de la Villette 1—, *Ch. s.* —30 *Bigot.*
- „Les Vieux Messieur" (Die alten Herren) 1.50 *Bloch.*
Boudoin, Stances à Laurence (Lamartine) 5— *Mathieu.*
Boudoir (Le), Menuet 1.35 n *Joubert.*
Boudoir de Vénus (Le). „je suis femme" —30 n *Joubert.*
Boué E. L'Alouette. Polka, *Harm* av. pet. Fl, Part 4— n *Evette.*
- L'Armide (Rossini) var. pet. Cl-solo *Harm*, Part 5— n *Evette.*
- Bouquet de valses 2— n *Gallet, Pomier, Harm,* Part 1— n, p. sép. —25 n *Evette.*
- Le Casse-tête. Pas red. *Harm* 3— n *Evette.*
- La Chanson du petit Navire. Pas red. de route sur la chanson. *Harm* 3— n *Evette.*
- Le Cyprès. Marche funèb. *Harm* 3— n *Evette.*
- Le Deuil. Marche funèb. *Harm* 3— n *Evette.*
- Fifrelette. Pas red. *Harm* av. *Fifres* 3— n *Evette.*
- Fillette. Mazurka. *Harm* av. *Pist,* Part 4.50 n *Evette.*
- Galop du Chemin de fer. *Harm,* Part 3— n *Evette.*
- Les guerillas. Pas red. *Harm* 3— n *Evette.*
- Il pleut, Bergère. Pas red. *Harm* 3— n *Evette.*
- Labelluie, polka mazurka 1— *Bouch.*
- Pas redoublé comique, motifs populaires. *Harm* ou *Fanf* 3— n *Evette.*
- Roulette. Polka, *Harm,* Part 3— n *Evette.*
- Le Savetier et le Financier (Offenbach). Fant. *Harm,* Part 9— n *Evette, Bengel.*
- Sémiramis. (Rossini). Ouv. *Harm,* Part 12— n *Evette.*
- Le Tioutiou. Pas red. *Harm* av. *Fifres* 3 — n *Evette.*
- La valse des petits militaires. *Harm* av. *Fifres,* Part 4— n *Evette.*
Boue (la) du Midi, 1— (Paris-Chansons. Répertoire Paulus, 3. Série) *Delormel.*
Bouéry .A A la plus sage à 3 v. ég. —25 n *Pinatel.*
- Ave Maria en sol, 3 voix ég. Org —50 n *Pinatel.*
- La bonne fête de chez nous à 2 ou 3 voix ég. à —25 n *Pinatel.*
- La bonne Fête de chez nous Robin Monton. Choeur à 3 voix ég. —25 n *Pinatel.*
- Cantique à Sainte-Cécile, 4 voix d'hommes —25 n *Pinatel.*
- Chanson Espagnole à 3 voix ég. P —25 n *Pinatel.*
- La Fête aux Bois à 3 v. ég. —25 n *Pinatel.*
- La Marguerite de la Madone, choeur à 3 v. ég. —25 *Pinatel.*
- Messe des Pèlerins, 3 voix égales avec acc. Org ou P, Part 5—, p. sép. —50 n *Le Beau.*
- Noël à 2 voix ég. av. P ou Org —25 n *Pinatel.*

- La Parade Espagnole à 3 v. ég. —25 n *Pinatel.*
- La Part du Bonheur à 3 voix ég. —25 n *Pinatel.*
- Pater noster. 3 voix ég. in-8° —25 n *Pinatel.*
- Rentrez au Bercail à 2 ou 3 voix ég. P à —25 n *Pinatel.*
- Réveil aux Champs à 3 voix ég. —25 n *Pinatel.*
- Le Sanctuaire des Enfants. Si j'étais petit Oiseau à 3 v. ég. —25 n *Pinatel.*
- Le Serpent et la Fauvette —80 n *Pinatel.*
- Le Soir de la moisson à 3 v. ég. —25 n *Pinatel.*
- Vive la Bourrée à 3 v. ég. —25 n *Pinatel.*
- Les Zouaves à 2 voix ég. P —25 n *Pinatel.*
Boufaret A. L'Expression musicale au point de vue de la sience et de la Poésie —50 *Schott Frères.*
Bouffe la balle, Chanson —30 n *Joubert.*
Bouffe toujours, Chans. 1— n *Joubert.*
Bouffier, La Vigne malade 3— *Benoit.*
Bouffier F. Album für Harmonium. Musikalische Erholungs- und Erbauungsstunden am Harmonium oder auch Pianoforte. 11.50. I. Abt. Choral-Melodien. A. Protestantische Choräle. B. Katholische Choräle, C. Englische Choräle. D. Choralmelodien der classischen Liturgie 3—. II. Klassische Kirchenkompositionen 2—. III. Original-Kompositionen 1.50. IV. Lieder und Chöre a) religiösen Charakters, b) weltlichen Charakters, c) Volkslieder 3.50. V. Genrebilder. Kompositionen verschiedenen Charakters 2.80. VI. Duo für Harmonium und Pianoforte (Englisch-Wallischer Gesang der Fischer) 1.30 *Cranz.*
- Duo über Mozarts Requiem. HP 2.50 *Haslinger.*
- O, mein Fernand. Arie a. d. Favoritin, HP 2— *Haslinger.*
Bouffier M. Drei Lieder: Auferstehung. Abendlied. Sehnsucht 1— *Tonger.*
Bouffil J. op. 5 Trois duos, 2Cl 3— n *Joubert.*
- 8 3 Trios. 2Cl 5—. séparée à 2— *Schott.*
- Three Trios, N. 1. Cl 1— *Candy.*
Bouffil et Wolff, Variations brillantes sur La Reine d'un Jour (Cl en la) 4— n *Costallat.*
Bougal J. Au bord de l'Océan. Mélodie 1.35 n *Leduc.*
- La Harpe brisée. Mélodie 1.35 n *Leduc.*
- Jour de Printemps. Mélodie 2— n *Leduc.*
Bougault-Ducoudray, Passe-pied. (Chiel.) *Harm* ou *Fanf,* Part 3— n, p. sép. —10 n *Evette.*
- Thamara. (Meister G.) Fant. *Harm* ou *Fanf,* Part 9— n, p. sép. —25 n *Evette.*
Bougeoir 1— n, *Ch. s.* —30 n *Ondet.*
Bougeoir rose, Chanson 1— n *Joubert.*
Bouget, Méthode pour la Mandoline mit franz. Text 1— O. *Dietrich.*
- Pour un baiser. (2e édition.) Mazurka 1.70 n *Bossard.*
Bouget F. L'Etrangère. Valse 2— n *Bosc.*
Bouget J. F. Marche Tcherkesse 1.70 n *Bosc.*
Bougher S. C. Tight for honour, March & Two Step and Dreyfus M. A Carolina

Cake Walk. *FullO* 1 —, *1½ pts* —80, *10 pts*
—60 *Royal Music Co.*
Boughton Rutland, Hungarian Fantasie,
½ms 4 — *Weekes.*
- The passing year (song Cycle) 3 —
Weekes.
Bougie Rose (La), Chansonnette 1 — n *Joubert.*
Bougie (la) des deux hémisphères —30 n
(Paris-Chansons, 3. Serie) *Delormel.*
Bougini, Vita Gaia Waltz (Reprint), *Mand*
—25, *MandG* —50, *2MandG* —75, *2Mand*
MandolaG —80, *MandP* —50, *2MandP*
—75, *2MandMandoloP* —80 *Lyon & Healy.*
Bouglia G. Comp. *Mariani*:
- La Belle de Nuit. Mazur 1—.
- La belle du Jour. Mazur 1—.
- La Bella pincrolese. Mazur 1—.
- Bianca. Mazurka, *½ms* 2—.
- Bruxelles. Polka 2—.
- La danza d'aurore. Valzer chanta 2.50.
- Delfina. Mazur 1—.
- Doux souvenir. Mazur 1—.
- Elvezia. Mazur 1—.
- Elvezia. Schottisch 1—.
- Le Grenapier. Polka 1—.
- La Lacinthe. Schottisch 1—.
- Luigina. Polka 1—.
- La Parquerette. Schottisch 1—.
- Polissena. Mazur 1—.
- Polka e Mazurka 1.50.
- Rebus. Polka 1—.
- Serafino. Polka 1.50.
- La Violetta. Polka 1—.
Bougniol A. Prière au village. Duo à 2 v.
égales 1— *Bornemann.*
Bougniol L. *Bornemann*; Ma balancelle 3—,
- Le boudoir 3—.
- La caisse d'épargne du ciel 3—, *Ch. s.* 1—.
- Lettre d'une de ces dames à son monsieur
3—, *Ch. s.* 1—.
- Rêverie d'une Indienne 3— *Bornemann.*
Bougnol L. Ah! qu'c'est bête! ronde burlesque —40 n *Labbé.*
- Un amour de ménage, Duo 1 — n, *Ch. s.*
—35 n *Labbé.*
- L'auberge de la croix d'or, chanson —20 n
Labbé.
- Au moulin de Bagnolet chanson 1— n *Labbé.*
- Baladin ou la Lanterne merveilleuse 3—,
Ch. s. 1— *Cartereau.*
- La Belle au bois dormant 3—, *Ch. s.* 1—
Cartereau.
- Le Bengali, polka, O av. solo de *Fl* ou *flageolet* 1.50, *Harm* ou *Fanf* av. solo p. petite
Fl 2— *Gaudet.*
- Le bonnet de coton, chanson de noce —25 n
Labbé.
- Boudoir (Le), Chansonnette —30 n *Joubert.*
- Le capitaine fracasse, gasconnade 1— n
Labbé.
- Le Chant du cygne, valse, O 1.50 *Gaudet.*
- Le chant de gérard le tueur de lions, chanson —25 n *Labbé.*
- Une chasse, choeur à 3 v. av. solo *T*, Part
—50, p. sép. —20 *Billaudot.*
- Le Chat botté 3—, *Ch. s.* 1— *Cartereau.*
- Colinette, Chansonnette 1— n *Joubert.*
- Le départ des conscrits, choeur à 4 v.
d'hom. Part 1— *Billaudot.*

- L'Enfantine, poika, O 1— *Gaudet.*
- L'enfant d'giberne, scène dramat. —25 n
Labbé.
- Les faneuses, chant rustique 1—n *Labbé.*
- Fraternité, (av. choeur ad libit.) chant patriotique — 40 n *Labbé.*
- Je la trouve marvaise, chanson 1 — n *Labbé.*
- Je suis électeur, chanson 1 — n *Labbé.*
- Klausenbourg, polka, O 1 — *Pinatel.*
- Un Laquais de bonne maison 3 — *Benoit.*
- Lettre d'un conscrit à son père, pot-pourri
—20 n *Labbé.*
- Minuit, *Ch. s.* —25 *Gaudet.*
- La Mouche d'or, valse, O 1—, *P* cond. —25
Gaudet.
- La mort et l'enterrement, scène com. 1— n
Labbé.
- On m'a chipé mon coeur 3—, *Ch. s.* 1—
Cartereau.
- Papa Bourdon, chansonnette 1 — n *Labbé.*
- Le petit Poucet 3—, *Ch. s.* 1 — *Cartereau.*
- La polka des Etoiles, O 1 —, *P* cond. —25
Gaudet.
- Prière au village, Noct. à 2 v. av. *P* —30 n
Joubert.
- La Schottisch de l'Elysée 1.70, O 1—
Gaudet.
- Le Sorcier, chans. p. hommes —25 *Gaudet.*
- Tu t'en frais mourir, chanson entre 2 vins
1— n *Labbé.*
- Le vieux clairon, chanson —25 n *Labbé.*
- Vive le mariage, *Ch. s.* —25 *Gaudet.*
Bouhy J. L'Absente 3.50 *Ricordi*:
- L'amour qui fuit 1.75 *Durdilly.*
- Aubade 3.50 *Ricordi.*
- Ave Maria, *SHS* av. *P. Org* 2 — n *Choudens.*
- Ave Printemps (Hail Spring All Hail)
—50 *Rohlfing*, 1.70 n *Choudens*, 1.50 n
Berlacqua.
- A vingt ans (Coppée) 1— *Durdilly.*
- Bethléem, Noël, *S. HS. B* 1.75 *Durdilly.*
- En Carnaval à 4 v. d'hommes av. *T* solo.
Part 2.50, p. sép. —25 *Braby.*
- Comme autrefois 2— *Durdilly.*
- Dans la plaine blonde 3.50 *Ricordi.*
- Glycère et Blandine, *SHS* 2— n *Choudens.*
- Guitare 1.70 n *Choudens.*
- Hymne au matin, *HS. S* 2— *Durdilly.*
- Madrigal à 4 v. d'hommes av. solo *T* et
Bar. Part 1.50, p. sép. —25 *Braby.*
- Le Manoir bleu de Rosemonde 1.70 n *Choudens.*
- 3 Mélodies, 2 tons 2.50 *Durdilly.*
- Noce au Hameau à 4 v. d'hommes, Part
2.50, p. sép. —40 *Braby.*
- O bien aimée 1.75 *Durdilly.*
- Les papillons (Gautier) 1.75 *Durdilly.*
- Le Pays des rêves 3.50 *Ricordi.*
- Un peu d'amour 1.75 *Durdilly.*
- La plainte 1.75 *Durdilly.*
- Plus ne verrai mon doux ami 1.50 *Durdilly.*
- Le printemps 1.50 *Durdilly.*
- Rosette 1.75 *Durdilly.*
- S'il est chose plus belle 1.75 *Durdilly.*
- Te souviens-tu 1.75 *Durdilly.*
- Le Travail à 4 v. d'hommes, Part 1.50, p.
sép. —25 *Braby.*
Bouichère E. L'Aube, mélodie, *PVc* 4—
Heugel.

- Ave Maria, S 1— n *Pérégally*.
- Ave verum, S. MS 1.50 n *Pérégally*.
- Babillage. Entr'acte, P 5—, O 10— n *Biardot*.
- Berceuse 3— *Heugel*.
- Cantate Domino —30 *Pérégally*. Bar, Chor —20 J. Fischer, SAT 2— n *Pérégally*, Mix. voie. 1.4 *Cary*.
- Chanson d'hiver 5— *Heugel*.
- Chant du XIVe Centenaire du Baptême de la France 2— n, Edit. popul. —10 n *Mennesson*.
- En forme de Valse, P 5— *Hamelle*.
- Gavotte, P 5— *Hamelle*.
- Improvisation p. grand *Org* avec pédale obligée 2— n *Le Beau*.
- Invocation à Loreley 5— *Heugel*.
- Joyeux Retour, Divertissement, P 5—, O 10— n *Biardot*.
- Maëstro Griselli, op. comique en 1 acte. Part P et Ch. 10— n, Le livret sép. 1.50 n : Air de Rosette 5—. Air des Adieux 5— *Poulalion*.
- Marche du XIVme Centenaire du Baptême de la France, *Org* 2— n *Mennesson*.
- Ma retraite, mélodie, Bar 5— *Noël*.
- Messe, STB, soli et chœurs avec *Org*, quint. à cordes (ad lib.), Part, chant et *Org* 5— n, Chaque p. vocale —75 n *Pérégally*.
- O sacrum, SATB av. Vlla 2— n *Pérégally*.
- O Sacrum convivium, MS 1.50 n, av. V. Hа 3— n *Pérégally*.
- Panis angelicus en fa, MS 1.50 n *Pérégally*. Rêverie, Scherzo, PVc à 6— *Hamelle*.
- Salve Regina —30, SATB 1.50 n *Pérégally*.
- Sancta Maria —30, SATB 2.50 n *Pérégally*.
- Stück für *Org* 1.60 *Breitkopf*.
- Tantum ergo —30, SATB 1.50 n *Pérégally*.

Bouif (le) —30 n (Paris-Chans. 14e Série) *Delormel*.

Bouillabaisse (La), Chanson marseillaise chantée dans la Bagasse 1— n *Joubert*.

Bouillard H. Ave Maria, C. Bar avec P. Org 5— *France*.
- Les Plaisirs de Lisbonne, quadr. 2.40 *Sasselti*.

Bouillé F. de, Le chartreux, Ch. s. 1— *Bornemann*.
- La Couronne de Mai 1.70 n *Costallat*.
- Rêverie 1.75 n, Ch. s. —35 n, P (C r a m e r) 1.75 n *Durand*, PH 2.50 n *Mustel*.

Bouillé Roger de, op. 19 Biarritz 2— n *Cabriolet*.
- 21 Smaragda, Valse 2— n *Cabriolet*.
- Béarn. Cantate, 4 voix 2— n *Cabriolet*.
- Doute 1.75 n *Durand*.
- Les Enfants du Poitou, Solo et chœur 2— n *Cabriolet*.

Bouillon, Les Amazones, fantaisie, O en ut 2— n *Billaudot*.
- L'Amour, fantaisie, O av. solo de 1 et Pist 2—, P cond. —50 n *Gaudet*.
- L'Amour au Village, Ouverture, O 2—, P cond. —25 *Billaudot*, FullO 2 8, P —6, extra parts —/3 *Hawkes*.
- Les Astres, Valse, O 1— n *Marguéritat*.
- L'Auréole, Ouverture, FullO 1—, 1½ pts. —80, 10 pts. —60, PVCornet —30, PV —25 *Coleman*, O avec solos 2—, P cond. —50, P seul 1.70 *Gaudet*.

- L'Automobile, galop, O 1— n, P cond. —25 n *Gaudet*.
- Away from Home, overt. P —20 n, 10 Instr —60 n, 1¼ Instr —80 n, FullO 1— n *Fischer*.
- Le Bachi-Bouzouk, quadr. O 1— n *Gaudet*.
- Le Baptême du petit Riquiqui, quadr. O 1— n, P seul gr. form. 1— n *Gaudet*.
- Barbançon, pas redoublé, Harm, Fanf 1.25 n *Pinatel*.
- Belle Humeur, quadrille, O 1— n *Marguéritat*.
- Belle, Rose, polka, O 1— n *Marguéritat*.
- Les Blondes, mazurka, O 1— n *Pinatel*.
- Le Bonheur, quadr. O 1— n, P cond. —25 n *Gaudet*.
- Bonjour Marie, polka, O 1— n. P cond. —25 n *Gaudet*.
- Bon Pied, bon Oeil, quadrille, O 1— n *Marguéritat*.
- Boulanger, quadr. O 1— n *Gaudet*.
- Bouton d'or, schotisch 4.50 *Benoit*.
- Les Brumes, schottisch, O en ut 1.50 n *Billaudot*.
- Buridan, Quadrille, O en ut 1— n *Ghéluwe*.
- Le Casino, quadrille, O 1— n, Harm ou Fanf 2— n *Pinatel*.
- Le Chant du Poète, ouv. Harm ou Fanf 2— n. Cond. —75 n *Ghéluwe*.
- Chantons amis, quadr. O 1— n *Gaudet*.
- Chemin des Roses, with Cornet solo, FullO 1—, SmallO —75, P acc. —40 *Hawkes*.
- Consolation, Polka-Mazur, O 1— n *Marguéritat*.
- Crescendo, quadrille, O 1— n *Marguéritat*.
- Dans la prairie, ouverture, O en ut 2— n, P cond. —25 n *Billaudot*.
- La Danse macabre, Quadrille, O en ut 1— n *Ghéluwe*.
- Djenika, fant. marocaine, O en ut 2— n *Billaudot*.
- En Famille, quadr. O en ut 1— n *Billaudot*.
- En route, pas red. Harm ou Fanf 1— n, Cond. —25 n *Ghéluwe*.
- L'Etoile belge, ouverture, O av. solo V (Cl) (Fl) 2— n, P seul gdf. 1.70 n *Gaudet*.
- Les Farfadets, Ouvert. O 2— n, O 8 p. au choix 1.50 n, p. de P —50 n *Marguéritat*.
- Fête du Hameau, ouverture, FullO 1.50, SmallO 1—, P acc. —25 *Hawkes*.
- Une Fête Villageoise, fantaisie, HarmFanf, solo de pist (Cl), chants de bougles, altos, bar, trombones, basses, HarmFanf 3— n, Cond. isolé —50 n *Billaudot*, Harm ou Fanf 3— n, Cond. —50 n *Sudre*.
- Les Feuilles, Valse 2— n, O 1.25 n *Ghéluwe*.
- Le Fléau du village, quadr. O 1— n *Gaudet*.
- Frou-frou, quadr. O 1— n *Gaudet*.
- Le galant Pompier, pas red. Harm ou Fanf 1.25 n, Cond. —25 n *Ghéluwe*.
- Georgette, polka, O en ut 1— n *Billaudot*.
- La Grande Halte, pas red. Harm ou Fanf 1.25 n, Cond. —25 n *Ghéluwe*.
- Hue! Dada, Polka 4.50 *Benoit*.
- Hussards-polka, O 1— n *Pinatel*.
- La Jeunesse Parisienne, Quadrille, O 1— n *Marguéritat*.
- La hi, y ou, la la, Quadrille, O en ut 1— n *Ghéluwe*.
- Les Lanciers Amoureux, O 1— n *Marguéritat*.

- Laurier rose, maz. O 1— n. P cond. —25 n
  Gaudet.
- La Légende, Valse 2— n, O 1.50 n *Marguerital.*
- Livry, pas red. *Harm* 1.50 n, *Fanf* 1.25 n,
  Cond. —25 n *Billaudot. Ghéluwe.*
- Loin du Pays, overture (Oct. Edit.), *Full*
  O 2 8, P 2.—, extra parts — 3 *Hawkes.*
  O 2— n, P 2.50 n *Ghéluwe, Pomier.*
- Lucie, polka, O 1— n *Pinatel.*
- Marche des Sauveteurs 1.50 n, *Harm* ou
  Fanf 1— n, Cond. —25 n *Ghéluwe.*
- Marie-Thérèse. Valse, O 1— n *Marguerital.*
- La Moisson, Overture (Oct. Edit.), *FullO*
  2 8, P — 6, extra parts —3 *Hawkes*, O
  2— n *Pinatel.*
- La Neige, Valse, O en ut 1.50 n *Ghéluwe.*
- New-York, Quadrille, O en ut 1— n *Ghéluwe.*
- Nourrice, polka, O 1— n *Pinatel.*
- L'Oiseau-Mouche. Fant. *Harm* 4— n, *Fanf*
  3— n, Cond. —50 n, P 1.50 n, *Saxoph.alto*
  1— n, avec P 2.50 n *Marguerital.*
- Petit Berceau 3— *Benoit.*
- Pierrette, polka, O en ut 1— n *Billaudot.*
- Pif-paf-pouf, quadr. O 1— n, P cond. —25 n
  Gaudet.
- Le planteur, Quadrille, O en ut 1— n *Ghéluwe.*
- Riant Séjour, fantaisie, O av. solo de V et
  Pist 2— n. P cond. —50 n *Gaudet.*
- Le Roi des Tropiques, quadr. O 1— n
  Gaudet.
- Romantic, Schottisch, *Full Band* 2 8, *Medium Band* 2 —, *Small Band* 1.4, extra
  parts — 2 *Hawkes.*
- Soissons, Marche, *Harm* et *Fanf* 1.50 n, p.
  Cond. s. —25 n, p. *Pist* solo —10 n *Marguerital.*
- La Soupe au choux, Quadrille, O en ut
  1.25 n *Ghéluwe.*
- Le Sourire, schottisch, O 1— n, P cond.
  — 25 n *Gaudet.*
- Le Souvenir, Overture (Oct. Edit.), *FullO*
  2 8, P — 6, extra parts — 3 *Hawkes.*
- Souvenir de Coeur, valse, O en ut 1.50 n
  Billaudot.
- Souvenir d'Ostende, Fant. variée, O 2— n.
  pctO 1.25 n. P 1.75 n, *Basse Ophicléide* ou
  Bar ou *Tro* avec P à 2.50 n *Marguerital.*
- Souvenirs —30 n *Joubert.*
- Le Strah de Perse, Quadrille, O 1— n
  Pinatel.
- La Tour d'Auvergne, quadrille, O 1— n
  Pinatel.
- Valse des chasseurs, O en ut av. *Tr* de
  chasse 1.50 n *Ghéluwe.*
- Les Vins de France, Quadrille, O en ut
  1— n *Ghéluwe.*
- Voila l'pleisir mes dames, quadr. O en ut
  1— n *Ghéluwe.*
- La Voltige, galop, O 1— n, *Harm* ou *Fanf*
  1.25 n *Pinatel.*

Bouillon A. Amours et fleurs —50 *Schott.*
- L'oiseau des bois, romance —50 *Schott.*
- Les regrets, tyrolienne, rom. —50 *Schott.*
- Si tu savais combien je t'aime, romance
  —50 *Schott.*

Bouillon E. La Fête des Turcos, Marche
  1.70, *Harm* ou *Fanf* 1.50 n, Cond. —50 n
  Ghéluwe.

- J'vous dirai l'rest' quand je r'viendrai
  1— n, *Ch. s.* —30 n *Rouart.*
- Les jolies tabatières du Gros-Caillou, rond.
  populaire 1— n, *Ch. s.* —35 n *Labbé.*
- Le jupon de Madelon, Polka —50 *Rousseau.*
- Marche nationale française, *Harm* ou *Fanf*
  1— n, Cond. —25 n *Ghéluwe.*
- Le Petit pied de ma Ninette 1— n, *Ch. s.*
  —30 n *Rouart.*

Bouillon F. Allez cueillir les pâquerettes,
  romance 1— n, *Ch. s.* —35 n *Labbé.*

Bouillon P. Venus, ouverture 2— n, O 2— n.
  P cond. —50 n *Fouquet.*
- Air varié, *Tro* à *Pist* ou *Basse solo Harm.*
  Part 4.50 n *Erette.*
- L'Avalanche, Air varié, O 2— n, *pctO* 1.25 n,
  P 1.75 n, *Harm* 5— n, Cond. —50 n, *PCt*
  2.50 *Marguerital.*
- Châteaudun, pas red. *Harm* 3— n *Erette.*
- La Croix d'honneur, pas red. *Harm* 3 — n
  Erette.
- Les deux Magots, overture (Oct. Edit.),
  FullO 2 8, P 2 —, extra parts — 3, *Full
  Band* 4 —, *Medium Band* 3 —, *Small Band*
  2 —, extra parts — 3 *Hawkes.*
- Les Deux Magots, fantaisie, O 2— n, P
  cond. —50 n, P seul gdf. 1.70 *Gaudet.*
- L'Enfant de troupe, Quadrille, O moderne
  1.25 n *Leduc.*
- La Flandre, Ouvert. (Universal Band Journal 182) *Milit. Band* 2— n *Fischer*, *FullO*
  2 8, P 2 — *Hawkes*, O 2— n *Pinatel.*
- Fleur promise, redowa, O moderne 1.25 n
  Leduc.
- Francastor, quadr. O P cond. 1.50 n *Costil.*
- Georges, Ouverture, O moderne 2— n *Leduc.*
- Les Immortels, Marche funèb. *Harm* 3— n
  Erette.
- Laure, schottisch, O moderne 1.25 n *Leduc.*
- Longchamps, pas red. *Harm* 3—n *Erette.*
- Murmuring of the Forest, Ouvert. (Universal Band Journal 147) *Milit. Band* 2— n
  Fischer.
- Papillon, Fant. *Harm* 4 — n, *Fanf* 3— n,
  Cond. —50 n, P *Saxophone* 2.50 n *Marguerital.*
- Philadelphia, Overture, *FullO* 1.25 n, *14
  Instr* 1— n, *10 Instr* —75 n, P — 25 n
  Fischer, Standard Music Co., *FullO* 2 8,
  P — 6 *Hawkes*, O en ut P 2— n *Pinatel.*
- La Pluie d'Or, Air varié, O 2— n, *pctO*
  1.25 n, P 1.75 n, *Harm* 5— n, Cond. —50 n,
  PCt 2.50 n *Marguerital.*
- Premier baiser d'amour 1— n, *Ch. s.* —35 n
  Puigellier.
- Qui-vive! Pas red. *Harm* 3—n *Erette.*
- Sambre-et-Meuse, O 1.50 n *Costil.*
- Soir d'Automne (Evening in Autumn),
  Overture, Full Band 4 —, *Medium Band*
  3 —, *Small Band* 2 —, extra parts — 3,
  FullO 2 8, P — 6, extra parts —3 *Hawkes.*
- Le Tourbillon, Air varié, O 2— n, *pctO*
  1.25 n, P 1.75 n, *Harm* 5— n, *Fanf* avec
  Saxoph.alto 4— n, Cond. —50 n, *PCt*
  2.50 n *Marguerital.*
- Velleda, Mazurka, O en ut 1— n *Ghéluwe.*
- Vie champêtre, O 1.50 n *Costil.*

Boullion et Boeuf 1— n, *Ch. s.* —30 n *Oudet.*

Bouillon du régiment 1— n, *Ch. s.* —35 n
  Eveillard.

Bouillotte (La), Diction 1— n *Joubert.*

Bouilon, La Garde Mobile, pas red. *Harm* ou *Fanf* 1— n, Cond. —25 n *Gheluwe.*

- Illusion. (A. H e r m a n) pas. red. *Harm* ou *Fanf* 1— n, Cond —25 n *Gheluwe.*

- Le Sultan, pas red. *Harm* ou *Fanf* 1— n, Cond. —25 n *Gheluwe.*

Boujut. Le Champ d'honneur, Pas Redoublé composé sur une Batterie de l'Empire, P 2—, *Banda*, Part 5— *Ricordi.*

- Saint au 54e, pas red. *Harm* av. *Tambours et Clairons* 3— n *Evette.*

Boukinik M. Quatre études de concert, l'e 1.10 *Jurgenson.*

Boulachoff P. Leï non è qui (Ее ужъ нѣтъ) —35 *Gutheil.*

Boulachoff v. **Bulachoff.**

Boulan, L'homme d'Affaires 1— n, *Ch. s.* —40 n *Bornemann.*

Boulanger, Après Minuit, *TTBB*, Part 3— n, p. sép. —30 n *Lory.*

- Le Chien et le Chat, Choeur à 3 voix ég. Part —50 n *Lory.*

- La Gaieté, P 4— *Chappell.*

- La Habanera, P 1.50 *Guimaraes.*

- Haydee, Gr. Fant. P 9— *Benoit.*

- Le mal du pays, mél. 2.50 *Lemoine.*

- Marquise, (R u m m e l) (Operatic Gems F. Gautier 77), *fms* 2 — n *Jefferg.*

- Ma vieille mère et mes amours, *Ch. s.* *Lemoine.*

- Méditation, VP 1.35 *Brahy.*

- Les Navigateurs, *TTBB*, Part 1.50 n, p. sép. —25 n *Lory.*

- La Noce Flamande, *TTBB*, Part 3— n, p. sép. —30 n *Lory.*

- On n'est pas parfait 1— n, *Ch. s.* —35 n *Choudens.*

- Les Outils, *TTBB*, Part 1.50 n, p. sép. —25 n *Lory.*

- Papillon vole! Mél. 2.50 *Lemoine.*

- La Prière, Mél. — 30 n *Joubert.*

- Les Puritains, *TTBB*, Part 1.50 n, p. sép. —25 n *Lory.*

- Le Retour, *TTBB*, Part 1.50 n, p. sép. —25 n *Lory.*

- Rêverie, VP 2— *Brahy.*

- La Sac du Couvent, *TTBB*, Part 3— n, p. sép. —30 n *Lory.*

- Sainte bergère 2.50 *Lemoine.*

- Sans toi que j'aime, Rom. —30 n *Joubert.*

- Souvenir, valse, VP 2— *Brahy.*

- Les Vacances, Choeur à 3 voix ég. Part —50 *Lory.*

- Les Vacances, Choeur à 2 voix acc. P (ad lib.), Part voc —50 *Lory.*

- Les Voix du dimanche, *TTBB*, Part 2—n, p. sép. —25 n *Lory.*

- De vroolyke bakker, Hum. marsch, v. P met woorden (fluiten ad lib.) —50, Tekst afz. —10 *Alsbach.*

Boulanger A. op. 34 Follette, caprice, P 7.50 *Leduc.*

- La cantinière de Sébastopol, chanson com. 1— n *Labbé.*

- Le D i a b l e à l'é c o l e (Der Teufel in der Schule), Oper. Part 30— n, Ouverture, P 6—, *fms* 7.50 *Lemoine.* A genoux, romance —20 n. L'amour en se jouant, romance —20 v. Qu'à toi seule appartienne,

romance —20 n *Labbé*, Bagatelle, P (J. B. D u v e r n o y, op. 119) 1— *Breitkopf.*

- La Galerie zoologique, Av. parlé 1—n, *Ch. s.* —40 n *Bornemann.*

- Le grand festival de M. Lépateur, scène com. 1— n *Labbé.*

- L'homme d'affaires, Scène com. 3—, *Ch. s.* 1— *Bornemann.*

- Madame perdue, scène com. 1—n *Labbé.*

- Mauricia, polka de salon 4.50 *Heugel.*

- La ménagerie de Pezon. Scène com. 3—, *Ch. s.* 1— *Bornemann.*

- On est bien forcé d'être honnête, chansonnette 1— n *Labbé.*

- Qu'il est laid, ce Monsieur Bastien, scène villageoise —25 n *Labbé.*

- Le tambour de la commune, chanson com. 1— n *Labbé.*

- Une visite à Pékin, scène com. 1— n *Labbé.*

Boulanger C. A. La Croix du chemin (Das Kreuz am Wege), Chanson à une voix avec P ou de G —50 *Schott*, 2.50 *Lemoine.*

Boulanger E. Compositions, P:

- Op. 6 Grande Etude 1.25 *Schott.*

- 7 Première Valse de Concert 1.75 *Schott.*

- 8 Premier Nocturne 1.25 *Schott*, —50 *Brainard*, 1.70 n *Choudens.*

- 9 Valse-Mazurka de salon 1.50.

- 10 Deuxième Nocturne 1.50.

- 11 Lubinka, Valse de salon 1.25.

- 12 Zwei Polka-Mazurkas, N. 1 et 2 à —75 *Shott.*

- Aveugle et sourde, chansonnette 3— *Noël.*

- Bonjour mon coeur, mélodie 5— *Noël.*

- La Cachette (1847), opéra-comique en 3 actes, *Heugel*: Couplets, Voyez dans la prairie, S 2.50. Duo bouffe, Ah! te voilà, TB 7.50. Romance, Regarde-moi, je t'en supplie, B 2.50. Romance, Ah! mylord, j'arrive, S 2—.

- Diana, polka 5— *Noël.*

- La Main du Seigneur, cantique av. acc. P et Org 1.70 *Bornemann.*

- Les Naïades des Néris, valse 5— *Grus.*

- Les petits clameurs 1— *Bornemann.*

- La réponse devinée chanson 3— *Noël.*

- Le S a b o t s d e l a m a r q u i s e, opéra-comique, Part 8—n *Grus*, Ouverture, O, Part et p. sép. 20—n *Grus*, *Harm*, Part 9—n *Evette*, P 6— *Grus*: N. 1. Chloris dormait complet, S 2.50, *Ch. s.* —25. N. 2. Vive de veuvage! ariette, S 4—. N. 3. Vous êtes ma chère maîtresse, S 5—. *Ch. s.* —25. N. 4. Morbleu! corbleu! ventre-bleu! B 6—. N. 5. Pourquoi ne mangez-vous pas? duo, S 9—. N. 6. A vous je m'intéresse rond, SCA 6—, *Ch. s.* —50. N. 7. Dam' voyez-vous, complet, T. B à 3—, *Ch. s.* —25. N. 8. Me voilà, me voilà, duo, SB 7.50.

- Souvenez-vous de moi, simple histoire 5— *Noël.*

- Une voix (1845), opéra-comique en 1 acte, *Heugel*: 2. Couplets à 1 ou 2 voix. Si j'étais l'oiseau qui chante, T et S 3—. 2 bis. Les mêmes pour 1 voix, S 2—. 4. Air. Eh! quoi, je serai comtesse, S 5—. 5. Couplets. Puisqu'il faut dans le mariage, S 2—. 6. Chanson napolitaine. Vers d'autres plages, S 2.50. 6 bis. L' même un ton plus bas 2.50. 7. Duo. Ah! restez, je vous en supplie, T et S 6—.

Boulanger Er. Don Macarade, Sérénade, *P* 1— n *Chandens*.

Boulanger Ernest. Après la bataille, *T* 3— *Bornemann*.

- Au Paradis (N. 1 en ut. N. 2, en si b) 3—, *Ch. s.* 1 — *Bornemann*.

- Cyrus in Babylon. *TTBB* — 4 *Curiren*, Part. 2— n, p. sép. —25 n *Lory*.

- L'Éventail. Valse 5— *Bornemann*, 6— *Joubert*.

- La main du seigneur. N. 1 *Bar.* N. 2. *MS*, av. Org 5— *Bornemann*.

- La malédiction 4— *Bornemann*.

- La nuit du bûcheron (N. 1, T, N. 2, *Bar*) 3—, *Ch. s.* 1 — *Bornemann*.

- Le pâtre 3— *Bornemann*.

- Les petits glaneurs 3— *Bornemann*.

- Les trois carillons 3—, *Ch. s.* 1— *Bornemann*.

Boulanger F. Duetto a canone, *Org* —35 n *Musica sacra*.

- Nouvelle chanson —85 *Schott Frères*.

Boulanger J. Le Lever du jour, 4 voix d'hommes; Part 1.50, parties sép. —25 u *Fromont*.

- Un soir d'été, 4 voix d'hommes, Part 1.25, p. sép. —25 n *Fromont*.

Boulanger J. H. Dancing fairies polka —40 *Ditson*.

- Dancing fairies schottisch —35 *Ditson*.

- Love forever, Schottische —35 *Ditson*.

Boulanger Luc. L'ondine, polka, *VP* 5— n *Maraille*.

Boulanger T. La main du Seigneur, *S. MS* av. accomp. de *P* et Org à 1.70 n *Bornemann*.

Boulanger-Kunzé, Le Bonheur du Pâtre, chans.; Tu veux, pâtre de ces montagnes, *Ch. s.* —25 n (La Muse populaire N. 194) *Lemoine*.

- Domini, melodia, *S* (la lira d'italia N. 326) 5— *Bouich*.

- Un envoi de fleurs 2.50 *Heugel*.

- 15 Motets et cantiques à 2 ou 3 voix égales pour le mois de Marie (in-8°) 4.50 n *Costallat*.

- Papillon vole et Le Mal du Pays, *Ch. s.* —25 n (Les Chants de l'Atelier 429. livr.) *Lemoine*.

- Questa la bella face, duettino, *ST* 5— *Bouich*.

- Reine des cieux, rom.: Reine des cieux, c'est mon enfant, *Ch. s.* —25 n *Lemoine*.

- Sauve les jours de ma Mère, rom.: Ma mère est souffrante, *Ch. s.* —25 n *Lemoine*.

- Venez dans nos campagnes, chansonnette 2.50 *Heugel*.

Boulanger à la trombe de Marceau, Chanson patriotique 1— n *Joubert*.

Le boulanger d'à côté 1— n, *Ch. s.* —35 n *Ercillard*.

Boulanger maître d'école en Alsace, Chanson patriotique 1— n *Joubert*.

Boulanger-Marsch, *V* —10 *Kunz*.

La boulangère a des écus, *Ch. s.* —20 *Bornemann*.

La boulangère du fg. St.-Martin —25 *Debert*.

Les boulangisses 1— n, *Ch. s.* —30 n *Ondet*.

Boulard, Feu Follet, Mazur, *P* 4.50 *Labonde*.

- Le Gaboulet du Troubadour 3—, *Ch. s.* 1 *Cortereau*.

Boulard A. H. Golden fleece, March —30 *Church*.

Boulard G. Le chasseur en défaut, *TB* 3— *Girod*.

Boulard M. Malborough, *P* 6— *Benoit*.

- Le physionomiste, chansonnette 3— *Heugel*.

- Vagabonde, Polka 1.70 n *Lesigne*.

Boulard V. Iberia, valse 6— *Loduc*.

- Je bois toujours, chanson 3— *Loduc*.

- Polka sur la „Vie parisienne" (Offenbach) 1.50 n *Gregh*.

- Le Roman comique, Polka sur l'opéra bouffe (Offenbach) 1.70 n *Lesigne*.

Boulat-Dalville, Avec moi moitié 3— *Sulzbach*.

Boulay Hector E. Salve Regina, *B*, Mix. Chor. —12 *Ditson*.

Boulay J. Chant de paix, choeur à 3 voix de femmes, avec acc. de *P*, part 3— n, Chaque p. de choeur 1— n *Heugel*.

- Six Motets à la Sainte-Vierge et au Saint-Sacrement, Chant et Org: Agnus Dei, Ave Maria, O Salutaris, à 5—. Regina Coeli 7.50 n. Sub tuum 5— n. Tantum Ergo 5—. Chaque motet, chant seul 1— n *Enoch*.

- 3 Pièces, *Org*: 1. Andante 4— *Schott*, 1.35 n *Durand*. 2. Prélude 4— *Schott*, 1.75 n *Durand*. 3. Fugue 5— *Schott*, 2— n *Durand*.

- Suite pour *VP*: N. 1. Romance sans paroles 2.50 n. 2. Intermezzo 3— n, N. 3. Conte 2.50 n. N. 4. Humoresque 2.50 n *Enoch*.

Boulch Le Jules, Les flots bleus, valse, *fois* 9— *Le Boulch*.

- Les saisons, 24 quintettes, réduites, *P* v. David. *Le Boulch*.

Boulchère, O salutaris en si b, *MS*, *S* à 1.50 n *Pérégally*.

Boulcott J. R. Alpine Melody, *P* 3 — *Cary*.

- Dixie Polka —35 *Ditson*.

- Echoes of the Forest, *P* 3 — *Cary*.

- Forget me not, Melody of J. M. Wehli. *VP* 2 6 *Ashdown*.

Boulcoulesco, Bucharest, Polka-Maz. 1— *Bornemann*.

Boulcourt, Evelyn, polka, O solo de *Pist* 1— n *Pinatel*.

- Le Nouveau Jocrisse 1— n, *Ch. s.* —25 n *Margueritat*.

- Où trouver un mari 1— n, *Ch. s.* —25 n *Margueritat*.

- La Torpille, polka, O solo de *Pist* 1— n *Pinatel*.

- Trombone Polka, *Trombone solo*, Full Band 4—, Medium Band 3—, Small Band 2— *Hawkes*, O 2— *Ghelues*.

Boulcourt et Fessy, Haydée, Fant. *CornetP* 9— *Benoit*.

Boulcourt & Vimeux, Seine et Tamise, Fant. mus. milit. (Tilliard) 2.50 n, Cond. —20 n *Tilliard*.

Boulden, Our Favorite Clog, Banjo, 2Banjo à —15 *Stern*.

Boule à Boulard (La), Excentricité 1— a *Joubert*.

Boule de Gomme et fleur de Chic, Duo à danse 1— n, *Ch. s.* —30 n *Ondet*.

La boule de Neige —25 n *Debert*, —30 n *Joubert*.

Boule de neige et Paméla, Duo 1.70 n, *Ch. s.* —35 n *Ercillard*.

Bouleau-Neldy A. op. 59 Rigaudon. Style ancien, *P* 3— *Ricordi*.

- 60 Seul, Lamento, *P* 1.50 *Ricordi*.
- 70 Pièces de Musique religieuse 10— n *Metzner*.
- 68 10 Marches de différents caractères (1. Livr.) 3.20 n *Simon*, 4— n *Metzner*.
- 69 8 Offertoires (2. Livr.) 3.20 n *Simon*, 4— n *Metzner*.
- 70 12 Élévations et Communions (3. Livr.) 2.40 n *Simon*, 3— n *Metzner*.
- 71 40 Versets Solennels (4. Livr.) 4— n *Simon*, 5— n *Metzner*.
- Bergers de Béthléem, Cantique 5— *Legouix*.
- Chants à Jésus et à Marie, 30 cantiques pour les réunions de confréries et du mois de Marie. Soli et chœurs à 2 voix égales, av. acc. *Orgll* ou *P*, Format pet. Part 7— n *Legouix*.
- Messe en do mineur, *TTBB*, 28 20 motets ad lib. av. acc. *Org* 6— n *Legouix*.
- Messe de Dumont, 3 voix égales av. acc. *H* 5— n *Metzner*.
- 20 motets au très saint Sacrement et à la très sainte Vierge, composés pour solos, duos, chœurs à 2 et 3 voix égales, av. acc. *Orgll*, 1 vol. 7— n: N. 1. Ave Maria, solo 2. Ave Maria, chœur à 2 voix. 3. Sub tuum, chœur à 3 voix. 4. Inviolata, solo et chœurs à 2 voix. 5. Ave mundi, Spes Maria, solo et chœurs à 3 voix. 6. Gaudé virgo Mater Christi, solo et chœur à 3 voix. 7. Beata Mater, canon à 2 voix. 8. Regina coeli, solo et chœur à 3 voix. 9. Ave verum, solo. 10. Ave verum, chœur à 2 voix. 11. O salutaris, solo. 12. O salutaris, duo. 13. O salutaris, chœur à 3 voix. 14. O salutaris, solo et chœur à 3 voix. 15. Tantum ergo, solo. 16. Tantum ergo, chœur à 3 voix. 17. Tantum ergo, chœur à 3 voix. 18. Tantum ergo, solo et chœur à 3 voix. 19. Ecce Panis, solo. 20. Exaltabo te Deus Mens Rex, chœurs à 3 voix, Format in-8° à —75 n *Legouix*.
- O Salutaris, Chant liturgique, 2SB 4— *Legouix*.
- Tantum ergo, STBar 5— *Legouix*.

Bouleau-Neldy, Trois transcriptions, *VOrg*: 1. Voix du ciel 9—. N. 2. Ave Maria 4.50. N. 3. Andante de Mozart 7.50 *Legouix*.

Les bouleaux, *T. Bar* 1— n, *Ch. s.* —35 n *Ercillard*.

Les Boulettes, Chansonnette 1— n *Joubert*.

Boulevard des Capuciners 1— n, *Ch. s.* —30 n *Ondet*.

Le boulevardier, av. parlé 1— n, *Ch. s.* —35 n *Ercillard*.

Les boulevardiers 1— n, *Ch. s.* —35 n *Puigellier*.

Bouliech, Les Échos champêtres. Valse 5— *Benoit*.
- Flocons de Neige. Polka 5— *Benoit*.
- Souvenir de Bal. Valse 6— *Benoit*.
- Les Triolets. Schottisch 5— *Benoit*.

Boullard, Aïe donc! aïe donc! 3—, *Ch. s.* —30 n *Ercillard*.
- Le beau carabinier 3—, *Ch. s.* —30 n *Ercillard*.
- La belle Bordelaise 3—, *Ch. s.* —30 n *Ercillard*.
- Le bon moyen 3—, *Ch. s.* —30 n *Ercillard*.
- La Boulanger a des écus (Offenbach), maz. 1.70 n *Choudens*.
- Les Braconniers (Offenbach), maz. 1.70 n *Choudens*.
- La canotière 3—, *Ch. s.* —30 n *Ercillard*.
- Le Carillonneur, *Ch. s.* 1— *Legouix*.
- La cassette à Malvina 3—, *Ch. s.* —30 n *Ercillard*.
- C'est défendu 3—, *Ch. s.* —30 n *Ercillard*.
- C'est si tôt fait 3—, *Ch. s.* —30 n *Ercillard*.
- La chanson de l'ouvrier 3—, *Ch. s.* —30 n *Ercillard*.
- La comtesse de Patchouli 3—, *Ch. s.* —30 n *Ercillard*.
- Cupidon est parti 3—, *Ch. s.* —30 n *Ercillard*.
- Dam! fallait l'dire 3—, *Ch. s.* —30 n *Ercillard*.
- Docteur Péterkoff 3—, *Ch. s.* —30 n *Ercillard*.
- L'enjôleur enjôlé 3—, *Ch. s.* —30 n *Ercillard*.
- La Femme à Papa (Hervé) Le Champagne, maz. 1.70 n *Choudens*, *VFl Cornet* —25 n *Fromont*.
- La Fille à Bridet, *Ch. s.* 1— *Legouix*.
- Le fond du verre 3—, *Ch. s.* —30 n *Ercillard*.
- Hymne à la charité 3—, *Ch. s.* —30 n *Ercillard*.
- Je la trouve mauvaise 3—, *Ch. s.* —30 n *Ercillard*.
- Je ne puis vivre sans vous 1— n, *Ch. s.* —25 n *Margueritat*.
- J'tiens mon Anglais 3—, *Ch. s.* —30 n *Ercillard*.
- La lune rousse 3—, *Ch. s.* 30— n *Ercillard*.
- La Marchande de marée 1— n, *Ch. s.* —25 n *Margueritat*.
- Les Merveilleuses. Quadr. pot-purri, sur des airs du XVIIIe siècle 5— *Legouix*.
- Mon cœur ouvre ta porte! 3—, *Ch. s.* —30 n *Ercillard*.
- Mon cousin l'canotier 3—, *Ch. s.* —30 n *Ercillard*.
- Noblesse oblige 3—, *Ch. s.* —30 n *Ercillard*.
- Le partage du moulin 3—, *Ch. s.* —30 n *Ercillard*.
- Petite marche du gendarme du Voyage en Suisse, *P* 5— *Joubert*.
- Polka du grelot (av. grelots et clochettes) 1.70 n *Choudens*.
- Prélude religieux, *V. P. Org* 6— *Chartier*.
- Que les hommes sont beaux 1— n, *Ch. s.* —25 n *Margueritat*.
- Si j'étais le zéphir 1— n, *Ch. s.* —25 n *Margueritat*.
- Le soufflé de la liberté, chanson patriotique 1— n, *Ch. s.* —35 n *Labbé*.
- Spéranza. Boléro 3—, *Ch. s.* —30 n *Ercillard*.
- Variétés. Polka-Mazur 5— *Legouix*.
- V'là les bêtises qui recommencent 3—, *Ch. s.* —30 n *Ercillard*.

Boullard, Hervé H., Lecocq, La Roussotte, opérette en trois actes, in 8°, Part 10— n *Joubert*.

Boullard A. 2 petites Mélodies, *Hautb* accomp. *P* 6— *Erette*.

Boullard J. La ronde des buveurs, 2Bar 1— n, *Ch. s.* —35 n *Labbé*.

Boullard J. B. La branche de thym, souvenir 1— n, *Ch. s.* —35 n *Labbé*.
- Brunette, mélodie 1— n *Labbé*.
- Le chien de l'aveugle mélodie 1— n *Labbé*.

- Les débuts d'un grand comédien. Scène com. 3—, *Ch. s.* 1— *Bornemann*.
- Les deux éponges, duo vinico-bachi-comique 1.60 n *Labbé*.
- L'esprit malin 3—, *Ch. s.* 1— *Bornemann*.
- Louison la chanteuse 1— n, *Ch. s.* —25 n *Marguerilat*.
- La ronde des buveurs, chanson bachique, 2 voix 1.20 n *Labbé*.
- La ronde du guet, chanson 1— n, *Ch. s.* —35 n *Labbé*.

Boullard M. En cabriole, Voyage en Suisse, Polka 4— *Joubert*.
- Le Carillonneur 3— *Legouix*.
- Les cent Vierges, valse *4ms* 9— *Joubert*.
- Chanson d'Alain, de Grisélidis 3— *Hengel*.
- Le Cousin Martin 3—, *Ch. s.* 1— *Leduc*.
- Enfants de la Bretagne 3—, *Ch. s.* 1— *Bornemann*.
- Krou-to-po 3—, *Ch. s.* 1— *Bornemann*.
- Mazurka sull'opera I Braeconieri, *P* 2— *Sonzogno*.
- Les 30 millions de Gladiator, valse 6— *Hengel*.
- Nédel (C^sse Lionel de Chabrillan), Opérette, 1 hom. 3 fem. Livret —50, *O* 4— n *Bornemann*.
- Niniche. Opérette en 3 Actes, *Joubert*: Part 6— n, Ch. & *P* 8— n, *Ch. s.* 2— n, KA 1.50 *Hansen*:
  2. Couplets. Si j'avais suivi les Vœux 1.35 n.
  3. Couplets. En frissonnant je me hasarde 1— n.
  4. Rondeau. C'est, je vous le jure 1.70 n.
  6. Rondeau. En revenant après dix mois 1.70 n.
  7. Chanson de Niniche. Avec ce costume, Anatole 1.70 n.
  9. Couplets du Commissaire. Je viens de chez le commissaire 1— n.
  10. Couplets du Masseur. Certes, monsieur doit plaire aux dames 1— n, *Ch. s.* à —30 n.
  Airs, *VFl* à 1.75 n.
  Bouquet de mélodies, *P* 6—.
  Fantasie, *PV* 2.50 n.
  Polka, *PV* 2.50 n.
- La Périchole, valse 6— *Joubert*.
- La petite marquise, galop 4.50 *Hengel*.
- Polka des Sonnettes, de la comédie: L es Sonnettes de Meilhac et Halévy 5— *Joubert*, 2— *Ricordi*.
- Prélude Religieux, *PV* 6— *Chartier*.
- Les près-Saint-Gervais, mazurka 5— *Enoch*.
- Promenade. Polka 1— *Bornemann*.
- La ronde des petits crevés, ronde 1— n, *Ch. s.* —35 n *Labbé*.
- Toto chez Tata. Scène de Meilhac et Halévy, *P* 6— *Joubert*, 2— *Ricordi*.
- Le voyage en Suisse. Suite de Valses, *P* 4.80 *Breitkopf*, 7.50 *Joubert*.

Boullard V. L'adieu, schottisch 1.50 n *Gallet*.
- Ah! qu'il est doux de revoir son pays —20 n *Bornemann*.
- L'Amour du Vin 1— n, *Ch. s.* —40 n *Bornemann*.
- Anacréon 1— n, *Ch. s.* —40 n *Bornemann*.
- A qui l'tour? parade 1— n, *Ch. s.* —35 n *Labbé*.
- Au secours, chanson 1— n *Labbé*.
- Les bis d'Adonis, chansonnette 1.20 n *Labbé*.

- Buvons amis, buvons! chanson philos. 1— n, *Ch. s.* —35 n *Labbé*.
- Cadet 1— n, *Ch. s.* —40 n *Bornemann*.
- Carmosine, polka-maz. 1.75 n *Gallet*.
- C'est le premier pas qui coûte 1— n *Marguerilat*.
- C'est pour ce soir. *Ch. com.* 3—, *Ch. s.* 1— *Bornemann*.
- Le chant des zouaves, *Ch.* patriot. 1— *Bornemann*.
- Cloche argentine, polka 1.75 n *Gallet*.
- Les Cocardiers (Paulus) 1— n, *Ch. s.* —40 n *Bornemann*.
- La croix et la bannière, chansonnette 1— n *Labbé*.
- Don Diégo le Corsaire 3—, *Ch. s.* 1— *Bornemann*.
- Dubloquet et filandreux, scène bouffe 1.50 n *Labbé*.
- En l'air, polka 1.50 n *Gallet*.
- Les Escargots, chansonnette 1— n *Labbé*.
- Est-y-bête encore celuilà? chansonnette 1— n *Labbé*.
- L'étang, *Ch. s.* —20 *Bornemann*.
- Fantine, polka-maz. 1.50 n *Gallet*.
- Le gai métal, chansonnette 1— n *Labbé*.
- J'aime la nuit —20 n *Bornemann*.
- Je m'embête, chanson 1— n *Labbé*.
- La jeune mère, romance 1— n *Labbé*.
- J'n'avons jamais connu l'amour, paysannerie 1— n, *Ch. s.* —35 n *Labbé*.
- Les jolis gloux gloux, chanson 1— n *Labbé*.
- Léona, polka-maz. 1.75 n *Gallet*.
- Lisbonne, polka 1.75 n *Gallet*.
- Le long du sentier, chansonnette 1— n *Labbé*.
- Lucienne, polka-maz. 1.75 n *Gallet*.
- Madelinette Madelonchant du cœur —20 n *Labbé*.
- Les marins de Cythère, chansonnette 1— n *Labbé*.
- Marthe, polka-maz. 1.50 n *Gallet*.
- Mon artilleur, chansonnette 1.20 n *Labbé*.
- Ne me réveillez pas, rêverie 1— n *Labbé*.
- Le Noir de Tempico, ch. créole —20 n *Bornemann*.
- L'Observateur, chanson 1— n, *Ch. s.* —35 n *Labbé*.
- Pépita la Navarraise 3— *Bornemann*.

Boullard V. Pépito de toréador 3—, *Ch. s.* 1— *Bornemann*.
- La petite Isabeau, paysannerie 1— n, *Ch. s.* —35 n *Labbé*.
- La peur d'aimer 3— *Bornemann*, —20 n *Labbé*.
- Pourquoi briser mon cœur —20 *Bornemann*.
- La reine du plaisir, chansonnette 1— n *Labbé*.
- Les rêves, romance 1— n *Labbé*.
- La ronde du vert-galant, ronde 1— n, *Ch. s.* —35 n *Labbé*.
- Rosella, polka-maz. 1.75 n *Gallet*.
- La sensitive, polka-maz. 1.50 n *Gallet*, 2.40, *Fl* 1.20 *Sassetti*.
- La sérénade de Pierrot, chanson bouffe 1— n, *Ch. s.* —35 n *Labbé*.
- Souvenirs des premières amours 3—, *Ch. s.* 1— *Bornemann*.
- Tambourine, polka milit. 1.50 n *Gallet*.
- Le tanne aux air, parodie —40 n *Labbé*.
- Trouville, polka 1.75 n *Gallet*.

Boullée I. La saison printanière, romance 2.50 *Girod.*
Boullée Ida, Andante de concert, *P* 2.50 *Gregh.*
Boullevraye E. A deux, nocturne, *ST* 5— *Noël.*
- Ave Maria 3— *Noël.*
- Bébé, polka-mazurka 5— *Noël.*
- Chanson du fou 4— *Noël.*
- Colombe, valse de salon 6— *Noël.*
- Droite et gauche, polka parlementaire 5— *Noël.*
- L'étoile du soir, mélodie 5— *Noël.*
- Le mariage de la poupée, mélodie 5— *Noël.*
- Les morts, mélodie 3— *Noël.*
- Pie Jesu 3— *Noël.*
- Sommeil de l'enfant, mélodie 4— *Noël.*
Boulley Du, op. 29 Trio, *GVVc* 2— n *Costallat.*
- 31 Duo, *GP* 3— n *Costallat.*
- 42 Méthode complète en espagnol, *G* 6— n *Costallat.*
- 50 Duo facile, *2G* 3— n *Costallat.*
- 54 Sérénade, *PVG* 3— n *Costallat.*
- 60 Sérénade, *GV* 2.50 n *Costallat.*
- 62 Contredanses et valses, *GV* 2.50 n *Costallat.*
- 64 Sérénade, *GV* 2.50 n *Costallat.*
- 69 Septuor pour *V,* Alto, *Vc,Fl,* cor, *Cl* et *G* 2.50 n *Costallat.*
- 70 2 quadrilles, Duo, *GP* 3— n *Costallat.*
- 75 Recueil de contredanses, *2G* 3— n *Costallat.*
- 77 Recueil des contredanses, *2G* 2.50 n *Costallat.*
- 79 Romance et polonaise, *G* 2.50 n *Costallat.*
- 87 Sérénade, *GFl* 3— n *Costallat.*
- 88 Duettino, *GFl* 2.50 n *Costallat.*
- 94 Bluette, *GFl* 2.50 n *Costallat.*
- 110 Contredanses, Duo, *GP* 3— n *Costallat.*
- 115 Valses faisant suite à sa méthode, *2G* 4— n *Costallat.*
- 118 Méthode complète et simplifiée, *G* 8— n, 1re suite à la méthode 3— n *Costallat.*
- La Gracieuse, mazurka 1— n *Costallat.*
Boulliat B. Kedros, Valse 2— n *Rabut.*
- Sous tes blancs rideaux 1— n *Rabut.*
Boullon. La Flandre, Overt. *O* 9*Instr* —50 n, 10*Instr* —60 n, 14*Instr* —80 n *Fischer.*
Boulnois J. Elévation, *Gr. Org* (pédale obligée) (Sommaire de la 1re année 3 Livaison) 1— n *Procure Générale.*
- Panis Angelicus, 2 voix ég. *Org* —60 *Procure Générale.*
Boulogne J. Trois menuets, *Fl(VP* 3— n *Enoch.*
- Première Messe, *2SB* 24— *Benoit.*
- Deuxième Messe, *STB* 15— *Benoit.*
Boulommier A. Après le repas, quadr. *O* —90 n *Naudin.*
- Le bon Type, quadr. *O* —90 n *Naudin.*
- Le Duo des Ophicléides et Trombones, polka, *O* —90 n *Naudin.*
- L'Estime des Bals, quadr. *O* —90 n *Naudin.*
- La Gracieuse, maz. *O* (Les jeunes Virtuoses, 2. collection, 11e cahier) 1.25 n *Naudin,* 1— *Pomier.*
- Un jeune homme résolu, quadr. *O* —90 n *Naudin.*
- La Légère, polka, *O* —90 n *Naudin.*
- La Merveilleuse, polka, *O* —90 n *Naudin.*
- La Républicaine, polka, *O* av. *piston* —90 n *Naudin.*
- Un rêve d'abondance, quadr. *O* —90 n *Naudin.*
- Le Ronflant, quadr. *O* —90 n *Naudin.*

- Souvenir de vendange, quadr. *O* av. var. de piston —90 n *Naudin.*
- Souvenir d'un Tromboniste gaillard, quadr. *O* —90 n *Naudin.*
- Une vie heureuse, schottisch, *O* —90 n *Naudin.*
Boulotte et son gendarme, Duo bouffe 1.35 n, *Ch. s.* —30 n *Ondet.*
Boulton Harold, Biddy's wedding 4/— *Chappell.*
- Vocal Album. Songs of the four nations 12 6 n *Cramer.*
- Vocal Album. Eight Vocal Duets, Compl. 1 Vol. 4/— n *Cramer.*
- Vocal Album. Seven Songs to sing, N. 1—7 à 2/— *Cramer.*
- Wearing of the green (new version) 4/— *Chappell.*
Boulton Harold and Norine Thomas, Twelve Lyrics 4/— n : 1. Contentment, *ST. SBar.* 2. The Viking's Daughter. 3. The Heart's Fancies. 4. Time's Garden, *Co.Bar.* 5. Voices of Spring. 6. Under thy Window (Serenade). 7. A River Dream. 8. A Love Lullaby. 9. The Willow. 10. A Song of Sunshine. 11. The Countryman's Love Song. 12. Sunset, *ST. S Bar* à 4/— *Cramer.*
Boulvin W. Fairies' Well, *P* 3/— *Donajowski.*
- Fantaisie dramatique de Faust, *P* 9— *Muraille.*
- Grande fantaisie de concert sur des motifs de Bellini, *P* 4/— *Augener.*
- Seul, mél. à 1 ou 2 voix 1— *Fatout.*
Bouman A. Gavotte, *VeP* 1— n *Rahr.*
- Due Pezzi de Sgambati, op. 24, arr. *VeP:* N. 1. Andante cantabile, 2. Serenata napoletana à 2— *Schott.*
Bouman Ant. op. 10 Trois morceaux, *VeP:* N. 1. Elegie, 2. Feuille d'Album, 3. Gavotte à —90 *Lichtenauer.*
- Nocturne, *P* —60 *Rahr.*
Bouman C. A. op. 2 Bagatellen. 15 kleine Toonstukken, voor *Org* of *H* —80 *Koebrugge en De Zeeuw*-Dordrecht.
- 3 35 kleine Voorspelen in de meest gebruikelijke toonsoorten, *H* 1— *Alsbach.*
- 4 Acht toonstukken, *Org* of *H* met of zonder pedaal, Derde druk —75 *Lichtenauer:* 1. Romance, 2. Avondlind, 3. Romance, 4. Moderato assai, 5. Praeludium, 6. Praeludium, 7. Andantino, 8. Marsch.
- 5 27 Christelijke liederen en Koralen, gemakkelijk bewerkt en met vingerretting voorzien, *Org* of *H* of *P* 1— *Koebrugge en De Zeeuw*-Dordrecht.
- 6 Vijf toonstukken voor *Org* of *H* met of zonder pedaal —75 *Lichtenauer:* N. 1. Andante, 2. Postludium, 3. Romance, 4. Andante, 5. Postludium.
- Feestlied, *Giltay*-Dordrecht.
- Feestlied ter gelegenheid van den 10 den verjaardag van H. K. H. Prinses Wilhelmina. Vierst. met *P* —10, zonder *P* —2 *Stumpel*-Dordrecht.
- Kindercantate, voor den verjaardag van H. K. H. Prinses Wilhelmina. Met begeleiding van orkest, Fanfare of piano. Part 2—. Jedere zangpartij —15 *Stumpel*-Dordrecht.
- Marche solennelle, *C* —50 *Thieme.*
Bouman Fr. op. 1 Vier Liederen (Holl. en Duitsche) 1— *Alsbach:* Aan eene Roos, Aan de Lente, Een roosjen rood, Aan den Stroom.

- Kegelmarsch, *P* met woorden. Opgedragen aan de Kegelklub: „Laat'm maar los" —40 *Mosmans*.
- Wiegelied. Slaap zacht „Marie", mijn engel —40 *Gillog*-Dordrecht.

Bouman H. Cantique quinque: 1. Alma Redemptoris, 2. Quando te mi Jesu, 3. O, Vita, 4. Quis non amantem redamit, 5. Salve regina 1.50 *Weggand*.
- Rêverie, *P* —50 *Mosmans*.
- Valse sur un thème de Dominique, *Beerdendonk*-Amsterdam.

Bouman H. P. Messe, *TTBB*, Part 3— n. p. sép. 2— n *Muraille*.
- Te Deum, *TTBB*, Part 1.50 n, p. sép. 1.50 n *Muraille*.

Bouman J. Maria Walzer —50 *Thieme*.

Bouman Karel, op. 3 Alma Redemptoris voor mannenkor, *Bar* av. *Org* —75 *Mosmans*.
- Egoïsmus, Liedje —50 n *Mosmans*.

Bouman Leon C. (1852), op. 1 Drei Lieder: 1. Morgens steh' ich auf, 2. Ich stand in dunkeln Träumen, 3. Mein Liebchen wir saßen beisammen 1— *Dupont*-Nymwegen.
- 2 Romanze, *Vc(V)P* —90 *Dupont*-Nymwegen.
- 4 Twee Nederlandsche Liederen: 1. Het kind en de grijsaard, 2. Lentelied, *ABar* —60 *Dupont*-Nymwegen.
- 5 Camera obscura, 20 kleine stukken, *P* 1.80 *Belinfante*, 3— n *Dieckmann*.
- 6 N. 1. Napoleon, ballade —40 *Mosmans*.
- 7 Drie Nederlandsche Liederen: 1. Gekroonde Wiege, 2. Aan zee, 3. Het bloemenmeisje —90 *Dupont*-Nymwegen.
- 8 Trois Fantaisies, *PV(VcVa* ou *Cl)* 5— *Kahnt*.
- 9 Drei Gedichte: Du warst so schön. Denk an mich. Wenn mich einmal zu frühe.
- Serenade. Auf die Erde senkt das Mondlicht (deutsch u. holländ.) 1.20 *Kahnt*.
- 10 Drei Gedichte, *ABar*: 1. Die Sterne: „Tausend gold'ne Sterne winken", 2. Lotosblume und Schwan. 3. Die Lerchen: „Es ziehen die Wolken" (deutsch u. holländ.) 2.50 *Kahnt*.
- 18 Brabants Trouw, voor 4stemm. mannenk. en *Bar* solo 1—, Zangst à —25 n *Dupont*.
- 19 N. 1. Het eerste Samenspel, *JV* of 2*V Vc* —60 *Dupont*.
- Alma Redemptoris Mater, Motet, v. *Bar* solo en driest. Koor m. *Org*, Part 3.75, St 3.75 *Mosmans*.
- Ballade van den laatsten Napoleon —40 *Dupont*.
- Ecce Sacerdos Magnus, 4stemm. mannenkoor (met *Org* ad lib.), Part —80, stel stemmen —80 n *Dupont*.
- Feestmarsch, trio 1— n *Mosmans*.
- In Paradissum, 4stemm. mannenkoor (met *Org* ad lib.), Part —30, stel stemmen —30 n *Dupont*.
- Litaniae Laurentanae B. Maria Virg. 4stemmig mannenkoor (met *Org* ad lib.), Part —90, stel stemmen —90 n *Dupont*.
- Napoleon, Ballade —40 *Mosmans*.
- Verleden. Voor gem. koor. Part —45, St —45 *Alsbach*.

Bouquet de Lison 3— *Delormel*.

Bouquet de mélodies, beroemde stukken, *P*. Album à —30 *Bolle*-Rotterdam:
Deel 2: 1. Krug: Abendgebet. 2. Richards: Marie, Nocturne. 3. Richards:

Une Songe, Romance. 4. Favarger: L'Adieu, Nocturne. 5. Reissiger: Une Pensée, Valse. 6. Oesten: Pensez à moi. 7. Krug: Erste Liebe.
Deel 3: 1. Revveld: Zephiretten. 2. Lafleur: Adieu au Tyrol. 3. Kripin: Pensée fugitive. 4. Brinkmann: In die Ferne. 5. Mendizaball: L'Echo. 6. Wagner: Odu mein holder Abendstern. 7. Rohde: Freudvoll. 8. v. Beethoven: Andenken. 9. Cramer: Freuteuch des Lebens. 10. Cramer: Du glaubst nicht wie du lieblich bist.

Bouquet de Bruyères, *T. Bar* à 1— n, *Ch. s.* à —35 n *Ercillard*.

Bouquet de muguets, Rom. 1— n *Joubert*.

Bouquet de Paulette 1— n, *Ch. s.* —30 n *Oudet*.

Bouquet des Roses, *2T* 1.70 n, *Ch. s.* —35 n *Ercillard*.

Bouquet de Violettes, Valse chantée —30 n *Joubert*, (Les Roses de la Jeunesse N. 1) Valse, *pas* 1.35 n *Ercillard*.

Bouquet d'un sou, Romance —30 n *Joubert*.

Bouquet musical, Album di 8 Danze, *P* 6— (Autori diversi) *Ricordi*.

Bouquet of song —20 n *Ditson*.

Bouquet of Waltzes —50 *Witte*.

Bouquetière, Ch. com. 1— n, *Ch. s.* —30 n *Oudet*.

Bouquetière du roi 1— n *Joubert*.

Bouquetière parisienne 1— n *Joubert*.

Bouquets de pissenlits, Romance comique 1— n *Joubert*.

Bouquets qui parlent 1— n *Joubert*.

Bour. *Dupont*: En tandem, Polka.
- Gitanilla, Valse.
- Marquisette, Gavotte.
- L'Oublieuse, Romance.
- La Payse, pas red. *P*.
- Pierrot amoureux, Sérénade, *VP*.
- Pour un sourire, valse.
- Rayons d'automne, Valse.
- Rêve blond, Valse.
- Sérénade, *P*, *VP*.
- Tes Yeux, Valse.
- Timide aveu, Rêverie, *P*.
- Tristesses et Sourires, morceau de genre, *P* 6—.

Bourakowsky, Margot. Chansonette. Mapro. Французская пѣсенка —20 *Bessel*.

Bourbeau P. Brimborion, Polka 1.75 n *Loret*.
- Rires et Sourires, Valse 2— n *Loret*.

Bourbié E. Les Conscrits, Marche, *Musique milit.* 3— n *Evette*.
- L'Echo d'Yzeron, pas red. *Harm* 2.50, *Fanf* 2— *Massard*-Paris.
- En avant, le 16e, pas redoublé, *musique milit.* 3— n *Evette*.
- Marche du Couronnement de la Muse (G. Charpentier), *musique milit.* 6— n *Evette*.
- Près de toi! Mazurka de concert, *Harm* ou *Fanf* 3— n *Evette*.

Bourchier W. R. Rêve d'Amour, Valse 4— *Doremi*.

Bourdais, Concerto, *Fl* av. *petO*. *Schott*.

Bourdais du Rocher (Le). A cinquante ans, chansonette 1— n *Labbé*.
- Adieux à Suzon 1— n, *Ch. s.* —30 n *Labbé*.

64

Legouix :
- Avenir de la France 3—.
- Beau Rivage, Polka-Mazur 4.50.
- La Carmélite 3—.
- Chambord valse, avec vue du château et portrait du comte 6—.
- Conte pour les enfants 3—.
- Credo de la jeune fille 4—.
- un Rêve, Scène-valse 4—.
- Je reviendrai 2.50.
- Laura, polka 2.50 *Heugel*.
- Marie-Stella, Valse 6—.
- N'ayez pas peur 3—.
- Neufchâteau, Valse 6—.
- Le Plessy, Valse 6—.
- Réveillez-vous 3—.
- Sables d'Olonne, Valse 7.50.
- Sainte Marie, av. 1 3—.
- Séguidille 5—.
- Sinnich, Valse 6—.
- Tée aux chansons, Valse chantée 6—.
- Valse du marquis de Laugle 5—.

Bourdeau, L'Artiste officier, pas red. *Harm* 3— *Evette*.
- Marche de fête, *P* 7.50, *4ms* 9— *Gras*.
- L'Oncle Sam (V. Sardou), Quadrille 5—, *4ms* 6— *Heugel*.
- Pas redoublé impérial, *Harm* 3— *Evette*.
- Plaintes et Gaietés, Mélodie, 1 et *P* 2— n *Bourlant*.

Bourdeau A. Casino Valse 6—, Valse chœur 3—, *Ch. s.* 1— *Poulalion*.
- Rêve d'or, valse lente (A. Trojelli), arr. O. *Pisa*.

Bourdeau C. op. 45 Doux aveu, gavotte 6— *Heugel*.
- Delizzio di ballo, polka-maz. 5—, O 1— n *Heugel*.
- Fernande, valse, *4ms* 9—, O 1.50 n, valse chantée 6— *Heugel*.
- Mathilde, valse, O 1.50 n *Heugel*.
- Nizza, souvenir de Nice, valse 6— *Joubert*.

Bourdeau E. Trois Concertinos, *PV* à 2— n *Bourlant*.
- Cours de musique vocale divisé, 4 vol. à 1.50 n *Bourlant*.
- Gammes et Arpèges, *Basson*, 2 suites à 18— *Evette*.
- Douze petites mélodies des genres différents, *P* 3— n *Bourlant*.
- Simple pensée, Mélod. *VeP* 1.50 n *Bourlant*.
- 1er solo, *BassonP* 9— *Evette*.
- Deux valses, *4ms* 2— n *Bourlant*.

Bourdeau G. op. 30 Fernande, valse 6— *Heugel*.
- 31 Mathildès, valse 6— *Heugel*.
- Mélodie en ré pour *HV*(Vc) 1.70 n, *PVVc* 2— n *Costallat*.

Bourdeau L. J. Au pied des Alpes, Valse 2— n *Demets*.

Bourdelon, Allo! Allo, quadr. O 1— n *Billaudot, Cordier*.
- Andrée, polka, O 1— n, *P* cond. —25 n *Billaudot, Cordier*.
- Bonne Franquette, maz. O 1.50 n, *P* cond. —25 n *Billaudot, Ghéluwe*.
- Brin de Causette, valse, O 1.50 n *Billaudot*, 1— n *Ghéluwe*.
- Caresse d'Eventail, valse, O 1.50 n, *P* cond. — 25 n *Billaudot*.
- Ils sont partis 3—, *Ch. s.* 1— *Bornemann*.

- Mignote, Polka O avec *P* cond. 1— n *Billaudot*.
- Miss Croquette, Schottisch, O 1— n *Billaudot*.
- Le Passe-temps des mandolinistes, recueil de 20 morceaux pour *Mand* 2— n *Billaudot, Cordier*.
- Le Passe-Temps des Violonistes, Recueil de 20 morceaux 2— n *Billaudot, Ghéluwe*.
- Pétales roses, Valse lente 1— *Billaudot*.
- Petit Amor, maz. O 1.50 n *Billaudot*.
- Pourquoi-pas? pas de quatre, O 1.50 n *Billaudot, Cordier*.
- Riante pensée, schottisch, O 1.50 n *Billaudot*, 1— n *Ghéluwe*.
- Vive le vin 3—, *Ch. s.* 1— *Bornemann*.

Bourdelon A. et Regardier A. Le Favori des Mandolinistes, 20 Morceaux divers 2— n *Billaudot*.
- Le Favori des Violinistes, Recueil de 20 morceaux 2— n *Billaudot*.

Bourdeney C. Presto, *P* 3— n *Alleton*.
- Saltarelle, *P* 2.50 n *Alleton*.

Bourdier A. Le départ 5— *Mathieu*.

Bourdier C. Pensée triste, Mazurka lente, *P. France*.

Bourdillon Fr. But one! (Goring Thomas) 2 6 n *Regnotes*.

Bourdin Miss Louise, Here's luck Jack, to England and you 4— *Francis Day*.

Bourdon A. Cantique à la Sainte-Vierge 1.70 n *Klein*.
Tilliard :
- L'Elégante, Polka, *Mus. milit.* av. Duo *Pist Bugle* 1.25 n, Cond. —10 n.
- En Villégiature, Ouv. *Mus. milit.* 2.50 n, Cond. — 20 n.
- Les Francs-Bourgeois, Ouv. *Mus. milit.* 2.50 n, Cond. —20 n.
- Heures de Loisir, Ouv. *Mus. milit.* av. solo de *Bariton* 2.50 n, Cond. —20 n.
- L'Ile d'amour, Ouv. *Mus. milit.* 2.50 n, Cond. —20 n.
- Le Lac de Constance, Ouv. *Mus. milit.* 2.50 n Cond. —20 n.
- Mai, Valse 5— *Salzbach*.
- Michelette, Polka-Mazur, *Mus. milit.* 1.25 n, Cond. —10 n.
- Pont-à-Mousson, Quadrille, *Mus. milit.* 2.50 n, Cond. —20 n.
- Le Sologne, Ouv. *Mus. milit.* av. *Alto, Barytone* e *Pist* 2.50 n, Cond. —20 n.
- Sur la promenade, Ouv. *Mus. milit.* av. *Pist* 2.50 n, Cond. —20 n.
- Le Victorieux, Pas red. *Mus. milit.* 1.25 n, Cond. —10 n.
- Violette, Polka av. introd. *Mus. milit.* 1.25 n, Cond. —10 n.

Bourdon-Sivaldi, Les deux angoras, duo 2— n *Joubert*.

La Bourdonne, 1— n *Joubert*.

Bourellis Jeanne, polka 1.75 n *Millereau*, 5— *Noël*.
- Salomé, Ouv. *Harm* ou *Fanf*, Part 7.50 n, sép. à —25 n *Evette*.
- La Saône, Ouv. *Harm* 4— n, Cond. —50 n *Margueritat*.

Bourgault-Ducoudray Louis Albert (1840), op. 3 Deux Danses: N. 1, Gavotte 2, Menuet à 5— *Noël*, N. 1 —75, N. 2 1— *Litolff*, O à Part 2— n, à p. sép. 2— n *Noël*.

- 5 Stabat Mater, soli, choeur, O, Part 8— n,
  p. de choeur à 1 — n *Noël.*
- Abergavenny, suite de thèmes Gallois, *Fl
  et quat à cordes, Lemoine.*
- Adagio, *Org* 3— *Heugel.*
- Adieu 5— *Heugel.*
- Adieu à la jeunesse choeur à toutes voix.
  Lemoine.
- Air de danse dans le style ancien, *P* 5—
  Noël.
- All' mughurese, *P* 7.50 *Heugel.*
- L'Andalouse, *C. S* à 1.75 n *Gras.*
- Angélus, av. *PH*, av. O, *Lemoine.*
- Amysikia, *VP* 6— *Lemoine.*
- Au Souvenir de Roland, *TTBB*, Part 3—,
  p. sép. à —25 n *Margueritat.*
- Bataille de cloches, *P* 6— *Heugel.*
- Berceuse, *VeP* 4— *Heugel.*
- Berceuse de Medéia, 4— *Dupont,* 1.35 n
  Société nouvelle.
- Berceuse tendre, *P* 4— *Noël.*
- Bourée, *P* 5— *Hamelle.*
- Le Carnaval d'Athènes. Danses grecques,
  4ms 5— n, O 60— *Choudens.*
- Chanson, *S, MS* à 4— *Heugel..*
- Chanson d'amour, *MS, S* à 4— *Heugel.*
- La Chanson de la Bretagne: 1. Berceuse
  d'Armorique, 2. Dans la grand lune, 3.
  Nuit d'étoiles, 4. Le Chant des nuages,
  5. La Chant d'Ahès, 6. La Chanson du
  vent qui vuele, 7. Sone 6— n *Noël.*
- Chanson de Loïc, *MS, S* à 5— *Heugel.*
- Chanson de mai, *MS, S* à 3— *Heugel.*
- Chanson d'une mère, mélodie 3— *Noël.*
- Chanson nantaise (Adieu la belle) 1.70 n
  Choudens.
- Le chant de ceux s'en vont sur mer 5—
  Noël.
- Le Chant des pêcheurs, *SMS* 2— n, 2 ou 3
  v. de femmes ég. 2— n *Choudens.*
- Chant p. la Communion, *Ca, MS, T* av. *Org
  (H)* à 1.70 n *Choudens.*
- Chants d'Éducation et de Récréation.
  Heugel:
  1. Nos Pères (V.Wilder), choeur pour
     4 voix de femmes ou d'enfants —50 n,
     av. *P* —70 n, *TTBB* —50 n.
  2. Chanson de printemps, choeur à 3 voix
     de femmes ou d'enfants —60 n, av. *P*
     —80 n.
  3. Ronde bretonne, choeur à 4 voix de fem-
     mes ou d'enfants, av. *P* 1— n, voix
     d'hommes, de femmes ou d'enfants, av.
     P ad lib.), Part 3— n, p. sép. à —25 n.
  4. En avant! (P. Déroulède), choeur
     à 3 voix d'enfants ou de femmes, av. *P*
     —80 n, 3 voix d'enfants ou de femmes
     ou d'hommes —60 n.
  5. Hymne au feu sacré, choeur à l'unisson
     avec solo et *P* —60 n.
  6. Le Soldat (P. Déroulède), choeur
     à 2 voix d'enfants de femmes, av. *P*
     —50 n, 4 voix d'enfants ou de femmes,
     TTBB —30 n.
  7. Hymne à la Patrie, grand choeur à tou-
     tes voix (hommes, femmes ou enfants),
     av. *P* 1.50 n, p. sép. à —25 n, av. *Fanf*
     2— n.
  8. Les Sabots d'Anne de Bretagne, ronde
     de Ploërmel, solo et choeur à l'unisson,
     av. *P* —30 n, p. sép. à —15 n.

- Choeur de buveurs, *TTBB* av. O, *Harm. Fanf,*
  Part 1— n, av. à 1— *Pinatel.*
- Come to the Dance 4 — *Ascherberg.*
- Clair de lune, *MS, B, Gras.*
- La Conjuration des Fleurs, ode en 2 par-
  ties. Part 8— n *Heugel.*
- Danse malgache, *P, Dupont.*
- Dernier adieu, élégie, *VeP* 2 — n *Choudens.*
- Dieu, notre divin père, cantique 1 voix 3—,
  4 voix av. *H* ou *P* —25 n *Noël.*
- L'Enterrement d'Ophélie, O, Part 3— n *Jou-
  bert.*
- Esprit de la France, *SMSt* 2 — n, *SATB*
  2.50 n *Durand.*
- Exercices individuels, Mélodies, Airs av. *P*
  ou *H, Choudens;* 2. Vol. pour voix d'hom-
  mes à 10— n:
    Vol. 4. 1. Lulli. Plus j'observe
  ces lieux. 2. Rameau. Castor et
  Pollux. 3. Rameau. Dardanus. 4.
  Grétry. Du moment qu'on aime. 5.
  Gluck. Armide. 6. Grétry. Tandis
  que tout sommeille. 7. Haydn. La Création du monde. 8. L'abbé Pellegrin.
  Le monde est un songe. 9. Gounod. Le
  soir. 10. Rameau. Brillant soleil. 11.
  Grétry. Les Deux avares. 12. Grétry.
  Laisse en paix le Dieu. 14. Berlioz.
  Chant d'Jopas. 15. Berlioz. Quand
  Troie éclate. 16. Gounod. Pressez-moi
  bien. 17. Gounod. Ses tribus plaintives. 18. Bizet. L'Orage s'est calmé.
  19. Reyer. Rédemption. 20. Saint-
  Saëns. Nature souriante. 21. Rameau.
  Nou dans un fils. 22. Philidor. O Mort,
  qui que tu sois. 23. Gluck. Tes destins
  sont remplis. 24. Godard. Dans les cimetière 10— n.
    II. 1. Lulli. Je ne puis dans votre
  malheur. 2. Rameau. Séjour de l'éternelle paix. 3. Monsigny. On ne
  s'avise jamais. 4. Philidor. Le Vaisseau vogue. 5. Grétry. Les Esprits dont
  on nous fait peur. 6. Gluck. Iphigénie en Tauride. 7. Berlioz. Inutiles
  regrets. 8. Bizet. Au Soleil couchant.
  9. Gounod. Invocation. 10. Rameau.
  Dardanus. 11. Gluck. Je t'ai donné la
  mort. 12. Grétry. Songe enchanteur.
  13. Grétry. Si des tristes cyprès. 14.
  Berlioz. Vallon sonore. 15. Gounod.
  Mon coeur lassé de tout. 16. Gounod.
  Montez à Dieu. 17. Gounod. Le Soleil
  monte. 18. Gounod. Je veux prier. 19.
  Saint-Saëns. Le Papillon et l'Étoile.
  20. Rameau. Ah! qu'on daigne du moins.
  21. Haendel. Venez, Esprit. 22. Gluck.
  Iphigénie en Aulide. 23. Gluck. Peu-
  vent-ils ordonner 10— n.
    2 Volumes pour voix de femmes à
  10— n:
    Vol. I. 1. Lulli. O fortune cruelle. 2.
  Lulli. Je ne puis dans votre malheur.
  3. Grétry. Ma barque légère. 4. Paesi-
  ello. De l'aurore au couchant. 5. L'abbé
  Pellegrin. Le monde est un songe. 6.
  Loin de nous, anges! 7. Gounod. Le Soleil
  monte. 8. Lulli. Déserts écartés. 9. Rameau. Tristes apprêts. 10. Duni Dieux
  puissants. 11. Gluck. Le temps passe.
  12. Berlioz. Errante sur les mers. 13.

Berlioz. Vallon sonore. 14. Gounod. Mon cœur lassé de tout. 15. Gounod. Je veux prier. 16. Gounod. Le Soir. 17. Gounod. Broutez le thym. 18. Bizet. Si l'enfant sommeille. 19. Saint-Saëns. Le bonheur est chose légère. 20. Godard. Dans le cimetière. 21. Monsigny. Le Roi et le Fermier. 22. Gluck. Grands dieux, soutenez. 23. Gounod. Sois béni.

II. 1. Rameau. Musette, résonnez. 2. Reyer. Hélas! je tremble. 3. Gluck. Plus j'observe ces lieux. 4. Haydn. Dieu fit à son image. 5. *** Flambeau qui redorez. 6. Gounod. Viens lorsque dans l'azur. 7. Rameau. Renais plus brillante. 8. Philidor. Le Vaisseau vogue. 9. Gluck. O malheureuse Iphigénie. 10. *** Sur ce parterre. 11. Berlioz. O blonde Cérès. 12. Berlioz. Les Grecs ont disparu. 13. Gounod. Pressez-moi bien. 14. Gounod. Chant d'allégresse. 15. Gounod. Emportons dans la nuit. 16. Gounod. Ses tribus plaintives. 17. Gounod. L'aube a paru. 18. Bizet. Me voilà seule. 19. Saint-Saëns. Maîtrise ton délire. 20. Lulli. Fermez-vous pour jamais. 21. Gounod. Où suis-je?

- Un Volume pour Garçons 5—n: 1. *** Combien j'ai douce. 2. Mme de Travanet. Pauvre Jacques. 3. J. J. Rousseau. Le Rosier. 4. Lulli. Atys est trop heureux. 5. XVIIe siècle. Sur ce parterre. 6. Grétry. Dans une tour obscure. 7. Bizet. Marche des rois Mages. 8. Rameau. En ce doux asile. 9. Pradère. Le Grillon. 10. Rameau. Musette. 11. Lulli. Cherchons la paix. 12. M. Luther. C'est un rempart. 13. Bérat. Ma Normandie. 14. Bizet. Chœur des gamins. 15. Gounod. Départ matinal. 16. B. Godard. Ce que j'aime. 17. Martini. Hymne d'Avril. 18. Gossec. Hymne à l'Être suprême. 19. Gounod. Le Départ du mousse. 20. XVIe siècle. Flambeau qui redorez. 21. Gounod. Les Champs. 22. Bizet. Berceuse. 23. Gluck. Air de la Naïade. 24. Gounod. Chanson du pâtre. 25. David. En chemin. 26. Rameau. Hymne à la Nuit. 27. Gluck. Ah! mon ami. 28. Bourgault-Ducoudray. La Mort du Barde. 29. Dalayrac. Le Loup-garou. 30. Gounod. Premiers rayons. 31. Reyer. Douce harmonie. 32. Chouden. L'Oreiller d'un enfant. 33. David. Le Ranier. 34. XVIIe siècle. Loin de nous. 35. Rameau. Renais plus brillante. 36. Gounod. Chanson du berger. 37. Reyer. Les Larmes. 38. Grétry. Ma barque légère. 39. Duni. Le temps passe. 40. XVIIe siècle. Ra ta plan.

- Un Volume pour Filles 5—n: 1. Mme de Travanet. Pauvre Jacques. 2. J. J. Rousseau. Le Rosier. 3. Lulli. Atys est trop heureux. 4. Rameau. En ce doux asile. 5. Lulli. Cherchons la paix. 6. Bérat. Ma Normandie. 7. Gluck. Air de la Naïade. 8. Dalayrac. Le Loup-garou. 9. Dalayrac. Combien

j'ai douce. 10. Gounod. Chant du matin. 11. Weber. L'Orpheline. 12. Gounod. Blanche colombe. 13. Weber. Au pays du Soleil. 14. Bizet. Sur la grève. 15. XVIe siècle. Flambeau qui redorez. 16. Reyer. La Source au désert. 17. B. Godard. Rêve. 18. Bizet. Marche des rois Mages. 19. Gounod. Le nom de Marie. 20. XVIIe siècle. Loin de nous. 21. Bizet. Habanera. 22. Pradère. Le Grillon. 23. XVIIe siècle. Sur ce parterre. 24. Rameau. Musette. 25. Gounod. Noël. 26. M. Luther. C'est un rempart. 27. B. Godard. Ce que j'aime. 28. Martini. Hymne d'Avrile. 29. Rameau. Hymne à la Nuit. 30. Gounod. Le Ciel a visité la Terre. 31. Gounod. Les Champs. 32. Bizet. Berceuse. 33. Gounod. Les premiers rayons. 34. Gluck. Ah! mon ami. 35. David. Le Ranier. 36. Reyer. Douce harmonie. 37. Chouden. L'Oreiller d'un enfant. 38. Grétry. Ma barque légère. 39. Rameau. Renais plus brillante. 40. Duni. Le Temps passe.

- Fantaisie. *BassonP* 9— *Erette.*
- Fleurs à la Vierge. *Monde musical*-Paris.
- Funées. suite de quatre pièces, *P* 3—n: N. 1. L'Appel sous les eaux 3—. N. 2. Poétique apparition 4—. N. 3. Tendres émois 4—. N. 4. L'Enterrement d'Ophélie 3— *Joubert.*
- 2e gavotte 5—, *4ms* 6—, *O*, Part 6—n, p. sép. 6—n *Heugel.*
- Les Goélands 5— *Hamelle.*
- Le grillon, *MS. S* à 5— *Heugel.*
- Harmonie! 5— *Heugel.*
- Hippopotême, av. *O. Grus.*
- Hymne, chœur à 2 v. de femmes ou d'enfants. *Grus.*
- Hymne à la mer, *SMS* 1.70 n *Choudens,* —50 *Bessel,* chœur (Répertoire des écoles normales d'institutrices de Fontenay-aux-Roses N. 22) —50 n, av. *P* 1—n, voix de garçons, (Répertoire des écoles primaires) —50 n, av. *P* 1—n *Choudens.*
- Hymne du matin à 2 voix de femmes 1—n *Choudens.*
- Trois Hymnes, pour chœur de voix de femmes, solos, et *4ms* 5—n *Lemoine.*
- Jean de Paris, *TTBB,* Part 3—, p. sép. à —50 *Margueritat.*
- Joseph, récitatif. *Dupont.*
- Kanlidgé 1.35 n *Durand.*
- Laudate —30 n, *SATB* 3—n *Pérégally.*
- Légende slave, *P* 5— *Heugel.*
- Madame la marquise 5— *Heugel.*
- Marchez au trot, *P* 5— *Hamelle.*
- Mélancolia, *MS. S. Grus.*
- 4e et 5e Mélodie, *VeP* à 6— *Heugel.*
- 18 Mélodies, *Lemoine*: N. 1. Le Soleil monte 3—. N. 2. Le Semeur 5—. N. 3. Dimanche à l'aube 5—. N. 4. O mon Dieu la tristesse nouvelle 3—. N. 5. Ma douce Annette 4—. N. 6. Mona 4—. N. 7. Le Paradis 4—. N. 8. Sylvestrik 5—. N. 9. Un jour sur le pont Tréguier 5—. N. 10. Prière des Arzonmais 5—. N. 11. Disons le Chapelet 3—. N. 12. Lamentations 4—. N. 13. Le Clerc de Trémélo 5—. N. 14. L'Angelus 3—. N. 15. Le Sabotier 6—. N. 16. La soupe au

lait 5—. N. 17. Les Commandements de
Dieu 3—. N. 18. Au son du fifre 5—.
- 30 Mél. populaires de Basse-Bretagne, Part
10—n *Lemoine*.
- 30 Mél. populaires de Grèce et d'Orient.
Part 7—n *Lemoine*.
- Mennet, *P*, *O*, *Noël*.
- Le Moustique, *P* 6— *Hamelle*.
- Le Néophyte, *P* 6— *Heugel*.
- Noël, Chœur p. 2 v. de femmes et solo de
8 ou *MS* av. *P* 2—n *Choudens*.
- Nos pères! chœur à toutes voix (hommes,
femmes et enfants), part —70 n *Heugel*.
- Les Papillons 1.35 n, *Ch. s.* —30 n *Rouart*.
- Passepied, *P* 5— *Grus*.
- Paysage, *SMS* 2.50 n *Choudens*.
- Pendant la tempête, *SMS* 2—n *Choudens*.
- Trois pièces, *P*: N. 1. Berceuse 1.35 n. N. 2.
Danse malgache 2—n. N. 3. Mennet vif
1.35 n *Société nouvelle*.
- La plainte de l'aveugle 3— *Noël*.
- La Prière des Argonauts, *TTBB*, *Lemoine*.
- Primavera, *Grus*.
- Primrose 4— *Chappell*.
- Rapsodie cambodgienne, *O*, Part —25 n, p.
sép, 50— n, *fms* transcr. (Chevillard)
2 parties 4—n *Heugel*.
- Répertoire des écoles normales d'institu-
teurs, Chœurs à une ou plusieurs voix
7—n, *Ch. s.* 3—n *Choudens*: 1. Grétry:
Dans une tour obscure. 2. Méhul: Prière.
3. Weber: Chœur des chasseurs. 4.
Bizet: Marche des rois Mages. 5. Mozart: Invocation à Isis. 6. Beethoven: Chœur des Derwiches. 7. Rameau:
Trio des Parques. 8. Gounod: Chœur
des Soldats. 9. Mendelssohn: Ma
Forêt. 10. Grétry: Chanson de Roland.
11. Air populaire: Combien j'ai douce souvenance. 12. Sacchini: Chœur des Soldats. 13. Gounod: 2e chœur des Por-
chers. 14. Rameau: Hymne à la Nuit.
15. Gluck: Chœur des Scythes. 16.
Gounod: L'Affût. 17. Haendel:
Chant de triomphe. 18. Bizet: Sur la
grève en feu, à 1—n, *Ch. s.* à —50 n.
- Répertoire des écoles normales d'institutrices de fontenay-aux-Roses, Chœurs à
une ou plusieurs voix. Deux volumes à
7—n, *Ch. s.* à 3—n *Choudens*:
1er Volume: 1. Mendelssohn: Le
Jour du Seigneur. 2. Gounod: Les
Magnanarelles. 3. Méhul: Prière. 4.
Weber: Le Réveil aux champs. 5.
Gluck: Hymne. 6. Air populaire: Il
n'y a qu'un Dieu. 7. Rameau: Hymne
à la Nuit. 8. Gounod: Les Sabéennes.
9. Gounod: Cantique du soir. 10. Weber: Des Néréides. 11. Grétry: Chanson de Roland. 12. Air populaire: Combien j'ai douce. 13. Gluck: Chœur des
Prêtresses. 14. Gounod: Salut, ô rivale
d'Alcée. 15. Haendel: Chant de
triomphe. 16. Gluck: Air de la Naïade.
17. Beethoven: Hymne à la Nature.
18. Rameau: En ce doux asile. 19.
Sacchini: L'Adieu. 20. Bizet: Chœur
des gamins. 21. Weber: Berceuse. 22.
B.-Ducoudray: Hymne à la Mer, à
1—n, *Ch. s.* à —50 n.

H: 1. Grétry: Dans une tour obscure.
2. Bizet: Marche des rois Mages. 3. Rameau: Hymne à Hébé. 4. B.-Ducou-
dray: Oh! salut, blanche étoile! 5. Grétry: Éveillez-vous. 6. Pergolèse:
Pleure sur ton fils. 7. ***: Chanson bretonne. 8. Gounod: Chœur des Naïades.
9. B.-Ducoudray: Oui, l'Esprit est
fort. 10. Adam de la Halle: La
Fiancée de Robin. 11. Air populaire: La
Mort du Barde. 12. Palestrina: Jésus, sois béni. 13. Gounod: Déjà l'aube
matinale. 14. Gounod: Psaume. 15.
Godard: Les Esprits. 16. ***: Chanson
bretonne. 17. Mondonville: Florai-
son. 18. Reyer: Les Adieux. 19. Mendelssohn: Invocation. 20. Berlioz:
Marche Troyenne, à 1—n, *Ch. s.* à —50 n.
- Répertoire des écoles primaires, Chœurs à
une, deux ou trois voix ég. *Choudens*:
 Un vol. pour Garçons 7—n, *Ch. s.* 3—n:
1. *** Rataplan. 2. Weber: Chœur des
chasseurs. 3. Mermet: Superbes Pyrénées. 4. Bizet: Chœur des gamins. 5.
Gounod: Départ matinal. 6. Véritable
Rataplan. 7. Audran: Sous la tonnelle.
8. Méhul: Le Chant du départ. 9. Gounod: Ronde enfantine. 10. Grétry:
Dans une tour obscure. 11. Bizet:
Marche des rois Mages. 12. Gounod:
Les Champs. 13. Gossec: Hymne à
l'Être suprême. 14. Mermet: Farandole.
15. Rameau: Hymne à la Nuit. 16. ***:
Jean Lapin. 17. Verdi: La Victoire du
gondolier. 18. Grétry: Chanson de Roland. 19. Gounod: Chanson du pâtre.
20. Bourgault-Ducoudray: Hymne à la mer, à 1—n, *Ch. s.* à —50 n.
 Un Volume pour Filles 7—n, *Ch. s.*
3—n: N. 1. Gounod: Les Magnanarelles. 2. Weber: L'Orpheline. 3. Rivière:
Gentil Printemps. 4. Reyer: Douce harmonie. 5. Gounod: Départ matinal. 6.
Weber: Les Oiselets. 7. Gounod: Les
Premiers rayons. 8. Weber: Au pays du
Soleil. 9. Gounod: Ronde enfantine. 10.
Grétry: Dans une tour obscure. 11. Bi-
zet: Marche des rois Mages. 12. Gou-
nod: Les Champs. 13. Gossec: Hymne
à l'Être suprême. 14. Mermet: Faran-
dole. 15. Rameau: Hymne à la Nuit.
16. ***: Jean Lapin. 17. Verdi: La
Victoire du gondolier. 18. Grétry: Chan-
son de Roland. 19. Gounod: Chanson du
Pâtre. 20. Bourgault-Ducoudray:
Hymne à la mer, à 1—n, *Ch. s.* à —50 n.
- Le Sabotier, chœur à toutes voix, *Lemoine*.
- Sarabande, *P* 6— *Noël*.
- Le semeur, *TTBB*, *Lemoine*.
- Silvestrik, *TTBB*, *Lemoine*.
- Simple mélodie, *P* 1.50 n *Grus*.
- Sône Cornouaillais, *TTBB*, *Lemoine*.
- Sonnet du misanthrope 5— *Heugel*.
- Sous les Saules, *TP* 6— *Lemoine*.
- Souvenir de Prades, *P* 5— *Heugel*.
- Stabat Mater, soli et chœurs av. *Org* et
Ve(Kb)Ho Tromb, Part Chant *P* 8— n
Noël.
- Sur le rempart, *P* 5— *Hamelle*.
- Sur les Lagunes, *TP* 7.50 *Lemoine*.

- Symphonie religieuse, en 5 parties, chœur à toutes voix, *Heugel*.
- Les Yeux, *Gras*.
- Thamara, Grand opéra, *Gras*: Part. O, Chant P: 1. Chœur d'Almées du 2e acte, et Rêve de Nour-Eddin. 2. Air, 7 av. Vc. 3. Duo du 2e acte, *MST*. 4. Transcription symphonique (Boëllmann), *4ms*. 5. Prélude du 3e acte, O (part et p. sép.) P. Tout l'univers est plein de sa magnificence à 2 voix et solo de S et C1 3— *Choudens*.
- Tristesse, *Gras*.
- Villanelle, *Gras*.
- Yeux de ma Mie, *Gras*.

Bourgeat, Mathilde, polka 2.50 *Heugel*.

Bourgeois A. op. 24 Ave verum 1— *Hug*.
- Romance sans paroles, *VcP* 5— *Laparche et Fortin*.

Bourgeois C. En revenant du Bouscat, marche, *P* cond. *Leissus-Paris*.

Bourgeois C.-Juif. Le crepite! 1—n *L. Paroche-Paris*.
- Gentille Lisette! *Digoudé*.
- Ma bobonne à tout faire 3— *Esper*.
- Magnétothérapie, *Paris qui chante-Paris*.
- Le Pépin des rupins, *Perraud*.
- Petite collation, Duo, *Perraud*.
- La Petite Sarah, Polka, O avec P cond. *Perraud*.
- Pompées et Polichinelles, *Esper*.
- La Reine des sports rupins 1—n *L. Paroche-Paris*.
- Sous bois, *Perraud*.
- Le Truc du carton, chansonnette, *Mignon*.

Bourgeois C. et **Tabuteau,** Port-Arthur, marche russo-japonaise, O av. P cond. *F. Martin*.

Bourgeois Emile, op. 1 Le Sylphe. *P* 6— *Lemoine*.
- 2 Taïlamé, *P* 6— *Lemoine*.
- 3 Souvenir de Néris, *P* 6— *Lemoine*.
- 4 Fileuse, *P* 5— *Lemoine*.
- 5 L'idéale, valse, *P* 6— *Lemoine*, —75 *Warmuth*.
- 6 Dieppe-Express, galop 6— *Lemoine*.
- 7 Roses de Mai, grande valse brillante 7.50, O 2—n *Lemoine*.
- 8 Vallée du Lys, *PFlVe* 9— *Lemoine*.
- 9 Air de ballet, *PFlVe* 7.50, *Pl Vc* (Kb ad lib.) 3—n *Lemoine*.
- 10 Marche orientale, *P* 6—, O 2.50 n *Lemoine*.
- 11 Gavotte, *P* 8— *Lemoine*.
- 12 Souvenir de Vienne, polka 5— *Lemoine*.
- 13 Berceuse, *V* 5— *Lemoine*.
- 14 Danse brésilienne, *P* 1.75 n, O, P cond. 1.75 n, p. d'O 3 —n *Durand*.
- 15 Valse lente *P* 1.75 n *Durand*.
- 17 Pervenche, *P* 6— *Lemoine*.
- 19 La Madrilène, marche, *P* 9—, O 2.50 n *Lemoine*.
- 20 Feu follet, P 2.50 n *Durand*.
- 21 Menuet, P 2—n *Durand*.
- 22 Valse caprice, P 2—n *Durand*.
- 23 Les Fuseaux, P 2.50 n *Durand*.
- 24 Les Gnômes, P 2.50 n *Durand*.
- Les Abeilles, 3 voix fem. av. soli, P 3—n, *Ch. s.* —50 n *Lemoine*.
- Absence, élégie, *VcP* 6— *Lemoine*.
- Bonjour, Suzon 5— *Heugel*.
- Le Brouillard, *Ch. s.* —30 n *Rouart*.

- Cerisette, polka 1.50 n, O 1 —n, O av. P p. d'O 1—n, p. de P 5—n *Pinatel*.
- Chanson d'amour 1.35 n *Durand*.
- Chanson de musette 6— *Heugel*.
- Le chien du Braconnier 6— *Heugel*.
- Dors enfant av. *PV* 6— *Lemoine*.
- Enfyous ça, quadrille, O 1—n *Pinatel*.
- En Sapin, *Ch. s.* —30 n *Rouart*.
- Frégate, polka, O 1—n, *Harm. Fanf* 1.25 n *Pinatel*.
- Le Funiculaire, galop, O 1—n *Pinatel*.
- L'horloge du cœur 2—n. av. Vc ad lib. 6—, *Pl* (Vc) 2—n *Durand*.
- Les Infortunes de sir Edward, opérette, Part 4 —n *Lemoine*.
- Jean Raisin, chanson à boire 4.50 *Ledac*.
- Jour de fête, chœur à 3 voix ég. av. solo 6—n, part. sép. à —25 n *Lemoine*.
- La Joyeuse, Polka 4— *Benoit*.
- Larghetto, *HPlVc*, *HPlVcllo* à 3.35 n *Mustel*.
- Le loup-garou —30 n *Joubert*.
- Manola —40 *Ditson*, —20 *Bessel*.
- Six mélodies, 2 tons 6—n *Heugel*: 1. Bonjour, Suzon. 2. Chanson de musette. 3. Le Chien du Braconnier. 4. Reviens, ma bien-aimée. 5. Si tu voulais. 6. Voici l'Avril.
- Le Mistral, galop, O 1—n *Pinatel*.
- Monsieur Plumeau, Quadrille, O 1—n, p. sép. à —10 n *Ghéluwe*.
- Une Noce à Carnac (Sur des airs bretons), Quadrille 1.70 n *Bossard*.
- Les papillons, mélodie, T. *Bar* à 1.70 n *Gregh*.
- Les Patineurs, Polka-Mazur 5— *Benoit*.
- Le pauvre Alain, Ballade bretonne 1—n *Bossard*.
- Petit Guillaume, galop, O 1—n *Pinatel*.
- Les pommiers 5 — *Heugel*.
- La poupée 1—n *Durand*.
- Recueil d'airs de biniou et de bombarde 4— *Bossard*.
- Reviens, ma bien-aimée 6— *Heugel*.
- Si tu voulais 6— *Heugel*.
- Souhaits de bonne année de M. le curé, *Digoudé*.
- La Source à 3 v. ég. —25 n *Pinatel*.
- Souvenir de la Vallée du Lys, *PVVe* (Kb ad lib.) 3—n.
- La Tourterelle et le Papillon, chœur, 2 voix av. P 2—n *Heugel*.
- To Musette —60 *Ditson*.
- 1er Trio en ut mineur, *Pl Ve* 6—n.
- Tziganes, polka 5—, *4ms* 6—, O 2—n *Lemoine*.
- La véritable Manola 5—, à 2 voix ég. 5— *Heugel*, *T. Bar* (Fransk, dansk, svensk) à —75 *Hansen*, *Schott*, 8, MS à —35 *Schirmer*, 2— *Ricordi*, *Ch. s.* —25 *Gutheil*. av. G (Romances célèbres N. 4) —75 *Schott*.

  P 6—, (Tavan, pages enfantines N. 22) 2.50, (Trojelli, Les miniatures, IIe série N. 106) 3— *Heugel*, (F. Devrient op. 20) 1.50 *Schott*, 3— *Ricordi*, —30 *Gutheil*.

  4ms 7.50 *Heugel*, G (Sacchi) —50, VP, VcP, FlP (Ritter) à 1.75 *Schott*, petO 3—n *Heugel*, and Yradier Ay Chiquita, *FlP* vide Popp op. 301 N. 16.

- Vive la république, chanson 1 — n, *Ch. s.* —30 n *Labbé.*
- Voici l'avril 5— *Heugel.*

Bourgeois J. Bachi-Bouzouck, Galop 1.70 n, O 2— n, *P* cond. 1— n *Fouqué.*

Bourgeois L. le, Suite Liturgique pour la Pentecôte, grand *Org* 2.50 n *Procure générale.*

Bourgeois et **Troupier.** Pour 2 v. d'hommes, Chant et paroles —80 n, av. *P* 1.50 n *Lory, Pouton.*

Bourges, Ave Maria, S A T B 2— n *Perégally.*
- Ave verum, *Bar* 1— n *Perégally.*
- Mater divinae gratiae, *T* 1— n *Perégally.*

Bourges Jean Maurice (1812—1881), La dernière heure, romance — 25 n *Labbé.*
- Le miracle, villanelle —25 n *Labbé.*
- Sous le vieux chêne, pastorale —25 n *Labbé.*
- Sultana, opéra-comique, Part. Chant *P* 8— n. Bagatelle *P* (A. Lecarpentier 75e Bagatelle) 6— *Joubert,* Variationen *P* vide Fr. Hunten op. 151.
- Premier Trio en la mineur. *P|Vc* 20— *Hamelle.*

Bourgès P. Aglaé 1— n, *Ch. s.* —35 n *Puigellier.*
- Ah! la peau 3— *Sulzbach.*
- Ah! non, Bourguignon, ch. à refrain 1 — n, *Ch. s.* —30 n *Rouart.*
- A la santé du vin, av. parlé 3— *Sulzbach.*
- Les Amis d'à-présent, scène comique avec parlé 1— n, *Ch. s.* —30 n *Rouart.*
- L'Artichaut d'Ernestine 1— n, *Ch. s.* —30 n *Rouart.*
- L'Auvergnat satisfait, monol. musique de scène 1— n, *Ch. s.* —30 n *Rouart.*
- L'Auvergnat fin de siècle, avec parlé 1— n, *Ch. s.* —30 n *Rouart.*
- Avec Cécile 3— *Sulzbach.*
- Avec ma chopine 1— n, *Ch. s.* —30 n *Bigot.*
- Les Aventures de Pitalugue, av. parlé 1— n, *Ch. s.* —30 n *Rouart.*
- Un bain de famille 1— n, *Ch. s.* —30 n *Bigot.*
- La barbe à Moustagna 3— *Sulzbach.*
- Barsac-Polka 1.75 n *Rouart.*
- Bécavin 3— *Sulzbach.*
- Berlingot, gele scène comique av. parlé 1— n, *Ch. s.* —30 n *Rouart.*
- Les Bicyclistes, ch.-marche 1— n, *Ch. s.* —30 n *Rouart.*
- Le bien du peuple, Rêve d'un pochard —90 n, *Ch. s.* —30 n *Abot.*
- Binochard 1— n, *Ch. s.* —35 n *Puigellier.*
- Les Blagues à Gourdiflo, calembred 1— n, *Ch. s.* —30 n *Rouart.*
- La bottine à Catherine 3— *Sulzbach.*
- Le brosseur de Bébé 3— *Sulzbach.*
- Ça mérite un verre du vin, av. parlé 3— *Sulzbach.*
- Cannebière et Guillotière 1— n, *Ch. s.* —30 n *Bigot.*
- Ça vaut pas l'vin 3—, *Ch. s.* —30 n *Ercillard.*
- C'est Ferdinand, chansonnette scie 1— n, *Ch. s.* —30 n *Rouart.*
- C'est la fanfare, *Michaud-Paris.*
- C'est la faute à la pneumatique 1— n, *Ch. s.* —35 n *Puigellier.*
- C'est l'Auvergnat, ch. à refrain 1— n, *Ch. s.* —30 n *Rouart.*

- C'est ma tournée, ch. à boire 1— n, *Ch. s.* —50 n *Rouart.*
- C'est Melina! 1— n, *Ch. s.* —30 n *Rouart.*
- C'est mon frère de lait 1— n, *Ch. s.* —35 n *Puigellier.*
- C'est Pitambard 3— *Sulzbach.*
- C'est vraiment pas généreux, Scène com. 3—, *Ch. s.* 1— *Bornemann.*
- C'est-y d'la fraternité 1— n, *Ch. s.* —40 n *Bornemann.*
- C'était rien dégoûtant 1— n, *Ch. s.* —30 n *Bigot.*
- La chanson des lapins 3— *Sulzbach.*
- La charbonnière 1— n, *Ch. s.* —35 n *Puigellier.*
- Les chaudragnats 1— n, *Ch. s.* —30 n *Bigot.*
- La chemise d'Estelle 1— n, *Ch. s.* —30 n *Bigot.*
- Le Cheval du Capitaine, ch. monolog. 1— n, *Ch. s.* —30 n *Rouart.*
- Le Chic des Pioupious, ch. marche 1— n, *Ch. s.* —30 n *Rouart.*
- Le Chien et le Crabe, monol. musique de scène 1— n, *Ch. s.* —30 n *Rouart.*
- Chopinard chez la Baronne, scène comique à parlé 1— n, *Ch. s.* —30 n *Rouart.*
- Clairette, Valse 1— n *Rouart.*
- Complet ou n'y a pas d'erreur! 3— n, *Ch. s.* —30 n *Ercillard.*
- Les Conclusions de Gourdillon, chans. monologue 1— n, *Ch. s.* —30 n *Rouart.*
- Coquin de bonsoir 3— *Sulzbach.*
- Coquinasse de sort, chans. monolog. 1— n, *Ch. s.* —30 n *Rouart.*
- Cornouilleau, scène com. av. parlé 1.35 n *Bornemann.*
- Coupée en morceaux 1— n, *Ch. s.* —30 n *Bigot.*
- Dans c'temps là, Georgina 3—, *Ch. s.* 1— *Bornemann.*
- Dans Landerneau 3— *Sulzbach.*
- La dernière chopine 3— *Sulzbach.*
- Devant l'Comptoir 3— *Sulzbach.*
- Durascasse, scène comique Marseillaise 1— n, *Ch. s.* —30 n *Rouart.*
- Durasse ou j'aurai bientôt fait! 4— *Bornemann.*
- L'eau dans le vin 1— n, *Ch. s.* —30 n *Bigot.*
- Les effets du hasard 1— n, *Ch. s.* —35 n *Puigellier.*
- Eh! Gigomard! *Michaud.*
- Elle aimait les chopines, rom. bouffe 1— n, *Ch. s.* —30 n *Rouart.*
- En Casquette! En Chapeau! scie paris 1— n, *Ch. s.* —30 n *Rouart.*
- En revenant de Sceaux 1— n, *Ch. s.* —30 n *Rouart.*
- En sortant de chez Gontard 3— *Sulzbach.*
- Les envies de ma femme, av. parlé 3— *Sulzbach.*
- Etes-vous chez vos parents 3— *Sulzbach.*
- La Famille Delpeau, chans. populaire 1— n, *Ch. s.* —30 n *Rouart.*
- Faut que j'en parle au gouvernement, av. parlé 3— *Sulzbach.*
- La femme à Pamphile 1— n, *Ch. s.* —30 n *Bigot.*
- La femme d'un ami, c'est sacré, av. parlé 3— *Sulzbach.*
- La Femme et la pipe, ch. monologue 1— n, *Ch. s.* —30 n *Rouart.*

- Le Retour des Punaises, rom. bouffe 1— n, *Ch. s.* —30 n *Rouart.*
- La Révision 1— n. *Ch. s.* —30 n *Rouart.*
- Le Rien et la Chose, chans. monologue 1— n, *Ch. s.* —30 n *Rouart.*
- Les Romans célèbres, chansonnette monol. 1— n, *Ch. s.* —30 n *Rouart.*
- Rond comme un bondon 1— n. *Ch. s.* —35 n *Paigellier.*
- Rosstagna au spectacle. Av. parlé 3— *Sulzbach.*
- Les rues de Paris 3— *Sulzbach.*
- La saison des cuites 3— *Sulzbach.*
- Sérénade à la lune. Av. parlé 3— *Sulzbach.*
- Sérénade alcoolique 1— n, *Ch. s.* —30 n *Rouart.*
- Si j'étais le serin de ma cousine, romance bouffe 1— n, *Ch. s.* —30 n *Rouart.*
- Si j'étais ton petit oiseau 3— *Sulzbach.*
- Si tu l'eu vas! 3— *Sulzbach.*
- Si tu l'eu vas, Hippolyte 3— *Sulzbach.*
- Soitaidmaia, sérénade vinicole 1— n, *Ch. s.* —30 n *Rouart.*
- Le Sonneur de Suresnes 1— n, *Ch. s.* —30 n *Rouart.*
- La Soupe des Pioupious, ch. marche 1— n, *Ch. s.* —30 n *Rouart.*
- Sur la route de Chamart, 3— *Sulzbach.*
- Sur la route de Pithiviers 3—, *Ch. s.* 1— *Bornemann.*
- Sur le bateau de Charenton —90 n, *Ch. s.* —30 n *Ibot.*
- La suspension 3— *Sulzbach.*
- Tant qu'il y aura de l'amer Picon 3— *Sulzbach.*
- Tarasque et Tartarin. Av. parlé 1— n, *Ch. s.* —30 n *Bigot.*
- Tartempion à Paris 3— *Sulzbach.*
- Les temps sont durs 3— *Sulzbach.*
- Le Terme y dort 1— n, *Ch. s.* —30 n *Rouart.*
- T'es pas dégoûté, chansonnette monologue 1— n, *Ch. s.* —30 n *Rouart.*
- Le Thapsia de Croupigna, monologue auvergnat, musique de scène 1— n. *Ch. s.* —30 n *Rouart.*
- Thomas et Michaud 1— n, *Ch. s.* —30 n *Bigot.*
- Tiens, c'est toi, Bertrand 1— n, *Ch. s.* —35 n *Paigellier.*
- T'insultes la corporation 3— *Sulzbach.*
- Tire lon laire 1— n, *Ch. s.* —35 n *Paigellier.*
- Le tondeur. Av. parlé 3— *Sulzbach.*
- Un tour à la fête. Av. parlé 1— n, *Ch. s.* —30 n *Bigot.*
- Trébuchard ou: C'que j'appelle un ami 1— n, *Ch. s.* —30 n *Rouart.*
- Le troisième oeil 1— n, *Ch. s.* —30 n *Bigot.*
- Le troubadour par amour. Av. parlé 3— *Sulzbach.*
- Tu peux rien t'taper, chansonnette monologue 1— n, *Ch. s.* —30 n *Rouart.*
- Tu t'entêtes et t'as tort! 3— *Sulzbach.*
- U.....lalie, chanson. à refrain 1— n, *Ch. s.* —30 n *Rouart.*
- Va donc, eh! poivrot 3— *Sulzbach.*
- La Valse des Bouchons, ou Le Rêve du Buveur 1— n, *Ch. s.* —30 n *Rouart.*
- Versez du Picolo 1— n, *Ch. s.* —30 n *Rouart.*
- Very good very well 1— n, *Ch. s.* —30 n *Paigellier.*
- La vie en rose 1— n, *Ch. s.* —30 n *Bigot.*

- Le vin et ravigote 3— *Sulzbach.*
- Le Vin de Barsac 1— n, *Ch. s.* —30 n *Rouart.*
- Le vin de la bouteille 1— n, *Ch. s.* —30 n *Bigot.*
- V'là Chancard 3— *Sulzbach.*
- Voisine, laissez-moi dormir 3—, *Ch. s.* 1— *Bornemann.*
- Le Voyage de Perlinguet, paysannerie 1— n, *Ch. s.* —30 n *Rouart.*
- Voyez terrasse 1— n, *Ch. s.* —30 n *Bigot.*
- La Vraie fraternité, chans. monologue 1— n, *Ch. s.* —30 n *Rouart.*
- Y m'a r'fusé des asticots 3— *Sulzbach.*
- Y m'a r'fusé un d'mi-s'tier, chansonnette monologue 1— n, *Ch. s.* —30 n *Rouart.*

Bourgès-Raynal, C'est la soupe au lard 3— *Sulzbach.*
- La noce à Pipelet, *Ch. com.* 1— n, *Ch. s.* —35 n *Paigellier.*
- Sérénade à Mélanie 1— n, *Ch. s.* —35 n *Paigellier.*

Bourget E. L'inission des omnibus, chansonnette 5e édition 3—, à la gaîté française N. 2660. *Ch. s.* 1— *Noël.*

Bourget P. La Mort viendra 1— n *Bornemann.*

Bourget R. Patrouille japonaise. *P* 1.75 n *Bourlant.*
- Pavane. *P* 2— n *A. Bourlant.*
- Pièces dans le style ancien, *P*: Madrigal, Rigaudon 1.70 n *Gras.*
- Steppes blanches. Valse 2— n *Bourlant.*

Bourgogne (A. Quidant) (Fra vore Vise-Aftener) —50 *Hansen.*

Bourgogne et Bordeaux 1— n, *Ch. s.* —35 n *Paigellier.*

Bourgoin, Agnus Dei. *Mus. relig.* *P* 1— n *Rabut.*
- Le Franc-Comtois. Quadrille, *Mus. milit.* 2.50 n, *Cond.* —20 n *Tilliard.*
- Les litanies du Pinson 3— *Giral.*
- Notre-Dame-des-Buis. Marche p. proc. *Mus. milit.* 1.25 n, *Cond.* —40 n *Tilliard.*
- La Perle de Bohême. Varsoviana 2.50 *Cartereau.*

Bourgoin F. W. Picture in the Shawl —50 *National Music.*

Bourgoin M. Marquise Pompadour. Gavotte 1.75 n *Jouin.*

Bourgoin Saidie, Summer Time —50 *Jennings.*

Bourgois E. „La véritable Manola" (Prawdziwa Manola) (Menestrel 8) —30 *Sennewald.*

Bourgougnon A. Souvenir de la plage, romance. *V,* (ou 1c, ou *Mand*) *P* 1.70 n *Demets.*

Le Bourguignon, 1— n, *Ch. s.* —40 n *Bornemann.*

Bourguy, Anita. Mazurka. *Fanf* 3— *Evette.*

Buriello, Foi amour. *P* 1.20 n *Gras.*
- Immortalité 1.75 n *Hachette.*
- Madrigal. *P* 1— n *Hachette.*
- 1re Mazurk 2— n *Gras.*
- Salutation angélique 1— n *Gras.*
- Vieille guitare 1.75 n *Gras.*

Bourke W. R. The Lord is my Shepherd, (Chor. for Equal Voices 181) 8C —, *P.* *Curwen.*

Bourlinski, Gavotte, *PV* 1.25 n *Abot.*

Bourne, Lullaby 4 — *Ascherberg.*
- Poète et Paysan, chant patr. 4— n. *Ch. s.* —35 n *Pinatel.*
Bourne M. Au Spinrad. Fantasia, P 4;— *Donajowski.*
- Musette, Gavotte and Musette 4 — *Ascherberg.*
- La reuse, 4 P, 4 e P à 3 — *Chanot.*
- Hunting-song. P 3 — *Ashdown.*
- Three Romances and Six Sketches, P (Philh. Series of pop. and class. Mus. Alb. 10) 4 — *Donajowski.*
  Three romances. 1. Idyll. Moderato. 2. Marche Funèbre. Adagio. 3 Gaieté, Allegro à 2 —.
- Six sketches, in Two Books à 3 —. Book 1. 1. Parting. 2. On the journey. 3. Absence. 11. 4. Return. 5. Home. 6. Rejoicings.
- Three Songs without words, Rêverie Adieu, Revoir. P complete 4 — *Ascherberg.*
Bourne T. W. Cadenza to Händel's Organ Concerto in A maj. *Org* 1 — *Schott.*
- 2 Fugues, *Org* 2 — n *Schott.*
- Introduction and Fugue in G min. *Org* 1/6 n *Schott.*
Bournel, L'aurore, valse 6— *Heugel.*
Bournel G. Faribôlo pastouro (Folâtre pastourelle) (texte gascon) 1— n *Leduc.*
- Folâtre Pastourelle (Faribôlo Pastouro) chanson gasconne 1— n, *Ch. s.* 1— *Leduc.*
- Sères... pastouralo 1.25 n *Denfert-Rochereau*-Toulouse.
Bournique A. Maniton. Fancy dance —50, O. 1½ pts. —60, 10 pts. — 40 *Church.*
- Wentworth. Fancy dance —50, O, 1½ pts. —60, 10 pts. — 40 *Church.*
Bourotte-Pierret, J'aime la gavotte 3— *Sulzbach.*
Bourrée, French Dance —40 *Fischer.*
Bourrelis H. Hymne de l'Orphéon. défilé-marche, *Harm* ou *Fanf* avec chœurs 1.25 n *L'Accord parfait.*
Le bourriquet fantastique 1— n, *Ch. s.* —35 n *Eveillard.*
Le Bourriquot et l'Auverpin 1— n, *Ch. s.* —35 n *Puigellier.*
Bourru Etienne, *Pisa:* Conchita, Habanera, *Mand* —50 n, *MandP* 2— n, *MandG* 1.75 n. *2MandP* 2.25 n, *2Mandti* 2— n, *2MandGP* 2.50, *2MandMandolaP* 2.50 n, *2MandMandolaG* 2.25 n, *2MandMandGP* 2.75 n, (p. sép. ad lib.) —50 n.
- Frascuelo, Boléro, *Mand* —50 n, *MandP* 2— n. *MandG* 1.75 n, *2MandP* 2.25 n, 2 *MandG* 2 — n. *2MandGP* 2.50 n, *2Mand MandolaP* 2.50 n, *2MandMandolaG* 2.25 n, *2MandMandolaGP* 2.75 n, (p. sép. ad lib.) —50 n.
- Frivolité, Polka, *Mand* —50 n, *MandP* 1.75 n n, *MandG* 1.50 n, *2MandP* 2— n, 2 *MandG* 1.75 n, *2MandPG* 2.50 n. *2Mand MandolaP* 2.25 n, *2MandMandolaG* 2— n, *2MandMandolaGP* 2.50 n.
- Gracieuse, Aubade, *Mand* —75 n. *MandP* 2— n, *MandG* 1.75 n, *2MandP* 2— n, 2 *MandG* 1.75 n, *2MandPG* 2.50 n, *2Mand MandolaP* 2.50 n, *2MandMandolaG* 2 25 n, *2MandMandolaGP* 2.75 n.
- Ingénue-Valse, *Mand* —50 n, *MandP* 2— n, *MandG* 1.50 n, *2MandP* 2— n. *2Mandti* 1.75 n, *2MandGP* 2.50 n, *2MandMandoleP*

2.50 n. *2MandMandolaG* 2.25 n, *2MandMandolaPG* 2.75 n.
- Les Trésors de la Mandoline, 14 divertissements de force moyenne et progressive, *Mand* 2.50 n, 2 cahiers à 1.50 n:
  1er cahier: 1. Frivolité, Polka. 2. Gracieuse, Aubade. 3. Rêve, Nocturne 4. Bonheur parfait. Sérénade-valse. 5. Au bal, Mazur. 6 Tristesses et sourires. Mélancolie. 7. Habanera.
  11; 8. Sérénade mystérieuse. 9. Caprice-hongroise. 10. Pensée profonde, Mélodie. 11. Boléro. 12. En extase, Berceuse. 13. Simplette. Mélodie. 14. Caprice-Romain.
La Bourse, Scène comique — 30 n *Joubert.*
Le Boursicotier 1— n *Joubert.*
Boursier H. Divins mensonges. *Bigot.*
- Mazurka des Adorateurs 1— n, *Ch. s.* —35 n *Labonde.*
Boursin Marelly, Signalement, naïveté. *Rueff.*
Bourtry, Ce que j'aime —30 n *Joubert.*
Bcuserez, Carnaval Caprice en Spiccato, *Ve P* 2.50 *Oertel.*
- Extase, Chant. *Ve* 2— *Oertel.*
Bousquet E. Aladin, polka 5—, *4ms* 7.50, O 1.50 n *Girod.*
- Alexandrine. Polka-Mazur 5— *Benoit.*
- Alicante, Varsoviana 3— *Benoit.*
- Amanda, Schottisch 4— *Benoit.*
- L'Ami, pas red. *Harm* 3— n *Evette.*
- Angèle, polka, O en ut av. *Pist* 1.50 n *Billandot.*
- Angelina, Danse orig. 1.75 n *Margueritat.*
- Angélique, Polka 2.50 *Benoit.*
- La Belle Catalane, Varsoviana 1.75 n, O 1— n *Margueritat.*
- La Belle mariée, pas redoublé, O —75 n *Pinatel.*
- La belle Marton, schottisch 3— *Benoit, Harm* 1.10 n, *Fanf* 1— n *Debert.*
- Berthe, polka, O 1— n *Pinatel.*
- Boutons de Roses, suite de valses 2— n, O 1.50 n *Gaudet.*
- La Brodeuse, valse, *HarmFanf* 1.25 n *Sudre.*
- Le Capitaine Henriot, valse 5— *Grus.*
- La Chanson de Rose, Polka-Mazur 1.75 n, O 1— n *Margueritat.*
- Les Chansons lilloises, quadrille 4.50 *Benoit.*
- Chant d'Afrique, chœur, 3 voix d'hommes en partit. —50 n *Costallat.*
- Le Chant du cygne, ouv. *Harm* ou *Fanf* (La villedieu), Part 9— n. p. sép. à —25 n *Evette.*
- La Danse des Gitanos, pas red. *Harm* 3— n *Evette.*
- Le départ, quadr. maritime 5— *Heugel.*
- Le Départ du fort de Bicêtre, pas red. *Harm* 3— n *Evette.*
- Le 2e départ de Metz, pas red. *Harm* 3— n *Evette.*
- Le Derby, galop, O 1— n, P cond. —25 n *Gaudet.*
- Le devin du village, quadrille 5— *Heugel.*
- La Distribution des Drapeaux, quadrille, O 1— n *Margueritat.*
- Divine, Valse du drapeau, *Harm*, Part 3— n *Evette.*
- Le docteur Isambart 2.50 *Katto.*
- English-polka 1.50 n *Gallet.*
- Fantaisie avec solo d'ophicléide, *Harm,* Part 6— n *Evette.*

- Le Favori des basses, pas red. *Harm* 3— n *Erette*.
- La favorite, Fantaisie, O 2— n (P —25 n). *Harm* 4— n, *Fant* 3— n, Cond. —50 n *Thomas*.
- La Fée des Champs-Elysées, schottisch 4— *Benoît*, O 1— n *Pinatel*.
- La Fête de Bercy, quadrille 4.50 *Benoît*.
- Fête d'Enghien, quadrille, *FullO* —75, *SmallO* —50, *P* acc. —20 *Hawkes*.
- La Fête du Village, quadrille 4.50 *Benoît*.
- Finette, polka 1— n, O 1 — n, *P* cond. —25 n *Gaudet*.
- Fleurs des Bois, Valse 6— *Benoît*.
- Fleurs du Printemps, Valse chantée 6— *Benoît*.
- Grand air varié, *Harm*, Part 7.50 n *Erette*.
- Grande Symphonie du Sacre, Fant. *Harm*. Part 7.50 n *Erette*.
- La Lampe, valse, *Harm*, Part 3 - n *Erette*.
- Les Lanciers roses, *P* (Ed. Thuillier. Le charme de la danse, seize transcr. N. 16) 1— n, O 1— n, *P* cond. —25 n *Gaudet*.
- Le Nouveau, quadrille du XIXe siècle 1.75 n *Margueritat*.
- Les Nouvelles Fleurs, Valse 1.75 n, O 1— n *Margueritat*.
- Odessa, Polka-Mazur 3— *Benoît*.
- Pallas (Signard), Fant. *Harm*, Part 10— n *Erette*.
- Le paradis des Français, *T. Bar* à 3— *Sulzbach*.
- Partant pour la Syrie, pas red. *musique milit.* ou *Fanf* 1.25 n *Costallat*.
- Pasquale, Fantaisie, O 1.50 n *Thomas*.
- Pas redoublé de route, *Harm* 3— n *Erette*.
- Passe-partout, Scène à danses 6— *Sulzbach*.
- Pauline, valse 6— *Benoît*, O 2— n *Pinatel*.
- La perle de Paris, polka-maz. 3.75 *Heugel*.
- Polka des Petits Oiseaux, O 1— n *Pinatel*.
- La première rose, rédowa 2.50 *Heugel*.
- Le premier Jour de l'an, Polka, *Harm* 3— n *Erette*.
- Les premières Feuilles, valse 6— *Benoît*.
- La Reine des Tulipes, Redowa 1.75 n, O 1— n *Margueritat*.
- La Retraite en musique, quadrille, O 1— n *Pinatel*.
- Les Rigolos de Paris, quadrille, O 1— n *Margueritat*.
- Robinson, quadr. O 1.50 n *Bornemann*.
- La Sensitive (Almillia), quadrille 4— *Benoît*.
- Simplette, maz. O 1— n *Pinatel*.
- Souvenir des Bains de Baden, Waltz. *Milit. Band* 2— *Cundy*.
- Souvenir du bon vieux temps, quadrille 5— *Heugel*.
- Souvenir du camp de Satory, Polka, *Harm*, Part 3— n *Erette*.
- Les Succès lyriques, quadrille, O 1— n *Pinatel*.
- Tamer, quadrille, O, 14 parts —75, 10 parts —50 *Cundy*.
- Tas d'chicards, tas d'flambards, quadr. O 1.50 n *Bornemann*.
- Le Thiernois, quadrille, O 1— n *Pinatel*.
- Triolets à Colinette, *T. Bar* à 5— *Poulalion*.
- Le Trompeur, pas red. *Harm* 3— n *Erette*.
- Le Troupier, pas red. *Harm* 3— n *Erette*.

    FullBand 2 8, *MediumBand* 2 —, *Small Band* 1 4 *Hawkes*.
- La valaque, polka maz. 5 — *Heugel*, O 1 — n *Pinatel*.
- Le Valeureux, pas red. *Harm* 3 — n *Erette*.
- La victorieuse, schottisch 3— *Heugel*, O 1— n *Pinatel*.
- Le vieux Genlois, quadr. 5— *Heugel*.
- La Vivandière, polka 2.50 *Benoît*.
- Le Volcan, pas red. *Harm* 3—n *Erette*.
- Vologda, polka-mazur 3— n *Benoît*, O 1— n *Pinatel*.
- Wilna, polka-mazur 3 — n *Benoît*.
- Zulma, danse orig. 1.75 n *Margueritat*.

Bousquet F. Le Creux de l'enfer, quadr. 4.50 *Leduc*.
- Souvenir du Donjon, polka 3 — *Leduc*.

Bousquet Georges (1818—1854). Tabarin, opéra comique, *Gros*: Part, Chant *P* 12—n, ouverture, O 20 — n. *P* 7.50; N. 1. Je suis Tabarin, le gai baladin, air, *B* 6—. N. 2. Des fleurs, je vends des fleurs, air, *B* 2. O.1 à 5—. N. 3. Posons d'abord nos personnages, trio, *B* 2.50. N. 4. Pour bien jouer la comédie, duo 7.50. N. 5. A simple fillette, complet, *S* 2.50, *Ch. s.* —25 n. N. 6. Cent écus... complet, *B* 4.50. N. 7. Ah! mon pauvre maître, couplet, *S* 3—. N. 8. Vous l'avez tous connue, rom. *B* 3 —

Bousquet J. Lettre d'une grisette. *Laurens*- Paris.

Bousquet L. Les amants de l'obélisque, duo 1— n, *Ch. s.* —35 n *Puigellier*.
- Le Marseillais à Paris 1— n. *Ch. s.* —35 n *Gallet*.
- Miss Kokett, Anglaise-type. (Répertoire moderne 198) —25 n *Ronart*.

Bousquet N. Les Abeilles, schottisch. O moderne 1.25 n *Leduc*.
- 2 airs variés, *CornetP* à 2.50 n *Costallat*.
- Air varié, *Fl* 1.35 n, *FlP* 2.50 n *Costallat*.
- Air varié sur Malborough, (Jacob J.) soio *Fl* ou *Flageolet* av. *Harm*, Part 10 — n *Erette*.
- Amanda, schottisch. *FullO* 1—, *SmallO* —75, *P* acc. —40 *Hawkes*.
- Andalusian, Bolero, *FullO* —75, *SmallO* —50, *P* acc. —20 *Hawkes*, (Universal Band Journal 76) *Milit. Band* 1—n *Fischer*, *FullBand* 2 8, *MediumBand* 2 —, *SmallBand* 1 4 *Hawkes*.
- Le Barbier de Séville, fantaisie. O 3 —n *Gaudet*.
- Les beaux lanciers. O 1—n *Gaudet*.
- Les Belles Parisiennes, Mazurka, *Harm*, Part 3—n *Erette*.
- En Bon Mouvement, quadr. O 1—n *Gaudet*.
- Le Bouquet de violettes, valse, O 1—n *Gaudet*, *FullO* —75, *SmallO* —50, *P* acc. —20 *Hawkes*.
- Le Carnaval des troupiers, quadr. 1.70 n, O 1.50 n *Bornemann*.
- La cascade de Longchamps, valse 4.50 *Heugel*, O 1.50 n *Gaudet*.
- Le Chardonneret, polka chantée 2—n, O av. *Fl* solo 1.50 n *Pinatel*.
- La châtelaine, valse 4.50, V. *Fl. Cornet à* —30 n *Heugel*, O 1.50 n, *P* cond. —40 n *Gaudet*.
- Les Coucous de Mabille, valse, O 1.50 n *Gaudet*.

- Les deux Figaros, ouv. *Harm*, Part 10— n *Evette*.
- Doublons de ma ceinture, quadr. 1.70 n *Bornemann*.
- 3 duos, *2Cl* 4— n *Costallat*.
- 3 duos concertants, *2Cl* 5— n *Costallat*.
- 12 duos progressifs et mélodieux, *2Cornets ou Saxophons* 3—, 2 suites à 2— n *Gaudet*.
- L'écho des montagnes, polka 3—, *V, Fl, Cornet* à —30 n *Heugel*.
- Elisabeth (Donizetti), polka 4.50 *Heugel*.
- L'Enflammé, quadr. 1.70 n *Bornemann*.
- L'Étoile des champs, schottisch 4—, simpl. 2.50 *Ledue*.
- L'étoile d'or, polka 5— n *Heugel*.
- Les Etoiles filantes, valse, O 1.50 n *Gaudet*.
- Le facteur rural, polka du château à Toto 4— n *Heugel*.
- Fantaisie militaire (André E.), *Harm*, Part 3— n *Evette*.
- Les Fauvettes, polka célèbre 1.35 n *Jullien*, —35 *Hansen*, *Nordisk Musikforlag*, —75 *Schott*, —40 *Gordon*, *4ms* 2.50 n *Jullien*, 1.25 *Schott*, —40 *Jurgenson*, *PV, PFl* à 1.50 *Schott*, *FlP* 1.6 *Hawkes*, *2PiccolosP* 1.75, O 2.40 n *Schott*, O av. *2Fl* 1.50 n, P cond. —25 n *Billaudot*, O à cordes av. *2Fl* 1.50 n *Debert*, *FullO* —75, *SmallO* —50, P acc. —40 *Hawkes*, *Harm* av. *petFl* (Douard), Part 3— n *Evette*.
- La Fête du Village, quadrille, *1, Cornet, Fl ou Cl* (Musique de Danse pour instruments seuls 2e collection N. 22) à —10 n *Benoit*.
- Fleur des bois, valse, O 1.50 n *Gaudet*.
- Fleur du matin, schottisch 4.50, *4ms* 5—, *V, Fl, Cornet* à —30 n *Heugel*.
- Une Fleur de plus, rédowa 4— *Benoit*, O 1— n *Pinatel*, *FullO* —75, *SmallO* —50, P acc. —20, *FullBand* 2.8, *MediumBand* 2—, *SmallBand* 1.4 *Hawkes*.
- Fleur du soir, valse 2— n *Bornemann*.
- Les fleurs enchantées, valse 4.50, *V, Fl, Cornet* à —30 n *Heugel*, O 1.50 n *Gaudet*.
- Fleurs et Dentelles, valse, O 1— n *Gaudet*.
- Gaule et France, air varié, *Fl* 1— n, *Fl ou flageolet P* 2.50 n *Gaudet*.
- 12 grands caprices, *flageolet ou Fl* 2.75 n, 2 suites à 1.50 n *Gaudet*.
- 3 grands duos, *2Cl* 5— n *Costallat*.
- Hongroise, nouvelle danse, P 2.50 n *Heugel*.
- Lagardère, quadrille 2— n *Lesigne*, O 1— n *Gaudet*.
- Les Lanciers de Garibaldi, quadrille 4.50 *Benoit*, 1— n *Gaudet*.
- Les Lanciers de la Garde, O 1— n *Gaudet*.
- Les Lanciers de la Salle Barthélemy, O 1— n *Gaudet*.
- Lucile, valse, O 1— n *Gaudet*.
- Magdala, Quick March, *FullBand* 2.8, *MediumBand* 2—, *SmallBand* 1.4, extra parts —2 *Hawkes*.
- La Magicienne, valse, O 1.50 n *Gaudet*.
- Malborough, air varié, *Fl* 1— n, *Fl ou flageolet P* 2.50 n, av. O 3— n *Gaudet*.
- Martha, polka 5— *Joubert*.
- Les Mésanges, Valse, O av. *1 ou 2Fl ou Flageolets* 1.50 n *Gaudet*.
- Méthode complète pour le *Flageolet* 1— n, 2 Tablatures à —60 n *Gaudet*, *Fl* 5— *Margueritat*.

- La montagnarde, varsoviana 2— *Heugel*.
- Mr. Dumolet sur des vieux airs pop., quadrille, O 1— n, *Gaudet*.
- Oh! la! la! qu'c'est bête tout ça, Quadrille 1.70 n *Bornemann*.
- L'Oiseau Bleu, Polka 1.75 n *Margueritat*, *Fl* 1.6 *Hawkes*, *FlO* 1.50 n *Margueritat*.
- L'Oiseau de Paradis, Polka, O av. *Fl* 1.50 n *Margueritat*.
- L'orientale, nouvelle danse, 2.50 *Heugel*.
- Papillonnette, redowa, *Harm*, Part 3— n *Evette*.
- Le Pardon de Ploërmel, Polka 4— *Benoit*, —75 *Schott*.
- Les Patineurs, valse, O 1.50 n *Gaudet*.
- Les Patineuses, valse 6— *Benoit*, O 1.50 n *Gbélaire, Harm ou Fanf* 1.25 n *Sudre*.
- La Pervenche, polka 4— *Benoit*, p. *Fl* 1.6 *Hawkes*, O av. *Fl* 1.50 n *Pinatel*.
- Six Petits Airs connus, *2Fl* 1— *Margueritat*.
- Six Petits Duos faciles, *2Fl* 1— *Margueritat*.
- Polichinelle aux Enfers, quadrille 5—, *4ms* 6—, *V, Cornet, Fl* à —30 n, O 1.25 n *Heugel*.
- Polka des timbres 1.70 n *Lesigne*.
- La Promise, Quadrille 4.50, *1, Cornet, Fl, Flageolet ou Accordéon* (Musique de Danse pour instruments seuls 1re collection N. 1) à —10 n *Benoit*.
- La Reine des Fleurs, polka, O av. *Fl ou Flageolet* 1.50 n, P cond. —40 n *Gaudet*.
- La rose blanc, valse 5— *Heugel*.
- Rose de Mai, Polka 3— *Benoit*, *FullO* —75, *SmallO* —50, P acc. —20 *Hawkes*.
- La Rose de Péronne, valse, O 1.50 n, P cond. —40 n *Gaudet*.
- Rose d'or, polka 3.75 *Heugel*, *FullO* —75, *SmallO* —50, P acc. —20, *FullBand* 2.8, *MediumBand* 2—, *SmallBand* 1.4 *Hawkes*.
- La Rosée du Matin, Rédowa 3— *Benoit*, *FullO* —75, *SmallO* —50, P acc. —20 *Hawkes*.
- La Sainte-Cécile, valse, O 1.50 n *Gaudet*.
- La Sensitive, valse, O av. *1* 1.50 n, P cond. —40 n *Gaudet*.
- Les sept châteaux du diable, polka-mazurka 4— n *Le Boulch*.
- Une soirée musicale, Fant. O av. solos et variat. pour *1, Fl, Cl, Pist, Tro (Ophicléide) Cor* 3— n *Gaudet*.
- Deux Sonates brillantes et faciles, *2Fl* 1— *Margueritat*.
- Souvenir de Strasbourg, valse, O 1.50 *Gaudet*.
- Souvenir de Vienne, valse 6— *Le Boulch*, O 1.50 n *Gaudet*.
- Souvenirs de Baden-Baden, valse 6— *Heugel*, 1.50 *Bevilacqua*, 2— *Napoleao*, *4ms* 7.50, *V, Fl, Cornet* à —30 n *Heugel*, O av. *Cl ou 1* 1.50 n, P cond. —40 n *Gaudet*, O 1.50 n *Gbélaire*, *FullO* 1— n, *14 Instr* —75 n, *16 Instr* —50 n, P acc. —15 n *Fischer*, *FullO* 2—, P acc. 2— *Hawkes*, *Harm* av. *Cl* 3— n *Gaudet*.
- 36 Studies (from St. Jacome's Method), *Cornet* 1— n *Fischer*.
- Tiens, il n'a plus d'bottes Martin, quadrille, O 1— n *Gaudet*.
- Le trompette des Cent-gardes, Polka 1.70 n *Lesigne*, —40 *Warmuth*, *Cornet* (American Star Journal 137) —50 n *Fischer*, 1/—,

Full0 1—, *Small0* —75, *P* acc. —40
Hawkes.
- Les Vacances, fantaisie, 1 *P* — 75 *Gaudet*.
- Varsoviana 2.10, *Fl* 1.20 *Sassetti*.
- Varsoviana de Sainte Cécile, *P* 3—, simpl.
2.50, *Jos* 5— *Leduc*.
- La Victoire. Quick March. *FullBand* 2 8.
MediumBand 2 —, *SmallBand* 1 4 *Hawkes*.
- Les Virtuoses du pavé (A. L'Éveillée),
quadrille 4.50. *O* moderne 1.25 n *Leduc*.
Bousquet P. Est-ce une chimère 1.50 n
Lange.
Bousquet et Fessy, Le Lac des Fées, Fant.
CIP 9— *Benoit*.
Bousquier, Andante religioso, *Fanf* 1.25 n
Deplaix.
- Le Barbier de Séville. Fant. *Harm* 4—n,
Fanf 3— n, *Deplaix*.
Marguerital:
- La Bienvenue. Fant. *Harm* 4—n, *Fanf*
3— n, Cond. —20 n.
- La Bohémienne. Fant. *Harm* 4—n, *Fanf*
3— n. Cond. —20 n.
- La Cascade. Polka, *O* av. *Pist* 1.50 n.
- La Coupe d'Honneur. Fant. *Harm* 4—n.
Fanf 3— n, Cond. —20 n.
- Les Cuirassiers de Reischoffen, pas redoublé,
Harm. *Fanf* 1.25 n *Pinatel*.
- L'Éblouissante, Introduction et Mazurka de
Concert, *CIP* 2.50, *CIO* 2— n, *Harm* av. *Cl*
ou *Alto* ou *Saxophone alto* 2— n, Cond.
—25 n.
- Enchanting mazurka, *CIP* —50, *CIO*, *Full0*
1—, *10 parts* —75, *P* part —35 *Candy*.
- L'Éolienne. Fant. *Harm* 4—n. *Fanf* 3—n.
Cond. —20 n.
- La Gracieuse. Marche, *Harm* et *Fanf* av.
Fist 1.50 n, Cond. —25 n.
- Helvétie. Valse, *Harm* et *Fanf* 1— n, Cond.
—25 n *Thomas*.
- Jaques Coeur. Marche, *Harm* et *Fanf* av.
Pist et *bugle* 1.50 n, Cond. —25 n.
- Le Joaillir de Saint-James. Fant. *Harm*
4—n, *Fanf* 3— n, Cond. —20 n.
- Lucie de Lammermoor, morceau de
genre, 2*Pist* av. *O* 2—n, av. *pet0* 1.25 n,
Fant. *Harm* 4— n, *Fanf* 3— n, Cond. —50 n.
- La Madone. Marche, *Harm* et *Fanf* av. *Pist*
1.50 n, Cond. —25 n.
- Morceaux faciles, *Harm* ou *Fanf*. Dixième
Série 6—: 1. La Débutante, marche, 2.
La Joie, marche, 3. La Petite Curieuse,
marche, 4. Du Courage! pas redoublé, 5.
A vos Souhaits! pas redoublé, 6. Le De-
voir, pas redoublé à 1.25.
- La Mystérieuse, ouverture, *Harm* ou *Fanf*
2— n *Pinatel*.
- Le Paradis des fleurs, fantaisie, *Harm* ou
Fanf 3— n *Pinatel*.
- La Perruche, Polka, *O* av. *Fl* 1.50 n.
- Le Redoutable. Pas red. *Harm* et *Fanf*
1.50 n. Cond. —25 n.
- Les Roches d'Apremont. Fant. *Fanf* 3— n
Deplaix.
- Le Saphir. Ouv. *Harm* 4—n, *Fanf* 3—n,
Cond. —20 n.
- Tancrède, deux Fantaisies, *Harm* à 4—n,
Fanf à 3— n, Cond. à —20 n.
Bouss F. Da weil ich so gerne —75 *Ulbrich*.
- Ich habe dich im Traum geküßt 1— *Ulbrich*.

Bouss Max, Mosel und Wein 1— n, *Sei-
bach*.
Bouss T. Moselweinlied —75 *Ulbrich*.
Boussagol, L'audition, *Ch. s.* —35 n *Parqui-
lier*.
Boussagol et Raiter, Câline, *Société Anonyme*.
- Dans les blés, *Société Anonyme*.
- Fleurs d'amour, *Société Anonyme*.
- Un tour aux Halles, *Société Anonyme*.
Boussagol B. L'Amour 1— n, *Ch. s.* —30 n
Rouart.
- Au Banquet 1— n, *Ch. s.* — 30 n *Rouart*.
- L'Avare, *Joullot*.
- Avec mon frère, avec ma soeur 1—n, *Ch. s.*
—30 n *Rouart*.
- Ceci se passait, *Joullot*.
- C'est minuit qui sonne 1—n, *Ch. s.* —30 n
Rouart.
- La Dame noir, *Joullot*.
- Les Étapes d'une chanteuse, *Joullot*.
- Les Étoiles, mélodie 1— n, *Ch. s.* —30 n
Rouart.
- La Femme à Célestin, *Oudot*.
- La Fin d'un droit, historiette 1—n, *Ch. s.*
—30 n *Rouart*.
- Finis Philibert 1— n, *Ch. s.* —30 n *Rouart*.
- J'suis son béguin 1— n, *Ch. s.* —30 n *Rou-
art*.
- Marguerite fin-de-Siècle 1— n, *Ch. s.* —30 n
Rouart.
- Mossieu Cyprien 1— n, *Ch. s.* —30 n *Rouart*.
- Noël Rustique 1.75 n. *Ch. s.* —30 n *Rouart*.
- O Zéphirine 1— n, *Ch. s.* —30 n *Rouart*.
- Les Petits enfants, mélodie 1— n, *Ch. s.*
—30 n *Rouart*.
- Roses fatales, *Société Anonyme*.
- Sainte moisson 1.75 n, *Ch. s.* —30 n *Rouart*.
- Saison balnéaire, *Répertoire réunis*, Paris.
- Sa p'tite femme! *Joullot*.
- Sensations nuptiales, *Joullot*.
- Si vous m'aimiez Coquette 1— n, *Ch. s.*
—30 n *Rouart*.
- Stances à Mélie, romance-bouffe 1— n, *Ch. s.*
—30 n *Rouart*.
- Le Vautour, *Joullot*.
- Vive la campagne, duo, *Joullot*.
- Vive la chasse 1— n, *Ch. s.* — 30 n *Rouart*.
Boussagol B. et Beretta R. Amoureux baiser,
Société Anonyme.
- Guerre aux inventeurs! *Société Anonyme*.
- La Guerittera, *Société Anonyme*.
- Le lapin, duo saynète, *Joullot*.
- Si tu t' trouvais là, *Société Anonyme*.
- Viva l'Espagnola, *Joullot*.
- V'là la vie militaire, *Société Anonyme*.
Boussagol B. et Joé. La Grève des sardines
1— n *Joullot*.
- Ode à Célestine, *Joullot*.
- Quel guignon, *Joullot*.
- Si vous avez, *Joullot*.
Boussagol E. op. 12 Berceuse, *Mand(V)P* 3.50
Ricordi.
- Agnus Dei, *P* ou *Org* et choeur ad lib. 5—
Noël.
- Dans les foins. Paroles de Bertol Graivil,
MS o *Bar* 4—.
- Dors mon enfant 1— n, *Ch. s.* —35 n, *Mand(G)*
(J. L. Eyre), *Gallet*.
- Du matin au soir, *S. MS* av. *Harl(P)* à 4—
Ricordi.

- Élégie, V.P.(Org), Tr.P.(Org) à 1.70 n *Choudens*.
- Hymne du Barde, *Ho* 3.50 *Ricordi*.
- Nouvelle Méthode de harpe à double mouvement (ancienne méthode de Bochsa) 12— n *Lemoine*.
- Parrains et Marraine. Chant Bacchique, *Bar.* B à 5— *Ricordi*.
- Le Réveil des Sylphes, *Ho* 5— *Lemoine*.
- Le Sabre enchanté, opéra-comique, Chant P. Part 6— n *Joubert*.
- Seul 2— n, *Ch. s.* —30 n *Société nouvelle*.
- Tantum ergo en re, 2 voix eg. av. *Org* ou P 1— n *Le Beau*.

Boussagol-Bair. L'Empreinte amoureuse, *Société Anonyme*.

Boussagol-Maitrejean, Lèvres féminines 3— *Salzbach*.

Boussagol-Rimbault, La Gosse du commandant 5— *Société Anonyme*.

Boussion E. Cantilène 1.35 n *Pfister*.
- Impromptu valse, P 2— n *Pfister*.

Boussyron et Parizot, Blondette, simple histoire (avec parlé) 2.50 *Heugel*.

Boustet E. Rêve après le Bal, *Mand* —30. *MandP*, *MandG* —40 *Fischer*.

Le bout de l'an de l'amour 1— n *Joubert*.

Le bout de l'an de Séraphine. Av. parlé 1— n, *Ch. s.* —35 n *Ercillard*.

Le bout-en-train des salons. Av. parlé 1— n. *Ch. s.* —35 n *Ercillard*.

Boutail Jean, Die Husaren kommen! Marsch 1.20 *Eisoldt*.
- Mit klopfenden Herzen. Rheinländer 1— *Eisoldt*.
- Sonntagskinder. Walzer, P 1.80, Par. Bes. 2—, O 2.50 n, mO 3— n *Eisoldt*.

Boute G. Communion, Sol maj. (Archives de l'Organiste Catholique. Sommaire de la 4e Année. 2. Livraison) 1.50 n *Procure Générale*.
- Gloire aux Boërs, P 1.75 n *Janin*, *Mus. milit.* 1.25 n *L'Accord Parfait*.

Bouteille J. Mandarin-Polka, O av. P cond. *J. Bouteille*, Paris.
- Vichy-Polka, O av. P cond. 1.50 *J. Bouteille*, *HarmFanf* 1.25 n, Cond. —25 n *Naudin*, *Sudre*, *Thomas*.
- Zaniska, marche heroïque, O av. P cond. 1.50 *J. Bouteille*.
- Zozette, Schottisch 1.75 n *J. Bouteille*.

Bouteille à l'encre (La). Chanson à parlé 1— n *Joubert*.

La bouteille de l'Anglaise 1— n. *Ch. s.* —35 n *Puigellier*.

Bouteiller (Lafitte), O salutaris, T 1.50 n *Prégally*.
- Tantum ergo, *MS* 1.50 n *Prégally*.

Boutelier. Douce pensée. Valse 6— *Salzbach*.

Boutet de Monvel E. Six esquisses, P: 1. Berceuse et danse villageoise, 2. Marche, 3. Menuet, 4. Noël, 5. Mazurka, 6. Rêverie à 2.50 *Enoch*.

Bouthel L. *Candet*: L'Annamite, pas red. *Harm*, *Fanf* 1.50 n.
- Arianne, marche, *Harm*, *Fanf* 1.50 n.
- Brigantine, fantaisie, *Harm*, *Fanf*, av. solo de *baryton* ou *bugle* et *piston*, *Harm* 3— n, *Fanf* 2.50 n. Cond. —40 n.
- Chilpéric, Pas red. *Harm* ou *Fanf* 1— n, Cond. —25 n *Ghéluwe*.
- La Colombe, fantaisie, *Harm*, *Fanf* av. solo

de *baryton* et *trombone* ou *piston* ou *bugle*, *Harm* 3— n, *Fanf* 2.50 n, Cond. —40 n. *Harm* ou *Fanf* av. *Tr* et *barytons* 3— n, Cond. 1— n *Ghéluwe*.
- Le Cyclone, Gr. Fant. imitat. *Harm*, *Part* 10— n *Erctte*.
- La Dragonne, polka, *Harm*, *Fanf* av. Solo de *Pist* ou *clairon*, ou duo de *piston* et *bugle* 1.50 n.
- En avant! défilé, *Harm*, *Fanf* av. *tambours* et *clairons* 1.50 n.
- Le Fanfaron, quadr. *Harm* 2.50 n, *Fanf* 2— n.
- La Fille de Mme Angot, quadr. *Harm* 2.50 n, *Fanf* 2— n.
- Flambardi, pas red. *Harm*, *Fanf* 1.50 n.
- Fraîche Rosée, maz. *Harm*, *Fanf* 1.25 n, Cond. —25 n *Sudre*.
- Le Franc-tireur, pas red. *Harm*, *Fanf* 1.50 n.
- La Gazelle, polka, *Harm*, *Fanf* 1.50 n.
- Gravelotte, pas red. *Harm*, *Fanf* av. *tambours* et *clairons* ad lib. 1.50 n, Cond. —25 n.
- Le Grondeur de Gravelotte, pas red. *Harm* 3— n *Erctte*.
- Jean Bart, pas. red. *Harm*, *Fanf* 1.50 n.
- Marche de procession, marche, *Harm*, *Fanf* av. duo de *piston* et *bugle* 1.50 n.
- Marche des Mobiles, *Harm* ou *Fanf* 1— n, Cond. —25 n *Ghéluwe*.
- La mère Ciboule, quadrille, *Fanf* et *Harm* 2— n, Cond. —50 n *Thomas*.
- Le Moulin de la joie, quadr. O 1— n, P cond. —25 n.
- Le Petit Lutin, pas red. *Harm* 1.50 n, *Fanf* 1.25 n, Cond. —25 n *Naudin*, *Sudre*, *Thomas*.
- Le Petit Tapageur, pas red. *Harm*, *Fanf* 1.50 n.
- Prix d'honneur, fantaisie, *Harm*, *Fanf* av. trio p. 1 et 2. *pist.* et *baryt.* *Harm* 3— n, *Fanf* 2.50 n, Cond. —40 n.
- La Renaissance, marche, *Harm*, *Fanf* av. solo de *piston* et *bugle* 1.50 n.
- Le Ronfleur, pas. red. *Harm*, *Fanf* 1.50 n.
- Rose thé, polka, *Harm*, *Fanf* av. *trombone* et *baryton* 1.50 n.
- La Saint-Hubert, fantaisie, *Harm*, *Fanf* av. solo d'*alto* ou *piston* et *baryt.* *Harm* 3— n, *Fanf* 2.50 n.
- La Saint-Joseph, marche, *Harm*, *Fanf* 1.50 n.
- Saint-Louis, marche chantante, *Harm*, *Fanf* 1.50 n.
- La Saint-Vincent, marche, *Harm*, *Fanf* av. duo de *piston* et *bugle* 1.50 n, Cond. —25 n.
- Salut aux drapeaux de la République, marche, *Harm* 3— n *Ercttc*.
- Sans bottes, pas red. *Harm*, *Fanf* av. *trombone* et *barytons* 1.50 n.
- Schottisch des Enfers, O 1— n, P cond. —25 n.
- Souvenir du Val d'Andorre, fantaisie, *Harm*, *Fanf* av. solo de *piston* de pte. et gd. *Cl* ou *piston*, *Harm* 3— n, *Fanf* 2.50 n.
- Ventre à terre, galop, *Harm*, *Fanf* 1.50 n.
- La Vie en rose, ouverture, *Harm*, *Fanf* av. solo de *bugle* ou *bugle* ou *Cl*, de *piston* ou *saxoph.-sop.* ou *trombone*, *Harm* 3— n, *Fanf* 2.50 n.

Bouthier E. O Salutaris 7.50 *Heugel*.

Bouthillier J. A. Julie Redowa, *Banjo* or 2 *Banjos* —25 *Fischer*.

Boutier M. Jany, Polka 1.70 n *Elesse*.
- Vivent les Boers! retraite, *Ams*, *Elesse*.

Boutin A. Chant de Pâques, *VP* 4— *C. France*.
Boutin H. Hermine, polka-maz. 4.50 *Heugel*.
- Musette, valse 7.50 *Heugel*.
- Un rêve, valse 5— *Heugel*.
- Souvenir, valse 4.50 *Heugel*.
Boutin R. F. Le chat de Mme Chopin, chansonnette burlesque 2.50 *Heugel*.
- Le chien de la veuve Langlume, 2.50 *Heugel*.
- Le grand concert d'amateurs 1.20 n *Labbé*.
- Le petit garçon de la voisine d'en face, scène com. 1.20 n *Labbé*.
- Le vin à six sous 1— n *Labbé*.
Boutique à 4 sous 1— n, *Ch. s.* —35 n *Enoch, Ondet*.
Boutmy, Le Printemps, maz. *Harm., Fanf* 1.25 n *Pinatel*.
Boutoille de, Aurora Floyd Galop (Favourite Gems 13), *V* — 6 n, *VP* (2^d *V* ad lib.) 1.6 n *Blockley*.
- Bridal Bells, Mazurka (Favourite Gems 11), *V* — 6 n, *VP* (2^d *V* ad lib.) 1.6 n *Blockley*.
- Home Flowers, Mazurka (Favourite Gems 10), *V* — 6 n, *VP* (2^d *V* ad lib.) 1.6 n, *Band (V (C, V) octi)* 2— n *Blockley*.
Bouton de Billou 1— n *Joubert*.
Bouton de capote —30 n *Joubert*.
Bouton de chemise, *Ch. com.* 1— n, *Ch. s.* —30 n *Ondet*.
Bouton de Rose et le Bouton devenu Rose, av. *G* —80 *Simrock*.
Bouton de veste —25 n *Debert*.
Boutons d'or, Collection de 90 morceaux. Classés par degrés, *P*, *Joubert*:
Premier degré 20— n: N. 1. Plooscn. La Reine des nuits, Valse enfantine. 2. Vernoy, Vitalliana, Polka élégante. 3. A. Le Carpentier, Souvenir de Vaucluse, Fantaisie-valse. 4. Redler, Un aveu, Petite fantaisie. 5. Redler, Ame de quinze ans, Petit divertissement. 6. Robillard, Les Dames du Caire, Polka brillante. 7. Labitzki, Rondino sur Aurora, Valse, par Redler. 8. Korbach, Pas Styrien, Dansé à l'Opéra. 9. Trahand, La Clématite, Polka brillante. 10. Roscllen, Valse favorite, Valse. 11. Collignon, La Barque volée, Polka-mazurka. 12. Fibich, Bouton d'or, Polka. 13. Wachs, Viens belle nuit, Mélod. de Coppini. 14. Hünten, La Chasse, Rondeau. 15. Plooscn, Mignonnette, Varsoviana. 16. Croze, Gazella, Valse. 17. Delisle, La Norma, Divertissement. 18. O'Kelly, Bouton d'or, Polka. 19. Rouméguère, La Favorite du bal, Redowa. 20. Jouffroy, Nuremberg, Polka. 21. A. Le Carpentier, Le Diable à quatre, Petite fantaisie. 22. Lemoine, Souvenir, Bagatelle. 23. Rouméguère, Souvenir de Vichy, Polka de Salon. 24. Strauß, Varsoviana, avec théorie, Varsoviana. 25. Hünten, Virelay, Barcarolle. 26. Trahand, Bilboquet, Polka. 27. Arnaud, L'Espérance, Polka. 28. Delisle, Un rayon de soleil, Fantaisie pastorale. 29. Trahand, Bergeronnette, Rêverie champêtre. 30. Redler, Les Mélodieuses, Valse. 31. Jouffroy, Marguerite, Polka-mazurka. 32. A. Le Carpentier, Le Petit chaperon rouge, Bag. de Boïeldieu. 33. Hünten, La Marche, Marche. 34. Mlle Dutertre, La Sentimentale, Valse. 35.

Trahand, Le Cerf-Volant, Valse. 36. Hünten, La Polonaise, Polonaise. 37. A. Le Carpentier, La Fête du village voisin, Bag. de Boïeldieu. 38. Trahand, L'Oiseau-Mouche, Polka mazurka. 39. Redler, Les Gracieuses, Valse. 40. Fibich, Simple fleur, Redowa, à 35—.

Deuxième degré 15— n: N. 41. Moniot, Richard Cœur de Lion, Divertissement. 42. P. Juliano, A la claire fontaine, Ronde enfantine. 43. P. Juliano, La Violette double, Ronde enfantine. 44. P. Juliano, Verduron, Verdurette, Ronde enfantine. 45. Mme Tissot, La Chasseresse, Redowa. 46. Fritsch, Barcarolle, Barcarolle. 47. Castegnier, Les Feux de la Saint-Jean, Polka-mazurka. 48. Maitrejean, Valse gracieuse, Valse. 49. C. de Voss, Le Rameau d'or, Valse. 50. E. Bernhardt, La Première, couronne, Polka-mazurka. 51. Magnan, Nancy, Polka-mazurka. 52. H. Rouméguère, Follette, Valse brillante. 53. F. Dumouchel, Polka brillante, Première polka. 54. F. Dumouchel, Polka brillante, Deuxième polka. 55. Weber, Dernière pensée musicale, Rêverie en si b. 56. P. Cavallo, Souvenir. 57. P. Cavallo, Souvenir d'enfance. 58. G. Ganiòle, Le Rêve, Valse. 59. Castegnier, La Courte paille, Polka brillante. 60. H. de Ploosen, La Ville de Limoges, Polka. 61. F. Martinn, Les Girondins, Traduction. 62. H. Duvernoy, L'Andalouse, Boléro. 63. H. Duvernoy, Le Chant du pastoureau, Idylle. 64. H. Duvernoy, Chœur de soldat, Récit mélodique. 65. H. Duvernoy, La Luciole, Polka. 66. Perrier, Les Normandes, Première polka. 67. Perrier, Les Normandes, Deuxième polka. 68. E. Nollet, Louisa, Polka brillante. 69. E. Nollet, Caroline, Polka brillante. 70. P. E. Pesme, Juliette, Polka, à 3—.

Troisième degré 5— n: N. 71. L. Clapisson, Ma fille Rose, Polka. 72. H. Fritsch, Le Mal du pays, Valse sentimentale. 73. H. Fritsch, Polonaise, Polonaise. 74. P. Cavallo, Villageoise, Fantaisie. 75. J. Prost, En avant trompettes et tambours, Polka. 76. P. Cavallo, Harmonie, Fantaisie. 77. P. Cavallo, Souvenir de Vienne, Fantaisie. 78. Bax Saint-Yves, Mélod, Polka. 79. H. Fritsch, Première pensée, Valse. 80. J. B. Croze, La Sainte-Catherine, Polka, à 3—.

Quatrième degré 5— n: N. 81. A. Thys, Sérénade. 82. J. Herz, La Fugitive, Valse de salon. 83. Melchior-Mocker, Une voix dans l'herbe, 1re pensée mélod. 84. Melchior-Mocker, La Source, 2me pensée mélod. 85. E. Noël, Mazurka, Mazurka. 86. H. Duvernoy, L'abbaye aux bois, Souvenir romantique. 87. H. Duvernoy, La nuit sur la lagune, Barcarolle. 88. A. Thys, Pensers, Mélodie. 89. P. Cavallo, Une feuille qui tombe, Lied sans paroles. 90. P. Cavallo, Adieu à l'année, Fantaisie, à 3—.

Boutoux D. Bénédiction nuptiale, *Cl si b, Cl basse si b, Org* av. *P* 6— *Erette*.
- Hymne à sainte Cécile, 2*Cl si b, Cl alto en fa, Cl basse en si b, Cl contralto en fa, Cl contrebasse si b* 6— *Erette*.

- Intermezzo, *VP* 6— *Erette*.
Boutry H. L'ange du repos, rêverie 1— n *Labbé*.
- Le fou de la plaine, ballade 1— n *Labbé*.
- L'Hirondelle du Presbytère 3— *Benoit*.
- Laisse-moi t'aimer, fantaisie 1— n *Labbé*.
- Reste, donnez-moi l'ivresse, fantaisie 1— n *Labbé*.
- Viens, blanche fée, évocation 1— n *Labbé*.
Boutry L. Juliette, bluette —20 n *Labbé*.
Les Bouts de l'an de la Patrie, *T. Bor* à 1— n. *Ch. s.* —35 n *Ercillard*.
Bouval Jules, Andante, *Org* (L'Orgue Moderne 5e livraison) 2— n *Leduc*.
- Appassionato (2 tons) 1.35 n *Leduc*.
- Aubade à Chloé 5— *Hengel*.
- Au pays des guitarres, 2 tons 1.70 n *Leduc*.
- L'autre soir 5— *Enoch*.
- Ave Maria motet avec *Org* ou *H* —50 n *Leduc*.
- Bacchanale, *P* 5— *Enoch*.
- C'est le printemps! 1— n *Costallat*.
- La Chaîne d'amour, pièce d'ombres 6— n, extr. La Sulamite, 2 tons 4— *Leduc*.
- Chanson 1.35 n *Leduc*.
- La chanson de rose 1.75 n *Hachette*.
- Chanson sicilienne, 2 tons 5— *Leduc*.
- Chants d'amour: 1. Pour une rose, 2. Pour un sourire, 3. Pour une larme, 4. Pour un rien, duo 5— n *Hengel*.
- Chant élégiaque 1.75 n *Leduc*.
- La Chasse-neige, 2 tons 6— *Leduc*.
- Clair de lune, comédie 2.50 n, extr. Sérénade, voix graves 4— *Leduc*.
- Danse des Crotales, *P* 5— *Enoch*.
- Danse sacrée, *P* 5— *Enoch*.
- Les deux corbeaux, mélodie, 2 tons 5— *Leduc*.
- L'Écho 1.65 n *Leduc*.
- École des Jaloux, pastorale Watteau p. 2 hommes et 2 femmes, Part Chant *P* 8— n: N. 1. Introduction, 2. Gavotte, 3. Menuet, 4. Rigodon, *P* 2.50 n, O à 6— n *Société nouvelle*.
- Élégie, 2 tons 5— *Leduc*.
- L'Enfant mourant 2— n *Costallat*.
- Les enfants, les femmes et les fleurs, 3 tons 1.75 n *Hachette*.
- Fleur messagère 4— *Leduc*.
- Le Gai Printemps 1— n *Leduc*.
- Idylle, *VeP* 2— n *Leduc*.
- Jeunesse, 2 tons 4— *Leduc*.
- Laïs ou le scandale du Louvre, Part *P* 5— *Enoch*.
- Lamento, *VeP* 1.70 n *Leduc*.
- Légende d'Allemagne 1— n *Leduc*.
- Madrigal d'hymen 5— *Leduc*.
- Marche guerrière, *P* 5— n, O 2— n *Enoch*.
- Marguerite, scène, 2 tons 5— *Leduc*.
- Dix mélodies, voix graves, voix élevées à 6— n *Leduc*.
- Les Nuages, mélodie, 2 tons 5— *Leduc*.
- L'Office du matin, Recueil de vingt-cinq pièces, *HOrg* 3— n *Enoch*.
- L'Office du soir, Recueil de cinquante pièces, *HOrg* 3— n *Enoch*.
- Pas des bacchantes, *P* 5— *Enoch*.
- Petite suite, *VP*: N. 1. Romance 5—, N. 2. Berceuse 4—, N. 3. Caprice 6— *Leduc*.
- Pyrrhique de combat, *P* 5— *Enoch*.
- Le Rocher qui pleure, 2 tons 5— *Leduc*.
- Le ruisseau, duo ou chœur voix de femmes

2— n, parties de voix en partit. —60 n *Leduc*.
- Scherzo-valse, *Leduc*.
- Le soir, 2 tons 1— n *Leduc*.
- Soir mélancolique 1.50 n *Costallat*.
- Le sommeil, 2 tons 1— n *Leduc*.
- La Source 1.35 n *Leduc*.
- Suite, *P* 3— n: N. 1. Prélude, 2. Scherzo-Valse, 3. Air de ballet à 5— *Leduc*.
- Tristesse de la lune, 2 tons 5— *Leduc*.
- Tristesses et Sourires, poème 3— n, extr. Hymen 4—, Souvenir 5— *Leduc*.
- Valse lente 5— *Enoch*.
- Le Vent 5— *Leduc*.
- Voici des chansons 1.35 n *Leduc*.
Bouvard, Ma mère veille sur moi 3— *Mathieu*.
- Le mensonge des champs 1.20 n *Labbé*.
Bouveret, En avant, jeunesse 1— n, *Ch. s.* —30 n *Bigot*.
- Les Oeufs de Célestin 1— n, *Ch. s.* —35 n *Labonde*.
Bouverie Miss Nellie, The Brandy and Soda Brigade 3— *Francis*.
- Get away Johnnie 4— *Francis*.
Bouvet E. Premiers plaisirs du Pianiste, 3 libri à 1.75 *Ricordi*.
Bouvet L. La Chanson de Florentin, opérette 1— n *Joubert*.
- Le Codicille, opérette 1— *Joubert*.
Bouvet et Gangloff, Du pain s'il vous plaît! *Ch. s.* —30 n *Ronart*.
Bouvier A. Allon Français! 3— *Sulzbach*.
- Le bouquet de Madeleine 1— n *Baudoux*.
Bouvier Al. et Ed. Prével, S*** P***, Saynète 1 hom. 1 fem. 1— n *Bornemann*.
Bouvier L. Graciosa, polka 3— *Hengel*.
Bouvre de, Saut périlleux, polka 5—, polka-marche 6—, 4ms 7.50 *Mathieu*.
Bouvret L. Les Oeufs de Célestin, *Labonde*.
Bouvy A. C. N. Lustrummarsch —50 *J. Clausen*-Amsterdam.
Bouvy J. Heidebloempje —40 *Nieuwe Muziek-handel*.
- Lenteliefde —60 *Nieuwe Muziekhandel*.
Bouvy Joh. J. B. J. Heidebloempje —40, met recitatif —60 *Nieuwe Muziekhandel*.
Bouwens A. J. C. op. 21 Dolce far niente —50 *Lichtenauer*.
- 26 Het geheim (Das Geheimnis) —50 *Lichtenauer*.
- 32 't Muizeke —40 *Lichtenauer*.
- Sonnez trompettes, Marche —40 *Wanders*.
Bouwens J. M. M. W. Rotterdamsche Passage, Marsch —40 *Wanders*.
- Marche du cercle —50 *Wanders*.
Bouwens van der Boijen O. Das alte Lied (La Vieille Chanson) 2— n *Bouwens*-Paris.
- Feuillets d'album, *P* 3— n *A. Sporck*-Paris.
- Impromptu, *P* 2— n *Bouwens*-Paris.
- Dix mélodies 5— n *A. Sporck*-Paris.
Bouwerie B. P. Flower Litany (Sacred Music Leaflets 522) —½ *Curwen*.
- Holy Father, unison (St. Paul's Music Leaflets 99) —1 *Curwen*.
Bouwman, Verlovings-Hulde Militaire Marsch, *P* —60 *F. B. den Boer*-Middelburg.
Bouwman J. N. Czardas de l'opéra, „Der Geist des Woiwoden", *Harm Fanf* 3— *Kessels*.
- Feuilles d'Album, Fant. *Harm* ou *Fanf* 3— *Kessels*.

Bouwman Mart. J. Het lied van den zoon der bergen. Dubbel koor v. Mannenkoor. Part & St 1— *Kessels*.

Bouy, Près d'un Ruisseau 3— *Benoit*.

Bouyat Ar. Zizi Tiny. Valse anglaise —20 *Gebethner*.

Boverio A. F. Anna Polca 2— *Borriero*.
- L'arrivo del Canarino. Mazur-fantastica 4— *Mariani*.
- Clelia. Mazur 1.50 *Mariani*.
- Erminia, *P* 2— *Ricordi*.
- Ginseppina. Mazurka 2— *Borriero*.
- Leonilda. Polka 2— *Mariani*.
- Un'ora di svago. Mazur 2.50 *Mariani*.
- Ore di gioie. Polka 2 — *Mariani*.
- O vanne all'ara 4— *Mariani*.
- La riconoscenza. Polka 2— *Mariani*.
- Saluto agli sposi. Mazur 2.50 *Mariani*.
- Una stella vidi in cielo 3— *Mariani*.
- Tantum ergo, *B* 1.50 n *Bianchi*.

Bovery A. Les Bluets du mois de Marie, mélodie religieuse 2.50 *Hengel*.

Bovery Jules (1808—1868), Buvons, Grassot 3— *Benoit*.
- Le crédo du troupier, chant militaire 1— n *Labbé*.
- Les Etrennes du bon dieu, conseil 1— n *Labbé*.
- Hymne au drap, français 1— n, *Ch. s.* —35 n *Puigellier*.
- On n'a jamais pu savoir 1— n *Labbé*.
- La pipe du soldat —20 n *Labbé*.
- Que je serais heureux 1— n, *Ch. s.* —25 n *Marqueritat*.
- Zerbine, opéra-bouffe 6— n *Leduc*.

Bovet F. op. 4 Souvenirs de Suisse. Fant. *PV* 4— n *Novello*.

Bovet Hermine (1842), Musikalische Fibel für kleine Kinder. 26 Anfangsstudien in 5 Tönen und getrennten Schlüsseln, *P* 1— *Tonger*.
- Theor. prakt. Klavierschule 3— n, 4 Bände, à 1— n, Leichte Anregungen in Liedern, Tänzen und Chorälen, *P* und *Aus* als Beiheft I 1— n, Proben aus Werken alter Meister, *P* als Beiheft II 1— n *Tonger*.

Bovio A. *Ricordi*: **Op. 5** Duetto sopra alcuni motivi della Luisa Miller, 2*Arpe* 7—.
- 6 Fantasia sopra alcuni motivi della Luisa Miller, *Arpa* 5.50.
- 7 N. 1. Fantasia sopra varie motivi del Rigoletto, *Arpa* 5.50.
- 8 N. 2. Fantasia sopra motivi del Rigoletto, *Arpa* 5.50.
- 9 Fantasia per *Arpa* (con *P* ad lib.) sopra motivi del Poliuto 6—.
- 10 Il Trovatore. Divertimento, *Arpa* 4—.
- 12 L'Ebreo. Divertimento, *Arpa* 4.50.
- 13 Marco Visconti. Divertimento, *Arpa* 3.50.
- 14 Album des jeunes Harpistes. N. 1. Souvenir de La Traviata, *Arpa* 3—.
- 15 Nocturne, *Arpa* 2.75.
- 20 Gran Fantasia sopra motivi della Jone, *Arpa* 8—.
- 21 3 Romanze senza parole, *Arpa* à 2—.
- 22 30 Studi, *Arpa* (dedicati alle sue allieve): In un Vol. 24—: Fasc. 1. N. 1 a 3, Fasc. 2. N. 4 a 6, Fasc. 3. N. 7 a 9, Fasc. 4. N. 10 a 12, Fasc. 5. N. 13 a 15, Fasc. 6. N. 16 a 18, Fasc. 7. N. 19 a 21, Fasc. 8. N. 22 a

24 à 3.50, Fasc. 9. N. 25 a 27 4—, Fasc. 10. N. 28 a 30 5—.
- 23 La Follia. Capriccio fantastico, *Arpa* 7—.
- 24 La Settimana. Melodie originali, *Arpa* 18—: Lunedì 3—, Martedì 4—, Mercoledì 2.50, Giovedì 4.50, Venerdì 3—, Sabato 3.50, Domenica 4—.
- 26 12 Studi, scritti appositamente per quelli che non arrivano a toccare i pedali, *Arpa* 10—.
- 27 La Giovinezza. Fant. *Arpa* 5.50.
- 28 L'Invito. Fant. *Arpa* 4.50.
- 29 Le Gioie campestri. Fant. *Arpa* 4—.
- 30 Colloquio d'amore. Fant. *Arpa* 6—.
- 31 15 Melodie, divise in tre fascicoli, *Arpa* 18—: Fasc. 1 7—. Fasc. 2 8—. Fasc. 3 7.50.
- 32 Il Rimprovero. Capriccio originale, *Arpa* 5—.
- 36 Brezza profumata. Divertimento 4—.
- 38 La Danza degli Spiriti. Divertimento 5—.
- 40 26 Studi, *Arpa* 20—, 5 Fasc. à 5—.
- 42 Le Stelle cadenti. Fant. *Arpa* 5—.
- La Danza degli Amori, *Arpa* 3—.
- In alto mare, *Arpa* 3— n *Mariani*.
- Poliuto. La sacrilega parola. Grande Adagio Finale, trascritto e variato, *Arpa* 3.50.
- 52 Studi, *Arpa* 40—, 10 Fasc. à 6—.

Bovio A. e Ambrosioni P. Divertimento per *Arpa Fl* 4.50.

Bovio A. e Pasi G. Duetto sopra motivi del Corsaro, *Arpa Fl* 6.50.

Bovio V. Ave Maria. Preghiera, *S 2*— *Mariani*.
- Messa, a tre voci uguali. (*T e B*) con *Org* 20— *Mariani*.

Bovy-Lysberg Ch. (1821—1873), op. 26 La napolitana, étude de légèreté, *P* 3— *Mariani*.
- Chanson de mai 4— *Bornemann*.

Bowcott M. V. Merry Christmas bells 4/— *Ashdown*.
- Peace be still 3— *Williams*.

Bowden James, My lodging is on the cold ground (Variations), 1' 1/— *Leonard*.
- My love is like the red, red rose (Variations), 1' 2/— *Leonard*.
- Eighteen popular airs arranged as duets for one performer (Art of double stopping), 1' 1/— *Ashdown*.

Bowdler Dr. Cyril, *Weekes*: The angel of the Lord, *SATB* —/3.
- The Beatitudes, *S, T, B* solos & 4 voic. —/4.
- Calvary. A Cantata for Lent and Passiontide. Vocal score 1/6.
- Delight thou in the Lord, *SATB* —/4.
- Give Ear O Lord, *SATB* —/3.
- Harvest Home in C. (Chor. ad lib.) 3/—.
- Hear O Lord when I cry —/4.
- He that hath pity, *SATB* —/3.
- How they so softly rest, *SATB* —/6.
- The Hymn of the Thrice-Holy —/2.
- I am the resurrection —/4.
- I could not do without thee —/1.
- If ye keep my commandments, *SATB* —/3.
- I heard a voice from heaven, *SATB* —/3.
- 6 Improvisations, *H* 1.25 n *Mustel*.
- It is Christ that died, *SATB* —/4.
- Lead kindly light —/1.
- The Lord is gracious, *SATB* —/3.
- The Lord is my shepherd, *SS* & Chor. —/4
- Lotus Flower 2— *Boosey*.

Bowling Whewall, op. 3 Suite, *P* (Hmoll) 2— *Kistner*.
- Barcarolle in G, *FP* 3 — *Rudall*.
- Danse de Cour, *P* 1.8 n *Allan*.
- Dans la Gondole, Fragment de Barcarolle. *VP* 1.25 *Schott*.
- Gavotte, *Org* 3'— *Weekes*.
- A last farewell 4 — *Williams*.
- Murielle (Bagatelle), *P* 4 — *Ascherberg*.
- Nocturne, *P* 1 6 *Hopwood*.
- Rondel 1 — n *Angener*.
- Therese, *P* 4 — *Chappell*.

Bowman Edward Morris (1848), Angels' Song at Bethlehem —10 *Molineux*.
- Blackbird schottisch —30 *Ditson*.
- Bluebird, Polka —30 *Ditson*.
- Bobolink, Waltz —30 *Ditson*.
- Bohemian Girl. I dreamt I dwelt in marble Halls. *OrgP* 1— *Brainard*.
- Coon's Day in May —50 *Mills*.
- Goldfinch, Galop —30 *Ditson*.
- Humming bird, Waltz —30 *Ditson*.
- Jack and Jill, fem. voic. —12 *Pond*.
- Matinée of the birds, Caprice, *P* —50 *Ditson*.
- Mister, You're Room Rent's Due —50 *Mills*.
- Nonpareil Galop —30 *Ditson*.
- Oriole Quickstep —30 *Ditson*.
- Red-bird. Schottische —30 *Ditson*.
- Shelby march —40 *Brainard*.
- Since This Ragtime Done bome Around —50 *Mills*.
- Skylark. Schottische —30 *Ditson*.
- Sparrow. Mazurka —30 *Ditson*.
- Yellow bird. Waltz —30 *Ditson*.

Bowman & Lemonier, My Tantalizin Little Susie Ann —50 *Mills*.

Bowman, Lemonier & Smith, Ma Clementina —50 *National Music*.

Bowman, Mc. Pherson & Smith, Good Morning Carrie —50 *National Music*.

Bowman and Smith, Anna, Let Me Hear from You —50 *Mills*.
- It aint no fault of mine —50 *Mills*.
- Two is Company, Three is a browd —50 *National Music*.
- Your face looks familiar to me. Medley Schottische, *Full O* —80, *11 parts* —60, *10 parts*, *PV* —50 *Setchell*.

Bowmann G. Darling Annie, Sg. Chor. —40 *Brainard*.

Bowmann J. T. A. Everybody Tips Their Hats to Nell and J. —50 *Gordon*.

Bowne Geo. W. op. 27 The High School Galop —60 *Summy*.

Bowron G. Ten Minutes with the Minstrels. Medley Overture, *FullReedBand* (Coleman's Military Band Journal N. 4) 2.56 n, *Full O* 1.50, *14 parts* 1.25, *10 parts* 1— *Coleman*.

Bowron W. L. Good old Times. Medley popular Gems, *FullO* 1.50 n, *14 pts.* 1.25 n, *10 pts.* 1— n, *P* acc. —30 n *Fischer*.

Bowyer Frederick, His Pipe, Duet 4 — *Hopwood*.
- Not too much, but just enough 4 — *Hopwood*.
- A Storm in a Teacp. Duet 4— *Hopwood*.
- That pie 4 —, *Banjo* 4 — *Ascherberg*.
- That's how it's done 4/— *Ascherberg*.

- Tut, Tut, Tut, Who'd have thought it 4 — *Hopwood*.
- 'Twas only a year ago, love, Parody on Tosti's Song "It came with the merry May love 4 — *Hopwood*.
- The two James, Duet 4 — *Francis*.

Box William C. The Vision of the King, with *Org* oblig. 4 — *Lucarny*.

Boy Aug. Polka d'Amour —50, O 4.25 *Litolff*.

Boy can say papa —2 *Hopwood*.

Boy's best friend is his mother, a. —/2 *Hopwood*.

Boy's best friend is his mother (Hart's Cheap Music 423) —2 *Pitman*.

Boy's Brigade, Rev. C. W. Ray —20 *Brainard*.

Boyadjian G. et A. Sérieyx, Chants populaires armeniens. *Decels*.

Boyce Ethel Mary (1863), Berceuse, *P* 3,— *Ashdown*.
- A book of fancies, *P* 7 6 *Ashdown*. 1. Farewell 1 —, N. 2. A dream 1—, N. 3. Springtime 2'—, N. 4. Gavotte 1 —, N. 5. Lullaby 2 —, N. 6. On the mountains 1—, N. 7. Forsaken 2'—, N. 8. Tarantella 3/—.
- By the brook, Sketch, *P* 4 — *Ashdown*.
- Dream Child's lullaby (Two-Part Music 3) — 2 *Boosey*.
- Minuet in C min. *P* 4 — *Ashdown*.
- Petite valse 3 — *Ashdown*.
- A Song of Summer (Two-Part Music N. 4) — 2 *Boosey*.
- Songs and Dances for the Pianoforte. 1. Cradle Song. 2. Aubade. 3. Valse. 4. Hunting Song. 5. Minuet. 6. Scherzetto à — 6 n *Curwen*.
- So she went drifting 4 — *Leonard*.
- To Phyllis. Four short pieces, *P* à 1— *Ashdown*: 1. Canzonet. 2. Scherzetto. 3. The shepherd's song, 4. Caprice.
- Valse in F 4 — *Ashdown*.

Boyce William (Dr.) (1710—1779). *Novello*:
- Be Thou my Judge. Verse, *AB*. Voc. score 1 3, Voc. parts 1/3.
- Blessed is he that considereth. Verse, *TB* 1—, *SATB*, voc. score 4 6, Chor. parts 1.6.
- Blessed is the man. Verse, *ATB*. Voc. score 1 3. Voc. parts —10".
- Blessing and glory. Full. 8 voices. Voc. score 1 8, Voc. parts — 6.
- By the waters of Babylon. Verse, *SATB*. Voc. score 1 6, Voc. parts 1 — *Novello*, with *Org* — 8 n *Augener*.
- Collection of Cathedral Music, *SATB*: 1. Vocal Score, with a separate Accompaniment for the *Org* by Vincent Novello, 3 vols. à 42 —. II. Separate vocal parts, Cloth à 25 —. III. Separate *Org*. Part, with the words. 2 vols. à 21 —.
- Come cheer up my lads, Hearts of oak. (Hullah's Sgs. 25) — 6 n *Augener*.
- Give the King, Thy judgments. Verse, *AAB*. Voc. score 1 9, Voc. parts 1—.
- Give unto the Lord O ye mighty. Verse, *T*. Voc. score 1 9, Voc. parts —9.
- Great and marvellous, *SATB*. Voc. score —.9, 8vo —1'².
- Hear my crying. Verse, 4, Voc. score 1.9, Voc. parts — 10'.
- Hearts of Oak —2 *Broome*. 2 6 *Cramer*. (School Music Leaflets 60) —1', *Curwen*.

3/— Duff, —3 *Forsyth*, *Pitman*, 1 — n *Reynolds*, 2 — n *Sheard*, 1 6 n *Wickins*, *SC* (Colleg. Chor. 51) —2 *Bayley*, *SATB*, *TTBB* (The Choralist 143 & 179) à — 1 *Boosey*, male voic. —/2 *Bayley*, *SATB* with *P. H.* (The Part-Singer 101) —1 *Pitman*, *P* (Gems of old Engl. Melody 94) —/6 n *Wickins*.

- The heavens declare. Verse, *ATB*, Voc. score 2 3, Voc. parts —1¹ ₂.
- Here shall soft charity. Verse, *TB* 1 —, Men's voices (G. W. C h a r d) 1 —, 8 vc —/1¹/₂.
- How long wilt Thou forget me. Verse, *AT* voc. score 1 6, voc. parts — 10¹ ₂.
- I cried unto the Lord. Verse, *AA*, voc. score 1 9, voc. parts — 10¹ ₂.
- If we believe that Jesus died. Verse, *AB*, voc. score 1 6, voc. parts —/9.
- I have set God always before me. Verse, *B*, voc. score 1 6, voc. parts — 7¹ ₂.
- I have surely built Thee a House (C h u r c h Music 832) —12 n *Schirmer*, *ATB*, voc. score 1 6, 8vo —/4, voc. parts —/10¹ ₂.
- I will alway give thanks. Verse, *A*, voc. score 1/9, voc. parts — 9.
- Let my complaint come before Thee. Verse, *S* or *T*, voc. score 1/3, voc. parts —/7¹/₂.
- Like as the hart. Verse, *T*, voc. score 1 3, voc. parts — 9.
- The Lord is full of compassion. Verse, *AB*, voc. score 1 —, voc. parts —/7¹ ₂.
- The Lord is King. Verse, *B*, voc. score 1/6, voc. parts —/10¹ ₂, *ATB*, voc. score 2 6, voc. parts 1/—.
- The Lord is my light. Verse, *AB*, voc. score 1/9, voc. parts 1/—.
- The Lord liveth. Verse, *ATB*, voc. score 1/—, voc. parts —/6.
- Lord, teach us to number our days. Verse, *T*, voc. score 2/3, voc. parts —/10¹/₂.
- Lord, Thou hast been our refuge. Verse, *AT*, voc. score 4/3, Chorus parts 2/4¹/₂.
- Lord, what is man? Verse, *A*, voc. score 1 —, voc. parts —/7¹ ₂, *ST*, voc. score 1/3, voc. parts — 9.
- Lord, who shall dwell? Verse, 4 voices, voc. score 1/6, voc. parts 1/—.
- O be joyful in God. Verse, *AB*, voc. score 1 3, voc. parts —/9.
- O be joyful in God. Verse, 4 voices, voc. score 5—, Chorus parts 1 6.
- O give thanks unto the Lord. Verse, *SATB*, voc. score 2/—, voc. parts 1 —, 8 voic. voc. score 2/6, voc. parts 2/—.
- O praise our God, ye people (Final Chorus from „O be joyful in God") —/4.
- O praise the Lord. Verse, *SATBB*, voc. score 1/6, voc. parts 1/—.
- O praise the Lord, all ye that fear, *S*, Quart. —08 *Ditson*.
- O sing unto the Lord. Verse, *SB*, voc. score 2/—, voc. parts 1/—.
- O where shall wisdom. Verse, *SSATB*, voc. score 2 —, 8vo —/6, voc. parts 1/1¹/₂, mix. voic. with *Org* —/8 n *Augener*.
- A Pastoral Hymn, *SATB*, voc. score —/6, voc. parts — 6.
- Ponder my words. Verse, *S*, voc. score 2/—, voc. parts 1/1¹/₂.

- Praise the Lord, ye servants. Verse, *T* or *S*, voc. score 1 3, voc. parts 1/3.
- Remember, O Lord. Treble Chorus, voc. score 1 —, 8vo — 1¹ ₂, voc. parts —/4¹ ₂.
- A roving life 4 — *Williams*.
- Save me, O God, *SATB*, voc. score 1 —, voc. parts — 6.
- Sing, O heavens. Verse, *ATB*, voc. score 1 9, voc. parts — 10¹ ₂.
- Sing praises to the Lord. Verse, *ATB*, voc. score 1/9, voc. parts —/10¹ ₂.
- Sing unto the Lord. Verse, *T*, voc. score 2 —, voc. parts — 10¹/₂.
- Solomon. Softly rise o southern breeze, *SCTB* with Chor. ad lib. 1/— n *Augener*.
- Sonata in A maj. (G. J e n s e n), *P2V* 1 — n *Augener*.
- Sonata. Adagio and Allegro. 2VP (H. T o l - h u r s t) 3 — *Donajowski*.
- The sorrows of my heart. *SS* —/3.
- Suite from the 12 Sonatas, 2VVcBass with 1 a part (C. H u b e r t P a r r y), score 3 — n, parts à 1 6 n, (Orchestral Journal 44), Strings 6 — n *Williams*.
- Teach me, O Lord. Verse, *A*, voc. score 1/3, voc. parts —/7¹ ₂.
- Turn Thee unto me. Verse, *A*, voc. score 1/—, voc. parts —/7¹/₂.
- Under the Lindens, polka —30 *Ditson*.
- Turn Thee unto me. Verse, *SS*, voc. score 1/3, voc. parts —/9.
- Wherewithal shall a young man. Verse, *SSATB*, voc. score 1/3, voc. parts 1/1¹/₂.

Boyd, Annie Laurie, *SSAB* (Beacon Ser. voc. Select. 142) 2— *Silver*.
- The great worlds fair —40 *White*.
- Recessional, *SATB* (Beacon Ser. Voc. Select. 141) 2.50 *Silver*.

Boyd Chas. E. Christmas bells, *SA* —02 *Ditson*.
- The Emigrant's Song, *SA* —02 *Ditson*.
- Evening on the sea, *SA* —02 *Ditson*.
- Kettle on the crane —35 *Ditson*.
- Little by Little, *SA* —02 *Ditson*.

Boyd Edwin and **Charlie Dean**, There's air 2 — n *Sheard*.

Boyd John R. Theta Delta Chi, waltzes —50 *Fischer*.

Boyd Mand. Plinkety Plunk 4/— *Ascherberg*.

Boyd William, Alice's adventures in wonderland, The Songs from 1/—.
- The Children's garland. Seven choice settings of some old rhymes 1/— *Weekes*.
- The Jabberevock, *P* 4/— *Weekes*.
- Onward Christian soldiers, Hymn —/1¹/₂ *Novello*.
- Songs for children. Containing eleven 1/6 *Weekes*.
- Through the looking-glass, the Songs from, Lewis Carroll 1/— *Weekes*.
- A wreath of Songs for children, containing „Alice Adventures in Wonderland", „Through the Looking Glass", „Songs for Children" and „Children's Garland" 3— *Weekes*.

Boyde Carl, op. 4 N. 1. Laß mich nicht im Dienst ermüden, acc. *Org* (*H*), Gebet —80 *Klemm*.
- **5** Drei Lieder, *SATB*, Part, St à 1— *R. Pabst*.
- **6** Zwei Weihnachtslieder: 1. Sel'ge Stunde!

m. *VP*(*Org*) 1—. Nr. 2. Weihnachtsmette: Zitternder Glockenschall hallt in die Nacht, —75 *Merseburger*.
- 3stium. Choral-Buch — 60 *Merseburger*.

Boyde Edwin, Football Referee 2 — n *Francis*.
- Whoa, Alice! Where art thou? 4'— *Francis*.

Boyden Georgie H. Las Cantaranas, schottische —40. (American Star Journal 341) *Milit. Band* —50 n *Fischer*.
- Cupid's wedding, *P* —50 *Ditson*.
- Cupid was at the oar —40 *Ditson*.
- Dorda. Gavotte —40 *Fischer*.
- El capitan, marche militaire —35 *Ditson*.
- Good morning, song and dance —40 *Ditson*.
- Land of the rocking-chair —35 *Ditson*.
- Passion's conflict, grand fantasie, *P* —60 *Ditson*.

Boyden & Nichols, Just a bit of heaven in her eyes —50 *Stern*.

Boye J. op. 17 Tarantel og Vals, *P* 1.75 *Hansen*.

Boye M. La Donzella 3— *Bornemann*.

Boye Victor, op. 17 Spinn, spinn, Fantasi, *P* —50 *Nordisk Musikforlag*.
- 19 Melodi-Buket af danske Sange, *P* 1.25 *Nordisk Musikforlag*.
- En Juledrøm. Fantasi over Julesalmer, *P* 1— *Nordisk Musikforlag*.

Boyen Ch. Raad eens Vaders 1— *Faes*.

Boyer, Beaurepaire, pas red. *Harm* ou *Fanf* 1.50 n *Metzner*.
- La Brise, polka 3— *Sulzbach*.
- Chevreul, pas red. *Harm* ou *Fanf* 1.50 n *Metzner*.
- Gaîté Française, marche, *Harm* et *Fanf* 1.50 n, Cond. —25 n, p. *Pist* solo —10 n *Marguerital*.
- L'Infortuné, pas red. *Harm* 3— n *Evette*.
- Marche des cigales, *P* 5— *Gounin*.
- Marguerite d'Anjon, marche triomphale, *Harm* ou *Fanf* 3— n *Metzner*.
- Souvenir d'Angers, Fant. *Harm* 4— n, *Fanf* 3— n, Cond. —50 n *Marguerital*.

Boyer A. La Baugeoise, Musique milit. 2— n *Metzner*.
- Moustille, polka 1— n *Metzner*.

Boyer C. L'Abbé. Ave Maria, 4 voix, *Org* ad lib. 1— n *Muraille*.
- Da Pacem à 3 v. ég. *Org* ad lib. —75 n *Muraille*.
- In nomine Jesu, 4 voix mix. *Org* ad lib. 1.25 n *Muraille*.
- O Sacrum convivium, 3 voix inég. *Org* ad lib. 1— n *Muraille*.
- Petit Jésus, pour 8 solo et petit chœur à l'unisson, avec *Org* ou *P* —80 *Bertram*.
- Pie Jesu à 4 v. inég. *Org* ad lib. 1— n *Muraille*.
- Sub tuum praesidium, 4 voix, *Org* ad lib. 1— n *Muraille*.
- Tantum ergo et genitori, 3 v. d'homme, *Org* ad lib. 1— n *Muraille*.

Boyer Edmond, Berceuse, *VP* 1.70 n *Köchly*.
- Cante au Saint Enfant Jésus, chœur, 2 voix, *P* —30 *Köchly*.
- Défilé du 33e régiment, pas red. *Harm* ou *Fanf* 3— n *Evette*.
- Jacques-Coeur. Pavane, *VP* 1.35 n *Köchly*.
- La Joie du jeune violoniste. Trois morceaux,

VP: 1. Andante. 2. Menuet. 3. Barcarolle, à 1.25 n *Weiller*.
- Pensée d'une jeune fille, *V* 1.35 n *Köchly*.
- Tennis marche. O av. *P* cond. 1.50 n *Bajus*.

Boyer G. and B. Godard, Ballet d'autrefois. Petite Scène. (Old World Ballet.) For Pantomime and Voice 2 6 *Williams*.

Boyer J. Les Hirondelles, mél. 6— *Lemoine*.

Boyer L. A la Nuit 1.35 n, *Ch. s.* —35 n *Labonde*.
- Amour et Tendresse, valse lente *Quint.* à cordes av. *P* cond. *L. Paroche*.
- Ariane, ouvert. de concert, *Harm* ou *Fanf* (Conduct. seul) 1— n *Parès*.
- Ballade des nymphes. Pizzicato, *Quint.* à cordes av. *P* cond. *L. Paroche*.
- Berceuse, *VP* 1.70 n *Klein*.
- Chanson 3— *Nereu*.
- De Châtenay à Robinson. Fant. *P* 5— *Nereu*.
- La Grotte de Massabielle, ouv.-symphon. *Harm* 4— n, Cond. —50 n *Marguerital*.
- La Perle de Moscou, mazur 5—, *O* 2— n *Nereu*.
- Stella. ouvert. de concert, *Harm* ou *Fanf* 4— n *Marguerital*.

Boyer P. M'aimeras-tu —20 n *Bornemann*.
- Lourdes, pas red. *Harm* 3— n, Cond. —50 n, *Fanf* 2.25 n, Cond. —50 n *Parès*.

Boyer Th. Les Bords du Rhône, Fant. *Harm* ou *Fanf*, Part 9— n *Evette*.
- La fiancée, polka-mazurka 1.75 n *Gallet*.
- Grillon, pas red. *Harm* ou *Fanf* av. Tambours et Clairons, Part 3— n *Evette*.
- Léda, polka. *Harm* ou *Fanf* av. *Pist*, Part 3— n *Evette*.
- L'Océan, valse 6—, *Harm*, Part 6— n *Evette*.
- Rêveuse, mazurka, *Harm* ou *Fanf*, Part 3— n *Evette*.
- La Vallée de Drac, ouv. *Harm* ou *Fanf*, Part 6— n *Evette*.

Boyes F. C. Benedictus, qui Venite and Agnus Dei in F —/3 n *Vincent*.
- Communion Service in B flat 1— n *Vincent*.
- Kyrie Eleison, eight settings —/3 n *Vincent*.
- Magnificat and Nunc Dimittis in B flat —4 n *Vincent*.
- Te Deum Laudamus in A —/3 n *Vincent*.

Boylcareos K. Erato, polka —40 *Fexis*.
- Polka mandolinata, Perikol, Bals Perikol. Gia sena geruci hapala, La minore (Phymnison) asplachni, Klais, na den to martyras, Antihoula. Mparmpathodoris, *Mand* —60 *Fexis*.

Boyle Mrs. C. A. Euridice, valse brilliant —65 *Summy*.
- One morning very early (The maid of Bedlam) 1/— n *Augener*.
- On the Mississippi, 2Banjos —35 *Ditson*.
- Sounds from Mexico, waltzes —35 *Ditson*.

Boylston Club Collection, *TTBB* —75 n *Ditson*.

Boymond A. Le Cheval de bronze (Auber), ouv. *Harm*, Part 12— n *Evette*.

Boyneburgh Fr. v. Shakespeare-Lieder, Nr. 6. Lied der Elfen, Duett —60 *André*.

Boyneburgk F. v. Variationen, B dur, *PCl* 1— n *Breitkopf*.

Boyneburgk Fr. v. op. 6 Sechzehn Walzer,

9 Ecossaisen und 1 Sauteuse, *P* 1— n, *O* 1— n *Breitkopf*.

7 Zwölf Walzer u. 8 Ecossaisen, *P*, *O* à 1— n *Breitkopf*.

8 Introd. et Variations (G) sur un thème fav. d'l Amor marinaro, *Ve* m. *O* 2.50 *Hofmeister*.

10 Introduction et Variations sur un thème de Weigl, *Cl* av. *O* (Bdur) 3—, av. *P* 1.50 *Simrock*.

11 Zwei Polonaisen, 6 Walzer und 6 Ecossaisen, *Pfte*(*P*) 1— n 1— n *Breitkopf*.

12 Sechs Lieder für junge Freundinnen des Gesanges m. leichter Begleitung (2. Sammlung) 1.25 *Hofmeister*: „Rädchen, Rädchen, gehe." „Fleißig mußt du spinnen." „Die Unschuld bringt Freude." „Die Mutter, die gute." „Vater! deine Gabe." „Fröhlich wollen wir denn sein."

13 Sechs Märsche, *4ms* 1— n *Breitkopf*.

14 Zwei Lieder mit Variat. *Ve* m. *O*(*P*) 1— n *Breitkopf*.

15 Zwei Polonaisen, 1 Kotillon, 6 Walzer, 5 Ecossaisen, *4ms*, *O* à 1— n *Breitkopf*.

17 Sechs Lieder f. junge Freundinnen des Gesanges (3. Sammlung) 1.50 *Hofmeister*: Am Morgen: „Hin ist nun die Ruh' der Nacht." Aus der schönen Magalone: „Rausche, rausche weiter fort." Hochzeitslied: „Wir gingen und sagen." Die drei Blümchen: „Drei Blümchen in meinem Garten blüh'n" Frühlingslied eines Landmanns: „Seht meine lieben Bäume an." Am Geburtstage des Vaters: „Laßt die Blumen, die uns blüh'n."

18 Zwölf Walzer, *4ms* 1.50 *Breitkopf*.

19 Potpourri, *Pft* 1— n *Breitkopf*.

20 Dreizehn Tänze, *4ms* 1— n *Breitkopf*.

23 Zwei Polonaisen, 2 Kotillons u. 4 Walzer, *4ms* 1— n *Breitkopf*.

Sieben Gesänge (1. Sammlung) 1.50 *Hofmeister*: Am Alpensee gesungen: „Sanft wie diese tiefe Welle." Die Erscheinung: „Ich lag auf grünen Matten." Die Wahrheit: „In den höh'ren Himmelsräumen." An den Frühling: „Willkommen schöner Jüngling." Die Ferne der Zukunft: „Kennt ihr das Land." Grablied: „Auch des Edlen schlummernde Gebeine." Auf ein Lautenband: „Ich möchte Ida's Laute sein."

Gr. Walzer 1— n *Breitkopf*.

Boynton Lizzie F. Haven of Rest —40 *Goggan*.

Boyrau E. *Labbé:* Amour et printemps, romance 1— n.

Le cabaret, *Ch. s.* —20 n *Bornemann*.

Le captif délivré, romance —20 n.

Conseils à des jeunes mariés, rondeau 20— n.

Le dernier aveu 1— n.

Endormez-vous, petits enfants, romance 1— n.

La fête du bon Dieu, romance —20 n.

La france guerrière, chant national 1— n.

Le galant Auvergnat. Av. parlé 1— n, *Ch. s.* —40 n *Bornemann*.

La grange, chant rustique 1— n.

Pour un regard —20 n.

Le premier amour 1— n.

Le rêveur, mélodie —20 n.

La rose blanche, romance 1— n.

Le verre de Marceau, *Ch.* patriot. 1— n. *Ch. s.* —35 *Paigellier*.

La voix de peupliers 1— n, *Ch. s.* —35 n *Paigellier*.

Boyrer W. Hungarian March. *4ms* —75 *Ditson*.

On Prancing Studs March. *4ms* —80 *Pond*.

Boyrie R. Quand les roses s'effeuilleront. *Dorcy*.

Boys and Girls, Quadr. (Hart's Cheap Music 801) —*2 Pitman*.

Boys, I've won a Prize 2— n *Sheard*.

Boys of Merry, England. (Hart's Cheap Music 650) — 2 *Pitman*.

Boys, She's a Dream 2/— n *Sheard*.

Boys who never go home till morning 2— n *Sheard*.

Boyse Arthur, Fifteen Chants —2 *Norello*. Postlude, *Org* 2— *Norello*.

Scherzo, *Org* 2/— *Norello*.

Transcriptions, *Org*, *Norello*: 1. La Rêve (Goltermann) 1—. 2. Schlummerlied (Otto Booth) — 6. 3. Wiegenlied (Hauser) —/6. 4. Canon (Schumann) — 6. 5. Mourning (Schumann) — 9 6. A Round (Schumann) — 6. 7. Träumerei (Schumann) — 6. 8. The Angel's Serenade (Braga) 1 6. 9. Andante, Third Sonata (Schubert) 1/—. 10. Prayer (Gordigiani) 1—. 11. Ave Maria (Cherubini) 1—. 12. Serenata (Moszkowski) 1 6. 13. Adagio, Symphony in C (Haydn) 2/—. 14. Andante, Grand Duo, op. 25 (Goltermann). 15. Largo Cantabile, Symphony in D (Haydn). 16. Allegretto quasi Andantino 7th Sonata (Schubert). 17. Minuet. Organ Concerto, N. 4. 2nd Set (Handel). 18. Andante Tranquillo (Bennett). 19. Oh! for the wings of a dove (Mendelssohn) à 1 6. 20. O rest in the Lord (Mendelssohn) — 6. 21. If with all your hearts (Mendelssohn) —/9. 22. Lord God of Abraham (Mendelssohn) —/9. 23. Woe unto them (Mendelssohn) — 6. 24. Andante Animoso (Romberg) 1/6. 25. War March, Athalie (Mendelssohn). 26. Ever blessed child, Athalie (Mendelssohn). 27. Heaven and the earth display, Athalie (Mendelssohn). 28. Le désir (M. Hauser). 29. Be not afraid (Mendelssohn) à 1/6. 30. Nocturne in E flat (Chopin) 1—. 31. Romance in G (Beethoven) 1/6. 32. Noël (Adam) 1—. 33. Nocturne (Tschaïkowsky) 1—. 34. Pilgrim's March (Mendelssohn). 35. Adagio. Quartet in G minor (Spohr). 36. Minuet and Trio. Symphony in D (Haydn). 37. Andante cantabile. Symphony, C minor (Haydn). 38. Minuet and Trio. Octet (Schubert). 39. March of Israelites, Eli (Costa) à 1 6. 41. Morning Prayer, Eli (Costa) 1/—. 42. Hear my prayer, Eli (Costa) 1—. 43. Barcarolle, 4th Concerto (Bennett) 2—. 44. Chorus of Angels, Eli (Costa) —/9. 45. Nazareth (Gounod) 1/6.

Boysen Nicolaus, Du und ich. Walzerlied 1.20 *Heins*.

Neapolitanisches Liebesständchen: „Mach auf mein Liebchen" 1.20 *Heins*.

O selge Kinderzeit: „Jüngst träumt' ich von seliger Kinderzeit" 1.20 *Heins*.

Boyson Ambrose. Here Lord we offer Thee.
Hymn — 3 *Norello.*
- The silent voices. Hymn —/4 *Norello.*
- Sleep thy last sleep. Hymn — 4 *Norello.*
- Vespers (con Card). Hymn — 1 *Norello.*
Boy that takes the bisquit ! — *Beau.*
Boyton E. M. Scales and Arpeggios, 1
2/— n *Chenot.*
Božek Fr. A. *Hoffmann*: op. 37 Elfenreigen.
Impromptu-Polka — 60.
- 38 Le diable boiteux. Polka —54.
- 39 Chant guerrier de Montenegrins. Caprice
P —90 *Hoffmann.*
- 41 Sitra-Galopp —84.
- 42 Salonblüten. Quadrille 1.20.
- 43 Die Gemütliche. Polka-Mazurka —60.
- 44 La Parisienne. Polka-Mazur —84.
- 45 L'inconstance. Quadrille 1.50.
- 46 Die Sarmaten. Polka-Mazur —60.
- 47 La fleurette. Polka trembl. —60.
- 48 Klangfiguren. Polka trembl. —60.
- 49 La dithyrambe. Galopp —60.
- 50 Das Nordlicht. Walzer 1.36.
- 51 La fleur d'Espagne. Polka-Mazur —60.
- 52 Austria. Walzer 1.56.
- 53 Le rève d'une fille. Impromptu. Polka
trembl. —90.
- Campanella. Polka —54.
- Colibri. Polka trembl. —54.
- Gabrielen-Polka-Mazur —84.
- Le petit Kobold. Galopp brill. —54.
Bozsanyi F. Die Söhne der Arbeit. Marschlied 1.25. Volksausgabe —16 *Pawliska.*
Bozzano Emilio, op. 55 Un desto 2—
Mariani.
- 57 L'Ombra. di Flotow. Illustrazione, P
4— *Mariani.*
- 60 Il marinaio ligure. T Bar 4— *Mariani.*
- Un 'addio. Melodia, P 4— *Venturini.*
- L'addio del soldato 2.25 *Ricordi.*
- Djem la Zingara: Ballata, pari a
fior che sullo stello. S 2.50, Sinfonia, 4ms
6— *Mariani.*
- L'esule 2— *Mariani.*
- Fascino. Valzer chante 6— *Mariani.*
- Fra le tue braccia. Valzer chanta 6—
Mariani.
- La Gioconda. Impressioni, P 5— *Ricordi.*
- Primavera 3.50 *Mariani.*
- Se... Stornello-Serenata 3— *Ricordi.*
- La Viola, MS. T 2.50 *Ricordi.*
- Visione. Ispirazione pianistica, P 4— *Ma-
riani.*
Bozzelli, Inno per le Auguste Nozze delle rè.
2— n *Cottrau.*
- Non è tornato —50n *Cottrau.*
- Verrà —50 n *Cottrau.*
Bozzelli G. Ad una Stella 2.50 *Ricordi.*
- Caterina Di Belp. Melodramma, Scena, Reci-
tativo e Duetto Caterina é Gerardo, per
S. Bar 5— *Mariani.*
- Esulando! S. MS à 3.50 *Ricordi.*
- Idillio, HP 4— *Ricordi.*
- Loving in vain 4 — *Ascherberg.*
- Madama dint'u Pallone —50 n *Cottrau.*
- Mia! MS. B con VcP 4— *Mariani.*
- Notturno per Bar 2— *Mariani.*
- Una Primavera a Monealvo. Album 18—
Ricordi: N. 1. Tristis est anima 3—.
N. 2. Crepuscolo 2.50. N. 3. Visione 3—.
N. 4. Vieni! MS. T 4—. N. 5. Rivelazione,

MS. T 2.50. N. 6. Invito 3.50. N. 7. La
Festa Nazionale. Inno-Coro a due voci
5—.
- Ricordi di Grena: N. 1. Non l'ho scordata.
Romanza 2—. N. 2. Addio sul tramonto.
Melodia 3.75 *Ricordi.*
- Rispetto 2— *Ricordi.*
- Un saluto a Bergamo. Album 12— *Ricordi*:
N. 1. Tedri. Recitativo e Romanza 3—.
N. 2. Margherita all'arcolajo. Melodia 2—.
N. 3. Il Tramonto. Romanze 3—. N. 4.
Pur non t'abborro. Romanza 3.50. N. 5.
Mescetemi il vino. Brindisi 3—.
- Spartenza! Siciliana: Affrittu cori mio
(siciliane et ital.) 3.50 *Ricordi.*
- Speranze e Palpiti. Album in chiave di sol.
N. 1. Vendo fiori. Romanza. 2. Renso di
mandoria. Stornello à 1.50. N. 3. Il Tro-
vatore. Serenata 1.25. N. 4. Amami e taci.
Romanza 1.50. N. 5. La fanciulla del popolo
tradita. Stornello. 6. Non c'è più. Sere-
nata à 2— *Venturini.*
- Te sempre amar! S. MS à 2.50 *Ricordi.*
Bozzelli V. Senz'amore. nenia autunnale.
Forliresi: MandP, VcP à 4—. Mand(4)G
3—. 2MandP 4.50, 2Mand(4)P 5—, 2Mand
(V)G 3.50. 2Mand(4) MandoleG 4—.
- Sogno lontano. rêverie, P 3— *Forliresi.*
- Visite. andantino, P 1— *Forliresi.*
Bozzolo E. op. 30 Galop 1.25 *Ricordi.*
- 31 Dolce posa. P 1.50 *Ricordi.*
- 32 Carla, P 2— *Ricordi.*
- Bella sei come un angelo. Canto popolare.
P 1.50 *Ricordi.*
- Don Carlos (Verdi). Airs: 1. Mort de
Rodrigue. grande scène. 2. Air de Philippe.
introduction dramatique, HP à 2— *Mustel.*
- Force du Destin. Symphonie. (Verdi). HP
6— n *Mustel.*
- Fratellanza, P 1.25 *Ricordi.*
- Mazurka 1.50 *Ricordi.*
- Paina, P 1.25 *Ricordi.*
- Sovico, P 1.25 *Ricordi.*
- Stella del Nord. Preludio e Preghi-
era. Traser. HarmoneflP 4— *Ricordi.*
- Inno al piccione al Castello di Carimate.
P 4— *Ricordi.*
Bozzone M. Marianna, P 1.50 *Mariani.*
Bozzotti E. Soupir 3— *Ricordi.*
Bozzotti G. Perdonami, madre mia! Preghi-
era. P 1— *Haslinger.*
B—r & B—r, Skjut-Skols-Polka, 4ms —50
Elkan.
Brabançonne, la (Gesang der Belgier).
Chant national —75, Marche nationale —50
Schott, —20 P. Siegel, 4ms —75, Z (Fr.
Gutmann) —50 *Schott.*
Brabham J. Benedicite, to a proper Chant.
—/2 *Norello.*
Braby Agnes, Come unto Him. Sacred song
4/— *Ashdown.*
Bracaglia, Primo bacio, Mand 2— *Calace.*
Braccer A. L'Amicizia. Mazurka di Con-
certo 2.50 *Ricordi.*
- I bagni marittimi. Schottisch 1— *Mariani.*
- Caprice romantique, P 3.50 *Ricordi.*
- La Meditation. Fant. P 3.50 *Ricordi.*
- Il primo pensiero. Schottisch 1— *Mariani.*
Bracchetto G. Brezze Americane. Mazur
2.50 *Mariani.*
- Corinna. Mazur 2— *Mariani.*

- Raffaela, Mazur 1.50 *Mariani*.
- Un saluto oltre mare, Mazur 2.50 *Mariani*.
Bracci. Farfallina vede fantarista moderne.
- Guglielmina, vedi fanfarista moderne.
Bracci-Nicolosi F. op. 14 N o r m a, Finale variato, *P* 2 — *Ricordi*.
- 22 Barcarola: Voga, vogo o Marinaro 1.25 *Ricordi*.
- La Prece 1.50 *Ricordi*.
Bracco C. A. op. 64 Ninetta, mazurka, *P*, *M(V)*, *Fl* à —75 n. *M(V)P, FlP* à 1— n. *M(V)Chit, FlChit* à 75 n. 1 (*M*)*FlP* 2*M* (*V*)*P* à 1.25 n, 2*M(V)Chit, V(M)FlChit* à 1— n. O 1— n *Ricordi*.
- 77 La Bandiera tricolore italiana, Marcia milit. O 1— n *Ricordi*.
- 81 Graziosa, mazurka 1— *Ricordi*.
- 82 Birichina!! polke 1.25 *Ricordi*.
- 83 Storiella, Capriccio caratteristico, *P* 2— n *Ricordi*.
- Alice, Mazur 2 — *Mariani*.
- Armonia, marcia —20 *Il Mandolino*.
Bébé, polka 1.50 *Mariani*.
- Brezze marine, valzer —20 *Il Mandolino*.
- Capricciosa, gavotta, *P* 3—, *M(V)P* 4—, *M(V)Chit* 3—, 2*M(V)P* 4.50, 2*M*(*V*) *Chit* 3.50, 2*M*(*V*)*MandoloneP* 5—, 2*M*(*V*) *MandoloneChit* 4— *Forlivesi*.
- Chimere dorate, valzer —20 *Il Mandolino*.
- Ciao! *P* 2— *Ricordi*.
- Elegia, *M(V)P* 1.50 n, *M(V)Chit* 1.25 n, 2*M(V)P* 1.75 n, 2*M(V)Chit* 1.50 n, 2*M* (*V*)*MaP* 2— n, 2*M(V)MaChit* 1.75 n *Forlivesi*.
- Genova Marinara, O 1— n *Ricordi*.
- Hommage à Waldteufel, suite de Vaises 5— *Mariani*.
- Io ti vorrei baciar! Serenata-Romanza, *MS* o *T* 3— *Ricordi*.
- El Matador, valzer, 2*MMa*, *Castagnette* e *tamburelli* —15 *Il Concerto*.
- Mesti Ricordi, mazurka —20 *Il Mandolino*.
- Metta, polka 1.50 *Mariani*.
- Milano Artistica, O 1— n *Ricordi*.
- Notte stellata, serenata —20 *Il Mandolino*.
- Pioggia di fiori, vedi fanfarista moderne.
- Romanza senza parole, *P* 3—, *M(V)P*, Ve *P* à 4— *M(V)Chit* 3—, 2*M(V)P* 4.50, 2*M(V)Chit* 3.50, 2*M(V)MaP* 5—, 2*M(V)* *MaChit* 4— *Forlivesi*.
- Serenata, 2*MChit* —15 *Il Concerto*.
- Souvenirs d'un concert, serenade, *M(V)P* 4—, *M(V)Chit* 3—, 2*M(V)P* 4.50, 2*M* (*V*)*Chit* 3.50, 2*M(V)MaP* 5—, 2*M(V)* *MaChit* 4— *Forlivesi*.
Bracewell W. Academy Pianoforte Tutor 5 — *Keith*.
- Mermaid polka 1/6 *Hopwood*.
Bracey Gertrude, Hearts 4/— *Williams*.
- Lullaby 4 — *Willcocks*.
- Violin Album 2/6 n *Weekes*.
Brachet L. *Gordon*: Abendklänge von den Alpen, Z —40.
- Abschiedslied, Z —40.
- Ach wie ist's möglich dann, Z —25.
- Aimé, schottische, G —25.
- Alpine Lassie, mazurka, G —20.
- Amalia-Walzer, Z —35.
- Amor é vita, waltz, G —25.
- Amor Polka, Z —25.
- An Adelheid, Z —40.

- Ännchen von Tharau, Z —40.
- Apollo Polka, Z —35.
- Apollo, schottische, G —25.
- Arzelia, waltz, G —25.
- Aus dem letzten Fensterln, Z, Nr. 1 —25, Nr. 2 —40.
- Bella Flora, mazurka, G —25.
- Bicycle, Galop, G —25.
- Bijou, polka, G —25.
- B o h e m i a n G i r l, Then you'll remember me, G —25.
- Boulanger March, Z —25, G —15.
- Carrie's Delight, schottische, G —25.
- Cashman, Z —35.
- Champagne, polonaise, G —25.
- Chapel, Transcr. (C. K r e u t z e r), G —25.
- Choral, G —25.
- Collection of Guitar Music —50.
- Concert Polka, Z —35.
- Cornet Quickstep, Z —35.
- Darling Polka, Z —25.
- Desdemona-Walzer, Z —75.
- Diana-Mazurka, Z —25.
- Dreaming (Träumend), Z —35.
- Drunten im Unterland, Z —40.
- Du du liegst mir im Herzen, Z —40.
- Eduard-Polka, Z —35.
- Einsam bin ich nicht alleine, Z —40.
- Ellen Bayne, Z —40.
- Emile, waltz, G —25.
- Enchantment, schottische, G —25.
- Enjoyment, galop, G —25.
- Evergreen (Immergrün), Polka, Z —40.
- Fairmount, mazurka, Z —35.
- Forget-me-not, galop, G —25.
- Freischütz, Selektion, G —25.
- Freund ich bin zufrieden, Z —40.
- Freut euch des Lebens, Z —40.
- Frühlings-Polka, Z —25.
- Giojello Favorita, waltz, G —25.
- God save the Queen, Z —40.
- Grand March, Z —25.
- Grand Spanish, march (Hernandez), G —40.
- Heidenröslein (Sah ein Knab ein Röslein stehn), Z —40.
- Hail Columbia, transcr. G —25.
- Heimweh (Longing for home), Z —40.
- Hoch vom Dachstein, Z —40.
- Home, sweet home, Z —40, transcr. G —25.
- In einem kühlen Grunde, Z —40.
- Innocence, schottische —30.
- I's letzte Fensterl, Z —40.
- Jacobs Lust und Freud, schottische, Z —25.
- Jetzt geh ich aus Brünnle, Z —40.
- Julia Polka, Z —35.
- Kirmes, schottische, Z —25.
- Der kleine Rekrut (Wer will unter die Soldaten), Z —40.
- Komm lieber Mai und mache, Z —40.
- Kommt ein Vogel geflogen, Z —40.
- Ländler (Original), Z —35, G —25.
- Last rose of Summer, transcr. G —25.
- Leonora-Polka, Z —35.
- Liebesgruß (Love's greeting), Z —40.
- Life let us cherish (Freut euch des Lebens), transcr. G —25.
- Lilien-Walzer, Z —25.
- Lina-Walzer, Z —40.
- Der Lindenbaum, Z —40.
- Long, long ago, Z —40.

- Loreli, Z —40.
- Louisen Polka, Z —40.
- Louisen-Walzer, Z —35.
- Love's chidings, Z —40, transer. G —25.
- Mädchens Klage (Den lieben langen Tag), Z —40.
- Mädel ruck, ruck, ruck, Z —40.
- Mailüfterl, Z —40.
- Mandarinen-Polka, G —25.
- Mardi gras. Walzer. Z —40.
- Margarethen-Polka, Z —25.
- Marseillaise (French National Hymn), transer. G —15.
- Mit dem Pfeil und Bogen, Z —40.
- Morgen muß ich fort von hier, Z —40.
- Muß i denn zum Städtle hinaus, Z —40.
- Mutterseelenallein, Z —40.
- My Moadel, Z —40.
- My Moadel is herb ob mich, Z —40.
- Negro Dance (Imitation of the Banjo), G —25.
- Nellie Polka, Z —40.
- New life, galop, G —25.
- Nur langsam Alter, waltz, Z —25.
- Ophelia Polka, Z —35.
- Our glorious Union, waltz, G —25.
- Parade march, Z —25.
- Picnic, polka, G —25.
- Polonaise, Z —35.
- Prosit Neujahr! Polka, Z —35.
- Psyche, Mazurka, G —25.
- Rheinwein-Walzer, Z —25.
- Robin Adair, transer. G —25.
- Sans Souci, waltz, G —25.
- Der Schweizerbua, Z —40.
- Signal-Mazurka, Z —40.
- Silver threads among the gold, Z —35.
- Sleigh bell polka, Z —35.
- Der Soldat, Z —40.
- So leb denn wohl du stilles Haus, Z —40.
- Sounds from home (Heimatsklänge) (G u n g l), G —35.
- Sounds from the Delaware, Ländler waltz, G —15.
- Spanish Fandango, G —25.
- Spanish mazurka, Z —25.
- Star-Spangled Banner, Z —40, transer. G —25.
- Steh ich in finstrer Mitternacht, Z —40.
- Steh nur auf, du junger Schweizer-Bub, Z —40.
- Still eine Mutter betet für ihr Kind, Z —40.
- Tänze aus dem Hochgebirg! Z —40.
- Der Tannenbaum, Z —40.
- Tautropfen, Walzer, Z —40.
- Thou wilt ne'er forget me, Z —35.
- Thy loving eyes, Z —25.
- Tiroler-Lied, Z 40—.
- Der Tiroler und sein Kind, Z —40.
- Titania-Walzer, Z —60.
- Transcription de Concert, march, Z —40.
- Traumbilder (L u m b y e), G —25.
- True love, G —35.
- Twilight serenade, G —25.
- Twilight waltz, Z —75.
- Twilight whispers, mazurka, G —25.
- Voice of Love, G —30.
- Von meinen Bergen muß ich scheiden, Z —40.
- Wann i in der Früh aufsteh, Z —40.

- Weihnachts-Walzer, Z —40.
- Wenn die Blümlein draußen zittern, Z —40.
- Wenn ich ein Vöglein wär, Z —40.
- Wiener Burschen-Walzer, Z —40 *Gordon*.
- Yankee Doodle, G —25.
- Zerlina Galopp, G —25.
- Zither School complete 2—, Part I, II à 1—.
- Zum Zeitvertreib, Mazurka, Z —35.

Brachetto G. Riconoscenza di mio fratello, valzer 6— *Mariani*.
- Ti ricordi di un fiore? 3— *Mariani*.

Brachrogge Giovanni (1600), Madrigaletto: Ecco, ecco il verno, for S 1. 2, B, Part —25 *Hansen*.

Brachthuyzer J. D. Allegro, PFt 1.50 *Alsbach*.
- De Hollandsche Krijgsgevangenen —30 *Eck*.
- Valse romanesque —30 *Alsbach*.

Brachthuyzer W. H. Bonbonnière musicale, 4ms 1.25 *Alsbach*.

Bracké, O salutaris, Motet, S avec Org 1— n *Cranz*.
- Tantum ergo, à trois voix avec Org 1— n *Cranz*.

Bracken Edith A. *Forsyth*: Ask me no more 4—.
- Birdie's Slumber Song 4/—.
- Child and the Poet 4 —.
- Dirge, duet 4/—.
- Eldorada 4/—.
- Faded Violet, duet 4 —.
- Fair Daffodils, duet 4 —.
- Hey, ho! the daffodils —35 *Ditson*, 4/— *Forsyth*.
- Life lapses by, duet 4 —.
- The Lily's Lesson 4 —.
- Love me or not 4 —.
- A memory 4 —.
- O me! O me! 4/—.
- O would that love could die 4 —.
- O yet we trust, med. 1. à —40 *Ditson*, 4 — *Forsyth*.
- Poet's song 4 —.
- Serenade 4/—.
- The Silver Swan 4 —.
- Twilight song 4/—.
- Water Lady 4 —.
- What does little birdie say? 4/—.
- Winifred, duet 4 —.

Brackett Frank H. All for you —40 *Ditson*.
- Among the lilies —50 *Ditson*.
- Around the Great White Throne —50, with V 60 *Wood*.
- At the Lamb's High Feast we Sing, SATB —12 *Wood*.
- Beneath the Mistletoe —35 *Ditson*.
- Benedic, Anima Mea in G, Choir with A, S (Choir Journ. 14) —06 *Wood*.
- The Blossom Time of the year —50 *Ditson*.
- Brightest and Best, Choir with S A (Choir Journ. 45) —06 *Wood*.
- Cavalier's song —50 *Ditson*.
- Christian, dost Thou see them, choir with S A and Horton Hear us, Thy children (Choir Journ. 97) —06 *Wood*.
- Christmas morn —50 *Ditson*.
- The Circus Parade, P —30 *Presser*.
- Come, ye thankful people, Choir with S and Holz, Our Father, which art in heaven (Choir Journ. 17) —06 *Wood*.
- Crown him with many crowns choir with

A. B Solo and Duet *S1* (Choir Journ. 52) —06 *Wood.*
- Daffodil —40 *Ditson.*
- Dances of the Fireflies. *P* —50 *Presser.*
- The day of resurrection, *SATB*, 8vo —10 *Ditson.*
- Dolly —40 *Ditson.*
- Down by the Southern Sea —50 *Ditson.*
- Easter Morn, med. voic. —25 *Mc. Kinley.* —50 *White.*
- Eternal light of light —50 *Ditson.*
- A Farewell —30 *Presser.*
- Fast asleep. *SSMSA* —10 *Ditson.*
- Forever young —40 *Ditson.*
- For Thee o dear, dear country, choir with *S* and solo and duet, *TBar* and *Nevin*, God Guard Columbia (Choir Journ. 83) —06 *Wood.*
Friar's Song —50 *Wood.*
- From Glory unto Glory, Choir with *B* Solo and Duet, *ST* or *A* (Choir Journ. 81) —06 *Wood.*
- From the eastern mountains, Mix. voic. —10 *Ditson.*
- Garden of my Heart —30 *Presser.*
- Gloria in Excelsis. Choir (Choir Journ. 89) —06 *Wood.*
- Good advice —50 *Ditson.*
- Hark! what mean those holy voices —05 *Ditson.*
- Hear our Prayer, Choir with *S* and Loud. Just for To-day (Choir Journ. 71) —06 *Wood.*
- His loving kindness, *A. T. S*, Mix. Chor. —12 *Ditson.*
- Homeland of the free, *SATB* —15 n *Church.*
- A-hunting we will go, mix. chorus —12 *Ditson.*
- Hush, little one —35 *Ditson.*
- I lay me down to rest, choir with *A* and Holz. Hear us, Lord (Choir Journ. 5) —06 *Wood.*
- In exile here we wander, mix. quart. 8vo —12 *Ditson.*
- Invitation —40 *Ditson.*
- Jacobite's farewell —40 *Ditson.*
- Jerusalem —50 *Wood.*
- Jesus, I my Cross have taken, *SA* —60 *Wood.*
- Jubal march —50 *Presser.*
- Jubilate Deo, Choir with *T. A* Solo and Duet, *S4* (Choir Journ. 35) —06 *Wood.*
- King of Kings —50 *Wood.*
- Led on —60 *Ditson.*
- Light and Gay. waltz —40 *Presser.*
- Light and Life Immortal. High or low voice —60 *White.*
- Little boy blue —35 *Ditson.*
- Love is a Star. High or low voice —60 *White.*
- Love's Awaking —40 *Presser.*
- Love's Entreaties —50 *Wood.*
- Love's Eternal Crown —50 *Wood.*
- The Lullaby of the Night. —50 *Wood.*
- May Dream —50 *Ditson.*
- Meditation. *P* —40 *Ditson.*
- Merrily, merrily tra la la, *S* 8vo —02 *Ditson.*
- Mizpah —75 *Church.*
- My King —50 *Wood.*
- My Lady Dances —40 *Presser.*

- Nearer to Thee —50 *Wood.*
- No Night in Heaven —50 *Thompson.*
- O Come, Let us sing. choir with *S. T. B* (Choir Journ. 55) —06 *Wood.*
- O Eyes That Are Weary —50 *Wood.*
- O little town of Bethlehem, mix. voic. —10 *Ditson.*
- O Pilgrim, comes the night so fast —50
- Peace, perfect peace, choir with, *A. T* and Noyes. The Path of Life (Choir Journ. 74) —05 *Wood.*
- The Picnic, *P* —40 *Presser.*
- Pleasant Are Thy Blessed Above, *ST*, *CBar* —40 *White.*
- Pleasant are Thy Courts Above, *ST* —50 *Echo Music Co.*
- Proposal 5 — *Ashdown*, h. *w*. à —40 *Ditson.*
- Rejoice, rejoice, Believers, Choir with *B* Solo and Duet, *SA*, and Smart, O Lamb of God (Choir Journ. 16) —06 *Wood.*
- Reveries —25 *Presser, Ditson.*
- Rise, Crowned with Light, *BBar* —60 *Wood.*
- Rosebuds —40 *Ditson.*
- The Singing in God's Acre —50, with *V* —60 *Wood.*
- Sir Cupid, *TTBB* —12 *Wood.*
- Skipping Rope. *P* —30 *Presser.*
- Somewhere —35 *Ditson.*
- Songs my mother sung —40 *Ditson.*
- Te Deum in D, choir with *S. A* (Choir Journ. N. 101) —06 *Wood.*
- There is a blessed home. High or low voice —50 *White.*
- Those Eternal Bowers, choir with *T. B* and Holz. Father of Mercies (Choir Journ. 78) —06 *Wood.*
- Ten Thousand Times Ten Thousand —60 *Thompson*, *SATB* —10 n *Church.*
- To-day Thy mercy calls us, choir with *S. T. B* and Armstrong, Kyrie Eleison (Choir Journ. 64) —06 *Wood.*
- To Thee, O Lord, our hearts we raise, *SATB* —12 *Ditson.*
- A Twilight song, *TTBB* —10 *Ditson.*
- Venite in C, „O come let us sing. *S. B* and *SATB* —12 *Ditson.*
- The Vesper Prayer —50, with *V* —60 *Wood.*
- Wedding march of a marionette —35 *Ditson.*
- Welcome, happy morning, choir with duets, *ST. AB* (Choir Journ. 26) —06 *Wood.*
- Wind voices —50 *Ditson.*

Brackett F. P. Lord is my Shepherd. Mix. Quartet —12 *Ditson.*

Brackett L. F. Beautiful violets —35 *Ditson.*
- Christmas Carol. (Hark! what mean.) —05 *Ditson.*
- Clara-Walzer, *Z* —50 *Gordon.*
- Easter bells are ringing. Mix. Quart. —12 *Ditson.*
- Hymn of Faith —08 *Ditson.*
- In meadow green, *MS* (or *C*)*T* —40 *Ditson.*
- Little tricolor in the grass, male, fem. or mix. quart. à —08 *Ditson.*
- Thanksgiving day. Polka, *Z* —35 *Gordon.*

Le braconnier, 1— n, *Ch. s.* —30 n *Oudet.*
Braconnier et son chien, Air de chasse 1— n *Joubert.*

Bracy Alb. de, Bichonnette. Polka-Mazur 4— *Sulzbach.*
- Un cauchemar, romance 1— n *Labbé.*

- Glissando polka —50 *Rühr*.
- Un Nid d'Aigle. Polka 4— *Breitkopf*, 3 — *Schott*, 5 — *Leduc*, pms 4.80 *Breitkopf*, 6 —, O 1.25 n *Leduc*.
- Quand Dieu voudra, romance 1— n *Labbé*.

Bradač Jaroslav, Šest tanecku ve slohu národ, *P* Rada 1 1— n, Rada 2 1.20 n, *Ims*, Rada 1: Pet tanecku ve slohu národ, *Ims*, Rada 2: à 2— *Urbánek*.
- Violin Quartette 1.50 *Urbánek*.
- Violin-Terzette 1—, *P* Št 1.20 *Urbánek*.

Bradáč Lad. op. 1 Pommenka. Mazur —80 *Urbánek*.
- Byl první máj. Mazur —80 *Urbánek*.
- Pochod —80 *Urbánek*.

Bradberry Charles and Geo. Fox, The House that Jack built. Cantata. Treble Voices 3— n, Libretto — 6 n *Williams*.

Bradbury S. Ben gray the village Smith 1'— *Curwen*.

Bradbury William B. (1816—1868). Again returns the day. Hymn Anthem —06.
- And God shall wipe away all tears. Quart. —08.
- And it shall come to pass. Chor. —08.
- Anthem Book 1.15 n.
- Arab Steed, quart. Rural Pleasures, quart. —08.
- Arise! O Lord. Quart. Chor. —08.
- As the hart panteth, *SATB* —05 n *Church*.
- Awake! put on thy strength, quart. Daughter of Zion, quart. —08.
- Behold, what manner of love. Quart. —08.
- Be joyful in the Lord. Quartet, & Seward T. F., Cheerily, cheerily sing. Quart. —06.
- Best Time to sing, quart. Goodnight, *SAB* —08 *Ditson*.
- Be up and doing. Quart. —08.
- Bird Carol, quart. and E. A. Perkins, Brotman's Song, quart. —06.
- Blessed are the peace-makers. Quart. & Smith R., Blessed be our God. Quart. —06.
- Blessed is he that considereth the poor. (Charity Anthem.) Mix. Quart. —06.
- Bless the Lord, Omy Soul —3 *Bayley*, — 1'/₂ *Curwen*, and Donizetti, Song of the new year, *SA* & Quint. —08 *Ditson*.
- Bonny boat, round in 3 parts. Talking in her sleep, *S* solo & Quart. —06.
- Bygone Days. Quart. Mixed voic. —3 n *Augener*.
- By the sad sea waves, quint. —06.
- Call John, male quartet —12 *Kinley*.
- Calm on the listening ear (Anthems of Praise 14.) —1 *Curwen*.
- Cast thy burden (Sacred Music Leaflets 310) —¹/₂ *Curwen*, *SATB* —2 *Köhler*, and Habiness becometh thy house —06 *Ditson*.
- Charity Anthem, quart. 8ᵛᵒ —06.
- The Coquette, quart. f. m. voices. Dearest friends, awake! Round f. 4 voices The Singers, quart. f. mix. voices —08.
- Crucifixion Hymn, *SAB*, Chor. & Shaw O. Good Shepherd, quart. —08.
- Dear ones all at home, Sg. Chor. —50 *Brainard*.
- Drink, drink, *SATB* —06.
- Early Morning (Rans des Vaches) Quint., Echo Song, *SSATB*, Night Song Quart. —08.
- Esther, the Beautiful Queen 1/6 *Bayley*, *Curwen*, —38 n, Libr. —12, O 5— *Ditson*.
- Exalt Him all ye people (Anthem Leaflets 97)

— ¹/₂ *Curwen*, (Empire Anthem Book 12) —1 *Pitman*.
- Far, far at sea, quartet, Night of the grave, quart. —06 *Ditson*.
- Farmer's song, quart. Hie thee, Shallop, quart. and F. Kucken, Sleep well, quart. —08.
- Father of Freedom, quart. and E. A. Perkins, Mountain Shepherd's Song, quart. —06.
- Firmly stand, my native Land — 1 *Curwen*, *SATB* —06, and J. M. Pelton, Our childhood's home, *SATB* —06 *Ditson*.
- The Fountain, *SATB* —06.
- Good morning. Sleighride glee, quartets —06.
- Good-night, *SAB*. Best Time to sing, quart. —08.
- Good old time. Spring's delights, quartets —08.
- Goodwill to Men — 3 *Bayley*.
- Hail to our beautiful queen, *S* & Quart. My heart's home, quart. —06.
- Heavenly Love. Quart. & Clarke Dr. S. O Praise in his holiness. Quart. —06.
- He that goeth forth — 3 *Bayley*, —1¹/₂ *Curwen*.
- How excellent is Thisname 1/2 *Bayley*.
- How sweet are Thy words, *ATB*, quart. —06.
- Hunter's Life, quart. —06.
- I waited patiently for the lord 1/2 *Bayley*.
- I will extol Thee (Anthem Leaflets 34) —¹/₂ *Curwen*.
- I will love Thee, O Lord. Quartet —06.
- Jesus Lover of my soul. My home is there, mix. Quartets. Jesus, lover of my soul, *ST*, mix. Quartet —06.
- Jubilee 1.13 n.
- Key Note 1.13 n.
- The Ladies, *ATTB* —06.
- Lately thro' another week. Quart. & Emerson L. O. Christian, the morn breaks sweetly. Anthem for Choir & Cong. —06.
- Lament of the blind orphan girl —35.
- Loach. Quart. & M. G. Come ye children hearken unto me —06.
- Look not thou on the wine (Temperance Music Leaflets 166) —¹/₂ *Curwen*.
- Lord is my Shepherd, *SAB* —06.
- Merrily o'er the waves we go, *SATB* —2 *Köhler*, (Part-Songs and Glees 53) — 1 *Pitman*.
- Moon is beaming o'er the lake, quart. —06.
- Moonlight song of the fairies (School Music Leaflets 48) —¹/₂, (Choral Leaflets 8) mixed voic. — 1 *Curwen*.
- Morning serenade, quart. —06.
- Mountain song, quart. —06.
- Murmuring sea, quart. and J. M. Pelton, Song of the fairies, *SATB* —08.
- My home is on them ountain, *SATB* 8ᵛᵒ —06.
- My own native land (School music Leaflets 59) —¹/₂ *Curwen*.
- My voice shalt thou hear (Introit) —06.
- New Flora's Festival, Operetta —30 n.
- Not a spot on earth so pleasant, quart. —06.
- O how lovely is Zion. Trio, quart. —06.
- O Lord, we are Thy people. Quart. male voic. —06.
- One thing have I desired. Quart. & Fr. Abt, Swiss morning hymn. Quart. —08.
- On Jordan's stormy banks. Quart. —08.
- Opening Anthem (Wen as returns). Quartet & Barker, Temperance Hymn —06 *Ditson*.
- O the depths of the riches. Quartet —06.

- O there's music in the waters, *ATB* & Quart. and „Cinderella": Swift as a flash, quart. —08.
- Picnic glee, quart. —06.
- Picnic waltz, quart. Will you go, quart. —06.
- Play on! play on! Quart. and W o o d b u r y. I wandered by the brookside, quint. —08.
- The Poor, quart. —06.
- Praise ye the Lord 1 2 *Bayley*, Quart. —08 *Ditson*, *SATB* — 2 *Köhler*.
- Prayer. Quart. Male voice —06.
- Rally round the flag —35, *SATB* with *S* solo —06.
- Rock me to sleep mother (Choral Leaflets 5). mixed voic. —1 *Curwen*.
- The Rover, quart. —06.
- Sailor's bride, Sweet little maiden. quart. —06.
- Shout for our banner, quart. —06.
- Sing o Heavens. Quartet —08.
- The Sleigh ride (School Music Leaflets 67) —$^1/_2$ *Curwen*.
- Song for a farmer's boy, quart. f. m. voices —06.
- Songs of praise. Quartet —06.
- The sparkling rill (Temperance Music Leaflets 152) —$^1/_2$ *Curwen*.
- A Spring Song, *SATB* —2 *Köhler*.
- Sweetest fountain, *SATB* —06.
- The Swiss Girl, quart. or Chorus —06.
- There is an hour of hallowed peace. Quartet —08.
- They say there is an echo (Choral Leaflets 179), mixed voic. —1 *Curwen*.
- Thou art my hiding place. Quart. & P e r k i n s, O be joyful in the Lord. Quart. —08.
- Traveller, quart. and M a c i r o n e C. A. Sir Knight, quart. —06.
- Tyrolese song, quart. —06.
- Unfurl the glorious banner —35, mix. quart. —06.
- Walk about Zion. Quartet —06.
- Washington's birthday, *SATB* —06.
- What is the dearest, *T* solo & Quart. —06.
- When I survey the wondrous cross. Quart. & S t e f f a n i, I will give thanks, *SSAB* —10.
- When the worn spirit. Quartet —06.
- Willow mourner, quart. —06.
- Will the angels come to me? (Choral Leaflets 230) mixed voic. —1 *Curwen*.

Bradbury & Rolle, Comfort ye my people. His foundation is in holy mountain.
Bradbury and Root, Daniel, or the Captivity and Restoration 1 6 *Bayley*.
- He that goeth forth. Sing o Sing (Choral Handbook 3) — 3 *Curwen*.
- Sing o sing. He that goeth forth (Choral Handbook 3), mixed voic. —3 *Curwen*.
Bradenberg B. op. 8 Ich lag am Waldessaume 1.20 *Kaun*.
Bradfield, Rejoice in the Lord —3 *Bayley*.
Bradfield D. The Castle of Gruntz. Chor. in two parts. 1/6 *Bayley*.
Bradfield Louis, F l o r o d o r a. *Francis*: He didn't like the look of it at all 4/—, I want to be a Military Man 2/— n, The Millionaire 2/— n.
- The s i l v e r S l i p p e r. A happy day 4/—, She didn't know enough about the game 4/— *Francis*.
- The Summer Girl, *Price*.
- That's all 4/— *Francis*.

Bradfield W. L. Beautiful Language of Love 2 — n *Francis*.
Bradford B. Clementine — 2 *Broome*.
Bradford J. Brave Boys (A Song of Welcome) 4 — *Metzler*.
- Don't forget me 4/— *Metzler*.
Bradford Ida J. Gold-dust Galop —50 *Brainard*.
Bradford Jacob. *Novello*: **Op. 43** Harvest Cantata. Voc. score 1 6.
- Harvest Hymn. Processional, 2 tunes —2.
- Humphrey Noel. Merciful Town 4 — *Forsyth*.
- I was glad (Psalm CXXII), *SATB* — 6.
- Judith. Sanctus Chor. of Angels, voc. score with *Org* (*P*) —4.
- Let us now go even unto Bethlehem, *SATB* —2.
- Magnificat and Nunc dimittis in A. Chant Service to 3rd & 8th Gregorian Tones —3.
- The National Anthem, arr. from the „Song of Jubilee", *SATB* — 6.
- Six Organ Offertoires, founded on well-known Hymn Tunes: Advent, Luther's Hymn 1,—, Hanover 1 6.
- Responses to Commandments and Offertory —4.
- Threefold Amen —1.
- Versicles and Responses for Festivals, and Responses for Confirmation —3.
- We have seen His Star (Christmas), *SATB* —2.
- Yea, like as a Father, *SS* —4.
Bradford Jessie, Fairyland bells. Charact. piece, *P* 3 — *Ashdown*.
- Hungarian dance 3 — *Ashdown*.
- An Ocean's Lullaby, *P* 3 — *Forsyth*.
- Sérénade, à l'Espagnol, *P* 3 — *Ashdown*.
- Snowdrops, graceful dance 3 — *Ashdown*.
- Sweet Marjorie, *P* 3 — *Ashdown*.
- To victory, March 3 — *Ashdown*.
Bradford John, England's Story 4/— *Metzler*.
- Sons of our Empire 4/— *Metzler*.
Bradford W. Sun of my soul 2 6 *Williams*.
Bradinski G. Kaiser-Galopp 3/— *Ashdown*.
Bradley, Little Blue Eyes 4/— *Swan*.
- Lord in thy Pity. Sacred duet, *TCA* (V e r d i) —50 *National Music*.
- Love one another — Wedding Anth. *SATB* —2 *Köhler*.
- Nunc Dimittis —10 *National Music*.
- The Old, Old Hymn —40 *National Music*.
- Saviour, Breathe and Evening Blessing. Solo and qt. —10 *National Music*.
- Sigh, Happy Lovers (From Edelweiß) —40 *National Music*.
Bradley C. Andante (Organist's Album 4), *Org* 2/— *Swan*.
- Sweetly chime the Bells, *P* 3 — *Swan*.
Bradley Ch. op. 5 Conings by. Galop de Concert, *P* 4/— *Augener*.
Bradley Charles L. Love's choicest gift, *S*. *Bar. B* à 1/— *Novello*.
- Sanctus, Benedictus qui venit, and Agnus Dei, in C —3 *Novello*.
- Seek ye the Lord. Verse, *S* —1$^1/_2$ *Novello*.
- Two Songs 2/— *Novello* : 1. Song of the ocean. 2. Song of the road.
- Sons so true. Mixed voic. —4 *Novello*.
- Eight Voluntaries (The Organist's Companion Book IX.), *Org H* (*Americ. Org*) 1/—⸱ n *Hopwood*.
Bradley Clarence, The Fadeless Flowerland 4/— *Woolhouse*.

Bradley C. S. Firefly Polka 4 — *Pitman.*
Bradley D. F. Cadet, military Schottische, *Pond.*
- Rose (La rosa). Spanish Waltz —10 *Ditson.*
Bradley E. A. Angel's answer —05 *Ditson.*
Bradley E. Brooke, Sing to the Lord. Hymn —/1 *Novello.*
Bradley Foster, Jubilates Deo —10 *National Music.*
Bradley F. H. Te Deum —10 *National Music.*
Bradley Jessie, A Dutch lullaby —40 *Church.*
Bradley Joseph. The Heaven above 4 — *Chappell.*
- Love's Vigil —60 *Boston*, 4 — *Woolhouse.*
- Magnificat and Nunc dimittis, in D — 4 *Novello.*
- March-Elegy (E. Hecht). *Org* 4 — *Forsyth.*
- The Pixies, two-part song —4 *Forsyth.*
Bradley Orton, Christmas Day at Sea (A. Carol) 1.6 n *Woolhouse.*
- Earth's fairest flower —40 *Ditson.*
Bradley Peter. The Bogie man Album of Dances, *G. P* 1.6 n *Turner.*
- Darkies Cake Walk 2/— n, (London Orchestral Journal 14) *Full0* 1.6 n, Sept. 1 — n, *P* —/6 n *Jeffery.*
- Silver Falls Album, *Banjo* 1— *Cary.*
- Sweet Lavender, *G* (Guit. Voc. 14) 1— n *Turner.*
Bradley W. Russell Gavotte 4'— *B. Williams.*
Bradly A. J. Fairy Visions, *P* 3'— *Pitman.*
- Happy Hearts, *P* 3'— *Pitman.*
- Pearly Dewdrops, *P* 4'— *Pitman.*
- Rippling Waters, *P* 3/— *Pitman.*
- Sacred March in E, *P* 3'— *Pitman.*
- Sparkling Diamonds, *P* 3'— *Pitman.*
Bradly A. T. Gloria in Excelsis (12th Mass.). *P* 3'— *Moore.*
Bradsell F. Rigolo. Polka 4— *Enoch.*
Bradshaw Briggs, All aboard. Galop —50 *Ditson.*
- The Ball, little dance, *4ms* —40 *Ditson.*
- Broken Flower 4'— *Ascherberg.*
- Dainty Princess Waltz —50 *Thompson.*
- Happy return march —35, *4ms* —40 *Ditson.*
- Mirth and Song, *4ms* —75 *Thompson.*
Bradshaw W. F. Gaspar Becerra. A Cantata, vocal score 1/6 *Novello.*
Bradsky Franz, Im Tal, *VP* 1.20 *Bosworth.*
Bradsky Georg, op. 11 Zwei Lieder. 1. Jetzt weiß es der ganze Himmel 1—, Nr. 2. Du hast was Liebes in den Augen 1.20 *Challier.*
- 26 Ständchen: „Komm in die stille Nacht", *TTBB* m. T, B solo Part u. St 1.20 *Burmester.*
- Im Spelunkenrevier 1.50 n *Harmonie.*
- Muskatellerwein: „Die liebste Buhle die ich hab" 1— *Burmester.*
Bradsky Wenzel Theodor (1833—1881), op. 6 Zwei Lieder. 1. Liebespredigt: „Was singt und sagt ihr mir", 2. Stille Sicherheit: „Horch, wie still es wird" 1— *Heinrichshofen.*
- 7 Ich will dich auf den Händen tragen, *h. t.* —75, *St-*, *Disk-* u. *AltZ* (Gustav Herrmann) 1.50 *Heinrichshofen.*
- 8 Zwiegesang: „Im Fliederbusch ein Vöglein saß", mit *P* u. *V* 1.25 *Heinrichshofen.*
- 9 Drei Lieder 1.25. Nr. 1. Schwarzwälder Uhr, so treu und schlicht, *h. t.* —50. Nr. 2. Waldlied: „Im Walde geh' ich wohlgemut"

—75. Nr. 3. Volkslied: „Wem Gott ein braves Lieb' beschert" —50 *Heinrichshofen.*
- 10 Nr. 1. In der Mitternacht —50. Nr. 2. Margreth' am Tor: „Das beste Bier im ganzen Nest" —75 *Heinrichshofen, h. t.* à —30 *Jürgenson*, Nr. 2 —75 *Gehrman.*
- 11 Zastavenicko. Ständchen: „Ruht vom Tag die Welt sich aus". Böhmisches Lied (H. Hanka) 1— *Forberg.*
- 12 Zwei Lieder. 1. O du selige, fröhliche Maienzeit. „Und wenn die Primel schneeweiß" 1—, Nr. 2. Was sind Rosen ohne dich: „Kalt und schneidend weht der Wind" —75 *Forberg.*
- 13 Zwei Lieder. 1. „Mein Herz ist schwer", 2. „Ein Ständlein wohl vor Tag" à —50 *Simrock.*
- 14 „Ich möcht' nur einmal ihn noch seh'n", „Nur das tut mir so bitter weh" —80 *Simrock.*
- 15 Dva sbory pro mužské hlasy. 1. „Tatry", Part a hlasy, 2. „Kalendár a ne farár", Part a hlasy 1.20 *Wetzler.*
- 16 Jako andel ty jsi krásná 1— *Wetzler.*
- 18 Zwei Lieder: 1. „Schließe mir die Augen beide" —80, Nr. 2. Elisabeth (Volkslied): „Meine Mutter hat's gewollt" —50 *Simrock.*
- 19 Stumme Liebe: „Ließe doch ein hold' Geschick" —50 *Simrock.*
- 21 Zwei Lieder. 1. Volkslied: „Blätter läßt die Blume fallen", 2. Liebesbegegnung: „Ich dachte dein in dunkler Nacht 1.30 *Bote.*
- 23 Nr. 1. Auf der Wanderschaft, 2. In deinem Haar die weiße Rose, à 1— *Lau.*
- 25 Nr. 1. Vorsatz: „Ich will dir nimmer sagen" —75, *A. Bar* —80. N. 2. „He sä mi so vel" — Er sagte so viel" 1—. Nr. 3. In der Ferne: „Jetzt wird sie wohl im Garten gehen" —75 *Heinrichshofen.*
- 26 Traumgold. Klavierstücke. Heft 1, II à 2.50 *Heinrichshofen.*
- 27 Phantasie über ein Thema aus der Oper „Die Hugenotten", *P* 1— *Breitkopf.*
- 28 Du bist mein All (Thon art mine all), *h. t.* à 1— *Heinrichshofen*, —35 *Ditson, Gordon, S. MS. A* à —35 *Schirmer*, —40 *White*, (Quart. and Chor. 162) —10 n *Schirmer.*
- 29 In dieser Stunde, *A. Bar* à 1— *Heinrichshofen.*
- 30 Nr. 1. Die stille Wasserrose: „Die stille Wasserrose steigt aus dem See" —75. Nr. 2. Nachtgesang: „Ruht die Welt im Sternenschein" 1— *Heinrichshofen.*
- 31 Nr. 1. Am Felsenborn: „Im Eimer das Wasser trieb tanzend sein Spiel" 1—. Nr. 2. Kinderlied: „Christkindchen kommt zu uns ins Haus" —50 *Heinrichshofen.*
- 32 Zwei Lieder. Nr. 1. Bitte, 2. Mein Wunsch à —50 *Haslinger.*
- 33 Nr. 1. Ich wandre fort ins ferne Land, 2. Wiegenliedchen: „Du süßes Kind, nun schlummre sacht", 3. Im wunderschönen Monat Mai, à 1— *Heinrichshofen.*
- 34 Nr. 1. Bettlerliebe: „O laß mich nur von ferne stehn" —50. Nr. 2. Wohl rief ich sanft dich an mein Herz 1— *Heinrichshofen.*
- 35 Ständchen: „Ruht die Welt", Chorlied m. Solo, *TTBB*, Part u. St à —50 *Haslinger.*
- 36 Nr. 2. Volkslied: „Sonnenlicht, Sonnen-

schein" —50, *SATB*, Part u. St à —50
Heinrichshofen.
- 37 Nr. 1. Letzter Wunsch: „Nur einmal möcht
ich dir noch sagen" —80. Nr. 2. Nichts
Schönres: „Als ich zuerst dich hab geseh'n"
—50 *Heinrichshofen.*
- 38 Der Soldat: „Es geht bei gedämpftem
Trommelklang", Ballade 1— *Challier.*
- 39 Drei Lieder 1.50 *Challier:* Dieselben einzeln: Nr. 1. Die Sterne: „Einst wandert' ich
bis in die Nacht" —75. Nr. 2. Wunsch: „O
könnte doch vor deinen Blicken" —50. Nr. 3.
Liebeslose: „Der einst er seine junge,
sonnige Liebe gebracht" —50.
- 40 Kindermärchen. Sechs leichte Klavierstücke,
Aus 2— *Heinrichshofen.*
- 41 Nr. 1. Fichtenbaum und Palme: „Ein
Fichtenbaum steht einsam" —50. Nr. 2. „Ihr
blauen Augen gute Nacht" —80 *Heinrichshofen.*
- 42 Vier Duette: 1. Lied: „Immer leiser wird
mein Schlummer", 2. Im Walde: „Waldesnacht, du wunderkühle", 3. „Hast du jemand
weh getan", 4. Hollunderbaum: „Da droben
auf jenem Berge" à —80 *Heinrichshofen.*
- 4 3 „Ave Maria". *SATB*, Part 1—, St —50
Heinrichshofen.
- 44 Drei Lieder aus der Fremde: 1. Blumen,
h. t. à 1.50, 2. In Sevilla 1.50, 3. Trinklied
1— *Ries & Erler.*
- 45 Trio brill. *(AJPVVe* 5— *Haslinger.*
- 46 Nachtgesang (Reinik), *TTBB*, Part u. St
à —80 *Haslinger.*
- 47 Wanderers Nachtlieder 1.50 *Ries & Erler.*
- 48 Vom Wiedersehn, *TTBB*, Part —40, St
—60 *Ries & Erler.*
- 50 Lied unter der Veste Wyschegrad: „O du
unsre Sonne Veste Wyschegrad" —80 *Bote.*
- 51 Drei Lieder: Nr. 1. Frage nicht: „O frage
nicht" —50. Nr. 2. An Lina: „Es zieht in
stiller Nacht" —80. Nr. 3. Frühlingslied:
„Indessen der Schnee noch die Felder deckt"
—80 *Bote.*
- 52 's Fensterln, *h. t.* à 1— *Ries & Erler,*
S. MS à —35 *Schirmer,* TTBB, Part —40,
St —60 *Ries & Erler.*
- 53 Zwei Lieder, *SATB:* Nr. 1. Komme bald,
2. Altdeutsches Lied, Part u. St 1— *Raabe.*
- 54 Zwei Lieder, *TTBB:* Nr. 1. Waldesnacht:
„In des Mondes Silberscheine", Part —40,
St —60. Nr. 2. Serenade: „Leise kommt
die Nacht gegangen", Part —40, St —60
Heinrichshofen.
- 60 Drei Lieder: Nr. 1. In der Heimat, *h. t.*
1.50. Nr. 2. Lebewohl 1.20. Nr. 3. Es zieht
herauf —60 *Ries & Erler.*
- Flowers (Blumen), *S. A* à —50 *Schirmer.*
- God of my Life. Sacred Song, *S. MS* à —35
Schirmer.
- Hij zei mij zoo veel 1— *Schott Frères.*
- I will woo the dainty rose. A flower sg.
1— n *Augener.*
- Maiden and th star, The (Die Sonne senkte
sich gemach) (Germania 521) 1— n *Augener.*
- Má Milenka (My darling) 1/— n *Augener.*
- O Lamb of God in D b, E à —40 *Ditson.*
- Otče náš (Viz „Záboj" sv. II. seš. 2), *TTBB*,
prův. (ad lib.) *Hoffmann.*
- La petite Fadette. Konzertstück für die linke
Hand allein, *P* 1.50 *Lau.*

- Pisen Sokolů, *TTBB*, prův. (ad lib.) 1.32
Hoffmann.
- Der Rattenfänger von Hameln. Romantisch-
komische Oper: Nr. 1. Kuß-Walzer: „Ach
der Küsse gibt's so viele" 1.20. Nr. 2.
Schelmenlied: „Wenn der Stern übern Kirch-
turm steht" —60 *Heinrichshofen.*
- Safe and alone 1 3 *Novello.*
- A sweet good night (Gute Nacht) 3 — *Ash-
down.*
- Thou beaming star (Czerny W. Coll. of
Ladie's Chor. 16). 3 voices — 4 *Ashdown,*
(Chor. wom. voic. 151) —08 n *Schirmer.*
- To my mother (Meiner Mutter) —30 *Church.*
Bradsworth S. Vision of the Cross 4/—
Williams.
- That Sweet Bunch of Shamrocks —40, *Maud
(V)Ff* —30, *VFf 4ms* —35 *National Music.*
Bradt, Little Katie Dooley is My Wife Now
—40 *National Music.*
Bradt C. J. The song of jubilee, *SATB* —8 n
Church.
Bradt H. E. Fritz and Paula —40 *National
Music.*
Bradt & Tidball, An old Faded Picture —40
National Music.
Brady, Captivation Schottische. *Banjo* or
2 Banjos —25 *Fischer.*
- Haymaking 4— *Ascherberg.*
Brady F. W. Errigal 2 — *Boosey.*
- A flower from Erin 4 — *Chappell.*
- The Gallant 69 th. March, *Banjo* or *2 Banjos*
—25 *Fischer.*
- Home from the War. 4/— *Doremi.*
- Home Sweet Home. Transcr. *P* 2— *Ricordi.*
- Lullaby 4— *Ricordi.*
- Le mauvais temps. *P* 4.50 *Ricordi.*
- The Mermaid's Song (Il Canto della Sirena),
P 2.50 *Ricordi.*
- My harp's own queen 4— *Chappell.*
- Petite Fleurs de Printemps, *P* 3— *Mariani.*
- Robin Adair, a celebrated Irish Melody
arranged. (Inglesi ed itali.) MS. T. Bar 2.50
Mariani.
- Ruth and Naomi 4— *Chappell.*
- The Sailor Boy's Return 4— *Doremi.*
- Sleep. Melody 2.50 *Ricordi.*
- Der Troubadour 1.20 *Ries & Erler.*
- Virginia Quickstep. *Banjo* or *2 Banjos* —35
Fischer.
- Where are you going to? 4'— *Chappell.*
- Zingara's song 4.— *Chappell.*
Brady J. *Girod:* Adieu! beau jeune homme
menteur! 2.50.
- Aimer, est-ce pécher, romance 2.50.
- Belle dame, aimez-moi, romance 2.50.
- Bouche de femme, implore Dieu, romance 2.50.
- Les Délices du Forban, barcarolle, duo 2.50.
- Délicieuse rêverie 2.50.
- En tremblant, j'ai quitté le port, romance 2.50.
- La fille de l'hospice, mél. 2.50.
- Ma barque, romance 2.50.
- Mon Miroir 2.50.
- Le Passeur d'eau 2.50.
- Que je hais ta richesse 2.50.
- Rien qu'un mot 2.50.
Braeckman L. Lochte Gentenaars, *P* 1.75,
Harm. Fanf 2— *Beyer.*
Brähmig Julius Bernhard (1822—1872). *Merse-
burger:* **Op. 4** Evangelische Hymnen und

Motetten, *SSA* und Solo. Heft I, II in Part
à 1.20 n *Heinrichshofen*: Heft I. Nr. 1.
Meine Seele erhebet den Herrn. 2. Sehnen
nach Jerusalem. Aus einer biblischen Poesie
von W. Kritzinger. 3. Wer bin ich?
Herr! 4. Süßer, sel'ger Traum. Aus einer
biblischen Poesie von W. Kritzinger. 5.
Selig sind die Toten. Anhang: Liturgie.
II. Nr. 1. Des Herrn letzter Gang, von
W. Kritzinger. 2. Der gute Hirt. Aus
einer biblischen Poesie von W. Kritzinger.
3. Er ist auferstanden. Aus einer biblischen
Poesie von W. Kritzinger.
- 4b Hymnen, Motetten und Chöre, *TTBB* und
Solo in Part. Heft I u. II à 1.50 n *Heinrichs-
hofen*: Heft I. Nr. 1. Denn es sollen wohl
Berge weichen. 2. Herr Gott, du bist unsere
Zuflucht für und für! 3. Hoffnung auf ihn!
von W. Kritzinger. 4. O wunderschöner
Wald! von W. Kritzinger. 5. Nach ihm,
nach dir, Jerusalem! 6. Süßer, sel'ger Traum,
von W. Kritzinger. 7. Selig sind die
Toten!
II. Nr. 1. Wer bin ich? Herr, Herr! 2.
Der gute Hirt, von W. Kritzinger. 3. Des
Herrn letzter Gang. 4. Er ist auferstanden!
Anhang: Liturgie.
- 5 Fantasie über das Volkslied: „Es ist bestimmt in Gottes Rat", *P* 1.50.
- 6 Neunundzwanzig Lieder, 2 Hefte à 2.50.
- 8 La Fontaine. Impromptu capriccioso, *P* 1.50.
- 10 Hymnen und Chorlieder, *SATB* mit *P*
(Org) Heft I. Part 1.20, St 2—.
- 11 Libellen, *P*, 2 Hefte à 1.25.
- 13 Vier Lieder: Lieb Herz ade! Dein gedenken.
Nach dem Sturm. Zwei Augen der Liebe
geschlossen 1.50.
- 14 Elfen, *P* 1—.
- 24 La Sylphide. Morceau de Salon, *P* 1.25
Praeger.
- 29 Praktische Klavier-Studien, 2 Hefte à 2.25.
- Archiv für geistlichen Männergesang: Choräle,
Hymnen, Motetten und Kantaten, *TTBB*,
2 Hefte à 1.20 n.
- Arion. Sammlung ein- und zweistimmiger
Lieder und Gesänge, 4 Hefte à 1— n.
- Blumenlese aus Schuberts, Webers und
Kuhlaus Werken, *P* und *Ins*, 3 Hefte
à 1.50.
- Chants sans paroles (Mendelssohn), *HV*,
2 livres à 2.85 n *Mustel.*
- Chor-Perlen. Eine Sammlung von Meister-
Chören aus klassischen und modernen Opern
und Oratorien, *TTBB*: Heft I. Part u. St
à 1.60 *Simrock*: „Im Wald", aus Preciosa von
C. M. v. Weber. Gefangenenhymne aus Christus
Doppelchor aus Christus am Ölberge von
Beethoven. Kriegslied: „Auf und laßt",
aus Jessonda von Spohr. Jägerchor: „Die
Tale dampfen", aus Euryanthe von C. M. v.
Weber. „Mache dich auf, werde Licht" aus
Paulus von Mendelssohn-Bartholdy.
„Freuet euch alle", aus Der Tod Jesu von
Graun. „Wie herrlich ist's im Wald", aus
Rübezahl von Würfel. „Die Himmel er-
zählen", aus Schöpfung von Haydn. „Rasch
tritt der Tod", aus Schiller-Tell von B.
A. Weber.
II. Part u. St à 1.60: „Bald prangt der
Morgen", aus der Zauberflöte v. Mozart.

„Die Sonn' erwacht", aus Preciosa von C.
M. v. Weber. „Hoch tut euch auf", aus
dem Messias von Händel. „Seht, er kommt",
aus Judas Maccabäus von Händel. Trink-
lied, aus Lodoïska von Cherubini. Trinklied, aus Lodoïska von Cherubini.
Gebet aus Iphigenie in Tauris von Gluck.
„Zieht, ihr Krieger", aus dem Unterbrochenen
Opferfest von Winter. „Es blinken so
lustig", aus Preciosa von C. M. v. Weber.
Halleluja, aus dem Messias von Händel.
„Der Herr ist groß", aus der Schöpfung
von Haydn. „Der rein ist", aus dem
Freischütz von C. M. v. Weber. Engel-
gesang, aus Elias von Mendelssohn-
Bartholdy.
III. Part u. St à 1.60: „Preis und Ehre",
aus Die letzten Dinge von Spohr. „Lobt
den Herrn", aus Joseph in Ägypten von
Méhul. „Schon die Abendglocken", aus
Das Nachtlager von Kreutzer. „Herr,
unser Herrscher", aus Elias von Mendels-
sohn-Bartholdy. Abendlied, aus „Uthal"
von Méhul. „Würdig ist das Lamm", aus
Messias von Händel. „Frischer Mut,
leichter Sinn", aus Preciosa von C. M. v.
Weber. „Er rächt, der Gott", aus Simson
von Rolle. „O Isis und Osiris", aus Zauber-
flöte von Mozart. „Muntere Hirten", aus
Wasserträger von Cherubini. Sanctus,
aus Requiem von Mozart. Chor der
Holzhauer, aus Rotkäppchen von Boïeldieu.
„Sein ist das Reich", Schlußchor aus Das
Weltgericht von Schneider.
- Des Morgens in der Früh, *SA* —35 *J. Fischer.*
- Für kleine Hände. Auswahl leichter und be-
liebter Stücke, *P* u. *Ins*, 3 Hefte à 1.50.
- Kleine prakt. Gesangschule —20 n.
- Liederalbum für Schule und Haus; ein- und
zweistimmige Gesänge, Choräle etc. mit *H*
od. *Physharmonika* 1— n.
- Liederstrauß. Auswahl heiterer und ernster
Gesänge, 6 Hefte (12°), Heft I —15. Heft II,
III, IV à —45. Heft V vide Brandt A.
Heft VI vide Widmann B.
- Morning's Greeting. Duet fem. voic. —35
J. Fischer.
- Praktische Bratschenschule 2.25 *Merseburger,*
Teich.
- Prakt. Violinschule, 3 Hefte 3— n. à 1.50
Merseburger, 2.70 *Urbánek.*
- Ein Supplement zu jeder Musikschule. 60
klassische Etuden für die unteren und mitt-
leren Stufen des Klavierstudiums aus den
Werken von Seb. u. Phil. Em. Bach,
Bertini, Cramer, Czerny, Aloys
Schmitt etc. gewählt, 3 Hefte à 1.50 *Simrock.*
- Theor.-prakt. Organisten-Schule. Heft I 3.60,
II 5.10, III 5.40.
- Turnliederbuch, ein-, zwei- und dreistimmig
—45 n.
- Vers aus dem 27. Psalm, *T* od. hohen *Bar*,
mit obligater *Org* und *Vc* —50 *Rieter.*
- Zionsklänge. Sammlung kirchlicher Fest-
gesänge. Für zwei- und dreistimmigen Chor
mit *Org* (Gust. Hecht), St Part 1.50 n.

Brähming Julius Bernhard u. Henne G. Lieder
für Schule und Haus —75 n.

Braein Chr. Serenade (Benita) for *Bar*-solo
med *TTBB* —30 *Warmuth.*

Braet Alph. Liège-Farandole, potp. *P* 2.50 *Brolig.*

Bräuer Alwin, Der Gang treuer Liebe bis zum Altar. Fantasie, *P* 1.50 *Bote.*

Bräuer Carl, op. 168 Streit der Raucher und Schnupfer: „Edles Kraut der Tabakspflanze", für 2 Männerchöre, Part und St 4— *Siegel.*

- 211 Hymne: „Freut euch des Herrn", für 2 Männerchöre mit 4 Solostimmen, Part und St 7— *Siegel.*

- 217 Mazurka: „Dui, dui, duida", TTBB Part und St 1— *Siegel.*

- 240 Acht Gelegenheitsgesänge, TTBB, *Siegel:* Heft 1. Part und St 1—. Zum Abschiede eines Freundes: „Du gehst aus unserm Kreise". Zum Geburtstag: „Der Himmel hör' die Bitte". Zum Jahrestage der Stiftung eines Singvereins: „Freunde, singt mit Herz und Munde!" Grabgesang: „Vor des Friedhofs dunkler Pforte".
Heft 2. Part u. St 2—, Solost zu Nr. 7— 15. Zum Polterabend eines Freundes: „Wo Liebe weilt, ertönet Liederklang". Zur Hochzeit eines Freundes: „Wenn Glück und Freude die umgeben". Ständchen: „Wir, die wir gern ein Fest besingen" (mit T-Solo). Der Singverein am Silvesterabend: „Mit ernstem Glockenschlage".

- 241 Drei Lieder launigen Inhalts, TTBB, Part —75 *Siegel:* Schneidergesellenlied: „O Leipzig, edle Lindenstadt". Der Bummler: „Das Bummeln, ja das Bummeln". Die Hussiten vor Naumburg: „Die Hussiten zogen vor Naumburg".

- 248 Der 95. Psalm: „Kommt herzu, laßt uns den Herrn", für Männerst (Quartett u. Chor) m. *Org* od. *P*, St 1— *Siegel.*

- 251 Vier Gesänge, TTBB: 1. Zum Schlusse eines Gesangsfestes. 2. Wohin? „Auf die Berge laßt mich ziehen". 3. Der Herbstabend: „Abendglocken hallen". 4. Neujahrslied: „So singen wir", Part —50, St 1— *E. Stoll.*

- 263 Fünf heitere Gesänge, TTBB, *Siegel:* Heft 1. Part und St 2.25. Schneidermut: „Und als die Schneider revoltiert". Die Ursache: „Auf einer Rasenbank". Kuriose Geschichte: „Ich bin einmal etwas hinausspaziert".
Heft 2. Part und St 1.75. Soldatenlied: „Wenn man beim Wein sitzt". Fröhliche Fahrt: „O glücklich, wer zum Liebchen zieht".

- Der 23. Psalm „Der Herr ist mein Hirt", SATB und O, Part 1— n *Breitkopf.*

- Der 15. Psalm, „Herr, wer wird wohnen", SATB und O, Part 1— n *Breitkopf.*

Bräuer Clara, op. 3 Zwei Notturnos (C-m. Des), *P* 2.50 *Rost.*

Bräunlich, Solo *Cl* mit O 4—, *Cl* mit *P* 3— *Seeling.*

Bräunlich Adolf, Albumblatt, *Z* 1— *Hinz.*

- Elegie, *Z* 1— *Augustin.*

- „Die Geschichte vom lieben Augustin". Potpourri brill. *P* 2.50 *Seeling.*

- Gruß an alle Zitherspieler, *Z* —50 *Fritz.*

- Fünf Lieder von Franz Abt, *Tr* od. *Cornet à P* (in B und A) oder *Pos*-Solo mit *klO:* Name u. Bild — Lebt wohl, ihr blauen Augen — Nie kann ich dich vergessen — Schweizers

Heimweh — Hast du nicht einen Gruß für mich? St 2.50 n *André.*

- Serenade für *V Ve Fl Oboe Fa Horn*-Solo mit 2*V Va Kb* 1.20 n *Bellmann.*

Bräunlich A. W. Adolfus-Marsch, *Z* —60, 2*Z* 1—, 2*Disk*- u. *1 Alt-Z* 1.50, 2*Disk*- u. *1 St-Z* 1.30, 2*Disk-1 Alt*- u. *1 St-Z* 1.80, 2*Disk-1 Alt* und 2*St-Z* 2— *Voigt.*

- Der Albrechtsberg bei Dresden. Ein Zyklus in 5 Bildern, *Voigt:*
  I. Frisch auf zum Albrechtsberg, *Z* —60, 2*Z* 1.20, 2*Disk-Z* 1—, *1 Alt-Z* 1.70, 2*Disk*- u. *St-Z* 1.50, 2*Disk-1 Alt*- u. *St Z* 2—, 2*Disk-1 Alt*- u. 2*St Z* 2.30, 2*Disk-1 Alt Z* und *Str*-Quartett 2.90.
  II. Im Albrechtspark. Polka à la Fantasie, *Z* —80, 2*Z* 1.40, 2*Disk-1 Alt-Z* 2—, 2*Disk-1 Alt* u. *St Z* 1.70, 2*Disk-1 Alt*- u. *St Z* 2.30, 2*Disk-1 Alt*- und 2*St Z* 2.60
  III. Abschied vom Albrechtsberg. Walzer, *Z* 1—, 2*Z* 1.80, 2*Disk*- und *1 Alt-Z* 2.40, 2*Disk*- u. *1 St Z* 2.20, 2*Disk-1 Alt*- u. *St Z* 2.80, 2*Disk-1 Alt*- u. 2*St Z* 3.20, 2*Disk-1 Alt Z* und *Str*-Quartett 4—.
  IV. Erinnerung an Albrechtsberg. Lied ohne Worte, *Z* —60, 2*Z* 1.20, 2*Disk*- und *1 Alt-Z* 1.70, 2*Disk*- u. *1 St Z* 1.50, 2*Disk-1 Alt*- u. *1 St Z* 2—, 2*Disk-1 Alt*- u. *1 St Z* 2.30.
  V. Reverie, *Z* —80, 2*Z* 1.40, 2*Disk*- und *1 Alt Z* 2—, 2*Disk*- u. *1 St Z* 1.70, 2*Disk-1 Alt*- u. *1 St Z* 2.30, 2*Disk-1 Alt*- u. 2*St Z* 2.60, 2*Disk-1 Alt-2 St*- und *1 Bass-St Z.*

- Canzone. Lied ohne Worte, 2*Disk-1 St Z* 1.30, 2*Disk-1 Alt*- und *St Z* 1.80, 2*Disk-1 Alt*- und 2*St Z* 2—, 2*Disk-1 Alt-Z* und *Str*-Quartett 2.20 *Voigt.*

- Jägerlust. Jagd-Idylle mit Echo, 2*Z* 1.20 *Voigt.*

- Klein aber fein. Walzer, *Z* —60, 2*Z* 1—, *Disk*- u. *Alt-Z* 1.10, 2*Disk*- u. *1 Alt-Z* 1.50 *Voigt.*

- Leichter Sinn. Marsch, *Z* —50, 2*Z* 1—, *Disk*- u. *Alt-Z* 1.10, 2*Disk*- u. *Alt-Z* 1.50 *Voigt.*

- Marche funèbre. (Chopin) *Disk-Z* —60 *Kabatek.*

- Ein Sonntagsmorgen auf dem Lande. Idyll. Tonstück, *Z* 1—, *1 Disk*- und *1 Alt-Z* 1.60 *Voigt.*

Bräunlich E. op. 20 Zechers Dank: „Mich quält der Durst" 1— *Offhaus.*

- 21 Gruß der Sänger an die Freunde: „Seid gegrüßt, ihr lieben Freunde", TTBB, Part St 1.40 *Offhaus.*

- Das Blümchen Tausendschön: „An eines Bächleins Rande" —60 *Apollo.*

Bräunlich Th. Ragazer Kursaal-Marsch 1.20 *Fries.*

Bräunlich W. Knecht Ruprecht und das Christkindlein. Weihnachtsfes-Quadrille, *O* 2— n *Bellmann.*

- Fantasie über das Adagio aus Haydns 8. Sonate, *IM* 1.80 n, kl. Bes. 1.40 n *Bellmann.*

- Trauer-Marsch und Trauer-Arie, *IM, KM* à 1.50 n *Bellmann.*

Bräutigam, Johansen:
Alma. Polka-Mazurka —50.
Auguste. Polka-Mazurka —50.
Bruderschaft. Polka —40.
Eleonora. Polka —40.
E. F. A. Polka —50.
Marie-Polka —40.

Mazurka de Bal —60.
Minna. Polka-Mazurka —50.
Othilien. Polka —40.
Quadrille —75.
Sophie. Polka —40.
Bräutigam M. Arie: „Singend weiht zum Leben",
aus der Kantate: Preis des Gesanges —75
Kahnt.
Braga, Chansons napolitaine 1.50 *Cranz*.
- Cyklus af nordiske Sange for fire Mands-
stemmer. Part Bd. 1—II à 2— *Hansen*.
   I. Der er et yndigt Land. Kung Carl den
unga hjelta. Landlig Kaerlighed. Hjem-
komst. Sätt maschinen igang. Usynlige
Venner. Längtan til Laulet. En Sommer-
dag. Tovelille. Hvor Bölgen larmer höjt
fra Sö.
   II. Sang til Friheden. De sista September-
dagarne. Svend Vonved. De tre Genier.
Naturen och hjertat. Turneringen. Dalvisa.
Muser har Glaeden. Majmaanedssang.
- Faithful 3—, *V* Ve acc. 4— *Hammond*.
- O Salutaris, *V* accomp. —50 *Willig*.
- Perle du Chiado, valse —50 *Lambertini*.
- Regresso S. M. Pedro II., quadrilha, *Banda*
1.50 *Guimaraes*.
Braga A. F. Folha nova, polka, *Banda* 1—
Guimaraes.
Braga Armando, Pense a moi. Valsa 2— *Gui-
maraes*.
Braga D. Calinomar, arietta 1— *Bevilacqua*.
Braga Dias, Maria 1— *Guimaraes*.
Braga F. op. 2 Clotilde, suite de valses, *P*
—30 *Neuparth*.
- 3 Alice, valse, *P* —60 *Neuparth*.
- 3 Vision de Cintra, suite de valses, *P* —60
Neuparth.
- Mariouettes, gavotte 5—, *V. M. Fl Cl. Corn*
à —20 n, *VP. MP* v. Hess, *Cl. Instr à
cordes*, Part et p. sép. 3— n *Leduc*.
Braga Francesco, *Guimaraes:*
- Addio. Melodia, *P* 1—.
- Amor Aristocrata. Valse de Salon, *P* 1—.
- Aubade (Le Lever, Morgenständchen) 2—, *P*
1— *Eisoldt*, *PVc* 4— *Leduc*, 2*VVaVc* Part
1— n, St 1.20 n *Eisoldt*.
- Berceuse, *PV* 2—.
- Canto de Amor. Romance, *P* 1.50.
- Colibri, *Banda* 1—.
- Deliciosa, polka, *Banda* 1.50.
- Dolce Far Niente. Gavotte, *P* 1.50.
- Extasé 1.50.
- Guenero, valsa, *Banda* 1—.
- Hymno Chile-Brasil, *principiantes* 1.50.
- Hymno do Regimento d'Eugenheria, *P* —30
Sassetti.
- Hymno Republicano, *principiantes* 1—, *Ams*
1.50.
- Marche de la poupée 1.50.
- Margherita. Romanza 1.50.
- La Maritana, Habanera, *Banda* 1.50.
- Melancolia. Melodia, *P* 1.50.
- Mimi. Gavotte, *P* 1—.
- Primorosa, polka, *Banda* 1—.
- Scherzo, *P* 1.50.
- Serenade de Loin 1.50.
- Serenade des Fées, *P* 1.50.
- Souvenir. Valse de Salon, *P* 1.50.
- Valse Romantique, *P* 2—.
Braga Gaetano (1829). *Ricordi:* **Op. 41** Sou-

venir d'Il Trovatore, *VeP* 3.50, 7.70 *Benoit*,
2.50 n *Pomier*.
- Adieux à Suzon —25 *Johansen*.
- Adieux à Varenna, mél. *VeP* 2.50.
- Alina, opera: Romanza: Alina la spregiata,
T 1—. Cavatina: Dall'alba son giuliva, *MS*
2.50. Romanza: Negletta io m'era e misera,
MS 1.50. Rondò finale: Stringimi al seno,
stringimi, *MS* 1.75.
- Bellina, voi dormite in sen d'amore. Serenata,
Bar o *C* 4—.
- Berceuse napolitaine. Mélodie, *VeP* 2— *Schott*,
VP 5— *Leduc*.
- Il Canto della Ricamatrice. Suonar sento
l'ore, *MS* 2.50, La chanson de la brodeuse
(ital. et franç.) 4.50 *Heugel*.
- Chaconne, *P* —30, *PVand* —30 *Lyre*.
- I Canti dell'anima, raccolta di melodie, *VeP*,
Cottrau: 1. Serenata, 2. Il sospiro, 3. Ma-
linconia, 4. La visione, 5. La ritrosia, 6.
Negrita, 7. Un sogno, 8. L'Andalusia à 1.50 n.
VP: 1. Serenata, 2. Il Povero, 3. La Pasto-
rale, 4. La Visione, 5. Negrita, 6. Un Sogno,
7. L'Andalusia à 1.50 n.
- Chant d'automne, *VeP* 9— *Leduc*.
- Le cinq Juillet, *VeP* 5—.
- 1e Concerto in Sol min. *VeP* 8—.
- 1e Concerto in La min. *VeP*: cplt. 7— n,
I. 3— n, II. 2— n, III. 4— n, cplt. 2.80 n
Schirmer.
- Il Corricolo napolitano, Scherzo, *VeP* 4—,
P (Rivetta) 2—, *Ams* 4—.
- Divertimento, *PVc* 2— n *Cottrau*.
- Due Baci, Melodia, *MS* o *T* 2—.
- Elena di Tolosa, Fantasia, *VeP* 2— n *Cottrau*.
- Estella di San Germano, opera. Canto
e *P* 36—, *Psolo* 26—, libretto —50 n:
Atto I. Preludio 1.25.
Coro d'Introduzione: Ogni bicchiero di vin
sia pieno 3—.
Seguito dell'Introduzione e Cavatina: Per
salvar la patria terra, *B* 5—.
Scena e Cavatina: Per le balze giù da
monte, *S* 5—.
Marcia religiosa: Al tempio! 1—.
Scena e Cavatina: Stranier deserto ed orfano,
T 6—.
Coro nel Finale I: Viva il Conte 3—.
Quintetto nel Finale I: Nel cor del misero
3.50.
Seguito e Stretta del Finale I 6—.
Atto II. Coro festoso: Di concenti echeggiar
seducenti 2.25.
Scena, Coro e Ballabile: La danza 4.50.
Variazioni danzanti 1.50.
Replica del Coro: Tutti a gara, e Finale del
Ballabile 3—.
Scena e Romanza: Quando mi leva in estasi,
Bar 2.50.
Scena drammatica: Ciel! che mai lessi, *S*
2.25.
Scena e Terzetto: T' obbedii, lontan me ne
andai, *S T Bar* 6—.
Scena e Duettino: Tu salva a me l'onore,
T B 3—.
Scena e Romanza: Quando al cielo il core,
S 2.25.
Coro: Di letizia, e Brindisi-Finale II: Sul
nappo spumante, *S* 6—.

Atto III. Scena ed Aria: Ah più non resisto!
Bar 5—.
Quartetto: Pura, arcana, ignota e cara,
S T Bar. B 2.25.
Scena e Duetto: Sin dal dì che Dio mi
diede, *S T* 5—.
Scena finale: Sciagurato! Che festi! *S T*
Bar 3—.
Piano-solo:
Atto I. Preludio 1.25.
Caro d'Introduzione: Ogni bicchiero di vin
sia pieno 2.25.
Seguito dell'Introduzione e Cavatina: Per
salvar la patria terra 2.25.
Cavatina: Per le balze giù dal monte, e
Marcia religiosa 3—.
Cavatina: Stranier deserto ed orfano 3.50.
Finale I 5—.
Atto II. Coro festoso e Ballabile 3—.
Variazioni danzanti 1.50.
Replica del Coro e Finale del Ballabile 1—.
Romanza: Quando mi leva in estasi, e Scena
drammatica 3—.
Terzetto: T'obbedii, lontan me ne andai 4.50.
Duettino: Tu salva a me l'onore 1.75.
Romanza: Quando al cielo il core 1—.
Coro e Brindisi-Finale II: Sul nappo spu-
mante 3.50.
Atto III. Aria: Ah più non resisto! 3.50.
Quartetto: Pura, arcana, ignota e cara 1—.
Duetto: Sin dal dì che Dio mi diede 3.50.
Scena finale: Sciagurato! Che festi! 2.25.
Fantasie etc., *P* v. Fasanotti, Fuma-
galli, Jaell, Milella.
- L'Esule. (The Exile.) Elegy with *V(Vc)* oblig.
4/6 *Schott*, 6— *Hamelle*.
- Gavotta, *VeIIP* 5—.
- Un gran pianto, Mél. *VeIIP* 2.75.
- Un gran riso, duettino, *VeIIP* 3—.
- Her lovely smile beholding —40 *Ditson*.
- Il est minuit 5— *Heugel*.
- Marcia funebre, *VeIIP* 4.50.
- Maria di Rohan, Fantasia, *VeP* 2— n *Cottrau*.
- 4 Meditazioni lugubri, *VeP*: N. 1 2.50,
N. 2—4 à 3—.
- Meditazione, *VeP* 2— *Romano*, 1.80 *Hug*,
—90 *Schirmer*, *VP* 1.80 *Hug*.
- 7 Melodie, composte per la signora Borghi-
Mamo 9—:
1. I Giuramenti. Melodia: Io mi rammento'
MS 1.75.
2. L'Invito. Melodia: Già la luna, *MS* 1.75.
3. L'Anello, il Rosario e la Ciarpa. Romanza: Quando la gemma, *MS* 1.75.
4. Mergellina. Melodia: Sempre vago, az-
zurro ciel, *S* o *T* 1.50.
5. La Serenata. Melodia Valacca, con Violoncello (o Violino) e Pianoforte: O quali
mi risvegliano, *S* o *MS* o *T* 3—.
6. Nellina. Ballata: Vaghe forme avea Nellina, *MS* 1.75.
7. Canzoni napolitane, cantate nel Barbiere
di Siviglia dalla Signora Borghi-Mamo.
Bella figliola che cuogli sti sciure. Te
fatta la gonnella Antonia, *MS* 3.50,
Durand: cplt. 7— n, N. 1—3 à 1.35 n,
N. 4 1— n, N. 5 2— n, N. 6, 7 à 2— n.
- 6 Mélodies. Paroles françaises et italiennes
9—:

1. A une fleur (Ad un fiore). Romance: Che
vuoi tu fiore, *MS* 2—.
2. Mandoline (Mandolino). Sérénade: Sulla
terra, nell'aria, *S* o *T* 2—.
3. Ninon (Ninetta). Scène dramatique: Che
fai, Ninetta mia, *S* o *T* 3—.
4. A quoi bon entendre (Che val udire?)
Nocturne: Udir l'usignoletto, *S* o *T* 2.50.
5. Adieux à Suzon (Susanna): Addio, Addio,
S o *T* 2—.
6. L'Infinito. Canto di Leopardi: Sempre
caro mi fu quest'ermo, *MS* o *Bar* 2—,
Durand: cplt. 6— n, N. 1, 2 à 1— n,
N. 3 1.75 n, N. 4 1.35 n, N. 5 1— n,
N. 6 1.35 n.
- 3 Mélodies 7—: N. 1. Preludio 2.50. N. 2.
In barchetta 4—. N. 3. Saltarella Abruzzese
5—.
- Metodo per Violoncello, di Dotzauer, in-
teramente riformato 30—: Libro I 8—,
II 10—, III 14—.
- Mezza notte, 2 voce 5— *Heugel*.
- Mon Ami vient de s'en aller 5— *Hamelle*.
- Napolitanella, serenata, *VeP* 5— *Leduc*.
- Nella notte, canz. *MS* o *Bar* 2—.
- Ninetta (Ninon) —50 *Schirmer*, (Ниноnъ)
—30 *Johansen*.
- Non ti fidare, Canz. pop. *S* o *MS* 1.50, Nie
wierz dziewczyno (Non ti fidare) (Romanzero
23), *S. MS* à —40 *Hösick*.
- Notti lombarde 8—: N. 1. La Zingara e la
Fanciulla. Melodia: Vaga fanciulla, *Bar* o
C 4—, N. 2. Io son passata a casa del mio
bene. Canzone, *T* o *MS* 1.50, N. 3. Non mi
toccate. Melodia: Se volete saper, *T* o *MS*
1.50, N. 4. Tempesta. Melodia: De le pre-
saghe rondini, *Bar* o *C* 3—, N. 5. Fuggiam!
Duettino, *MS T* o *S B* 3—, N. 6. Non
contemplare, o vergine. Canzone a quattro
voci 2.50.
- O Lord I come. Arr. W. K. Bassford.
(Church Music 456.) With *S* solo —15 n
Schirmer.
- Pergolesi, Mél. *VeP* 4.50.
- Poliuto, Fantasia, *VeP*, *VP* à 2— n *Cottrau*.
- La Preghiera della sera. Ave Maria! *MS* 2—,
Parole italiane ed inglesi, *MS* o *Bar* 4—.
- Prélude et Menuet, *PVe* 6— *Hamelle*.
- Prière, *VeP* 3— *Leduc*.
- Прощаніе съ Сюзетой —25 *Johansen*.
- Reginella, opera, Canto e *P* 30—, *P* 15—,
libretto —50 n, Sinfonia, *P* 4.50, *4ms* 6—:
Preludio 1.25.
Prologo. Scena-Adelia, Mario e Lorenzo, *S*.
T. B. Duettino-Adelia e Mario: Per me
s'appressa, *S. T* 3—.
Scena-Finale del Prologo 3—.
Sinfonia 4.50.
Atto I. Introduzione, Coro e Canzone-Regi-
nella: Una donna innamorata, *S* 5—.
Scena e Valzer-Mario, Visconte e Marchese,
T. Bar. B 3—.
Recitativo e Romanza-Visconte: Della gloria
e dell'amore, *Bar* 2.50.
Scena: Dalli! ferma 3—.
Terzetto-Reginella, Mario e Visconte: Signor
per voi son libera, *S. T. Bar* 4—.
Scena e Coro: Dov'è Reginella 3—.
Coro ed Aria-Frate Lorenzo: Ed ora, fratelli,
B 4—.

Duetto-Reginella e Mario: Il ciel la terra gli alberi, *S. T* 3—.
Scena e Terzetto-Reginella, Mario e Frate Lorenzo: Assunta ai gaudii, *S. T. B* 3—.
Coro e Finale dell'Atto 1: Oh! veh! risorta 3—.
Atto II. Recitativo e Duetto-Reginella e Visconte: Una rivale avete, *S. Bar* 6—.
Scena comica e Coro: Entriamo vediamo 5—.
Scena e Finale dell'Atto II: Lieta e santa 5—.
59 Atto III. Preludio, Scena ed Invocazione-Reginella: Se a lei se al cielo ascendere, *S* 3—.
Scena e Romanza-Mario: Bella del tuo sorriso, *T* 2.50, con parole ital. engl. *S. MS* à 3—.
Scena drammatica e Terzetto finale-Reginella, Mario e Frate Lorenzo: Pura una voce, *S. T. B* 5—.

Detto:
Church: Fair in her grace so loving. (Bella del suo sorriso.) Recitative and romanza —40 —50.
Schirmer: Bella del tuo sorriso. (Fair she appear'd before me.) Recit. and Romanza i. e. *T. Bar.*
Fantasie etc. *P*: v. Fasanotti, Menozzi, *FlP* Cantu.

- La Reine mignonne. (Queen of Joy's Realm am J.) —75 *Schirmer.*
- Ricordi istorici, *VeP*, *Cottreau*: 1. Madonna! tu ci salvi! 2. Il racconto. 3. È desso! è il suo canto! 4. Mamma! La rivedremo? 5. Ascoltami, e trema. 6. Non son pazza à 1.50 n.
- Il Ritratto. Libretto —50 n, Sinfonia, *P* 6—, *Ams* 7—:
Recitativo e Romanza: Quando vivea la bella, *T* 2.25.
Recitativo e Duetto: L'amai come s'ama la luce, la vita, *T. Bar* 6—.
Canzone e Cavatina: Comprate questi fiori, *S* 3.50.
Cavatina con Cori: In Ascoli, oggi, *Bf* 6—.
Recitativo e Duetto: Se a costui, *Bar. Bf* 5.50.
Atto II. Scena e Romanza: Dalla beltà può nascere, *Bar* 2.25.
Scena e Duettino: Se Gelsomina, *T. Bar* 2.50.
Scena e Duetto: L'amai, ma l'amor mio, *S. T* 6—.
Scena e Rondò finale: Come a ferita balsamo, *S* 5—.
- La Romanesca. Celebre Aria di ballo del XVI secolo, secondo l'originale, trascritta per Violino (o Violoncello), con Pianoforte 3.50.
- Santa Lucia. Canzone napolitana, cantata dalla Signora Borghi-Mamo nell'opera Il Barbiere di Siviglia di Rossini. Riduzione in Rondò di Concerto. Parole francesi e napolitane, *MS* 3—, 1.30 *Haslinger*, *S. C* —50, *MS* (fr. it. all.) 1.25 *Schott*, (it. fr.) 6— *Heugel*, —50 *Ditson*, —75 *Schirmer*, —30 *Sennewald*, *Ch. s.* 1— *Heugel*.
- Romance, *VeP* 5— *Leduc*.
- La Serenata. Leggenda Valacca o quali mi risvegliano. Der Engel Lied, *S. MS* à 1.50 n *Ricordi*, à 1.50 *Bideri*, (deutsch. Text) *S.*

MS. C à 1—, *S. C* (ital. angl.) à 1— *Schott*, 3/— *Ashdown*, 4/— *Chappell*, —50 *Church*, *Ditson*, 4/— *Moore*, *S. A* à —50 *Schirmer*, 2/— n *Wickins*, 4/— *Williams*, 2 tons 1.75 n *Durand*, *S. MS. C* à —50 *Gutheil*, —30 *Johansen*, *S. MS* à 1.50 *Berilacqua*, (españ. ital. fr.) 1.25 *Sociedad de autores españoles*, *Ch. s.* —35 n *Durand*, Duet (Heale) —4 n *Augener*.

Con *Chit* acc.: —50 *Ricordi*, (Sacchi) it. angl. —75 *Schott*, (Abelspiel) 2— *Ashdown*.
Con *V(Ve)* acc.: (it. engl.) *S. MS. Bar. B* à 3— *Ricordi*, *S* (ital. angl.), (fr. ital.), (it. fr. all.) à 1.50, *MS* (it. angl.), (fr. it.), (all. it. angl.) à 1.50, *C* (it. all. angl.), (it. angl.) à 1.50, *SC* (it. angl.) (L. Diehl) 1.75 *Schott*, in F, in G à 2'— n *Augener*, —60 *Century Music Publ.*, 4/— *Chappell*, —75 *Ditson*, —50 *Church*, 4/— *Donajowski*, —50 *Gordon*, —60 *National Music*, *S. A* à —75 *Schirmer*, —50 *White*, 4/— *Williams*, 2— n *Durand*, —60 *Bessel*, —15 *Jurgenson*, —40 *Lyre*, —50 *Seltwerstow*.
Con *Fl* acc.: 2'— n *Augener*, *S. A* à —75 *Schirmer*.
Con *MandChit* (G. B. Maldura) *S. MS* 5— *Ricordi*.
Con *V(M)Chit* (A. Ponzio) *S. MS* 4— *Ricordi*.
Con *VVe(Fl)* 4/— *Williams*.

Trascrizione, *P* v:
P. Beaumont, F. Faugier, C. Hertel, Hitz, Hummel, J. Rummel, L. Sandron, S. Smith 4— *Chappell*, 4— *Donajowski*, 3/— *Duff*, —50 *Fischer*, 3— *Reeder*, B. Williams, 1.50 *Napoleao*, —40 *Leopas*, —25 *Rosé*.
Ams: J. Rummel, S. Smith 2— n *Durand*, —60 *Mc. Kinley*, —45 *Lyre*.
Org(H): Best, A. Boyse, E. M. Lott, W. Smallwood, Westbrook —20 *Mc. Kinley*.
Z (Sammlung beliebt. Komposit. Nr. 31) 1— *Schott*.
G: v. Sacchi, M. Schulz —20 *Witzmann*.
M: A. Morlacchi, Shaeffer, Stauffer —30 *Fischer*, *Willig*.
M(V) —20 *Witzmann*.
Ha: v. Ch. Oberthür.
V: —25 n *Durand*, —60 *Mc. Kinley*, —20 *Seltwerstow*.
Ve: 1/6 *Blockley*, —70 *Hösick*.
Fl: —25 n *Durand*, —75 *Schott*.
Corn o Pist: —25 n *Durand*.
Banjo: —20 *Witzmann*.
PH: 2.50 n *Durand*, v. Westbrook.
PM: Bellenghi, R. Matini, A. Müllen, C. Muretti, Sacchi 2— n *Durand*, 2.50 *Schott*, —60 *Fischer*, —40 *Lyre*.
PV: Czerny, E. Henry, S. Kahlenberg, May, A. Müllen, Pollitzer, J. Weekes 2— n *Durand*, 2'— n *Broome*, —50 *Century Mus. Co.*, —50 n *Coleman*, —40 *Ditson*, 4/— *Donajowski*, —50 *Fischer*, —50 *Mc. Kinley*, 1/6 n *Wickins*, 1/— n *Williams*, —45 *Sennewald*, 1— *Elkan*, 2— *Berilacqua*, 3— *Napoleao*.
PVe: Bellenghi, Czerny 2— n *Durand*,

—60 n *Coleman*, —50 *Fischer*, 2— *Beri-lacqua*, 3— *Napoleao*.

PFl(*picc Fl*): Po p p op.301 2— n *Durand*, —60 n *Coleman*, —40 *Cundy*, 1— *Turner*, 2— *Berilacqua*, 2.50 *Napoleao*.

PCl: 2— n *Durand*, —60 n *Coleman*, —40 *Cundy*.

PCorn: —65 *Fischer*.

PCorn à Pist: E. S. Schneider.

PBasson, *PCorAnglais*, *PHautb* à 2— n *Durand*.

PBandolin: 2— *Napoleao*.

OrgV: Westbrook.

2M: —40 *Fischer*, *Willig*.

M(V)Chit: Bellenghi, J. A. Le Barge, Sacchi 2— n *Durand*, —50 *Fischer*.

2Banjo: —35 *Witzmann*.

PHV: 2.50 n *Durand*.

P2M: v. Salvini 2.50 n *Durand*, —70 *Fischer*.

P2V: v. E. W. Ritter 2.50 n *Durand*, —60 *Leopas*, —50 *Schwerstow*.

PVVa: E. W. Ritter.

PVVc: E. W. Ritter —75 *Fischer*.

PVFl: 1— *Cundy*, —75 *Fischer*.

PVCl: 1— *Cundy*.

2StZ und *SchZ*: 1— *Schott*.

MStZ und *SchZ* 1— *Schott*.

2MChit: 2.50 n *Durand*, —50 *Willig*, *Witzmann*.

M(V)Fl: v. A. Ponzio.

O: 1.50 n, *V* cond. —25 n *Durand*, OF*anf* (Friedmann) à 1.50 *Schott*, *Band* 2— n *Blockley*, *FullBand* 2 8, *Med. Band* 2 —, *SmallBand* 1/4 *Hawkes*, (Angels Serenade and Cottran J. L'Addio a Napoli and Moz-kowsky M. Home Song) *FullO* 1.50 n, *14Instr* 1.25 n, *10Instr* 1— n, P acc. —30 n *Fischer*, (Angels Serenade and Rubinstein, Melody in F. Händel, Largo) *FullO* 1.25 n, *14 parts* 1— n, *10 parts* —75 n. P acc. —30 n *Standard*.

- Solo! Solo! Solo! Melodia, *PVc* 3.50, *PV* (G. Kampazzini) 3.50.

- Deux sonatines. (Stephen Heller) (étude préparatoire aux sonates des maîtres) op. 146 et 147, transcrites, *PVc*, Sonate à 12— *Hamelle*.

- Souvenir du Rhin. Capr. *VcP*, 5.50.

- Souvenir d'Amérique. Caprice, *VcP* 3.25 *Schott*.

- Trio de Salon, *PVVc* 6—, 4— n *Durand*.

- Les trois bouquets de Marguerite. Romance: Per te colsi, o Margherita, pour Chant, P et *Vc* (ou *V*, ou *Harmoniflûte*). Paroles italiennes et françaises, *MS* o T 4—; 5— *Schott*, 6— *Heugel*, (it.-fr.) à —75 *Schirmer*.

- Varenna, mél. *VcP* 4—.

- La Violette des Alpes, capr. *VcP* 5 —.

- Toujours t'aimer 5— *Heugel*.

Braga Giuseppe. *Ricordi*: Barcarolle, *P* 3—.

- Berceuse, *P* 3—.

- Le Carillon, *P* 2.75, 5— *Heugel*.

- La Demente 1— n *Cottrau*.

- Innocenza e Amore. Duettino, *S MS* o *T Bar* 3—.

- Una lagrima. Romanza, *Bar* 2—.

- Mélodie, *P* 2.50.

- Mezzanotte e il nostro amore? Romanza, *S* o *MS* o *T* 2—.

- Mon cœur soupire, Romance, *MS* o *Bar* 1.75.

- La Rimembranza. Romanza. *Bar* 2.50.

- Souvenir de l'Adriatique. Nocturne 2.50.

- Le vase brisé. Romance, *MS* o *Bar* 2.50.

Braga Henrique. Abbandonato, romanza, *MS* 2— *Berilacqua*.

- Ballade sur mer, *P* 1.50 *Guimaraes*.

- Celina, polka mazurka 5— *Girod*.

- Danse des Arlequins, *P* 1.50 *Guimaraes*.

- Fada azur (A), *Ronda* 1.50 *Guimaraes*.

- Falka. Chanson Arabe 1.50 *Guimaraes*.

- Fanciulla, mazurka (Atheneida) 1.50 *Napoleao*.

- Gavota. *P* 1.50 *Napoleao*.

- Graziosa, mazurka. *P* 1.50 *Berilacqua*.

- Langage des anges, mazurka, *P* 2— *Berilacqua*.

- Mathilde, valsa 1.50 *Napoleao*.

- Menuet. *P* 2— *Guimaraes*.

- Mousquetaires au Couvent, valsa 2— *Berilacqua*.

- Mysticisme, Rêverie, *P* 1.50 *Guimaraes*.

- Ne m'oubliez pas, valse (Atheneida) 1.50 *Napoleao*.

- Noces d'Olivette, Quadrilha, *P* 1.50, valsa, *P* 2— *Berilacqua*.

- Olhar languido, Havanera, *P* 1.50 *Berilacqua*.

- Paillettes d'or, valsa, *P* 2.50 *Berilacqua*.

- Plaintes, Valse Poétique, *P* 2— *Guimaraes*.

- Pourquoi? Valse Expressive 2— *Guimaraes*, Valse tzigane 6— *Hamelle*.

- Prélude et Danse Moscovite, *P* 2— *Guimaraes*.

- Romance et Tarentelle, *P* 2— *Guimaraes*.

- Remember! Valsa 2— *Guimaraes*.

- Rêve du jeune âge, valsa, *P* 2— *Berilacqua*.

- Roses et Papillons, valse 6— *Girod*.

- Sous l'aile d'un Ange. Berceuse 1.50 *Guimaraes*.

- Souvenir, valsa, *P* 2— *Berilacqua*.

- T'amo! romanza, *MS* 1.50 *Berilacqua*.

- Valse de Concert, *P* 2— *Guimaraes*.

Braga Hernani. Indiana Gavotte 1— *Bote*.

Braga O. Acabou-se o bom tempo, polka, *Banda* 1— *Guimaraes*.

Bragato G. Grazietta, Mazurka, *Chit* —50 n *Morgante*.

Bragdon Loren. *White*: Altamont waltz —75.

- Angélique Waltz —75 *Fischer*.

- El Riva Waltzes —50 *Gordon*.

- L'Esperanza. Waltz —75.

- Evelyn Gavotte. Capr. *P* —50.

- The guiding star, *SC* —60.

- He is irish —40.

- Little Maggie Maggee. Sg. and Chor. —40.

- Meadow brook. Reverie. *P* 60.

- Oh come my love to me —50.

- On the cross. *S. MS* à —50.

- White Squadron patrol, *P* —60.

Braggiotti Alb. A Gesù Redentore. Atti di Fede, Speranza, Carità, Contrizione e Ringraziamento. In Canto popolare con *Org* 2.50 n *Bratti*.

- Canti per la Sacra funzione delle Tre ore di agonia di N. S. Gesù Cristo, con *Org* o *P* 3— n *Bratti*.

- La Gajété, *P* 2.50 *Ricordi*.

- Giaculatoria al S. S. Cuore di Gesù Redentore —50 n *Bratti.*
- Morceaux Réligieux avec accompagnament de *Harm* ou *P*: N. 1. Vent Sancte Spiritus. 2. O Salutaris. 3. O Salutaris. 4. Tantum ergo. 5. O Salutaris. 6. Tantum ergo 2— n *Bratti.*
- O Salutaris Hostia. Coro all' unisono con *P* od *Org* 1.50 n *Bratti.*
- Un saluto a Milano, *MS. T* à 6— *Ricordi.*
- Souvenir de Brianza. Morceau de Salon, *P* 2.50 *Ricordi.*
- Souvenir de Livourne, *P* 3.50 *Ricordi.*
- La via crucis, con *Org (H)* 5— *Bratti.*

Bragiotti, 4 valse. (Mattei Tito), *P* 5— *Ashdown.*

Braglia, Avril. Valse 5— *Sulzbach.*
- Les Bords de l'Ouvèze. Polka 4.50 *Sulzbach.*
- Désir de plaire. Valse 6— *Beal Vve.*
- Didinette. Polka 4.50 *Sulzbach.*
- Les Pâquerettes. Valse 6— *Sulzbach.*
- Yolande. Polka 4— *Sulzbach.*

Brah - Müller (Müller) Karl Friedrich Gustav (1839—1878): op. 1 Wilde Rosen. Neun kleine Charakterstücke. *P* 2.50. Nr. 6. Du junges Grün —50 *Seiff.*
- 2 Fünf Choralmotetten, *SATB*: 1. Wenn ich einmal soll scheiden. 2. O Traurigkeit, o Herzeleid. 3. Wer nur den lieben Gott läßt walten. 4. Lobe den Herren, den mächtigen König. 5. Von Gott will ich nicht lassen, Part 1—, St 2— *Challier.*
- 3 Frohe Botschaft, *P* 1.30 *Ries & Erler.*
- 4 Maiglöckchen, *P* 1.30 *Ries & Erler.*
- 5 Am Springquell, *P* 1.30 *Ries & Erler.*
- 6 Liebesgruß, *P* 1.30 *Ries & Erler.*
- 7 Nr. 1. Lied a. d. Singspiel: „Ein Matrose von der Nymphe" (Wie könnt' ich von dir scheiden). 2. Lied a. d. Singspiel: „Geist und Geld". (Wohl ist die Welt so schön und groß) à —60 *Zechlin.*
- 8 Ein lustiges Lied: „Jetzt weiß ich's" —75 *Zechlin.*
- 9 Zwei Walzer: Nr. 1 in A. 2 in As à 1— *Challier.*
- 10 Fünf Lieder: 1. Mein Herz schmückt sich mit dir. 2. Neig', schöne Knospe, dich zu mir. 3. Die helle Sonne leuchtet. 4. Ich fühle deinen Odem. 5. Und was die Sonne glüht 2— *Praeger.*
- 11 Vier Rondinos, *P*: 1. G-dur. 2. B-dur à —80. Nr. 3. C-dur. 4. A-dur à 1— *Bote.*
- 12 Zwei Mazurkas: Nr. 1 in G m. Nr. 2 in Cis m. à 1.25 *Challier.*
- 13 Drei Duette: 1. Scheiden und Meiden (So soll ich dich nun meiden). 2. Ich hab' die Nacht geträumet. 3. Vergangengenheit (Hesperus, der blasse Funken) 2— *Challier.*
- 14 Drei Lieder: 1. Die Abendglocken klangen. 2. Ein Röschen (Von deinem Arm umfangen). 3. Ihr Bild (Ich stand in dunklen Träumen) 1.50 *Challier.*
- 15 Guirlanden. Salonstück, *P* 1.25 *Challier.*
- 16 Blütenregen. Salonstück, *P* 1.25 *Challier.*
- 17 Trauermusik, *P* 1.25 *Challier.*
- 18 Stimmungsbilder. Drei Stücke, *P*: Nr. 1—3 à 1— *Challier.*
- 19 Lose Ranken, sieben kleine Stücke, *4ms* 4— *Haslinger*: 1. Reigen. 2. Ständchen. 3. Capriccietto à —80. Nr. 4. Spinnliesel-

chen. 5. Naenie. 6. Ballerina à —80. Nr. 7. Maskenscherz —50.
- 20 Waldröslein. Drei Lieder: 1. Im Wald am Busch. 2. Das Mägdlein. 3. Jung Mägdlein 1— *Haslinger.*
- 21 Freudvoll und leidvoll: Zehn Charakterbilder. *P* 6—. Einzeln: Sirene 1— *Fürstner.*
- 22 Album für die Jugend. 20 Lieder, *Fürstner*: 1. Wandervöglein. 2. Waldnacht. 3. Willkommen lieber Frühling. 4. Vom Spinnlein und vom Mücklein, ein trauriges Stücklein. 5. Kornblume. 6. Schmetterlings Sterbebed. 7. Guten Morgen. 8. Guten Abend. 9. Wiegenlied. 10. Der Sonntag. 11. Der Postillon. 12. Ein Lied vom Windmüller. 13. Schlittenfahrt. 14. Die Trauerweide. 15. Ruhe. 16. Laub und Gras sind nun verdorrt. 17. Reinheit. 18. Reiterlied. 19. Des Knaben Entschluß. 20. Frühlingsgruß à —50.
- 23 Dritter Walzer 1.50 *Fürstner.*
- 24 Welke Rosen. Vier Lieder 2— *Fürstner.* (Ich hab' im Traum geweinet. Das verlassene Mägdelein. Der schwere Abend. Volkslied.)
- 25 Sonatine (G-dur) (Sol maj. G maj.) *P*: 2.25 *Forberg.*
- 26 Mazurka III. *P* 1.50 *Challier.*
- 27 Liebesgrüße. Drei Lieder: 1. Im grünen Wald. 2. Mit der Sonne bin ich erstanden. 3. Siehe, wie freundlich die Lüftchen wehn 2— *Challier.*
- 28 Waldlieder. Vier Lieder: 1. Im Wald, im Wald. 2. Der treuste der Genossen mein. 3. Blau und grün. 4. Und soll ich einst begraben sein. 1.25 *Challier.*
- 29 Zwei Balladen: 1. Die Meerfrau (Es schallt Gesang). 2. Das Hindumädchen (Schön und leicht), à —75 *Challier.*
- 30 Mädchenlieder. Drei Lieder: 1. In meinem Garten die Nelken. 2. Wohl waren es Tage der Wonne. 3. Gute Nacht, mein Herz, und schlummre ein. 1— *Challier.*
- 31 Drei Lieder: 1. Wunsch (Wie ein Vöglein möcht ich fliegen). 2. Maitied (Zwischen Weizen und Korn). 3. Glück (Wie jauchzt meine Seele), 1— *Challier.*
- 32 Ballade, *P* 1.75 *Challier.*
- 33 Zwei Sonatinen, *P*: Nr. 1. A-dur (La maj. A maj.) 1.75. Nr. 2. G-moll (Sol min. G min.) 1.50 *Forberg.*
- 34 Nachtlieder. Drei Männerquartette, Part u. St 1.50 *Siegel*: Die Sterne: „Wie blinken". An die Nacht: „Heil'ge Nacht, mit deinem Flor". Sommermondnacht: „Schaut der Mond so lachend nieder".
- 35 Friede den Entschlafenen. Kantate, *TTBB 2Cornets in b 2Tr in Es, 3Pos u. Pauken od. P ev. Org*, Part 1.25, St —50 *Zechlin.*
- 36 Vier Lieder: 1. Rosengruß. 2. Beim Abendgeläute, à —60. Nr. 3. Belauscht. 4. Es war ein Kind, à —80 *André.*
- 37 Zwei altdeutsche Lieder: 1. Ach Elslein, liebes Elslein. 2. Bei meines Buhlen Haupte, à —60 *Cranz.*
- 37 Vier Lieder: 1. Geheimnis. 2. Geträumtes Glück. 3. Unter der Linde. 4. Vorüber 1.80 *Zechlin.*
- 39 Neun Lieder 3— *Cranz*: Nr. 1. Weine

nicht —80. Nr. 2. Im Kahn —50. Nr. 3.
Lockung —80. Nr. 4. Ständchen —80.
Nr. 5. Die schönste Rose, die da blüht.
6. Die Knospen schwellen, die Bäche geh'n.
7. Wiegenlied. 8. Das sterbende Kind.
9. Wie lauscht ich gern ihr, à —50.
- 40 Neun Reiseskizzen, *4ms*, 2 Hefte à 2.50
Cranz: Heft 1: 1. Geisterschwingen. 2.
Mondnacht. 3. Harfnerin. 4. Schatten. 5.
Waldblume. II: 6. Via mala, 7. All ge-
wonnen. 8. Halt. 9. Romanze. Nr. 2 P —80,
stO, Part, St à 1—.
- 43 In der Gewitternacht 2— *Cranz*.
Braham, Albion on thy fertile plains, duet
3/— *Ashdown, TB* 3 — *Cramer*.
- Beauty Sleeps, waltz 4/— *Williams*.
- Britannia (Behold the Britannia) 1 6
Ashdown.
- Brother John, waltz, *FullO* 1—, *1½ parts*
—80, *10 parts* —60 *Church*.
- Don't take me back to slavery, Sg. and
Chor. —35 *White*.
- Echo duet 2 6 *Ashdown*, 3 — *Orpheus*.
- England, Slow March, *FullBand* 2 8, *Me-
diumBand* 2 —, *SmallBand* 1 4 *Hawkes*.
- I'll never get drunk any more —35 *White*.
- Love and glory 1 6 *Ashdown*.
- March Milit. introducing the Sg. „England
Loyal", *P* 4/— *Williams*.
- Mild as the moonbeams, quart. 2 6 *Ashdown*.
- On this cold flinty rock 2/— *Ashdown*.
- Persevere 4— *Ascherberg*.
- Press Club, galop, *FullO* —80, *1½ pts.* —60,
10 pts. —40 *Church*.
- Said a smile to a tear 2 6 *Ashdown*, 2 6
Cramer.
- Village beauty, waltz sg. arr. —50 *White*.
- Waiting at the ferry —30 *White*.
- When Vulcan forged (Origin of gunpowder)
2 6 *Ashdown*.
- Young village beauty —50 *White*.
Braham & Lamb, Don't Quarrel with Your
Sweet heart —50 *National Music*.
Braham Arthur, Romanza. *VP* —50 *Ditson*.
Braham Belle, In the good old fashioned
way 2/— n *Sheard*.
Braham David, Are you there Moriarity
3/— *Williams*.
- Blow the bellows blow, unison (School
Music Leaflets 324) —¹⁄₂ *Curwen*.
- The Bogie Man (L. Walker) 2 — *Boo-
sey*, with *Banjo* ad lib. 4 — *Leonard*.
- Charleton Blues, march and chor. 1 6 n
Francis.
- Golden Choir 1 6 n *Francis*.
- Henrietta Pye 4/— *Francis*.
- Hurry little children 3 — *Williams*.
- Last of the Hogans. Knights of the Mystic
Star, *4* —25 n *Standard*.
- List! list! the bogie man 3 — *Williams*.
- The Little Green Leaf in our Bible 3/—
Francis.
- Maggie Murphy's Home —2 *Broome*.
- Medley, Jig. (D. W. Reeves), *BrassBand*
—50 *Caady*.
- No Wealth without Labour 4 — *Francis*.
- Oh, dat Low Bridge, song and dance 4 —
Francis.
- Patrick's Day Parade, Sg. (Musical Maga-
zine 115) 1 — *Chappell*, 3 — *Williams*.
- Poverty's Tears ebb and flow 4 — *Francis*.

- Slavery Days 3 — *Francis*.
- There will be lovers 4 — *Francis*.
- Walking for dat Cake 3 — *Francis*.
- Whist the bogie man 4 — *Williams*.
Braham Ed. Cannon March (Unter Kanonen-
donner) 1— *Schuberth jr.* —50 *Rohlfing*,
4ms 1.50 *Schuberth jr.*, —75, *6ms* 1.50
Rohlfing, *2P* 4— *Schuberth jr.*, 2— *Rohl-
fing*, *8ms* 4— *Schuberth jr.*, 2—, *Milit.
Band* (Chris. Bach) —50 *Rohlfing*.
- Etta Valse —50 *National Music*.
- Fleurette, dance 1— *Schuberth jr.*, —50,
4ms —75, (Fernando Villapando)
O 1—, *P* acc. —15 *Rohlfing*.
- Frolic of the Elks (Char. Two-Step) —50,
Mand —30, *MandG* —40, *2MandG* —40
National Music.
- Hermanita, valse 1— *Schuberth jr.*, —50
Rohlfing.
- Lily's Love waltzes —60 *National Music*.
- Piccolo, fant. *P* 1.50 *Schubert jr.*, —75, *4ms*
1—, *2P* 2—, *6ms* 1.50, *8ms* 2— *Rohlfing*.
Braham Fred D. At the French ball. —40
Ditson.
Braham H. op. 3 Lauda Sion à 4 v. d'h.
av. *Org* ad lib. 1.25 n *Muraille*.
- 4 Lauda Jerusalem à 4 v. d'h. av. *Org* ad
lib. à 1.25 n *Muraille*.
- Psaume 50 (Miserere mei, Deus) solo,
choeur, 4 voix d'homme, *Org* —60 n *Mu-
raille*.
Francis.
Braham Harry, All bad, very, very bad 3 —
- Burnabe the Brave 3 — *Francis*.
- Something like is 4 — *Francis*.
Braham H. P. My Old Home once again 3 —
Francis.
Braham John (1774—1856), All's well duet
2/— *Ashdown*, *SC* (Colleg. Choir 51)
—2 *Bayley*, *SBar*, *SA* à —50 *Brainard*,
SB —4 *Broome*, 3/— *Chappell*, —20
Church, *SB* 3— *Cramer*, *SC* (Chor. for
Equal voic. 40) —/2 *Curwen*, *TB* —35,
SA —06 *Ditson*, 3— *Duff*, —40 *Echo
Music Co.*, *National Music*, 3 — *Orpheus*,
Pitman, *TB* 2 — *Weekes*, *SC* —30 *White*,
1/6 n *Wickins*, with *G* 1 6 *Ashdown*,
SATB (The Singer's Library 102) —2
Ashdown, *SCTB* (Choral Handbook 216)
—2 *Curwen*, *4ms* (Alfred Mullen,
Popular melodies 1) 2 — *Ashdown*.
- Anchor's weigh'd 2 6 *Ashdown*, —2 *Broome*,
3— *Chappell*, 2/6 *Cramer*, —40 *Ditson*,
Gordon, 1 6 n *Wickins*, 3— *Williams*, 4 —
B. Williams, *TTBB* (Apollo Club 198)
—3 *Curwen*.
- Bewildered maid 3/— *Ashdown*, (Hullah's
Songs 53) —6 n *Augener*.
- Bird Duet, *SBar* —60 *Brainard*.
- Casino Quadr. *O*, *1½ Instr* —80 n, *10 Instr*
—60 n, *9 Instr* —50 n *Fischer*.
- Death of Nelson 3/— *Ashdown*, —2 *Broome*,
3 — *Chappell*, 2/6 *Cramer*, —35 *Ditson*,
3'— *Duff*, 2/— *Francis*, 3/— *Pitman*, 1 6 n
Wickins, 3/— *Williams*, Chor. —/2 *Cur-
wen*, 4'— *B. Williams*, with *G* (Popular
Voc. Mus. 46) 1 6, with *Concertina*
(Henry Lea, Popular Songs) 1/6 *Ash-
down*, (Universal Band Journal 181)
AltoSaxophono solo, *TenorSaxophone* solo
à 1.50 n, *Baritone*, *Tro* à 1—n *Fischer*,

VP (Nicholas Mori's Journal 10) 3.—
Duff, ConcertinaP (H e n r y L e a, Choice
pieces 10) 2/6 *Ashdown*, *Cornet, Tromb,
Euphonium* Solo with *FullBand* 2/8, Me-
diumBand 2.—, SmallBand 1/4 *Hawkes*.
- Donna Juanita Quadr. O, 9 *Instr* —50 n,
10 *Instr* —60 n, 1½ *Instr* —80 n *Fischer*.
- Evangeline Quadr. O, 9 *Instr* —50 n *Fischer*.
- Gay cavalier quadrille —50 *Ditson*.
- Geranium leaves and roses, schott. and
C o n n e l l y C. That first little kiss.
Schott. O 10 *Instr* —60 n, 1½ *Instr* —80 n,
VPCornet —30 n *Standard*.
- I never was meant for the sea —35 *Ditson*.
- Killarney Quadr. O, 9 *Instr* —50 n *Fischer*.
- Maguinnis Guards Quadr. O, 9 *Instr* —50 n
Fischer.
- Marguerita Polka. and G o b l e r A. Love
Letter, mazurka, O, 9 *Instr* —50, 10 *Instr*
—60 n, 1½ *Instr* —80 n *Fischer*.
- Mistletoe, polka —35 *Church*.
- Monarch of the Words, march brillant —50
Gordon.
- La Regoloncita. polka di Concert (Uni-
versal Band Journal 402) *Cornet* 1—n,
CornetP —65, FullO 1—n, 10 *Instr* —75 n,
P —40 n *Fischer*.
- Schoolcraft & Coes Quadr. O, 9 *Instr* —50 n
Fischer.
- Silver Star Waltzes, O, 9 *Instr* —50 n, 10
Instr —60 n, 1½ *Instr* —80 n *Fischer*.
- Strolling in the Woodlands, Gavotte —50
Gordon.
- Sweets and sours of matrimony, 8T —60
Brainard, —40 *Ditson*.
- Wedding March of the Romany, FullO 1.25,
1½ pts. 1—, 10 pts. —75, *P* pt. —30
Church.
- When thy bosom heaves the sigh, duet 3.—
Ashdown, 8N, 8T à —50 *Brainard*, 3.—
Chappell, 8N —40, 8 solo 8A, 8AB —08
Ditson, ConcertinaP (H e n r y L e a, Choice
pieces 1) 2/6 *Ashdown*.

Braham Miss Marie, The Bookie up to-date
4/— *Francis*.
- Mamma's only Boy 4 — *Francis*.
- Steering to those we love 4/— *Francis*.

Braham P. E. Ma Mississippi May 2/—n
Jeffery.

Brahde A. op. 1 Genzianen-Walzer 1.60
Kühle.

Brahm-Vanden Berg, Valse-caprice 1—
Schott Frères.

Brahmer F. Les lanciers bleus, quadr. —40
Neuparth.

Brahms Johannes (1833—1897). *Simrock*:
Op. 1 Sonate (C) *P* 5—; — n *Durand*,
4ms (P. K l e n g e l) 7.50.
- **2** Sonate (Fis-moll) *P* 5—; 4— n *Durand*,
4ms (P. K l e n g e l) 7.50.
- **3** Sechs Gesänge, h. t. à 3—: Nr. 1. Liebestreu — True Love: „O versenk', o versenk'
dein Leid — Oh my child". 2. Liebe und
Frühling (I) — Love and Spring: „Wie
sich Rebenranken schwingen — Like the
vine, that upwards climbeth". 3. Liebe
und Frühling (II) — Love and Spring:
„Ich muß hinaus — I must go forth". 4.
Lied aus dem Gedicht „Ivan" — Song:
„Weit über das Feld — High over the

fields". 5. In der Fremde — Among stran-
gers: „Aus der Heimat — From my
home". 6. Lied — Song: „Lindes Rauschen — Trees that sway". Nr. 1. —35
Hansen. Nr. 1. (F a i t h f u l n e s s) —30
Ditson, S. 1 à —25 *Schirmer*, —25 *B. H.
Smith*, —30 *Weygand, MS* (F e d e l t à)
—75 n *Ricordi*, —20 *Gutheil*, —15, Nr. 3
—20 *Jurgenson*, bearb. *P*: Nr. 1—6 (J a-
d a s s o h n) 2.50, D. K r u g op. 196 Nr.
241. Ha Nr. 1 (M. L e m a i t r e) —80.
- **4** Scherzo, Es m. *P*, 4ms à 3—.
- **5** Sonate, F-m. f. *P* 4.50, 4ms 7—, daraus
Andante, As u. Des. *P* 1.50 *Senff*.
- **6** Sechs Gesänge, h. t. à 3— *Senff*: Nr. 1.
Spanisches Lied: „In dem Schatten meiner
Locken" 1—. Nr. 2. Der Frühling: „Es
lockt und säuselt" —50. Nr. 3. Nachwir-
kung: „Sie ist gegangen" —50. Nr. 4.
Juchhe!: „Wie ist doch die Erde so schön"
1—. Nr. 5. „Wie die Wolke nach der Sonne"
—75. Nr. 6. „Nachtigallen schwingen
lustig ihr Gefieder" —75. Nr. 2. (d.-engl.)
S. A (Bar) à 1—.
- **7** Sechs Gesänge, h. t. à 3— *Simrock*: 1.
Treue Liebe — True Love: „Ein Mägdlein
saß — A maiden sat". 2. Parole — The
Huntsman: „Sie stand am Fensterbogen
— Full lonesome and heavy-hearted". 3.
Anklänge — Fragment: „Hoch über stil-
len Höhen — On yonder hill appearing".
4. Volkslied — National Song: „Die
Schwälble ziehet fort — The swallow flies
away", à 1—. Nr. 5. Die Trauernde — The
Mourning one: „Mei Mutter mag mi net
— My mother loves me not" —50. Nr. 6.
Heimkehr — Return home: „O brich nicht,
Steg — O break not, bridge" —50: Nr. 1.
(Amor fedele) —75 n *Ricordi*, bearb. *P*
Nr. 1—6 (J a d a s s o h n) 2.50.
- **8** Trio (H), *P1 Vc* 12—; *Va* St nach d. Ve-
St übertr. W. A l t m a n n 2—: (16°) 2—
Eulenburg, 4—n *Augener*, 10—n *Ha-
melle*, 4ms 8—; daraus Adagio *PH* (A.
K e i n h a r d) 2—.
- **9** Variationen über ein Thema v. R. S c h u-
m a n n, *P* 3.50.
- **10** Balladen für *P*: 1. Andante (D-m.). 2.
Andante (D). 3. Intermezzo (H). 4. An-
dante con moto, 4—; 5 —, (8) 1/—n
Augener, à 1.50 *Simrock*, N. 1 3—
Augener, —30 *Presser*, —50 *Schirmer*,
—25 *Jurgenson*, N. 3 3 — *Augener*, —38
Hansen, Nordisk Musikforlag.
4ms: N. 1—4 4—, N. 4 *VcP* (S p e n-
g e l) 1.50.
- **11** Serenade (D) für O, Part 25—, O-St
30—, *P* 6—. 4ms, 2P (P. K l e n g e l) à
10—, 8ms (K l e n g e l) 20—; daraus
Scherzo I, II, Adagio u. Mennett I, *P* (L.
S t a r k), Zum Studium des polyphonen u.
Partiturspiels 4—, Scherzo, Org (E. H.
L e m a r e) 1.50, Menuett, *PV* (Fr. H e r-
m a n n) 1.50.
- **12** Ave Maria f. weibl. Chor mit O od. Org,
Rieter: Part 2.30 n, St 1.80 n, Chor-St
—60 n, Org-St —50, KA 1.50; 2 low voic.
—25 *Church*, fem. quart. —15 *Ditson*,
male or fem. voic. à — 4 n *Lloyds*, Women
voices —20 n *Schirmer*.

½ms (R. Keller) 1.50, *Org*; (Th. Kirchner) 1.50; (E. Prout) 2/— *Augener*.

- 13 Begräbnisgesang: Nun laßt uns den Leib begraben, SATB u. *Blasinstr, Rieter*: Part 2.30 n, *Instr-St* 1.80 n. Chorst —60, KA, *Org-Ausz.* (Thiele) à 2.30, *½ms* (R. Keller) 2— *Rieter*.
- 14 Lieder u. Romanzen (d.-engl.), *h. t.* à 3— *Rieter*: 1. Vor dem Fenster: „Soll sich der Mond nicht heller scheinen", Volkslied. (By the Window: „The moon may shine with doubled splendour", Folk-Song) à 1.40, Nr. 2. Vom verwundeten Knaben: „Es wollt ein Mädchen früh aufstehn", Volkslied. (The wounded Lover: „A maiden rose at the break of day", Folk Song.) 3. Murray's Ermordung: „O Hochland und o Südland!" Schottisch; aus Herders Stimmen der Völker. (The bonny Earl of Murray: „Ye Highlands and ye Lawlands", Old Scottish Ballad.) 4. Ein Sonnett: „Ach könnt' ich, könnte vergessen sie." Aus dem 13. Jahrhundert. (A Sonnet: „Ah, could I, could I her charms forget", Of the 13th Century.) 5. Trennung: „Wach auf, wach auf, du junger Gesell", Volkslied. (Parting: „Awake, awake, my lover dear", Folk-Song.) 6. Gang zur Liebsten: „Des Abends kann ich nicht schlafen gehn", Volkslied. (The Road to my Love: „At night I can not go to sleep", Folk-Song.) 7. Ständchen: „Gut Nacht, gut Nacht, mein liebster Schatz", Volkslied. (Serenade: „Good night, good night, my dearest dear", Folk-Song.) 8. Sehnsucht: „Mein Schatz ist nicht da", Volkslied. (Longing: „My love he is gone", Folk-Song), à 1—; N. 1 —35 *Schirmer*, bearb. *P* N. 4. 7 (Th. Kirchner) à 1.50.
- 15 Concert (D-m.) f. *P* m. *O, Rieter*: Part 15— n. O-St 14— n. *P-St* 7—, *½ms* 9—. *2P* 9—, *Sms* (Th. Kirchner) 12.50.
- 16 Serenade (A) f. kl. *O*, Part 12—, O-Sst 20—; *P* (P. Klengel) 6—, *½ms* 8—. *2P* 2 Exempl. à 9—, *Sms* 20—, *½ms VVc* (F. Hermann) 9—.
- 17 Gesänge f. 2SA mit Begl. v. 2Hörner u. *Ha* (d.-engl.-fr.), Part u. KA 4—, *Ha* u. *Hornst* 2.50, Singst 3—: Nr. 1. Es tönt ein voller Harfenklang. (I hear a harp. 2. Lied von Shakespeare. Song from Shakespeare. Komm herbei Tod. Come away death. 3. Der Gärtner. Greetings. Wohin ich geh! Where e 'ver I look. 4. Gesang auf Fingal. Song from Ossian's Fingal. Wein an den Felsen. Weep on the rocks.
  Novello: (Engl.-germ.) 1/6: Come away, Death — 4. The death of Trenar, The gardener, Whene'er the sounding harp is heard à —6; N. 1 15— n *Schirmer*, N. 2 —12 *Ditson*, N. 3 —06 n *Church*, —15 n *Schirmer*, N. 1 —15 n *Schirmer*, —25 *Thompson*, *½ms* (R. Keller) 3—.
- 18 Sextett (B-dur) 2V.2V.a2Vc, Part 7.50, St 10—, 2.50 n *Eulenburg*, Part 8—n, p. sép. 10—n *Hamelle*, *½ms VVc* (Fr. Hermann) 9—, *PVVc* (Th. Kirchner) 12—, *½ms* 8—, *2P* (P. Klengel) 15—, *Sms* 15—, als Sonate *P* (R. Keller) 5—.

- 19 Fünf Gedichte (engl.-d.), *h. t.* à 3—: 1. Der Kuß — The Kiss: „Unter Blüten des Mai's —'Mid the blossoms of May—" —80. Nr. 2. Scheiden und Meiden — Parting: „So soll ich dich — Oh, must I part for ever —" —80. Nr. 3. In der Ferne — Parted: „Will ruhen unter den Bäumen — I'll rest me under a shelt'ring bough —" 1—. Nr. 4. Der Schmied — The Forge: „Ich hör' meinen Schatz — My true love I hear" —80. Nr. 5. An eine Äolsharfe — To an Aeolian Harp: „Angelehnt an die Ephenwand — Half conceal'd by the wied wall —" 1—; Nr. 4 —25 *Brainard*, —40 *Ditson*.
- 20 Drei Duette 3—: 1. Weg der Liebe (I) — Love will find out (I): „Über die Berge — Over the mountains —" 1.50. Nr. 2. Weg der Liebe (II) — Love will find out (II): „Den gordischen Knoten — Can skill disentangle —" 1—. Nr. 3. Die Meere — The two deeps: „Alle Winde schlafen — All the winds are hush'd" 1—; (engl.-d.) 1 — n *Augener*.
- 21 Variationen f. Piano. 1. Variationen über ein eigenes Thema, 2. Variat. über ein ungarisches Thema à 2—; Nr. 1 u. 2 1 — n *Augener* (Nr. 1 u. 2 and 16 Waltzes and Rondo after Weber) 1— *Boosey*, bearb. *½ms* (R. Keller) à 3—.
- 22 Marienlieder, SATB, *Rieter*: Heft 1 u. 2, Part à —80, St à —40. Heft 1: Der englische Gruß: „Gegrüßet Maria, du Mutter der Gnaden!" Marias Kirchgang: „Maria wollt' zur Kirche geh'n". Maria's Wallfahrt: „Maria ging auswandern". II: Der Jäger: „Es wollt' gut Jäger jagen". Ruf zur Maria: „Dich, Mutter Gottes, ruf' wir an". Magdalena: „An dem österlichen Tag". Marias Lob: „Maria, wahre Himmelsfreud'".
  Schirmer:
- 7 Songs to Mary: The Angel's Greeting —15 n. Mary's Walk to Church —10 n. Mary's Pilgrimage —10 n. The Hunter —12 n. Cry to Mary —10 n. Magdalena —05 n. Praise of Mary —10 n.
- 23 Variationen über ein Thema v. R. Schumann, *Rieter*: *½ms* 3.50, bearb. *P* (Th. Kirchner) 3.50, 2P (Th. Kirchner) 5—, *O* (Th. Müller-Reuter), Part u. St 15— n.
- 24 Variationen und Fuge über ein Thema v. Händel, *P* 4.50; 5/—, (8ᵃ) 1/—n *Augener*, bearb. *½ms* (Th. Kirchner) 5—. *2P* (P. Klengel) 6—.
- 25 Erstes Quartett (G-m.), *PVVaVc* 13.50, Part 2.50 *Eulenburg*, *½ms VVc* (Fr. Hermann) 13—, *½ms* 9—, *2P* (J. Klengel) Part u. *P* II 18—.
- 26 Zweites Quartett (A-dur), *PVVaVc* 13.50, Part 2.50 *Eulenburg*, 2.50, *½ms VVc* (Fr. Hermann) 13—. *½ms* 9—, 2P (J. Klengel) Part u. *P* II 18—.
- 27 Der 23. Psalm: Herr, wie lange willst du mich so gar verlassen, 3 st. Frauenchor mit *Org* u. *P, Cranz*: Part u. St 2.80, KA 2.40, 1/—n *Augener*, —/4 *Novello*.
- 28 Vier Duette, AB*ar, Cranz* 3—: 1. Die Nonne und der Ritter. 2. Vor der Tür. (Alt-deutsch.) 3. Es rauscht das Wasser.

4. Der Jäger und sein Liebchen. Nr. 1—4 à 1—, Nr. 3 —80; kplt. 2— *Peters*, (engl. germ.). Nr. 1, 2, 3 à 1—n, Nr. 4 1.60 n *Augener*, Nr. 2 —12 *Ditson*.

- **29** Zwei Motetten f. 5 st. gem. Chor a capella: 1. Es ist das Heil uns kommen her, Part 3—, 5 Singst 1.50. 2. Schaffe in mir o Gott ein rein' Herz (a. d. 51. Psalm), Part 3—, 5 Singst 1.50.
- **30** Geistliches Lied f. *SATB* mit Begl. d. *Org.* od. *P*: Laß dich nur nichts dauern, Part 2.50, Singst —80. Choral hymn. —10 *Ditson*.
- **31** Drei Quartette, *SATB* u. *P*: 1. Wechsellied zum Tanze: Komm' mit, o Schöner, Part 3—, Singst 1—. 2. Neckereien (mährisch): Fürwahr mein Liebchen, ich will nun freien, Part 3—, Singst 1—. 3. Der Gang zum Liebchen (böhmisch): Es glänzt der Mond nieder, Part 2—, Singst —80.
- **32** Lieder und Gesänge. *Rieter*: (d.-engl.) Orig.-Ausg., transponierte Ausg., in je 2 Heften à 2.30. Orig.-Ausg., Heft I. (Nr. 1 h., 2—4 t.) Heft II. (Nr. 5—9 h.) transp. Ausg., Heft I. (Nr. 1 t., Nr. 2—4 h.) Heft II. (Nr. 5—9 t.): 1. Wie rafft ich mich auf in der Nacht (I woke and arose in the night) 1.40. Nr. 2. Nicht mehr zu dir zu gehen beschloß ich (That I wold no more see thee I promised) à 1—. Nr. 3. Ich schleich' umher betrübt und stumm (I steal away in gloomy mood) à —70. Nr. 4. Der Strom, der neben mir vertauschte (The stream that flowed so agitated) à —70. Nr. 5. Wehe, so willst du mich wieder, hemmende Fessel, umfangen? (Dost thou yet seek to detain me, fettering chains dost throw o'er me?) à —70. Nr. 6. Du sprichst, daß ich mich täuschte (You say I was deceived) à —70. Nr. 7. Bitteres zu sagen denkst du (Bitter words in vain thou seekest) à —70. Nr. 8. So steh'n wir, ich und meine Weide (My love and I agree to sever) à —70. Nr. 9. Wie bist du, meine Königin, durch sanfte Güte wonnevoll! Ah, sweet my love, thou charmest me) à 1.50, Nr. 2 (Di non mai più vederti), *8* 1.25 n *Capra*; Nr. 9 —75 *Hansen*, (d.-engl.) —40 *Church*, *Ditson*, —35 *Gordon 8. A* à —40 *Schirmer*, (Quel charme o Reine) 1.35 *Schott frères*, (Tu del mio cor regina sei) 2.50 *Capra*. *Augener*: Nr. 1—5(8°) 1—n: 1. How art thou, O my queen, arrayed (Wie bist du, meine Königin). 2. In vain I strive to flee thee (Nicht mehr zu dir zu gehen). 3. When mute and sad I wander by (Ich schleich' umher betrübt). 4. Sorrow, whose phantoms returning (Wehe, so willst du mich wieder) à 1—n. N. 5. Fain art thou to chide me, maiden (Bitteres zu sagen, denkst du) — 6 n, bearb. P: Nr. 9 (Th. Kirchner) 2—, PVc (Büchler) 1—.
- **33** Romanzen aus „Magelone", *Rieter*: (d.-engl.), h. t. 5 Hefte à 3—, Bands-Ausg. (deutsch), h. t. à 6—, (engl.), h. t. à 6—: Nr. 1. Keinem hat es noch gereut, der das Roß bestiegen (None has ever mourn'd in sooth) à 2.10. Nr. 2. Traun! Bogen und Pfeil sind gut für den Feind (Ho!

Broadsword and spear are meet for the foe) à 1—. Nr. 3. Sind es Schmerzen, sind es Freuden (Are they sorrow, are they pleasure) à 1.70. Nr. 4. Liebe kam aus fernen Landen (Love came forth from far off places) à 1.40. Nr. 5. So willst du des Armen dich gnädig erbarmen? (Will deign to be near me Sir knight à 1—. Nr. 5. Wie soll ich die Freude, die Wonne denn tragen? (O, joy out of measure, the hour of our greeting) à 2.40. Nr. 7. War es dir, dem diese Lippen bebten? ('Twas for thee, my lips were burning) à 1.40. Nr. 8. Wir müssen uns trennen, geliebtes Saitenspiel (The hour of our parting, sweet lute, is at hand) à 1.40. Nr. 9. Ruhe, Süßliebchen, im Schatten (Rest thee, my lady in shadow of darkling) à 1.70. Nr. 10. Verzweiflung: „So tönet denn, schäumende Wellen (The seawaters roar and surround me) à 1.40. Nr. 11. Wie schnell verschwindet so Licht als Glanz (As fame and power fast fade away) à 1—. Nr. 12. Muß es eine Trennung geben, die das treue Herz zerbricht? (Must we then once more be parted) à 1—. Nr. 13. Sulima: „Geliebter, wo zaudert dein irrender Fuß (Sweet love, what can hinder thy coming so long? à 1.40. Nr. 14. Wie froh und frisch mein Sinn sich hebt (How free and fresh my heart) à 1.40. Nr. 15. Treue Liebe dauert lange, überdauert manche Stund' (Love long ried hath long endured) à 1.40. mit verbindender Dichtung —50 n; Nr. 12. Muß es eine Trennung geben —50 *Hansen*. Nr. 15. Treue Liebe dauert lange 1— *Hansen*.

The fair Magelone. 15 Romances. (Tieck), e.g. High or low Voice à 1.50 n *Schirmer*, bearb. P (Th. Kirchner). Nr. 3 2—, Nr. 5 1.50. Nr. 9 2—, Nr. 12 1.50, Nr. 14 2—.

- **34** Quintett in F m. *Rieter*: P2VaVc, Part u. St 15—, Part 2—n *Eulenburg*, 4ms (F. Hermann) VVc 12—, 4ms (Th. Kirchner) 10—.
- **34 bis.** Sonate (nach d. Quintett), 2P, Part 9— *Rieter*.
- **35** Studien. Variationen über ein Thema v. Paganini, P, 2 Hefte à 3— *Rieter*.
- **36** Sextett (G) 2V2Va, 2Vc, Part 7.50. St 10—; Part, Miniatur-Ausg. 2.50, 2.50 n *Eulenburg*, Part 8—n, p. sép. 1—n *Hamelle*, 4ms 8—, 2P (P. Klengel) 15—. 5ms (P. Klengel) 20—, PVc (Th. Kirchner) 12—, 4ms VVc (Fr. Hermann) 14—, als Sonate P (P. Klengel) 5—.
- **37** Drei geistliche Chöre f. Frauenst. *Rieter*: O bone Jesu. Adoramus. Regina coeli. Part 1—, Chorst 1.20, Solost —30.
- **38** Sonate (E-m.). PVc 5—; 15 — *Hamelle*, 4ms (R. Keller) 4.50.
- **39** Walzer, 4ms, *Rieter*: leicht bearb. (J. K. Eschmann) à 4.50; 16 n *Augener*, *Cocks*, 4—n *Hachette*, P: 3—, erleicht. Ausg. 2.50. 1—n *Augener*, *Cocks*, 3—n *Ricordi*, PV 16 n *Augener*, 4ms V (F. Hermann). 4ms VVc (F. Hermann) à 5.50, Streichquart. u. *Kb* ad lib. (F. Thieriot),

Part 2— n, St 3.75 n: fünf Walzer daraus, 2P 3—; N. 2 and 4. Valses, P —20 *Presser.*

- 40 Trio (Es). P⁴, Waldhorn od. Bratsche od. Ve 10—, Part, Miniaturausg. 2—: 2—n *Eulenburg*, 20— *Hamelle*, 4ms (R. Keller) 6—.

- 41 Fünf Lieder, TTBB, *Rieter*, Part 1.50, St 2—:
  1. „Ich schwing' mein Horn ins Jammertal", altdeutsch. Part —30, St —60,
  2. „Freiwillige her! Von der Memel bis zum Rhein". Part u. St à —60.
  3. Geleit. „Was freut einen alten Soldaten?" Part —50, St —60.
  4. Marschieren: „Jetzt hab' ich schon zwei Jahre lang", Part —50, St —60.
  5. „Gebt Acht! Es harrt der Feind". Part —30, St —60.

- 42 Drei Gesänge f. 6 st Chor (S2AT2B), *Cranz*: Part 2—, St 3—. Nr. 1. Abendständchen, Part —80, St 1.20. Nr. 2. Vineta, Part 1.10, St 1.20. Nr. 3. Darthulas Grabgesang, Part 1.30, St 1.20, 4ms (C. Gurlitt), Nr. 1 —80, Nr. 2, 3 à 1—.

- 43 Vier Gesänge. Neue Ausg. (d.-engl.) 5 Hefte, *Rieter*: Original-Ausg. (Nr. 1, 2, 4 t., Nr. 3 h.) 4—. Transp. Ausg. (Nr. 1 bis, 2 bis, 4 bis h., Nr. 3 bis t.) 4—:
  1. Von ewiger Liebe. Dunkel, wie dunkel im Wald. (Love is for ever: „Deeper and deeper o'er wood and o'er wold" 2—.
  2. Die Mainacht. Wann der silberne Mond. (The Maynight: „When the silvery moon glimmreth through tangled boughs" 1.50.
  3. Ich schell' mein Horn ins Jammertal. I blow my horn adown the vale. Old German 1—.
  4. Das Lied vom Herrn v. Falkenstein: Es reit' der Herr von Falkenstein. (The Ballad of Herr von Falkenstein: „The noble Herr von Falkenstein across the moor is riding". Folk-Song by Uhland 2—.

Nr. 1. 1— *Hansen*, 1.35 *Schott frères*, *Weygand*, —40 *Thieme*, 3—n *Capra*, Nr. 2. —50 *Hansen*, —40 *Willig*, 1.35 n *Gallet*, 1.35 *Schott frères*. Nr. 3. —50 *Hansen*, Nr. 4. TTBB in O (R. Heuberger), Part 4—, O-St 4.50, Chorst 1.20, KA 2.50; bearb. P (Th. Kirchner) N. 1 2—, N. 2 1.50, N. 4 2—.

- 44 Zwölf Lieder u. Romanzen f. Frauenchor a capella od. mit P ad lib. *Rieter*: 2 Hefte, Part à 2.50, St à —50.
Heft 1: Minnelied: „Der Holdseligen sonder Wank". Der Bräutigam: „Von allen Bergen nieder". Barcarole: „O Fischer auf den Fluten", italienisch. Fragen: „Wozu ist mein langes Haar mir dann", slavisch. Die Müllerin: „Die Mühle, die dreht ihre Flügel". Die Nonne: „Im stillen Klostergarten".
II. „Nun stehn die Rosen in Blüte", aus dem Jungbrunnen. „Die Berge sind spitz und die Berge sind kalt", aus dem Jungbrunnen. „Am Wildbach die Weiden, die schwanken Tag und Nacht", aus dem Jungbrunnen. „Und gehst du über den Kirch-

hof", aus dem Jungbrunnen. Die Braut: „Eine blaue Schürze" (Von der Insel Rügen). Märznacht: „Horch! wie brauset der Sturm". Nr. 1. Minnelied u. Nr. 3. Barcarolle, TTBB (C. Hirsch). Part à —50, St à —15.

Augener: 12 Lieder und Romanzen. A Capella, P ad lib. 1 6 n: N. 1. Love Song (Minnelied) — 3. N. 2. The Bridegroom (Der Bräutigam) — 3. N. 3. Barcarolle (Barcarolle) — 4. N. 4. Questions (Fragen) — 3. N. 5. The Miller's Maid (Die Müllerin) — 3. N. 6. The Nun (Die Nonne) — 3. N. 7. Behold! the Roses are Blooming (Nun stehen die Rosen in Blüte) —4. N. 8. The Mountains are Steep (Die Berge sind spitz) — 3. N. 9. The Trees by the River (Am Wildbach die Weiden) —3. N. 10. O Shouldst thou pass (Und gehst du über den Kirchhof) —3. N. 11. The Bride (Die Braut) — 4. N. 12. A March Night (Märznacht) — 3; N. 2 SSMSA —08 n *Church*, —10 *Ditson*, SSAA — 3 *Novello*, N. 3 SSMSA —10 n *Church*, B solo & TTBB —08 *Ditson*, SSAA —1½ *Ditson*, N. 4 SSMSA —8 n *Church*, —2 *Novello*, 3 — *Williams*, N. 4 SSMSA —08 n *Church*, SSAA —2 *Novello*, SSMSA —08 n *Church*, —06 *Ditson*, —2 *Novello*, N. 7 SSAA —3 *Novello*, N. 8 —06 *Ditson*, SSAA — 1½ *Novello*, N. 9 SSAA —1½ *Novello*, N. 10 —08 *Ditson*, SSAA —1½ *Novello*, N. 11 SSAA —3, N. 12 SSAA —2 *Novello*.

- 45 Ein deutsches Requiem nach Worten der heiligen Schrift (engl.-fr.-d.-ital.) f. Soli, Chor u. O (Org ad lib.) *Rieter*: Part 25—n, O-St 24—n, Chorst 8—, Solost —60, KA 13.50, gr. 8° 6—n, —75 *Schirmer*; Textb. —10 n; Part 6—, kl. Konzertführer —10 *Breitkopf*, Part (16°) 9—n *Eulenburg*; Ausg. m. engl. Text, vocal score 4—n, chorus parts 8—n single; 1. Blessed are they that mourn. 2. Behold all flesh is as the grass. 3. How lovely is Thy dwelling-place. 4. Ye are now sorrowful. Vocal score à —60 n; SATB N. 1—4 à — 6 *Novello*.

Ausg. m. fr. Text, Part Ch. et P 6.40 n, p. de chœur 6.40.

Ausg. m. ital. Text, Canto e P 6.40 n, p. di coro 8—;

bearb. P (Th. Kirchner) 8—, 4ms 10.50;

daraus: N. 5. Ihr habt nun Traurigkeit, VeP (N. Salter) 1.50.

Drei Sätze, PH od. 2P (F. Stade): 1. Selig sind die da Leid tragen. 2. Wie lieblich sind deine Wohnungen. 3. Selig sind die Toten, à 3.50.

Simrock: PH: Selig sind, die da Leid tragen (F. Stade). Wie lieblich sind deine Wohnungen (F. Stade). Selig sind die Toten (F. Stade), à 2.50. Ihr habt nun Traurigkeit (Reinhard) 1.50. Herr, du bist würdig (Reinhard) 2.50; 3 movements, PH à 3 6 *Novello*.

2 Sätze f. *Orgel* z. Konzertvortr. (R. Schaab): 1. Wie lieblich sind deine Wohnungen. 2. Denn wir haben hier keine

bleibende Statt, und Fuge: Herr, du bist
würdig.

- **46** Vier Gesänge. *h. t.* à 3 —: Nr. 1. Die
Kränze — The Garlands: „Hier ob dem
Eingang — Here o'er the doorway" 1—.
Nr. 2. Magyarisch — Magyar lovesong.
„Sah dem edlen Bildnis — I have lost my
heart" —80. Nr. 3. Die Schale der Ver-
gessenheit — The cup of oblivion: „Eine
Schale des Stroms — Oh, one cup of the
tide" 1—. Nr. 4. An die Nachtigall — To
a nightingale: „Geuß nicht so laut —
Pour forth no more" 1—. Nr. 4. All 'Usig-
nuolo 1— n *Ricordi.*

- **47** Fünf Lieder, *h. t.* à 4 —: Nr. 1. Botschaft — The Message: „Wehe, Lüftchen,
lind — Gentle zephyrs, wanton". 2. Lie-
besglut — Consuming Love: „Die Flamme
hier — Oh love, thou burning". 3. Sonntag — Sunday: „So hab' ich doch die ganze
Woche — Since last I saw". 4. „O liebliche Wangen — Oh fair cheecks of roses".
5. Die Liebende schreibt — To the Beloved: „Ein Blick von deinen Augen — A
glance remember'd" à 1—: Nr. 3 —40
Brainard. —10 n *Schirmer,* Domenica
—75 n *Ricordi,* bearb. *P* (Th. Kirchner) 1—; (J. Orth) —25 *Schmidt.*

- **48** Sieben Lieder, *h. t.* à 4 —: Nr. 1. Der
Gang zum Liebchen (böhmisch) — The
watchful lover: „Es glänzt der Mond nieder — The moon in high heaven" 1—.
Nr. 2. Der Überläufer — The false love:
„In den Garten wollen wir gehen — See
the roses blossoming" —80. Nr. 3. Liebesklage des Mädchens — The maid forlorn:
„Wer sehen will — Whoe'er would see"
—80. Nr. 4. Gold überwiegt die Liebe
(böhmisch) — Love betray'd for riches:
„Sternchen mit dem trüben Schein — Oh,
thou star so dim and lone" —80. Nr. 5.
Trost in Tränen — Comfort in tears: „Wie
kommt's, daß du — Ah, why art thou"
1—. Nr. 6. „Vergangen ist mir Glück und
Heil — Of every joy I am bereft" (altdeutsch) —80. Nr. 7. Herbstgefühl —
Autumnal gloom: „Wie wenn im frost'gen
Windhauch — As when summer's joy"
1—; Nr. 6 —06 *Ditson.*

- **49** Fünf Lieder, *h. t.* à 3—: Nr. 1. „Am
Sonntag Morgen — Last Sunday morn"
—80. Nr. 2. An ein Veilchen — To a violet: „Birg, o Veilchen — Hide, sweet
blossom". 3. Sehnsucht — Wishes: „Hinter jenen dichten Wäldern — Where yon
distant hills". 4. Wiegenlied — Lullaby:
„Guten Abend, gut' Nacht — Slumber
softly, dear love". 5. Abenddämmerung —
The twilight hour: „Sei willkommen —
Gentle twilight, come, surround me!" à
1—; Nr. 1. Domenica mattina —75 n *Ricordi,* Nr. 2. *P* (Th. Kirchner) 1.50,
Nr. 4 —35 *Hansen,* —25 *Church, S. A.* à
—25 *Schirmer,* 3/— *Williams,* —35 *Nordisk Musikforlag,* —30 *Weygand,* —30,
Ch. s. a. ä. à —20 *Gutheil,* —15 *Jurgenson,* —20 *Seliverstow,* —15 *Sennewald,*
—50 *Elkan, P* —30 *Jurgenson,* —25
Leopas, SATB (C. L. Heidenreich).
TTBB (Zander), Part à 1—, St à —80;
TTBB —05 n *Church,* male quart. —06

Ditson, (Lullaby and Kunkel, Soldier's
farewell) male quart. —30 *National Music,* male or fem. voices —05 *Presser,* (engl.
germ. A. Zander) men's voices — 10 n.
voice parts —30 n. (Wm. Rees) men or
women's voices à —10 n *Schirmer, SATB*
(and Schubert) 2.50 *Silver;*

bearb P: Paraphrase (R. Keller) 1.30
v. Bendel op. 141. Gretscher op.
55. Lange op. 190a, Löw 201a, (J.
Orth) —25 *Schmidt,* —25 *Gehrmann, 4ms*
(R. Keller) 1.50, *6ms* (R. Keller)
1.30; v. Czerny op. 609, —50 *Ditson;*
Z (Burda), *Ha* (B. Fels) à 1—; *Pfl*
(Reinhard) 1—; *Pf* (Hermann)
1.30, —50 *Fischer,* 4 — *Schott,* —50 *Nordisk Musikforlag, Pfl* 1—; *P4Fl* od. *P
2Fl* (Hermann) 1.30; *O* (Wiegenlied
u. Gounod, Frühlingslied) 2.60 *Lehne,*
(Lullaby and Massenet, Aubade, and
Fr. Thomé, Simple aveu) *Full O* 1.50 n,
14 Instr 1.25 n, *10 Instr* 1— n, *P* acc. —30
Fischer.

- **50** Rinaldo, Kantate f. *T* solo. *TTBB* u.
O, Part 22.50 n, *O-St* 24—, Chorst 6—,
KA (d.-engl.) 4.50 n, bearb. *P* (R. Kel-
ler) 6—, *4ms* (R. Keller) 9—.

- **51** Zwei Quartette, *2V1aVc*: Nr. 1. (C-m.),
2. (A-m.), Part à 4.50 n, M.-A. à 2—u,
St à 7.50 n; Part (16") à 2—n *Eulenburg, P* (P. Klengel) à 5—, *4ms* à
8—, *4ms VVc* (Hermann) à 10—.

- **52** Liebeslieder — Songs of Love, Walzer:
Nr. 1. „Rede, Mädchen, allzu liebes — Oh
give answer". 2. „Am Gesteine rauscht —
O'er the rocks". 3. „O die Frauen — Dark
eye'd maiden". 4. „Wie des Abends —
Like the sunset's". 5. „Die grüne Hopfen-
ranke — Thou tender trailing ivy" 6.
„Ein kleiner hübscher Vogel — Was once
a pretty". 7. „Wohl schön bewandt war
es — How sweet how". 8. „Wenn so lind
dein Auge — When thy glance". 9. „Am
Donaustrande — In wood embower'd". 10.
„O wie sanft — Oh how soft you". 11.
„Nein, es ist nicht auszukommen — No,
there is no bearing". 12. „Schlosser auf,
und mache Schlösser — Locksmith, ho"
13. „Vögelein durchrauscht — Bird in air".
14. „Sieh', wie ist die Welle — Bright
thy sheen". 15. „Nachtigall, sie singt —
Nightingale, thy sweetest". 16. „Ein dun-
keler Schacht — Ah, love is a mine". 17.
„Nicht wandle, mein Licht — Nay tarry,
sweetheart". 18. „Es bebet — A tremor's":
f. *4ms* u. Ges. ad lib. *KA* 5—n, Singst 5—;
mit *P* Begl. 3.60 n; Poèmes d'amour, vaises *P* et *4ms* en 2 cahiers av. *P* à 3 — n,
av. *4ms* à 4— n, p. sép. à —50 n *Joubert,*
1.50, Chorst 2— *Jurgenson,* Nr. 17 —20
Jurgenson;

bearb. *P* solo (Th. Kirchner) 4.50;
2 cahiers à 7.50 *Joubert, 4ms* 2 cahiers à
9— *Joubert, 6ms* (R. Keller) 2 Hefte à
2—, v. Czerny op. 609.

PV (F. Hermann) 4.50, *PFl* (Hermann) 2 Hefte à 1.80, *2V* (F. Hermann) Part-Ausg. 3—.

PVFl od. *P2Fl* (Hermann) 2 Hefte
à 2.50.

4ms 1 Ve (F. Hermann) 6—, Str-Quint. od. Str-O (F. Hermann) Part 5—. St 7.50.

- 52a Walzer f. *4ms* nach d. Liebesliedern op. 32 4.50.
- 53 Rhapsodie f. *ATTBB* u. O, Part 3— n, St 3—, Singst 2—, KA (d.-engl.-fr.) 2.25 n, *4ms* (R. Keller) 2.50.
- 54 Schicksalslied, Song of Fate, Ges. u. O, KA (d. engl.-fr.) 3— n, Singst 3.20, Chor. & P vocal score 1— n *Augener*, Full score (germ.) 6—, vocal score 1—, vocal parts à —3. O parts 7 6 *Novello*, Cantate mix. voic. —25 n *Schirmer*, bearb. P (R. Keller) 1.50, *4ms* (R. Keller) 3—.
- 55 Triumphlied f. 8st. Ch. u. O, Org ad lib. Part 18— n, O St 24—, Singst 10.40, KA (d. engl) 4.50; (Hymn of triumph) 8 part chor. with P acc. —50 n *Church*, bearb. *4ms* 9—.
- 56a Variationen über ein Thema von J. Haydn f. O. Part 9— n, O St 18—.
- 56b Dieselben Variationen, *2P* 4.50, bearb. *P* (L. Stark) 3—, *4ms* (R. Keller) 4.50, 8ms (P. Klengel) 8—.
- 57 Lieder u. Gesänge (d.-engl.). *Rieter*. h. *t.* je 2 Hefte à 3—; h. (deutsch), t. (d.-engl.): Nr. 1. Von waldbekranzter Höhe werf ich den heißen Blick (From where the upland towers in woods) 1.40. Nr. 2. Wenn du nur zuweilen lächelst (Grant me but one single smile) —70. Nr. 3. Es träumte mir, ich sei dir teuer (I dreamed at night that I was dear to thee) 1—. Nr. 4. Ach, wende diesen Blick (Turn, turn away thy face) 1—. Nr. 5. In meiner Nächte Sehnen (Deep in my nightly longing) 1—. Nr. 6. Strahlt zuweilen auch ein mildes Licht (Ever and anon a kindly ray) —70. Nr. 7. Die Schnur, die Perl' an Perle um deinen Hals gereihte (The pearly necklace shining) 1—. Nr. 8. Unbewegte, laue Luft, tiefe Ruhe der Natur (Not a breath in heaven in heaven stirs) 1—, bearb. P (Th. Kirchner), Nr. 2 1.20, Nr. 3 1.50, N. 6 1.20.
- 58 Lieder u. Gesänge, *Rieter*: h. *t.* 2 Hefte à 3—; h. (deutsch), t. (d. engl.): 1. Blinde Kuh: „Im Finstern geh' ich suchen". Nach dem Italienischen. (Blind man's buff: „I go aseeking blindfold") 1—. Nr. 2. Während des Regens: „Voller, dichter tropft uns Dach da" (While the rain falls: „Faster fall on roof and rafter") 1—. Nr. 3. Die Spröde: „Ich sah eine Tig'rin". Aus dem Kalabresischen (The Prude: „Me thought I saw a tigress") 1—. Nr. 4. O komme, holde Sommernacht („Sweet night of summertime draw on") 1—. Nr. 5. Schwermut: „Mir ist so weh uns Herz" (Despair: „My heart is weary worn") —70. Nr. 6. In der Gasse: „Ich blicke hinab in die Gasse" (In the street: „I watch in the street") —70. Nr. 7. Vorüber: „Ich legte mich unter den Lindenbaum" (Long ago: „I laid me down under the lindentree") 1—. Nr. 8. Serenade: „Leise, um dich nicht zu wecken" (Serenade: „Soft amide the beds of roses") 1.70; Nr. 4 1.75 n *Capra*, P (Th. Kirchner) Nr. 3, 4 à 1.50, Nr. 5 1.20, Nr. 8 2—.

- 59 Lieder u. Gesänge (d. engl.), *Rieter*: h. *t.* 1. Heft à 4.50 n, 2. Heft à 3.60 n, h. (d.), t. (d.-engl.): Nr. 1. „Dämm'rung senkte sich von oben" („Twilight dropping down from heaven") 1— n. Nr. 2. Auf dem See: „Blauer Himmel, blaue Wogen" (On the lake: „Blue, the water, blue the heaven") 1— n. Nr. 3. Regenlied: „Walle, Regen, walle nieder" (Rainsong: „Drops of rain, for ever falling") 1.75 n. Nr. 4. Nachklang: „Regentropfen aus den Bäumen" (Tears: „Drops of rain on wearied flowers") 1— n. Nr. 5. Agnes: „Rosenzeit, wie schnell vorbei" (Agnes: „Roses all have lost their hue") 1— n. Nr. 6. „Eine gute Nacht pflegst du mir zu sagen" („Bid me but good night") 1— n. Nr. 7. „Mein wundes Herz verlangt nach milder Ruh" („My wounded heart is fain of peace and rest") 1— n. Nr. 8. „Dein blaues Auge hält so still" („So clear thine eyes to gaze within") —75 n; Nr. 2 1.75 n *Capra*, bearb. P (Th. Kirchner) 1.25, Nr. 5 1.50, Nr. 8 1.20.
- 60 Drittes Quartett (C-m.), *PVVaVc* 13.50, Miniaturausg. 2.50 n; Part (16°) 2.50 n *Eulenburg*, *4ms* 8—, *2P* (P. Klengel) 15—, *4ms* 1 Vc (F. Hermann) 10—.
- 61 Duette, *SA* 4—: 1. Die Schwestern — The sisters: „Wir Schwestern zwei — Two sisters we". 2. Klosterfräulein — The convent walls: „Ach, ich armes Klosterfräulein —Alas, the convent walls". 3. Phänomen — Love hath not departed: „Wenn zu der Regenwand — When some low drifting" à 1—. Nr. 4. Die Boten der Liebe — Envoys of love: „Wie viel schon der Boten — Thy envoys I welcome" 1.50.
- 62 Sieben Lieder, *SATB*: Nr. 1. Rosmarin — Rosemary: „Es wollt' die Jungfrau — At morning's prime". 2. Von alten Liebesliedern: „Spazieren wollt' ich reiten — Before my fair one's window". 3. Waldesnacht — Gloom of woods: „Waldesnacht, du wunderkühle — Gloom of woods, refreshing coolness". 4. „Dein Herzlein mild — Thou gentle girl". 5. „All' meine Herzgedanken — Wher e'er I go". 6. „Es geht ein Wehen — I hear a sighing". 7. „Vergangen ist mir Glück und Heil — Of ev'ry joy I am bereft"; Part 4— n, St 4.80 n: Nr. 1 —05 n, Nr. 2, 3, 5 à —06 n, Nr. 7 —05 n *Church*.
- 63 Neun Lieder und Gesänge (deutsch-engl.), *b. m.* 2 Hefte à 1.50 *Peters*: Heft 1. 1. Frühlingstrost: Es weht um mich Narzissenluft. 2. Erinnerung: Ihr wunderschönen Augenblicke. 3. An ein Bild: Was schaust du mich so freundlich. 4. An die Tauben: Fliegt nur aus. II. 5. Junge Lieben, I. Meine Liebe ist grün. 6. Junge Liebe II. Wenn um den Hollunder. 7. Heimweh I: Wie traulich war das Fleckchen. Heimweh II: O wüßt ich doch den Weg zurück. Heimweh III: Ich sah als Knabe Blumen blüh'n; Nr. 5. *h. m.* à 1—; —50 *Ditson*, *8. MS* —50 *Schirmer*. Nr. 8. *h. m.* à 1—; Seven choruses, mix. voice —25 n *Church*.
- 64 Drei Quartette, *SATB*, *Peters*: Part à 3—, St à —75: 1. An die Heimat: Heimat,

Heimat. 2. Der Abend: Senke, strahlender Gott. 3. Fragen: Mein liebes Herz.

- **65** Neue Liebeslieder (New songs of love).
Walzer: 1. „Verzicht', o Herz — There's nought". 2. „Finstere Schatten der Nacht — Shadows gloom of the night". 3. „An jeder Hand die Finger — Erewhile upon my fingers". 4. „Ihr schwarzen Augen — Ye eyes of darkness". 5. „Wahre deinen Sohn — Guard thy son". 6. „Rosen steckt mir an — Roses red I wear". 7. „Vom Gebirge Well' auf Well' — From yon hills". 8. „Weiche Gräser im Revier — Secret nook in shady". 9. „Nagen am Herzen — Sharp poison'd arrow". 10. „Ich kose süß — To many a maid". 11. „Alles, alles in den Wind — I will hear no more of love". 12. „Schwarzer Wald — Darksome wood". 13. „Nein Geliebter, setze dich — Seat thyself". 14. „Flammenauge, dunkles Haar — Eyes of lightning". Zum Schluß — Conclusion: „Nun, ihr Musen, genug — Now, ye Muses, be hush'd!". Für 4 Singst u. 4ms, KA 4.50 n, St 4—; (Nouveaux poèmes d'amour) av. P 2cahiers à 2.50 n, av. 4ms, 2 cahiers à 3.35 n, p. de voix à —50 n Joubert, 1.50, Chorst à 1.20 Jurgenson; bearb. P (Th. Kirchner) 4.50; en 2 cahiers à 6— Joubert, 4ms 4.50, en 2 cahiers à 7.50 Joubert.

- **66** Duette. 84: 1. Klänge (I) — True lover's heart: „Aus der Erde quellen — From the kindly". 2. Klänge (II) — True lover's plaint: „Wenn ein müder Leib — When a weary heart". 3. Am Strande — By summer sea: „Es sprechen und blicken — Bright waves ye are glancing". 4. Jägerlied — The Huntsman: „Jäger, was jagst du — Huntsman, why chasest". 5. Hüt' du dich — Beware!: „Ich weiß ein Mägdlein — I know a maiden" à 1—.

- **67** Quartett Nr. 3 (B). 2 VVaVc, Part 4.50 n, St 7.50 n, Miniatur-Ausg. 2—n, Part (16°) 2—n Eulenburg, bearb. P (P. Klengel) 5—, 4ms 8—, 4ms VVc (F. Hermann) 10—.

- **68** Symphonie (C-m.). grO, Part 30—n, M.-A. 4—, St 36—, Part 4—n Eulenburg, kl. Konzertführer —10 n; bearb. P (R. Keller) 8—, 4ms 12—; —75 Schirmer, 2P, Part-Ausg. 16—. PII 8—, 8ms (R. Keller) 15—, 4ms VVc (F. Hermann) 15—.

- **69** Neun Gesänge. Heft I. (Nr. 1—5) h. t. à 4—. II. (Nr. 6—9) h. t. à 4—: 1. Klage — Lament: „Ach mir fehlt — Fled and gone" 1—. N. 2. Klage — Complaint: „O Felsen, lieber Felsen — Oh mountain frowning yonder" 1—. N. 3. Abschied — Parting: „Ach, mich hält der Gram —Ab. with grief my heart" —80. N. 4. Des Liebsten Schwur — The lover's vow: „Ei schmollte mein Vater — My father look'd crossly" 1.50. N. 5. Tambourliedchen — Drummer's Song: „Den Wirbel schlag' ich — I roll my drum" 1—. N. 6. Vom Strande — On the shore: „Ich rufe vom Ufer — I stand on the shore" 1.50. N. 7. „Über die See — Over the sea" —80. N. 8. Salome — Salome: „Singt mein

Schatz — Sings my love" 1—. N. 9. Mädchenfluch — Maiden's curses: „Ruft die Mutter — Calls the mother" 1.50; P. N. 3 (Th. Kirchner) 1—, N. 4 (Th. Kirchner) 1.50.

- **70** Vier Gesänge. h. t. à 4 —: Nr. 1. Im Garten am Seegestade — The garden by the sea: „Von garden beside the seashore" 1—. Nr. 2. Lerchengesang — The skylark's song: „Ätherische ferne Stimmen — Etherial far off voices" 1—. Nr. 3. Serenade — Question: „Liebliches Kind — Maiden serene" —80. Nr. 4. Abendregen —Evening shower: „Langsam und schimmernd — There fell a slow" 1.50.

- **71** Fünf Gesänge. h. t. à 4—: Nr. 1. Es liebt sich so lieblich im Lenze — Oh may love is sweet in thy lovers: „Die Wellen blinken — The waves are glancing" 1—. Nr. 2. An den Mond — To the Moon: „Silbermond mit bleichen Strahlen — Silv'ry moon, thy tender gleaming" 1—. Nr. 3. Geheimnis — The Secret: „O Frühlingsabend — Oh summer twilight" 1—. Nr. 4. Willst du, daß ich geh'? — Wilt thou have me go?: „Auf der Heide weht der Wind — On the moor the wind" 1.50. Nr. 5. Minnelied — Lovesong: „Holder klingt der Vogelsang — When my radiant one is nigh" 1—. Nr. 5, h. m. à —35 Ditson, Schirmer, Canto d'amore —75 n Ricordi, bearb. P (Th. Kirchner) 1.50, Z mit Gesang ad lib. (Burda) 1—.

- **72** Fünf Gesänge. h. t. à 4—: Nr. 1. Alte Liebe — The old love: „Es kehrt die dunkle Schwalbe — The dusky swallow flyeth" 1.50. Nr. 2. Sommerfäden — Gossamers: „Sommerfäden hin und wieder — On the summer breezes straving" —80. Nr. 3. O kühler Wald — O forest cool: „O kühler Wald, wo rauschest du — Where dost thou wave, oh forest cool" —80. Nr. 4. Verzagen — Lament: „Ich sitz' am Strande — I watch the waves" 1.50. Nr. 5. Unüberwindlich — The Untameable: „Hab' ich tausendmal geschworen — Though I've vow'd that I will perish" 1—. Nr. 1. Antico amore 1.50 n Ricordi, P (Th. Kirchner) 1.50.

- **73** Zweite Symphonie (D). grO, Part 3—n, M.-A. 4—n, St 36—, Part 4—n Eulenburg, kl. Konzerführe —10 n; bearb. P (R. Keller) 8—, 4ms 12—; —75 Schirmer, 2P, Part-Ausg. 16—, PII 8—, 8ms (R. Keller) 15—, PII (Reinhard) 4—, 4ms VVc (F. Hermann) 15—.

- **74** Zwei Motetten. SATB: Nr. 1. „Warum ist das Licht gegeben dem Mühseligen? — Wherefore hath the light been giv'n to a heart sorrowful?" Part 3—, St 4—. Nr. 2. „O Heiland, reiß' die Himmel auf — Oh Saviour, ope the heav'nly gates", Part 2—, St 2—.

- **75** Balladen u. Romanzen f. 2 Singst 6—: Nr. 1. Edward (Schottische Ballade aus Herders Volksliedern). A T: „Dein Schwert, wie ist's von Blut so rot? — My son, why doth thy sword drop blood?" 2.50. Nr. 2. Guter Rat („Des Knaben Wunderhorn") — Counsels, S A: „Ach Mutter, liebe Mutter — O mother,

dear my mother" 1.50. Nr. 3. „So laß'
uns wandern (aus dem Böhmischen) —
Thus we will wander". *S(MS)T*: „Ach
Mädchen, liebes Mädchen — Ah maid, of
maids the fairest" 1.50. Nr. 4. Walpurgis-
nacht — Walpurgisnight — für *2S*: „Lieb'
Mutter, bent' Nacht — Good mother, last
night" 1.50; *P*, Nr. 3 (Th. K i r c h n e r)
1.50.

- 76 Klavierstücke. 2 Hefte à 4—: 1. 1. Ca-
priccio, Fis-moll. 2. Capriccio, H-moll. 3.
Intermezzo As-dur. 4. Intermezzo, B-dur.
II. 5. Capriccio, Cis-moll. 6. Intermezzo,
A-dur. 7. Intermezzo, A-moll. 8. Capriccio,
C-dur: 2 cah. à 9— *Joubert*. Nr. 2. —39
Bessel, —25 *Jurgenson*; Nr. 3. —15 *Jur-
genson*, —50 *Leopas*.

- 77 Konzert, 1 O (D), Part 2—n, O-St
18—, 1 *P* 10—; 10 —n *Schott*, 4ms (R.
K e l l e r) 9—, Kadenzen hiezu: v. Halfé
u. Hermann, (L. A u e r) 1—, (J. J o a-
c h i m) 1.50, (F. O n d ř i č e k) 1—,
(E. S i n g e r) 1—.

- 78 Sonate, 1 *VI* (G), 7.50: 7 6 n *Schott*;
bearb. 4ms (R. K e l l e r) 6—, daraus
Adagio, *VH* (R e i n h a r d) 2—.

- 79 Zwei Rhapsodien, *P*. Nr. 1. H-m. 2. G-
m. 4.—; 9— *Joubert*, 2.50 *Nordisk Musikforlag*; Nr. 1 —30 *Jurgenson*, —50 *Leopas*: Nr. 2 —60 *Bessel*.

- 80 Akademische Fest-Ouverture, *gr O*, Part
12—n, O-St 16—, *Milit.-Mus.* (A. R e i n-
d e l), Part 8—n, Part 8—; bearb. *P*
(R. K e l l e r) 3—, 4ms 6—, 8ms (R.
K e l l e r) 8—, *Org* (L e m a r e) 2.50, 4ms
V Vc (F. H e r m a n n) 6—.

- 31 Tragische Ouverture, *O*, Part 12—n, O-
St 16—, *Milit.-Mus.* (A. A b b a s s), Part
8—n, St 10—, *P* (R. K e l l e r) 3—, 4ms
6—, 8ms (R. K e l l e r) 8—, 4ms *V Vc* (Fr.
H e r m a n n) 6—.

- 82 Nänie, Chor *O*, Part (deutsch-engl.)
6—, O-St: Quint. à —50, *Blasinstr* 4.80,
Chorst: *S A T B* à —75, KA (deutsch-
engl.-franc.) 4— *Peters*.

- 83 Konzert Nr. 2 (B), *PO*, Part 30—n,
St 25—, *P* St —10; bearb. 4ms (K. K e l-
l e r) 6—, 2*P*, Part 20—.

- 84 Romanzen u. Lieder, *h. t.* à 4—: 1.
Sommerabend — Summer evening: „Geh'
schlafen, Tochter — Go slumber, daughter".
2. Der Kranz — The wreath: „Mutter,
hilf mir armen Tochter — Mother, hear
thy troubled daughter". 3. In den Beeren
— Amongst the berries: „Singe, Mädchen,
hell und klar — Sing, my daughter, dear
and loud". 4. Vergebliches Ständchen —
The vain suit: „Guten Abend, mein Schatz
— Fair goodeven, my darling". 5. Span-
nung — Strained greetings: „Gut'n Abend,
mein tausiger Schatz — Good evening, a
thousandfold greeting"; Nr. 1. *h. t.* à 1.50,
Nr. 2 1.50, Nr. 4. *h. t.* à 2—; —50 *Ditson*,
à —35 *Schirmer*, 1— *Nordisk Musikforlag*,
—60 *Weygand*, 1.50 n *Ricordi*, —40 *Bessel*,
—30 *Jurgenson*; *TTBB* (R. F u c h s),
Part 2—, St 1.20; —08 n *Church*, arr. *Z*
m. Gesang ad lib. (B u r d a) 1—.

- 85 Sechs Lieder, *h. t.* à 4—: 1. Sommerabend — Summer eve: „Dämmernd liegt
der Sommerabend — Twilight spreads o'er

wood". 2. Mondenschein — Moonbeams:
„Nacht liegt auf den fremden Wegen —
Night with sable wing descendeth". 3.
Mädchenlied — Servian maiden's song:
„Ach, und du mein kühles Wasser! — Ah,
my cool and rippling water". 4. Ade! —
Farewell: „Wie schienen die Sternlein —
The stars shed adown". 5. Frühlingslied —
Spring morn: „Mit geheimnisvollen Düf-
ten — Hidden odours soft are stealing".
6. In Waldeseinsamkeit — In lonely wood:
„Ich saß zu deinen Füßen — Where ar-
ching boughs clos'd o'er us": Nr. 6 *h. t.*
à 1.50.

- 86 Sechs Lieder, *h. t.* à 4—: Nr. 1. Therese
— Teresa: „Du milchjunger Knabe —
Thou froward young fledgling" 1.50. Nr. 2.
Feldeinsamkeit — In summer fields: „Ich
ruhe still — Where noonday sleeps" 1.50.
Nr. 3. Nachtwandler — The sleeper:
„Störe nicht den leisen Schlummer —
Wake not one who softly slumbers". 4.
Über die Heide — Over the moor: „Über
die Heide hallet mein Schritt — Over the
moor my footsteps resound". 5. Versunken
— Engulphed: „Es brausen der Liebe Wo-
gen — The billows of love are breaking".
6. Todessehnen — Shadows of death: „Ach,
wer nimmt von meiner Seele — Ah, when
shall I cast", à —40 *Ditson*. Nr. 1 —30
Jurgenson; 4— *Williams*, mit *P* u. *Vc*
obl. od. *Va* 2—, *PH* 1—.

- 87 Trio Nr. 3 (C), *PVVc* 12—: M.-A. 2—n,
Part 2—n *Eulenburg*, 4ms 10—.

- 88 Quintett (F), 2*V2VVc*, Part 6—n,
M.-A. 2—n, St 10—, Part 2.50 n *Eulenburg*, 4ms 8—.

- 39 Gesang der Parzen, 6st. Chor n. *O*, Part
7.50 n, St 12—, Chorst 4.80, KA 3—n,
bearb. *P* 3—, 4ms 4—.

- 90 Dritte Symphonie (F), gr. *O*, Part
30—n, M.-A. 4—, St 36—, Part 4—n
Eulenburg, kl. Konzertführer —10 n, *P*
8—, 4ms 12—; —75 *Schirmer*, 2*P*, Part
12—, *PH* 6—, 8ms (R. K e l l e r) 15—,
4ms *V Vc* (F. H e r m a n n) 15—.

- 91 Zwei Gesänge mit 1 a*P* 4.50: Nr. 1. Ge-
stillte Sehnsucht — Longing at rest: „In
goldnen Abendschein — In evenings golden
twilight". 2. Geistliches Wiegenlied —
— Cradle song of the Virgin: „Die ihr
schwebet um diese Palmen — Ye who o'er
these palms".

- 92 Quartette, *SATB* u. *P*, Part 5—, St 4—:
Nr. 1. „O schöne Nacht! — O charming
night!" 2. Spätherbst — Late autumn:
„Der graue Nebel tropft — The mist, the
grey mists fall". 3. Abendlied — Even-
Song: „Friedlich bekämpfen — Peacefully
striving". 4. Warum? — Why?: „Warum
doch erschallen — Why, o why resound".

- 93a Lieder u. Romanzen, *SATB*, Part u.
St à 4—: Nr. 1. Der bucklichte Fiedler
— The humpbacked fiddler: „Es wohnet
ein Fiedler — There lived a fiddler". 2.
Das Mädchen — The Maiden: „Stand das
Mädchen — Stood a maiden". 3. O süßer
Mai — O lovely May!: „O süßer Mai, der
Strom ist frei". 4. Fahr' wohl! — Fare
well!: „Fahr' wohl, o Vögelein". 5. Der
Falke — The falcon: „Hebt ein Falke sich

empor — "High a falcon sprangelate". 6.
Beherzigung — Stout hearted: „Feiger
Gedanken bängliches Schwanken — Faint
hesitation". Nr. 1 —10 *Ditson.*
- 93b Tafellied (Dank d. Damen, Drinking
Glee—), *SATB*, KA 3—; St 4—.
- 94 Fünf Lieder, *h. t.* à 4—: Nr. 1. „Mit
vierzig Jahren — A forty years". 2. „Steig'
auf, geliebter Schatten — Arise beloved
spirit". 3. „Mein Herz ist schwer — My
heart is sad". 4. Sapphische Ode — Sapphic Ode: „Rosen brach ich nachts — Roses
pulled by night". 5. „Kein Haus, keine
Heimat — No home and no country".
Nr. 4 *h. t.* à 1.50; —25 *Church*, à —30
Ditson, à —25 *Schirmer*, 4 — *Williams*,
Ode Saffica —75 n *Ricordi*, bearb. *P* (J.
T i l i k e) —80.
- 95 Sieben Lieder, *h. t.* à 4—: Nr. 1. Das
Mädchen — A Maiden: „Stand das Mädchen — Stood a maiden". 2. „Bei dir
sind meine Gedanken — With thee my
thougths". 3. Beim Abschied — Parting:
„Ich müh' mich ab — I try my best". 4.
Der Jäger — The Huntsman: „Mein Lieb
ist ein Jäger — My love is a hunter". 5.
Vorschneller Schwur — A hasty oath:
„Schwor ein junges Mädchen — Swore a
young maiden". 6. Mädchenlied — Maiden
Song: „Am jüngsten Tag ich aufersteh'
— At the last day". 7. „Schön war, das
ich dir weihte — Fine was the gift I gave
thee". Nr. 6 *h. t.* à 1.50.
- 96 Vier Lieder, *h. t.* à 4—: Nr. 1. „Der
Tod, das ist die kühle Nacht — Death is
the cooling night". 2. „Wir wandelten,
wir zwei zusammen — We wander'd, we
two together". 3. „Es schauen die Blumen — The flow'rs are ever looking". 4.
Meerfahrt — At sea: „Mein Liebchen, wir
saßen beisammen — My love, we were
seated together". Nr. 1 *h. t.* à 1.50.
- 97 Sechs Lieder, *h. t.* à 4—: Nr. 1. Nachtigall — Nightingale: „O Nachtigall, dein
süßer Schall — Oh nightingale, thy plain-
tive call". 2. Auf dem Schiffe: „Ein Vögelein fliegt über den Rhein — A birdling
flew over the Rhine". 3. Entführung —
„O Lady Judith". 4. „Dort in den Weiden — There 'mong the willows". 5. Komm
bald — Come soon: „Warum denn warten
— Waiting, why art thou". 6. Trennung
— The Parting: „Da unten im Tale —
Down, there in the valley". Nr. 1 *h. t.* à
1.50; à —25 *Schirmer*, TTBB (R.F u e h s),
Part 2—, St 1.20; Nr. 5 *h. t.* à 1.50,
Nr. 6 *h. t.* à 1.50, TTBB (R. F u e h s),
Part 2—, St 1.20, 3 Frauenst (F. H e-
g a r), Part 1—, St —90.
- 98 Vierte Symphonie (E-m.), gr. O, Part
30— n, M.-A. 4— n, St 36—, Part 4— n
Eulenburg, kl. Konzertführer —10 n, *P*
8—, *4ms* 12—; —75 *Schirmer*, 2*P*, Part
16—, *P* II 8—, *8ms* 20—, *4ms* I I c (St.
W a h l) 15—.
- 99 Zweite Sonate (F), *VcP* 8—, *4ms* 6—.
- 100 Zweite Sonate (A), *VP* 8—; 8 —
Schott, *4ms* 6—: daraus Allegro amabile,
Erster Satz (A u g. R e i n h a r d), *PII*
3.50.
- 101 Trio (C-m.), *PV Vc* 12—, M.-A. 2— n,

Part 2—n *Eulenburg*, *4ms* 8—, daraus
Andante gracioso, *Org* (L e m a r e) 1.50.
- 102 Konzert, *1 V c u.* O, Part 30 — n, St 24 — ,
VI cP 15—, aus ders. Solo-Violine n, Solo-
Violoncell-St à 4—. KA *4ms* 10—.
- 103 Zigeunerlieder, *SATB* mit *P* Begl., Part
4.50 n, St 6—; Nr. 1. „He, Zigeuner, greife
in die Saiten ein — Ho there, Gipsy!
strike resounding ev'ry string". 2. „Hoch-
getürmte Rimaflut — High and towering
Rimastream". 3. „Wißt ihr, wann mein
Kindchen — Know ye, when my lov'd one".
4. „Lieber Gott, du weißt — Loving God,
thou knowst". 5. „Brauner Bursche führt
zum Tanze — Sunbrown lad to dance is
leading". 6. „Röslein dreie — Rosebuds
three". 7. „Kommt dir manchmal in den
Sinn — Art thou thinking often now".
8. „Horch, der Wind klagt — Hark, the
wind sighť'. 9. „Weit und breit — Far
and wide". 10. „Mond verhüllt sein Angesicht — Moon a veiled face may show".
11. „Rote Abendwolken — Rosy evening
clouds". Nr. 1—7 n. Nr. 11, *h. t.* à 4—
bearb. *P* Nr. 1—11 4—, Nr. 7 (d.
T i l i k e) —80, *4ms* Nr. 1—11 5—.
- 104 Fünf Gesänge, *SATB*, Part n. St à 4—:
Nr. 1. Nachtwache I. 2. Nachtwache II.
3. Letztes Glück. 4. Verlorene Jugend.
5. Im Herbst.
- 105 Fünf Lieder, *h. t.* à 4—: Nr. 1. „Wie
Melodien zieht es — Like melodies it flo-
weth". 2. „Immer leiser wird mein Schlummer — Faint and fainter is my slumber".
3. Klage — Plaint: „Fein's Liebchen, trau'
du nicht — Fair love, trust not". 4. Auf
dem Kirchhofe — In the churchyard: „Der
Tag zing regenschwer — The day pass'd
dark with rain". 5. Verrat — Treachery:
„Ich stand in einer lauen Nacht — I stood
upon a summer night". Nr. 1 *h. m.* à —40
Ditson, à —35 *Schirmer*, à —30 *Jurgenson*.
- 106 Fünf Lieder, *h. t.* à 4—: Nr. 1. Ständchen — Serenade: „Der Mond sieht über
dem Berge — The moon hangs over the
mountain". 2. Auf dem See — On the sea:
„An dies Schifflein schmiege — To this
shallop lock the". 3. „Es hing der Reif
— A hoar frost hung". 4. Meine Lieder
— My songs: „Wenn mein Herz beginnt
— When my heart begins". 5. Ein Wanderer — A wanderer: „Hier, wo sich die
Straßen scheiden — Here, where these two
byways sever". Nr. 2. Sur le lac 1.35
Schott Frères.
- 107 Fünf Lieder, *h. t.* à 4—: Nr. 1. An die
Stolze — To the proud one: „Und gleich-
wohl kann ich anders nicht — And though
full, well I see aright". 2. Salamander:
„Es saß ein Salamander — There sat a
salamander". 3. Das Mädchen spricht —
The maiden speaks: „Schwalbe, sag' mir
an — Swallow, tell me, pray". 4. Maien-
kätzchen — Pussy-willows: „Maienkätz-
chen, erster Gruß — Pussy-willows, first
to greet". 5. Mädchenlied — Song of a
maid: „Auf die Nacht in der Spinnstub'n
— At night, at their spinning".
- 108 Dritte Sonate (D-m.), *PV* 8—; 8 —
Schott, *4ms* 6—; daraus Adagio, *Org* (L e
m a r e) 1.50.

109 Fest- und Gedenksprüche für achtst. Chor. Part (m. unterlegt. KA) u. St à 4—: Nr. 1. „Unsere Väter hofften auf dich — Our fathers trusted in thee". 2. „Wenn ein starker Gewappneter — When a strong man". 3. „Wo ist ein so herrlich' Volk — For what nation is so great".

- 110 Drei Motetten für vier- u. achtst. Chor, Part (m. unterlegt. KA) 3—n. St 4—: Nr. 1. „Ich aber bin elend — But I am poor". 2. „Ach arme Welt, du trügest mich — Thou, poor vain world". 3. „Wenn wir in höchsten Nöten sein — When we in deep distress and grecf".

- 111 Zweites Quintett (C), 2V2VaVc, Part 6—n, M.-A. 2.50 n. St 10—. Part 2.50 *Eulenburg*, *Ams* 8—. Duo nach d. Streich-Quintett. Part 6—. *P* II 3—.

112 Sechs Quartette, *SATB* u. *P*, *Peters*: Part (deutsch-engl.-fr.) à 3—, Chorst à —75, 1 Singst. *h. t.* à 1.50: Nr. 1. Sehnsucht: Es rinnen die Wasser. 2. Nächtens: Nächtens wach ich auf. 3. Zigeunerlied: Himmel strahlt so helle. 4. Zigeunerlied: Rote Rosenknospen. 5. Zigeunerlied: Brennessel steht am Weges Rand, 6. Zigeunerlied: Liebe Schwalbe. Nr. 3—6, Part 1.50, Chorst à —75, *P* bearb. Nr. 1—6 (K i r c h n e r).

- 113 Dreizehn Kanons f. Frauenst. *Peters*: Part (deutsch, engl.-franz.) à 2.40, Chorst (*SA*) à —75: Grausam erweist sich Amor. 3. Sitzt a schöns Vögerl. 4. Schlaf Kindlein, schlaf. 5. Wille, wille will, der Mann ist kommen. 6. So lange Schönheit wird besteh'n. 7. Wenn die Klänge nah'n. 8. Eine Gems auf dem Stein. 9. Ans Auge des Liebsten. 10. Leise Töne der Brust. 11. Ich weiß nicht, was im Hain. 12. Wenn Kummer hätt' zu töten Macht. 13. Einförmig ist der Liebe Gram.

- 114 Trio (A-moll), *PCl* (od. *Va*) *Vc* 9—n, M.-A. 2—n, Part 2—n *Eulenburg*, *Ams* 6—: daraus Andantino gracioso, *HP* (R e i n h a r d) 2—.

- 115 Quintett, *Cl* (od. *Va*) 2V*VaVc*, Part 6—n, M.-A. 2.50 n, St 9—n, Part 2.50 n *Eulenburg*, *Ams* 8—, 2P (P. K l e n g e l), Part 9—, *P* II 4—, daraus Adagio, *HP* (R e i n h a r d) 3—, Duo, *ClP*, nach d. Quintett (P. K l e n g e l) 8—, Sonate, *VP*, nach d. Quintett (P. K l e n g e l) 8—.

- 116 Fantasien für Pianoforte, 2 Hefte à 4—: Heft I. N. 1. Capriccio (D-moll). 2. Intermezzo (A-moll). 3. Capriccio (G-moll). Heft II. N. 4. Intermezzo (E-dur). 5. Intermezzo (E-moll). 6. Intermezzo (E-dur). 7. Capriccio (D-moll), *Ams*, 2 Hefte à 4—; N. 4. *VP*, *Va(Cl)P*, *VcP* à 1.50, *O* (P. K l e n g e l) Part 1.50 n, St 3— n.

- 117 Drei Intermezzi (Es, B-moll, Cis-moll), *P* 4—, *Ams* à 4—. N. 1. *P* —25 *Jurgenson*, *PVa*, *PV*, *PVc* à 1.50, *O* (P. K l e n g e l) Part 1.50 n, St 3— n.

- 118 Klavierstücke. Nr. 1. Intermezzo (A-moll). 2. Intermezzo (A-dur). 3. Ballade (G-moll). 4. Intermezzo (F-moll). 5. Romanze (F-dur). 6. Intermezzo (Es-moll) 4—. Nr. 2. *VP* (R. B a r t h) 1.50.

- 119 Klavierstücke. Nr. 1. Intermezzo (H-moll).

2. Intermezzo (E-moll). 3. Intermezzo (C-dur). 4. Rhapsodie (Es-dur) 4—.

- 120 Zwei Sonaten, *Cl(Va)P*. Nr. 1. (F-moll.) 2. (Es-) à 8—, *Ams* (P. K l e n g e l) à 6—, *PV,PVa* N. 1, 2 à 8—.

- 121 Vier ernste Gesänge, *B. Bar(A)*. *T* à 4—: Nr. 1. „Denn es gehet dem Menschen — One thing befalleth the beasts". 2. „Ich wandte mich und sahe — So I return'd". 3. „O Tod, wie bitter — O death how bitter". 4. „Wenn ich mit Menschen- und mit Engelszungen — Though I speak with the tongues of men" mit *O* à 1—.

- 122 Elf Choralvorspiele. *Org* (nachg. Werk), 2 Hefte à 3— n, à 2— *Schirmer*, *Ams* (E. M a n d y c z e w s k y), 2 Hefte à 4—, à 2— *Schirmer*, *H* (A. R e i n h a r d), 2 Hefte à 4—; à 2— *Schirmer*: Heft I. Mein Jesu, der du mich. Herzliebster Jesu. O Welt, ich muß dich lassen. Herzlich tut mich erfreuen. II. Schmücke dich, o liebe Seele. O wie selig seid ihr doch, ihr Frommen. O Gott, du frommer Gott. Es ist ein' Ros' entsprungen. Herzlich tut mich verlangen, Nr. 1, 2. O Welt, ich muß dich lassen. Bearb. *P* (F. B u s o n i). Nr. 1. Herzlich tut mich verlangen, 2. Schmücke dich, o liebe Seele, 3. Es ist ein' Ros' entsprungen, 4. Herzlich tut mich verlangen, 5. Herzlich tut mich verlangen, 6. O Welt, ich muß dich lassen 4—, *PH* (A. R e i n h a r d): Nr. 1. Mein Jesu, du mich 2—. Nr. 2. O Welt, ich muß dich lassen (I), 3. Herzlich tut mich erfreuen, 4. Es ist ein' Ros' entsprungen, 5. Herrlich tut mich verlangen, 6. O Welt, ich muß dich lassen (II), à 1.50; Nr. 1 1—, Nr. 2—6 à —75 *Schirmer*.

- A l'Astre des nuits 4— *Hamelle*.
- Ainsi ma détresse tu veux qu'elle cesse 1.35 n *Gallet*, 1.35 *Schott Frères*.
- Air (Morceaux Favoris 13), *VcP* 3/— *Augener*.
- Album. Beliebte Lieder (deutsch-engl.), *h. t.* à 3— *Peters*: 1. Op. 32 Wie bist du meine Königin. 2. Op. 33 So willst du des Armen. 3. op. 33 Ruhe Süßliebchen. 4. Op. 43 Von ewiger Liebe. 5. Op. 43 Die Mainacht. 6. Sandmännchen.

- Album I—V. Udvalgte Sange m. dansk og tysk Tekst. Høj og dyb Udgave. Bd. 1—5 à 3— *Nordisk Musikforlag*:

I. Bd. Op. 3 Nr. 1. Elskovs Troskab (Liebestreu): Saenk kun ned din Sorg. Op. 3 Nr. 1. Trofast Elskov (Treue Liebe): En Pige sad ved Havets Bred. Op. 19 Nr. 4. Smeden (Der Schmied): Jeg hører min Skat. Op. 19 Nr. 5. Til en Aeolsharpe (An eine Aeolsharfe): Laenet staar du til. Op. 46 Nr. 1. Kransene (Die Kränze): Her over Døren. Op. 46 Nr. 4. Til en Nattergal (An die Nachtigall): Saa daemp den Sang. Op. 47 Nr. 1. Budskab (Botschaft): Linde Lufte. Op. 47 Nr. 3. Søndag (Sonntag): Saa jeg ej den hele Uge. Op. 47 Nr. 4. I yndige Kinder (O liebliche Wangen). Op. 48 Nr. 1. Paa Vejen til den Elskede (Der Gang zum Liebchen): Hvor Maanen dog smiler.

II. Bd. Op. 49 Nr. 1. I Søndags Morges (Am Sonntag Morgen). Op. 49 Nr. 2. Til en Viol (An ein Veilchen): I dit Baeger, o blaa Viol. Op. 49 Nr. 3. Laengsel (Sehnsucht): Bag ved hine taette Skove. Op. 49 Nr. 4.

Vuggesang (Wiegenlied): Visselulle, Godnat. Op. 69 Nr. 4. Min Kaerestes Lofte (Des Liebsten Schwur): Vaer vranten ej Fader. Op. 69 Nr. 5. Trommeslagerens-Sang (Tambourliedchen): Saa staerkt jeg Trommehvirvlen slaar. Op. 69 Nr. 8. Salome: Synger han som en Spurv. Op. 69 Nr. 9. Pigens Forbandelse (Mädchenfluch): Raabte Moder. Op. 70 Nr. 1. I Haven ved Vandets Bredder (Im Garten am Seegestade). Op. 70 Nr. 4. Aftenregn (Abendregen): Saa blankt og koligt.

III. Bd. Op. 71 Nr. 2. Til Maanen (An den Mond): Solvermaanens Straaler. Op. 71 Nr. 3. Hemmeligheden (Geheimnis): O Foraarsaftens Daemringsstund. Op. 71 Nr. 5. Elskovssang (Minnelied): Mere liiligt Droslen slaar. Op. 72 Nr. 1. Gammel Kaerlighed (Alte Liebe): Nu styrer Svalen. Op. 72 Nr. 3. O svale Skov (O kühler Wald). Op. 72 Nr. 4. Klage (Verzagen): Jeg stirrer over det bolgende Hav. Op. 84 Nr. 2. Kransen (Der Kranz): Moder, hjaelp din arme Datter. Op. 84 Nr. 4. Mislykket Serenade (Vergebliches Ständchen): Ih, god Aften, min Skat. Op. 86 Nr. 1. Sommeraften (Sommerabend): Skumringsskaer ved Aften. Op. 85 Nr. 6. I Skovens Ensomhed (In Waldeseinsamkeit): Jeg sad ved dine Fodder.

IV. Bd. Op. 86 Nr. 1. Therese: Du sode Barnlille. Op. 86 Nr. 2. Markfred (Feldeinsamkeit): Jeg ligger mellem hoje. Op. 86 Nr. 3. Sovgaengeren (Nachtwandler): Vaek ham ikke af hans Slummer. Op. 86 Nr. 4. Over Heden (Über die Heide). Op. 86 Nr. 5. Nedsunken (Versunken): De brusende Elskovs Bölger. Op. 94 Nr. 4. Sapphisk Ode Sapphische Ode): Roser bröd ved Nat. Op. 95 Nr. 2. Hos dig er mine Tanker (Bei dir sind meine Gedanken). Op. 95 Nr. 4. Jaegeren (Der Jäger): Min Kaerest er Jaeger. Op. 95 Nr. 6. Pigens Sang (Mädchenlied): Paa Dommedag af Grav.

V. Bd. Op. 96 Nr. 1. Doden er den kolde Nat (Der Tod, das ist die kühle Nacht). Op. 96 Nr. 2. Vi vandrede, vi to alene (Wir wanderten, wir Zwei). Op. 96 Nr. 4. Sejlads (Meerfahrt): I Baaden, du Elskte. Op. 97 Nr. 2. Paa Skibet (Auf dem Schiffe): En lille Fugl. Op. 97 Nr. 4. Fra Hytten taet ved Flodens Bred (Dort in den Weiden). Op. 97 Nr. 5. Kom snart (Komm bald): Hvorfor dog vente. Op. 97 Nr. 6. Skilsmisse Trennung): Se Floden i Dalen. Op. 105 Nr. 1. Som Melodier nynner (Wie Melodien zieht es uns). Op. 105 Nr. 2. Sagte, sagte er min Slummer (Immer leiser wird mein Schlummer). Op. 106 Nr. 1. Serenade (Ständchen): Se Maanen hojt over Bjerget.

- Album für Pianoforte. Sämtliche Gesänge als Klavierstücke bearbeitet. 3 Bände à — n.
- Album f. Violoncell (Norbert Salter) 2.40 n.
- At the forge —35 *Ditson.*
- Ballade, N. 1 and 3; with Ten Works by Bendel, A. Jensen, and J. F. Barnett, formig Vol. VII. of „Nineteenth Century", P 3/— n *Augener.*
- Before my fair one's window, SATB —10 *Ditson.*
- Berceuse 1.25 n, Duo 4—, Duo ou choeur voix

de femmes, *Ch. s.* —30 n, Transcrip. P 5— VP 4—, PFl 5— *Hamelle.*
- Beware! (Chor. for Men's Voices 468) —60 n *Schirmer.*
- Безуербиная серенада —30 *Jurgenson.*
- Les Bohémiennes, Duo ou choeur, d'après les Danses Hongroises (P. Viardot). Edition de salon sans vocalises 2.50 n *Hamelle, Ch. s.* —60 *Guthril.*
- Dodici Canzoni celebri 5— *Ricordi:*
  1. Op. 3 N. 1. Fedeltà —75.
  2. Op. 7 N. 1. Amor fedele —75.
  3. Op. 46 N. 4. All'Usignuolo 1—.
  4. Op. 47 N. 3. Domenica —75.
  5. Op. 49 N. 1. Domenica mattina —75.
  6. Op. 49 N. 2. A una violetta 1.50.
  7. Op. 49 N. 4. Berceuse —75.
  8. Op. 71 N. 5. Canto d'amore —75.
  9. Op. 72 N. 1. Antico amore 1.50.
  10. Op. 84 N. 1. Sera d'estate 1.50.
  11. Op. 84 N. 4. Serenata inutile 1.50.
  12. Op. 94 N. 4. Ode Saffica —75.
- Les cavaliers, Duo 6— *Hamelle.*
- Chansons de Thibaut, comte de Champagne 1.35 n *Gallet,* 1.35 *Schott Frères.*
- Chant d'Amour 3— *Hamelle.*
- Clos ta paupière, mignonne 1.75 n *Gallet,* 1.75 *Schott Frères.*
- Crois tu l'enchaîner encore 1— *Schott Frères.*
- D'amours éternels 1.35 n *Gallet, Schott Frères.*
- De la Colline ombreuse, je jette un long adieu 1.35 n *Gallet, Schott Frères.*
- Un Dimanche 4— *Hamelle.*
- The dirge of Darthula, SAATBB —/4 *Novello.*
- Drinking glee, SATBB —16 *Ditson.*
- Duets, CBar 1/— n *Augener.*
- 3 Duets, SC 1/— n *Augener.*
- Escort (Chor. for Men's Voices 466) —10 n *Schirmer.*
- Fafäng Serenad —75 *Gehrman.*
- Faithful love —25 *Ditson.*
- Farewell (Quart. and Chor. 208) —10 n *Schirmer.*
- Fem. Valse, P —38 *Hansen.*
- Der Gang zum Liebchen, MS od. Bar (Lyra 80) —40 *Bessel.*
- Gavotte (C. W. Gluck), P, z. Konzertvortrag (A) 1—, leicht bearb. —50 *Senff,* Originalausgave, bearbeitete à —25 *Hansen,* —35 *Ditson,* 1/6 n *Novello,* —20 *Jurgenson,* —25 *Nordisk Musikforlag,* 1ms 1— *Senff,* —38 *Hansen.*
- Gipsies, Duet —75 *Ditson,* SMS —75 *Schirmer.*
- Gloom of woods, SATB —08 *Ditson.*
- Greetings, SMSA —25 *Thompson.*
- How long wilt Thon forget me o Lord? 13th Psalm (Choruses for Women's Voices 174), 3 parts —20 n *Schirmer.*
- A hunter would a-hunting, SATB —08 *Ditson.*
- Impromptu, fem. quart. —10 *Ditson.*
- In silent Night (Quart. and Chor. 341) —10 n *Schirmer.*
- In summer fields 4— *Williams.*
- I would not live alway. Hymn. Arr. P. A. Schnecker (Church Music 442) —12 n *Schirmer.*
- Я дремлю —30 *Jurgenson.*

- Колыбельная пѣсня —15 *Jurgenson*, —20 *Schuberstow*.
- Kompositionen Au-gewählte, *P*, Bd. 1, II à 1.50 *Blok*-Haag.
- Let all Volunteer (Chor. for Men's Voices 465) —12 n *Schirmer*.
- Lieder Ausgewählte (deutsch-fr.-engl.) *h. t.* 8 Bände à 2— *Breitkopf*, *Peters*, *Simrock*; à 3— n *Norello*, 45— *Schirmer*;
  Band I. Nr. 1. Liebestreu, True love, Coeur fidèle. 2. An ein Veilchen, To a violet, A la violette. 3. Meine Liebe ist grün, Like a blossoming lilac, Mon amour est pareil aux buissons. 4. Alte Liebe, The old Love, Vieil amour. 5. An die Nachtigall, To a nightingale, Au rossignol. 6. Feldeinsamkeit, In summer fields, Solitude champêtre.
  II. Nr. 1. Sapphische Ode, Sapphic Ode, Strophes saphiques. 2. Botschaft, The Message, Message. 3. Vergebliches Ständchen, The vain suit, Sérénade inutile. 4. Der Gang zum Liebchen, The watchful lover, Mauvais accueil. 5. Sommerabend, Summer evening, Soir d'été. 6. Dort in den Weiden, There mong the willows, La belle fille aux yeux d'azur.
  III. Nr. 1. Wiegenlied, Lullaby, Berceuse. 2. Minnelied, Lovesong, Chant d'amour. 3. Sonntag, Sunday, Un Dimanche. 4. An den Mond, To the Moon, A l'astre des nuits. 5. Geheimnis, The Secret, Le Secret. 6. An eine Äolsharfe, To an aeolian harp, A une harpe éolienne.
  IV. Nr. 1. Am Sonntag Morgen, Last Sunday Morn, Dimanche, au point du jour. 2. Treue Liebe, True Love, Amour fidèle. 3. Der Schmied, The Forge, Le Forgeron. 4. Des Liebsten Schwur, The lover's vow, Le Serment de l'Amant. 5. O wüßt' ich doch den Weg zurück, O that I might retrace the way, Ô jours bénis de l'âge d'or. 6. Ich sah als Knabe Blumen blüh'n, The flowers that bloom'd for me, a child, J'ai vu, jadis, de belles fleurs.
  V. Nr. 1. Therese, Teresa, Thérèse. 2. Die Kränze, The Garlands, Les Guirlandes. 3. O liebliche Wangen, Oh fair checks of Roses, O lèvres vermeilles. 4. Erinnerung, Remembrance, Souvenir. 5. In Waldeseinsamkeit, In lonely Wood, Solitude dans la forêt. 6. Mädchenlied, Maiden Song, Chanson de fillette.
  VI. Nr. 1. Wir wandelten, wir zwei susammen, We wander'd once, we to toge ther, Tous deux nous parconsions la grève. 2. Der Jäger, The Huntsman, Le gardechasse. 3. Meerfahrt, At Sea, Sur la mer. 4. Komm' bald, Come soon, Reviens. 5. Trennung, The Parting, Séparation. 6. Bei dir sind meine Gedanken, With thee my thoughts are forever, Vers toi s'en va ma pensée.
  VII. Nr. 1. Ständchen, The Serenade, La Sérénade. 2. Der Kranz, The Wreath, La couronne de roses. 3. O kühler Wald, Where dost thou wave, oh forest cool, Asile ombreux au fond des bois. 4. Auf dem Schiffe, A birdling flew over the Rhine, Dans la barque. 5. Beim Abschied, Parting, En se quittant. 6. Der Tod, das ist die kühle Nacht, Death is the cooling night, La mort est une fraîche nuit.

- VIII. Wie Melodien zieht es. Nachtwandler. Salamander. Nachtigall. Ein Wanderer. Auf dem Kirchhofe.
- Lieder Ausgew. (Select songs) 6 Vol. à 1.50 *Schirmer*.
- 40 Songs, *h. t.* à 1.15 n *Ditson*.
- 22 Songs, with English words 1/6 *Norello*: Faithful love. Alone she stood. A memory. The swallow's flying west. Alone. Return. The wounded youth. Could I but once forget. So secretly. Serenade. Longing. The kiss. At parting. Parted. The smith. To an Aeolian. Free is he from fear of ruth. Ay! crossbow and dart. Are they pains or joys that thronging. Love came wandering from a distance. And may I believe it. How can I sustain this joy's over measure.
- 18 Songs (Lieder in 3 Vols. high or low. —75 *Schirmer*:
  Vol. I. Sapphische Ode. (Sapphic Ode.) Op. 94, Nr. 4. Von ewiger Liebe. (Love is for ever.) Op. 43, Nr. 1. Wie bist du, meine Königin. (Queen, dost thou reign within my Heart?) Op. 32, Nr. 9. Vergebliches Ständchen. (The Vain Suit.) Op. 84, Nr. 4. Wiegenlied. (Cradle Song.) Op. 49, Nr. 4. Die Mainacht. (The May Night.) Op. 43, Nr. 2.
  II. Feldeinsamkeit. (In Summer Fields.) Op. 86, Nr. 2. Liebestreu. Faithfulness.) Op. 3, Nr. 1. Ständchen. (Serenade.) Op. 106, Nr. 1. Meine Liebe ist grün. (My Love is green.) Op. 63, Nr. 5. Minnelied. (Love Song.) Op. 71, Nr. 5. Sonntag. (Sunday.) Op. 47, Nr. 3.
  III. Wie Melodien zieht es mir. (Like melting Tones it rises.) Op. 105, Nr. 1. Sandmännchen. (The Little Dustman.) An den Mond. (To the Moon.) Op. 71, Nr. 2. Der Tod, das ist die kühle Nacht. (Oh Death, thou art the cooling Night.) Op. 96, Nr. 1. Immer leiser wird mein Schlummer. (Slumber lightly now is hieing.) Op. 105, Nr. 2. Am Sonntag Morgen. (On Sunday Morning.) Op. 49, Nr. 1.
- Lieder für Männerchöre: 1. Wiegenlied. Op. 49 Nr. 4. Part 1—, St —80. 2. Vergebliches Ständchen. Op. 84 Nr. 4. 3. Niederrheinisches Volkslied. Op. 97 Nr. 4. 4. Trennung. Op. 97 Nr. 6. Part à 2—, St à 1.20.
- Lieder u. Duette frei übertr. *P*(Th. Kirchner): 1. Sonntag — Sunday. Op. 47 Nr. 3. 2. An ein Veilchen — To a violet. Op. 49 Nr. 2. 3. Abschied — Parting. Op. 69 Nr. 3 à 1—. 4. Des Liebsten Schwur — The lover's vow. Op. 69 Nr. 4. 5. Minnelied — Lovesong. Op. 71 Nr. 5. 6. Alte Liebe — The old love. Op. 72 Nr. 1. 7. So laß uns wandern — Thus we will wander. Op. 75 Nr. 3, à 1.50.
- Love song —35 *Ditson*, SSAA —2 *Norello*.
- Magelone 1/6 *Norello*.
- Marching (Chor. for Men's Voices 467) —12 n *Schirmer*.
- Mes yeux en plongeant dans tes yeux 1.35 n *Gallet*.
- Min drottning —75 (Fran Konsertsalen och Salongen, Nr. 1) *Lundquist*.
- Mondnacht, *h. m. t.* à —80 *Raabe*.
- My Horn shall weight a Willowbough (Chor. for Men's Voices 464) —06 n *Schirmer*.
- На Рейнѣ въ хижинѣ —30 *Bessel*.

- На чужднигѣ —20 *Jurgenson*.
- Неудача. Луна ужъ восходитъ —30 *Bessel*.
- Nursery Rhymes 1'— n *Augener*.
- Och Moder, ich will en ding han, S.A à —30 *Eggers*, —50 *Warmuth*.
- Oft in the stilly Night. German Folk-song (Chor. for Mixed Voices 612) —05 n *Schirmer*.
- Orgel-Transcriptionen über Brahms' Werke (E. H. Lemare). Nr. 1. Intermezzo. Op. 116 Nr. 4. 2. Ungarischer Tanz. Nr. 1. 3. Intermezzo. Op. 116 Nr. 6. 4. Ungarischer Tanz. Nr. 5. 5. Lied: „Wir wandelten, wir zwei" a. Op. 96 Nr. 2. 6. Scherzo, aus der Serenade Op. 11. 7. Intermezzo. Op. 117 Nr. 1. Adagio, aus der Violin-Sonate, Op. 108. 9. Andante Grazioso, aus dem Trio, Op. 101. 10. Akademische Fest-Ouverture. Op. 80 à 1.50.
- Original Piano Works. In Four Volumes 22.50 *Schirmer*.
- Part-Songs. Fem. voic. with *Pfte* —40 n *Church*.
- The path of love. Part I, *SC* 16 n, Part II, *SC* —6 n *Augener*.
- Piano works (Select.) 4'— n *Augener*: Contents: Variations on a Theme by Robert Schumann, op. 9: 4 Balladen, op. 10; Variations in D, op. 21 Nr. 1; Variations on a Hungarian Air, op. 21 Nr. 2; Variations and Fugue on a Theme by Handel, op. 24; Variations on Two Themes by Paganini, op. 35, Books 1 and 2; Walzer, op. 39; Étude after Chopin; and Étude after Weber.
- Popular nursery Songs. Siehe: Volkskinderlieder.
- Presto nach J. S. Bach, *P* —30 *Gutheil*.
- Quartett Es, *Aus* v. Schumann op. 47.
- Rhapsodie, *TTBB* with A-solo —35 n.
- Rosemary, mix. quart. —06 *Ditson*.
- Sandmännchen. Siehe: Volkskinderlieder.
- A saving Health to us is brought (Quart. and Chor. 142) —25 n *Schirmer*.
- Le Secret 5'— *Hamelle*.
- Sérénade 1.75 n *Gallet, Schott Frères. SAATBB* —2 *Novello*. 6 parts —12 n *Schirmer*, 3'— *Williams*, *P* —20 *Bessel*.
- Sonates, *P* in one Volume 5'— *Schirmer*.
- Song from Shakespeare's „Twelfth Night". (Chor. for Women's Voices 4301) —10 n *Schirmer*.
- Studie in A-min. *P* 2'— *Augener, Cocks*.
- Studie in C, *P* 4'— *Augener, Cocks*.
- Studie in F, *P* 2'6 *Augener, Cocks*.
- Octave Studie in A-min. *P* 1'— *Augener, Cocks*.
- Studien für *P, Senff*: Nr. 1. Etude nach Fr. Chopin, F-moll 1.50. Nr. 2. Rondo nach C. M. v. Weber, C-dur 2'—. Nr. 3. Presto nach J. S. Bach. Erste Bearbeitung 1'—. Nr. 4. Presto nach J. S. Bach. Zweite Bearbeitung 1'—. Nr. 5. Chaconne von J. S. Bach. Für die linke Hand allein 2'—. Nr. 1, 2 in einem Heft 3'—; Nr. 1, 2 1'— n *Augener*.
- Suabian folk-song. *SATB*, 8vo —10 *Ditson*.
- Sunday 3/— *Williams*.
- Sur le lac 1.35 n, *Ch. s.* —35 n *Gallet*.
- Symphonien f. *O*, Part à 4'— n, in 2 Bänden 24'— n *Eulenburg*. Nr. 1 op. 68 Symphonie (C-m.). Nr. 2 op. 73 (D). Nr. 3 op. 90 (F). Nr. 4 op. 98 (E-m.). *4ms* 2 Bd. à 8'— n *Peters*, 2 Bd. cplt. 2.50 *Schirmer*.

- Тереза —20 *Bessel, Jurgenson*.
- Tes yeux sont purs 1.35 *Schott Frères*.
- Thanks of the ladies, *SAATBB* —16 *Ditson*.
- Thou gentle girl. (Engl. Germ.), *SATB* —06 n *Church*.
- 51 Übungen, *P*, 2 Hefte à 3'— n.
- Ungarische Tänze f. *P* zu 4 Händen, Orig.-Ausg. 4 Hefte à 4.50, erleicht. (R. Keller) à 2.50:

  Heft I: Nr. 1—5 (1869): 1. G-moll, 2. D-moll, 3. F-dur, 4. F-moll, 5. Fis-moll. II: Nr. 6—10 (1869): 6. Des-dur, 7. A-dur, 8. A-moll, 9. E-moll, 10. E-dur. III: Nr. 11—16 (1880): 11. D-moll, 12. D-moll, 13. D-dur, 14. D-moll, 15. B-dur, 16. F-moll. IV: Nr. 17—21 (1880): 17. Fis-moll, 18. D-dur, 19. H-moll, 20. E-moll, 21. E-moll; cplt. 3'—, Haeft 1, 2 à 1'—, Haeft 3 —75, Haeft 4 1.25 *Hansen, Nordisk Musikforlag*, book 1, 2 à 2'— *Ditson*, book 3, 4 2'— *Schirmer*, 2 cahiers à 12'—, simplif. à 7.50 *Hamelle*, cahiers 3 et 4 à 12'—, simplif. à 7.50 *Joubert*, Hft. 1—2 à —90, cplt. 1'—, 3—4 à —80 *Jurgenson, Johanson*, cplt. —75, à —60 *Jurgenson*, facilité le livre 1, 2 à —60 *Gutheil, Lyra*, 2'— *Elkan*: N. 6 —50 *Ditson*, N. 7 —40 *Gordon*, N. 3 —35 *Presser*, N. 2, 6 à —40, N. 5 —30 *Thieme*.

  P: 4 Hefte à 3.50, erleicht. (R. Keller) 4 Hefte à 3'—; Haeft 1, 3 à —50, Haeft 2, 4 à —75 *Hansen, Nordisk Musikforlag*, cplt. 1.50 n *Schirmer*, —80 *White*, 2 livres à 10'—, facilité à 9'— *Hamelle, Joubert*, —25 *B. H. Smit*, 2 Bd. à 2.40 *Thieme*, livre 1, 2 facilitée à —75 *Gutheil*, 1—2 à —65 *Johanson, Jurgenson*, cplt. —75, 3—4 à 1.40, fac. 1—2 à —75, cplt. —75 *Jurgenson*, cplt. 2'— *Lundquist*: N. 2 —40 *Brainard*, —35 *Gordon*, N. 6, 7 à —40 *Brainard*, —35 *Gordon*, N. 6, 7 à —40 *Ellis*, N. 1 —60, N. 5 —40 *National Music*, N. 3 —30 *Presser, Schmidt*, N. 1 —50, N. 2 —30, N. 3 —35 *White*, N. 7 5'— *Hamelle*, N. 2 —30 *Thieme*, N. 2, 5, 6 à —50, N. 9 —30 *Weygand*.

  6ms: (R. Keller) N. 1—10 4 Hefte à 2'—; v. C. Czerny op. 609.

  2P: N. 1—8, 13, 15, 17, 18, 20, 21 à 2'—, N. 7 3'—; 2e livre 18'— *Hamelle*.

  8ms: (R. Keller) 4 Hefte à 8'—, 3e et 4e cahiers à 20'— *Joubert*.

  Z: N. 7 —40 *Mills*.

  PV: (J. Joachim) 4 Hefte à 5'—; 4 books à 5'— n, (Hermann) 4 books à 3'— n *Schott*, (Joachim) 2 livres à 12'—, simplif. (Hermann) à 9'— *Hamelle*, (Joachim) 3e, 4e cahier à 4'— n, simplif. (Hermann) à 3'— n *Joubert*, (F. Hermann) book 1, 2 à 1'— *Fischer*, à —70 *Leopas*, cahier 1, II à 1.10 *Bessel*, N. 5 (Joachim) —65, N. 6 —75 *Fischer*.

  PVc: (A. Piatti) 4 Hefte à 5'—; 2 livres à 12'— *Hamelle*, 3e et 4e cahiers à 4'— n *Joubert*.

  PFl (Hermann) N. 1, 2, 5, 6, 8 à 1'—, N. 3, 7, 9 à —80; N. 1—8 à 4'— *Hamelle*.

  2V (Hermann) N. 1—3, 5—8 Part-Ausg. 4'—.

  PVVc: N. 1—6, 8, 15, 17, 18, 20, 21 à

2—, N. 7, 13 à 1.50; N. 13 2.25 n *Schirmer*. N. 1—8 à 7.50 *Hamelle*.
P1P1 od. *P2P1* (Hermann) N. 1. 2.
5. 6. 8 à 1.50, N. 3, 7, 9 à 1—; N. 1—8
à 5— *Hamelle*.
[us V1e (Hermann) 4 Hefte à 6—;
2 livres à 15 — *Hamelle*.
VcO: (Piatti) 3e, 4e cahiers à 4— n
Joubert,
O: N. 1, 3, 10, Part 9— n, St 15—;
Nr. 2, 7 (A. Halléu), Part 4.50 n, St
9—, Nr. 5 u. 6 (A. Parlow), Part 5—,
St 9—, Nr. 11—16 (A. Parlow), Part
15— n, St 18—, Nr. 17—21 (A. Dvořák),
Part 15— n, St 18—; Nr. 5, 6, Full0 1.25 u.
14 Instr 1— n, *10 Instr* —75 u, *P acc.* —20 n
Fischer; two hungarian dances, *Full0* 1.25n.
14 parts 1— n, *10 parts* —75 n, *P acc.* —20 n
Standard, Nr. 1, 3 u. 10, Part 12— n, p.
sép. 15— n, N. 5 u. 6, Part 6— n, p. sép.
8— n, N. 2 u. 7, Part 5— n, p. sép, 7— n,
N. 3, 7 à 3— n *Hamelle*, 3e cahier (Parlow), 4e cahier (Dořák), Part à 18— n
Joubert; deutsche und österreichische
Milit.-Mus. (Abbass): Nr. 1, 2, 4, 5,
6, 8, 10, 12, 15, 17, 18, 19, 21 à 6— n.
Nr. 3, 7, 9, 11, 16, 20 à 4.50 n, Nr. 13,
14 à 6— n, Nr. 5 u. 6 *KM* 6— n, Ung.
Tanz. 3t0, Part —75 *Zimmermann*, kl. O:
Nr. 3, 5, 6, 7, 13, 15, St à 1.80, Direktionsst einzeln à 1—, Paris, Besetz. à 1.50;
Венгерские танцы (Шнеера) Парт. —30
Jurgenson, *Harm* ou *Fünf* Nr. 6 1— *Kessels*.
Variations on a Hungarian song, *P* 1.6 n
Novello.

· Верность любви —15 *Jurgenson*.
Vineta, *SAATBB* — 3 *Novello*.

Volkslieder, deutsche, *h. t.* Sechs Hefte à
4—: Heft 1: Nr. 1. „Sagt mir, o schönste
Schäfrin". 2. „Erlaube mir". 3. „Gar
lieblich hat sich gesellet". 4. „Guten
Abend". 5. „Die Sonne scheint nicht mehr".
6. „Da unten im Tale". 7. „Gunhilde".
II: Nr. 8. „Ach englische Schäferin".
9. „Es war eine schöne Jüdin". 10. „Es
ritt ein Ritter". 11. „Jungfräulein, soll
ich". 12. „Feinsliebchen, du sollst". 13.
„Wach' auf, mein Hort". 14. „Maria
ging auswandern".
III: 15. „Schwesterlein". 16. „Wach'
auf". 17. „Ach Gott, wie weh". 18. „So
wünsch' ich ihr". 19. „Nur ein Gesicht".
20. „Schönster Schatz". 21. „Es ging ein
Maidlein".
IV: 22. „Wo gehst du hin". 23. „Der
Reiter". 24. „Mir ist ein schön's, braun's
Maidelein". 25. „Mein Mädel". 26. „Ach,
könnt' ich". 27. „Ich stand auf hohem
Berge". 28. „Es reit' ein Herr".
V: 29. „Es war ein Markgraf". 30.
„All' mein' Gedanken". 31. „Dort in den
Weiden". 32. „So will ich frisch". 33.
„Och, Moder ich will". 34. „We kumm ich
dann". 35. „Soll sich der Mond".
VI: 36. „Es wohnet ein Fiedler". 37.
„Du mein einzig' Licht". 38. „Des Abends
kann ich". 39. „Schöner Augen". 40. „Ich
weiß nur'n Maidlein". 41. „Es steht ein'
Lind". 42. „In stiller Nacht".
VII: für Vorsänger und kleinen Chor:
43. „Es stunden drei Rosen". 44. „Dem

Himmel will ich klagen". 45. „Es saß ein
schneeweiß' Vögelein". 46. „Es war einmal ein Zimmergesell". 47. „Es ging sich
uns're Frauen". 48. „Nachtigall, sag".
49. „Verstohlen geht der Mond auf", Part
1—, Vorsängerst 1—, Vier Chorst 2—.
Dieselben in englische Ausgabe (engl. u.
deutsch) unter dem Titel: German Folk-
Songs. Preise etc. wie die deutsche Ausgabe.
Einzeln, *h. t.*: 1. „Erlaube mir, fein's
Mädchen". 2. „Die Sonne scheint nicht
mehr" à —60; Nr. 3. „Feinsliebchen, du
sollst mir nicht". 4. Schwesterlein. 5.
„Mein Mädel hat einen Rosenmund". 6.
„Och Moder, ich well en Ding han". 7.
„Schöner Augen schöne Strahlen". 8. „In
stiller Nacht" à 1—.
·Volkslieder, deutsche, *SATB*, *TTBB* (de
Lange) *Rieter*: 2 Hefte à Part 1.50,
St à —50. Heft 1: Von edler Art. Mit
Lust tät ich ausreiten. Bei nächtlicher
Weil. Vom heiligen Märtyrer Emmerano,
Bischoffen zu Regensburg. „Komm Mainz,
komm Bayrn, komm Österreich". Täublein
weiß: „Es flog ein Täublein weiße". Ach
lieber Herre Jesu Christ. Sankt Raphael:
„Tröst' die Bedrängten und hilf den Kranken".
II: In stiller Nacht. Abschiedslied:
„Ich fahr' dahin, wenn es muß sein". Der
tote Knabe: „Es pocht ein Knabe sachte".
Die Wollust in den Mayen, Morgengesang:
„Wach' auf mein Kind, steh' auf geschwind". Schnitter Tod: „Es ist ein
Schnitter, heißt der Tod". Der englische
Jäger: „Es wollt gut Jäger jagen". Nr. 1,
TTBB (B. Widmann), Part —50, St
—60.
·24 Volkslieder, deutsche, *TTBB* (J. Hegar),
4 Hefte, Part à 1.50, St à 3.20; Heft 1:
1. „Erlaube mir, fein's Mädchen". 2.
„Gar lieblich hat sich gesellet". 3. „Guten
Abend". 4. „Die Sonne scheint nicht
mehr". 5. „Da unten im Tale". 6. „Ach
englische Schäferin".
II: 7. „Es ritt ein Ritter". 8. „Wach'
auf, mein' Herzensschöne". 9. „Ach Gott,
wie weh tut Scheiden". 10. „Nur ein Gesicht auf Erden". 11. „Wo gehst du hin,
du Stolze". 12. „Der Reiter".
III: 13. „Mir ist ein schön's braun's
Maidelein". 14. „Mein Mädel hat einen
Rosenmund". 15. „Ach, könnt' ich diesen
Abend". 16. „Es war ein Markgraf". 17.
„All' mein' Gedanken". 18. „Dort in den
Weiden".
IV: 19. „So will ich frisch und fröhlich". 20. „Es wohnet ein Fiedler". 21.
„Du mein einzig' Licht". 22. „Schöner
Augen schöne Strahlen". 23. „Es steht
eine Lind". 24. „In stiller Nacht".
·12 deutsche Volkslieder für 3 Frauenstimmen
m. *P*; KA à 1—, St —90 (Fr. Hegar). 1.
„Sagt mir, o schönste Schäfrin". 2. „Gar
lieblich hat sich gesellet". 3. „Die Sonne
scheint nicht mehr". 4. „Ach englische
Schäferin". 5. „Es war eine schöne Jüdin".
6. „Schwesterlein". 7. „Wach' auf". 8.
„Schönster Schatz". 9. „Wo gehst du hin?"
10. „Der Reiter". 11. „Mir ist ein schön's

braun's". 12. „Trennung" (a capella). Part.
1—, St —90.

- 5 Volkslieder, *TTBB* (M. S t a n g e übertr.)
Rieter: Part 2—, St 2.40; 1. In stiller
Nacht. 2. Sankt Raphael. 3. Bei nächtlicher Weil. 4. Abschiedslied. 5. Die Wollust in den Mayen.

Vier Volksieder f. gem. Chor, f. achtstimm.
Bläserchor einger. v. J u l. K o s l e c k.
Rieter 1.50: (in stiller Nacht. Abschiedslied. Bei nächtlicher Weil. Die Wollust
in den Mayen.)

- Volkskinderlieder. *Rieter*, 3—, einz.: à —70:
1. Dornröschen: „Im tiefen Wald im Dor-
nenhag". 2. Die Nachtigall: „Sitzt a
schöns Vögerl auf'm Dannabaum". 3. Die
Henne: „Ach mein Hemlein, bi, bi, bi!"
4. Sandmännchen: „Die Blümelein sie
schlafen schon längst im Mondenschein".
5. Der Mann: „Wille, wille, will, der
Mann ist kommen". 6. Heidenröslein:
„Sah ein Knab' ein Röslein steh'n". 7.
Das Schlaraffenland: „In Polen steht ein
Haus". 8. Beim Ritt auf dem Knie: „All'
Mann wollt' reiten". 9. „Der Jäger im
Walde: „Der Jäger in dem Walde sich
suchet seinen Aufenthalt". 10. Das
Mädchen und die Hasel: „Es wollt'
ein Mädchen brechen geh'n die Rosen in
der Heide". 11. Wiegenlied: „Schlaf, Kindlein, schlaf!" 12. Weihnachten: „Uns
leuchtet heut' der Freude Stern!" 13.
Marienwürmchen: „Marienwürmchen, setze
dich auf meine Hand". 14. Dem Schutzengel: „O Engel, mein Schutzengel mein".

Popular Nursery Songs 3—, Singly à
—50: 1. The sleeping Beauty in the wood.
2. Henny Penny. 3. The little Dustman.
4, 5. The nightingale. Some one. 6, 7. The
bonny Rosebud. Fool's paradise. 8, 9. The
ride on the knee. The huntsman. 10. The
maiden and the hazel. 11, 12. Cradlesong.
Christmas carol. 13, 14. Ladybird. The
guardian Angel à —50. 4 bis. Sandmännchen
(The little Dustman. L'homme au sable)
(d.-engl.). *h. t.* à 1.50 *Rieter*, —25 *Church*.
Ditson, *Schirmer*, 1— *Schott frères*; bearb. (E. K r e m s e r), *Rieter*: a) *TTBB*,
Part 1—, St —60; —20 n *Church*; b)
SATB mit *P* ad lib. Part 1—, St —60;
c) 3 st. Frauenchor mit *P*, Part 1—, St
—45, *P* (K i r c h n e r) 1.50 v. F. B e n-
d e l: *St u. Schlagz.* mit Gesang mit *Z*
(O s k a r M e s s n e r) 1—.

Брайнъ Э. Транскр. для корнета инстона.
Gutheil: Ахъ, ты душечка красна дѣвица
и Горько мнѣ красной дѣвицѣ. Пѣсни М.
Глинки —40.

- Баркаролла. Уснули голубыя. М. Глинки
—30.

- „Бѣдный конь въ полѣ палъ". Арія Вани
изъ оп. Жизнь за Царя. Глинки 1—.

- Элегія. Не искушай меня безъ нужды. М.
Глинки —30.

- Я помню глубоко. Романсъ Даргомыжскаго
—50.

- Я все еще его люблю! Романсъ Даргомыжскаго —50.

- Ея ужъ нѣтъ. Романсъ Булахова —40.

- Каватина князя: „Невольно къ этимъ гру-
стнымъ берегамъ" изъ оп. Русалка. Даргомыжскаго —60.

- Когда бы я зналъ. Романсъ Козлова —50.

- Моя арфа. Романсъ. М. Глинки —30.

- Моряки. Дуэтъ. К. Вильбоа (Для 2-хъ кор-
нетъ-а-пистоновъ съ форт.) —60.

- Пѣсня Спиридоновны (Вы купцы молодцы)
изъ оперы „Вражья сила". А. Сѣрова —50.

- Пловцы и рѣка шумитъ. Романсъ Варла-
мова —40.

- Подъ душистою вѣтвью сирени. Романсъ
Пасхалова —50.

- Нойдешь ли ты? Романсъ Ржевской —40.

- Сѣверная звѣзда (Дѣвный теремъ стоитъ).
Романсъ. М. Глинки —40.

- Скажи, зачѣмъ явилась ты. Романсъ М.
Глинки —30.

- Сомнѣніе. Уймитесь волненія страсти. М.
Глинки —40.

- Только узналъ я тебя. Романсъ. Гудѣ
вѣтеръ вельмы въ полн. Малоросс. пѣсня.
М. Глинки —30.

Brahms-Viardot. Chant hongrois: „Ah! Plus
vagabondes que les Chèvres" à une ou à
deux voix. (Lyra 43) —50 *Bessel*.

Brahmüller siehe Brah-Müller.

Brahy J. La Liègoise, schottisch 1— *Brahy*.

- Messagère d'amour, maz. 1—, *jus* 1.35
Brahy.

- Stanley-Polka 1— *Brahy*.

Braidotti A. Dimenticami. Valzer 1.20 *Morganti*.

- Era veri. Mazurka —80 *Morganti*.

Brainard C. S. op. 3 La fontaine. Fountain.
Polka mazurka —50 *Brainard*.

- 4 Merry sleigh-bells. Polka brill. —50
Brainard.

- 6 Moonlight mazurka — 40 *Brainard*.

- Il Bacio. Kiss (A r d i t i). valse —25
Brainard.

- Bludell Mazurka —40 *Brainard*.

- Diamond. schottische —40 *Brainard*.

- Dream life Waltzes —50 *Brainard*.

- Institute schottische —40 *Brainard*.

- O massa's gwine to Washington. Darky
War Sg. Chor. —40 *Brainard*.

- Postage Polka 6—, simpl. 6—, *Comptoir de
Musique Moderne*, —80 *Feris*, 1.50 *Huis.
jms* 7.50 *Comptoir de Musique Moderne*,
2.25 *Huis*, O, *Harm* ou *Fanf* à 3— n *Comptoir de Musique Moderne*.

- Postage-Valse 1.25 *Huis*. 4.80 *Fonseca*, *jus*
7.50 *Comptoir de Musique Moderne*, 1.50
Huis, O, *Harm* ou *Fanf* à 4— n *Comptoir
de Musique Moderne*.

- Song of the Six hundred thousand. (To
Canaan.) War Sg. Chor. —40 *Brainard*.

- Sounds from St. John. Polca staccato, *jus*
Brainard.

- Sounds from the Highlands. Polka Caprice
3/— *Sheard*.

- Sounds from the Ohio. *jus* —75 *Kunley*.

- The starlight waltz 2 — *Ashdown*. —40
Brainard.

- Western belle, schottische —40 *Brainard*.

Brainard G. W. Gloria Patri (S c h u b e r t).
Quart. Org —40 *Brainard*.

Brainard H. L. Barcarolle, *P* —50 *Church*.

- If I were king —50 *Church*.

- Music, when soft voices die —30 *Church*.

- Sing - a - low —40 *Church*.

- Twilight. *P* —30 *Church.*
Brainard H. M. Bubble waltz —40 *Brainard.*
- Gertrude waltz —40 *Brainard.*
- Joy leaf waltz —40, *hns* —25 *Brainard.*
- Little pet waltz —40. 4 —15. *VP* —40 *Brainard.*
- Meerschaum. Sea foam. Waltz —40 *Brainard.*
- Romantic polka —40 *Brainard.*
- Sunshine Waltz —40, *hns* —25 *Brainard.*
- Winter evening waltzes —50 *Brainard.*
Brainard Julia, Gray distance hid each shining sail —40 *Brainard.*
- Lullaby. (Come, white angels, to baby and me —50 *Brainard.*
Braine Frank, Christians, awake, salute the happy morn. (Christmas Processional Hymn) —3 *Novello.*
- Te Deum, in Chant form (Eflat) —2 *Novello.*
Brainerd, Polka beau Mond (Gay world), *P* —75 *White.*
Braisted & Carter, *Stern*: At the cost of a woman's heart —50.
- Girl I loved in Tennesee —50.
- Maiden didn't know a single thing —50. Miss Clancy —50.
- She was bred in old Kentucky —50.
- Sporty Widow brown —50.
- Whisper your mother's name —50.
- You'll soon forget —50.
Braithwaite M. S. Yellow Roses Polka 3—, *FullO* 1.4 n, Sept. 1 — n *Weekes.*
Braithwaite S. H. Romance. *VP* 1.6 n *Vincent.*
Brandoukoff A. *Noël*: Op. 8 Nocturne. *VeP* 2— n.
- 9 Feuillet d'album, *VeP* 2— n.
- 10 Sur l'eau *VeP* 2— n.
- 11 2e mazourka, *VeP* 2— n.
- 12 Sous la feuillée, *Ve* avec acc. *P* ou *O* 2— n, part. *O* 2— n. p. sép. 4 — n. p. suppl. à —50 n.
- 13 3e Mazourka, *Ve* avec acc. *P* ou *O* 2— n. part. *O* 3—n. p. sép. 5— n. p. suppl. à —50 n.
- Compositions, *VeP*: 1. Nuit de printemps —40. N. 2. Nocturne, 3. Romance sans paroles, 4. Romance à —50. N. 5. Mazurka —70. N. 6. Gavotte —60 *Jurgenson.*
- Elégie, *PVe* 1.35 n *Durand.*
- Pesnia, chans. russe, *PVe* 1.75 n *Durand.*
Braman, Right smart sort of a girl —40 *White.*
- So would I —35 *White.*
- Two naughty flies —40 *White.*
Bramard C. S. Sounds from St. John. Polka staccato. *8ms* 1.75 *Brainard.*
Brambach Carl Joseph (1833—1902), **op. 1** Vier Klavierstücke 1—.
- 2 Vier Frühlingslieder, *28* mit *P* 1—: Nr. 1. Frühlingswerden: Welch' ein Frühlingsrufen. 2. Frühlingsregen: Welch' ein sanfter, milder Regen. 3. Wohl ist sie schön, die Welt. 4. Vöglein im Walde: Lustiges Vöglein im Walde. Nr. 1. Frühlingswerden —30.
- 3 Sonate im leichteren Stile, *P*, G-dur 2—.
- 4 Sechs Lieder 1—: Nr. 1. Das trübe Auge: In deinem Auge winkt. 2. In der Frühlingsnacht in der mondhellen Ferne. 3.

Dein Bildnis wunderselig. 4. Abendgebet: Des Tags verworrenes Getümmel. 5. Hüte dich! Jungfräulein: Du tatest so spröde und sah'st zur Erd'. 6. Liebeslied: Nur einen einzigen Gedanken. Nr. 1. Abendgebet. *h. t.* —30.
- 5 Sextett, *P2V2VaVc*, C-moll 6— n *Breitkopf.*
- 6 Die Macht des Gesanges, Kantate. *TTBB*, Soli u. *O*, KA 3.25, Singst 3—.
- 7 Velleda. *TTBB*, Soli u. *O*, Part 14.75, O-St 21—. KA 5.25, Singst 4—, Text —10 n.
- 8 Heloisen's Gesang am Grabe Abaelard's —75 *Schott.*
- 10 Trost in Tönen: „Wenn tauber Schmerz", *SATB* m. *O*, Part 2—n, O-St 1.50 n, Chorst 1—, KA 1.50 *Kistner.*
- 11 Ballade, Scherzo und Impromptu, *P* 3—: Ballade 1 —. Scherzo 1—. Impromptu 1.50 *Kistner.*
- 12 Nacht am Meere: „Groß und golden ist gesunken". *TTBB* mit *O*, Part 2— n, O-St 3.50 n, Chorst 1—, KA 1.50 *Kistner.*
- 13 Quartett (Es), *PVVaVc* 14 — *Kistner.*
- 14 Alcestis nach J. G. v. Herders „Admetus' Haus", *TTBB*, Soli u. *O*, Part 15—n, O-St 19.50 n, Chorst 4—, KA 10—, Textbuch —10 n *Kistner.*
- 15 Sechs Lieder: 1. „Ob auch finstre Blicke glühten". 2. „Murmelndes Lüftchen, Blütenwind". 3. „Alle gingen, Herz, zur Ruh". 4. „In dem Garten sprießt die Rose". 5. „Sie blasen zum Abmarsch, lieb' Mütterlein". 6. „Dereinst, dereinst, Gedanke mein". 2.50 *Kistner.*
- 16 Fantasien, (8) Solostücke, *P*: Heft 1: 1. Lebewohl. 2. Rückblick. 3. Nachtgesang. 4. Humoreske 3—.
II: 5. Reigen. 6. Wasserfahrt. 7. Frühlingsgrüßen. 8. Caprice, 3.50 *Kistner,* 1.25 *Nordisk Musikforlag.* Nr. 3 1— *Kistner,* Nr. 4 —30 *Bessel.*
- 17 Zwölf Chorlieder, *SMSA* mit *P* ad lib. Heft 1: 1. Die Nacht: „Die Abendglocken rufen". 2. „Es ist kein Blümlein nicht so klein". 3. Frühlingsglaube: „Die linden Lüfte sind erwacht". 4. Künft'ger Frühling: „Wohl blühet jedem Jahr". 5. Spruch: „Aus jedem Punkt". 6. Abendlied: „Wenn erglänzen Mond und Sterne", Part 2—, St: *S* —65, *MS A* à —75.
II: 7. „Nun fangen die Weiden zu blühen an". 8. Frühlingsruhe: „O legt mich nicht ins dunkle Grab". 9. Lied des Gefangenen: „Wie lieblicher Klang". 10. Spruch: „O blicke". 11. O Welt, du bist so wunderschön: „Nun bricht aus allen Zweigen". 12. „Hör' das Abendlied erklingen". Part 2—, St: *S* —65, *MS* —65, *A* —75 *Kistner.*
- 17 Три хора для 3-хъ женскихъ голосовъ 1.40 *Bessel:* 1. Ночь „Къ покою всѣхъ сзываетъ". 2. Весенняя мечты „Проснулся тихiй вѣтерокъ". 3. Вечерняя пѣсня „Лишь взойдетъ луна златая" à —60.
- 18 Sieben patriotische Lieder, *TTBB*, in volkstümlicher Weise. (Und braust der Sturmwind. Reiterlied. Landwehrlied. Frisch auf zum letzten Kampf. Der Spa-

ziergang nach Berlin. Empor mein Volk.
Bundeslied.) Part u. St 4.25 *Schott*.
- 19 Drei Gesänge, Baßst mit *P* 2—; Nr. 1.
Der Einsiedler. 2. Mailied. 3. O danke
nicht. à —75 *Schott*.
- 20 Zwei Sonaten, *P*: Nr. 1. (D-dur) 2 —.
Nr. 2. (F-dur) 2.75 *Schott*. Nr. 2 —50
Gebethner.
- 21 Lieder der Liebe 3 — n.
- 22 Thema und Variationen, *P* 3 — n *Wern-thal*.
- 23 Am Rhein, *TTBB* mit *O*, Part 12 — n, St
9 — n, KA 4 —, St 2 — *Wernthal*.
- 24 Drei Novelletten, *P* 1.20: Nr. 1 Im Bal-ladenton 1 —. Nr. 2. Intermezzo 1 —. Nr. 3.
Im humoristischen Ton 1.50 *Litolff*. Nr. 1
—30 *Gutheil*.
- 25 Vier Lieder: Nr. 1. Es muß was Wunder-bares sein, *h. t.* —75. Nr. 2. Blumengruß:
Den Strauß, den ich gepflücket, *h. t.* —50.
Nr. 3. Ich stand an Flusses Rand allein,
h. t. 1—. Nr. 4. Sehnsucht: Könnt' ich
sie einmal treffen an —50 *Litolff*.
- 26 German. Siegesgesang, *TTBB* mit *O*, Part
mit KA 4 — n. O-St 6 — n, Chorst 2 —
Wernthal.
- 27 Sechs 2st. Lieder, *SMS* od. *TBar* m. *P*
3.50: Nr. 1. Der Lenz fängt an zu lächeln.
2. Der Lindengang. 3. Heimweh. 4. Die
schönste Zeit. 5. In der Morgenfrühe, à
—75. Nr. 6. Herbstwanderung 1 — *Schott*.
- 28 3 morceaux caractérist. *P*: 1. Rêverie
à ballata. 2. Menuetto scherzoso. 3. Presto
capriccioso, à 1.25. N. 2. Menuetto.
scherzoso arr. *VV* (Ritter) 1.75 *Schott*,
N. 2 —50 *Schmidt*.
- 29 Vier Salonstücke, *P*: Nr. 1. Präludium
1.50. Nr. 2. Scherzino 1.50. Nr. 3. Cava-tine 1—. Nr. 4. Jagdstück 1.50 *Litolff*,
Nr. 4 —50 *Lyr*.
- 30 Tasso, Konzert-Ouverture, *O*, Part 6 — n,
St 10 — n, *4ms* 4 — *Wernthal*.
- 31 Es muß doch Frühling werden, *TTBB* u.
Soloquartett. Part 3—, St à —60 *Wern-thal*.
- 32 Das Eleusische Fest, *SATB*, Soli u. *O*,
Part 45 — n, St 40 — n, KA 16 —, St 8 —,
Textbuch —15 n *Wernthal*.
- 33 Drei Gesänge, *Alt*- od. *B*-Stimme mit
P 2.25: Nr. 1. Ohne Dämm'rung ging der
Tag. 2. Die Trauerweide. 3. Abendwölk-chen, à —75 *Schott*.
- 34 Drei Fantasiestücke, *P*: Nr. 1. In der
Nacht 1.50. Nr. 2. Serenade 1—. Nr. 3.
Toccata 1.50 *Schott*. Nr. 1, 3 à —60 *Bes-sel*, Nr. 2 —40 *Johansen*, Nr. 3 —60 *Lyr*,
Nr. 2 (Ritter), *VP*, *VcP*, *FlP* à 1.50
Schott.
- 35 Des Sängers Wiederkehr, *TTBB* mit *O*,
Part 6 — n, St 6 — n, KA 3 —, St 1.60
Wernthal.
- 36 *TTBB*: Nr. 1. Flieg' aus, mein Lied, mit
Soloquart. Part 1.20, St 1.60. Nr. 2.
Abendlied: Es ist so still geworden, Part
—40, St —60. Nr. 3. Sommerlied: O
Seligkeit, o Seligkeit, am Sommertag zu
schweifen, Part —80, St —60. Nr. 4.
Frisch gewagt: Kommt der Lenz im Win-ter schon, Part —80, St —60. Nr. 5. Se-ligster Traum: Wogender, grüner Rhein,
mit Bar-Solo, Part 1—, St —60, *Bar-*

Solo extra —25. Nr. 6. Mein Vaterland:
Ich liebe dich, mein Vaterland. Part 1—,
St 1—. Nr. 5a *h. t.* 1— *Wernthal*.
- 37 Frühlingshymnus, *SATB* mit *O*, Part
12 — n, St 9 — n, KA 4 —, St 2.40 *Wern-thal*.
- 38 Sechs charakt. Solo-stücke, *P* 3 — n
Wernthal.
- 39 Konzert, *PO*, Solo-St 9 —, O-St 15 — n
Wernthal.
- 40 Das Lied vom Rhein, *TTBB* mit *O*, Part
mit KA 6 — n, O-St 8 — n, Chorst 2.40
Wernthal.
- 41 Nr. 1. Romanze, D-moll. Nr. 2. Romanze
F-dur, *VcP* à 2.50 *Wernthal*.
- 42 *TTBB*: Nr. 1. Schwing dich auf, mein
Herz, Part —80, St —60. Nr. 2. Lieb' um
Liebe: Lieb' um Liebe, Treu' um Treue,
mit *T*-Solo, Part —80, St —60, *T*-Solo
extra —25. Nr. 3. Liebesgruß: Ich sah
die Sonne am Himmel glühn, Part —80,
St —60. Nr. 4. Morgenfrühe: Es bleichen
die Sterne, es sinket die Nacht, Part —40,
St —60. Nr. 5. Friede: Durch den Wald
klingt Wipfelrauschen, Part —80, St —60.
Nr. 6. Minnelied: Unerschöpfter Wunder-
- 43 Quartett Nr. 2. (A-moll), *PVVaVc*
10 — n *Wernthal*.
- 44 Sechs Duette (Solo od. Chor) mit *P*,
Part 2 — n, St à —50 *Wernthal*: 1. Geist-liches Lied: „In die Höhe führe mich".
2. Waldabendschein: „Am Waldrand steht
ein Tannenbaum". 3. Unter der Loreley:
„Wie kühl der Felsen dunkelt". 4. Gebet:
„Herr, gedenk, wie schwach ich bin". 5.
Ungeahnt: „Der Abend taut". 6. Im
Grünen: „Schallt keck von hohen Bäumen".
- 46 Lenzerwachen: „Die grauen Wolken
sind verzogen". *TTBB*, Preischor (Text
deutsch u. franz.), Part u. St (à —75)
5 — *Kühle*.
- 47 Prometheus, *TTBB*, Soli u. *O*, Part
45 — n, St 40 — n, KA 16 —, St 6 —, Solost
1.50, Textbuch —15 n *Wernthal*.
- 48 Acht Lieder aus dem Spanischen in 2
Heften à 3.25 *Schott*.
- 49 Zwei Chöre f. Männerst: 1. Meeresstille
u. glückliche Fahrt 3.25. Nr. 2. Wald-morgen 2.75 *Schott*.
- 50 Miscellaneen, Solostücke, *P*: 1. Elegie
pastorale 1—. Nr. 2. Reigen. 3. Seliger
Traum. 4. Impromptu, à 1.25. Nr. 5.
Scherzo capriccioso 1.50 *Schott*.
- 52 Miscellaneen. Solostücke, *P*, 2. Folge:
Nr. 1. Sizilienne 1.25. Nr. 2. Romanze
1.25. Nr. 3. Jugendlust 1.50. Nr. 4.
Humoreske 1.25. Nr. 5. Capriccietto à la
mazurka 1.25 *Schott*.
- 54 Rheinfahrt: Es rauschen die Wogen im
Strome dahin, *TTBB*, Part 2—, St —50
Wernthal.
- 55 Sonate (D-moll), *VP* 6 — n *Wernthal*.
- 56 Gesang der Geister über den Wassern,
TTBB, Part 3—, St 2.40 *Wernthal*.
- 57 A r i a d n e, Oper in 3 Akten, O-Part
150 — n, Ouverture, O-Part 6 — n, St
12 — n, *4ms* 2.50, *P* 2 —; KA 12 — n, Solo-partien 24 — n, Chorst 6 — n, Duett: „Was
seh ich, Theseus", *ST* 1.50, Textbuch
—50 n. Regiebuch 3 — n *Kistner*.
- 58 Zwölf 2st. Lieder, *SA* (Chor- od. Solost)

mit *P*, Heft 1: 1. Waldabend: „In allen Bäumen kein Vöglein mehr". 2. Waldveilchen: „Wie stehst du so im Gras versteckt". 3. Waldrast: „Waldrast im Moos". 4. An die Nachtigall: „O auf deinem Rosenthron". 5. Frühmorgens: „Frühmorgens wenn die Lerchen steigen" (Pastorale). 6. Waldpfad: „Zwischen Büschen führt der Pfad", Part 1.50, St —80. II: 7. Frühlingswanderung: „Hoch aus blauender Luft Gebiet". 8. Märzlied: „Über die Heide bin ich gegangen". 9. Kling, Klang, Gloria: „Nun blühen die ersten Rosen". 10. Waldeinsamkeit: „Über mir vollgrün Gezweig". 11. Herr Winter: „Laß dir deinen Pelzrock fegen". 12. Abschied vom Walde: „Ade, ade, du grüner Wald", Part 1.50, St —80 *Kistner.*

- 59 Sonnenaufgang: „Lebensfrische Morgenwinde", *TTBB*, Part 1.30, St 1.20 *Kistner.*
- 60 Columbus, *TTBB*, Soli u. O, Part 30— n, O-St 30— n, Chorst 2.40 n, KA 6— n, Textbuch —10 n *Kistner*, O-Part 15— n, O-St 15— n, KA 1.50 n, Chorst 2—n *Rohlfing.*
- 61 Zwei Konzertstücke, *SATB* m. O: Nr. 1. Morgensehnsucht: „Sie schwebt empor", Part 6— n, O-St 7.50 n, Chorst 1.50, KA 2.50. Nr. 2. Frühlingsmorgen: „Weckt das Licht den jungen Morgen". Part 6—n. O-St 6— n, Chorst 1.20, KA 2.50 *Kistner.*
- 62 Gott, der Herr: „Er naht im Sturm", *TTBB* mit *Blechinstrumenten*, Part 3—n, O-St 3— n, Chorst 1.20, KA 2— *Kistner.*
- 63 Drei Lieder, *TTBB*: Nr. 1. Sommernacht: „O träum'risch süße", 5st. Part 1—, St 1—. Nr. 2. Schön ist die Welt: „Wie leuchtet durch die Blumenau", Part —40, St —60. Nr. 3. Waldesrauschen: „Waldesrauschen, Waldeswind", Part —60, St —60 *Kistner.* Nr. 1. *TTBB* mit stO u. Vs. ad lib. (K. Goepfart), Part 1.50 n, O-St 1.50 n, Chorst 1— *Kistner.*
- 64 Sechs Lieder: Nr. 1. Zuleikha: „Nicht mit Engeln", aus Mirza Schaffy 1—. Nr. 2. Ach! du bist fern: „Wolli's klagen nicht" 1—. Nr. 3. Der Lenz geht um: „Ich sag' euch was" —50. Nr. 4. „Unter blühenden Bäumen" 1—. Nr. 5. „Wer recht von Herzen fröhlich ist" —50. Nr. 6. „Mir träumte einst ein schöner Traum" 1— *Kistner.*
- 65 Drei Gesänge, *TTBB*, Forberg: Nr. 1. Herbststurm: „Wie lausch ich so gern", Part —80, St 1—. Nr. 2. Mondnacht: „Mondnacht glitzert in den Bäumen", Part —60, St —60. Nr. 3. Trinklied: „Ist das für ein durstig Jahr", Part —80, St 1—.
- 66 Drei Solostücke, *P*: Nr. 1. A la Valse 1.20, Nr. 2. Allegretto amoroso 1.20, Nr. 3. Alla Tarantella 1.20 *Leuckart.*
- 67 Nänie: „Auch das Schöne muß sterben!" *TTBB* m. *4Hörnern, 4Pos, Tuba u. Pauken*, Part m. unterlegt. KA 3—n, O-St 3— n, Chorst 1.20 *Kistner.*
- 68 Drei Lieder, *TTBB*, *Kistner*: 1. Der Sturmwind: „Der Sturmwind rüttelt die Bäume", Part —60, St —60. Nr. 2. Ostermorgen: „Die Glocken läuten wieder", Part —60, St —60. Nr. 3. Winzerlied:

„Es singet und springet". Part —60, St —60. Nr. 2 —10 *Ditson.*
- 69 Acht Vortragsstücke, *P*, Heft 1: Prélude, Capriccietto, Canzonetta, Ländler 2—. II: Toccatina, Intermezzo, Romance, Serenade 2.50 *Leuckart.*
- 70 Lorelei: „Wie die Wellen rinnen, schwellen", Dramatische Szene, *TTBB* u. *MS* soli mit O od. P, Part 15— n, O-St 15— n. KA 4.50 n. Chorst 3—, *MS*-Solost —75, Textbuch —10 n *Forberg.*
- 71 Vier charakt. Stücke, *P*: Elegischer Marsch; Minuetto giocoso: Barcarole; Elfentanz 3— *Leuckart.*
72 Vier Chorlieder, *TTBB*: 1. Maiennacht: „Es ist erwacht mit Mondenzauber". 2. Die Frühlingszeit: „Wie schön ist doch die Frühlingszeit". 3. In den Wald: „In den Wald, wenn die Sonn' aufgeht". 4. Wanderrast: „Lust'ge Wanderrast", à Part u. St 1— *Siegel.*
- 73 Salve regina, *SATB*, mit *s* solo u. O, Part 8—n. KA 4—n, Solost —60, Chorst 2—, O-St cplt. 8—n *Siegel.*
- 74 Sonate (A-moll), *VP* 7.50 *Kistner.*
- 75 Waldmeisters Brautfahrt. — May's Advent. (English Version by E. Buek), *TTBB* mit O od. P, Part 6—n, O-St 7.50 n, Chorst 2—, KA 2.50 *Kistner.*
- 76 Sonntags am Rhein: „Des Sonntags in der Morgenstund", *TTBB*, Part 1.30, St 1.20 *Kistner.*
- 79 Zwei Chorgesänge, *TTBB*: Nr. 1. Morgenwanderung: „Wer recht ins Freuden wandern will", Part —75, St 1—. Nr. 2. Die Tage der Rosen: „Noch ist die blühende, goldene Zeit", Part —75, St 1— *Forberg.*
- 80 Vier Lieder: 1. Venetianisches Gondellied: „Komm, Lieb! mit in die Gondel". 2. Selige Nacht: „Leise vorüber am hohen Dom". 3. Wiegenlied: „Die Ähren nur noch nicken". 4. Schwanenlied: „Es singt der Schwan am Ufer", à 1— *Forberg.*
- 81 Drei Männerchöre: Nr. 1. „Wie ist doch die Erde so schön", Part —50, St 1—. Nr. 2. Sommermorgen: „Drüben die Berge, wie licht sie blauen", Part —40, St —60. Nr. 3. Wanderlust: „Das ist die lustige Wanderfahrt". Part—40, St—60 *Forberg.*
- 82 Vier Chorlieder, *TTBB*: 1. „Das walte Gott". 2. Ständchen: „Atme nur leise". 3. Das erste Lied: „Wer hat das erste Lied erdacht". 4. Heimat: „Hüllt Schnee die Erde ein", à Part u. St 1— *Tonger.*
- 83 Fantasiestück, *P* 2— *Kistner.*
- 84 Nr. 1. Neuer Frühling: „Neuer Frühling ist gekommen", *TTBB*, Part 1.50, St 1—. Nr. 2. Erntefest: „Lustiges Völkchen fröhlicher Schnitter", *TTBB*, Part 1.50, St 1— *Kistner.*
- 85 Zwölf 3st. Chorgesänge, *SMSA* mit P, *Kistner*: Heft 1: Part 3—, St 1.80: 1. Frühlingseinzug: „Die Fenster auf". 2. „Verzage nicht". 3. Schifffahrt: „Über die hellen funkelnden Wellen". 4. Mondeszauber: „Auf des Stroms bewegter Flut". 5. Nachtfrieden: „Nun liegt die Welt im Traume". 6. Nachtigallenlied: „Ich weiß ein Hüttchen am Bergeshang".

II: Part 3 —, St 1.80; Nr. 7. Zuversicht: „Du bist der Treuste". 8. Am hohen hellen Tage: „Am Strome wandelte ich hin". 9. Maienlied: „Der Frühling ist ein lust'ger Fant". 10. Wiegenlied: „Dunkle Nacht senkt sich hernieder". 11. Morgenfeier: „Aus dunklem Nebel steigt die Sonne". 12. Die Sorglosen: „Heiter, froh und sorgenlos".

- 86 Der Lenz: „Da kommt der Lenz", *TTBB*, Part 1.40, St 1.60 *Kistner*.
- 87 Nachtstück: „In den Talen schattet düster", *TTBB* u. *Altsolo* mit *P*: KA 3 —, Chorst 1— *Forberg*.
- 88 Fünf Lieder, *TTBB*: 1. Frau Minne: „Horch die Vögel schwirren". 2. Hei, wie die Lerchen singen. 3. An das Vöglein: „Liebes kleines Vögelein". 4. Der Propfen fliegt. (O. Hausmann). 5. Rheinisches Lied: „Willst du schauen", à Part u. St 1— O. *Forberg*.
- 89 Die gold'ne Zeit: „Die gold'ne Zeit ist nicht entschwunden", *TTBB*, Part u. St 3— *Tonger*.
- 90 Hermann. „Aus den Wolken zucken Blitze", *TTBB*, Part 2 —, St (à —50) 2— *Hug*.
- 91 Der Wächter Deutschlands, *TTBB* mit O, Part 12— n, St 9— n, KA 4—, Chorst 2— *Wernthal*.
- 92 Sechs Weihnachtslieder, *SMSA*, Part 4—, St 2.40 *Wernthal*.
- 94 Wetterzeichen: „Auf hoher Bergeshalde", *TTBB*, Part u. St 2— *Forberg*.
- 95 Grüß' dich Gott: „Frühlingssonne blauer Himmel", *TTBB*, Part u. St 3— *Heulsiek & Gottwald*.
- 96 *TTBB*: Nr. 1. Der deutsche Männersang: „Wie Orgelton im hohen Dom, Part 1.20, St 1.20. Nr. 2. Inniges Verständnis: „Es wiegt sich auf den Zweigen ein kleines Vögelein". Im Volkston, Part —10, St —60. Nr. 3. Glückliche Lieb': „Sonnenlicht, Sonnenschein". Im Volkston, Part —40, St —60. Nr. 4. Habt Acht! Habt Acht: „Es war im Wald am Jägerhaus". Part —80, St 1—.
- 99 Der späte Winter, *SSMSA*: Part 15— n, KA 5— n, O-St 20—. Chorst 2— n *Ende*.
- 100 Cäsar am Rubikon, *TTBB*, Tenorsolo u. O, Part 3— n, O-St 45— n, KA 4.50 n. Chorst 4—, Textbuch —10 *Ende*.
- 101 Der 21. Psalm (Königspsalm), *SSMSA* m. od. ohne *P* od. Org ad libit. KA 3—, St à 1— *Ende*.
- 102 Volkers Schwanenlied: „Tief lag die Nacht im Lande", *TTBB*, Part 1.80, St 1.20 *Wernthal*.
- 103 Pfingsten: „Durch die Wälder geht ein Rauschen", *TTBB*, Part 1.80, St 1.20 *Wernthal*.
- 104 Fünf Gesänge, *TTBB*: Gruß an die Heimat: „Wo immer ich weile", Part —60, St —80. Nr. 2. Glücklich: „Im Walde hör' ich's klingen". Part —80, St —80. Nr. 3. Einladung zum Tanz: „Komm doch, o komm, du blauäugige Schöne", Part u. St à 1—. Nr. 4. Sonntagsfrühe: „Der Wind treibt Blütenflocken", Part u. St à 1—. Nr. 5. Waldlied: „Die Vöglein haben mein Herz entführt", Part u. St à 1— *André*.

- 105 Der Bergkönigin Frühlingsfahrt, *SSol*., *SATB* u. O, KA 6— n, Chorst 4—, Textbuch 10 n *Kistner*.
- 106 Acht Lieder aus dem Gebirge. 2 Bde à 1.50 *Ullrich*.
- 107 Nr. 1. Hoch das Banner. 2. Es ist was eignes um ein Dirndl. 3. Es zog der Maienwind zu Tal. *TTBB* (Auf Flügeln des Gesanges. Nr. 1, 2. 64) à Part —40, St —80 *Ullrich*.
- 108 Nr. 1. Deutsche Hymne. 2. Dem Vaterland, *TTBB* (Auf Flügeln des Gesanges Nr. 35, 36) à Part —40, St —80 *Ullrich*.
- 109 An die Sonne, *TTBB* mit O, Part 12— n, St 9— n, KA 4—, St 2— *Wernthal*.
- 110 Quartett (G moll), *P u. V u. V c* 12— *Kistner*.
- 111 Auferstehung, *STrB*, Part 2 —, St à —60 *Wernthal*.
- 112 Benedictus, *TTBB*, Part 1.50, St à —40 *Ende*.
- 113 Sechs Männerchöre im Volkston: 1. Mir will das Wandern taugen. 2. Ein Schifflein fährt zu Tale. 3. Und wenn am schönsten die Rose blüht. 4. Ob ich einmal dich vergesse. 5. Die Busserln: „Mei Dirndel hat stutzig die Predigt gemacht". 6. Scheiden: „Muß dich verlassen liebes Kind" à Part —60, à St —80 *Bauer*-Hanau.
- 114 Sechs Lieder: 1. Ich träumte so gerne, mein Schatz von dir. 2. In den Himmel geschaut hab' ich hinein. 3. Dös gescheite Dirndel: „Der Hans ist a Bua so mutig und kühn". 4. Tief in meines Herzens Schrein". 5. O du holde, du wonnige Rosenzeit. 6. Mei Dirndel: „Vor allen Dirndeln auf der Welt" à 1—, kompl. 4.50 *Bauer*-Hanau.
- 115 Vier Lieder, *TTBB*: Nr. 1. Hinaus in die Ferne: „So weit in die Ferne", Part u. St à 1.60. Nr. 2. Fahr' wohl!: „Fahr' wohl, fahr wohl auf immerdar", Part u. St 1.20. Nr. 3. Winters Einzug: „Wer klopft und pocht in stiller Nacht?" Part u. St 1.20. Nr. 4. Preis des Vaterlandes: „Manches Land hab' ich gesehen", Part u. St 1.20 *Spitzner*.
- 116 Drusus' Tod: „Drusus ließ in Deutschlands Forsten", *TTBB*, Part u. St 4.40 *W. Sulzbach*-Bonn.
- 117 Die Freuden der Gegenwart: „O lasset die rosenumkränzeten Stunden". Konzertstück, *SATB* u. O od. *P*, Part (mit unterl. KA) 4.50, St 2— *Forberg*.
- Allegretto grazioso, *P* —40 *Lyre*.
- Autumn storm, male quart. —12 *Ditson*.
- Berg. Heimatlied: „Wo die Wälder noch rauschen" —60, *TTBB*: Part u. St 1—, Schülerchor —10 *Tonger*.
- Capriccietto, *P* 1.50 *Bauer*.
- Children before the Infant Jesus. Christmas. (Chor. for Women's Voices 325) 8 parts —12 n *Schirmer*.
- Easter morn. Men's Voices —10 *Ditson*.
- Evening on the Rhine. Arr. D. Buck (for Men's Voices 458) —10 n *Schirmer*.
- Der fliegende Holländer, *TTBB*. Part 2—, St 2— *Wernthal*.

- Gruß an den Wald, *TTBB* (Grüß dich Gott, schöner Wald), Part. —60, St —60 *Zumsteeg.*
- Im Frühling: „Über Gebirg und Tal". Lied im Volkston. *TTBB* (Text deutsch und franz.). 8°. Part u. St (à —15) 1.20 *Leuckart.*
- Jugendzeit, *TTBB*, Part —40, St —80 *Wernthal.*
- Lo! The Infant Prince of Peace. Christmas. (Chor. for Women's Voices 320) 8 parts —10 n *Schirmer.*
- Many Songs their Names have greeted. Christmas. (Chor. for Women's Voices 321) 3 parts —08 n *Schirmer.*
- Menutto scherzoso, *VP* 1.75 *Schott.*
- O Child divinest Marvel. Christmas. (Chor. for Women's Voices 324) 3 parts —06 n *Schirmer.*
- O Joy, all Joys exxcelling. Christmas. Chor. for Women's Voices 323), 3 parts —06 n *Schirmer.*
- La Ronde de lutin, *P* —50 *Jurgenson.*
- Acht schottische und irische Volksmelodien. *TTBB*. Heft 1: Part —50, St 1—: 1. Irisch. „Frisch, Krieger! schenk den Becher ein". (Nach W. Smith.) 2. Schottisch. „Schau her, mein Lied". (Nach Burns.) 3. Irisch. „Da deine Schwüre all". 4. Schottisch. „O Charlie ist mein Liebling". II: Part —50, St 1—: 5. Irisch. „Noch denk' ich, daß einmal". 6. Schottisch. „O wann kehrst du zurück". 7. Schottisch. „Von allen Mädchen glatt und schön". S. Schottisch. „Noch einmal wecken Tränen bang". (Nach W. Smith.) *Kistner.*
- Sérénade, V. Vc. VlP à 1.50 *Schott.*
- Sonate, F-dur, *P* —75 *Johanson.*
- Starlight clear in Heaven is beaming. Christmas. (Chor. for Women's Voices 322) 3 parts —06 n *Schirmer.*
- St. Jakobslied. *TTBB* —20 n, Schülerchor —20 n *Hug.*
- A Summer Night. (Choruses for Men's Voices 252) —12 n *Schirmer.*
- Toccatina, Romance. *P* —50 *Johanson.*
- Wanderlied. *TTBB*, Part —40, St —60 *Wernthal.*

Brambilla C. Amicizia-Serenata, *Mand* —10 n *Ranzini.*

Brambilla Marietta (1807—1875), La Capanna. Duettino, *S C* 2.10 *Ricordi.*
- Exercices et Vocalises 6—: N. 1. Exercices 4—. N. 2. Vocalises 6— *Cranz.* Livre I: 12—. II: 15— *Lemoine.* Libro I: 7—. II: 12—, uniti 16— *Ricordi.*
- La lamento, aria 2 — *Cramer.*
- Raccolta di 5 Ariette ed un Duettino, 8— *Ricordi*: 1. Vedi Classe Duetti. 2. Salve o sterile pianura 1.20. N. 3. Il Lamento. Romanza 1.50. N. 4. Il Mattino. Ballata 1.20. N. 5. Ah! felice ancor sarò. Cavatina 1.80. N. 6. L'Ora d'amore. Arietta 2.10.
- Serenata 3.75 *Lemoine.*
- Souvenirs des Alpes. Raccolta die 6 Melodie italiane, 8— *Ricordi*: 1. L'Incontro. 2. L'Allegro. 3. La Veneziana. 4. L'Orologio. 5. La Tenerezza. 6. La Sera. N. 1—2, 4—6 à 1.50, N. 3 2.70.

- La Tenerezza. (Withhold thy Tears.) Romanza —50 *Schirmer.*
Bramhall, La Casa Loma Waltzes —50, *P1* —25, *P1 Cornet* —35, *FullO* —80, *14pts* —60, *10pts* —40, *P cond.* —35 *Albright.*
- Field Buglers March, *P1* —25. *P1 Cornet* —35, *FullO* —80, *14parts* —60. *10parts* —40, *Band* —50 *Albright.*
- Field Buglers March and Two-Step. —50 *Albright.*
- Hearts and Eyes —50 *Kinley.*
- If You and I Could Dream Again —50 *Albright.*
- Love's Own. Waltzes —50 *Albright, Kinley, PV* —25, *P1 Cornet* —35. *FullO* —80, *14pts* —60, *10pts* —40, *Band* 1— *Albright.*
- Tell Me, Will My Dream Come True? Waltz —50 *Kinley,* 2 — n *Wickins, P1* —25. *P1 Cornet* —35. *FullO* —80, *14pts* —60, *10pts* —40. *Band* —50 *Albright.*
- Teresa Carreño gavotte —50 *Brainard.*
- When the Frost is on the Flower —50 *Kinley.*
Bramley T. L. Favourite Scotch Melodies, *Mand*, with *2Mand* and *G* and *P* 2— n *Ricordi.*
- Lilian Valse 4 — *Keith.*
Brammer E. Kinderfreuden. (Joys of Childhood) *P* 3— *Hopwood.*
- Little Fairy. Waltz 3 — *Hopwood.*
- May (A little piece), *P* 3 — *Hopwood.*
- La petite favorite. Valse 3 — *Ashdown.*
- Polka br. 3.— *Ashdown.*
- Pour le Moment, *P* 3 — *Moore.*
- Seaside Fancies, *P* 3 — *Donajowski.*
- Starlight waltz 3 — *Ashdown.*
- La vallée tranquille. Rêverie, *P* 3 — *Ashdown.*
- Wild Rose Mazurka, *P* 3 — n *Sheard.*
Branbury, Town 2 — n *Sheard.*

Branca G. Giovinezza 1.75 n *Mariani.*
- Pet me (Carezami), polka 2 — n *Ricordi.*
Branca Emilia, Felice Romani ed i più reputati maestri di musica del suo tempo. Cenni biografici ed aneddotici raccolti e pubblicati da sua moglie (in-16). (Torino, Ermanno Loescher). *P* 4 — n *Ricordi.*
Branca E. G. Proibizione! Romanza, *MS* o *Bar* 2.50 *Ricordi.*
Branca Guglielmo, Sii mia Regina! (Be my Queen). Melodia *S* o *MS* 3—. Illusioni perdate, Elegia, *MS* o *Bar*. Il primo bacio, Stornello, *C* o *B*. Lamento, Parole di E. Panzacchi, *MS* o *Bar*, à 2— *Ricordi.*
- Sulle rive del Tamigi, Album 15— *Ricordi*: N. 1. Ritornerà 3—. N. 2. Stella! 3.50. N. 3. Triste ritorno 2.75. N. 4. Desiderio! 4—. N. 5. Tamai! 2.75. N. 6. Brasiliana 3.50.
- La Vezzosa, Scherzo, *P* 2.50 *Ricordi.*
Branca Matilde, La Mestizia, Duettino, *SC* 1.50 *Ricordi.*
- Romance, avec *Ha* (ou *P*) *S* 1.50 *Ricordi.*
Branca-Mussini Adele. *Ricordi*: Ballo arabo 3—.
- Camilla, *P* 3—.
- Dolore, Melodia 2—.
- Ecco il tramonto! Mazurka 2.50.
- Episodio campestre 3—.
- Lampo di gioia. Capriccio in forma di Polka 2—.

- Mazurka 2—.
- 6 Pensées fugitives: N. 1. Désespoir. N. 2.
  Le Calme. N. 3. Oubli. N. 4. La Raison.
  N. 5. Résignation. N. 6. Récit du Passé
  5—.
- 6 Pensées fugitives: N. 1. Triste pensée.
  N. 2. Angoisses. N. 3. Toujours de même.
  N. 4. Distraction. N. 5. Inquiétude. N. 6.
  Badinage 7.50.
- 3 Pensieri sciolti 4—.
- Rêve d'un bal 4—.
- Solitudine. Mazurka 1.50.

Branchina, Don Pietro. O quam suavis est.

Brancaccio Carlo, op. 1 Preludio, O; Part
  3— n, St 8.70 n. P 1— *Breitkopf.*
- Ave Maria, con H o P 2— *Venturini.*

Branche d'amandier (La), mélodie 1— n
  Joubert.

Branchi N. Compositions, P. *Ricordi:*
- A tambour battent 1.50.
- Australie 1.50.
- Bagatelle en forme d'Etude 1—.
- Etude-Mazurka 1.25.
- Indiana 1—.
- L'Ingénue 1—.
- Lauretta 1.50.
- Ne m'oubliez pas 1—.
- Original-Mélodie variée 2.25.
- Le Rêve du Carnaval 3—.
- Sartorella 1.50.
- Sébastopol 1—.
- Souvenir de Naples 2—.
- La Traviata 2—.
- Trieste 1—.
- Les Vêspres Siciliennes 2—.

Branchi N. e **Zelman A.** La Diplomazia.
  Album musicale, P 14— *Ricordi:*
1. B r a n c h i N. Lauretta. Mazurka.
   Morceau brillant 1.50.
2. B r a n c h i N. La Napolitaine. Mélodie variée 1.50.
3. Z e l m a n A. Grande Marche 1.50.
4. Z e l m a n A. Tarantelle 2—.
5. B r a n c h i N. Un moment de chagrin.
   Caprice-Nocturne 2—.
6. B r a n c h i N. Impromptu-Mazurka 2—.
7. Z e l m a n A. La Cavalchina. Valse
   fantastique 3.50.
8. B r a n c h i N. Chansonnette italienne.
   Fantaisie brillante 2—.
9. B r a n c h i N. Bagatelle en forme
   d'Etude 1—.
10. Z e l m a n A. Souvenir de Trieste 1.50.
11. B r a n c h i N. Etude-Mazurka 1.25.
12. Z e l m a n A. Quadrille militaire 2—.
- La Politica. Album, P 8— *Ricordi:* 1.
  B r a n c h i. Le Rêve du Carnaval. Valse
  3—. N. 2. B r a n c h i. Indiana. Polka. 3.
  Z e l m a n. Lydia. Polka. 4. B r a n c h i. Sébastopol. Polka. 5. B r a n c h i. Ne m'oublie,
  pas. Polka, à 1—. N. 6. B r a n c h i. Au-
  strali. Maz. 1.50. N. 7. Z e l m a n. Ondina.
  Mazurka. 8. Z e l m a n. Dalia. Schottisch.
  9. Z e l m a n. Bonny. Schottisch. 10.
  B r a n c h i. L'Ingénue. Schottisch. 11.
  Z e l m a n. Titi. Galop, à 1—. N. 12. Z e l-
  m a n. La Traviata. Quadriglie 2—.

Branchina, Don Pietro. O quam suavis est
  Motetto, 8 o T con Org 1— *Bertarelli.*
- O Sacrum Convivium. Mottetto, 8 o T e C
  o B con Org o H 1— *Bertarelli.*

Branco C. Neapolitaner-Galopp —50 *Cranz.*

Brancoli-Busdraghi F. Maria. Mazurka 2.50
  Venturini.
- T'amo. Mazurka elegante, P 2— *Venturini.*

Brancour R. La broderie, mélodie 3— *Noël.*
- Chanson créole 3 — *Noël.*
- Deux feuillets d'album, P: Humoresque.
  Pensée d'autrefois 2— n *Lafontaine*-Paris.
- Mélodie, PVc, PBasson à 6— *Erette.*
- O Souvenir 3 — *Lemoine.*
- Sonate, VP 6— n *Rouhier.*
- Valse d'automne 2— *Lafontaine.*

Brancourt. Vieille fenêtre 3— *tirod.*

Brand, op. 15 Mein Oldenburg - 60 *Hinteen.*
- Belfrey tower 4— *Williams.*
- Mattie's gone away. Sg. and Chor. —35
  White.
- Méthode élémentaire, Tr ou Cor de chasse
  1.25 n *Leduc, Rouart.*
- Méthode élémentaire, Halbali-Fauf 1.25 n
  Pouzier.
- They've burned my little bed, Sg. and Chor.
  —35 *White.*

Brand A. op. 4 3 Duos. 24, Bog. 10 *André.*
- 7me Concerto de Rode arr. en Sonate, VP
  8— *Schott.*
- Edelweiß: „Kennst du die Blume" —20
  Michou.
- 3 Sonates V avec acc. d'un 2d V 3.25 *Schott.*
- 6 valses brillantes, VP 2— *Schott.*

Brand C. op. 1 Fünf Lieder: 1. Frühling
  ohne Freude; Traum im Herzen. 2. Ach,
  gibt's denn gar kein Vöglein mehr. 3.
  Fischerlied; Abend zieht gemach heran.
  4. Herbstlied; Feldeinwärts flog ein Vöglein. 5. Heimweh: Oft durch die stille
  Seele 1.50 *Bote.*
- Der alte Bettler, Die Stirne gefurcht —80.
- So laß mich sitzen ohne End' —50 *Bote.*

Brand de. Air Varié, Cl. P 2 — n *Ascherberg.*

Brand Deane, England has Heroes still 4 —
  Hopwood.

Brand F. 24 Lieder f. 1 Singst m. G, Heft
  1—3 à 1—, Nr. 4 1.75 *Schott.*
- 6 valses et 6 écossaises. G —75 *Schott.*

Brand J. P. de, Sonate f. G u. V, C-dur 1—
  Breitkopf.

Brand Leo, op. 1 The fairy queen. Valzer
  2— *Schmid.*

Brand Louis, op. 105 Vögleins Traum. P
  1.50 *Meißner.*
- Doubts —60 *Jennings.*

Brand M. op. 1 Trio (B), PVVc 9— *Haslinger.*
- American Press March —50 *Jennings.*

Brand M. G. op. 5 Sechs Lieder 1— n *Breitkopf:* 1. Arie: Ach wärst du mein. 2.
  Stille Sicherheit: Horch, wie still es wird.
  3. Frühlingsgedränge: Frühlingskinder im
  bunten Gedränge. 4. Lied: Dein bin ich,
  mein treues Lieb. 5. Gondoliere: O komm
  zu mir. 6. So halt ich endlich dich umfangen.
- 6 Schilflieder 1— n *Breitkopf:* 1. Drüben
  geht die Sonne. 2. Trübe wird's die Wolken jagen. 3. Auf geheimem Waldespfade.
  4. Sonnenuntergang. 5. Auf dem Teich,
  dem regungslosen.

Brand-Vrabely S. (Gräfin Steph. Wurmbrand), op. 24 Fünfzehn kleine Fantasiestücke 4.80 *Doblinger.*
- 25 Fünf Klavierstücke 3— *Doblinger.*
- 27 Tanzszenen 1.80 *Doblinger.*
- 31 Novelletten 2.40 *Doblinger.*
- 33 Die schöne Melusine. Musikalische Illustrationen 6— *Doblinger.*
- 38 Fünf Klavierstücke (Mimosa, Andalusierin, Lied, Prélude, Orpheus) 2.40 *Eberle.*
- 39 Fünf Stimmungsbilder, *P* 1.80 *Eberle.*
- 40 Paraphrase über 2 ungarische Volkslieder, *P* 1.20 *Eberle.*
- 41 Konzert-Paraphrase über „Frühlingsstimmen". Walzer von Joh. Strauß. *P* 2— *Cranz.*
- 42 Walzer, 5. Folge 1.50 *Eberle.*
- 43 Ocean, Konzert-Etude, *P* 2.16 *Eberle.*
- Konzertstück in ungarischem Stile, *4ms* 4.20 *Doblinger.*
- Sonate, *VP* 6— *Doblinger.*
Brandao A. Sim! valsa, *Banda* 1— *Guimarães.*
Brandao Anna, Vaidosa, valsa 1.50 *Napoleão.*
Brandao Armindo, Fica manso, mano, polka, *Banda* 1— *Guimarães.*
Brande. A Hunt for Happiness, Fantasia, *P* —75, *Fulltl* 1—, *14 parts* —80, *10 parts* —60, *Milit. Band* 1.50 *Coleman.*
Brandeis Friedrich (1832), op. 11 Apollonia-Polka, Salonstück, *P* 1— *Praeger.*
- 21 L'Irrésistible, Galopp 1.50 *André.*
- 22 Infatuation, Galopp 1.30 *André.*
- 23 Capricciosa, Mazurka 1.30 *André.*
- 28 Scherzo, *P* 1.30 *André.*
- 47 Vienna Waltz —75, *4ms* —75 *J. H. Schroeder.*
- 57 *P*: 1. Souvenir. 2. Melodie. 3. Menuet. 4. Praeludium, à —40. N. 5. Arietta —50 *J. H. Schroeder.*
- 57 N. 6. Idylle, Mid-Day Rest in the Woods, *P* —50 *J. H. Schroeder.*
- 65 Gavotte, *P* —40 *Ditson.*
- 65 N. 3, Nocturne, *P* —75. N. 4. Mazurka —50 *Ditson.*
- 68 Polka humoresque —75 *Ditson.*
- 85 Nr. 1. Es wär' so schön gewesen, Trost in Tönen, Melodie (Des), *P* —60.
- 85 Nr. 2. Still-Leben (G), *P* —60 *Breitkopf.*
- Album Leaf Impromptu, *4ms* —60 *Pond.*
- Andante Elegiaco, *P* —75 *Pond.*
- An interrupted Serenade, *P* —65 *Ditson.*
- The blue-eyed lassie, Mixed voic. —2 *Novello.*
- Capriccio Giojoso, *P* —65 *Ditson.*
- Chimes, gavotte, *P* —65 *Ditson.*
- A cyclus of six songs. (Germ. Engl.) 1. The warm and balmy spring night air —40. N. 2. Thy soft and snow-white fingers —40. N. 3. Maiden with the mouth of roses —60. N. 4. I fain would linger near thee —50. N. 5. Oh if but the sweet flowers could see —75. N. 6. O darling moon —75 *Church.*
- Echoes, Madrigal; Mixed voic. (Germ. English) —50 *Pond.*
- Enticement, Valse Etude, *P* —50 *Presser.*
- Festival Tantum ergo, Solos for all Voices, Quart. and Chor. —60 *Pond.*
- Humoresque, caprice, *P* —75 *Ditson.*
- Six Hymn-Anthems for Quart. or Chor.:

Eternal source of every joy. Father, hear the prayer we offer. The strong foundations of the earth. Think not that they are blest alone. To bless Thy chosen race, While with ceaseless course the sun, à —2 *Novello.*
- Impromptu, *P* —40 *Pond.* —50 *Presser.*
- Irresistible, galop, *4ms* 1— *Pond.*
- Ladybird —40 *Ditson.*
- Narcissus, march —40 *Ditson.*
- Resound My Mandolin, *P* —30 *Presser.*
- Der Ring — The Ring, Ballade, Soli, Chor, *P* (deutsch-engl.), Text, Part (KA) 1.50 n, Singst 2— *Haslinger.*
- Rivulet, *P* —75 *Pond.*
- Springtime, *P* —40 *Ditson.*
- Staccato polka —40 *Ditson.*
- Sunken Cloister. Mix. voic. (Engl. and Germ.) 1— *Pond.*
- Sympathy, SATB 8vo —12 *Ditson.*
Brandenburg E. Blühende rote Rosen: „Laß uns teures liebes Mädchen", Walzerlied 1.20, Par. Bes. 1.20 n *Brandt.*
Brandenburg F. op. 9 Rêverie sur un thème (Kücken), *VP* 2.25 *Schott.*
- 11 Ein Ton voll süßen Klanges, Lied (Wenzel) mit *P* und *Ve* oder *Horn* 1.50 *Klemm.*
- 2 Divertissements aus: Dinorah oder Wallfahrt nach Ploërmel v. Meyerbeer, *P*, Nr. 1 1.25, Nr. 2 1— *Hofmeister.*
- Divertissement aus: Lucrezia Borgia, von Donizetti, *P* 1— *Hofmeister.*
- Divertissement aus: Die Tochter des Regiments, v. Donizetti, *P* 1.25 *Hofmeister.*
- Thy first Glance (Ein Ton voll süßen Klanges), with *V, Fl, C* à —75 *Schirmer.*
Brandenburg Hans, op. 20 Für Kaiser und Reich! Militärisches Marsch-Potp. *P* 1— *Sulzbach.*
Brandenburg W. G. Love's Reply, *G* —25 *Pattee.*
Brandes Friedr. op. 11 Deutsches Lied: „Ich bin ein Wanderer in der Weite", TTBB, Part 1.20, St 1.60 *Günther.*
- Hochzeit-Jubel. Polka Tremblante —50 *Leuckart.*
- Wildauer Marsch. Über Motive aus: „Das Versprechen hinterm Herd" —60 *André.* —50 *Leuckart.*
Brandes O. op. 12 Erinnerung an Frankfurt, Walzer —80 *Teich.*
Brandes Wilheim, op. 5 Vier Lieder 2— *Senff*: 1. Heiße Liebe: „Frag' mich nicht". (Aus dem Engl.). 2. Ständchen: „Wenn ich gehe auf der Straßen". 3. Minnelied: „Mein Schatz hat braungelocktes Haar". 4. Der Asra: „Täglich geht die wunderschöne Sultanstochter".
- 6 Fünf Klavierstücke. Heft 1, 2 à 1— *Breitkopf.*
- 7a Das Herz am Rhein: „Es liegt eine Krone" —72 *Universal Edition*, TTBB: Part u. St 1.50 *Rühle.*
- 7b Drei Gesänge: 1. Liebestod: „An das Ufer schlägt". 2. „Maienglöckchen tief im Walde". 3. Frühlingseinzug: „Der Frühling will kommen" 2.40 *Un. Ed.*
Brandes-Album, Sieben komische Lieder 1—. Wien, Berlin, Paris. Das Torpedo.

Es geht los. Weiter geht's nicht mehr.
Pst! Pst! Das ist der Schluß. Nach Lindenau. *Hansen.*

Brandhorst E. op. 14 Lieb' Sternlein du!
„Du Sternlein da droben" —60 *Kühle.*
Hinz:
- 16 Inniges Bitten —50.
- 20 Hoffnungsstrahlen. Salon-Mazurka 1—.
- 21 Gruß der Schönsten. Mazurka —50.
- 22 Fromme Mahnung —50.
- 23 Der Postillon 1—.
- 24 Nr. 1. Verlornes Glück —50, Nr. 2.
  Warum? —50.
- 25 Mein Diamant —80.
- 26 Nr. 1. Dein eigen —50, Nr. 2. Ich habe
  mein Bedenken —50.
- 27 Erinnerung —50.
- 28 Allein nur du —80.
- 29 Gute Nacht —50.
- 30 Seemanns Abschied —80.
- 31 Rosen und Liebe —50.

Brandl Giulietta. Euterpe e Tersicore.
Valse 1— *Cottrau.*
- Variationen sur „Macbeth" 2— *Cottrau.*

Brandis, Oxen Waltz, *Cornell* —35 *Ditson.*

Brandis Carl Graf. *Bosworth:* **Op. 1** Alpenrosen. Walzer 1.50.
- 8 Lotosblume. Polka-française —80.
- 9 Steinröschen. Polka-Mazurka — 60.
- 10 Ab und zu. Polka-française —80.
- 11 Maiblumen. Walzer 1.50.
- 12 Erica. Polka-française —60.
- 14 Schottisch —80.
- 15 Ungarischer Liedermarsch — 60.

Brandis Friedrich. op. 1 Drei Lieder
(Frisch gesungen: „Hab' oft im Kreise
der Lieben". Der Traum: „Ich hab' mir
eines erwählet"; Volkslied), TTBB, Part u
St 1.80 *Leuckart.*
- 2 Zwei Lieder: 1. Sehnsucht: „Ich bin von
  den Menschen". 2. Erfüllung: „Es fühlt
  sich meine Seele" —80 *Heinrichshofen.*
- 3 Drei patriotische Gesänge, SATB, komplett: Part u. St 1.50: Nr. 1. Zu Kaisers
  Geburtstag: „Herr, zu dir erhebt die
  Hände". 2. Mein Lieben: „Wie könnt' ich
  dein vergessen". 3. Reiters Abschied: „Ade,
  ade, lieb Mutter mein" à Part u. St 1—
  Reinecke.

Brandl Johann (1835). *Bosworth:* Aber
g'sund muß man sein. Einlage-Couplet.
Sehr kurz ist die Zeit uns zum Leben vergönnt —90.
- Aber sunst ist die Stimmung im ganzen
  famos 1— *Haslinger.*
- Die alte Jungfer, Posse: Da soll'n
  wir dann die Starken sein. Damen-Couplet
  —80.
  Dosen-tupfen is schon aus. Couplet —80.
  O nachher stirb i gern. Couplet —80.
  's anschauen kost' nix, aber angreifen net.
  Einlage-Couplet —90.
- Auf zum Tanz! Galopp 1—.
- Coco. Polka-française 1—.
- Colibri. Polka-française nach Motiven der
  Posse: „Kleine Anzeigen" 1—.
- Darf ich bitten meine Gnädige 1— *Haslinger.*
- Don Cesar, Operette: „In Spanien und
  Portugal", Couplet (R. Dellinger) 1—
  Cranz.

- Er und Sie. Polka-française — 80.
- Fion. Polka-française —80.
- Geld regiert die Welt: „Geld ist der Talisman, der alle Türen öffnen kann". Einlage
  Couplet (Theatercouplet 120) — 90.
- Vier Gesänge, TTBB, Part u. St: Nr. 1.
  Süße liebliche Gestalt, Quartett 1.20. 2.
  Gruß dich Gott, du holder Schatz 1.20.
  Nr. 3. Daß so viel Süßes in der Welt.
  Quart. od. Chorlied 1.80. Nr. 4. Wenn nur
  dein Herz am Hoffen hält 1.20.
- Gevatter Neid, Posse: Das And're
  wissen's eh', Couplet (Theatercouplet 79)
  —80.
- G'hört schon sein 1— *Haslinger.*
- Der Hasenschrecker, Posse: Man munkelt,
  Duett 1— *Haslinger.*
- Hundert Jungfrauen, Operette: Ein
  Schiffskadett besitzt Manieren 1—.
  Duett: Französin und Wiener: „O könnt'
  ich einmal noch in meine Heimat zieh'n
  1.80.
  Matrosenlied: „O wie schön ist das Meer"
  1—, TTBB. T-solo. Part 1—, St 1—.
- Ich möcht so gern dein eigen sein, S. u. S
  1— *Haslinger.*
- Im Vertrauen. Polka-française — 80.
- Ja das gibt's nur in Wien 1— *Haslinger.*
- Jubelmarsch 2—, s/O 3,60 n *Berté.*
- Kleine Anzeigen, Posse: Reseda,
  Polka-Mazurka 1—.
- Die Kohlenhändler von Paris,
  Operette: Den verurteilte ich gern. Einlage-
  Couplet (Theatercouplet 81) —80.
- Die Kosakin, Vaudeville Operette in
  3 Akten, KA 6— n. Textbuch —50 n.
  Ach Frau zu sein wie angenehm. Walzer-
  Rondo 1.50.
  Das liegt in der Façon. Couplet 1.20.
  Lieben Sie mich lieber nicht. Duett 1.50.
  Nicht ohne die Marie. Couplet 1.20.
  Wie Graf Tolstoi uns berichtet. Ballade
  1.20.
  Potpourri I, II, P à 2.50, O 5— n.
  Kosakenblut. Walzer 1.80, O 1.60 n, 1.80 n,
  3— n.
  Casimir-Marsch 1.20, O 1.50 n.
  Mit Chic. Polka-française 1.20, O —90,
  1.20.
  Schelmerei, Polka-Mazurka 1.20, O 1.50 n.
  Auf der Flucht. Galopp 1.20, O 1.50 n.
  Kosakin-Quadrille 1.30, O 1.40 n, 1.80 n.
- Die Lachtaube. Polka schnell — 80.
- Laß mi schau'n in die Äugerln die blau'n.
  ST —90.
- Der liebe Augustin. Operette. *Cranz:*
  1. Lied „Du alter Stefansturm" 1.20, Z 1—,
  O 2.50. 2. Couplet: „Salon aleikum" 1.20.
  3. „Zuckergoscherl". Lied 1.20.
  Potpourri I, II, P à 2.50.
  Augustinlieder. Walzer 1.80, O 9.80.
  Marsch 1.20, O 4.20.
  Zuckergoscherl-Polka 1.20, O 3.30.
  Textbuch —50 n.
- Liebeszeichen. Polka-française —80.
- Vier Lieder. Kompl. 3—. Dieselben einzeln:
  Nr. 1. Erinnerung: „Eine Blume gibt's
  auf Erden" —90. 2. Wer hat den Menschen das Lieben gelehrt: „Es blühet die
  Rose gar wonnig" 1—. 3. Stille! „Still

Gedanken drückt euch nieder 1—. 4. Ich würde dir sagen —90.
- Des Löwen Erwachen. Singspiel. KA mit Text 5— n. Potpourri. *P* 1.50 *Cranz.*
- Ha, ha, ha! wie komisch ist das Walzer-Duett aus: „Die Mormonen" (Theater-couplet 105), *St* 1—.
- Mormonen-Walzer nach Motiven der Oper: „Die Mormonen" 1.50.
- Niniche. Polka-française nach Motiven aus dem gleichnamigen Possenspiel —80.
- O Marjolaine! Einlage-Lied zu Ch. Lecocq's Operette „Marjolaine" —80.
- Das geb' ich zu, das räum' ich ein. Komisches Duett aus: „Papas Frau" 1—.
- Papas Frau, Operette: Mädel, Mädel gib nun acht, Tambour-Major-Lied. Momentan für minorenn. Damen-Couplet —80.
- Tambour-Major-Marsch nach Motiven der Posse: „Papas Frau" 1—. *Z* —80.
- „Die Pfarrersköchin", Rondo. *P* 1.30 *Haslinger.*
- Die Probiermamsell, Posse: Der langen Rede kurzer Sinn. Couplet 1—. Was geht denn das uns an. Couplet —80.
- Die schöne Bourbonnaise. Operette: Na in dem Putz so reizend schön 1.25.
  O drum o Mensch, sei gut, sei fromm und brav. Zweistimmige komische Ballade, *ST* 1—.
- Schönröschen. Operette: Die Damen vom Ballet: „Ja das sind sie", Couplet 1—. Gendarmerie-Chor, *TTBB, Tsolo*, Part 1—. St —50, *P* (J. E. Hummel) —60. O du heiliger Ehestand (Theatercouplet 35) 1—, *TTBBTsolo*, Part 1—, St —50. Wird arretiert 1—.
- Die Statuten der Ehe, Operette: Das kann ich nicht, Couplet —90. Nur heißt er nicht King-fu! Couplet —90.
- Die Töchter des Dionysos. Komische Operette. *Cranz:* KA mit Text 7— n. Textbuch —50. Studenten-Walzerlied 1—. Potpourri, *P* 2.50, *kl.O* 2— n. Studenten-Walzer 1.50, *Z* 1.30, *O* 8.50 n, *mO* 3.20 n.
- Trinklied: Der Wein, der Wein der so goldig uns lacht. Einlage-Couplet —90.
- Die Vereinsschwester, Operette: Einst war sie jung, Damencouplet —80. Er und ich, Ballade —50. O wie fürchterlich schlecht is die Welt (Das ist's was den Frauen von heut' gefällt!) Couplet —80.
- Vindobona, Operette: Dann pfirt di Gott Weanastadt, dann ist es aus, Couplet —80. Geheimnis-Couplet: Ich kenn' meine Wiener —80. Weil's dr dös bei uns net gibt. Couplet —80.
- Der Walzerkönig. Posse m. Gesang. *Cranz:* Nr. 1. Geschicklichkeit ist keine Zauberei. Lied —80. Nr. 2. Ach wie amüsant, ach wie pikant —80. Nr. 3. Dort, wo Musik und Gesang erschallt. Walzerlied 1—. Nr. 4. Nach Afrika, nach Kamerun nach Angra-Pequena. Duettino —80. Nr. 5. Ich

liebe dich, du Herzenslieb, Duett —80. Walzer 1.80.
- „Die Weiber wie sie nicht sein sollen: A so a Hetz war no net da, Couplet —80. Die Geschicht ist nicht ohne, Couplet —80. Recitativ und Quart. *SATB* 1.25.
- Zu Zweien, *h. t.* 1.20 *Doblinger.*

Brandler Anton, Mitzi-Gavotte 1.20 *Krämer.*

Brandmayer, 's arme Dirndl 1— *Blaha.*
- Der verliebte Bua 1— *Blaha.*

Brandmüller Ed. op. 1 Zwei Lieder: Nr. 1. Dein Bild. Nr. 2. Bauernregel 1— *Praeger.*
- **3** Zwei Männerchöre: „Frühlingslied" und „An den Sonnenschein", Part u. St —60 *Praeger.*
- **4** Zwei Lieder: Nr. 1. Am Strande. 2. Ablösung 1.50.
- **5** Herbststimmung 1— *Praeger.*

Brandner A. „Ernst ist das Leben, heiter die Kunst". Walzer, *stO* 2— *Seeling.*
- „Tanzkränzchen". Polka-française u. „Conto-Corrente", Polka franç. *mO* 1.50 *Seeling.*

Brandner M. op. 3 Der erste Ball. Walzer, *Z* 2—, *2Z* 3— *E. Stoll.*
- **8** Jugendfreuden. Polka-Mazurka, *Z* 1—, *2Z* 1.50 *E. Stoll.*

Brandon, Bridal Ring with *G* —15 *Pond.*

Brandon Edgar, Dreams on the Derwent, waltz 4—, *FullO* 1 6 n, Sept. 1/— n *Cramer.*

Brandon F. *Larway:* Across the Snow, *P* 3—, 1—, *hms* 4/—.
- An Echo of Erin, *V. P* 3 —.
- Danse Tzigane 3 —.
- Fabiola, *P* 3/—.
- Floral Dance, *P* 3/—.
- Forget me not, *P* 3 —.
- Gondola Song, *P* 3 —.
- Lead Kindly Light (Transcription), *P* 3/—.
- Marguerite (Mazurka), *P* 3/—.
- Primrose Paths, *P* 3 —.
- Queen of the Revels, *P* 3 —.
- Komolette, *P* 3 —.
- Rondolette, Bohémienne, *P* 3/—.
- Silver Dawn, *P* 3/—.
- Springtime Ripples, *P* 3 —.
- Summerland, *P* 3/—.
- Through the Forest, *P* 3 —, *hms* 4 —.
- Twilight Land, *P* 3/—.
- Vintage Song, *P* 3/—.
- Zareska, Mazurka, *P* 3/—.

Brandon Hugh, Duet, *2V. P* acc. 4 — *Swan.*
- Easy Melodious Duets, *VP*, 3 books à 3 — *Whittingham.*
- Farewell, Duet, *2V. P* acc. 4 — *Swan.*
- Naiads Home, Duet, *2V. P* acc. 4/— *Swan.*
- The Navy (Fantasia on Nautical Airs), *V. P* 4 — *Swan.*
- Scotias Evergreens, *VP* 4 — *Whittingham.*
- Sunbeams, *VP* 4/— *Whittingham.*
- Welsh Melodies, *V. P* 4 — *Swan.*
- Winter Pastime, *V. P* 3/— *Swan.*

Brandon M. Could but the world 4/— *Ascherberg, Williams.*
- Kiss me, good night 4/— *Ascherberg.*
- A Willow leaf 4/— *Ascherberg.*

Brandon Norrie, The Boozer's Band 2/—u *Sheard.*

Brandon Thomas, The hour of Prayer 2 — n *Hopwood*.

Brandsch G. Liederbuch f. die Volksschulen der evangel. Landeskirche A. B. in den siebenbürgischen Landesteilen Ungarns. Teil I. 1.—4. Schuljahr —43 n, Teil II. 5.—8. Schuljahr —85 n *Kraft*.

Brandstätter Carl, op. 2 Fughetten und Vorspiele, OrgH od. *Pedalflügel* 1— *Beyer*.

Brandt, Le départ du régiment, choeur patriotique, 2 v. ég., 3 v. ég. à —25 n. 3 ou 4 v. ég. av. *Harm* ou *Fanf*. Part mann, Hanneton vole. ch. à 3 v. ég. 1.25 n *Pinatel*.

- Evening shadows, fem. trio — 08 *Ditson*.
- Feuillet d'Album. Marguerite, brill. Walzer, P 3— *Gutmann*.
- Iroquois galop, FullO —75, SmallO —50. P acc. —20 *Hawkes*.
- Kinkle's Dragoons —50 *Willig*.
- Musique du Régiment, Choeur à 3 voix ég. Part —50 *Lory*.
- Noriny-Marsch —75 *Kott*.
- Prinz Wilhelm, Marsch —50 *Johann*.
- Täuschungs-Polka —50 *Kott*.
- Versöhnungs-Redowa, P —75 *Kott*.

Brandt A. op. 2 Sechzig kurze leichte Vorspiele, Org 1— n *Heinrichshofen*.
- 4 Zwei Festmotetten, SATB: 1. „Groß und wunderbar" (Missionsfest und Erntedankfest), Part —40, St —50. Nr. 2. „Selig sind die Toten" (Totenfest), Part —40, St —50 à —90 *Heinrichshofen*.
- 5 Drei Lieder: 1. Wandrers Nachtlied: „Der du von dem Himmel bist". 2. Gefunden: „Ich ging im Walde". 3. März: „Es ist ein Schnee gefallen", à —50 *Heinrichshofen*.
- 6 Drei Lieder: 1. Rastlose Liebe: „Dem Schnee, dem Regen" —80. Nr. 2. Abendlied: „Wie jetzt die Blättchen friedlich ruh'n. 3. Liebesfrühling: „Ich liebe dich", à —50 *Heinrichshofen*.
- 7 Zwei Gesänge, TTBB: 1. Die Trompete von Mars-la-Tour: „Sie haben Tod und Verderben gespie'n", Part —60, St 1.20. Nr. 2. „Dulde, gedulde dich fein!" Part —40, St —60 *Heinrichshofen*.
- 8 Zwei Liebeslieder, SATB: 1. „So wahr die Sonne scheinet". 2. Liebesgarten: „Die Liebe ist ein Rosenstrauch", à Part, St —90 *Heinrichshofen*.
- 10 Nr. 1. Am Wogenschlag: „Am Wogenschlag da möcht' ich träumen den ganzen Tag". TTBB, Part —40, St —60. Nr. 2. Vagantenliedchen: „Blondköpfchen rechts, Schwarzköpfchen links", TTBB, Part —40, St —60. Nr. 3. Herr Wirt: „Herr Wirt. setzt mir den Schoppen her", TTBB, Part —40, St —60. Nr. 2 f. 1 Singst —80 *Wernthal*.
- 11 Gloria in excelsis. Weihnachtslied mit Org (H) od. P, h. t. à 1— *Heinrichshofen*.
- 14 Nr. 1. Abendgebet: „Im tiefsten Innern". 2. „Winter hat angefangen", à —80. Nr. 3. Kuriose Geschichte: „Ich bin einmal" 1— *Heinrichshofen*.
- 15 Vier Motetten, SATB (Kirchen- und Schulchöre), Part —60 n: Nr. 1. Alle gute Gabe (Erntedankfest). 2. Schaffe in mir, Gott, ein reines Herz (Pfingsten. Bußtag).

3. Selig sind, die zum Abendmahl des Lammes berufen sind (Totenfest). 4. Jauchze und sei fröhlich, Tochter Zion (Advent). Part - 60, Part à —20 n *Vieweg*.
- 16 Die Seligpreisungen, SATBOrg, Part n. St 2.70 *Heinrichshofen*.
- 18 Goldenes Melodienbuch. Auswahl beliebter Volksweisen, Tänze, Märsche, Choräle, Opernmelodien etc. P, 4 Hefte à 1.50 *Merseburger*.
- 22 Erstes Notenbuch f. kleine Pianisten, 68 Stücke, P, *bns* 1.50 n *Kahnt*.
- 23 Wald- und Wanderlieder, TTBB, Part u. St 1— n *Leuckart*.
- 24 Mein Preußenland: „Mein Preußenland, mein Vaterland", TTBB mit Begl. von *Blechinstrum*. Part —60 n. Singst —30 n, Instrumentalst —90 n *Leuckart*.
- 30 Sängergruß: „Grüß euch Gott! ihr Sänger alle, tönt es laut mit Jubelschalle", TTBB mit *MM*, Part 1—, St —50 *Merseburger*.
- 34 Sängerhalle, 53 Gesänge, TTBB, 3 Hefte à —45 *Merseburger*.
- 38 Erster Lehrmeister im Klavierspiel. Eine streng progressiv geordnete Elementar-Schule, 3 Hefte à 1.50 *Merseburger*.
- 41 Der Wandersmann, TTBB, Part —75, St 1— *Praeger*.
- 46 Dreistimmige Gesänge für höhere Schüler —60, in 2 Heften à —30 n *Praeger*.
- 47 Motette (Psalm 145), TTBB, Part —50, St 1— *Praeger*.
- 51 Gruß an den Hain: „Grüß Gott, grüß Gott, du golden grüner Hain", TTBB, SATB, Part. St à —60 *A. E. Fischer*.
- 52 Zum Abschied: „Feinsliebchen, nun dich Gott behüt!" —50 *A. E. Fischer*.

- Am Ammersee, Duett —20 *Hoffheinz*.
- Am Sedan-Tage (Melodie des Pariser Einzugs-Marsches), f. 28 u. A (Part) —15 n *A. E. Fischer*.
- Anthologie aus Haydns, Mozarts und Beethovens Werken, P, 3 Hefte à 1.50 *Merseburger*.
- Choräle und geistliche Figuralgesänge, SSA, Komp. von: Breitenstein, Gebhardi, Gläser, Gluck, Grell, Hassler, Händel, Klauer, Klein, Krüger, Mendelssohn, Methfessel, Mozart, Reissiger, Rinck, Schärtlich, Schnabel, Silcher, dem Herausgeber u. a. 1. Heft: Leicht ausführbare Gesänge. 2. Heft: Gesänge für Geübtere, à —50 n *Leuckart*.
- 12 Choralvorspiele, Org 1.20 *Merseburger*.
- Chor-Gesang-Schule 1.50. Kommentar dazu —30 *Merseburger*.
- Friedhofsklänge, TTBB —25 *Merseburger*.
- Die Heimkehr 1.50 *Hoffheinz*.
- Jugendfreuden am Klavier (Kinder-Klavierschule), Heft I 1.20, Heft II, III à 1.50 *Merseburger*.
- Dreißig zwei- und dreist. Lieder für die Jugend —20 n, m. P —70 n *Leuckart*.
- Liederstrauß. Auswahl heiterer und ernster Gesänge, Heft V, 12° —45 *Merseburger*.
- Marching song (School Music Leaflets 62) —½ *Curwen*.
- Orgelstücke zum Gebrauche beim Gottesdienste, 2 Hefte à —90 *Merseburger*.

Praktische Elementar-Orgelschule. 2 Hefte
à 3.30 *Merseburger.*
- Trauergesang: „Wohlauf zum letzten ern-
sten Gang". TTBB. Part. St 1— *Heinrichshofen.*
Brandt B. von, Karnevals-Freuden-Polka
—80 *Bote.*
Brandt C. Dein Eigen (Thine own), waltz
—60 *Gordon.*
- Harvest moon, schottisch —35 *Ditson.*
Brandt Ch. op. 1, Nocturne. P 1.50 *Schott.*
- 2 Marche hongroise. P 1.50 *Schott.*
Brandt Enrique, El Carino. Span. Tanz —20
Michow.
Brandt Erich. op. 1 Sechs Lieder: 1. Frage.
2. Frühlingsglaube. 3. Da die Stunde kam.
4. Müder Glanz der Sonne. 5. Und kommst
du nicht am Tage. 6. Es ist ein Flüstern
der Nacht. 2.40 *Gutmann.*
Brandt Franz, op. 11 Die kleine Herzens-
diebin 1— *Apollo.*
- 14 Wilhelm. Theater-Marsch 1— *Apollo.*
- 15 Ich grüße dich. P —60 *Apollo.*
- 23 Lumpenmüllers Lieschen, Polka —60
Eisoldt.
- 40 Krone des Lebens, h. t. à 1— *Benjamin.*
- 42 Blumengruß —80 *Hoffheinz.*
- 44 Erna Gavotte 1.50, PV 1.70, O 1.50 n
Eisoldt.
- 53 Verzeih' daß ich dir weh getan —10
Hoffheinz.
- 54 Leonas Lied —90 *Hoffheinz.*
- 55 Berlin bleibt Berlin. Walzer (mit Text)
1.50 *Hoffheinz.*
- 59 Leben und glücklich sein —30 *Kunz*, mit
unterlegt. Text, Z —80 *Hocus.*
- 65 „Liebeständeleien". Intermezzo, P 1.50,
VP 1.20, PVVcFlTr 1.20, Par. Bes. 1.20 n
P. *Fischer.*
- 67 Leonita. Salonstück, P 1.20, VP 1.20,
PVVcFlTr 1.20, Par. Bes. 1.20 n P. *Fischer.*
- 68 Selina-Marsch 1—, VP 1.20, PVVcFlTr
1.20, stO 2— n, Par. Bes. 1.20 n P. *Fischer.*
- 69 Du mußt mich lieben 1.20, Par. Bes. 1.20 n
P. *Fischer.*
- 70 Es muß geschieden sein. „Wir standen
Arm in Arm" 1— *Augustin.*
- 70 Fidele Burschen. Marsch 1— P. *Fischer.*
Augustin:
- 71 Ich hab' ja nichts, als wie mein Lied. „Wie
kurz ist doch das Menschenleben" 1.20.
- 75 „Du", inniges Lied. „Es war gescheh'n,
ich weiß nicht wie" 1.20.
- 80 Ach die Liebe gibt nur Leben, herziges
Lied 1.
- 85 Deutschlands Edelmut. „Ein kräft'ger
Stamm" 1—.
- Aber mit'n Eu! Eu! Couplet —20 *Kunz.*
- Allerlei, Couplet. „Wenn Krause in die Kneipe
geht" 1—.
- Auf Wiederschn. „Man braucht gar oft die
Redensart". Couplet (Duett) 1—.
- Ballade. „Der Ritter Don Alfonso stand" —80.
- Berliner Mädchen sind nicht so, Couplet 1—
P. *Fischer.*
- Berliner Wort klingt wunderbar! „Berliner
Laune und Humor, die zieh' ich allem andern
vor" 1— *Apollo.*
- Ein Besuch in Berlin. Couplet. „Jüngst kam
ein Bauersmann" 1—.

- Bitte treten Sie nur ein. Couplet. „Der
Schusterjunge kommt am Abend" —80.
- Deutsche Männer, deutsche Turner —20 *Kunz.*
- Das erste Debut. Couplet. „Verzeih'n Sie nur
gütigst" —80.
- Die gute alte Zeit und heut. Couplet. „Früher
mit dem Postkutschwagen" —80.
- Ich habe nichts. Couplet. „Studiosus Bummel
wird" —80.
- Ich kann mir nicht helfen, das gefällt mir
nicht. Couplet. „In dem zoologischen Garten"
—80.
- Ist das nicht reizend? „Geh ich über Tal
und Auen" 1— *Apollo.*
- Die Jagd nach dem Glück. Fantasie 1— n
Bellmann.
- Kann ich davor, daß täglich man aufs neue
bewundert meinen mächtigen Verstand 1—
Apollo.
- Das Lied vom Vater Rhein —20 *Kunz.*
- „Mein Sehnen, o Heimat, bist Du" —30 *Kunz*,
Z —80 *Hocus.*
- Mir ist die Sache ganz egal. Couplet. „Der
Johann kommt ins Dorf zurück" —80.
- Null, Komma, Nichts! „Die Zeit ist schlecht
so ruft die Welt" 1— *Apollo.*
- Ohne Mann ist am Leben garnichts dran,
Damen-Couplet. „Kommt der wunderschöne
Mai" 1—.
- Die Sänger von Finsterwalde. Marsch m. Text
1—, VP 1—, PVVcFlTr 1—, O. stO. IM
à 1.50 n, Par. Bes. 1— n P. *Fischer.*
- Selig Empfinden bringt Liebe allein—30 *Kunz.*
- Wer mich liebt, den lieb' ich wieder. Damen-
Couplet 1— P. *Fischer.*

Brandt Fritz, op. 2 Der Page v. Hochburgund
2— *Faßbender.*
- Oster-Häschen. Gavotte. P 1.20 *Rühle &
Wendling.*
Brandt F. A. Feest-marsch XIe lustrum Delftsch
studentencorps. Delft —50 *Waltman.*
- Nachtuilen en Dagvlinders. Wals 1—*Wagenaar.*
Brandt G. Postludium. Org —80 n *Musica sacra.*
Brandt Hermann, op. 8 Vom Rhein der Wein.
h. t. à 1.80, TTBB mit T-Solo, Part u. St
1.50, P —80, Z 1—, stO 3— *Apollo.*
Hoffheinz:
- 18 Maienzeit und Liebestraum 1.30, h. t. à
1—, Duett 1—, Terzett 1—, TTBB mit P
ad lib. 1.30, TTBB und T-Solo, Part —50,
Z —80, Transcr. P 1—, Walzer —75 *Oertel:*
Tr, Cornet, Tenorhorn, Euphonion, Posaune
mit O à 1.50 n, mit grmO à 2— n, mit
klmO, blM à 1.50 n, O 1.50 n. grm O 2— n,
klmO, blM à 1.50 n.
- 19 Nur einmal möcht' ich dir noch sagen,
h. t. à —80.
- 20 Das Glöcklein zu Lahr 1—. Transcr. P
1—, Z —80.
- 21 Vergißmeinnicht —80 *Hoffheinz*, Transcr.
P —20 *Michow.*
- 22 Sternschuppenlied —80.
- 23 Der Tod des Herrn von Bramarbas —80.
- 24 Ständchen: Gute Nacht, die Sterne leuchten,
h. t. à —80, Transcr. P 1—. Z —60.
- 25 Prinz Heinrich-Marsch —80.
- 26 Deutsche Fechter —80.
- 27 Du liebliche Rose, daß Gott dich behüt',
h. t. à 1—, Transcr. P 1—, Z —80.

- 28 Spreenixen-Walzer 1.50, *PV* 2—, *O* 5— n *Eisoldt*.
- 29 Alle Neune! Kegel-Galopp (Trio mit humoristischem Text) —80.
- 30 Des Sängers Abschied —80.
- 31 Deutsches Wort, Lied und Treu, *TTBB* 1—.
- 32 Allein! 1—.
- 34 O laß dich halten gold'ne Stunde —80. Transcr. *P* 1—.
- 35 Sängers Liebesmarsch, *TTBB* 1.40.
- 36 Liebend will ich dein gedenken —80.
- 37 So manche schöne Perle, *h. t.* à —80. *TTBB* Part —50.
- 38 Verschiedene Weine, humoristisch, Duett 1—.
- 39 Lebt wohl, ihr blauen Augen, Walzerlied, *h.* und *t.* à —80.
- 40 Der Fechtmeister, Polka (Trio mit humorist. Text) 1—.
- 41 Ach! Einmal blüht im Jahr der Mai, nur einmal im Leben die Liebe, *h. t.* à —80, *TTBB* 1—, *Z* —60.
- 42 Mein Traumlied, *h. t.* à —80.
- 43 Amors Liebespfeil. Gretchenwalzer, humoristischem Text, *h. u. t.* à 1.50, *TTBB* m. *P* ad lib. 2—, *P* (Lieder-Perlen 27) 1.50, *Z* 1—.
- 44 Erinnerung an Luzern, Tongemälde, *P* 1.50, *4ms* 1.80, *Z* 1—.
- 45 Abschied von der Heimat, *P* 1—.
- 46 Du mein alles, *h. t.* à —80.
- 47 Alles ist ja nur Traum, *h. t.* à —80.
- 48 Wenn man die Hand zum Abschied gibt, *h. t.* —80.
- 49 Das treue Mutterherz, *h. t.* à —80.
- 50 Beschützt den schönen deutschen Rhein. *TTBB* 1.10.
- 51 Träumereien am Wasserfall, *P* 1.20, *4ms* 1.50, *kIO* 3— n.
- 52 Nun ade! *TTBB* 1—.
- 53 Jagdfanfare, *P* 1.20.
- 54 Jetzt ist er hinaus in die weite Welt (Trompeter von Säkkingen), *h. t.* à 1—.
- 55 Auf ewig dein. Polka-Mazurka —60 *S. Philipp*.
- 55 Concordia-Gavotte 1—.
- 56 Lustspiel-Ouverture, *P* 1.50, *4ms* 1.80.
- 58 Herzensgrüße, *P* 1.20.
- 59 Der kleine Husar, *P* 1—, *4ms* 1.50.
- 60 Album (10 kleine Tonbilder), *P* 2—. Nr. 1. Maienzeit und Liebestraum. Polonaise. 2. Wiegenlied. 3. Weihnachts-freuden. Polka. 4. Jagdlied. 5. Glockenblumen-Walzer. 6. Reiterlied. 7. Gondelfahrt. 8. Marsch der Radfahrer. 9. Feodora-Gavotte. 10. Der kleine Schelm. Rheinländer. Nr. 1, 2, 3, 5, 8, 9, 10 à —60.
- 61 Erinnerungen, *h. t.* à —50.
- 62 Das Glöcklein, *h. t.* à —80.
- 64 Mein Braunschweig sei gegrüßt —80.
- 65 Ergebung —80.
- 65 Treue Liebe, *P* 1—.
- 66 O selige Zeit der Liebe! Walzerlied, *h. t.* à 1.50.
- 66 Trinklied: „Wem bring ich wohl das erste Glas", *h. t.* à —80.
- 67 Leise rauscht es in den Bäumen und die stille Liebe wacht —80.
- 68 Laß tief in dir mich lesen, *h. t.* à —80.
- 70 Frühlingsblumen, *P* 1.20.
- 71 Amazone, *P* 1—, *4ms* 1.50.

- 72 Dem deutschen Vaterland, *TTBB* 1.20.
- 73 Libelle, *P* 1.20.
- 74 Mein Liebesbote, *S. Philipp*: *S. A* à 1.20, m. *O* 1.20 n, *TTBB*, Part, St 1—, Walzer —20 n, *Z* —60.
- 75 Rheinlied (C. Fuchs), *TTBB* 1—.
- 76 Zigeuner im Walde, *P* 1.20, *4ms* 1.40.
- 77 Nocturno, *P* 1.50.
- 78 Trompeter von Säkkingen. Werners Gruß an Margaretha, *P* 1.20.
- 79 Schattenbilder, *P* 1.20.
- 80 Traum der Sennerin 1.50.
- 81 Soldatenliebchen: „Sieht man das Militär". Marschlied 1— *Apollo*.
- 82 Sangeslust (R. Linderer), *TTBB* 1—.
- 83 Ist's ein Gruß von dir? *h. t.* à —80.
- 84 Die Landpartie. Polka mit humoristischem Text 1.50.
- 85 Abschiedsgruß! *TTBB* 1.10.
- 86 Goldene Ähren, *P* 1—.
- 87 Aus der Jugendzeit, *P* 1.50.
- 88 Walzenburg, *P* 1.20.
- 89 Der lustige Kegelschütze. Marsch 1—, *O* 1.20 n, Par. Bes. —60 n *Fechner*.
- 90 In stiller Nacht, *P* —75.
- 91 Liederstrauß. Potpourri, *P* 3—.
- 92 San Remo 1— *Bosworth*.
- 94 Die bösen Männer 1.50, *Z* —80 *Werthal*.
- 95 Blumensprache 1.20, *TTBB*, Part —40, St —60 *Glas*.
- 96 Erste Liebe, *h. t.* à 1.20 *Glas*.
- 97 Weihnachtsklänge, *P* 1.20 *Glas*.
- 98 Ich denke dein 1— *Bosworth*.
- 99 Der Menschen Wünsche 1.20 *Glas*.
- 100 Tante Eisenstein. Gesangswalzer 1.50 *Glas*.
- 101 Der Zecher am Rhein, *h. t.* à 1.20 *Glas*.
- 102 Heimkehr 1— *Bosworth*.
- 103 Der Zecher an der Himmelstür, *B. Bar* à 1.50 *Glas*.
- 104 Mein Engel hätte dein 1.20 *Glas*.
- 105 Dein Glück ist meines Gartens Rose: Im tiefen Leid möcht' ich vergehen 1— *Bote*.
- 106 Liebchens Augen. Walzerlied 1.20 *Glas*.
- 107 Die schönste Rose 1.20 *Glas*.
- 108 Oh! Wanderlust, oh! Frühlingszeit 1.20 *Glas*.
- 109 Der Heideritt 1.20 *Glas*.
- 110 Mein Leben gleicht der Blume 1.20 *Glas*.
- 111 Annettchen. Polka franc. m. Text 1.50 *Glas*.
- 112 Sie verstehen dich 1.20 *Glas*.
- 113 Leb' wohl, ade! 1.20 *Glas*.
- 114 Heimkehr 1.20 *Glas*.
- 116 Sieh dich vor 1.50 *Glas*.
- 117 Hochzeit-reigen 1.20 *Glas*.
- 118 Lieben und Leiden 1.20 *Glas*.
- 119 Lob des Weines 1.20 *Glas*.
- 120 Der letzte Blick 1.20 *Glas*.
- 121 Die reizende Berlinerin 1.50 *Glas*.
- 122 Sterne der Liebe 1.20, *TTBB*, Part —40, St —60 *Glas*.
- 124 Herzens-freuden 1.50 *Werthal*.
- 125 Dem deutschen Militär 1.50 *Glas*.
- 126 Deutsches Bierlied —80 *Haslinger*.
- 127 Was bringt uns die gold'ne Frühlingszeit —80 *Haslinger*.
- 128 Die Alpenrose 1— *Haslinger*.
- 129 Deutscher Schützenmarsch, *grO* 1.20 n,

Milit.-Mus. st. Infanterie, Kavallerie, Jäger,
12—30stim. 1.50 n *Haslinger*.
- 130 Gute Nacht 1— *Haslinger*.
- 131 Träumerei 1— *Haslinger*.
- 132 Goldregen. 6 Klavierstücke 2.25 *Glas*:
1. Gruß von der Alm. 2. Tändeleien. 3.
Fröhliches Jagen. 4. Singen und Springen.
5. Unter der Linde. 6. Alpenveilchen, à —80.
- 133 Frühling 1— *Haslinger*.
- 134 Schwere Wahl 1— *Haslinger*.
- 135 „Frühlingsreigen". 5 leichte Klavierstücke: 1. Die kleine Blondine, 2. Der kleine
Athlet, à —80. Nr. 3. Sommerfreuden, 4.
Am Tegelersee. à 1—. Nr. 5. Auf grüner
Au —80 *Glas*.
- 136 Gruß aus der Ferne, *P* 1.20 *Glas*.
- 137 Der Mutter Freud und Glück 1.20 *Glas*.
- 138 Maienwonne 1.20 *Glas*.
- 139 Weil ich nicht vergessen kann 1.20 *Glas*.
- 140 Oh! frage nicht 1.20 *Glas*.
- 141 Marie vom Oberland 1.20 *Glas*.
- 142 Dir gilt mein letztes Grüßen 1.20 *Glas*.
- 143 Ach wie schön ist doch die Welt 1.20 *Glas*.
- 144 Liebesbotschaft 1.20 *Glas*.
- 145 Der brave Zecher 1.50 *Glas*.
- 146 Rote Lippen 1.20 *Glas*.
- 147 Bertha-Rheinländer 1.20 *Glas*.
- 148 „Mein süßer Engel du", „Man sagt, ich
soll dich meiden" 1.20 *Eisoldt*.
- 149 Waldesrauschen. „Oft geht an schönen
Frühlingstagen" 1.50, *TTBB* (F. Baselt),
Part, St à —60, *Z* (Max Schulz) —75
Eisoldt.
- 150 Geburtstagsliedchen. „Heute wirst du
gratulieren" 1.20 *Eisoldt*.
- 151 „In mein Gebet schließ' ich's mit ein!"
1.20 *Glas*.
- 152 Mutterlust und Mutterleid 1.20 *Glas*.
- 153 Ich grüße dich 1— *Werthal*.
- 155 „Aus der Alpenwelt". Zwei Salonstücke:
1. Alpenklänge, 2. Alpenlieder, à 1.20 *Glas*.
- 159 Treue Liebe, sie besteht. „Nur die
Hoffnung fest gehalten" 1—, *Z* (Jos.
Kellner) —50 *Rühle*.
- 160 Ich weiß, daß auf der ganzen Welt mich
keine liebt wie du! „Leis' bebend rauschen
Busch und Baum in warmer Sommernacht"
1— *Rühle*.
- 161 Behüt' dich Gott, *h. t.* à 1— *Werthal*.
162 Nur am Rheine blüht mein Glück, *h. m.*
à 1—, (Volks-Repertoir 15, 1. Klasse) —20,
SATB (Harmonia 16), Part —10, St —05
Rühle & Wendling, Fant. *P* (R. Tourbié)
—20 *Rühle*, (Krimmling) —75 *Rühle &
Wendling*.
- 163 Du verstehst mich nicht: „Wie oft steh'
ich in dunkler Nacht" —60, Fant. *P* (Behr)
1— *Tonger*.
- 164 „Willst du mein Bote sein — Wilt thou
my message bear?", „Ach hätt' ich Flügel
— A had I wings", *h. t.* à 1— *Simrock*.
165 „Wohl dir, wenn du ein Herz gefunden —
A gem this heart and all thine own", *h. t.*
à 1— *Simrock*.
- 166 Mein Röslein im Tal, *h. t.* à 1.20 *Glas*.
- 173 Im Nest ein Vöglein saß 1— *Fechner*.
-- 174 Im Sonnenschein. „Drüben im Sonnenschein flimmert ein Haus" 1.25 *Rühle*.
- 175 „Du sollst mein eigen sein" 1.20 *Glas*.
- 176 „Du bist mein Paradies" 1.20 *Glas*.

- 178 Es war ein süßer Traum. „Ich hatte
einen süßen Traum" 1.20 *Eisoldt*.
- 179 Der Rheinenthusiast: „Soll ich euch ein
Liedchen singen von der Liebe, von dem
Wein", *h. t.* à —60, u. *Z* (Fr. Gutmann)
—50, *TTBB*, Part u. St 1—, Fant. *P* (Behr)
1—, *VP* 1.50 *Tonger*.
- 180 O denk daran 1— *Zechlin*.
- 181 „Wer treulich liebt, ist nicht verlassen".
h. t. à 1— *Tonger*.
- 184 Am Rhein da steht mein Vaterhaus 1.20
Glas.
- 185 „Dein will ich liebend stets gedenken"
1.20 *Glas*.
- 186 Der Sänger 1— *Zechlin*.
- 188 Lebe wohl! 1— *Simrock*.
- 189 O Blumen, Lenz und Vogelschar. „Ich
stand an Ufers Matten" 1—, (Volks-Repertoir
16, 1. Klasse) —20 *Rühle & Wendling*.
- 190 Sei gegrüßt viel tausendmal: „Wenn die
sanften Frühlingsweste", *S. MS. A* à 1—,
TTBB (C. Bieber), Part —20, St —60,
Cornet à *P* —50, Cornet à Pist *P* 1—, *sO*
(Haus-Konzert u. Tanz-Musik 79) Par. Bes.
—60 *Scheithauer*.
- 191 Heinrich, Heinrich, ach laß das sein.
„Er war noch jung an Jahren, verlieht in
Gretelein". Walzerlied 1— *Rühle*.
- 192 Röslein im Wald —80.
- 193 Du stiller Liebestraum —80.
- 194 Es ist doch schön auf Erden —80.
- 195 Du bist mein Traum —80.
- 196 Die Lieb' auf dem See —80.
- 197 Das Heidelberger Faß —80.
- 198 Heut' beim Feste, lieben Gäste —80.
- 199 Teure Heimat sei gegrüßt —80.
- 200 O gönne mir den Liebestraum —80.
- 201 Laß mich ruhn an deiner Brust —80.
- 206 Ich möcht' so gerne singen 1.20 *Glas*.
- 207 Des treue Herz 1.20 *Glas*.
- 208 Jugendträume 1.25, *Z* (m. Text) —80,
Transcr. *P* 1— *Rühle*.
- 209 Liebeszauber. „Du bist der Glanz", *Z*
—60 *Augustin*.
- 210 Nur eine Rose möcht' ich senden: „Ich
möchte dir ein Wörtchen sagen" 1— *Scheithauer*.
- 211 „Oh! Maienzeit — oh! Freud, oh! Leid"
1.20 *Glas*.
- 212 Lenz und Liebe, *h. t.* à 1— *Werthal*.
- 213 Der erste Liebeskuß 1.50 *Glas*.
- 214 Bitte, bitte: „Bitte dich, lieb' Vögelein"
—60 *Tonger*.
- 215 O, sei mein Stern: „Ich hab dich einmal
nur gesehen" 1.20 *J. Bornemann*.
- 219 „Gretelein, sag' nicht nein" 1— *Tonger*.
- 222 Jägers Brautgang 1—, *P* 1— *Bosworth*.
- 223 Evoë Bacchus 1.20 *Glas*.
- 224 Rheinweinlied 1— *Bosworth*.
- 225 Schön Elisabeth (Glückliche Seelen).
Heiteres Liedchen 1.20 *P. Fischer*.
- 226 Schirm' dich Gott, du deutscher Rhein:
„Schöner Rhein mit deinen Reben" —60
Tonger.
- 227 Der Herzensdieb. „Mein Liebster muß
ein Schütze sein" 1.20 *Eisoldt*.
- 228 „Stoßt an, trinkt aus" 1— *Simrock*.
- 229 „Es war ein Traum" 1— *Simrock*.
- 231 Lebe wohl: „Duft'ge Lieder dir zu
flechten" 1—, *TTBB* (Der Volkssänger 5),

Part —10 n, St —05 n, *Tenalsolo* Par.
Bes. —75 n *Fechner*.

- 233 Das Mädchen von Helgoland 1.50 *Glas*.
- 234 Hochzeitslied. „Einzig wahre Lieb' wird
ewig treu bestehen" *S. A à 1— St. Philipp*.
- 235 Für mich gibt's keinen Frühling mehr.
„Ach, wie die Zeit so rasend schnell enteilet"
1—, —20 *Rühle & Wendling*.
- 236 Am Mühlbach: „In einem grünen Tale"
—60 *Tonger*.
- 237 Amor kommt. „Im Herzen wohnt die
Lieb' allein" 1.20 *Eisoldt*.
- 238 O Herz verzage nicht. „Die Liebe lehrt
in kummervollen Tagen" 1.20 *Eisoldt*.
- 239 Wein, Weib, Gesang. „Trinken, trinken,
laßt uns trinken" 1.20 *Eisoldt*.
- 240 Frühling der Liebe. „Wenn durch Flur
und Wald" 1.20 *Eisoldt*.
- 241 Rosenliebe 1.50, Duett 1.50 *Glas*.
- 242 Oh! wonnige Liebe, oh! lachender Mai
1.20 *Glas*.
- 243 Willst du so ganz mein eigen sein.
„Die Laute nehm' ich", *h. t.* à 1— *Forberg*.
- 245 Ohne Liebe blüht kein Glück 1.20 *Glas*.
- 246 Mein Himmel auf der Welt: „Es liegt
wie blanker Sonnenschein" —60 *Tonger*.
- 247 Mutterliebe: „Wer hat zuerst dich angeschaut" —60 *Tonger*.
- 248 Das Lied, was meine Mutter sang. „Früh
von der Heimat mußt ich wandern" 1.20
Eisoldt.
- 253 Wie hab ich dich so lieb! „Mit dem
Frührot muß ich scheiden" 1.20 *Eisoldt*.
- 254 Hüte dich lieb' Mägdelein 1.20 *Glas*.
- 255 Ob du mich liebst? 1.20 *Glas*.
- 256 Mein Schatz hat blaue Augen 1.20 *Glas*.
- 257 Die Liebe führt auf dunklen Wegen 1—.
- 258 Die Rosenknospe. „Die Knospe träumt
am Rosenstrauch" 1.20 *Eisoldt*.
- 259 Der verliebte Zecher: „Wenn die Sternlein heiter blinken", *h. t.* à 1—, (Volks-
Repertoire 12, 1. Klasse) —20, Fant. P
(Krimmling) —75 *Rühle & Wendling*.
- 260 Das Mütterlein: „Bist einsam und verlassen du" 1—, (Volks-Repertoire 11, 1.
Klasse) —20 *Rühle & Wendling*.
- 263 Der Schmetterling: „Ein Wetterfähn-
chen ist mein Sinn" 1— *Rühle*.
- 267 Der Mutter Lied: „Ich geh' der Sonne
gern entgegen" 1— *Scheithauer*.
- 268 Trost im Scheiden: „Nun muß ich
heute von dir scheiden" 1— *Simrock*.
- 269 Du fragst ob ich dich liebe? 1.20 *Glas*.
- 270 Im grünen Hain: „Ach du armes Vögel-
lein" 1—, (Volks-Repertoire 14, 1. Klasse)
—20 *Rühle & Wendling*.
- 273 Was ich möcht'. Lied: „Ich möcht' so
gern ein Vöglein sein" 1.20 *P. Fischer*.
- 274 Nie kehrst du wieder 1.20 *Glas*.
- 275 Treue Liebesboten. P 1.20 *Glas*.
- Album. 17 bel. Lieder 2—n *Hoffheinz*.
Hofmeister:
- Abschied von der Heimat, Z 1—.
- Alpine Songs, P —50 *J. Fischer*.
- Alpine Violets, P —40 *J. Fischer*.
- Heimkehr (Bosworth, Liederschatz, Pop.
Ausg. bel. Lieder) à —50 n *Bosworth*.
- Der kleine Schelm, Z —50.
- Die Landpartie, Polka, *TTBB* m. P ad lib. 2—.
- Leise rauscht es in den Bäumen, Z —60.
- Die Liebe ist das höchste Glück 1— *Weruthal*.

- Little Blondine, Polka Mazurka —40 *J.
Fischer*.
- Романсы, *Jurgenson*: Глаза милой. Въ
глазахъ подруги —30.
- Анютина-Полька —30.
- Весна и любовь —25.
- Въ тъми лъсной —25.
- Sounds from the Alps, P —50 *J. Fischer*.
- Ein süßer Traum 1— *Weruthal*.
- Trompeter von Säkkingen. Jetzt
ist er hinaus in die weite Welt. Z —50.
- Zoo meen'ge schoone Parel, met Holl. en
Duitschen tekst 1.50 *Roth*.

Brandt Isidore de, En attendant, Polka 1.30,
O 1.60 n *Bertram*.

Brandt J. S. Sange til Tekster af Komponisten 1.50 *Hansen*: 1. Laerken. 2. Morgensang. 3. Aftensang. 4. Paaskesang. 5. Kin-
derne ved Graven. 6. Julesang. 7. Svalen.
8. Aftensang. 9. Den bedste Ven. 10. Julesang. 11. Aarstiderne. 12. Snestormen. 13.
Ved Stranden. 14. En lille Bølges Levnets-
løb. 15. Tracktegnet i Marts. 16. Skoven
i Efteraaret. 17. Stranden. 18. Blomsten
ved Bækken. 19. Danmark og Tyskland.
20. Til Laerken og Solsorten. 21. Laerken
og de andre Fugle. 22. Moders Vuggesang.
23. Sang til Anemonerne. 24. Farvel til
den fynske Sommer. 25. Tracktegnet.

Brandt Karl. *Ronelle*: Op. 15 L'Ondine,
idylle, P 9—.
- 16 Tarentelle, P 9—.
- 17 Le Murmure du ruisseau, P 7.50.
- 18 Le Rêve, fantaisie, P 9—.
- 19 Le Trémolo, P 7.50.
- 20 Saltarello, P 7.50.
- 21 La Sylphide, P 7.50.
- 22 Le Printemps, étude en trilles. P 6—.
- 23 Ballade écossaise, P 7.50.
- 24 Myosotis, romance sans par. P 4—
Costallat.
- 25 Sonate en ré, P 4—.
- 26 Barcarolle vénitienne, P 2.50.
- 27 Polonaise 2.50.
- 28 Chant du soir, P 2—.
- 29 Inquiétude, P 1.50.
- 30 Aubépine (Espérance), P 1.50.
- 31 Le chant du gondolier, P 2—.
- 32 Scherzo en ré, P 3—.

Brandt Louis, op. 25 Musikalisches Stamm-
buch, P, Heft I, II à 1.50 *Schuberth jr*.
- 26 Amulet-Steine, P, Heft I, II à 1.50
Schuberth jr.
- 27 Für die ganz Kleinen. 14 melod. Studien,
P, Heft I, II à 1.50 *Schuberth jr*.
- 30 Zwei Lieder: 1. Ich hab' im Traum ge-
weint. 2. La chitarra non suono più, à
—50 *Kott*.
- 30 Mein Hamburg, daß Gott dich behüte!
—60 *Schuberth jr*.
- 32 Der Rheinstrom, Galopp 1— *Schuberth jr*.
- 77 Heimweh auf dem Meere, Salonstück, P
1.30 *Cranz*.
- 82 La coquette, Morceau de Salon 1— *O.
Forberg*.
- 99 Märchen-Ouvertüre zu dem Zaubermär-
chen: „Der Spiegelritten oder die kluge
Frau im Walde", *Ims* 2— *Rühle*.
- 100 Nr. 1. Weihnachtsglocken. 2. Geister-
weihnachten, P à —80 *Oertel*.
- 102 Eine Reise um die Erde: 1. Heimatlied.

2. Dein denk' ich, dein. 2a. Glocken-Polka.
3. Ein einzig trautes Angesicht. 3a. Tutti-
Frutti-Marsch (aus derselben). 4. O halte
fest an Treu und Liebe. 5. Frühlings-
freuden. à —50 *Hinz*.
- 105 „Madame Potiphar", Charakter-Ge-
mälde: 1. Potiphar-Lied. 2. Menschenherz.
Sericuses Couplet, à —60 *Hinz*.
- 106 Fantasca. Polka de Salon 1— *Hinz*.
- 107 La Coquette. Mazurka de Salon 1—
Hinz.
- 108 Blütenregen, *P* 1— *Hinz*.
- 120 Nr. 1. Abschied, Tonstück, *P*. 2. Heimweh, Tonstück, à —80. Nr. 3. Wiedersehen,
Tonstück 1.20 *Kühle & Wending*.
- Ich brauche eine Frau 2.50 *O. Dietrich*.
- Jubiläums-Marsch —50 *Hauer*.
- Der Komiker am Klavier. Musikalische
Zauber-Kunststückchen und humoristische
Vorträge, *P* in 3 Heften à 1— *Lehne*:
Heft 1: Die Xolsharfe. Ein Konzerstück
m. Bürste. Musikalisches Lachen. Die Spiel-
uhr. Die hohe Schule, ger. a. Klavier.
Russische Schlittenpost. Mit leerem Porte-
monnaie. Karussell-Musik.
II: Das verstimmte Klavier. Ein Stück
für Mirliton. Musikalisches Weinen. Die
Franzosen bei Sedan. Ein Zukunftsvirtuos.
Seufzerlied. Der Künstler auf leeren
Saiten.
III: Leierkasten. Katzenständchen. Der
unmusikalische Mitspieler. Ewiger Welt-
schmerz. Der verrückte Schnurrbart. Die
musikalische Zitrone. Bürstenkunststück.
- Mein Sehnen, mein Träumen, o Heimat, bist
du: „Allnächtlich, wenn sich der Schlum-
mer legt" 1.20 *Leichssenring*.
- „Das neue Jahrhundert". Feerie. Ach Ernst,
ach Ernst, was du mich alles lernst. Coup-
let —60. Wie ist so schön die Liebe 1—
Hauer.
- 54 sehr leichte und leichte Übungsstücke
(Schule für den ersten Anfang), *P* 1.50
Lehne.
Brandt Max. op. 10 Festpolonaise, *P* 1—
Tonger.
Brandt Ph. Auf nach Kamerun. Marsch —60
Tonger.
Brandt W. Espana. Danse. *Rosé*.
- Serenata rusticana, *P* —15 *Rosé*.
- Suite in 3 Sätzen, f. *VTr.* *VWaldh* od. *Pos*
—55 *Jurgenson*.
Brandt-Caspari Alfred (1865), op. 1 Nr. 1.
Große Sonate in G-moll. 2. in E-moll. *P*
à 4— *Forberg*.
- 2 Präludium und Doppelfuge in G-moll über
den Namen „Bach", *Org* 3— *Forberg*.
- 3 Zwölf Klavierstücke in 4 Heften à 1.50
Forberg: 1. Menuett, Es-dur. 2. Menuett,
A-dur. 3. Marsch, D-dur. 4. Scherzo, D-moll.
5. Scherzo, G-moll. 6. Albumblatt, As-dur.
7. Arabeske, E-moll. 8. Impromptu, Fis-
moll. 9. Invention, C-moll. 10. Partita,
C-moll. 11. Invention, D-moll. 12. Fuge,
D-moll.
- 4, 5, 7 Männerchöre à —60, —80, 1— *Forberg*.
- 6 Drei Romanzen, *TTBB* 8solo u. *Hörner*
2— *Forberg*.

Hofmeister:
- 20 Heft I: 1. Ein Lied; „Ich hab' ein klei-

nes Lied erdacht". 2. Ein Brief: „Aufs-
Blatt der weißen Lilie" 1—.
II: Nr. 3. Ständchen: Nächtlichem
Pfühle entsteige". 4 Niederrheinisches
Volkslied: „Die Blümelein, sie schlafen"
1.50.
III: Nr. 5. Oktober: „Es neigt der Wald
sein mildes Haupt". 6. Sonett: „Der Frühling küßte nächtlich eine Blüte" 2—.
- 21 Heft 1: Nr. 7. Das Bächlein: „Mein Lieb'
ist das Bächlein". 8. Der Meistersänger:
„Vor Zeiten stand's im Forst betrübt" 2—.
II: über die dummen Jungen: „Auf
freier Flur am Waldessaum". 10. Das
Wirtshaus: „Ein Wirtshaus steht im tiefen Wald" 2—.
- 22 Nr. 11. Eros: „Eros rüttelt mir wieder
mit Macht am Mark". 12. Trinkspruch:
„Es trinkt die dunkle Erde". 13. Frühling:
„Lenz ist da" 2—.
- 23 Heft I: Nr. 14. Verlorenes Leben: „O heil.
ger Vater Augustin". 15. Der Liedermacher:
„Ein Lied hatt' ich ersonnen" 2—.
II: Nr. 20. „Du gehst dahin, o leuchten-
verloren". 17. Bist du's?: „Es sang mit
hellem goldnem Schall" 2—.
- 24 Heft I: Nr. 18. Abschied im Salon: „Nun
geht das Glück zu Ende". 19. Sprache der
Liebe: „Ich hab' es den Blumen gesagt"
2—.
II: Nr. 20. „Du gehst dahin, o leuchten-
der Tag". 21. Pfingstlied: „O komm, du
Geist der Wahrheit" 2.50.
- 25 Heft I: Zwei Duette. Nr. 22. Die Spröde:
„An dem reinsten Frühlingsmorgen". 23.
Die Bekehrte: „Bei dem Glanz der Abendröte" 2.50.
- 26 Drei Mazurka v. C h o p i n. 24. Sobri:
„Im Samogyvarer Eichenwald". 25. Patko:
„Wer hält am Tore drauß?" 26. Tanz in
der Dorfschenke: „Die Fiedel gar so traurig tönt" 2.50.
- 27 Zehn Duette. *SA* 1.50 *Stahl*: Nr. 1.
Goldhühnchen. 2. Brautlied. 3. Das Irrlicht. 4. Die Ausgewanderten. 5. Vertrauen. 6. Die Waldmühle. 7. Waldstim-
men. 8. Am Felsenborn. 9. Tanzlied. 10.
Der Spuk im Walde.
- 30 Kontrapunktische Studien u. Volkslieder-
Studien, *P* 2— *Bruns*.

Brandts H. op. 16 Sängerfest-Ouverture, *P*
1.25, *O*, *gr mO* à 2.50 n, *kl mO*, *blM* à 2—n
A. E. Fischer.
- 21 Resignation, Gavotte 1—. *O* 1.50 n *A.
E. Fischer*.
- 22 Die Braut von Burgund, Romanze 1.25
A. E. Fischer.
- 25 Espana, Danse Espagnole, *P* —75
Oertel, 4/— *Francis*, *O* 2—n *Oertel*.
- 38 Hannchens erste und Hannchens letzte
Liebe. Humorist. Walzer mit Text 1.50
André.
- 43 Serenata rusticana, *P* —60, *O* 2—n
Oertel.
- En Ermitage. Gavottes, *FullBand* 2.8; medium*Band* 2'—; *SmallBand* 1.4; extra
parts —/2 *Hawkes*.
- Mondnacht am Rhein. Phantasiestück mit
Echo (Strömt herbei ihr Völkerscharen),
arr. (Fr. R o s e n k r a n z), *kl Harm*
2—, *gr Harm* 3— *Lehne*.

Brandts-Buys Cornelius Alexander (1812).
op. 15 Feestmarsch. *J. de Lange*-Deventer.
- 17 Karakterstuk in Rondovorm, *½ms* 1.50 *Thieme*.
- 18 Grande Mazurka de Concert —70 *Weygand*.
- 20 Rêve d'amour. *P* —50 *Weygand*.
- 21 Chant du Soir. *P* —50 *Weygand*.
- 23 Le triomphe de la foi. *P* —80 *Weygand*.
- 25 Deux morceaux caractéristiques, *P* 1.20 *Weygand*.
- 26 Feestmarsch en trio over 2 Studentenliederen (Jo vivat en Tro Salute), *½ms* —60 *Thieme*.
- 36 Zes Aquarellen. *P* —50 *Bolle*.
- 37 Sonate, *½ms* 1.20 *Rohr*.
- 38 Jan-Maat, *TTBB*, Part --80 n, St 1.20 n *Usbach*.
- Avond aan Zee. *TTBB*, Part n, St à —40 *Gebr. Koster*.
- Vier Lieder, *TTBB*, Part 1.20 *Eeks* Nr. 1. Abendlied. 2. Morgenlied. 3. Arbeitsamkeit. 4. Abendlied.
- Scherzo, *P* 1— *Eck*.

Brandts-Buys Henri Robert (1851). op. 1 Levenslied. *Roothaan*.
- 4 Ballträumereien, *VP* 1.20 *Rohr*.
- 5 Een Ster aan het Strand. Soli *TTBB* en O, KA 2— n, St à —30 n *Schalekamp*.
- 7 Zomeravond, *TTBB*, Part n, St à —60 *Schalekamp*.
- 8 „Albrecht Beiling", Concert-Drama, v. Soli, Koor en O, KA 3— n, St à —60 *Schalekamp*.
- 12 Nr. 1. Ik zing het lied der jeugd —60 *Muziekhandel de Allgem*.
- Kies mij, *TTBB*, Part —80, t —50 *Thieme*.
- Lieder für dich —25 *Bolle*.
- Winterabend —60 n *Rohr*.

Brandts-Buys Jan, op. 1 Trio (G dur), *PVVc* 10.50 *Germann*.
- 2 Sechs Lieder, Kompl. 3— *Germann*: Nr. 1. Es stand ein Veilchenstrauß —60, 2. Von Vergessen --80, 3. Ich fühle deinen Odem, 4. Liebesklage à —60, 5. Die Brücke —80, 6. Wegewart —60.
   Cranz;
- 3 Konzertstück, *2P* 3—, PO, Part 5 — n, St 3.50.
- 4 Meeressang. *grO*, Part 5— n, St 7.50 n.
- 5 Aus dem Lande Rembrandts. Drei Charakterstücke 2—: Nr. 1. Een-had ick mijn Wagen. 2. Palm-Paschen. 3. Vastenavond in hat Land von Rembrandt à 1— *Germann*.
- 6 Die Liebe. Hymne nach Worten der heiligen Schrift (I. Cor. 13), *Bar*-solo, Chor u. O, Part 3— n, St 6.50, KA 2.50, Chorst 1.20.
- 7 Suite, *sfO*, Ila n, Ilora, Part 3— n, St 4.50 n, VP 3.60, Intermezzo daraus, *P* —80.
- 9 Drei Klavierstücke, 1. Rheinsage. 2. Blumenstück. 3. Auf der Wanderschaft 2.50.
- 11 Fünf Charakterstücke, *P*: 1. Afrikanischer Kriegstanz 1.20. Nr. 2. Nordische Romanze 1—. Nr. 3. Serbischer Hochzeitsreigen 1.20. Nr. 4. Trost im Leid 1—. Nr. 5. Trock'ner Humor 1.20.
- 12 Karneval-Ouverture, *½ms* 3—, grO, Part 7.50 n, St 12—.
- 13 Studien zur Einführung in die moderne Klaviermusik, Heft I—III à 2—.
- 14 Studien für moderne Harmonik und Geläufigkeit, *P* Heft 1—3 à 2.50.
- 15 Klavierkonzert (F) 10—. 2P 10—, O 10— n *Haslinger*.
- 17 Tänze und Weisen, *½ms*, Heft I, II à 3— (Edition Cranz 189 I) à 2.50, O, Part 6— n, 2. 1-solo, 1-solo u. *Streichquint* 1.80, 3. 1-solo mit *Streichquint*, u. IIa 1.80, 6. O 4—. 9. O 6—, 11. O 4.50.
- Der Abend kommt 1.20 *Eberle*.
- Leid. 2. Trost im Leid, *sfO* (Salonorch. 101) 2— n.
- Sechs Lieder von der Liebe im himmelblauen Ton 3.60 *Eberle*: Nr. 1. Nelken. 2. Die Quälerin. 3. Morgen-Ständchen. 4. In alten grauen Tagen. 5. Der Gärtner. 6. Und sie gefielen mir beide.
- 4 Nachtliedjes uit „Ellen". Een lied van de smart 1.50 *Muziekhandel de Allgem*.
- Quintett (D), 2V1OVc 8— *Döblinger*.
- Seufzerlein 1.20 *Eberle*.
- Zwei Stücke: *a*) Trauer. *b*) Ergebung. (Odeon Nr. 506), *sfO* —60 n.

Brandts-Buys Jan W. F. op. 2 Ons Hollandsch Lied, *TTBB*, Part —80, St —50 *Thieme*.
- 3 Orgel en Harmonium. Verzameling van meerendeels Oorspronkelijke en Gemakkelijke Stukken, *Org en H* 3.25 *Thieme*: Fantasie. Avondgebed. Brautlied (Uit „Lohengrin" van Richard Wagner). Pastorale. Mein Herz erhebet Gott, den Herrn. Cebed. (Ferd. Hiller.) Intermezzo. Abendlied. (Robert Schumann.) Erinnerung. Ave Verum Corpus. (Mozart.) Idylle. Aria „Sei stille dem Herrn". (Uit „Elias", Oratorium van F. Mendelssohn Bartholdy.) Zomerzondagmorgen. Vater unser. (Marius A. Brandts Buys.) Lofzang. Wilhelmus van Nassouwen. (Bewerking der oorspronkelijke melodie.) Wien Neêrlands Bloed.
- 4 Neues Leben, Fant. *Org* —90 *Thieme*.
- Zes liederen 1.80 n *Rohr*: 1. Aan de Geliefde. 2. Aan de Maan. 3. Een coninck gheeft sinen vrienden. 1. Serenade uit Een liefde in het Zuiden van (Fiore delle Neve). 5. De Min. 6. De eerste Kus.
- De Melodieën der Psalmen Lof- en Bedezangen, vierstemmig gezet en voorzien van voor- tusschen- en naspelen voor *Org* met of zonder pedaal, *H* of *P* 3.50.
- De Melodieën der Gezangen, vierstemmig gezet en voorzien van voor- tusschen- en naspelen voor *Org*, met of zonder pedaal, *H* of *P* 2.50.
- De Melodieën van den Vervolgbundel op de Gezangen, vierstemmig gezet en voorzien van voor- tusschen- en naspelen voor *Org*, met of zonder pedaal, *H* of *P* 1.75.
   De 3 deelen (Psalmen, Gezangen en Vervolgbundel), te gelijk aangevraagd, te zamen 6.00 *Thieme*.
- Ten Hemelweg —40 *Rohr*.

Brandts-Buys Ludwig Felix (1817). op. 1 An die Natur —50 *Weygand*.
- 2 Kindes Freud und Leid. Zwei Klavierstückchen - 25 *Thieme*.
- 3 In het zonnige hoveken —40 n *Lichtenauer*.

- 4 Aan Neêrlandsch volk: „Stapal mijn dierbaar Vaderland" —40 *Weggand.*
- 7 „Petrus-Klage." Fragment aus Fiedge's „Die Apostel am Pingsttage", i. *Bar-Solo* m. O od. *Org* —75 *Mosmans.*
- 8 De Nederlansche Vlag. *Thieme.*
- 10 Twee liederen: 1. Heibloempje. 2. Zingen —80 *Eck.*
- 12 De vier jaargetijden. Frijs liederen, *TTBB,* Part 1.40, St 1— *Eck.*
- 13 Mijne Moedertaal, *h. t.* à —40 *Alsbach.*
- 15 Kinderleven. 24 Liederen 1.25 *Thieme.*
- 19 Nr. 1. Wiegenlied. 2. Spielmanns-lied. 3. Nachtlied, à —40 n *Alsbach.*
- 21 Sieben Lieder 1.80 *Thieme*: „Sag, ich ließ sie grüßen", Serenade. Unruhe. „Wenn dermaleinst des Paradieses Pforten". „Ich will meine Seele tauchen". „Neig'. schöne Knospe dich zu mir!" Bekenntnis.
- 22 N. 3. Wiegenlied: „Di-don-dijne", 4. Er blinken Zoete liederen. à —40 n *Alsbach.*
- 23 Das Singenthal (d.-engl.), *SATB, Bar* solo u. O, KA 3— n, St 1.80 n *Alsbach.*
- 26 Hulde aan het Onderwijs, Cantate voor Soli. Mannen- en Kinderst met O. KA 1.80 n, St à —20 n *Alsbach.*
- 27 N. 4. Meilied —40 n *Alsbach.*
- 28 N. 1. Serenade —60 n, N. 2. Twee één paar — 75 n. N. 3. Wij wisten niet —60 n *Alsbach.*
- 31 Transvaal en Nederland —25 n *Alsbach.*
- 35 'n Stem in Rama, *SATB* 1— *Alsbach.*
- 36 Danklied bij het herstel onzer geliefde Koningrin (Elise). m. *P(Org)* —50 n *Rahr.*
- Frans de Cort —40 *Wauaders.*
- Het Klooster —40 *Eck.*
- Een kruis met rozen —40 *Roelants.*
- Nederl. Baker-en Kinderrijmen door Dr. J. van Vloten 1.40 *Sijthoff.*
- Oud en Nieuw —40 n *Roelants.*
- Pro jure libertate, *TTBB,* Part 1.20, St 1.60 *Blom.*
- Welkomstgroet. Feestmarsch —40 n *Alsbach.*
- en **M. A.** Zingzang, 12 Nederl. Liederen. v. I zangst m. *P:* Hon zee! (Inleiding.) Mijne moedertaal, (L. A.) Trinet de Marketenster, (L. F.) Het liedeken van de ton, (L. F.) Mieken's Moeder. (L. F.) De troomelaar en een's Graven dochter. (L. F.) Het vivoltje, (M. A.) Bij de Dron, (M. A.) Zoovul liedjes als er Klinken. (M. A.) Mijn zoet, lief Kind; (M. A.) Mijn! (M. A.) Kinderavondgebedje, (M. A.) Moeder en Kind, (M. A.) —60 *Nijgh.*

Brandts-Buys Marius Adrianus (1840), op. 1 Transer. aus 4. Sinfonie von Mendelssohn. *Org* —50 *Correspondance Music.*
- 2 Jägerlied m. *Fag (Ve)* —70 *Weggand.*
- 4 Vater unser, m. *P(Org)* —25. *SATB* u. Solost ohne Begl. —25 *Thieme.*
- 5 Drei Skizzen, *P* —70 *Weggand.*
- 6 Transcriptionen, *Org. Weggand.*
- 8 Drei Lieder: Die Mühle, Bitte, Frühlingslied —40 *Thieme.*
- 9 Drei Lieder für eine Singst m. *P:* Nr. 1. Lieb Röslein —25. Nr. 2. Ständchen. 3. Jedes Blümlein —20 *Thieme.*

- 11 „Du liebst mich nicht", f. 1 Singst mit *P* —20 *Thieme.*
- 12 Een vivat. Klavierstukje —30 *Thieme.*
- 13 Zes Liederen voor 3 Vrouwenst. N. 1. Meilied —40 *Thieme.*
- 14 Sechs kleine Lieder —70 *Weggand.*
- 17 Werkmanslied. *TTBB,* Part. St à —40 *Alsbach.*
- 20 Het Deestengevecht te Brühl. Declamatorium m. *PV* 1.50 *Alsbach.*
- 21 Liedjes v. Neêrl. volk —30 *Nijgh* .
- 27 Klavierstukken. jms 1.50 *Thieme.* Avondgebed. Avonddans. Goeden Nacht. Groet aan het Woud. Heidelied. Nederland en de Zee, Spreuk, Part à —40, St à —40. Avondgroet —40 *Ibrahamson & van Straaten*-Amsterdam. Bitte: „Weil auf mir du dunkles Auge" —60 *Alsbach.*
- Gezelschapsliederen. (Oud en Nieuw.) *Sijthoff*-Leiden.
- In den hemel —40 *Abrahamson & van Straaten*-Amsterdam.
- Karakterstukken v. *H* en *Org* met of zonder Pedaal 3.25 *Thieme*: Brönnemüller: Toccatina. S. de Lange: Preludium. Bach: Wie maar den goeden God laat zorgen. van Welbergen: Andante. Worp: Kwartet uit het Koorwerk „Van duister tot licht". van Eyken: Andante. Buxtehude: Wie schön leuchtet der Morgenstern. Litzau: Drie Preludiën. S. de Lange. Ciacona. Nicolai: Marialied uit het Oratorium „Bonifacius. Schneider: Larghetto. de Vries: Preludium. Liszt: Vertroosting. Hendriks: Fughette. Jan W. F. Brandts Buys: Toccate en Fuge. Wagenaar: Intermezzo. Marius A. Brandts Buys: Wilhelmus van Nassouwen en In Memoriam. Richard Hol: Pastorale.
- Twaalf Kinderliederen —65 *Wolters.*
- Negen kinderliederen met gemakkelijke Pianobegeleiding 1— *Alsbach*: 1. Avondbede. 2. De boer. 3. Veel duizend sterren schitt'ren. 4. Het daglicht gaat verdwijnen. 5. Schoon als 't lied der voog'len-koren. 6. Onze Vader. 7. Lentelied. 8. Van den molen. 9. God.
- Zwei Klagen —50 *Weggand.*
- Liedjes van en voor Neêrlands Volk 1.25 *Sijthoff*-Leiden.
- Liedjes voor Neêrlands jeugd, met gemakkelijke pianobegeleiding. Compleet 1.80. 1e, 2e, 3e, twaalftal (elk. 12-tal in afzond. omslag) à —60 *Thieme*:

  Het 1e twaalftal: J. P. Helje: Pluk bloemen. Kein Zusje. Opgepast. Bloemkweeken. H. van Alphen: Het kinderlijk geluk. J. P. Helje: Het Viooltje. Vooglenlied. Kersentijd. Brandts Buys: Laten wij naar buiten gaan. Naar buiten. J. J. A. Goeverneur: De Kleine Soldaten. Brandts Buys: Vrijheid.

  2e twaalftal: J. P. Helje: Morgenlied. In Mei. J. J. A. Goeverneur: De Winter op de vlocht. P. C. J. Meys: Marschlied. S. J. v. d. Bergh: Maart. J. P. Helje: Sterretjes. Brandts Buys: De Zorg van God, Naar School.

J. A. v. D r o o g e n b r o e k: Liedje van den Boer. B r a n d t s B u y s: Zomerlied. 's Konings Verjaardag. Moeders Liedje bij de wieg.

3e twaalftal: J. J. A. G o e v e r n e u r: Marieke. De eerste ooievaar. Mijn allerliefste plekje. A n t h. L. d e R o p: Het klokje. J. J. A. G o e v e r n e u r: De kleine Matroos. Dansen. Lente's begin. Marianne en hare pop. P. L o u w e r s e: Zomermorgen. L. v. d. B r o e k: Vader's Hond. Maneschijn. J. B r a n d: Wij leven vrij, wij leven blij.

- Liedjes voor Neêrland's Volk: 1. Op Wacht. 2. Aan 't Vaderland. 3. Oranje leev'! 4. Op 't vrije Nederland. 5. Strijdlied. 6. Neêrland waakt! 7. Beê om vrede, —15 *Bolle*.
- Myne Moedertaal, *TTBB*, Part en St 1— *Kessels*.
- 24 Nederl. Volkswijzen, *P* —60 *Kessels*.
- Oprecht. *TTBB*, Part —60, St —40 *Thieme*.
- Slaep mijn minneken slaep —50 *Lichtenauer*.
- Theoretisch practische Orgelschool. Vrij bewerkt naar het hoogduitsch van Sattler à —50 *Thieme*.
- Vensterliedeken —50 *Muziekhandel de Allgem*.
- Zang-A-B-C-Bockje. 50 oefeningen en 12 liedjes voor het eerste zangonderwijs — 20 *Noordhoff*.

Branen J. T. Two Congregations —50 *Mc Kinley*.
- How can you leave me now —40 *Brainard*.
- Sweethearts and Roses —50 *Albright*, *Mc Kinley*, 81 —05, *VP* —25, *ACornetP* —35, *FullO* —80, *1/4 pts.* —60, *10 pts.* —40 *Albright*.
- We Were Parted Years Ago —50 *Albright*.
- What's All This Noise About? —50 *Albright*.
- You Got To Be An Actor If You Want To Stand In. —50 *Albright*.

Branen J. T. & Bramhall, Hearts and Eyes —50 *Albright*.

Branet E. L'Entraînante, maz. *O* —90 *Naudin*.
- Le gai Lorrain quadr. *O* 1— *Naudin*.

Brange Ferd. op. 48 Nocturne (R o b. M ü l l e r), *Pos* m. *P* 1.50, *Pos.* m. *O* 2.50 n *A. E. Fischer*.

Brangham J. T. Old England's still the same 3— *Hopwood*.

Brani P. Amor segreto, *Mand(V)* —25 n *Forlivesi*.
- Bruna-Marcia, *Mand(V)* —25 n *Forlivesi*.
- Demonio biondo, *Mand(V)* —25 n *Forlivesi*.
- Sempre mia, *Mand(V)* —25 n *Forlivesi*.

Braniff O. Danzas, Colección 1—3 à —50 *Wagner y Levien*.

Brannan C. The Morning Service for Good Friday. 4 voices 1 6 *Novello*.

Brannigan's band — 2 *Hopwood*.

Branscheid F. Eckenhagen. Ein Jahreszyklus. 24 Lieder aus Natur und Leben —25 *Heuser*.

Branscombe, The Ash Grove — 2 *Bayley*.
- Down the Burn 4 — *Willcocks*.
- Here's a Health unto his Majesty, *ATTB* — 2 *Bayley*.

- King Kodak, Topical Burlesque 6 — n *Hopwood*.
- The Kiss, male voice — 3 *Bayley*.
- The Lowland Sea 4 — *Willcocks*.
- The Mill Wheel — 3 *Bayley*.

Branson Alvaro, Chants (Evening Service) — P. *Weekes*.
- Evening hymn — 1 *Weekes*.

Branson F. Beautiful blue Danube (S t r a u ß) —50 *Ditson*.
- Blind girl's dream — 40 *Ditson*.

Brantford B. *Williams:* Can't you take my word? 4 —.
- Don't apologise 4 —.
- Fancy I'm off the earth 4 —.
- Must you? 4 —.
- Poor proud and particular 4 —.
- So am I 4 —.
- Will he? 4 —.
- Work 4 —.

Branth O. Drei Lieder: Lenzespracht. Geständnis. Frühlingshed 1.50 *Hostinger*.

Branzini A. Ho Sognato 3 — *Pisano*.
- Lungi da te 3— *Pisano*.
- Rimembranze 3— *Pisano*.

Branzoli Giuseppe op. 18 Una lagrima sulla tomba di G. M e y e r b e e r. Elegia. *VP* 3.50 *Ricordi*.
- 52 Margherita, *P* 1.50. *MandP(Chit)* 2— *Ricordi*.
  - *Venturini:*
- Befana, polka — 50 n.
- Colombo alla scoperta dell'America, fantasia, *MandP* 5—. *MandChit* 5.50. *2Mand MaP* 7—. *2MandMaChit* 6.50.
- Duilio, valzer 4—.
- Estasi di una mosca, romanza, *Mand* —25.
- Giorno desiato. *1(Mand)P* 4—, *2MandP* 5—, *2MandChit* 3—, *2MandArpa* 5—, *2MandMaP* 6—, *2MandMaChit* 4—, *2Mand (V)MaArpa* 6—, *O* 5—.
- Inno all'Italia, coro 3—.
- Imitazione di un canto arabo, capriccio, *MandP* 3.50.
- Una lagrima sulla tomba di D o n i z e t t i. *VP* 5— *Benoit*, *MP* 4—, *MChit* 3—, *2MP* 5—, *2MChit* 4—, *2MMaP* 6—, *2MMaChit* 5—.
- La Laguna veneta 2— *Ricordi*.
- Lieti momenti. Raccolta di 8 pezzi originali, *Mand(1)P* à 3—: N. 1. Alì d'oro. Notturno. 2. Pensiero romantico. 3. Gondoliera. 4. L'estasi d'una mosca. Romanza. 5. Fiore d'ortica. Melodia. 6. Lucciola misteriosa. Cantabile. 7. Il rematore lilipuziano. Barcarola. 8. Canto a Giove. Serenata.
- Marcia Torneo, *MChit* 2—. *2MP* 3.50. *2MChit* 2.50. *2MMaP* 4—. *2MMaChit* 3—.
- Le Mariage. Polka 2.50 *Benoit*.
- Metodo teorico-pratico per *Mandolino* 9— n, 2 parte à 5 — n *Ricordi*, 18—, à 10— *Venturini*, 6—, à 3.60 *Luige Edit*, 6 —, 2— n *Church*, —80 n *Ditson*, 1.25 *White*, (it.-fr.) 4— n *Schmidl*.
- Metodo teorico-pratico per *Mandolino* Lombardo 6—, I. Parte 4—, II. 3— *Ricordi*, 12—, I. Parte 8—, II. Parte 6— *Venturini*.
- Minuetto. *2(V)Vc*, Part 1— n, parti staccate —50 n *Ricordi*.

- Orfeo di G. C. Gluck, Traser. P 3—, *Mand (V) P* 3.50.
- Pensiero affettuoso, Capriccio, 2*MandP* 5—, *VVP*, *VVP* à 5—, 2*Mand*(V) *Chit*, *MandPVChit* à 3.50, 2*MandMaP* 5.50, 2*Mand MaChit* 4—.
- Per le nozze d'argento dei Sovrani d'Italia marcia 2.50, *MP* 3—, *MChit* 2—, 2*VP* 3.50, 2*MChit* 2.50, 2*MMaP* 1—, 2*MMaChit* 3—.
- Ricerche sullo studio del Liuto 2.50 n.
- Rimembranze soavi. *Ricordi:* 1. Solitudini amene. 2. Bei colli. 3. Paterno lido. Barcarola. 4. Opache valli. 5. Ombre segrete. 6. Tornan le frondi. 7. Adorabil candore. 8. Fioretti tremuli. 9. Sdegnosi accenti. 10. Stagion de' fiori. 11. Corde d'oro. 12. Danzar volete? Valzer. *MandP*, N. 1, 4, 5, 7—10 à 1.25, N. 2, 3, 6, 11 à 1—n. N. 12 1.50 n. *Mandti* 1—11 à —75 n. 12. 1.25 n. 2*MandP*, 1, 4, 5, 7—10 à 1.50 n. N. 2, 3, 6, 11 à 1.25 n. N. 12 1.75 n. 2*MandG*, N. 1—11 à 1—n. N. 12 1.50 n. N. 1, 4, 5, 7—10, *MandMaP* à 1.50 n. *MandMaChit* à 1—n. 2*MandMaP* à 1.75 n. 2*MandMaChit* à 1.25 n. N. 2, 3, 6, 11 *Mand MaP* à 1.25 n. *MandMaChit* à 1—n. 2*Mand MaP* à 1.50 n. 2*MandMaChit* à 1.25 n. N. 12 *MandMaP* 1.75 n. *MandMaChit* 1.50. 2*MandMaP* 1.50 n. 2*MandMaChit* 1.50 n.
- Un saluto a Bologna, *V* 1.50, *MP* 3—, *M Chit* 2.50, 2*MP* 3.50, 2*MChit* 3—, 2*MMaP* 4—, 2*MMaChit* 3.50.
- Scuola della Velocità per il *Mandolino* 8—, 2 parti à 5—*Centurini*, 5—*Bevilacqua*.
- Serate Fiorentine. Raccolta di sei Ballabili e sei Melodie. Ballabili: 1. Celestina. Polka. 2. Olga. Mazurka. 3. Mondovi. Valzer. 4. Ema. Polka. 5. Irma. Mazurka. 6. Castigliano. Valzer. Melodie: 1. Se mi guardasse! 2. Mammola bianca. 3. Fiore d'acacia. 4. Giranio notturno. 5. Fiori di spion bianco. 6. Barcarola. Ballabili: *Mand* 4—, à 1—. *MandChit* 10—, N. 1, 5 à 2—, N. 2, 3, 4, 6 à 2.50. Melodie: *Mand* 4—, à 1—. *MandChit* 10—, N. 1, 3, 4 à 2.50, N. 2, 5, 6 à 2—.
- Serenata. *MandP* 1.75 n. *MandChit* 1.50 n. 2*MandP* 2—n. 2*MandChit* 1.75 n. 2*Mand MaP* 2.25 n. 2*MandMaChit* 2—n.
- Spiritismo. *MandP* 6—, *MandChit* 5—, 2*MandP* 7—, 2*MandChit* 6—, 2*MandMaP* 8—, 2*MandMaChit* 6.50.
- Sulla tomba di Vittorio Emanuele II. Funereo fiore. Melodia. *P* 2—.
- Ti sovverai di me! Duetto, *MP* 4—, 2*MP* 5—, *MChit* 3.50, 2*MMaP* 6—, 2*MMaChit* 4.50.

Brasch V. von, op. 1 Drei Lieder. 1. „Hor' ich das Liedchen klingen". 2. „Leise zieht durch mein Gemüt". 3. „Könnt' ich dich in Liedern preisen" 1—*Heinrichshofen*.
- 3 Der Schalk: „Läuten kaum die Maienglocken" —50 *Heinrichshofen*.

Braschinski D. op. 2 Mein Engel in Ewigkeit 1—*Haslinger*.
- 3 Schlaf süß —80 *Haslinger*.

Brase Fritz, op. 10 Militär-Fest-Ouverture. *grmO* 3—n, *klmO*, *blM* à 2—n *Oertel*.
- 11 Aus meiner Heimath. Suite (C-moll), O, Part 12—n, St 15—n *Werathal*.

- Bienenhaus-Marsch. *grmO* 1.50 n, *klmO*, *blM* à 1.20 n *Oertel*.
- Hoch die 7. Jäger! Marsch —75 *Oertel*.
- Mutterwacht 1— *Oertel*.
- Tarantella, O 4—n, *sfO*, *mO*, *Harm* à 4—n *Parrhysias*.

Brasiel P. Maroca, schottisch 1—*Napoleao*.

Brasil India do. Flores d'Alma, maz. 2—*Napoleao*.
- Opala, valsa 1.50 *Napoleao*.
- Vaporosa, valsa 1.50 *Napoleao*.

Brass Band Journal, Nr. 1 and 2 à 1—n *Fischer*.

Brass Quartets. Collection of 25 Gospel Hymns, arr. L. P. Laurendeau —60 n *Fischer*.

Brasserie des amours (La) 1—n *Joubert*.

Brasseur E. Bengaline. Polka-Marche. *Gaudet*.
- Chantilly, polka-marche, O av. P cond. *Tarlet*.
- Les Chimères, valse, O av. P cond. *Tarlet*. Grain de beauté, valse, O av. P cond. *Tarlet*. Lausanne. Polka. *Gaudet*.
- Nineita, Schottisch. *Gaudet*. Rose blanche. Mazurka. *Gaudet*. Rose de Mai, polka, O 1—n, P cond. —25 *Gaudet*.
- Un sourir. Mazurka. *Gaudet*.
- Verger fleuri. Polka-marche. O avec P cond. *Tarlet*.
- et Jotti. „Trésor des mères de famille". Méthode élémentaire de Piano 5—, Appendice au „Trésor". 2e Partie 4—*Jurgenson*.

Les brasseurs, av. parlé 1—n, *Ch. s.* —35 n *Ercillard*.

Brassin Gerhard (1847), 4 Duos, V 1.50 *Schott*.
- Klage, 1 P 1— *Tonger*.
- Phantasiestück, 1 P 1.50 *Tonger*.

Brassin H. Adagio, P —25 J. H. *Schroeder*. Morning Serenade, P —40 J. H. *Schroeder*.

Brassin Leopold (1843—1890), op. 2 Bluette, P 1.75 *Eisoldt*.
- Galop des ours de Berne 1.20 *Krompholz*.
- Souvenir de Brühl, 4 petits morceaux caract. P 2.25 *Schott*.
- Souvenir de la suisse, 8 morceaux caractéristiques, P en 2 cahiers: cahier 1: 2.25, II: 2.75 *Schott*.

Brassin Louis (1840—1884), op. 5 Grand Galop fantastique 2—*Schott*.
- 6 Valse-Caprice, P 1.75 *Schott*.
- 7 Le Chant du soir, morceau, P 1.50 *Schott*.
- 11 2me Valse-Caprice de concert, P 1.75 *Schott*.
- 12 Grandes Etudes de concert pour P, 4 Suites 4.25. Séparément: 4. en La-b (As). 6. en Si-min. (H-moll). 7. en Fa-dièze (Fis) 9. en La-b. (As) à 1.25, N. 11. en Mi-b min. (Es-moll) 1.50. N. 12. en Ut-min. (C-moll) 2—*Schott*.
- 13 Rêverie pastorale, P 1.50 *Schott*.
- 15 Les Adieux, morceau caract. P 1.50 *Schott*.
- Nocturne, P 1.50 *Schott*, —75 *Honson*, *Gehrman*, —50 *Ditson*, *Presser*, *Schmidt*, *Bessel*, —35 *Guthvil*.
- 18 2me Grande Polonaise pour P 1.50 *Schott*.

- 22 Konzert (F-mur), P 1.50, P m. O, P-St 1.50 n, O-St à —30 n *Breitkopf*.
- 24 Scherzo. des-dur, P 1— *Breitkopf*.
- 27 Faust de Gounod. Choeur des Soldats. Transcription de Concert, P 2— *Schott*.
- Albumblatt, P —75 *Forberg*, —20 *Jurgenson*.
- Au Clair de la Lune.Nocturne, P (Edit. revue p. O. N e i t z e l) 2— *Schott*.
- Barcarolle, P 1.50 *Kahnt*.
- 2me Barcarolle (As-dur), P 1.50 *Fürstner*, 1.75 *Schott Frères*, 2— *Ricordi*.
- 3me Barcarolle. P 1— *Rahter*.
- 3me Concerto (Pastoral Concert in G-dur), P 4.80 n, avec acc. second P ou O 6—n *Schott Frères*.
- Etude de Concert, P 1.30 *Heinrichshofen*, 2— *Rahter*, *Dardilly*.
- Sechs Etüden, P (O t t o N e i t z e l) 3—n *Schott*.
- Gavotte, P —75 *Forberg*, —30 *Jurgenson*.
- Gigue, P —75 *Forberg*, —30 *Jurgenson*.
- Herbst-Eindrücke (Impressions d'Automne). 3 Etudes, P: Nr. 1. E-moll 1.50, Nr. 2. Des-dur 1—. Nr. 3. A-moll 1.30 *Fürstner*, Nr. 1 2—, Nr. II 1.35, Nr. III 1.75 *Schott Frères*.
- 23. Mazurka von F r. C h o p i n, für den Konzervortrag 1.50 *Rahter*.
- Menuet 1— *Forberg*, —40 *Jurgenson*.
- 3 morceaux d'après Scarlatti: Scherzo. Andante, capriccio, P 2— *Schott*.
- Polka de la Princesse 1.75 *Rahter*.
- Remin. d Interlaken, morceaux de fantaisie, P: 1. L'impulsion, 2. Le Crépuscule à —60 *André*.
- „Der Ring der Nibelungen", frei übertragen, P: Nr. 1. Walhall 1.75, Nr. 2. Siegmunds Liebesgesang 1.50. Nr. 3. Feuerzauber 2—, Nr. 4. Der Ritt der Walküren 2.75, Nr. 5. Waldweben 2— *Schott*, 1.50 3—90 *Church*. —70 *Presser*, —75 *Schirmer*.
- Toccata (D-moll), Org (J o h. S e b. B a c h). P, zum Konzertvortrag bearb. 1.50 *Rahter*.
- Viens! Doux sommeil! Chanson 1— *Schott*.

Brassine Eugène, Etude en style fugué et petit prélude, P 1.35 *Georges Oertel*.
- Nocturne. P 1.75 *Georges Oertel*.
- Sérénade. P 1.35 *Georges Oertel*.
- Sonatine. P 1.35 *Georges Oertel*.
- Invocation. 2— n *Aschersberg*.

Бразоль Л. *Jurgenson*: Я ѣхалъ къ вамъ —15.
- Слеза людская —20.

Bratfisch Albert, op. 4 Fantaisie mélancholique en forme de Nocturne, P 1.30 *Rühle*.
- Chinesisches Liebeslied —50 *E. Stoll*.
- Grande mousseux, polka élég. —40 *Feuchtinger*.
- Jubelmarsch —50 *Feuchtinger*.
- Romanze, P —60 *Feuchtinger*.
- Trauer-Marsch. Dem Andenken Carl Tausigs 1.50 *Heinrichshofen*.

Bratfisch Carl. *Bratfisch*: Andante cantabile, VOrg(P)V m. *Streichquart.* à 1.25.
- Danket dem Herrn! Aus Psalm 118, SATB (mit Bar-Solo u. Soloquartett) mit Org, Part 1—, Chorst —80.
- Zwei Defilier-Märsche. 1. Branka-Marsch. 2. Steinmetz-Marsch 1— *Bote*.
- Vier geistliche Lieder, SATB: 1. Herr, du

sandtest Licht und Helle. 2. Herr, dein Odem lebt in mir. 3. Sei uns willkommen. 4. Bitte, Part —60 n, St à —15 n.
- Hirten-Fantasie. Humoreske, 4ms 1.50.
- Jägermarsch, m0 1—, —20.
- Jagd-Fantasie, 4ms, Str-Quart, mit P 2—.
- Sieben klassische Vortragsstücke f. Streich-Quartett 2—, Nr. 1. M e n d e l s s o h n, Lied ohne Worte Nr. 48. 2. M e n d e l s s o h n, Lied ohne Worte Nr. 40. 3. M e n d e l s s o h n. Duetto, Lied ohne Worte. 4. M e n d e l s s o h n, Adagio. Lied ohne Worte. 5. C h o p i n, Valse brill. op. 34 Nr. 2. 6. C h o p i n, Valse op. 64 Nr. 3. 7. C h o p i n. Valse op. 34 Nr. 3.
- Den König, den Gesalbten, schütze Herr! TTBB mit P od. O od. Org: KA —80, Chorst à —10, s/O-Part 2.50, s/O-St 4—.
- Sech- leichte geistliche Lieder, SATB: Heft 1. Nr. 1. Dank dir, Vater in den Höhen. 2. Du meine Seele, schwinge dich. 3. Heiliger Jubelruf erschalle. Part —60 n. Singst à —15 n.
II. Nr. 4. Dir hab ich mich ergeben, m. Gott. 5. Sich, es schläft und schlummert. 6. Gott in deinem Heiligtume, Part —60 n. Singst à —15 n.
- Maiglöckchen-Fantasie. 4ms 1.50.
- 10 Morceaux (Préludes et Postludes). H 1.50 n *Musical*.
- „O Freundschaft" —30.
- Orgel-Kompositionen: Heft 1. 10 Tonstücke n. 18 Präludi. i. Fugenform üb. Them. v. L. v. B e e t h o v e n 2— n. H. 12 Präludien für Orgel (oder Pedalharmonium) 1.50 n.
- Psalm 121, SATB: Ich hebe meine Augen auf zu d. Berg. Siehe, der Herr dein Hüter schläft und schlummert nicht, Part, St à —60.
- Steinmetz-Marsch. Königl. Preuß. Armee-Marsch Nr. 197, Part (für IM 4— *Bote*.

Bratfischel, Original-Jodler. P —90 *Krämer*.

Brath F. Quatuor en la. 2VVa Basse 4— n *Costallat*.

Bratsch Johann Georg (1817—1887). op. 6 Veni sancte Spiritus, SATB m. O 3.10 *Böhm*.
- 7 Salve Regina, SATB m. Org 1.30. m. O 2.35 *Böhm*.
- 8 Regina coeli, SATB m. O 3— *Böhm*.
- 9 Sechs Jugendlieder, kompl. (Nr. 1—6) 1.50 *André*: Nr. 1. Die Sterne, 2. Ostern à —60. Nr. 3. Am Morgen, 4. Die Großmama —60, Nr. 5. Der Mond, 6. Auf, auf, geschwind —80.
- 10 Drei Lieder: Nr. 1. Oh sieh mich nicht so lächelnd an —75, Nr. 2. Herbstgefühl 1.25. Nr. 3. Antwort —50 *Schott*.
- 11 Drei Lieder: Nr. 1. Des Mädchens Schmerz —75, Nr. 2. Gott segne dich (mit Hornbegl. ad lib.) 1.25. Nr. 3. Ave Maria —75 *Schott*.
- 12 Drei Lieder: Nr. 1. Heimweh —75, Nr. 2. Aus der Ferne 1—. Nr. 3. Vorwärts —75 *Schott*.
- 13 Klage von A. R e i t z e n s t e i n, Lied mit PFl 1.50 *Schott*.
- 14 Drei Lieder: Nr. 1. Abschied 1.25. Nr. 2. Frühlingsgruß. Nr. 3. Ihr verblüht, süße Rosen, à 1— *Schott*.
- 17 Vier Lieder: Nr. 1. Der blinde Knabe

—50. Nr. 2. Das Grab, 3. Das Blümlein.
4. Morgengruß, à —75 *Schott*.
18 Barcarole, 2 Singst 1.75 *Schott*.
- 19 Drei Lieder: Nr. 1. Sehnsucht —50.
Nr. 2. Der arme Thomas, 3. Du weißt es
nicht, à —75 *Schott*.
- Longing (Engl. Germ.) —40 *Brainard*.

Bratt, Hey up!! it's coming 4— *Williams*.

Bratton John W. Belle of the Season March
Maud G. —50 *Mc. Kinley*.
- Cosy Corner Girl —50 *Mc. Kinley*.
- Idle Thoughts. Gavotte and V o l l s t e d t
R. op. 10, Sweet Kisses (Moreau), *Full
O* 1.25 n. *Vpts*. 1—n, 10*pts*. —75 n.
P acc. —25 n *Standard*.
- I love you in the same old way 4—
Williams.
- In a Cosy Corner, *P* —60. *Mc. Kinley*.
- Japanese Lantern Dance 4— *Sheard*.
- Rosalinde. reizende Plätterin: „Mir direkt
vis-à-vis" 1.50 *Apollo*.
- Schneckenlied 1.50, *grO* 2—n. *klO* 1.80 n
Weinberger.
- Solen i Paradisliden —50 *Gehrman*.
- Sunshine of Paradise Alley 4— *Williams*.
- Sweetheart, Good-Bye —40 *National Music*.
- Wenn das meine Tante ahnen möcht': „Als
ich vom Pensionat" 1.50 *Apollo*.

Bratton John W. & Ford W. A. My Sundy
Dolly 2—n *Sheard*.
- Only Me —50 *Mc. Kinley*.

Brauchle J. X. Quartett (A-moll), 21 *BarVc*
3— *Breitkopf*.

Braud P. Eros et Psyché de. C. F r a n k.
Transcr. 2P 4—n *Bornemann*.

Brauer Elisabeth, op. 1 Vier Lieder: 1.
Frauenchiemsee: „Der Morgen lacht, die
Wälder blauen". 2. Im Walde: „Waldesnacht, du wunderkühle". 3. Elslein: „Es
kommen die Sonnenstrahlen". 4. Wiegenlied: „Nun schlaf' du lieber Engel mein"
3— *Ries & Erler*.

Brauer Franz, op. 11 Sonatine, *4ms* 2—
Kahnt.
- 12 Zwei Sonatinen, *P* Nr. 1 (G), Nr. 2 (C)
à 1.50 *Siegel*.
- 14 Jugendfreuden. Sechs Sonatinen, *4ms*.
(Die Primo-Partie im Umfange von 5 No-
ten bei stillstehender Hand.) 1. (C), 2.
(G), 3. (A), 4. (F), 5. (D) à 1.25, Nr.
6. (Esm.) 1.50 *Kahnt*.
- 15 Zwölf Etuden zur Beförderung der Geläufigkeit. Heft 1 u. 2 à 1.75 *Siegel*, 2 vol.
à 1— *Church*, à —75 *Gordon*, à —60 *Pond*,
à —50 *Schirmer*, —75 *Schmidt*, Book 1:
—50, II —60 *White*, à —90 *Wood*.
- 16 Drei Sonatinen, *4ms*, Nr. 1 G-dur —75,
Nr. 2 C-dur, Nr. 3. F-dur à —60 *Merseburger*, à 6— *Reugel*, *Williams*.
- 17 Zwölf leichte Klavierstücke. Heft 1 u. 2
à 1.75 *Siegel*.
- 19 Vierundzwanzig leichte melodische
Übungsstücke. Heft 1—3 à 1.25 *Siegel*.
- 20 Dreißig melodische Etuden, *P*, 2 Hefte à
1.50 *Merseburger*.
- 21 Zehn melodische Übungsstücke, *4ms*.
Heft 1—3 à 1.50 *Siegel*.
- Choral: „Auf meinen lieben Gott", *Org* vide
Caecilia, Bd. III, Nr. 31
- Erster Kursus im Orgelspiel, praktische

Elementar - Orgelschule. (Deutsch - engl.)
2.60 n *Andre*.
- Leichte und angenehme Übungsstücke, *4ms*,
4 Hefte à —60 *Merseburger*.
- Message d'amour. Pensée melodique, *P* 1.50
Brauer.
- Musikalischer Jugendfreund: Volks- und
andere Melodien, *P* u. *4ms*, 3 Hefte à 1.50
Merseburger.
- Der Pianoforteschüler. Eine neue Elemen-
tarschule f. d. Unterricht im Klavierspiel.
Kompl. 6—; 3 Hefte à 3— *Merseburger*.
- Praktische Elementar - Pianoforte - Schule
3— *Merseburger*.
- 15 Übungsstücke, *P* —90 *Merseburger*.
- 180 Vorspiele zu Heutschels evangelischem
Choralbuche, *Org* 3— *Merseburger*.
- Youth's musical friend. Melodies for beginners, *P*: 1. To-morrow I must hie away.
If in distant lands. Come and let us take
a walk. 2. Twixt mountain and valley
deep. Allegro. 3. Thema. Allegretto. Allegro moderato (Carafa). Allegretto. 4. Russian air. 5. Waltz. 6. Softly gleams on
crystal fountain. Allegretto. Andantino.
7. Original air (Gelineck). Then fare
thee well, thou silent house. Viennese in
Berlin. 8. I have surrendered. Without
banner, without song. So let us live. 9.
Air. „Fra Diavolo" (A u b e r). Allegro.
Andante. 10. Seizes me, I know not what.
Help me. Leuchen, from the wagon. Allegro. 11. Selection from „Swiss Family"
(W e i g l). Allegretto. Aria. 12. Polacca.
13. Must I, then? Vivo (D o n i z e t t i).
N. a —40 *Brainard*.

Brauer F. W. op. 6 Skizzen, *P*; Heft I:
Abend. Tänzchen. Am Kamin. Am riesel-
den Bach. Etude. II: Zufriedenheit. Unge-
duld. Volkslied. Etude. Scherzo. III: Reigen.
Immergrün. Heiteres Spiel. Heft à 1—
Brauer.
- 11 Drei Etuden (F-dur, A-moll und C-dur),
P 1.50 *Bauer*.
- 12 Vier Klavierstücke in Liedform 1.50
Brauer.
- 16 Immortellen. Drei kleine Stücke, *P*
(Polonaise, Tarantelle, Tyrolienne) 1.50
Brauer.
- 21 Im Walde. Idylle, *P* 1— *Brauer*.
- Vier Lieder und Gesänge 1.25 *Klemm*: 1.
Ahnung: Wie so angstvoll, wie so. 2. Sehn-
sucht: Gedenkst du mein, geliebtes. 3.
Meine Wünsche: Wenn ich nur ein Vöglein.
4. Lied aus der Ferne: Wenn in des Abends
letztem Scheine.
- Technische Studien, *P* 4.50, in zwei Heften:
I: Übungen für das Untersetzen des Dau-
mens 3—. II: Übungen für auseinander ge-
haltene Finger und ausgespannte Hände 2—
Brauer.

Brauer Max, op. 1 Romanze, *VP* 1.50 *Rühle*,
Tonger.
- 2 Drei Klavierstücke: Präludium. Intermezzo. Gavotte, *4ms* 3.50 *Rühle*.
- 3 Idyllische Sonate, *VP* 1.50 n *Wernthal*.
- 4 Suite *P* 2—n *Wernthal*.
- 5 Drei Solostücke, *VcP* 4.50 *Wernthal*.
- 6 Nr. 1. Impromptu, *P* 1.20. Nr. 2. Capriccio, *P* 1.80 *Wernthal*.
- 7 Drei Gesänge, *SATB* mit *P*, Part 4—,

- 10 Vier Klavierstücke, *P* 1 — n *Augener*.
- 11 Funerale, *Org* 1—.
- 12 Zwei Vortragsstücke. *VP*. Nr. 1. Rondino, Nr. 2. Rondino, 3 1.50 *Kistner*.
- 13 Zwei Klavierstücke: Humoreske 1.30. Capriccio 1.20 *Rosoldt*, à 1.20 *Luckhardt*.
- 14 Suite, *s80* E-moll. 1. Präludium, 2. Bourée, 3. Andante, 4. Mennet, 5. Rondo. Part 5—, St 4.50 *Forberg*.
- 15 Fantasie, *pns* 3— *Forberg*.
- 16 Zwei Präludien und Fugen, *Org.* 1 in F-moll, 2 in D moll à 2— *Rieter*.
- 18 Canonische Tanzstücke 3— *Eck*.
- Der Lotse, Oper in 1 Akt, KA 6 — n *Forberg*.
- Meditation on „Little Study" by Schumann (Ernst Heim), *VP* 3— *Augener*.

Brauer Wilhelm, op. 4 Drei Lieder: Herz, mein Herz, Weine nicht, Heidenröslein 1—. Nr. 1 —50 *Brauer*.
  5 Zwei Lieder. Frühlingslied: „Die schlanke Wasserlilie", Volkslied: „Es fiel ein Reif" —80 *Brauer*.
- Ach, du lieber, guter Bruder, ach bist du ein dummes . . . .! Salonduett f. 2 Herren 2 — *Teich*.
- Auf den Händen lauten mer a! Vexier-Duett 2 — *Teich*.
- Die deutsche Sprache 1— O. *Dietrich*.
- Drei kleine Lieder: Frühlingslied, Morgenstern, Du bist wie eine Blume —80 *Brauer*.
- Madame Pipifax, die Schulreiterin, Tanz-Couplet 1.50 *Teich*.
- Nanke mit der Panke, Soloszene 1— O. *Dietrich*.
- Sag, ich lasse grüßen 1 — *Teich*.
- Soloszenen. 1. Der schöne Emil, 2. O du heiliger Ehestand, 3. Ein Vergeßlicher à 1.50. Nr. 4. Eine impertinente Köchin 1.20. Nr. 5. So war es früher, so ist es heut'! 6. Ein Bayrisch Bier-Schwärmer à 1.50. Nr. 7. Rendjeh Bliemchen aus Dräsen uff'm Eiffeldorne (Sächsisch) 1.20 *Teich*.
- Tüchtig, wichtig 1— *Teich*.

Braulio P. Andante quasi adagio, *V* ou *VcP* 1.70 n *Marchand*.
Brault, Ave Maria, *MS* 1— n *Pergally*.
- Tantum ergo, *SATB* 1—n *Pergally*.
Brault A. Rapelle-toi 2—n *Rouhier*. . .
Brault F. L'Hostie, Solo 1.50 n *Pergally*.
Brault Jules, Monsieur Abélard, opérette, Part 4—n *Société nouvelle*.
Brault P. F., S. J. L'azione di grazie, Cantico per coro. Parti à 10 Part 1.10 *Libr. editrice*.
Braumlein Wm. Waltz —50 *Mills*.
Braun, Gesang an die Unsterblichkeit —75 *Schott*.
- Love's Request, Liebesbitte —60 *National Music*.
- Schule u. Touleitern, für die *Bass-,* *Alt-* u. *Tenor-Pos.* (Tro). (Deutsch-franz.) 1.80 *André*.
- Souvenir d'Alsace, *PV* 5— *Alleton*.
Braun Albert, op. 1 Mutterseelenallein (All sole alone), „Es blickt so still" —50 *Heinrichshofen, Simon,* TTBB, SATB, Part à —50, St à —40 *Coppenrath,* SATB, Part —30, St —50 *Heinrichshofen,* TTBB —12 *Ditson,* Male voic. —08 *Molineux,* Transcr.

P 1.30 *Harbinger,* —50 *Heinrichshofen,* 1.20 *Metzler,* Z —20, ZZ —30 *Fischer. Coppenrath;*

- 2 Lied am Grabe zu singen. TTBB, Part —50, St —60.
- 3 Abendlied. TTBB, Part —60, St 1—.
- 4 Zigeunerlied. TTBB, Part —50, St —60.
- 5 Wanderlied, TTBB, Part —50, St —80.
- 6 Röschen vom Rhein. TTBB, Part —50, St —60.
- 7 Waldlied, TTBB, Part —50, St 1—.
- 8 Choral, TTBB, Part —50, St —60.
- 9 Grablied, TTBB, Part —50, St —60.
- 10 Ade zu tausend guter Nacht. TTBB, Part —50, St —80.
- 11 Der Freier, TTBB, Part —50, St —60.
- 12 Am Brünnelein, TTBB, Part —50, St 1—.
- 13 Der wilde Jäger, TTBB, Part —50, St 1—.
- 14 Morgenruf, TTBB, Part —50, St —60.
- 15 An die Geliebte, TTBB, Part —50, St —60.
- 16 Treue Liebe, TTBB, Part —50, St —80.
- 17 Der Mai ist da! TTBB, Part —50, St —80.
- 18 Der Elsässer Sängergruß an die Schweizer Sänger, TTBB, Part —60, St 1—.
- 19 Lenzfragen, TTBB, Part —50, St 1—.
- 20 Ständchen, TTBB, Part —50, St —60.
- 21 Träume, TTBB, Part —50, St —80.
- Fou d'amour 1.35 n *Durand*.
- O moon conceal thy golden might, TTBB —08 n *Church*.

Braun A. B. P. op. 6 Quatuor (D), *PV* VaVc 2.25 *Hofmeister*.
Braun C. The Country Mouse and the town Mouse; or, Better a Crust in Comfort than a Feast in Fear. A short, humorous Cantata 1 — *Novello*.
- Jesus, I my cross have taken, quartet —35 *Gordon*.
- O Lamm Gottes unschuldig. Kirchlicher Gesang, SATB, Part, St à —60 *Kistner*.
- Queen Mab and the Kobolds (Operetta) 2 — *Novello*.
- Sigurd. A Dramatic Cantata. Vocal Score 5 — *Novello*.
- Snow Queen, The, Operetta 1— *Novello*.
- Three songs of the Heather. 1. Heatherbud. 2. Ever so far away, 3. Sing a song of purple heather 3 —n *Williams*.

Braun Chr. Zumsteeg: Op. 2 Das Vaterland 1—.
- 3 Müller und Schneider, *TBarB* 2.50.
- 4 Doktor und Apotheker, *BarB* 3—.
- 9 Waldmeisterlein, TTBB, Part u. St 1—.
- 10 Zwei Lieder, SATB: Die Soldatenbraut, Muß Einer von dem Andern, Part u. St 1.20.
- 13 Drei Lieder, TTBB: Schlummerlied. Glaube, Liebe, Hoffnung. Lied eines fahrenden Schülers, Part u. St 1.20, Nr. 1 u. 3 Part u. St à —60.
- 14 Deutscher Siegesgesang. Part, St à —60.
- 16 „Miez und Schnauz," im schwäb. Dialekt für große und kleine Kinder —80.
- 17 Drei nordische Tanzweisen, TTBB: 1. Rundtanz aus Smaland, 2. Nachtwache am Strand, 3. Des Müllers Töchterlein. Part

u. St 1.20, Nr. 1. Part u. St —50, Nr. 3,
Part u. St —60.
- 18 Die Opiumraucher, *TTBB*, Part 1—, St
—60.
- 19 Kriegslied der Chinesen, *TTBB*, Part 1—,
St —60.
- 20 Der Schu-Tswang, *SMS* 2—.
- 21 Au Lu-Lu, Chinesisches Liebeslied, *h. t.*
à 1—.
- 22 Wenn ich Hm nur habe, *TTBB* m.
jbllnstr (Org), Part 1.40, St —60.
- 23 O selig Haus, *TTBB*, Part —10, St —60.
- 24 Lockruf zum Ständchen: „O du liebs,
o du guets, o du herzigs Maidele, *TTBB*,
Part 1—, St 1.20.
- 25 Schuster und Gerber, *2Bar* 3.60.
- 26 Lockruf zum Ständchen: „O du liebs,
o du guets, o du herzigs Maidele", *h. t.*
à 1.20.
- 27 „Trink an Bäsle, lupf dei' Gläsle", *TTBB*,
Part —70, St —80.
- 28 Lockruf zum Ständchen: „O du liebs,
o du guets, o du herzigs Maidele", *SATB*,
Part 1—, St 1.20.
- 29 's rot Rösle, *TTBB*, Part —40, St —60.
- 30 Kurze und leichte Orgelstücke zu den be-
kanntesten Choralmelodien der evangeli-
schen Kirche, Heft I 1.80.
- 31 „Heilig ist der Herr", *SATB* m. *7Blech
instr* oder *Org*, Part 1.35, Instrumentalst
1.05, Singst —60.
- 32 „'s rot Rösle", *SATB*, Part —40, St
—60.
- 33 Ich lehn an einem Steine, *MST (2MS)S
(2T)* 1—.
- 34 Drei schwäbische Lieder, *SATB*; 1. Heil
auf, Schwobeland, 2. Des Rösle, des du mier
boscht gea, 3. Mädele, i bi' dir guet. Von
jeder Nummer Part u. St à —60.
- 35 Zwei heitere schwäbische, *TTBB*; 1. Du
kleine Hex, von G e o r g J ä g e r, Part
u. St à —60, 2. Schwobenmädle, Ulmer-
mädle, von G. S e u f f e r, Part u. St à
—60.
- 36 Drei schwäbische Lieder, *TTBB*; 1. Hell-
auf, Schwobeland, 2. Des Rösle, des du
mier boscht gea, 3. Mädele, i bi dir guet.
Part —60, St à —60.
- 37 Das fleißige Maurerlied, nach einem
alten Spruche vom ehrsamen Handwerk,
TTBB, Part u. St à —60.
- 38 Zwei schwäbische Chöre, *TTBB*; 1. Es
ischt mer verkomme, 2. Mädle, gib acht,
Part u. St à —60.
- 39 Der 103. Psalm, 6—8 stimmig, *SATB*,
Part u. St à 1.20.
- 40 Die Heirats-Frage, *TB* 3.50.
- 41 Meister und Geselle, *TB* 3,50.
- 42 's Kübele rinnt, *TTBB*, Part 1—, St
1.20.
- 43 's Kübele rinnt, *SATB*, Part 1—, St 1.20.
- 44 's Kübele rinnt 1.20.
- 45 'z Rizlern im Walsertal. Tirolerlied.
Mittelst —80.
- 46 D' Soldate sind lustige Leut', *TTBB*,
Part, St à —60.
- 47 Ich lobe mir mein Schwabenland, *TTBB*,
Part, St à —60.
- 48 's Wörtle Du, *TTBB*, Part, tS à —60.
- 49 's Wörtle Du, *SATB*, Part, St à —60.
- 50 's Wörtle Du, *h. t.* à 1—.

- 52 Zum Kaisertag, *TTBB*, Part, St à —60.
- 53 's Lindewirts Rösle, *SATB*, Part, St
à —60.
- 54 's Lindewirts Rösle, *SATB*, Part, St
à —60.
- 55 's Lindewirts Rösle —80.
- 56 Ob's stürmt und schneit, Und die Rösle
sind rot, *TTBB*, Part, St à —80.
- 57 Meine Bäum' die heut blühet 's hot koi'
Gfohr, Part —90, St —60.
- 58 Mei' Glückshonn, *TTBB*, Part, St à —60.
- 59 Glück auf du schönes Schwabenland,
SATB, Part, St à —60.
- 60 O Herr meine Freude, Solost *SATBOrg*,
Part 1.20, St —60.
- 61 Gebet für Kaiser oder König, *SATB*,
Part, St à —60.
- 62 Sängerabschied, *TTBB*, Part, St à —60.
- 63 Hobe-n-im Oberland, *TTBB*, Part, St à
—60.
- 's Mulle, „D' Bäure hot d' Katz verlore,
—80.

Braun Carl, op. 5 Kavatine, *VP* 1.50 *Klemm*.
- Zwei Lieder: 1. Du bist wie der Mond am
Himmel, 2. Selbst die Bäume weinen 1.20
Eulenbury.

Braun Carl Anton Philipp (1788), op. 5
Potpourri, *ObP* 1— *Hofmeister*.
- Axel och Valborg, ouverture, *P* 1— *Hirsch*.
- Sei Canzonette: La Sontananza, „Del tuo
fedele amante, „Fa dalle stelle tu non sei
guida", Il Dubio: „Tra mille opposti
atetti", Il Pensieroso: „A voi torno a
miei orrori", „Quanto mai felicé siete innocente", „Belle luci cheaccendete" 2.25
Hirsch.
- 18 Capricen, Ob 2.50 *Breitkopf*.
- Ouverture (C-moll), O 3— *Breitkopf*.
- Zwei Quartette, *FlObHorn (Bassettkorn)
Fag* 6— *Breitkopf*.
- Sex sangstycken: Le calme: „Dans cette
annable solitude", „Hon flydde bort des
älskade", L'Amour: „Ne méprisez point
men enfance" Julljusen: „I torpstugans
skymning", „J'aimel et je ne puis expri-
mer", Trasten: „En hemlig längtan
fänd" 2— *Hirsch*.
- Sonate (C-dur), *POb*, *POb(Fl, F-dur)*
à 2— *Breitkopf*.
- Symphonie in D-dur, O 4.50 *Breitkopf*.

Braun Clemens, op. 7 Zwei *TTBB*, Part u.
St à —60 *Brauer*: Nr. 1. Herbst: „Nun
ist es Herbst", 2. Nachtlied: „Die Nacht
hängt voller Sterne".

Braun Eduard, op. 7 Cäcilien-Polka —50
Hainauer.
- 8 Russische Zigeuner-Polka —50 *Hainauer*.
- 9 La Gracieuse, Polka —50 *Hainauer*.
- 26 Fantasie, *ObP* 1.20 n, *ObO* 2.50 n, *Hora
(Waldhorn) P* 1.20 n, *Horn(Waldhorn) O*
2.50 n *C. F. Schmidt*.
- 54 Krönungsmarsch 1—, O 4.50 *Ries &
Erler*.
- 61 Romanze, *VcP* 1.20, *VcO* 3.60 *Kühle &
Wendling*.
- 68 Konzert-Polka, *Cornet à PP* 1.50, *PistO*
3— *Kühle & Wendling*.
- Aus der Jugendzeit —80 *Haslinger*.
- Caprice, *P* 5— *Alleton*.
- Champagner-Polka —75 S. *Philipp*, *Xylo-
phon O* 2— n *C. F. Schmidt*.

- Deutsche Volkshymne, *TTBB*, Part —50 n.
  St —60 n *Oertel*.
- Ever so far away 4— *Williams*.
- Les Fantaisies, *P* 5— *Alleton*.
- Harfe und Spieluhr. Intermezzo, *P* 1.20, *O*
  1.50 *Kühle & Wendling*, —25 *Rosé*.
- Hohenzollern-Marsch, *4ms* 1.50 *Haslinger*.
- Vier Lieder: Das Menschenherz. Das stille
  Haus. Schäfers Klagelied. Alles hat seine
  Zeit 2— *Haslinger*.
- Nußknacker-Polka. Ein Weihnachtsscherz
  für große und für kleine Kinder, *P* 1—,
  O 1.50 n *Hainauer*.
- Orchester-Variationen über Schuberts „Hei-
  denröslein" mit Solo für *FlVeClTrFaObV* od.
  Ha ad lib. 2.50 n *Oertel*.
- Eine Pizzicato-Polka, *sO* (Quart.) 1.50
  Kühle & Wendling.
- Ein Sonntagsmorgen. Meditation. *P* 1—. Om.
  Ha ad lib. 1.50 n 8. *Philipp*.
- Unter der Äolsharfe. Fant. *P* 2— *Haslinger*.
- „Wiegenlied". *St*-Quart. —80 n, *St*-Quint.
  1— n *C. F. Schmidt*.
- Wie schön die Blumen. Wiegenlied —80
  Haslinger.

Braun F. op. 95 Hoffnung. Liebe. Treue und
  Glaube: „Was kettet uns", m. *P* u. *Ve* (ad
  lib.) —80 *Heinrichshofen*.

Braun F. W. op. 23 Ouverture arrangée (C),
  P, 2 Bg. *Cranz*.
- **25** Ouverture (C), *4ms*, 4°, Bg. *Cranz*.

Braun F. W. O. Sechs Gesänge. 1. Wanderers Nachtlied: „Der du von dem Himmel
  bist". 2. Der Blinde: „Ein blinder Mann".
  3. Glück der Treue: „Ein getreues Herz
  zu wissen". 4. Das Bild: „Kennst du das
  Bild". 5. Zugvögel: „Vöglein in blauer
  Luft". 6. Schlummerlied: „Schlumm're,
  ach schlumm're" 2— *Heinrichshofen*.

Braun G. op. 26 Introduction et Polonaise
  (Es), *P* 1.50 *Cranz*.
- Agrippa-Marsch, *Z* —40, *2Z* —60 *Fritz*.
- Leichte Unterhaltungs- und Übungsstücke.
  1.—6. Übungsstücke. 7. Walzer. 8. Walzer.
  9. Walzer. 10. Ländler. 11. Ländler. 12.
  Polka. 13. Selma-Polka. 14. Polka-Mazurka.
  15. Lieder ohne Worte. 16. Walzer. 17. Länd-
  ler. 18. Anna-Polka. 19. Sophien-Polka.
  20. Emma Polka-Mazurka. 21. Polka-
  Mazurka. 22. Marsch. 23. Oberländler. 24.
  Unterländler. 25. Unterländler, *Z* 3—
  Kühle.

Braun G. S. O keep thy heart for me —40
  Brainard.

Braun H. Josephinen Waltz —60 *Brainard*.

Braun Jan, op. 13 „Wspomnienia z podróży",
  Potpourri z pieśni ruskich, dumek i kolo-
  myjek, *4ms* 2— *Piwarski*.

Braun Johann Friedrich (1759—1824), 24
  Exercitien, *ObP* 3— *Costallat*.

Braun J. J. Metodo completo pour *Harm*
  48— *Lemoine*.

Braun Ludwig, op. 1 Julie. Polka-Mazur
  —60 *Hoffmann*.
- Das Bismarck-Couplet: „Ich bin ein Mär-
  ker" 1— *Dietrich*.

Braun Max, Gavotte fantastique, *VP* —60
  Fischer.
- Jack O'Lantern, schottische —20 *Gordon*.
- When the swallow homeward fly (Abt), *G*
  —10 *Gordon*.

Braun Rudolf. *Doblinger:* Op. 3 Fünf Lieder 3—: Nr. 1. Maienzeit. 2. Claudia-
  Lied. 3. Blüten, Blüten überall. 4. Volkslied. 5. Aus der Jugendzeit.
- 4 Präludium-Walzer, *4ms* 4.80.
- 5 Ländliche Stimmungsbilder, *VP* 3.60.
- Ach wie kühle 1.20.
- Divertimento, *4ms* 6— *Doblinger*.
- Vier Klavierstücke 3—.

Braun Stephan, Chorantworten zur Passion
  des heiligen Karfreitags, *TTBB* 1— n
  Feuchtinger.

Braun van, General Dewet-Marsch 1— *Hochstein*.

Braun Wilhelm (179t), op. 1 6 Duos très-faciles, *2Hautb* 1.25 *Hofmeister*.
- 3 2 Duos. *Hautb* 2.50 n *Costallat*.
- 13 2 Quatuors (D-Es), *2VaVc* 7— *Hofmeister*.
- 20 Duo in F-dur, *VVa* 1.50 *Breitkopf*.
- 23 Gr. Duo, *2Ob* 1.50 *Breitkopf*.
- 24 Variations avec Coda (A), *P* 1— *Hofmeister*.
- Concerto (Es), *Cl mO* 6— *Hofmeister*.
- Der Trost: „O. weine nicht" 1— *Heinrichshofen*.

Braune A. „Abschied vom Dirndl und Lebewohl", *Z* —50 *Seeling*.

Braune Edm. Mutter Mulack oder „Im Turn-
  verein von Kiautschau". Turnerschwank m.
  Gesang. KA 2— n. Textbuch 1.50 *Danner*.

Braune F. W. Otto, op. 26 Die Trauerweide
  von St. Helena: „Kennst du den Felsen".
  Dasselbe mit *G* à —50 *Heinrichshofen*.
- 27 Agnus Dei aus: Missa pro Defunctis, *t.*
  —80 *Bote*.
- 28 Noahs Testament: „...Als es mit Noah
  ging zu End'". Komisches Lied 1— *Heinrichshofen*.
- 45 Heft 1: Zwanzig vierstimm. Motetten.
  Wahrlich! wahrlich! er litt unsere Qual.
  Herr! der du kein Gutes lässest mangeln.
  Schaffe in mir Gott ein reines Herz.
  Kommt her zu mir alle, die ihr. Lasset
  das Wort Christi reichlich unter euch.
  Ich will rühmen Gottes Wort. Wirf dein
  Anliegen auf den Herrn, Part 2.50, St
  à —75 *Heinrichshofen*.
- Choeur des Chasseurs, *TTBB*, Part 1— n,
  St à —25 *Cranz*.
- Contredanses militaires d'après des marches
  favorites 1— *Bote*.
- Les Fleurs d'Opéras. Contredanses 1—
  Bote.
- „Frisch auf, ihr Gesellen, hinaus in den
  Wald". Jagdlied, *TTBB*, Part —80, St
  —60 *Leuckart*.
- „Frühlingsleben: „Vöglein flattern im luft-
  gen Bereiche" (Liederquell Nr. 7) 1—
  Heinrichshofen.
- Jachtlied f. Männerst. mit flämischem Text,
  Part —75 n, St —25 *Cranz*.
- Krambambuli! Krambambuli! Galopp mit
  Gesang —80 n. Trioll P. Fanny-Galopp.
  O-St. 4.50 *Bote*.
- Parisina-Galopp, schottischer Walzer, Nati-
  onal-Mazurek und Mazurek 1— *Bote*.
- Töchterleins Meinung: Lieb' Väterlein

wünschet mich fromm und gut —50
Klavier.
Brauneis Josef, Der wandernde Sänger 1.50
Wiener Musik-Verlagshaus.
Brauner hjelm, Garibaldi-Marsch -50 *Elkan*.
Braungardt F. op. 6 Waldesrauschen, *P*
38 *Rühle*, 1— *Elkan*, 1.50 *André*, 1—
Cranz, —60 *Haslinger*, 1.50 *Heukel*, *Hug*,
2 *Bg. Kratz*, —20 *Rühle*, —20 *Rühle d*
Wendling, *Samson*, —60 *Schott*, *Stein-*
gräber, —50 *Tonger*; — 6 n *Augener*, 4 —
Chappell, —60 *Church*, 3 — *Cocks*, —50
Ditson, *Gordon*, 4 — *Pitman*, —60 *Schir-*
mer, —50 *White*, 3 — *Williams*; 5—
Homeille, 1.35 *Schott frères*, —90 *Aibach*,
—25 *Smit*, 4— *Carisch*, 2—. facile 1—
Gori, 1.25 *Ricordi*, —38 *Wurmuth*, (Soirées
d'Hiver 19) 2— *Napoleon*, *4ms* 6— *Ha-*
melle; als Lied: 1.50 *Benjamin*, —2
Broome, 1— *Bertarelli*.
- 7 Leichter Sinn (In Light Mood). Im
promptu, *P* 1— *André*, —35 *Presser*.
- 8 Frühlings-gruß. Lied ohne Worte, *P* 1—
André.
- 9 Abendruhe. Impromptu, *P* 1— *André*.
- 10 Souvenir de Thuringia, *P* 1— *André*.
- 11 Neckereien der Liebe, Idylle, *P* 1.30
André.
- 12 Fantasie-Bild, Salon-Etude, *P* 1.30
André.
- 13 La Campanula alpina. Mazurka de Sa-
lon 1— *Heukel*.
- Clara (Bluette), *P* 2 — *Ascherberg*.
- Idyll, *P* 3 — *Donajowski*, *Duff*, *Forsyth*.
- Murmur of the Brook (Percival), *P* 3 —
Willcocks.
- The music of the woods (Waldesgespräch),
Idyll, *P* 3 — *Ashdown*.
- Rippling Brooklet, *P* 3 — *B. Williams*.
- Sylvan Echoes, *P* 3 — *Cramer*.
Braunroth Ferdinand, op. 1 Sechs leichte
Klavierstücke, Heft 1. Nr. 1, 2 —50, Heft 2.
Nr. 3, 4 —75, Heft 3. Nr. 5 —50, Heft 4.
Nr. 6 —75 *Hainauer*.
- 5 Zwei Lieder: 1. Die barmherzige Schwester:
„Armes, mildes, krankes Kind". 2. Heide-
nacht: „Wenn trüb das verlöschende letzte
Rot" à 1— *Hofmeister*.
- 6 Drei Lieder: Nr. 1. Die Kränzewinderin:
„Ich hab vor einem Blumenstand" 1—. Nr.
2. Waldeszauber: „Hast du je im Wald ver-
spürt" —80. Nr. 3. Der erste Ball: „Strahlender Augen heimliches Sehnen" 1— *Hof-*
meister.
- 7 Im Frühling. Drei Lieder: Nr. 1. In einer
Frühlingsnacht 1—. Nr. 2. Mai 1.20. Nr. 3.
Frühlingsglück —80 *Hofmeister*.
- 8 Tyrolienne, *P* 1— *Hofmeister*.
Brauns Carl, op. 1 Zwei kleine Lieder. 1.
Wiederschen: „Zwei Sterne schwebten leise".
2. Singt ihr kleinen Vögelein 1— *Heinrichs-*
hofen.
- 20 Clausthaler Bergsänger-Polka, Danse-
gracieuse 1.50 *Bote*.
- 21 Jubelhymne, gedichtet und komponiert zur
Einzugsfeier unseres siegreichen Heeres in
Berlin im September 1866: „Harfe Davids,
rausche nieder" 1—, *TTBB*, Part 1.50, St
1— *Heinrichshofen*.
Braunscheidl, Ave Maria —40 *White*.
Braunschiedl J. Cavalcade, *P* —40 *Gordon*.

- Mondwanderung (In the moonlight), *P* —35
Gordon.
- The Slave's Dream 1— *Schirmer*.
Braunstein Chr. Hans Christian Polka —35
Hansen.
Braus O. Vier Albumblätter, *PV*, Heft 1, II
à 1.50 *Schuberth jr*.
Brause M. op. 10 Germania, patriotisches
Walzerlied 1.20 *Ubrich*.
Braut A. Le panier fleuri, quadr. 1.75 n *Gallet*.
Braut A. et **Balouchard**, Suprême adieu la-
mento, *VP* 2— n, *VI(Ve)H* 2— n. *VeH* ou
P, acc. de quatuor ad libit. 2— n *Gallet*.
Braut H. Elévation Mi b maj. (Archives de
l'Organiste Catholique. Sommaire de la 5e
Année. 1. Livraison) 1.50 n *Procure Générale*.
- Entrée ré maj. (Archives de l'Organiste Ca-
tholique. Sommaire de la 3e Année. 5. Li-
vraison) 1.50 n *Procure Générale*.
- Marche mi maj. (Archives de l'Organiste Ca-
tholique. Sommaire de la 2e Année. 12. Li-
vraison) 1.50 n *Procure Générale*.
Brauwer E. de, L'adieu de la jeune fille, ro-
mance —75 *Schott*.
- Ave Maria, 2SCA avec *Org* 1— *Schott*.
- Fantaisie sur un air montois, *P* 2.75 *Schott*.
- O salutaris, solo *S* et chœur, acc. *Org* (Echo
des maîtrises N. 98) 1.50 *Katto*.
Brava Fr. M. Zwei Lieder. 1. Ständchen, 2.
Das goldene Herz —81 *Hoffmann*.
- Sinnen und Minnen, Nr. 1—3 2.60, *André*:
Nr. 1. Seefahrers Heimweh 1.30, Nr. 2. Ach,
wütetest du —60, Nr. 3. Wirf in mein Herz
1—.
- Veilchen-Walzer 2— *Weinberger*.
Bravais H. Denise, Berceuse, *P*, *Hurstel*.
Le brave gendarme, Ch. com. 1— n, *Ch. s.*
—30 n *Ondet*.
Brave old oak, the —2 *Hopwood*, (Hart's
Cheap Music 227) —2 *Pitman*.
Le Brave tambour —30 n *Joubert*.
Brave, The that are no more (Hart's Cheap
Music 1064) —2 *Pitman*.
Bravely go forward (Temperance Music Leaflets
59) —½ *Curwen*.
Bravenz R. Douce Langueur. Valse 3me édit.
2.50 n *Robert*.
- Pas-de-Quatre français, *P* 2— n *Robert*.
- Polka des sous-tasses, 3me édit. 1.70 n *Robert*.
Braves pompiers (Les) 1— n *Joubert*.
Bravo (Le). rom. 1— n *Joubert*.
Bravour-Salon-Album, *P*, Band 1—V à 1.50
Rühle & Wendling:
Bd. 1. Nr. 1. „Staccato". Polka brillante
von O. Bauer. 2. „Blumengeflüster", Cha-
rakterstück von Frz. v. Blon. 3. „Heim-
weh", Nocturne von Louis Brandt. 4.
„Blau-Veilchen", Konzert-Mazurka von Rich.
Eilenberg. 5. „Vögleins Lockruf", Salon-
stück von Ivan Caryll. 6. „Plappermäul-
chen", Salonstück von Rich. Eilenberg.
7. „Verlor'nes Glück", Nocturne von Rich.
Eilenberg. 8. „Offenes Geständnis", Mazurka Caprice von Paul Eim. 9. „Trost in
Tönen", Fantasie von Carl Heins. 10.
„Schmiede im Walde", Idylle von Theod.
Michaelis. 11. „Souvenir de Venise", Gondoliera von Adolphe Mohr. 12. „Die
türkische Scharwache" von Theod. Michaelis.

II. Nr. 1. „In einem kühlen Grunde", von
R. Bachmann. 2. „Die Spieluhr", von F.
Beyer. 3. „Lieb' Veilchen", Konzert-Polka
von Frz. v. Blon. 4. „Ein Morgen in den
Alpen", Fantasie von Max Eichler. 5.
„Wiegenlied", von Schubert, bearb. von
Ferd. Friedrich. 6. „Traum einer Zigeu-
nerin", Charakterstück von Carl Heins.
7. „Liebesgeflüster", Gavotte von Carl
Heins. 8. „Die Heinzelmännchen", Salon-
stück von Rich. Eilenberg. 9. „Oster-
häschen", Gavotte von Fritz Brandt. 10.
„Die Waldsänger", Idylle von Rich. Reich.
11. „Rattenfänger", Fantasie von Rich.
Tourbié. 12. „Schmeichelkätzchen", Salonstück von Rich. Eilenberg.

III. Nr. 1. „Goldene Sterne", Gavotte von
Rich. Eilenberg. 2. „Glöckchenspiele",
Polka de Salon von O. Bauer. 3. „Lauten-
ständchen", Charakterstück von Carl Heins.
4. „Mein Polenland", freie Fantasie über
Polnische Lieder von Rich. Tourbié. 5.
„Erinnerung an Mexiko", freie Fantasie über
das mexikanische Lied „La Paloma", von
Rich. Tourbié. 6. „Harfe und Spieluhr",
Intermezzo von R. Braun. 7. „Spanische
Tanzweise" von M. Wagner. 8. „Die
Lautenschlägerin", Rondo von Aug. Lüders.
9. „An der Weser", Salonstück von O.
Schmidt. 10. „Schmeichelkätzchen", Scherz-
Polka von Carl Heins. 11. „Im Rosenduft",
Lied, als Fantasie arr. von H. Seifert. 12.
„Blümlein Vergißmeinnicht", Salonstück von
W. Popp.

IV. Nr. 1. Lincke, „Guten Morgen, Viel-
liebchen", Salonstück. 2. Loewe, „Die Uhr",
freie Fantasie von R. Tourbié. 3. Ascher,
Fanfare militaire (en Forme de Marche). 4.
Eilenberg, „Goldfischchen", Salonstück.
5. Lefébure-Wély, „Die Klosterglocken",
Salonstück. 6. Fritze, „Ball-Träume",
Walzer-Intermezzo. 7. Blon von, „Traum-
verloren", Studie. 8. Blon von, „Kammer-
kätzchen", Salonstück. 9. Wallace, Petite
Polka de Concert. 10. Waldmann, „Die
alten Deutschen", Fantasie von R. Tourbié.

V. Nr. 1. Tourbié R., „Gloriosa", Kon-
zert-Fantasie. 2. Eilenberg Rich., „Ame-
lie", Mignonette. 3. Lincke P., „Fern von
der Heimat", Charakterstück. 4. Mohr A.,
„Kleiner Schalk", Gavotte. 5. Michaelis
Th., „Frühlingsglaube", Idylle. 6. Gizycki
G. von, Air de Ballet. 7. Richards Br.,
„Der Vöglein Abendlied", Romanze. 8. Blon
Franz von, „La Danseuse", Intermezzo. 9.
Oesten Th., „Alpenglühen", Idylle. 10.
Ketterer E., „Silberfischchen", Fantasie-
Mazurka. 11. Braungardt Fr., „Waldes-
rauschen", Idylle.

Nr. 1. Egghard J., O ma chère Styrie. 2.
Brösicke R., Fein und pikant. 3. Er-
hard C., Mairöschen. 4. Wiedeke Ad.,
Santa-Lucia-Paraphrase. 5. Badazewska
Th., Mazurka. 6. Schumann R., Träumerei.
7. Kadzik G., Süße Träumerei. 8. Hessler
L., Dorfkirchlein. 9. Wallace W. V., Polka
de Concert 1— *Scheithauer.*

Bravour-Tänze, Neue: Komm Karline, Polka.
Noch sind die Tage der Rosen, Walzer. Der
Schokolade-Leutnant, Rheinländer. Die gute

Laune, Schluchz-Polka, 2 VPKbFPCT 1 — u
Oertel.

Bravura, Marchas y pasos dobles, P —50
Wagner y Levien.

Bravura N. de, Rêves ambitieux 1.35 n *Durand.*

Bray, As my love came out to meet me —25
Ditson.

Folding away the baby's clothes, Sg. and
Chor. —35 *White.*

Home memories —35 *Ditson.*

I heard an angel voice last night —35 *White.*

The Magnolia of Tennessee, Sg. and Chor.
—40, with *Banjo* —25 *White.*

Speak to mother kindly, Sg. and Chor. —35
White.

Bray de, Le bouquet, valse cantilène 1— *Durdilly.*

Bray Charles E. op. 19 Frolic, Galop de salon
—50 *Brainard.*

Baby eyes, Sg. and Chor. —35 *Ditson.*

Cherry blossom sweet, Sg. Dance —50 *Brainard.*

Dance of the Brownies, P —50, *Milit. Band*
—50 *Coleman.*

Dancing in the Meadow, P —40, and Brooke
T. P. Cokoco, Konzert-Polka, VP —25,
VCornetP —30, FullO 1—, 11 parts —80,
10 parts —60 *Coleman.*

The Darkies' Frolic, P —40, *Banjo* —30,
Milit. Band —50, and Dance of the Brownies,
VP —25, VCornetP —30, FullO 1—, 11
parts —80, 10 parts —60 *Coleman.*

The Downward Course (or will Papa Come
Home To-Night) —40 *Coleman.*

Fair Portia, Waltz, 10 parts —60, 11 parts
—80, FullO 1— *Coleman.*

Hazel Kirke, Schottische —40 *Ditson.*

Hush Baby, Hush, O (Minstrel Orchestra)
—30, acc. à —25 *Church.*

Jolly Coons, Schottische —35 *Ditson.*

Lost in the deep, deep sea —35 *Ditson.*

Love Laughs at Locksmiths, FullO 1—, 11
parts —80, 10 parts —60, P pt. —15 *Church.*

Now and forever, Waltz —75 *Ditson.*

Oh! it's so easy, Schottische —35 *Ditson.*

The Old Flag March and The Feast of the
Tribes, 10 parts —60, 11 parts —80, FullO
1— *Coleman.*

One smile for me, sweetheart Song and Chor.
—40 *Ditson.*

Perhaps' Tis for the best, O (Minstrel Orchestra) —30, acc. à —25 *Church.*

Queen City, March —40 *Coleman.*

Rainier, March and Rhododendron, Idyll,
FullO 1—, 11 parts —80, 10 parts —60
Church.

The Self-Made Man, Motto-Song —40 *Coleman.*

Sewing Machine, FullO 1—, 11 parts —80,
10 parts —60, P pt. —15 *Church.*

The Song of the Workman —40 *Coleman.*

Sweet thoughts, bright thoughts, Song and
Chor. —40 *Ditson.*

That's the Way it is the Whole World Over
—40 *Coleman.*

Theo. Wagners March —40, *Milit. Band*
—50, and Brooke F. P. She Crack Liner
March, 10 parts —60, 14 parts —80, FullO
1— *Coleman.*

- There's mischief in their eyes. Song and dance —40 *Ditson*.
- Think of me. Song and Chor. —40 *Ditson*.
- When she's singing, Song and Chor. —40 *Ditson*.
- Where our mamas never die? Song and Chor. —35 *Ditson*.
Bray E. M. Star Gem Polka 3'— *Pitman*.
- Twilight Bells. *P* 3'— *Pitman*.
Bray Harry, She wanted to go to the Derby 4 — *Hopwood*.
Bray Isabelle M. The Hamilton, Schottische 3'— *Ashdown*. 2 — *Williams*.
Bray John, Child of mortality —3 *Bayley*. (Choral Handbook 68) *S. T. B* solos —3 *Curwen*. —08 *Ditson*.
Bray J. B. Dans ces instants où le coeur pense. Song without words, by J. Rummel. Concertina *P* 3'— *Ashdown*.
Bray Will H. *Gordon*: Blue eyed Kate. Song and Chor. —35.
- Do not weep so, Theo. Darling, Song and Chor. —40.
- Florestine Waltzes (Batkin) —50, Song and Chor. —35, with *O* —25.
- Go to sleep my baby, Waltz Song —50.
- I'm a chappy sort of a fel! Waltz, Song and Chor. —40, with *O* —25.
- I'm a dandy, but I'm no dude, Song and Chor. —40, with *O* —25.
- Just beyond the stile, Song and Chor. —40.
- Mamie O'Connor, Waltz Song —35.
- Mother's fond words, Song and Chor. —40.
- My baby Boy's Picture That Hangs on the Wall, Waltz Song —40.
- My Susan, My Black Eyed Lady, Coon Song —50.
- Papa's baby boy, Song and Chor. —40.
- Sinners, put on de golden uniform —40, with *O* —25.
- Swinging on the old rustic gate, Song and Chor. —40, with *O* —25.
- When Jack return from sea, Song and Chor. —40.
Brayer J. de. *Siné*: A la recherche d'un juste 2—.
- La bande joyeuse, Le petit Poucet.
- Dimanche, à trois voix ég. (M. Bouchoir) —25 n.
- Faisons de rêves! Choeur à 2 parts —25 n.
- Floréal, choeur à 4 voix (Beethoven) —25 n.
- Fraternité, 4 voix mixt. *P* (Chérubini) —50 n.
- Gloire au travail! *SATB* (Schumann) —50 n.
- Hymne à la beauté, 4 voix mixt. *P* (Gluck) —40 n.
- Hymne à la France, ch. à 2 voix —25 n.
- Hymne à l'universelle humanité, choeur à 2 voix —25 n.
- Hymne à Toulouse, ch. à 2 voix —25 n.
- Jour de Fête, 4 voix mixtes, *P* (Schumann) —50 n.
- Liberté, *SATB* (Haendel) —50 n.
- Martha (Flotow), valse de salon, *4ms* 3— n *Choudens*, 9— *Joubert*.
- Nausicaa, tirée de l'Odyssée, réduct, ch. *P*, *Colin*.
- Le Petit Chaperon rouge, ch. à 2 voix —25 n.
- Poupée, Transcr. de la Marche nuptiale, *4ms* 6— *Joubert*.

- Printemps, ch. à 2 voix —25 n.
- Retour du printemps, canon, *3MS* et *3 Bar*, choeur et sextuor av. *P* acc. —40 n.
- Salut aux étrangers! *SATB* (Schumann) —40.
- La souriante, valse (Wolff) 6— *Noël*.
- Suite russe d'après des chants populaires, *P* 6— *Noël*.
- Voix éparses, *TTBB* (Schumann) —30.
Brázay Szivemböl téptem ezt a dalt 1.20 *Bárd*.
Brazil Ernestina F. do, Brincando, polka, *Banda* 1— *Guimarães*.
Brazil Ernestina J. do, Delirio, valsa, *Banda* 1.50 *Guimarães*.
- Etherea, valsa 2— *Napoleão*.
- Eu e elle, valsa, *Banda* 1.50 *Guimarães*.
- Flor de Neve, valsa 2— *Napoleão*.
- Harmonia Celeste, valsa *Napoleão*.
- Jandira, valsa, *Banda* 1.50 *Guimarães*.
- Juremna, valsa 1.50 *Napoleão*.
- Lembras-te? valsa, *Banda* 1.50 *Guimarães*.
- Palpitante, quadrilha, *Banda* 1.50 *Guimarães*.
- Republicana, valsa, *Banda* 1.50 *Guimarães*.
- Selika, polka, *Banda* 1.50 *Guimarães*.
- Será verdade? valsa 1.50 *Bevilaequa*.
- Suspirando, polka, *Banda* 1— *Guimarães*.
- Travessa, quadrilha, *Banda* 1.50 *Guimarães*.
- Valse brésilienne v. Mesquita op. 31.
- Zajá, valsa, *Banda* 1.50 *Guimarães*.
Bragil J. Pimento, Elvira, polka, *Banda* 1— *Napoleão*.
- Feliz Viagem, valsa 1— *Napoleão*.
Brčko Isidor. *Starý*: Manželská. Polka s textem —80, *Z* —80.
- Nejde to! Polka s textem —80, *Z* —80.
- Nepečem. Pochod s textem —80, *Z* —80.
- Pražské kukátko. Žert, čtverylka 1.40.
- Trakař. Polka s textem —80, *Z* —80.
- Za Čtyrák. Polka s textem —80, *Z* —80.
- Zelená se, zelená. Pochod s textem 1—, *Z* —80.
- Zkusme to! Mazur s textem —80, *Z* —80.
Brdlíková Josefína (1853). *Urbánek*:
- Album skladeb klavírních. I. Impromptu, Znělka, Humoreska, Dumka, Polka, Kolébavka, Pastorella. II. Dvě improvisace, Jarní romance, Ve stínech večerních, Píseň, Modlitba, Melodie, Dvě rhapsodie à 3—.
- Aphorismy, valčíkové, *4ms* seš. 1—, 4 à 2—.
- 2 Ballady, *4ms*.
- Decameron. 12 fantasií ve formě sonatové, *P*.
- Miniatury, *P*. Číslo 1. Preludium. 2. Romance. 3. Valčík. 4. Jarní. 5. Sousedská. 6. Vzpomínka. 7. Dialog. 8. Intermezzo. 9. Loučení a shledání. 10. Rondel. 11. Scherzino, *P* 2— *Urbánek*, Nr. 6 (Pensée) —25 *Jurgenson*.
- Mazurky (10 č.).
- Písně. Seš. 1. Tři serenády. Mně zdálo se. V duši mé jest plno písní. Dumka 3—. Seš. 2. Zpěv panoše královny Dagmary. Romance. Jezerní panna. Motýl 5—. Seš. 3. Adagio. Jarní. Mně z vůně, paprskův a rosy. Misterioso. List. Bad' mír 3—. Seš. 4. V lupení ptáče zapělo. Kdyby ústa mluvit chtěla. Nediv se. Ty, nevíš. Přilítlo jaro z daleka. Nic nejsem víc nežli ta růže 3—. Seš. 5. Modlitba. Anděl. Rybák. Valkýry 3—. Seš. 6. Přechod jara. Ptáče.

Připlulo jaro. Dobrou noc. Zastavéníčko. Mileneů přání 2.40.
- Poetické preludie, *P.*
- Poetické trilogie, *P.*
- Polní kvítí z českého pohoří. Kytice veselých skladeb klavírních (I.—S.) 4—.
- Variace, *P.*
- V rákosí, *P* (I.—6.) 3—.
- V úplňku noci benátských. Nokturno *1ms.*
- Z davných dob. Pastorella, Gigua, Sarabanda, Invence, Menuetto. *P.*
- Z letního sídla. Čís. 1. Veselí pod širým nebem. 2. Romance. 3. U lesních pramenu. 4. V houfce. 5. Pod večer. 6. Noc na jezeře. 7. Osudná bludička. 8. Vlaštovicky odletají. 9. Zima se blíží, *P* 4—.
Bread of Heaven — 2 *Hopwood.*
Breakdowns (One Hundred and one). Jigs and Hornpipes, *Banjo* 1 6 n *Turner.*
Breakdowns (Ninety-Nine). Jigs and Hornpipes, *Banjo* 1 6 n *Turner.*
Breakdowns (Sixty). Jigs & Hornpipes. *Banjo* solo with second *Banjo* acc. 1 6 n *Turner.*
Breakdowns (Forty). Jigs, Reels and Hornpipes. *Banjo* (Chappell) 1 6 n *Chappell.*
Breakdowns (Thirty-Three). Jigs & Hornpipes, *Banjo* 1' 1 6 n *Turner.*
Breaking-up, polka — 2 *Hopwood.*
Break it gently to my mother — 2 *Hopwood.*
Break the news to mother 2 — n *Sheard.*
Breakspear E. J. The falling star (Es fällt ein Stern) (Germania 324) 1 — n *Augener.*
Brebis (Les) du Bon Dieu 1— n, *Ch. s.* —30 n *Ondet.*
Brebis (La) perdue, pastorale 1— n *Joubert.*
Brech L. 1. Jesu Salvator. *T. Bar* à —60 *Muraille.* 2. Jesu Salvator, *Bar* —60 *Muraille.*
Brecher Gust. (1879). *Zimmermann:* op. 2 Aus unserer Zeit. Symphonische Fantasie, *O* Part 20— n.
- 3 Nr. 1. Neue Liebe, *h. m.* à 1.50. Nr. 2. Die Weihe der Nacht 1.50.
- 4 Im Schlosse Mirabel —75.
- 5 Nr. 1. Prophetie, *m. t.* à 1.50. Nr. 2. Das Liebeschloß, *h. m. t.* à 1.50.
- 6 Nr. 1. Im Schlosse Mirabel, *m. t.* à 1.50. Nr. 2. Am Ufer, *m. t.* à 1.50.
- 7 Nr. 1. Der Arbeitsmann, *Bar. A. Tenorbar* à 1.50. Nr. 2. O schwarze Nacht. 3. Wanderers Nachtlied à —80.
Brechler-Troskowitz Viktor Ritter von. Isolde 1.50 *Weiner.*
Brecht, Polka-Mazurka —50 *Bote.*
Brecht J. Run for life, quickstep —40 *Ditson.*
Brecht Rob. „Abendgesang". Andante, *4 Ve* 1.20 n *C. F. Schmidt.*
- Herbststimmung, 8—17stg. 2—*Lelme.*
Bredal J. *Hansen:* Bruden fra Lammermoor, Opera: Heksesang: Fuldmaanen skinner —50. Rec. og Kavatine: Mandens dybe, bitre Sorg —50. Rec. og Kavatine: Ingen kan sin Skaebne 1—. Vise: Penge, Penge, tro mit Ord —50. Romance: Du, som kender hver en Tanke —50. Duet: Vi skilles maa, o bitre Smerte 1—. Jaegerkor: Held Dig folge, flinke Jaeger 1—. Duet: Let knaekker Stormens Kast —50. Skotsk Vise: Der sidde de to Ravne —50.

- Guerillabanden, Opera: Duet: I Dødens Arm —50. Romance: Faedreland! naar Vold dig truer —50. Arie: Af Mod og Lyst 1—. Duet: Ja, det er ham 1—. Seguidilla: Elskov blomstrer —75. Vise: Naar i Glasset Druen gløder —50. Arie: Nej Elskte, min Aere —75. Arie: Rejser Eder, Spaniens Sønner 1—. Romance: Naar Maanens Skaer —50. Vise: Jeg var en Knøs 1.50.
- Seguidilla, *P* 1—.
- Seks Romancer 1—, med *G* 1—: Tys, du søde Lille. Det var en Aften silde. Elverpigen i Natten slaar. Hvad er det jeg, Hvor skal jeg finde Dig. Jeg elsker, o Maler.
Brede Albrecht (1830). op. 2 Fünf Choralvorspiele, *Org* —60 *Maier.*
- 3 Zwölf leichte melodische Tonstücke, *Org* oder *H* 1.50 *Simon.*
- 4 Drei Fugen, *Org* —50 *Maier.*
- 5 Duett, *ST* mit *Ve* ad lib. 1— *Ries & Erler.*
- 9 Sonate (Fis-moll), *Org* 1— *Maier.*
- 10 Sonate, *P* 3— *Ries & Erler.*
- 25 Drei Duette, *SA* 1.80 *Ries & Erler.*
- 26 Doppelfuge, *Org* 1.20 *Ries & Erler.*
- 34 Geistliches Abendlied 1— *Weber.*
- 36 Der zwölfjährige Jesus, Oratorium, *KA* 8—, Chorst, *2SA* à —80, Textbuch —10 *Weber.*
- 40 Bethlehem, *KA* 3.60, Solost 1.20, Chorst, *2SA* à —30, Textbuch —15 *Weber.*
- 44 Vier Duette, *2S*, *KA* 1—, *St* —30 *Weber.*
- 45 Das Lied von der Glocke. Daraus Arie: Denn mit der Freude Feierklänge 1.20 *Dufayel.*
- 46 Frühling im Winter, *KA* 3.30, *St*, *2SA* à —30, Textbuch —20 *Weber.*
- The Boyhood of Christ, Cantata with Solos and Choruses for *SSC* 2 — *Curwen.*
- Germania: „Daß dich Gott in Gnaden hüte", *TTBB*, Part —40, St —60 *Kistner.*
- Haus-Choralbuch, *P* 2— *Weber.*
- Liederkranz (Schulliederbuch) 1.60 *Weber.*
- Vaterland im Siegerkranze, *TTBB*, Part —60 *Ries & Erler.*
Bredow Fritz, op. 15 Prinzeß-Gavotte, *P* 1.20; *Z* —50 *Knoll-Leipzig.*
Bredow M. Mélancolie. Mélodie tirée de la Fantaisie-Impromptu de F. Chopin —65 *Jurgenson.*
- Rêverie (R. Schumann) —65 *Jurgenson.*
- Warum? Melodie v. R. Schumann. Duett —90 *Jurgenson.*
Bree Jan Bernard van (1801—1857). *Alsbach:*
- Adolf bij het graf van Maria, Ballade, *S. A* à 1—, 1— *Haslinger, Scholt.*
- Air varié sur la romance fav. de „Pré aux Clercs", *P* 2—, *V* av. Quat. 1.50.
- Allegro, *St 4Va 4Vc*, Part 2.50, St 5—.
- Concert-Ouverture, *O* 5.50, 2.50 *Eck.*
- Ecce Panis, *T* m. *P* of 1—/60 *Eck.*
- Engelenzang m. *Org* of *P*, Part 3—, St à —30 *Eck.*
- Feest-Cantate (holl.-d.), *Tsolo* en koor, Part 6—, St 3—.
- Feestmarsch —50 *Cohen.*
- Feestzang, 3st. mannenk. m. 3 baz. en *Org.* Part —80, St à —15 *Eck.*
- Galop —20 *Eck.*
- Haarlemsche Spoorwegwals, *P* 1.25.
- Herinnering —50.

69

- Impromptu, *P* —50.
- Koningshulde —50, —30 *Eck.*
- Magnificat voor 3 stemmen en *Org*, afwisselend Gregoriaansch, Part 1.20, St 1— *Wannders.*
- Missa (driest.), Part 5—, St 2.40 *Eck.*
- Missa tribus vocibus humanis com. *Org* concinenda N. 1, Part 5.50, St 2.70, Part 3—, St 1.20 *Wanders*, 6— *Norello.*
- Missa N. 2, (driest. met *Org*, Part 5—, St 2.70 *Eck*, 5— *Norello.*
- Missa tribus vocibus humanis com. *Org* concinenda N. 3, Part 5—, St 2.70, 5 — *Norello.*
- Missa N. 4, driest. met *Org*, Part 5—, St 2.40 *Eck.*
- Missa tribus vocibus vir. com. *Org* conc. N. 5, Part 5—, St 2.70.
- Missa duabus vocibus acqualibus com. *Org*, concinenda, Part 3.50, St 1.50.
- Missa unisono m. *Org*, Part 1.50 n, St —30 n *Rossum*, Part 2.50, St —50 *Pustet.*
- 3 Nocturnes, *P* 1—.
- Opwekking —50 *Eck.*
- Oranjelied, Volkslied —40 *Eck.*
- Promenade champêtre, fantaisie, *P* 1.70.
- Psalm 84, volgens de woorden des Bijbels met ingevlochten koralen bewerkt door J. P. Heye, Solo-koor en *O*, KA 4.50, St 3.50.
- 1. Quatuor, 2*V Va Vc* 4— *Simrock.*
- 2. Quatuor, 2*V Va Vc* 2.50 *Eck.*
- 3. Quatuor, 2*V Va Vc* 4—, 2.50 *Eck.*
- Requiem. Missa (Driest. m. *Org*), Part 5—. St 2.70 *Eck.*
- „Saffo", Ouverture, *4ms* 1.70 *Alsbach, Eck.*
- 3 Scherzi, *P* 1.50.
- 4 Sinfonie von Beethoven, *PV* 4.50.
- Shady groves for love, quart. f. mix. voices. Chor. f. fem. voices à —08 *Ditson.*
- Souvenir d'Auber, 3 pet. fantaisies, *PV*: 1. Domino noir, 2. La part du diable, 3. La Fiancée, à 1—.
- St. Cecilia's Day 1— *Bayley*, —30 n *Ditson*, Mixed voices 7·6: N. 1. Breathe within this quiet vale — 4. N. 2. Brooks shall murmur —/2. N. 3. Fragrant odours —1½. N. 4. Give way now to pleasure. Air and Chorus —4. N. 5. Holy music — 4. N. 6. Vales may suit the charms — 2. N. 7. Youth and love —/2 *Norello*, N. 2. SSA —08 *Ditson.*
- Te Deum Laudamus, Hymne, SATB Soli u. Ob mit *O*, KA 2—, St 3 —20.
- 3 Valses brillantes 1—.
- Variations, *VP* 1.50, 1— *Eck.*
- Visschers Dochtertjen —50.
- Voorheen en thans, groote Potpourri, *P* 1.50.
- Youth and beauty, chorus f. fem. voices —08 *Ditson.*

Bree H. J. J. van, Sonate, *4ms* 3.40 *Roothaan.*
- Verlaat mij niet —70 *Mosmans.*

- Brée Malwine, Die Grundlage der Methode „Leschetizky" 5— *Schott*, 2— n *Schirmer.*
- Bree (Van) and Clinton, Maria's cares are o'er. Celebrated Dutch cantata, in B flat, *FVP* 2·6 *Ashdown.*

Breed G. J. Break, break, break —35 *Ditson.*

Breeds F. H. Valse de Concert, *P* 4 — *B. Williams.*

Breen & Geary, If you'll be m-i-n-e, waltz song —50 *Stern (Broadway Music Co.).*

- I've e funny, funny feeling round my heart —50 *Stern.*

Brees Gust. Het weesje op het graf zijner ouders 1— n *Faes.*

Bref Le A. Fantaisie, *V* 2— n. *O, Baudoux.*

Breggen Aug. van der, Zur Weihe des Hauses, Festmarsch 1.50 *Praeger.*

Bregozzo G. Chi batte alla porta con questo uragan? *S Bar* 2.50 *Ricordi.*
- Ispirazioni sulle Alpi. Capriccio 5—.

Brei B. Galopp —70 *Cranz.*

Breidenstein C. op. 1 Motette über Novalis' Lied: Wenn ich ihn nur habe, 3- u. 4stimmig Solo u. Chor, Part —75 *Breitkopf.*
- 2 Sechs Gesänge. 1. Herbstlied. Waldnacht. Jagdlust. 2. Frühlings-ruhe. O legt mich nicht. 3. Nacht. Süße Ahnungsschauer. 4. Frühlingsglaube. Die linden Lüfte. 5. Jägerlied. Kein bess're Lust. 6. Waldessprache. Ein Flüstern, TTBB, Part 2—, St à —50 *Breitkopf.*
- 4 Sechs geistliche Gesänge, TTBB. 1. Veni sancte spiritus. 2. Danket dem Herrn. 3. Was wär' ich ohne dich. 4. Ruhe nun in Frieden. 5. Wenn alle untreu werden. 6. Ja fürwahr. Part mit untergel. KA 3—, Singst 3.20 *Simrock.*
- Der Fischer, Romanze m. *O* od. *P*. „Das Wasser rauscht, das Wasser schwoll" —50 *Simrock.*

Breidenstein H. K. Zwei Gesänge. 1. Der Harfenmann: „Ich wand're mit der Harfe". 2. Beruhigung: „Wolken regnen" —80 *Simrock.*
- „Sie sollen ihn nicht haben, den freien deutschen Rhein". Lied (Nic. Becker), *O* (Chor ad lib.) —50 *Simrock.*

Breidenstein J. op. 9 Fantaisie sur une Romance hollandaise, *P* 1.80 *Cranz.*
- 10 Trois Transcriptions, *P* sur des Airs favoris. 1. Die blauen Augen (Arnaud), 2. Liebeslocken (Gumbert), 3. Dort auf jenem Berge (Volkslied) à 1.30 *Cranz.*
- 16a. Ein schöner Sommerabend, Impromptu in Serenadenform, *P* —50 *Cranz.*
- 16b. Herzenswünsche, Impromptu in Walzerform —50 *Cranz.*

Breiderhoff Elise, op. 1 Fünf Lieder 3— *Ries.*
- 2 Walzer, *4ms* 3 — *Ries.*
- 3 Zehn deutsche Volkslieder für 3 weibl. St, 2 Hefte à 1— *Rieter.*

Breiderhoff Elise, op. 4 Vier Kanons, 2 Singst. 1. Wenn die Vöglein sich gepaart. 2. Ein grünes Blatt: „Ein Blatt aus sommerlichen Tagen". 3. Liebchens Garten: „Liebchen hat zum Eigentum". 4. Frühling: „Wenn im Morgengrauen des Frühlingstages" 1.50 *Rieter.*

Breit Georg und Schübel Albrecht, Zitherschule. Teil I 2.50, Teil II 3— *Voigt.*

Breitegger A. Kleiner lieber Schmetterling 1.50 n *Bärd.*

Breitenbach Clemens, op. 3 Zwölf Fughetten f. *Org (H)* 1— n *Pflugmaecher.*
- 7 Confitebor, 51 neue Orgel-Kompositionen für den kirchlichen Gebrauch *(H)* 2.40 n *Coppenrath.*
- 9 „Ecce", 23 Orgel-Trios über gregorianische

Melodien für den kirchlichen Gebrauch 2.40 n *Coppenrath.*
- 12 50 Fughetten. *Org* 2— *Steingräber.*
- 13a Sieben Passions-Gesänge, *SATB* —80 n *Schwann.*
- 14 Vesper: „Die Abendglocken klangen" 1— n *Coppenrath.*
- 15 Elisabeths Rosen: „Sie stieg herab wie ein Engelbild" 1— n *Coppenrath.*
- 16 Kleines u. leichtes Vademecum f. *Org* 3— n *Coppenrath.*
- Vier Lieder. *TTBB,* Part —30 n *Hug.*
- Souvenir de Luceone. *O od P* 1.20 *Hug.*

Breitenbach F. J. op. 14 Improperia pro feria sexta in Parasceve ad IV voces inaequales, Part u. St 1.80 n *Coppenrath.*
- 15 Fantaisie pastorale sur des Motifs et Chansons suisses (et Orage dans les Alpes), *P* 1.50 n *Hug.*
- Graduale et Sequentia de Sancto Spiritu ad IV voces inaequales organo comitante. Part 1—, St à —15 *Coppenrath.*

Breitkopf B. Th. Neue Lieder. Erste Fortsetzung 4.50 *Breitkopf.*
- Neue Lieder: Die Nacht: Gern verlaß ich (Deutscher Liederverlag) *h. u. t.* à —30 *Breitkopf.*

Breitkopf C. G. Der Oberons-Tanz 1.50 *Breitkopf.*
- Terpsichore, Sammlung von Tänzen 1.50, *O* 7.50 *Breitkopf.*

Breitschmid J. Gruß an unsere 97er, Marsch 1— *Pohl.*

Breitung F. *Haushahn:* Op. 8 Weihnachtstraum. Zwei Weihnachtslieder, *P* —80, à —50, *PV* 1—, à —60: Nr. 1. O du fröhliche, o du selige. Nr. 2. Stille Nacht, heilige Nacht.
- 9 Weihnachtsfreude. Zwei Weihnacht-Lieder. *P* —80, à —50, *PV* 1—, à —60: Nr. 1. O du fröhliche, o du selige. 2. Stille Nacht, heilige Nacht.
- 10 Zwei Fantasien über Weihnachtslieder: 1. O du fröhliche, o du selige. 2. Stille Nacht, heilige Nacht, *P* à 1—, *PV* à 1—.
- 11 Christfeier. Weihnachtsmelodien. *P* 1—, *Z* 1—, *V* —60, *VP* 1—.
- 12 Freudvolle Weihnacht, Fantasie, *P* 1—, *PV* 1.50.
- 13 Weihnachtsfantasie. *P* 1.50.
- 14 Goldene Kinderzeit. 24 bekannteste und beliebteste Kinder- und Schullieder. 2 Hefte à 1—.
- 15 Frohe Jugend. Kleine Fantasien. *P.* 3 Hefte à 1—, 12 Nr. à —60: I. Nr. 1. Ein Männlein steht im Walde, 2. Alles neu macht der Mai, 3. An der Saale hellem Strande. II. Nr. 4. Goldene Abendsonne. 5. Ich hab' mich ergeben, 6. Nun ade, du mein lieb' Heimatland. III. Nr. 7. Stimmt an, mit hellem hohen Klang, 8. Im Wald und auf der Heide, 9. Ich hatt' einen Kameraden. IV. Nr. 10. Alle Vögel sind schon da, 11. Nachtigall, wie sangst du so schön, 12. Deutschland, Deutschland, über alles.
- 16 Der kluge Peter, *TTBB,* Part, St à —60 *Kahnt.*
- „Du bist so still, so sanft, so sinnig", *TTBB.* Part u. St 1—.

- Zum Stiftungsfeste Heil, Heil und Heil, *TTBB.* Part u. St 1—.

Bremer G. *Schott Frères:* Addio 1.35 n.
- Chant matinal 1.35 n.
- Faust, Coro dei Soldati e Marcia, *4ms* 2.50 *Ricordi.*
- Hymne a Cérès. *Bar. MS* et choeur 3 voix fem. 2— n.
- Multum ad parvum, vocalise, exercices pour l'etude du chant, pour toutes les voix 1.75 n *Georges Oertel.*
- Quand je t'ai vue. Quando di vidi 1— n.
- Quanto ti vidi 1— n.
- Le Ruisseau, Mélodie 1.30 *Cranz.*
- Sonne ma tambourin. Chant, 4 (Le)*P* 3— n, 2.6 n *Schott.*
- Sylvain et Lucette. Seul je suis 1.35 n.

Bremer Joh. B. H. op. 3 Knospen, 6 Klavierstücke 1— *Weygand.*
- 4 Voyage, Nocturne. *PV* 2— *Weygand.*
- 5 La pastorella, idylle, *P* 4— *Kutto.*
- 7 4 Pièces caractéristiques, *4ms* 1.20 *Weygand.*
- 9 Jagdlied, *P* —80 *Weygand.*
- 10 Te paard, *P* —30 *Weygand.*
- 11 Rondo capriccioso, *P* —80 *Weygand.*
- 15 Sonate, *P* 1.50 *Weygand.*

Bremer Jul. Die Freundschaft 1.50 *Siegel.*

Bremer Fahnenmarsch —25 *Prager.*

Bremer Tanz-Album. Sammlung leichter gefälliger Tänze. *A. E. Fischer:* Jahrgang I—V, *P* à 1— n, XII—XV, *stO* Lieferung à 1— n, XII—XV, *P.* Lieferung à —80 n, *4 P Cornet (Fl),* Lieferung à 1— n, *stO,* Lieferung à 2— n. XII, XV compl. *VP* à 3— n, *VP Cornet (Fl)* à 4— n, XIII, XIV, XV, *stO* à 8— n:

Jahrg. I. S c h e u e r, Augusta-Polonaise. N e i b i g, Eugenia, Rheinländer. C a r l, In der Laube, Polka-Mazurka. S c h e u e r, Stimmungsbilder, Walzer. B o h n e, In dulci jubilo, Galopp. S c h e u e r, National-Melodien, Quadrille. N e i b i g, Johannisberger-Rheinländer. S c h ä f e r, Erinnerung an Thüringen, Marsch. C a r l, Mein Engel, Polka. Diana-Walzer.

II. B e c k, Fort! nach der Heimat, Marsch. H a s s e l m a n n, Apollo-Galopp. C a r l, Je toller, je besser, Galopp. Friedensjubel, Quadrille. Narcisse-Polka. W e i ß e n b o r n, Die Vergnügte, Polka. S c h e u e r, Glück auf! Polka-Mazurka. Esmeralda-Polka. Knicker-Polka. E i l e n b e r g. Blumen der Zeit, Walzer. S c h e u e r, Apollo-Walzer. B o h n e, Florentine, Polka-Mazurka. B e c k, Ida, Polka-Mazurka. Dora, Polka. H a s s e l m a n n, Herzblättchen, Rheinländer.

III. C a r l, Mit Sack und Pack, Marsch. N e i b i g, Auf Vorposten, Galopp. L a n g e, Ein Kind des Glücks, Polka. C a r l, Der Operngucker, Quadrille. H a s s e l m a n n, La violette française, Polka. B o h n e, Louisen-Polka-Mazurka. W e i ß e n b o r n, Die Kokette, Polka. Die Namenlose, Polka-Mazurka. L a n g e, Liebeslieder, Walzer. F e l d h u s e n, Papageno, Rheinländer. S c h e u e r, Sommerfest, Polka. C a r l,

Federleicht, Rheinländer. S c h e u e r, Jubeltöne, Walzer. S e l l, Mazurka, Tyrolienne.

IV. B u r g s t a l l e r, Phönix-Walzer. N e i b i g, Veilchen-Polka. C a r l, Ferien-Marsch. H a s s e l m a n n, Marien-Polka-Mazurka. S c h m i d t, Malvinen-Walzer. N e i b i g, Himmels-Schlüsselchen. Mazurka. P e t e r s e n, Nur nicht ängstlich, Galopp. S c h e u e r, Lebensblüten, Walzer. F e l d h a u s e n, Anna-Rheinländer. C a r l, Fuchs-Polka. H e r m a n n, Sommerfreuden, Walzer. S c h e u e r, Zauberglöckchen, Polka. Leichtfüßchen, Rheinländer. L a t a n n, Admiral Stosch, Marsch. P e t e r s e n, Erinnerung an schöne Zeit, Mazurka. B o h n e, Mein Eigen, Rheinländer. S c h e u e r, Kathinka-Polka.

V. W e i ß e n b o r n, Dein gedenken, Marsch. H e r m a n n, Anna - Walzer. S c h e u e r, Emma-Polka. B o h n e, Dorothea-Polka-Mazurka. E b e r l e, Hortensia-Galopp, Leona-Walzer. S c h e u e r, Der Sonderling, Rheinländer. B i g g e, Gretchen-Rheinländer. H a s s e l m a n n, Elisa-Polka. N e i b i g, Ich bitte schön, Rheinländer. C a r l, Land und Leute, Polka. B e c k, Einzug in Hannover, Marsch. An der Palmengrotte, Tyrolienne. W e i ß e n b o r n, Die schöne Gärtnerin, Mazurka. S c h e u e r, Le Caprice, Galopp. C a r l, Tanzlust, Polka-Mazurka.

VI. Lief. 2. Nr. 13. Liebeslieder, Walzer von O. L a n g e etc. Lief. 4. Nr. 37. Mein Deutschland einig, Polonaise von A. N e i b i g etc.

VII. Lief. 2. Nr. 13. Herbstblätter, Walzer von M. C a r l etc. Lief. 3. Nr. 25. Höllenfahrt, Galopp von A. W a g n e r etc. Lief. 4. Nr. 37. Ein Hoch der deutschen Kraft, Marsch von A. N e i b i g etc.

VIII. Lief. 2. Nr. 13. Hochwaldsklänge, Polka von H. S c h e u e r etc. Lief. 4. Nr. 37. Hurrah Elisabeth! Marsch von H. T r o t t n o w etc.

IX. Lief. 1. Nr. 1. Gebirgsklänge, Walzer von S c h e u e r etc. Lief. 2. Nr. 13. Finessen-Walzer v. B e i s s i g etc. Lief. 4. Nr. 37. Gretchen-Walzer v. C a r l etc.

X. Lief. 2. Nr. 13. Hoffnungsstrahlen-Walzer von H. S c h e u e r etc. Lief. 3. Nr. 25. Amoretten-Polka v. J. R e s c h etc.

XI. Lief. 1. Nr. 1. Auf der Alm, Marsch von H o c h etc. Lief. 2. Nr. 13. Silhouetten-Walzer von B e i s s i g etc. Lief. 3. Nr. 25. Seelenvergnügt, Walzer von A. T r e m p l e r etc. Lief. 4. Nr. 37. Leichte Herzen, Walzer von A. N e i b i g etc.

XII. Lief. 2. Nr. 13. Im schaukelnden Kahn, Walzer von R. E i l e n b e r g etc. Lief. 3. Nr. 25. Erholungs-Marsch von Th. H ü t t e n r a u c h etc. Lief. 4. Nr. 37. Hand in Hand, Polonaise v. H. S c h e u e r etc.

XIII. Lief. 1. Nr. 1. Gruß an München, Marsch von J. L e o n h a r d t etc. Lief. 2. Nr. 13. Immer flott, Galopp von F. B u r a l d etc. Lief. 3. Nr. 25. Herzblättchen-Walzer von E. H a s s e l m a n n etc. Lief.

4. Nr. 37. Fortuna-Marsch von F. B u r a l d etc.

XIV. Lief. 1. Nr. 1. Aurora-Marsch von C. L a t a n n etc. Lief. 2. Nr. 13. Erinnerung an Elsaß, Walzer von M. C a r l etc. Lief. 3. Nr. 25. Alpenglühen, Polka-Mazurka von A. S c h u b e r t etc. Lief. 4. Nr. 37. Lora-Walzer von R. E i l e n b e r g.

XV. Lief. 1. Nr. 1. Glöckchen-Walzer von J. E h r i c h etc. Lief. 2. Nr. 13. Ballfreuden, Walzer von M. C a r l etc. Lief. 3. Nr. 25. Der erste Kuß, Walzer von H. N e c k e etc. Lief. 4. Nr. 37. Im Mai, Polonaise von Th. K r u s e.

kl. *mO* od. *blM*: Lief. 5—8, 10, 13, 15, 18, 21—25 à 2—n. 9, 11, 16, 19, 20 à 1,50 n, 21—25 zus. 8— n.

Lief. 5. 15 leichte Tänze und Märsche. Nr. 1. Kommt Kameraden, Marsch von F. H e r m a n n.

Lief. 6. 15 leichte Tänze und Märsche. Nr. 1. Diana-Marsch von M. C a r l.

Lief. 8. 15 leichte Tänze u. Märsche. Nr. 1. Der deutsche Adler, Marsch v. A. N e i b i g.

Lief. 9. 12 ganz leichte Tänze, Märsche und Lieder. Nr. 1. Für Kaiser und Reich, Marsch von A. N e i b i g.

Lief. 10. 15 leichte Tänze und Märsche. Nr. 1. Kaisers Geburtstags-Marsch, von A. W a g n e r.

Lief. 11. 12 ganz leichte Tänze, Märsche und Lieder. Nr. 1. Viktoria-Marsch von M. C a r l.

Lief. 13. 12 Tänze und Märsche. Nr. 1. Die alte Garde, Marsch von F. H e r m a n n.

Lief. 15. 15 leichte Tänze und Märsche. Nr. 1. Frisch auf! Marsch von C. B e i s s i g.

Lief. 16. 12 ganz leichte Tänze und Märsche. Concordia-Marsch, von A. W a g n e r. Heitere Gesellschaft, Polka von Th. A l m e r s. Waldine-Walzer, von H e i n z e. Ach wie herzig, Rheinländer von H o r n y. Regatten-Galopp, von F. H e r m a n n. Fahnenjagen, Polka von A. N e i b i g. Dinorah-Polka-Mazurka, von E. H i r b e l. Trautes Schätzchen, Walzer von Fr. H e i n z e. Rekruten-Abschied, Marsch von A. N e i b i g. Die schöne Harzburgerin, Polka von Th. A l m e r s. Morgenrot, Lied von G u m b e r t. Auf der Jagd, Galopp von H ü b n e r.

Lief. 18. 15 leichte Tänze und Märsche. Frisch ins Feld, Marsch von F r z. B e c k. Blumen am Wege, Walzer von G. A d l u n g. Brünhilde-Rheinländer, von G. N e i b i g. Adelina-Polka-Mazurka, von G. N e i b i g. Eine Rose, Walzer von F. H e r m a n n. Gut Heil! Polka von A. W a g n e r. Gretchen-Walzer. Mein Gruß an Leipzig, Polka. Im Rheingau, Rheinländer von G. L a n g e. Schweizergruß, Marsch von A. N e i b i g. Blumengruß, Polonaise. Wache k'raus! Marsch von F. R e i n h a r d t. Hortulania-Walzer, von G. A d l u n g. Schützen-Polka.

Lief. 19. 12 ganz leichte Tänze, Märsche und Lieder. Apollo-Marsch. von Frz. Beck. Frühlings-knospen, Walzer von A. Neibig. Am schönen Rhein. Rheinländer von A. Wagner. Dora-Polka, von Frank. Aus alten Zeiten, Polka-Mazurka von Weißenborn. Jugendfreuden, Walzer von Faust. Blitz-Galopp, von Herzog. Lucinda-Rheinländer, von Arthur. Lustig und fidel, Polka von F. Hermann. Im Garten steht ein Rosenbusch, von A. Neibig. Die alte Linde, von A. Neibig. Ein Morgen vor der Revue, Marsch von A. Neibig.

Lief. 20. 12 ganz leichte Tänze, Märsche und Lieder. Frisch auf! Marsch von A. Neibig. Wilhelminen-Walzer, von F. Hermann. Erinnerung an Halberstadt, Polka von A. Wagner. Klänge vom Rhein. Rheinländer von A. Neibig. Ohne Ermüdung, Galopp von C. Reinhardt. Suschen-Polka, von C. Herzog. Antonie-Polka-Mazurka, von F. Blume. Serrano-Marsch, von F. Anger. Die Tanzlust, Walzer von C. Beck. Du bist mein Stern, Steirisches Lied von A. Neibig. Der Frühling kommt, Lied von F. Gumbert. Laura-Rheinländer, v. Walther.

Lief. 21. 15 leichte Tänze. Gruß an die Heimat, Walzer von A. Trempler. Leichtes Blut, Galopp von A. Faust. Lenchen-Polka, von F. Hermann. In Schlesiens schönen Bergen, Polka-Mazurka von A. Trempler. Zirkus Renz-Polka, von A. Wagner. An der Saale grünem Strande, Walzer von M. Carl. Thüringer Kirmes, Polka von M. Carl. Maifest-Rheinländer, von M. Carl. Husaren heraus! Galopp von A. Trempler. Fern vom Liebchen, Walzer von Frz. Blume. Immer schneidig! Polka von G. Wallou. Blondin-Galopp, von M. Carl. Moselblümchen, Rheinländer von Benda. Ballfest, Polka-Mazurka von G. Lange.

Lief. 22. 15 leichte Tänze. Sommernachtsträume, Walzer von Frz. Waldner. Heinzelmännchen-Polka, von A. Trempler. Fürs schöne Käthchen, Polka-Mazurka von A. Budick. Glück auf! Rheinländer von M. Werner. Mit verhängtem Zügel, Galopp v. A. Trempler. Im Dämmerlicht, Walzer von Frz. Fahrbach. In der Tanzstunde, Polka v. G. Weber. Herzens-geheimnisse, Polka-Mazurka von A. Neibig. Veronika-Rheinländer, von G. Lindner. Wiegenlieder, Walzer von A. Trempler. Bitte schön! Polka von A. Wagner. Moselblümchen-Rheinländer, von O. Mertz. Blitzschnell! Galopp von Blume. Victoria-Polonaise, von A. Neibig. Husaren-Liebchen, Polka von Almers.

Lief. 23. 14 leichte Tänze und Märsche. Jugendwehr-Marsch, von C. Latann. Dornröschen-Walzer, von C. Latann. Vom Rhein muß er sein, Rheinländer von C. Latann. Komm Schatz! Polka von C. Latann. Schnellpost-Galopp, von C. Latann. Immer lustig, Polka-Mazurka von C. Latann. Blumen-Polka, von Alb. Fuchs. Lustig ins Feld, Marsch von A. Trempler. Im schönen Mai, Walzer von A. Waldheim. Wein vom Rhein, Rheinische Polka von A. Trempler. Auf grüner Heide. Polka von A. Wagner. Marien-Walzer, v. A. Trempler. Husaren-Liebchen, Polka-Mazurka von A. Blume. Schlosser-Polka, von A. Trempler.

Lief. 24. 13 leichte Tänze und Märsche. Prinz Heinrich-Marsch, von Ehrlich. Victoria-Walzer, von Frz. Baumbach. Jubel-Polka, von A. Werner. Flott durchs Leben, Galopp von A. Blume. Frühlings-schnen, Polka von A. Trempler. Hochzeitsklänge, Walzer von G. Winter. Herzblättchen, Polka-Mazurka von M. Herzog. Jugendlust, Rheinländer von G. Lange. Husaren-Polka, von A. Blume. Herzblättchen-Walzer, von Ehrlich. Kurzer Prozeß. Polka von Horny. Annorette-Polka-Mazurka, von Benda. Liebchen ade! Marsch von Trempler.

Lief. 25. 14 leichte Tänze und Märsche. Soldatenmut, Marsch von A. Lorenz. Vom Elbestrand, Walzer von A. Franz. Ein Sträußchen, Polka von Th. Kruse. Außer Rand und Band, Galopp von A. Franz. Herzensgrüße, Rheinländer von Th. Kruse. Die Zierliche, Polka von A. Franz. Lebensfroh, Walzer von A. Trempler. Aus Lieb zu ihr, Polka-Mazurka von Th. Kruse. Etwas Kleines, Polka von A. Franz. Sturmlauf, Galopp von A. Wagner. Der Traum, Walzer von Th. Kruse. Herz an Herz, Rheinländer von A. Franz. Aus der Jugendzeit, Polka-Mazurka von Th. Kruse. Augusta Victoria, Marsch von Th. Kruse.

Bremitz Regina, Moretina, la sera xe bela, P 1— *Ricordi.*

Bremner Ernst J. Geistl. Gesänge, SATB. Nr. 1. Hymnus, 2. Weihnachtsmotette. 3. Zum Totenfest, à 1.20 *Oppenheimer.*

- Drei Lieder, h. t.: 1. Abendfrieden: „Die Vöglein auf den Zweigen". 2. Der Verliebte: „Ach, wenn ich nur der Schemel wär". 3. Am Marktplatz: „Am Marktplatz bei der Ecke", à 1— *Simrock.*

- Drei Lieder: 1. Ballade: „Es war ein alter König". 2. Wie es kam: „Ach, wie es kam". 3. Dornröslein: „Dornröslein, blüh nicht so geschwind" 2— n *Praeger.*

- Zwei Lieder: 1. Viel Träume. 2. Der Fichtenbaum, 1— *Breitkopf.*

- Sonatine, P —30 n *Bosworth.*

Brémond F. Adagio de la Sonate pathétique (Beethoven), CorP 5— *Lemoine.*

- A la nuit (Gounod), CorP 5— *Lemoine.*

- Clair de lune (Thomé), CorP 5— *Lemoine.*

- Dante (Godard), air, VeP 2— n, duetto, VeP 2.50 n *Choudens.*

- Esclarmonde de J. Massenet: Deux fantaisies. Cor, P à 6— *Heugel.*

- Exercices et Études tirés de la Méthode de Mohr, *Cor à Pist* 3—n *Leduc*.
- Exercices journaliers, *Cor à Pist.* sept séries 15—n *Leduc*, *Millereau*.
- Lakmé de Léo Delibes, deux transcr. *CorP*: 1. Pourquoi? 2. Cantilène de Gérald, à 5— *Heugel*.
- Rêverie, *Cor chromatique en fa P* 2—n *Leduc*.
- Le Roi malgré lui, *Cor d'HarmP* 2— *Millereau*.

Bremont A. Comtesse de, Andalusian, Serenade 4— *Ascherberg*.
- Golden Africa 4— *Ascherberg*.

Brendel Felix. Vier leichte Gesänge, *TTBB*: Deutsches Trinklied. Herzschlag. Mondnacht. Zecherweisheit, Part 1.25 n, St à —25 n *Schott Frères*.

Brendel Fritz, op. 5 Festmarsch 1—, *sO* (Haus-Konzert und Tanz-Musik Nr. 93), Par. Bes. —60, Amer. Bes. 1— *Scheithauer*.

Brendler E. Amanda: „I blomman i solen Amanda jag ser" —50 *Hirsch*.
- Impromptu vid Trollhättan af Dorothea Dunckel: „Fjellernes harpa! hur brusar din röst" —50 *Hirsch*.
- Ryno. Potpourrie, P 1.50 *Hirsch*.

Brenker Chr. op. 3 Danses fasc.: Polka. Polon., Schottisch, Walzer. Galopade 1— *André*.
- 6 Tanz-Album, P 1— *Beyer*.
- 8 Sechzehn Tonstücke, Org 2— *Breitkopf*.

Brenna E. Deh! vienio Marinella 3— *Mariani*.
- Note musicale, trascr. P 2— *Ricordi*.
- Notturno, P 3— *Ricordi*.
- Santa Cecilia, tre voci 3.50, P 1.50 *Ricordi*.
- Tarantella, P 2— *Ricordi*.
- Il Trovatore, capriccio, P 4— *Ricordi*.

Brennecke O. op. 12 Grundzüge des Klavierspiels 1.20 n *Bellmann*.
- 17 Der erste Unterricht im Violinspiel 1.20 n *Bellmann*.
- Kaiser Friedrich-Marsch —60, O 1.20 n, IM 1.50 *Bellmann*.

Brennecke P. op. 30 Kaiser Friedrich-Marsch —60, O 1.20 n, IM 1.50 n *Bellmann*.
- 31 Deutschland hoch! Marsch —60 *Glas. Michow*:
- 46 Im Morgentau, P —20.
- Anna-Polka —10.
- Blumenwalzer —10.
- Hänsel und Gretel, Polka-Maz. ⁴/ms —20.
- Hedwig-Rheinländer —10.
- Heimatklänge, Marsch, ⁴/ms —20.
- In der Tanzstunde —10.
- Klänge aus dem Grunewald, P —20.
- Lieschen-Polka —10.
- Mein Stern, Walzer —30.
- Normal-Klavierschule 1—.

Brenneis jun., Karl, Edler v. op. 6 Traum und Erwachen, Walzer 1.50 *Eberle*.

Brennen & Story, I want my mamma. *Anstead*.
- Ring down the curtain. *Anstead*.
- She's a singer, but a lady. *Anstead*.

Brenner A. Loin des yeux, loin du coeur. Valse souvenir 1—n, *Ch. s.* —35 n *Puigellier*.

- Un roman sous les toits 1—n. *Ch. s.* —35 n *Puigellier*.
- Salut, Baronne, P 1.75 n *Loret*.
- Soir de printemps 1—n, *Ch. s.* —35 n *Puigellier*.
- Stances de l'âme 1—n, *Ch. s.* —35 n *Puigellier*.
- Voilà pourquoi j'aime la France. *Ch.* val-e 1—n, *Ch. s.* —35 n *Puigellier*.

Brenner Bruno, op. 31 Bänkelsänger-Kapelle, Humor. Szene f. O m. Ges. 2.50 *Oertel*.
- 32 Schelm Amor, Marsch f. O —75 *Fischer*.
- 40 Zirkus-Bilder, P 1.20 *Bartel*.
- 42 Liebes-Schwärmerei: „Grüßet das ferne Liebchen von mir", Walzerlied 1.20 *Bartels-Braunschweig*.
- 43 Schön Suschen: „Stets war ich treu wie Gold", Komisch. Walzerlied 1.20 *Bartels*.
- 45 Das hab' ich mir nicht gedacht: „Ein Indianer zeigt für Geld", Couplet —90 n *Bartels*.
- 52 Schelm Amor, Marschlied: „Viel Götter gibt's fürwahr" 1.20, P 1.20, Z —75, VP 1.20, PVVkFlTr 1.20, stO 2—, IM 2— P. *Fischer*.
- „Das Lied vom Herzen" 1— *Günther*.
- Wein, Weib, Gesang, Operette. *Günther*: KA 12—n: Wenn von holden Rosenlippen, Frosch-Couplet à 1.20. Karnevalsklänge, Walzer 1.50, VP 1.75. O 2.50, kl. O 1.50.
- Ja so'n Zusammenstoß-Marsch, P 1.20, f. O 1.50 n, kl. O 1—n, VP 1.50 *Günther*.
- Karneval-klänge, P 1.50, f. O 2.50 n, kl. O 1.50 n, VP 1.75 *Günther*.

Brenner C. & R. Löw, Singet dem Herrn, Geistliche Lieder, 2 u. 3 Singst —80 n *Kober-Basel*.

Brenner H. op. 12 4 thèmes variés, 3Fl. *Schott*.
- 14 6 valses, PFl(V) 2.25 *Schott*.

Brenner L. *Jurgenson*: **Op. 3** Mon bijou, Polka —30.
- 8 L'élue, Polka —30.
- 16 Les aéronautes, Valse —60.
- 20 Eulenspiegel, Polka —30.
- 23 Fruits du sud, Valse —60.
- 30 Sentimentale, Polka-Mazurka —30.
- 32 Alexandrine, Polka-Mazurka —20.
- 33 Les adieux, Polka —30.
- 35 Le désir, Valse —60.
- 41 La modeste, Polka —30.
- 42 Salut aux dames, Polka —30.
- 43 Liebesglück, Walzer —70; O 3—, kl. O 2.50 *Haslinger*.
- 53 Chère au coeur, Polka —30.
- 61 Schlummerlied, P —80, stO Part —80 n, St 1.50 *Haslinger*.
- 63 Sans-gêne, Polka —30.
- 65 Lied und Gebild, Walzer, P 2—, O 7.50 *Hofmeister*.
- 76 „O lieb', so lang' du lieben kannst" (deutsch-engl.), S. A à 1— *Simon*.
- Zwei geistl. u. zehn weltl. Gesänge, SA, 2 Hefte à 3—, St à —50 *Jessen-Dorpat*.

Brenner Rudolf. *Zumsteeg*: **Op. 8** Zwei Chöre, *TTBB*: Mein Heimatland, Gute Nacht. Part u. St à —60.
- 9 „Des Wörtle Nei", *SATB*. Part u. St à —60.
- 10 Scheiden, *TTBB*. Part u. St à —60.

- 11 Mailied aus Scheffels Trompeter, TTBB. Part —90, St —60.
- 12 Das stille Tal, TTBB (m. Bar-solo) Part —90, St —60.
- 13 Deutscher Wein —75 Salze.
- 14 Gruß an die Heimat aus Trutznachtigall, TTBB m. T-solo. Part —80, St —60.
- 16 Sängers Wanderlust, TTBB. Part —80, St 1.20.
17 Trinklied, TTBB. Part —60, St —60.
- 20 Ich weiß, wo a Rösle, SATB. Part, St à —60 Salze.
- 21 Ist's ein Gruß, SATB. Part, St à —60 Salze.
- 22 Vöglein im Walde f. S u. TTBB. Part, St à —60 Salze.
- 23 Grüß dich Gott, TTBB. Part, St à —60 Salze.
- 24 Der Linden Lieder, TTBB m. T-solo. Part —80, St —60 Salze.
- 25 Margarethlein, TTBB. Part, St à —60 Salze.
- 26 Frühlingslied: „Wenn die Lerchen wiederkommen" 1— Salze & Galler-Stuttgart.
- 28 Liebst du mich, P —60 Salze.
- 29 Das erste Lied —60 Salze.
- 30 Vergiß mich nicht —60 Salze.
- Seemanns Weihnacht: „Die Stürme heulen, die Woge braust." Männerchor m. Frauen oder Kinderchor u. P (H u. Ha ad lib.) Part u. St 3—, SATB Part u. St 3— Tonger.

Brenton H. E. The devoted Lover 4— Willcocks.
- Oldest inhabitant 4— Williams.
- Photographing the baby 4— Williams.
- Under the circumstances 4— Williams.
- Way of the world 4— Williams.

Brepsant E. Second Air Varié, ClP 16 Hawkes..
- Third Air Varié, ClP 16 Hawkes.
- Fourth Air Varié, ClP 16 Hawkes.
- Fifth Air Varié, Adieu à Berne, (C. Rudolphus. Selection 4) ClP 5— Ashdown. —50 Cundy, 16 Hawkes, ClP 2.50, Cl seul 1— Gaudet, FlP —67, ClO 10 pts. —75, P —35, Cl with mil. Band 1.50 Cundy, Fl ou Flageolet av. O 3—, Cl av. Harm ou Fanf 4— Gaudet.
- Sixth Air varié, ClP —80 Cundy, Cl 1—, ClP 2.50, Fl on Flageolet av. O 3—, Cl av. Harm ou Fanf 4— Gaudet.
- Eight Air varié, ClP —60 Cundy, 2, Hawkes, Cl 1—, ClP 2.50 Gaudet, Cl with O 1—, P —40 Cundy, Fl ou Flageolet av. O 3— Gaudet, Cl with Mil. Band 1.50 Cundy, av. Harm ou Fanf 4— Gaudet; Fifth, sixth and eighth air varié together Cl 2.50, ClP 6—, Cl av. Harm ou Fanf 10— Gaudet.
- Le Basque, ou Souvenir de Biarritz. Quadrille, Harm. Part 5— n Erette.
- Belphegor, march, FullO —75, SmallO —50. P acc. —40 Hawkes, (American Star Journal 308) Mil. Band —50 n Fischer, Quick March, Full Band 2 8, Med. Band 2/—. Small Band 1/4 Hawkes.
- Bonsoir, M. Pantalon (Grisard), Ouverture, Harm. Part 6— n, Fant. mosaïque Harm. Part 6— n Erette.
- Bravo, Quick March, Full Band 2/8, Med. Band 2/—, Small Band 1— Hawkes.

- Brazilian, match. FullO —75, smallO —50, P acc. —40; Full Band 2 8, Med. Band 2 —, Small Band 1 4 Hawkes.
- The Brigadier March. (Amateur Band Journal 45.) Reed and Brass Band —50 n Fischer, Full Band 2 8, Med. Band 2 —, Small Band 1 4 Hawkes.
- Le Caïd (A. Thomas), grande mosaïque, Harm. Part 5— n, pas red. Harm 2— n. Valse. Harm. Part 2— n Hengel.
- Le Camp de Châlons, fantaisie, Musique milit. ou Fanf 3— n Costallat.
- Le Camp du Nord. Pas red. Harm av. pet. Cl 3— n Erette.
- The Captain. Quick March. Milit. Band —50 n Fischer, Full Band 2 8, Med. Band 2 —, Small Band 1 4 Hawkes.
- Cavatine de Bellini. Piston 3— n Costallat.
- Célina, Marche. Harm ou Fanf, Part 3— n p. sép. à —10 n Erette.
- Le Défendeur. Quick March. Full Band 2 8, Med. Band 2 —, Small Band 1 4 Hawkes.
- Fifteen Duets, Cl. First Set —80, second Set 1—, Third —50 Cundy.
- 3 Duos brillants, 2Cl 4— n Costallat.
- 6 Duos faciles, 2Cl 3— n Costallat, 2 — Hawkes.
- Élégie funèbre, marche. Musique milit. ou Fanf 1.25 n Costallat.
- Ernani (Verdi). Fant. Harm, Part 6— n Erette.
- L'Eugénie, marche procession. Musique mil. ou Fanf 1.25 n Costallat.
- Fantaisie, Fl av. quintette 2.50 n Costallat.
- Fantaisie en fa, ClAltoP 2.50 n Costallat.
- Fantaisie en ut, ClO 5— n Costallat.
- Fantaisie brillante, FlP 2.50 n Costallat.
- 9e fantaisie, ClP 3— n Costallat, 1 6 Hawkes, ClO 5— n Costallat.
- Fantaisie sur des motifs de Donizetti. (Dallée) Harm, Part 6— n Erette.
- Favourite, Fantaisie, ClP 9— Gras.
- Gaillarde, Slow March, Full Band 2 8, Med. Band 2 —, Small Band 1 4 Hawkes.
- Garde à vous. Pas red. Harm et Fanf av. Contrech. et Pist 1.50 n, Cond. —25 n Margueritat.
- Les Gazelles, Polka, Harm ou Fanf, Part 3— n, p. sép. à —10 n Erette.
- Le Génois. Pas red. Harm 3— n Erette.
- Hercules March. (American Star Journal 283.) Milit. Band —50 n Fischer, Full Band 2 8, Med. Band 2 —, Small Band 1 4 Hawkes.
- Hommage à l'armée. Morceau relig. Harm ou Fanf, Part 3— n, p. sép. à —10 n Erette.
- Hyousouf, pas redoublé. Musique milit. ou Fanf 1.25 n Costallat.
- Jérusalem (Verdi). Fant. mosaïque. Harm. Part 6— n Hengel.
- Joseph (Méhul). Fant. mosaïque. Harm. Part 7.50 n Erette.
- Madagascar. Pas red. Harm av. Tambours 3— n Erette, Full Band 2 8, Med. Band 2—, Small Band 1 4 Hawkes.
- Malakoff, pas redoublé, Musique milit. ou Fanf 1.25 n Costallat.
- Marche brésilienne, Harm ou Fanf, Part 3— n, p. sép. à —10 n Erette.
- Marche des viveurs. Harm ou Fanf, Part 3— n, p. sép. à —10 n Erette.

- Marche écossaise (C l a p i s s o n), *Harm*
  av. *Tambours* sur Gibby 3— n *Evette.*
- Marche pour procession pour *Musique milit.*
  ou *Fanf* 1.25 n *Costallat.*
- Les Martyrs du Japon, Andante. *Harm* et
  Fanf av. *Pist* 1.50 n, Cond. —25 n *Mar-
  gueritat.*
- Mélodie religieuse sur Sémiramis, *Musique
  milit.* ou *Fanf* 2— n *Costallat.*
- La Mère Grégoire, pas redoublé. *Musique
  milit.*, ou *Fanf* 1.25 n *Costallat.*
- Milan, pas redoublé, *Musique milit.* ou
  Fanf 1.25 n *Costallat.*
- Mithridate, Pas red. *Harm* 3— n *Evette.*
- Munster, Pas red. *Harm* 3— n *Evette.*
- Norma, Fantaisie, *CIP* 3— n *Joubert.*
- Notre-Dame des Neiges, Andante. *Harm* et
  Fanf av. *Pist* 1.50 n, Cond. —25 n *Mar-
  gueritat.*
- Orléans, Quatrième air varié. (R u d o l-
  p h u s C. Selection 6.) *CIP* 5— *Ashdown.*
- Pas redoublé sur la danse des sauvages de
  Christophe Colomb. En partition, *Harm*
  6— *Le Boulch.*
- Pas redoublé sur mon pays, *Harm* 5— *Le
  Boulch.*
- Philadelphie, Valse, *Harm*, Part 3— n
  Evette.
- Primrose, Overture (arr. E. N. C a t l i n).
  FullO 1.25, 14 parts 1—, 10 parts —75,
  P parts —20 *Cundy*, *P* —25 n. 10 Instr
  —75 n. 14 Instr 1— n, *FullO* 1.25 n *Fischer*,
  FullO 2 8, *P* —76 *Hawkes*, (Universal
  Band Journal 194) *Milit. Band* 2— n,
  Full Band 4—, *Med. Band* 3'—, *Small
  Band* 2/— *Hawkes.*
- Rakoczy, marche hongroise, *Musique milit.*
  ou *Fanf* 1.25 n *Costallat.*
- The Rifleman, Quick March. *Full Band* 2 8,
  Med. Band 2—, *Small Band* 14 *Hawkes.*
- Le Roi René. Quadrille, *Harm* ou *Fanf,*
  Part 3— n *Evette.*
- Rome, pas redoublé, *Musique milit.* ou *Fanf*
  1.25 n *Costallat.*
- Une rose, *VP* 5— n *Muraille.*
- Les roses d'Italie, fantaisie sur des motifs
  de B e l l i n i, *P* 5— *Katto.*
- La Sainte-Enfance, Andante. *Harm* et *Fanf*
  av. *Pist* 1.50 n, Cond. —25 n *Margueritat.*
- Sardanapalus. Quick March. *Full Band* 2 8,
  Med. Band 2—, *Small Band* 14 *Hawkes.*
- Sébastopol, grande marche triomphale, *Mu-
  sique milit.* ou *Fanf* 1.25 n *Costallat.*
- La Sirène, barcarolle, *Musique militaire* ou
  Fanf 2— n *Costallat.*
- Solférino, pas redoublé, *Musique milit.* ou
  Fanf 1.25 n *Costallat.*
- La ruche d'or (The golden Hive). Ouver-
  ture. *FullO* 1.25, 14 parts 1—, 10 parts
  —75, *P* parts —20 *Cundy*; *FullO* 2 8,
  P 2/— *Hawkes*, (Universal Band Journal
  185) *Milit. Band* 2— n *Fischer*; *Full Band*
  4—, *Med. Band* 3/—, *Small Band* 2/—
  Hawkes.
- Le Songe d'une nuit d'été (A. T h o m a s)
  mosaïque, Part. *Harm* 6— n *Heugel*, 4
  pas red. à 3— n, *Harm*, Part 3— n *Evette,*
  Heugel.
- Un souvenir, Fant. *Harm*, Part 3— n
  Evette.
- Souvenir de B e l l i n i, fant. concert. *2Cl*
  2.50 n *Joubert.*

- Souvenir de Bomarsund, marche, *Musique
  milit.* ou *Fanf* 1.25 n *Costallat.*
- Souvenir d'Ernani (V e r d i), pet. Fant.
  Harm, Part 6— n *Evette.*
- Triomphale, slow march, *O* av. *P* cond.
  p. sép. 2.50 n, doublure —20 n *Costallat,*
  FullBand 2 8, *MediumBand* 2/— *Small
  Band* 14 *Hawkes*, *Musique milit.* ou *Fanf*
  1.25 n *Costallat.*
- Tyrolienne variée, *CIP* 2.50 n *Choudens.*
- Valse des sauteuses, *Harm* ou *Fanf*, Part
  3— n, p. sép. à —10 n *Evette*, *Ghélure.*
- Venise, pas redoublé, *Musique milit.* ou
  Fanf 1.25 n *Costallat.*

Brepsant G. Dona Maria, marche. *Harm* et
  Fanf av. *Pist* 1.50 n, Cond. —25 n *Margueritat.*

Brès J. Arc-en-ciel. Valse tzigane 2— n
  Joubert.
- Au pays des Colibris, pastorale, *P* 1.70 n
  Société nouvelle.
- Blonde mie, *Dorey.*
- Le Carillon de minuit. Morceau caract. *P*
  2.50 n *Joubert*, 1— n *Schirmer.*
- Catulle à Paris 1— n, *Ch. s.* —30 n *Jou-
  bert.*
- Ce que j'aime en tes yeux 1.35 n, *Ch. s.*
  —30 n *Joubert.*
- La Chanson du payson 1.35 n, *Ch. s.* —30 n
  Joubert.
- Chevalerie 1.35 n, *Ch. s.* —30 n *Joubert.*
- Ciel bleu fleuri d'étoiles, sérénade, *P* 4—
  Joubert.
- 1re Concerto, Allegro, *P* 3.35 n *Lesigne.*
- Cydalise, gavotte 5— *Enoch.*
- Les Cygnes 2.50 n, *Ch. s.* —30 n *Joubert.*
- Danse norvégienne, morc. caract. *P* 4—
  Joubert.
- Dans la forêt, sérénade 1.70 n *Société
  nouvelle.*
- Dans l'Espace, grande valse 2.50 n *Rouart.*
- Les deux printemps, idylle 1— n *Joubert.*
- En valsant, valse chantée 1.70 n, *Ch. s.*
  —30 n *Joubert.*
- Frisson d'Avril 1— n, *Ch. s.* —30 n *Jou-
  bert.*
- Gentilles bergeronnettes, *SMS* 1.75 n *Jou-
  bert.*
- L'heure d'aimer 1— n, *Ch. s.* —30 n *Jou-
  bert.*
- Les Hirondelles d'hiver, duetto 1.75 n *Jou-
  bert.*
- Hosannah, sérénade 1.70 n, *Ch. s.* —30 n,
  Valse 6—, *O* 1.50 n *Joubert.*
- Hymne de l'enfant à son réveil 2— n, *Ch.
  s.* —30 n *Joubert.*
- La Marche des Smarts, chansonnette-marche
  1.35 n, *Ch. s.* —30 n *Joubert.*
- Les Marguérites, *SMS* 1.35 n *Joubert.*
- Marguérites roses, suite de valses 6—
  Girod.
- L'Monsieur irrésistible 1— n, *Ch. s.* —30 n
  Joubert.
- Myriam, mazur 6— *Magne.*
- Notre-dame des muguets, duettino 2— n,
  Ch. s. —35 n *Gallet.*
- L'Or et l'Ivresse 1.75 n, *Ch. s.* —30 n *Jou-
  bert.*
- Papillons et Volubilis, fantaisie pavane, *P*
  1.75 n *Joubert.*
- Partant pour la pêche 1.75 n, *Ch. s.* —30 n
  Joubert.

- Pavane Renaissance, *P* 1.70 n *Costallat*.
- Les petites clochettes bleues 1— n *Joubert*.
- La P'tit' Femme irrésistible 1 — n *Joubert*.
- Deux pièces, *P*: 1. Rosée du Matin, rêverie.
  2. Marinette, pavane à 1.35 n *Société nou-
  velle*.
- Pourquoi la rose est rose 1.75 n, *Ch. s.*
  —30 n *Joubert*.
- Pour te dire combien je t'aime 1.75 n, *Ch.
  s.* —30 n *Joubert*.
- Que souhaiter encore 1.75 n *Joubert*.
- Le Réveil des Merles, danse caractéristique
  en forme de schottisch, *P* 5— *Ploix*.
- Rose 1.75 n, *Ch. s.* —30 n *Joubert*.
- Sans-souci, chanson humoristique 1— n, *Ch.
  s.* —30 n *Joubert*.
- Le Scarabée, valse chantée 2— n *Choudens*.
  Séduction 2— n, *Ch. s.* —30 n *Joubert*.
- Si tu disais: „Je t'aime" 1— n, *Ch. s.*
  —30 n *Joubert*.
- Souvenir de Montreux, pavane, *P* 5—
  Joubert.
- Vieille chanson 1.75 n, *Ch. s.* —30 n *Jou-
  bert*.

Breschinsky D. op. 1 „Oh! kehr' zurück"
  —75 *Glas*.
- 6 „Meine Herzens-königin", *h. t.* à —60
  Glas.
- 10 Kaiser Wilhelm II.-Marsch 1.20 *Hoffheinz*.
- 20 Schön Röschen: „Das schönste Kind im
  Städtchen", Walzerlied 1— *Rühle & Wendling*.
- 21 Schneewittchen-Walzer —80 *Glas*.
- 27 Hänsel und Gretel, ganz leichter Walzer —80 *Augustin*.
- 36 Am Meere —80 *Glas*.
- Auf den Bergen frische Luft, Alpenlied,
  TTBB (Chor-Perlen Nr. 3), Part —10, St
  à —05 *Rühle & Wendling*.

Erescia Angelina, Polka - Mazurka —50
  Cottrau.

Breslauer Tanz-Salon. *Starke*: 3 Hefte, *V*
  à —40 n, *VIP*, *VP* à 1— n, *2V* à —70 n,
  2VKb à —75 n, *2VVaVc(Kb)* à —80 n,
  VVcFlPistP à 1.50 n, *klO*, St à 1.50 n,
  P acc. à —50 n:
  Heft I: 1. H. S t a r k e, op. 87: Fest
  im Takt! Marsch. 2. L. W i e d e m a n n:
  Arm in Arm, Walzer. 3. H. N e c k e:
  Noch jung! Polka Mazurka. 4. B. P u l -
  v e r m a c h e r: Liebeszauber, Rheinländer. 5. H. S t a r k e, op. 596: Am Abend,
  Polka. 6. H. N e c k e: Rote Rosen, Walzer. 7. H. S t a r k e, op. 597: Kriegs-
  trubel, Galopp. 8. H. S t a r k e, op. 441:
  Unter Bekannten, Polka.
  II: 9. E. R ö m i s c h: Im schönen Bres-
  lau. 10. H. N e c k e: Am Brunnen, Polka.
  11. M. H e u b e c k: Gruß v. d. Liebichs-
  höhe, Marsch. 12. H. S t a r k e, op. 583,
  Die Verlassene, Polka-Mazurka. 13. H.
  S t a r k e, op. 574: Heidenacht, Walzer.
  14. G. N e i b i g: Ich bitte dich, sag' ja!
  Rheinländer. 15. E. R ö m i s c h: Herzen
  und Scherzen, Polka. 16. H. N e c k e:
  Schnellpressen-Galopp.
  III: 17. L. W i e d e m a n n: Zum Blu-
  menfest, Polonaise. 18. H. N e c k e: Einsame Liebe, Walzer. 19. H. S t a r k e,
  op. 575: Am Strande, Polka. 20. G. N e i -
  b i g: Du herziges Geschöpfchen, Rhein-

länder. 21. H. B ä c k e r, op. 93: Sehn-
  sucht in die Ferne, Walzer. 22. H.
  S t a r k e, op. 577: Herz und Welt! Polka.
  23. G. N e i b i g: Mondnacht im Gebirge.
  Polka-Mazurka. 24. H. S t a r k e, op. 578:
  Flotte Weiber, Galopp.

Breslaur Emil (1836—1899), op. 1 Der du
  hörst, geistl. Arie m. *P* (od. *Org*) —80
  Haslinger.
- 1a Romanze. *P* —60 *Eisoldt*.
- 3 Drei Lieder von M o z a r t: Veilchen, An
  Chloë, Mailied. Für den Unterricht bearbeitet, *hns* 1.50 *Haslinger*.
- 5 Mazur 1— *Haslinger*.
- 6 Serenade, *stO*, St à —30, *P* 1— *Haslinger*.
- 8a Psalm 137, *SATB*, Part, St à —50 *Haslinger*.
- 9a Graziella, *P* —80 *Haslinger*.
- 10 Drei Klavier-Stücke: 1. Frohe Botschaft. 2. Abendempfindung. 3. Tänzchen
  1.30 *Fürstner*.
- 12 Zwei Lieder: 1. Morgenandacht: Kommt
  der Morgen nicht gegangen. 2. O, wenn
  dir Gott ein Lieb geschenkt 1—. Nr. 1
  SATB, Part —10, St —60 *Bote*.
- 15 Drei Lieder von S c h u b e r t: Der Neu-
  gierige, Der Müller und die Blumen, Morgengruß, *hns* 1— *Haslinger*.
- 16 Hurra Germania! —80, *TTBB*, Part
  —20, St —60 *Ries & Erler*.
- 17 Zwei Trostlieder: 1. Zerschlagenes Mutterherz. 2. Tröste dich in deinem Leid,
  à —80 *Heinrichshofen*.
- 18 Kaiserlied (1871) —50 *Haslinger*.
- 19 Vier leichte Charakterstücke: Heimweh.
  Über Berg und Tal. Am Bach. Daheim. *P*
  1.30 *Haslinger*.
- 21 u. 22 Sieben Lieder, *SATB*: Op. 21.
  Drei Lieder: 1. Fragen: „Ach warum mit
  Lust". 2. Morgenwanderung: „Das Feuer-
  rohr im Arme". 3. Die Nacht: „Mondschein glänzt hernieder". Op. 32. Vier
  Lieder: 1. Lebewohl: „Schon schwindet
  fern". 2. Der schwedischen Garde Gesang:
  „Die schwedischen Garde". 3. Abgesang:
  „Glocken hallen". 4. Aurora: „Schon glüht
  der erste Purpursaum", Part 1.80, St 2.40
  Cnir. Edit.
- 25 Im Frühlingssonnenschein, *4ms* 1.20
  Simon.
- 26 Vier Lieder: 1. Abschied: Die duften-
  den Kräuter. 2. Es war in heilig stiller
  Nacht. 3. Die Nacht: Mondschein glänzt
  hernieder. 4. Im Sonnenschein: Wo kann's
  schöner sein. 1— *Breitkopf*.
- 27 Technische Grundlage des Klavierspieles
  4— *Breitkopf*.
- 29 La Regina. Salonpolka 1— *Haslinger*.
- 30 Technische Übungen für den Elementar-
  Klavier-Unterricht 3—, neue Ausgabe 2 -
  Breitkopf.
- 33 Leichte Tänze 1— *Steingräber*.
- 34 Erinnerung an Harzburg, *P* 1.50, Nr.
  1—4 à —50 *Steingräber*.
- 35 Fünf geistliche Gesänge: 1. Erhebt, ihr
  Tore. 2. Es wird nicht untergehen. 3.
  Meine Zuflucht. 4. Durch alle Welt. 5.
  Zur Trauung, *SATB*, Part 1—, St 1—
  Haslinger.
- 36 Zweiunddreißig Klavier- u. Singstücke,
  2 Bände à 1— *Rühle*: Band I: 1. Gruß.

2. Guten Morgen. 3. Haschen. 4. Bruder und Schwester. 5. Wand'rung im Frühling (zum Singen). 6. Trauer. 7. Auf grüner Au'. 8. Maienluft. 9. Das entflohene Vöglein. 10. Der Sonntag (zum Singen). 11. Im Walde (Lied). 12. Im Kahn. 13. Elfenreigen. 14. Herzblättchen. 15. Der kleine Soldat. 16. Müde vom Wege.

II: 17. Kriegers Lust. 18. Auf der Eisbahn. 19. Der Gang zur Schule. 20. Welleuspiel. 21. Marsch der Däumlinge. 22. Die lustigen Spielleute. 23. Schmetterling. 24. Suchen und Finden. 25. In der Kirche (Lied). 26. Stilles Glück. 27. Wanderlied. 28. Freudiges Wiederschn. 29. Puppentanz. 30. Die Soldaten kommen. 31. Im Sonnenschein. 32. Auf dem Ball.

- 37 Erinnerung an Johannisbad, 2 heitere Tonstücke: 1. Berg auf. Berg ab. 2. In Lust und Freud', Walzer, *P* 1— *Rühl*.
- 38 Zwei heitere Lieder: 1. Versuchung. „Gar emsig bei den Büchern". 2. ...Amsel in dem schwarzen Kleid", à —75 *Kistner*.
- 40 Zum frohen Feste. Album leichter Klavierstücke und Lieder: 1. Zum Geburtstag. *P*. 2. Tirolerstückchen. *P*. 3. Der Kuckuck: Der Kuckuck nicket mit dem Kopf. 4. Der Vöglein Morgengruß. *jus*. 5. Polka - Mazurka. 6. Schmetterlings Sterbelied: Leb wohl mein Vater Sonnenschein. 7. Der Erlkönig und das Kind. *P*. 8. Im frischen grünen Wald. *P*. 9. Gruß an den Frühling: So sei gegrüßt viel tausendmal. 10. Abschied, *P* 2 — n *Bote*.
- 41 Klavierschulen, Band I, II à 3.50, Band III 4.50 *Benjamin*, Vol. 1 2.25 *Bessel*.
- 42 Siebenundsiebzig Opern-Melodien, *P* arr. 3— *Hansen*: Der Postillon von Lonjumeau: Darf ich ihm vertrauen. Freunde, vernehmet die Geschichte. Glaube Mädchen mir. Norma: In der Hand glänzt die goldene Sichel. Diese Zarten jetzt beschütze. Die Nachtwandlerin: Ach Gedanken nicht ermessen. Nicht vermag ich dich zu hassen. Die Puritaner: Polonaise. Komm, Geliebter. Romeo und Julia: Vor Romeos Rächerarmen. Die weiße Dame: Erklinget, erklinget. O welche Lust Soldat zu sein. Der Wasserträger: O segne Gott. Die Regimentstochter: Tyrolienne. Rataplan, Heil dir, mein Vaterland. Weiß nicht die Welt. Es rückt an. Belisar: O, welche Seligkeit. Ja, nur Rache. Die Favoritin: Mein Geschick hat Gott bestimmt. Fächle über Blumenauen. Leonore, meine Liebe. Lucrezia Borgia: Um stets heiter und glücklich zu leben. Sieh' Orsino in mir. Lucia: Dir tönet lauter Jubelklang. Ja, zu dir, verklärter Engel. Der Liebestrank: Holdes Kind, willst du mich haben. Linda von Chamounix: Wie blühend strahlt die Zukunft mir. Martha: Letzte Rose. Orpheus: Ach, ich habe sie verloren. Zampa: Das Echo hall' den Klang der Lieder. Traf mein Herz einmal die Wahl. Das Nachtlager in Granada: Ein Schütz bin ich. Schon die Abendglocken klangen. Der Waffenschmied: Auch ich war ein Jüngling, 's mag freilich nicht so übel sein. Der Wildschütz: Bin ein schlichtes Kind vom Lande, Walzer. Zar und Zimmermann: Lebe wohl,

mein flandrisch Mädchen. Sonst spielt ich. Don Juan: Reich' mir die Hand mein Leben. Menuet. Treibt der Champagner. Die Entführung: Vivat Bacchus, Bacchus lebe. Figaros Hochzeit: Neue Frenden, neue Schmerzen. Titus: Nimm diesen Kuß zum Pfande. Die Zauberflöte: Ein Mädchen oder Weibchen. Das klingt so herrlich. Der Vogelfänger bin ich ja. Josef in Ägypten: Ich war Jüngling noch an Jahren. Die lustigen Weiber: Wie freu ich mich. Missetäter, Hochverräter. Alter, nimm dich jetzt zusammen. Aschenbrödel: Der Barbier von Sevilla: Sanft lenkt des Weibes Sinn. Jessonda: Schönes Mädchen wirst mich hassen. Zemire und Azor. Faust: Polonaise. Die Schweizerfamilie. Euryanthe: Jubeltöne, Heldensöhne. Sehnend Verlangen. Glöcklein im Tale. Der Freischütz: Leise, leise, fromme Weise. Was gleicht wohl auf Erden. Durch die Wälder, durch die Auen. All' meine Pulse schlagen. Oberon: O, wie wogt es sich schön. Arabien, mein Heimatland. Darum fröhlich. Preciosa: Es blinken so freundlich die Sterne. Walzer. Einsam bin ich nicht allein. Zigeunermarsch.

- 43 Nr. 1. Walzer. 2. Polka. à 1.50 *J. Schuberth*.
- 46 Die leichtesten Klavierstücke 1.50 *Peters*, cah. 1 —75, 2 —85 *Johnson*. Nr. 21. Cuckoo, N. 28. Little Gavotte, *P* à —20 *Ditson*.
- 47 Erinnerung an den „Weißen Hirsch", Tyrolienne 1.20 *Haslinger*.
- Methodik des Klavier-Unterrichts in Einzelaufsätzen. Mit vielen Abbild. u. erläuternden Notenbeispielen 6— *Simrock*.
- Serenade von Jos. H a y d n, —89 *Fürstner*.
- Der Stufengang. Ein Verzeichnis von Musikstücken, welche sich beim Unterricht bewährt haben, nach der Schwierigkeit geordnet 1— *Simrock*.
- Weihnachtslied: Stille Nacht, heil'ge Nacht, *jus* —50 *Haslinger*.

Bresles Henri. *Coutaret*: A Bâtons rompus, imp. maz. *P* 2— n.
- Absente 1— n.
- Adieu, mélodie 1— n, *Ch. s.* —35 n.
- Aimer 1.50 n.
- Album. Pastels et fusains, recueil de 30 morceaux, *P* 5—.
- Album. Pensées et Croquis, recueil de petits morceaux, *P* 5— n.
- A l'école, caprice polka 1.75 n *Coutaret*.
- Amour moqueur 1.75 n, *Ch. s.* —25 n.
- Andante, *PV* 2— n.
- Andante ma non troppo, *PV* 2— n.
- Angelus, *P* 1— n.
- Apaisement du Coeur, *P* 1.75 n.
- L'art de plaire, schottisch 1.75 n.
- Aubade matinale, *P* 1.75 n.
- Aux bords de l'oise, valse 1.75 n, *Ch. s.* —35 n *Gallet*.
- Ave Maria 1— n.
- Aveu, villanelle 1— n.
- Badinage, *PV* 1.35 n, quintette à cordes *P* (G o u b l i e r) 1.50 n.
- Le Baiser de Madeleine 1— n.
- Bâton magique, quadr. 1.75 n, *O* 2— n.
- Bavardana, *P* 1— n.
- Bébé s'endort, bercelette, *PV* 1.75 n.

- Légende, *P* 1— n.
- La Légende du Pierre Gorre 1— n.
- Mannette, Polka, *O* 1.50 n.
- Le Manteau de la cheminée 1— n, *Ch. s.* —35 n.
- Marche de Fête villageoise, *P* 1.75 n, *O* 2— n, *Harm* ou *Fanf* 3— n.
- Marche des Pêcheurs français, Chant *P* 1.75 n. *Ch. s.* —35 n, *P* 1.75 n, *fms* 2.50 n, *O* (Goublier). (Vargues) à 2— n.
- Marche Japonaise 1.75 n, *O* (Goublier) 2— n, *Harm* ou *Fanf* 3— n.
- Marmotte, Polka 1.70 n.
- Marquise 1— n, *Ch. s.* —35 n.
- Menuet Pompadour, *P* 1.75 n.
- Mes émotions 1— n. *Ch. s.* —35 n.
- Les Mollets, chanson 1— n. *Ch. s.* —35 n.
- La mort du Poète 1.75 n. *Ch. s.* —35 n.
- Moto-polka 1.75 n, *O* (Goublier), (Vargues) à 2— n, *Harm* ou *Fanf* 1.50 n.
- Muguette 1.50 n.
- Nos bons chasseurs, marche, *P* 2— n.
- Nos petites Graveuses, polka 1— n.
- Nuit calme, poésie du soir, *P* 2.50 n.
- L'oiseau surpris 1— n.
- O mon beau lac, Mélodie 1.50 n.
- Où vas-tu folle Fille? 1.75 n.
- Où vont les Rêves? 1.75 n, *Ch. s.* —35 n.
- Oyouki, polka japon. 1.75 n. *O* 1.50 n, *Harm* ou *Fanf* 3— n.
- Le Page Printemps 1.75 n.
- Par le Flanc droit, marche, *P* 2— n, *fms* 2.50 n, *O* 2— n, *Harm* ou *Fanf* 3— n.
- Passe-partout, *P* 1— n, *O* (Goublier), (Vargues) à 2— n.
- Passe-pied François Ier, *P* 1.75 n, *O* 2— n, *Harm* ou *Fanf* 3— n.
- Pastels et Fusains, recueil de 30 morceaux, *P* 5—.
- Les Pêcheurs 1.35 n, *Ch. s.* — 35 n.
- Une Pensée. *P* 1.75 n.
- Pensées et Croquis, recueil de 30 morceaux, *P* 5—.
- Petite Gigue, *P* 1— n.
- Les petits oiseaux du Luxembourg, polka 2— n, *PFl* 2— n. *O* 1.50 n, *Harm* ou *Fanf* 3— n.
- Le picador de Séville, sérénade 1— n *Gallet*.
- Pierrot déménage, monocantomime, *P*. Part 5— n.
- La Pipe à mon Oncle, quadr. 1.75 n, *O* 2— n.
- La plus jolie, melodie 1— n, *Ch. s.* —35 n.
- Polka des Anes, *P* 1.75 n, *fms* 2— n. *PFl* 2.50 n, *O* (Goublier), (Vargues) à 1.50 n.
- Pourquoi pleurer 1.75 n.
- Pour ton rire 1— n, *Ch. s.* —35 n.
- Premier Bouquet 1— n. *Ch. s.* —35 n.
- Première faute de Pierrette pantomime, Part *P* 5—.
- Première valse, caprice 2.50 n.
- Près du Quartier, marche 2— n, *O* 2— n.
- Prétentaine 1— n; Prix d'Honneur, *O* 1.50 n.
- Quand nous leurpetusons rien 1— n.
- Un rayon de soleil, *P* 2— n.
- Repos après la Valse, interm. *P* 1.75 n.
- Un Rêve, mélodie, *P* 1— n.
- Rêve d'Eté, intermezzo, *P* 1.75 n, *Quat.* ou *Quint.* à cordes *P* à 1.50 n.
- Rêve de Gloire, marche, *P* 1.75 n.
- Révélation ostendaise, av. théorie. Ostendaise, *P* 1— n.
- Rêves de Gloire, grande marche, *O* 2— n, *Harm-Fanf* 3— n.
- Risque-Tout, galop, *P* 1.75 n, *O* 1.50 n.
- Roudel 1— n.
- Le Rosaire 1.75 n, *Ch. s.* —35 n.
- Roses de Noël 1.75 n, *Ch. s.* —35 n.
- Roses mortes, valse 2— n, *O* 2— n.
- Rouet de Grand' Maman, *P* 2— n.
- La Route 1.75 n.
- Salamanque, valse espagnole 2— n.
- Sans freins, galop, *P* 1.75 n, *O* 1.50 n.
- Sans malice, polka 1.35 n.
- Le Semeur 2— n.
- Sérénade à Inès *P* 2— n.
- Sérénade à Lucile 1.75 n.
- Sérénade interrompue, *P* 1.75 n. *PFl* 2.50 n, quintette à cordes *P* 3— n.
- Sérénade Japonaise, *P* 1— n.
- Serments, mélodie, *P* 1— n.
- Soir d'été à Genève, *P* 2— n, *O* 2— n.
- Sortie de Buffier, marche, *P* 2— n, *O* (orchestré par Dreyfus) 2— n.
- Le Soulier de Madelon, opéra-com. 3— n, *Harm-Fanf* 3— n.
- Un sourire, mélodie, *P* 1— n.
- Sous l'Eglantier, idylle, *P* 2— n, *O* 2— n.
- Souvenir de Genève, *P* 1.50 n.
- Souvenir de Sennecey, *P* 2— n, *O* 2— n.
- Souviens toi, mélodie 2— n.
- Tes Lèvres, mélodie 1.75 n, *Ch. s.* —35 n.
- T'en souviens-tu? 1.75 n.
- Le Testament de Géronte, pantomime, *P*. Part 5— n.
- Toi qui cherches un refuge ou prier 1.75 n, *Ch. s.* —35 n.
- Tout me parle de vous, *Bar.* 8 à 1.75 n, *Ch. s.* —35 n.
- Tu l'épouseras dimanche 1— n, *Ch. s.* —35 n.
- Valse caprice, *P* 2.50.
- Valse des Echos 2— n.
- Valse rêveuse, valse lente 2— n, *PFl* 2— n, *O* 2— n, Chant *P* 2— n.
- Le vase de Miséricorde 2— n.
- Very Well, polka 1.75 n, *O* 2— n.
- Ve-prée, divertissement villageois, *P* 2— n, *O* 2— n.
- Victorieuse, marche, *P* 2— n, *O* 2— n, *Harm-Fanf* 3— n.
- Une vieille tricotait 1— n.
- Vieux 1— n.
- Villanelle 1.75 n, *Ch. s.* —35 n.
- Les Voix du Crépuscule, *P* 2.50 n, *PFl* 2.50 n.

Bressan Giovanni, Danza in diana 3.50 *Perosino, Banda* 3— *Lapini*.
- Danzate?! Gran Valzer a numeri, *Banda*, Part 2.50 n *Lapini*.
- Finalmente mia! *Banda* 1.50 n *Lapini*.

Bressel H. op. 17 Fantasie Espagnole, *VP* 2.50 n *Gallet*.
- **19** Papillons, *VP* 2— n *Gallet*.
- Ariette, *P* 1— n *Voissière*.
- Bohémienne, *VP* 2— n *Loret*.
- Hymne à Noël. Solo et 3 voix 3— n, 5 voix 3— n *Loret*.
- Menuet, *P* 5— n *Voissière*.
- Menuet aux Champs, *P* 1.75 n *Voissière*.
- Petit air de ballet, *VP* 1.75 n *Loret*.
- Rêverie, *VP* 1.75 n *Loret*.

Bret, Aubade, duo 5— *Girod*.

- Boléro 6— *Sulzbach*.
- L'hirondelle, romance 3— *Girod*.
- Je pense à toi 2.50 *Girod*.
- Nox alma 5— *Hamelle*.
- Le retour du printemps, chœur, SMS 7.50 *Ploix*.

Bret de, Le Carrousel, galop de concert, *4ms* 10— *Heugel*.
- Chœur de fauvettes, 3 voix égales avec solo 2— n, *Ch. s.* —25 n *Gallet*.
- Joyeux printemps, duo à voix égales 2— n. *Ch. s.* —35 n *Gallet*.

Bret E. La Bergeronnette 1.35 n *Lesigne*.
- Petit Enfant 1.35 n *Lesigne*.
- Suprême adieu, romance sans paroles, *P* 1.75 n *Rouart*.

Bret G. Le mauvais ouvrier, mélodie, 2 tons 5— *Leduc*.
- Deux mélodies: 1re Marguerite d'Ecosse 2.25 n, 2me Dernière Feuille 1.20 n *Pfister*.
- Ne me console pas 1— n *Mutuelle*.
- Panis angelicus 4— *Hamelle*.
- Les Pèlerins d'Emmaüs, oratorio en deux parties, Partition, chant *P* 12— n *Schola Cantorum*, *Mutuelle*.
- Recueillement 2.50 n *Mutuelle*.

Bret H. La Concierge 3— *Patay*.
- Lonli lonlère, ronde villageoise 3— *Patay*.
- Toto 3— *Patay*.

Bretagne P. Chants d'automne, trois mélodies 5— n *Dupont*.
- Cinq mélodies: 1. Papillons. 2. Voiles et Berceaux. 3. Adagio. 4. Dans les bois. 5. Rêve, 5— n *Dupont*, *Gallet*.

Brétinauld de, Ave Maria, *Bar* av. *Org* (*H*) —50 n, *ST* av. *Ve* ad lib. —50 n *Pinatel*.

Breton, La Confession, duo 1— n *Joubert*.
- Poignée de mains, Polka, *Tr* de Cavalerie av. 1re et 2e *Tr* et *Tr basse* —75 n *Pomier*.
- Rose d'automne, *P* 2— n, *O* 2— n *Hachette*.

Breton E. *Abot:* L'aveugle —90 n, *Ch. s.* —30 n.
- Le curé de notre village —90 n, *Ch. s.* —30 n.
- En revenant des noces —90 n, *Ch. s.* —30 n.
- La noce de ma sœur —90 n, *Ch. s.* —30 n.
- Pleurant à tes genoux —90, *Ch. s.* —30 n.
- Les sept jours de la semaine —90 n, *Ch. s.* —30 n.

Breton Le H. Bisson, pas red. *Harm* ou *Fanf*, Part 3— n, p. sép. à —10 n *Evette*.
- Pontivy, pas red. *Harm* ou *Fanf*, Part 3— n, p. sép. à —10 n *Evette*.

Breton J. Maître d'école Auvergnat —90 n, *Ch. s.* —30 n *Abot*.

Breton Le L. Je suis poivrreau 3— *Sulzbach*.

Breton Tomas (1850), Gli Amanti di Teruel, Canto *P* (it.-ted.-spagn.) 20— n *Ricordi*, 16— n *Breitkopf*, Libretto 1— n *Ricordi*, Potpourri, *P* 1, H à 2.50 *Schmidl*.
- La Cariñosa 12— *Ayné*.
- Dolores, Jota, *Banda* españ. 10— n *Ayné*. Pasa calle, marcha 1— *Bevilacqua*, *Banda* españ. 7— n *Ayné*.
- El guardia de corps 15— *Ayné*.
- La hamaca y La ola, dos preciosas danzas, tango y habanera —75 n *Dotesio*.
- Salve Monserratina, 3 voces, *Org* y contrabajo 3— n *Ayné*.
- Sardana de Garín, *Banda española* 6— n *Ayné*.

- Verbena de la paloma, Toda la zarzuela completa, *P* 3—, Potpourri, *P* 1—, Danzon 25, Habanera —25, Mazurka —50 *Wagner y Levien*, Mazurka, *Banda* españ. 6— n *Ayné*, Schottisch, *O*, Bose, Seguidillas —50 *Wagner y Levien*.

Bretonnière V. op. 16 Six mélodies, *Fl* 5— *Lemoine*.
- 38 Les Oiseaux, valse, *Fl* 1.70 n *Choudens*.
- 50 Cinquante fantaisies brillantes sur des motifs favoris, *Fl* 4 suites à 1.70 n *Choudens*.
- 84bis, Le Bourdon, fantaisie, *Hautbois P* 2.50 n *Costallat*.
- 86 Orphée, grande valse, *PFl* 7.50 *Lemoine*.
- 106 Souvenir de Lisette, *Fl P* 7.50 *Lemoine*.
- 128 Hommage à Tulon, *Fl* 9— *Lemoine*.
- 130 Petit Marchand de chansons, *Fl* 5.70 *Lemoine*.
- 220 Metodo per *Harmoniflûte* a due mani (ital.-franc.) 5—, col solo testo francese 6— n *Ricordi*.
- 224 Metodo teorico-pratico, *F S*—, (franc.) 3— n *Ricordi*.
- 301 Un ballo in maschera (Verdi), Fantaisie, *Fl P* 7.50 *Heugel*.
- 302 Méthode théorique et pratique pour la *Flûte* à 6 et 8 clefs et la Flûte cylindrique Bœhm, (franc.) 3— n *Ricordi*.
- Abdul-Medjid, grande marche, *O* à *cordes P* 4— n *Gobert*.
- L'Art du Chasseur et du Veneur, *Tr* de chasse 3.50 n *Leduc*.
- Un ballo in maschera, air, *Fl* (Verdi) 7.50 *Heugel*.
- Béatrice di Tenda, *Fl P* 6— *Mathieu*.
- Les Caquets de Grand' mère, *P* 5— *Girod*.
- Collection de douze quadrilles rococo d'après (Juliano A. P.), *Fl* 9— *Legonix*.
- La Dame blanche, *PVFl* 1er et 2e mélange à 9— *Benoit*.
- Décembre, polka, brillante 5— *Girod*.
- Ernani, airs, *Fl*, *Cornet à Pist* 7.50 *Lemoine*.
- Faust, Deux Suites, *Fl* à 5—, 2*Fl* à 7.50 *Muraille*.
- 18 grandes études brill. *Fl* 3.50 *Debert*.
- Jérusalem, Fantaisie, *Fl P* 7.50 *Heugel*.
- La Juive, arr. *Fl* 7.50 *Lemoine*.
- Les Loisirs du Dieu Pan, Fant. *Fl* 2 suites à 7.50 *Cartereau*.
- Méthode Manuel de *Trompe* (L'Art du Chasseur et du Veneur) 3.50 n *Ghéluwe*, *Marguéritat*, *Rouart*.
- Métra-polka 1.75 n *Fromont*.
- Le moine 3— *Girod*.
- Norma, 2 suites, *Fl* à 1.35 n, 2*Fl* à 2.50 n *Boraemann*.
- Obéron, *Fl P* 6— *Mathieu*.
- Les Oiseaux, valse, *Fl P* 2.50 n *Choudens*.
- Pierre de Médicis, gr. fant. *Fl P* 3— *Joubert*.
- Pierre l'ermite à Clermont 3— *Girod*.
- Polka des Grelots, *O* à *cordes* 1— n *Gobert*.
- Le pont des soupirs (Offenbach), airs, *Fl*, *Cornet* à 6—, .21, 2*Fl*, 2*Cornets* à 9— *Heugel*.
- 12 Quadrilles rococo (arr. d'après A. P. Julianol, I 9— *Legonix*.
- Rêverie d'une mère 3— *Girod*.

- Richard cœur de Lion, *Fl* 3—, *FlP* 6— *Mathieu*.
- Rigoletto, Pezzi fav. *Cornet* 5— *Ricordi*.
- Le roi l'a dit de Délibes, air, *Fl* 7.50 *Hengel*.
- Souvenirs du Théâtre-Italien, douze morceaux sur des opéras, *Fl* 4 suites à 1.70 n *Choudens*.
- La Traviata, fant. brill. *FlP* 9— *Benoit*, Pezzi fav. *Cornet* 5— *Ricordi*.
- Il Trovatore, airs, *Harmonieflöte* 5— *Benoit*, Pezzi fav. *Cornet* 5— *Ricordi*.
- Six valses, *Fl* 5— *Benoit*.
- Vêpres Siciliennes, air, 1, *Cornet* à 9— *Salzbach*.

Bretonnière et d'Aubel, Faust, valse *FlP* 7.50 *Muraille*.

Bretonnière et Offenbach, op. 75, Le Tambourin de Rameau, *FlP* 4— n *Costallat*.
- Chant des mariniers galants, *FlP* 1.70 n *Costallat*.

Bretons têtus 1— n, *Ch. s.* —30 n *Ondet*.

Bretschneider C. Mein Liebling, neue Kenz-Polka, *stO* —60 *Teich*.
- Wenn ich man bloß nicht so kitzlich wär: „Oft hört man die Leute klagen" 1.50 *Apollo*.

Brett Harry, The Cornet (Novellos Music Primers 28) 2.— *Novello*.
- I courted a Widow 4 — *Francis*.
- Love Song (Liebes-Lied), *P* —50 *Wood*, 1.20 *Reinecke*.
- Mounsey 4/— *Reynolds*.
- Pa, from Africa 2/— n *Sheard*.
- Poor old Uncle Jones 4/— *Reynolds*.
- You put on the Trousers 4/— *Francis*.

Brettschneider Heinrich, op. 1 Der Fischer 1— *Ries & Erler*.
- 6 Erinnerung an Franz Schubert, *P* 1.30 *Ries & Erler*.
- 7 Petite Valse de concert 1.30 *Ries & Erler*.
- 8 Scherzo, *P* 1— *Ries & Erler*.
- 9 Erinnerung an Richard Wagner, *P* 1.30 *Ries & Erler*.
- 10 Auf dem See, *P* 1.30 *Ries & Erler*.
- 15 Ländl. Hochzeitsmarsch u. Tanz, *P* 1— *Apollo*.

Breu Simon, op. 7 Nr. 1. Dornröschen, *SATB*, Part —60, St à —20. Nr. 2. Frühlingsnahen, *SATB*, Part —60, St à —20. Nr. 3. Wenn alle Brünnlein fließen, *SATB*, Part —60, St à —15 *Coppenrath*.
- 11 Vier Spielmannslieder: 1. Frühlings-Segen: „Ich sing es gern in alle Welt". 2. Unter dem Flieder: „Goldlockiges Mägdelein" (Reigen). 3. Klage: „Warum hast du mir nicht vertraut". 4. Nach Welschland: „Auf Eis hab' ich gebaut" 1.50 *Kistner*.
- 14 Vier Spielmann-lieder, 2. Folge: 1. Italia: „Mein Aug' ein Zauberweib ersah". 2. Wildrosen: „Es zittert die glühende Abendluft". 3. Welsche Treu: „Schmerzt auch mein Herz". 4. Beim Mütterlein: „Ich berg' mein wandermüdes Haupt" 2— *Kistner*.
- 15 Der Postillon, idyllisches Lied, *Bar(B) PistP* 2.50 *Robitschek*.
- 18 Das Lied im Tal, Idylle, *TTBB* m. Pist. Part —60, *Piston-Solost* —10, Chorst —60 *Robitschek*.

- 19 Puppenlieder, 1 od. 2 Singst m. *P* 2— *Kistner*: 1. Wie das Kind seine Puppe in Schlaf singt. 2. Wie das Kind die Puppe weckt. 3. Wenn's Püppchen gewaschen wird. 4. Ringelreihn. 5. Mein Püppchen beim Kanarienvogel. 6. Wenn's Kind mit der Puppe tanzt. 7. Das kranke Püppchen. 8. Wenn's Püppchen darf spazieren gehen. 9. An das Plauderpüppchen. 10. Abschied von der Puppe.
- 20 Fünf Lieder: 1. „Ich wollt' ich wär' ein König" —50. Nr. 2. Verrauscht und verronnen: „Sie saß am Bach" 1—. Nr. 3. Spielmanslied: „Ich sang den Mädeln ein Liedlein vor" —75. Nr. 4. O Frühling, komm wieder! „Als wir unter dem Apfelbaum" —50. Nr. 5. Nächtlicher Klang: „Wenn der Erde müden Söhnen" 1.50 *Kistner*.
- 21 Der Zauberring: „Auf Frankenburg dem Waldschloß", Ballade 2— *Kistner*.
- 23 Frühling am Rhein, *TTBB*, *Glaser*, (Chor. for Men's Voices 4304), score —30 n, voice parts —30 n *Schirmer*.
- 24 Fünf Lieder eines alten fahrenden Gesellen: 1. „Wie bist du, Finke, des Glückes voll." 2. „Dirne am Brunnen dort." 3. „Weit bin ich in die Irr' gegangen." 4. „O Lerche, leihe ein einziges Mal." 5. „Ich hab' mich still ergeben." 2— *Kistner*.
- 24 Rondo, *P* —75 *Schott*.
- 25 Nr. 1. Deutsches Reiterlied: „Auf flinkem Roß", *TTBB*. Part —60, St —60 *Kistner*.
- 26 Der Weihnachtsengel. Festspiel, 8.4, Part 1.20, Singst à —15, Text —10 *Coppenrath*.
- 27 Die Verlassene, 3 Frauenlieder: 1. „Sitz' ich am Fensterlein", 2. „Ich pflanzt' mir das Röslein", 3. „Da brauset der Wind, der lose" 1.50 *Kistner*.
- 28 Abendsonne, Solo-Terzett für 28.4 mit *P*, Part 2—, Singst à —20 *Coppenrath*.
- 29 Zwei humor. Gesänge, *TTBB* mit *P*: Nr. 1. Der Maikäfer: „Maikäfer flog des Abends aus." Eine tragische Geschichte. Part —80, St —60. Nr. 2. Katzenballade: „Der Frühling ist gekommen." Tanzlied Part 1—, St 1— *Kistner*.
- 30 Trostspruch, *TTBB*, Part 1—, St à —15 *Coppenrath*.
- 32 Drei humor. Gesänge: 1. Ein Seelenwunsch: „Wenn Elemente toben." 2. Kurios: „Herr Doktor, ach, Herr Doktor." 3. Weinkur: „Eines schönen Tages sprach Ritter Kunz von Stauffen" à 1— *Kistner*.
- 33 Zwei Lieder im Volkston, *TTBB*: 1. Im Maien: „Nun bricht aus allen Zweigen." 2. Mein Engel hüte dein! „Wenn du willst von mir scheiden" à Part —60, St à —15 *Kistner*.
- 34 Soldatenlied aus dem siebenjährigen Kriege: „Ein Soldat bin ich eben", *TTBB* mit 3*Pauken* ad lib. Part u. Paukenst —60, Chorst à —15 *Kistner*.
- 36 Schlichte Weisen, *VP* 3.60 *Coppenrath*.
- 38 Weihnachten im Walde. Dramatisches Weihnachtsmärchen. Part —80, Chorst —40, Text —20 *Coppenrath*.
- 39 Zwei heitere Gesänge, *TTBB*: Nr. 1. Lied des Fiedelvogt: „Jetzt hört ein neues Liedlein an", Part —70, St —80. Nr. 2.

Lob-, Ehr- und Preislied uf dene / hoch versippet Suppenschmied, Herrn Hiltigrim von Grawscharen: „Herr Hiltigrim ist, wie er geht und steht", Part 1.20, St —80 *Kistner.*
- 40 Wanderstab und Fiedel. Vier Lieder 2— *Coppenrath.*
- 41 Nr. 1. Frundsbergs Fähnlein: „Wohlauf, ihr Landsknecht', alle", *TTBB*, Part —70, St —80. Nr. 2. Maien-Botschaft: „Frühlings-wind braust durch das Land", *TTBB*, Part —70, St —80. Nr. 3. Einsam: „Stille geh' ich mein Straßen", *TTBB*, Part —60, St —60 *Kistner.*
- 43 Christwunder. Weihnachts-spiel f. Kinderst mit *P*, Part 1—, Singst —30, Text —20 *Coppenrath.*
- 44 Maizauber: „Die Blumen, sie haben sich's ausgetauscht", *TTBB*, Part 1—, St 1— *Kistner.*
- 45 Die alte Buche 1.50 *Otto Bauer.*
- 49 Der Christkindlsinger. Dramatisches Märchen. Part 1.50, St à —10, Text —20 *Coppenrath.*
- 50 Bundesfeier, *TTBB* mit *Blechinstr* und *Pauken*. Part (mit unterlegt. KA) 3— n. Instrumentalst 4.50 n, Chorst 1— *Kistner.*
- 52 Beim Frühmeßgeläute: „Beim Frühmeßgeläute, da wandert so frisch", h. m. à 1— *Kistner.*
- 53 Nr. 1. Waldesweise: „Ein gar so eigen Frühlingslied", *TTBB*, Part —70, St —80. Nr. 2. Trompeters Abschied: „So tön', Trompete, noch einmal" mit *Pist* (in B), *TTBB*, Part —70, St —80 *Kistner.*
- 54 Das kranke Röschen. Weihnachtsmärchen. Part 2—, 4 St à —15, 1 St —20, Text —25 *Coppenrath.*
- 57 Mein Moselland: „Hoch preis' ich mit vollem Pokale", (Preisgekr.) t. h. à 1—. *TTBB*, Part —70, St —80 *Kistner.*
- 58 Nr. 1. Spielmannslust: „Mein Lied gab ich der Rose." 2. Lied in der Fremde. „Wie sehn die Blumen fremd mich an." 3. Schelmenliedchen: „Die schmuckste Dirn im Wildachgrund." 4. Der Himmel auf Erden: „Im Tal eine Hütte", *TTBB*, Part à —70, St à —20 *Kistner.*
- 62 Prinzeß Sonnenstrahl. Märchenspiel, *SA* (Solo u. Chor) mit *P*, Part 2.40, 1 Chorst à —20, 4 Solost à —10, Text —40 *Coppenrath.*
- 63 Nr. 1. Das deutsche Lied: „Ich dachte dein, du trautes Heimatstal" 1—, *TTBB*, Part —70, St —80 *Kistner.*
- 64 Drei religiöse Gesänge. *TTBB* (Soli). *O* (H). 1. Jesu, geh' voran! mit *S-solo*. 2. O selig Haus mit *T-solo* od. 1st T-chor, 3. Wo du hingehst, Part 2—, 4 St à —25, 1st —25 *Coppenrath.*
- 65 Zwei Lieder. 1. Der König in Thule: „Es war ein König in Thule." 2. Stuck knechtslied: „Ich bin ein lust'ger Arkelist" 1.80 *Ries & Erler.*
- 70 Hollerswain, *SATB*, Part —80, St à —20 *Stürtz-Würzburg.*
- 71 Das deutsche Volkslied: „Du hast mit deiner schlichten Weise", *TTBB*, Part u. St 1.40 *Stürtz-Würzburg.*
- 73 Jubelchor, *SA* od. Knaben- u. Männerst, Part 2.50, St à —20 *Stürtz-Würzburg.*
- Beim Mütterlein, *Pos, Tr, CornetàP* m. *P*

à —80 n, m. *O* à 1.50 n, *Tr, Pos* m, *IM* à 2.50 n, *PVVcFlCornet* 1.20 n *C. F. Schmidt.*
- Breit' aus die stolzen Schwingen (T b. Siebs) 1— *Breitkopf.*
- Der Dezember. Allegorisches Festspiel, *SA* (Solo u. Chor), *P* u. verbind. Text, *P* part. 1.50 n, Solost —10 n, 2 Chorst à —15 n. Textbuch —25 n *Feuchtinger.*
- In den Abruzzen. Räuberchor, *TB* mit *P* u. einleit. Deklamation, Part 2—, St —30 *Banger.*
- Jubiläumslied —60 *Banger.*
- Zwei Lieder: 1. Liebesnot: „Es blüht ein Röslein im grünen Hag." 2. Frau Jugend sie läßt dich grüßen: „Ich ging spazieren durch einen Wald" 1.50 *Ries & Erler.*
- Maientanzlied. *SA* 2— *Stürtz-Würzburg.*
- Mein Heimatlied, *TTBB*. *Vorarlberger Sängerbund.*
- Mit die Rösle spielt der Wind: „Wie der Mond so treundlich schaut" (Hugo von Clarman-Clarenau), *TTBB*, Part u. St —80 *Siegel.*
- Der Postillon, m. *PistP. Robitschek.*
- Schiller-Hymne, Volkschor, *P*, KA 1.50 n, St à —10 n *Stürtz-Würzburg.*
- Schön-Würzburg: „Es liegt eine Stadt an dem lieblichen Main", 1st Chor im Volkston m. *P* 1—, 16" —25 W. *Eßmann.*
- Sonntag ist's. Ein Lied im Volkston, *TTBB*, Part 6— St (à —15) —60 *Hug.* (Chor. for Men's Voices 4229) Voice parts —30 n *Schirmer.*

Breuer B. op. 15 Hymne: „Auf dich, o Herr" —75 *Kühle.*
- Maaf Cölle! Gr. Karnevals-Jubelmarsch, *P* —50 *Kühle.*
- Friedensfantasie mit Friedensmarsch, *P* 1.50 *Kühle.*
- „Ich bin nu ein Preuße", Volkslied —50 *Hofmeister.*
- „Ihr Bild", Lied —75 *Hofmeister.*
- Ja dorom häss do räch! Karnevalslied —50 *Kühle.*
- Lustwandlungs-Polka —50 *Hofmeister.*
- „Mein Herz, ich will dich fragen, was ist denn Liebe, sag'?" aus Halms Drama: „Der Sohn der Wildnis", Duett —75 *Hofmeister.*

Breuer Bernhard, op. 1 Variations sur l'air de Händel: „Caro mio ben", 1c0 5— *Simrock.*
- 2 Trois Duos faciles et progressifs pour 2Vc, Liv. 1. II 3— *Simrock.*
- 4 Trio (Es-dur), PVVc 4— *Simrock.*
- 5 Sonate (D-dur), PVc 4— *Simrock.*

Breuer J. G. Alma Redemptoris, 3 equ voices —25 *J. Fischer.*

Breugel Douglas, op. 2 Impromptu et méditation, *P* 3— *Foetisch.*
- Impromptu en ré, b majeur, *P* 2— *Foetisch.*

Breuning M. von, Zwei Lieder: 1. Der schwere Abend: „Die dunklen Wolken hingen." 2. Mit dir allein: „In dunkler Bergesschlucht" —80 *Simrock.*

Breuninger K. F. Herr deine Güte reicht, so weit der Himmel ist, *SATB*, Part —25 *Auer.*
- Zwei Lieder: „Das Röslein" im Volkston. *SATB.* „Kommen und Gehen", Part —40, St —60 *Zumsteeg.*

- Lobe den Herrn meine Seele (Psalm 103), *SATB*, Part —30 *Auer*.
- Zwei- und dreistimmige Weisen zum Liederbuche für evang. Jungfrauen-Vereine —50 n *Buchkandl. d. evangl. Gesellschaft*-Stuttgart.

Breuning Ferd. op. 6 Sechs Lieder: 1. Nun ist der Tag geschieden. 2. Nun hab' ich alle Seligkeit. 3. Schmsucht nach Ruhe: Flieh' hinab, mein stilles Leben. 4. Gedankenlust: Und ich kann dein gedenken. 5. Als blinkte ein Stern durch wolkige Nacht. 6. Ihr lichten Sterne habt gebracht 1— *Breitkopf*.

Brouskine G. Fr. *Durand*: Brighton-March. Two-Step. *P* 1.75 n, *O* 2—n.
- Danaé, valse 2—n *Decourcelle*. 1.50 *Lundquist*, *O* 2—n *Decourcelle*.
- Hymenée, Valse lente 1.75 n, 1 *P* 2—n.
- Je veux aimer, Valse chantée, sur les motifs de Primania 1.75.
- Primania. *P* 2—n, *O* 2—n.
- Sur les rives de l'Ohio. Cake-Walk 1.75 n *O* 2—n.
- Vertige. Valse 2—n.

Bréval Jean Baptiste (1756—1825), op. 40 6 Sonates fac. (Schröder)) 2 l c. Heft 1 3'₂ Bg. Heft 2 6 Bg. *André*.
- Sonata 1. in C maj. (C. Schröder) *VcP* 1—n *Augener*.
- Traité du Violoncelle 40— *Salzbach*.

Breve Otto. op. 2 Fünf Volkslieder: 1. „Liebe Schwalbe." 2. „Ich will ein Haus mir bauen." 3. „O Sonne." 4. „Und ob du mich ließest." 5. „Am ersten Tage" 1.41 *Universal Edition*.
- 3 23 Toskanische Lieder 2.40 n *Siegel*.
- Fünf Lieder zu Volksweisen: 1. Russisch: Durch die Waldnacht. 2. Schottisch: Weit, weit, aus ferner Zeit. 3. Deutsch: Wenn ich an dich gedenke. 4. Neapolitanisch: Du mit den schwarzen Augen. 5. Deutsch: Mag auch heiß das Scheiden brennen 1.50 *Rote*.

Bréville Pierre de (1861), L'Anneau de Çakuntala, soli et voix de fem. 2.50 n. *Ch. s.* 1—n *Baudoux*.
- Après la mort 1.70 n *Baudoux*.
- Ave Maria, *T*-solo et choeur av. 1 *HOrg* 3—n *Durand*.
- Ave verum, *Bar* 1—n *Durand*.
- Bernadette 1.70 n *Baudoux*.
- Dormir 1.70 n *Baudoux*.
- Élégie — Chanson d'amour — Chanson triste 6— *Rouart*.
- Extase 1.70 *Bornemann*.
- Fantaisie. *P* 4—n *Baudoux*.
- Les Fées, 2.50 n *Hachette*.
- Le Furet du Bois joli 1.70 n *Baudoux*.
- Harmonie du soir 2— *Bornemann*.
- Hymne à Vénus, Duo ou Choeur 2 voix de femmes. *O*, Part 3—n, *O* parties 3—n, Chant *P* 1.70 n, parties des voix —50 n *Bornemann*.
- Il ne pleut plus, bergère 1.70 n *Baudoux*.
- Laudate Dominum. *B*-solo et choeur à 4 voix av. *Org* (*Ha* ou *P*) *Kb* 2— *Bornemann*.
- Les Louriers sont coupés 1.70 n *Baudoux*.
- Messe, *STB*, soli et choeur 8—n *Durand*.
- Petites litanies de Jésus 1.70 n *Baudoux*.
- Salut pour voix seules et choeur de femmes:

Jubilate, O salutaris, Sancta Maria. Tantum ergo 3—n *Durand*.
- Pierre de Suite: Offertoire, Verset, Sortie, *Org* 5—n *Mutuelle*.
- Sur le pont 2.50 n *Baudoux*.
- Sur les chansons populaires françaises, 6 chansons 6—n *Baudoux*.
- La Tour, prends garde 2—n *Baudoux*.
- Variante sur l'air au clair 2—n *Baudoux*.

Brewer. Harmonium Tutor 1'— *Pitman*.
- It is too late 4— *Williams*.
- Pianoforte Tutor 1— *Pitman*.
- Shilling Tutor for the Flute 1—n *Cramer*.
- Singing Tutor 1— *Pitman*.
- Violin Tutor 1'— *Pitman*.

Brewer A. Herbert (1865), As the earth bringeth forth her bud, Harvest Anthem, for *S*-solo and Chorus, Voc. score —4 *Novello*.
- A Ballad when at sea, 1*TBB* —4 *Novello*.
- Bow down Thine Ear, Anthem —3 *Abbott*.
- By the sea 4— *Ashdown*.
- Canzonetta and Reverie, *Org* 1 6 *Novello*.
- Cherry ripe. Mixed voic. —2 *Novello*.
- Diaphenia, Duet —3 n *Ashdown*.
- Emmaus, A biblical scene. Vocal score 1 6, 1st, 2nd *V*, *Va*, *Vc* à 1 6. *Bass* 1 — *Novello*.
- Hark! jolly shepherds, *ATBB* —3 *Novello*.
- Hymn Tune, „Cathedral" (on Card) —4 *Novello*.
- Hymn Tune, „Esther" —1 *Novello*.
- Isle of beauty, Duet —3 n *Ashdown*.
- It was a lover and lisbass. Mixed voic. — 3 *Novello*.
- Jolly shepherd 4— *Chappell*, 2/— *Novello*.
- Jubilate in B flat — 1'₂ *Novello*.
- Jubilate in E flat — 3 *Novello*.
- The laverock loves the dewy light 4— *Ashdown*.
- Love's philosophy, *ATTB* —4 *Novello*.
- Love's revenge 4— *Ashdown*.
- Magnificat and Nunc dimittis in A —3 *Novello*.
- Magnificat and Nunc dimittis in B flat —4 *Novello*.
- Magnificat and Nunc dimittis in C, Solo. Chor. *O* —6 *Novello*.
- Magnificat and Nunc dimittis in F. —/3 *Novello*.
- Melody in A, and Minuet and Trio in D, *Org* 1 6 *Novello*.
- Minuet and Trio, *Org* 1 6 *Abbott*.
- O death where is thy sting? (Easter), *SATB* —1'₂ *Novello*.
- O love most wonderful (Emmaus), *SATB* —3 *Novello*.
- O mistress mine, duet —3 n *Ashdown*.
- One vanish'd eve 4— *Chappell*, *Williams*.
- O praise the Lord. A Dedication Ode, Chorus and *O*, vocal score 1—, 1st, 2nd *V*, 1 a à 1/—, 1 c, *Bass* à —6 *Novello*.
- O sing unto the Lord a new song (Psalm 98), *SATB* 1 6 *Novello*.
- Pack clouds away, duet —3 n *Ashdown*.
- Four Plantation Songs, solo with choruses and *P*: 1. Some Folks. 2. Cheer up, Sam. 3. Oh! Boys, carry me 'long. 4. Nelly Bley 2—n *Wickins*.
- The power of night 4— *Ashdown*.
- Prevent us O Lord, *SATB* —1'₂ *Novello*.
- Prince Leon's song, duet —/3 n *Ashdown*.
- Romance in F, *VP* 4— *Ashdown*.

- Sad hearts. Mixed voic. — 3 *Norello*.
- Salerno, tarantelle, *4ms* 5 — *Ashdown*.
- School songs à 2 — *Ashdown*: 1. The miller of the Dee. 2. Football song. 3. The three ravens. 4. Carmen Tonbridgiense. 5. The song of the poacher. 6. Waken lords and ladies gay. 7. The Dutchman's little dog. 8. Uncle Ned. 9. Buffalo gals. 10. The outlaw. 11. Paper chase. 12. Cricket song. 13. Ring de banjo. 14. In camp. (H. C. Stewart.)
- Shred and Patches 4 — *Doremi*.
- Song and summer. Mix. voic. — 3 *Norello*.
- Te Deum in B flat —3 *Norello*.
- Te Deum in E flat —4 *Norello*.
- There be none of beauty's daughters (Part Songs for Male voices 23), *ATTB* — 4 *Ashdown*.
- There is a garden in her face, *ATTB* — 3 *Norello*.
- A Toast, *ATTB* — 2 *Norello*.
- Triumphal Song, *Org* 1 6 *Norello*.
- Versicles and Responses, for boys' or ladies' voices — 2 *Norello*.
- Waken lords and ladies gay, mixed voic. — 3 *Norello*.
- Watching alone 4/— *Ascherberg*.

Brewer George J. Benedicite in G —3 *Norello*.
- The Lord is King (Ascensiontide), *SATB* — 3 *Norello*.
- in E flat, Magnificat and Nunc dimittis —4 *Norello*.

Brewer John Hyatt (1876), op. 27 6 Songs 2— *Schmidt*.
- All through the Night (Men's Voices) —15 n *Schirmer*.
- Bashfulness, *S. MS* à —50 *Schirmer*.
- Bethlehem —06 *Ditson*.
- Bonum est (Church Music) —15 n *Schirmer*.
- Break, break, break (Men's Voices) —20 n *Schirmer*.
- Christmas: „Angel's from the Realms of Glory" (Church Music 856) —20 n *Schirmer*.
- Corde Natus. Nativity Hymn Christmas (Church Music 936) —20 n *Schirmer*.
- The glad Tidings. Christmas Song, *S. MS* à —50, (Church Music 463) —15 n *Schirmer*.
- Hark! The Herald Angels sing. Christmas (Church Music 1000) —20 n *Schirmer*.
- The Holy Night. Christmas Cantata, for Soli, Quart. and Chorus, with *Org* —75 n *Schirmer*.
- The Nativity. Christmas (Church Music 810) —20 n *Schirmer*.
- Now God be with us (Church Music 623) —10 n *Schirmer*.
- O Jesus we adore Thee (Church Music 591) —15 n *Schirmer*.
- Over the Bridge they go —50 *Schirmer*.
- Ring out the bells —60 *Ditson*.
- Shepherd's Nativity Hymn —10 *Ditson*.
- Watch and pray —35 *Ditson*.
- Winter Song (Women's Voices), 4 parts —15 n *Schirmer*.

Brewer M. The Deep Blue Sea, polka 4 —, (Band Journal 164) *FullO* 1 6, Sept. 1 —, *Band* parts 1— *Francis*.
- The Lark's Festival (piccolo solo) *FullO* 2 —, *piccoloP* 2 —, solo part — 6 *Hawkes*.
- Shepherds' song (Turn Amarillis) —3 *Norello*.

Brewster O. M. Our comrade has fallen. War Sg. Chor. —25 *Brainard*.
- We girls never mean half we say —35 *Ditson*.

Brewster W. E. As Pants the Heart —12 *Summy*.

Brewster W. O. op. 50 Twin études, *P*: N. 1. Etude chromatique —30, N. 2. Etude. The outcast —40 *Brainard*.
- Short Te Deum in F (We praise Thee, O God). Solo, Chor. —12 *Brainard*.

Brexendorf Oscar, Gedenkst du noch: Im Frühling war es, als die Knospen sprangen 1.20 *Paul Fischer*.

Breznay G. Kossuth-hymnusz: „Szívünk magasztos érzelem dagasztja". Férfikarra zongora kísérettel. Vezérkönyv 2 —, Énekre és zongorára 2 — *Rózsavölgyi*.

S. R. H. In a horn. Comic Darky, Sg. Chor. —40 *Brainard*.

Briani F. La Desolazione 1— *Bevilacqua*.
- Morir per te 1.50 *Bevilacqua*.
- Primo amore 1.50 *Bevilacqua*.
- Zingarella spagnuola, ballata 1.50 *Bevilacqua*.

Brianny A. L'oiseau de la mansarde 1— n, *Ch. s.* —35 n *Puigellier*.

Брянскій И. Боже праведный. Актовая пѣснь, для смѣш. хора, Гол. —40 *Jurgenson*.
- Сборникъ трехголосныхъ пьесъ (для однороднаго хора) Парт. С. А. —50.
- Двухголосные. Сборникъ съ акк. форт. изъ соч. разл. композиторовъ, Парт. 1.50, Гол. —50.
- Хоровыя пьесы для 4 мужескихъ голосовъ, Парт. —50, Гол. —40.
- Многи лѣта, Православный Русскій Царь! для однороднаго или смѣшаннаго хора, Парт. 1.50.
- На холмахъ Грузіи —30.
- Сборникъ одноголосныхъ напѣвовъ, для дѣтскаго пѣнія —50.
  J. Jurgenson:
- Сборникъ 12 романсовъ для одного голоса съ аккомпан. Фортепіано 1— n.
- Сборникъ пѣсенъ для дѣтей, одноголосныхъ и двухголосныхъ, съ фортепіано (66 N.) 1—.
- Боже праведный. Гимнъ просвѣщенію. Актовая пѣснь на случай школьныхъ торжествъ, для смѣшаннаго хора —45.
- Четыре русскихъ пѣсни, для смѣшаннаго хора: 1. Величаніе. Слава на небѣ. 2. Хороводная. А мы просо сѣяли. 3. Внизъ по матушкѣ по Волгѣ. 4. Какъ по морю, морю синему —45.
- Многи лѣта, православный Русскій Царь, для смѣш. и одн. хора, съ акк. фортеп. Парт. —60, Гол. для смѣш. хора —40, Гол. для однор. хора —40.
- Сборникъ трехголосныхъ пьесъ, преимущественно изъ русскихъ пѣсенъ, для однор. хора (41 N.) —50.
- Хоровыя пьесы, для муж. гол. Парт. —50, Гол. —40.
- Хоровыя сочиненія, для смѣшанныхъ голосовъ съ фортеп. Парт. —60.
- Методъ обученія хоровому пѣнію, съ приложеніемъ практическихъ упражненій. Книга I. 1.50 n. Отдѣльные голоса практическихъ упражненій къ методу обу-

ченія хоровому пѣнію въ 4-хъ тетрадяхъ. Къ 1-й книгѣ 1.50.

- Методъ обученія хоровому пѣнію. Книга II. 1—. Отдѣльные голоса практическихъ упражненій второй книги —50.
- Музыкальная азбука. Теоретическое и практическое руководство къ изученію пѣнія —50.
- Учебникъ пѣнія для школъ, съ приложеніемъ 15 одноголосныхъ и 45 двухголосныхъ пѣсенъ —80.

Брянскій Н. Н. *Seliverstow*: Русскія пѣсни. 1. Еще внизъ то по рѣкѣ. 2. Какъ у нашего широк. двора. 3. Во лузяхъ. 4. Ой, самодерка. 5. Все по свѣтлицѣ-бѣ я ходила. 6. Пряди моя пряха. 7. Ходилъ Ваня по базару. 8. Я вечеръ, млада, во пиру была. 9. Ахъ, чтожъ ты, мой сизый голубчикъ. 10. Заинька, поскачи. 11. На быстрой рѣкѣ куп. боберъ. 12. Ахъ, улица, улица широкая. 13. Ахъ, ты степь ли, моя степь. 14. По горамъ, по гор., я ходила. 15. Ай, сборы, сборы Грушенькины. 16. Ты дѣвицушка, сиротинушка. 17. Во полѣ береза стояла. 18. Мимо рощицы дороженькъ торил. 19. Слава на небѣ солнцу ясному. 20. Ай на горѣ дубъ. 21. Что пониже было города Саратова. 22. Я нашу нашеньку. 23. Ахъ, ты поле мое. 24. Ты поди, моя коров. домой. 25. Чтой-то во полѣ есть за травушка. 26. А мы просо сѣяли. 27. Соловей мой, соловей. 28. Ой на горкѣ калина. 29. Внизъ по матушкѣ по Волгѣ. 30. За рѣчушкой яръ хмѣль. 31. У дороднаго добраго молодца. 32. Во Донскихъ, во лѣсахъ. 33. Какъ со вечера пороша выпадала. 34. Какъ на улицѣ шумятъ. Всѣ 35 пѣсни въ одной тетради —75.

- 10 пѣсенъ: Дядя Власъ. Степь весной. Крестьянская пирушка. Картинка. Масляница. Что ты спишь. Птичка. Серенада. Изъ оп. „Радомиръ". Окликъ —70.
- Волны и люди. 2 - 30.
- 5 пѣсенъ. Городъ чудный. Горныя вершины. Не гордись. Черкесская пѣсня. День встаетъ —75.
- Воронъ къ ворону летитъ —30.
- Пушкина пѣсня —30.
- 10 пѣсенъ на 3 голоса à capella —50.

Briant R. Come now, and let us reason together, *T* with Chor. —05 *Ditson*, —$1^{1}/_{2}$ *Novello*.
- Three sketches, *P*: 1. Gavotte, 2. Berceuse, 3. Bourrée à 3/— *Leonard*.

Briatte, Uranus, valse, *Harm*, Part 5— n *Evette*.

Bric-a-Brac, schottische (Hart's Cheap Music 760) —/2 *Pitman*.

La Bric à Brac auvergnate 1— n *Joubert*.

Briccialdi Giulio (1818—1881). Composizioni per *Flauto e Piano*.
- 3 Grand Solo 4— *Litolff*.
- 9 L'abbandono. Romanza e Polacca 3— *Cranz*, 3— n *Costallat*.
- 10 Concertino 2.50 *Cranz*.
- 11 Variazioni sopra un motivo dell' opera: I Puritani, *PFl* 3— *Cranz*.
- 12 Il Rimprovero, Fantasia 3.50, 3— n *Costallat*.

Ricordi:
- 14 Fantasia sopra Linda di Chamounix 5—, 3— *Cranz*, *FlO* 10— *Ricordi*.
- 15 Ballabile di Concerto 6—, 3.50, *FlO* 5.50 *Bachmann*.
- 16 Scherzo. Morceau de Salon 6—, 3— *Bachmann*.
- 17 Fantaisie sur Prigioni d'Edimburgo 7—, 5— *Bachmann*.
- 18 Hugenotten. Fantasie 5— *Litolff*.
- 19 2. Concerto 8—, *Fl con 2Vl Vo Vc KbP* 12—.
- 21 Il primo amore 4.50, 1.30 *Breitkopf*.
- 22 Air final de Lucia di Lammermoor, varié 3— *Cranz*.
- 23 N. 1. Studio di Concerto 1—. N. 2. Studio di Concerto 1.30. N. 3. Studio di Chopin 1.30. N. 4. Romanza senza parole 1.50 *Cranz*.
- 24 Fantaisie sur Dom Sébastien 7—, 3— *Cranz*.
- 25 Fantasia sopra una Canzone popolare valacca 4.50, 2.50 *Cranz*.
- 27 Fantasia sopra La Figlia del Reggimento 7—, 4.25 *Schott*, *FlO* 15— *Ricordi*, 4.50 n *Schott*.
- 28 Capriccio sopra l'Aria del Basso nell'Ernani 8—, 4.25 *Schott*.
- 29 La Styrienne. Morceau de Concert 5—, 2— *Cranz*.
- 30 Capriccio sui motivi dei Lombardi 7—, 4.25 *Schott*.
- 31 Diciotto Studi o Soli per Flauto (Biblioteca del Flantista): Parte I 1.50 n, Parte II 2— n, estratti 6 solo di studio à 2.50, 3 Adagios con acc. di *P* da A. Panzini, N. 1, 2 à 2—. N. 3 3—.
- 32 Notturno 4.80, 2.75 *Schott*.
- 33 (e M. Strakosch) Duo concertant sur I due Foscari 7—, 4.25 *Schott*.
- 34 Divertissement sur Giovanna d'Arco 7—, 4.25 *Schott*.
- 35 Reminiscenze della Maria di Rohan. Fantasia romantica 8—, 3.50 *Cranz*.
- 36 Duetto, *2Fl* 3—, 3.25 *Schott*.
- 37 Pot-pourri fantastico sulla Straniera 7—, 4.25 *Schott*.
- 38 Il Lago delle Sirene. Capriccio 7.50.
- 39 Gran Fantasia sopra alcuni motivi dell' Attila 8—.
- 40 Divertimento estratto dai Due Foscari, con ornamenti svariati 6—, 3.50 *Schott*.
- 41 La Serenata. Solo di Concerto 4.50, *FlO* 5.50.
- 42 Capriccio sopra motivi dell'Attila 5.50.
- 43 Fantasia sopra i più favoriti motivi della Luisa Strozzi di Sanelli 5.40, 3.50 *Schott*.
- 44 Divertimento 4.50, 3.25 *Schott*.
- 45 Omaggio a Fanny Elssler. Duetto sopra motivi del ballo Caterina o La Figlia del Bandito di Pugni, *2Fl* 5.70, 3.25 *Schott*.
- 46 Lucrezia Borgia e Lucia di Lammermoor. Pot-pourri fantastico 6—, 3.50 *Schott*.
- 47 Macbeth. Fantasia 6—, 2.60 *Breitkopf*. 6/— *Ashdown*.
- 48 Reminiscenze del Macbeth. 2. Concertino 8—, 2.60 *Breitkopf*, 6.— *Leonard*.
- 49 Soirée musicale di Rossini, *2FlP* 3.30, 3.25 *Schott*.
- 50 Divertimento sopra motivi dei Masnadieri 5.50, 3.50 *Schott*, 5/— *Leonard*.

- 51 Fantaisie sur des motifs écossais 3.50 *Schott.*
- 52 Fantaisie sur des motifs écossais 5—, 3— n *Costallat.*
- 55 I Montecchi ed. I Capuletti, Potpourri 3.25 *Schott.*
- 56 Lucrezia Borgia, Fantaisie 3.50 *Schott.*
- 57 Norma, Fantaisie 3.25 *Schott.*
- 60 Divertissement sur un thème de Donizetti 3.75, 3— n *Costallat.*
- 61 Concerto in Fa 6—, 4.25 *Schott.*
- 62 Andante e Polonese di Concerto 5—, 3.25 *Schott*, 6'— *Rudall.*
- 63 Deux Fleurs. Morceaux de Salon: N. 1 La Pensée 2—. N. 2. La Rose 4—. N. 1. 1.50, N. 2 2.75 *Schott.*
- 63bis. Fantasia brillante tratta da motivi favoriti della Sonnambula 6—.
- 64 Capriccio 6—, 3.25 n *Schott*, 3— n *Costallat.*
- 65 3. Concerto 6—, 3.50 *Schott.*
- 66 Portafogli per i Dilettanti. Fantasia elegante sulla Beatrice di Tenda 5—, 3.25 *Schott.*
- 67 Portafogli per i Dilettanti. N. 2. Duetto, 2Fl P 7—, 4.75 *Schott.*
- 68 2. Pot-pourri fantastico sulla Straniera 6—, 3.25 *Schott.*
- 69 Allegro alla Spagnuola 6—, 3.25 *Schott.*
- 70 Cavatina originale, senza parole 6—, 2.75 *Schott.*
- 70 Sei studi, Fl 6— *Mariani.*
- 71 Capriccio originale 6—.
- 73 Variazioni sopra una Melodia Irlandese 6—.
- 74 L'Inglesina. Rondò brillante 6—.
- 75 Mosè. Fantasia 6—, 3.25 *Schott.*
- 76 La Muta di Portici. Divertimento 5.50, 3.25 *Schott.*
- 77 Pezzo originale a guisa di Scena melodrammatica 6—.
- 78 Il Carnevale di Venezia di Paganini 5—, 3.25 *Schott.*
- 79 Le Carezze. Solo 6—.
- 30 Solo brillante 6—.
- 31 Divertimento sulla Favorita 6—, 3.25 *Schott.*
- 32 Solo 4.50.
- 33 Fantasia su l'Anna Bolena 6—.
- 34 Fantasia su Gli Ugonotti 6—, 3.25 *Schott.*
- 35 Fantasia sulla Saffo 5—, 3.25 *Schott.*
- 36 Aria di Berta nel Barbiere di Siviglia, variata 4—.
- 36 La Traviata, Fantaisie 3.50 *Schott.*
- 37 2. Notturno 3.50.
- 37 Il Trovatore, Fantaisie 3.25 *Schott.*
- 88 Mazurka 4.50.
- 88 I Vespri siciliani, 2Fl 2— *Schott.*
- 89 Jone de Petrella, Fantaisie 3.50 *Schott.*
- 100 Primo Duetto concertante 5—, 2.75 *Schott.*
- 101 Fantasia, sul Guglielmo Tell 6—.
- 102 Fantasia, sulla Favorita 6—, 3.25 *Schott.*
- 103 Le attuali emozioni d'Italia. Pezzo descrittivo 6—.
- 104 Concertino alla moderna 7—, 3.50 *Schott.*
- 105 Capriccio 3.50 *Schott.*
- 106 Rigoletto, Fantaisie 3.50 *Schott*
- Omaggio agli Illustri Compositori Italiani. 6 Fantasie sopra favorite Melodie teatrali:
- 106 Rigoletto 8—, 3.50 *Schott.*
- 107 Guglielmo Tell 7—.

- 108 Lucrezia Borgia 6—.
- 109 Il Bravo 9—, 4.25 *Schott.*
- 110 La Sonnambula 6—, 3.25 *Schott.*
- 111 Saffo 7—, 3.25 *Schott.*
- 112 Il Vento, Caprice 3.25 *Schott.*
- 113 La Romanzesca, Capriccio 3.50 *Schott.*
- 114 Martha, Fantaisie 3.50 *Schott.*
- 116 Andante et Valse de Concert 2.75 *Schott.*
- 117 La Primavera, Solo 2.75 *Schott.*
- 118 3me Duo concertant, 2 Fl 3.50 *Schott.*
- 120 Capriccio-Sinfonia 6— *Venturini.*
- 121 Fantasia sul Don Carlo 6—.
- 122 2. Fantasia, sul Don Carlo 7—.
- 124 Quintuor, Fl Hauth Cl Cor Basson 4.75 *Schott.*
- 125 Fantasia sull' Educande di Sorrento 6—.
- 127 Ruy Blas, Fantasia 6—, 3.25 *Schott.*
- 128 Fantasia drammatica sul Guarany 7—, 3.25 *Schott.*
- 129 Lohengrin, Fantaisie 3.25 *Schott.*
- 130 Duo brill. 2Fl P 4.25 *Schott.*
- 132 16 Duettini dialogati, 2Fl 10—, 2 Libri à 6— *Venturini*, 4.75 *Schott.*
- 133 I Goti di Gobatti. Fanta-ia 9—.
- 134 Fantasia drammatica sull' Aida 6—, 2.50 *Schott.*
- 135 Il Giardinetto di Perugia, Solo 6—.
- 136 L'Ebrea, Fantasia 6—, 3.25 *Schott.*
- 138 Danza delle Streghe di Paganini, op. 8, Traser. 6—, 3.50 *Schott.*
- 139 Lo spirito vagante, Solo 6— *Venturini.*
- 140 3 Romances sans paroles: 1. A toi mon coeur. 2. Espoir de revoir. 3. Pensée fugitive à 1.50 *Schott.*
- 141 Aria finale dell'opera Lucia di Lammermoor 6— *Venturini.*
- 141 postuma. Suonatine progressive per imparare a suonare il Flauto (Biblioteca del Flautista) 2— n.
- Capriccio 6—.
- Il Carnevale di Venezia 2.50 *Lapini.*
- Secondo carnevale di Venezia, Fl P 4— *Mariani.*
- La Cerrito, Fl P 4.6 *Rudall.*
- Concerto 4.50.
- Concerto en fa 4— n *Costallat.*
- Il Disimpegno, Album 10—: N. 1. I Puritani. 2. I Capuletti. 3. Barcarola nel Marino Faliero à 4— *Mariani.*
- Il disimpegno, Album contenant 6 Fantaisies: 1. Ernani. 2. I Puritani. 3. I Capuletti. 4. La Traviata. 5. Luisa Miller. 6. Marino Faliero à 2.75 *Schott.*
- Divertimento 5— *Leonard.*
- I Due Foscari. Divertimento con ornamenti variati 3— *Lapini.*
- Elegia di Ernst, ridotta e variata 2.70.
- Ernani. Pezzo fantastico 4—.
- Fantasia on 2 Scotch melodies 5— *Leonard.*
- Garibaldi al Tamigi. Marcia militare, P 2—.
- Giuramento. Fantasia 4.50, 2.75 *Bachmann* 3— n *Costallat.*
- Quattro grandi Studi per Flauto (Biblioteca del Flautista) 1.50 n.
- L'Indispensabile. Esercizio giornaliero in tutti i modi maggiori e minori, proposto agli Artisti e Dilettanti di Flauto (Biblioteca del Flautista) 1— n, 1.75 *Schott*, —75 *Fischer*, 2.50 n *Costallat.*

70*

- Jone. Melodie 7—.
- Linda di Chamounix. Souvenirs 3.50 *Schott.*
- Lohengrin. Fantasia 6—.
- Lucia di Lammermoor. Solo che precede la cavatina del *S* con cadenza originale per Canto e *Fl* da introdursi nell'aria dell'atto terzo 3— *Venturini.*
- Lucrezia Borgia. Fantasia 4.50, Nuova Fantasia 6—.
- Luisa Miller. Pezzo fantastico 4—.
- Una madre. Romanza con *PFl* 3.50 *Venturini.*
- Mélodies hongroises 3.80 *Rózsavölgyi.*
- Romanza e Polonese 4.50.
- 3 Romanze: N. 1. Un fiore sulla tomba di mia figlia 3—. N. 2. Speranza di rivederla. N. 3. Visioni dissolventi à 3.50.
- Sogno d'amore. Pezzo originale 4—.
- Trenta Soli o Esercizi per Flauto (Biblioteca del Flautista) 2.50 n, 2 Fasc. à 1.50 n, 8.— *Leonard.*
- Sonnambula. Fantasia 4—, 3— *Craus*, 3— n *Costallat.*
- Templario di Nicolaj. Fantasia 2—.
- Traviata. Pezzo fantastico 4—, Traser. 6.50.
- Trovatore. Fantasia 6—.
- Vespri Siciliani. Bolero 6—, Duetto 4—.

Brice Emmanuel, op. 7 Grande valse, *Ams* 7.50 *Lemoine.*
- 8 Tarentelle, *P* 6— *Lemoine.*
- 9 Grande Fantaisie brillante, *P* 7.50 *Lemoine.*
- 10 Marche de hussards hongrois, *P* 6— *Lemoine.*
- 11 Deux solos, *P:* 1. Allegro moderato en fa. 2. Divertissement en sol à 5— *Lemoine.*
- Échos de Dublin, caprice, *P* 6— *Grus.*
- Guillaume Tell, Souvenir, *P* 6— *Grus.*
- Marche orientale, *Ams* 9— *Grus.*

Brice Laure, La fête des champs, pastorale av. *Hautb* 1.20 n *Labbé.*
- Une fleurette, mélodie 3— *Noël.*
- La jeune gondolière, mélodie 3—, (la gaîté française N. 286) *Ch. s.* 1— *Noël.*
- Le retour, 2 voix ég. 1— n *Gallet.*
- Seule à toi mes bonheurs 3— *Bornemann.*
- Tu seras mes amours (Liebe allezeit), romance av. *P* ou *G* —50 *Schott.*

Brich Rich. op. 10 Mary-Walzer 2— *Wiener Mus.-Verl.-H.*

Bricher J. To-day I am sixty-two —50 *Ditson.*

Bricher T. *Brainard:* Autumn winds, *P* —40.
- Come, to the Forest, *SA* —50.
- Corrila Waltz —25.
- Hall's quickstep, *P. Ams* à —25.
- Moonlight ride —50.
- Mountain Echo waltz —25.
- Mountain horn waltz. Tyrolien air —25.
- Ocean spray, polka —40.
- Pastorale, scenes in Tyrol, *P* —50.
- Polka française —40.
- Bienzi March —25.
- Running brook, schottische —30 *Ditson.*
- Ship at sea —60.
- Sleigh bell, waltz —36 *Ditson.*
- Summer breezes, waltz —40 *Ditson.*
- Summer evening, waltz —25.
- Sylvan, polka —40.

Brichieri-Colombi G. Bellosguardo, valzer 2— *Venturini.*
- Feldblumen, Mazurka 2— *Venturini.*

Brickdale-Corbett H. M. op. 9 Mélodie, *VeP* 1.50 *Schott.*
- 10 Cavatina, *VP, VeP* à 2— *Schott.*
- Caprice-Impromptu, *P* 2— *Schott.*
- La chanson du vannier 2.50 n *Loret.*
- „Dein Sklave" (Being Your slave). Sonett (deutsch und engl.) 1— *Kahnt.*
- Dichterträume, poetisches Tonstück, *VP* 1.50 *Kahnt.*
- 2 Impromptus, *P* 1.50 *Schott.*
- Zwei Lieder. 1. Liedchen: Mein Liebster hat mein Herz. 2. Die Liebe: Für edle Herzen à —80 *Kahnt.*
- A Song of Night, *MS. T* à 2— *Novello.*

Bricot C. Rickline-Polka, *Fanf* et *Harm* 1.25 n, Cond. —25 n *Thomas.*

Bricout, Simplette, pas red. *Harm* ou *Fanf*, Part 3— n, p. sép. à —10 n *Evette.*

Bricqman, Le Bardit, pas red. *Harm* ou *Fanf* 1— *Kessels.*

Bricqueville E. de Etude pour pédalier, *Org* 1— n *Prégally.*
- Grand Choeur, *Org* 2— n *Prégally.*

Brida G. *Ricordi:* All' Armi!!! Canzone di Guerra dei Bersaglieri volontari, per voci all'unisono 1.50.
- Amelia, *P* 2—.
- 2 Canzoni: N. 1. Non piango più! *S* 1.75. N. 2. Io rido sempre! *T* 2—.
- Carolina, *P* 1.50.
- Cospargete di fior il lor cammino. Stornello 1.25.
- Cristina, *P* 1.50.
- La Femme. Chansonnette 1.50.
- Io di te non so che far. Valzer, Canto *P* 3.50.
- Mazurka 2.50.
- Niny, *P* 1.25.
- Pensiero fantastico, *P* 4—.
- Povero fiore!! Stornello 1.50.
- La ricordi? Romanza, *S. MS* à 2—.
- Rimembranza. Melodia 2—.
- Sinfonia religiosa per soli Istrumenti d'Arco su frammenti dello Stabat Mater di Pergolesi, Part 7—.
- La Speranza, *P* 1.50.
- Virginia, *P* 1.50.

Bride Mc. W. H. You are not the same anymore —50 *Gognan.*

„Bridge"-Album of song with *G* (F. Giaconn), *MS. C* à 16 u *Williams.*

Bridge Frank, Autumn, mixed voic. — 1½ *Novello.*

Bridge Jos. Cox. (1853). *Novello:*
- Awake the voice, *SSC* — 4.
- Away with grief — 3.
- Be joyful in God. *SATB* — 3.
- Canadian Sleigh Song. Mixed voic, Vocal Score — 6.
- The curfew bell. Mixed voic. with *Horn* acc. — 3.
- Daniel. An Oratorio, Vocal Score 3 6, Vocal Parts à — 9.
- Finale in the French Style in A, *Og* 3.— *Weekes.*
- Great Britain's sons and daughters. Mixed voic. — 3.
- Greek war song. *TTBB* — 4.
- It was a lover and his lass. Mixed voic. — 4.
- Magnificat and Nunc Dimittis in C. Vocal Score — 6.
- The Merry Christmas Morn — 3.

- Message by S c h u m a n n, *Org* 4 — *Weekes*.
- Oetius, H ä n d e l, Ouverture, *Org* 3 — *Weekes*.
- On Christmas night. 4 voices — 3.
- Six Original Compositions. *Og* 2 6 n *Weekes*. 1. Andante con moto, in F. 2. Finale in the French Style, in A. 3. Andante, in E flat. 4. Quasi Pastorale, in A. 5. Andante, in D. 6. Fanfare, in D.
- Original Compositions and Arrangements: *Org*. N. 1. Overture in G major 3 —. N. 2. Concerto in D minor, by S t a n l e y 2 6.
- Quasi Pastorale, in A, *Og* 3 — *Weekes*.
- Requiem für Soli, Chor und *O*, KA (lat.) 2—n *Breitkopf*, 2 6 *Ricordi*.
- Resurgam. A Sacred Cantata. Vocal Score 1 6.
- Romance Affetuoso (J. B. C r a m e r), fr. P, Concerto in G, *Og* 4 — *Weekes*.
- Rudel. A Dramatic Cantata. Vocal Score 4 —.
- Soldier rest. *ATTB* — 2.
- The steersman's song 2 —.

Bridge John Frederick (1844). *Novello*:
- All jubilant with Psalm and Hymn — 2.
- The Apostles' Creed and Lord's Prayer (Monotone with *Org*) — P.
- Behold my servant. *SATB* — 3.
- Benedicite — P.
- Berceuse, *VeP* 4 — *Keith*.
- Blessed be the Lord thy God. Vocal Score — 6.
- The blessing of the Lord. *SATB* — 2.
- B o a d i c e a, Cantata, Vocal Score 2 6, 1st V, *VcKb* à 2 6, 2nd V, *Va* à 2 —.
- Bold Turpin, *ATTB* — 4.
- Bourrée and Gigue, P 4 — *Weekes*.
- Bourrée H a n d e l (1st *Org* Concert, 2nd set), *Org* 3 — *Weekes*.
- Brother thou art gone before us. Hymn — 2.
- C a l l i r h o ë. A Legend of Calydon. Cantata, Vocal Score 2 6, 1st V 3 6, 2nd V, *Va* à 3 —, *VcKb* 4 —, Wind Parts 32 6, Wind Parts arr. for *H* 5 —. Processional March, *Org* 1 6.
- A canticle to Apollo, Madrigal, *SSATB* — 4.
- Child divine — 2.
- Christ became obedient —05 *Ditson*, *SATB* —P.
- Christ is risen, *SATB* — 3.
- Christmas bells. Mixed voic. — 4.
- Clampherdown, Ballad, Vocal Score 1 —, string parts 5 —.
- The cradle of christ (Stabat mater Speciosa). A canticle for Christmas, *8 Bar* Soli, Chorus and *O*, Vocal score (Engl.-lat.) 1 6, 1st, 2nd V, *Va* à 1 —, *VcKb* 1 6, Wind parts 10 —.
- Crossing the bar. 2 — *Novello*, 4 — *Williams*. *SATB* 1 6, *ATTB* — 4.
- Dance of Mummers, P 4/— *Weekes*.
- Easter-Day. Carol Anthem, *SATB* — 3.
- Flag of England, the. Ballad, *S*-solo, Chorus and *O*, Vocal score 1 6, 1 st, 2nd V, *Va* à 1 —, *VcKb* 1 6.
- The Flirt, *1TBB* — 3.
- Flowers. Mixed voic. —3.
- Forget me not 1 6.
- Forging of the anchor the. Dramatic Scene. Vocal Score 1 6, string parts 5 —.
- Frogs and the ox, the. A short humorous

cantata for children. Vocal score. Staff and Tonic Sol-fa combined 1 —.
- Give unto the Lord (H a r v e s t), *SATB* — 4.
- The God of Heaven, He will prosper us. For use at the laying of a foundation stone, *SATB* — 4.
- God save the King. Vocal score — 2. String Parts (4) 1 —, Wind Parts 3 —. Words only (per 100) 1 —. Arr. *Brass, Drums, Org* (John L. West). Full Score 2 —, Parts — 6.
- The Goose, *ATTB* — 6.
- The Goslings, *ATTB* — 4.
- Great and marvellous are Thy works. (H a r v e s t) *SATB* — 4.
- Happy is the man, *SATB* — 3.
- He giveth His beloved sleep. Meditation for Solo and Chorus — 4.
- Holy Night. Christmas — 2.
- Hope thou in the Lord (Innocents' Day). Ver. B — 3.
- Hosanna-Alleluia! On Card. *SATB* — 2.
- Hurrah! hurra! for England. Mixed voic. — 2.
- Hymn for a Midnight Service on the last night of the year — P.
- Hymn to the creator (The Song of St. Francis, of Assisi). Motet for S-solo, Chorus and *O*. Vocal Score 1 —. String Parts (4) 2 —.
- Inchcape rock, the. Ballad for Chorus and *O*. Vocal Score 1 —. String Parts (4) 4 —.
- In sorrow and in want (Christmas) —3.
- It is a good thing to give thanks, *SATB* — 6.
- I will feed My flock, *SATB* — P.
- Jesus lying in the Manger. Carol Chor. — 3.
- Jesu pro me perforatus. B-solo with Chor. and *O* 1 —.
- John Barleycorn, *ATTB* — 6.
- Joy ye people — 2.
- Kings shall see and arise. Homage anthem for the Coronation of King Edward VII. Vocal Score —6.
- Litany of the love of God (Sacred Music Leaflets 523) — ½ *Curwen*.
- Loose the sail rest the oar. Mixed voic. — 6, 8vo — 1 P.
- The Lord hath chosen Zion. Verse. Voc. score 1 6. 8vo — 4, Voc. parts 1 —.
- Lord, I call upon Thee, *SATB* —3, —06 *Wood*.
- The Lord ordereth a good man's goings, *SATB* —3 *Weekes*.
- Lord's Prayers, The. Vocal score 1/—. String parts (4) 2 —.
- Magnificat and Nunc dimittis in B flat. Short Festival Setting for Parish Choirs. — 3.
- Magnificat and Nunc dimittis in D. — 4.
- Magnificat and Nunc dimittis in G. Vocal score —6.
- Meditation, *Org* 3 — *Metzler*.
- The Morning and Evening Service, together with the Office for the Holy Communion in G 2 —: N. 1. Te Deum —4. N. 2. Benedictus —4. N. 3. Jubilate — 3. N. 4. Introit. 5. Kyrie. 6. Gloria tibi, 7. Gratias tibi. 8. Credo. 9. Offertory Sentences. 10. Sursum corda. 11. Sanctus 12. Benedictus. 13.

Agnus Dei. 14. Gloria in excelsis 1 —. 15.
Magnificat. 16. Nunc dimittis — 6.
- Mount Moriah: The trial of Abraham's
faith. An Oratorio, vocal score 3 —, vocal
parts à — 8.
- Nato Christo in praesepe (Carol) — 3.
- Nicene Creed (Monotone with *Org* accompaniment) — 1½.
- Noël, Noël, Christmas Carol, *SATB* (Part
songs 96) — 2 *Leonard*.
- Ode to the Terrestrial Globe, *ATTB* — 3.
- The Offertory Sentences 1 —.
- The Office for the Holy Communion in D.
including Benedictus and Agnus Dei (N.
10. Short Settings for Parochial and General use, George C. Martin) 1 —.
- O glorious city (Boadicea) 2 —.
- An old rat's tale, *ATTB* — 4.
- O Lord, thy word endureth. Festival anthem.
Vocal score — 6.
- O mistress mine (Madrigal) (from Morley's
„Consort Lessons"), mixed voix — 2.
- O most merciful, *SATB* — 3,(Church Music
946) —08 n *Schirmer*.
- On the Cross we see Him dying (Easter)
— 3.
- Organ Accompaniment of the Choral Service
(Novello's Primer 27) 2 —.
- O sing unto the Lord. (Select Sacred Harmony 77.) *SATB* —2 *Ashdown*.
- O tarry thou the Lord's leisure (from Mount
Moriah), *SATB* — 3.
- O that men would praise the Lord, *SATB*
— 4.
- O ye that love the Lord, *SATB* —3, —06
Wood.
- Peace. A fable, Glee, *ATBB* — 6.
- Polonaise in B flat 4 — *Weekes*.
- Repentance of Nineveh, a Dramatic Oratorio. Vocal score 2 6, Vocal parts à 1 —,
1stV 4 —, 2ndV. *Va* à 3 6, 1cKb 4 6.
- Rock of Ages, the (Jesu, pro me perforatus),
Bar-Solo and Chorus. Vocal score 1 —,
1st, 2ndV. *Va* à — 6, 1cKb 1 —, Wind
parts 7 —.
- Seek yet he Lord, *SATB* — 3,(Church Music
912) —08 n *Schirmer*.
- The Service for the Solemnization of Holy
Matrimony, as used in Westminster Abbey
— 6.
- A singer's requiem, mixed voic. — 1½.
- Sing unto the Lord, *SATB* — 6.
- Sonata in D min. *Org* 2 6.
- Songs from Shakespeare 2 —. O mistress
mine. It was a lover and his lass. O willo,
willo, willo. Where the bee sucks. Full fathom five. Take, O take those lips away.
Where the bee sucks. A poor soul sat sighing. Full fathom five. Come unto these
yellow sands.
- Two Songs. The Primrose and If Could
Choose 4 — *Keith*.
- The spider and the Fly, a Cantata for Junior
Schools and Classes 1 —.
- Stabat Mater Speciosa, for *S* and *Bar* soli,
chorus and *O* 1/6.
- Sweeter than songs of summer (Christmas),
4 voices — 3.
- Tears 1 6.
- To Phoebe, *ATTB* — 3.
- The trumpet notes are sounding, Hymn — 1.

- Two snails, *ATTB* — 3.
- Two thousand troubled years, *SATB* —06 n
Church.
- We declare unto you glad tidings, mix chor.
—05 *Ditson*, — 8.
- Weep no more, woful shepherds (Madrigal),
five voices — 6.
- The Well of St. Keyne, *ATTB* — 6.
- When my soul fainted within me (Easter),
SATB — 1½.
- When the sun sinks to rest, mixed voic. — 6,
— 1½.
- With thee sweet hope. Glee, *ATTBB* — 6.
The Bridge — 2 *Hopwood*, (Hart's Cheap
Music 761) — 2 *Pitman*.
Bridgeford. The Last Kiss 4 — *Ascherberg*.
- Loved, not lost 4 — *Ascherberg*.
Bridgeford Pearson, Summer, *SATB* with *P*
(Part-Song Journ. 22) —06 *Wood*.
Bridges Dr. American Organ Tutor 5 —
Chappell.
Bridges Guy J. The Villagers' Hymn to the
Scriptures — 2 *Novello*.
Bridges J. F. Who shall ascend unto the hill,
S and mix. quart. —08 *Ditson*.
Bridges Smith, Grenade, waltz 4 —, (Orchestral Journ. 124) *FullO* 2 — n. Sept. 1 — n
Chappel.
Bridgewater T. Cantate Domino in A. Voc.
score 2 —. Voc. parts 1 — *Novello*, and
Deus Misereatur —12 *Ditson*.
- Chants. Voc. score 1 —, Voc. parts — 6
Novello.
- Deus misereatur in A. Voc. score 1 6, Voc.
parts — 6 *Novello*.
- England-Europe's glory 3 — *Williams*.
- God be Merciful —3 *Bayley*, *S*, *SA* and mix.
quart. —10 *Ditson*, and Deus Misereatur
—08 n *Presser*.
- Jubilate in A 1 —, 8vo — 1½ *Novello*.
- Jubilate Deo N. 2 in A —06 *Ditson*.
- Kyrie eleison & Sanctus —05 *Ditson*.
- Morning and Evening Service in A —15 n
Ditson.
- O Sing unto the Lord. Cantata Domine
—10 n *Presser*.
- Sanctus, Kyrie —05 *Ditson*.
- Sanctus and Kyrie in A — 6, 8vo — 1½. Voc.
parts — 6 *Novello*.
- Te Deum in A —08 *Ditson*, Voc. score 2 3,
8vo —3, Voc. parts 1 — *Novello*.
- Thomas in A —9 *Novello*.
Bridgman, Irish schoolmaster 3 — *Williams*.
Bridiers A. de, L'Eventail. *Ch. s.* —40 n *Bornemann*.
- Le volontaire, romance 1 — n, *Ch. s.* —35 n
Labbé.
Bridou aux bains de mer, *Ch. com.* 1 — n,
Ch. s. — 30 n *Ondet*.
Brieger Ad. op. 12 Am Lago maggiore. Walzer
1.50 *Haslinger*.
- **13** Morgengruß. Mazurka 1 — *Haslinger*.
Brieger u. Conti, Paradieses-Klänge. Walzer
1.50 *Haslinger*.
Brieger Otto, op. 1 73 Orgelvorspiele 3 — n
Leuckart.
- **2** Präludien - Album. 100 Vorspiele, *Org*
4.50 n *Leuckart*.
- **3** Postludien-Album, 60 Nachspiele, *Org*
4.50 n *Leuckart*.

Brieghel-Müller Carl, op. 1 Gurresange 2—
Hansen: Vaidemar; Den blaalige Daemring nu daemper. Tove: O, naar Maanens Straaler milde. Valdemar: Ganger, staar du nu og drommer. Tove: Stjerner juble. Skovduens Sang.
Briel H. V. D. op. 14 Serenade, *P* 1—
Wagenaar.
Briel, Ginger Snaps —40 *Willig.*
Briem Wunib. Ave Maria, *SSMSA*, Part —60, St à —15 *Coppenrath.*
- Garina-Marsch —75 *Gross.*
- Der gute Hirt. Tableau. Soli und Chor m. *P*, Part —60, St à —20 *Coppenrath.*
- Vorarlberger Schützenmarsch, *P* 1— *Hug.*
Brière E. Souvenir de Louvigny. rêverie, *VP*, *VcP* à 6— *Clot fils.*
Brierley Eric. Crossing the *Bar* with *Org* 4 — *Larway.*
- Hush-a-bye, my Dearie 2 — *Boosey.*
Brierley W. B. Andante sostenuto, *PV* 2 — n *Novello.*
Briesemeister F. Ein Frühlingsabend. Walzer 1.50, (Konzerthalle Bd. 1) *IM* 3.50 n, *KM* 2.50 n *Apollo.*
- Herbstklänge. Rheinländer —80, *Z* —60 *Apollo.*
Briesen Fritz von, Herzogs Hymne —60, 2 st. Schulchor —20 n, *TTBB*, Part u. St —60 n *Anhaltische Verlagsanstalt*-Dessau.
Briesewitz von, Fiducit. *P* (D. Krüg, op. 219, Nr. 3) —75 *Bainauer.*
Briet A. 9 mélodies. *P* à 1.75 n *Contard.*
Briet A. et Boubert A. Barcarolle. *P* 1.75 n *Contard.*
Briffaut, Nocturne, *P* 5— *Benoit.*
Briffaux J. B. Marche des Volontaires, belges, *P* —85, *O* 2— n, *Harm* u. *Fanf* 2— n *Schott frères.*
- Pizzicato, polka de J. Strauß, *Harm* ou *Fanf* 2.50 n *Rouget.*
- Return du Camp. Quick March *FullBand* 2 8, *MediumBand* 2 —, *SmallBand* 1 4 *Hawkes.*
- Royal Standard March. Immense. *Milit. Band* —50 *Coleman.*
- Le Tambour major, pas réd. *Harm* ou *Fanf* 1.25 *Kessels.*
Brigadier Chauz, Ronde 1— n *Joubert.*
Brigand amoureux 1— n *Joubert.*
„Brigands", Laughing duett, *ST* and Chor. —65 *White.*
Briganti-Mobili L. Una croce in camposanto 2.50 *Venturini.*
- In riva al mare. Stornello-Barcarola 3.50 *Venturini.*
- Quando cadran le foglie 2.50 *Venturini.*
Brigantine, Barcarolle —30 n *Joubert.*
Brigdani, Rosée 1.50 *Romano.*
- Toujours 2.50 *Romano.*
Briggs. *White*: Op. 32 Good-night —35.
- 61 Tarantelle, *P* —75.
- 126 N. 1. Little bird. 2. The merry lark. 3. Summer twilight. 4. Underneath the sod low lying à —35.
- Au American in Berlin. Waltz —75.
- Forest birds, *ST* —50.
- Light Dragoons. Quick March. *FullBand* 2 8, *MediumBand* 2 —, *SmallBand* 1 4 *Hawkes.*
- Musical dream set. 12 easy compositions.

P: 1. Allegretto, 2. Choral, 3. Scherzando, 4. Tarantelle, 5. Adagio, 6. Waltz, 7. Nocturne, 8. Andante, 9. March militaire, 10. Bolero, 11. Polka, 12. Galop 5 —20.
- Old Probabilities, March —60.
- Rest in the Lord, *SCT* —35.
- Souvenirs. Valse de Concert —90.
- The Train Boy or Happy Jack —40 *National Music.*
- Twinkle twinkle little star —25.
- Water-witch. Polka —60.
Briggs C. J. Because of You —50 *Wood.*
- Ere the Sun Goes Down, *TTBB* —12 *Wood.*
- Jubilate Deo in D —15 *Molineux.*
- Jubilate Deo in G. Choir with *B-solo* and Duet *MST* (Choir Journ. 105) —06 *Wood.*
- Only Waiting *TTBB* —12 *Wood.*
- So I can wait —50, with *V* —60 *Wood.*
- Thy way, not mine, o Lord, choir with *S-solo* and Duet *SB* and Custance, Saviour, again to Thy dear name (Choir Journ. 56) —06 *Wood.*
Briggs Julia P. Valley City mazurka —50 *Brainard.*
Briggs O. A. Valedictory echo, Duet and chor. —35 *Ditson.*
Briggs T. V. Soft be the sleep, *SATB* —10 *Ditson.*
Briggs W. A. *Ditson*: Bird catcher —50.
- Cast thy burden on the Lord —35.
- Haymakers Schottische —35.
- Joy to the world, Quart. —08.
- My faith looks up to Thee —10.
- Nearer, my God to Thee —08.
- Only wait —10.
- Sanctus and Benedictus from Mass in D, *SATB* —05 n *Church.*
- There were shepherds —12.
Brigham Bishop T. I'll go dress up in my suit of blue —50 *Stern.*
- I'm uncle Sam the Yankee —50 *Stern.*
- It takes a man to be a soldier —50 *Stern.*
- Ode to tobacco, T, *Bsolo* & male quart. —12 *Ditson.*
Brigham C. B. Golden Bells 1 — *Francis.*
Brigham G. B. African Patrol, *P* —60 *National Music.*
- Another Day —40 *National Music.*
- Beautiful Midway Plaisance —40 *Thompson.*
- Blaine's Triumphal March, *P* —40 *National Music.*
- Boomsky March —50 *Thompson.*
- But you Can't fool Dad, *MandG* —50 *National Music.*
- The Dandy Servants March, *MandG* —50 *National Music.*
- Diplomat March —50 *Thompson.*
- Dreams of Paradise Waltzes —50 *National Music.*
- The Glorious High Ball —50, song orchestration, 10 parts —50 *Thompson.*
- The golden Chariot —40 *National Music.*
- Grand Razzle Dazzle Quickstep —35 *National Music.*
- Hobson and the Merrimac —50 *Thompson.*
- Ho! Cake! —40 *National Music.*
- The Hock Shop —50 *Thompson.*
- Hurrah for Company —40 *National Music.*
- In the land of Nod —40 *Thompson.*
- The Italian's Grudge —40 *National Music.*

Brin de vie, *Ch. s.* —30 n *Debert.*
Le brin d'herbe, *T. Bar* 1—n. *Ch. s.* —35 n *Eveillard.*
Brind John, God bless the King (Unison Sgs. 72) — 1 *Curwen.*
- Hi-ching-ting-a-ling. Action Sg. f. Boys 1 — *Curwen.*
- Teachers of Britain. Action Sg. f. Boys and Girls 1 — *Curwen.*
Brindezingue et Bouledeson, Duo 1.70 n. *Ch. s.* —35 n *Eveillard.*
Brindis de Salas, Ave Maria. Prière av. *PV* (lat.) 5— *Ricordi.*
- Consolation. *PV* 2.50 n *Gregh.*
- Un rêve, romance 1 *P* 5— *Noël.*
Bring op. 19 Der neapolitanische Schiffer. (Ave Maria), *TTBB*, Part n. St 1— *Kneer.*
- 20 Der Einsiedler. Komm, Trost der Welt. *TTBB*, Part n. St 1— *Kneer.*
- 21 Rondino, *P* —80 *Kneer.*
- 22 Andante religiosa. *PV OgH* 1— *Kneer.*
Bring G. op. 18 Zwei Lieder: 1. Im Leide: „Wenn jäh dein Himmel sich umdüstert". 2. Hoffe nur: „Wenn d. Wolken ausgeweint", à —60 *Tonger.*
- 13 In der Waldschenke: „Mag das letzte Scheit verglüh'n" —60. *TTBB* (Kirchhof), Part n. St 1— *Tonger.*
- Der Schwalben Heimkehr. Salonwalzer —20 *Kuhle.*
Bring the good old Temperance pledge (Temperance Music Leaflets 64) — ½ *Curwen.*
Bringhurst, Nettie P. Houston. The Flag with the single Star —50 *Goggan.*
Brini C. A. M. *Ricordi*: Op. 1 Griselda di F. Ricci. Fantaisie brill. *P* 5—.
- 3 Souvenier del Congresso degli Scienziati in Venezia. 12 Pezzi 12—: N. 1. Eppur si muove. 2. Mezzanotte. 3. La Sposa. 4. Sonetto. 5. El baso. 6. Gliera. 7. Ad una bella. 8. L'Oragano. 9. Chi ga tanto gà torto. 10. L'amour falso. 11. Il Sogno. 12. La Festa, à 1.50.
- 5 Andante nelle Prigioni di Edimburgo, variato. *P* 1.80.
- 9 Fantasia brillante sopra la Canzone favorita nel Crispino e la Comare. *P* 3—, 1.50 *Cranz.*
- 12 Rimembranze di Venezia. Capriccio romantico, *P* 3—.
Brini F. Offertorio pel Santo Natale, *Org* 3— *Ricordi.*
- Pastorale, *Org* 1.75 *Ricordi.*
Brinis G. Album da ballo 8—: N. 1. Eppur si muove. Valzer 3—. N. 2. Chi lo sa! Polka 1.50. N. 3. A piccola velocità. Mazurka. 4. Pare impossibile! Polka. 5. Ben tornata! Mazurka, à 2— *Venturini.*
- Mille auguri! Mazurka brillante 2— *Venturini.*
Brinita, Minuetto. *P* 6— *Hamelle*, —40 *Lambertini.*
- Romanza, *P* 6— *Hamelle*, —60 *Lambertini.*
- Valse 6— *Hamelle.*
Brink F. A. Old Ben's Golden Jubilee. Rag Time Two-Step (American Star Journal
Brink Gustav, Ballad, *P* 1— *Gehrman.* 571), *Milit. Band* —50 n *Fischer.*
- Barcarolle, *P* 1— *Johan.*
- Elegie, *P* —75 *Hirsch.*

- Gavotte, *P* —75 *Elkan.*
- Mazurka de salon, *P* —75 *Elkan.*
- Melodiska Minnen, *P* 1.50 *Elkan.*
- Deux Morceaux, *P* 1— *Elkan.*
- 2 Nocturnes, *P* 1— *Elkan.*
- Ny Sonatin-Samling, *P* häft 1. 2. *Elkan.*
- Polonaise, *P* 1— *Hirsch.*
- 50 Progressiva Etuder, *P*, häft 1. 2 à 1— *Gehrman.*
- Romans, *P* —75 *Gehrman.*
- Sonatine-Album, *P*, 2 Bände à 2— *Gehrman.*
- Suomis-Sang. Paraphrase, *P* 1— *Elkan.*
- Svenska Toner, *P* 1— *Elkan.*
- Vals-Arabesk, *P* 1— *Elkan.*

Brink-Sjögren, „I drömmen du är mig nära. Transkr. *P* —50 *Gehrman.*
Brinkmann, Eyes of Fire Polonaise (J. Theophil Sunflowers 4) —35 *Ellis.*
- Fjerran fran dig, *P* —50 *Elkan.*
- Romance elegante, *P* 1.6 n *Morley.*
Brinkmann Carl, 2 Lieder mit *PV*: 1. „Wenn der Frühling auf die Berge steigt". 2. „Nur wer die Sehnsucht kennt! 2— *W. Sulzbach.*
Brinkmann Friedrich, Trost in Tränen. Lied ohne Worte, *P* 1— *Hofforth.*
Brinkmann H. Du bist wie eine Blume, *TTBB*, Part —20 O. *Dietrich.*
Brinkmann Minna (1831). Op. 1 In die Ferne (Far away — Remember me), Lied ohne Worte, *P*: 1— *Brauer*, —25 *Hansen*, 3— *Ashdown*, 1— *Augener*, —40 *Breitmard. Century Mus. Publ.*, 2 — *Chappell*, —30 *Church*, 1 — *Cocks*, 3 — *Cramer*, —30 *Ditson*, 3 — *Donajowski*, (J. Theophil, Clover Blossoms 2) —35 *Ellis*, —50 *Fischer*, *Gordon*, —35 *National Music*, 1—n *Novello*, 3 — *Orpheus*, *Weekes*, —30 *White*, 3 — *Williams*, B. *Williams*, —50 *Alsbach*, —60 *Rahr*, (En lontananza) —25 *Wagner y Levien.*
4ms 1.50 *Brauer*, —75 *Mc. Kinley*; Z —80 *Brauer*, *Mand* —30, *2Mand* —40. *2MandG* —50 *Willig*, *PV*, *PVc* 1.1— *Brauer*, *PV* —40 *Mc. Kinley*, —35 *Willig*, h. t. m. *P* 1— *Brauer*, —40 *Mc. Kinley.*
- 2 Nach der Heimat. Melodie, *P* 1— *Siegel.*
- 3 Bächleins Rauschen. Impromptu, *P* 1.25 *Siegel.*
- 4 In der Sennerhütte. Melodisches Klavierstück 1.25 *Siegel.*
- 8 Mutterseelenallein. Nocturne. *P* 1.50 *Siegel.*
- 9 Kriegers Heimkehr. Charakterstück, *P* 1.25 *Siegel.*
- 10 Wenns Abendglöcklein klingt. Idylle, *P* 1.25, Z —60 *Siegel.*
- 11 Spanische Serenade. *P* 1.25 *Siegel.*
- 12 Nach der Heimat. Gebet, *P* 1— *Brauer.*
- 13 Silberwellen. Etude. *P* 1— *Brauer.*
- 14 Die Windsbraut. Galopp brillant, *P* 1— *Brauer.*
- 15 Im Tale. Lied ohne Worte, *P* 1— *Brauer.*
- 16 Frühlingslied, *P* 1— *Brauer.*
- 17 Nocturne, *P* 1— *Brauer.*
- 18 Trauermarsch, *P* 1— *Brauer.*
- 19 In stiller Nacht. Lied ohne Worte. *P* 1.50 *Brauer.*
- 20 Lebewohl. Lied ohne Worte, *P* 1.20 *Brauer*, —25 *Schmidt*, *4ms* 1.20 *Brauer.*

La **Brise** du matin, Romance —30 n *Joubert, Ch. s.* —20 n *Bornemann.*
La **Brise** du soir —30 n *Joubert.*
Brise et Papillon, *T. Bar* 1— n. *Ch. s.* —35 n *Evcillard.*
Les **Brises** 6— *Delormel.*
Brises d'amour, Valse 1— n *Joubert.*
Brise-tout, Galop 1.35. *Ch. s.* —30 n *Ondet.*
Brissac Jules. *Augener:* Op. 27 Les Huguenots, Fant. P 4—.
- 28 Lucia di Lammermoor, Fant. P 4—.
- 29 Il Trovatore. 1st Fant. P 3—.
- 30 Tempo di Minuet (From Pianoforte and
Violin Sonata), P 1 6 n *Jeffery.*
- 32 La Traviata. 1st Fant. P 4—.
- 33 La Traviata, 2 nd Fant. P 4—.
- 34 La Traviata, Fant. *jns* 5 —.
- 35 Robert le Diable. P 4—.
- 36 Le Prophète, P 4—.
- 37 Les Diamans de la Couronne, P 4 —.
- 38 Fra Diavolo, P 4 —.
- 39 Don Pasquale, P 4 —.
- 42 Catarina, second Fant. ou „Les Diamans
de la Couronne", P 3 6 *Williams.*
- 44 Gustave III. P 3—.
- 45 Il Trovatore. 2nd Fant. P 4—.
- 48 I Martiri. Il suon del arpe angeliche.
P 3—.
- 54 Luisa Miller. 1st. Fant. P 5—.
- 55 Luisa Miller, 2nd Fant. P 3—.
- 58 The Bohemian Girl (La Zingara), P
4—.
- 59 La Zingara (Bohemian Girl), Fant. de
Salon. *jns* 4—.
- 64 Martha, P 4—.
- 67 Macbeth, P 3—.
- 71 Israel in Egypt. P 4—.
- 81 Santa Lucia. Barcarolle Napolitaine, P
4—.
- 99 Danish Airs. P 3—.
- 107 Babbling brook. Le murmure de ruisseau. Caprice Etude, P —75 *Brainard,* 1.50
Schott.
- 112 Fantaisie sur une mélodie écossaise:
„Ye Banks and Braes", P 1.50 *Schott.*
- 132 Spinning Sg. from Wagner's Flying
Dutchman. P 4—.
- Allemande, Sarabande and Gavotte in F.
(C o r e l l i), P 1 6 n *Novello.*
- A te o cara (I P u r i t a n a), P 3 — *Ash-
burn.*
- Un ballo in Maschera. Fantaisie brillante.
P 4 — *Chappell.*
- Bella Adorata, P 4 — *Ascherberg.*
- Bella figlia (R i g o l e t t o), P 4—
Ascherberg.
- La blanchisseuse 1— n, *Ch. s.* —30 n *Bigot.*
- Blue Bells of Scotland, transcr. P 3 —
Williams.
- Bonnie Scotland. Brill. capr. on Scotch airs.
P 4— *Ashdown.*
- The Busy Bee, P 2 — *Ascherberg.*
- The Butterfly. Caprice-étude, P 3 6 *Chappell.*
- La Chasse merveilleuse (Lili-Concert le série
N. 9), P 1— *Weiller.*
- Comin thro the rye, P 3 — *Ashdown.*
- The Cruiskeen lawn, P 3 — *Ashdown.*
- Cujus animam (S t a b a t M a t e r), P 3 —
Ashdown.
- Le désir (B e e t h o v e n), valse, P 3 —
Ashdown.
- Don Giovanni. Menuetto, P 3 — *Ashdown.*

- Don Juan. La ci darem. P 3 — *Ashdown.*
- Drinking Song from Macfarren's „She
Stoops to Conquer", P 1 6 n *Novello.*
- „E Scherzo od è follia," the admired Quin-
tet in un Ballo in Maschera, P 3 —
Chappell.
- Gavotte in A. (C o r e l l i), P 3 — *Ash-
down.*
- Two gavottes in A min. and G (C o r e l l i),
P 3 — *Ashdown.*
- Gigue in A. (C o r e l l i). P 3 — *Ashdown.*
- Gigue in C. (C o r e l l i), P 3 — *Ashdown.*
- La Glissante. Polka 2 — *Ascherberg.*
- The harp that once thro' Tara's halls. P
3 — *Ashdown.*
- Home sweet home, P 3 — *Ashdown.*
- I dreamt that I dwelt in marble halls.
Transcr. (B a l f e), P 4 — *Ashdown.*
- Jerusalem the golden. The celebrated hymn
arr. P 3 — *Ashdown.*
- Last waltz (W e b e r) 3 — *Ashdown.*
- Lucrezia Borgia. Di pescatore ignobile
(D o n i z e t t i). P 3 — *Ashdown.*
- May-dew. Transcr. (B e n n e t t), P 3 —
Ashdown.
- Memories of Erin. Capr. on Irish airs. P
4 — *Ashdown.*
- Mennetto capriccioso (from Violin Sonata
in F (M o z a r t), P 1 6 n *Jefferys.*
- Merrie England. Fant. br. on national Engl.
airs. P 5 — *Ashdown.*
- Mirella, P 1 6 *Boosey.*
- The music of the sea. Capr.-nocturne. P
4 — *Ashdown.*
- Nora Creina. Irish melody arr. P 3 — *Ash-
down.*
- Norma. Casta diva, P 4 — *Ashdown.*
- Une nuit de Venise, P 3 — *Chappell.*
- Oberon. Fantasia, P 3 6 *Chappell.*
- Old Ireland. Fant. br. on Irish melodies.
P 5 — *Ashdown.*
- Olenka. Mazurka de Salon. P 1 6 n *Novello.*
- Pagenlied. Savoyard's Song. P 1 6 n *Novello.*
- Le passé et le présent. Rêverie, P 3—
Ashdown.
- Pauline. Nocturne, P 1 6 n *Novello.*
- Les Petits Hussards. Marche (Lili-Concert
le série N. 8), P 1— *Weiller.*
- Les Petits Moutons blancs (Lili-Concert,
le série N. 10), P 1— *Weiller.*
- Quando le sere, and Ah! fu giusto, P 4 —
Ascherberg.
- The Rhine and Fatherland. War Songs of
Germany, P 3 6 *Chappell.*
- Sarabande and Gigue in E min. (C o r e l l i),
Chappell.
- Sarabande and Gigue in E min. (C o r e l l i)
P 1 6 n *Novello.*
- Sarabande and Gigue in F (C o r e l l i), P
3 — *Ashdown.*
- Scotia. Fant. br. on Scottish airs, P 5 —
Ashdown.
- La Sirène du Rhin. Legende National, P
2 6 *Chappell.*
- La Sonnambula. Amina. Finale 3— *Ash-
down.*
- Spirto gentil. Air de la Favorita, P 3 —
Chappell.
- Then you'll remember me. Transcr. (Balfe)
P 4 — *Ashdown.*
- Tramp tramp tramp. American melody, P
3 — *Ashdown.*

Il tremolo, P 2 — *Ascherberg*.

Trio in G. Presto animato (Beethoven), P 4 — *Ashdown*.

Il Trovatore. Si la stanchezza, P 3 — *Ashdown*.

Valse Néapolitaine (Mozart), P 3·6 *Chappell*.

Va pensiero (Nino), P 3 — *Ashdown*.

La vie et le rêve, Nocturne, P 3 — *Ashdown*.

The Village Pell. Pastoral Melody, P 3 — *Chappell*.

Wales. Fant. brill. on Welsh melodies. P 5 — *Ashdown*.

The young may moon. Transcr. P 3 — *Ashdown*.

Brisset L. L'air 1.75 n *Hachette*.

Allegretto cherzando, 1 P 3— n *Demets*.

Désirs d'hiver 2— n *Demets*.

Doux frimas 1— n *Hachette*.

Le Jardin d'Amour, duo pour voix de femmes 7.50 *Demets*.

Les Matelots 6— *Demets*.

Noël 1.75 n *Hachette*.

Sérénade italienne 1.70 n *Demets*.

Brisseville, Le Corsaire. Pas red. av. T) (ad lib.) *Harm* 1.50 n, *Fanf* 1.25 n, Cond. —25 n *Pomier*.

Brissler Friedr. Ferdinand (1818—1893), **op. 3** Sechs leichte Rondinos über Melodien aus Mozarts Opern, P, 2 Hefte à 1.50 *Bote*.

4 Die Jagd, Introduktion und Rondo, nach Melodien aus Offenbachs Orpheus, 4ms 2.30 *Bote*.

12 Momento capriccioso, 4ms (Weber C. M. v.) —60 *Haslinger*.

81 Les Adieux, 4ms (Weber C. M. v.) —80 *Haslinger*.

Die Afrikanerin, Potpourri, P 3— *Heinrichshofen*.

Aida, Potpourri, P 6—, 4ms 7— *Ricordi*.

Amor, Ballo, Potpourri, P 7—, 4ms 8— *Ricordi*.

Asrael di Franchetti, P 6—, 4ms 8— *Ricordi*.

Cavalleria Rusticana, P (Select. 30) 4/—, 4ms (Select. 28) 5/— *Ascherberg*.

Excelsior, Ballo, Potp. P 7—, 4ms 8— *Ricordi*.

Falstaff, Potpourri, P, N. I 7—, N. II 5—, 4ms, P 8—, N. II 6— *Ricordi*.

Gioconda, Potp. P 6—, 4ms 7— *Ricordi*.

Das goldene Kreuz, Potpourri, P, I —40, II —50 *Bolle*-Rotterdam.

Hamlet (Thomas), pot-pourri, P 7.50 *Heugel*.

Das hübsche Mädchen von Gent; Les Toreadores. Spanische National-Melodie —24 *Bote*.

Ich bin ein Preuße, Transcr. P —75 *Heinrichshofen*.

Der König hat's gesagt, Potpourri, P —40 *Bolle*.

Der Landfriede, v. Brüll, Potp. P —84 *Nordisk Musikforlag*.

Margarethe, Potpourri, P 2.25 *Heinrichshofen*.

Maurer und Schlosser, Ouverture, P —50, 4ms —60 *Simrock*.

Mefistofele, Potp. P 6— *Ricordi*, 1.80 *Hals*, 4ms 7— *Ricordi*.

Mignon, 2 potpourris, P à 7.50 *Heugel*.

Orpheus (Offenbach), Polka-Mazurka Sum-Sum —80, und H. Mendel, Glöckchen-Polka, O 6—, Walzer 1.30 *Bote*, grande valse 5— *Heugel*.

Otello, Potp. P 6—. 4ms 8— *Ricordi*.

Le petit Faust (Hervé), potpourri, P 7.50 *Heugel*.

Les quatre sœurs, quadrille 1— *Bote*.

Simon Boccanegra, potp. P 6—, 4ms 8— *Ricordi*.

Die Stumme von Portici, Potp. P —50, 4ms —60 *Simrock*.

Theblomst (Lecocq), Potp. 3—, ned-sat Pris 1.50 *Hals*.

Brisson Fréd. op. 3 Premier et deuxième Nocturne, P 6— *Leduc*.

3 Ronde de nuit, H 2— n *Mustel*.

4 La Kermesse, rondo à la valse, P 5— *Leduc*.

4 Souvenance, pensée fugitive, *Orgf* 5— *Lemoine*.

8 Soirée d'Hiver, H 2— n *Mustel*.

9 L'Héroïne, valse brill. 5— *Leduc*, 2 6 *Ashdown*, 4ms 6— *Leduc*.

9 Méthode d'harmonium 12— *Cartereau*, 8.35 n *Joubert*, 6— n *Ricordi*, extr. petite Méthode 5— *Cartereau*.

11 Scène pour H seul, exécutée dans Dalila 2— n *Joubert*.

11 Lucie de Lammermoor, fantaisie, P 9— *Gras*.

11 1er Trio en si bémol, de Fesca. HP 6— n *Mustel*.

12 2e Trio en mi mineur, de Fesca, HP 5— n *Mustel*.

13 Mosaïque sur l'Ombre, H 2.50 n *Joubert*.

13 L'Ondine, barcarolle, P 7.50 *Leduc*.

16 Gibby la Cornemuse (Clapisson), fantaisie, P 7.50 *Noël*.

16 Grand quintette en mi bémol de Beethoven, HP 5— n *Mustel*.

17 Rêverie, étude de concert, P 1.50 *Schott*.

18 Le Couvre-feu, marche de nuit, P 6— *Leduc*.

19 L'Arabesque, caprice-étude, P 8— *Leduc*, 1.50 *Schott*, 3— *Ricordi*, 4ms 9— *Leduc*.

20 Sur le balcon, nocturne, P 6— *Leduc*.

21 Norma, fantaisie brill. P 7.50 *Leduc*, 2— *Schott*.

22 Sans amour, fantaisie, P 9—, 4ms 9— *Leduc*.

23 3e Trio en sol majeur, de Fesca, HP 6— n *Mustel*.

24 La Cloche, étude de salon, P 6— *Leduc*.

25 La Pluie d'or, caprice-étude, P 7.50 *Leduc*, 1.50 *Schott*, 4ms 9— *Leduc*.

27 Andante et Tarentelle, sur une pensée de Beethoven, P 3— n *Lesigne*, 2— *Schott*.

30 L'américaine, caprice-étude, P 2— *Schott*.

32 L'Espagnol, boléro de concert, P 7.50 *Leduc*, 1.50 *Schott*.

33 La romantique, 2e étude de salon, P 1.75 n *Fromont*, 1.25 *Schott*.

34 Les Porcherons, fantaisie, P 2— *Schott*.

34 1re Trio en si bémol de Mayseder, HP 5— n *Mustel*.

35 Le chant du rossignol, souvenir du

Béarn. *P* 5— *Heugel*, 1.50 *Schott*, 1—
Hirsch, —40 *Sasetti*.
- 36 Galop de concert 7.50 *Heugel*, 1.75
Schott.
- 37 Fantaisie sur Stella ou les contreban
diers, ballet de Pugni. *P* 3— n *Lesigne*.
- 38 Etudes de Style et de Mécanisme, *P*
15— *Leduc*.
- 39 Choeur du songe d'une nuit d'été (Tho
mas), fantaisie, *P* 7.50 *Heugel*, 1.75
Schott.
40 Fantaisie sur Giralda, *P* 7.50 *Joubert*,
2— *Schott*.
- 41 Hymne triomphale, fantaisie, *P* 2—,
2P 4.25 *Schott*.
- 42 Makouba, danse arabe, *P* 2— *Schott*.
- 43 Jadis et Aujourd'hui, fantaisie, *P* 2—
Schott.
44 Caprice-Nocturne, *P* 1.50 *Schott*.
45 Impromptu sur l'op. Bonsoir Mr Pantalon, *P* 1.25.
46 3 Morceaux, *P*: N. 1. Les Rêves du
coeur, 2 Nocturnes 1.25. N. 2. Rondo à la
valse 1.25. N. 3. Cabaletta 1.50 *Schott*.
- 47 2 Morceaux, *P*: N. 1. Hommage à Chopin, Impromptu 1.50. N. 2. La Chasse
française 2— *Schott*, N. 2 2.50 n *Gregh*.
- 48 Jérusalem (Verdi), choeur des pèlerins, *P* 7.50 *Heugel*, 1.75 *Schott*.
- 49 Deuxième arabesque, *P* 2.50 n *Gregh*.
- 50 Elisabeth (Donizetti), prière tran
scrite, *P* 5— *Heugel*.
50 La source enchantée, rêv. fantast. *P*
2.50 n *Gregh*, 1.50 *Schott*.
51 Marche Pompadour, caprice, *P* 1.50
Schott.
- 52 2e Trio en la bémol, de Mayseder,
HP 6.65 n *Mustel*.
53 La volière, étude imitative, *P* 2— n
Gregh.
54 Crescendo, morceau de concert, *P* 2— n
Gregh.
- 55 Les abeilles, caprice, *P* 1.50 *Schott*.
57 Il Trovatore, réminiscences, *P* 1.75
Schott.
- 58 Norma, trio, PV(Vc)Org 3.25 *Schott*.
- 59 Valse de concert, *P* 7.50 *Leduc*, 1.75
Schott.
- 65 Nédouma, caprice sur la chanson arabe
de Hignard, *P* 1.75 *Schott*.
66 Martha, trio, PVOrg 4— n *Joubert*, 3.25
Schott.
- 67 Guillaume Tell, PVOrg 10— *Gras*, 3.50
Schott.
- 68 Invitation à la valse, Org (Weber),
Org 3— n *Gregh*.
- 69 Robert le Diable, grand duo caractérist.
HP 6 — *Novello*.
- 70 Le Pardon de Ploërmel, duo de concert,
OrgHP, PVOrg à 7.50 *Benoit*.
- 71 Choeur religieux du Pardon de Ploërmel, de G. Meyerbeer, PV(Vc)Org
2.50 *Bote*.
- 72 Villanelle, idylle, *P* 6— *Cartereau*.
- 73 Au cloitre, mélodie, *P* 6— *Cartereau*.
- 74 La Folle, fant. *P* (Grisar) 9— *Cartereau*.
- 76 Victoire marche 7.50 *Cartereau*.
- 77 Valse des Rêves 9— *Cartereau*.
- 82 Saltarella, caprice, *P* 7.50 *Cartereau*.
- 84 Un ballo in maschera (Verdi), réminiscences, *P* 7.50 *Heugel*.

- 85 Rêverie-créole, *P* 7.50 *Cartereau*.
- 86 Notre-Dame des Flots, prière, *P* 7.50
Cartereau.
- 87 Dernier adieu (mél. de Chopin), *P*
7.50 *Cartereau*.
- 88 Rose des Alpes, mélodie, *P* 9— *Cartereau*.
- 90 Dans les fougères, fant. *P* 7.50 *Cartereau*.
- 91 Don Carlo, fantaisie, *P* 5— *Ricordi*, 2—
Koszavölgyi.
- 92 Belle de nuit et Belle de jour, *P* 7.50
Cartereau.
- 93 L'Angélus, *P* 7.50 *Cartereau*.
- 100 Pavane favorite de Louis XIV, *P* 5—
simpl. 4.50 *Heugel*, (Tavan, Pages en
fantines N. 13) 2.50 *Heugel*, 1.25 *Schott*,
—60 *Schirmer*, 3 — *Williams*, —37 *Go
bethner*, 1.50 *Bevilacqua, Napoleão*, —40
Neuparth;
Jms 7.50 *Heugel*, 1.50 *Schott*, —50
Presser, 4— *Williams, PipeOrg* —65
Schirmer, 1P (Herman), VcP (Tour
ville) à 3—, *BanjoP* (A. R. Wat
son) 4— *Williams*; O 6— n *Heugel*,
Harm, Part 3— n *Evette*, (Universal Band
Journal 98) Milit. Band 4— n *Fischer*.
- 101 Adagios de Beethoven, arr. en
trios, HPV, *Joubert*: N. 1. Largo de la
sonate op. 7 2.50 n. N. 2. Largo de la
sonate op. 10 N. 3 3.35 n. N. 3. Adagio
de la sonate pathéthique op. 13 2.50 n.
N. 4. Andante avec variations de la so
nate op. 26 3.35 n. N. 5. Adagio de la so
nate op. 27 N. 2 2.50 n, HP 1.75 n. N. 6.
Adagio de la sonate op. 31 N. 1 3.35 n.
- 102 Méditation sur la Messe solennelle
(Rossini), trio, HP1 (Vc) 4— n *Jou
bert*, 4.75 *Schott*, 8— *Ricordi*.
- 103 Chant de guerre hongrois, *P* 7.50
Heugel.
- 104 La Gondole, rêverie, *P* 6— *Heugel*.
- 105 Musette, du XVIIIe siècle, *P* 5— *Heu
gel*, 1.25 *Schott*.
- 106 Le Rouet, romance sans paroles, *P*
5— *Heugel*.
- 107 Aïda, illustrations, *P* 7.50 *Leduc*.
- 107 Brise de printemps, *P* 6— *Heugel*.
- 108 Le Chant des Adieux, *P* 1— *Litolff*.
- 109 Souvenir de Voyage: Espagne, *P* 1.50
Litolff.
- 110 Le Roi l'a dit (L. Delibes), chan
son et trio transcrits, *P* 7.50 *Heugel*, 2—
Fürstner.
- 111 Le Lac de Côme, barcarolle, *P* 6—
Heugel.
- 112 5e Nocturne, *P* 5— *Heugel*.
- 113 Le Astuzie femminili (Cimarosa),
fantaisie, *P* 7.50 *Noël*.
- 114 Mazarinade, souv. de la Fronde, *P* 5—
Heugel.
- 115 Illustration de Girofle-Girofla, *P* 7.50
Joubert.
- 119 Mosaïque sur Le Roi de Lahore de J.
Massenet, POrg 4— *Fürstner*.
- 119 Caprice intime, *P* 6— *Heugel*.
- 120 Chansons populaires (G. Nadaud),
P 7.50 *Heugel*.
- 121 Menuet favori du Dauphin, *P* 5—
Heugel.
- 122 Rondo fantastique, *P* 7.50 *Heugel*.
- 123 Souvenir, poème, *P* 6— *Heugel*.

- 125 Fantaisie-Ballet, cap. de genre, P 7.50 *Heugel.*
- 126 Promenade à deux, P 1.75 n *Durand.*
- 127 Passacaille, P 2— n *Durand.*
- L'Africaine, trio, P'I Org 12— *Benoit,* 4—*Bote,* 0.50 *Ricordi,* marche relig. et prière *Orgll* 5— *Benoit,* 1.50 *Bote,* mélodies, *H* Heft 1 1.80, Heft 2, 3 à 2— *Bote.*
- Allegro (B e e t h o v e n), transcr. P'Org 9— *Lemoine.*
- Amaryllis, air par le Roi Louis XIII, transcr. P —40 *Schirmer.*
- Andante varié, P 1— *Schott.*
- Bonsoir Monsieur Pantalon, impromptu, P 2— n *Gregh.*
- Canzone et rondo espagnol, VP 2.50 n *Costallat.*
- Caquetage, étude brill. P 6— *Enoch.*
- Casta Diva, cav. de Norma, transcr. HPV 2— n *Joubert.*
- Célébrons nos amours 1—, *Ch. s.* —30 *Bigot.*
- Le chant des adieux, P 5— *Enoch.*
- La Charité, choeur de R o s s i n i, transcr. HPV 2.50 n *Joubert.*
- Confidence, caprice, Org 5— *Heugel.*
- Coquette, polka 3—, simpl. 2.50, *4ms* 4.50 *Leduc.*
- Les Délassements de l'étude. Quarante-huit mélodies ou airs favoris tirés des opéras d'A d a m. A u b e r, F l o t o w, M a i l l a r t, M e y e r b e e r, M o z a r t, R o s s i n i, W e b e r etc. 4 suites à 2.50 n *Joubert.*
- Le Docteur Rose (R i c c i), P 7.50 *Heugel.*
- Duc de Reichstadt, valse 3— *Cartereau.*
- L'Etoile de France, polka 4—, simpl. 2.50, *4ms* 5— *Leduc.*
- 6 Etudes mélodiques, HP, *Mustel*: Nr. 1. Romance 2— n. N. 2. Les Echos religieux 2— n. N. 3. La Plainte 2.50 n. N. 4. Cabaletta 1.65 n. N. 5. Chant du Barde 2— n. N. 6. La Bohémienne 3— n.
- L'Exile, rom. P'Org 9— *Lemoine.*
- Fête aux Porcherons, H 2.50 n *Mustel.*
- La Fille de Madame Angot (C h. L e c o c q), fantaisie, P 6— *Joubert,* 4— *Mariani.*
- Libellules 2.50 *Demets.*
- Laetitia, valse 4— *Joubert,* —75 *Schott.*
- M a r t h a, VP'Org. H 4— n *Choudens.*
- Les Matelots, *MS, T. Bar* à 2— *Demets.*
- Trente mélodies de S c h u b e r t, transcr. pour P seul (S t e p h e n H e l l e r), arr. pour *Ha* seul, 2 séries à 1.75 n *Joubert.*
- Musette du XVIIIe siècle (S c h u l t z), fant. *Harm,* Part 3— n *Erette.*
- Les Oiseaux et les Fleurs 3—, *Ch. s.* 1— *Cartereau.*
- Organistes des salons: 120 Morceaux et Transcriptions tirés des Oeuvres classiques des Grands Maîtres, 2 volumes à 10— n, 24 cahiers à 1.50 n *Cartereau.*
  1er Cah. B e l l i n i: Capuletti, cavatine. B r i s s o n: Prélude et Verset. F i e l d: 5e Nocturne. H a y d n: Andante. R o s s i n i: Prière de Moïse.
  2e Cah. B e e t h o v e n: Sonate pathétique. B e l l i n i: Sonnambula, choeur. C o u p e r i n: Sr Monique, rondeau. S c h u b e r t: L'Echo, mélodie. W e b e r: Dernière Pensée.
  3e Cah. A d a m: Le Diable à Quatre. B e e t h o v e n: Minuette. F l o t o w: Mélodie irlandaise. P e r g o l è s e: Siciliana.
  4e Cah. B e l l i n i: Norma, terzetto. B r i s s o n: Verset. M e y e r b e e r: Il Crociato, coro. M o z a r t: Andante. R a m e a u: Le Tambourin, rondeau.
  5e Cah. B e l l i n i: Sonnambula, prière. C o u p e r i n: Les Abeilles, rondeau. G r é t r y: Richard Coeur-de-Lyon. R o s s i n i: Otello, romance du Saule. S c h u b e r t: La Jeune fille et la Mort, mélodie.
  6e Cah. M é h u l: L'Irato, couplets. M o z a r t: Andante. P a i s i e l l o: Nina, air et choeur. S c h u b e r t: L'Attente, mélodie. La Romanesca, air du XVIe siècle.
  7e Cah. B e l l i n i: Il Parata, come marcia. B r i s s o n: Prélude. M e n d e l s s o h n: Romance sans paroles. M o z a r t: Don Juan, air. R o s s i n i: Semiramide, duo.
  8e Cah. B e e t h o v e n: Andante, op. 33. H ä n d e l: Adeste Fidès. M o z a r t: Cosí fan tutte. R o s s i n i: Le Barbier de Séville.
  9e Cah. A d a m: Le Diable à Quatre. H ö l z e l: Rose des Alpes, tyrole. M o n s i g n y: Rose et Colas. R o s s i n i: La Gazza Ladra, marche. R a m e a u: Musette.
  10e Cah. B e e t h o v e n: Allegretto, op. 33. B r i s s o n: Canzone. D e z e d e: Blaize et Babet. M e n d e l s s o h n: Romance sans paroles. R a m e a u: Castor et Pollux.
  11e Cah. B e l l i n i: Les Puritains, quatuor. C o u p e r i n: Le Berceau. B r i s s o n: Prélude et Verset. D o n i z e t t i: L'Elisire d'Amore.
  12e Cah. B e e t h o v e n: Andante, op. 47. D o n i z e t t i: Il Furioso, romance. G r é t r y, Les Deux Avares. H ä n d e l: Rinaldo, aria. R o s s i n i: Semiramide, prière. Bourrée de Saintonge.
  13e Cah. B e l l i n i: Norma. S i e g: O Salutaris. M o z a r t: Les Noces de Figaro. R o s s i n i: Otello.
  14e Cah. R o s s i n i: Le Barbier de Séville. H a y d n: Thème et Variations. C o u p e r i n: Les Calotins, les Calotines. S i e g: Tantum ergo.
  15e Cah. D a l a y r a c: Azemia, ou les Sauvages. C h o p i n: Dernier Adieu. M o z a r t: L'Enlèvement au Sérail. R o s s i n i: Tancred.
  16e Cah. Chant national lithuanien. B r i s s o n: Sérénade. M e n d e l s s o h n: Duetto. S p o h r: Le Chant du Papillon. Le Carnaval de Venise.
  17e Cah. C o u p e r i n: Les Grâces Naturelles. S i e g: Adoration du St.-Sacrement. R o s s i n i: Le Barbier de Séville, choeur. A r b o t: Virelai.
  18e Cah. Rule Britania. D i t t e r s d o r f: Le Pharmacien et le Docteur. M o z a r t: La Flûte enchantée et Magique. W e i g l: La famille Suisse. W e b e r: Eurianthe. Le Nid d'Aigle. W i n t e r: Le Sacrifice interrompu.
  19e Cah. C l é m e n t i: Allegretto. C h o p i n: Mazurka. G l u c k: Alceste. H a y d n: Mennet. S c h u b e r t: Le Joueur de Vielle.
  20e Cah. C o u p e r i n: La lutte. G l u c k: Armide, air. G r é t r y: La

Fausse Magie. M o z a r t: La Flûte Magique, choeur. S t e i b e l t: Andante.
  21e Cah. C l é m e n t i: Allegro. D a l a y r a c: Azemia, air. S i e g: Adoro te. P r o c h: Le Cor des Alpes.
  22e Cah. B o i e l d i e u: La Fête du village voisin. B r i s s o n: Verset. M e y e r b e e r: Il Crociato, duetto. R o s s i n i: Moïse.
  23e Cah. C o u p e r i n: Les Vielleux. D o n i z e t t i: Elisire d'Amore, choeur. W e b e r: Euryante, choeur.
  24e Cah. B r i s s o n: Rondeau-Valse. D a l a y r a c: Les Petits Savoyards. G r é t r y: Le Tableau parlant. H ä n d e l: God save the Queen. M o n s i g n y: Le Secret.
- Pardon de Ploërmel, méditation, P'*OrgV* —90, IVFP —60 *Ellis*.
- Pastorale sur un thème de M e y e r b e e r, P 3— n *Lesigne*.
- Polka des chasseurs 4.50, simpl. 2.50 *Leduc*, 1— *Schott*, 4ms 6— *Leduc*.
- Reine de Prusse, valse 3— *Cartereau*.
- La retraite militaire, P (Les virtuoses de l'avenir N. 5) 2.50, P, *Maud*, Fl, Cl, Cat (Les succès populaires N. 17) à —20 n *Enoch*.
- Un rêve, caprice, Org 5— *Heugel*.
- Robert le Diable, gr. duo, Org(II)P 12— *Benoit*.
- Robin des Bois, valse 3— *Cartereau*.
- Le Roi de Lahore (J. M a s s e n e t), OrgP 9— *Heugel*.
- Ronde de nuit (J a c q u e), VP 2.50 n, quintette, Part 2.50 n, p. sép. 2.50 n *Costallat*.
- La rose et le papillon et un andante, P 2.50 n *Gregh*, 1.25 *Schott*, 1— *Hirsch*.
- Sonnambula, trio, HPV 2.50 n *Joubert*.
- Souvenir de voyage (espagne), P 5— *Enoch*.
- Souvenirs des Concerts populaires, HP: 1. Le Songe d'une Nuit d'Été, marche nuptiale, de M e n d e l s s o h n. 2. Dardannus. Rigodon, de R a m e a u. 3. Final de la symphonie en sol majeur, de H a y d n. 4. Allegro, scherzo, de B e e t h o v e n. 5. Adagio, de B e e t h o v e n. 6. Adagio, de M o z a r t, à 3— n *Mustel*.
- 1er Trio en ut mineur, 2e Trio en sol majeur, 3e Trio en mi bémol, 4e Trio en si bémol, de M o z a r t, HP à 5— n *Mustel*.
- Il Trovatore, polka-mazur 4—, réminiscence, P 7.50 *Benoit*, 2.50 *Napoleo*.

Brisson P. Élégie (S e g o u i n P.), Sarophone alto P 7.50 *Evette*.

Brissot A. Georgina, ballet symphonique, *Vincent*: N. 2. Parfum de jeunesse, gavotte. 3. Violettes et Marguerites, air de ballet. 4. Neige de mai, suite de valses. 5. Rires et Sourires, intermezzo. 6. Coeur morose, berceuse. 7. Songe d'automne, mazurka et finale.
- Parfum de jeunesse, gavotte. Rires et sourires, intermezzo, O. *Vincent*.

Bristol Tune Book 5.—, small Edit. 3 6 *Novello*.

Bristol Use of the Preces and Responses (E. H. F e l l o w e s) —/2 *Novello*.

Bristow Arthur, My mother's bible —50 *Thompson*.

Bristow Frank L. Ain 't I glad, song & chor. —35 *Ditson*.
- Alphabet of Mottoes, solo or class song with chor. —60 *Church*.
- Be good —50 *Jennings*.
- The Birds Singing School —50 *Jennings*.
- Bonnie little Brownies —50 *Jennings*.
- Bravo, male or mix. chorus with solos —12 *Ditson*.
- A Capital Song —50 *Church*.
- Chicky-my Crainy-Crow, or, the Days of our Youth, charact. duct —35 *Church*.
- Two Christmas Sketches for the little folk —10 *Ditson*.
- Four compositions. The Cat; the Dog; the Coat; the Hen, à —40 *Church*.
- Cricket on the hearth, transer. P —60 *Ditson*.
- Ding Dong, waltz —60 *Ditson*.
- Doctor Bills or little Sick Dolly —50 *Jennings*.
- Don't count your chickens before they 'is hatched —50 *Jennings*.
- Fair Fatima, or Bluebard, operetta — 75 *Ditson*.
- Fat and lean, TTBB —10 n *Church*.
- Funny little Folks from Fairyland; or, The Brownies at School —75 *Church*.
- Git Chee Goo, child's song —50 *Jennings*.
- Goin 'to Meetin' —40 *Church*.
- Grandmother's dream, action sg. girls 1 — *Curwen*.
- Grandmothers dream 1 — n *Williams*.
- Grin and Bar de load, song & chor. —40 *Ditson*.
- Happy farmers, song and chor. —40 *Ditson*.
- Hi-high-ho —40 *Ditson*.
- Heroes, marching song for boys —75 *Church*.
- Home, sweet home, P —75 *Church*.
- The House that Jack Built, musical sketch —75 *Church*.
- In Kentucky —50 *Jennings*.
- I were a Boy! I were a Girl! à —40 *Church*.
- Jerusalem the golden, sacred quart. —40 *Ditson*.
- Johnstown —50 *Jennings*.
- The Jolly little waiters —60 *Church*.
- Land of our Children —50 *Jennings*.
- Leave your burden at de bottom od de hill, song & chor. —40 *Ditson*.
- Little cadet, song and chor. —35 *Ditson*.
- Little Cat, song or recit. —50 *Jennings*.
- Little Dancing Leaves —50 *Jennings*.
- Little dimpled chin —35 *Jennings*.
- Little milkmaid —30 *Ditson*.
- Little shaking Quakers (Quaker trill) —50 *Ditson*.
- The Little Turkee-Turks —50 *Church*, 1 — *Curwen*.
- Man in the moon —40 *Ditson*.
- March around Jericho, song and chor. —40 *Ditson*.
- Marche calisthénique —35 *Ditson*.
- Memories —40 *Jennings*.
- Merry Little Gypsies, duet or chor. —50 *Church*.
- Musical Novelette, P —03 *Jennings*.
- My little baby boy —40 *Ditson*.
- A Natural Spell, quart. men's or wom. voic. —50, SATB —50 *Church*.

- Ninita Carita, spanish serenade —50 *Jennings.*
- Oh! Sallie, Children's song. chor. —50 *Jennings.*
- The old church bell, SATB —60 *Church.*
- Old grapevine swing. song or duet ad lib. and waltz-refrain —40 *Ditson.*
- Our Flag: or Columbia's Flowers —50 *Church.*
- Our noble land, SATB —08 *Ditson.*
- Our Presidents — 50 *Jennings.*
- Piller Fites, Children's song —50 *Jennings.*
- Pinkity-Winkity-Wee, solo or chor. —40 *Church.*
- Rainbow, fem. voic. —50 n *Church.*
- Remember, sacred duet —50 *Jennings.*
- Rose leaves —35 *Ditson.*
- Sallie, or Little Sobbers —50 *Jennings.*
- Seven Sisters, or, The Pleiades, cantata —35 n *Church.* — 6 *Curwen.*
- Shaking Quakers Pedigree —50 *Jennings.*
- Singing Birds Lesson —50 *Jennings.*
- Sleep til chile go sleep —50 *Jennings.*
- Song Bird's Lesson —50 *Jennings.*
- Song of beauty, male or mix. chorus with solos —42 *Ditson.*
- Song of the Peter-Bird —50 *Church.*
- Song of the sea —40 *Ditson.*
- So sweet —40 *Ditson.*
- Sunshine —40 *Jennings.*
- The Ten Little Sunflowers, chor. —70 *Church.*
- That's the Way —50 *Jennings.*
- There's a green grave in Ireland, song and chor. —35 *Ditson.*
- Thine, for ever thine —35 *Ditson.*
- To-day; or Grandpa's Reverie Disturbed —40 *Church.*
- To-morrow: or, The Music of the Future —50 *Church.*
- To my Mother —40 *Jennings.*
- Two little Playmates —50 *Jennings.*
- Two little sisters, waltz, 4ms —50 *Jennings.*
- Two Very Similar Twins Are We, duet —50 *Jennings.*
- Victory —40, 3 part fem. chor. —10 *Ditson.*
- Viva, chor. for male and female voices —40, fem. trio with solos & PfCornet —10 *Ditson.*
- When Nancy was kneading the dough (Heigh ho) —40 *Ditson.*
- Yesterday; or, Grandma's dream —50 *Church.*
- Yo' Mammy's Satisfied —50 *Jennings.*

Bristow George F. (1825—1898), op. 18 Andante et polonaise, P 2.75 *Schott.*
- 45 6 Organ Pieces 1.25 *Schirmer.*
- 51 Marche caprice, P —85 *Schirmer.*
- 80 Nearer my God to Thee, transer. P —75 *Ditson.*
- I lay my sins on Jesus —50 *Ditson.*
- I will arise (Sacred Quart. Vol. II N. 36), S and quart. with P. Org acc. —1½ *Curwen.*
- Light Flashing into the Darkness — 3 *Bagley*, (8vo Church Music 251) —25 n *Schirmer.*
- List to the chiming (Sacred Music Leaflets 68) —½ *Curwen.*
- Not unto us, o Lord, quart. and Howe Jr. 2, Lord is in His holy temple, quart. —06 *Ditson.*

- Of such shall heaven be, sg. chor. —40 *Ellis.*
- Praise to god, Oratorio 1.13 n *Ditson*: We praise Thee, O God (chorus) —10. To the Cherubim and Seraphim (chorus) —08. Holy Church (A, T, B, solos and chorus) —08. Thou sittest at the right hand (S, T, solos and chor.) —08. Day by day we magnify AT —08. Vouchsafe, O Lord (quart. and chorus) —15. Blessed be the Lord (chorus) —10. Gloria Patri (chorus) —15.
- School for Piano —40 *Ditson.*
- The twilight hour, from „Rip van Winkle" 1 — n *Augener.*

Bristow Geo & Oyden, I will arise, S. quart. & Evening song. quart. —08 *Ditson.*
Bristow and Fogg, Sweet songs —08 n *Ditson.*
Bristow-Newcomb. My mother's kiss from the window, song and chor. —35 *Ditson.*
Britain's little Alabaster Coon (Parody) 2 — n *Sheard.*
Britannia, Choice of the most favorite English Romances and Songs, with german translation. *Bote*; N. 1. Hodson, The Widow —16. N. 2. Severn T. H., Jamie. 3. Balfe M. W., The light of other days. 4. Linley G., The Corsair's farewell. 5. Parry J., Jeni Jones. A favourite Welsh Ballad. 6. Street H., When wafted by the cooling breeze. 7. Kathleen Mavurneen. 8. Rule Britannia, à —24. N. 9. Robin Adair. 10. God save the Queen. 11. Long long ago. à —16. N. 12. Home Sweet Home —24. N. 13. The blue bells of Scotland —16. N. 14. The last rose (Des Sommers letzte Rose) à —16. N. 15. Meet me by moonlight (Komm im Mondschein allein) 1½, Bog. 16. O! the Oak and the Ash (O! du Eich', o du Esch') : A north-country maid (Vom nordischen Land) 1 Bog. 17. All trough the night (In stiller Nacht) : Love fear not if sad thy dreaming (Liebchen schlummre sonder Bangen) 1 Bog. 18. The Ash grove (Der Eschenhain) : The Ash grove how graceful how plainly 'tis speaking (Im Eschenhain flüstert und rauscht es leise) 1½ Bog. 19. Smile again, my bonnie lassie (Lächle mir o süße Maid) : The moon is blinking o'er the lea (Wie herrlich glänzt auf weiter Flur) 1 Bog. 20. Auld Langsyne (Die gute alte Zeit) : Should auld acquaintance be forgot (Vergessen sollten sie dir sein) 1 Bog. 21. Go where glory waits thee (Wenn mit Ruhm gekrönet) 1½ Bog. 22. The harp that once thro' Tara's halls (Verstummt sind Saitenspiel und Sang) 1 Bog.
Britannia's Boys in Blue 2 — n *Sheard.*
Britannia's got the needle —2 *Hopwood.*
Britannia's Handy Man 2 — n *Sheard.*
Britannia still fresh (Temperance Music Leaflets 6) —1½ *Curwen.*
British Grenadiers (Hart's Cheap Music 251) —/2, march (Hart's Cheap. Music 161) —/2 *Pitman.*
British National Song Album (V. M. B. 16) 1— *Sheard.*
The British Organist, N. 7 2 6 n *Weekes*: 1. Postlude, in C (E. H. Smith). 2.

L'Angelus (W. W. S t a r m e r). 3. Andante Grazioso (E. H. Smith). 4. Andantino, Pastorale and Litany (E. H. S m i t h). 5. Marche Triomphale (E. H. S m i t h). 6. Romance, in G (C. J. Hogarth).

The British Organist, N. 8 2 6 n *Weekes*: 1. Fugue, in F major (J. W. H i n t o n). 2. Soft Introductory Voluntary, in F (A. Carnall, Mus. B.). 3. Postlude (M. A. Barron). 4. Three Andantes, in F. A. and A flat (J. W. H i n t o n, Mus. D.). 5. Allegretto (Rev. H. C. B o n a v i a Hunt). 6. Minuet (A. Carnall, Mus. B.).

The British Organist, N. 9 2 6 n *Weekes*: 7. Andante (J. W. J e n n i n g s). 8. Petite Offertoire (César Franck). 9. Pastorale (Walter Spinney). 10. Funeral March (J. W. H i n t o n). 11. Lied ohne Worte (J. W. H i n t o n). 12. Introductory Voluntary, in E flat (A. Carnall, Mus. B.). 13. Soft Voluntary, in B flat (A. Carnall).

British Valor March (Hart's Cheap Music 1034) — 2 *Pitman*.

British volunteer's album of marches, British volunteers (G. A s c h i, Queen's Guards (M. W a t s o n). Les troupiers (A. T r e n k l e r), Aux armes! (G. Ferraris), *MandP*, *VP*, *VcP*, *FlP*, *ClP*. *CornetP* à 1 — n, *TenorP* 1 6 *Leonard*.

British War Songs, *Concertino*, *Melodion* à — 6 *Francis*.

Britisk-Album (50 Or's Bibl. 46) — 50 *Hansen*: It was a for our rightfu' king. My lodging is on the cold ground. From Ossians Carhonn. The last rose. Muirland Willie. My daddy is gone to his grave. O, Charlie is my darling. Annie Laurie. Auld Robin Gray. John Anderson. Scotish Reel. English Jig. The song of Fionnula. Mary Anne. Awa, Whigs, awa! The min strel. Home, sweet home. Waes me for Prince Charlie. The three ravens. The Douglas Thagedy. Scotish Reel. Kathleen Mavourneen. The cruel mother. Chevy Chase. Digan y Pibydd Coch. The red Piper's melody.

Brito Jorgeanna, Pense à moi comme je pense à toi, melodia, *P* 1 — *Guimaraes*. Sinhá, mamãe não quer, polka, *Banda* 1 — 1— *Guimaraes*. Souvenir d'une Eleve, valse brill. 2 — *Guimaraes*.

Brito Maria, Moraesina, valsa, *Banda* 1 — *Guimaraes*. Triste Lamento 1 — *Guimaraes*.

Britons, Rally Round your Flag (Hart's Cheap Music 877) — 2 *Pitman*.

Britt Ernest, Berceuse, *P* 1.35 n, Quatuors à cordes 1 — n *Jullien*. Les Lèvres et le Coeur 1.35 n *Durand*. — 35 *Schirmer*. 6 liederen uit het Antwerps volksleven 3 — n *Faes*. Polka à capriccio, *P* 3 — *Ashdown*. Le premier diamant 1.35 n *Durand*. Le Tournoi, fant. brill. *P* 6 — *Sulzbach*.

Britta G. *Hachette*: Amour qui passe 1.75 n. Armes de femme 6 —. Baccarat, grande valse 6 — *Joubert*.

Caresses, valse 2 — n, O 2 — n. La chemise 1.75 n. Chimères, valse 2 — n, (Ed. T h u i l l i e, Les Pet. Virtuoses 1re série N. 9) 1 — n, O 2 — n *Hachette*. (Orchestral Journ. 409) FullO 2 — n, Septet 1 — n *Chappell*, valse chantée 2 — n, *Ch. s.* — 35 n. Joie d'aimer, valse 2 — n. (Ed. T h u i l l i e r, Les pet. Virtuoses 2e série N. 17) 4 — n *Hachette*, 1.50 *Lundquist*, *Ens* 2.50 n, 1 — 35 n, *MandP* 2.50 n, O 2 — n, Chant *P* 2 — n, *Ch. s.* — 35 n. Les joyeux, marche 1.75 n, O 2 — n. Kouskoussou, quadr. 5 — *Hengel*. Rêves Heureux (Happy Dreams), waltz 4 *Chappell*. La vie en rose, valse 1.75 n.

Brittain Geo, Hirondelle, polka 4 — *Ashdown*.

Britton Sidney, Omdurman, march 4 *Ashdown*.

Britzke R. op. 9 Worte der Liebe: „Der harte Winter" 1 — *Scheithauer*.

Brixi Francesco, Fuge: Scapulis suis obumbrabit tibi, *SATB* (Musica sacra Band 34 N. 11), St — 20 *Böhm*. Missa in *C*, *SATB* mit 2V, 2Tr, Pauken, Bass u. Org od. mit Org allein, KA 2.50, Chorst 2.40, O St 3 — *Fuerstner*.

Brixi M. Das Katzengeschrei für 4 Männerstimmen — 50 *Böhm*.

Brixio, Le songe de bébé 3 — *Sulzbach*.

Brizio C. Ai Sovrani d'Italia à 2 voci sen-a accomp. — 50 *Perosino*. La Patria Italiana — 80 n *Perosino*. Le Speranze à 2 voci 1 — n *Perosino*.

Brizzi A. *Ricordi*: Adelina, *P* 2.50. Caduta delle Marmore, *P* 3 —. Carmela, *P* 2.50. Il Corcofilo, Album Carnevalesco *P* 15 N. 1. Il Traforo del Cenisio, valzer 4 N. 2. Emma, polka. 3. Corinna, mazurka. 4. Marietta, mazurka. 5. Adelina, mazurka. 6. Carmela, schottisch à 2.50, N. 7. Caduta delle Marmore, galop 3 —, N. 8. La Corona della Baccante, quadriglia 2.50. Corinna, *P* 2.50. La Corona della Baccante, *P* 2.50. Emma, *P* 2.50. La Festa dei fiori, *Rebagli*; *P* — 40 n, *Mand* 20 n, *MandP* — 70 n, *MandChit* — 50 n, 2MandP 1.50 n, 2MandChit — 70 n, 4MandChit 1.50 n, FlVP, 3VP, 3VChit, FlVMand Chit, 2FlMandChit, 4MandP, 4VP, 4VChit, 2Fl2MandP, 2MandFlVP, 3MandFlChit à 2 — n. Fiocchi di neve, *Mand* — 20 n, *MandChit* — 50 n *Rebagli*. Gavotta di Luigi XIII. Trascrizione, *Ens* 3 — *Bratti*. Marietta, *P* 2.50. La Purità, Coro ad 1 e 2 voci 2 — *Martincnghi*. Ricordo di Genova, *P* 4 —. Ringraziamento a Dio, Coro ad 1 e 2 voci 2 — *Martincnghi*. Il Traforo del Cenisio, *P* 4 —. L'ultimo bacio, *Rebagli*; *P* — 40 n, *Mand* — 20 n, *MandP* — 70 n, *MandChit* — 50 n, 2MandP 1.50 n, 2MandChit — 70 n.

Brizzi Adelfo, op. 4 Ore solitarie, Notturno, *P* 2.50 *Venturini*.

Alba d'amore, mazurka 2.50 *Venturini*.
La bella Ciociara, mazurka 2.50 *Bratti*.
Guelfi e Ghibellini, gran valzer brillante 4— *Venturini*.
Madamigella de la Vallière ovvero Un amore di Luigi XIV, *P, Ricordi*: I. Tempesta. Scritta della prima ballerina. Ballabile della Tempesta. Passo a otto - Sbarco della Corte, marcia 5—. II. Passo a otto 2.50. III. Gran festa in una piazza di Parigi - Danza popolare. - Polka dei bicchieri 3—. VII. Baccanale, gran marcia ballabile 4—.
Mesto ricordo, marcia funebre. *P* 2.50 *Venturini*.
Una notte d'estate all'Ardenza, notturno, *P* 2.50 *Venturini*.
Principe Tommaso Duca di Genova, marcia milit. *Banda*, Part 5— n *Bratti*.
Rimembranze di Sorrento, mazurka elegante, *P* 2.50 *Ricordi*.
Un Saluto, marcia milit. *Banda*, Part 2— n *Bratti*.
Serenata 3.50 *Ricordi*.
Stella d'oro, polka 2.50 *Venturini*.
Stringimi forte, polka brillante 2— *Venturini*.
Sul Tamigi, valzer sentimentale 2— *Bratti*.
Teresita, mazur. Part p. *Banda* 5— *Venturini*.
Vezzo d'amore, notturno, *P* 3.50 *Venturini*.
Vita Fiorentina, polka brillante 2— *Venturini*.
Voce del cuore, mazurka 2 — *Venturini*.
Brizzi Carlo, Dixit Dominus, mix. voic. —40 *J. Fischer*.
Domine ad adjuvandum from Solemn Vespers, mix. voic. —20 *J. Fischer*.
Laudate Dominum. Solemn Vespers — 20 *J. Fischer*.
Magnificat —40 *J. Fischer*.
Preghiera di Margherita di Savoia 1.50 n *Mariani*.
Progressive Vocalises for *ST*. Book 1 1— n. II 1.50 n *Schirmer*.
Solemn Vespers. *SATB* 1— *J. Fischer*.
Brizzi Enea, Concerto sopra motivi dell'opera Beatrice di Tenda, *TrombaP* 6 *Venturini*.
Già-già, *P* 1.50 *Ricordi*.
Isabella, marcia milit. *Banda*, Part 2— n *Bratti*.
Rimembranze di Caravaggio, *P* 1.50 *Ricordi*.
Vole, mazurka 2— *Venturini*.
Brizzi G. *Ricordi*: Ah di padre ho l'alma in petto (Torquato Tasso), *2CornP* 2—,
Com'è bello (Lucrezia Borgia), Corn (Flicorno) *P* 2.25.
12 Esercizi, *Tromba* in re 3 —.
Guai se ti sfugge un moto (Lucrezia Borgia), *3CorntP* 2.25.
Obbedisti al genitore (Reggente), *2Corn P* 2.50.
Pezzi scelti d'opere moderne per *Tromba* a chiavi; Fasc. 1. Il Pirata. 2. Bianca e Fernando. 3. Bianca e Faliero. 4. L'Assedio di Corinto. 5. Donna Caritea à 1.50. 2 suite à 5 — *Lemoine*.
Pria che mi chiuda il gelido (Reggente), *2CorntP* 2.50.
Vieni di gloria (Morosina di Petrella), *Cornet (Flicorno) P* 1.75.

Brizzi P. Sul Lago, valzer, *Mand* —50 n *Ranzini*.
Sul Lago, valzer, *MandChit* —75 n *Ranzini*.
Trì! Trì! Mazurka, *Mand* 1— *Ricordi*.
Brizzi S. L'Arno, notturno a due Voci: ..In val d'Arno all' ora" — 75 *Kistner*.
La restituzione 3 — *Ashdown*.
Brizzolari Josye, Southern Carnival, march, two-step —50 *Goggan*.
Broad J. Astor, David and Saul. Cantata 1— *White*.
Dreams happy dreams —35 *White*.
Echoes from Palestine —50 *White*.
Gently I glide love —40 *White*.
Golden Hair and the Three Bears 2 — *Bayley*, *Curwen*, —75 *White*.
Guide me, anthem —40 *White*.
Joseph, cantata —75 *White*.
The Moabitess 2 — *Curwen*.
Red Riding Hood's Rescue or the Danger of Disobedience. Juvenile Operetta 16 *Bayley*, 1 — *Curwen*, —50 *White*.
Restless my spirit yearns —35 *White*.
Roll Mighty Ocean 1— *Curwen*.
Ruth the Moabitess, cantata —75 *White*.
Tender thoughts of one dear heart, waltz sg. with 1. *El* oblig. —60 *White*.
Broadbent James, Gardenia, waltz 4 — *Francis*.
Mona, opera. *Ascherberg*: Jolly Douglas 4 —, When love is true 4 —, When the angry storm 4 —, Entr'acte Gavotte 4'—.
Broadberry G. R. I love thee so —75 *Church*.
Once and now —60 *Church*.
Only waiting —50 *Church*.
Remembrance — 75 *Church*.
The roseate hue of early dawn —60 *Church*.
What a daisy told —40 *Church*.
What should a young maiden do? —50 *Church*.
Broadberry T. R. Rose's story —50 *Ditson*.
Broadbery Walter, Four our valiant soldiers, hymn — 2 *Novello*.
Broadhouse J. Offertoire. *Og* 2 — *Donajowski*.
Prélude, *Org* 1 — *Donajowski*.
Broadley Arthur, Minuet al Antico. 1 4 — *Cecilia*.
Broadwood Lucy E. As I went forth 2 — *Boosey*.
Golden vanity 4 — *Williams*.
In loyalty 4 — *Leonard*.
Jess Macpharlane 2 — *Boosey*, 4 — *Williams*.
Jolly Comber 2'— *Boosey*.
Oh, Yarmouth is a pretty town 2 — *Boosey*, 4 — *Williams*.
Some rival has stolen 2 — *Boosey*.
Two songs: 1, The Wood lark, 2. What does little birdie say 4 — *Cramer*.
Travel the country round 2'— *Boosey*.
When trees did bud 2 — *Boosey*.
Young Colin 2'— *Boosey*.
Young Herchard 4 — *Williams*.
and Fuller Maitland. Old world Songs 1—8 à 4 — *Chappell*.
Broan C. Four Sketches, *P* 2— n *Vincent*.
Le broc de Grande père 1— n. *Ch. s.* —30 n *Ondet*.
Brocá. *Dotesio*: Un adiós, andante, *G* 2— *Aymé*, —80 n.

- Allegretto, G 2— *Aymé*, —50 n.
- La amistad, fant. G 5— *Aymé*, 1.25 n.
- Andante sentimental, G 3— *Aymé*, —50 n.
- El ay, vals, G 2— *Aymé*, —50 n.
- El catalán, vals, G —75 n.
- El cortesano, schottisch, G 2— *Aymé*,—50 n.
- El destino, fant. G 7.50 *Aymé*, 1.75 n.
- El elegante, vals, G 4— *Aymé*, 1—n.
- Fantasia en do, G 4 — *Aymé*, 1—n.
- Fantasia en sol, G 5— *Aymé*, 1.25 n.
- Una flor, maz. G 2— *Aymé*, —50 n.
- El patinador, schottisch, G 2— *Aymé*, —50 n.
- Pensiamento español, fant. G 4— *Aymé*, 1—n.
- 3 piezas fáciles (Minueto, Schotisch y Andante), G 3— *Aymé*.
- Recuerdo triste, and. G 3— *Aymé*, —75 n.
- El veloz, vals, G 3— *Aymé*.

Brocca D. Air à la Bourrée in G (H ä n del), P 3 — *Ashdown*, —35 *Ditson*, —50 *Alsbach*.
- Air à la gavotte de H ä n d e l (en Fa), P 3— *Leonard*.
- Amélie (Melodie), P 16 *Hopwood*, 1.50 *Bevilacqua*, *Napoleao*, ½ms (Juven. Treas. 13) —9, VP 16, (H. Terriss, Chandos Ser. 2) —9, VP (Silvani, Clarendon Ser. 12) 1—, Mand(V)P —,9 n, VVcP 16 *Hopwood*.
- La Angellino nel Rosajo, P 3 — *Hopwood*.
- Bagpipe minuet (H a y d n), P 3 — *Ashdown*.
- B a r b i e r de Seville, P 3 — *Donajowski*.
- Bourrée (J. S. B a c h), P 3 — *Hopwood*.
- Brocca Valses 4 — *Ashdown*.
- Canto Del Ruscelletto (Song of the Brook), P 3—, VP, VcP à 4 —, MandP with O ad lib. 4 — *Pitman*.
- Canzoncina della filatrice (Song of the spinning-girl), P 3 — *Ashdown*.
- Danse Indienne, P 2 — *Hopwood*.
- D o n J u a n, paraphrase. P 3 — *Donajowski*.
- Favourite fragments from Bach's Celebrated, chaconne, P 4 —, VP 4 — *Chanot*.
- Gavotte (G l u c k) 3 — *Swan*.
- Gavotte en ré (J. S. B a c h) 3 — *Ashdown*, *Hammond*.
- Gavotte Mignonne (G o s s e c) 3 — *Donajowski*.
- Giga in C (C o r e l l i), P 3 — *Ashdown*, *Hammond*.
- Deux Gigues de Corelli, P à —50 *Alsbach*.
- Holyrood, danse de la cour du temps de Marie Stuart, P 4— *Ashdown*.
- Home sweet home, paraphrase, P 4 — *Ashdown*.
- Deux marches Hongroise 2 —, ½ms 3 — *Cecilia*.
- Les Moutons, gavotte de Padre Martini —80 *Alsbach*.
- Les Moutons, transcr. P 2 — *Hopwood*.
- Ninnarella, P 2— *Swan*, VP (T o u r s) 3—, VcP (Berthold T o u r s Morceaux 5) 3— *Williams*.
- Piece della sera, pezzo religioso, P 3 —, Org (E d w i n M. L o t t. Popular Pieces 22) 3— *Ashdown*.
- Romanca alla Pastorale (H ä n d e l). P 3 — *Hammond*.

- Rondo Giocoso (H a y d n), P 4 — *Swan*.
- Sarabanda and Giga (C o r e l l i), P 3 — *Ashdown*.
- Sketch in D flat (S c h u m a n n), P 16 *Hammond*.
- Sunrise adagio, P (H a y d n) 3 — *Ashdown*.
- Sursum Corda, P 3 — *Donajowski*.
- Les Uhlans, galop brill. 4 — *Ashdown*, 2 — *Napoleao*, ½ms 4 — *Ashdown*.
- Waldesrauschen (Rustling of the woods), P (J. E g g h a r d) 4 — *Ashdown*.
- Zephyrine, petite valse 3 — *Donajowski*.

Brocchi F. Una lagrima a mio fratello, mazur 2.50 *Mariani*.

Brocchi G. B. Adenia, mazurka, ½ms 4— *Perosino*.

Broccoli Pater, Karnebalsminder, div. over melodier fra Kuntnerkarnevalet, P —70 *Hansen*.

Broch M. op. 1 Polka brillante, morceau de salon, P 1.30 *Cranz*.
- 2 Impromptu-polka de Salon 1— *Cranz*.

Broch Ph. op. 3 Konzert-Variationen über ein Thema aus der Oper: Norma, P 2.50 *Cranz*.
- 4 Trémolo, Ricochés, Arpèges, 3 Etudes, V 1.20 *Cranz*.
- 5 Nocturne, PV 1.50 *Cranz*.
- 6 Quatre Etudes, V 1.20 *Cranz*.
- 7 Cinque Etudes, V 1.50 *Cranz*.
- Lied mit Variationen, D-moll, VP 1.30, VO 1— u *Breitkopf*.

Broche C. R. *Dietrich*: Op. 9 Vier Lieder: 1. Wie weit. 2. Ich liebe dich. 3. Lebenslust. 4. Thüringen, 1.80.
- 10 Waldesruh! 1—.
- 14 Belehnung des Burggrafen Friedrich I. Ballade 2.50.
- 15 Gartengespräch, Duett, sBar 1.80.
- 18 Zwei Lieder: Ewige Liebe, Verzweiflung, 1.20.
- 26 Minnelied —60.

Broche L. L'aube naît 5— *Heugel*.
- Avant et après, sBar 3 — n *Ronart*.
- Ave Maria avec P (V ad lib.) 5 — *Heugel*.
- Les baisers voyageurs 5 — *Heugel*.
- Chanson du pays 5 — *Heugel*.
- Châteaux en Espagne 5 — *Heugel*.
- Lilas blancs 4— *Heugel*.

Brochner Milberg, op. 4 Fem Digte af V. Bergsøe 1— *Hansen*: Hvid Anemone. Blaa Anemone. Nuphar. El. En Bøn.
- Tre Sange 1— *Hansen*: Dulgt Kaerlighed. Over de høje Fjelde. Du kommer, saa er Alting godt.
- Wie kannst du ruhig schlafen — Hvor kan du rolig sove —50 *Hansen*.

Brock, the —2 *Hopwood*.

Brock Cameron, Benedicite (Chant) with Quadruple Chants for the Te Deum — 2 *Novello*.
- Brightly gleams our banner, hymn — 1 n *Vincent*.

Brock C. H. G. The grace of our Lord Jesu-Christ, hymn — 1 *Novello*.
- The Story of the Cross, hymn — 3 *Novello*.

Brock Mrs. Carey and Miss M. A. Sidebotham, A Collection of Twelve Christmas Carols 1—, words only — 2 *Novello*. Part-sg. for Treble voic. Specially adapted

71*

tor high schools. Part 1—6 à 1 — *Novellos*.

Part 1: R. S p o f f o r t h: Hail! star of eve. M o r n i n g t o n: Here in cool grot. J. M a z z i n g h i: The wreath. H. S m a r t: Evening. B. T o u r s: To stay at home is best. M. A. S i d e b o t h a m: There is a spirit singing aye in air.

II: H e n r y B i s h o p: Blow, gentle gales. H e n r y S m a r t: The bird at sea. M o z a r t: Elves of the forest. B. W. H o r n e r: Bird of the wilderness. M. A. S i d e b o t h a m: Boscobel. E. S t i r l i n g: All among the barley.

III: M ü l l e r: May Day. S a m u e l W e b b e: Glorious Apollo. H e n r y S m a r t: The Coral'd Caves of Ocean. R i c h a r d H o l: In sleep the world reposes. F. S o r: Fair Summer Morning. M. A. S i d e b o t h a m: If she be made of white and red.

IV: R. J. S. S t e v e n s: From Oberon in fairyland. S t o r a c e: The Lullaby. W. H o r s l e y: See the chariot at hand. M o z a r t: Now golden day again is dawning. H. S m a r t: Oh, skylark, for thy wing. M. A. S i d e b o t h a m: Sweet content.

V: M. A. S i d e b o t h a m: Let the rafters ring. H. R o g e r s: Homeward. H. S m a r t: Water nymphs. H. R. B i s h o p: Sleep, gentle lady. F. S o r: While now the moon.

VI: M. A. S i d e b o t h a m: Queen Margaret of Anjou. Love wakes and weeps. A n n e B i s h o p: Under the greenwood tree. J. W h i t t a k e r: Winds gently whisper. E. S t i r l i n g: Red leaves. H. S m a r t: The wood nymphs.

Brockay, Little Sweetheart 3 — *Chappell*.

Brockbank Harrison, The Baronet Bold 2 — n *Sheard*.

- Here's a Health unto his Majesty — 6 *Francis*.

- Sabre and Gun 4 — *Francis*.

- The Song of Mercury 4 — *Chappell*.

- The Troopship 1 — *Hopwood*.

Brockdorff Ludvig, Hilsen til Maria van Zandt, galop —35 *Hansen*.

- Madsalune-galop —35 *Hansen*.

- Paa Gudenaaen, polka-maz. —25 *Nordisk Musikforlag*.

- Tycho Brahes Farvel: Solen sank bag grønne Lund —17 *Hansen*.

Brockenshire J. O. Adjutant Sickle's March, *Milit. Band* —50 n *Fischer*.

- Berkeley club, march —50 *Church*.

- Capt. Linch two-step —40 *Church*.

- Capt. Mc Cornick's March —50, *Milit. Band* —50 *Coleman*.

- Floras de Cuba, bolero, *Milit. Band* —50 n *Fischer*.

- Gallant first, march —40, *Milit. Band* —50 *Church*.

- The Gallant Seventh March, *Milit. Band* —50 *Coleman*.

- Gen. Chaffee's March —50, *Milit. Band* —50 *Coleman*.

- Little Sweetheart, polka caprice, *Piccolo* or *Cl* solo 1,50 n *Fischer*.

- The Meadow Lark, polka caprice, *Coleman*: *Cornet* *P* —60 n, *Fl (Piccolo)* *P* —60 n, *Cl.*

Cornet, Piccolo with *Milit. Band* à —50, *Milit. Band* —50.

Brockett F. The Captive Bird. p. *FlP* 2 — *Hawkes*.

- Dusky Dinah, Barn dance, *FullBand* 2/8, *MediumBand* 2 —, *SmallBand* 1/4, *P* 2 — *Hawkes*.

- The Linnet, polka 4 —, *Piccolo* solo with O. (Band Journal 120) *FullO* 1/6, Sept. 1 —, *Band* parts 1 — *Francis*.

- Picador, spanish valse, *FullO* 2 —, *P* 2 *Hawkes*.

- Ping, Pong, barn dance, *FullO* 1 —, *Small O* —75, *P* acc. —40 *Hawkes*.

- Shepherd's Evening Song, revery, *FullO* 1,40, *SmallO* 1 —, *P* acc. —40 *Hawkes*.

- Will O' the Wisp, with *Piccolo* solo, *FullO* 1 —, *SmallO* —75, *P* acc. —50 *Hawkes*.

Brocklebank S. In Blackberry Time 2 — *Boosey*, 4 — *Williams*.

Brockman Louisa, The leafy dell 4 — *Weekes*.

Brockmann, Au revoir, *P* —20 *Kunz*.

- Moment musical, *P* —10 *Kunz*.

Brocksch Richard, op. 20 1870/71 in Wort und Lied. Sammlung patriotischer Lieder. 1-, 2- und 3stimm. —75 n *Heinrichshofen*.

- **21 u. 22** Zwei geistliche Lieder für 3stimm. Gesang. Gott ist nahe: „Sich' die Lande" und Zur Entlassungsfeier: „Jauchzend erhöhe den Herrn" —50 *Heinrichshofen*.

- **23** Geistliche Arien mit *Org (H)*: 1. Der Herr hilft meiner Seele. 2. Gott ist mein Heil 1,50 *Heinrichshofen*.

- **25** Hier und dort: „O Seele, du verlangst", für 2 St mit *P (H)* 1— *Heinrichshofen*.

Brockström H. Ponny-Marsch 1— *Jonasson*.

Brockway Howard, op. 7 Variationen, *P* 2— *Haslinger*.

- **8** Sechs Klavierstücke: Albumblatt, Kanonisches Lied. Scherzino. Elfenspiel. Elfen Ständchen. Marsch 3— *Haslinger*.

- **9** Sonate, G-moll, *VP* 6— *Haslinger*.

- **10** Ballade, *P* 2— *Haslinger*.

- **13** Cavatina, *VP* 1,50, *V* m. kl. *O*, Part 2—, St 2— *Haslinger*.

- **14** Nocturne, *P* 1,50 *Haslinger*.

- **15** Paganini, Charakterstück, *P* 1,50 *Haslinger*.

- **16** Moment musical, *VP* 2— *Haslinger*.

- **17** Fantasiestück, *P* 2,50 *Haslinger*.

- **18** Romanze, *VP* 3— *Haslinger*.

- **19** Sylvan Suite, (I. At Midday. II. Will o' the Wisps. III. Dance of the Sylphs. IV. At Midnight. V. At Daybreak), *O* score 5— n, N. 3. *O* —50 *Schirmer*.

- **21** Four Pieces, *P*: 1. Andante tranquillo —35, N. 2. Scherzino. 3. Romance. 4. Valse-caprice, à —50 *Schirmer*.

- **22** Two Songs: 1. Would thy Faith were mine. 2. Lend me thy Fillet. Love, à —50 *Schirmer*.

- **25** Two Pieces, *P*: N. 1. Capriccio, in F —60, N. 2. March, in G —75 *Schirmer*.

- **26** Suite of small Pieces, *P*: N. 1. Idyl, in G —50. N. 2. Etude, in D —40. N. 3. Scherzo, in A-m. —60. N. 4. Evening Song, in E b —40. N. 5. Humoresque, in A —40. N. 6. March, in C —75 *Schirmer*.

- **27** The Minstrel's Curse, ballad for chor. of mixed voie. Eight parts a cappella —50 n *Schirmer*.

- Hey Nonino (Chor. for Mix. Voices 611).
  8 voices —15 n *Schirmer.*

Brockway W. E. O Lord our Governour.
SATB — 4 *Novello.*

Brockway W. H. Forgive and forget, song
and chor. —35 *Ditson.*
- Hogan's flat (Push the growler out), Irish
  sg. chor. —50 *Brainard.*
- If I only knew her name, song & duet —40
  Ditson.
- Jockey hat and feather, song & chor. —40
  Ditson.
- Little dark eyes always love me —40
  Ditson.
  Ashdown. — 2 *Broome*, 3 — *Williams.*
  Little sweetheart come and kiss me 2 —
- My heart's best love — 2 *Broome*, 3 —
  Francis, song mad chor. —35 *Ditson.*
- Nellie Ray, sg. chor. —40 *Brainard.*
- O peaceful home (The Temperance Voca-
  list 22) — 3 *Curwen.*
- There is no harm in kissing —40 *Ditson.*
- True as the stars that are 3 — *Williams.*
- Twilight in the park —40 *Ditson.*
- Young Eph's jubilee. Comic Darky War
  Sg.-Dance —50 *Brainard.*

Brockwell Julia, The two voices 2 — *Novello.*

Brod Henry (1801—1839), **op. 2** Deux quin
tetti. HautbFlClCorbasson à 12— *Lemoine.*
- **4** Air varié, Hautb(Cl) av. P ou quatuor
  7.50 *Lemoine.*
- **5** Fantaisie espagnole. Hautb(Cl) bassonP
  9— *Lemoine.*
- **5** 1er trio en si bémol. PHautbbasson 5— n
  Costallat.
- **7** La Savoyarde jolie. Hautb av. P 7.50. O
  sép. 7.50 *Lemoine.*
- **9** Bolero et adagio. Hautb av. P 7.50. O
  sép. 7.50 *Lemoine.*
- **10** La Béarnaise, HautbP 7.50. O sép. 7.50
  Lemoine.
- **11** Deuxième Trio, thème autrich 12— *Lemoine.*
- **15** Trio, PVFl, PVHautb à 20— *Noël.*
- **16** Nocturne (Mot. „Siège de Corinthe").
  PV, POb à 1.50, ObHa 2— *André.*
- **17** Trio, PVFl, PVHautb à 15— *Noël.*
- **18** Premier villageois, HautbP 7.50. O sép.
  7.50 *Lemoine.*
- **19** Deuxième rondoletto villageois. Hautb
  av. P 7.50 *Lemoine.*
- **20** 2 Nocturnes, VP, HautbP à 3— n *Costallat.*
- **22** Rondo brillant, HautbP 2.50 *Debert.*
  9—, O sép. 7.50 *Lemoine.*
- **23** Trio, PVFl, PVHautb à 15— *Noël.*
- **24** Cinquième trio, PHautbbasson 12— *Lemoine.*
- **26** Les deux Nuits, fant. HautbP 3—
  Bornemann.
- **27** Souvenir du Mont-Dore, HautbP 3— n
  Costallat.
- **30** Souvenir musical, 2Hautb, Quarante
  deux airs variés, fantaisies et rondos sur
  des thèmes d'Adam, de Bellini, Mercadante, Meyerbeer, Rossini, 4
  liv. 7.50 *Lemoine.*
- **32** Sur le Retour du petit Savoyard. P
  Hautb, HaHautb à 6— *Lemoine.*
- **33** Les souvenirs. HautbP 9— *Noël.*

- **35** Grande fant. sur le Chalet, avec Ro-
  sellen. PHautb 9— *Lemoine.*
- **38** Fantaisies et Variations *Cor anglais*
  av. P ou quatuor 12— *Lemoine.*
- **39** 2e valse. HautbP 2.50 n *Costallat.*
- **42** Mélodie suisse, morceau de concert.
  Hautb av. P 7.50. O sép. 7.50 *Lemoine.*
- **44** Fantaisie espagnole. Hautb av. P 7.50.
  O sép. 7.50 *Lemoine.*
- **45** Fant. HautbbassonP 9— *Lemoine.*
- **49** Souvenir d'Elisa et Claudio, HautbP
  7.50 *Lemoine.*
- **50** Six duos. nocturnes (Bochsa). P
  Hautb à 7.50 *Lemoine.*
- **51** Thème de Mercadante. PHautb 7.50 *Lemoine.*
- **52** Thème de Belisario. PHautb 7.50
  Lemoine. 3— *Ricordi.*
- **52** Le Retour du petit Savoyard. P1 6—
  Lemoine.
- **53** Deux grands duos tirés des oeuvres de
  Mayseder, 2Hautb 12— *Lemoine.*
- **54** Morceau de salon, PHautb, HaHautb à
  7.50, Hautb avec O 10— *Lemoine.*
- **55** Lucie de Lammermoor, HautbP, Basson
  P à 9— *Grus.*
- **56** Septième trio, HautbPbasson 12— *Lemoine.*
- **57** Lucie de Lammermoor, air varié. Hautb
  P, HautbHa à 9— *Grus.*
- **58** Six duos, noct. de Bochsa, HautbP à
  7.50 *Lemoine.*
- **58** Petite soirée dramatique. Six petites
  fantaisies faciles. Hautb av. P: 1. Meyer
  beer, 2. H. Herz, 3. Hérold, 4. Bel
  lini, 5. Adam, 6. H. Herz à 6—
  Lemoine.
- **68** Morceau de concert. Hautb av. O 12—
  Lemoine.
- Choix d'airs des meilleurs auteurs. ClBasson
  7.50 *Lemoine.*
- Vingt études caractéristiques. Cl av. basse
  7.50, Hautb av. basse ad lib. 12— *Lemoine.*
- Fantaisie sur un air béarnais, HautbP 2
  Debert.
- Fantaisie sur un air tyrolien. HautbP 3.40
  Debert.
- Lucia di Lammermoor. Lucia ed
  Edgardo. Hautb(Cl)Basson(VcP) 4.50,
  Spargi d'amore pianto, fant. HautbP 3—
  Ricordi.
- Méthode complète de Hautbois: 20— n.
  partie 1—3 à 12— n *Lemoine*, 20— (Gil-
  let) 12— *Margueritat*, 20— *Millereau*,
  18— n *Pomier*, (Gillet) 12— *Sudre.*
  Petite méthode extraite 9— *Lemoine.*
- Paul et Jean, rom. av. Hautb 4.50 *Lemoine.*
- 40 petits duos fac. et progress. ClBasson
  7.50 *Lemoine.*
- 6 sonates, Hautb av. basse en 6 livres 8— n.
  à 2— n *Lemoine.*
- 20 Studi caratteristici. ClBasso 4.50 *Ricordi.*
- La Sylphide, 2e fant. HautbP, BassonP à
  2.50 n *Lemoine.*
- Trio de Beethoven. 2Hautb et Cor
  anglais 7.50 *Lemoine.*
- 2e Trio espagnol (Oeuvre posth.). PHautb
  Basson 3— n *Costallat.*

Broda E. American Liner St. Louis, waltz
—40 *Gordon.*

Brode A. „Aus den Tonen spricht die Seele", *St* u. *Disk-Z* (A. Schöberl) —60 *Kahatck.*

Brode H. op. 3 Frühlingsstimmen. Idylle, *P* 1— *Bote.*

- 4 Albumblatt. *UP* 1.50 *Bote.*

- 5 Zwei Lieder: 1. Über Nacht und Tag: Über Nacht kommt stilles Leid. 2. Frühlingsglaube: Die linden Lüfte —80 *Bote.*

Broden Henö, Rózsabimbó 4 evdeti magyardal. Hcinadvire foljik tova. Barna srejskei lány. A Hajda-i csárda mellett. Be sromoru lett mostarén életem 2— *Nádor.*

Broderip, Awake up my Glory (Empire Anthem Book 51) —1 *Pitman.*

Brodersen V. op. 1 Symphonisk Suite, *P* 3— *Breitkopf.*

Brodie Herman, Ben Bolt. Paraphrase. *Fall0* 1.25 n, 1½ pts. 1— n. *10 pts.* —75 n. *P* acc. —30 n *Standard Music Co.*

Brodie James, Hark! the shout resounds. *SATB* —2 *Köhler.*

- La Serenata Waltz (Jaxone), *2MandG* —60 *Portec.*

Brodier Mathilde, Marche des chasseurs 4— *Katto.*

- Une perle, polka-mazurka 4— *Katto.*

- Première Pensée, valse 1.30, *O* 3.60 n *Bertram.*

Brodrick Hubert, 9 Compositions. Negro Dance. *Banjo* 1.6 n *Turner.*

- King's Lieutenant, quickstep, *Banjo* (Banjo Budget 606) 2— *Turner.*

- Rustic Dance, *Banjo* (Banjo Budget 624) 2/— *Turner.*

- Sylvana, rêverie, *Banjo* (Banjo Budget 641) 1/4 *Turner.*

Brodsky A. „Elektrische Wirkungen", Polka-Mazur 1.20 *Rosé.*

- „Schwingungen", Walzer 1.80 *Rosé.*

Brodsky M. J. Feuilles d'automne (Осенния листья), valse —40 *Idvikovsky.*

Brody Alexander. *Fromont:* **Op. 43** Terre d'Helvétie, *TBarB* 2 —, *Ch. s.* —50 *Foetisch.*

- 44 Sonnet à la forêt, *TBarB* 3—, *Ch. s.* —50 *Foetisch.*

- Le barde des vosges, chanson 1— n, *Ch. s.* —35 n *Labbé.*

- Bonjour papa, bonjour maman, petite valse 1— n.

- Bon petit coeur, valse facile 1.50 n.

- Le chant du devoir, hymne patriotique 1— n. *Ch. s.* —10 n.

- Couin-Couin, polka 1.75 n.

- Départ, mélodie 1— n.

- Devoirs de Musique à l'usage des Cours moyens et supérieurs, *P.* Un volume —75 n.

- Falka, mélodie arabe 1.75 n, *Ch. s.* —40 n.

- Famille et patrie, choeur, *TTBB.* Part 1.50 n, p. sép. à —25 n.

- Gammes et arpèges dans tous les tons, doigtés et classés par ordre méthodique. *P* 4— n.

- Hymne à la Suisse, choeur, *TTBB* —25 n.

- La liberté éclairant le monde 1— n, *Ch. s.* —40 n.

- Louise, valse brillante 2— n.

- Marche triomphale 1.75 n.

- Marche triomphale du Dahomey, *Harm* ou *Fanf* (arr. Chabas) 1.50 n, Cond. —25 n *Margueritat.*

- Mathilde, valse 2— n *Fromont,* *O* 1— n *Margueritat.*

- Mazurka Helvétia 1.75 n.

- Méditation, *PV* 2.50 n.

- La mouche, polka 1.75 n.

- Ode à la Fraternité, *TTBB,* Part 1.50, p. sép. —25 *Margueritat.*

- Patrie, choeur suisse à 4 voix d'hommes —25 n.

- Petits Devoirs de musique et Dictées, *P* —40 n.

- 110 Petits Devoirs de solfège théorique et pratique, *P* —30 n.

- Deux pièces, *PV*: 1. Andantino, 2. Alla polaca 3— n. L'andantino s. 1.25 n.

- Polka de la Mouche, *O* 1— *Margueritat.*

- Quatre-vingt-neuf 1— n, *Ch. s.* —40 n.

- Résignation, andante maestoso, *P* 1.75 n.

- Réveil d'amour, grande valse, *MS* 2— n. *Ch. s.* —40 n.

- Roses de Nice polka joyeuse 1.75 n.

- Saint à la France, choeur, *TTBB,* —30 n.

- Salut au drapeau fédéral choeur, 3 voix égales —50 n.

- Solfège des Commençants, cours élémentaire et moyen, *P* 2.50 n: 1. Partie: Contenant 800 leçons et exercices 1.50 n. II. Partie: Contenant 300 leçons et exercices 1— n.

- Solfège pratique, cours supérieur (12e éd.). Méthode de lecture musicale basée sur l'étude approfondie des intervalles dans tous les tons, *P* 2.50 n: 1. Partie: Considérablement augmentée —75 n. II. Partie: Considérablement augmentée 2.75 n.

- Sonnet à la forêt, *TBarB* avec acc. *P* ou *O.*

- Souvenir de Fontainebleau, grande valse 2— n.

- Les souvenirs de pays, *TTBB* —50 n, à 3 voix ég. —50 n *Fromont, Ch. s.* (L'Orphéon des Ecoles 89) —50 *Foetisch.*

- Sur le lac d'Enghien, barcarolle. *P* 1.75 n. *PV* 1.75 n.

- Terre d'Helvétie, *TBarB* avec acc. *P* ou *O* 2— n.

Brody M. op. 3 Virag énekek. Endrődi S., kurucz dalaiból, énekre és zongorára. 1. Liliomszál, 2. Ördög adta, 3. Fekete felhöbe, 4. Odafenn csillagos, 5. Letépik a vad szelek, 6. Pitypalaty 1.50 *Rozsavölgyi.*

Broe, Alma. Quart. —06 *Ditson.*

Broeck, Morning sun awakes, tyrolienne sg. or duett —40 *White.*

Bröcking B. op. 21 Am Feenteich, Walzer 1.50 n *Leichssenring.*

Broeckmeyer G. Dat het toch altijd avond was 1— *Beyer.*

- De Kus 1— n *Faes.*

Broedelet H. J. Hulde aan het Roode Kruis, *P* —70 *Rahr.*

- Jubelblanken, *P* —60 *Rahr.*

- Marche Funèbre —30 *Schalekamp.*

- Marche triomphale —60 *Eck.*

- Victoria marsch, *P* —50 *Rahr.*

- La vie Parisienne, schottisch —30 *Schalekamp.*

Bröer Ernst (1809—1886), op. 2 Drei Gradualien, *SATB* (Nr. 3 mit S-solo): 1. Ego sum panis vivus, 2. Notam fac mihi, 3. Illumina oculos meos, Part u. St 1.80 *Leuckart.*

Easy Mass in C. SATB 1—, voice parts —60 J. Fischer.

Vier Gradualien od. Hymnen. SATB, Nr. 11 der Kirchensachen: 1. In te domine speravi. 2. Lucis creator optime. 3. Lauda Sion Salvatorem. 4. Jesus ad patrem redii 1— Leuckart.

Zwei Messen. SATB u. Org (mit kl. O ad lib.), Nr. 18 u. 19 der Kirchensachen. Stimmen: 6. Messe (C-dur) in honorem Sanctae Hedwigis 7—. 7. Messe (G-dur) in honorem Sanctae Dorothea 7— Leuckart.

Missa (F-dur) Nr. 8. in honorem Sancti Francisci Xaverii. SATB, 2V, Va, Kb, 2Ob, 2Horn, Pauken (u. Org), St 6— Leuckart.

Zwei Offertorien. SATB mit Org nebst 2V, Va, Kb, 2Ob, 2Horn od. Tr. u. Pauken. Nr. 16 der Kirchensachen: 1. „Felix namque es sacra Virgo Maria." 2. „Deus tuorum militum", St 3— Leuckart.

Sex Antiphonae B. Virginis Mariae, enthaltend: 1 Alma, 1 Ave, 1 Regina coeli. 3 Salve. SATB, 2V u. Org (2Ob u. 2Horn ad lib.), Nr. 7 der Kirchensachen. St 6— Leuckart.

& Zimmers. Salve Regina, Quartet. Salve Regina, Quartet —10 Ditson.

Broek van, Matinée de printemps, P 6— Noël.

Brock P. op. 4 Morceau de Salon, VP 1 Eck.

5 Twee adagios. Str.-Quart. —90 Eck.

Brcekhoven J. A. Meditation with P (1 oblig.) —75 Church.

Song of Freedom —10 Jennings.

Veni Creator —40 Ditson.

Broekhuyzen G. H. Alsbach: (1818—1849)
op. 1 Drei Lieder: 1. Wehmut. 2. Das versteckte Veilchen. 3. Die Heimat 1.20 Cohen.

2 Drei Lieder: 1. In der Sterne sanftem Scheine, 2. Nichts ohne Liebe. 3. Wiegenlied 1— Cohen.

Cavallerie-Galop —50.

Inhuldigingswals, P, opgedragen aan Z. M. Koning Willem II —75.

24 Liederen, vertaald en oorspr. toegepast op melodiën van onderscheidene Componisten: Deel I. Reichardt, Aan de lente. Spohr, Lied der vreugde. v. Weber Schijn bedriegt. Girschner, Aan de geliefde. Keller, Troost der muziek. Otto, Levenslust 1.25.
II. Abeille, Avondlied. Skraup, De Spelevaart. Righini, Neemt U in acht. Ehlers, Levenswijsheid. Skraup. Droom der jeugd. Mozart. An Chloë 1.50.
III. Werner, Gebed. Muller, Het meisje aan den beek. Gabrielle, Het schouwtooneel. Romagnesi, De storm op zee. Lachner, De tevredene 1.50.
IV. Preyer. 't Geschal van den Posthoorn. Neukomm. Aan mijn hulkje. Lachner, Afčn-bijzijn. Bellini. Minneklacht. Lindpaintner, De balling. Otto. Bemoediging in tegenspoed 1.70.

Festal Liederen: 1. Gebed, 2. Het meisje aan de beek, 3. Gabrielle, 4. Het schouwtooneel, 5. De storm op zee. 6. De Tevredene 1.50 Eck.

Postgalop —50.

Sophiawals 1—.

Sta pal mijn dierbaar Vaderland. TTBB. Part — 40, St —20 Cohen.

Taptoe-Galop —50.

Vrede-Bêe —50 München.

Brömme Adolf (1826), Gesangsübungen, zugleich Leitfaden für den Unterricht. S. A. 2 Teile à 2— Brauer.

Broes W. Rondeau, PVc 2— Schott.

Brösicke Reinhold, op. 31 Bella espagnola, Walzer 1.20, sO (Haus-Konzert- und Tanzmusik Nr. 108) Par. Bes. 1.20, Amer. Bes. 1.70 Scheithauer. O 2.75 n Carisch.

32 Du sollst mein eigen sein: „Als ich dich zuerst gesehn", Walzerlied 1—, sO (Haus-Konzert- und Tanzmusik Nr. 140) Par. Bes. — 60 Scheithauer.

33 Fein und pikant. Gavotte, P 1 —, kl. O 1.50 n, sO (Haus-Konzert- und Tanzmusik Nr. 130) Par. Bes. 1—, Amer. Bes. 1.50, Berl. Bes. 2— Scheithauer. sO 2.50 n Carisch.

Broesicke R. „Millöcker-Gavotte" 1.20 Glas.

Sccessionisten-Marsch 1—, sO (Haus-Konzert- und Tanzmusik Nr. 2039) Par. Bes. 1—, Amer. Bes. 1.50, Berl. Bes. 2— Scheithauer.

Brofferio A. Canzoni piemontesi con P o Chit. II volumi 3.50 n, N. 1, 2 à 2— n, ciascun pezzo à —50 n Blanchi: Crudel destino. I buratin. La prima volta. El povero esiliò. Sour baron. La barchetta. Me at d' fede. L' spirit foulet. L' arengh. I vicari d' Modena. Il boschet d' Vignole. L' apuntament. La ca granda. La ciarlataneria. L' oscurantism. Gioan ch'a rid. La marmota. Dopio festa. Rosalia. Serenata a ma famusa balarina. El congress d' Napoli. Me ritiran. Me cantun. I funerò de S. Arno. El cusinè del cont Cavour. I done cont. Luisin o Nicolo? Abolission di convent. I bombon d'sour cont. Un nuovo monument. Una scapada del vapor. Cavour e l' colera. Pomada d' protocol. Crimea. Supplica chinesia. Ratoira. La coupa e la gamela. Prim emigrà. Secoud emigrà. I bougianen.

Broggi C. Maria, mazur. 2— Mariani.

Broghiera Oddo. Ricordi: La Baba de Rena. Canzonetta: Sfadigo e troto come un brun de piaza —75 u. Mand —25 n.

La cioghi l'ojo. Canzonetta: In mia contrada sta una sartorela 1— n, Mand. Fl à —25 n.

Cossa ti vol de più? Canzonetta: Per ti belcza, mi daria la vita —75 n, P —75 n.

Bisi de sô! Canzonetta: Vien qua, che la mama no senti 1— n, Mand. Fl à —25 n.

La metamorfosi de Rosina. Canzonetta: Rosina ti xe nata in un casoto 1— n, Mand. Fl à —25 n.

La Moretina. Canzonetta: Chi te vedi, moretina —75 n, Mand. Fl à —25 n.

La Sessolata. Canzonetta: De Rena, de via Giulia o via Remota —75 n, Mand à —25 n.

Sior Bortolo. Canzonetta: Qua soto el nostro ziel 1— n, P 1— n. Mand. Fl à —25 n, Mand (V) P 1— n.

La Tabachina. Canzonetta: Averto, al alba, el casoti ristreto 1— n, P 1— n. Mand —25 n.

La Venderigola. Canzonetta. Parole di O. Broghiera 1— n, Die Sandl vom Standl!

Triestiner Volkslied 1.20 *Eberle, Maud, H* à —25 n. *Maud (UP)* 1— n.

Brogi O. Polka brillante 1.50 *Jakubowski.*

Brogi Renato, op. 34 Deux morceaux, *PV*: 1. Andante lirico. 2. Arietta all' antica, à 1.50 *Rahter.*
Adieu Espérances! Noctürne, *P* 3 — *Venturini.*
A Madonnina bruna 1.50 *Bratti.*
Aubade 1.50 n *Gallet.*
Barcarola, *P* 1.50 *Ricordi.*
Caligine, romanza 4 — *Venturini.*
Clara, O 1.50 *Lapini.*
Dimmelo tu til perchè?! Melodia: Quando ti vedo sento battermi il cor, *MS* 2.50 *Ricordi.*
Elegia 3— *Bratti.*
Fiammi beato! Romanza 3.50 *Venturini.*
Io non lo so, melodia: Da l'istante che il guardo in te posai 1.50 n *Ricordi.*
1. Mazurka 2 — n *Ricordi.*
6 Melodie, *S. MS* 6— n: In riva al mare 2.50. Qui fra le braccia mie 3—. Amore assiderato 3.50. Desio 3—. Ne l'attesa d'amore 2.50. Tardi 2.50 *Bratti.*
Non mi obliar, melodia 3 — *Venturini.*
Notte bianca, *S. MS* à 2.50 *Bratti.*
Notturno, *P* 1.25 *Ricordi.*
Presentimento, melodia: Sì, mi ha sorriso 1.50 n *Ricordi.*
Romanza appassionata, *P* 1.50 *Ricordi.*
Scherzo, *P* 1.75 *Ricordi.*
Tarantella. *P* 2.50 *Ricordi.*
Les trois oiseaux 1.50 n *Gallet.*
Tutti al buio! polka 2.50 *Venturini.*
Valse 2— *Ricordi.*
Visione Veneziana, melodia: Grandi su muli di rose 1.50 n *Ricordi.*
Zampognata, *P* 1.50 *Ricordi.*

Brogialdi Tito, Composizioni per Violino e Piano: **Op. 5** Il Trovatore, fantasia brillante 6— *Ricordi.*
6 Rimembranza sulla Norma, fantasia 6— *Ricordi.*
7 Lucia di Lammermoor, la fantasia di concerto 8— *Mariani.*
8 Fantasia, con Pianoforte, sopra motivi delle Educande di Sorrento 7— *Ricordi.*
9 Fantasia elegante sopra, La Contessa d'Amalfi di E. Petrella 6— *Venturini.*
15 Ruy Blas, fantasia elegante 6— *Ricordi.*
16 Lohengrin, transcr. élégante de concert 10— *Ricordi.*
19 Un incontro dallo Svizzero 5— *Venturini.*
20 L'elemosina del soldo, (Souvenir de la rue Albizi) 5— *Venturini.*
21 Acerbo duol! Elegia 4— *Venturini.*
22 La danza delle fate, scherzo **fantastico** 6.50 *Venturini.*
23 I Goti di Gobatti, trascrizione elegante di Concerto 9— *Ricordi.*
26 Marta, trascrizione elegante 6— *Ricordi.*
Fantasia di Concerto per Quartuor 6— n *Lapini.*
Fantasia elegante, *CIP* 7.50 *Ricordi.*
Il Giovane Violinista, Cinque ricreazioni à 5— *Venturini*: 1. La Norma. 2. Lucia di Lammermoor. 3. Barbiere di Siviglia. 4. Beatrice di Tenda. 5. Lucrezia Borgia.
S. Cecilia, Banda 1.50 n *Lapini.*

Valdinievole, gran valzer variato, *Cl* con Banda 2.50 *Lapini.*

Srogniez, Doutes et Plaisir 2 — n *Ascherberg.*

Broich Antonie, **op. 1** Mädchens Wunsch —80 *Hoffheinz.*
2 Volkslied: „Mei Mutter mag mi nit" —80 *Hoffheinz.*
3 Du bist mein Frühling —80 *Hoffheinz.*
4 Wo wird einst des Wandermüden —80 *Hoffheinz.*
6 Fünf Lieder: 1. Widmung: „Die Nachtigall hat mich mit ihrem Gesang" 1—. Nr. 2. Wenn ich ein Vöglein wär —80. Nr. 3. Im Garten: „Tritt mein Liebchen in den Garten" 1—. Nr. 4. Erinnerung: „Lindes Rauschen in den Wipfeln". 5. Andenken: „Dein Bildnis wunderselig". à —80 *Hoffheinz.*
9 Nr. 1. Was du mir bist. 2. Mit einem gemalten Bande, 1.20 *Ries & Erler.*
10 Nr. 1. Im Rosenbusch die Liebe schlief. 2. Frühlingsfeier, 1.20 *Ries & Erler.*
12 Nr. 1. Die Zeit geht schnell. 2. Das höchste Glück hat keine Lieder, 1.20 *Ries & Erler.*
15 Der Tag neigt sich zu Ende 1— *Ries & Erler.*
17 Alte Heimat 1— *Hoffheinz.*
21 Fantasiestück, *VP* 2.50 *Ries & Erler.*

Broich Max, **op. 1** Frieden —80 *Hoffheinz.*

Broken-hearted Bachelor (Hart's Cheap Music 649) — 2 *Pitman.*

Broken Ring, Mill in the valley (Germ.) —30 *Church.*

Brolén, Vackra sky för mansröster —15 (Kvartett-Bibliotek N. 17) *Gehrman.*

Bromack J. Léonie-Quadrille, d'après des chansons favorites françaises —60 *Blosfeld.*

Bromberger D. op. 3 Fantasie-Ballade, *P* 2— *Praeger.*
Lebewohl: „Seit ich dein Auge feucht gesehn" 1— *Ende.*

Bromby Geo, Haydn, Pull together boys —50 *Bloom.*

Bromer Tanz-Album f. 6—12st. *Harmoniemusik*, f. *Blechmusik* à 2— *Fischer.*

Bromet P. Mathilde, mazur 2 — *Pitman.* 1.70 n. O 1.50 n *Rauss.*

Bron C. Nuovo metodo di canto fermo 8 — *Mariani.*

Bron Edouard, **op. 8** Romance. *VP* 2— *Kistner.*
10 Trois morceaux, *P*: 1. Intermezzo 1.50 n. 2. Capriccio 1.70 n. 3. Impromptu 2.50 n *Janin.*
12 Berceuse, *VP* 2—n *Janin.*
Flégie, *VcP*, *VcO* à 2—n *Demets.*
Ici-bas, *MS* à 1.50 n *Demets.*
Zwei Lieder: 1. Du bist so still, so sanft, so innig. 2. Vöglein wohin so schnell, 1— *Ries & Erler.*
La Nuit 2 — n *Demets.*
Sérénade, *VcP*, *VcO* à 2—n *Demets.*

Броневскій. Звѣзда —50 *Johansen.*
Я ждаль —50 *Johansen.*

Bronewsky N. Doumka, air russe, *P* —20 *Jurgenson.*

Broniec Ewelina, Slowik Wale —55 *Gebethner.*

Bronikowska Charl. von, op. 2 Drei Lieder
1.25 *Schott*: 1. Abendständchen, von
E i c h e n d o r f f. 2. Valencias Rose, von
G. B r a n d t. 3. Träume, von W. O s t e r-
w a l d, à —50.
- Mein Herz —60 *André*.

Бронинъ. *Jurgenson*: Колыбельная пѣсня
—30.
- Гдѣ она —20.

Bronner E. Kurze u. einfache Messe zu
Ehren der sel. Jungfrau Maria, 2 gl. St
Org. Part —80 n. St I. II —10 n *Le Roux*.
- Sacris solemniis, TTBB v. C a e c i l i a 28.
- Se nascens, TTBB vide C a e c i l i a 28.

Bronner F. X. Cœur d'Or, polka 3— *Hum-
blot*.
- Fanciulla, maz. 3— *Humblot*.
- Fleurs d'Été, polka 3— *Humblot*.
- France Chérie, valse 3— *Humblot*.
- Stella, valse 3— *Humblot*.

Bronnicoff P. Les colombes postillons de la
guerre 1871. Valse brillante 4— *Venturini*.
- Méthode de chant 2.50 *Jurgenson*.
- Le mouvement, valse 3.50 *Ricordi*, —60 *Jurgenson*.

Brons Simon (1838), **op. 15** De Nachtegaal:
„Zijt mij gegroet met blej gemoed" —60 *Eck*.
- 56 Kuriose Geschichte —60 *Alsbach*.
- Mooi Mieke mit de Taverne, gavotte —50
Alsbach.
- St. Thomas. Een schertsliedeken van Polde
Mont. „Marian zat opgesloten" —70 *Wey-
gand*.
- Träumerei: „Ich träume so gern bei er-
loschenen Lichtern", m. *PV* —90 *Weygand*.

Bronsart Hans von (1830), **op. 1** Trio in G-moll,
PVVc 12— *Universal Edition*.
- 2 Nachklänge aus der Jugendzeit. Tonbilder,
P. 2 Hefte 7.50 *Breitkopf*: Heft I. Feenreigen, Siciliano, Polonaise, Trauermarsch
3—. Nr. 1. Feenreigen. Es-dur. Nr. 2.
Siciliano. A-moll à —30. Nr. 3. Polonaise.
D-moll. Nr. 4. Trauermarsch. C-moll à 1—.
Heft II. Elegie, Bergesquell, Feldblumen-
strauß, Vision 3—, Nr. 1 3— *Ashdown*,
Heft II. Nr. 3. 3 — *Ashdown*, —25 *Schirmer*.
- 4 Drei Mazurkas 3— *Universal Edition*.
- 5 Ballade, Es-dur, *P* 3— *Breitkopf*.
- 6 Phantasie, Fis-moll, *P* 2— *Breitkopf*.
- 9 Melusine, Märchen, *P* 3— *Breitkopf*.
- 10 Concert (Fis-moll), *P* mit *O*, Part 9— n,
Prinzipalst 5—, *O-St* 12— n *Siegel*.
- 11 Frühlings-Phantasie, *O* Part 12— n *Breitkopf*.
- Alla memoria di Vincenzo Bellini. Album.
N. 2. Mazurka 3— *Ricordi*.

Bronsart Ingeborg von (1840), **op. 8** Sechs
Lieder: 1. Zuleika. „Nicht mit Engeln".
2. Im Garten klagt die Nachtigall. 3. Wenn
der Frühling auf die Berge steigt. 4. Gelb
rollt mir zu Füßen. 5. Die helle Sonne
leuchtet. 6. Ich fühle deinen Odem 3— *Kahnt*.
- 9 „Hafisa". Drei Lieder: 1. Wenn zum Tanz
die jungen Schönen. 2. Neig' schöne Knospe.
3. O, wie mir schweren Dranges 2— *Kahnt*.
- 10 Sechs Gedichte: 1. Mir träumte einst ein
schöner Traum. 2. Abschied vom Kaukasus:
„Die Gletscher leuchten". 3. Wie lächeln
die Augen. 4. Nachtigall, o Nachtigall. 5.
Das Vöglein: „Glücklich lebt vor Not ge-

borgen". 6. Sing', mit Sonnenaufgang singe
(Russisch) 3— *Kahnt*.
- 13 Notturno, *VcP* 1.30 *Breitkopf*.
- 14 Elegie, *VcP* 1.30 *Breitkopf*.
- 15 Romanze, *VcP* 1.30 *Breitkopf*.
- 16 Fünf Gedichte: 1. Abendlied (Wie ist der
Abend stille). 2. Ständchen (Rosen und
duftende Veilchen). 3. Zwei Sträuße (Hier
von Frühlingsblumen bring' ich einen Strauß).
4. Der Blumenstrauß (Stellt mir den Blumen
strauß in das Glas). 5. Letzte Bitte (Wenn
du mich einstmals verlassen wirst) 3.25 *Hainauer*.
- 18 Phantasie in Gis-moll, *P* 2— *Breitkopf*.
- 20 Sechs Gedichte: 1. Liebesglück: „Wenn
deine Stimme". 2. Der Kosakin Wiegenlied:
„Schlaf mein Kindchen. 3. Das gelbe Blatt:
„Weht das gelbe Blatt vom Stengel". 4. Der
Stern: „In hoher Fern glänzt hell ein Stern".
5. Dein blaues Auge: „Dein blaues Auge
strahlt". 6. Gebet: „In Stunden der Ent-
mutigung" 2.50 *Kahnt*.
- 21 Phantasie, *VP* 2.50 *Kahnt*.
- 22 Drei Gedichte: 1. Könnt' ich die schönsten
Sträuße winden. 2. Bitte: „Weil' auf mir
du dunkles Auge". 3. Ich möcht' ein Lied
dir weihen 1.50 *Kahnt*.
- 23 Drei Lieder. 1. Nähe des Geliebten: Ich
denke dein. 2. An die Entfernte: So hab
ich wirklich dich verloren? 3. Aufschub der
Trauer: Wie dich die warme Luft umscherzt
1.50 *Bote*.
- 24 Rapelle-toi! (Gedenke mein!) 2— *Breitkopf*.
- 25 Drei Lieder für eine Singst mit *P* 2—
Breitkopf: 1. Sang wohl sang das Vögelein.
2. Heidenröslein. 3. Ich stand in dunkeln
Träumen.
- 26 Abschied 1— *Breitkopf*.
- 27 Osterlied: „Die Engel spielen noch ums
Grab", SATB, Part —80, St à 1— *Schuberth*.
- Hurra Germania —75, mehrst. Ges. —75
Bachmann.
- Jery und Bätely. Oper in einem Akt (1873
Weimar), *O* Part 60— n, KA 7.50 n,
Regiebuch 1— n, Textbuch —30 n. 1. Lied:
(Bätely-Sopran) „Singe Vogel, singe". 5. Lied:
(Thomas-Baß) „Ein Mädchen ei ein Gläschen
Wein". 6. Lied: (Thomas-Baß) „Es war
ein fauler Schäfer". 11. Lied: (Jery-Tenor)
„Endlich darf ich hoffen" à —80. 12. Duett:
(ST).
„Ich bin lang' geblieben" 1.50 *Kahnt*.
- Kaiser-Wilhelm-Marsch —80 *Bote*.
- Klavierstücke, 2 Hefte. Heft 1. Valse Caprice,
Impromptu. 2. Zwei Wiegenlieder à 1.50
Schott.
- Drei Lieder: Nr. 1. Frisch auf zum letzten
Kampf, von Z e i s e 1—. Nr. 2. Den Trauern-
den, von Dunker. 3. Eil' hin mein Roß,
von Neubauer à —75 *Schott*.
- Die Loreley 1— *Schott*.
- Романсы. *Johanson*:
1. Слышу-ли голосъ твой —40.
2. Желтый листъ —60.
3. Въ верху одна горитъ звѣзда —40.
4. Какъ небеса твой взоръ —60.
5. Желание —75.
6. Молитва —40.

Bronson John H. The Breakers, march and

two-step, *VCornetP* —30, *10 p.* —60, *11 p.* —80, *FullO* 1—, *P* acc. — 15 *Jacobs.*

Bronstedt Ed. op. 55 Dream after the ball, *P* —35 *Ditson.*

Bronzini Alb. „Vieni" (Vieni, alta è la notte placida), aria, *S. MS* 3.50 *Pisano, Schmidt.*

Brook F. W. The Grosvenor, waltz 4 — *Donajowski.*

Brook John, Te Deum (Chant form) — 2 *Novello.*
· Vesper Hymn and Threefold Amen (on Card) — 2 *Novello.*

Brook Mabel, My heart but longs for thee 4 — *Turner & Phillips.*

Brooke H. P. G. St. James' Festive March, *Org* 3 — *Donajowski.*

Brooke Harold L. What shall I give thee? 2 — *Novello.*

Brooke Marie, Lover's Dream 4 — *Willcocks.*
· Love's Answer 2 — n *Lloyds.*
· The Mechanical Sailor 4 — *Hopwood.*
· A monkey on a stick 4 — *Ascherberg.*
· The Nativity 2 — n *Morley.*

Brooke S. O consider mine Adversity, (The Sabbath Garland 80), duet 1st and 2 nd *Treble TB* chor — 1 *Pitman.*
· O Lord Thou art my God (The Sabbath Garland 85), *S. T·s.* and chor. — 1 *Pitman.*
· The Works of the Lord are great (The Sabbath Garland 55), solo *Treble* or *T* and chor. — 1 *Pitman.*

Brooke T. P. American Excelsior, march —50, *Milit. Band* —50 *Coleman.*
· Ataiva, gavotte, *Milit. Band* —50 *Coleman.*
· Bach's March, *Milit. Band* —50 *Coleman.*
· Buffalo, march —50, *Milit. Band* —50, and Dr. Otto Jeuttner. A Jolly, *FullO* 1—, *14 parts* —80, *10 parts* —60 *Church.*
· Capitano, overt. *Milit. Band* 1.50 *Coleman.*
· Caprice Oddette, *Milit. Band* 1.50 *Coleman.*
· Caprice Trixie, gavotte, *Milit. Band* —50 *Coleman.*
· Chicago two-step —50, —15, *MandP* —40, 2*Mand* —25, *MandG* —40, 2*MandP*, 2*MandG* à —50 *Brainard.*
· The Coach Whip, galop, *Milit. Band* —50 *Coleman.*
· Cokoco Polka. Concert Polka, *Milit. Band* —50 *Coleman.*
· Columbian Guards' March —50 *Coleman*, 75— *Coleman, 4ms* —75, *CornetP* —50 n. *Milit.Band* —50, and Voelker, Phonograph March, *10 parts* —60, *11 parts* —80, *FullO* 1— *Coleman.*
· The Crack Liner March —40, *Milit. Band* —50 *Coleman.*
· Cyclequeen two-step —50, *Milit.Band* —50, and Godfrey D. S. Slide Along, galop, *FullO* 1—, *14 parts* —80, *10 parts* —60 *Church.*
· Dance of the rag doll, polka —50 *Church.*
· Fascination, gavotte —40, and Dance of the Rag Dolls, *FullO* 1—, *14 parts* —80, *10 parts* —60 *Church.*
· First Regiment N. G. S. M. March, *Milit.Band* —50 *Church.*
· Flight of the Fairies, galop, *O 14 parts* —60, *10 parts* —40 *Church.*
· From Ocean to Ocean, March, *Milit. Band* —50 *Coleman.*
· Full Swing, march 2 — n *Sheard.*

Gilmore's Triumphal March. (American Star Journal 174) *Milit. Band* —50 n *Fischer.*
· In Ole Virginny, two-step —50, *Milit. Band* —50 *Church.*
· Kayuga March, (N. Y. Music Publishing Co.'s Edition 2026) *Milit. Band* —50 n *Fischer.*
· King of Diamonds, march, *Milit. Band* —50 *Coleman.*
· King of Spades, march, *Milit. Band* —50 *Coleman.*
· Knave of Clubs, galop. *Milit. Band* —50 *Coleman.*
· Light Horse Squadron, march, *Milit. Band* —50 *Coleman.*
· Louisiana Buck Dance —50, *Milit. Band* —50, and Zitterbart. March of the Zulus, *FullO* 1—, *14 parts* —80, *10 parts* —60, *P part* —15 *Church.*
· Love's vision, waltz —60 *Church.*
· Manisot March —50, *FullO* 1—, *11 parts* —80, *10 parts* —60, *P* acc. —15 *Vandersloot.*
· March of the Marines —40, *Milit. Band* —50, and American Excelsior March, *10 parts* —60, *14 parts* —80, *FullO* 1— *Coleman.*
· Matchi March, *Milit. Band* —50 *Coleman.*
· Minneapolis Exposition, March, (American Star Journal 171) *Milit. Band* —50 n *Fischer.*
· Minnie Gavotte. Concert piece, *Milit. Band* —50 *Coleman.*
· Nautilus March, *Milit. Band* —50 *Coleman.*
· New century two-step —50, *FullO* —80, *14 parts* —60, *10 parts* —40, *Milit. Band* —50 *Church.*
· The New Liberty Bell, March —40, *FullO* 1—, *14 parts* —80, *10 parts* —60, *Milit. Band* —50 *Coleman.*
· New York Herald's Prize Baby, waltz —50, *FullO* 1—, *14 parts* —80, *10 parts* —60, *Milit. Band* 1.50 *Coleman.*
· Our little Blonde, gavotte, *Milit. Band* —50 *Coleman.*
· Our Nation's Guard, march, *Milit. Band* —50, and Zitterbart, Locomotive Galop, *FullO* 1—, *14 parts* —80, *10 parts* —60 *Church.*
· Pansy dance (with song part ad lib.) —50 *Brainard.*
· Park Point Galop, *Milit. Band* —50 *Coleman.*
· Peoria March, splendid 2—4 march, *Milit. Band* —50 *Coleman.*
· Pitter Patter Polka, *Milit. Band* —50 *Coleman.*
· Popular swing march, two-step-dance —50, *4mx* —75, *Mand* —15 *MandP* —40, 2*Mand* —25, *MandG* —40, 2*MandP*, 2*MandG* à —50 *Brainard.*
· Port Henry March, *Milit. Band* —50 *Coleman.*
· The Prize Winner March —50, *Milit. Band* —50, and The Coach Whip, *10 pts.* —60, *14 pts.* —80, *FullO* 1— *Coleman.*
· Rupsy Goop Galop, *Milit. Band* —50 *Coleman.*
· Salute to Mexico March, *Milit. Band* —50 *Coleman.*
· So So Polka, *Milit. Band* —50 *Coleman.*
· Spanishe Fort March, *Milit. Band* —50 *Coleman.*
· St. Louis Exposition March, *Milit. Band* —50 *Coleman.*

- Sweet remembrance, waltz – 75 *Church.*
- Take This Galop, *Milit. Band* –50 *Coleman.*
- Tampico March, *Milit. Band* – 50 *Coleman.*
- Transitory March, *Milit. Band* –50 *Coleman.*
- Venitza Serenade *Milit. Band* –50 *Coleman.*
- Wide Awake, quickstep (American Star Journal 209), *Milit. Band* –50 n *Fischer.*
- Zanti March, *Milit. Band* – 50 *Coleman.*

Brooke T. R. Gala, Polka 1 3 n *Allan.*

Brooke W. M. Six Hymn Tunes — 6 *Novello.*
- Two Hymn Tunes – 2 *Novello.*

Brookes Chumleigh, „Straight" 4 *Rey nolds.*

Brookes Harry, Menuet in G, *P* 3 – *Green.*
- Rondino in G, *P* 2 – *Green.*
- Sing praises unto the Lord, *SATB* – 3 *Weekes.*

Brookes H. J. Allegretto, *Og* 2 – *Donajowski.*
- Andante in C, *Og* 2 – *Donajowski.*
- Festal March, *Og* 2 – *Donajowski.*
- Offertoire in G, *Og* 3 – *Donajowski.*

Brookes T. P. March of the First, *Anstead.*
- Rialto march *Anstead.*

Brookfield Chas. Here's to the Slavey 4 — *Keeder.*
- Sun of my soul, chor — 6 *Ascherberg.*

Brooking W. D. Georgia, waltz, *Banjo* –30 *Ditson.*
- Midyear, schottisch, *Banjo* –35 *Ditson.*

Brooklyns-Marsch –50 *Nordisk Musikforlag.*

Brooks, American gavotte –35 *White.*
- As old Wisconsin scenes come back to me, song orchestration –50 *Thompson Mus. Co.*
- Blue-Eyed Bonnie Bell – 40 *White.*
- The Campaign, quick march, *Full Band* 2 8, *Med. Band* 2 –, *Small Band* 1 4 *Hawkes.*
- Challenge, waltz –30 *National Music.*
- Chip Hunter's Q. S. *Brass Band* –50 *Cundy.*
- Choose your roses 4 — *Ascherberg.*
- The Cobbler and the crow –35 *White.*
- Defiance, march –50. 1 & 2nd *MandG (P).* acc. –50 *Evans.*
- Happy am I. –30 *White.*
- Ireland's message 4 — *Ascherberg.*
- Irelands welcome 4 — *Ascherberg.*
- The Mastodon Minstrels, quick-march, *Full Band* 2 8, *Med. Band* 2/–, *Small Band* 1/4 *Hawkes.*
- Now the Cradle's Empty Nellie's Gone, sg. an chor. –40 *White.*
- Pomponetto, *P* 3 – *Duff.*
- Roman Dance, *BanjoP* –30 *Pond.*
- Slumber, softly sleep –50 *Thompson Mus. Co.*
- Surprise, waltz –30 *National Music.*
- Thou, my love, art all to me (Chopin) –40 *Ellis.*
- Twilight, waltz –30 *National Music.*
- Westward Bound, quadr. O, 1¼ pts. –75, 10 pts. –50 *Church.*
- & D e n t o n, Swim out O'Grady, *Banjo* –30 *Church.*

Brooks A. W. The cascade, Character. piece, *P* 4/– *Ashdown.*

- Helena, danse de ballet, *P* 3 – *Moore.*
- The Merry Haymakers (Vocal), polka 2 — n *Sheard.*
- Six Studies, *P* 4 — *Moore.*

Brooks Alice, Rich and Poor 2 — n *Sheard.*

Brooks Ellis. *Fischer;* Adlake two-step, *P* –40 *Brainard,* (American Star Journal 169) *Milit. Band* –50 n, and Chicago Post march, *FullO* 1— n, 1¼ pts. –80 n, 10 pts. –60 n, *P* acc. –15 n.
- Alcazar, lancers, *FullO* 1 – n, 1¼ Instr –80 n, 10 Instr –60 n, *P* acc. –15 n.
- Alicia, march (American Star Journal 306) *Milit. Band* –50 n, and Col. Foote's march, *FullO* 1 – n, 1¼ Instr –80 n, 10 Instr –60 n, *P* acc. –15 n.
- The American Guard March (American Star Journal 226), *Milit. Band* –50 n.
- American Medley March N. 3—9 (American Star Journal 229–235), *Milit. Band* à –50 n.
- Boom Zing Boom, medley overt. *FullO* 1.50 n, 1¼ Instr 1.25 n, 10 Instr 1 – n, *P* acc. –30 n, *Milit. Band* 2— n.
- A Boston Bake, medley overt. *FullO* 1.25 n, 1¼ Instr 1 – n, 10 Instr –75 n, *P* acc. –30 n, *Milit. Band* 2— n.
- Chicago Post March, two-step –40 *Brainard,* *Milit. Band* –50 n.
- Christmas Echoes, A descriptive Christmas Fant. *FullO* 1.50 n, 1¼ Instr 1.25 n, 10 Instr 1 – n, *P* acc. –30 n.
- Chromatic March, *Milit. Band* –50 n.
- Col. Foote's March, *Milit. Band* –50 n.
- Col. Moulton's March –50 *Church,* *Milit. Band* –50 n, and O s c a r H a m m e r- s t e i n, Shenandoah (Batle) March, *FullO* 1 – n, 1¼ Instr –80 n, 10 Instr –60 n, *P* acc. –15 n.
- Columbia March (Quickstep) –40, *Milit. Band* –50 n.
- Dance of Dwarf and Giant, Charact. *Milit. Band* –75 n.
- Dancing in the Barn, schottische and P a r l o w A. The Anvil, polka. *FullO* 1 – n, 1¼ Instr –75 n, 10 Instr –50 n, *P.* acc. –15 n.
- Darling, speak to me again –35 *Ditson.*
- Dixie Queen March –50, *Milit. Band* –50 n, and Columbian March. *FullO* 1 – n, 1¼ Instr –80 n, 10 Instr –60 n, *P* acc. –15 n.
- Escort March –40, *Milit. Band* –50 n.
- Fagan's March, *Milit. Band* –50 n.
- Florida cracker, Rag-two-step, *P* –50 *Brainard,* *Milit. Band* –50 n.
- The Harmony of Love, romance, *P* –50, *Mand* –40, *MandP* –50, 2*Mand,* *MandG* à –40, 2*MandP* –65, 2*MandG* –50, *FullO* 1.25 n, 1¼ Instr 1 – n, 10 Instr –75 n, *P.* acc. –30 n, *Milit. Band* 1— n.
- Love's Captive, romance and L a b i t z k y A u g. Traum der Sennerin, idyl for *1* or 2V or Fl, 10 Instr –75 n, 1¼ Instr –90 n, *FullO* 1.10 n, *P* acc. –30 n.
- Menlo Park Grand March –35 *Thompson Mus. Co.*
- The Message, Concertino, *Cornet (Tro)* 2— n, *CornetP, TroP* à –90, *FullO* 1.25 n, 1¼ Instr 1— n, 10 Instr – 80 n, *P* acc. –30 n.

My Gale is a Rubber Neck, two-step —40.
Milit. Band —50 n, and John C. Wal
ling. The Rose Festival, caprice, *FullO*
1—n, *1¼ Instr* —80 n. *10 Instr* —60 n. *P*
acc. —15 n.
The Jolly Minstrel, medley overt, *FullO*
1.25 n, *1¼ Instr* 1—n, *10 Instr* —75 n *P*
acc. —30 n. *Milit. Band* 2—n.
A Night in New-York, medley overt, *FullO*
1.25 n, *1¼ Instr* 1—n, *10 Instr* —75 n, *P*
acc. —30 n. *Milit. Band* 2—n.
Razzle Dazzle, quadr. *FullO* 1—n, *1¼ Instr*
—80 n. *10 Instr* —60 n, *P* acc. —15 n.
Rye and Rock, medley overt, *FullO* 1.25 n.
1¼ Instr 1—n, *10 Instr* —75 n. *P* acc.
—30 n.
Salute to Mobile, march, *Milit. Band* —50 n,
and Fred C. Voss, Idealistic March.
FullO 1—n, *1¼ Instr* —80 n. *10 Instr*
—60 n. *P* acc. —15 n.
The Vision, *CornetP* —50 n. *Standard, Baritone (Tro) P* —50 *Cindy, TroP* —60 n *Standard, Cornet* with *O FullO* 1—, *10 pts.*
—75, *P* acc. —35 *Cindy, Cornet (Tro)* with
O, 1¼ pts. 1—n, *10 pts.* —75 n. *P* acc. —30 n
Standard, Baritone (Tro) O FullO 1—, *10
pts.* —75, *P* acc. —35. *Cornet, Baritone* with
Milit. Band à 1.50 *Cindy, FullO* 1.25 n,
1¼ pts. 1—n. *10 pts.* —75 n. *P* acc. —30 n
Standard.

Brooks Fred. C. Good old Times, gavotta
—60, *FullO* 1—, *1¼ pts.* —75. *10 pts.* —60
Coleman.

Brooks George, Don't touch me there 2—n
Sheard.
I've turned against it now 4— *Francis.*
Oh, it's homely! very homely 4— *Francis.*
The Runaway Mounted Foot 2/—n *Francis.*
The Sage and the Onion 2—n *Francis.*
The Story—Teller's club; or that's another
2/—n *Sheard.*
Testimonials 2/—n *Sheard.*
When Father's done with 'em 2—n
Francis.
Yarns! or Captain told the Mata 2—n
Francis.

Brooks Hattie, Base Ball, waltz —30 *National Music.*

Brooks J. Dimpled pleasure (Chor. for
Equal Voices 372), *SC* —2 *Curwen.*
Young Damon was (School Music Leaflets
294), *SSC* —½ *Curwen.*

Brooks L. De G. Prince Imperial or quadrille de dames —50 *Ditson.*

Brooks Sydney, Reverie, *PV* 2—n, *PVc*
4/— *Woolhouse.*

Brooks Walter, op. 14 2 Morceaux pour *VP*:
1. Mélodie en Ut (C) 1.50. 2. Berceuse en
Mi-b (Es) 1.25 *Schott.*
42 Gavotte 1.25 *Schott.*
48 Album lyrique, *VP* 2—n *Augener.*
50 3 Chansonnettes, *VP*: 1. Un Aveu, Chansonnette. 2. Chansonnette militaire à 1.50.
N. 3, A la Russe, Chansonnette 1.25 *Schott.*
Ariane. Gavotte Moderne, *P* 3— *Duff.*
Blow gentle wind (The Grosvenor Series
36), *SATB* —/4 *Ashdown.*
Britons, strike home. Introduction, air.
variations and march, *P* 4/— *Ashdown.*
Daylight is fading. Two treble voices —4
Ashdown.

Galopada. *P* 3— *Duff.*
Gather ye rosebuds, *SATB* —4 *Ashdown.*
La Harpe Eolienne. Etude de Salon (Oeu-
vres 6), *P* 4— *Augener.*
Heigh ho! for merry May, *SCTTB* —3
Curwen.
Holidays, *P* 3— *Duff.*
The Hunt (Descriptive piece), *P* 3— *Phil-
lips.*
Idylle, *P* 3— *Duff.*
Un jour de Fête, *P* 3— *Duff.*
Maytide, *P* 3— *Duff.*
One day as I in merry mood, *SCTTB* —3
Curwen.
On the River, *P* 3— *Duff.*
Oeuvres, *P*: 1. Feu Follet, Air de danse 3—.
2. Le Moulin (The Mill) 4'—. 3. 2 Minia-
tures 4—. 4. Marche Féerique 3/—. 5.
Petit Prélude en La mineur 3—. 7. Mélo-
die 3—. 8. 2 Feuilles d'Album 4 —. 9. Pre-
lude and Fugue in D min 4— *Augener.*
La Rosière, *P* 3— *Duff.*
Scène de Chasse, *P* 3— *Duff.*
Sirène. Air de Ballet, *P* 3— *Duff.*
Wedding March (March nuptiale), *P* 3—
Duff.

Brooks W. W. O swallow fly not yet. Mixed
voic. — *1½ Novello.*
When icicles hang by the wall. Mixed voic.
— *1½ Novello.*

Brooksbank Oliver O. Benedicite —2 *Novello.*

Brookton C. Sultana's waltz —50 *Brainard.*

Broom, I love thee so 4 — *Williams.*

Brooman Hanna, Norr lanningens Hemläng-
tau —50 *Elkan.*
Tre sånger: Till Laura „Se vissnande de
unga rosor luta". Den ensamma makan:
Vill, du från din vän". Tanke och känsla:
„Tanken är en örn, på spända vingar" 1—
Hirsch.

Broome Edward, At Close of Day (Chor.
for Mixed Voices 621) —10 n *Schirmer.*
The Beautiful City —60, with F —75 *Wood.*
Beyond the Sky —50 *Wood.*
Crossing the bar, *S. MS* —50 *Boston Mu-
sic Co.*, 3 — n *Woolhouse.*
Cupid's Mistake —50 *Boston Music Co.*
(Med. voice) 2—n *Woolhouse.*
The Haven Beautiful —60, with F —75
Wood.
He is not Here; For He is Risen, *S. MS. A*
à —60 *Boston Music Co.*
The land of rest —60 *Church.*
Lead, kindly Light, Choir (Choir-Journ.
N. 110) —06. *SATB* —12 *Wood.*
Lo the Tomb is Empty (Church Music 4404)
—15 n *Schirmer.*
Six Opening Sentences 1—5 Set à —25 n.
Out of the darkness, *S. MS. A* —60 *Boston
Music Co.*, 2/6 n *Woolhouse.*
The Roll-Call (Chor. for Men's Voices 443)
—20 n *Schirmer.*

Broome G. Pl. *Hofmeister*: Op. 2 6 Melodien
in Liederform, *Z* 1.25.
3 Fantasie, *Z* —50.
4 Marsch, *Z* —50.
5 Galop n. Polka. *Z* —50.
6 Potpourri aus: Beatrice di Tenda, *Z*
—75.

- **7** Spanische Nationallieder (El Jague. La Calesara). Z 1—.
- **Hoffnungstraum.** Konzertstück. Z 1.25.

Broomfield's National Songs. SATB. 1—12 à —/4, or in 1 vol. 5 — *Bayley.*

Bros Howard, Administration, march —50 *Stern.*

Bros Mallory, Don't Wake My Pickaning —50 *National Music.*

Bros Robinson, Della Lee, you're fooling me —50 *Stern.*

Brosbøll, Tonne gaar i Krigen. Karens Saug Din lille Bror, som drev med Faar —25 *Hansen.*

Brose Maximilian, Zehn Lieder (Arabische Volkslieder auf Mesopotamien). 1. Entschwundenes Glück. 2. Liebeslust und Lästerzungen. 3. Vergebliches Hoffen. 4. Trennungsschmerz. 5. Treue Liebe. 6. Liebesglück. 7. Der Vogelsteller. 8. Vorbei. 9. Liebesketten. 10. Hangen und Bangen 2— *Ries & Erler.*

Brosée H. abbé, Six litanies à une voix acc. Org (répertoire des paroisses N. 117) 1.25 *Katto.*

Brosende Friedrich, Warnung: „Ich denke zurück und werde zum Kind" —80 *Brosende.*

Brosenius H. 20 Variat. über ein russisch. Thema (A-moll). P 1—n *Breitkopf.*

Brosig Moritz (1815–1887) *Leuckart:*
Op. 1 Drei Präludien und Fugen. Org (in E-moll, C-dur, Fis-moll) 2—.

- **2** Requiem. SATB mit *Streichquart.* u. *Org* od. *Org* u. Kb in St 6—. Singst 2.40.
- **3** Fünf Orgelstücke zum Gebrauch beim Gottesdienste (vier Präludien in F-moll, G-dur, B-moll, G-dur; Präludium und Fuge in G-moll) —80 n.
- **4** Fünf Choralvorspiele zu den Liedern: „Nun sich der Tag geendet hat" (G-moll); „Auf meinen lieben Gott" (F-moll); „Liebster Jesus, wir sind hier" (G-dur); „Aus tiefer Not schrei ich zu dir" (phrygisch); „O Haupt voll Blut und Wunden" (phrygisch) —80 n.
- **6** Christ ist erstanden. Fantasie in D-moll (dorisch). Org 1.30.
- **7** Messe (E-moll). SATB mit O; Singst m. Direktionsst 10—. Direktionsst einz. 2—. Singst 2.40.
- **8 b** Einundzwanzig kurze Vorspiele zu Predigtliedern. Org 1— n.
- **11** Drei Präludien (in F-dur, C-dur, Es-dur) und zwei Postludien (in F-moll, C-dur). Org 1.50.
- **12** Vier Orgelstücke (Präludium in G-dur; Vorspiel zu dem Liede: „O Traurigkeit" in F-moll; Präludium und Fuge in A-moll; Präluidum in As-dur) 2—.
- **13** Postludien. 2 Präludien u. Fantasie. Org 1.80 *André.*
- **14** Zwei Präludien, zwei Postludien, zwei Trios und Fantasie. Org 2— *André.*
- **15** Moderato. Fantaisie & Prélude. Org 1.50 *André.*
- **16** Deutsche Choralmesse nach alten Choralmelodien, vier- od. einst. Gesang (SATB) mit Org (4 Pos ad libit.). Part u. St 2.80.
- **17** Fünf Lieder (N. 1—5) 1.80 *André:* 1. Im wunderschönen Monat Mai. 2. Abendlied. 3. Der Hidalgo. 4. Wanderlied. 5. Sternhelle Nacht à —60.
- **18** 2 Nocturnes. P1, PVc à 2— *André.*
- **19** 6 Morceaux. Org 1.80 *André.*
- **20** Fünf Gradualien. SATB (Org ad libit.): 1. In omnem terram exivit. 2. Gloria et honore coronasti eum. 3. Justorum animae in manu dei. 4. Diffusa est gratia. 5. Exaudi nos domine. Part u. St (à —30) 2.20.
- **21** Präludien. Org, Heft 1: 2 —, II: 1.80 *Haslinger.*
- **22** Sérénades. PV, PVc à 2.60 *André.*
- **23** Kurze Vespern (D-dur, de Confessore). SATB, 2VVaVc, 2Ob, 2Horn (abwechselnd mit Tr u. Pauken), Kb u. Org, Stimmen mit Direktionsst 6— Singst 2.40.
- **24** 4 Andantes. H, Org 1.50 *Haslinger.*
- **27** Pièces faciles. P1, PVc à 2— *André.*
- **29** Dritte Messe (C-dur und C-moll). SATB, 2VVaVcKb, 2Cl, 2Horn u. Org (2Fa 2Tr u. Pauken ad libit.), St mit Direktionsst. 9 —, Singst 2.40 *Leuckart,* SATB — 60, O 3.15 *J. Fischer.*
- **30** Melodien zu dem katholischen Gesangbuche, Org (Choralbuchs op. 8). Mit Anhang, qu. 4° 2.75 n.
- **31** Vierte Messe (F-moll). SATB, Strquart. 2Cl, 2Horn u. Org (2Ventil-Tr u. Pauken ad libit.), St mit Direktionsst 8—, Singst 2.40.
- **32** Orgelbuch, Org ou H 5.50 *Breitkopf.* In 8 Lieferungen à —60 n. Dasselbe: Neue Ausgabe unter Zugrundelegung der hinterlassenen Aufzeichnungen des Autors vermehrt und verbessert von Th. Forchhammer. Pedal-Tonleitern, 100 drei-, vier und mehrstimmige Orgelstücke nebst Modulationstheorie mit Beispielen 4.50 n.
- **33** Zwei lateinische Motetten für zwei Chöre. SATB: 1. Graduale: „Gloria et honore coronasti eum". 2. Offertorium: „Salvum fac regem", Part u. St (à —30) 2—.
- **34** Neun Vesperpsalmen und Magnificat. SATB, Strquart. 2Ob, 2Horn (abwechselnd mit 2Ventiltr u. Pauken) u. Org: I: Dixit, Confitebor Beatus vir, Laudate pueri, Laudate Dominum, Magnificat, St mit Direktionsst 8—, Singst 2.40. II: Laetatus sum, Nisi Dominus, Lauda Jerusalem, In exitu. St mit Direktionsst 6.50, Singst. 2.40.
- **35** Vier Gradualien (1. Benedicta et venerabilis. 2. Justorum animae. 3. Domine deus. 4. Dirigatur oratio mea) und vier Offertorien (5. O salutaris hostia. 6. Lauda anima, mea. 7. Alleluja resurrexit. 8. Ave Maria). SATB (Nr. 1. mit oblig. Org u. Kb), Part u. St 4— n, Singst 2.40.
- **36** Festmesse (D-moll und D-dur) (Messe Nr. 5). SATB, Strquart. 2Cl, 2Fa, 2Horn, 2Tr u. Pauken, 3Pos u. Org. St mit Direktionsst 9—, Direktionsst einzeln 2.70, Singst 2.40.
- **38** Zwei Offertorien, SATB u. Org ad libit. 8°. 1. Diffusa est gratia. 2. Lautate dominum, Part u. St 1.20.
- **39** Messe Nr. 6 (B-dur), SATB u. klO 7— n, O-St 3.30 n, Org-(Direktions-)St 1.80 n, Singst 2— n *Ries & Erler.*

40 Missa solemnis Nr. 7 (C-moll), *SATB*
u. *klO* 10.80 n, *OSt* 6.80 n, *Org* (Direk-
tions-)St 2—n, Singst 2—n *Ries & Erler*.
41 Zwei Offertorien (Ave Maria, Recordare), *SATB, Streichquart. 2Cl, 2Hörner*
u. *Org* St 2.50, Singst —60.
42 Messe Nr. 8 (D-moll und dur), *SAT2B*.
Org u. *Kb(Vc* ad lib.) 5—, *Org*-(Direk-
tions-)St 2— n, Singst 2.50 n *Ries &
Erler*.
43 Neun Orgelstücke verschiedenen Charakters 1.80 n *Ries & Erler*.
44 Missa solemnis Nr. 9 (H-moll und dur),
SATB u. *klO* 11— n, *OSt* 6.50 n, *Org*-(Di-
rektions-)St 2.50 n, Singst 2—n *Ries &
Erler*.
45 Sechs lateinische Kirchengesänge, *SATB*,
mit und ohne *Org*, Part 1.60, St 2.40 *Ries
& Erler*.
46 Acht Orgelstücke (Präludien in D-dur,
F-moll, G-dur, C-dur, C-moll, D-dur: Fest-
vorspiel in Es-dur: Präludium in G-moll)
2—.
47 Fünf Orgelstücke (3 Andante in B-dur,
A-dur, As-dur: Präludium in A-dur: Postludium in D-dur) 2—.
48 Vier lateinische Gesänge für (vier- und
fünfst.) *SATB*, Part 1.30, St à —30 *Ries
& Erler*.
49 Fünf Orgelstücke: Fantasie in C-moll:
3 Andante in A-moll, E-dur, F-dur; Adagio
in As-dur 2—.
50 Zwei Offertorien: Nr. 1. Bonum est. 2.
Veritas mea, für *SATB* mit *Org* (*Cbass*
ad lib.) 1.50 *Bohm*.
51 Drei Gradualien (Benedicta et venerabi-
lis-Sederunt principes-Specie tua) und ein
Offertorium (Beata es) für 4 Singst, *St.
quartett, 2Cl* (wechselnd m. 2Ob), *2Hörner*
u. *Org* 6— *Böhm*.
52 Zehn Orgelstücke verschiedenen Charakters u. zwei Choralvorspiele 2— n.
53 Fantasie Nr. 1 in F-moll, *Org* 1.50.
54 Fantasie Nr. 2 in Es-dur, *Org* 1.50.
55 Fantasie Nr. 3 in D-moll, *Org* 2—.
56 Zwei Hymnen, *SATB* mit *klO*: 1. Coelestis urbs Jerusalem (Kirchweihfest), 2.
Ad regias agni dapes (Weißer Sonntag)
1.50, Singst apart —50 *Goerlich*.
57a Zwei Gradualien (Ecce sacerdos mag-
nus-Domine praevenisti eum Domine) für
SATB mit *Org* (*Contrab* ad lib.) 1—
Bohm.
57b Zwei Offertorien (Lactamini in Domino
Tui sunt coeli) für *SATB* mit *Org* (*Cb* ad
lib.) 1— *Bohm*.
58 Acht Orgelstücke: Präludien in E-moll,
C-dur; Postludien in F-moll, D-moll: Vorspiele zu: „Straf' mich nicht in deinem
Zorn", Es-dur, u. „Komm Gott, Schöpfer":
Trios in E-dur, G-dur 2.50.
59 Fünf Hymnen (Pange lingua, Salutis
humanae sator, Jesu corona Virginum, Te
Joseph celebrent, Deus tuorum militum)
für *SATB* mit *Org* 3— *Bohm*.
60 Sechs Präludien und Fugen, *Org*: Heft
I: in Es-dur C-moll, E-dur, II: in A-moll,
D-dur, Cis-moll à 2—.
61 Fünf Tonstücke verschiedenen Charakters nebst drei Postludien, *Org* 2.50.
62 Vier Präludien, *Org* 1.50.

Ausgew. Orgel-Kompositionen, Bd. I—V à
3— n.
Cristo è risorto, Offertorio, *Org* (Armonio)
—75 n *Bertarelli*.
Ecce sacerdos und Domine praevenisti.
SATB mit *Org* (*Kb* ad lib.) 1— *Böhm*.
Fantasie in A flat (Best), *Org* 1— n
Augener.
Gesangbuch für den katholischen Gottes-
dienst —80.
Gesangbuch für katholische Gymnasien —60.
Lactamini in Domine. Mix. quart. —06
Ditson.
Offertorium in ascensione Domini. *SATB*.
Part —60, St —20 *Coppenrath*.
Pange Lingua, Tantum Ergo —20 *J. Fischer*.
Präludium, *Org* (Album für Orgelspieler
Nr. 6) —50 *Rieter*.
& Witska. Asperges me 1, 2. Quart. —10
Ditson.
Brosolo A. Josephine, mazur 2— *Mariani*.
Brosovich C. G. Angiolina, *P* 4— *Ricordi*.
Inghilterra, *P* 1.50 *Ricordi*.
Marcellina, *P* 1.25 *Ricordi*.
La Pettegola, *P* 1.75 *Ricordi*.
Il Pungolo, *P* 1.75 *Ricordi*.
Bross, Queen of Beauty, polka —50 *Groene*.
Brossa, Faust, Fantaisie, *VP* 7.50 n *Mu-
raille*.
Brossel M. La Brise du soir, polka 1.50 n
Fromont.
Fauvette, polka-mazurka 1.50 n *Fromont*.
Tatania, mazurka 1.50 n *Fromont*.
Brosset Jules, Chanson de Henry IV.
(Grognet E.), gavotte, *Harm*, Part
3—n *Evette*.
Madrigal, *VP* 4 — *Schott*.
Le Moulin de Milly 3— *Cartereau*.
Nuit d'Été, valse chantée 1.30 *Bertram*.
Pavane de Marguerite de Valois (XVIe
siècle), *P* 5— *Ledac*.
Recueillement, *VP* 4 — *Schott*.
Souvenance, *VP* 4 — *Schott*.
Brosseur du capitaine (Le), Chansonnette
—30 n *Joubert*.
Brossia, Alpenröslein: „Von der steilen
Alpenhöh", *TTBB*, Partit u. St —30 *Kann*.
Broström Hildur. Con amore, vals 1— *Elkan*.
Graziella, pas de quatre —75 *Elkan*.
Innocence, vals —75 *Elkan*.
Jeunesse, vals 1— *Gehrman*.
Journalistmarsch —75 *Gehrman*.
En liten skälmunge, polka —50, O (Orkes-
ter-Bibliotek 14) 1— *Gehrman*.
Klappadt och klart. polka —50, Messing-
Sextett —60 (Vald samling Dansmusik
och Marscher arr. af Ringvall N. 7) *Elkan*.
Lilla Blaöga, pas de quatre 1— *Elkan*.
Med lif och lust, hambo-polska —50 *Elkan*.
Oländings-Marsch —50 *Elkan*, *Nordisk Mu-
sikforlag*, ⁴⁄₅ms —75 *Elkan*.
Pa lyckans hjul, polka —75 *Elkan*.
Ponny-Marsch 1— *Eckermann*.
Tattersall-Marsch —75 *Elkan*.
Tzigane-Polka, ⁴⁄₅ms 1— *Elkan*.
Upsala-minnen, 2 Schottisch —50, *PV* (*Fl*)
(Marscher 37) —50. Messing-Sextett
—60 (Vald samling Dansmusik och Mar-
scher arr. af Ringvall N. 2) *Elkan*.
Broström Nanna, I traf, polka —50 *Gehr-
man*.

Brotan Ant. „Hoj vzhůru, pestrý Sokole". pochod, *TTBB*, na slova J. V., 1.40. Hlasy po —30 *Springer.*

Brotero M. Gratas recordacoes, polka. *Banda* 1— *Guimaraes.*

Brother Cheney's Old Folk's Collection —35 *White.*

Brother's lullaby (Lena my darling) —2 *Hopwood.*

Brotherton J. H. op. 7 Te Deum in F —5 *Duff.*

- Autrefois, intermezzo, P 3 — *Hopwood.*
- Behold I bring (The Church Choralist 75) 3 *Curwen.*
- The Gates Between 4 — *Duff.*
- Incentives to Practice. A Series of duets 1—6 *Two V.* P à 3 — *Hopwood.*
- Queen of the Flowers 2 —n *Hopwood.*
- Suffer little children (The Church Choralist 111) — 2 *Curwen.*

Brotter Sohn, Grisaille 1.35 n *Robert a Béziers.*

Brou L. Les amis du progrès, marche —25 n. polka 1.70 n *Cairanne,* 1—n *Ghéluwe,* gr. O 1—n, pet. O —75 n, P cond. —35 n *Cairanne,* O 1—n *Ghéluwe.*
- Le Bluet, mazurka 1.70 n, gr. O 1—n, pet. O —75 n, P cond. - 35 n *Cairanne,* O 1—n *Ghéluwe.*
- Clemence, maz. 1.70 n, gr. O 1—n, pet. O —75 n, P cond. —35 n *Cairanne.*
- Echo de la Butte, schottisch 1.70 n, gr. O 1—n, pet. O —75 n, P cond. —35 n *Cairanne.*
- Emma, berline, polka 1.70 n, gr. O 1—n, pet. O —75 n, P cond. —35 n *Cairanne,* O 1—n *Ghéluwe.*
- Joyeuse gaieté, quadr. —25 n, O 1—n *Ghéluwe.*
- Les Lanciers fleuris, quadrille 1.70 n *Cairanne,* 1—n *Ghéluwe,* gr. O 1 n, pet. O 75 n, P cond. —35 n *Cairanne,* O 1—n *Ghéluwe.*
- Polka des clairons, 1.70 n *Cairanne,* —25 n. *Ghéluwe,* gr. O 1—n, pet. O —75 n, P cond. —35 n, O 1—n *Ghéluwe.*
- Rêverie, schottisch 1.70 n *Cairanne,* —25 n *Ghéluwe,* gr. O 1—n, pet. O —75 n, P cond. —35 n *Cairanne,* O 1—n *Ghéluwe.*
- Sagantina-Nanceede, danse 1.75 n *Rouart.*
- Solitude, valse 1.70 n, gr. O 1—n, pet. O —75 n, P cond. —35 n *Cairanne.*
- Souvenir de Bondy, marche 1.70 n, gr. O 1—n, pet. O —75 n, P cond. —35 n *Cairanne,* O 1—n *Ghéluwe.*
- Talisman, quadrille 1.70 n *Cairanne,* —25 n *Ghéluwe,* gr. O 1—n, pet. O 75 n, P cond. —35 n *Cairanne,* O 1—n *Ghéluwe.*
- Union et Fraternité, schottisch 1.70 n *Cairanne,* 1—n *Ghéluwe,* gr. O 1—n, pet. O —75 n, P cond. —35 n *Cairanne,* O 1—n *Ghéluwe.*
- & M. Faguet. Paralienne, polka. O avec P cond. *Esper.*

Brough A. J. Benedicite — P, *Novello.*

Brough Lionel, The muddle puddle porter 4'— *Hopwood.*
- Fool, comic. —40 *Brainard.*
- That's the sort of man I am, sg. darky —40 *Brainard.*
- Ye Baron of the Rhine 4 — *Francis.*

Brough Oldbury, The Bisley Post, march 4 — *Reeder.*
- Britishers Together 4 — *Reeder.*
- The Coon's Lullaby 4 — *Reeder.*
- Dusky Dinah Barn Dance 4 — *Reeder.*
- Kitty 2 — n *Francis.*
- March of the Fighting Fifth. Banjo (Banjo Budget 624) 2 — *Turner.*
- Puzzlers 4 — *Reynolds.*

Brough Robert, Never mind! 4 — *Francis.*

Brougham J. Fine ould Irish gintleman —50 *Brainard.*

Broughton John, The better land, *SATB* (Coll. of Part music 6) — 6 n *Leonard.*
- Bird of the wilderness, *SATB* — 6 *Weekes.*
- Festal Sonata, A Silver Wedding, *Ims* 4 —n *Novello:* Allegro 1 6 n, Andantino 1 6 n, Minuet — 9 n, Finale 1 6 n.
- From Greenland's icy mountains, trio, fem. or boy's voic. 6 *Novello.*
- In memoriam, marche funèbre, P 2 — n *Novello.*
- Kitty, dear 3 — *Francis.*
- & J. F. Downes, A Simple Sweep. Operetta 4 —, Libretto —4 *Williams.*
- & F. Pascal, Lady Laura's land. Operetta 2 6, Libretto — 6 *Williams.*

Brouha, Bal de la renommée, schottisch. P 4—n *Katto.*

Brouillet, La loupiote 1— n *Halet.*

Броунъ Н. Романсы и пѣсни, *Johansen:*
1. На единѣ съ безмолвной ночью —50.
2. Мнѣ грустно. Романсъ —50.
3. Осыпаются бѣдныя розы. Романсъ —50.
4. Выборъ жены. Комическая пѣсня —60.
5. Серенада. Романсъ —60.
- Пѣсни любви и печали, *Jurgenson:*
1. Моя печаль —60.
2. Заря зажглася, птички пѣли, для тенора или сопрано —50.
2a. То-же, д. баритона или м.-сопр. —50.
3. Люблю я ширь степи —40.
4. Когда въ лучахъ послѣдняхъ дня —40.
5. Полночный часъ. Ноктюрнъ —50.
- Романсы, *Lyre:*
1. Черкесская пѣсня: „Много дѣвъ насъ" —45.
2. Въ моей душѣ любовь восходитъ —45.
3. Жаворонокъ: „Между небомъ и землей" —45.
4. Весенній вечеръ. Гуляютъ тучи золотыя. Дуэтъ —45.
5. На сѣверъ дикомъ стоитъ одиноко. Тріо —45.
- Романсы, *Rosé:*
1. Она поетъ и звуки таютъ —60.
2. Весенняя ночь —60.
3. Я хочу умереть —60.
4. Я здѣсь Инезилья. Серенада —30.
- Романсы, *Seliverstone:*
1. По рѣкѣ. Пѣснь гондольера. По заснувшей рѣкѣ я плыву въ челнокѣ —40.
2. Ночью звѣздной. Ночью звѣздной вкругъ смотрю я —40.
3. Грезы. Вездѣ живутъ больмыя грезы —40.
4. Ночь на Днѣпрѣ. Догорѣлъ, померкъ день знойный —40.
5. Я здѣсь Инезилья. Серенада —40.
6. Воспоминаніе. Элегіе. Въ ночной тишинѣ луна свѣтила —40.

Brounoff Platon. Autumn Song —40 *Coract.*
jus —30 *National Music.*
Ave Maria (God the Father) —40 *National Music.*
Barcarolle (Moon is brightly gleaming —60 *Brainard.*
Cradle song (Russian). *P* —40 *Brainard.*
Danse Africaine —75 *National Music.*
Funeral March —40 *National Music.*
Indian Lullaby —50 *National Music.*
Drei Liebslieder: 1. „Mein Lieb, wenn mein Herz eine Harfe wär'", deutsch u. engl. 1 —.
2. I love thee: „Some may praise thy wondrous tresses" 1—. 3. „Were I a bird, i would not pipe" à 1— *Luckhardt.*
Love serenade —35 *Ditson.*
Moon is brightly gleaming. Barcarolle —60 *Brainard.*
On the Wings of Love. Waltz Serenade —50 *National Music.*
Oriental Dance —50 *National Music.*
Oriental Song without Words, *P* —50 *National Music.*
Parnell's Funeral March —40 *National Music.*
Romance de concert, *VP* —75 *Church.*
Russian Story, *P* —60 *National Music.*
Spanish Serenade —50 *National Music.*

Brousek, Staročeský kvapik —80 *Starý.*
Broussac E. op. 4 Près de toi, *P* 1.30 *Rühle.*
7 Styrienne originale, *P* 1.50 *Rühle.*
9 J'attends. Rêverie sur une Mélodie de Meyerbeer, *P* 3— *Ricordi.*
10 Les mystères du cour, *P* 1.50 *Rühle.*
13 Suis-moi, *P* 3.50 *Ricordi.*
14 Loin de toi. Caprice de Salon, *P* 6— *Ricordi.*
15 Huit ans de rêves. Romance sans paroles, *P* 5— *Ricordi.*
19 La Favorite. Caprice de bravoure, *P* 8— *Ricordi.*
Broussan L. Les Illusions 1.75 *Durdilly.*
Sérénité 2— *Durdilly.*
Brousse M. O salutaris nº 1 en ré bémol, *Bar,* 2 en bémol, *T* à 1.35 n *Gregh.*
Broustet Edouard (1836), **op. 31** Souvenir de Pologne, 2 mazurkas 2— *Bote,* 1.25 *Schott.*
33 Madaletta, souvers des Pyrénées, valse 6— *Joubert,* O 1.50 n *Ghéluwe, Joubert.*
41 La Reine des Pyrénées, valse 7.50 *Joubert,* O 1.50 n *Ghéluwe, Joubert.*
42 Deuxième grand trio, *PVVc* 8.35 n *Joubert.*
46 Introduction et Gavotte, *O instruments à cordes,* Part et p. sép. 3— n *Hamelle.*
47 Marie-Louise, suite de valses 7.50 *Joubert,* 1.50 n *Ghéluwe, Joubert.*
48 Les Guides montagnards, galopposte, *P* 6— *Joubert.*
50 L'Avalanche, valse 7.50 *Joubert,* O 1.50 n *Ghéluwe, Joubert.*
65 Scènes fantaisistes. Suite, O, Part 15— n, p. 5— n *Ricordi;* N. 1. Habanera, Part 4— n, p. 1.50 n. N. 2. Noël, Part 5— n, p. 1.50 n. N. 3. Chanson Bohémienne, Part 2.50 n, p. 1— n. N. 4. Saltarella. Part 7— n, p. 3— n, *P* compl. 10—. N. 1 4—, N. 2, 4 à 5—, N. 3 2— *Ricordi,* N. 1 O 1.50 n, *P* 6— *Joubert,* N. 3 per canto 3— *Ricordi.*

105 Berceuse, *P* 1.35 n *Durand.*
107 Souvenir d'Ischia, tarentelle, *P* 6—, O 2— n *Joubert.*
111 Sorrentina, chanson napolitaine, *P* 6—, O 5— n *Heugel.*
112 Légende languedocienne, *P* 6—. O 5— n *Heugel.*
113 Près de toi, valse 6—. O p. sép. 1.50 n *Heugel.*
114 Loin de toi. valse 6—. O p. sép. 1.50 n *Heugel.*
115 Toujoars toi! valse 6—. O p. sép. 1.50 n *Heugel.*
Airs de Danse style ancien, *P*: 1. Royale Gavotte. 2. Pavane florentine. 3. Mennet du Cardinal. 4. Joyeux Rigaudon. 5. Tricotets. 6. Tambourin et Musette à 5— *Heugel.*
Airs pyrénéens, *P* 7.50 *Leduc.*
Annette. suite de valses 2— n *Fromont.*
Aurélie, maz. 5— *Joubert,* O 1— n *Ghéluwe, Joubert.*
Avant, pendant et après, fantaisie épisodique, *jus* 3— n *Fromont.*
Aveux, valse 3— n, O 2— n *Contarel.*
Badinerie, *PFl* 2— n, O 2— n *Durand.*
Ballatella. Valse lente (Leopold Kessler) —40 *Ditson.*
Bataille de Fleurs, valse 6—, *jus* 6— *Legouix,* O 2— n *Pinatel.*
Berceuse, *PV* 1.75 n, *V* et quatuor p. sép. 1.75 n *Durand.*
Biribi, polka 1.70 n, simpl. 1— n, O 2— n, *P* cond. —50 n *Fouquet.*
Blue White, Polka-Mazur 1.75. O 3— n *Schott Frères.*
Bonheur perdu, Polka-Mazur 3— *Benoit.*
Bonita, Valse espagnole 2— n *Decourcelle.* —40 *Idzikowski, jus* 3— n, *Vocal* —25 n, O avec choeur hom. 2— n *Decourcelle.*
Brésilienne, *P* 5—. O p. sép. 1.50 n *Joubert.*
Budapest, marche O 1.50, *P* cond. —40 *Gaudet.*
Cantilena amorosa, *VP* 2.50 n, *V* acc. O ou quatuor à cordes 5— n, Partition 3— n *Costallat.*
Casconnette, Polka 5— *Hamelle.*
Chansons polonaises, *P* 2— n, O, Part 8— *Durdilly.*
Chiffonnette, polka 5—. O p. sép. 1— n *Heugel.*
Coquelicots, polka 1.75 n *Gallet.*
Criquette, Polka 5— *Legouix,* O 1— *Pinatel.*
Danse marocaine, *P* 2.50, O Part 10— *Durdilly.*
Dernier Souvenir, vals 1— *Nordisk Musikforlag.*
Les Echos du parc, valse 2— *Gaudet.*
Les Enchanteresses, valse 2— n, O 4— n *Schott Frères.*
Enclume et Marteau, polka 1.35 n, O 3— n *Schott Frères.*
En matinée, scherzo, *P* 5—, O 1.50 n *Leduc.*
Etigny, valse 6— *Joubert,* O 1.50 n *Ghéluwe, Joubert.*
Fantaisie sur des airs espagnols, *VP* 2.50 n, O 2— n *Joubert.*
Folles mèches, polka 5— *Joubert,* O 1— n *Ghéluwe, Joubert.*
Frivolette, polka, O 1.50 n *Contarel.*

Gabrielle, maz. 5— *Joubert*, O 1— n *Ghéluwe*, *Joubert*.
Gavotte en la majeur, *P* 5—, O 1.50 n *Leduc*.
Grla, polka, O 1.50 n, *P* cond. —40 n *Gaudet*.
Ivone, polka-mazur 5— *Lemoine*.
Juge et partie (Missa), polka 5 —, O moderne 1.25 n *Leduc*.
Kitra, maz. russe, *P* 2— n, *Cl. Cornet. Fl. V, Mand* (Gerbe de Succès, N. 14) à —20 n, O 2 —n *Société nouvelle*.
Koukaril, polka 5 — *Joubert*, O 1— n *Ghéluwe*.
Madrigal-Gavotte 1.75 n *Fromont*.
Madrigal Louis XV., *P* 5— , O 1.50 n *Pouillon*.
Marche des Archers 1.75 n, O, *P* cond 1.75 n *Durand*.
Margarita, maz. 5— *Joubert*, O 1 —n *Ghéluwe*, *Joubert*.
Margot, maz. 5— *Joubert*, O 1— n *Ghéluwe*, *Joubert*.
Marpha, maz. russe —85 *Nordisk Musikforlag*, 1.50, O 2.40 n *Bertram*.
Marthe, suite de valses 7.50 *Joubert*.
Dix mélodies 6— n *Fromont*.
Les mirabelles, polka —75 *Nordisk Musikforlag*, 1.30, O 2.40 n *Bertram*.
Moisson de Roses, valse 2— n, simpl. 1— n *Fouquet*, O a cordes 1.50 n *Debert*, O 2— n *P* cond. —50 n *Fouquet*.
Oui, ma belle, suite de valses, O 3 — n *Hamelle*.
L'Ouragan, suite de valses 2 — n *Fromont*.
Parisis Polka 5— *Joubert*, O 1— n *Ghéluwe*, *Joubert*.
Passepied, *P* 1.70 n. O, Part 5 — n *Baudous*.
Passionata, valse 2—n *Gallet*.
La Pavane —50 *Gordon*.
Pavane Médicis, *P* 2.50 n, O 2 — n *Gallet*.
Les pupilles de la garde marche 2—n, O, *Mus. milit.* à 3—n *Durdilly*.
Rally-paper, polka-marche 5—, O, p. sép. 1—n *Joubert*.
Remember, suite de valses 7.50 *Joubert*, O 1.50 n *Ghéluwe*, *Joubert*.
Rêve après le bal, Scherzo, *P,* 4— *Landy*, —30 *Presser*, 4 — *Schott*, —50 *Schirmer*, —40 *J. H. Schroeder*, —35 *White*, 1.50 n *Debert*, 5 — *Leduc*, 1.50 *Benthéqua*, *Gaimaraes*, *Napoleao*, Z —25 *Fischer, Mand*, A, *Cl, Cornet, Fl* à —20 n *Leduc, VcP, FlP* à 4— *Breitkopf, VeP, FlP* à 5— *Leduc*, O, Part u. St 4.80 n *Breitkopf*, pet. O, Part 1.50 n *Leduc*, arr. W. P o p p, Herzen-dieb (Cupid), *FullO* 1—n, *14 Instr* —80 n, *10 Instr* — 60 n, *P* acc. —20 n *Fischer*, arr. X. S c h a r w e n k a, Polish National Dance, *FullO* 1—n, *14 Instr* —90 n, *10 Instr* —75 n, *P* acc. —30 n *Fischer*.
Les rêves, suite de valses 2.50, O 3—, valse chantée 2— *Durdilly*.
Rondo turc, extrait du trio en la maj. op. 22. de H u m m e l, transcription O 2—n, *P* cond. —50 n *Gaudet*.
La salamandre, polka 1.75 n *Fromont*.
Saltarelle, *P* 2.50 n *Société nouvelle*, —60 *Idzikowski*, *2P* 4—, *PO* 1—n *Société nouvelle*.
Sérénade, *PVl* e 3— *Durdilly*.
Sonate, *PVl, Vl e* à 8— *Durdilly*.

Suzel, souvenir de l'ami Fritz, suite de valses 2— n *Fromont*.
Valse de Concert — Souvenir de Lugano 2— *Bertram*.
Valse des baisers 2—n *Pisa*, 6— *Rouget*, 2— *Napoleao, dandP* 2.25 n, *MandG* 1.75 n, *MandP* 2.50 n, *2MandG* 2— n, *2MandPG* 2.75 n, *Mand s.* —75 n, *2MandMandotel* 2.75 n, *2MandMandoléc*, 2.25 n, *2MandMandolPG* 2.75 n, *P s. 2* — n *Pisa*.
Valse espagnole —40 *Gutheil*.
Valse lente, air de ballet, *P* 1.75 n, *OP* cond. 1.75 n *Durand*.
Venasque, valse 6 — *Rouget*.
Vieilles chansons et vieux airs Français, *P* 7.50, O p. sép. 5 — n *Joubert*.
Yaya, Danse créole 1.70 n, O 1 — n *Decourcelle*.
Yolande, souvenir de B. suite de valses 2—n *Fromont*.

Broutin Cl. op. 5 Danse israélite, *P* 5—, *4ms* 7.50, O symph. Part 5 — n *Lemoine*, *Harm* 6 — n *Evette*.
6 Dix pièces familières, *P* 12—, format Lemoine 4 — *Lemoine*; N. 1. Joyeux réveil. 2. Minauderie. 3. Sérénité. 4. Expansion. 5. Duettino. 6. Intermezzo. 7. Promenade. 8. Petite fugue. 9. Inquiétude. 10. Douce réunion.
13 Ouverture triomphale, *P* 8—, *4ms* 10— *Lemoine*.
A l'Angelus 3 — *Heugel*.
Barcarolle, 2 tons 5 — *Leduc*.
Berceuse 5— *Lemoine*.
Cantabile, 1 av. *P*, O 7.50 *Lemoine*.
Chanson du Printemps 6— *Lemoine*.
Choeur des Baveurs à 4 voix 1— n *Lemoine*.
Choral de J. S. B a c h. Fant. *Harm*, Part 3— n *Evette*.
Connais-tu l'heure enchanteresse, mélodie, 2 tons 3—, *Ch. s.* 1— *Leduc*.
Duo de Marie et Aaron 2.50 n *Lemoine*.
Expansion, *P* 5 — *Lemoine*.
le Fantaisie militaire, *Tr* 2 — n, *Harm* ou *Fanf* av. *Tr* natur (ad lib.), Part 6—n *Evette*.
La F i l l e de J e p h t é, Part 6 —: N. 1. Introduction, réc. et air 8 7.50. N. 2. Scène et duo, *ST* 6—. N. 4. Récit. et air. *B* 5—. N. 5. Arioso pour *S. MS* à 3 — *Lemoine*.
Habanera, mélodie, 2 tons 5 — *Leduc*.
Inquiétude, *P* 5 — *Lemoine*.
Intermezzo, *P* 5— *Lemoine*.
Joyeux réveil, *P* 5— *Lemoine*.
Mazurka lente 6 — *Heugel*.
M o ï s e a u m o n t S i n a ï, *P* et *Ch.* 12—n, O symph. Part 20— n *Lemoine*.
Ouverture triomphale, *2P* 9—, O symph. Part 10— *Lemoine*.
Poème du Page, en 4 chants 3 — n *Lemoine*: N. 1. Renouveau, *T. Bar* à 5 — . N. 2. Dans la forêt, *T. MS* à 6—, N. 3. Sérénade, *T. Bar* à 6—, N. 4. Chanson à boire, *T. Bar* à 5—.
Premier soupir, mélodie 5— *Noël*.
Promenade, *P* 5— *Lemoine*.
Revenez, douces hirondelles 4 — *Heugel*.
Le rossignol et la rose avec *P*, acc. *Fl* ad libit. 6— *Heugel*.
le Suite d'Orchestre, Part 15 — n, *4ms* 3— n *Lemoine*: N. 1. Pastorale. 2. Scherzo-Valse.

3. Cantabile. 4. Final Polonaise. N. 1, 2.
Harm, Part 10 — n *Erard*.
- Tarentelle. 1 ax. P. O 9 — *Lemoine*.
- Vision! melodie 2 tons 4 —, *Ch. s.* 4 — *Leduc*.
Broutin H. Ecole du tambour, ou Méthode de
caisse. *P* 2 — n *Gravon*.
Brovellio H. op. 16 1er motet pour l'elevation.
Org Cor 1 — *Costallat*.
- 19 2e motet pour l'élevation, *Org Cor* 1 — n
Costallat.
Brovo Brave Boys well done 4 — *Dean*.
Brown, Abide with me — 08 *White*.
- Ave Maria (O Lamb of God) — 60 *Ellis*.
- A bright summer morning, *C. Bar* — 35
White.
- Bungaloo, *P* — 50 *Kinley*.
- Bye O Baby Bunting. Sg. Chor. — 40 *Ellis*.
- Clouds of night. Nocturne, *P* — 60 *White*.
- Cuckoo, fem. quart. — 06 *Ditson*.
- Darktown Excitement, Cake Walk — 50, O
14 parts n. *P* — 75 *Willig*.
- Dear Evelina. Sg. with *Banjo* acc. — 25
White.
- Elijah Waltz and My Brother's Waltz — 15
Ellis.
- Twenty Easy and Progressive Duets, 21
2 — n *Turner*.
- Ecce Panis (Let us with a joyful mind),
duet. quartet — 75 *Ellis*.
- Evening Shadows. Rêverie, *P* — 75 *Ellis*.
- Fleurs de Lys, *P. Rosenberg*.
- The Good-bye parting — 50 *Ellis*.
- Hazel — 40 *White*.
- Hon är min! Polka — 50 *Gehrman*.
- Hosanna we sing, unison (St. Paul's Music
Leaflets 11) — 1 *Curwen*.
- Intervals, Chords and Ear Training, *P*
— 80 n *Ditson*.
- I will love you, always love you — 50
Swisher.
- Kitty Aunt Gin's growing old — 40 *Swamp*.
- Maids are simple — 35 *White*.
- Margot's Answer — 50 *White*.
- The Merry Cricket, waltz song — 40 *Ellis*.
- Merry laugh galop — 35 *White*.
- Mobile Prance March — 50 *Kinley*.
- Murmuring Stone. Sg. and Chor. — 35 *White*.
- My darling is dead. Sg. Chor. — 35 *Ellis*.
- Ocean Telegraph March, *P* 2 — *Chappell*.
- O Eyes that are weary, choir with Asolo
and duet *AT* and Hear Thou from Heaven
(Choir Journ. 36) — 06 *Wood*.
- On the deep blue sea — 75 *Ellis*.
- O sing praises to our God (Salve Regin).
chor. quartet — 75 *Ellis*.
- Princess Alice, waltz 4 —, 4ms 4 — *Chappell*.
- Queen of the Meadow. Polka rondo — 75
Ellis.
- Rock-a-by-baby, on the tree top, fem. quart.
— 06 *Ditson*.
- Rose leaf polka — 35 *White*.
- Sadly sweet — 35 *White*.
- Sing, sweet bird — 50 *Ellis*.
- A Summer's Dream (Nocturne), *P* — 50
Ellis.
- Sweet memory polka — 35 *White*.
- Te Deum. Quartet. Chor. — 25 *Ellis*.
- Telling the Story — 12 Echo Music Co.
- Thought — 60 *Ellis*.
- Tyrolese, fem. quart. — 06 *Ditson*.

Vespers in E flat. Quartet. Chor. 1 — *Ellis*.
- Water Nymphs Waltz — 75 *Ellis*.
- Will you come to my mountain? 3 —
Williams.
- Windsor. Waltz 4 — *Chappell*.
- and Allen, Every Darkey Had a Raglan on.
Price.
- & Clark, Honey, give me one more chance
— 50 *Stern*.
- & Davis, Jordy want to see my boy — 50
Stern.
Brown A. The Black Moguls Parade — 50
Mills.
- A June Love Song, *MS. T* à 2 — n *Ricordi*.
- Pleasant memories Waltz — 35 *Ditson*.
Brown Al. Babe, What More Shall I do? — 50
Mills.
- Dat black girl dressed in red — 50 *Stern*.
- Hogan's Social Club — 50 *Mills*.
- I Don't Like a Coon That's Under Cover
— 50 *Mills*.
- I'll See You Some More — 50 *Mills*.
- I'm Done Dealing in Coal — 50 *Mills*.
- Keep your hammers down — 50 *Stern*.
- Miss Angelina Brown — 50 *Mills*.
- There's a Screw Loose Somewhere — 50 *Mills*.
Brown Andrew, Lady Spring. Fem. voic.
- 4 n *Augener*.
Brown Arthur Henry. Adeste fideles. Cant
P 4 — *Ashdown*.
- Allemande, minuetto and gigue. *P* 1 — *Ashdown*.
- All glory land and honour. Hymn. — *P*
Novello.
- All the earth rejoices, unison and E. C.
Winchester, When the morning paints
— 1 *Curwen*.
- Andante in E b, *Org* 1 — *Novello*.
- The Angel said unto them (Christmas).
SB — 2 *Novello*.
- Beauties of sacred melody, *P*: 1. The mor-
ning hymn. 2. The evening hymn. 3. With
verdure clad. (Haydn). 4. Oh! had I
Jubal's lyre (Händel). 5. The heavens
are telling (Haydn). 6. What tho' I trace
(Händel). 7. Sicilian mariners' hymn.
8. Cujus animam (Rossini). 9. Dal tuo
stellato (Rossini). 10. The old hund-
redth psalm. 11. Sun of my soul (Hymn)
à 2 — *Ashdown*.
- Benedictus in A. — 3 *Novello*.
- Bonnie Scotland. Quadrille (for small hands)
3 —, 4ms, 6ms à 3 — *Ashdown*.
- Brande des sabots. Danse de 1588. *P* 4 —,
4ms 4 —, *Org* 3 — *Ashdown*.
- The brightest day of all the year. Mixed
voic. — 1½ *Novello*.
- Britsh Isles (Calcott). *P* 4 —, acc. Fl.
1. 1 e à 1 — n *Moore*.
- Cavatina, *Org* vide K a t f. op. 85.
- Chant du Peuples, *P* 3 — *Moore*.
- Christians. awake, with Variat. *P* 3 —
Orpheus.
- Christmas morning (The union Choralist
12), *SATB* — 2 *Ashdown*.
- Come Holy Ghost eternal God, *SATB* — 3
Novello.
- Le cortége de noces. Marche 4 —, *Org* 3 —
Ashdown.
- The court of Queen Mab. Fairy sketch, *P*
4 — *Ashdown*.

Select compositions from the great masters, arranged with pedal obligato, Org. N. 1—114 à 3 — *Ashdown*: 1. Mendelssohn: Wedding march. 2. Wagner: March, from „Tannhäuser". 3. Händel: Marches, from „Scipio" and Occasional overture. 4. Meyerbeer: Coronation march from „Prophète". 5. Händel: Dead march in „Saul" and See the conquering. 6. Haydn: Andantino from 11th grand symphony: Händel: Wert her, angel, from „Jephtha". 7. Spohr: As pants the hart, from the „Crucifixion"; Händel: Where'er you walk, from „Semele". 8. Bach: My heart ever faithful (Mein gläubiges Herz frohlocket). 9. Pleyel: Andantino, from 5th, and Andante, from 4th, sonatas. 10. Mendelssohn: The hero's march. 11. Rossini: Quis est homo, from „Stabat Mater". 12. Boieldieu: Air et choeur, from „La dame blanche". 13. F. Schubert: Grande marche héroïque, in C. 14. F. Schubert: Grande marche héroïque in D. 15. Händel: Overture, „Berenice". 16. Händel: Overture, „Sosarmes". 17. Händel: Overture, „Alcina". 18. Händel: Gavotte, from overture „Otho". 19. Rossini: La carità. 20. Händel: Angels ever bright and Pious orgies. 21. Schubert: Ave Maria. 22. Antonio Lotti: Aria (Circa a. d. 1700). 23. Mendelssohn: My soul thirsteth for God. Aria from 42nd Psalm. 24. Weber: Gloria in excelsis from Mass in G. 25. Rossini: Fac ut portem, from „Stabat Mater". 26. Stradella: Pietà signor, from oratorio „San Giovanni Battista". 27. Händel: Overture to „Julius Caesar". 28. F. Schubert: Serenade. 29. Gluck: Aria (1765). 30. Händel: Aria, from „Alcina". 31. Leonardo da Vinci: Aria, from „Artaserse". 32. Allesandro Scarlatti: Canata. 33. Gluck: Aria (1760). 34. Domenico Cimarosa: Aria (1784). 35. Händel: Diedi il coro, Aria. 36. Long: Siciliana. 37. Long: Andante. 38. Padre Martini: Aria (1765). 39. Schubert: Kyrie eleison, from Mass in G. 40. Gluck: Aria (1767). 41. André: „Sanctus" and „Hosanna", from Mass. op. 43. 42. Beethoven: Last chorus, from „Mount of Olives". 43. Händel: He shall feed His flock, from „Messiah". 44. Vincenzo Righini: Quoniam tu solus (1788). 45. Händel: Hallelujah chorus, from „Messiah". 46. J. Weldon: „Turn thy face", „Then shall I touch", „I will magnify Thee", Haydn: from Anthems. 47. Händel: The heavens are telling, from „Creation". 48. Haydn: Andante and allegretto, from violin sonata in A major. 49. Louis Spohr: Slow movement, from symphony (36). 50. C. M. von Weber: Andante von variazioni, from the Notturno, op. 34. 51. Comte de St. Germain: Wie nahte mir der Schlummer. F. Schubert: Aria. 52. Louis Spohr: Marche solennelle, op. 40. N. 53. Cherubini: Adagio, from Notturno, op. 34. N. 54. Händel: Ave Maria, from „The Evening Service", Book 7. N. 55. Haydn: Overture to „Samson", and minuet (1712). N. 56. Giovanni Buononcini: The arm of the Lord. 57. Schubert: Deh lascia o core, from „Astianatte". 58. Haydn: Gloria in excelsis, from Mass N. 2, in G. 59. Mozart: Il pensier sta negli oggetti, Aria. 60. Mendelssohn: Gloria in excelsis, from Twelfth Mass. 61. F. Kalkbrenner: How lovely are the messengers. 62. Gluck: Notturno. 63. Louis Spohr: Che faro senza Euridice. 64. Rossini: Aria, in A flat. 65. J. S. Bach: Cujus animam, 66. Antonio Sacchini: Air and gavotte, from Orchestral suite. 67. L. Spohr: Aria. 68. Marco da Gagliano: Aria, in B flat, and Adagio, in B minor. 69. Giuseppe Sarti: Valli profonde. 70. Baldassero Galuppi: Mia speranza. 71. Mendelssohn: Aria. 72. Adolfo Hasse: Duetto. J. B. Cramer: Padre perdona, Aria. 73. L. Spohr: Adagio patetico, Haydn: Cavatina, in G minor. 74. Marcantonio Cesti: Gloria in excelsis (First Mass). 75. Mozart: Aria. 76. Mozart: Agnus Dei (First Mass). 77. Haydn: Kyrie eleison (Twelfth Mass). 78. Händel: Vivace, symphony, in B flat. 79. Händel: He was despised and Comfort ye My people. 80. Antonio Sacchini: I know that my Redeemer. 81. Author unknown: Aria. 82. Händel: Neapolitan air. 83. Clementi: Mi restano le lagrime (Alcina). 84. Händel: Andante, from sonatina. Haydn: Piangero la sorte (Giulio Cesare). 85. Haydn: With verdure clad. 86. Händel: The marvellous work. 87. A. Leprévost: O lovely peace. 88. A. Leprévost: Rentrée de la procession. 89. A. Leprévost: Offertoire, in C. 90. A. Leprévost: Larghetto, in A flat. 91. A. Leprévost: Communion, in B flat. 92. John Stanley: Offertoire or sortie, in E flat. 93. John Stanley: Voluntary, in G major. 94. John Stanley: Voluntary, in G minor. 95. L. Spohr: Voluntary, in D minor. 96. J. N. Hummel: O Lord, remember (Last Judgment). 97. Mendelssohn: Andante, from septett. 98. L. Spohr: On song's bright pinions. 99. L. Spohr: Ja, es soll mir Wonne schauen. 100. F. Chopin: Lang mögen die Toren leben. 101. Mendelssohn: Marche funèbre, from sonata, op. 35. N. 102. F. Schubert: O rest in the Lord and For the mountains. 103. Händel: Adagio, from quartett. op. 125 N. 1. N. 104. Louis Spohr: Thou shalt bring them in (Israel). 105. Louis Spohr: Ja hoffe (Faust). 106. Händel: Stille noch dies Wutverlangen (Faust). 107. Händel: March, in Samson. 108. Louis Spohr: Barcarolle, op. 135. 109. Mendelssohn: I waited for the Lord (Hymn of Praise). 110. G. Onslow: Romanza from sonata, op. 7. N. 111. F. Schubert: Andante from sonata, op. 147. N. 112. Rossi: Ah! rendimi quel core. 113. Rossi: Laudate pueri dominum. 114. F. Curschmann: Ti prego o madre.

- L'écho de la cascade. Impromptu à la Suisse. *P* 4 — *Ashdown*.
- The Emerald Isle, quadrille on Irish airs 3 —, *4ms* 4 — *Ashdown*.
- Eucharistic Hymns for the Church Seasons 2 —. Words only — 3 *Novello*.
- Fairy of the wildwood — 35 *Ditson*.
- Die Feenlust (Fairy pleasures). *P* 3 — *Ashdown*.
- Gavotte 4 — *Augener*.
- Gavotte and minuet, in D. *P* 3 — *Ashdown*.
- Gavotte favorite de Marie Antoinette (Neustedt), *Org* 3 — *Ashdown*.
- Gavotte, sarabande and gigue. *P* 4 —, *4ms* 4 — *Ashdown*.
- Gird thy Sword upon thy Thigh. (The Sabbath Garland 158, 159) — 2 *Pitman*.
- Gavotte — 60 *Mills*.
- Give the King Thy judgments, verse. *AAB*, vocal score 1.9, vocal parts 1 —, *SATB* — 1 —, *Novello*
- Great and Marvellous (The Sabbath Garland 170, 171) — 2 *Pitman*.
- Hark, the vesper hymn. Metamorphosis, *P* 4 — *Ashdown*.
- The Harvest is the End of the World (The Sabbath Garland 166, 167) — 2 *Pitman*.
- The haymakers. Sketch. *P* 3 — *Ashdown*.
- The Highlands. *P* 4 — *Swan*.
- Home, sweet home. Transcription. *P* 3 — *Ashdown*.
- How beautiful are the Feet (The Sabbath Garland 187, 188) — 2 *Pitman*.
- The ice king, quadrille on popular airs 4 —. *4ms* 4 — *Ashdown*.
- I'd rather be an Englishman, transcr. *P* 2 — *Williams*.
- 12 Improvisations orig. d'un style varié, *H* 1.25 n *Mustel*.
- L'Irrésistible, tarantelle. *P* 4 — *Whittingham*.
- I will hearken what the Lord (The Sabbath Garland 156, 157) — 2 *Pitman*.
- The King's Messengers, hymn — 1 *Novello*.
- Larghetto (Leprévost), *Pipe Org* — 50 *Ditson*.
- The last rose of summer. Easily arranged. *P* 1 — *Ashdown*.
- Love's young dream, *P* 3 — *Donajowski*.
- Little Jack Frost Quadrille 4 —, *4ms* 4 — *Metzler*.
- Little Jack Horner, quadrille 3 —, *4ms* 3 —, *6ms* 4 — *Metzler*.
- Long long ago, mixed voic. — 3 *Novello*.
- Lucy Locket Quadrille 2 —, *4ms* 3 —, *6ms* 4 — *Metzler*.
- Magnificat and Nunc dimittis in A — 3 *Novello*.
- Magnificat and Nunc dimittis in E — 1 — *Novello*.
- The Marseilles hymn, *4ms* 3 — *Ashdown*.
- Memory, song and chor. — 35 *Ditson*.
- Midshipman's polka 3 — *Ashdown*.
- Midsummer Fairies, *P* 4 — *Whittingham*.
- The Minstrel Boy, *P* 3 — *Donajowski*.
- Missa Coelestis in F. The Office for the Holy Communion: Introits, Kyrie, Gloria Tibi. Credo, Sanctus, Benedictus qui venit, Agnus Dei, Gloria in Excelsis 1 — *Novello*.
- Missa Gloriosa in A, The Office for the Holy Communion, containing: Introit, Kyrie

- Eleison, Gloria Tibi, Credo, Sanctus, Benedictus, Agnus Dei, Gloria in Excelsis 1 — *Novello*.
- Missa quinti toni, Plain Chant Service for the Holy Communion 2 —, voice part — 3 *Novello*.
- Missa Seraphica, The Office for the Holy Communion, containing Introit, Kyrie. Gloria Tibi, Credo, Sanctus, Benedictus, O Salutaris, Agnus Dei, Domine non sum, Gloria in Excelsis 1 — *Novello*.
- Nightingale Dell (Percival). *P* 1 — n *Willcocks*.
- O, all ye works of the Lord (The Sabbath Garland 182, 183) — 2 *Pitman*.
- O Clap your Hands (The Sabbath Garland 162, 163) — 2 *Pitman*.
- Offertoire (Leprévost). *Pipe Org* — 60 *Ditson*.
- O lovely peace ("Judas Maccabeus"), *Pipe Org* — 50 *Ditson*.
- Twenty-five original pieces (quarto), *Org* 3 — *Ashdown*.
- Twenty original Voluntaries, *Org (H)* 1 — *Novello*.
- Sixteen original voluntaries (quarto), *Org* 1 — n *Ashdown*.
- 12 Original Voluntaries, in various styles, *Og* 1 — n *Weekes*.
- Select Overtures by the great composers, arranged with pedal obligato (oblong) *Org*, N. 1—6 à 4 — *Ashdown*.
- The peasant's dance, rustic sketch, *P* 3 — *Ashdown*.
- The Pixies on the Water (Graduated Series E 8), *P* 2 — *Doremi*.
- Popular melodies arranged. *P*: 1. T. Moore: Those evening bells. 2. F. Bérat: Ma Normandie. 3. Verdi: La donna è mobile (Rigoletto). 4. Britannia, the pride of the ocean (National air). 5. C. E. Horn: After many roving years (The happy valley). 6. The hundred pipers (Jacobite melody). 7. C. E. Horn: I've been roaming. 8. Flotow: M'appari tutt' amor (Martha. 9. T. Moore: My heart and lute. 10. Verdi: La mia letizia (I Lombardi). 11. T. Cottrau: Santa Lucia. 12. C. E. Horn: Through the wood. 13. When Johnny comes marching home (American air) à 2 — *Ashdown*.
- Queen Anne Gigue, *P* 4 — *Weekes*.
- Ranelagh gardens, Gigue, *P* 3 — *Ashdown*.
- Requiem Hymn for celebration of Holy Communion at Funeral Services Memorial celebration, Masses for the Dead and all Soul's Day — 1 *Novello*.
- Ride on in majesty, Hymn — 1 — *Novello*.
- Robin Redbreast, quadrille on nursery rhymes 3 — *Ashdown*.
- Sacred gems from the great composers, *P*:
  1. Mozart: Agnus Dei (First Mass) 1 —.
  2. Mozart: Gloria in excelsis (Twelfth Mass) 2 —.
  3. Mozart: Kyrie Eleison (MS. Litany) 1 —.
  4. Mozart: Jesu Domine Salvator (MS. Litany) 2 —.
  5. Mozart: Jesu Christe Domine (MS. Litany) 2 —.

6. H a y d n: Gloria in excelsis (Second Mass) 2 —.
7. B a c h - H ä n d e l. Chorale, and Aria 2 —.
8. G r a u n: Et rege eos (Te Deum) 2 —.
9. H a s s e: Inspira O Deus (St. Austin) 1 —.
10. H a y d n - W e l d o n: Et incarnatus est (First Mass), and Movement from An them 1 —.
11. K e n t: Four movements from An thems (1st Selection) 2 —.
12. K e n t: Four movements from Anthems (2nd Selection) 2 —.
13. K e n t: Four movements from Anthems (3rd Selection 2 —.
14. L o t t i: Gloria in excelsis (MS. Mass) 1 —.
15. M o z a r t: Hymn. H u m p h r e y s: Short voluntary. H a y d n: Kyrie Elei son (Fourth Mass). M o z a r t: Ave verum. H a s s e: Movement from „I Pellegrini". P e r g o l e s i: Quoniam tu solus. S i r o l i: Movement from A Mi serere 3 —.
16. H ä n d e l - B o c c h e r i n i: Lord, re member David, and Fac ut portem 1 —.
17. H a y d n - B u s b y: Sanctus (Second Mass), and For thy loving kindness 2 —.
18. H u m m e l - C o r e l l i: Aria, and Soft movement 1 —.
19. H a y d n: Gloria in excelsis (Fourth Mass) 2 —.
20. H ä n d e l: Wise men flattering (Judas Maccabaeus) 1 —.
21. G r a u n: Duetto, from the Passione 1 — *Ashdown.*
- Sacred gems from the works of M o z a r t, ½ms: 1. Agnus Dei (First Mass). 2. Gloria in excelsis (Twelfth Mass). 3. Kyrie eleison (MS. Litany). 4. Jesu Domine Salvator (MS. Litany). 5. Jesu Christe Domine (MS. Litany) à 2/— *Ashdown.*
- Scaramouch. Caprice, P 4 — *Weekes.*
- Selections from the great masters, seventeen short pieces (quarto), Org 4 — *Ashdown.*
- Souvenir de Weber. Petite fantaisie, P 3 — *Ashdown.*
- St. George of England. Quadrille on English melodies 3 —, ½ms 4 — *Ashdown.*
- Strephon and Phyllis. Pastoral gavotte, P 3/— *Ashdown.*
- Summer Rambles, Three Sonatinas. P: 1. Evening Star. 2. Nosegay. 3. Moonbeams à 3 — *Williams.*
- Te Deum in A —/3 *Novello.*
- Tell it out among the Heathen (The Sab bath Garland 184, 185) — 2 *Pitman.*
- Ten little Niggers — 2 *Broome.*
- This is the birthday of my love. Mixed voic. — 4 *Novello.*
- Three little kittens, lancers, quadrille à 4/— *Cramer.*
- To Thee O Lord (The Church Choralist 94) — 4 *Curwen.*
- La vie militaire, pas redoublé, P 4 — *Ash down.*
- Why are you wandering here I pray, P 3/— *Donajowski.*
- Why do the Heathen (The Sabbath Garland 152, 153) —/2 *Pitman.*

Brown Arthur L. op. 5 Mazurka Caprice, P —40 *Presser.*
- 6 N. 1. Consolation. P 1.60. N. 2. Inter mezzo. P 1— *Breitkopf.*
- 7 N. 1. Valse noble 1—. N. 2. Petit Air de ballet, P 1.60 *Breitkopf.*
- 8 N. 1. Arabesque. 2. Gavotte, P à 2— *Breitkopf.*
- 9 Fleur de Lis, P — 40 *Wood.*
- 10 Tarantelle, P 4 — *Breitkopf.*
- 11 Valsette, P —50 *Wood.*
- 16 Musical Scenes from Pixie Land, P 1— *Wood:* 1. Pixies' Drill (March —40 N. 2. Song of the Bold Pixie —25. N. 3. Naughty Pixie Mocking His Mother —25. N. 4. Pixies Out Hunting —25. N. 5. Pixies Sli ding Down Hill —25. N. 6. Pixies Wal tzing —40. N. 7. Pixies Riding Horseback —25. N. 8. Pixies on the Water —40. N. 9. Pixies Spinning —25. 10. Pixies Asleep —40.
- 20 Dance of the Elves P — 50 *Presser.*
- 20 N. 1. Valse Fantaisie, P —50 *Ditson.*
- 21 Souvenirs du Voyage, P 1— *Wood:* 1. On Loch Lomond —50. N. 2. Menuet de la Reine. 3. Tarantelle. 4. Song of the Rhine Maidens. 5. The Tambourine Girl. 6. Anita (Spanish Dance) à —40. N. 7. A Night in Venice —50. 8. Ziska (Polish Dance) — 40. N. 9. Berceuse (Cradle Song) —40. N. 10. The Cossacks' Ride —50.
- 24 I cannot help loving thee —30 *Presser.*
- 40 Nr. 2. Gavotte, P —50 *Ditson.*
- Dance of the Nile Maiden, P —25 *Presser.*
- Egyptian Parade, P —25 *Presser.*
- Flirtation Dance —50 *Wood.*
- Happy - go - lucky, P — 30 *Ditson.*
- Hyacinthe, Valse Mélodie, P —30 *Presser.*
- Impromptu, P —30 *Presser.*
- Lullaby Song (Orest thee, innocent darling) —40 *Brainard.*
- The May Festival, march 1.20 *Bosworth.* —50 *Wood.*
- Mélodie, P —40 *Wood.*
- Petite Valse romantique —30 *Presser.*
- Pieces, P: 1. Pierrot. 2. An Odd Dance. 3. Little Hunting Song. 4. Nocturne. 5. Dra gon Flies. 6. Dainty Dorothy. 7. The Happy Goblins à —30 *Thompson.*
- Phyllis Waltz —30 *Ditson.*
- A quiet Moment, P —25 *Presser.*
- Simplette. Valse lyrique —25 *Presser.*
- Thine Forever. Waltzes —60 *Presser.*
- Valsette, P. *Morley.*

Browne A. O. Blue and gray. Reunion Song. & Chor. —60 *Brainard.*
Brown A. W. *Doremi:* Anita, spanish dance, P 2—.
- Berceuse (Cradle Song), P 3 —.
- The Cossack's Ride, P 3 —.
- Love is an ocean —35 *Ditson.*
- Love's Answer —40 *Pond.*
- Menuet de la Reine. P 3/—.
- The Naughty Pixie, P 1 6.
- A Night in Venice, P 3 —.
- On Loch Lomond, P 3 —.
- The Pixies Asleep, P 2/—.
- The Pixies Drill March, P 3 —.
- The Pixies out Hunting, P 1 6.
- The Pixies riding Horseback. P 1 6.
- The Pixies sliding down hill, P 2 —.

The Pixies Spinning. *P* 1 6.
The Pixies Waltzing. *P* 2 —.
The Song of the Bold Pixie, *P* 1 6.
Song of the Rhine Maidens, *P* 2 —.
The Tambourine Girl, *P* 2 —.
Tarantelle, *P* 2 —.
Ziska. Polish Dance *P* 2 —.
Brown Ben, I couldn't help but laugh. Banjo Song 2 — n *Sheard*.
Brown Charles, Coontown Vacation. Two-step and Cakewalk —50 *National Music*.
Cake-Walk 1.50 *Bard*.
Evers so far away 2—— n *Cramer*.
Popping corn —40 *Thompson Mus. Co.*
Three songs of the heather 3 — n *Cramer*: 1. Heatherbud. 2. Ever so far away. 3. Sing a song of purple heather à 4 —.
Brown C. A. Elizabethan Lyrics 2 6 n *Sheard*.
Brown C. B. Gunner's Mate — 50 *National Music*.
Happy Hours in Coontown. *Milts*: *P* —40, *Mand, G, Banjo* à —25, *BanjoP* —50, *Banjo G, MandG* à —40, *2Mand, 2Banjo* à —40, *2MandP, 2BanjoP* à —60, *MandP* —50, *MandBanjoP, MandGP* à —60, *BanjotiP* —60, *2MandG, MandBanjoG* à —50, *2Banjo G* —50, *2MandGP, 2MandBanjoP, 2Banjo MandP, 2BanjoGP* à —75, *2BanjoMandG* —60, *2Banjo2MandP* —85, *2Banjo2MandG* —75, *2Banjo 2MandGP* 1—.
The resurrection —50 *Flammer*.
Why Smith Left Home March and Two-step —50, *Mand* —25, *MandG* —40, *2MandG* —50 *National Music*.
Brown C. G. I'm waiting, Essie dear. Song & Chor. —40 *Ditson*.
Brown D. The Singing Voice 2 — *Bagley*.
Brown Elise, To Sange uden Ord, *P* —75 *Warmuth*.
Brown Fred, Gaze Upon My Diamond Pin —50 *Mills*.
Gipsy waltz, *VP* —50 *Church*.
Brown F. A. Louis XVI. Gavotte —35 *White*.
Will you come to my Mountain Home (The Part-Singer 67), *S.ATB* with *P. H* acc. —1 *Pitman*.
Brown F. H. Babble brook. Polka —25 *Ditson*.
The Battle. Descriptive Fantasie, *P* —30 *Ditson*.
Barnum's baby show. Polka —35 *Gordon*.
Blue bells of Scotland. Variat. *P* —40 *Ditson*.
Boat Song (O come, maidens come), *MS4* —50 *Brainard*.
Brigand's March —25 *Brainard*.
Dream life. Schottisch —35 *Ditson*.
Dream Song. Rêverie, *P* —60 *Ditson*.
Fairies' Galop —50 *Brainard*.
Gazelle Polka —50 *Brainard*.
Gleaming eye polka —35 *Ditson*.
The happy birdlet. Capriccio, *P* 3 —— *Ashdown*.
Lament of the Alpine shepherd boy —35 *Ditson*.
The Land of Washington, *SATB* with *S* solo —06 *Ditson*.
Lass o' Gowrie —30 *Ditson*.
Linden waltz —25 *Brainard*.
Love not quickstep —25 *Brainard, Ditson*.
Magic spell, romance, *P* —60 *Ditson*.

Marche patriotique 2 — *Ashdown*.
Mariner's march —50 *Brainard*.
Merry sunshine, galop —25 *Ditson*.
Merry Zingara, polka —30 *Brainard*.
Minnehaha (Laughing water), polka — 50 *Ditson*.
Moonbeam, schottische —,0 *Gordon*.
Nel cor più (Paisiello), variations, *P* 1 — *Brainard*.
Ocean bird, schottische — 25 *Ditson*.
O Come let us sing (Venite) —50 *Brainard*.
O come, maidens, come, *MS4* with *G* —25 *Brainard*.
O Susanna, quickstep, Introducing, O Susanna and stop dat knocking at the door, *P* —40 *Brainard*.
Plume Polka —60 *Gordon*.
Pride Polka —60 *Ditson*.
Pupil's first primer, *P* —40 n *Ditson*.
Queen Victoria's band march —50 *Brainard*.
Rippling stream waltz —25 *Ditson*.
Snowflake polka — 50 *Brainard*.
Soldier's dream march —40 *Brainard*.
Sultan's band march —40 *Brainard*, —40 *Ditson*, —30 *Mc Kinley*, National Music, CabinetOrg —30 *Mc Kinley*.
Trovatore, Anvil chorus, *P* —35 *Ditson*.
Will you come to my mountain home —50 *Ditson*.
Wrecker's daughter, quickstep —25 *Brainard*.
Young pupils' third galop —20 *Gordon*.
Young soldier's march —25 *Ditson*.
Zarina galop —25 *Brainard*.
Brown Geo, Doddo's polka 4 — *Moore*.
March in G 3 — *Moore*.
Nautilus polka 3 — *Moore*.
Brown Geo & Coleman, Whenever You Need a Friend —50 *National Music*.
Brown G. A. Mayflowers (Maiblumen), waltz 4 — *Swan*.
Brown G. H. Prisoner's hope (Tramp, tramp, tramp!) (Root) War sg. chor. with *G* —40, Transcr. brill. *P* —60 *Brainard*.
Brown Grace Lee, I am a little flower girl —35 *Ditson*.
Ocean spray, nocturne, *P* —50 *Ditson*.
A Primrose —25 *Presser*.
Brown G. T. Dancing on the levee, schottische, 2 —3Mand. *G* —40 *Ditson*.
Edith waltz —75 *J. H. Schroeder*.
Two Songs Without Words, *P*, N. 1 —25, N. 2 —40 *J. H. Schroeder*.
Brown G. W. Barry schottische (Stevens), *G* —40 *Brainard*.
General Grant's grand march, *G* —40 *Ditson*.
I ask no more (Root), sg. chor. with *G* —40 *Brainard*.
Mabel (Root), sg. chor. with *G* —40 *Brainard*.
Octoroon schottische (Root), *G* —25 *Brainard*.
Oh My —50 *Mills*.
Yes, we will be true to each other (Root), sg. chor. with *G* —50 *Brainard*.
Brown H. Pianoforte. Josephine waltz —40 *Brainard*.
Brown Herbert, Admiral Togo-Marsch 1.50. O(*Harm*) 2.50 n, sO 1.50 n *Leucy*.

Brown Harriet Estelle, Cherry Diamond, gavotte —40 *Schirmer*.
Columbo Prize march. *Milit. Band* —50 n *Fischer*.
Brown H. H. Boulanger's march, *Banjo* —25 *National Music*.
Brown J. Allemande, *VP* 3 — *Cary*.
And God said: "Let the earth bring forth grass", Anthem — 3 n *Vincent*.
Chorie dance, *VP* 3 — *Cary*.
Continental Guard march, *Banjo* (Banjo Budget 528) 2 — *Turner*.
Crandall-Gavotte, *VP* (Young Violinist 5) 3 — *Cary*, 2VVaVc 1.50 *Germann*.
Dreamland mazurka, *Banjo* (Banjo Budget 526) 2 — *Turner*.
From-From, Pizzicato, 2VVaVc 1.50 *Germann*.
Marching Song, *VP* 3 — *Cary*.
Melody (Young Violinist 3), *VP* 3 — *Cary*.
Merry Minstrel's march (Young Violinist 6), *VP* 3 — *Cary*.
Minuet (Young Violinist 4), *VP* 3 — *Cary*.
Primavera, *VP* 3 — *Cary*.
Romance (Young Violinist 2), *VP* 3 — *Cary*.
The Villagers (Young Violinist 1), *VP* 3 — *Cary*.
Brown James. Minuelied, *VP* 3 —, 2VP 3 — *Cary*.
Delphin gavotte 3 —, *VP* 2VP à 3 — *Cary*.
Brown Jessie, The Children's Crusade —05 *Lorenz*.
Brown John, Let us now go even unto Bethlehem (Christmas), *SATB* —3 *Norello*.
Te Deum in A flat — 3 *Norello*.
Brown J. A. Andrienne Lecouvreur, *ObP* 2 — *Hawkes*.
Brown J. C. Sweet blossoms dimple (Chor. for Equal Voices 113), solo and *SC* —3 *Curwen*, —20 *J. Fischer*.
Brown J. Lewis, O Salutaris, mix. voic. —8 *Cary*.
Tantum Ergo, mix. voic. — 10 *Cary*.
Brown J. S. Te Deum, *SATB* —50 n *Church*.
Brown Kate L. and **Eliz. U. Emerson.** Tables Turned, or, A Christmas for Santa Claus. —25 n *Ditson*.
Brown M. Caresses, Valse lente 2 —, O 2 — *Ricordi*.
Brown Mules, To plead my faith 4 — *Williams*.
Brown M. C. Brownies' Ball —30 *Thompson*.
Brown Nick. The Baguille Brigade 1.80 *Hauer*, —50 *Stern*, O 3 — n, s0 2.50 n, *JM, KM* à 3— n *Hauer*, *FullBand* —50, *P* with *FullO* —95, 14 *Instr* —75, 10 *Instr* —55 *Stern*.
Country dance (W. Jacobs), *Mand(V)* —30, *2dMand(V)* —10, *3dMand. Va* à —15, *Vc* obl. à —15, *Banjo* acc. —15, *G* acc. —10, *P* acc. —20, *Banjo* solo —40, *G* solo —30, *2G* —40, *Band* —50 *Jacobs*.
W. B. C. March, *Milit. Band* —50 *Coleman*.
Brown O. B. *Ditson*: All glory, laud and honor (St. Theodulph), O worship the King (Lyon). male quart. God is my life (Truro) —06.
Alone in Crowds —40 *Brainard*.
As Joseph was a walking —05.

Barcarole, trio f. fem. voices and Weber, Song of the Mountaineer —06.
Beware, quart. f. m. voices —06.
Blessed angels sing, mix. quart. —06.
Christmas Anthem — 10.
Easter Larks are singing. quart. fem. voic. —08.
Fair summer in her beauty, *SSA* — 02.
God rest, ye merry gentlemen —05.
Good-night to thee, dearest, (Serenade), (F. W. Smith), quart. —40 *Brainard*.
It came upon the midnight clear —06.
Lady bird, male quart. —10.
Lord of all Being, *SSA* — 02.
Merry spinning wheel, trio f. fem. voices and Geisler, Water party. trio f. fem. voices —06.
Ode to the Brave, *TTBB* —10, *SSAB* and G. F. Wilson, Set the Flag on their Graves, *SSA* and Old Air: America, *SATB* —02.
Remembrance, mazurka — 40 *Brainard*.
Sanctus —06.
Softly now the light of day, quart. —35.
Stars trembling o'er us, *B* solo and trio f. fem. voices and Volkslied: Angel of patience, trio f. fem. voices —06.
Summer sunshine, fem. quart. —12.
Thou art, O God, trio. fem. voices —08.
Brown R. A. Take me back to the old Virginia shore —50 *Plummer*.
Brown R. Thorley, Toccatina, *P* 3 — *Ashdown*.
Brown Sidney, Adieu (A Birthday N. 6), *P* —30 *Ditson*.
Dancing (A Birthday N. 5), *P* —30 *Ditson*.
Expectations (A Birthday N. 3), *P* —30 *Ditson*.
Frolic (A Birthday N. 4), *P* —50 *Ditson*.
Happy greetings (A Birthday 2), *P* —30 *Ditson*.
Lullaby (A Birthday N. 7), *P* —30 *Ditson*.
Morning (A Birthday N. 1), *P* —30 *Ditson*.
What saith the voice of the night? with *P* (Cornet oblig.) —01 *Church*.
Brown T. Eldersholt (New March Book 7) —6 n *Hawkes*.
Brown Thomas Conway, Military Church Parade Service Book. For the use of Military Bands and Chaplains at Parade Services in Camp and Church, consisting of Morning Prayer, Litany and Holy Communion, with a selection of Hymns for Open-air services 1/— *Norello*.
Te Deum in D —/6 *Norello*.
Brown T. J. Missa de Notre Dame, 2 St m. Org, Part 2— *Germann*.
Brown T. M. Extravaganza, introducing Old Hundred, Yankee Doodle and Jordan, *P* —50 *Ditson*.
Good-night, my dearest —60 *Ditson*.
Kitty of Coleraine, song & chor. —35 *Ditson*.
Brown W. C. Hail the bright stars —50 *Thompson Music Co*.
Moonbeams, male quart. —60 *Thompson Mus. Co*.
Brown W. E. The Earth is the Lord's, *S*. mix. chor. —12 *Ditson*.
Guide Me O Thou Great Jehovah —35 *Presser*.

How Sweet the Name of Jesus Sounds, 84
—50 *Wood*.
I love the early primrose (Sacred Music
Leaflets 358) —1½ *Curwen*.
O God, who is like unto Thee! Mix. Choc.
—12 *Ditson*.
Sweet Saviour, bless us ere we go, mix.
chor. —10 *Ditson*.

Brown W. L. Mary Vance —50 *Thompson*.

Brown W. M. S. Ave maris stella (Muse
Jesus bear the cross), fem. voic. — 60
Church.
Come, O come where fancy bids, SATB 1
Church.
The Great White Throne, *Cornet. Tro. Bo*
—75, *FulO* —70, *14 parts* —80, *10 parts*
—60, *P* —15 *Vanderslout*.
I heard the voice of Jesus —40 *Church*.
In olden times minuet —50 *Church*.
Marjorie, gavotte — 50 *Church*.
O God Thou art my God alone —50 *Church*
Spring morning, waltz —35 *Gordon*.
Sweetheart of yore — 35 *Gordon*.

Brown-Borthwick R. Alleluia! fairest mor-
ning (Sacred Music Leaflets 353) —1½
Curwen.
All my heart this night rejoices — 3
Novello.
Five Amens (to be sung after the final
Benediction) — 4 *Novello*.
Blessed are the dead, SATB — 3 *Novello*.
Children of the heavenly (Sacred Music
Leaflets 352) —1½ *Curwen*, — 6 *Novello*.
Seven Hymns in various metres — 6 *Novello*.
Hymns with Tunes: E. J. H o p k i n s: Sa-
viour, again to Thy dear name, R. B r o w n-
B o r t h w i c k: Alleluia, fairest morning
— 4, J. B. C a l k i n: Old Hundredth (Uni-
son), R. B r o w n - B o r t h w i c k: O ren-
der thanks — 4, S i r J o h n G o s s: Sa-
viour, breathe, R. B r o w n-B o r t h w i c k:
Come, O Jesu — 4, S i r J o h n G o s s:
Praise, my soul, R. B r o w n - B o r t h-
w i c k: Jesu most pitiful — 4 *Novello*.
Twenty-three Kyries, with Two Sanctuses
and Motet, cloth 2/ - *Novello*.
Twelve Single and One Double Chant, with
a setting of the Benedicite, omnia Opera,
and Three Responsive Amens to the Dresden Amen — 2 *Novello*.
Sweet it is for a child like me, and Behold
a little child. Two Christmas Carols — 3
Novello.
There came a little Child to earth, Christ-
mas Carol —3 *Novello*.
Welcome happy morning (Sacred Music
Leaflets 354) —1½ *Curwen*.

Brown-Ehmant, Savoyard's Song, second
waltz (Synth. Meth. 5), *P* —25 *Silver*.

Browne, Alice Waltz (H i l e s J. petit Re-
pert. 6) 1/— *Moore*.
Evening Song to the Virgin, duet, fem. voic.
—06 *Ditson*.
Golden Spray, waltz 4 — *Ascherberg*.
I'm waiting at the gate 4/— *Ascherberg*.
Meaning of U. S. A. —50 *Mc. Kinley*.
La Napolitaine (Tarantella), *P* 4 — *Ascher-
berg*.
Oriental, galop 4 — *Ascherberg*.
Queen's own quickstep —25 *Brainard*.
Rustic Quadrille 4 — *Ascherberg*.

A Summer's Night's, polka 4 — *Ascherberg*.
Sweet bird, come sing 4/— *Ascherberg*.
Village, schottische 4 — *Ascherberg*.

Browne A. O. Dews from heaven, SSA —35
Church.

Browne A. W. Rosebud town —40 *Church*.

Browne Sir H. I heard a voice from heaven
2 — *Choppell*.
Old Jerusalem 2 — *Choppell*.

Browne H. E. op. 41 Grande Marche
Héroïque — 60 *Gordon*.
47 As you like it, valse de salon —50
Gordon.

Browne James Albert, The Dragoons, TTBB
—3 n *Vincent*.
If All the World were Mine To-Day —50
Gordon.
Merry Rataplan, march —50 *Gordon*.
My bonnie wee forget-me-not 2— *Novello*.
Water Nymph, *P* —50 *Gordon*.

Browne J. Lewis. *Church*: Dark days my
dearie —50.
The Eternal Stars —30 *Presser*.
Evermore and evermore! with *P* (Vce obl.)
—75.
Far from my Heavenly home, SATB —10 n.
Golden harps are sounding, with *P* VceOrg
—75.
Her birthday —40.
In classic form. (Graded recreations): 1.
Melody, 2. March, 3. Waltz, 4. Gavotte.
5. Country dance, 6. Minuet, 7. In church.
8. Scherzo, 9. Serenade, 10. Canon, 11.
Fugue, *P* à —30.
Third mazurka —50.
Mors et vita (Death and life) —50.
The myrthe and steel —60.
The old kirk yard —50.
O Paradise! O Paradise! —60.
O Salutaris N. 2 —10 *J. Fischer*.
O Salutaris (O Saving Victim), SATB
— 10 n.
O Salutaris Hostia, quart. and chor. —10 n.
O Saving Victim, chor. —10 *J. Fischer*.
Ten Processionals, SATB — 20 n.
Sleeping! why now sleeping, SATB —12 n.
Smile my lady, serenade —30.
Three Songs: N. 1. Serenade —40. N. 2.
Betrothal —40. N. 3. Out from the North
an iceberg came —30.
Tantum Ergo N. 2 —12 *J. Fischer*.
Tantum ergo (Such a sacrament), SATB
—10 n.

Browne J. S. Keystone March, *Banjo* —25
Stern.

Browne L. C. California Carols, trio, fem.
or boy's voic. 2/6 *Novello*.

Browne M. Pilgrim fathers —50 *Brainard*,
—40 *Ditson*, —50 *Ellis*, —40 *Willig*.

Browne M. E. & C. D e f f e l. The Man
in the Moon 2/6 *Curwen*.

Browne Raymond A. *Bloom*: A once I loved,
I hate you now —50.
Don't tell your trouble to me —50.
Forever — 50.
The Gayest girl in New York Town —50
Gordon.
I'm lonesome for you, honey —50.
I Need the money —50.
Ireland, I love you, Acushla Machree —50.
I want a man to love me all the time —50.
I wish I was in dixie land to-night —50.

- More than Queen 2/— n *Sheard*.
- Mother doesn't know I'm coming home —50
- A pork chop is the sweetest flower that grows —50.
- There's one rose that will never Bloom again —50.
- Topsy 2 — n *Sheard*.
- 'Twas only a simple Ballade —50 *Gordon*.
- When mother used to sing that song 2. — n *Sheard*.
- & Th. F. Morse, A little boy in blue 2/— n *Sheard*.

Browne Tom, Brunette. waltz 3 — *Williams*.
- The hole in the garden wall 4 — *Ascherberg*.
- Jog Trot, galop 3 — *Williams*.
- Juliette, polka 3 — *Williams*.
- Silver Herring, polka, sept. 1 4 n, O 2 — n *Williams*.
- The Surrender, galop 3 — *Williams*.
- Tripping down the lane 4 — *Williams*.
- The Venice, schottische 2 6 *Williams*.
- Waiting at the gate, sg. chor. —40 *Brainard*.

Browne T. B. Non nobis Domine, *SATBB* 1 6 *Novello*.
- Wrong train (Temperance), *SATB* —05 n *Church*.

Browne and Adams, My girl from dixie —50 *Bloom*.
- and Friedman, If I have you —50 *Bloom*.
- and Manfried, In his Steps —50 *Bloom*.
- and Morse, It's the man behind the Gun Who Does the Work —50 *Bloom*.
- With you beside me —50 *Bloom*.

Brownell Leila M. Four-leaf clover 2 — n *Sheard*.

Brownell R. L. Rapid transit march —40 *Ditson*.

Brownfield H. Rattenfänger-Weise, Z (B Schl.) —90 *Domkowsky*.

Browning, I can never love another —50 *Thompson*.
- Melodies of Scotland. A selection of the most popular airs, P à 2'— *Ashdown*: 1. The flowers of the forest; Within a mile of Edinburgh; For the sake of gold she left me, O! 2. Birks of Invermay; Saw ye Johnnie comin'; Tweed side. 3. Caller herrin'; O poortith cauld. 4. Lord Moira's welcome to Scotland; Auld Robin Gray. 5. Loch Erroch side; Craigie Burn Wood. 6. My Nannie O!; Argyle is my name; Duncan Davidson. 7. Old kirk yard; Saw ye my father; Gin a body. 8. Kelvin grove; Corn rigs. 9. Lochaber no more; Gilderoy; Here awa'; Mary's dream. 10. Braes of Balquidder; Bonnie briar bush; Boatie rows. 11. The bush aboon; There's nae luck; Thou art gane awa'. 12. Shepherds, I have lost my love; He's aye teazing me. 13. Low down in the broom; Yellow hair'd laddie. 14. Cauld kail in Aberdeen; Ye banks and braes; Kinloch of Kinloch. 15. Draw the sword, Scotland; Here's to the year that's awa'; Blue bells of Scotland. 16. Bonnie house o' Airly; The ewie wi the crooket horn; John Anderson, my Jo'; Auld lang syne. 17. My ain kind dearie; Weary pund o' tow; A man's a man. 18. Bonnie Dundee; Annie Laurie;

Maggie Lauder. 19. Bonnie Prince Charlie; The hundred pipers; He's comin' again. 20. Pibroch of Donuil Dhu; Lewie Gordon; He's ower the hills; The Campbell's are comin'. 21. Charlie is my darling; Flora Macdonald's lament; Rebel war song. 22. Welcome, royal Charlie; Wha'll be king but Charlie; Wae's me for Prince Charlie. 23. Scots wha hae; The land o' the leal; The Highland laddie. 24. Miss Forbes' farewell; Of a' the airts; Soldier's return. 25. Roy's wife; Nid, nid, noddin; The waefu' heart. 26. The auld house; I wish I were where Gadie rins; Somebody.

Browning J. The Mill, Mill, O. and There's nae Luck about the House, /ms 4 — *Paterson*.
- Thou art gane awa' frae me Mary, and Maggie Lauder, /ms 5 — *Paterson*.

Browning L. Silver crescent two-step —50 *Church*.

Browning & Camp, Since I'm Working Every Day —50 *Mills*.

Browning & Long, She Was Once My Wife —50 *Mills*.

Brownoff P. Remembrance of Russia, miniature, *VP* —60 *Ditson*.

Brownold Max. *Ellis*: Op. 15 Bereavement, *P* —50 *J. H. Schroeder*.
- Bagatelle, polka caprice, *P* —60.
- Bella Bocca (Waldteufel), polka sextette, 2*P* 1.50.
- Buena Vista Waltzes —75.
- Débutant Waltzes — 60.
- Éventide, nocturne, *P* —60.
- Fairy Echoes Waltzes, *P*, /ms à — 75.
- Farmer's Alliance March —50.
- Gratitude, nocturne, *P* — 50.
- Moods, caprice, *P* —60.
- Nymphes Waltzes —60.
- Resignation, nocturne, *P* — 40.
- Les Sylphes (Bachmann), valse sextette. 2*P* 2—.
- Valse Pensée, *P* —75.

Brtník Ant. st. op. 154 Národní čtverylka ze staročeských písní. (Album, České, taneční čís. 54) 1.20 *Urbánek*.
- **158** Výstavní pochod. (Album, České, taneční čís. 55) —60 *Urbánek*.
- **161** Výstavní kvapík. (Album, České, taneční čís. 71) —60 *Urbánek*.
- **164** Rolnický pochod. (Album, České, taneční čís. 72) —60 *Urbánek*.

Bru J. L'Aigle impérial, pas red. *Harm* 3— n *Erette*.
- Black Eagle, quick march, *FullBand* 2 8, *MediumBand* 2—, *SmallBand* 1 4, extra parts —2 *Hawkes*.
- Le Cadi, pas red. *Harm* 3— *Erette*.
- Chante encore, nocturne, *P* 1.75 n *Hachette*.
- Le 101e polka-Type, *P* 2— n *Hachette*.
- Paroles du Christ, mélodie 1— n, *Ch. s* —35 n *Hachette*.
- La Proscrite, romance 1— *Durdilly*.
- Le rêve d'Emma, caprice, *P* 1.75 n *Hachette*.
- Rêverie des oiseaux, mazurka 1.75 n *Hachette*.
- Rose, vieille chanson du jeune temps 1— *Durdilly*.
- Les Titans, pas red. *Fanf* av. saxophones 1.25 *Sudre*, 2— n *Thomas*, Cond. —25 *Sudre*, —25 n *Thomas*.

- Titus, pas red. *Harm* 3— *Leette*.
- Vercingétori 1— n *Hachette*.
Bruant A. Avec leur pèze! J'suis dans l'bot tin, chaque 1— *Bruant*.
Bruce. Laddie's birthday 4— *Williams*.
- Lord's Prayer, quart. — 06 *Ditson*.
- Offertoire, *PipeOrg* —30 *White*.
- To a rose, *S. C. Bar* —35 *White*.
- When first you shone 2— *Ascherberg*.
- When I was young 2 6 *Ascherberg*.
Bruce & Leach. Come, said Jesus sacred voice, quart. & Fly as a bird, *S.* quart. —08 *Ditson*.
Bruce Arnold. At Duty's Call 2— n *Hopwood*.
- Down in the Mine, *BBar* 4— *Orpheus, Williams*.
- Farmer's Boy 4— *Orpheus*.
- Gipsy Life, *B. Bar. Bar.* Low *T* 4— *Orpheus, Williams*.
- The Roamer 4— *Orpheus, Williams*.
- A Smuggler Bold, *B. Bar* 4— *Orpheus, Williams*.
- Toilers of the Deep, *BBar* 4— *Orpheus, Williams*.
- Volume III. 4— *Orpheus, Williams*.
- Waggoner Will, *BBar* 4— *Orpheus, Williams*.
Bruce Cassie, Not at'ome 4— *Reynolds*.
Bruce E. O rest in the Lord. *S.* quart. —06 *Ditson*.
- Our Father in Heaven, quart. — 06 *Ditson*.
Bruce E. & Everett Dr. How kind He is —08 *Ditson*. *S. SA.* quart.
Bruce Edwin, Forty-Five Opera Choruses 1.75 *Ditson*.
Bruce Emily G. Six Songs. Engl.-Lat. —75 *Brainard*.
Bruce Geoffrey, The Abandoned or Drift on! Drift on! in D and F 4—, *Ch. S. Weekes*.
- Audacity, polka 4/— *Whittingham*.
- The Fairies' Dance at Daybreak, *P* 4— *Weekes*.
Bruce G. F. Almighty God our Father, hymn —2 *Novello*.
- Vesper Hymn — 1 n *Vincent*.
Bruce Geo L. Twilight fancies, mazurka brillant —50 *Ditson*.
Bruce Irwin, By the Brookside 4/— *Larway*.
Bruce O. S. Signal Service, march two-step —40 *Goggan*.
Bruce Robert, Six Bagatelles, *P* 4/— *Weekes*.
Bruce W. A. Near Babylon's river, *SATB* —15 n *Church*.
Bruce W. H. Royal Windsor, gavotte 4— *Sheard*.
Bruch Max (1838), op. 1 S c h e r z, List u. R a c h e, komische Oper in 1 Aufzuge Vollständiger KA mit Text 15—. Textbuch —50, Ouverture, E-dur, *4ms* 2— *Senff*.
- 2 Capriccio, *4ms* 1.75 *Kistner*.
- 3 Jubilate, Amen. *S* Solo, Chor u. O (*Org*), Part 1— n, Part mit englischem Text f. *S* od. *T*-Solo u. Chor m. *Org* (Neath the Throne of Mercy) —30 n, Ost. 18 Hefte à —30 n, Chorst: *Ss. S. A. T. B*, 5 Hefte à —15 n, KA 1.50 *Breitkopf*. —20 n *Schirmer*.
- 4 Drei Duette, *SA* 1—: Nr. 1. Ihr lieben Lerchen, guten Tag! 2. Altdeutsches Win-

terlied: Mir ist leide, daß der Winter. 3. Der Wald: Zum Wald steht nun mein Sinn. Nr. 2. Altdeutsches Winterlied, *SA* (Duettenkranz Nr. 33) —30 *Breitkopf*.
- 5 Trio, *P Vc*, C-moll 4.20 n *Breitkopf*, S—n *Hamelle*. *4ms* (Aug. Riedel) 3— *Breitkopf*.
- 6 Sieben kleine zwei- und dreistimm. Gesänge für weibliche Stimmen m. *P*:
  Heft 1: Vier dreistimm. Gesänge, Part u. St 2— *Siegel, Tonger*: Glückwunsch: „Seid glücklich, wann die Veilchen blühn“. Der Wald: „Heil'ger Tempel ist der Wald!“ Frühlingsnaht: „Alle Vögel sind schon da“. Nachtlied: „Abend sinkt still auf die Flur“.
  Heft II: Drei zweistimm. Gesänge, Part u. St 1.50 *Siegel*: Im Frühling: „Blümlein, seid gegrüßet“. Jesus der Morgenstern (In der Christnacht): „Morgenstern der finstern Nacht“. Beim Pfingstreigen: „Pfingsten ist kommen“.
- 7 Sechs Gesänge für eine Stimme mit *P* 1—: Nr. 1. Altes Lied: Jede Jahreszeit. 2. Die Zufriedenen: Ich saß bei jener Linde. 3. Russisch: Durch die Waldnacht. 4. Schilflied: Auf geheimem Waldespfade. 5. Frühlingslied: Tief im grünen Frühlingshag. 6. Frisch gesungen! Hab' oft im Kreise der Lieben. Nr. 5. Frühlingslied, *h. t.* —30 *Breitkopf*.
- 8 Die Birken und die Erlen: „Ein wonnig Lied, wie Sirenensang“. *S*-Solo, Chor und *O*, Part 6— n, Ost. 29 Hefte à —30 n, Chorst: *S*-Solo, *S. A. T* I. II. *B* I. II. 7 Hefte à —30 n *Breitkopf*, —40 *Ditson*, —15 n *Schirmer*.
- 9 Quartett, C-moll, 2⁰ 1 a 1 c 4.80 n *Breitkopf*.
- 10 Quartett, E-dur, 2¹ 1 a 1 c 4.80 n *Breitkopf*.
- 11 Fantasie, 2*P*, D-moll (Bibliothek für 2 Pianoforte Nr. 12) 4—, *4ms* (G. Rösler) 3— *Breitkopf*.
- 12 Sechs Klavierstücke 3— *Breitkopf*, 3— *Ashdown*, Nr. 2 —50 *Presser*.
- 13 Hymnus: „Dem, der von Nächten“, *h. t.* 1— *Breitkopf*.
- 14 Zwei Klavierstücke: 1. Romanze. 2. Fantasiestück, 2— *Breitkopf*. Nr. 2 —40 *Gebethner*.
- 15 Vier Lieder 1—: Nr. 1. Lausche, lausche! 2. Gott: Über die Bäume. 3. Im tiefen Tale. 4. Gold'ne Brücken. Nr. 1. Lausche, lausche, *h. t.* —30 *Breitkopf*.
- 16 Die Loreley, große romantische Oper (1864 Köln). *Siegel*: Vollständige Part, Preis nach Vereinbarung:
  KA 12— n, neue Ausg. 8— n.
  P: (Theodor Herbert) 6— n.
  Regiebuch 4— n, Textbuch —40 n, Neue Ausg. —50 n.
  Einleitung (Ouverture) *O*: Part 2—, St 3.75.
  mO: St 2.50 n *Siegel*, *IM*: 3— n *Bellmann*.
  P: 1—, *4ms* 1—, *8ms*: (Th. Herbert) 2—.
  PV: (R. Hofmann) 1.25, *PVc*: (R. Hofmann) 1.25.
  4ms1Vc: 1.50, *4ms2VVc*: (Fr. Grossjohann) 1.80.
  2. Lied: „Seit ich von mir geschieden“ *S* —50.

4. Ave Maria: „Die du thronest in Wolkenglut". S-Solo u. Chor —75.

5. Ensemble: „Führt euch frisch und schafft die Fässer", B-Solo u. TTBB 1.75 *Siegel.* —30 n *Schirmer* m. O: KA 2 —, O-St 8 — n, Chorst 1.20.

7. Lied der Winzerinnen: „Wir grüßen dich fein", S-Solo u. SSMSA —75.

9. Große Szene: „Woher am dunkeln Rhein". S-Solo u. Chor 3—, S-Solo, SATBO: KA 3.50, Chorst 2—.

12. Lied: „O Heil dem Herzen, das ja liebt", Bar —75.

14. Gesang der Loreley: „Siehst du ihn glühn im Brautpokal", S —75. Neue Ausg. S. MS 1—.

16. Rezitativ u. Kavatine: „Zu euch, ihr heiligen Mauern", S 1—.

18. Sopran-Solo u. Ensemble: „Führt mich zum Tode, nehmt mich hin" 1.25.

19. Chor der Winzer und Winzerinnen: „Wir bringen des Herbstes köstliche Gabe", SATBO: KA 2 —, Chorst 1—.

21. Lied: „Des Tags beim Werk, zur Nacht beim Wein", B-Solo u. Chor —75.

23. Szene: „O welche Mattigkeit", T-Solo u. Chor 1.25.

24. Lied: „Ich hab' mein Herz verloren", S —75.

Potpourri P: (Theodor Herbert 2 —, Neue Ausg. 2—.

4ms: 3 —, PI: (G. Wichtl) 3 —.

P: Fantasien, Transkriptionen, Variationen etc. C. T. Brunner op. 468, 469, Th. Herbert op. 5. D. Krug op. 221, 222.

4ms: Franz Lammer op. 34.

PV: Georg Wichtl op. 67.

17 Zehn Lieder. *Siegel:*

Heft I: Drei geistliche Lieder aus dem Spanischen 1.25: Nr. 1. An die heilige Jungfrau: „Nun bin ich dein". 2. Der heilige Josef singt: „Nun wandre, Maria". 3. An den Jesusknaben: „Ach, des Knaben Augen". à —50.

II: Vier weltliche Lieder a. d. Spanischen u. Italienischen 1.50: Nr. 1. Von den Rosen komm' ich: „An den Ufern jenes Wassers" —50. Nr. 2. Carmosenella: „Ach, wie schön ist Carmosenella", *h. t.* —75. Nr. 3. Verlassen: „Hast einsam mich verlassen" —50. Nr. 4. Parte la nave: „Bald stößt vom Lande" —50.

III: Drei Lieder 1.50: Nr. 1. Tannhäuser: „Frau Venus, Frau Venus" —75. Nr. 2. Der junge Invalide: „Leb' wohl, du guter Reiterdienst" —75. Nr. 3. Klosterlied: „Blumen an den Wegen" —50.

18 Vier Gesänge 2.25: Nr. 1. Volker's Nachtgesang 1.25. Nr. 2. Der Landsknecht —50. Nr. 3. An die heilige Jungfrau —50. Nr. 4. Provençalisches Liebeslied —50 *Schott.*

· **19** Männerchöre m. O:

Heft I: Römischer Triumphgesang: „Jo, Triumphe! Heil dir Cäsar!" m. gr. O, Part, neue Ausgabe 4— n, KA 2—, Singst 1.20, O-St 5— n.

II: Das Wessobrunner Gebet: „Das erfuhr ich unter den Menschen". Lied d n Städte: „Ihr Bürger auf von nah und fern!" Schottlands Tränen: „O klage

Caledonia", Trauergesang nach d. Schlacht bei Culloden 1744. Nach einer schottischen Volksmelodie. Mit Begleitung v. Blechinstrumenten. Part 2.50 n, KA 1.50, Singst 1.20, O-St 3 — n *Siegel.*

· **20** Die Flucht der heiligen Familie: „Länger fallen schon die Schatten", SATB mit O, Part m. unterlegtem KA 3 — n, O-St 1.25 n, KA in 4° v. Komponisten 2 —. KA in 8° neue Ausgabe m. deutschem u. englischem Text 1.50, Chorst m. deutschem u. englischem Text 1—, —15 *Brainerd,* —20 n *Church,* —30 *Ditson,* —25 n *Schirmer,* 1 — *Hansen, Siegel.*

· **21** Gesang der heiligen drei Könige: „Auf stillen Felsenhöhn", 3 Männer-st. Part m. unterlegtem KA 3—, Singst —50 *Siegel.*

· **23** Frithjof. Szenen aus der Frithjof-Sage. TTBB mit Bar- u. S-Solo u. O: Part 22.50 n *Siegel,* 30— n *Durand,* O-St 24 — n *Siegel,* 30— n *Durand;* KA 4° 7.50 *Siegel,* 8° 3— n *Siegel, Peters,* 1— n *Schirmer,* Solost 1—, Chorst 3.20, P: (S. Jadassohn) 6.50, *4ms:* (Wilh. Roschlau) 7.50. Textbuch —15 n.

Szene 4. Frithjofs Abschied von Nordland. TTBB mit Bar-Solo, Soloquartett u. O: KA 1.50, Chorst —80.

Szene 5. Ingeborg's Klage: „Herbst ist es nun", S. A 1.50, SO: Part 2— n, O-St 3 — n.

Szene 6. Frithjof auf der See: „So nun schwebt er einher", Bar-Solo, TTBBP: KA 1.50, Chorst 1— *Siegel.*

· **23** u **27** Frithjof, Scène p. soli et choeurs. Traduction française de Victor Wilder S —n *Durand.* Choeurs séparés.

· **24** Schön Ellen (Fair Ellen): „Nun gnade dir Gott", Ballade, S-Solo. Bar-Solo, SATBO: Part 8— n, O-St 10 — n. KA 4° 5—, 8° 2—n *Siegel,* 2— *Peters,* P: (Aug. Horn) 2.25, *4ms:* 4—, Solost 1.50, Chorst 2— *Siegel,* —40 *Ditson,* —50 n *Schirmer,* —35 *White.* TTBB 8 n. Bar-Solo O: KA 3.50, Chorst 2 — *Siegel.*

· **25** Salamis, Siegesgesang der Griechen: „Schmücket die Schiffe mit Perser trophä'n!" TTBB soloquartetto: Part 7.50 n, O-St 10— n, KA 5— *Siegel,* 1— *Warmuth.*

· **26** Konzert, VO: (Gm.), Part 10—n *Siegel,* 12 — n *Durand,* Solost 2 — *Siegel,* O-St 12 — n *Siegel,* 15— n *Durand,* PV: 6.50 *Siegel,* 3 — *Peters,* 1— *Schirmer,* 4 —n *Schott,* 6— n *Durand,* *4ms:* (Rich. Kleinmichel) 5— *Siegel.*

· **27** Frithjof auf seines Vaters Grabhügel: „Hier ruht mein Vater", Konzert-Szene, Bar-solo SSMSA TO: Part 7.50 n, O-St 9—n, KA 3—, Chorst —75, —15 n *Brainerd.*

· **28** Sinfonie (Es), O, Part 21—n. St 24—n, *4ms* 8— *Siegel.*

· **29** Rorate coeli: „O Heiland, reiß' die Himmel auf". SATB, O u. Org ad lib Part 4—n, O-St 7.50 n, Chorst 1.60, KA 4— *Kistner.*

· **30** Die Priesterin der Isis in Rom. Für A und O. Part 4—, St 6—, KA 2.50 *Ries & Erler.*

· **31** Nr. 1. Die Flucht nach Ägypten: „Schmücke dich, du grünes Zelt" für S-solo, Frauenchor (S I, II A) u. O, Part 3—n. O-St 3 —n, Chorst —45, KA 2.50 *Kistner.*

—25 n *Schirmer*. Nr. 2. Morgenstunde:
„Die Lerchen singen", für S-solo, Frauenchor (S 1. II. 1), O. Part 2.50 n, O-St
4.25 n, Chorst —55. KA 2 — *Kistner*.
32 Normannenzug (The Lay of the Nors-
men), Bar-solo, einst. Männerchor O: Part
4 — n, O-St 6.90 n, KA 2.50, engl. 1.50 n.
Chorst —90 n *Breitkopf*. —35 n *Schirmer*.
33 Vier Lieder aus Frau Aventiure u. Trompeter von Säkkingen, *h. m. t.* 2.50: Nr. 1.
Biterolf im Lager vor Akkon (1190):
„Kampfmüd" und sonnverbrannt" —60.
Nr. 2. Altdeutscher Herbstreigen: „Wohl
auf ihr zieren Frauen" —80. Nr. 3. Dein
gedenk' ich, Margareta: „Sonne taucht in
Meeresfluten" —60. Nr. 4. „Lindduftig
hält die Maiennacht" 1.20 *Breitkopf*.
34 Römische Leichenfeier: „Traurig mit ge-
senkten Flügeln", *SATBO*: Part 4.50 n,
O-St 8.50 n, KA 4° 2.50, 8° 2 —, Chorst
1— *Siegel*, —25 *Schirmer*.
35 Kyrie, Sanctus und Agnus Dei, 28-soli
282 4 2T 2ROOrg: Part 9 — n, O-St 7.20 n.
Org-St 1.50 n, KA 4 —, Chorst 3 —n *Breitkopf*.
36 Zweite Symphonie (F-moll), O. Part
18—, O-St 24—, *4ms* (A. Horn) 8 —
Simrock.
37 Das Lied vom deutschen Kaiser: „Durch
tiefe Nacht ein Brausen zieht". *SATBO*.
Part 6 — n, O-St 7.50 n, KA 2.50, Chorst
1—, *TTBB*: (Aug. Riedel) KA 2.50.
Chorst 1— *Siegel*.
38 Fünf Lieder, *SATB*: 1. Waldpsalm
(Mönche u. Klosterschüler) — The Wood:
„Auf, zu psallieren in frohem Choral! —
Come, to the green leafy wood." 2. Der
Wald von Traquair — The bush a boon
Traquair: „Im schönen Walde von Traquair — Oh hear, ye nymphs." 3. Tannhäuser — Tannhauser: „Frau Venus, o
laß mich geh'n — Thou fair lady Venus."
4. Rheinsage — A Legend of the Rhine.
„Am Rhein, am grünen Rhein — Beside
the Rine's fair." 5. Feierliches Tafellied
Solemn Song for a banquet: „Wohl perlet
im Glase — The winecup is flashing", Part
(1875) 4—, St 4.80 *Simrock*.
39 Dithyrambe für T-solo, sechst Chor u. O,
Part (1874) 12 — n, O-St 12—, KA mit
Text 2—n, Chorst 2— *Simrock*.
40 Hermione, Große Oper (1873, Berlin).
Simrock: Part 120— n, KA 24—, P (Rob.
Keller)15—, *4ms* 24—, Textbuch —50 n:
1a. Einleitung u. erste Scene, *4ms* 1.80.
7. Szene des Leontes, *Bar*: „Setzt ihnen
nach", *h. t.* 1.20.
9. Recitativ und Arie, *S*: „Wie träge
schleicht die Zeit" 1—.
10. Recitativ und Duett, *SA*: „Irene, wo
ist mein Kind" 1—.
11a. Musik zum Traumbild, *P* —80.
11b. *4ms* — 80.
12a. Trauermarsch, *P* (B-moll) 1—.
12b. Derselbe (leicht). (C-moll) 1—.
12c. Derselbe, *4ms* 1.30.
12d. Gerichtsszene. Arie, *S* und Chor:
„Dich ruf' ich an" 2—.
13. Musik zum Entr'-Akt, *P* —80.
13a. Dieselbe, *4ms* 1—.
14. Recit. u. Ariette, *S*: „Wie schlägt mein
Herz", *h. t.* —80.

15. Duett. *ST*: „Frei bin ich, frei!" 1—.
16. Terzett. *STB*: „Die! Perdita, was sind
mir das für Händel" 1—.
18a. Maichor, *SATB*: „Herbei, herbei! zum
festlichen Reih'n" 1.50: hierzu Chorst
(jede —30) 1.20.
19. Recit. u. Arie. *Bar*: „Allein, allein mit
meinem Gram", *h. t.* —80.
22a. Sextett, *S, T 1. II, Bar 1. II, B*: „O
zeige uns das Bild der Teuern" —80.
22b. Arioso, *Bar*: „O zürne nicht", *h. t.*
—80.
41 Odysseus. Szenen a. d. Odyssee, *Simrock*:
Chor. Solost, O: Part 54— n. O-St 63—,
KA S — n, *P* (Rob. Keller) 6 — n, *4ms*
(Rob. Keller) 9 — n, Chorst 12—, —20
Ditson. —75 n *Schirmer*, Textbuch (100
Stück 15—), Vorspiel, *4ms* 1.30: Szene 5.
Penelopes Trauer, Rec. u. Gebet, Arie, *AO*:
Part 6—, O-St 8—, mit *P*: *h. t.* 1—:
Szene 8. Penelope, ein Gewand wirkend,
Arie, 10: Part 6—, O-St 8—, mit *P*:
h. t. 1 — *Simrock*, —50 *Church*.
42 Romanze (A-moll), *VO*. Part (1874)
6— n, O-St 10—, *VP* 4 — *Simrock*, 8 —
Schott, *VaP* 4— *Simrock*.
43 Arminius, Oratorium. Chor, Solost, O:
Part 54—n. O-St 63—, KA 8—n *Sim-
rock*, 1— *White*, Textbuch (100 Stück
15—), Nr. 13. Die Schlacht. Recitativ u.
Arie, *AO*: Part 4.50 n, O-St 12—, mit *P*
2.50 *Simrock*.
44 Zweites Konzert (D-moll), *V* mit O,
Part (1878) 15 — n, O-St 17—, *VP* 8—
Simrock, 8 — *Schott*.
45 Das Lied von der Glocke, Chor. Solost,
OOrg: Part 54—n, O-St 63—, KA 8—n,
4ms (Rob. Keller) 16—, Chorst 12—,
Textbuch (100 Stück 10—) *Simrock*.
46 Fantasie (Einleitung, Adagio, Scherzo,
Andante, Finale), *VO* u. *Ha*, unter freier
Benutzung schottischer Volksmelodien, Part
(1880) 18— n, O-St 20—, *VP* 9— *Simrock*.
47 Kol Nidrei. Adagio nach hebräischen Melodien, *VcOHa*, Part 4.50, O-St 6—, *VcP*:
3— *Simrock*, —40 *Gutheil*, *VcOrg* 3—,
P: 1.50 *Simrock*, —30 *Gutheil*, Org 1.50,
VP: 3— *Simrock*, —75 *Fischer*, 7—
Schott, 1— *Gehrman*, —40 *Gutheil*, —45
Senwang, *VaP* 3— *Simrock*, *PH* 3— *Simrock*, 3.75 n *Mustel*.
48 Vier Männerchöre a capella: 1. Morgenständchen: „In den Wipfeln frische Lüfte."
2. Trinklied: „Wir sind nicht mehr am
ersten Glas." 3. „Friede den Schlummern-
den." 4. Media vita, Schlachtgesang der
Mönche: „Ach, unser Leben ist nur", Part
(1881) 4—, St zu Nr. 1 u. 2 2—, St zu
Nr. 3 u. 4 2— *Simrock*.
49 Lieder und Gesänge. *Simrock*: Heft 1:
Nr. 1. Frage, Lied des Rugantino —
Question: „Liebliches Kind — Oh, happy
child." 2. Der Einsiedler — To the night:
„Komm, Trost der Welt — Come down
from heav'n." 3. Ungarisch — Ungarian
Dirge: „Leise zieht ein Kahn — Glides a
bark adown." 4. Serenade: „Wenn dich die
Sorgen — When of the dullround" 4—.
II: Nr. 5. Weg der Liebe (1. Teil) —
Love will find out the way (first part):
„Über die Berge — Over the billows." 6.

Weg der Liebe (II. Teil) — Love will find
out the way (second part): „Den gordi
schen Knoten — Can hearts interwoven."
7. Kleonike's letzter Wille — Kleonike's
last request: „Wirst du Kleonikens Stimme
kennen? — Dost thou know the voice" 4 –.
Nr. 1. Frage: „Liebliches Kind" 1—. Nr.
3. Ungarisch: „Leise zieht ein Kahn" 1—.
Nr. 4. Serenade: „Wenn dich die Sorgen"
b. t. 1—.
50 Achilleus, Solost, Chor, O: Part 90— n.
O-St 96—, KA 12 – n, Chorst 16 –. Text
buch (100 Stück 20—). Weitspiele zu
Ehren des Patroklus, Part 6—, O-St 10 –,
P 2—, *fns* 3 –. Nr. 8. Szene der Andro
mache: „Noch lagert Dämm'rung", Part
6—, O-St 10 –, mit *P* 2 –. Nr. 16. Szene
der Andromache: „Aus der Tiefe des Gra
mes". Part 10—, O-St 12 —, mit *P* 2 –
Simrock.
51 Symphonie Nr. 3, E-dur, O: Part 15 – n,
St 22.50 n. *fms:* (A. Horn) 6— *Breit*
kopf.
52 Das Feuerkreuz (The Cross of Fire),
dramatische Kantate, Solost, Chor *O u.*:
Part 48—n, O-St 54 —, KA 8 – n, Chorst
8— *Simrock.* —75 n *Schirmer.* Textbuch
(100 Stück 15—). Nr. 4. Norman in den
Bergen: „Die Heide wird mein Bette
sein", *BarO:* Part 10—, O-St 10 –, mit
P 2—. Nr. 6. Ave Maria: „Ave Maria,
Königin", *80:* Part 6—, O-St 8 –, mit
P 2— *Simrock.*
53 Zwei Männerchöre (1890): Nr. 1. „Auf
die bei Thermopylä Gefallenen", Part 1—,
O-St 7 —, KA 1.50. Chorst 2—. Nr. 2.
Schlachtgesang des Tyrtäos, Part 6 —, O-
St 10—, KA 3—, Chorst 4— *Simrock.*
54 Lieder u. Gesänge (ein- und mehrstim
mige) aus Paul Heyses Erzählung
„Siechentrost", mit *PV* (deutsch-engl.).
Part (mit beigelegter Solo-t) 4 – n.
Chorst: S, A, T, B 1.20 n: Nr. 1. Lied (im
Volkston): Folk-Song: Wie mochte je mir
wohler sein — How could I greater bliss
divine. 2. Lied, Song: Mai, Mai. Mai!
die wunderschöne Zeit. — May, May, May!
The wondrous, happy tide. 3. Duett,
Duette: Gott woll', daß ich daheime wär.
— Would God that I at home might be.
4. Duett, Duette: Wer weiß, woher das
Brünnlein quillt. — Who knoweth whence
the brooklet flows. 5. Schlußgesang (Quar
tett), Finale: Frühling im Moseltal. —
Spring in the Mosel Valley. 6. Siechen
trosts Ende, Siechentrosts Death: Wie
mochte je mir wohler sein. — How could
I greater bliss divine. Nr. 1. *B-*SoloPt
1.30, Nr. 6. *SATB*Pt: Part 1.50 n, Chorst
—60 n. V-St —30 n *Breitkopf.*
55 Kanzone, *VcO* od. *P,* B-dur, Part 5— n,
Solo-*Vc* 1—n, O-St, 6— n, *VcP* 2.60, *VP*
(Fr. Hermann) 2.60, *VaP* (Fr.
Hermann) 2.60, *ClP* (T. Gentzsch)
2.60 *Breitkopf.*
56 Adagio (über keltische Motive), *VcP,*
Part 4.50, O-St (ohne Prinzipalst) 7.50,
Prinzipalst allein 1—, *VcP* 3—, *VP* 3—
Simrock.
57 Adagio appassionato, *VO,* Part 6 —, O-
St (ohne Prinzipalst) 10—, Prinzipalst
allein 1—, *VP* 3— *Simrock.*

58 Drittes Konzert (D-moll), *VO,* Part
20 n. O-St (ohne Prinzipalst) 25—,
Prinzipalst allein 5—, *VP* 12— *Simrock.*
12 – n *Schott.*
59 Fünf Lieder, Texte allemand et angl.
epli. 4 –. Nr. 1. Um Mitternacht 1.25,
Nr. 2. Kophtisches Lied et Nr. 3. 2. koph
tisches Lied 1.75, Nr. 4. Die Auswanderer
(I. Flucht), Nr. 5. Die Auswanderer (Hei
mathild) 3.15 *Schott Frères.*
60 Neun Lieder (deutsch-englisch) *SATB:*
Nr. 1. In der Christnacht: „Dies ist die
Nacht" (Christmas Night), Part —80
St 1—. Nr. 2. Sommerlied: „Geh' aus
mein Herz" (Song of Sommer), Part — 60,
St 1—. Nr. 3. Der Mutter Klage: „Sie
war mild" (The Mother's Lament), Part
—60, St —80. Nr. 4. Gebet: „Herr,
schicke, was du willst" (A Prayer), Part
—80, St 1—. Nr. 5. Ausreise zum Tur
nier: „Nichts Schön'res auf Erden" (De
parture to Tournament), Part – 80, St
1—. Nr. 6. „Weit, weit aus ferner Zeit"
(Long, long, from long ago), Part – 80,
St 1—. Nr. 7. Nachruf an Walther von der
Vogelweide (In Memory of Walther von der
Vogelweide), Part – 80, St 1—. Nr. 8.
Weihnacht-liedchen: „Es zieht aus weiter
Ferne" (Christmas Carol), Part —50, St
1—. Nr. 9. Palmsonntagmorgen: „Es fiel
ein Tau vom Himmel" (Palm-Sunday-
Morning), Part 1—, St 1.60, *TTBB,* Part
1—, St 1.60 *Heinrichshofen.*
61 Ave Maria, Konzert-stück, *VcO,* Part
4.50, O-St 7.50, Solost allein 1—, *VcP*
3—, *VP* 3— *Simrock.*
62 Gruß an die heilige Nacht, Weihnachts
hymne, *A-*Solo, Chor, *O u. Org,* Part
10— n, O-St 12— n, KA 3 – n, Chorst 2—
Simrock.
63 Schwedische Tänze (Swedish Dances),
VP; 2 Hefte à 4.50 *Simrock,* 2 Books à
9— *Schott,* *P:* 2 Hefte à 2—, *fms:* 2
Hefte à 3—, *O:* 2 Hefte, Part à 7.50 n,
St à 10— *Simrock.*
64 Hymne nach Worten der heiligen Schrift
für Chor, Solost, *O* u. *Org* (ad lib.) (mit
deutschem und englischem Text), Part
(mit unterl. *Org-*St 10 – n, KA 4 – n.
O-St 12—n, *Org-*St 1 – n. Chorst 2.40
Heinrichshofen.
65 In Memoriam, Adagio, *VO,* Part 8—,
O-St 10—, Solost 2—, *VP* 4— *Simrock.*
66 Leonidas, Bar-Solo, *TTBB* u. *O,* Part
(—893) 24— n, O-St 25 —, KA 6 – n.
Chorst 4— *Simrock.*
67 Moses. Ein biblisches Oratorium, Chor.
Solost, *O* u. *Org,* Part (1895) 60— n, O-St
84—, KA 8— n, Chorst 12— *Simrock.*
68 Neue Männerchöre mit *O:* Nr. 1. See
räuberlied — Song of the Pirates — aus
dem Drama: „Die Gräfin", Part 9— n,
O-St 10—, KA 1.50 n. Chorst 2—. Nr. 2.
Der 23. Psalm, Part 9— n, O-St 10—,
KA 2.25 n, Chorst 2—. Nr. 3. Kriegs
gesang — Battle Song — aus „Des Epi
menides Erwachen", Part 9— n. O-St 10 –,
KA 2.25 n, Chorst 2— *Simrock.*
69 „Sei getreu bis in den Tod — Be thou
faithful unto death", fünfst. Chor mit
Org, Part 1.50 n, Chorst 1.50, *Org-*St —50
Simrock.

- 70 Vier Stücke: Nr. 1. Aria, 1eP 2—, 1P
2—, CIP 2—. Nr. 2. Finnländisch, 1eP
2—. Nr. 3. Tanz (Schwedisch), 1eP 2—.
Nr. 4. Schottisch (Melodie), 1eP 2—
Simrock.
- 71 Sieben Lieder. *SATB*: Nr. 1. Sommerlust im Walde — Summer-delights in the
Woods; „Einstmals ging ich spazieren",
altdeutsch, Part —80, St 1.60. Nr. 2.
Der fröhliche Musikus — The Jolly Mu-
sician: „Ein Mu-ikus wollt' fröhlich
sein", altdeutsch, Part 1—, St 1.60.
Nr. 3. An die Musik — To Music; „Du
bist ein' Gottesgabe", altdeutsch. Part
—60, St 1.60. Nr. 4. Narrenfahrt — A
Parcel of Fools: „Wenn man tut zusam-
menklauben", altdeutsch, Part 1—, St
1.60. Nr. 5. Musikalklang — Music's sweet
Voice: „Mu-ikaklang, lieblicher Gesang",
altdeutsch, Part —80, St 1.60. Nr. 6.
Lenz, komm herbei — Spring, come
again! altdeutsch, Part —80, St 1.60.
Nr. 7. Morgengesang — Morning Song of
Praise: „Fern im Ost beginnt die Sonne".
(Aus „Frau Aventiure"), sechsst Part
1.40, St 2— *Heinrichshofen.*
- 72 In der Nacht — In the Night: „Nun
schläfet man", Chorlied, AT I II B, Part
—60, St —80, TTBB, Part —60, St —80
Heinrichshofen.
- 73 Gustav Adolf, Chor. Solost, OOrg: Part
60— n, O-St 75—, KA 8— n, Chorst 12—.
Christ und der Tod, *SATB*: Part 2— n,
St 1.20. An die deutsche Nation, Refor-
mationslied, *SATBOrg3Pos*: Part 1—,
Orgst —50, 3Pos-St 1.50, Chorst — 60 n.
Drei Lieder des Leubelting. h. m. t.: Nr. 1.
„Ich habe den Schweden mit Augen gesehn — The Swede have I seen with these
mortal eyes" 1.50. Nr. 2. „Der König kann
nicht stille stehn — The king can never
idle be" 1.50. Nr. 3. „Es ist ein Kriegs-
mann, der heißt Tod — There is a warrer
called Death" 1— *Simrock.*
- 74 Herzog Moritz, Kriegslieder der Magde-
burger gegen Herzog Moritz von Sachsen,
TTBB, Part 2—, St 3— *Heinrichshofen.*
- 75 Serenade (Andante con moto. Alla marcia. Notturno. Allegro energico e vivace),
1 O, Part 20— n, O-St 28—, PT 12— *Simrock.*
- 76 Der letzte Abschied des Volkes, TTBB
OOrg: Part 8—, O-St 10—, KA 5—,
Chorst 4— *Bote.*
- 78 Damajanti. Szenen aus der indischen
Dichtung „Nala u. Damajanti", 8-Solo,
SATBO: Part 20— n, O-St 25— n, KA
4— n, Chorst 6— *Simrock.*
- 79 Lieder und Tänze nach russischen und
schwedischen Volksmelodien, 4 P: 2 Hefte
à 4— *Simrock*, 2 Parts à 2 — *Schirmer.*
- Album, 24 ausgewählte Lieder 3— n *Siegel*,
3— *Peters.*
- Bonum est in B (S c h i r m e r's 8vo Church
Music 59) —10 n *Schirmer.*
- 1er Concerto, Partition, O 12—, Parties
O 15— *Durand.*
- The Dawn (S c h i r m e r's 8vo Choruses for
Women's Voices 49), S chor. —20 n
Schirmer
- Dem Kaiser, TTBB mit O, Part 6—, O-St
8—, KA 2—. Singst 2— *Simrock.*

- Denkmale des Volksgesanges, Volkslieder
aller Nationen, *SATB*: Heft I, Part 3— n,
St 3.20, Heft II, III, Part à 3— n, St
à 4— *Simrock.*
- Drinking Song (S c h i r m e r's 8vo Chor.
for Men's Voices 436) —12 n *Schirmer.*
1 Folkevisetone, P —25 *Warmuth.*
- Gammaltysk vintervisa: „O, jag klagar att
i vintrens dagar", duett, vide Sangarens
Liblotek. *Hirsch.*
- Greeting at Dawn (S c h i r m e r's 8vo
Chor. for Men's Voices 435) —10 n *Schir-
mer.*
- Hebräische Gesänge, SATB O Org: Part
5— n, Org-St 1.50 n, O-St 6.90 n, KA 2—.
Chorst 1.20 n *Breitkopf.*
- Im Volkston, P —25 *Schmidt.*
- The Lay of the Bell, for chor. four solo
voices, O and Org 1.50 n *Schirmer.*
- Peace to the Slumberers (S c h i r m e r's
8vo Chor. for Men's Voices 437) 15— n
Schirmer.
- Romanza, P —35 *Schmidt.*
- Vom Rhein: „Wenn das Rheingold in der
Sonne glüht", aus „Einkehr u. Umschau",
TTBB, Part —50, St 1— *Kistner*, Part
60 n, St —60 n *Hals.*
- Zwölf schottische Volkslieder, mit deut-
schem u. englischem Text, in kl. 4º 3—
Siegel.

Bruch Wilhelm, Drei leichte Stücke: 1.
Barcarolle. 2. Capriccio 3. Tarantella. 1 P
à 1— *Hug.*
- Sieben Lieder 3—; Nr. 1. Erklärung 1—.
Nr. 2. Wohl lag ich einst in Gram und
Schmerz —80. Nr. 3. Wohl waren es Tage
der Sonne —80. Nr. 4. Ich weiß ein schö-
nes Röselein —80. Nr. 5. O glücklich, wer
ein Herz gefunden 1—. Nr. 6. Ein ernstes
Wort 1—. Nr. 7. Gestern liebt' ich, heute
leid ich —60 *Fürstner.*
- Lurlei Lieder. Ein Zyklus von 4 Gesängen
2.25 *Schott.*
- „Noch stand der West in bunten Farben"
1— *Schott.*
- Romance pour 1 P 1.75 *Schott.*

Bruche Carl, Angels ever bright and fair,
8, mix. quart. (H ä n d e l) —08 *Ditson.*
- Blessed be the Lord God, Benedictus —06 n
Presser.
- But my trust is in Thy mercy, S .T, mix.
quart. (W. M o r g a n) —08 *Ditson.*
- Christ is risen, chor. quart. AB, 8T —10
Ditson.
- Come, Thou fount of every blessing, S. T. A,
ATB, mix. quart. —08 *Ditson.*
- Evening hymn, SATB —15 n *Church.*
- Glory be to God on high, Gloria in Excelsis
—08 n *Presser.*
- God be merciful. Deus Miseratur —10 n
Presser.
- Great is the Lord, SATB —15 n *Church.*
- Guide me, O Thou great Jehovah, S. TA, B,
mix. quart. —08 *Ditson.*
- Hark, hark! my soul, SATB —15 n *Church.*
- He shall feed His flock, Bar. A, mix. quart.
chor. —08 *Ditson.*
- It is a good thing to give thanks. Bonum
Est —08 n *Presser.*
- I will extel Thee, chor. —12 *Ditson.*
- Nearer, my God, to Thee, 8. A. 8T, mix.
quart. —08 *Ditson.*

Not a sparrow falleth. 8. mix. quart. — 08 *Ditson.*
O be joyful in the Lord. Jubilate Deo —12 u *Presser.*
O Come Let Us Sing. Venite —12 u *Presser.*
Once again O blessed time, S ATB —08 u *Church.*
O send out Thy light. J. RSTB —06 *Ditson.*
O Zion, blest city, S1. mix. quart. — 08 *Ditson.*
Palm branches (Christmas Anth.), *Bar, B.* mix. chor. —10 *Ditson.*
Praise ye the Lord, S4, mix. quart. — 08 *Ditson.*
Praise the Lord O My Soul. Benedic Anima Mea —08 u *Presser.*
Praise waiteth for Thee, S. T. mix. quart. —08 *Ditson.*
Rejoice in the Lord, mix. quart. —08 *Ditson.*
Saviour, breathe an evening blessing, J. S.4T, mix. quart. —06 *Ditson.*
Thanks be to God, mix. quart. —10 *Ditson.*
We praise Thee o God. Te Deum —15 u *Presser.*
When gathering clouds around I view, S. STB, mix. quart. —06 *Ditson.*

Bruchmann Friedrich, „Ich hebe meine Augen auf" (Psalm 121). Chorgesang, S.4TB, Part —40, St —60 *Klemm.*

Bruck A. op. 20 Romanze, P1c 2— *André*, 1— *Neldner.*

Bruck Alfred, Lola-Polka 1— *Eisoldt.*

Bruck Baron de, Cabotins-polka —75 *Schott.*

Bruck Gerhard, Acht Lieder, Nr. 1—4 —30 *Seyffardt-Amsterdam.*

Bruck Leo, Danse des Fleurs, schottische, and In the Swim, two-step, FullO 1—, 1½ pts. —80, 10 pts. —60 *Church.*
In the Swim, march, Milit. Baad —50 *Church.*
In the Swim, two-step, and Danse des Fleurs, FullO 1—, 1½ pts. —80, 10 pts. —60 *Church.*

Bruck O. op. 35 Für dich —80 *Rühle.*
36 O daß es muß im Frühling sein —80 *Rühle.*
37 Der Weidenbaum 1— *Rühle.*

Bruck S. op. 3 Myrtensträuße, Hochzeits-Walzer 1.50 *Hug.*
4 Unter'm Pantoffel, Marsch, P 1.20 *Hug.*

Brucken-Fock Emile von, op. 14 Drei Lieder: 1. Seligkeit: Ich weiß es nicht, wie es gekommen. 2. Bitte: Weil' auf mir, du dunkles Auge. 3. Abendruh: Der schwüle Sommertag verglutet 1.30 *Kahnt.*
16 Vier Lieder: 1. Frühlingslied: Wenn der Frühling auf die Berge steigt. 2. Die graziöse Frau: Kleine, stille Tropfen fallen. 3. Schneeglöcklein: Ich kenn' ein Glöcklein lieb und zart. 4. Des Mädchens Klage: Die Nachtigall und ich 2— *Kahnt.*
8 Gesänge: Nr. 1. Friede —60. Nr. 2. Tod —60. Nr. 3. Zuflucht —90. Nr. 4. Letzte Bitte —60. Nr. 5. Herbst —75. Nr. 6. Die Tropfen —75. Nr. 7. Das alte Haus —60. Nr. 8. Sehnsucht —75 *Noske.*
Koninginne-Marsch, Fantasie, O, Part 5—, St 7.50 *Wagenaar.*
„Längst verwelkte Blumen blicken" —75 u *Noske.*

2 Lieder: 1. Rückblick. 2. Resignation 1.20 u *Noske.*
Schemiac, Muziekdrama in één bedrijf. Klaviermittreksel met Nederl. en Duitschen tekst (bewerkt door den componist) 4.80 u *Noske.*

Brucken-Fock G. H. v. op. 1 Sechs Klavier-stucke 3— *Ries & Erler.*
2 Neun kleine Präludien, P 2— *Breitkopf.*
3 Spanische Tänze, P 3— *Breitkopf.*
4 Fünf Präludien, P 2— *Breitkopf.*
5 Sonate, P1c 3.90 *Breitkopf.*
6 Zwei slavische Tänze, P 2— *Breitkopf.*
7 Elegie, 1 P 1.30 *Breitkopf* De Algem. Muziekhandel.
8 Zehn Präludien, P 1.80.
9 Drei Präludien, P —90.
11 5 Moments musicaux, P —90.
12 Impromptu et 4 Preludes, P 1.50.
13 Spaansche Dansen, P 1.20.
14 3 Geestelijke Liederen voor vierstemmig gemengd koor à Cappella, Part 1—.
15 24 Preludien, 1e. deel —90, 2e. deel 1.20, 3e. deel 1.50, 4e. deel 1.20.

Bruckenthal B. v. op. 7 Missa Salomnis (F) S.4TB, 2V, 1a, Vc, Kb, 2Cl, 2Horner, ab wechselnd mit *Trompeten* u. *Pauken* nebst *Org*, St 8.80 *Gross.*
8 Ich steh' am Flussesrand allein (Fried. Rupert i). 1.20 *Bosworth.*
9 Romanze, 1cP 1.50, P 1— *Bosworth.*
12 „Pange lingua", 4 Singst m. *Org* (Cyklus deel XIV) —80 *Gross.*
13 Die Blumen: „Entblätt're nicht die lieben Rosen" —50 *Breitkopf.*
14 Sechs Chöre, TTBB, Part 1.50 u, St 1.20: Nr. 1. Fischerlied: Abend zieht gemach heran. 2. Schlaf' auch du! Die Sonne sank, der Abend naht. 3. Frühlingseinzug: Die Fenster auf, die Herzen auf! 4. Ihr stolzen Sternchen: Ihr stolzen Sternchen braucht mich nicht. 5. Meeresabend: Sie hat den ganzen Tag getobt. 6. Lied vom Winde: Sausewind! Brausewind. *Breitkopf.*
16 Die Thalheimer, Walzer 1.50 *Bosworth.*
20 Zwei Lieder: Der schwere Abend. Der träumende See —75 *J. Schuberth.*
Es war einmal —60 *Gutmann.*
5 Lieder: Und weil's nun einmal. Liebesglück. Frage nicht. Frühlingstag. Aus fernem Land à —80 *J. Schuberth.*
2 Lieder: 1. Vor der Wiege. 2. Kinderlied 1.20 *Gutmann.*
Offertorium. In te domine sperari. 4 Singst mit *Org* (Cyklus Heft XIII) 1.60 *Gross.*
Die Sonne hüllt in Nebel sich 1.20 *Gutmann.*

Bruckenthal M. v. Ave Maria, 1 Singst u. *Org* —70 *Gross.*

Bruckler H. Chanson de Werner 3— *Schott Frères.*

Bruckmüller H. op. 5 's brochene Herz. Melodie, Z —80 *Bosworth.*
7 Das Lied der Sennerin, Melodie, St-ZZ —90 *Bosworth.*
Stelldichein, Gavotte, 3Z 1.70 *Grude.*

Bruckner Anton (1824—1896), Antiphon, S.4TB m. *Org*, Part u. St 1.50 *Rosé.*
„Ave Maria", 4 Singst mit *Org* 1.20 *Gross.*
Ave Maria, S4 I, II T I, II B I, II, Part u. St 1.20 *Rosé.*

Lerche." „Die Raben und die Lerchen"
4.25 *Hoffarth*, 1— *Steingräber*.
- Album. 21 Lieder und Gesänge (Dr. L.
Benda) 1—: Inhalt: Lieder Jung Wer-
ners am Rhein. Werners Lieder aus
Welschland. Margarethas Gesänge. Gebet.
Sehnsucht. Frühlingssegen. Der träumende
See. Auf dem See. Dem aufgehenden Mond.
Verrat. *Litolff*.
- Biterolf im Lager vor Akkon: „Kampfmüd
und sonnverbrannt" (Reinh. Becker)
1— *Hoffarth*.
- Chanson de Werner aux Bords du Rhin:
„A votre aspect, d'un grand émoi" —80
Schott Frères.
- „Es war ein alter König" (Reinh.
Becker) —80 *Hoffarth*.
- Acht Gesänge: 1. Biterolf im Lager vor
Akkon 1—. Nr. 2. Romeias Lied —80.
Nr. 3. „Mein Geist ist trüb" 1—. Nr. 4.
„Ich sah die Träne voll und rein", h. m.
—80. Nr. 5. „Es war ein alter König"
—80. Nr. 6. Mörgens —80. Nr. 7. Neuer
Frühling —80. Nr. 8. Junge Minne, h. m.
1— *Hoffarth*.
- Sieben Gesänge. Aus dem Nachlasse ausge-
wählt, revidiert und herausgegeben von
Adolf Jensen 4—: Gebet: „Die du
über die Sterne weg". Sehnsucht: „Wär
ich der Regen". Frühlingssegen: „Mein
Herz, aus goldnen Jugendtagen". Der
träumende See: „Der See ruht tief im
blauen Traum". Verrat: „Die Wasserlilie kichert leis". Auf dem See: „Schwer-
sam treibt mein morscher Einbaum". Dem
aufgehenden Mond: „Heut schwieren
Schelmenlieder". *Hoffarth*, 1— *Steingräber*.
- „Ich sah die Träne voll und rein" (Reinh.
Becker), h. m. —80 *Hoffarth*.
- Junge Minne: „Schaust du verträumt vom
Turme nieder" (Reinh. Becker), h.
m. 1— *Hoffarth*.
- Margarita —35 *Ditson*.
- Marsch der Bürgergarde, Rataplan, rata-
plan, TTBB (mit kl. *Trommel* u. *pFl*).
(Deutsche Eiche Nr. 414). Part —40. St
—40 *Eulenburg*. Part u. St 2.50 *Hoffarth*.
St à —60 *Hoffarth*.
- „Mein Geist ist trüb" (Reinh. Becker)
1— *Hoffarth*.
- Morgens: „Ein sanfter Morgenwind durch-
zieht" (Reinh. Becker) —80 *Hof-
farth*.
- Neuer Frühling: „'s sind die alten Träume
wieder" (Reinh. Becker) —80 *Hof-
farth*.
- Nordmännerlied: Der Abend kommt, TTBB
(Doppelchor). (Deutsche Eiche Nr. 413).
Part —40. St —40 *Eulenburg*. Part 1.50.
St à —60 *Hoffarth*.
- Romeias Lied: „Ich weiß einen Stamm im
Eichenschlag" (Reinh. Becker) —80
Hoffarth.
- Der Vogt von Tenneberg aus „Frau Aven-
tiure" (Reinh. Becker) 3— *Hoffarth*.

Brücklmayer Franz Xaver, op. 3 Sechs
Pange lingua, S.1TB, Part 1—, St —80
Coppenrath.
- 4 Sechs Marienlieder, 1 Singst mit *Org* od.
Ha-Begl. Part 1.20, Singst —25 *Coppen-
rath*.

- 5 Sechs Adjuva nos, SATB, Part 1—, St
—60 *Coppenrath*.
- 6 Missa in honorem b. M. V. nebst einem
„Ave Maria" als Offertorium und einem
„Pange lingua" für 1 mittlere Singst mit
Org, Part 1—, St · 25 *Coppenrath*.
- 8 Missa secunda ad 3 voces aequales comitante *Org* ad lib. Part 1.20, St —30
Pustet.
- 12a Missa quarta „Beatus servus" cum Offertorio „Veritas mea" ad 4 voces inaequales, SATB, Part 1—, St —40 *Pustet*.
- 12b „Offertorium „Veritas mea" in hon.
S. Wolfgangi. 2S.2A.2T.2B, Part —20
Pustet.
- 20 Missa quinta in honorem „Josephi", n.
od. 1. St od, Unisono-Chor mit *Org*, Part
1— u. St à —25 n *Cl. Attenkofer*.
- Abendlieder, TTBB 1— *Coppenrath*.
- 1 Offertorien nebst 1 Pange lingua und 1
Veni sancte spiritus, TTBB. Part 1—,
St —60 *Coppenrath*.

Brückmann Fritz, Männerchöre; *Kahn:* **Op.**
3 Mein Mütterlein.
- 4 Schön Anna.
- 5 Glocken der Heimat.
- 6 Drei Blätter von der Linde.
- 7 Der verliebte Bua.
- 8 Schwing dich empor mein Lied. Part à
—60. St à —60.

Brückner C. Schule für die zweireihige Harmonika, 6, 8, 10 oder 12 B 1— *Donkowsky*.

Brückner Edmund, op. 1 Schneller und
Preller oder: Verbummelte Genies, f. 6
Herren u. 1 Dame (od. 7 Herren) 4—
Gleissenberg.

Brückner F. Adagio, Variat. und Rondo
(Schöne Minka), ?? 3— *Breitkopf*.

Brückner Herm. Die Göttereiche, TTBB
m. O, KA 2—. Chorst 1.20 *Luckhardt &
Belder*.

Brückner J. op. 12 Johannis-Ländler f. 2Z
—96 *Cn. Ed.*

Brückner Oscar (1857), **op.** 3 „Gondoliera".
Salonstück, mit Poltmann, „Lied ohne
Worte", stO 1.50 *Seeling*.
- 12 „Juflklapp", zwei kleine Salonstücke, P
1— *Seeling*.
- 24 Gedenkblatt, VP 1.50 *Oertel*.
- 30 Short Studies, Ve 1—n *Augener*.
- 33 1. Wiegenlied, VIP 1—, II. Sehnsuchts-
traum, VIP 1— *Oertel*.
- 34 Drei Lieder für 1 Singst 1.75: Nr. 1.
Ich halte ihr die Augen zu. 2. Verzage
nicht. 3. Auf den Gassen verlassen. *Hoff-
beinz*.
- 37 Notturno, VeP 4— *Augener*.
- 38 Zwei Stücke, P: 1. Albumblatt. 2.
Kleine Serenade, 1.50 *Schellenberg*.
- 39 Scherzo, VeP 2— *Schellenberg*.
- 40 Scale and Chord Studies, Ve: Book 1.
The Study of the Scale 4 u. Book 11.
Chord Studies 3—u *Augener*.
- 41 Melodie, P 1— *Schellenberg*.
- 42 Mélodie & Capriccio, VeP: N. 1. Mélodie
4—. N. 2. Capriccio 4— *Augener*.
- 44 Zwei Lieder: Nr. 1. Um Mitternacht
—60. Nr. 2. Was auch der Lenz —80
Schellenberg.
- 44 „Miniaturen", sechs leichte Salonstücke
für VeP 9.50: Nr. 1. Melodie 1.50. Nr. 2.
Serenade 1.50. Nr. 3. Intermezzo 2—.

Nr. 4. Präludium 1.50. Nr. 5. Daheim 1.50.
Nr. 6. Am Spinnrad 1.50 *Schott*.
- 45 Zwei Lieder: *a)* In meinem kranken
Herzen, *b)* Im Friedhof unter Eichen, 1—
Giessel.
- Adagio, *VcP* 1.25 *Seeling*.
Drei Lieder ohne Worte (M e n d e l s-
s o h n), *VcP*, *WaldhornP* à 1—, *VcO*
WaldhornO à 1.50 n *Bellmann*.
- Romanze, *Vc* mit *Str*-Quartett 1.50, *VcP*
—80 *Seeling*.
Brückner Wilh. op. 2 In die Ferne, *TTBB*,
Part —40, St —60 *Fr. Dietrich*.
- 3 Ständchen. *TTBB*, Part —40, St —60
Fr. Dietrich.
- 4 Warnung vor dem Wasser, *TTBB*, Part
—40, St —60 *Fr. Dietrich*.
- 6 Lieschen, nimm's nicht so genau, wirst
ja meine Frau 1— *Fr. Dietrich*.
Brüder, lagert euch im Kreise (G. H e -
r o l d), kl. *Harm* 1.50 *Lehne*.
Brüderlein fein, Lied, *Z* —10 *Michow*.
Brüel M. Larmes et Sourires, valse 2— n
Janin.
Brüggemann Alfred, op. 1 Drei Lieder: 1.
Ach ich sehne mich. 2. Mit deinen blauen
Augen. 3. Die schlanke Wasserlilie, *h. m.
t.* à 1— *Breitkopf*.
- 2 Drei Lieder: 1. Lustiges Lied: „O selig,
wem vom Urbeginn". 2. Ein neues Müllerlied: „Bächlein laß dein Rauschen sein".
3. Frühlingslied: „Heute will ich fröhlich
sein", *h. t.* à 1— *Breitkopf*.
Brüggemann Ernst (1873), op. 2 Valse Caprice, *P* 1.50 *Bisping*.
- 3 Gebet einer Tirolerin, *P* 1.30 *Tormann*.
- 4 Nr. 1. Reiterlied 1.50. Nr. 2. Ich hab ein
zart Feinsliebchen, 1.20 *Tormann*.
Brüggen G. de, Bagatelles, *P* 1— *Neldner*.
Brühl Alfons, Berceuse, 1 *P* —40 *Idzikowski*.
- Wiegenlied, *P* 1— *Raabe*.
Brühl V. *Jurgenson*: Op. 16 Quadrille —40.
- 17 Polka Mazurka —20.
- 18 Coquine-Polka —30.
- 19 Mazurka —20.
- Lanciers sur des thèmes russes —20.
Brühns A. Chansonnette sans paroles, *P*
1.70 n *Bosc*.
- Couplet impromptu, *P* 1.70 n *Bosc*.
- En descendant de Montmartre, marche
2— n, *O* 1— n, p. sep. —15 n *Bosc*.
- Musette et Cornemuse. La petite ficelle
(2 pièce) 1.70 n *Bosc*.
- Patrouille miniature, sérénade (Les deux
pièces), *P* 1.70 n *Bosc*.
Brüll Heinrich, Waldblumen - Walzer 1.80
Gutmann.
Brüll Ignaz (1846), op. 1 Drei Lieder: 1.
Träum ich oder wach ich. 2. Abendlied.
3. Nachtreise, 1.50 *Cranz*.
- 2 Drei Lieder: 1. Liebe wohl. 2. Nächtliche
Wanderung. 3. Ständchen: Sterbeklänge,
1.50 *Cranz*.
- 3 Drei Stücke in orientalischer Weise, *P*.
Weinberger.
- 5 Heft 1: Sechs Gesänge: 1. Es schauen
die Blumen alle. 2. Wenn ich auf dem
Lager liege. 3. Jedweder Geselle, sein
Mädel am Arm. 4. Sie liebten sich beide.
5. Ich wollt' meine Schmerzen ergössen
sich all in ein einziges Wort. 6. Manch
Bild vergess'ner Zeiten, 2.70.

II: Drei Gesänge: 1. Das verlassene
Mägd'lein. 2. Ligurisches Volkslied. 3.
Waldeinsamkeit, 1.80.
III: Drei Gesänge: 1. Am Traunsee. 2.
Der schwere Abend. 3. Trauer, 2.10 *Doblinger*.
- 6 Tarantella, *P* 1.80, *4ms* 3.60, *2P* 7.20 *Doblinger*.
- 7 Nr. 1. Impromptu, *P* 1.20. Nr. 2. Humoreske, *P* 1.50 *Doblinger*.
- 8 Sieben Fantasiestücke, *P*: Heft I (Nr.
1—3), II (Nr. 4—7) à 2.50. Nr. 3. G
—75, Nr. 4. A-moll 1—, Nr. 5 F —75
Kistner.
- 9 Sonate, *VcP*, *VP* à 7.80 *Doblinger*.
- 10 Konzert, Nr. 1 F-dur, *PO*, Part 7— n,
St 10.50, *P* 7.50, *2P* 10— *Bote*.
- 11 Drei Klavierstücke: 1. Romanze. 2. Impromptu. 3. Mazurka, à —80 *Cranz*, Nr. 1
—35 *Presser*.
- 12 Vier Lieder: Nr. 1. Sehnsucht —80.
Nr. 2. Gewitternahen 1—. Nr. 3. Ein Auf-
atmen —50. Nr. 4. O süße Mutter 1—
Cranz.
- 13 Drei Klavierstücke: Nr. 1. Schlummerlied —80. Nr. 2. Saltarello 1.30. Nr. 3.
Romanze 1— *Cranz*.
14 Trio (Es-dur), *PVVc* 7.50 *Leuckart*.
- 15 Vier Lieder: Heft I: Die alte Weide.
„Meiner Mutter ihr Spinnrad, das geht in
der Fahrt" 1—. II: Schlummerlied. Christ-
baum 1.20 *Ries & Erler*.
16 Nr. 1. Husarenlied, *TTBB*, Part —60,
St —60. Nr. 2. Im Holz, *TTBB*, Part
—40, St —60 *Ries & Erler*.
- 17 Improvisata e Fuga, *P* 2— *Ries & Erler*.
- 18 Sechs schottische Lieder: Nr. 1. Nanny,
meine Rose —90. Nr. 2. Wie lang und
traurig ist die Nacht —60. Nr. 3. Peggy
(Des Westwinds Hall) 1.20. Nr. 4. Polly
Steward (O Polly, liebe Kleine) —90 *Gutmann*, —50 Hansen, *Nordisk Musikforlag*.
Nr. 5. Jessie (Treuherzigen Sinn's war
der Bursche) —90. Nr. 6. Es war 'ne
Maid —90 *Gutmann*, *h. t.* —35 *Schirmer*.
- 19 Heft I: Vier deutsche Volkslieder: 1.
Mein eigen soll sie sein. 2. Abschied
(Jetzund reis' ich weg von hier). 3. Gruß
(So viel Stern' am Himmel stehn). 4.
Liedchen der Sehnsucht (Der süße Schlaf)
à —60 *Gutmann*.
II: 1. An die Sterne. 2. An einen
Schmetterling, à —90 *Gutmann*, (To a
Butterfly) *h. t.* —35 *Schirmer*.
20 Zwei Scherzi. *P*: 1. in C-moll, 2. in Fis-
moll, à 2— *Robitschek*.
- 21 Sonate, *2P* 5.50 *Robitschek*.
22 Zyklus toskanischer Lieder, *SATB*, *T* u.
S-Solo. Heft I: 1. Chor: „Selig ist das
Sternlein drüben". 2. Chor: „O Sonne,
o Sonne". 3. „Liebe Schwalbe, kleine
Schwalbe", *SATB*, Part u. St 1.80.
II: 4. Lied: „Liebe Rose, Blume der
Blumen", *T* m. *P*. 5. Duett: „Sprich, o
Mädchen, *sT* mit *P*. 6. „Seh' ich die
Straße dich kommen", *T* mit *P*, 1.30.
III: 7. Chor: „Streust du Dornen", *T*-
Solo, *SATB* u. *P*. 8. Chor: „Wenn ich
wüßte, *SATB*, 2.30 *Cranz*.
- 23 Süßes Begräbnis, *2SAT2B*, Part u. St
1.50 *Cranz*.

- 24 Konzert Nr. 2, C-dur, *PO*. Part 9— n, St 12—, *P* 7.80, 2*P* 15.60 *Bote*.
- 25 „Im Walde", Konzert-Ouverture, *O*, Part 5— u, O-St 9—, *4ms* 3— *Fürstner*.
- 26 Nr. 1. Jagdlied: „Das Heidekraut blühte", *SATB*, Part —80, St 1.20. Nr. 2. „Gebt mir vom Becher nur den Schaum", *TTBB* mit *4ms*, Part 1—, St 2— *Fürstner*.
- 27 Das goldene Kreuz (La Croce d'oro), (1875 Wien), Oper in 2 Akten, *Bote*: KA (deutsch, engl.-ital.) à 10— n, mit ges. u. gespr. Text 12— n; 20— n *Ricordi*, *P* 5— n, Regiebuch 3.50 n, Textbuch —50 n; Libretto —50 n *Ricordi*.
  Ouverture *O*: Part 7.50, St 9.80, *IM* St 4— u, *Blech-M* 4— n, Par. Bes. 4—. *P*: 1.50, neue Ausg. (B. W o l f f) 1.50, *4ms* 3—.
  1. Romanze, *S*: „Die Eltern starben frühe" —80.
  2. Duett, *TBar*: „Halt! Front! Gewehr bei Fuß!" 1.80.
  3. Lied, *T*: „Was ist Leben ohne Liebe" —80.
  4. Ensemble: „Courage Kind! Such' dich zu fassen" 2.50.
  5. Lied, *Bar*: „Bom trara, in Reih' und Glied gestanden" 1—.
  6. Ensemble: „O seht die kummervolle Miene" 3—.
  7. Finale: „Ist's möglich? O Himmel!" 3.30.
  7a. Marsch und Walzer hieraus, *P* 2—.
  8. Entr'act, *P* —80.
  9. Duett, *TBar*: „Schau, schau, mein Männchen" 1—.
  9a. Arie, *S*: „Männer, die muß man sich dressier'n" 1—.
  10. Romanze, *T*: „Nein, nein, ich will ihr Herz nicht zwingen" —80.
  11. Quartett: „Da ist sie! Zu Tische" 2.30.
  12. Duett, *ST*: „Darf ich's glauben, wenn ich scheide" 1.80.
  13. Lied, *Bar*: „Wie anders war es, als vor wenig Jahren" 1—.
  14. Finale: „Es ist das Kreuz, das Pfand, das ich gegeben" 3—.
  Nr. 7a, *4ms* 2.50, *O* 4— n, *IM* 4— n, Par. Bes. 4—, *blM* 4— n. Nr. 13 —50 *Schirmer*, —75 *Lundquist*, *P* 1.50, *mO* 7— *Bote*.
  1. Romance: Still young, our parents dying (Morir i genitori) 1 6.
  2. Duet: Halt! Front! Ordre arms (Alt! Front! fucil al piè) 3/—.
  3. Romance: What is life if love's devotion (Cosa è vita senza amore) 1 6.
  5. Song: Rataplan, trarara! 2 —.
  9. Duet: See the piping times of peace (Vè 'l marito mio ov' è) 2 6.
  9bis. Air: Husbands most surely none disputes (L'uomo convien amma'estrar) 2 6.
  10. Romance: Shall I, her simple heart compelling (No, no, quel cor non vò forzare) 1/6.
  12. Scena and Duet: Tell me will our parting grive thee?) (Posso creder che 'l tuo core) 3/—.
  13. Song: Three years have writ in blood a woful story (Com' era bello anni fa 'l vedere 2/—.

Potpourri *P*: 1, II à 3—, (F r. S p i n d l e r) 1— *Steingräber*, *4ms* à 4.50. *Z*: (F r. G u t m a n n) 2.80, *P1*: (B r i s s l e r) 3.80, *PFl*: (F. B r i s s l e r) 3.80, *O*: (M. K l e i ß n e r) 18.50, Arrangements. Fantasien. Tänze. Transcript. etc. *P*: C. B i a l, Ch. C o o t e, W. K u h e, G. L a n g e op. 254, G. L e v a t i e r, V. M i g e l l i, B. R i c h a r d s, S a r o op. 107, *O*: G. L e v a t i e r, V. M i g e l l i.

- 28 Drei Klavierstücke 4—: Nr. 1. Impromptu 1.20, Nr. 2. Romanze 1.50, Nr. 3. Etude 1.80 *Ries & Erler*.
- 29 Serenade, *O*, Part 7— n, O-St 16.50 *4ms* 7.50 *Bote*.
- 30 D e r L a n d f r i e d e, Oper in 3 Akten (1877), *Bote*: KA 10— n, *P* 5— n, Textbuch —50 n; Ouverture, *O*, Part 6—, *P* 1.50, *4ms* (C. B i a l) 2.30.
  1. Duett, *2S*: Käthe! Schau, da ist er 1.30.
  2. Gesang des Menzinger, *B*: Sie ist vorbei die Zeit —80.
  3. Lied der Katharina, *S* mit Frauenchor ad lib.: Kommt denn Jungfrau'n —50.
  4. Duett-Szene, *TB*: Ha! Berstet, ihr verfluchten Glocken 1.80.
  5. Terzett, *2TB*: Ha! Schmählich stößt sie mich zurücke 2—.
  6. Gesang Maximilians, *Bar*: Dem Rechte Schutz —80.
  7. Szene und Terzett, *STB*: So Jungferlein, wir sind zur Stelle 1.80.
  8. Trinklied, *B* mit Chor ad lib.: Wer Wein veracht't 1—.
  9. Recitativ und Arie, *S*: Welch wüster Lärm drang an mein Ohr! 1—.
  10. Duett, *ST*: Katharina! 2—.
  11. Lied, *T*: Augsburgs Röslein, hold erblüht —80.
  12. Duett, *2S*: Käthe! Wiederum in Tränen! 1.30.
  13. Mädchenchor: Hurtig, hurtig. Für eine Singstimme arrangiert —80.
  14. Festmarsch —80, (erleicht. Arrangement von F. B r i s s l e r) —80, *4ms* (C. B i a l) 1—.
  15. Fackeltanz 1—, (erleicht. Arrangement von F. B r i s s l e r) 1—, *4ms* (C. B i a l) 1.30; *O*, Part 4.80, St 7—, *IM* (H. S a r o), St 2— n.
  16. Lied, *S* mit Chor ad lib.: Herr Theuerdank voll Mut und Kraft —50.
  17. Romanze und Schlußgesang Maximilians, *Bar*: Jugendahnung kehrst du wieder —80.
  17a. Romanze allein —50.
  Potpourri (F. B r i s s l e r), *P*, Nr. 1. 2 à 2.50, *4ms*, Nr. 1, 2 à 3.50, *PT* 3.50, *PFl* 3.50; große Fantasie, *P* (G. L a n g e op. 255) 2.50.
- 31 Sinfonie (E moll), *O*, Part 10— n, O-St 18—, *4ms* 7.50 *Bote*.
- 32 Drei Lieder: Nr. 1. Sehnsucht: Ohne dich —80. Nr. 2. Die schöne Maienzeit: Es war die schöne Maienzeit —50. Nr. 3. Gerstenähren: 's war Petri Kettenfeier 1—; dasselbe mit *VVc* und Chor ad lib. 2.30 *Bote*.
- 33 Sieben Albumblätter für die Jugend, *P*: 1. Klage, 2. Frühlingslied, 3. Armer Savoyardenknabe, 4. Im Dorfe, 5. Menuett,

6. Menuett. 7. Glückwunsch 2— Bote, 4 — Chappell.
- 34 Drei Klavierstücke: Nr. 1. Mazurka 1—. Nr. 2. Barcarolle 1—. Nr. 3. Capriccio 1.30 Bote, à 3 — Chappell.
- 35 Zwei Klavierstücke. Bote: Nr. 1. Thema mit Variationen 1.30. Nr. 2. Mazurka —80. Nr. 1 4 —, Nr. 2 3 — Chappell.
- 36 Serenade (Edur) für O. Part 4.50 n. St 7.50 n. jms 4.25 Schott.
- 37 Nr. 1. Impromptu 1.80 Brockhaus, 5— Hamelle. Nr. 2. Idylle 1.80 Brockhaus, 6— Hamelle. Nr. 3. Paysage, P 5— Hamelle.
- 38 Sechs Klavierstücke: Nr. 1. Romanze 1.25. Nr. 2. Capriccio 1.50. Nr. 3. Etude 1.25. Nr. 4. Impromptu 1.75. Nr. 5. Mazurka 1.50. Nr. 6. Bolero 1.50 Schott; Nr. 1, 3, 5, 6 4 — Ashdown. Nr. 4 4 — Willcocks.
- 39 Thema mit Variationen, P 1.50 Schott.
- 40 Königin Mariette. Komische Oper in 3 Akten (1877), Bote: KA 12— n. P 6— n. Textbuch — 50 n. Ouverture, P 2—:
  2. Ariette: Hier sind die Spitzen 1—.
  3. Duettino: Lasset uns rekognoszieren 1—.
  4. Duett: Mein Arm darf dich wieder umfangen 1.50.
  5. Lied: Gern gesteh' ich zu —80.
  9. Buffo-Duett: Mein Herr, Sie nahmen hier 1.50.
  10. Ariette: Als Königin mich zu benehmen 1—.
  13. Szene und Romanze: Sie war's! Sie war's! Wohin ich blick' —80.
  14. Duett: Wie fang' ich's an? 2—.
  16. Ariette: Heiter stilles Glück 1—.
  18. Lied: Bist du Cromwells echter Sohn? —80.
  Potpourri. P: 1, 11 à 3—, Tänze, P: Ed. Teckow.
- 41 Konzert, A-moll, P1 12— Gutmann.
- 42 Suite, A-moll, P1 9— Gutmann.
- 43 Vier Lieder 1— Breitkopf: 1. Das zerbrochne Ringlein: in einem kühlen Grunde. 2. Zigeunerlager: Nacht ist's auf der weiten Ebne. 3. Ständchen: Spät im Mondenschein. 4. Hohes Lied: (Vers 6 u. 7.) Stark wie der Tod ist die Liebe. Nr. 2. Gip-y's Camp, 4. Praise of Love (engl.) 2 —.
- 44 Nr. 1. Walzer-Impromptu, P. As-dur. 2. Kleine Studie, P à 2— Breitkopf.
- 45 Bretonische Melodien, P: 1. Melodie, 2. Ballade 2—, jms 2— Breitkopf.
- 45 Thema mit Variationen, P 2— Breitkopf.
- 46 Ouverture zu Macbeth, gr. O. Part 3— n. St 7.80 n Breitkopf.
- 47 Zwei Klavierstücke: Nr. 1. Gavotte, C-dur 1—, (H. Germer) 1—. Nr. 2. Fantasie-stück, C-moll 2— Breitkopf, Nr. 1 3 — Ashdown.
- 48 Sonate, P1 6.60 Doblinger.
- 49 Drei Lieder: 1. Niedlich Schätzchen: „Niedlich Schätzchen, feines Kätzchen", 2. Die holde Peg: „Als ich ging ein zum Tor herein", 3. Mein treues Lieb Nancy: „Dein bin ich, mein treues Lieb Nancy" à 1— Kistner.
- 50 Nr. 1. Walzer, 2. Octaven-Etude, P à 1.50 Doblinger.

51 Drei Klavierstücke 3—: Nr. 1. Berceuse 1—. Nr. 2. Capriccio, 3. Scherzo-Etude à 1.50 Bote, Nr. 1 3 —, Nr. 2 n. 3 à 4 — Willcocks.
- 52 Vier Lieder: 1. Mein Stern: O laß dein Auge freundlich auf mir weilen. 2. Das Meeresleuchten (Barcarolle): O komm in mein Schifflein. 3. Die Pappeln: Vor dem Fenster meiner Lieben. 4. Die Verlassene: Was hab' ich armes Kind getan? 1.50 Bote.
- 53 Nr. 1. Valse-Caprice, 2. Melodie, 3. Gavotte, P à 1.50 Ries & Erler, à 4'— Willcocks.
- 54 Champagner-Märchen. Ballet-Divertissement in 1 Akt (1896). Bote: P 8— n. Tanz-Suite aus der Balletmusik.
  1. Grande Valse, P 2—, 4 — Willcocks; O, Part 5—, St 10—, IM (F. W. Voigt) St 4—.
  2. Introduction und Tarantella, P 1.50, 4 — Willcocks. O, Part 3—, St 6—.
  3. Menuet. P 1.50, 4'— Willcocks. O, Part 3—, St 6—.
  4. La Vendange (Valse), P 2—, 4'— Willcocks. O, Part 5—, St 10—.
- 55 Das steinerne Herz. Romantische Oper in 3 Akten (1888), Kahnt: KA 10— n. P 6— n. Textbuch —50 n:
  Szene und Kavatine der Lisbeth: „Die ihr blickt von oben" —80.
  Balletmusik 1.50.
  Balletmusik, jms (Aug. Horn) 2.50.
  Klänge, P. Heft I 1.50, Heft II 2—.
  Klänge, jms (Aug. Horn) 2.50.
- 56 Sieben Lieder 2.50 Siegel: Nr. 1. Die blinde Mutter: „Sitze still und hör auf mich" —80. Nr. 2. Wiegenlied: „Schlaf', Herzenssöhnchen" —50. Nr. 3. Menie: „Von neuem trägt in bunter Pracht" 1—. Nr. 4. Um Mitternacht: „Nun ruht und schlummert alles". 5. Wo: „Im Walde, am Strom", 6. Einmal noch: „Einmal noch, geliebtes Mädchen", 7. Lied: „Zierlich ist des Vogels Tritt im Schnee" à —50.
- 57 Fünf Klavierstücke: Nr. 1. Herbstabend 1.30. Nr. 2. Tarantella 1.50. Nr. 3. Etude. 4. Romanze, 5. Scherzo-Impromptu à 1— Siegel.
- 58 Suite. P 3.50 Siegel: Nr. 1. Präludium 1—. Nr. 2. Scherzo 1—. Nr. 3. Thema mit Variationen 1.80. Nr. 4. Gavotte 1.20 Siegel.
- 59 Zwei Chöre, TTBB: Nr. 1. Die Waldkapelle: „Wo tief im Tannengrunde" 1.20. Nr. 2. Der große Krebs im Mohriner See: „Die Stadt Mohrin hat immer acht" 1.50 Siegel.
- 60 Sonate Nr. 2 (A-moll), P1 5— Siegel.
- 61 Neun Etuden, P 3— n Ries & Erler.
- 62 Fünf Lieder 2.70 Doblinger: 1. Wenn still mit seinen letzten Flammen, 2. Du fragst mich, 3. Ländliches Frühlingslied, à —72. 4. Gondoliéra —90. Nr. 5. Liebesglück —72.
- 63 Fünf Lieder 3— Doblinger: 1. Antwort, h. m., 2. Abendlied, h. m., 3. Phillis, mein Kind, h. m., 4. Herab von den Bergen, h. m., 5. Vom Mummelsee, h. m. à 1.20.
- 64 Duo, 2P: (Nr. 1. Thema m. Variationen, 2. Andante pastorale, 3. In arabischer

Weise) 6—, *P*: Nr. 2 1.20, Nr. 3 1.50 *Doblinger*.
- 65 Rhapsodie, *PO*: Part 8—, St 10—, *P St* 4.50, *P* 3.60, *2P* 9— *Doblinger*.
- 66 G r i n g o i r e, Oper in 1 Akt (1892, München), *Weinberger*: KA 6.50 n, *P* 4.50 n Textbuch —40 n. Ouverture, *stO*: Part 3— n, St 6— n, *mO* 4— *Oertel*. *P* 1—, *jns* 1.50.
  1. „Der reiche Mann hat Gut und Geld" 1.20.
  2. „Ich hab' schon oft darüber nachgedacht" 1—.
  3. „Gern denk' ich vergangener Tage" 1—.
  4. „Ich kenn' einen seltsamen Garten" 1.20.
  5. „Die Sonn' versank" 1.20.
  Potpourri. *P* 3—, *jns* 4—, *P1* 4.50, *stO* St 10— n, gr. *mO* 5— n, kl. *mO* 3— n *Oertel*.
- 67 Serenade Nr. 3, *O*: Part 8— n, St 10— n, *jns* 1.50, Alla marcia, *jns* 1.75 *Brockhaus*.
- 68 Vier Lieder: Nr. 1, Vergessen —70, Nr. 2, Gute Nacht —50, Nr. 3, Willst du mein sein, *h. t.* —60, Nr. 4, Lied der Spinnerin —70 *Hansen*.
- 69 Drei Klavierstücke: Nr. 1, Mazurka (C-moll) 1.20, Nr. 2, Mazurka (F-moll) 1—, Nr. 3, Ländler 1— *Reinecke*, Nr. 1 —60, Nr. 2 —40, Nr. 3 —50 *Wood*.
- 70 S c h a c h d e m K ö n i g, Komische Oper (1893, München), *Zimmermann*: KA 6— n, Textb. —50, Ouverture, *O*: Part 3— n, St 5— n, *P* 1.20, *jns* 2—; Vorspiel zum 2. Akt, *O*: Part 2— n, St 3— n, *P* —60, *jns* 1—;
  1. Hab' wirklich nicht, *Bar*, 2. Mein Pfeifchen, *Bar*, 3. Der Tom griff einst zum Wanderstab, *MS*, 4. Hier ist der Palast, *MS*, 5. Ist die Katze, *Bar*, 6. Als Adam a. d. Paradies, *MS* à 1—.
  „Mylady!" Ja? Ich suche meinen Fächer, *TS* 2—.
  „Nun, Harriet? Du schweigst?" *Bar MS* 2.50.
  Potpourri I, II, *P* à 2.50.
- 71 Zweite Suite, *P* 3—: Nr. 1, Präludium 1—, Nr. 2, Scherzo 1—, Nr. 3, Quasi Variazioni —80, Nr. 4, Rondo 1.30 *Schmidt*.
- 72 Bunte Blätter, *P*: Nr. 1, Lied —50, Nr. 2, Mazurka —50, Nr. 3, Marsch —80, Nr. 4, Schlummerlied —50, Nr. 5, Walzer —50, Nr. 6, Scherzo —80, Nr. 7, Im Walde —50, Nr. 8, In der Mühle 1.20 *Schmidt*.
- 73 Sonate (D-m), *P* 1— *Schmidt*.
- 74 Drei Duette für *SA*: 1. Weißt du noch? 2. In dunkler Nacht, 3. Täglich, wenn der Abend naht 2— *Brockhaus*.
- 75 Drei Duette, *SA*: 1. Durch das abendliche Dunkel, 2. Kleine Welt, 3. Auf einsamen Wegen 2— *Brockhaus*.
- 76 Dritte Suite, *P* (Präludium, Capriccio, Legende, Sarabande, Ballade, Aria und Scherzo) 5— *Simrock*.
- 77 Vier irische Lieder, *h. m. t.*: Nr. 1, So oft ich deine Augen seh' —60, Nr. 2, O glaub', wenn von deiner Huldgestalt —60, Nr. 3, Der Augenstern, *h. t.* —60, Nr. 4, Die Harfe, die für dich erklungen —75 *Beyer*.
- 78 Vier Lieder, *h. m. t.*: Nr. 1, Mädchens Abendgedanken 1—, Nr. 2, Gern am kühlen Waldessaum —50, Nr. 3, O gib die

Seele mir zurück —60, Nr. 4, Am Weißdorn —75 *Beyer*.
- 79 D e r H u s a r, Komische Oper in 2 Akten (1898, Wien), *Weinberger*: KA 10— n, Textbuch —60 n, Walzer des Pepi 1.25, Potpourri I, II à 2.50.
- 80 IV. Suite, *P* 4—: Nr. 1, Präludium 1.40, Nr. 2, Menuett 1—, Nr. 3, Kavatine —80, Nr. 4, Scherzo 1—, Nr. 5, Finale 1.40 *Beyer*.
- 81 Dritte Sonate (E-moll), *P* 6— *Simrock*.
- 82 Fünf Tiroler Lieder, *h. t.* 2— *Brockhaus*.
- 83 Vier Klavierstücke: Nr. 1, Nocturne (Fürs Haus 101) 1—, Nr. 2, Ophelia (Fürs Haus 102) —75, Nr. 3, Barcarolle (Fürs Haus 103) 1—, Nr. 4, Capriccio (Fürs Haus 104) 1.25 *Beyer*.
- 84 Ballade (A), *P* 1.60 *Musikwoche*.
- 85 Drei Lieder: Nr. 1, Der Steinhauer —60, Nr. 2, Sechs, sieben oder acht, *Bar* od. *T* —75, Nr. 3, Trinklied —40 *Beyer*.
- 86 Vier Lieder, *h. t.*: Nr. 1, Dein Auge —50, Nr. 2, Nocturno —75, Nr. 3, Mein Odem möchte sich ein Plätzchen —50, Nr. 4, Du wirfst die Angel —60 *Beyer*.
- 87 Zwei Lieder: Nr. 1, Die Spröde: „An dem reinsten Frühlingsmorgen", 2, Die Bekehrte: „Bei dem Glanz der Abendröte", *h. m. t.* 1.80 *Doblinger*.
- 88 Andante und Allegro, Konzertstück, *PO*: Part 10— n, O-St 10— n, Solost mit II. *P* 6— *Bote*, *2P* 3— *Schirmer*.
- 89 Tanzweisen in slavischer Weise: Nr. 1 1.80, Nr. 2 2—, *jns* Nr. 1 2—, O: Part 2—, St 2.50 *Bosworth*.
- 90 Morceaux, 4 *P*: Nr. 1, Scène espagnole 1.50, Nr. 2, Mazurka 1.50, Nr. 3, Tarantella 1.80 *Bosworth*.
- 91 Walzer, 2-st Frauenchor, *P*: Part u. St 2.20 *Bosworth*.
- 92 Gesänge: 1. Nachtlied, *h. m.* 2. Auf dem Maskenball, *h. m. t.* 3. Wiegenlied für meinen Jungen, *h. m.* à 1— *Bosworth*.
- 93 Drei Stücke, *P*: Nr. 1, Berceuse 1.20, Nr. 2, Impromptu 1.50, Nr. 3, Reigen 1.50 *Bosworth*.
- 94 Nr. 1, Gondoliera 1— *Beyer*.
- 95 Nr. 1, Die Tänzerin, *P* —90 *Tobach*.
- Berceuse, *P* —96 *Berté*.
- Cadenzen zum ersten und letzten Satze des 4. Konzertes in G-dur (op. 58) von B e e t h o v e n, *P* 1— *Schott*.
- Charming month of May 4 — *Chappell*.
- Der drei Burschen Lied: „Was tönt herauf so sond'rer Klang", SATB, Part —60, St —60 *Kistner*.
- Drei Klavierstücke 2.80 *Cranz*.
- Fornarsang, *P* —50 *Nordisk Musikforlag*.
- Klavierwerke, op. 44, 45, 47, Bretonische Melodien 5— *Breitkopf*.
- „Mein Herz ist am Rheine", TTBB, Part —60, St —60 *Kistner*.
- Mélodie bretonne, *P* —20 *Bernard*.
- Parted (Gruß), (Germania 427) 1— n *Augener*.
- Rigs of Barley with accomp. 4 — *Chappell*.
- Le Schah de Perse, faut. *H* (Max O e s t e n op. 190 N. 5) 1.90 n *Mustel*.
- Spanischer Tanz —50 *Wood*, —30 *Tiefenbach*.
- Without thee 3 — *Chappell*.

Bruen C. Brightest eyes (G. S t i g e l l i), engl.-germ. —50 *Brainard*.

- Columbia, the gem of the ocean. *P* —10 *Brainard*.
- En avant (Gung'l), march —40 *Brainard*.
- Grand Union medley. Patri. solos. chor. —60 *Brainard*.
- Hail, Columbia! Patri sg. duet. chor. —40, *P* —10 *Brainard*.
- Star-spangled banner, sg. duet. chor. —40, *P* —10 *Brainard*.
- Yankee Doodle, sg. chor. —40 *Brainard*.

Брюно А. Военная колыбельная пѣсня. Они еще спятъ на землѣ холодной. Berceuse Guerrière. Ils dorment encor sur la terre nue —20 *Seliverstow*.

Brüning Ernst, op. 21 Trotzköpfchen, *P* 1— *P. Fischer*.
- 25 Vier leichte Tänze: Ein Rosensträußchen. Walzer. Ich bitte, Polka. Vergißmeinnicht. Mazurka. Zier' dich nicht, Rheinländer, 1.20 *P. Fischer*.
- 50 Maiglöckchen *J. Kräger*.
- 59 Mütterlein's Nachtgesang, Berceuse, *P* 1—, *PV* 1— *Raabe*.
- Es wird so bald der Jugendtraum zerronnen sein: „O träume nur, so lange dir" 1— *Rühle & Wendling*.
- Zwei Lieder (Das Röslein: „Im Wald geht leises Rauschen". Still; „Gehst du an ihrer Tür vorbei"), *TTBB*, Part —10, St —60 *A. E. Fischer*.

Brüning Franz, op. 24 Marien Messe, *SATB*, Part u. St 2.80 n *Sulzbach*.

Brüning Hans. Stelldichein: „Da ist die richtige Stelle" 1.30 *Eisoldt*.

Brünner C. H. Zwei deutsche Volkslieder: 1. Auf deutsche Männer, zu den Waffen. 2. Seid uns gegrüßt, ihr wackeren Männer, *TTBB* u. Chor u. *P* 1— *Hofmeister*.
- Zwei komische Gesänge (J o c u s Nr. 11, 14): Die Manschette: „Die Mode pflegt ihr Wechselspiel". Tadel meines Mädchens: „Ihr fragt, mein Mädchen sei zu klein" —50 *Hofmeister*.
- Reveillen, Märsche und Zapfenstreiche, *P* 1— *Hofmeister*.

Brueschweiler F. op. 2 Zwei Gesänge: 1. Die alte Geschichte (An Old Story) 1—. Nr. 2. Am Zaun (At the Door) —80 *Schuberth jr.*
- 3 Drei Stücke (Three pieces), *P*: Nr. 1. Serenade-Impromptu 1—. Nr. 2. Albumblatt (Albumleaf) —60 *Schuberth jr.* Nr. 3. Mazurka —50 *Rohlfing*.
- 4 N. 1. Canzonetta, *PV* 1—. N. 2. Mignon, Slumber Song (Schlafliedchen), *PV* 1— *Schuberth jr.*
- 5 Acht Gesänge für Männerchor, kplt. Part 1.20, St 2.40 3.60: Einzelausgaben: 1. Hochzeitslied: „O klingender Frühling". 2. Im Maien: „Im wunderschönen Monat Mai". 3. Verlassen: „Kam ich an das graue Kirchtor", aus den Münchner „Fliegenden Blättern". 4. Verlorener Frühling: „Sie öffneten weit das Fensterlein", aus den Münchner „Fliegenden Blättern". 5. Unterm Schlehdornhang. 6. „Unter den Linden" (mittelhochdeutsch). 7. „Mir träumte einst". 8. Wie die Liebe tut: „Auf der Heide liegt ein Stein", aus des Knaben Wunderhorn, à Part —40, à St —60 *Luckhardt*.

- 7 Nr. 2. Vom Busserln (Only a Kiss), *TTBB*, Part —50, St —50 *Schuberth jr.*
- 8 Salve Regina, *TTBB*, Soloquart. (*SATB*) O od. *P*: O-Part 4— n, O-St 4— n *Rohlfing*. KA 2— n, Chorst 1.20, Solost 1— *Schuberth jr.*
- 9 Heini von Steier. Dörpertanzweise, *TTBB* I solo O od. *P*: O-Part 5— n, O-St 5— n *Rohlfing*. KA 3— n. Chorst 1.60, I-St —50 *Schuberth jr.*
- 10 Sechs Gesänge: Nr. 1. Glockenblumen 1—. Nr. 2. Der Blinde —80. Nr. 3. Gutenachtgruß —80. Nr. 4. Das verlassene Mägdlein 1—. Nr. 5. Auferstehung 1—. Nr. 6. An der Eiche 1.20 *Kahnt*.
- 11 Unter der Linde, Tanzlied, *TTBB* mit Bar u. I-Solo u. O od. *P*: O-Part 6— n. O-St 6— n. KA 2— n, Chorst 1.60, Solost 1— *Schuberth jr.*
- 12 Romanze, *PV* 1.50 *Schuberth jr.*
- 13 Vier Chöre, *TTBB*: Nr. 1. Mein Herzleid, Part u. St 1.60. Nr. 2. Ich hört ein Sichlein rauschen, Part u. St 1.60. Nr. 3. Frivole Gesinnung, Part u. St 1.20. Nr. 4. Vergeblicher Wunsch, Part u. St 1.20 *Hug*.
- 14 Preis und Anbetung (Prayer and Praise), *ST* mit *P* od. *Org* 1— *Schuberth jr.*
- 16 Nr. 1. Wenn Rosen blühn (When Roses Bloom) 1—. Nr. 2. Armenisches Wiegenlied (Armenian Lullaby), *h. t.* —80 *Schuberth jr.*
- 17 Nr. 1. Liebe um Weihnachten (A Yule-Tide Love Song) 1.30. Nr. 2. Piratenlied 1— *Schuberth jr.*
- 18 Nr. 1. Vom Stieglitz (The Peter bird) 1—. Nr. 2. Verliebter Einfall (A Lover's Fancy) 1— *Schuberth jr.*
- 22 Liedes-Weihe, *TTBB* mit *S* od. T-Solo u. O od. *P*: O-Part 6— n, O-St 6— n, KA 2 — n, Chorst 1.60 *Schuberth jr.*
- 24 Zehn einfache Lieder, *TTBB*: Nr. 1. Am Morgen: Fliegt der erste Morgenstrahl, Part 1.25, St 1—. Nr. 2. Nachtlied: Der Mond kommt still gegangen. 3. Aus alter Zeit: Ich hör', ein Bächlein rauschen! 4. In der Fremde: Aus der Heimat. 5. Heimweh: Wer in der Fremde will wandern. 6. Musikantengruß: Zwei Musikanten zieh'n daher. 7. Auf der Feldwacht: Mein Gewehr im Arm. 8. Der junge Ehemann: Hier unter dieser Linde. 9. Abendständchen: Schlafe Liebchen. 10. Letzter Gruß: Ich kam vom Walde hernieder, à Part 1—, à St —80 *Zwiefel*.
- 25 Acht neue Lieder, *TTBB*: Nr. 1. Verschwiegene Liebe: Über Wipfel und Saaten, Part 1.25, St 1—. Nr. 2. Die Zeit geht schnell! Lieb Vöglein, an Blüten, Part 2.50, St 1—. Nr. 3. Im Volkston! Als ich dich kann gesehn! Part 1.25, St —80. 4. Sag' mir, warum! Vöglein im stillen Hain, Part 1.25, St —80. Nr. 5. Rosmarin: Zur Morgenstund ein Jungfräulein, Part 1—, St —80. Nr. 6. Erinnerung: Es flüstert in den Zypressen, Part 1.25, St —80. Nr. 7. Studentenfahrt: Die Jäger ziehn in den grünen Wald. 8. Seemann's Abschied: Ade, mein Schatz, du magst mich nicht! à Part 2.50, à St 1— *Zwiefel*.

- 26 Drei Gesänge. *TTBB*: 1. Weißt du noch: „Jener erste Kuß", 2. Rosenzeit: „O Jugend, o Jugend", 3. Nachtgruß: „Leuchtend steigen auf die Sterne", à Part —40. St —60 *Forberg*.
- 27 Sieben Gesänge, *TTBB*: 1. Mondschein. 2. Finkenlust. 3. Juchheideldumdei. 4. Waldveilchen. 5. Fröhliche Botschaft. 6. Husaren. 7. Lorcher Wein, Part u. St à 1.60 *Hug*.
- 28 *TTBB*: 1. Das deutsche Volkslied. 2. An mein Vaterland, Part u. St à 1.60 *Hug*.
- 29 Drei Männerchöre, Part u. St: Nr. 1. Der Einsiedler 2.40. Nr. 2. Das Vierblatt 1.80. Nr. 3. Auf der Wacht 3.— *Hug*.
- 30 Vier Gesänge für 3 Frauenst. m. *P*, deutsch u. engl. Part u. St: Nr. 1. Bei der Mutter 1.90. Nr. 2. Widmung m. 1-Solo 2.20. Nr. 3. O süße Mutter 2.40. Nr. 4. Großmütterchen 1.40 *Kahnt*.
- 32 Fünf einfache Gesänge, *TTBB*, Part, St: Nr. 1. John Anderson 1.20. Nr. 2. Am Torweg. 3. Klosterminne à 1—. Nr. 4. Tief im Herzen, m. T-Solo 1.20. Nr. 5. Scheidelied 1— *Kahnt*.
- 33 Hoch empor! *TTBB*, S-Solo, O, KA 2.40. Chorst 1.20 *Hug*.
- Ave Maria, *SATB* —12 *Ditson*.
- Eavesdropping, *TTBB* —10 *Ditson*.
- In Picardie, *TTBB* —12 *Ditson*.
- June Madrigal, *TTBB* —10 *Ditson*.
- Merza, *T-Solo* with male quart. —10 *Ditson*.
- Morning, *TTBB* with *T* obl. —12 *Ditson*.
Brueschweller & Grogan. Good Bye, Little Sweetheart —50 *National Music*.
Brüser W. Kavallerie-Festmarsch 1— *Cranz*.
Bruet, L'anguille 3— *Sulzbach*.
- Cécilia, duo 3— *Sulzbach*.
- Ces cloches, duo 3— *Sulzbach*.
- Entre chats de gouttière, duo 3— *Sulzbach*.
- Les héritiers 5— *Sulzbach*.
- May, *T. Bar* 3— *Sulzbach*.
- Menuiserie, duo 3— *Sulzbach*.
- Plum pudding, duetto av. *P* 1— u *Joubert*.
- Les poupées à ressort, duo 3— *Sulzbach*.
- Pour se faire une position 3— *Sulzbach*.
- Solo de flûte 3— *Sulzbach*.
- La soupe aux choux, duo 3— *Sulzbach*.
- Sourire d'avril 3— *Sulzbach*.
- La tarasque 6— *Sulzbach*.
- Tonneaux, tonneaux, duo av. *P* 1.35 u *Joubert*.
- Trépignette 3— *Sulzbach*.
- Truffard ou les 28 jours d'un charcutier. duo 3— *Sulzbach*.
- Le vieux lascar 3— *Sulzbach*.
- Y a que la musique, duo av. *P* 1—n *Joubert*.
Bruet et Arone, Les Guitareros, duo 3— *Sulzbach*.
Bruet et Guyon, L'Ayoli, duo 3— *Sulzbach*.
- La bouillabaisse, duo 3— *Sulzbach*.
- Les Cantiniers, duo 3— *Sulzbach*.
- Cloches de bois, duo 3— *Sulzbach*.
- La musette, duo 3— *Sulzbach*.
- Musique d'antichambre, duo 3— *Sulzbach*.
- O' Karina, duo 3— *Sulzbach*.
- Pas de fumerons! Duo 3— *Sulzbach*.
- Toutous là ou là, duo 6— *Sulzbach*.
- Trois pour un sou, duo 3— *Sulzbach*.

- Tarlututu et Rataplan, duo 3— *Sulzbach*.
- Vielle et cornemuse, duo 3— *Sulzbach*.
- Le violo-lo, duo 3— *Sulzbach*.
- Zan tan plan, ou la ligale du macadam. chansonnette, paroles et musique, *Sulzbach*.
Bruet et Léonvic, Des bouillottes! des bouillottes!!! Duo 3— *Sulzbach*.
Brueton Arthur, It's a bonnie world (Choral Handbook 473) mixed voic. — 3 *Curwen*.
Brufel G. L'Eroe, valse 4— *Mariani*.
Bruggeman S. Fantaisie-valse, *P* 6— *Katto*.
Bruggemann Alfred, op. 1 Nr. 3. Die schlanke Wasserlilie, m. *t*. 1— *Breitkopf*.
- 2 Nr. 3. Frühlingslied 1— *Breitkopf*.
Bruggen G. Bagatelles, *P* 1— *Veldaer*.
Bruggen R. van, Bonte bloemen, 20 drie- en vierstemmige liederen —30 *Wolters*.
- Lentezang, voor driestemmig vrouwen- of kinderkoor, Part —90. St —60 *Wagenaar*.
- Trois Morceaux, *P* —80 *Veldaer*.
- Praeludiums, *Org* o. *H*, 2 Hefte à —50 *Thieme*.
- Uit de Natuur, 2 en 3stemmige liederen —35 *Noordhoff*.
Brugghen L. C. v. d. 3 Lieder ohne Worte. *P* —90 *Alsbach*.
- Serenade, *P* —50 *Alsbach*.
Bruggmann Jos. Das europäische Konzert in China. Humoreske für 7 Herren. 5 Texte und 5 Instrumentalst. 4— *Zweifel*.
Brughetti F. A Lei che fu, mazurka. *Chil* 1—. Dalle lontane terre, schottische, *Chil* 1—. Unite 1.50 *Caturini*.
Brugière E. L'adieu fraternel, romance 3—, *Ch. s.* 1— *Noël*.
- La conscription des demoiselles, chansonnette 3—, *Ch. s.* 1— *Noël*.
- L'Isolement du coeur, romance 3— *Noël*.
- Ma belle amie est morte, lamento 1— u *Labbé*.
- Le militaire observateur, chansonnette 3—, *Ch. s.* 1— *Noël*.
Brugman Joh. op. 16 Schalkscheid —60 *Alsbach*.
- 2 Gavottes, *P* —60 *Nieuwe Muziekhandel*.
- Nocturne, Es-dur, *P* 1.50 *Hofmeister*.
- Die Nonne —90 *Alsbach*.
- Romantischer Konzertwalzer —90 *Mosmans*.
- Sonate en sol majeur, *P* 1.20 *Mosmans*.
- Valse di bravura —90 *Kleen*.
- Victoires, 13 piano-tukjes —75 *Kleen*.
Brugnetti M. Galatea, *P* 2.50 *Ricordi*.
- Un saluto a Tersicore, *P* 3.50 *Ricordi*.
Brugnière, Le conscrit de cavalerie 3— *Noël*.
- La voix, romance —50 u *Labbé*.
Brugnoli P. Memoriam fecit, *S* e *T* 1— *Eerenbeemt*.
- O Jesu mi dulcissime, *S* e *C* 1— *Eerenbeemt*.
- O sacrum convivium, *S* e *C* 1.25 *Eerenbeemt*.
- Tantum ergo a 3 voci pari. Org. *Harm* —35 n *Musica sacra*.
- Venite Filii, *MS* 1— *Eerenbeemt*.
Brugnoli R. Fede, romanza 2— *Ricordi*.
- Minuetto, *4ms* 3— *Ricordi*.
- Notte, romanza 2— *Ricordi*.
Brugnoli V. Comp. *Eerenbeemt*: A Maria immacolata, Canto con *Harm* o *Org* 1.25 n.
- La desolata, 5 Canti con *Harm* o *Org* 5— n.

- Dormi fanciul non piangere, canzoncina per il Natale a 2 voci 1— n.
- Fili redemptor mundi Deus, coro popolare all' unisono con *Org*. Edizione economica —60 n, edizione di lusso 1— n.
- Panis angelicus, 3 voci 1.50 n.
- Povero angeletto 1— n.
- Quadi grazie a un Dio di grande, *S* e *C* con *Org* —80 n.
- La santa communione, 2 voci con *Harm* 1.25 n.
- Veni sponsa Christi. Mottetto per vestizione di monache per *S* e *C* 1.25 n.

Bruguier, Home, Sweet home, *4ms* —40 *National Music*.

Bruguière Ed. Les adieux à la Suisse 1— n *Lesigne*, Duo à 2 voix, *P* —30 *Joubert*, 1— n *Lesigne*.
- Les adieux du gondolier, barcarolle avec *P* ou *G* —50 *Schott*.
- Als erust wir schieden (engl-deutsch) 1.60 *Breitkopf*.
- L'ange du souvenir, romance 2.50 *Heugel*.
- L'aumônier du régiment: Aumônier du régiment, ah! vraiment! 2—, *Ch. s.* —25 n *Heugel*.
- Bénissons le nom de Marie à 3 voix av. *P* 1.35 n *Choudens*.
- La bergère des Pyrénées 1— n *Lesigne*. *TTBB*, Part —20 *Benoit*.
- La Bergeronnette, *SS* 3— *Benoit*.
- La bonne vieille, romance 2.50 *Heugel*.
- Les brises du soir, *Cl. B* 2.50 *Lemoine*.
- Ce n'était pas là mon rêve de bonheur 2.50 *Heugel*.
- Les Chansonniers, *TTBB*, Part —20 *Benoit*.
- La Chapelle de Guillaume Tell. Tyrolienne à 2 voix av. *P* —60 n *Joubert*.
- La chapelle de Guillaume Tell, duo 1— n *Lesigne*.
- La convalescence, romance 2.50 *Heugel*.
- La danse aux chansons, ronde à 2 voix 2.50 *Heugel*.
- De la beauté servons la cause, romance 2.50 *Heugel*.
- Du fragst, warum die Rose mich beglückt (engl.deutsch) 1.60 *Breitkopf*.
- Les enfants de la fermière chansonnette 2.50 *Heugel*.
- L'Enlèvement (Die Entführung) avec *P* ou *G* —50 *Schott*, 1.6 *Williams*. 2.50 *Heugel*.
- L'Etoile des mers à 3 voix av. *P* 1.70 u *Choudens*.
- Eveille-toi (Erwache, Kind) avec acc. *P* ou *G* —50 *Schott*.
- Fallait-il me guérir, nocturne 2 voix 2.50 *Heugel*.
- La femme à Pierre, romance 2.50 *Heugel*.
- La Fête au hameau, *Ch. accomp. Hautb* 1— n *Lesigne*.
- La Fiancée du Conscrit, *TTBB*, Part —20 *Benoit*.
- La Fille du pêcheur 2.50 *Legouix*.
- La fleur de mon pays 2.50 *Lemoine*.
- Der Gärtner und die Rose (engl.deutsch) 1.60 *Breitkopf*.
- Le Gagne-Petit, *TTBB*, Part —20 *Benoit*.
- Hymne à l'ange gardien à 3 voix av. *P* 1.35 n *Choudens*.
- Hymne à la vapeur, *TTBB*, Part —20 *Benoit*.

- Hymne à Marie à 3 voix av. *P* 1— n *Choudens*, —30 n *Joubert*.
- Hymne au divin Créateur à 3 voix av. *P* 1.35 n *Choudens*.
- Jacqueline, chant breton 2.50 *Heugel*.
- Je donnerai pour toi ma vie, tyrolienne 2.50 *Heugel*.
- Je veux revoir ma patrie, rom. à 2 v. *P* —30 n *Joubert*, 1— n *Lesigne*. *TTBB*, Part —20 *Benoit*.
- Le Jour des Semailles, *TTBB*, Part —20 *Benoit*.
- Der kleine blaue Mandarin 1.60 *Breitkopf*.
- Laissez-moi le pleurer (Le Troubadour Du Jour 48) with *PG* 1.6 *Williams*.
- Le Léger Bateau, *TTBB*, Part —20 *Benoit*.
- Liebesflehen (engl.-deutsch) 2— *Breitkopf*.
- Liebesringen (engl. deutsch) 2— *Breitkopf*.
- Loin du pays. *TTBB*, Part —20 *Benoit*.
- Ma blanche étoile à 3 voix av. *P* 1— n *Choudens*.
- Ma Chimère, *Ch. s.* (Les Chants de l'Atelier 455, livr.) *Lemoine*.
- La Madone des Champs 3— *Benoit*.
- Marie ma chérie (Graf und Hirtin) avec acc. *P* ou *G* —50 *Schott*.
- Maudit printemps, chanson. 2.50 *Heugel*.
- Le ménestral, romance 2.50 *Heugel*.
- Mère et soeur 2.50 *Legouix*.
- Mich erweckt ein süßer Traum (Shelley) (engl.deutsch) 2— *Breitkopf*.
- Mon choeur est au pays 1— n *Lesigne*, *TTBB* Part —20 *Benoit*.
- Ne parlons jamais d'amour —50 n *Cottrau*.
- Noémi 2.50 *Legouix*.
- Notre mère des cieux à 3 voix. *P* 1.70 u *Choudens*.
- Notre retraite 2.50 *Lemoine*.
- Petite Bohémienne 1— n *Lesigne*.
- La petite Maman 3— *Benoit*.
- La plage solitaire, nocturne 2 voix 2.50 *Heugel*.
- Pourquoi ne pas aimer d'amour 2.50 *Lemoine*.
- Le premier départ, chant breton 2.50 *Heugel*.
- Les premiers beaux jours 2.50 *Lemoine*.
- Les promesses normandes, chansonnette 2.50 *Heugel*.
- Quand les lauriers seront en fleurs 2.50 *Legouix*.
- Quand vient la nuit, nocturne à 2 voix 2.50 *Legouix*.
- Qu' a-t-il à pleurer 2.50 *Lemoine*.
- Qu' il est tard, romance 2.50 *Heugel*.
- Un regard de tes yeux 1— n *Lesigne*.
- Regrets et voeux (Klagen und Wünsche), avec *P* ou *G* —50 *Schott*, 2.50 *Heugel*.
- Rendez-moi mon léger bateau 1— n *Lesigne*.
- Rentrons, Marie 2.50 *Lemoine*.
- Le Retour au pays, rom. av. *Hautb* 2.50 *Lemoine*.
- Le Retour du vieux soldat 1— n *Lesigne*.
- Le Retour en Provence 1— n *Lesigne*.
- La riche veuve, chant breton 2.50 *Heugel*.
- La Rose sauvage, rom. à 2 v. ég. av. *P* —60 n *Joubert*, 1— n *Lesigne*.
- Si j'étais hirondelle, tyrolienne 2.50 *Heugel*.
- Souvenir de la Suisse, duo —30 n *Joubert*, 1— n *Lesigne*.
- Souvenir des premiers jours 2.50 *Lemoine*.

- Sur les flots glissez, ma gondole 2.50 *Heugel.*
- Le Talisman 1— n *Lesigne.*
- Les Tonneliers, *TTBB*, Part —20 *Benoit.*
- Trois cavaliers 1— n *Lesigne.*
- Les Vacances à 3 voix av. P 1— n *Choudens.*
- La veille du mariage, chant suisse 2.50 *Heugel.*
- Une vieille chanson, romance 2.50 *Heugel.*
- Viens te joindre à la danse, romance 2.50 *Heugel.*
- Villanelle de 1630, *TTBB*, Part —30 *Benoit.*
- Voici le printemps, romance 2.50 *Heugel.*
- Der Wanderer 1.60 *Breitkopf.*
- Was birgt das Veilchen sich (engl.-deutsch) 1.60 *Breitkopf.*

Bruguières E. Espérances et consolations. Six cantiques à trois voix égales av. P 7.50; N. 1. Transports d'un enfant au moment de faire sa première communion. 2. Sur la mort. 3. Sur le mystère de la croix. 4. Joie des enfants au moment de faire leur communion, 5. Marie invite les pécheurs à recourir à elle. 6. Noël sur la naissance de Jésus-Christ à 2.50 *Lemoine.*
- Le sans souci, chanson —50 n *Labbé.*

Bruhin M. op. 3 Glück auf! Marsch. Bonne fortune! Marche —75 *Gassmann.*
- 5 Gaieté des Alpes, gavotte, P 1.20 *Gassmann.*

Bruhn J. H. Kuckuck-Polka —50 *Benjamin.*

Bruhns A. At last 4— *Hopwood.*
- Birds Sunday Morning Service. A Musical Picture 4 — *Hopwood.*
- Butterfly and the Snail 4 — *Hopwood.*
- Fairy Toys, intermezzo, P 4 — *Hopwood.*
- For the little ones (,,Castle Caramel") 4 — *Hopwood.*
- Im Lenz, Mazurka 1.50, s/0 3— n. mO 3— n, kl. O 1.50 n *Benjamin.*
- In remembrance 4 — *Hopwood.*
- Mariquita, valse espagnole, P 4.— *Hopwood.*
- The Solitary (Der Einsiedler) (engl.-germ.) 4 — *Hopwood.*
- Tis May 4— *Hopwood.*
- Three Gifts 4 — *Hopwood.*
- Who'll buy? 4—*Hopwood.*
- Your love, spanish serenade 4 — *Hopwood.*

Bruhns J. Ludw. op. 2 Kanonische Suite. Sieben Kanons im Einklange, 2P, Part 6—, P II 3— *Simrock.*
- 6 Lieder 3.50 *Fostenberg*: Nr. 1. Frühlingslied; Die Zweige flüstern —80. Nr. 2. Im April: Du feuchter Frühlingswind 1.20. Nr. 3. Wiegenlied: Die Ähren nur noch nicken —60. Nr. 4. Gondoliera: O komm' zu mir —60. Nr. 5. Vorsatz: Ich will's dir nimmer sagen —60. Nr. 6. Reiterlied: Frisch auf —80.
- Heil Lübeck! Volksgesang —50 *Fostenberg.*
- 59 Stücke als zweites Klavier zu Czerny's Kunst der Fingerfertigkeit (auch zum Solovortrag), P, 6 Hefte à 4— *Haslinger.*

Bruhns N. Choral (G u i l m a n t), Org 3 — n *Schott.*
- Präludio, Org. Für den Konzertvortrag bearbeitet von J o s e f R h e i n b e r g e r 2— *Bote.*

Bruining van den Berg A. Boert en Ernst (Kinderliederen), 2 Bundels à —40 *Brückwilder.*

- De eer der Vlag van Nederland, Volkslied —50 *Brückwilder.*
- Lofzang, v. Vrouwenkoor m. P, Part 1.40, St 1.20 *Eck.*
- 10 Tweest. Kinderliederen --40 *Eck.*
- Nederland en Oranje, Volkslied, v. 1 zangst m. P —40 *Eck.*
- Drie Nederl. Volksliederen, v. 1 zangst m. P —60 *Brückwilder.*
- De Watergenzen onder Neerl. Volk, Lied, v. 1 zangst m. P —40 *Eck.*

Bruining C. Kerstcantate op bekende melodiën, hoofdzakelijk van C a t h. v a n R e n n e s, Part 1.25, St — 50 *Wagenaar.*

Bruins F. De Blijde Inkomst. Een vijftal koninginneliederen —15 *Noordhoff.*

Les bruits de la campagne, ch. com. 1—. *Ch. s.* —30 n *Oudet.*

Brukenthal v. B r u c k e n t h a l.

Brulay, Les Laboureurs, *TTBB*, Part 1.25 n. p. sép. —25 n *Lory.*
- Matinée printanière, choeur, *Moncaisin.*

Brulé, Les Forestiers (A. S o s n e a u), quadrille, Harm av. Tr de chasse, Part 4.50 n *Evette.*

Brull, La Buena Sombra — 10 *Unac.*
- Camino de la tierra (aires andaluces) coro à cuatro voces, estrenado con gran éxito por el orfeón pamplonés 5— *Sociedad de autores españoles*-Madrid.
- Ecabo laqueta —11 *Unac.*
- El querer de la Pepa —11 *Unac.*

Brulloff W. et **Lenz N.** Manfred, symphonie en 4 tableaux (T s c h a i k o w s k y op. 58), 2P Sms 40 — n *Vocl.*

Brulon, 8 Etudes de tonalité, Pist ou Saxhorn 2— *Debert.*
- Méthode, Cá P 5 — n *Gallet.*
- Puits d'amour, pas redoublé harmonie 9— *Boulch.*
- La serva e l'Ussaro, 2 suites, Cornet —15 n *Boulch.*

Brumbach E. G. Blessed is the man, *SATB* —15 n *Church.*

Brument N. Accablement 2— n, Ch. s. —35 n *Bosc.*

Brumler Ernest, The Fischer girl's Tryste, G (Guit. Voc. 19) 1— n *Turner.*

Brumleu Ernest, Electric. galop 4 — *François Dau.*
- Minuet, VP 1.6 n *Wickins.*
- Romance in E, VP 1.6 n *Wickins.*
- A Study of Pianoforte Technique 2.6 n *Vincent.*

Brummer C. A. Fletcher polka —50 *Brainard.*

Brun, L'Aïeul et le petit enfant 3— *Sulzbach.*
Pinatel.
- Alsace! Lorraine! Rappelez-vous, chant patr. 1—n, Ch. s. —25 n.
- A une plume à 3 voix ég. —50 n.
- L'aurore à 3 v. ég. —50 n.
- La belle Hortense, valse 5— *Heugel.*
- Berceuse de Dalayrac à 3 v. ég. —50 n.
- Bière blonde, *TTBB*, Part 1.50 n, p. sép. —25 n *Lory.*
- La brebis et le chien à 3 v. ég. —50 n.
- Caprice boléro 5 — *Benoit.*
- Chanson de Barberine 3— *Benoit.*
- Chantous les vacances à 3 voix —50 n.
- La cigale et la fourmi à 3 v. ég. —50 n.

- Départ pour la moisson à 3 v. ég. —25 n.
- Le Dimanche, chœur à 3 voix, Part —50 n, *TTBB*. Part 1— n *Lory*.
- En classe à 3 v. ég. —50 n.
- L'enfant et le maitre d'école à 3 v. ég. —50 n.
- Fête du Village, chœur à 3 v. ég. Part —50 n, *TTBB*, Part —50 n, p. sép. à —20 n *Lory*.
- Fleurs fanées, *T. Bar* 3— *Sulzbach*.
- Gloire au Travail, chant. patr. 1— n, *Ch. s.* —25 n.
- Impertinence, *T. Bar* 5— *Sulzbach*.
- Je vous salue, *S. MS* à 1.70 n *Marchand*.
- Le jour des prix à 2 ou 3 voix —50.
- Marguerite 3— *Sulzbach*.
- La musique du régiment, chœur patriotique —25 n, à 3 v. ég. —50 n.
- Le papillon à 3 v. ég. —50 n.
- Le passé, le présent, l'avenir à 3 v. ég. —50 n.
- Plus de chaînes, à 3 v. ég. —50 n.
- Première Larme, *P* 5— *Benoit*.
- Les prix, 3 voix acc. *P* 7.50 *Sulzbach*.
- Prudence est mère de sûreté, à 3 v. ég. —50 n.
- Les quatre âges de la vie, à 3 v. ég. —50 n.
- Le retour des pêcheurs 5— *Sulzbach*.
- Les Rives du Styx, gr. ouv. de concours, *Fanf* av. solos 5—, Cond. 1— n *Gobert*.
- Ronde villageoise, chœur à 3 voix ég. Part —50 n, *TTBB*, Part 1.50 n, p. sép. à —25 n *Lory*.
- La rosée 3— *Sulzbach*.
- La Sensitive, mazurka 4— *Le Boulch*.
- Les Soldats du Guet, *TTBB*, Part 1.50 n, p. sép. à —25 n *Lory*.
- Souvenir de l'Allier, *P* 5— *Benoit*.
- Tourment d'amour 4— *Grus*.
- Tous Français, chœur patriotique —25 n, 3 v. ég.
- L'Unité nationale, à 3 v. ég. —25 n.
- Vacances! à 2 ou 3 voix —50 n.
- Very Charming, valse 2— n *Marteau*.
- Les yeux baissés 4— *Hamelle*.

Brun (Le) vide Le Brun.

Brun A. Ma promise, rondeau 1— n, *Ch. s.* —30 n *Société nouvelle*.
- Poignardini Poignardino, scène dramat. 1— n, *Ch. s.* —35 n *Labbé*.

Brun C. Exercices préparatoires à l'art du chant 8— *Durdilly*.
- Lecture à vue 2 voix d'hommes, *Röder*.
- Les Mercenaires, *TTBB*, *Röder*.

Brun Georges, op. 14 En forêt, *S. MS* à 1.50 n *Ricordi*.
- 15 Scherzo, valse, *P* 1.50 n, *VP* 1.70 n, *O* av. *P* cond. 1.50 n *Lemoine*.
- 25 Passacaille, *P* 1.70 n *Lemoine*.
- A la Lune 1.75 *Leduc*.
- Avril 1.35 n *Leduc*.
- Chanson badine, *HautbP* 2.50 n *Leduc*.
- Contemplation, *S. MS* à 1.25 n *Lemoine*.
- Elle vient 1.75 n *Fromont*.
- En passant 1.70 n *Lemoine*.
- Fête printanière, *P* 1.70 n *Lemoine*.
- Les Lucioles 1.75 n *Gallet*.
- Mélodie, 1 *P*, *VaP* à 2— n *Leduc*.
- Offrande (Green) 1.30 n *Lemoine*.
- Pastorale, *P* 1.70 n *Lemoine*.
- Pourquoi tenir tes lèvres closes? 1.35 n *Leduc*.

- Romance, *VlP* 2.50 n *Lemoine*.
- Sagesse 1.35 n *Leduc*.
- Soir d'hiver, *T. Bar* à 1.70 n *Gregh*.
- Victoria, a name that will never die 4— *Hopwood*.
- Villanelle 1.75 *Leduc*.

Brun-Hermand. *Benoit*: L'Anti-Boléro, Chant *P* 3— *Benoit*.
- A une Fleur 3—.
- Barbapoux à la visite, av. parlé 3— *Sulzbach*.
- La Branche d'Amandier 3—.
- Le Chant du Drapeau, *B. Bar* à 3—.
- Chant du Rouge-Gorge 3—.
- Conseils à une Parisienne 3—.
- Le Coquillage 3—.
- Le Credo de l'Amour 3—.
- La Dormeuse 3—.
- L'étendard, chant patriotique, *T. B* à 3— *Le Boulch*.
- Les fins limiers, duo 3— *Sulzbach*.
- Le Gui de chêne 3—.
- Latrique et Cocardeau, duo 3— *Sulzbach*.
- Mademoiselle, duo 3— *Sulzbach*.
- La Marche des Farceurs 1— n, *Ch. s.* —30 n *Bigot*.
- Mis Prisons, *B. Bar* 3—.
- Les oiseaux fêtent l'amour 1— n, *Ch. s.* —30 n *Bigot*.
- Ouvrez-lui donc, voisine, rom. 1— n, *Ch. s.* —30 n *Société nouvelle*.
- Pepita 3—.
- Prière 3—.
- Rappelle-toi 3—.
- La Ronde du loup 3—.
- La Tourterelle et le Papillon 3—.
- Les trois Fendeux 3—.
- Violent et affable, duo 3— *Sulzbach*.

Brun J. Barcarolle 3— *Benoit*.
- Le dante sur la tombe de Béatrix, scène dramat. *T* 6— *Heugel*.
- L'Esclave nègre. *B. Bar* à 3— *Benoit*.
- Hymne à la Bienfaisance, *TTBB*, Part 1— n, p. sép. à —25 n *Bornemann*.
- Où donc est le bonheur? rêverie 5— *Heugel*.
- Petit Lilo, Ch. nègre à danses 4— *Sulzbach*.
- Petits poissons 3— *Sulzbach*.
- Rêverie 3— *Benoit*.
- Reviens à moi 3— *Benoit*.
- Le tasse dans sa prison, scène 5— *Heugel*.

Brun M. V. Gongehøvdingen, Folkeskuespil 1— *Hansen*.
- Marie Antoinette, Skuespil, Sang: Gennem vort Rosentag —50 *Hansen*.
- Ridderen af Randers Bro, Folkekomedie 1— *Hansen*.

Brun P. Le Dompteur de Phoques 3— *Benoit*.

Brun Theodore E. Cyclopedia, march 2— *Patey*.
- Rives du Styx, gr. ouv. brill. *Fanf* 5— *Gobert*.

Brunani F. Ballo in maschera (Verdi), potp. fantast. *VlP* 5— *Ricordi*.

Brunard, Offertoire, *Cl, Hautbois, Cor Anglais, Saxophone* si b ou Mi b av. *P(Org)* 1— n, solo partie —30 n *Millereau*.
- 2 Pastorales, *Cl, Hautbois, Cor Anglais, Saxophone* si b av. *P* à 2— n, solo partie à —50 *Millereau*.

Brunaux L. Andante, Fe ou F ou *Hautb* ou *Cl* si bémol av. *Org* 2— n *Bossard.*
- Diligence sous bois, scène imitative de P. Laigre, transcr. *Harm* ou *Fanf* 2.50 *Gaudet.*
- Emeraude, valse lente (L. Elsen), *Harm* ou *Fanf* 6— n *Erette.*
- Joyeux souvenir, pas redoublé, *Harm* ou *Fanf* 2— n *Bossard.*
- Souvenir de Beautor, marche, *Harm* ou *Fanf* 2— n *Bossard.*
- Souvenir de Fontainebleau, pas red. *Harm* ou *Fanf* 2— n *Bossard.*
- Souvenir de Laillé! pas red. *Fanf* ou *Harm* 2— n, Cond. —25 n *Bossard.*
- St. Augustin, marche process. *Fanf* ou *Harm* 2— n, Cond. —25 n *Bossard.*
- Union chanson-marche de pêcheurs remais. sans accomp. —3 n. *Harm* ou *Fanf* (Chant ad lib.) 2— n *Bossard.*

Brundrett Harry, The Crown pianoforte method 1/— n *Leonard*
- Fire Alarm (Descriptive), P 4.— *Hopwood.*
- Jack o'lantern, schottische or Barn dance 4.— *Leonard.*
- Merry Madcap, schottische 2.— *Hopwood.*
- Peep o' Day, schottische 2.— *Hopwood.*
- Splendid Catch Polka 4.— *Green.*
- Ye Olden Times, dance gracieuse 4.— *Cecilia,* —50 *Ditson.*
- Zuleika, schottische 4.— *Leonard.*

Brune A. Preludium, P 1—40 *Brainard.*

Bruné Ad. op. 2 Nocturne. P 1— *Cranz.*
- 11 Vier Lieder: Nr. 1. Ein schöner Stern erscheint in meiner Nacht —60. Nr. 2. Scheiden und Leiden —60. Nr. 3. Herz mein Herz sei nicht beklommen —80. Nr. 4. Du bist wie eine Blume —50 *Kott.*
- 15 Soldatenliebe 1— *Kott.*
- 25 Elementar-Klavierschule, Heft 1 1.20 n. II 2— n *Kott.*
- 27 Lenau-Marsch 1— *Kott.*
- 28 Waldes-Träume, Walzer 1.80 *Kott.*
- 29 Bouquets des fleurs musicales, P: 1. La rose. 2. La violetta. 3. Myosotis, à —60 *Kott.*
- 30 Angelique, morceau de salon, P 1.30 *Kott.*

Brune E. Chant des jeunes du Jura. *Imp. Chaduc-Belley.*

Brune Em. et **Aug.** (Abbés). *Haton*-Paris: Ballade de Jeanne d'Arc 1— n.
- Cantiques choisis, 2 vol. à 2.85 n. acc. 4— n, extr. 30 Cantiques choisis —20 n.
- 60 Cantiques populaires à —01.
- Laudate pueri Dominum.
- Nouvelle méthode élémentaire de l'Accompagnement du Plein-chant 2.85 n.
- L'Orgue de l'Eglise 11— n, 2 vol. à 6— n.
- Quid Retribuam, 2 voix ég. *Org* —75 *Procure Générale.*

Brune Hermann. *Bachmann:* **Op. 11** Schlittschuhtanz, Salonstück, P 1.30, O 2.50.
- 12 Dolce far niente, polka-mazurka —75.
- 13 Skating Ring-Polka —80.
- 14 Kleine Schelmin, Polka-Mazurka —60.
- 15 Lieder Margarethas aus: „Der Trompeter von Säkkingen" 1—.
- 16 Drei Lieder: 1. Unterbrechung. 2. Maikäferchen. 3. Intermezzo —80.

- 18 Singuf. Rattenfängerlieder 2—; Nr. 1. Zum Gruß: „Mit Hand und Herz Gott zum Gruß". 2. Des Tages will ich den ken. 3. Geküßt: „Was wehrst du dich und sträubst dich groß?" 4. Hoppoldey: „Linken Fuß vorangesetzt". 5. Ratten und Mäuse: „Kommt aus den Löchelchen Mäuschen heraus". 6. Je länger je lieber sitz ich beim Wein. 7. Beim Faß: „Schlagt derb aufs Faß". 8. Trinkmette: „Hat einer zum Trinken nun triftigen Grund", à —50, Nr. 2 f. hohe Stimme —60.
- 19 Liebesglück 1— *Haslinger.*
- 20 Mumenschanz u. Tanz, P 1.50 *Oertel.*
- 33 Zwei Lieder: 1. Geistliches Lied. 2. Volkslied, à —80 *Gries & Schornagel.*

Brune aux yeux de pervenche 1— n, *Ch. s.* —30 n *Oudel.*

Brune et blonde, Chanson à boire 1— n *Joubert.*

La brune et la blonde, Ch. com. 1— n, *Ch. s.* —30 n *Oudet.*

Brune fleur d'Italie, Canzonetta —30 n *Joubert.*

Bruneau Alex. *Pérégally:* Op. 2 6 Morceaux d'Elévation, H 2.50 n.
- 3 Sub Tuum, T 1.50 n.
- 4 Recueil de neuf morceaux pour Elévations, versets, offertoires, H 3— n.
- 5 Les bords du Cher, quadr. H 6—.
- 6 Recueil de six Offertoires, H 5— n.
- 7 Ave Maria, T 1— n.
- 8 Recueils de Noëls anciens arrangés en forme d'offertoires, élévations, communions etc. H (Org) 1er recueil 5— n, 2e—5e rec. à 4— n.
- 9 Six mélodies religieuses pour élévations, communions, versets, H 5— n.
- 10 Recueil de six Elévations, H 3— n.
- 14 Six morceaux contenant: Elévations, Communions, Offertoires, Processions, Salut et Bénédiction, H 5— n.
- 15 Tantum ergo, B 1.50 n.
- 16 Ave verum, T, Bar à 2— n.
- 19 Souvenirs religieux pouvant servir de Communions, Elévations etc. H 4— n.
- 20 Six Offertoires faciles, H 3— n.
- 21 Six Pastorales religieuses, H 3— n.
- 22 Recueil de chant, relig. H 2.50 n.
- 24 Fantaisie brillante, H 2— n.
- 25 Rêveries religieuses, H, 2 suites à 3— n.
- 52 1re Fantaisie sur Lucia di Lammermoor, H 6— *Grus.*
- 53 2e Fantaisie sur Lucia di Lammermoor, H 7.50 *Grus.*
- 55 Fantaisie sur Christophe Colomb, H 7.50 *Le Boulch.*
- 56 Fantaisie sur Lucréce Borgia, H 9— *Le Boulch.*
- 75 Office du soir: Deus in Adjutorium, Chant de Psaumes et Magnificats dans tous les tons, H 3— n *Mustel.*
- 76—90 Office du soir, 750 Versets, H, quinze livraisons à 5— n.
- 91 Lalla Roukh (David), fantaisie, *Org* 3— n *Fromont.*
- 99 10 Etudes religieuses mélodiques et chantantes, contenant: Offertoires, Communions, Versets etc. H 3.35 n *Mustel.*
- 101 Fantaisie sur Joseph de Mehul, H 2.50 n *Costallat.*

- 102 Dernière pensée de Weber, *H* 4— Gras, 1.75 *Ricordi*.
- 103 à 107 Trésor des jeunes organistes, morceaux dans les styles classiques, *H*, 10 livres à 3— n *Costallat*.
- 108 L'Organiste des Petites Paroisses, trois cents morceaux, tels que: Marches, Entrées, Sorties, Communions, Elévations, Offertoires, Versets, *H*, douze recueils, à 4— n.
- 115 Flûte enchantée, célèbre duetto de la, transcr. *Org* 3.75 *Heugel*.
- 127 Pastorale berrichonne, *H* 1,65 n *Mustel*.
- 128 Echos harmonieux du temple catholique, *H*, deux suites à 4— n.
- 237, 238, 239 Collection de 130 Versets dans les tons usités pour alterner avec les chants des psaumes, magnificat et Hymnes, *H*, 3 recueils à 4— n *Costallat*.
- 406 Necessarium de l'Organiste, cent cinquante morceaux tels qu'Entrées, Offertoires, Elévations, Communions, Sorties, Verset, *Org* ou *H* 10— n *Cartereau*.
- 407 Cent cinquante versets, dans les tons les plus usités, ces versets peuvent servir aussi de Préludes et d'Interludes, *Org* ou *H* 8— n *Cartereau*.
- 408 Les Solennités du culte catholique, cent morceaux relig. propres au service divin. *Org* ou *H* 10— n *Cartereau*.
- Augusta, polka, *H* 4.50 n.
- Ave verum, à 3 voix ég. 1.50 n.
- Barbier de Séville, grande fantaisie, *H* 9—.
- Bibliothèque des jeunes Organistes. Collection de morceaux religieux faciles, tels que: Communions, Offertoires, Elévations, Versets, Marches, Entrées, Sorties etc. divisée en vingt cinq livraisons, *H* à 3— n.
- Bone pastor, à 3 voix ég. 1.50 n.
- Chants communs du Graduel et de l'Antiphonaire, harmonisés, *Org* à tuyaux ou *H*, N. 2. Office du soir 5.50 n *Bruneau-Bougès*.
- Collection de Cinquante-six morceaux divisés en sept séries, contenant des Elévations, Communions, Offertoires, Marches, Entrées, Sorties, *H*, la série 3— n.
- Soixante Elévations et Communions divisées en dix recueils, contenant chacun six morceaux faciles d'exécution, chaque recueil, *H* 3— n.
- Dix études mélodiques et chantantes pour le service divin, *H* 3.50 n *Costallat*.
- Fantaisie pastorale, *Org(H)* 6— *Legouix*.
- Fantaisie sur la Dame Blanche, *H* 2.50 n *Mustel*.
- La Favorite, fantaisie, *H* 6— Gras.
- Harmonies religieuses, N. 4, *H* 9— *Joubert*.
- Homo quidam, à 3 v. ég. 2— n.
- Messe brève à deux voix égales, Part 6— n, p. vocales à —50 n.
- Méthode complète d'harmonium, deux parties à 10— n.
- Morceaux de Salon, *OrgH* 4— n *Voissière*.
- 9 Morceaux de Salon, *H* 12— n *Mustel*: 1. L'ange consolateur, rêverie. 2. Chaconnette, fant. italienne. 3. Berceuse. 4. Montagnarde, bourrée. 5. Pastorale, air champêtre. 6. Caprice, fughette en sol maj. 7. Villanella, danse villageoise. 8. Scène suisse, grande fantaisie pastorale. 9. Ave Maria de Schubert, à 2.50 n.

- Vingt morceaux fac. tels que élévations, communions, entrées, offertoires etc. dédiée aux communautés relig. 2 suites, *OrgH* à 9— *Legouix*.
- Morceaux religieux pour les fêtes de la sainte vierge, tels que: offertoires, communions, élévations et des airs de cantiques à Marie, avec paroles intercalées, *H*, quatre suites, à 2.50 n.
- Soixante morceaux pour offertoires, marches, entrées, sorties etc. *H*, dix livraisons, à 3— n.
- 100 Morceaux religieux, propres au service divin, *H* 10— n *Mustel*.
- Musique classique des grands maîtres, 32 morceaux tirés des opéras de Rossini et transcr. *Org* ou *H*, 4 suites à 9— *Legouix*.
- 6 grands offertoires pour les fêtes solennelles, *Org* ou *H* (arène des organistes 13e suite) 5— n *Gallet*.
- Office du soir, chant des psaumes dans tous les tons du plain-chant avec leurs différentes terminaisons, suivi du Miserere, du Benedicamus et de l'In Manus, *H* 3— n.
- O quam suavis est, à 3 v. ég. 2.50 n.
- O salutaris, à 3 v. ég. 1— n.
- Pastorale, *H* 5— Gras.
- Recueil de marches, entrées, sorties d'églises, offertoires, élévations, *H* 3— Gras.
- 1re Recueil de nouveaux morceaux faciles pour *H* ou *Org* à tuyaux 3.50, 2 suites à 2— Gaudet; 1re suite: 3 élévations, 3 offertoires, 2 communions. 2e suite: 2 élévations, 3 communions, 3 offertoires ou sorties.
- Regina coeli, à 3 v. ég. 2— n.
- Requiem, pour soli et choeurs: Part, Chant *P* 10— n, p. de v. d'hommes et femmes, à 3— n, p. de v. d'enfants à —20 n *Société nouvelle*.
- Romances Religieuses sans paroles, *H*, deux suites, à 3— n.
- Tantum ergo, à 3 v. ég. 1.50 n.

Bruneau Alfred (1857), *Choudens*: Aimons-nous au temps d'automne 5—.
- Les Amants fidèles ou le Cierge dans le Paradis 1.70 n.
- L'Attaque du Moulin, drame lyr. (1893), (Suite) *O* 40— n: A. Prélude et Lied, B. La Guerre, la Forêt, C. Les Fiançailles au Moulin, Part Chant *P* 20— *Choudens, Sonzogno, Ch.* 8, 4— n *Choudens*, Libretto 1— n *Sonzogno*, *V*, *Fl*, Cornet, Cornet à *P* à 1.70 n *Choudens*, 1re suite *V*, *Fl*, Cornet à 1— n *Margueritat*. *Choudens*:

1. Chant du moulin: Mon vieux moulin, *Bar. T* 1.70 n.
2. Aubade: Françoise, ah! vous allez la voir, *MS* 1.70 n.
3. Choeur: Dans le bois ne va plus, *28* 3— n.
4. Rép. de Dominique: Je la protégerai, fort, *T* 1.70 n.
5. Rép. de Françoise: Au cher mari, *S* 1.70 n.
6. Souvenirs de guerre, Ah! la guerre, *MS* 2— n.
7. Adieux à la forêt: Le jour tombe, *T*. *Bar. B* à 2— n.

8. Duo d'amour: Te le rappelles-tu? *ST* 3— n.
9. Chant de la sentinelle: Mon cœur expire, *T. Bar* à 1.70 n.
10. Duo: Là debout sous le saule, *MST* 2.50 n.
11. Hymne fun.: Frère, nous te ferons, *T* 1.70 n.
12. Berceuse: Ils dorment encore, *MS* 1— n.
13. Duo: Te souviens-tu, lorsque toute petite, *SBar* 2— n, *Bar. T* à 2— n.
14. Air: O mon pauvre moulin, *Bar. T* à 1.70 n.
    N. 1—11, 13, 14, *Ch. s.* à —35 n.
    P: 1. Chant des fiancailles. 2. Chant du moulin. 3. Chant de la sentinelle, à 2— n.
    Transcriptions, fantaisies etc.: *P.* 2 suites (S a n d r é, Bouquet de mél.) à 2.50 n, transcr. *VP* (D a u b é) (R i c h a r d et B u l l), *FVP* (H e r m a n et Bull), *Cornet à P* (M a r e n g o et Bull) à 2.50 n *Choudens*, fant. *Harm* ou *Fanf*. Part 10— n, p. sép. à —25 n *Evette*.
- Ave Maria, *MS. S* à 5—.
- La Belle au bois-dormant (L. L a m b e r t), *4ms* 4— n.
- Berceuse, *S. MS* à 5—.
- La Bourrée 1.70 n.
- C'est l'amour qui compte! *Revue musicale* Paris.
- Chanson arabe 4—.
- Chanson d'avril 5—.
- Chanson de son amie bien belle 2.50 *Gramophone Company*-Milano.
- Chansons à danser av. *P* 5— n: 1. Le Menuet. 2. La Gavotte. 3. La Bourrée. 4. La Pavane, 5. La Sarabande. 6. Le Passepied.
- Le Charme des adieux 4—.
- Dans un baiser 5—.
- Le Diable à Saint-Jean-le-Neuf 1.70 n.
- L'Enfant-Roi, comédie lyrique, Part 20— n.
- Les Enfants du roi-galant 1.70 n.
- Fantaisie, *Cor à pist P* 2.50 n.
- La Gavotte, *P* 1.70 n.
- Geneviève, scène lyrique, part chant *P* 5— n *Fromont*.
- L'Heureux vagabond, *S. MS. B* à 1.70 n. *Ch. s.* —35 n.
- K é r i m, opéra, Part 12— n.
- Les Lieds de France 7— n: 1. Les Noces dans l'or. 2. Le Diable à Saint-Jean-le-Neuf. 3. Les Pieds nus. 4. Les Amants fidèles. 5. L'Heureux vagabond. 6. Les Enfants du roi galant. 7. Le Retour du beau soldat. 8. Les Semailles. 9. Le Sabot de frêne. 10. La Ronde de Petites-Belles.
- Trois Lieds de France: 1. C'est l'amour qui compte 1.70 n. N. 2. Les mauvaises fenêtres 2— n. N. 3. La Ronde de la Marguerite 2.50 n *Société nouvelle*.
- Cinq mélodies 5— n: N. 1. Ritournelle, *Bar*. 2. Sans amour, *Bar. T*. 3. Sérénade, *MS, T*. 4. Sous les branches. 5. Aubade à 1— n *Fromont*.
- Le Menuet 1.70 n.
- Messidor, drame lyr. (1897), Part 20— n: N. 1. Légende de l'or, Ne savez-vous donc, *MS. S* à 2— n. N. 2. L'automne, L'automne est venu, *T. Bar* à 1.70 n. N. 3. Duo, Te

souviens-tu, Hélène, *ST* 2.50 n. N. 4. Chant du semeur, Mon âme est pleine, *T. Bar* à 2— n. 5. Les adieux du berger, J'ai trop tardé, *T. Bar* à 2— n.
- Michaëla, polka mazur 3— *Marchand*.
- Mignonne 5—.
- Un miracle, mélodie 3— *Leduc*.
- Minuet 4— *Metzler*.
- Deux morceaux de genre, *VcP*: Mélodie 1.50 n, Sérénade 1.75 n *Fromont*.
- Noces dans l'or 1.70 n.
- Notre amour, chœur à 2 voix de femmes 6—.
- Le Nouveau-né, mélodie, 2 tons 5—, *Ch. s.* 1— *Leduc*.
- Nuit d'été 5—.
- O Salutaris 6—.
- L'Ouragan, drame lyrique (1901), Part 20— n, entr'acte symphonique, *O* 60— n, quatre préludes, *O* 30— n: N. 1. Chant de Goël, Goël, Goël île farouche, *S* 1.70 n. 3. Scène du retour, C'est ici, regarde, *SBar* 2— n. 4. Ch. de Lulu, L'île de joie où Lulu est née, *S* 2— n. 6. Ch. du pêcheur, Je n'ai pas souvenance, *Bar* 1.70 n. 7. L'amour de Marianne, Mes barques! *MS* 2— n. 8. L'amour de Landry, Jalouse, *T* 2— n. 9. Le Calme, Voici le calme revenu, *MS* 2— n. 11. Invitation au départ, C'est le voyage, *S* 2— n.
- Le Passepied 1.70 n, 4— *Metzler*.
- La Pavane 1.70 n.
- Pensées Religieuses pour le service divin, 2 vol. à 4— n *Lissère*.
- Penthésilée, reine des Amazones 2— n.
- Les Petiots, duo 5—.
- Les pieds nus 1.70 n.
- Le Retour du beau soldat 1.70 n.
- Le Rêve, drame lyr. (1891), Part Chant *P* 2— n *Ch. s.* 1— n, *VP, FVP, Cornet à P P* à 2.50 n:
    1. Les voix: Que l'innocence parfume, *S. MS. 2S* à 1.70 n.
    2. Légende: Je les vois dans le blanc cortège, *S* 1.70 n.
    3. Le rêve d'Angélique: Je voudrais être reine, *S. MS* 1.50 n.
    4. Chanson: Allons au Clos-Marie, *S. MS* à 1.70 n.
    5. Duo: Moi, je me nomme Félicien, *ST* 2— n.
    6. Duo: Dieu semble les avoir destinés, *MS Bar. ST* à 1.70 n.
    7. Air: Seigneur, j'ai dit: Jamais! *Bar. B. T.* à 1.70 n.
    8. Scène: Ton chemin n'est pas, *Bar. B. T* à 1.70 n.
    9. Supplications: Vous n'avez rien qu'un mot, *S. MS* à 2— n.
    10. Duo: Ah! tu doute, la souffrance, *ST* 2— n.
    N. 2. 6, 9. *Ch. s.* à —35 n.
    P: Bouquet de mélodies 2.50 n. Chanson du clos Marie 2— n, simplifiée 1— n. Le Rêve d'Angélique, transcr. 1— n. Chanson du clos Marie (B u l l) 1.70 n. Transcr. (F a u g i e r) à *Choudens*. Valse (G h y s) 2— n, fac. (M i l t o n) 1— n.
    Fantaisie: *MandP* 7.50 n, *2MandP* 9— n. *MandG* 6— n, *2MandG* 7.50 n, *2MandPG* 10— n, *2MandMandoleP* 10— n, *2MandMan-*

dolcG 10—n. *2MandMandolcGP* 12— n. *Mand 3—*n.
- Romance, *Le (Cor ou Alto) P* 6— *Hamelle*.
- Romance N. 2 *V(Fl)P* 6— *Hamelle*.
- La Ronde des petites belles 1.70 n.
Rosa Bianca, polka mazur 6— *Marchand*. Le Sabot de frêne, *MS. 8* à 1.70 n.
- La Sarabande, *P* 1.70 n.
- Semailles 1.70 n.
- Soirée, mélodie 3— *Leduc.*
- Sommeil oriental 3— *Hamelle*
- Sur l'eau 3— *Hamelle*.
Bruneau E. Hymne à Marie, *8* av. chœur à 3 v. ég. *Cor* et *P* 10— *Pér gally*.
- Quatuor, *FlHautbCorP. Crevel frères*-Paris. 10—n *Pérégally.*
- Sextuor, *FlHautboisClBassonCorP* 10—n *Crevel frères*-Paris.
Bruneau P. Aveu 1.50 n *André*.
- La Flèche et la chanson 1.50 n *André.*
- Sonnet aux étoiles 1.50 n *André*.
Brunel, Circé, drame en 2 actes, partition chant et *P* 7—n *Choudens.*
- Offertoire, *Harm. Fanf* 1.25 *Pinatel.*
Brunel E. Aixa, chanson mauresque 6— *Heugel*.
- Ave Maria, *8* 1.75 *Durdilly.*
- Brises d'Orient, valse 6—, *O* 2—n *Heugel.*
- Les chimères, valse 6—. *O* 2—n *Heugel*.
- Les jours passés 1.75 *Durdilly.*
- Long time ago 1.75 *Durdilly.*
- Les primevères, valse 6—, *O* 2—n *Heugel.*
- La Troïka, polka-maz. 5—, *O* 1—n. *Heugel*.
Brunel Raoul, Chanson de Barberine 1.70 n *Gregh.*
- Ode de Rousart 1.35 n *Gregh.*
- Premiers émois 1.25 n, *Ch. s.* —25 n *Ricordi.*
- Printemps ravisseur 1.35 n *Gregh.*
- Soleil couchant, *Bar. B* à 2.50 *Gregh.*
- Le Sommeil de l'Amour 6— *Choudens.*
- L'unique baiser 1.25 n, *Ch. s.* —25 n *Ricordi.*
- La Vision de Dante, légende symphonique, partit. chant *P* 15—n *Leduc.*
- Vous n'aimez pas 1.35 n *Gregh.*
Brunelli, 6 Valzer 1.50 *Ricordi.*
Brunelli Francesco, Pegno d'Amicizia, mazurka, *MandP* 3—*Bratti.*
Brunelli G. Amicizia vedi Fanfarista moderna.
- Cingallegra vedi Fanfarista moderna.
- Salve Regina, *B* con *P* od *Org* 1—n *Lapini.*
Bruner K. op. 1 Im trauten Haine. Lied ohne Worte, *Z* —60 *Bosworth.*
- 2 Herzliche Ansprache. Melodie, *Z* od. *2Z* 1.20 *Bosworth.*
Brunet, op. 1 Seize valses, *G* 5— *Heugel.*
- 2 Deux petites pièces, *G* 5— *Heugel.*
- Adóro te supplex, motete a solo y coro con *Ba* ó *P* 1.50 n *Dotesio.*
- Air de ballet, *P* 5— *Benoit.*
- Alice et le Zéphir 3— *Benoit.*
- L'Amitié, Schottisch 4— *Sulzbach.*
- L'anneau de fer 5— *Le Boulch.*
- Les Arpèges, Fant.-Polka 6—, Polka 5— *Benoit.*
- L'Assureur 3— *Benoit.*
- Bagnolet ou mistiko, parodie —25 n *Labbé.*
- Biarritz, Quick March, *FullBand* 2/8, *MediumBand* 2—, *SmallBand* 1/4 *Hawkes.*
- Le bonheur vient en dormant, *T. Bar* à 3— *Sulzbach.*

- Le Bouquet de roses. Polka-Mazur 4— *Benoit.*
- Le Bouquet de Violettes. Polka-Mazur 4— *Benoit.*
- Le Boute-selle. Polka 5— *Benoit.*
- Le Braconnier. Quick March, *FullBand* 2/8, *MediumBand* 2—, *SmallBand* 1 4 *Hawkes.*
- Le Braconnier Breton, pas red. *Harm Fanf* 6— *Lemoine.*
- Le Brave. Quick March, *FullBand* 2 8, *MediumBand* 2— *SmallBand* 1 4 *Hawkes.*
- Carmen. Polka-Mazur 4— *Benoit.*
- Cécilia. Polka 5— *Sulzbach.*
- Claudine. Polka-Mazur 5— *Benoit.*
- Daniclia. Polka-Mazur 4— *Benoit.*
- Denise. Polka-Mazur 4— *Benoit.*
- La despedida, rêverie, *P* 1.20 n *Dotesio.*
- Le dixième Dragon. Polka 4— *Benoit.*
- Exhibition, Quick March, *FullBand* 2/8, *MediumBand* 2/—, *SmallBand* 1/4 *Hawkes.*
- Fabienne. Polka-Mazur 4.50 *Benoit.*
- Fanchette N. 1, Polka 4— *Benoit.*
- Fanchette N. 2, Polka 4— *Benoit.*
- Faustine. Fant.-Polka 6—, Polka 5— *Benoit.*
- Fearless. Quick March, *FullBand* 2/8, *MediumBand* 2 —, *SmallBand* 1 4 *Hawkes.*
- Fête de Nuit. Caprice-Mazurk 5—, Polka-Mazur 4— *Benoit.*
- Fidelité 3— *Benoit.*
- La Fille du Régiment, pas red. *HarmFanf* 6— *Lemoine.*
- La Fleur 3— Benoit.
- Francine. Polka-Mazur 4— *Benoit.*
- Le gai Militaire 3— *Benoit.*
- Les Guêpes, valse 6— *Le Boulch.*
- La Guerrière. Polka-Mazur 4— *Sulzbach.*
- L'Hirondelle oubliée 3— *Benoit.*
- Irène. Polka-Mazur 4— *Sulzbach.*
- Jean le Philosophe, *B. Bar* à 3— *Benoit.*
- Jeanne. Valse 3— *Sulzbach.*
- Je ne détaille pas 3— *Sulzbach.*
- Léonido. Polka-Mazur 3— *Sulzbach.*
- La Linotte des forêts, polka, *O* av. *1* ou *2Fl* ou *flageol* 1.50 n, *P* cond. —40 n *Gaudet.*
- Lisette (Béranger), pas red. *HarmFanf* 6— *Lemoine.*
- Ma Nacelle 3— *Benoit.*
- Marie. Valse 3— *Sulzbach.*
- Marie-Louise, valse 7.50 *Le Boulch.*
- Marinette. Polka 4— *Benoit.*
- Némorin et Léonore, chans. 1— n, *Ch. s.* —30 n *Société nouvelle.*
- Ne m'oubliez pas 3— *Benoit.*
- L'Orientale. Polka 2— *Benoit.*
- Petit Ruisseau 3— *Benoit.*
- Piú non è, elegia 1.50 n *Dotesio.*
- Polka de Bravoure 4— *Benoit.*
- Rayon de Soleil. Polka 4— *Benoit.*
- Regrets 3— *Benoit.*
- La Reine des Fées. Caprice-Mazurk 5— *Benoit.*
- Rose. Polka 2.50 *Sulzbach.*
- Sabine. Polka 4— *Benoit.*
- Si j'étais chansonnier, *B. Bar* à 3— *Benoit.*
- Souvenir de Bade. Polka-Mazur 5— *Benoit.*
- Souvenir de Bruxelles. Valse 6— *Benoit.*
- Souvenir de Leman. Valse 5— *Benoit.*
- Souvenir de Turnham Green. Schottisch 4— *Benoit.*
- Suzanne. Polka 3—, valse 3— *Sulzbach.*
- La Sylphide. Polka 4— *Benoit.*

- Viens te mirer dans l'eau 3— *Benoit*.
- Yvonnette. Polka 5— *Benoit*.

Brunet A. Le réveil des oiseaux, polka-maz. 4— *Heugel*.

Brunet E. L'Aérienne, polka 5— *Mathieu*.
- L'astre d'amour 3— *Mathieu*.
- Le beau temps est passé, romance 4— *Katto*.
- La belle Alice, légende 3— *Katto*.
- Diamantine, polka 3.75 *Mathieu*.
- Edith polka 3.50 *Mathieu*.
- Eglantine, polka 6— *Mathieu*.
- Fête villageoise, polka 4.50 *Legouix*.
- Fleurs d'Acacia, mélodie 3— *Katto*.
- O ma charmante, aubade, *Bar. B* 3— *Katto*.
- Picciola, polka 4.50 *Legouix*.
- Sérénade, imitée de l'anglais 3— *Katto*.
- Souvenir d'amour 3— *Mathieu*.
- Sylvia, schottisch 6— *Mathieu*.

Brunet J. P. Chanson d'hier 1— n *Hachette*.

Brunet L. *Erette*: L'Africaine (M e y e r- b e e r). Valse *Harm*, Part 9— n.
- Le Brave. Pas red. *Harm* 3—.
- La Coquette. Polka, *Harm*, Part 3— n.
- Cornélie. Redowa, *Harm*, Part 3— n.
- Les Diamants de la Couronne (A u b e r), Ouv. *Harm*, Part 9— n, p. sép. à —25.
- La Favorite (D o n i z e t t i), trio Fant. *Harm*, Part 3— n.
- La Fiancée (A u b e r), Fant. *Harm*, Part 12— n.
- La Fiancée d'Abydos (B a r t h e), Fant. *Harm*, Part 12— n.
- Fontainebleau. Pas red. *Harm* ou *Fanf*, Part 3— n, p. sép. à 10— n.
- Fra Diavolo (A u b e r), Fant. *Harm*, Part 12— n.
- Haydée (A u b e r), Fant. mosaïque, *Harm* Part 9— n.
- Les Huguenots. Pas red. *Harm* 3—.
- Jenny Bell (E t t l i n g E.), Valse de D. F. A u b e r. *Harm*, Part 3— n.
- Je suis sergent. Le Philtre (A u b e r). Pas red. *Harm* 3— n.
- Une larme. Marche funèb. *Harm* 3— n.
- La Linotte. Polka, *Harm* av. pet. *Fl*, Part 6— n.
- Mabel (G o d f r e y D.). Valse, *Harm*, Part 6— n.
- Madeleine. Redowa. *Harm* ou *Fanf* 3— n, p. sép. à —10 n.
- Marie. Redowa, *Harm*, Part 3— n.
- La Muette (A u b e r). Gr. Fant. *Harm*, Part 12— n.
- Les Noces de Figaro (M o z a r t). Gr. Fant. mos. *Harm* 12— n.
- Le Pétulant. Pas red. *Harm* 3— n.
- Le Philtre (A u b e r). Ouv. *Harm*, Part 9 - n, Fant. mosaïque, *Harm*, Part 12— n.
- Saint-Sébastien (B i a r r i t z). Pas red. *Harm* av. Tambours 3— n.
- Le Serment (A u b e r). Ouv. *Harm*, Part 10— n, p. sép. à —25 n.
- Signal d'orage (H e n r i o n P.). Pas red. *Harm* ou *Fanf*, Part 3— n, p. sép. à —10 n.
- Si j'étais Roi (A d a m). Fant. mosaïque, *Harm*, Part 9— n.
- Le Val fleuri. Marche p. processions, *Harm*, Part 3— n.
- Zampa (H é r o l d), Ouv. *Harm*, Part 9— n, p. sép. à —25 n.

Brunet P. Danse des Odalisques, chant orien- tal 1— n, *Ch. s.* in-8° —30 n *Société nouvelle*.
- Une fête à Grenade, boléro espagnol 1— n, *Ch. s.* in-8° —30 n *Société nouvelle*.

Brunet R. Le Drapeau. Marche milit. 2— *Pisa*.
- Est-ce un trompette? Est-ce un piston? 1— n, *Ch. s.* —30 n *Société nouvelle*.
- La Petite de Bordeaux 1— n, *Ch. s.* —30 n *Société nouvelle*.
- Le printemps, valse chantée 5— *Heugel*.
- Rallye paper. Polka 1.75 n *Pisa*.
- Tonnerre. Polka 1.75 *Pisa*.
- La Victoire (W i t t m a n n). Marche, *Harm* ou *Fanf*, Part 3— n, p. sép. à —15 n *Erette*.

Brunette, Blue eyes, waltz 2— *Boosey*.
- La Galathée, valse 5—, simpl. 4—. *4ms* 7.50 *Leduc*.
- Tennessee. Cake walk —.3 *Francis*.

Brunetti. *Gori*: Angoscie di Pierrot, *P* 2—, *P Ve* 1.80.
- Cake walk 1—.
- I Coscritti 1.80.
- Dahomey Cake Walk 2— n *Francis*.
- Figlia del'uomo 4— *Ricordi*.
- The 18 January. Afflicted Memory: E morta, è morta quell'alma pia 1— *Ricordi*.
- Marcia dei costritti 1—.
- Ocure d'Aprile, Valzer 2—.
- Primavera, Valzer 2—.
- Ruscelletto, Valzer 1.80.
- Verdurera in piemontese— 80.

Brunetti F. Ave Maria, 38 e *P* 1— n *Venturi*.
- Ave Maria, Angelo Dei, Requiem, 38 ed *Org* 2— n *Venturi*.
- Tre Composizioni, *P* 2— n *Venturi*.
- Tre Melodie 5—: N. 1. Tu non lo sai 2—. N. 2. Vaga fanciulla 2—. N. 3. Il primo bacio 3— *Venturini*.
- Ninnolo Valzer. *4ms* 3— n *Venturi*.
- Oblio, Romanza 2— *Ricordi*.
- Ore perdute, Piccolo Album, *4ms* 10—: N. 1. Piangi 3.50. N. 2. Ridi 4.50. N. 3. Dormi 3.50. N. 4. Fantara 4.50 *Venturini*.
- Passaggi in tutti i toni, *P* 2— n *Venturi*.
- Povera Nelia! Romanza: Eri bruna 2— *Ricordi*.
- 2 Stornelli 4—: N. 1. S'io fossi. 2. Fiorin di prato à 2.50 *Ricordi*.
- Sul Lago, Barcarola. *MandP* 4— *Ricordi*.
- Sull' Alba, Romanza: Il gallo canta 3— *Ricordi*.
- Triste annunzio, *P* 2— n *Venturi*.

Brunetti G. La campana del cimitero. Ro- manza 2.50 *Venturini*.
- Quegli occhi! Romanza 2— *Venturini*.
- La scatola armonica. Mazurka, *P* 2.50 *Ven- turini*.

Brunetti M. Souvenir. Valse 2— n *Ducrotois*.

Brunetti O. Les Alouettes. Valse 2— n, *O* 2— n, pet. *O* 1.50 n. *P* cond. —50 n *Cai- ranne*.
- Carezze e Baci, *P* 4— *Perosino*.
- Espérance d'amour, valse 2— n, *O* 2— n, pet. *O* 1.50 n, *P* cond. —50 n *Cairanne*.
- Fior di Margherita, romanza 3.50 *Perosino*.
- Immacine 4— *Mariani*.
- Impressioni della sera, nott, *P* 4— *Perosino*.
- Meditazione, *P* 4— *Perosino*.

- Minuetto, P 1.50 n, O 2 — n *Durand*.
- Non dimandar 2 — n *Bianchi*.
- Saltarella, polka, 4ms 2.50 *Perosino*.
- Sempre uniti vaizer lento 5 — *Perosino*.
- Sonata d'amour inter. P 3.50 *Perosino*.
- Toujours Unis, *Mand* —20 *Il Mandolino*.

Brunetti P. Moine, Valzer 2 — *Gori*.
- Occhi biricchini, P 2 — *Perosino*.
- Primavera, Valzer, P 2 — *Gori*.
- Roscelletto, Valzer 1.80 *Gori*.
- Splendor, Valzer 2.80 *Gori*.
- Voluptéuse, Valzer 2 — *Gori*.

Brunetti-Pisano Aug. Himmelsbotschaft 1.80 *Tonmann*.
- Vorspiel zur versunkenen Glocke. P 3 — *Schmid*.

Brunetti T. A. Ave Maria 3 — *Esper*-Toulon.
- Gavotte de jadis 4.50 *Esper*-Toulon.
- Mazurka tzigane 1.70 n, O av. P cond. *Cour-mes*.
- Menuet d'antan. Quint. à *cordes* avec P cond. *Gaudet*.
- Menuet du touton, P 6 — *Esper*-Toulon.
- Oui tu m'aimes, ma mignonne! 5 — *Esper*-Toulon.
- Simplette, pet. valse lente 6 — *Esper*-Toulon.

Brunetti and Auckland, The Boom-ta-ra-rum girls —40 *White*.
- Take it on boys —40 *White*.

Brunetto F. Povera foglia, romanza 2.50 *Sandron*.
- Se . . . . ., romanza 2.50 *Sandron*.
- Tra foglie e fiorie, Album di Melodie 10 —: N. 1. Langi 3.50. N. 2. Povero fiore! 2.50. N. 3. Foglie secche, 4. Fior di siepe, 5. Quando cadran le foglie à 2 — *Mariani*.
- Vorrei? Romanza 2 — *Mariani*.

Brungert L. Weihnachtsvolkslied: „Wenn's wohlig knackt im Winterfeuer", S.4 m. 2 eingelegten Singst 1 — *Tonger*.

Bruni, Little Lovers, P 4 — *Willcocks*.
- Le règne de douze heures, Part et p. d'O *Lemoine*.

Bruni A. Capricciosetta, polka, *MandChit* —15 *Il Concerto*.
- Sorriso Valzer, 2*MandChit* —15 n *Il Concerto*.

Bruni A. B. (1759—1823) op. 1 Six Quatuors, 2*VaVc*, *Le Boulch*.
- 2 Six Quatuors, 2*VaVc*, *Le Boulch*.
- 2 Six Duos, *VaVc*, 1 — n *Costallat*.
- 6 6 Duos pour commencants, 2V 2.50 n *Costallat*, 4½ Bg. *André*, (A. Schulz) 1 — *Litolff*.
- 11 Six Duos, 2V 7.50 *Benoit*.
- 13 Six progressive duets, 2V 5/— *Williams*.
- 19 6 Duos concertants, 2V 3 — n *Costallat*.
- 23 6 Duos, 2V, 2 suites à 3 — n *Costallat*.
- 24 Six duos très-faciles, 2V 7.50 *Lemoine*, 5 — *Williams*.
- 25 3 Duos concert. de moyenne difficulté, V1a, 6½ Bg. *André*, 1 — *Litolff*, 2 livres à 7.50 *Lemoine*.
- 26 Six duos, 2V, 2 livres à 7.50 *Lemoine*.
- 34 6 Duos, 2V, 5½ Bg. *André*, 1 — *Breitkopf*, *Litolff*, *Peters*.
- 35 6 Duos fac. & progr. pour commenc., 2V, St 4½ Bg., Part 1 — n *André*, —80 *Litolff*, 1 — *Peters*, 5 — *Williams*.
- 36 La petite Conversation, 6 Trios, 2V*Va*

(ou *Kb* ad lib.), 2 Hefte à 2.40 n *Breitkopf*, à 1 — n *Costallat*.
- 36a 6 Trios, 2V*Va*(1*c*) 6 —, 2 Hefte à 5 —, einz. à 1.20 n *Breitkopf*.
- 38 Drei Sonaten, 2V 2 — *Breitkopf*.
- 38 Six brill. duets, 2V, 2 books à 7 — *Williams*.
- 6 Duos, 2V 2.30 *André*, 6 — *Ashdown*.
- 6 Duos concertants, VVa, 2 Hefte à 3 — *Hostinger*, à 1 — *Litolff*.
- 6 Duos faciles, 2V 3.50 n *Costallat*.
- 4 Duette, 2V (J. N. Rauch) —50 *Schwers*.
- 50 Etudes, V av. 2e V ad lib. 1er livre 6.70, 2e livre 5 — *Bornemann*, 14 —, 5 fasc. à 4 — *Mariani*.
- 36 Etudes, Cah. 1. des Etudes, V, 11½ Bg. *André*.
- Leçons élémentaires avec trente-six exercices de Bordèse 18 — *Hengel*.
- Méthode pour Alto, suivis de 25 Etudes (deutsch. franz., engl.), 8 Bg. *André*, 3 — *Breitkopf*, (A. Schulz) 1.20 *Litolff*, (H. Dessauer) 2 — n *Schott*; 1.44 *Urbach*; (Em. Kreuz) 1.6 n *Augener*, —30 n *Ditson*, 1 — *Donajowski*. 1.25 n *Bajus*, 1.50 n *Enoch*, 1.25 n *Joubert*, *Noël*; 6 —, (Bibl. del Violinista) 1.50 *Ricordi*; 12 — n *Ayné*.
- Méthode claire et facile pour Violon 18 — *Lemoine*.
- Six Sonates, 2V 5 —, à 1 — n *Marguerital*.
- Six sonates, V 1er livre 12 — *Sulzbach*.
- Six sonates, V*Basse*, 2e livre 12 — *Sulzbach*.
- Six sonates, V, 4e livre, 2 parties à 9 — *Sulzbach*.
- Six sonates pour les commencants, 2V 2.50 n *Costallat*.
- 25 Studien, Va 2 — *Breitkopf*, (E. Kreuz) 1 — n *Augener*.

Bruni F. Didina, P 3 — *Ricordi*.
- In ciel ti rivedrò, romanza, con Ve(V)P 4.50 *Ricordi*.

Bruni G. Arma-Gavotte, P 1 — *Raabe*.
- Hänschen und Lieschen, Gavotte, P —80, *Raabe*, (Petit Jean et petite Lise), P 2 — n *Marchand*, —60 *Elkan*, —50 *Nordisk Musikforlag*; O 2 — *Raabe*.
- Non dimandar perchè, storn. P 2.50, Canto con G 1.50, con *Mand*(V)P 3 — *Forlivesi*.
- Tanperlen, brillantes Klavierstück 1 — *Raabe*.

Bruni J. Волной книгъ (Пригожій) —50 *Johansen*.

Brunicki, Otto Baron, Mein Lieblingsplätzchen, Waizerlied 1.20 n, 1, 2. *Harmonika*G 1.20 n *Eberle*.

Brunier G. Au val de faverges, chanson rustique 5 —, *Ch. s.* 1 — *Clot Fils*.

Brunier H. Bonjour hiver 1 — n. *Ch. s.* —30 n *Rouart*.

Brunier J. Berceuse, P 5 — *Clot fils*.
- Chanson de la mire, *Rabut*.
- Désir 1 — n *Rabut*.
- Merci 1 — n *Rabut*.
- La Servante du Christ 2 — n *Rabut*.
- Tantum ergo, P, 2 voix 1.35 n *Rabut*.
- Le Vent du soir au Kofour 2 — n *Rabut*.

Brunn, Alexandrine von, Volkslied: „Klagen darfst du, klagen" —60 *Eisoldt*.

Brunn George Le, vide Le Brunn George.

Brunnbauer M. Kompositionen. Z, 2 Hefte à 1.20 *Un.-Ed.*s Heft 1. Echt Almerisch. Ländler. Nur die mein, Ländler. 2. Verlobungs-Polka-Mazurka. Die drei Liebsten-Polka.

Brunner, All Who Love the litte Ring. Little Violet, How to Silent —30 *National Music.*

- Bagatelle (K u h l s t r o m, Eric Daisy Chains Series III N. 44). *P* — 2 *Augener.*

- Blue bird echo, polka, *Gordon:* Social Gems N. 1 —20, *4ms* —35, *Cl* —15, *Cornet* —15, *Fl* —15, *Mand* —15, *V* —15, *ClP*, *CornetP*, *FlP*, *MandP*, *VP* à —30.

- Bohemian Girl. *Gordon:* Social Gems N. 2. *4ms* —35, *Fl* —15, *V* —15, *FlP*, *VP* à —30.

- Corn Flower Waltz. *Gordon:* (C o o t e), Social Gems N. 3 —20, *4ms* —35, *FlMand*, *V* à —15, *FlP*, *MandP*, *VP* à —30.

- Den lilla Rekryten. *P* —50 (Pianistens Portfoly. 1sta serien N. 7), *Elkan.*

- Dreams on the Ocean. *Gordon:* (G u n g l), waltz —20, *4ms* —35, *Cl* —15, *Cornet* —15, *Fl*, Social Gems N. 4 —15, *Mand* —15, *V*, Social Gems N. 4 —15. *ClP* —30, *CornetP* —30, *FlP* —30, *MandP* —30, *VP* —30.

- Fairy tales Waltz, *Gordon:* Social Gems N. 5 —20, *4ms* —35, *Fl* —15, *Mand* —15, *V* —15, *FlP*, *MandP*, *VP* à —30.

- Farewell, My Darl'g it pains to part, *P* —30 *National Music.*

- First love, Redowa, *Gordon:* (W a l l e r s t e i n) —20, *4ms* —35, *Fl*, *Mand*, *V* à —15 *FlP*, *MandP*, *VP* à —30.

- Forget Me not. Theresen, *Gordon:* Social Gems N. 18 —20, *4ms* —35, *Fl*, *V* à —15, *FlP*, *VP* à —30.

- Fortification storm Marsch, *Gordon:* Social Gems N. 7 —20, *4ms* (P i e f k e) —35, *Fl*, *V* à —15, *FlP*, *VP* à —30.

- Gayety, schottische brillante. *Gordon:* Social Gems N. 15 —20, *4ms* —35. *Cl*, *Cornet*, *Fl*, *V* à —15, *ClP*, *CornetP*, *FlP*, *VP* à —30.

- Gobble song (M a s c o t t e), *Gordon:* Mand —15, *MandP* —30.

- Herbstes Abschied, Z (H o l l e r, Komp. u. Transkr. Nr. 56) 1— *Haslinger.*

- Hum, Hum Little Bee Hum, *P* —30 *National Music.*

- In die Ferne, Lied ohne Worte, *P* 1.80 *Lau.*

- Jugendliche Wünsche. Auf der Alpe. Idylle, Z (H o l l e r, Komp. u. Transkr. Nr. 52) 1— *Haslinger.*

- Kiss Waltz (A r d i t i), *Gordon:* Social Gems N. 8 —20, *4ms* —35, *Fl*, *Mand*, *V* à —15, *FlP*, *MandP*, *VP* à —30.

- Kuckuck, Kuckuck its Sounds from the Woods, *P* —30 *National Music.*

- Little Coquette (Petit Coquette), waltz, *Gordon:* *4ms* —35, *Fl*, *V* à —15, *FlP*, *VP* à —30.

- Mascotte (A n d r a n). *Gordon:* Gobble duet, coaching chor, *P* —20, *4ms* —35, *Fl*, *V* à —15, *FlP*, *VP* à —30.

- Over stiks and stones Galop, *Gordon:* —20, *4ms* —35, *Fl*, *V* à —15, *FlP*, *VP* à —30.

- Parting (Scheiden), waltz, *Gordon:* —20, *4ms* —35, *Fl*, *V* à —15, *FlP*, *VP* à —30.

- Petite Coquette (Z i k o f f), *Gordon:* —20, *4ms* —35, *Mand* —15, *FlP*, *MandP* à —30.

- Poet and Peasant, overture, *P* 1— *National Music.*

- Poet and Peasant (S u p p é), waltz, *Gordon:* —20, *4ms* —35, *Cl*, *Cornet*, *Fl*, *Mand*, *V* à —15, *ClP*, *CornetP*, *FlP*, *MandP*, *VP* à —30.

- Polonaise (K u h l s t r o m, Eric Daisy Chains Series 3 N. 47), *P* 2— *Augener.*

- Roll call March, *Gordon:* —20, *4ms* —35, *Fl*, *V* à —15. *FlP*, *VP* à —30.

- Rustic Danse (K u h l s t r o m, Eric Daisy Chains Series 3 N. 51). *P* 2— *Augener.*

- Sharpshooters March. *Gordon:* —20, *4ms* —35, *Fl*, *V* à —15. *FlP*, *VP* à —30.

- Sommersang. *P* —75 (Pianistens Portfoly, 1sta serien N. 4, *Elkan.*

- Somnambula (B e l l i n i). *4ms* Italy N. 1 —60 *Gordon.*

- Sprinning Song (K u h l s t r o m, Eric Daisy Chains Series I N. 16), *P* 1— *Augener.*

- Stilles Sehnen, Winterle, Scherzo, Z (H o l l e r, Komp. u. Transkr. Nr. 49) 1— *Haslinger.*

- Tannhäuser March (W a g n e r), *Gordon:* —20, *4ms* —25, *Fl*, *Mand*, *V* à —15, *FlP*, *MandP*, *VP* à —30.

- To the woods away! *P* 2— *Augener.*

- Waves of the Ocean Galop (B l a k e), *Gordon:* —20, *4ms* —35, *Cl*, *Cornet*, *Fl*, *Mand*, *V* à —15, *ClP*, *CornetP*, *FlP*, *MandP*, *VP* à —30.

- Woodland whispers Waltz, *Gordon:* —20, *4ms* —35. *Fl*, *Mand*, *V* à —15, *FlP*, *MandP*, *VP* à —30.

Brunner Ant. *Coppenrath:* Op. 85 Steirers Sehnsucht nach der Alm. Humorist. Oberquartett, Part —40, St à —20.

- 86 D'Moas'nfanga. Humorist. Oberquartett, Part —20, St à —20.

- 87 O Vaterland mein schönster Stern. Duett, *SA*, Part —40, St à —10.

- 88 Wanderlust. *SA* mit *P*, Part —40, St à —10.

- 89 Lob der Natur, *SATB*, Part —50, St à —10.

- 90 Frohsinn, *SATB*, Part —50, St à —10.

- 91 Zwei ganz Gescheite. Humorist. Oberquartett, Part —20, St à —10.

- 92 Im Walde. Lied für Oberquartett, Part —20, St à —10.

- 93 Wanderschaft. Humoristisches Lied für Oberquartett, Part —40, St à —20.

- 103 Eine ungarische Wahlversammlung. Humoristischer Marsch, Gesang u. *P*, Part 1.20, G St à —10.

- 104 Die Menagerie. Humoristischer Walzer für Oberquartett, Part —40, St à —10.

- 105 Aufsitzer. Humoristisches Duett für zwei Schusterbuben mit *P*, Part —60, St à —15.

- 106 Der faule Steffel. Humoristisches Oberquartett, Part —20, St à —10.

- 107 'Serstemal z'Wien. Humoristisches Duett mit *P*, Part —60, St à —10.

- 108 Der arme Papa. Couplet —50.

- 109 Ciprian Weinbeerl's Klage. Humoristisches Lied 1—.

- 112 Fünf Trauerlieder, *SATB*, Part —80, St à —20; *BBTT*, Part —80, St —20.

- 113 Dämmerung. Lied für Oberquartett mit *P*, Part —20. St à —10.

- Ballnächte, 60 beliebte Tänze von D e l l i n—

ger. E i l e n b e r g, K e y l l, S t r a u ß
etc. Heft 1, 2, 3, 4, 5, 6 à 2*V* 2— n, *VP*
2— n. 2*VP* 3— n *Zimmermann*.
- Ballnächte. 60 beliebte Tänze von D e l l i n-
g e r, E i l e n b e r g, K e y l l, S t r a u ß etc.
6 Hefte, *V* à 1— n, 2*V* à 2— n, *VP* à 2— n,
2*VP* à 3— n *Zimmermann*.
- Leichtes Klavier-Album. Sammlung beliebter
Volkslieder, Opernmelodien, Tänze und
Märsche, *P* 1— n *Zimmermann*.
- Der kleine Paganini. 100 beliebte Volkslieder,
Lieder, Opernmelodien, Tänze, Märsche und
Salonstücke von E i l e n b e r g, I v a n o-
v i c i, K e y l l, K ö h l e r, L a n n e r, R e i-
n e c k e. S t r a u ß etc. Heft 1, 2, 3, *V* à
1— n, kompl. 2— n, 2*V* à 2— n, kompl.
4— n, *VP* à 2— n, kompl. 4— n. 2*VP* à 2.50,
kompl. 5— n *Zimmermann*.
- Schule für *V* 2— n *Zimmermann*.
- Schule für *Va* 2— n *Zimmermann*.

Brunner Christian Traugott (1792—1874),
op. 2 Drei kleine Rondos f. Pfte. zu *4ms*
1— n *Breitkopf*.
- Kleine Exerzitien, *4ms*, Heft 1 : 1.50 n, 2 :
1— n *Breitkopf*.
- 5 Sechzig kleine Übungsstücke, *P* 1— n
Klemm.
- zu 5 Vorläufer od.: Die ersten Vorkenntnisse
u. Anfangsgründe im Pianofortespiel, theo-
retisch-praktisch und zum Selbstunterricht
dargestellt, nebst den Tonleitern (Scalen)
1.75 *Klemm*.
- 6 Sechs leichte Rondos zum Behuf des Unterrichts, *P* 1.25 *Klemm*.
- 7 Leichte Walzer zur Ermunterung der Jugend und zur Belebung des Unterrichts, *4ms*
1— *Klemm*.
- 9 Kleine Übungsstücke, *4ms*, Heft 1, 2 à 1.50
Hofmeister.
- 11 Bouquet musical, contenant : 6 Pièces
divertissantes et instructives, *4ms* 1.50
Klemm.
- 12 Klänge f. Kinder od. erste Belehrung f.
Anfänger auf dem *P*. Eine Reihe der leichtesten Übungsstücke zu 2 u. *4ms*. (Neue
Ausgabe), Heft 1—4 à 1.50 *Klemm*, 3 Hefte
à —90 *Weygand*.
- 13 Jugendlust. Eine Reihe sehr leichter
Tänze: Heft 1. (Nr. 1—7): Vier Walzer,
zwei Schottische und Polonaise. 2 (Nr. 8—
15): Drei Schottische, Ecossaise, zwei Walzer, Geschwindwalzer und Rutscher. 3 (Nr.
16—22): Polonaise, zwei Walzer, zwei
Schottische, Geschwindwalzer und Rutscher.
4 (Nr. 23—30): Drei Walzer, Geschwindwalzer, zwei Schottische und Rutscher. 5.
(Nr. 31—37): Polonaise, zwei Walzer, zwei
Schottische, Geschwindwalzer und Rutscher.
6. (Nr. 38—39): Contretanz - Quadrille
(D o n i z e t t i : Belisar). Polka (L o r-
t z i n g : Zar). 7. (Nr. 40—45): Zwei
Walzer, drei Poikas und Galopp. 8. (Nr.
46—50): Polonaise, Kotillon, Menuett, Mazurka und Polka. 9. (Nr. 51—56): Polonaise, Walzer, zwei Galoppen, Polka und
Großvatertanz. 10. (Nr. 57—60): Polonaise
(L o r t z i n g : Der Waffenschmied); Walzer (D o n i z e t t i : Lucia von Lammermoor); Polka (B e l l i n i : Die Nachtwandlerin); Galoppe (L o r t z i n g : Der
Wildschütz) à —75 *Klemm*.

- 14 Guirlande musicale, contenant : 4 Pieces
amusantes et instructives (Marcia, La Calma, Scherzo Rondo), *4ms* 2.50 *Klemm*.
- 15 Triolet musical ou trois Pièces en Forme
de Valses, *4ms* 2— *Klemm*.
- 16 Sechs Lieder f. 2 Stimmen mit *P* : 1. Die
Nachtigall: O könnt' ich doch die Nachtigall. 2. An den Bach: Immer fließe sanft.
3. Geburtstagslied: Nimm unsere kleinen
Gaben. 4. Sehnsucht: Ich möchte, ach, so
gerne. 5. Waldeslust: Laß mich ganz in
dich versinken. 6. Leichter Sinn: Über Gebirg und Tal 2.50 *Klemm*.
- 17 Glückes Traum. Gesang, *SATB* acc. *P* :
Im sanften Abendschweigen, KA mit St 2—
Klemm.
- 18 Der Abend in der Natur: Komm stiller
Abend, *SATB* acc. *P*, KA mit St 2— *Klemm*.
- 19 An die Freundschaft. Terzett, *2TB* acc.
P : Lieblich strahlt der Abendtau. KA mit
St 1— *Klemm*.
- 20 Sechs 4 stimmige Lieder, *SATB* : 1. An
die Natur: Süße, heilige Natur. 2. Die
Schönheit der Natur: O schön und voller.
3. Beruhigung: Noch strahlt die liebe
Sonne. 4. Lebensfreuden: Viel tausend
bunte. 5. Zufriedenheit: Mir ward das
allerbeste Los. 6. Ermunterung: Zu des
Lebens Freuden. Part zu 3— *Klemm*.
- 23 Fünfzig kleine Etuden 3.75. Heft 1—5
à 1— *Klemm*, *P* 1— *Presser*, 1—, 1—5
à —30 *Jurgenson*, *Gutheil*.
- 24 Rondino, *P* —75 *Siegel*.
- 25 Fantasie über ein Thema a. d. Oper: Das
Nachtlager in Granada, *P* 1— *Siegel*.
- 26 Zwei Polonaisen, ein Bolero u. ein
Marsch, *P* 1.25 *Siegel*.
- 27 Rondo (C), *P* 1— *Siegel*.
- 28 Der kleine Opernfreund, *P*. Eine Sammlung beliebter Opernmelodien. I. Jahrgang
kplt. 3— n *Siegel*.
- 29 Divertissement über Motive aus D o n i-
z e t t i s Oper: Maria de Rudenz, *P* 1.25
Siegel.
- 30 Récréations musicales pour la jeunesse.
Six Rondeaux, *P* : 1. Norma. 2. Montecchi
et Capuletti. 3. Don Juan. 4. Figaros Hochzeit. 5. Anna Bolena. 6. Wilhelm Tell
à 1— *Simrock*.
- 31 Sechs leichte Rondos über beliebte Opernthemas, *4ms* : 1. A d a m : Der Postillon von
Lonjumeau. 2. B e l l i n i : Romeo und Julie.
3. M o z a r t : Don Juan. 4. R o s s i n i :
Der Barbier von Sevilla. 5. C. K r e u t z e r :
Das Nachtlager in Granada. 6. D o n i-
z e t t i : Anna Bolena à 1.25 *Klemm*, kplt.
1— *Tonger*, Nr. 1—6 à —62 *Hansen*, *Nordisk Musikforlag*.
- 32 Rondo über „Zittre Byzanz" aus Belisar,
P —50 *Klemm*.
- 32 Trèma Bisanzio. Rondo sur un Thème de
l'Opéra : Belisare di D o n i z e t t i, *P* 1—
4ms —80 *Klemm*.
- 33 Rondo (As), *P* 1— *Siegel*.
- 35 Variationen über ein Thema aus : Norma,
P 1.25 *Siegel*.
- 36 Der kleine Opernfreund, *P*. Eine Sammlung beliebter Opernmelodien. II. Jahrgang,
Heft 1—3 à 1.50 n *Siegel*.
- 37 Erheiterungen für die Jugend. Kurze u.
leichte Piècen nach beliebten Opern-Mo-

tiven, *4ms*; Heft 1. D o n i z e t t i : Lucrezia Borgia; A u b e r : Fra Diavolo. 2. B e l l i n i : Die Nachtwandlerin; D o n i z e t t i : Anna Bolena. 3. A d a m : Der Postillon von Lonjumeau; B e l l i n i : Norma à —75 *Klemm.*

- 38 Kleine und leichte Rondos über gefällige und beliebte Operntemas, *P*: Heft 1. D o n i z e t t i : Lucia von Lammermoor; B e l l i n i : Die Unbekannte. 2. H e r o l d : Zampa; L o r t z i n g : Zar und Zimmermann. 3. D o n i z e t t i : Der Liebestrank; B e l l i n i : Norma. 4. M e r c a d a n t e : Der Bandit; A u b e r : Der Maskenball. 5. D o n i z e t t i : Lucrezia Borgia; A d a m : Der Postillon von Lonjumeau. 6. B e l l i n i : Die Nachtwandlerin; D o n i z e t t i : Anna Bolena à —75 *Klemm.*

- 39 Leichte Variationen über drei gefällige Operntemas, *P*: 1. B e l l i n i : Die Nachtwandlerin. 2. D o n i z e t t i : Lucrezia Borgia. 3. D o n i z e t t i : Parisina. à 1— *Klemm.*

- 40 Récréations musicales pour la jeunesse. Six Rondeaux, *4ms*: 1. Lucia di Lammermoor. 2. Ugo di Parigi. 3. La Sonnambula. 4. Il Bravo. 5. Le Postillon de Lonjumeau. 6. Lucretia Borgia à 1.50 *Simrock.*

- 41 Délices musicales pour les élèves avancés. Huit Rondeaux et Variations sur des thèmes favoris, *P*: 1. Sonnambula. 2. Anna Bolena. 3. Belisario. 4. Armida. 5. Il Bravo. 6. Norma. 7. La fille du régiment. 8. Anna Bolena, à 1— *Simrock.*

- 42 Vier Lieder, *STB* mit *P*: 1. Der Stern und die Rose. 2. Sehnsucht. 3. Jäger und Jägerin. 4. Die Sennerin und ihr Schatz 1.75 *Bachmann.*

- 43 Drei Rondos über Opernmelodien, *P*: 1. B e l l i n i : aus Romeo und Julie. 2. D o n i z e t t i : aus Die Tochter des Regiments. 3. L o r t z i n g : aus Zar und Zimmermann à 1— *Bachmann.*

- 44 D o n i z e t t i : Regimentets Datter. Fantasi, *4ms* 2— *Klemm*, 1— *Hansen.*

- 45 Der kleine Opernfreund etc. *P*, III. Jahrgang. Heft 1—3 je 1.50 n *Siegel.*

- 46 Zwölf kleine Rondos über beliebte Operntemen, *P*: 1. Der Postillon von Lonjumeau. 2. Lucretia Borgia. 3. Der Liebestrank. 4. Zampa. 5. Die Nachtwandlerin. 6. Lucia von Lammermoor. 7. Die Regimentstochter. 8. I Montecchi und Capuletti. 9. Linda di Chamounix. 10. Der Brauer von Preston. 11. Die Regimentstochter. 12. Die Puritaner à —80 *Simrock*; Bouquet de Melodies Nr. 2. Sonnambula —35, Nr. 3 —35. Nr. 4. Puritana —30. Nr. 5. —35. Nr. 7. Zampa —40. Nr. 8. Linda —35 *Gordon*; Nr. 2. 7 à —25 *Jurgenson.*

- 47 Wein Weib und Gesang. Solo-*T* und *TTBB*, *P*: Kennt ihr das Wort von Wein und Weib, Part u. St 1— *Klemm.*

- 48 Sechs Gesänge, *TTBB*: 1. Tirolerlied. 2. Lebenslust. 3. Geburtstagsgruß. 4. Traungesang. 5. Lied des Lebens. 6. Der Jäger, Part u. St 2.50 *Bachmann.*

- 49 Introduktion und Polonaise, *4ms* 1— *Bachmann.*

- 50 Six Rondeaux sur des thèmes d'opéras modernes, *P* à 1— *Junne*: 1. La fille du régiment de D o n i z e t t i . 2. Zar und Zimmermann von L o r t z i n g . 3. La Sonnambula de B e l l i n i . 4. Belisario de D o n i z e t t i . 5. Zampa von H e r o l d . 6. La fille du régiment de D o n i z e t t i .

- 51 Six Thèmes variés d'opéras modernes, *P* à 1— *Junne*: 1. Montecchi et Capuleti de B e l l i n i . 2. La fille du régiment de D o n i z e t t i . 3. Norma de B e l l i n i . 4. Robert le diable de M e y e r b e e r . 5. La Sonnambula de B e l l i n i . 6. Lucrecia de D o n i z e t t i .

- 52 Kleine Präludien. Heft 1—2 à —80 *Klemm.*

- 53 Six Rondeaux et Variations sur des airs nationaux écossais, *4ms*: 1. „Das blaue Glöckchen von Schottland" (fehlt), 2. „Ich lieb nur eine". 3. „Du bist von mir gegangen, Maria". 4. „Auf den Bergen". 5. „Durch die Gefilde wandernd". 6. „Bothwellls Gestade! du grünest schön" à 1.50 *Simrock.*

- 54 Begrüßung zum festlichen Mahle: Seid uns gegrüßt! *TTBB*, *P*: KA u. St —75 *Klemm.*

- 55 Kleine melodische Übungsstücke, *4ms* 1.50 *Klemm*, — 75 *Hansen.*

- 56 Huldigung der Freude. Eine Sammlung sehr leichter Tänze. Heft 1—12 à —75 *Siegel.*

- 57 Zwanzig kleine melodische Etuden ohne Oktaven, *P* 2— *Simrock*, 7.50 *Lemoine.*

- 58 Drei kleine Fantasien über Lieder, *P*: 1. M e n d e l s s o h n - B a r t h o l d y Fel.: Volkslied: Es ist bestimmt in Gottes Rat. 2. S c h u b e r t F r a n z : Ungeduld: Ich schnitt es gern in alle Linden ein. 3. K ü c k e n F r i e d r .: Abschied: Nun holt mir eine Kanne Wein à 1— *Klemm.*

- 59 Favorit-Thema aus „Beatrice di Tenda" von D o n i z e t t i . kleine Fantasie, *P* 1.50 *Simrock.*

- 60 Fantasie über Motive aus der Oper „Des Teufels Anteil" von A u b e r . *P* 1.50 *Simrock.*

- 61 Deux Divertissements sur des mot. fav. de l'Opéra „La Part du Diable" de A u b e r . *4ms*, N. 1, 2 à 2— *Simrock.*

- 62 Traungesang: „Reich gesegnet sei die Stunde", *TTBB*, Part u. St —75 *Siegel.*

- 63 Divertissement über beliebte Themas aus: „Der Wildschütz", *P* 1.50 *Bachmann.*

- 64 Divertissement über beliebte Themas aus: „Die eiserne Hand", *4ms* 2— *Bachmann.*

- 65 Sechs Rondos über Operuthemas, *P*: 1. Aus Der Liebestrank. 2. Aus Des Teufels Anteil. 3. Aus Die Tochter des Regiments. 4. Aus Der König von Yvetot. 5. Aus Norma. 6. Aus Des Teufels Anteil à 1— *Bachmann.*

- 67 Sechs Piècen über beliebte Opernthemas, *4ms*: 1. A u b e r : Des Teufels Anteil. 2. L o r t z i n g : Zar und Zimmermann. 3. D o n i z e t t i : Die Tochter des Regiments. 4. A u b e r : Des Teufels Anteil. 5. L o r t z i n g : Der Wildschütz. 6. B e l l i n i : Die Puritaner 2.25 *Kahnt.*

- 68 Vier Märsche, *4ms* 1.50 *Kahnt.*

- 69 Sechs Polkas über beliebte Opernmelodien. Nr. 1, 2 à —80 *Simrock.*

- 70 Fleurs musicales. Sechs Rondos über beliebte Opernthemen, *P*: 1. Norma. 2. Lucretia Borgia. 3. Zampa. 4. Belisar. 5. Robert

ler Teufel. 6. Zampa à 1— *Simrock*, Nr.
1—5 à —60 *Bennard*.
72 Lyra. Eine Auswahl v. 100 beliebten
Opernmelodien, *P*, im leichtesten Stil bearb.
u. variiert, arr. Heft 1—20 à —75, *4ms* à
1— *Siegel*.
73 Fantasie über drei Volkslieder von F e l.
M e n d e l s s o h n - B a r t h o l d y: Ent-
fich' mit mir und sei mein Weib. Es fiel
ein Reif in der Frühlingsnacht. Auf ihrem
Grab, da steht eine Linde, *4ms* 2— *Klemm*.
74 Souvenir de M o z a r t. Drei Fantasien
über Motive aus „Don Juan", *4ms*, Nr. 1—3
à 2— *Simrock*.
75 Vier Polkas über beliebte Opernmelodien
—80 *Simrock*.
76 Drei kleine Fantasien, *P*, über beliebte
Motive aus „Lucia di Lammermoor" von
D o n i z e t t i. Nr. 1—3 à 2— *Simrock*.
77 Souvenir de M o z a r t. 2 Divertissements
sur des motifs favoris du „Figaro", *4ms*.
Nr. 1—2 à 3— *Simrock*.
78 Drei Favorit-Themen aus „Zar u. Zimmermann" v. L o r t z i n g. *P*. Nr. 1—3 à
1.30 *Simrock*.
79 Der erste Anfang im Pianofortespiel.
neue Ausg. 1— *Klemm*.
80 Gentillesses. Elegante Kleinigkeiten. Auswahl leichter und gefälliger Tonstücke.
teils bearbeitet, teils komponiert, *P*, Hefte
1—4 à 1— *Klemm*.
81 Fantasie über Themas aus C. M. v.
W e b e r s Opern, *P*: Nr. 1. Euryanthe
1.50. N. 2. Euryanthe 1— *E. Stoll*.
82 Sechsunddreißig beliebte Melodien aus
Opern, Liedern etc. *P*: 1. Parisina (fehlt).
2. Dieselbe, Variat. (fehlt). 3. Dieselbe.
4. „An Alexis send' ich dich", Variat. 5.
Tancred. 6. Le Roi d'Yvetot. 7. Nebucadonozor. Variat. 8. Anna Bolena: „Vivi tu!"
Variat. 9. Marliani, Cavat.: „Stanca di
più combattere". 10. Mercadante, Cavat.:
„Se m'abbandoni". 11. Tyrolienne au-
„Tell". 12. Aus demselben, Duett. 13.
Nebucadonozor, Cavat. 14. Norma: „Casta
diva" (fehlt). 15. Aus demselben, Variat.
16. Aus demselben, Duett: „Deh! conte,
co te li prendi". 17. Caraffa, Bolero:
„Ognor più tenero". 18. Semiramis. Duett:
„Serbami ognor". 19. Lied a. d. Oper
„Carl VI." von H a l é v y. 20. Il Pirata.
Cavat. 21. Die diebische Elster. 22. Pac-
cini, Cavat.: „Cara adorata". 23. Die Zauberflöte. 24. Dieselbe, Variation. 25. Fidelio, Arie. 26. Euryanthe. 27. Dieselbe.
28. Das Nachtlager von Granada. 29. Le
Désert Fantas. 30. Derselbe, Fantas. 31.
Semiramis. 32. Ricci, Voi mirate. 33.
Mercadante, La testa die Bronzo. 34. Alessandro Stradella. 35. Oberon. 36. Derselbe, à 1.50 Simrock. N. 11 —50 *Hansen*.
83 Canzonetta „Chio mai vi possa — Ich
dich verlassen" (G. R o s s i n i), *4ms*
Kahnt.
84 Petits Exercices agréables, progressifs
et doigtées, *4ms*, cah. 1 1.75, cah. 2, 3 à
1.50 *Bachmann*.
88 Fantasie über „Alessandro Stradella",
von F l o t o w, *P* 1.30, *4ms* 2— *Simrock*.
89 Drei Polkas 1—. Nr. 1, 2, (3 aus Stradella) à —50 *Bachmann*.

90 Kleine Rondos über Volks-Lieder. *P*,
Serie 1 3—: Nr. 1. Ännchen von Tharau.
2. Du, du liegst mir im Herzen. 3. Ufm
Bergli bin i g'sässä. 4. So viel Stern' am
Himmel stehn. 5. Schier dreißig Jahre bist
du alt. 6. Steh ich in finst'rer Mitternacht.
7. Heil unserm König Heil. 8. In einem
kühlen Grunde. 9. Auf den Bergen wohnt
die Freiheit. 10. Puthöneken, wat deist in
usen Hof? 11. Was soll ich in der Fremde
tun? 12. Der Sänger sah, als kühl der
Abend graute, à —50 *Bachmann*.
91 Souvenir de M o z a r t. Deux Divertissements sur des motifs favoris de „la
Flûte magique", *4ms*, N. 1. 2 à 2— *Sim-*
rock.
92 Drei Transkriptionen über S c h u b e r t-
sche Lieder, *4ms*: 1. Lob der Tränen. 2.
Ungeduld. 3. Ständchen, à 2— *Simrock*.
93 Drei Rondinos nach Themen aus der
Oper: „Der Waffenschmied", *4ms* 1.75
Kahnt.
94 Les Bijoux de l'Opéra. Sechs Rondos
und Fantasien über beliebte Opernthemen,
P: Nr. 1 u. 2. Il Templario. 3 u. 4. Les
Martyrs. 5. Il Pirata. 6. Der Wildschütz
à 1.30 *Simrock*.
95 Drei italienische Opernthemas in Fan-
tasieform, *P*: 1. Il Templario, 2. Lucia
di Lammermoor, 3. La Sonnambula à 1.30
Simrock.
96 Prakt. Klavierschule (deutscher, franz.
u. engl. Text) 1.50 n *André*.
97 30 petites Etudes instructives et progressives. *P*. Cah. I—II à 1.50 *Siegel*.
99 Bluettes musicales. Sechs kleine Stücke
über Opernmelodien, *P* 1—, *4ms*, Heft I—II
à 1.30 *Simrock*.
100 Sechs Rondos in Potpourriform über beliebte Opernthemen, *P*: Nr. 1 u. 2. Undine
(fehlen). 3. Stradella (fehlt). 4. Dasselbe.
5. Der Waffenschmied. 6. Les Mousquetaires de la Reine à 1— *Simrock*.
101 Fantasie-Potpourri über Motive aus
„Undine", *4ms* 2.50 *Simrock*.
103 La Sérénité. Vier kleine Rondos, *P*:
1. Der Liebestrank. 2. Belisar, 3. Sonnambula. 4. Zar und Zimmermann à 1—
Simrock.
106 Heitere Melodien. 6 leichte Rondos über
beliebte Opernthemen von A. L o r t z i n g, *4ms*:
1 u. 2. Der Waffenschmied, 3 u. 4. Undine,
5 u. 6. Der Wildschütz à 1.50 *Klemm*.
107 N. 2. Zampa, *P* —50 *Nordisk Musik-*
forlag, Hansen.
110 Duo brillant sur des motifs favoris de
l'Opéra: Euryanthe de C. M. de W e b e r,
4ms 1— *Bote*.
111 Rondo über: Wir hatten gebaut, *4ms*
1.30 *Bote*.
112 a) Marche de la liberté, b) Romance
et Rondo sur des motifs de l'op. „Les
mousquetaires de la Reine" de H a l é v y
(Les jeunes pianistes Cah. 1), *4ms* 1.25
Bachmann.
114 Divertissement über Motive aus der
Oper: „Prinz Eugen", *P* 1.30 *Simrock*.
115 Divertissement sur des motifs fav. des
Op. „Stradella, Montecchi et Capuleti, Le
Pré aux Clercs" (Les jeunes pianistes Cah.
2), *4ms* 1.25 *Bachmann*.

- 118 Klavierschule für Kinder (Bernh. Wolff) 2 — *Steingräber*, 2— n *E. Stoll*.
- 119 a) Introduction et Rondo, b) Variations sur un thème de Donizetti (Les jeunes pianistes Cah. 3), *4ms* 1.25 *Bachmann*.
- 120 Petits Tableaux musicaux, 12 Morceaux faciles sur des Airs populaires pour P. Serie I. En 2 suites à 2—: N. 1. Air allemand (Spazieren wollte ich reiten), 2. Barcarolle ital. (O pescator dell onda), 3. Mélodie française, 4. Air tyrolien (Wenn des Morgens), 5. Airs écossais (Loch na Garr. etc.), 6. Mélodie espagnole (La Gitana), 7. Chanson napolitaine (La verra Luisella), 8. Chanson suisse (Uf'm Bergli bin i), 9. Danse espagnole (La Jota Andalouse), 10. Airs écossais (Comin thro' the rye etc.), 11. Air allemand (La Chasse). 12. Les petites Danseuses (Valse et Polka) à —50. *Schott*.
- 121 Fleurs teutoniques. Airs populaires allemands, *4ms*, Suite 1 3.25: Nr. 1. Wir hatten gebaut, 2. Wenn ich ein Vöglein wär', 3. Sie ging zum Sonntag-tanze, 4. Ännchen von Tharau, 5. So viel Stern' am Himmel steh'n, 6. Der Sänger sah, als kühl am Himmel graute à —75. *Schott*.
- 122 Trois morceaux élégantes en form de Rondeaux sur des Airs allemands favoris: 1. Wenn die Schwalben heimwärts ziehn (Abt), 2. Uhrenlied a. d. Oper "Prinz Eugen" (G. Schmidt), 3. Der Zigeunerbube im Norden (C. G. Reissiger) à —75 *Bachmann*.
- 123 Fantasie-Potpourri über beliebte Motive aus "Martha". *4ms* 1.80 *Simrock*.
- 124 Reminiscenzen aus der Oper: "Der Prätendent", von F. Kücken, *P* 1.50 *Simrock*.
- 125 Matinée musicale. Zwei kleine Fantasien über Themen aus "Martha" von Flotow und "Prinz Eugen" von Schmidt. *P*, Nr. 1—2 à 1— *Simrock*.
- 127 Duo brill. sur l'Op. "Ne touchez pas à la Reine" de Boisselot, *4ms* 1.75 *Bachmann*.
- 128 Bonbons musicales. Motifs de l'Op. "Martha" de Flotow, *4ms* 1.25 *Bachmann*.
- 132 Mélodies nationales. Six petites Pièces en forme de Fantaisies, Variations et Rondeaux, *P* 2—: N. 1. Chanson napolitain. 2. Romance française, 3. Air allemand. 4. Air suisse, 5. Mélodie écossaise, 6. Cavatine italienne à —50 *Heinrichshofen*.
- 133 Der kleine Opernfreund am *P*. Eine Sammlung beliebter Opern-Melodien zum Nutzen und Vergnügen jugendlicher Schüler, Hefte 1—3 à 1.50 *Klemm*.
- 135 Zwei melodische Stücke aus "Martha" von Flotow, *P*, Nr. 1—2 à 1— *Simrock*.
- 136 Récréations de l'Opéra. 2 melod. Stücke aus "Das Tal von Andorra" von Halévy. *P*, Nr. 1—2 à 1— *Simrock*.
- 143 Fantasie über beliebte Melodien aus "Der Prophet" (G. Meyerbeer), *P* 1.50 *Rühle*.
- 144 Fant. über das Volkslied "Letzte Rose", *P* 1.50 *Rühle*.
- 145 Fant. über "Die Fahnenwacht" (Lindpaintner), *P* 1.50 *Rühle*.
- 146 Bouquet de Martha. Potpourri über

die beliebtesten Melodien aus "Martha" (Flotow), *P* 1.50 *Rühle*.
- 147 Fantasie über ein Thema aus der Oper "Die Nachtwandlerin", *P* 1— *Simrock*.
- 148 Le Pianiste de Salon. Vier elegante Transcriptionen beliebter Lieder, *P*: 1. Kriegers Lust von Gungl. 2. Das Alpenhorn von Proch. 3. "Ach, wenn du wärst mein eigen" von Kücken. 4. "Dein ist mein Herz" von F. Curschmann à 1— *Simrock*.
- 149 Divertissement über Motive aus: "Der Prophet", *P* 1.50 *Simrock*.
- 150 Souvenir à Fr. Schubert. Sechs elegante Stücke, *P*: 1. Lob der Tränen (fehlt), 2. Ungeduld. 3. Ständchen, 4. Der Wanderer, 5. Die Post. 6. Die Forelle à 1— *Simrock*.
- 151 Erholungsstunden. Sechs Fantasien üb. beliebte Lieder, *P*: 1. Maurisches Ständchen von Kücken, 2. "Du bist wie eine Blume" von Kücken (fehlt), 3. Wanderlied von H. Proch, 4. An die Sterne von Proch, 5. Willkommen von Fr. Curschmann, 6. "Wenn die Schwalben heimwärts ziehen" von Abt à 1.30 *Simrock*.
- 153 Erholungen. Sechs Fantasien über beliebte Melodien, *4ms*: 1. Letzte Rose, 2. Blau Äuglein von Gumbert, 3. Agathe von Abt, 4. "Ob sie meiner wohl gedenkt" von Proch, 5. Ständchen: "Horch, horch" von Schubert, 6. Volkslied: "Es ist bestimmt" von Mendelssohn-Bartholdy à 1.30 *Simrock*.
- 154 Fant. sur le chanson favori (Liebendgedenk ich dein), *4ms* 1.50 *Rühle*.
- 155 Trois morceaux élégantes sur des Airs allemands favoris, compl. *4ms* 1.75: N. 1. Gumbert: Die Äugelein, 2. Kücken: Wenn du wärst mein eigen, 3. Reissiger: Ständchen à —75 *Bachmann*.
- 156 6 morceaux élégantes en form de Rondeaux sur des airs allemands favoris: 1. "Ach so fromm, ach so traut" aus der Oper "Martha" (Flotow), 2. "In den Augen liegt das Herz" (Gumbert), 3. "Schaust so freundlich aus. Gretelein" (Kücken), 4. Barcarole "Komm Liebchen" (Abt), 5. "Das wahre Glück ist nur bei dir" (Voß), 6. Tanzet, tanzet! aus der Oper "Der Prophet" (Meyerbeer) à 1— *Bachmann*.
- 157 Drei Rondos über beliebte Melodien aus "Martha" (Flotow), *P* 1— *Rühle*.
- 158 Klänge der Freude. Heft 1. Nr. 1. Polonaise, 2. Walzer, 3. Walzer, Heft II. Nr. 4. Polka, 5. Galopp, 6. Walzer, *4ms*. Heft 1, 2 à 1— *Rühle*.
- 161 Immortellen, 3 brill. Fantasien, *P*: 1. Figaros Hochzeit, 2. Robert der Teufel, 3. Sonnambula à 1.50 *Simrock*.
- 162 Les Perles de l'Italie. Sechs elegante Rondos über italienische Opernmelodien, *P*: 1. Kavatine aus "Italienerin in Algier", 2. Thema aus "Montecchi und Capuletti", 3. Kavatine aus "Belisar", 4. Motiv aus "Ernani", 5. Kavatine aus "Norma", 6. Kavatine aus "Anna Bolena" à 1— *Simrock*, Nr. 2. —30 *Jurgenson*.
- 163 Erholungen für die Jugend: Acht kleine Stücke über beliebte Motive v. Kücken: 1. "Spazieren wollt' ich reiten", 2. "Die

Großmutter spricht", 3. Schlummerlied, 4. Frühlingsreigen. 5. Wiegenlied, 6. Gretelein. 7. Altdeutsches Lied, 8. Zwiegesang à 1.50 *Simrock*.

- 164 Le Plaisir des jeunes Pianistes. Sechs melodiöse Stücke, *4ms*: 1. Das Steckenpferd, 2. Wiegenlied, 3. Spinnlied, 4. Der Schwalben Abschied, 5. Schlummerlied, 6. Auf den Bergen à —80 *Simrock*.

165 Bouquet de Mélodies. 6 kleine Stücke über Lieder von Franz Schubert, P: 1. Ständchen: „Horch, horch", 2. Der Schmetterling. 3. Wohin? 4. Das Fischermädchen, 5. Die Forelle, 6. Der Müller und der Bach à —80 *Simrock*.

- 166 Souvenir de C. M. v. Weber. Vier Fantasien in Potpourriform, P: 1. Freischütz, 2. Preciosa, 3. Euryanthe, 4. Oberon à 1.50 *Simrock*.

- 167 6 morceaux élégantes sur des ...urs allemands fav. 1. Die Wolken (Kreßner), 2. Du bist wie eine Blume (Kücken), 3. 's Maililterl (Kreipl), 4. An Adelheid (Krebs), 5. Fliege Schifflein (Kücken), 6. An die Sterne (Proch) à 1.25 *Bachmann*.

- 168 Jugendfreuden. 6 Rondos über deutsche Kinderlieder, P: 1. Der Spaziergang, 2. Der Kuckuck, 3. Das Steckenpferd, 4. Wiegenlied, 5. Der Winter, 6. Der Sommer à —50 *Bachmann*.

- 169 Bouquet de Mélodies. Sechs Fantasien über populäre Lieder, P: „Muß i denn", 2. Thème italien von Rossini, 3. „Von meinem Bergle muß i scheid'n", 4. „Mei Dirnderl is harb", 5. Auld Robin Gray, 6. Romance française de A. Adam à 1— *Simrock*.

- 170 L'Amabilité. Rondeau gracieux et brillant, P: 1. Bote, —20 u Rühle, —60 Schlesinger, 1 — Simrock, —50 Tonger, —50 Hansen, Nordisk Musikforlag; *4ms*: 1.50 Simrock, —50 Thieme, —30 Jurgenson

- 171 Brill. Fant. über „Die Träne" (F. Gumbert), P 1.50 *Rühle*.

- 172 Musikalischer Kindergarten. Sammlung von Fantasiestücken, Rondos, Variationen. Märschen, Tänzen etc. P, 6 Hefte à 1—. *4ms*, 6 Hefte à 1.50 *E. Stoll*.

- 173 La Couronne de Fleurs musicales. Sechs elegante Transcriptionen, *4ms*: 1. „In den Augen liegt das Herz", 2. „Dein ist mein Herz", 3. Tirolerlied: „Von meinem Bergle". 4. Barcarole: „Komm Liebchen", 5. Die Fahnenwacht. 6. Der Jäger Abschied von Mendelssohn à 1.50 *Simrock*.

- 174 Novellen, 3 elegante Tonstücke über Lieder, P: 1. Reissiger F. A.: Nichts Schöneres, 2. Eckert C.: Tausendschön, 3. Kücken Fr.: Fliege Schifflein à 1.50 *Klemm*.

- 175 Drei Schweizer Melodien, leicht und brillant, P: 1. „A Bliemli im Mieda", 2. „Auf der Alm is a Leb'n", 3. „Bin i net a lust'ger Schweizerbue?" à 1— *Simrock*.

- 176 Les Tiroliennes. 3 Stücke über Tiroler-Melodien, P: 1. „Mein' Liebe ist 'ne Alpnerin", 2. „Z'nächst bin i halt gange", 3. „Mein Schatz is nit da" à 1— *Simrock*.

- 177 Musikalische Bagatellen. Sechs Rondos über beliebte Melodien von C. M. von Weber. P: 1. „Maienblümlein so schön",

2. „Ich und mein junges Weib", 3. „Ein Veilchen blüht im Tale", 4. „Ich sah ein Röschen", 5. „Mein Schatzerl is hübsch", 6. „Singet dem Gesang zu Ehren" à —50 *Simrock*.

- 178 Opernklänge. Ein Zyklus gefälliger Melodien aus neueren Opern, *4ms*. Heft 1—10 à 1— *Siegel*.

- 179 Melodienkranz. Sechs gefällige Tonstücke über beliebte Motive, *4ms*: 1. Divertissement über Motive a. d. Oper „Martha", 2. Fantasie über das Tirolerlied: „Mein Lieb ist eine Alpnerin", 3. Divertissement über Motive aus der Oper „Die Rosenfee", 4. Fantasie über Kücken's Lied: „Auf der Berge grünem Samme", 5. Divertissement über Motive aus der Oper „Der Prophet". 6. Rondo über die italienische Melodie „La Romanesca" à 1.50 *Siegel*.

- 182 Divertissement über Motive a. d. Oper „Die Rosenfee" von Halévy, P 1.50 *Siegel*.

- 183 Hommage à Verdi. Vier Fantasien, P: 1. I Lombardi, 2. Macbeth, 3. Ernani, 4. I due Foscari à 1.20 *Simrock*.

- 184 Feentöne. Zwei Fantasien über Motive aus „La Fée aux Roses" von Halévy, P, Nr. 1 u. 2 à 1.30 *Simrock*.

- 185 Fantasie über eine Kavatine a. d. Oper „Il Templario" von Nicolai 1.25 *Siegel*.

- 186 Rondo über ein Motiv aus derselben Oper 1— *Siegel*.

- 187 Romanze und Kavatine mit Variationen aus derselben Oper 1— *Siegel*.

- 188 Divertissement über Motive a. d. Oper „Macbeth" von Verdi 1.25 *Siegel*.

- 189 Rondo über eine Barcarole v. Caraffa 1.25 *Siegel*.

- 190 Fantasie über Motive a. d. Oper „Graf Ory" von Rossini 1.25 *Siegel*.

- 191 Fröhliche Klänge. 24 kleine, leichte Tanzstücke, Heft 1—3 à 1— *Siegel*.

- 193 Tanzblumen f. d. Jugend. Leichte melodiöse Tänze, *4ms*, Heft 1—12 à 1.50 *Siegel*.

- 194 Zwei Fantasien über beliebte Motive aus der „Großfürstin", von Flotow, P, Nr. 1 und 2 à 1.30 *Simrock*.

- 195 Les petites Italiennes. Sechs Stücke über italienische Opernmotive, *4ms*: 1. Torquato Tasso. 2. I Puritani. 3. Macbeth. 4. I Lombardi. 5. Gianni di Calais. 6. Le comte Ory. à —80 *Simrock*.

- 196 Six Rondinos sur des motifs favoris de l'Opéra: La grande Duchesse (Sophia Catharina), P 2— *Bote*.

- 197 Mosaïque sur des motifs de l'Opéra: La grande Duchesse (Sophia Catharina), *4ms* 2— *Bote*.

- 198 Großes Duo über Motive a. d. „Großfürstin", v. Flotow, *4ms* 2— *Simrock*.

- 199 Drei Polkas über Motive aus Opern: 1. Martha. 2. Großfürstin. 3. Macbeth. à —80 *Simrock*.

- 200 Großes Duo über Motive aus „Wilhelm Tell", v. Rossini, *4ms* 2— *Simrock*.

- 201 Perles d'Opéras. Huit Morceaux faciles, P: 1. Martha. 2. L'Enfant prodigue. 3. Großfürstin. 4. Elisir d'amore. 5. Les quatre fils d'Aimon. 6. L'Enfant prodigue. 7. Belisario. 8. La Xacarilla, à —80 *Simrock*.

- 203 Der fröhliche Tänzer. 24 der schönsten Tänze: 1. Perlen-Walzer (L a b i t z k y J.). 2. Edinburg - Walzer (L a b i t z k y J.). 3. Flora-Galopp (W i t t m a n n). 4. Martha-Galopp (F l o t o w). 5. Ester-hasy-Walzer (L a b i t z k y J.). 6. Heiterer Schwalben-Walzer (B r u n n e r). 7. Ma-rien-Walzer (L a n n e r). 8. Großfürstin-Polka (F l o t o w). 9. Die Schwalben (S t r a u ß). 10. Leinates Klänge, Walzer (L a b i t z k y J.). 11. Fröhlichkeit mein Los, Polka (B r u n n e r). 12. Columbinen-Galopp (L a b i t z k y J.). 13. Die Kreuz-fidelen, Walzer (B e n d l). 14. Tritonen-Galopp (L a b i t z k y J.). 15. Champag-ner-Galopp (L u m b y e). 16. Großfürstin-Walzer (F l o t o w). 17. Sirenen-Walzer (L a b i t z k y J.). 18. Loreley-Rheinklänge, Walzer (S t r a u ß). 19. Eintrachts-Polka (H a y n). 20. Kalifornier-Galopp (L a b i t z k y L.). 21. Huldigungs-Walzer (L a b i t z k y J.). 22. Die Schelmische, Tyrolienne (H a y n). 23. Sommernachts-Galopp (L u m b y e). 24. Die Liebens-würdige, Polka (F a u s t). 1.50 *Rühle*, 4ms 3— *Rühle*.
- 204 Transcription brill. sur le Duo favori: „Se fiato in corpo avete — Sie müssen sich bequemen", de l'Opéra: „Il Matrimonio segreto", P 1.50 *Simrock*.
- 207 3 Fantaisies faciles sur des Airs fa-vorits de K ü c k e n, P: 1. „Ich hab mit den schwarzen Augen". 2. „Wo still ein Herz von Liebe glüht". 3. „Gut' Nacht, fahr' wohl", à 1.25 *Kistner*.
- 208 Mosaïque sur des motifs de l'Opéra: Giralda, par A d a m, 4ms 2.50 *Bote*.
- 209 Vier kleine Rondos über Motive aus „Giralda" von A d a m, P à —80 *Simrock*.
- 210 Sechs leichte Stücke, P: 1. 's Maililü-terl, von J. K r e i p l. 2. „Ich möchte dir so gerne sagen", von G i r s c h n e r. 3. „Nun laß dir erzählen" von K ü c k e n. 4. „Das ist der Tag des Herrn", von K r e u t z e r. 5. „Hier auf dieser Höhe", von L i n d b l a d. 6. An der Quelle, von P r o c h, à 1— *Simrock*.
- 211 La Chasse. 3 Fantaisies brillantes sur 3 choeurs de Chasseurs, de C. M. de W e b e r, P: 1. Euryanthe: „Die Tale dampfen". 2. Lützows wilde Jagd: „Was glänzt dort im Walde" (fehlt). 3. Freischütz: „Was gleicht wohl auf Erden", à 1— *Sim-rock*.
- 213 Zwei Fantasien über Motive aus „At-tila" und „I Masnadieri" (V e r d i), Nr. 1 und 2 à 1.30 *Simrock*.
- 214 Soirées Italiennes. Sechs Rondos über Opernthemen, P: 1. Liebestrank. 2. Der Pirat. 3. Attila. 4. I Masnadieri. 5. Die-selben. 6. La Cenerentola, à 1— *Simrock*.
- 215 Elegantes Rondo über das Lied von K ü c k e n: „Und schau' ich hin", P 1.50 *Simrock*.
- 216 Brill. Fant. über „Wilhelm Tell" (R o s s i n i), P 1.50 *Rühle*.
- 217 Brillantes Duo über das Lied von K ü c k e n: „Mädele ruck, ruck", 4ms 2— *Simrock*.
- 218 Jugend-Unterhaltungen. Sechs kleine leichte Transkriptionen über Lieder von K ü c k e n, P. Heft 1: „Da drüben". „Du

schöne Maid". Heft 2: „Gut' Nacht, fahr' wohl". „Rum, vidirum" (fehlt). Heft 3: „Im Mai". „Flieg', Vöglein", à —80 *Sim-rock*.
- 220 Musikalisches Jugend - Album. Eine Reihe leichter melodischer Tonstücke in fortschreitender Ordnung, P 4— *Siegel*.
- 221 Schweizerklänge. Sechs gefällige Ton-stücke über beliebte Schweizermelodien: 1. Der Schweizerbue. 2. Auf der Alm. 3. Der Hirt und die Gemsen. 4. Der Land-sturm. 5. Die Frühlingszeit. 6. Die Alpen-jäger, P, in einem Bande 1—, à —20 *Jurgenson*.
- 222 Deux Divertissements sur des thèmes de l'Opéra: Martha, P, N. 1, 2 à 2— *Bote*.
- 223 3 Morceaux italiens sur des thèmes favoris de R o s s i n i, V e r d i, P, N. 1, 2. 3 à 1.80 *Bote*.
- 224 Fleurs teutoniques, 4ms, suite II 3.25 *Schott*: 1. Mit dem Pfeil und Bogen. 2. Drauß' ist alles so prächtig. 3. Komm' lieber Mai. 4. Morgenrot, leuchtest mir. 5. Ach Schiffer, lieber Schiffer. 6. Wohlauf noch getrunken, à —75.
- 225 Petits Tableaux musicaux. 12 Morceaux faciles sur des Airs populaires pour P. serie II, 2 suites, à 2— *Schott*: 1. Air allemand (Soldatenmut). 2. Air polonais (Byszeza Kropte rosy). 3. Air français (Délice de la vie). 4. Air italien (Vien qua Dorina bella). 6. Air espagnol (Tor-que sabes que te quiero). 7. Air russe (Le Postillon). 8. Air souabe (Vöglein im Tannenwald). 9. Air espagnol (La calesera). 10. Air suédois (Na öd mjunka). 11. Air norwégien (Vesle Gut-ten). 12. Air hongrois (Tarnóczàra boj-tàrnak), à —50.
- 226 Album des jeunes Pianistes. 20 petits Morceaux faciles et progressifs sur des Airs populaires allemands, pour P. 2 sui-tes, à 1.50 *Schott*.
- 228 Der kleine Tanzsaal. Eine Sammlung sehr leichter Tänze zur Ermunterung der Jugend, mit Berücksichtigung kleiner Hände, P, Heft 1—6 à 1— *Siegel*.
- 229 Six petits Morceaux faciles et agréab-les en forme de Rondinos sur des Motifs favoris d'Opéras modernes, P, cah. I—II à 1— *Siegel*.
- 230 Goldener Melodienkranz f. d. Jugend. Leichte u. gefällige Übungsstücke nach be-liebten Opernmotiven u. Liedern, P, Heft 1—6 à 1.50 *Siegel*.
- 232 Vier kleine Rondos über Motive a. d. Oper: Der verlorene Sohn, v. A u b e r, im leichten instruktiven Stile, P 1.25 *Siegel*.
- 233 Trois Fantaisies mélodiques sur des Motifs fav. P: 1. Le Barbier de Seville (R o s s i n i). 2. L'Elisire d'amore (D o n i-z e t t i). 3. L'Enfant prodigue (A u b e r), à 1.50 *Bachmann*.
- 234 Polka nach der Polka-Arie (A l a r y), 4ms —80 *E. Stoll*.
- 235 Polka-Arie (A l a r y), Fantasie, P 1— *E. Stoll*.
- 237 Frohsinn und Gemütlichkeit. Drei ele-gante Tonstücke: 1. Die blauen Augen (A r n a u d). 2. Hoch vom Dachstein.

Volkslied. 3. Sehnsucht nach den Bergen (Hünten), à 1.25 *Bachmann.*

- 238 Lichtbilder. Drei elegante Tonstücke, *P*: 1. Morgenwind, so frisch und freudig (Abt). 2. Ach wär ich doch des Mondes Licht (Kücken). 3. Der Mai ist gekommen, Volkslied (Kücken), à 1.25 *Bachmann.*
- 239 Perlenschmuck für die Jugend. Sechs Rondinos über Kinderlieder, P 1.80; Nr. 1. Tra ri ra, der Sommer, der ist da! 2. Ich geh' durch einen grasgrünen Wald. 3. Hopp, hopp, hopp, hopp, Reiterlein! 4. Wie herrlich ist's im Wald! 5. Kommt heran auf den freien Wiesenplan! 6. Das Lamm auf der Weide, à —50 *Heinrichshofen.*
- 240 Sternbilder. Drei Tonstücke üb. die Lieder, *P*: 1. Durch die Nacht (Kücken). 2. Mein Engel (Esser). 3. Herzallerliebstes Schatzerl du (Kücken), à 1— *F. Stoll.*
- 241 Fantaisie sur: la Mélancolie, de F. Prume, *4ms* 1.75 *Siegel.*
- 242 Zwei brillante Fantasien über Motive aus „Luisa Miller" und „Rigoletto" (Verdi). *P*, Nr. 1 und 2 à 1.50 *Simrock.*
- 244 Melodien-Buch für fleißige Kinder. Eine Sammlung von Jugend- und Volksliedern mit Variat. *P*, 2 Hefte à 1— *Merseburger.*
- 246 Der kleine Pianoforteschüler. Eine praktische Klavierschule 3—: Heft 1—3 à 1.50 *Bachmann.*
- 249 Potpourri sur des motifs de l'Opéra: Robert le diable, de Meyerbeer, *4ms* 1.20 *Bote.*
- 250 Drei leichte Sonaten, *P*. Nr. 1—3 à 1— *Hofmeister.*
- 252 Vier Rondos über die beliebtesten Themata der Oper „Indra", *P* 3— *Bote.* Nr. 3 u. 4, P —75 *Hansen.*
- 253 Potpourri sur des motifs de l'Opéra: Indra, de Fr. v. Flotow, *4ms* 2.50 *Bote.*
- 254 Potpourri sur des motifs de l'Opéra: Die lustigen Weiber von Windsor, de O. Nicolai, *4ms* 3— *Bote.*
- 258 Potpourri sur des motifs de l'Opéra: Lucia di Lammermoor, de Donizeti, *4ms* 1.20 *Bote.*
- 259 Potpourri sur des motifs de l'Opéra: Le prophète, de Meyerbeer, *4ms* 1.20 *Bote.*
- 260 Zwei Fantasien über F. Kückens Lieder, *4ms*: 1. Du schöne Maid. 2. Der Liebesbote, à 1.50 *Kahnt.*
- 261 Miniaturbilder. Vierundzwanzig kleine leichte Tonstücke, *P*, 2 Hefte à 1— *Merseburger.*
- 262 Tonbilder. Sechs leichte Stücke, *4ms*, 2 Hefte à 1—, *VP* (Rob. Schaab) 2— *Merseburger*, *4ms* 1— *Steingräber*, à —50 *Hansen, Nordisk Musikforlag.*
- 263 Musikalische Bilder, *P*. Heft 1. Morgengebet. Im Frühling. Der frohe Wandersmann. Ländlicher Tanz. 2. Schlummerlied. Springbrunnen. Schalkhafte Neckerei. Im Waldesgrün, à —50 *Litolff.* Schlummerlied, P —50 *Hansen.*
- 264 National-Melodien, leicht arr. *4ms*: 1. Air Napolitain. 2. Mélodie Française. 3.

Air Styrien. 4. Air Polonais. 5. Mélodie Suédoise. 6. Air Russe, à —50 *Litolff.*

- 265 Drei elegante Tonstücke, *P*: 1. Mosaïk über: Die Stumme. 2. Fantasie über eine Kavatine aus: Die Zigeunerin. 3. Divertissement über Lucrezia, à —50 *Litolff.* Nr. 3 —50 *Hansen.*
- 266 Perles du Sud. 6 petits morceaux. Rondo et Variations, *P*: 1. Rigoletto. Giovanna d'Arco. Rigoletto. 2. Lombardi. Macbeth. Luise Miller, à 1.50 *Cranz.*
- 267 Bouquet Italien, *4ms*: 1. O sanctissima! Vien qua dorina bella. 2. O pescator dell' onda, la vera Luisiella, à 1.30 *Cranz.*
- 268 Drei Sonatinen im leichten und instruktiven Stil, *P*, Nr. 1—3 à —50 *Litolff.*
- 269 Potpourri Weiße Dame, *4ms* —60 *Litolff.*
- 270 Amusement des jeunes Pianistes. Petites Fantaisies faciles et instructives sur les plus jolies mélodies des Opéras favoris p. le Piano seul: 1. Martha. 2. Stradella. 3. La Dame blanche. 4. Norma. 5. La Fille du Régiment. 6. Robert le Diable. 7. Les Hugenots. 8. Guillaume Tell. 9. Le Barbier de Séville. 10. Preciosa. 11. Der Freischütz. 12. Undine. 13. Romeo und Julie. 14. Lucia di Lammermoor. 15. Obéron. 16. Le Prophète. 17. Das Nachtlager. 18. Sonnambula. 19. Der Liebestrank. 20. Zar und Zimmermann. 21. Die Haimonskinder. 22. Belisario. 23. Lucrezia Borgia. 24. Maurer und Schlosser, à 1.25 *Kahnt.*
- 271 L'Opéra Italien au Boudoir, *P*: 1. Rigoletto. 2. Norma. 3. Wilhelm Tell. 4. Regimentstochter. 5. Puritaner. 6. Liebestrank, à —50.
- 272 Les Beautés de Meyerbeer, *P*: 1. Hugenotten. 2. Robert. à —50 *Litolff.*
- 273 Nr. 1—12. Zwölf leichte und niedliche Rondinos, *4ms* 3—n, 2 Hefte à 1.80 n, Nr. à —48 n *Un. Ed.*: 1. Richard Löwenherz, von Grétry: Mich brannt' ein heißes Fieber. 2. Die zwei gefahrvollen Tage, von Cherubini: Ha, segne Gott mein Bestreben. 3. Fra Diavolo, von Auber: Für solch ein einfach ländliches Mädchen. 4. Die weiße Dame, v. Boïeldieu: Ach, welche Lust Soldat zu sein. 5. Norma, von Bellini: Diese Zarten jetzt beschütze. 6. Die Zigeunerin, von Balfe: Welche Seligkeit strömt durch meine Brust. 7. Die Hugenotten, von Meyerbeer: Möge dies Fest, das wir euch bereiten. 8. Der Barbier von Sevilla, von Rossini: Stille, stille, sachte. 9. Oberon, von Weber: Für dich hat Schönheit sich geschmücket. 10. Tell, von Rossini: O Mathilde, Engel meiner Triebe. 11. Lucia di Lammermoor, von Donizetti: Engel du im Strahlenkleide. 12. Der Prophet, von Meyerbeer: Auf, sebt der Becher winket.
- 275 Triameron Tranc. Fantaisies, *P*: 1. Rossini: Tell. 2. Bellini: Sonnambula. 3. Donizetti: Dom Sebastian, à 1.50 *Cranz.*
- 276 Opernperlen. Zwölf kleine Fantasien, P 2 Hefte à 1.50 *Merseburger.*

- 277 Kinderreigen. Eine Folge von Tänzen, Heft I—IV à —75 *E. Stoll.*
- 278 Melodien im Umfange von 5 Tönen. 24 kl. fortschreitende Übungsstücke, *4ms,* Heft 1 u. 2 à 1.50 *Siegel.*
- 279 Die Stufenleiter des Pianofortespiels. Ein vom Leichten zum Mittelschweren fortschreitender Zyklus von 90 Übungsstücken: Heft 1. Übungen im Umfang von 5 Tönen, Heft 2. Übungen im Umfang bis zu 2 Oktaven à 1—. Heft 3. Übungen in gesteigerter Schwierigkeit, Heft 4. Zur gegenseitigen Übung beider Hände, Heft 5. Längere Tonstücke zur Bildung des Vortrags. Heft 6. Tonstücke zur Vervollkommnung der Geläufigkeit und Unabhängigkeit der Finger à 1.50 *Siegel.*
- 280 Agréments des Opéras de V e r d i, Fant. instruct. *P*: 1. Nabucco, 2. Ernani, 3. Lombardi, 4. Macbeth, 5. Attila, 6. Masnadieri, 7. Luisa Miller, 8. Rigoletto, 9. Trovatore, 10. Stiffelio à 1— *Cranz.*
- 281 Sechs Tonstücke über deutsche Lieder: 1. R i c h. W a g n e r aus „Tannhäuser": „O du mein holder Abendstern", 2. C. L. Fischer: „Du lieber Engel du", 3. J. Offenbach: „O bleib bei mir", 4. W. Heiser: „Die Träne", 5. H. D o r n : „In dieser Stunde denkt sie mein", 6. F. Kücken: „Ruck, ruck, Mädel! ruck" à 1— *Bachmann.*
- 283 Fant. über Motive der Oper „Der Nordstern" (G. M e y e r b e e r). *P* 1.25 *Rühle.*
- 284 Klänge der Liebe. 6 Salonstücke: 1. Quellenrauschen, Etude. 2. Liebesklage, Romanze. 3. Fröhlichkeit, Rondino. 4. Herzensregung. Canzonette. 5. Wanderlust. Marsch. 6. Elfenreigen, Scherzo. *P* 1— *Rühle.*
- 285 Divertissement über beliebte Motive a. d. Oper „Der Nordstern". *4ms* 2— *Kahnt.*
- 286 Sechs Tonstücke in Rondoform über beliebte Motive, *P*: 1. Die Schwalben, Walzer (J. S t r a u ß). 2. Der Nordstern (M e y e r b e e r). 3. Sperl - Polka (J. S t r a u ß). 4. Tritonen-Galopp (L a b i t z k y), 5. Thema aus „Martha" (F l o t o w), 6. Spinnlied (K ü c k e n) à —75 *Bachmann.*
- 287 Divertissement Nr. 1 über Motive aus „Tannhäuser" von W a g n e r. *P* 1.50, *4ms* 2— *Siegel.*
- 288 Divertissement Nr. 2 über Motive aus „Lohengrin" von W a g n e r, *P* 1.50. *4ms* 2.25 *Siegel.*
- 289 Divertissement über beliebte Motive a. der Oper „Lohengrin". *4ms* 2— *Kahnt.*
- 290 Kleine Tonbilder. Sechs leichte Stücke, *P* 2—: Nr. 1. Das schlafende Kind. 2. Erzählung am Spinnrade, 3. Militär-Parade, 4. Wallfahrt zur Kapelle. 5. Italienische Gondelfahrt, 6. Ländlicher Tanz à —50 *Hainauer.*
- 291 Divertissement über beliebte Motive a. d. Oper „Oberon", *4ms* 2— *Hainauer.*
- 292 Arabesken. 4 leichte Tonstücke in Rondoform, *4ms,* 2 Hefte à 1.50 *Merseburger.*
- 295 Tanz-Bonbons. Leichte Tänze. Heft 1, 2 à 1.25 *Bachmann.*
- 296 Fantasie über Motive aus der Oper „Die Hugenotten", *4ms* 2— *Hainauer.*
- 297 Nord-sternbilder. 3 leichte Rondos über Motive aus der Oper „Der Nordstern". *P* à 1— *Bachmann.*
- 298 Frühlingsknospen. 20 kleine Tonstücke nach beliebten Lieder-, Tanz- und Opern-Motiven in sehr leichter Spielart, *P*, Heft 1—4 à 1— *Siegel.*
- 299 Vierundzwanzig leichte und melodische Übungsstücke, *P* u. *4ms.* 24 morceaux faciles et melodiques pour piano à deux et à quatre mains 1.50 *E. Stoll.*
- 300 Fantasie-Transcription über Beethovens „Adelaide", *4ms* 2— *Merseburger.*
- 301 Volksweisen. Sechs leichte Tonstücke in Rondinoform über deutsche Volkslieder, *4ms*: Heft 1. Nr. 1. Das Lamm auf der Weide. 2. Ufm Bergli bin i g'sässe. 3. Muß i denn zum Städtle 'naus. Heft 2. Nr. 4. Im Wald und auf der Heide. 5. Gern weil ich auf Bergen. 6. Ihren Schäfer zu erwarten, Tralerara! à 1.75 *Hainauer.*
- 302 Klänge aus der Gemütwelt. Sechs gefällige Tonstücke über beliebte Lieder, *4ms*: Heft 1. Nr. 1. O Täler weit, o Höhen von M e n d e l s s o h n - B a r t h o l d y. 2. Du bist mein Traum in stiller Nacht von G u m p e r t. Heft 2. Nr. 3. Ich wollt', meine Lieb' ergösse sich von M e n d e l s s o h n - B a r t h o l d y. 4. So laß mich sitzen ohne Ende von S t u c k e n s c h m i d t. Heft 3. Nr. 5. Weine nicht, süßes Liebchen mein von G u m p e r t. 6. Wie die Blümlein draußen zittern von A. W a g n e r à 1.75 *Hainauer.*
- 303 Bunter Kranz der Jugend. 8 leichte instruktive Tonstücke, *4ms,* Hefte 1—2 à 1.25 *Kistner.*
- 304 Zwei leichte Tonstücke. Rondo und Notturno über Kückens Lieder „Der kleine Rekrut" u. „Gute Nacht", *P* 1.50 *Kistner.* „Gute Nacht" —50 *Hansen.*
- 305 Brillante Fantasie über Motive aus der Oper „Robert der Teufel" von M e y e r b e e r, *4ms* 2— *Siegel.*
- 306 Sechs charakteristische Tonstücke, *P*: Heft 1. Reges Leben, Etude. Süße Ruhe, Romanze. Auf dem Wasser, Gondoliera. Heft 2. Auf den Bergen, Idylle. Am frühen Morgen, Preghiera. Am späten Abend. Notturno à 1.50 *Siegel.*
- 307 Six National Songs of Scotland, *4ms.* 1. The Bonnie House o'Airlie, 2. The Boatie Rows, 3. The Yellow-haired Laddie, 4. Auld Robin Grey, 5. Charlie is my Darling, 6. Prince Charlie à 2.6 *Williams.*
- 308 Rondo über das Liede „Der feine Wilhelm", *P* 1.25 *Kistner.*
- 310 Sechs ländliche Szenen. 6 kl. Tonbilder, *P*: Heft 1. Kindlicher Frohsinn beim Blumenspiel (Rondino). Jugendlust im Mai (Impromptu). In der Wald-Kapelle (Gebet). Heft 2. An dem Bache (Idylle). Zur Dorfhochzeit (Marsch). Kirmestanz (Mazurka und Polka) à 1— *Bachmann.*
- 311 Waldlust. Jagd-Rondo über das Volkslied „Im Wald und auf der Heide", *P* 1.25 *Siegel.*
- 312 Drei instruktive Sonatinen im leichten und eleganten Stile, *P* à 1— *Siegel.*
- 313 Drei spanische Nationaltänze (La Gitana, La Jota andalouse, Boléro). *4ms* 1.50 *Siegel.*

- 314 Heitere Szenen. 6 kleine Tonbilder, *P*, 2 Hefte à 1— *Merseburger*.
- 316 Brillante Fantasie über Motive d. Oper „Euryanthe", *P* 1.75 *Siegel*.
- 317 Sonate im leichten und instruktiven Stile, *4ms* 2.50 *Siegel*.
- 318 Le chien fidèle et le musicien voyager (Zum Bijoux illustrés pour les enfants gehörig), *P* 1.30 *Bote*.
- 319 Zehn leichte Klavierstücke in kindlich heiterem Tone, *P* 2—: Heft 1. Harmlos ist die Jugendzeit. Lustig zum Tanze. Zum Ballspiele. Fröhliches Beisammensein. Geschwisterliebe. Auf der bunten Wiese. Heft 2. Beim Blumenpflücken. Fest-Marsch. Tändelei. Nun schlingen wir den muntern Reih'n à 1— *Hainauer*.
- 320 Praktische Pianoforteschule oder theoretisch-praktische Anweisung des Klavierspiels 3— *E. Stoll*.
  322 Vier Fantasie-Transcriptionen über die Lieder, *P* 3—: a) Des Jägers Abschied von M e n d e l s s o h n. b) Der frohe Wandersmann von M e n d e l s s o h n, c) Rheinländisches Wiegenlied von K ü c k e n, d) Ach, wem ein recht Gedenken blüht von T i e h s e n à 1— *Bote*.
  323 Divertissement über „Die Entführung aus dem Serail" von M o z a r t, *4ms* 2— *Bote*.
- 324 Opernperlen. 12 kleine Fantasien, *P*, 2 Hefte à 1.50 *Merseburger*.
- 325 Opern-Bouquet. Sechs kleine Fantasien über beliebte Opernmotive, *4ms*: Heft 1. Das Nachtlager in Granada. Die Stumme von Portici. Heft 2. Zar und Zimmermann. Fra Diavolo. Heft 3. Der Barbier von Sevilla. Die weiße Dame à 1.25 *Siegel*.
- 326 Rosenblätter. Zwölf kleine, leichte Tonstücke, *P*. Heft 1 u. 2 à 1.25 *Siegel*.
- 327 Fantasie über „Mei Mueter mag me net" (P r e s s e l), *P* 1— *Simrock*.
- 328 Fantasie über ein Lied ohne Worte von M e n d e l s s o h n - B a r t h o l d y, *P* 1.50 *Simrock*.
- 330 Dreißig kleine, melodische und progressive Übungsstücke, *4ms*, 3 Hefte à 1.50 *Merseburger*.
- 331 Grüne Blätter. Zwölf kleine, melodische Stücke in leichter instruktiver Fassung, *P*. Heft 1 u. 2 à 1— *Siegel*.
- 332 Bilderreihe. 12 Klavierstücke: 1. Kinderlied, 2. Russisch, 3. Harmlose Jugend, 4. Verlorene Ruhe, 5. Bewegtes Leben, 6. Ernst und Scherz, 7. Mühlengeklapper, 8. Keine Rast, 9. Sanfte Ruhe, 10. Wandermarsch, 11. Fröhlicher Sinn, 12. Abendlied, *4ms*, Heft 1 2 —, Heft II 2— *Bosworth*.
- 333 Leichte Tonstücke über russische Nationallieder, *P*: 1. Abschied der Nachtigall (Variat.), 2. Nationalhymne (Fantasie), 3. Zigeunerlied (Rondo) 2— *Bote*.
- 334 Drei Fantasie-Transcriptionen über Lieder, *P*: 1. Maurisches Ständchen von F. K ü c k e n, 2. Ländler von F. G u m b e r t, 3. Die Träne von F. K ü c k e n à 1.25 *Siegel*.
- 335 Sonatine im Umfang von 5 Tönen, *P* 1— *Heinrichshofen*.
- 336 Sonatine im Umfang von 5 Tönen, *4ms* 1.75 *Heinrichshofen*.

- 337 Fantasie-Transcriptionen, *P*: 1. Martha, 2. Robert, 3. Trovatore à 1.50 *Heinrichshofen*.
- 338 3 thèmes favoris de l'Opéra: Rigoletto, Vêpres siciliennes, Trovatore, de V e r d i, variés pour l'usage des élèves avancés, *P*, N. 1—3 kplt. 2.30 *Bote*.
- 340 Tanzperlen. 12 sehr leichte Rondinos, *P*, 2 Hefte à 1.50 *Merseburger*.
- 341 Sechs Lieder-Fantasien. *4ms*. Hefte 1—3 à 1.25 *Kahnt*: Heft I. Nr. 1. Gretelein von K ü c k e n, 2. An die Geliebte von G i r s c h n e r. II. Nr. 3. Zwiegesang von K ü c k e n. 4. Lotosblume von R. S c h u m a n n. III. Nr. 5. Der frohe Wandersmann v. M e n d e l s s o h n - B a r t h o l d y. 6. Der Zigeunerbube im Norden von R e i s i g e r.
- 342 Drei Tonstücke über beliebte Lieder, *P*: 1. 's Graverl im Kinn (G. H ö l z e l), Rondo, 2. Der Mensch soll nicht stolz sein (S u p p é), Fantasie, 3. Ein Ton aus deiner Kehle (K é l e r - B e l a), Rondo à 1— *Cranz*.
- 343 Heimatsklänge, 6 charakt. Tonbilder, *4ms*: 1. Der Jugend heitere Spiele, 2. Zwiegespräch am Bache, 3. Gemütliches Beisammensein, 4. Schalkhafte Neckerei, 5. Wellenrauschen an der Mühle, 6. Bei der Wachtparade à —80 *Cranz*.
- 344 Opernperlen. 12 kleine Fantasien, *P*, 2 Hefte à 1.50 *Merseburger*.
- 345 Liederkranz. 12 leichte und freundliche Rondinos über beliebte Volkslieder, *P*, Hefte 1—2 à 1— *Bauer*.
- 346 Ländler: „Wie mir's im Herzen schwer", G u m b e r t, *P* 1— *André*.
- 349 Tanzkränzchen, *4ms* 2—: Heft 1, 2, 3 à 1.30, *P* à —80 *André*.
- 350 Drei beliebte Melodien, *P*, im leichten Stile variiert: 1. Norma von B e l l i n i, 2. Der Tiroler und sein Kind, 3. Der Seeräuber von B e l l i n i à 1.50 *Siegel*.
- 351 Aus der Kinderzeit. 24 kleine, leichte Übungsstücke, *P*, Heft 1—2 à 1— *Siegel*.
- 352 Jugendklänge. 18 leichte und progressive Übungsstücke in den gewöhnl. Dur- und Molltonarten, *P*, Heft 1—3 à 1.25 *Siegel*.
- 353 Drei kleine Fantasien über beliebte Lieder, *P* à —75 *Merseburger*.
- 354 Tanzperlen. 12 sehr leichte Rondinols, *P*, 2 Hefte à 1.50 *Merseburger*.
- 355 Drei kleine und leichte Sonatinen als Übungsstücke junger Spieler, *P* à 1.20 *Hoffmann*.
- 356 Tonwellen. 6 leichte Tanzweisen mit Bezeichnung des Fingersatzes: 1. Polonaise, 2. Ländler, 3. Polka, 4. Walzer, 5. Galopp, 6. Mazurka 1.80 *Hoffmann*.
- 358 Zwanzig kurze melodiöse Etuden f. *P*, 2 Hefte à 1.80 *W. Schmid*.
- 359 Die Kapelle. Fantasie über C. Kreutzers „Droben stehet die Kapelle", *P* 1— *Merseburger*.
- 360 Sechs Tonbilder, *4ms*, 2 Hefte à 1.50 *Merseburger*.
- 361 Cantique de Noël, d'A. A d a m, transcrit et varié pour *4ms* 1.25 *Schott*.
- 362 Fantasie über das Lied von E s s e r „Ade du lieber Tannenwald" für *P* 1.25 *Schott*.

- 363 Tonblumen für die Jugend. 6 leichte Rondinos über Motive der Oper „Die lustigen Weiber von Windsor", *P*, 1—6 à —75 *Siegel.*
- 364 Ständchen, Tonstück, *P* 1— *Siegel.*
- 365 Klavierschule, *4ms* 2.40 n *Siegel.*
- 366 Kinderspiele. 12 kleine leichte Tonstücke, *P*, 2 Hefte à 1— *Merseburger.*
- 367 Der Mühlbach. Tonstück über Zöllners „Ich hört' ein Bächlein rauschen", *4ms* 1.50 *Merseburger.*
- 369 Bunte Blumen. Leichte Tonstücke über 6 beliebte Kinderlieder, *4ms* 1.50 *Benjamin.*
- 369a Bunte Blumen, *P* 1.50: Nr. 1. Das Steckenpferd (Hopp, hopp, hopp). 2. Die Biene (Summ, summ). 3. Des Kindes Engel (Es geht durch alle Lande). 4. Die Mühle (Es klappert die Mühle). 5. Wanderlust (Rasch stehn wir vom Lager auf). 6. Gebet (O sanctissima) à —80 *Benjamin.*
- 371 Fantasie über „Was ist des Deutschen Vaterland" von G. R e i c h a r d t, *P* 1.25 *Siegel.*
- 372 Drei Sonatinen: 1. G-dur: Ein Schäfermädchen weidete. Wer hat die schönsten Schäfchen. Hopp, hopp, hopp! Pferdchen lauf Galopp. 2. F-dur: Wenn ich ein Vöglein wär'. Morgen muß ich fort von hier. Juchhei, Blümlein duften und blühn. 3. C-dur: Stand ich auf hohem Berge. So viel Stern' am Himmel stehen. In einem kühlen Grunde, *P* 1— *Rühle.*
- 374 Walzer-Rondo über Motive a. d. Oper „Die Wallfahrt nach Ploërmel" v. M e y e r - b e e r, *P* 1.25 *Siegel.*
- 376 Vier Tonbilder, *P*: 1. In heller Mondnacht, Notturno. 2. Auf der Gondel, Barcarole. 3. Tiroler Alpenklänge, Pastorale. 4. Rosenfest der Jugend, Scherzo à 1.25 *Siegel.*
- 377 Fantasie über das beliebte Thüringer Volkslied: „Ach, wie ist's möglich", *P* 1.50 *Siegel.*
- 378 Fantasie über das beliebte Volkslied: „Wenn ich mich nach der Heimat sehn'", *P* 1.50 *Siegel.*
- 379 Fantasie über das österreichische Nationallied: „Mein Österreich", von F. v. S u p p é, *P* 2— *Siegel.*
- 380 Fantasie über das beliebte alte Trinklied: „Im tiefen Keller sitz' ich hier", *P* 1.50 *Siegel.*
- 381 4 Rondinos faciles sur l'op. Le Pardon de Ploërmel pour *P*: 1. Berceuse „Dors petite, dors tranquille". 2. Air „Ombre légère". 3. Duo bouffe „Un résor" bois encor!" 4. Motif de l'introduction du 2me Acte, à —75 *Schott.*
- 382 Sechs kleine Tonstücke, *4ms*: Wiegenlied. Walzer. Marsch. Rondino. Lied: „Stille Nacht!" Lied: „'s Mailüfterl", 1.75 *Siegel.*
- 383 Neue musikalische Anthologie. Eine Auswahl von 375 der schönsten Opern-, Lieder-, Tanz- u. anderen Melodien in fortschreitender Stufenfolge, *P*. Ausgabe A in 4 eleganten Leinwandbänden m. Goldpressung. Band I—IV à 6— n; Ausgabe B. Jeder Band in 6 Heften m. Umschlag. 24 Hefte à 1.50 *Siegel.*
- 384 Klänge aus der Heimat. 12 Rondinos
- über beliebte Volks- und Vaterlandslieder, *P*, 2 Hefte à 1— *Merseburger.*
- 385 Efeuranken. 6 Tonstücke, *P*, Heft 1: Frühlingsklänge. Sommers Lust und Leid. Tanz auf dem Seile, 1—. II: Schlummerlied. Fröhliche Jagd. Parademarsch, 1— *E. Stoll.*
- 386 Die Schule der Geläufigkeit. Kleine melodische Übungsstücke, *P*, 4 Hefte à 1.50 *Kahnt.* (Cl. S c h u l t z e) 1— *Litolff.*
- 388 Kinder-Serenade. Fünf kleine leichte Tonstücke: Marsch, Volkslied mit Variationen, Bolero, Rondino und Schlußsatz (Gute Nacht), *P* 1.20 *Hoffmann.*
- 389 Sechs ganz leichte Tonstücke. Heft I: Am Guckkasten. Puppenwalzer. In der Gartenlaube. II: Zur Rosenzeit. Ländler. Hasche mich! *4ms* à 1.20 *Hoffmann.*
- 391 6 Rondinos sur des Danses de A. W a l - l e r s t e i n, pour *P*: 1. Un dernier Amour, rédowa. 2. Schottisch de Liège. 3. La Garde mobile, polka. 4. Souvenir de Bâle, schottisch. 5. Au Berceau, rédowa. 6. Les Amies de Pension, polka-mazurka, à —75 *Schott.*
- 392 Zur Aufmunterung. Leichte und melodiöse Tänze. 2 Hefte à 1—, *4P* (R o b. S c h a a b) à 1.50 *Merseburger.*
- 393 Kinder-Sonaten, *P*: 1. G-dur, 2. C-dur, 3. F-dur, à 1— *Brauer.*
- 394 Das Kinderfest. Sechs leichte und gefällige Tänze, *4ms*: Polonaise, Walzer, Polka, Schottisch, Tyrolienne, Galopp 1.80 *Brauer.*
- 396 An der Wiege, Fant. *P* 1— *Junne.*
- 397 4 pet. Morceaux sur des Danses de A. W a l l e r s t e i n pour *P*, *4ms*: 1. L'Arlésienne, rédowa. 2. Olga, mazurka. 3. La Grenadine, polka. 4. Les Amies de pension, polka-mazurka, à 1— *Schott.*
- 399 Kleine Rondos über Volkslieder. Serie II, kplt. 3—: Nr. 1. Es kann ja nicht immer so bleiben. 2. Ach wie ist's möglich dann. 3. Loreley: Ich weiß nicht was soll es bedeuten. 4. Wer will unter die Soldaten. 5. Wo i geh und steh. 6. Das Schiff streicht durch die Wellen. 7. Es lebet was auf Erden. 8. Von meine Bergl muß i scheiden. 9. Hinaus in die Ferne. 10. Bekränzt mit Laub. 11. Da streiten sich die Leut' herum. 12. Mädele ruck, ruck, ruck, à —50 *Bachmann.*
- 400 Zwölf Etuden, *P*, 2 Hefte à 1.50 *Merseburger.*
- 401 Glöckchen-Rondo, *4ms* 1— *Merseburger*, —30 *Thieme.*
- 402 Drei Sonatinen im leichten gefälligen Stil, *4ms* 4—, Nr. 1—3 à 1.50 *Heinrichshofen.*
- 403 Blütenkranz. Sechs kleine Stücke in Fantasie- und Rondoform über Nationallieder, *P*, 2 Hefte à 1—: Nr. 1. Italienische Melodie: Vien quà Dorina bella. 2. Schottisches Lied: Die blaue Blume. 3. Französisches Marschlied der Girondisten. 4. Russisches Zigeunerlied. 5. Deutsches Volkslied: „Es ritten drei Reiter". 6. Schwäbisches Tanzlied: „Rosestock hold erblüht", à —50 *Heinrichshofen.*
- 404 Lieder-Klänge. Sechs leichte Transkriptionen üb. beliebte Lieder, *P*: 1. A b t:

Gute Nacht mein Lieb'. 2. Reichardt: Das Bild der Rose. 3. Graben-Hoffmann: Erinnerung. 4. Abt: In dunkler Nacht. 5. Marschner A. E.: Lüftchen ihr plaudert. 6. Heiser: Zieht im Herbst die Lerche fort, à —75 *Hofmeister*.

- 405 Zum Weihnacht-feste. ½ms 1— *Merseburger*.
- 406 Bunte Szenen, 10 Tonbilder, P, 2 Hefte à 1.50 *Merseburger*.
- 407 Harmlose Jugendzeit, 3 Rondinos, ½ms: Wir hüpfen und springen. Lustig zum Tanz. Ruhe im Grünen. 1.75 *E. Stoll*.
- 408 Heiteres Zusammenspiel. Acht kleine leichte melodische Stücke zum Unterrichte, ½ms, Heft 1, 2 à 1.30 *Cranz*.
- 410 Zwei elegante Tonstücke. P (Deux compositions élégantes. Two elegant compositions): 1. Il Bacio: Gesangswalzer (Arditi) (Chant de valse. Waltz-song), 2. Cavatine: Di tanti palpiti (Rossini), à 1.25 *Forberg*.
- 412 Mutig vorwärts! Ein Zyklus fortschreitender Übungsstücke, P, 3 Hefte à 1.50 *Merseburger*.
- 413 Aquarellen. 6 charakteristische Tonstücke, ½ms, 2 Hefte à 1.50 *Merseburger*.
- 415 Orpheus-Klänge in Potpourriform über Motive aus „Orpheus in der Unterwelt", von J. Offenbach, P 2— *Simrock*.
- 416 Potpourri über Motive aus „Faust", von Gounod, P 2— *Simrock*.
- 419 Opernmelodien-Album für die Jugend. Auswahl beliebter Opernmotive, P, 6 Hefte à 1.50 *E. Stoll*.
- 420 Orphée aux enfers (Orpheus in der Unterwelt) d'Offenbach. 3 Rondeaux. P. N. 1 à 3 à 1.25 *Schott*.
- 422 Sechs kleine und leichte Rondinos über Volksweisen, ½ms, kplt. 3.50: Nr. 1. Miss Lucy Long —75. Nr. 2. Yankee doodle —75. Nr. 3. Spinn, meine liebe Tochter —75. Nr. 4. Der kleine Tambour —75. Nr. 5. Loreley —75. Nr. 6. Spazieren wollt' ich reiten —75 *Hofmeister*.
- 423 Drei elegante Tonstücke, P: 1. Variationen über ein Tirolerlied. 2. Fantasie über das Lied: An die Sterne. v. Geyer. 3. Transkription des Liedes: Gretelein, v. Kücken, à 1— *Cranz*.
- 424 Blumenkranz. 12 Tonstücke über Volkslieder, P, 2 Hefte à 1.20 *Leuckart*: Heft 1: Wiegenlied. Jäger und Hase. Der Mond. Abschied. Studentenlieder. Kaffeelied. II: Der Schlossergesell. Vetter Michel. Von den zwei Hasen. Die Feldflasche. Gesellschaftslied. Die Schäferin.
- 427 Sechs leichte Fantasien: 1. Blümlein traut, aus: Faust (Gounod). 2. 's Maiklüfterl (Kreipel). 3. Ade du lieber Tannenwald (Esser). 4. Ich kenn' ein Auge (Reichardt). 5. Der Wanderer (Fesca). 6. Leicht Gepäck (Naumann). P 4—, à 1— *Haslinger*.
- 428 Gebirgsklänge. Drei kleine Fantasien über Lieder: Bin i nit a lustiger Schweizerbua. Mei Dirndl i- harb. Von meine Bergle. P 2— *Haslinger*.
- 429 Sonate im 1. Stil, ½ms 2— *Haslinger*.
- 430 2 Transcriptions faciles pour P: 1. Cujus animam. Air du Stabat mater de

Rossini. 2. Robert le Diable. Air de Grâce, à 1.25 *Schott*.

- 431 Le petit Bouquet, 6 Rondeaux sur des airs d'opéras, ½ms: 1. Nicolai: Les Commères de Windsor. 2. Kreutzer: Une nuit à Grénade. 3. Offenbach: Orphée aux enfers. 4. Donizetti: L'Élisire d'amore. 5. Gounod: Faust. 6. Flotow: Martha, à —75 *Schott*.
- 434 Jugendmelodien, ½ms, 2 Hefte à 1.50 *Lau*: Sommerlied; Vöglein im hohen Baum. Mailied: Laßt tanzen uns und springen. Das Glöckchen: Glöcklein klingel. Das Waldhorn: Wie lieblich schallt. Winterlied: Düstere Nebel ziehen. Der Frühling: Es kehrt der Frühling.
- 436 Elfenklänge. Walzer ronde, C-dur 1.50 *Lau*.
- 446 Kleine Melodien für Anfänger des Klavierspiels in leichtester Weise und fortschreitender Stufenfolge zu 4 Händen als Beigabe zu jeder Klavierschule, 3 Hefte à 1.50 *Kistner*.
- 447 Rondino über Wilhelm Tell. P 1— *Lau*.
- 448 Rondino über Lucia di Lammermoor. P 1— *Lau*.
- 449 Rondino über Rigoletto. P 1— *Lau*.
- 450 Rondino über Martha, P 1— *Lau*.
- 452 Militär-Rondo, ½ms 1.50 *Kahnt*.
- 453 Zwei leichte Tanzrondos, ½ms, 2 Hefte à 1— *E. Stoll*.
- 454 Sternenkranz. 6 Tonstücke aus Mozarts Opern, P 2— *Haslinger*.
- 455 Kleine Blumen. 12 leichte Tonstücke über Kinderlieder, P, 2 Hefte à 1— *Merseburger*.
- 456 Die jungen Tänzer, ½ms, 2 Hefte à 1— *Merseburger*.
- 464 Drei Stücke aus der Oper „Die Afrikanerin" von Meyerbeer, P: 1. Fantasie. 2. Rondo, 3. Paraphrase à 1— *Bote*.
- 465 Drei Sonatinen im leichten instruktiven Stil, ½ms à 1.50 *Bote*.
- 466 Rondino über Motive der Oper „Die lustigen Weiber von Windsor" von Nicolai, ½ms 1.50 *Siegel*.
- 467 Fantasie über Motive der Oper „Faust" von Gounod, ½ms 1.75 *Siegel*.
- 463 Drei Fantasie-Transcriptionen über Motive der Oper „Die Loreley" von Max Bruch, P 2.50: Nr. 1. „Seit ich von mir geschieden", 2. „Ave Maria", 3. „Siehst du ihn glühen im Brautpokal" à 1.25 *Siegel*.
- 469 Drei Rondos über Motive der Oper „Die Loreley" von Max Bruch, P 1.75: Nr. 1. Lied der Winzerinnen: „Wir grüßen dich fein", 2. Chor: „Rührt euch frisch", 3. Winzer-Chor: „Wir ha'n geschnitzt" à —75 *Siegel*.
- 470 Duo über Motive der Oper „Die Afrikanerin" von G. Meyerbeer, ½ms 2.50 *Bote*.
- 471 Transcriptionen über beliebte Lieder, ½ms à 1.25 *Junne*: 1. Letzte Rose, Volkslied. 2. Von meinem Bergli, Volkslied. 3. Loreley, Volkslied. 4. O, bitt' euch, liebe Vögelein. 5. Der Tiroler und sein Kind, Volkslied. 6. Gute Nacht, du mein herziges Kind. 7. Wer hat dich, du schöner Wald. 8. Auf Flügeln des Gesanges. 9. Schlaf'

wohl, du süßer Engel. 10. Ich kenn' ein
Auge. 11. 's Mailüfterl. Volkslied. 12. Ab
schied.
- **472** Nr. 1. Stille Nacht, heil'ge Nacht, *P*
--80 *Praeger.*
- **473** Zitherständchen. Fantasie nach einer
Volksmelodie, *P* 1— *Praeger.*
- **474** Drei leichte Divertissements über be
liebte Melodien, *4ms*: 1. Trauerwalzer von
Schubert. 2. Favoritwalzer von Hum
mel. 3. Favorit-Menuett von Kreutzer
à 1.50 *Siegel.*
- **475** Naturbilder. 6 kleine leichte Tonstücke.
P, 2 Hefte à 1— *Kistner.*
- **477** Kleine instruktive Tonstücke über Me
lodien von C. M. v. Weber, *P*: 1. Tra
ri, ro, der Sommer der ist da, C-dur, 2.
Schlaf, Herzenssöhnchen! C-dur, 3. Über
die Berge mit Ungestüm, G-dur, 4. Jetzt
gießt sich aus ein sanfter Glanz, 5. Ein
sam bin ich, nicht alleine, D-dur, 6. Durch
die Wälder, durch die Auen, F-dur à —80
Lau.
- **478** Zwölf Rondinos über beliebte Volks
lieder 1—u: Einzeln: 1. Spazieren wollt'
ich reiten, 2. Wenn ich ein Vöglein wär',
3. Jetzt gang i ans Brünnle, 4. Vöglein
im Tannenwald, 5. Es ritten drei Reiter,
6. Des Buben Herzeleid, 7. Long ago,
irisches Volkslied, 8. Der russ. Postillon,
9. Mädele ruck, ruck, 10. Herz, mein Herz,
warum so traurig, 11. Ca, ça, geschmauset.
12. Wohlauf, noch getrunken à —50
Praeger.
- **479** Sechs Rondinos über Volkslieder, *P* 2—
Haslinger.
- **482** Trifolium. 3 leichte Rondos über Mo
tive von J. Haydn, Mozart und Bee
thoven, *4ms* 2.50: Nr. 1. Rondo über ein
Thema aus den „Jahreszeiten" v. Haydn.
2. Rondo über ein Thema aus dem Klari
nettenquintett von Mozart, 3. Rondo
über ein Thema aus der Fantasie op. 80
von Beethoven. *Kistner.*
- **484** Fantasie über Motive der Operette „Die
schöne Galathée" von Fr. v. Suppé. *4ms*
1.75 *Siegel.*
- **485** Drei Rondos über Motive der Operette
„Galathée" von Suppé, *P*: 1. Trinklied:
Hell im Glase, 2. Ariette: Meinem Vater
Gordias, 3. Kuß-Duett: Ach liebliches
Glück à —80 *Cranz.*
- **487** 50 petites Leçons instructives et pro
gressives à l'usage des commençants p. *P*
(50 kleine Klavierstücke), en 2 suites à
1.75 *Schott.*
- **490** Die Meistersinger von Nürnberg von
R. Wagner, 3 kleine Tonstücke für *P*:
1. Am stillen Herd, 2. Am Jordan. 3. Sei
euch vertraut à 1.25 *Schott.*
- **495** Drei Rondinos über Westmeyersche Kin
derlieder, *P* 1.75: Nr. 1. Puppenlied, 2.
Der kleine Fidifau, 3. Schlummerlied à
—75 *Hoffarth.*
- **501** Transcriptionen über beliebte Lieder,
4ms à 1.25 *Junne*: 1. Ach, wenn du wärst
mein eigen, 2. Ich wollt', meine Lieb', 3.
Leise flehen meine Lieder, 4. Liebend ge
denk ich dein, 5. Um zu sühnen unsere
Schuld, 6. Morgen muß ich fort von hier,
Volkslied, 7. O weine nicht, 8. Wie schön
bist du, 9. Ja, du bist mein, 10. Du klei

nes, blitzendes Sternelein, 11. Das teure
Vaterhaus, 12. Die Post.
- Adelaide von Beethoven, *4ms* 1.50
Junne.
- Andantino from Gade's first symphony, *Sms*
1— *Ditson.*
- Il Bravo (Mercadante), *4ms* —60 *Gordon.*
- Brillant Duet, on Airs from Il Trova
tore, *4ms* 4 — *Williams.*
- sechs Contretänze (Donizetti, Belisar)
u. Schottischer Walzer (Lortzing, Zar
und Zimmermann), *P* —75 *Klemm.*
- Les Huguenots, *P* —40 *Brainard.*
- First Lessons in the Art of Phrasing. 16
Short and Melodious Studies, *P* 5—
Augener.
- Lucia di Lammermoor, *4ms* —75 *Brainard*,
—60 *Ditson, Gordon, P* —40 *Brainard.*
- Das Nachtlager in Granada, Night in Gra
nada. *P* —40 *Brainard.*
- Norma, concluded, *P* —60 *Brainard.*
- Der Opernfreund. 12 leichte Rondos über
beliebte Opernmelodien, *4ms*. 2 Bände à
1.50 u *Portius.*
- „Die Regimentstochter", Fant. *4ms* —80
Klemm.
- Rondo onair in „Lucrezia Borgia", Varia
tions, *4ms* —75 *Brainard*, Italy N. 2 —60
Gordon.
- La Sonnambula. Variations, *4ms* —75 *Brai*
nard.
- Stradella, fantaisie, *P* —40 *Brainard.*
- Thème de Le Postillon de Lonjumeau, Va
riations, *4ms* —75 *Brainard.*
- Thème de Lucrezia Borgia, Rondo Varia
tions, *4ms* —75 *Brainard.*
- Zar und Zimmermann, *P* —40 *Brainard.*

Brunner C. T. und Geißler, Rondino über
ein Thema aus „Zar und Zimmermann".
Amusement, *4ms* 2— *Kahnt.*

Brunner Ed. op. **1** Drei Tonstücke: Stilles
Sehnen. Jugendliche Wünsche. Ländlicher
Abend. *P* 1.50 *Haslinger.*
- **3** Einsame Klage. *P* 1.30 *Haslinger.*
- **3** Requiem m. Libera, *SA* u. *Org*, Part 1—,
St à —20 *Coppenrath.*
- **4** Der Lerche Morgengesang. *P* 1— *Has*
linger.
- **5** Herbsts Abschied, Melodie. *P* 1.30 *Has*
linger.
- **5** Missa prima, *SAB, Org*, Part 1—, St
à —20 *Coppenrath.*
- **6** Bonté en train, valse élég. 1.50 *Has*
linger.
- **6** Missa secunda, *SATB, Org*, Part 1.20, St
à —20 *Coppenrath.*
- **8** Die vier Temperamente: 1. Der sangui
niker. 2. Der Choleriker, 3. Der Melan
choliker, 4. Der Phlegmatiker. *P* à 1—
Haslinger.
- **8** Zweites Requiem, *SATB*, *Org* od., Blech
quartettbegl. Part 1.20, St à —20, Blech
begl. —80 *Coppenrath.*
- **9** Romanze. *P* 1— *Haslinger.*
- **9** Missa tertia, *SAB, Org*, Part 1—, St à
—20 *Coppenrath.*
- **10** Zwölf Offertorien, *SA, Org*, Part 1.40,
St à —20 *Coppenrath.*
- **11** Erinnerung an die Heimat. *P* 1.30 *Has*
linger.
- **11** Drittes Requiem, *SA, Org*, Part 1—, St à
—20 *Coppenrath.*

- 12 Missa quarta. *SAB*, Org, Part 1.20, St à —25 *Coppenrath.*
- 13 Alpenblumen. Steirische Weisen, *P* 1.30 *Haslinger.*
- 14 Lauretanische Litanei mit Pange lingua u. den vier marianischen Antiphonen, *SAB* ad lib. Part 1.80, St à —30 *Coppenrath.*
- 14 2 Idylles: Au clair de la lune. Je dois te fuir, *H* 1.30 *Haslinger.*
- 15 Zwei Ave Maria, *H* 1 — *Haslinger.*
- 15 Lauretanische Litanei m. zwei Pange lingua u. den vier marianischen Antiphonen. *SATB*, Org, Part 1.80, St à 25— *Coppenrath.*
- 16 Missa VII. Messe für die vereinigten Ober- u. Unterst mit Org. Part 1.40, 2 St à —20 *Coppenrath.*
- 17 Acht deutsche Weihnachtslieder für 2 St, Org, Part 1—, St à —25 *Coppenrath.*
- 17 Fantasie, *H* 1.30 *Haslinger.*
- 18 Acht Marienlieder, 2 St, Org. Part 1—, St à —25 *Coppenrath.*
- 19 2 mélodies: Elle attend au loin. Le revoir, *H* 1.50 *Haslinger.*
- 20 2 morceaux: Rêve d'amour. Salut d'adieu, *H* 1.30 *Haslinger.*
- 21 Rêve d'une jeune fille dans les bois (Idylle), *H* 1.50 *Haslinger.*
- 22 Toute seule! *H* 1.30 *Haslinger.*
- 23 Sérénade, *H* 1 — *Haslinger.*
- 24 Compositions originales de caractères sérieux, 4 cah. *H* à 1.65 *Mustel.*
- 25 Lebe wohl! *P* 1.50 *Haslinger.*
- 26 Kinderfreuden, melodische Tonstücke (ohne Oktaven), *P*, 3 Hefte à 1— *Haslinger.*
- 27 Worte der Liebe, Thema mit Veränderungen, *P* 1.50 *Haslinger.*
- 30 Fünf kleine Sätze, *H* 1.50 *Haslinger.*
- 31 Zwei Tonstücke, *H* 1— *Simon.*
- 34 Gondellied. Orig.-Transpt. *H* 1 — *Haslinger.*
- 36 Zwei Tonstücke, *H*: 1. D-dur, 2. A-dur 1— *Simon.*
- 37 Sur la tombe d'une mère. *H* 1— *Haslinger.*
- 38 Chant d'amour, *H* 1— *Haslinger.*
- 39 La Prière et la Descante du Mineur, *H* 1— *Haslinger.*
- 40 Un coeur brisé, *H* 1— *Haslinger.*
- 41 Une nuit dans les ruines du Cloître, *H* 1— *Haslinger.*
- 43 3 Morceaux (Dans le rêve. Dans la nuit. Ave Maria), *H* 1.30 *Haslinger.*
- 44 Le Rêve, morceau fantastique, *H* 1.30 *Haslinger.*
- 47 Serenade, *4ms* —76 *Goll.*
- 48 In lauer Sommernacht, *H* 1— *Goll.*
- 51 Gratulation, Marsch, *4ms* —76 *Goll.*
- 53 Repos du poète dans le bois, *H* 1— *Haslinger.*
- 60 6 Préludes, *H*, 2 Hefte à 1.50 *Haslinger.*
- 62 Un ange gardien dans l'heure sombre, *H* 1.50 *Haslinger.*
- 63 3 Morceaux: Les Echos de la paix, *H* 1.50 *Haslinger.*
- 64 Les sylphes surpris, *H* 1.30 *Haslinger.*
- 66 Drei kleine Stücke, *VH* od. Org: 1. Wehmut, B-dur. 2. Ergebung, B-dur. 3.

Hoffnung, E-dur, 1.80, *FfH* od. *P* 1.80 *Simon.*
- 69 Präludium, H-moll, und Adagio, E-dur, *V(Fl) VcH (Org)* 1.80 *Simon.*
- 70 Drei Tonstücke: 1. Träumerei, A-moll. 2. Zwiegespräch, D-dur. 3. Abendruhe, F-dur, *VVc(Va)H* od. Org 3.50 *Simon.*
- 71 Sonatine, G-dur, *2V(Vc)P* 3— *Simon.*
- 72 Kleine Symphonie (Jagd), F-dur, *PHV* 6—, *HP2V* 6.60 *Simon.*

Simon:
- 94 Freud und Leid, D-dur, *3VP* 2—.
- 95 Der neckische Kobold, A-moll, *3VP* 2 —.
- 96 Jugendlust, A-dur, *3VP* 2.50.
- 97 Abendliche Kahnfahrt, F-dur, *3VP* 2.50.
- 98 Jugenderinnerungen. Vier Stücklein, *3V*, Part u. St: 1. Kinderreigen, F-dur. 2. Süßer Traum, G-dur. 3. Mazurka, D-dur. 4. Herzleid, G-moll, à 1.60. Jede Part —70, jede St —30.
- 99 Fliehende Wolken, G-dur, *PVVc(Va)* 2.40.
- 100 Mutterglück, A-dur, *PVVc(Va)* 2.40.
- 101 Die erste Reise, C-dur, *PVVc(Va)* 3—.
- 102 Notturno, C-moll, *VVa(Vc)H* 2.40.
- 107 's erstemal z'Wean. Humoristisches Duett mit *P*, Part —60, St à —15 *Coppenrath.*
- 108 Der arme Papa, Couplet —50 *Coppenrath.*
- 109 Ciprian Weinbeerl's Klage. Humoristisches Lied 1— *Coppenrath.*
- 111 Maienblüten, 12 Marienlieder, 2, 3, 4 St m. Org, Part 1.20, St à —20 *Coppenrath.*
- 114 Lebewohl — Verlassen und einsam. Zwei Stücke, *H* 1— *Simon.*
- 115 Die christliche Lehrerin, *SA*-Solo, 3st. Frauenchor mit *P*, Part 1.50, 2 St —30, Texte à —20 *Coppenrath.*
- 116 Pastor bonus, *SA*-Solo, dreist Frauenchor mit *P*, Part 1.50, 2 Singst —30, Texte à —20 *Coppenrath.*
- 139 Fantasie über Paulus, Oratorium von F. M e n d e l s s o h n - B a r t h o l d y, *H* (Fantasien Nr. 25) 1.80 *Simon:* Choral: „Wachet auf, ruft uns die Stimme". Choral: „Dir, Herr, dir will ich mich ergeben". Arie: „Jerusalem, Jerusalem". Aber unser Gott ist im Himmel. Wie lieblich sind die Boten. Arioso: „Doch der Herr vergißt der Seinen nicht". Gott sei mir gnädig. Chor der Heiden: „Seid uns gnädig, hohe Götter". Chor: „O welch eine Tiefe des Reichtums der Weisheit".
- 140 Fantasie üb. Die Schöpfung, Oratorium v. J o s e f H a y d n, *H* (Fantasien Nr. 24) 1.80 *Simon:* Einleitung. Nun schwanden vor dem heiligen Strahle. Vorzweiflung, Wut und Schrecken. Nun beut die Flur das frische Grün. Rezitativ: „In vollem Glanze". In holder Anmut stehn. Der Sterne hellster. Die Himmel erzählen die Ehre Gottes.
- 144 Fantasie über Elias, Oratorium v. F. M e n d e l s s o h n, *H* 1.80 *Simon.*
- 146 Fantasie über Egmont, Musik von L. v. B e e t h o v e n, *H* 1.80 *Simon.*
- 147 Fantasie über Fidelio, Oper v. L. v. B e e t h o v e n, *H* 1.80 *Simon.* Sieben humor. Oberquart. *Coppenrath:*

- 148 Studenten u. Nachtwächter, Part —40, St à —10.
- 149 Klein Reschen und Häuschen, Part —50, St à —10.
- 150 Vierzeilige, Part —40, St à —10.
- 151 Lebensweisen, Part —40, St à —10.
- 152 Radfahrsport, Part —40, St à —10.
- 153 Fragen und Antworten, Part —50, St à —10.
- 154 Chinesischer Spaziergang, Part —50, St à —10.
- 156 Leichte Fantasie, F-dur, *HP* 2.50 *Simon.*
- 158 Zehn Pange lingua, 2, 3, 4 Oberst m. *Org,* Part 1—, 2 St à —20 *Coppenrath.*
- 159 Das Lob Gottes im Wechsel der Zeit. Liederspiel, für dreist. Frauenchor u. *P (H TB ad lib.),* Part 3.50, St à —40, Texte à —20 *Coppenrath.*
- 160 Der Brief. Humoristische Szene für 3 weibl. St m. *P.* Part 3—, St à —20 *Coppenrath.*
- 161 Würde der Schneider. Humoristischer Walzerchor, *S t* mit *P* nebst beliebiger Besetzung von *TB,* Part 2—, St à —20 *Coppenrath.*
- 162 Weihnachtsglocken. Zwölf Lieder für die heilige Weihnachtszeit, *SA* m. *Org,* Part 1—, St à —50 *Coppenrath.*
- 164 Die ländliche Zauberin. Humoristisches Duett für 2 Frauenst m. *P,* Part 2—, St à —20 *Coppenrath.*
- 165 Ein Hausball bei Frau Stichelberger. Komische Operette. Frauenst m. *P,* Part 4—, I. St à —40, II. St à —60 *Coppenrath.*
- 166 Ja die Logik. Humoristisches Duett. Part 1—, 2 St à —15 *Coppenrath.*
- 167 Te deum laudamus für drei Oberst, *Org* nebst beliebigem *B,* Part —80, St à —15 *Coppenrath.*
- 168 Deutsche Singmesse, 1stimm. Chor, Org-Begl. Part —60, St à —10 *Coppenrath.*
- 169 Deutsche Singmesse f. 2stimm. Frauenod. Kinderchor mit *Org.* Part —60, St à —10 *Coppenrath.*
- 170 Ein ländlicher Jahrmarkt. Humorist. Marsch-Gesang, *P* und verschiedene Lärminstrumente, Part 1—, 2 St à —15 *Coppenrath.*
- 173 Der Fahnenmarsch. Humorist. Chor, 3 Oberst m. *P,* Part 1—, St à —20 *Coppenrath.*
- 174 Die Einfalt vom Lande. Humorist. Szene, 2 Frauenst u. *P,* Part 1.80, 2 St à —30, Texte à —20 *Coppenrath.*
- 175 Die bayrischen Dampfnudeln der Frau Schlaumeier. Humorist. Szene, 2 Frauenst. *P,* Part 1.80, St à —30, St à —20 *Coppenrath.*
- 176 Messe in F-dur nach Motiven des Kirchenliedes: O Christ, hie merk! Erweiterte Part-Ausg. (mit Credo) 1—, 3 St à —20 *Styria.*
- 177 Frau Traudl. Humorist. Szene, 3 weibl. St, *P* nebst 3 Rollen ohne Gesang, Part 2.50, St à —20, Texte à —30 *Coppenrath.*
- 178 Deutsche Singmesse für 1stimm. Chor m. *Org,* Part u. St 1— n *Coppenrath.*
- 185a Primizlied, *SATB.* Part u. St 1— *Coppenrath.*

- 186 Messe in G-dur, *SA* u. *Org. TB ad lib.* 1.50, 4 St à —25 *Styria.*
- 188 Sämtliche Offertorien aus dem Commune Sanctorum für 1- bis 3stimm. Chor nebst *Org,* leicht ausführbar komponiert 3—, 3 St à —50 *Styria.*
- 189 Sechsundzwanzig Offertorien aus dem Proprium Missarum de Sanctis, für 1 bis 3stimm. gem. Chor nebst *Org,* leicht ausführbar komponiert 3—, 3 St à —50 *Styria.*
- 190 Dreißig Offertorien aus dem Proprium Missarum de Tempore, für 1- bis 3stimm. gem. Chor nebst *Org,* leicht ausführbar komponiert 3.60, 3 St à —50 *Styria.*
- Alpenblumen. Steirische Weisen, *2Z* oder *1ZV* (Holler) 1— *Haslinger.*
- Haydn, La Création. Faut. *H* 2.25 n *Mustel.*
- Mass in honour of St. Alphonsus, 2 voic. —40, voice parts —30 *Fischer.*
- Messe zu Ehren der sieben Schmerzen Mariä. 1 Singst od. *TTBB* mit *Org,* Part 1.20, 2 St à —25 *Coppenrath.*
- Messe zu Ehren des hl. Alphonsus, *S t* mit *Org,* Part 1—, St à —20 *Coppenrath.*
- Missa VII. Messe, *SATB* mit *Org,* Part 1.40, 2 Singst à —20 *Coppenrath.*
- Original-Kompositionen ernsteren und heiteren Charakters, *H.* 4 Hefte à 1.30 *Haslinger.*
- Requiem and Libera, 2 voic. (Hamma) —50 *Fischer.*
- Requiem and Libera, 2 voic. —50, Voice parts —30 *J. Fischer.*
- Sammlung ausgewählter Oberquartette, *S* I, II, *AB.* Zum Gebrauche für Gymnasien, Latein- und Realschuler, Seminarien und Präparandenanstalten. Part (mit Baritonstimme) 2.40 n, I, II S. à 1.20 *Coppenrath.*

Brunner J. The Friend's Gift, in 12 Books, *P* à 2— *Williams:*

Book 1. Juno Quadrilles, Flora Galop, Evening Star Valse, First Kiss Polka, Martha Quadrille, March in Puritani, Blue Bells of Scotland, Pop Goes the Weasel, Lass o' Gowrie, Si Fino All'Ore, Proudly and Wide, Vaga Luna, La Rosa Valse, Young Agnes, Nice Young Maidens, Crambambuli, German Air.

2. De Conte, Huntingtower, March from William Tell, Green Grow the Rushes O, Rat Catcher's Daughter, On Yonder Rock, Original Schottische, My Beautiful Rhine, Rory O'More, Rousseau's Dream, Gin a Body, Original Varsoviana, O Dolce Concento, Over the Water to Charlie, Aurora Chi Sorgerai, Quando Il Destino, Do not Mingle, One Horse Shay, Parigi O Cara (Traviata), Rataplan, Nancy Dawson, Bow, Wow, Wow.

3. Auld Lang Syne, Carnival of Venice, The Triumph, My Love is like the Red Rose, We're a' Noddin', College Hornpipe, Tullochgorum, Deutsche Lust, Valse, Partant Pour La Syrie, L'Amo, L'Amo, Air from Martha, Old Dan Tucker, Bonnie Dundee, Kiss my Lady, All is Lost, Weel may the Boatie Row, Garry Owen, Riposo O Madre, Vulcan's Cave, Billy Barlow.

4. Willie we have miss'd you, Old Folks at Home, Old Rosin the Beau, Good News from Home, Io Son Ricco, Ah che La Morte, Boatman's Return, Hoop de Dooden Doo, St. Patrick's Day, Annie Laurie, Last Rose of Summer, Gramachree Molly, My Love she's but a Lassie yet, La Donna e Mobile, Curlyheaded Ploughboy, Nelly Bly, Ma Normandie, Wait for the Waggon, Jullien's Original Polka.

5. Charming May, Libiamo (Traviata), La Mia Letizia, Dearest Companions, Il Balen (Trovatore), Jenny Lind's Polka, Waltz from William Tell, Yankee Doodle, Fra Poco (Lucia), The Tank, Harmonious Blacksmith, God save the Queen, Rule Britannia.

6. N. 1, 2 and 3, First Love Waltz, Neptune Galop, Polka d'Amour, N. 2, Silver Star Polka.

7. Princess Mary Waltz, N. 1; do., N. 4; Duchess of Malakoff Quadrille, N. 1; do., N. 2; do., N. 3; do., N. 4; do., N. 5; L'Etoile d'Amour Valse, N. 1; do., N. 3; Polka d'Amour, N. 1.

8. Empress Quadrille, N. 1; do., N. 2; do., N. 3; do., N. 4; do., N. 5; Rose of the Valley Polka, Laughing Polka, Annie Schottische.

9. Ada Valse, Home, Sweet Home, I'm off to Charlestown, Nancy Till, March Cameron Men, Air from Macbeth, Du, du liegst, Per Te d'Immenso, Di Pescatore, The other side of Jordan, Beautiful Star, Oh, Boys, carry me 'long, Camp Town Races, Nelly was a Lady, Emma Snow.

10. The Campbells are Comin', Ye Banks and Braes, O Logie o' Buchan, Cheer up, Sam, Some Folk, Happy are We, Old Dog Tray, Fly not Yet, Di provenga il mar, O Cara Palpite, March from Guillaume Tell, Qualunque Sid l'Evento, Air from L'Etoile du Nord, Squille Eccheggi La Tromba, Son Vergin Vezzosa.

11. Morning Hymn, Evening Hymn, Sound the Loud Timbrel, Vesper Hymn, Sicilian Mariner's Hymn, London New, There is a Happy Land, Yarmouth, Wareham, Cambridge New, Devizes, 104th, Hail to the Brightness, O that will be joyful, Emperor's Hymn, Old Hundreth, Miles Lane, Easter Hymn, Falcon Street, St. Olaves's.

12. St. Matthew's, St. Stephen's, Mount Ephraim, Shirland, Missionary Hymn, Acton, Cheltenham, Windsor, Eve's Lamentation, Luther's Hymn, St. David, Advent Hymn, Moscow, Camden, Angel's Hymn, Burford, New Sabbath, Carlisle, Abingdon, Single Chant, Grand Chant, Single Chant, Double Chant.

Bruno Fr. op. 12 Tendre Souvenir —85 *Schott Frères.*
- 24 Divertimento sul Rigoletto, *FlP* 6— *Ricordi.*
- 27 Fantasia sull'Attila, *FlP* 6— *Ricordi.*
- 28 La Serenata, Pezzo originale, *FlP* 6— *Ricordi.*
- 31 Marche, *P* —85 *Schott Frères.*
- 34 Prima Ricreazione, sopra motivi del Poliuto, *FlVlP* 7 - *Ricordi.*

- 36 Chant du petit Troubadour —85 *Schott Frères.*
- 37 Le soavità dell'Aroldo, *FlP* 6— *Ricordi.*
- 38 Albumblätter (Feuilles d'Album), 5 Charakterstücke, *P* 2— *Breitkopf.*
- 41 Nr. 2, Andante, *H* 2.— *Schott.*
- 42 Petite Sérénade pour Instruments à cordes 1.50, *P* —80 *Cranz.*
- 44 Drei Klavierstücke: 1. Improvisation, 2. Scherzando, 3. Rêverie 1— *Breitkopf.*
- 45 Mazurka —80 *Cranz.*
- 49 Trois Morceaux faciles et sans Octaves, *P*: 1. Romance sans paroles, 2. Air de Chasse, 3. Petite Marche à 1.50 *Cranz.*
- 54 Missa Beatus Joannes Baptista de la Salle, *SATB,* Part 1.60, St à —20 *Schwann*
- Adeste fideles, à 4 voix, *Org* 1—n *Muraille.*
- Andante, *P* (*Org* ou *H*) 1—n *Schott Frères.*
- Ave Maria, *SATBOrg* 1—n *Muraille.*
- Ballade de la mendiante —85 n *Schott Frères.*
- Elégie, *VP* 4—n *Muraille.* 3/— *Landy.*
- Hymne au St. Nom de Jésus, 3 voix ég. *Org* —60 n *Muraille.*
- Hymne pour le temps de Noël de Händel à 4 v. mix. *Org* ad lib., et Tantum ergo à 4 v. mix. —50 n. et Magnificat du Vo. Mode —60 n *Muraille.*
- Deux morceaux: 1. Impromptu, 2. Rêverie 5— *Katto.*
- Placement éternel —85 n *Schott Frères.*
- Psaumes des Vêpres du T. S. Sacrement en fauxbourdons 1—n *Muraille.*
- Rimembranze di una perlustrazione nelle Marche nel Luglio 1861, *P* 1.50 *Ricordi.*
- Vocabis nomen ejus, antienne à 3 voix ég. *Org* —60 n *Muraille.*

Bruno G. *Scheithauer:* **Op. 2** Hedwig-Gavotte, *P* 1.20, *sO* (Hans-Konzert- u. Tanz-Musik Nr. 85) Par. Bes. 1—.
- 3 Elfen, Charakterstück, *P* 1.20.
- 4 Das Matrosenlied: „Mein Schatz hat kein Halstuch", *h. m. t.* à —75.
- 5 Unter Rosen, Walzer 1.50.
- 6 Mein Schatz ist doch die Schönste: „Ich kenn' die schönste Blume", Walzerlied 1—.
- 7 Der Engel auf Erden: „Ein Engel stieg hernieder", Walzerlied 1—.
- Schneider Meck-meck, komische Soloszene mit Tanz 1.50.
- Serénade en miniature, *P* 1.80.

Bruno Helen, A last confession 4/— *Hopwood.*

Bruno L. op. 3 Iris-Marsch —50 *Bote.*
- 21 St. Valery-Marsch —50 *Tonger.*
- Bösewichter, Polka-Mazurka —50 *Tonger.*
- Do häss do räch enn. Potpourri üb. Kölner Karnevalslieder, *P* 1.50 *Rühle.*
- Hurrah Germania, Sieges-Marsch —75 *Tonger.*
- Margaretha, Nocturne, *P* —50 *Ditson.*
- Mikado, grand potpourri, *P* 1— *Ditson.*
- Mit Sang und Klang, Karnevals-Festmarsch über 2 Melodien (J. Schmitz) —75 *Rühle.*
- Thine own, romance, *P* —60 *Ditson.*
- Tingel-Tangel-Polka —50 *Rühle.*

Bruno Silvio, Army lancers (military airs) 4— *Leonard.*
- Don't you know, polka 4— *Leonard.*
- Marietta, mazurka 3— *Leonard.*

- The powder monkey, polka 4 — *Ashdown*, 2 — *Patey*.
Bruno W. Blaue Äugla, schwarze Äugla —20 *Michow*.
Brunöhler L. op. 11 Humor, Polka u. Gesang (ad lib.) —60 *Teichgräber*.
- 21 Abschied von der Heimat, P —60 *Teichgräber*.
Brunold Ernest. op. 6 La Fusée, Die Rakete. Humoristische Polka —80, Par. Bes. 1— n *Heinrichshofen*.
Brunold P. E. Au Jardin fleuri 5—, 88 1.70 n *Demets*.
- Chanson naive, MS. T à 1.50 n *Demets*.
- Menuet. P 1.70 n *Demets*.
- Mirage 5 — *Grus*.
- Nocturne, P 1.75 n *Grus*.
- Perles de rosée, mélodie. T. B à 1.35 n *Gregh*.
- Valse impromptu 2— n *Demets*.
Brunow A. Harmonika-Schule 2reihig —75 O. *Dietrich*. —75 *Domkowsky*.
- Vier leichte Walzer: Les gardes du roi. Laßt uns scherzen. Kuß-Walzer. Les gardes de la reine. Z 1.20 *Domkowsky*.
Brunow G. Abendständchen. Z —60 *Domkowsky*.
- Andreas Hofer-Marsch —60 *Domkowsky*.
- Rondo pastorale. Z —90 *Domkowsky*.
- Salzburger Glockenspiel. Z —60 *Domkowsky*.
- Vor der Sennhütte. Ländler. Z —60 *Domkowsky*.
Brunow L. op. 5 Festklänge, 80- 2Disk- u. 1Alt-Z 2.40 *Kabatek*.
Bruns F. Cant-ama. 110 Gezelschaps- en gelegenheidsliederen —50 C. L. van Langeahuysen-Amsterdam.
- 50 Quartette, 4Pos od. 2Tenorhörner u. 2Pos 4— *Seeling*.
Brunst L. Брунстъ Л. Adieu de Schandau, P —40 *Bessel*.
- Letzter Wunsch: „Nur einmal möcht ich dir es sagen", Послѣднее желание —50 *Bessel*.
Brunt W. Naught shall make us rue, quick march, Full Band 2 8, Med. Band 2 —, Small Band 1 4 *Hawkes*.
Brunwieser Ad. Requiem. 4 Singst m. 2Vg 2Clßörner u. ausgesetzter Org 4.30. 4 Singst m. Org 2.35 *Böhm*.
Brus Jean, Avant l'attaque, marche P 1.75 n *Coutarel*, O 2— n *Buffa*, *Coutarel*.
- Baiser joyeux, mélodie-valse 1.50 n *Coutarel*.
- Le Bourdon de Cupidon, mélodie-valse 1.50 n *Coutarel*.
- Le buveur Rabelaisien, T. Bar à 3— *Sulzbach*.
- C'est après demain dimanche, T. Bar à 3— *Sulzbach*.
- La chanson du printemps, T. Bar à 3 — *Sulzbach*.
- Chantelain, T. Bar à 3— *Sulzbach*.
- Le choix difficile, Ch. s. 1.35 n *Coutarel*.
- Clairette la fleuriste, bluette 3—, av. G 1— *Humblot*.
- Cré coquin de pinson 3— *Sulzbach*.
- Crépuscule d'Amour 1.50 n *Coutarel*.
- Les Cygnes, mél.-valse 6—, Ch. s. 1— *Poulation*.
- En y allant, polka-marche, O. *Demets*.
- Jacqueline, valse 2.50 n, O 2— n *Coutarel*.
- Je sors du convent des Oiseaux 3— *Sulzbach*.

- Lucas et Lucette, duo, P 2— n *Joubert*.
- Marthe, polka 1— n *Société nouvelle*.
- Mathurine, Ch. s. 1.35 n *Coutarel*.
- Musette, mes amours 3—, Ch. s. 1— *Poulation*.
- Oserai-je? Valse lente, O. *Buffa*.
- Le Panier de Suzette, Ch. s. 1— n *Coutarel*.
- Le Pet' Pet, Ch. s. —35 n *Coutarel*.
- Saigon, polka 1— *Humblot*.
- La Sape, valse lente 1.70 n *Demets*.
- Séparation, valse, P 1.75 n *Coutarel*.
- Si-tu mentais 1.35 n *Coutarel*.
- Sorella, schottisch ou pas des patineurs, P 5—, O 1.50 n, Cond. —50 n *Demets*.
Brusa, Caro Me? P 1 — *Gori*.
Brusa A. O Salutaris, MS. Bar 1.25 *Janin*.
Brusa F. Notturno, P 3.50 *Mariani*.
- Rosa, mazur. 1.50 *Mariani*.
- Saluto, polka brill. 2— *Mariani*.
Brusa L. Divina, mazurka, 2MandChit —15 n Il *Concerto*.
Brusa Noël. op. 122 Aline, polka-maz, 1.75 a *Gallet*.
- Adelina, P 1— *Ricordi*.
- L'Annoncenne, mazurka de salon 1.30 *Cranz*.
- Le Bal Champêtre 3— *Ricordi*.
- Blanche, P 4.50 *Ricordi*.
- Caresses, mazur, 4ms 2— n *Lexique*.
- Chant de la brise, polka-mazurka 1.75 n *Gallet*.
- Chant du Pâtre, rom. P 1.75 *Janin*.
- Château de Gourdan, grande valse, 4ms 6— *Ricordi*.
- Clotilde, P 1— *Ricordi*.
- Dolce Rimembranza, piccolo fantasia, P 3.50 *Ricordi*.
- Edelweiß. Schottisch 1.75 *Janin*.
- L'Escarpolette, valse 1— n *Maroky*.
- Eventail de la Reine, gavotte 1.75 *Janin*.
- Fanny, P 1— *Ricordi*.
- Fleurs printanières, P: 1. Vent d'automne, valse, 2. En Pologne, mazurka, 3. Doux Souvenir, sérénade à 1.75. N. 1,3 MandP à 1.75 *Janin*.
- Flots argentés, valse 1.75 n, O 2— n *Gallet*.
- Françoise, mazurka, 4ms 4.50 *Ricordi*.
- Litanies du Sacré-Coeur de Jésus, à 1 ou 2 voix av. Org 1—, Ch. s. 1.50 *Janin*.
- Ludwine, Symphonie, 4ms 6.50 *Ricordi*.
- Luisa, P 1— *Ricordi*.
- Marcia 1.50 *Ricordi*.
- Marguerite, P 4— *Ricordi*.
- Marie Thérèse, rêverie, P 4— *Ricordi*.
- Marietta, P 2— *Ricordi*.
- Myosotis, valse chantée 2.50 n *Société nouvelle*.
- Nos vacances, 4ms: 1. En chemin ,marche, 2. En famille, valse, 3. En forêt, chassé, 4. En voyage, styrienne, à 1.35 *Janin*.
- Petits patineurs, mazurka 3 — *Janin*.
- Pioggia di felicità, P 1.25 *Ricordi*.
- Pluie de roses, mazurka 1.75 n *Gallet*.
- Près d'une source, *Janin*.
- Rantanplan, marche 3— *Janin*.
- 4 Récréation enfantines, P: 1. La Balançoire, valse, 2. Les Cerceaux, polka, 3. Petits patineurs, maz, 4. Ran tan plan, marche, à 1— *Janin*.
- Rimembranze di Solcio, mazur 2—, polka 1.50 *Mariani*.
- Le Rive del Lago Maggiore, Album, P 9— *Ricordi*: N. 1. Stronese, marcia 1.25, N. 2.

- 15 Drei Gesänge: Nr. 1. Rheinfahrt: Wie der Mond sich leuchtend drängt —80. Nr. 2. Loreley: Ich weiß nicht, was soll es bedeuten 1—. Nr. 3. Die Fischerbraut: Erwach, erwache Fischer 1.30 *Bosworth.*
- 16 Vier Lieder: Nr. 1. Hohe Liebe: In Liebesarmen ruht ihr trunken —80. Nr. 2. Verborgenheit: Laß, o Welt, o laß mich sein! —80. Nr. 3. Er ist's: Frühling läßt sein blaues Band —50. Nr. 4. Im Frühling: Hier lieg ich auf dem Felsenhügel 1— *Bosworth.* Nr. 1, 2 à —30. Nr. 3 —20. Nr. 4 —40 *Thieme.*
- 17 Vier Lieder 2— *Haslinger.*
- 21 Variationen, A-dur, P 2— *Breitkopf.*
- 22 Variationen, Des-dur, P 2— *Breitkopf.*
- 23 Vier Gesänge: Nr. 1. Liebesklage: Meine Herde verzehrt nicht (aus Shakespeares „Leidenschaftlichem Pilger") 1—. Nr. 2. Wolke u. Quelle: Auf meinen heimischen Bergen da sind die Wolken zuhaus 1.30. Nr. 3. Alpenwanderer: Einsam schreit ich durch die Berge 1—. Nr. 4. Des Knaben Berglied: Ich bin vom Berg der Hirtenknab 1— *Bosworth.*
- 25 Zwölf Tänze 2— *Robitschek.*
- 26 Klavierstücke à l'hongroise, P, Nr. 1 1.80 *Cranz.*
- Acht Fugen und vier Präludien aus J. Seb. Bachs wohltemperiertem Klavier als Trios, 1 Va Ve, 3 Hefte à —90 n *Breitkopf.*
- Drei Lieder Gretchens. (Aus einem größeren Zyklus von 30 Gesängen.) Nr. 1. „Ich gäb' was drum, wenn ich nur wüßt", 2. „Wie konnt' ich sonst so tapfer schmählen", 3. „Ach neige du Schmerzenreiche" 1— *Breitkopf.*
- Nachtviolen. Vier kleine Stücke, P 2.50 *Cranz.*
- Bruyer V. Bey-Marsch, pas red. *Harm* 3— n, Fanf 2— n, Cond. —25 n *Millereau.*
- Concerto, *Cl* av. P 15—, av. *Harm* ou *Fanf,* Part 10— n. p. sép. à —25 n *Evette.*
- Les Diamants du Cap. *Harm* 5—, *Fanf* 4—, Cond. —50 *Millereau.*
- Dona Sol. gr. valse, *Harm,* Part 5— n *Evette.*
- Ouverture Symphonique, *Harm* 6—, Cond. —50 *Millereau.*
- Val d'Ajol, *Harm Fanf* av. *Hautb. Harm* 7—, *Fanf* 4—, Cond. —50 *Millereau.*
- Amour d'entant, pet. valse lente 1— n *Prioré.*
- Flirt discret, petite polka 1— n *Prioré.*
- Les Jours de halte 1.70 n *Prioré.*
- Marquise, petite gavotte 1— *Prioré.*
- Roses rouges, valse 2— n *Prioré.*
- **Bruyn A.** Feesttonen, Marsch —50 *Eck.*
- **Bruyne de L.** Danse de jeunes écolières, *P* 1.35 *Georges Oertel.*
- **Bruzzo D.** 2° o. Tantum Ergo facile a due voci 4.50 *Mariani.*
- **Bruzzone B.** Parlami d'amor, mazur 1.70 n *Mariani.*
- **Bryan A.** Creed, Magnificat, Nunc dimittis in G, voc. score 3— *Novello.*
- Te Deum, Jubilate, Sanctus and Kyrie in G, voc. score 1.6 *Novello.*
- **Bryan V. P.** My rainy daisy 2/— n *Sheard.*
- **Bryan & Andino,** My yellow pansy —50 *Stern.*

- **Bryan & Morse,** When they play „God save the king" —50 *Stern.*
- **Bryan & Robinson,** All for a Woman's Love —50 *Stern.*
- **Bryans F. R.** A simple Choral Communion Card —3 *Novello.*
- **Bryant B.** Praise the Lord — 3 *Bayley,* and O my soul. SA Quart. —08 *Ditson.*
- **Bryant Gilmore W.** op. 3 N. 1. Rêverie Poétique, *P* —35 *Presser.*
- 6 Forty-three Practical Studies, *P* 1.50 *Presser.*
- 14 Fingerflight, mazurka —75 *Presser.*
- 19 First Lessons in Piano Playing 1.50 *Ellis.*
- 20 System of Scale Practice, *P* 1.50 *Ellis.*
- 24 Romance —40 *Schmidt.*
- Absence and Presence —35 *Presser.*
- April, May and June —75 *Ellis.*
- Autumn Waltz —50 *Ellis.*
- Chromatique, polka —75 *Ellis.*
- Dancing Shadows, tarantelle —40 *Ellis.*
- Delsarte March —40 *Ellis.*
- Distant Bells, caprice, *P* —75 *Ellis.*
- Finnegan —50 *White.*
- Home Folks —40 *Ellis.*
- Merriment Mazurka —40 *Ellis.*
- Saying no, but meaning yes —40 *Ellis.*
- Song of the brook, *P* —75 *Ellis.*
- Trip lightly Waltz —25 *Ditson.*
- **Bryant H.** Lord Leech's Tochter: Gleite leicht, mein Schifflein, Volkslied 1— *Germann.*
- **Bryant H. T.** Balm of Gilead —35 *Ditson.*
- **Bryant Wm. J.** A Cherub's Face —40 *Thompson.*
- **Bryart,** La Fille de Mme Angot, Fantaisie, *Harmonicor* ou *Cornet* à *P* 1— n, *HP* 2— n, *Cornet P* 2.50 n.
- Girofflé-Girofla, *Cornet P* 2— n *Joubert.*
- **Brydayne P. Le** vide Le Brydayne P.
- **Bryce W.** Hark! Tis the horn resounding, SATB — 2 *Köhler.*
- **Bryde Hans,** Zwei Lieder: 1. Duftet die Lindenblüt'. 2. Ich ging im Wald durch Kraut und Gras 1.20 *Streiber-Kiel.*
- Munichen-Marsch 1.20 *Streiber-Kiel.*
- Sechs plattdeutsche Lieder 2— *Streiber:* 1. Bispill, 2. De junge Wetfru. 3. Bussemann. 4. Matten Has'. 5. De Schipperfru. 6. Aanten int Water.
- Serenade, *VP*, *VeP* à 1.50 *Streiber.*
- **Brydges Castell,** Come home with mother 4— *Francis.*
- Forgive and make up again, waltz song —50 *Brainard.*
- Maiden and the Rose (Minstrel Orchestra) —50, acc. à —25 *Church.*
- Never more to Part, Love —40 *National Music.*
- **Brydges & Dixon,** Never More to Part, Love, waltz song —40 *National Music.*
- **Bryer D. E.** Hear my cry, SATB —05 n *Church.*
- O praise the Lord (Thanks giving), SATB —05 n *Church.*
- **Bryk H.** Old Vienna, march —50, and Richter, Echoes of Spring, polka, O, 14 pts. —80, 10 pts. —60 *Church.*
- **Bryk Rudolf,** op. 27 Don Quixote, spanischer Marsch 1.50, O 2— n, sO 1.50 n *Robitschek.*

Bryllupssang: Kærlighed fra Gud —17
Hansen.
Brymn, The Age of Spades, cakewalk, with
. *P. 10 Instr* —75, *14 Instr* —95, *FullO* 1.15
Stern, Milit. Band —50 *Royal Music Co.,*
Full Band —50 *Stern,* and L. E. Ber-
liner, The Egyptian Mummy, Dance, *10
pts. P* —75, *14 pts. P* —95, *FullO* 1.15
Royal Mus. Co.
Brymn James T. Josephine, My Joe —50
Mc. Kinley. (Bonheur Kinderg. Series 59)
P — 6 n *Sheard.*
  Kickapoo Dance —50 *Stern.*
· Please let me sleep 2 — n *Francis.*
  Since Rasus went to gay parel — 50 *Stern.*
Brymn & Estren, My Clo —50 *National
Music.*
· My Little Zulu Babe —50, *Band* — 30,
BandG —40, 2*BandG* —50 *National Music.*
· Night Was Made for Coons —50 *National
Music.*
· Say, Lize, Will You Be My Honey? —50
National Music.
Brymn & A. Wise, Mary, Don't You Hear
Me Calling? —50 *National Music.*
Bryne J. H. Silver bells unison (Chor. for
Equal Voices 116) — 2 *Curwen.*
Bryon d'Orgeval, Le retour 1.70 n *Gregh.*
Брызгаловъ И. Шопотъ цвѣтовъ —30
Gutheil.
· Не могу разлюбить —40 *Gutheil.*
Bryson R. E. op. 26 *Og*: N. 1. Prelude 2 —.
  N. 2. Quasi Fantasia 3 —. N. 3. March
  3 —. N. 4. Berceuse 2 —. N. 5. Carol 2 —.
  N. 6. Allegro deciso 3 — *Donajowski.*
· Adagio Cantabile. *VPH* 1 — n *Norello.*
· Allegro Moderato, *Org* 2 — *Norello.*
· Church Preludes, *Org*: N. 1, 2 1 —, N. 3, 4
  1 —. N. 5, 6 1 — *Norello.*
· Fantasia-Ouverture, *Og* 3 — *Donajowski.*
· Lord is my Shepherd, mix. quart. —10
  Ditson.
· Prelude and Fugne, *Og* 3 — *Donajowski.*
· Processional Fantasia, *Og* 4 — *Donajowski.*
· The sea hath its pearls —30 *Church.*
· Sonata in C minor, *Og* 3 6 n *Forsyth.*

Brzezinska F. *Sennewald:*
· ...Archaniol" —20.
· La Cloche (Dzwon) Nocturno, *P* —30.
· Krótkie melodyjne preludya, *P* —60.
· „Modlitwa" —15.
· Niebieskiego dworu Pani Pieśń do Matki
  Boskiej —30.
· Oczekiwanie, *P* —30.
· Pieśń do Matki Boskiej (N. 3) —15.
· Pieśń d S-go Wiktora —15.
· La Résignation, mélodie, *P* —30.
· Wgórach, *P* —30.
Brzezinski H. „Geisha et Co.", kadryle z
  operetki „Geisha", *P* —60 *Sennewald.*
· „Matulu kochana" —45, mazur —45, *mO*
  2— *Sennewald.*
· Mile wspomnienia Mazur i Krasus ki St.
  op. 55. Très chic, Polka, *O Głosy* —90 n
  Gebethner.
· „Nasz mazur" —30 *Sennewald.*
· Nasze Chłopskie Obertasy, *P* —50 *Sennewald.*
· Oj! ten Mazur, Mazur —30 *Gebethner.*
· 2 Polonezy, *P* —40 *Sennewald.*
· Tout neuf en XX siècle, quadrille —50
  Gebethner.

· Trzy Mazury: Jubileuszowy. Mile wspom-
  nienia, Lesnierski —40 *Gebethner.*
Brzowski J. op. 7 Zwei Polonaisen für Piano-
  forte 1 — n *Breitkopf.*
· 8 Vier Mazurkas 1.50 *Kistner.*
· 12 Trois Mazurkas pour *P* 1.75 *Schott.*
· Esquisse d'une impression pathétique. Im-
  promptu-étude, *P* —60 *Sennewald.*
· Der Freischütz, rondeau brill. sur le Finale
  de l'Opéra, *P* 1.50 *Hofmeister.*
B. S. Brazilianas (samba) Tango, *P* 2—
  Bevilacqua.
· Jango, *P* 2 - *Bevilacqua.*
· Samba, *P* 2 *Bevilacqua.*
· Sorpresa, polka 1.50 *Bevilacqua.*
· Zaruf an unsere Brüder in Schle-wig-Hol-
  sein. Kriegslied: „Und wenn auch nicht-
  mehr übrig bliebe", *TTBB* (mit Horn-
  musik ad lib.), *Part* —50 *Fürstner.*
Buarque M. Camelia valsa 1— *Napoleao.*
Bubali Eugenio, L'abbandono 1— n *Cottrau.*
· L'amor tradito 1— n *Cottrau.*
· Ave Maria, *ST* 1— *Eerenbeemt*, con P(Org)
  2— *Ricordi.*
· La Capricciosa, valzer, canto 1— n *Cottrau.*
· 50 Esercizi sul Mecanismo del Violino 3— n
  Venturini.
· Le Fioraje, duetto 1.50 n, (detto) L'ora
  vespertina, melodia 1— n *Cottrau.*
· Glieroi di Dogali, gran marcia per concerto
  3— *Eerenbeemt.*
· Intorno ai lidi ameni —60 n *Cottrau.*
· La Luce, gran marcia trionfale, *Banda* 2— n
  Lapini.
· Non mi ama più 1— n *Cottrau.*
· L'onomastico della Nona 1— n *Cottrau.*
· L'ora vespertina —70 *Eerenbeemt.*
· L'orfanella 1— n *Cottrau.*
· Pater noster, *H (Org)* —75 *Eerenbeemt.*
· La Preghiera 1— n *Cottrau.*
· Quando del core un palpito 1— n *Cottrau.*
· Stabat Mater a sole voci 3— *Eerenbeemt.*
· Sull' Apennino, valzer —75 *Eerenbeemt.*
· Su la terra errando andrai —50 n *Cottrau.*
· Vir fidelis, Mottetto per la festa di S. Giu-
  seppe, a due parti adattabili a qualsiasi
  voce con *Org* —50 *Eerenbeemt.*
Bubble Song 4 — *Reynolds,* 2,—n *Sheard.*
Bubeck G. Unter der Linde, *P* —60 *Tourbié.*
· Unter Palmen, *P* —60 *Tourbié.*
Bubeck Theod. op. 1 Variationen über ein
  Originalthema, *P* 3— *Simrock.*
· 2 Vier Klavierstücke: 1. Träumerei. 2. Vergißmeinnicht. 3. Tränen, 4. Ländler 3—
  Simrock.
· 4 3 Morceaux, *P*: 1. Petite Valse. 2. Berceuse.
  3. Etude 1— *Jurgenson.*
· 6 Drei Kinderstücke, *P*: Kleine Ballade. Sanfter
  Vorwurf. Mazurka 1.25 *Jurgenson.*
· 7 Prelude, *P* —50 *Jurgenson,* —30 *Seywang.*
· 9 Etude, *P* 1.50 *Jurgenson.*
· 1. Abschied vom Liebchen —80, 2. Traum
  —60 *Zumsteeg.*
· 10 Zwei Lieder: 1. Weiße Lilie. 2. Zweifel
  à —65 *Jurgenson.*
· 11 Herbstlied, *VeP* 1.10 *Jurgenson.*
· 12 Polonaise, *Ins* —80, *O Part* 2—, p. s.
  4.50 *Jurgenson.*
· 13 Zwei Lieder, russ. u. deutsch: 1. Die blauen
  Veilchen, Голубія фіалки —20. 2. Heute bin

ich ein kränkelndes Kind. Честодив — 40 *Jurgenson.*
- 14 Deux Morceaux, *P*: 1. Méditation — 10, 2. Intermezzo — 30 *Jurgenson.*
- 15 Deux Miniatures, *P* — 10 *Jurgenson.*
- 18 Andante cantabile, *VcP* 2.50 *Jurgenson.*
- Schlummerliedchen, *P* — 30 n *Grüninger.* — 30 *Seyrang.*
- Элегія. „Я умру зимней ночью" — 75 *Seyrang.*
- Да, тебя я могла бы любить — 50 *Seyrang.*
- Какъ мальчикъ кудрявый плыла — 50 *Seyrang.*

Bubela J. „Honzík a táta". Žertovný rkasák *TTBB P* (Sbírka českých zpěvů, seš. 1.18). Part a hlasy â — 20) 1.80 *Starý.*
- „Tutti frutti". Žertovný sbor, *TTBB P* (Sbírka českých zpěvů, seš. 1.20), Part a hlasy 5.60, hlasy à — 60 *Starý.*
- „Zlatá pravidla života". Žertovná čtverylka, *TTBB P* (Sbírka českých zpěvů, seš. 1.19), Part a hlasy 4—, hlasy à — 30 *Starý.*

Bubke E. Romanze, *VP* 1.35 *Jurgenson.*

Bubna A. de, Cherry Valley, grand polka brillante, *P* — 50 *Gordon.*
- Gipsy (Leutner), polka — 30 *Gordon.*
- Nun's prayer (Oberthür), transcr. *P* — 30 *Gordon.*
- Octoroon, galop — 30 *Gordon.*
- Selected popular melodies. Don Pasquale, Rigoletto, William Tell, Stradella, Belisario, *P* — 40 *Gordon.*
- Sunny side, polka — 30 *Gordon.*
- T r o v a t o r e, anvil chorus, *P* — 35 *Ditson.*
- Vespers Sicilien, barcarolle, *P* — 35, Bolero, *P* — 35 *Gordon.*
- Zanetta Mazurka — 35 *Gordon.*

Bubna Karl De. Fraternity March — 40 *Presser.*
- In the Moonlight, *P* — 40 *Presser.*
- Wilhelmina, *P* — 30 *Presser.*

Bucalossi B. Brigata, op. 21 Dollies. Puppen-Tanz — 60, O 2 — n *Zimmermann.*
- King's Own March — 3 *Francis.*
- Nell Gwyn Valse. *FullO* 1 6, Sept. 1 — *Morley.*

Bucalossi P. (Ernest), A bon chat, bon rat, polka 1.75 n *Durand,* — 30 *Bosc,* O 2 — n *Durand.*
- After the Battle 4 — *Ricordi.*
- Ailsa Mine, valse 2 — *Boosey.*
- Alexandra, barn dance 2 — n *Ascherberg.*
- Andalusia, *P* 1.6 n *Jefferys.*
- Apparition, valse 2 — n, O 2 — n *Durand.*
- Apart and together 4 — *Ascherberg.*
- Ariel, valse gracieuse, nouv. Éd. 1.50, O (Oelschlegel) 2.40 n *Schott.*
- As once we met, S. *MS* à 4 — *Orpheus.*
- Aurora, schottisch 4 — *Chappell.*
- A votre santé, polka 4 —, (Orch. Magaz. 5) *SmallO* 1 — n, *FullO* 2 — n *Leonard.*
- Bajadère. waltz 4 —, 6— *Enoch,* Full Band 4 —, Med. Band 3 —, Small Band 2 — *Hawkes,* O 2 — n *Enoch.*
- Barbara Polka 4 —, (Will Smallwood Pleasing Themes 37) 1 — *Chappell,* 1.75 n *Durand, VCoraetP* (Unique Journals 4) 1 — *Cundy,* (Orchestral Journal 246) *FullO* 2 — n, Sept. 1 — n *Chappell,* O 2 — n *Durand.*

- Barcarolle (on Tosti's Song), waltz 4 *Enoch.*
- Basoche: Lancers 2 — *Boosey,* 4 *Chappell;* Quadr. 2 — *Boosey,* 4 — *Chappell;* Waltz 4 —, (Orchestral Journ. 278) *FullO* 2 — n, Sept. 1 — n *Chappell.*
- Beauty Waltz 4 — *Metzler.*
- Best for both. *MS* B à 4 — *Ricordi.*
- Biondina, valse. *Durand,* P 2 — n, *Ims* 3 — n, *P'Uand* 2.50 n, Pf, PfI à 3 — n, 14 *MandO* 1.75 n, *P2Uand* 3 — n, *2MandG* 2 — n, O 2 — n.
- B l a c k m a n t l e s (Schwarzmäntel) (Manteaux Noirs), Comic opera: Voc. score 5 — n, *P* score 2 6 n *Cramer;* Overture: *P* — 75 *White,* Heart sighs ever to be free 4 — *Cramer,* Potpourri: *P* (F. Brissert) 3— *Bote,* Selection: *P* (G. Wiegand) 1 —, *FullO* 1.50 n, 14 *Instr* 1.25 n, 10 *Instr* 1 — n *Fischer.* Airs: *P* (W. Kuhe) 4 — *Cramer,* Fant. *P* (W. Kuhe) 2.50 *Bote,* Galopp (F. Andibert) 1— *Bote,* O (Amateur Orchestra 35) — 75 *White;* Lancers 4 — *Cramer,* (Boettger C.) — 50 *Fischer, FullO* 1 6 n, Sept. 1 — n *Cramer, FullO* 1 — n, 14 *Instr* — 80 n, 10 *Instr* — 60 n, *P* acc. — 15 n *Fischer,* Polka (W. Williams) 1.50 *Bote,* Quadrille 4 —, *FullO* 1 6 n, Sept. 1 — n *Cramer,* Waltz 2 — *Bote,* 4 —, *FullO* 1 6 n, Sept. 1 — n *Cramer.*
- T h e B o h e m i a n s, valse 2 — n, O 3 — n *Ricordi.*
- C a n I forget 4 — *Williams.*
- Careless Cuckoos, barn dance, *FullO* 1—, *SmallO* — 75, *P* acc. — 40 *Hawkes, FullO* 1 —, 14 *Instr* — 90, 10 *Instr* — 75, *P* acc. — 40 *Stern.*
- Carillon de minuit, polka 1.75 n, O 2 — n *Durand.*
- Carneval-Polka — 60 *Veldner,* 1.20 *Bosworth,* — 40 *Wood,* 3 — *Carisch, Pisano,* — 40 *Idzikowski,* — 75 *Lundquist,* O 1.50 n *Bosworth.*
- Chop-Chop, polka 2 — n, *FullStO* 1 6 n, Sept. 1 — n *Wickins.*
- Christmas Dreams, waltz 4 —, (Orchestral Journal 289) *FullO* 2 — n, Sept. 1 — n *Chappell.*
- Ciribiribin, valse (Pestalozza A.) 6 —, sO 3 — n *Carisch.*
- Colonel Waltz 4 — *Hopwood.*
- Colonial, polka 4 —, Orchestral Journal 188) *FullO* 2 — n, Sept. 1 — n *Chappell.*
- Con Amore Waltz 4 — *Metzler.*
- Coon Songs, lancers 2 — n *Sheard.*
- Corinne Valse 2 — *Boosey.*
- A country lass 4 — *Williams.*
- A County Ramble, polka 4 —, (Orchestral Journal 273) *FullO* 2 — n, Sept. 1 — n *Chappell.*
- Crown of Roses, polka 3 — *Cramer.*
- Cupid and the Princess or L'Amour Mouillé, lancers 4 —, *FullO* 2 — n, Sept. 1 6 n *Keith.*
- Daddy Waltz 2 —, (String-Band Magaz. 105) *SmallO* 1 —, *FullO* 2 — *Boosey.*
- Danse des Pierrots (Morceau Charactéristique) *P* 4 — *Hopwood.*
- Darkie's Serenade, P, Banjo à 2 — (String-Band Magaz. 132) *SmallO* 1 —, Cornet part — 3, *P* acc. 2 — n, Song 2 — *Boosey.*

- The D'Auban, pas de Quatre 2 — n *Sheard*.
- Dawn of Day Waltz (Prom. Pearls 50) 1/—, *VP* (Treablearne Winds Ser. 17) 1/6 *Hopwood*.
- Dear Erin. waltz, *FullO* 1—, *SmallO* —75, *P* acc. —40 *Hawkes*.
- Deenah, Dinah Do, waltz 2 — n *Sheard*.
- Dolce far niente. valse 6—, *sO* 3— n *Carisch*.
- Dolly Gray, *P* 4/— *Sheard*.
- D o r i s: Lancer 4 —, *4ms* 4—, (Orchestral Journal 236) *FullO* 2 — n, Sept. 1 — n *Chappell*; polka 4/— *Chappell*, quadrille 4/—, *4ms* (Orchestral Journal 237) *Full O* 2 — n, Sept. 1/— n *Chappell*; waltz 4 — (W i l l i a m S m a l l w o o d, Pleasing Themes 28) 1/—. *4ms* 4/—, (Orchestral Journal 238) *FullO* 2 — n, Sept. 1 — n *Chappell*.
- D o r o t h y: Lancers 4 —, *4ms*, 6ms à 4 —, (Orchestral Journal 193) *FullO* 2/—n, Sept. 1/— n *Chappell*; Polka 4/—, (Orchestral Journal 195) *FullO* 2/— n, Sept. 1 — n *Chappell*; Quadrille 4 —, *4ms* 4 —, (Orchestral Journal 194) *FullO* 2/— n, Sept. 1 — n *Chappell*; Waltz —75 *Century Music Publish*, 4 — *Chappell*. —60 *Fischer*. —50 *Gordon*, *4ms* 4/—, (Orchestral Journal 192) *FullO* 2/— n, Sept. 1 — n *Chappell*, *FullO* 1— n, *14 Instr* —80 n. *10 Instr* —60 n. *P* acc. —15 n *Fischer*.
- Douce espérance, valse 2— n, *O* 2— n *Durand*.
- Douglas Gordon Waltz 4/— *Metzler*.
- Dream stars, waltz 2/— n *Boosey*, *VCornet P* (Unique Journals 3) 1— *Cundy*, (String Band Magaz. 97) *SmallO* 1/—, *FullO* 2/— *Boosey*
- Eastern Patrol, march of the Turkish Guards 2— n *Ricordi*, —25 *Bessel*.
- Estremadura Waltz 2/— *Boosey*.
- Exotique, polka 1.75 n, *O* 2 — n *Durand*.
- Fair Japan, waltz 2/— n, *FullstO* 16 n. Sept. 1/— n *Wickins*.
- Fedora waltz —75 *Brainard*, *Ditson*, —35 *Ellis*, —75 *Gordon*, 4/ *Hopwood*, 1— *National Music*, —75 *White*, *4ms* 4/— *Hopwood*, *O 14 parts* —75, *10 parts* —50 *Cundy*, *FullO* 1— n, *14 Instr* —75 n, *10 Instr* —50 n, *P* acc. —15 n, *Milit. Band* (Amer. Star Journal 148) —50 n *Fischer*.
- Firelight fairies, *S. C. Bar* à —50 *White*.
- Flying Colours, polka-march 2/— n, (String-Band Magaz. 102) *SmallO* 1—, *FullO* 2 — *Boosey*.
- Flying moments, polka 2 — *Boosey*, —35 *Gordon*.
- Fredigonda Waltz 4/— *Metzler*.
- Frimousse, polka 1.75 n, *O* 2— n *Durand*.
- Future Mrs'Awkins' Waltz 4/— *Reynolds*.
- Garden of Sleep, waltz 4/—, *4ms* 4 —, (Orchestral Journal 221) *FullO* 2/— n, Sept. 1 — n *Chappell*.
- Gitana, vals 1— *Elkan, Hansen*, —40 *Seneewald*, 1— *Brainard*, —60 *Ditson*. —75 *Fischer*, *Gordon*, 1— *National Music*, —75 *Schirmer*, *White*, —60 *Willig*, 2— n. fac. 1— n *Durand*, 2— n *Ghéluwe*, *Schott Frères*, —35 *Bessel*, —30 *Lyre*, 2— *Napoleao*.

- *4ms*: —75 *Ditson*, *White*, 3— n *Durand*, —75 *Bessel*, *Lyre*, Z (M e s s n e r) 1.20 *Junne*, *G* 1.50 n, 1, *Fl*, *Cornet*, *Cornet à P* à —25 n, *P.Mand* 2.50 n *Durand*, *VP* 1— *White*. (M a y) —35 *Willig*, 3— n, *PFl* 3— n, *V(Mand)G* 1.75 n, *P2Mand* 3— n. *2MandG* 2— n *Durand*, *mO* (J. H. M a t t h e y) 4— n *Junne*, *FullO* 1— n, *14 Instr* —75 n, *10 Instr* —50 n, *P* acc. —15 n, *Milit. Band* (Universal Band Journal 128) 2— n *Fischer*, *O* 2— n. *Harm* cond. et p. sép. 7.50 n *Durand*, *Harm* ou *Fanf* (G r o g n e t). Part 7.50 n *Evette*, *O* 2— *Ghéluwe*, *Banda* 2— *Guimaraes*. Choeur à 4 voix d'hommes 2— n, *Ch. s.* —35 n *Durand*.
- G i r o u e t t e: Lancers, (Orchestral Journal 244) *FullO* 2/— n, Sept. 1/— n *Chappell*; Quadrille 4/—. (Orchestral Journal 247) *FullO* 2/— n, Sept. 1/— n *Chappell*; Waltz 4/—, (Orchestral Journal 240) *Full O* 2— n, Sept. 1 — n *Chappell*.
- Golden Hours Waltz 4/— *Hopwood*.
- G o n d o l i e r s: Lancer 4/—, *4ms* 4/—, (Orchestral Journal 251) *FullO* 2/— n, Sept. 1/— n *Chappell*; Polka 4—, (Orchestral Journal 253) *FullO* 2/— n, Sept. 1/— n *Chappell*; Quadrille 4/—, *4ms* 4/—, (Orchestral Journal 252) *FullO* 2/—n, Sept. 1/— n *Chappell*; Waltz 4/— *Chappell*, —50 *Willig*, *4ms* 4/—, (Orchestral Journal 250) *FullO* 2/— n, Sept. 1/— n *Chappell*.
- Grand Duke Waltz, (Orchestral Journal 334) *FullO* 2/— n, Sept. 1/— n *Chappell*.
- Graziella, *P* 1/6 n *Jeffery*.
- La Graziosa, waltz 4/— *Chappell*, 2— n *Durand*, (Orchestral Journal 260) *FullO* 2/— n, Sept. 1 — n *Chappell*, *O* 2 — n *Durand*.
- H a d d o n H a l l: Lancers 4/—, *4ms* 4/—, (Orch. Journal 295) *FullO* 2 — n, Sept. 1/— n *Chappell*; Polka 4/—, (Orch. Journal 293) *FullO* 2/— n, Sept. 1 — n *Chappell*; Quadrille 4/—, (Orchestral Journal 296) *FullO* 2/— n, Sept. 1 — n *Chappell*; Waltz 4/—, *4ms* 4/—, (Orch. Journal 294) *FullO* 2/— n, Sept. 1/— n *Chappell*.
- H ä n s e l u n d G r e t e l, Walzer 2— *Nouv. Edit.*, 1.50 *Schott*, —40 *Gutheil*, *4ms* 3—, kl. *O* 2.40 n, gr. *O* 3.60 n *Schott*.
- Happy-Go-Lucky Polka —40 *Fischer*, 4/—, (Orch. Magaz. 76) *SmallO* 1/— n, *FullO* 2/— n *Leonard*, and H. T e l l a m, Le Carneval de Nice, polka, *FullO* 1— n, *14 Instr* —80 n, *10 Instr* —60 n, *P* acc. —15 n *Fischer*.
- The Harem, valse orientale —75 *Coleman*, 5— *Ricordi*, —45 *Bessel*, *MandP*, *Mand Chit* à 4— *Ricordi*, *FullO* 1—, *14 pts.* —80, *10 pts.* —60, *Milit. Band* 2— *Coleman*.
- Heart sighs ever be free 4/— *Williams*.
- Hésitation, valse 2— n, *4ms* 3— n, *PV*, *PFl* à 3—, n, *O* 2— n *Durand*.
- Honey, my Honey Polka 4/— *Hopwood*.
- Hongroise Mazurka 5—, *sO* 2— *Carisch*.
- Hortensia, valse 5—, *O* 3— n *Carisch*.
- A Hunting Scene, *P* 4/— *Chappell*, *FullO* 1.50, *SmallO* 1—, *P* acc. —40 *Hawkes*, *FullO* 1.25 n, *14 Instr* 1— n, *10 Instr*

—75 n. *P ace.* —30 n, *Milit. Band* (Universal Band Journal 91) 2— n *Fischer.*
- I built a palace —30 *White.*
- Ideala Waltz 4 — *Hopwood.*
- Iris Waltz 2 — *Boosey.* —75 *White.* (String-Band Magaz. 101) *SmallO* 1/—, *FullO* 2 — *Boosey.*
- Knave of Clubs, polka 4 —, (Will. Smallwood, Pleasing Themes 24) 1— *Chappell,* *VCornetP* (Unique Journals 1) 1— *Candy,* (Orch. Journal 214) *FullO* 2/—n, Sept. 1 —n *Chappell, FullO* 1—. 1½ *pts.* - 80, 10 *pts.* —60 *Candy.*
- Königsgardist-Quadr. 1.50 *Bosworth.*
- Ladye Fayre Valse 4 — *Hopwood.*
- Later on —40 *Brainard.* 4 — *Williams.*
- Lena Valse 4 — *Hopwood,* 2 — n *Durand,* 1— *Gehrman, V(Mand)* —25 n, O 2— n *Durand.*
- Life's Lullaby (on Gerald Lane Song), waltz 4 — *Enoch.*
- Lost love (Regret) 4 — *Leonard.*
- Love is never blind, *ST* 4— *Cramer.*
- Love, I will love you ever, waltz, song —50 *Brainard,* —35 *Ditson, Gordon,* 4— *Hopwood,* —40 *National Music.*
Love's noonday 4— *Ascherberg.*
- Love's old sweet song, waltz 2 n. (String-Band Magaz. 122) *SmallO* 1/—, *FullO* 2/— *Boosey.*
- Les Lutins, polka, O 2—n *Durand.*
- Mabel 2 — n *Ascherberg.*
Maiden Dreams, waltz 4— *Cramer, VCornetP* 1— *Ditson,* (Orch. Journal 100) *Full O* 1 6 n, Sept. 1—n *Cramer.*
Manteaux Noirs vide Black mantles.
- Ma Reine, valse, *VP, FVP* (E. Thuillier) à 2.50 n *Joubert.*
- Margery valse 2 —n, *FullO* 1 6, Sept. 1— *Morley.*
- Marjorie Waltz 4 — *Metzler.*
- Masque Waltz —75 *Boston, Music Co.*
- Merry Footsteeps, polka 4/— *Chappell,* —35 *Ellis,* (Orch. Journal 167) *FullO* 2/—n, Sept. 1—n *Chappell.*
- Merry monkeys, polka 2—n *Wickins.*
- Mia Cara (My dearest), waltzes —75 *Brainard,* 4 — *Chappell,* —75 *Gordon,* 1— *National Music,* —65 *White,* 2—n *Durand,* —50 *Bessel, Lyre; ½ms* 4'— *Chappell,* 3—n *Durand,* —75 *Bessel, V(Mand)* —25 n, *P2Mand* 2.50 n, *PV, PFV* à 3—n, *V(Mand)G* 1.75 n, *P2Mand* 3—n, *2Mand G* 2—n, (Orch. Journal 135) *FullO* 2/—n, Sept. 1—n *Chappell, Milit. Band* (American Star Journal 297) —50 u *Fischer,* O 2—n *Durand.*
- Midnight Chimes, polka 4 —, (Orch. Journ. 306) *FullO* 2/—n, Sept. 1—n *Chappell.*
- Midnight hour 4 — *Chappell.*
- Mikado: Operette (Sullivan), lancers 4/—, ½ms 4 —, (Orch. Journal 175) *FullO* 2—n, Sept. 1—n *Chappell;* Marsch —50 *Nordisk Musikforlag;* Polka —50 *Nordisk Musikforlag,* —35 *Gordon,* (Orch. Journal 177) *FullO* 2/—n, Sept. 1—n *Chappell;* Quadrille 4/—, ½ms 4'—, (Orch. Journal 176) *Full O* 2/—n, Sept. 1—n *Chappell;* Waltz 1— *Hansen,* 2— *Nádor,* 4 — *Chappell,* —75 *Ditson, Gordon, White,* —60 *Willig,* —25 *Smit,* —45 *Gutheil,* 1— *Gehrman* 2—

Napoleon, ½ms 4— *Chappell, CornetP* —30 *White, VCornetP* 1.25 *White,* (Orch. Journal 174) *FullO* 2 —n, Sept. 1 — n *Chappell, Banda* 2— *Guimaraes.*
- Military Polka 4/— *Leonard,* —50 *Fischer.*
- Mirette: Lancers 4—, (Orch. Journal 316) *FullO* 2 —n, Sept. 1—n *Chappell;* Waltz 4—, (Orch. Journal 315) *FullO* 2—n, Sept. 1—n *Chappell.*
- Miss Decima: Lancers 4—, *FullO* 1 6 n, Sept. 1—n, *Milit. Band* 2'—n, *Brass Band* 1 6 n, extra parts —3 n *Ascherberg;* Waltz 4 —, *FullO* 1 6 n, Sept. 1 —n, *Milit. Band* 2—n, *Brass Band* 1 6 n, extra parts — 3 n *Ascherberg.*
- Mon Amour, waltz 4 — *Chappell,* 2— n *Durand, Schott Freres,* —50 *Newparth, ½ms* 4— *Chappell,* 3—n, *P2Mand* 2.50 n, *PV, PFV* à 3—n, *V(Mand)G* 1.75 n, *P 2Mand* 3—n, *2MandG* 2—n *Durand,* (Orch. Journal 149) *FullO* 2 —n, Sept. 1—n *Chappell, O à cordes* 2— n *Debert,* O 2—n *Durand.*
- Moonlight, galop 3 — *Cramer.*
- The moonlight sail, barcarolle, *P* 3 — *Ashdown.*
- Mountebanks. *Chappell;* Lancers 4 —, (Orch. Journal 283) *FullO* 2 —n, Sept. 1—n; Polka 4—; Quadrille 4 —, (Orch. Journal 284) *FullO* 2 —n, Sept. 1—n: Waltz 4—, (Orch. Journal 282) *FullO* 2 —n, Sept. 1—n.
- My Darling Waltzes —80 *National Music,* 4— *Ricordi,* O, 1½ pts. —75, 10 pts. —50 *Candy,* O, Part 2—n, Sept. 1—n *Ricordi.*
- My Girl, waltz. *Price.*
- My Love Waltzes —80 *National Music.*
- My only love, *P* —60 *Boston Music Co.*
- My Pet, waltz 4 — *Chappell,* —80 *National Music, ½ms* 4—, (Orchestr. Journal 179) *FullO* 2—n, Sept. 1 — n *Chappell.*
- My Queen Waltzes —60 *National Music,* *V(Mand)P* —50 *Presser,* O, 1½ pts. —75, 10 pts. —50 *Church; FullO* 1—n. 1½ *Instr* —75 n, 10 *Instr* —50 n. *P ace.* —15 n, *Milit. Band* (Universal Band Journal 68) 2—n *Fischer, Standard Music Co.;* arr. male quart. —08 *Brainard.*
- My Sweeter Self, vocal waltz, *S. MS* à 4— *Ricordi.*
- The Nautch Girl. *Chappell;* Lancers 4 —, ½ms 4 —, (Orch. Journal 271) *FullO* 2—n, Sept. 1—n; Quadrille 4 —, ½ms 4 —, (Orch. Journal 272) *FullO* 2/—n, Sept. 1—n; Waltz, ½ms 4/—, (Orch. Journal 270) *FullO* 2/—n, Sept. 1—n.
- New Barmaid; Lancers, Valse à 4/— *Hopwood.*
- Night and morn, vocal waltz 4'—, voice part —/2 n *Chappell,* transcr. *P* —75 *White, ½ms* 4 —, (Orch. Journal 183) *FullO* 2/—n, Sept. 1 — n *Chappell.*
- Ninette, *P* 4— *Willcocks.*
- Niobe Valse 2 — *Boosey.*
- Not worth powder and shot 4 — *Ashdown.*
- Oh! Susannah Barn Dance, (Band Journal 365) *FullO* 1 6, Sept. 1/—, *Band* parts 1/— *Francis.*
- Ole Kentucky Barn Dance 4— *Hopwood.*
- One summer's Day, waltz 4/—, (Band Journal 374) *FullO* 1 6, Sept. 1— *Francis.*
- Oriental Boat Song, *S. MS* à 4— *Ricordi.*

- O schöner Rhein. Walzer 2 – *Bosworth.*
  Our barn dance. *P* 2 — *Boosey.*
- Paa Drömmens Vinger. *P* 1— *Nordisk Musikforlag.*
- Pagliacci (Bajazzo). Prologue, *FlO* 5 — n. ½ms Pe 7.6 n. *FullO* 10.6 n *Tscherberg*; Waltz 2 — *Fürstner*, 4 — *Tscherberg*, kl. O 4 — *Fürstner*, *FullO* 1.6 n. Sept. 1 — n. *Mild. Band* 2.6 n *Tscherberg.*
- P. and O. Polka 4 —, (W i l l i a m S m a l l w o o d, Pleasing Themes 19) 1 — *Chappell*, —35 *Gordon*, (Orch. Journal 145) *FullO* 2 — n. Sept. 1 — n *Chappell.*
- Pandora, waltz 4 — *Leonard*, 2 — n *Morley.*
- Pastorella, waltz 4 — *Chappell*, 2 — n *Durand*, ½ms 4 —, (Orch. Journal 225) *FullO* 2 — n. Sept. 1 — n *Chappell*, O 2 — n *Durand.*
- Pearl of the Ocean (Perle de l'océan), waltz 4 — *Chappell*, 2 — n *Durand*, —40 *Bessel*, ½ms, VP, PfT à 3 — n *Durand*, (Orch. Journal 274) *FullO* 2 — n. Sept. 1 — n *Chappell*, O 2 — n *Durand.*
- Pen-serosa, valse 6 —, 4 —, O 2 — n, *Harm* 6 — n *Enoch. Harm ou Fanf*. Part 7.50 n *Evette.*
- P e p i t a, *Chappell*: Lancers 4 —, ½ms 4 —, (Orch. Journal 200) *FullO* 2 — n. Sept. 1 — n: Quadrille 4 — : Waltz 4 —, ½ms 4 —, (Orch. Journal 199) *FullO* 2 — n. Sept. 1 — n.
- Phyllis, waltz 4 — *Chappell*, 1 — *National Music*, (Orch. Journal 168) *FullO* 2 — n, Sept. 1 — n *Chappell.*
- Pick-a-Back, polka 4 —, (Orch. Journal 226) *FullO* 2 — n. Sept. 1 — n *Chappell.*
- Pique-nique. polka 1.75 n. O 2 — n *Durand.*
- Playmates, waltz —75 *Fischer, White, FullO* 1 — n, 1½ Instr — 80 n, 10 Instr —60 n, P acc. —45 n *Fischer*, Action Song 1 —, Voc. part — 2 *Curwen.*
- Pluie d'étoiles, valse 2 — n, O 2 — n *Durand.*
- Polka des Gosses 1.75 n, O 2 — n *Durand.*
- Polka des Lutins 1.75 n *Durand.*
- Polka des petits singes 1.70 n *Costallat.*
- Polnisch Blut, Mazurka 1.25 *Carisch.*
- Porte-bonheur, polka 5 —, O 2 — n *Carisch.*
- Primavera, waltz 4 —, 6 —, O 2 — n, *Harm* 7.50 n *Enoch. Harm ou Fanf*. Part 7.50 n *Evette.*
- P r i n c e s s I d a. *Chappell*: Polka 4 —, ½ms 4 —, (Orch. Journal 161) *FullO* 2 — n, Sept. 1 — n: Quadrille, ½ms 4 — (Orch. Journal 159) *FullO* 2 — n, Sept. 1 — n: Waltz 4 —, ½ms 4 —, (Orch. Journal 154) *FullO* 2 — n, Sept. 1 — n.
  The Queen of my Heart, waltz 4 —, ½ms 4 —, (Orch. Journal 197) *FullO* 2 — n, Sept. 1 — n *Chappell.*
- Queen of the North, waltz, *FullO* 1 —, *SmallO* —75, P acc. — n *Hawkes.*
- Regetta, galop 3 — *Cramer.*
- Reine du Carnaval, valse 2 — n, (Boosey's String-Band Magaz. 138) *SmallO* 1 —, *FullO* 2 — *Boosey.*
- Rêve de Noël, valse 2 — n, O 2 — n *Durand.*
- Rêve d'Eté (Dream of Summer, waltzes) —75 *Coleman*, 4 — *Leonard*, —75 *Schirmer. FullO* 1 — n, 1½ pts. —75, 10 pts. —60 *Coleman*, (Orch. Magaz. 79) *FullO* 2 — n. *SmallO* 1 — n *Leonard.*

- Reveil d'aurore, valse 2 — n, —40 *Johansen.* ½ms 3 — n, O 2 — n *Durand.*
- Rhoda, waltz 4 — *Chappell*, 2 — n, O 2 — n *Durand*, ½ms 4 —, (Orch. Journal 213) *FullO* 2 — n. Sept. 1 — n *Chappell.*
- Romeo and Juliet, waltz 4 —, (Orchestral Journal 287) *FullO* 2 — n. Sept. 1 — n *Chappell.*
- Romola, waltz, P with *Mand* ad lib. 2 — n *Wickins.*
- Rosetta, mazurka 5 —, O 2 — n *Carisch.*
- Ruby Waltz 4 — *Metzler. Full Band* 4 —, *Mil. Band* 3 —, *Small Band* 2 — *Hawkes.*
- R u d d i g o r e. *Chappell*: Lancer 4 —, ½ms 4 —, (Orch. Journal 202) *FullO* 2 — n. Sept. 1 — n: Polka 4 —, (Orch. Journal 205) *FullO* 2 — n. Sept. 1 — n: Quadrille ½ms 4 —, (Orch. Journ. 204) *FullO* 2 — n. Sept. 1 — n: Waltz 4 — *Chappell*, —40 *Willig*, ½ms 4 —, (Orch. Journal 203) *FullO* 2 — n, Sept. 1 — n.
- Sang Polonais, mazurka 5 — *Carisch.*
- Sangue Polacca, mazurka, O 2 — n *Carisch.*
- Sans souci, polka 4 — *Bertarelli*, 5 —, O 2 — n *Carisch.*
- The Saracen 4 — *Cramer.*
- She's the sweetest little blossom on the tree 4 — *Francis.*
- Sincerity Valse, Sept. 1.4 n, O 2 — n *Williams.*
- Sly boots, polka 3 — *Leonard*, O, 1½ pts. —75, 10 pts. —50 *Candy.*
- The Spoo Girl, polka 4 — *Hopwood*, valse —45 *Darringhove.*
- Starlight Night, waltz 4 —, (Orch. Journ. 198) *FullO* 2 — n, Sept. 1 — n *Chappell.*
- Steeple-chase, polka 4 —, O 2 — n *Carisch.*
- Stephanie Valse 4 — *Hopwood.*
- Storming the Brench 2 — *Boosey.*
- Studenti, serenade. *FullO* 1 —, *SmallO* —75, P acc. —40 *Hawkes.*
- Style moderne, valse 6 —, O 2 — n *Carisch. Harm* 4 — n, *MM* 3 — n *Oertel.*
- The Sultana Valse 4 — *Hopwood*, 2 — n, ½ms 3 — n, V (*Mand*) —25 n *Durand*, O 2 — n *Debert, Durand.*
- Sweet Silence Waltz 2 — *Boosey.*
- Sweet Violets Waltz 4 —, ½ms 4 — *Metzler.*
- Sylphide: Gavotte, *P* 4 —, *FullO* 1.6 n. Sept. 1 — n. *Military Band* 2 — n, *Brass Band* 1.6 n *Tscherberg*; Intermezzo, *P* 1 — *Nordisk Musikforlag.*
- Tabby, polka 4 —, (Orch. Journal 180) *FullO* 2 — n. Sept. 1 — n. separate part — 3 n *Chappell.*
- Tender and true (Liebeslied), waltz 1.50 *Litolff*, 1 —, (W. S m a l l w o o d, Ball Room Gems 16) 1 — *Hopwood*, ½ms 2 — *Litolff*, 4 — *Hopwood*, O 2 —, mO 3 — *Litolff.*
- Tendre Phyllis, valse 2 — n, O 2 — n *Durand.*
- Theodora, waltz 4 — *Chappell*, 2 — n *Durand*, (Orch. Journal 243) *FullO* 2 — n. Sept. 1 — n *Chappell*, O 2 — n *Durand.*
- The Tivoli (on popular comic Melodies), quadrille 2 — n *Sheard.*
- La Toledana, suite de valse, *Harm ou Fanf* (Rouveirolis), Part 4.50 n *Evette.*
- Toscana Valse 2 — *Boosey*, —75 *Ditson*, (String-Band Magaz. 107) *FullO* 2 —, *SmallO* 1 — *Boosey. FullO* 1 — n, 1½ Instr

—80 n, *10 Taste* 60 n, *P* acc. —15 n
Fischer.
- The Transit of Venus: Lancers 4 —,
Waltz 4 — *Ascherberg*.
- Trilby Valse 4 — *Hopwood*.
- Under two Flags, quick step 4 — *Sheard*.
- Le Valet de trèfle, polka 1.75 n, O 2 — n
Durand.
- Valse des Masques 2 — n *Costallat*.
- Вальсъ на мотивы оперетки: „Продавщица
универсальнаго магазина" —55 *Gutheil*.
- Valse Dorée, *FullO* 1—, *SmallO* —75, *P*
acc. —40 *Hawkes*.
- Venetian Song, waltz 4 —, *jms* 4 —, (Orch.
Journal 254) *FullO* 2 — n, Sept. 1 — a
Chappell.
- Vive l'Amour, valse 2 — n, (Boosey's
String Band Magaz. 103) *SmallO* 1—,
FullO 2 — *Boosey*.
- Waterlily Waltz 4 — *Weekes*.
- The Way to love 4 — *Chappell*.
- When shadows deepen (on the popular Me-
lody of the Fedora Waltz) 4 — *Hopwood*.
Yeomon of the Guard. *Chappell*:
Lancer 4 —, *jms* 4 —, (Orch. Journ. 231)
FullO 2 — n, Sept. 1 — n; Quadrille 4 —,
jms 4 —, (Orch. Journ. 232) *FullO* 2 — a,
Sept. 1 — n; Waltz 4 —, *jms* 4 —, (Orch.
Journal 230) *FullO* 2 — n, Sept. 1 — n.
- Цыганка. Дочь воли —30 *Gutheil*.
- La Zingara 4 — *Chappell*, —40 *National
Music*.
& Marius M. My Birthday, waltz 4 —
Hopwood.
Buccelli G. A. *Ricordi*: Op. 1 Primo Pen-
siero, notturno, *P* 2.25.
- 3 L'Addio, duettino, *MSBar* 3.50.
- Il Sogno, romanza, *MSBar* 2—.
Buccéri G. Maggio, Melodia: Odi che dol-i
canti. MS o *Bar* 3 — *Ricordi*.
- T'amerò, romanza, Canto 3 — *Venturini*.
Bucci C. Jole, mazurka, *P* —10 *Salani*.
- Gli eroi d'Amba Magi, marcia militare, *P*
—10 *Salani*.
Bucciali J. op. 25 Le Solam, minuetto, *P*
5 — *Mathieu*.
- Adoration, Org —75 n *Procure*.
- Benedictus, 2 voix ég. Org — 60 n *Procure*.
- Ecole pratique de l'H 5 — n *Procure*.
- Edelweiss, minuetto. Fleur d'avril, gavotte.
Les Eltes, polka, danse caractéristique, *P*.
Chaque 2 — n *Bose*.
Les Elfes, danse caractéristique 2 — n *Bose*.
- Entrée Fa maj. (Archives de l'Organiste
Catholique) 1.50 n *Procure*.
- Fleur d'avril, gavotte, *P* 2 — n *Bose*.
- Je crois en Dieu, 1 voix, Org — 60 n *Procure*.
- Laudate Dominum, 2 voix ég. Org —75 n
Procure.
- Offertoire sol maj. (Noël), (Archives de
l'Organiste Catholique) 1.50 n *Procure*.
- Simple fleur 2 — n *Lorel*.
- Sortie Ré maj., Org 1.50 n *Procure*.
Sortie sol maj., Org 1.50 n *Procure*.
Bucciarelli R. Marcia d'Onore (ai Municipi
del Compartimento Fiorentino), *Banda*.
Part 5 — n *Bratti*.
Buccellati F. *Ricordi*: L'addio del coscritto.
marcia 2—.
- L'addio del volontario, composizione musi-
cale, *P* 3 —.
- Aida, fantasietta brillante, *P* 2.50.

- Aida, piccolo divertimento elegante, *P* 2 —.
- Africani (Meyerbeer), *jms*, diverti
mento brillante 4 —.
- Albertina, polka 1.50 *Mariani*.
- Anna Bolena e Belisario di Donizetti,
2 piccoli divert. facili ed istruttivi 5 —:
N. 1. Anna Bolena, 2. Belisario à 3 —.
- Aroldo e Il Trovatore, 2 trascrizioni facili,
jms 3 —.
- L'artigiano, coro brillante per giovinette,
P 3 — *Mariani*.
- L'Aurora, scherzo brill. alla maz. 3 —.
- L'Aurora del Pianista. Melodie trascritte e
diteggiate: I Lombardi, Il Trovatore, I
Vespri Siciliani, La Traviata, *P* 2 —.
- Ave Maria, Canto religioso 3 —.
- Baccanale sui Masnadieri di Verdi, *jms*
4.50.
- Ballabile moresco, *P* 2.50.
- Ballabile (Vespri siciliani, Verdi), *jms*,
divert. eleg. e non difficile 3.50.
- Bizzaria, *P* 3 —.
- Brezza Parmense, *P* 2 —.
- Brindisi e colloquio d'amore, *P* 3 —.
- Il Cadetto di Guascogna, divertimento breve
ed elegante, *P* 2.50.
- Il Cadetto di Guascogna, fantasia, *P* 3 —.
- La Campana del mattino 1.75.
- Canto d'amore, romanza con Flauto con
certante 5 —.
- Canto di preghiera 3 —.
- Canto greco, scherzo facile e brillante, *P*
3 —.
- Capriccio (Don Carlos), *P* 3.50.
- Capriccio sul Rigoletto, *P* 3 —.
- La capricciosa, scherzo, *P* 3 —.
- Carnevale di Napoli, scherzo brillante e di
poca difficoltà, *P* 3 —.
- Carnevale di Venezia, scherzo brillante e di
facili esecuzione, *P* 3 —.
- Composizione musicale, *jms* 5 —.
- Coro di ringraziamento ad uso dei Collegi
di educazione 3 — *Mariani*.
- Coro festoso di giovinette per uso di Collegi
di educazione 2 — *Mariani*.
- La corsa dei cavalli, galop di concerto 3 —.
- Delizie, liberamente trascritte e variate, *P*:
1. Marco Visconti, 2. Romeo e Giulietta
di Marchetti à 3 —.
- Delizie dell'opera Faust, *P*. 2 divert. N. 1
e 2 à 3.50.
- Due divertimenti su opere moderne, *jms*
6 —: N. 1. Div. sull'Ebrea d'Halévy 3—.
N. 2. Div. sull'Africana di Meyerbeer
4—.
- Due divertimenti brillanti e non difficili
sopra L'Ombra di Flotow, *P* 5 —: N.
1 e 2 à 3—.
- 2 Divertimenti eleganti, *P*: 1. Romeo e
Giulietta di Marchetti, 2. Il Guarany
à 3 —.
- 2 Divertimenti, *P*: 1. Ghiribizzo sulla Tra
viata, 2. Reminiscenze sul Ballo in mas
chera à 4 —.
- 4 Divertimenti brevi ed eleganti sopra
opere teatrali, *P* 7 —: N. 1. Romeo e Giu
lietta di Marchetti, 2. Il Cadetto di
Guascogna di de Ferrari, 3. I Goti di
Gobatti, 4. Maria di Rohan à 2.50.
- 4 Divertimenti, *jms*: 1. Pipelè, 2. La Favo
rita, 3. La Favorita à 3.50, N. 4. Jone 4—.

- 5 Divertimenti brillanti e non difficili sopra Motivi d'opere teatrali. *P*: 1. Dinorah. 2. I Lombardi. 3. I due Foscari. 4. Macbeth. 5. Aroldo à 3—.
- Sei divertimenti brillanti e non difficili sopra opere di R o s s i n i, *4ms* 15—: N. 1. Otello. 2. Mosè. 3. Barbiere di Siviglia. 4. Conte Ory. 5. Semiramide. 6. Guglielmo Tell, à 4—.
- Divertimenti brillanti e facili per arbedue le parti, *4ms* 15—: N. 1. Il Duchino, di L e c o c q. 3. Il Menestrello, di D e F e r r a r i. 4. L'Elisir d'amore, di D o n i z e t t i. 5. La figlia del reggimento, id. 6. La Favorita, id. à 4—.
- 6 Divertimenti brillanti e non difficili sopra opere diverse, *P* 10—: N. 1. Contessa d'Amalfi di P e t r e l l a. 2. Poliuto, di D o n i z e t t i. 3. Barbiere di Siviglia, di R o s s i n i. 4. Menestrello, di de F e r r a r i. 5. Nabucco, di V e r d i. 6. Masnadieri, di V e r d i, à 3—.
- Divertimenti eleganti non difficili sopra motivi di V e r d i, *4ms*: N. 1. I due Foscari. 1. Divertimento 4—. N. 2. Il Trovatore. Bizzarria 3.50. N. 3. I Lombardi. Rimembranze 3.50. 4. I Vespri Siciliani. Ballabile 3.50. N. 5. I due Foscari. 2. Divertimento 5—. N. 6. La Forza del Destino 3.50. N. 7. Un Ballo in maschera 3.50. N. 8. Don Carlo. Ricreazione 3.50. N. 9. I Vespri Siciliani. Ricreazione 4—. N. 10. Luisa Miller. 1. Divertimento 4—. N. 11. Luisa Mil'er. 2. Divertimento 4—.
- Divertimento brillante e non difficile dell'Aroldo, *P* 3—.
- Divertimento breve ed elegante (Romeo e Giulietta, M a r c h e t t i). *P* 2.50, Divertimento elegante 3—.
- Divertimento elegante e non difficile (Ballo in maschera, V e r d i). *4ms* 3.50.
- Divertimento breve ed elegante (J. G o t i, Gobatti). *P* 2.50.
- Divertimento sui Due Foscari. *4ms* 6—.
- Divertimento sui Masnadieri, *2P* à *4ms* 6— Mariani.
- Divertimento sul Rigoletto, *4ms* 6—.
- Divertimento sul Travatore. *4ms* 6—.
- Don Sebastiano, Divertimento elegante, *P* 2.50.
- Duolo ed Amore, pensiero, *P* 3—.
- Ebrea (H a l é v y), divertimento brillante. *4ms* 3—.
- L'Elegante Pianista. 4 Divertimenti, *P*: 1. Ruy Blas 2.75. N. 2. Le Educande di Sorrento 2.50. N. 3. Marta 2.75. N. 4. L'Africana 2.75.
- Elegia, *P* 3—.
- Elementi teorico-pratici, brevi, facili ed efficaci, *P* 5—.
- Ernani, fantasia elegante, *P* 4—.
- Esercizi destinati a facilitare all'allievo la lettura della Musica, *P* 8—.
- Esercizi in preparazione a qualunque Metodo, *P* 4—.
- Esercizi per pianoforte a 4 mani allo scopo di facilitare la lettura delle due chiavi e di molti scomparti, *P* 5—.
- Esercizi e piccoli preludi in preparazione al prontuario dei tuoni, tempi ed arpeggi dello stesso autore. *P* 4—.
- L'esule, melodia 3— Mariani.

- Eterno amore, canto elegiaco 2.50.
- Fantasia concertante per *Tromba* in Si bemolle, sui Lombardi 6—.
- Due fantasie sopra le opere, *P* 5—: N. 1. Il Cadetto di Guascogna, di de F e r r a r i. 2. La colpa del cuore, di Cortesi. à 3—.
- 2 Fantasiette brillanti sul Ruy Blas. *P*: N. 1 e 2 à 3—.
- Favorita, divertimento, *4ms* 3.50.
- Figlia di Madame Angot, potpourri, *P* 3— Mariani.
- Forza del Destino (V e r d i), *P*: Fantasietta brillante 2.50, Rêverie 3—. 1. e 2. Divertimento brillante à 3.50. Divertimento elegante e non difficile, *4ms* 3.50.
- Galop, di concerto 3—.
- Gemma di Vergy, Mosaico, *P* 4— Mariani.
- Ghiribizzo brillante ma non difficile sull' Ernani. *4ms* 5—.
- Ghiribizzo alla mazurka, *P* 2—.
- Ghiribizzo sulla Traviata, *4ms* 6—.
- Gioia e dolore, mazurka elegante, *P* 2—.
- Gran Coro di Preghiera, *4ms* 4,50.
- Giuramento, fantasia dramat. *P* 4—.
- Guarany (il) Gomes, *P*, divertimento elegante 3—.
- I due foscari, *P*, divertimento brillante e non difficile 3—, *4ms*: 1. Divertimento elegante e non difficile 4—. N. 2. Divertimento elegante e non difficile 5—.
- Il Folletto, galop di concerto, *P* 3—.
- Illustrazioni facile sul Roberto il Diavolo, *P* 2.50.
- Inno a S. L u i g i, coro per fanciulli 3— Mariani.
- Jo n e. 2 fantasie, *P* à 3— Mariani.
- Jone, P e t r e l l a, divertimento. *4ms* 4—.
- Lamento, *P* 3—.
- Una lagrima, pensiero, *P* 3—.
- Linda di Chamounix, divertimento. *P* 4— Mariani.
- L o m b a r d i alla prima Crociata (V e r d i). *P*: Divertimento brillante e non difficile 3—. Divertimento elegante e non difficile, *4ms* 3.50.
- L u i s a M i l l e r (V e r d i), *4ms*: 2 Divertimenti eleganti e non difficile à 4—.
- L u c i a di L a m m e r m o o r, Simpatie, *P* 3— Mariani.
- M a c b e t h (V e r d i), *P*, divertimento brillante e non difficile 3—.
- M a r i a di R o h a n (Donizetti), *P*, divertimento breve ed elegante 2.50.
- Maria, mazurka, *4ms* 3— Mariani.
- Mazurka, *PVVI* 4.50 Mariani.
- Metodo breve ed efficace (testo italiano e spagnuolo), *P* 12— Mariani.
- Metodo facile, piacevole e del tutto nuovo, *P* 15— Mariani.
- Nuovo Metodo, *P*, Parte 1 e 2 à 10—, cplt. 15— Mariani.
- 2 Mosaici (B a l l o i n m a s c h e r a), *P* à 3—.
- 2 Mosaici sulle opere teatrali, *P*: 1. Vittore Pisani di P e r i. 2. L'Ebreo, di A p o l l o n i, à 3—.
- Sette mosaici non difficili sopra opere di diversi autori, *4ms*: 1. Don Pasquale. 2. I Promessi Sposi. 3. Pipelet. 4. Beatrice di Tenda. 5. I Puritani. 6. Norma. 7. L'Ombra, à 3,50.

- Musica e canto, coro di fanciulli 3— *Mariani*.
- Il Natale, coro di fanciulli 4— *Mariani*.
- Norma, pensiero brill. *P* 3— *Mariani*.
- Notturno appassionato, *P* 4—.
- Notturno sentimentale, *P* 3—.
- Il pellegrinaggio a Ploërmel, divertimento, *P* 3—.
- Pensiero elegiaco, *P* 2.50.
- Pensiero melodico, *P* 2—.
- Due pensieri melodici, *P* 3.50: N. 1. L'amore. 2. L'abbandono, à 2—.
- Due pensieri, *P* 5—: N. 1. La solitudine. 2. La calma, à 3—.
- 6 Pensieri originali, *P* 8—: N. 1. L'Ingenua. 2. La graziosa. 3. L'Elefante. 4. Rêverie. 5. Tarantella. 6. Notturnino, à 2—.
- Per la morte di Antonietta Cordero, pensiero mesto 2—.
- Pianto, pensiero 3—.
- Sei piccoli concerti brillanti e facili sopra opere di D o n i z e t t i, *hms*: 1. Anna Bolena. 2. Marin Faliero. 3. Elisir d'amore. 4. Figlia del reggimento. 5. Lucrezia Borgia. 6. Lucia di Lammermoor, à 4—.
- Il Piccolo Concertista (Romeo e Giulietta), N. 4. Divertimento facile 1.50.
- Il Piccolo Concertista, 6 Divertimenti brevi e facili per le piccole mani, sopra opere di diversi autori, *P*: 1. Lucia di Lammermoor, di D o n i z e t t i. 2. Norma, di B e l l i n i. 3. Sonnambula, di B e l l i n i. 4. Menestrello, di de F e r r a r i. 5. Contessa d'Amalfi, di P e t r e l l a. 6. Barbiere di Siviglia, di R o s s i n i, à 2—.
- Il piccolo Concertista, 9 Divertimenti facili, *P*: 1. La Favorita. 2. Le Precauzioni. 3. Jone. 4. Romeo e Giulietta di Marchetti. 5. Il Guarany. 6. I Masnadieri, à 1.50. N. 7. Poliuto. 8. Marta. 9. I Masnadieri, à 3—.
- Piccolo Divertimento elegante (Ballo in maschera, V e r d i), *P* 2.50.
- Pipelè (de F e r r a r i), *hms*, divertimento 3.50.
- La preghiera, canto religioso, *P* 3—.
- Preghiera e ringraziamento, due cori ad uso dei Saggi di Alunni 3— *Mariani*.
- Presa di Bomarsund, componimento musicale 4—.
- Primi 12 Studi in seguito al metodo Buccellati 6—.
- I Promessi Sposi di P o n c h i e l l i, capriccio brill. *P* 3.50 divertimento elegante 3.50.
- I Promessi sposi, fantasia, *P* 3— *Mariani*.
- I Promessi sposi di P e t r e l l a, capriccio, *P* 3—.
- Prontuario dei Toni, Tempi ed Arpeggi, *P* 6—: Fasc. 1. Toni diesati. 2. Toni bemolizzati, à 4—.
- Reminiscenze (Ballo in maschera, V e r d i), *hms*, divertimento 4—.
- Reminiscenze Jone, *P* 3—.
- Rêverie, *P* 2.50.
- -2. Rêverie, *P* 3—.
- Rêverie sull'Aida, *P* 3—.
- Rêverie (,,Don Carlo"), *P* 3—.
- Ricordo del Monte Coppo, mazur 1.50 *Mariani*.
- Ricordo della Spezia, barcarole, *P* 2.50.

- Ricreazione (,,Don Carlo"), *hms*, divertimento elegante e non difficile 3.50.
- Ricreazione (Vespri siciliani, V e r d i), *hms*, divertimento eleg. e non difficile 4—.
- Ricreazioni facili e brillanti sule più applaudite opere, per uso dei collegi di educazione, *hms*: 1. La Sonnambula, di B e l l i n i. 2. La Jone, di P e t r e l l a. 3. Don Sebastiano, di D o n i z e t t i. 4. La Favorita, à 3.50.
- Rigoletto, divertimento elegante, *P* 2.50.
- Rigoletto, melodie variate. *P* 3—.
- Rimembranze dei Lombardi, *hms* 6—.
- Rose con poche spine, divertimenti facili e brillanti, *hms* 16—: N. 1. Faust, di G o u n o d. 2. Marta, di F l o t o w. 3. Gemma di Vergy, di D o n i z e t t i. 4. Roberto il diav., di M e y e r b e e r. 5. Guglielmo Tell, di R o s s i n i, à 4—.
- Rose senza spine, 6 piccoli Divertimenti sopra motivi di V e r d i, *hms*: 1. La Traviata. 2. Rigoletto. 3. La Traviata. 4. Rigoletto. 5. I Vespri Siciliani. 6. Il Trovatore, à 3—.
- Saluto filiale, adagio variato, *P* 3—.
- Salvator Rosa, fantasietta brillante, *P* 2.50.
- Le scuole normali, coro di fanciulle 3— *Mariani*.
- Sempre lieta, mazurka, *hms* 3— *Mariani*.
- Serenata 3—.
- Sogni felici, mazurka 3— *Mariani*.
- Sonnambula, fantasia, *P* 4— *Mariani*.
- Souvenir de l'opera Don Sebastiano, di D o n i z e t t i, *P* 3—.
- Studio e Diletto. Altri Esercizi per preparare l'allievo a suonare a 2 ed a 4 mani 6—.
- Quattro Studi ed Esercizi preparatori destinati a facilitare l'esecuzione di scompparti irregolari fra le due mani, *P* 4—.
- 6 Studi melodici e brillanti, *hms* 6—.
- 10 Studi melodici per le piccole mani, *P* 6—.
- 14 Studi Brevi ed Eleganti, destinati specialmente alla misura, *P* 6—.
- 15 Studi, *P*: Fasc. 1, 2 à 5—, cplt. 8—.
- 16 Studi brillanti facenti seguito ai quindici studi, *P* 8—: Fasc. 1, 2 à 4.50.
- 24 Piccoli Studi per esercizio sui toni e sulle scale preceduti dalle relative dominanti, *P* 6—.
- Trascrizione capricciosa (Ballo in maschera), *P* 4—.
- 6 Traser. brill. sopra opere di P e t r e l l a, *P* 14—: N. 1.—2. Contessa d'Amalfi. 3.—4. Celinda. 5.—6. Caterina Howard, à 3—.
- Tripudio veneto, scherzo, *P* 5—.
- Ultimi pensieri d'una novizia, canto religioso 3—.
- Utilità e Diletto, esercizi per preparare l'allievo a suonare a due ed a quattro mani 5—.
- I Volontari, coro popolare 2—.

Buch C. Achtundzwanzig einfache u. leichte melodische Unterhaltungsstücke, *P* in den Tonarten C, F und G im Violinschlüssel mit Fingersatz 1.20 *Heinrichshofen*.

Buch Ernst, Drei Lieder: 1. Liebessehnen. 2. Liebeslied. 3. Vergebliches Sehnen 1.50 n *Licht*.

Buch der Jugend, 100 Melodien aus alter und neuer Zeit, P 2 — *Hansen:* Agnetes Wiegenlied, Niels W. Gade. Alla truca, W. A. Mozart. Alexander-Marsch, L. v. Beethoven. An Alexis send' ich dich, F. Himmel. Annen-Polka, Joh. Strauß sen. Arie aus der Jüdin, F. Halévy. Cachucha, Spanischer Tanz. Carneval de Venise, arr. v. E. Haberbier. Zar und Zimmermann, A. Lortzing. Der Barbier von Sevilla, G. Rossini. Der Freischütz, C. M. von Weber. Der kleine Tambour, Volkslied. Der Liebestrank, G. Donizetti. Die Forelle, Franz Schubert. Die junge Tänzerin, Charles Mayer. Die lustigen Weiber von Windsor, Otto Nicolai. Die Puritaner, V. Bellini. Die Regimentstochter (Heil dir), G. Donizetti. Die Regimentstochter (Tyrolienne), G. Donizetti. Die Trompete, J. H. Doppler. Die weiße Dame, A. Boieldieu. Rondo von V. Willy. Dinorah-Walzer, G. Meyerbeer. Don Juan (Reich mir die Hand), W. A. Mozart. Don Juan (Menuett), W. A. Mozart. Dänisches Volkslied. Ein' feste Burg ist unser Gott, Dr. Martin Luther. Eine kleine Geige möcht' ich haben, L. Grünberger. Erlenhügel, F. Kuhlau. Es ist bestimmt, F. Mendelssohn-Bartholdy. Farinelli, Zinck. Figaro, W. A. Mozart. Finale aus Haydns Sonate in D. Freut euch des Lebens, Volkslied. Fröhlicher Landmann, R. Schumann. Gavotte, Chr. Gluck. God save the king, englisches Nationallied. Gott erhalte Franz, den Kaiser, J. Haydn. Guitarella, Charles Godard. Gute Nacht, Franz Bendel. Henriette-Sonntag-Polka. Alary. Im Mondenlicht, Walzer, Ph. Fahrbach jun. Joachim in Babylon, C. M. Bellmann. Joseph, E. H. Méhul. Klein Kirsten, J. P. E. Hartmann. Klein Röschen, dänisches Volkslied. Komm lieber Mai, W. A. Mozart. Kommt a Vogerl geflogen, Volkslied. Königs-Hymne, Otto Lindblad. Le brave marin, altfranzösisches Lied. Leb' wohl, liebes Gretchen, Niels W. Gade. Le joli tambour, altfranzösisches Lied. Letzte Rose, irisches Volkslied. Lied der Kreuzfahrer. Melodie aus dem 12. Jahrhundert. Lob der Tränen, Fr. Schubert. Loreley, F. Silcher. Lucia di Lammermoor, G. Donizetti. Lucrezia Borgia, G. Donizetti. Marsch der finländischen Reiterei, aus dem 30jähr. Kriege. Melancolie, Fr. Prume. Melodie, Ant. Rubinstein (erleichtert v. Ludvig Schytte). Menuett aus Beethovens Septett. Myrtenblätter-Walzer, Louis Berner. Neapolitanisches Lied. Nel cor più non mi sento, L. v. Beethoven. Norma (Diese Zarten), V. Bellini. Norma (Duett), V. Bellini. Norwegisches Volkslied, arr. v. Niels W. Gade. Norwegisches Volkslied, arr. v. Edvard Grieg. O, Sanctissima, sizilianische Volkshymne. Phyllis und die Mutter, Volkslied. Preciosa, C. M. v. Weber. Prinzessin Gloriant, Niels W. Gade. Robert der Teufel, G. Meyerbeer. Romanze, Niels W. Gade. Romeo und Julie, V. Bellini. Russ. Nationalhymne, A. Lwoff. Santa Lucia, italienisches Volkslied. Scherzo, Joh. Chr. Gebauer. Schwedisches Volkslied, J. Dannström. Schäfers Klage, Gustav Holländer. Sehnsuchts-Walzer, L. v. Beethoven. Sérénade, Benjamin Godard. Sérénade à Marie, Ant. Strelezki. Sérénade galante, Francois Behr. Spinn! spinn! esthländisches Volkslied. Rondo von C. Czerny. Stille Nacht. Volksweise aus Tirol. Tanz, Carl Reinecke. Thema aus Beethovens Sinfonie in C-moll. Thema aus Haydns Sinfonie in D. Thema aus Haydns Sinfonie in G (Paukenschlag). Thema von Schubert. Trinklied, Ed. Dupuy. Unter schattigen Kastanien, Mazurka, Ph. Fahrbach jun. Volkslied, F. Mendelssohn-Bartholdy. Walzer, Fr. Schubert. Weihnachten, P. Tschaikowsky (erleicht. v. Ludw. Schytte). Yankee doodle, amerikanisches Volkslied. Zampa, F. Herold. Zauberflöte, W. A. Mozart. Ännchen von Tharau, F. Silcher.

Buch der Lieder, 199 beliebte Volksweisen und 54 Kommerslieder für eine mittlere Singstimme mit leichter Klavierbegleitung von Dr. L. Benda 3— *Litolff.*

Buch der Lieder, 31 Lieder m. Text, *Schlagod. Konzert-Z* 1.50 n *Donakowsky.*

Buch der Lieder, 8 Liedertranskriptionen, P —50 *Rühle.*

Buch der Tänze für Klavier (R. Kleinmichel) 4— n *Senff.*

Buchanan E. G. Angels Roll the Rock Away, SA & Chor. and C. B. Mc. A fee, There's a Green Hill, AT. chor. or quart. (Easter Music 152) —10 *Lorenz.*

Buchanan Mary, La jeune fille, gavotte 3— *Ashdown.*

Buchanan M. M. Good-night and good-morning (A fair little girl) 2— n *Augener.*
- My spirits' long pent anguish (Aus meinen großen Schmerzen) 2— n *Augener.*

Buchanan Rita, Dear auld Hame 4— *Phillips.*
- Eileen O'Connor, irish. —50 *Brainard.*
- Gavotte de Savoy —50 *Brainard.*
- Highlanders 2— n *Wickins.*
- Lady fair, serenade —50 *Brainard.*
- Land of Beauty fair Savoy (Unison Sgs. 20) —4 *Curwen*, fem. voic. 2 parts —15, SATB —20 *J. Fischer.*
- My dutch dance, mazurka —50 *Brainard.*
- Romanza (Sweet regret) —60 *Brainard.*

Buchardo Carlos Felix Lopez, Pas de quatre —50 *Nordisk Musikforlag.*

Buchau Frh. Prinz v. Feuerwehrlied. TTBB, Part —70, St —80 *Seeling.*
- La buche de Lise 1— n, *Ch. s.* —30 n *Ondet.*

Buchecker H. *Hoenes:* Op. 42 Konzertsatz, Z —75.
- 44 a) Schnadahüpfel-Ländler, b) Martha, Gesangsländler, Z —75.
- 44 c) Luisen-Ländler, d) Jenny-Mazurka, Z —75.
- 45 Konzert, Z —75.
- 46 Acht Männerquartette, Z —75.
- 47 Amalientänze, Z —75.

- 65 a) Symphonische Dichtungen, b) Lied ohne Worte, Z —.75.
- 70 „Meiner Tochter", 3 symphonische Stücke, Z 1.50.
- 85 a) Adagio u. Scherzo aus einem Streichquartett, b) 3 Männerquartette, Z —.75.
- 86 a) Lied ohne Worte, b) Capriccio, c) Gondellied, Z —.75.
- 87 a) Die Wiener in Berlin, b) Tell-Souvenir, Z —.75.
- 90 a) Fantasie, b) Alpenlied, Z —.75.
- 96 Barcarole, Z —.75.
- 101 a) Waldvögelein, b) Lied ohne Worte, Z —.50.
- 102 Vier Lieder ohne Worte, Z 1.50.
- 103 Drei Lieder ohne Worte, Z —.75.
- 104 Wassernixentanz, Z —.75.
- Sommerabend und Ott Lola, Musikalische Postkarte, Z —.80 *Fritz*.

Buchenthal Const. von, op. 41 Pruth-Wellen. Walzer 2—, *stO* 5—n *Schmidl*.
- 42 Ziehrer-Polka 1.25 *Schmidl*.

Bucher, op. 2 7 Valses, *GVa* —.75 *Schott*.
- Fourteen Grand Studies (P a g a n i n i), *Fl* 5— *Leonard*.
- Marlbrook, with grand variations, *FlP* 5— *Leonard*.
- Twelve Musical Recreations, arranged in a familiar style, *FlP* à 2/6 *Leonard*: 1. Alpen Sänger's march in F. 2. The huntsmen's chorus in D. 3. Swiss air in D. 4. Weber's last waltz in Bflat. 5. Auld Robin Gray in D. 6. Di tanti palpiti in F. 7. Batti, batti in F (M o z a r t). 8. Hymn to the Emperor in G (H a y d n). 9. Non più andrai in G (M o z a r t). 10. March, and the last waltz in C (B e e t h o v e n). 11. The barcarolie and song in Masaniello. 12. Li ci darem in D (M o z a r t).
- Le petit tambour, brill. variat. *FlP* 6— *Leonard*.
- S e m i r a m i d e, Air, *FlP* 5— *Leonard*.
- Witche's dance, *FlP* 5— *Leonard*.
- and B e n e d i c t, Pot-pourri, introducing Neapolitain air, *FlP* 4— *Leonard*.

Bucher Ernst, Leichte Charakterstücke (Light characteristic pieces), *P*: 1. A morning song (Ein Morgenlied), 2. At the cradle (An der Wiege), 3. Waltz (Walzer), 4. Militair march (Militärmarsch), 5. Mazurka, 6. Gavotte à —.40 *Church*.

Bucher F. H. Variationen über die russische Volkshymne, *P* 1.25 *Zumsteeg*.

Bucher T. Scales and Exercises for the Voices 4/— *Paterson*.
- Tu vedrai la sventurata, variations, *FlP* 5— *Ashdown*.

Bûcheron (Le), Chans. 1— n *Joubert*.

Bucheron lève ta cognée, *T. Bar* 1—n. *Ch. s.* —.35 n *Ercillard*.

Buchheim siehe E b e r t - B u c h h e i m.

Buchheim P. Violeta, maz. *Banda* 1.50 *Guimaraes*.

Buchheister W. City beau, comic sg. chor. —.40 *Brainard*.
- Pet schottische —.40 *Brainard*.
- Sally waltz —.25 *Brainard*.

Buchholtz Ernst, op. 2 La jolie Capricieuse, mazurka de salon 1.20 *Robitschek*.
- 3 La danse des grâces, valse brillante 1.20 *Robitschek*.

- 4 Die Wasserrose, Idylle, *P* 1.80 *Robitschek*.
- The Ladies' pets, sg. and dance —.35 *White*.

Buchholz, Pröppke kommt, Soloszene 1— *Meißner*.

Buchholz A. Buren und Engländer: „Der Zar vom großen Rassenland" —.60 *Buchholz*.
- Méthode de Piano pour commençants 6— *Bote*.

Buchholz C. op. 5 Zwei Lieder ohne Worte, *P* 1.25 *Rühle*.
- 7 Vier zweistimmige Lieder: Nr. 1. Nun ist der Tag geschieden —.75, Nr. 2. Juchhe! „Wie ist doch die Erde" 1—, 3. Schneeglöckchen: „Der Lenz will kommen, der Winter ist aus" —.75, Nr. 4. Ständchen: „In dem Himmel ruht die Erde" —.75 *Heinrichshofen*.
- 8 Ave Maria, *MS* 1— *Heinrichshofen*.
- Caprice, *P* 1.25 *Rühle*.
- Zwei Klavierstücke 1.25 *Rühle*.
- 2 Lieder: 1. Lied des Hariners, 2. Morgenständchen 1.50 *Rühle*.
- Mazurka 1— *Bote*.
- Soldatenklänge (Kgl. preuß. Armeemarsch Nr. 175) —.50, *IM*, Part 1— *Bote*.
- Traumbilder. Sechs Lieder ohne Worte, *P* 1.50 *Bote*.

Buchholz Hermann, op. 5 Zwei Lieder: 1. Der Frohsinn: „Ja, der Frohsinn ist das Schönste auf der Welt", 2. Was du mich fragst: „Und du fragst mich, an wen ich denke" à —.75 *Eisoldt*.
- 80 Geburtstags-Marsch 1— *Eisoldt*.
- 16. Choralbuch für die Musik der ganzen Armee. 116 der gebräuchlichsten Choräle im Arrangement für *Harm*- od. *bIM*, Part 9—n; ferner: 40 der beliebtesten Fest- und Trauer-Choräle für *Harm*- od. *bIM* 2—n, *O* 3—n *Oertel*.
- Clementinen-Polka 1— *Simrock*.
- Jubelfeier-Polka —.50 *Oertel*.
- Louisen-Polka —.50 *Oertel*.

Buchholz R. The Fairy Waltzes, *FullO* 1—, 14 *pts.* —.75, 10 *pts.* —.60 *Coleman*.
- Medley of Irish Songs, *VP* —.67 n *Coleman*.

Buchholzer Th. Edelweiß, Originaltänze aus Oberösterreich und Steiermark, Z, 2 Hefte à —.84 *Kicadt*.

Buchler F. op. 21 Vierundzwanzig Etuden u. Übungsstücke, *Vc*, Heft 1, 2 à 2.50 *Rühle*.
- S t r a d e l l a, 3 morceaux de cantates, *HV* 2.50 n *Mustel*.

Buchman H. H. My Greetings —.30 *Presser*.

Buchmann Franz, op. 10 Mizzi und Frizzi, Polka franç. *TTBB* m. *P*, Part 1.80, St 1.20 *Wiener Musikverlagshaus*.
- 18 Die Fahnenweihe in Brüllheim, *TTBB* m. *P* 8.90 *Siegel*, *KA* 3.60, Chorst 4.80 *Wiener Musikverlagshaus*.

Buchner, op. 1 In die Ferne —.30 *Thieme*.

Buchner F. L a c d e c y g n e s (T s c h a ï k o w s k y), quadrille 2—n, valse 2—n *Noël*.
- O n é g u i n e (T s c h a ï k o w s k y), valse 2—n, *VP*, *FlP* à 1.50 n *Noël*.

Buchner Ludwig, op. 8 Zwei treue Augen, *TTBB* m. *Bar-solo* 1— *Böhm*.
- 11 So viele tausend Grüße, *TTBB* 1— *Böhm*.
- 14 Liebchens Gruß, Ländler, Z —.60 *Heckel*.
- 16 Annerl-Mazurka, Z —.60 *Heckel*.

Buchner Otto. op. 37 Sommernacht am Meer —75 n *Ebner.*

- 41 Nr. 1. Dämmerung —50 n. Nr. 2. Ein Menschenherz ist wie die Blume 1— n. Nr. 3. Das kleine Gärtchen —75 n *Ebner.*

- 45 „Ja, du bist mein!" 1.25 n *Ebner.*

Буховскій С. Начало увеселенія. Полонезъ —40 *Lyre.*

Buchowtzew A. Буховцевъ А. *Gutheil:* Гаммы діатоническія и хроматическія, *P* 1—.

- Ежедневныя техническія упражненія, *P* 1—, Дополненіе къ „Ежедневнымъ техническимъ упражненіямъ", *P* 1.20.

- Фортепіанный сборникъ для практич. изученія фразировки 1— *Jurgenson.*

- Элементарный учебникъ фортепіанной методики 1.80 *Jurgenson.*

- Курсъ методики элементарнаго обученія игры на фортепіано —50.

- Планъ и подробная программа обученія, *P* —10.

- Молодые друзья. Сборникъ романсовъ, пѣсенъ и арій изъ оперъ русскихъ и иностранныхъ композиторовъ, въ легкой аранжировкѣ, *Ims* 1.25.

- Руководство къ употребленію фортепіанной педали съ примѣрами —75.

- Записки по элементарной фортепіанной педагогіи —75.

- Сборникъ этюдовъ различныхъ авторовъ. Степень 1-я, *P* 1.50, Ст. 2-я тетр. 1—4, *P* по 1.50, Ст. 3-я тетр. 1—4, *P* по 1.50.

- Сборникъ ежедневныхъ техническихъ упражненій, *P* 1—.

- Указатель фортепіанныхъ піесъ, распредѣленныхъ по степенямъ трудности —50.

- Уроки элементарной теоріи музыки въ вопросахъ и отвѣтахъ —80, старшій возрастъ —80.

- Собраніе инструктивныхъ, салонныхъ піесъ новѣйшихъ авторовъ. 29 нумеровъ. отъ 25—60 коп. *Bessel.*

- Собраніе инструктивныхъ и салонныхъ піесъ разныхъ авторовъ, составленное съ подробными знаками исполненія, фразировкою и аппликатурою.

1. S p i n d l e r: Frische Knospen, op. 249 Nr. 15 —15.
2. R e i n e c k e: Sonatine, op. 127 Nr. 1 zweiter Satz —15.
3. B o l c k: Pièces enfantines Nr. 4 —15.
4. K r a u s e: 6 petits morceaux Nr. 1 —15.
5. B u r g m ü l l e r: Ave Maria —20.
6. W o l f f: Une histoire —20.
7. R o h d e: Berceuse —20.
8. R e i n e c k e: Sonatine, op. 136 Nr. 1, zweiter Satz —15.
9. R e i n e c k e: Sonatine, op. 127 A, erster Satz —20.
10. R o h d e: Feuilles volantes Nr. 3 —20.
11. R o h d e: Feuilles volantes Nr. 4 —20.
12. H u m m e l: Rondo (C-dur), op. 52 —30.
13. R o h d e: Romance (D-dur) —20.
14. R o h d e: Bagatelles Nr. 1 —20.
15. L i c h n e r: Conte —30.
15a. L i c h n e r: Kleine Blumen, kleine Blätter, op. 64 —45.

16. L ö s c h h o r n: Sonatine (A-moll), op. 126 Nr. 2, erster Satz —25.
17. E g g h a r d: Prima vera, op. 87 Nr. 1 —25.
17a. L i c h n e r: Nelke, op. 111 Nr. 3 —25.
17b. L i c h n e r: Zu Hause, op. 134 Nr. 6 —25.
18. B e r e n s: Sonatine (C-dur), op. 81 Nr. 1 —35.
19. B e r e n s: Sonatine (G-dur), op. 81 Nr. 2 —40.
20. B e r e n s: Sonatine (C-dur), op. 81 Nr. 3 —40.
21. S p i n d l e r: Sonatine mit Tarantelle, op. 157 Nr. 1 —25.
22. S p i n d l e r: Sonatine mit Trauermarsch, op. 157 Nr. 2 —30.
23. S p i n d l e r: Sonatine mit Schäferspiel, op. 157 Nr. 3 —30.
24. S p i n d l e r: Sonatine in alter Weise, op. 157 Nr. 4 —25.
25. B o l c k: Rondino —20.
26. B e h r: Sérénade mauresque —20.
27. K r a u s e: Sonatine (C-dur), op. 1 Nr. 1 —45.
28. D ö h r i n g: Sonatine —45.
29. L ö s c h h o r n: Le coucou —20.
29a. E g g h a r d: Nocturne mignon, op. 144 Nr. 3 —25.
30. B e r e n s: Sonatine (F-dur), op. 81 Nr. 4 —45.
31. B e r e n s: Sonatine (D-dur), op. 81 Nr. 5 —50.
32. B e r e n s: Sonatine (C-dur), op. 81 Nr. 6 —50.
32a. L i c h n e r: Fleur et Fleurette, op. 79 Nr. 1 —25.
32b. L i c h n e r: Fleur et Fleurette, op. 79 Nr. 2 —25.
33. S p i n d l e r: Sonatine (D-moll), op. 281 Nr. 4 —35.
34. S p i n d l e r: Sonatine mit Menuett, op. 157 Nr. 5 —30.
35. S p i n d l e r: Sonatine mit Neckereien, op. 157 Nr. 6 —30.
36. S p i n d l e r: Sonatine in gebundenem Stil, op. 157 Nr. 7 —35.
37. S p i n d l e r: Sonatine mit Abendlied, op. 157 Nr. 8 —60.
38. S p i n d l e r: Sonatine mit Capriccio, op. 157 Nr. 9 —40.
39. S p i n d l e r: Nordische Sonatine, op. 157 Nr. 10 —45.
40. B e h r: Trauermarsch, op. 300 Nr. 3 —20.
41. L ö s c h h o r n: Tarantelle —30.
42. W o l f f: Marche turque —20.
42a. D i a b e l l i: Sonatine, op. 157 Nr. 1 —45.
42b. D i a b e l l i: Sonatine, op. 157 Nr. 2 —45.
42c. D i a b e l l i: Sonatine, op. 157 Nr. 3 —45.
43. K r a u s e: Sonatine (G-moll), op. 12 Nr. 2 —50.
44. K r a u s e: Sonatine (C-dur), op. 10 Nr. 1 —60.
45. E g g h a r d: Chanson de printemps, op. 42 —25.
46. R a f f: Fleurette, op. 75 Nr. 1 —25.
47. R e i n e c k e: Sonatine (C-dur), op. 47 Nr. 1 —35.

89. K l e i n m i c h e l: Pensée (A-m.) —30.
89a. S c h u b e r t: Impromptu, op. 90 Nr. 2 —50.
89b. J a e l l: Barcarolle. op. 45 —40.
89c. B i z e t: 1-re Mennet de l'Arlésienne —30.
90. K i r c h n e r Th.: Nocturne (B-moll). op. 14 Nr. 4 —25.
91. K i r c h n e r: Im Zwielicht. op. 31 Nr. 7 —25.
91a. H e l l e r: La dame de pique, op. 75 Nr. 2 —45.
91b. K i r c h n e r Fr.: Boléro, op. 34 Nr. 1 —35.
92. P a u e r: Venetianisches Gondellied de Mendelssohn (B-moll) —35.
92a. H e l l e r: Tarantelle, op. 85 Nr. 2 —35.
93. R a f f: Sonatille (A-moll). op. 99 Nr. 1 —75.
93a. R a f f: Tarantelle. tirée de op. 99 Nr. 1 —35.
94. R a f f: Introduction et Allegro scherzoso, op. 87 —50.
94a. R a f f: Impromptu-Valse, op. 94 —45.
95. R a f f: La Fileuse —40.
95a. R a f f: Valse-Impromptu à la tyrolienne —45.
95b. W o l l e n h a u p t: Chanson des fileuses, du Vaisseau-Fantôme —60.
96. R a f f: Märchen —60.
96a. H e l l e r: Freischütz-Studien. Nr. 1 —30.
96b. H e l l e r: Freischütz-Studien. Nr. 3 —45.
97. P r u d e n t: Feu follet, op. 16 Nr. 6 —45.
97a. L y s b e r g: La fontaine, op. 34 —35.
97b. L y s b e r g: 4-me Valse de salon, op. 117 — 50.
98. H e l l e r: Saltarello (A-moll), op. 77 —50.
98a. H e l l e r - S c h u b e r t: Erlkönig —40.
99. B e n d e l: Au lac de Genève —50.
99a. K u h e: Le jeu des ondes, op. 42 —30.
100. J e n s e n: Feu follet —30.
100a. B r a s s i n: Nocturne, op. 17 —35.
100b. G r ü n f e l d: 4-me Mazurka, op. 20 —30.
100c. G r ü n f e l d: Mazurka, op. 14 —30.
101. E s c h m a n n: Prélude —30.
101a. L a s k o w s k y: Mazurka (Es-moll). op. 50 —40.
101b. K e t t e n: Sérénade espagnole, op. 60 —40.
102. T h a l b e r g: Moïse, fantaisie. op. 32 —90.
103. L i s z t - D u b u q u e: Rigoletto, paraphrase —60.
104. L i s z t - S c h u m a n n: Widmung —45.
105. L i s z t: Liebesträume, Nocturne Nr. 3 —30.

Buchowtzew B. Буховцевъ В. *Adler*: Собр. инструкт. и салонныхъ пьесъ, составилъ съ подробными знаками неполн. (Фразировки) и аппликатурою.

2 степень трудности:

1. Лихнеръ Г. Сонатина. Соч. 313, N. 1 Do maj. —30.
2. Лихнеръ Г. Сонатина. Соч. 313, N. 3 Fa maj. —40.

2—3 степень трудности:

3. Ланге Г. Изъ дѣтскаго міра. Соч. 78, т. 1, N. 2 и 4 —40.
4. Ланге Г. Изъ дѣтскаго міра. Соч. 78, т. 3, N. 11 и 12 —30.
5. Лихнеръ Г. Сонатина. Соч. 313 N. 2 La min. —40.
6. Bohm Ch. Sonatine N. 1 op. 117 —30.
7. Bohm Ch. Sonatine. N. 2 op. 146 —40.
8. Bohm Ch. Sonatine. N. 3 op. 163 —30.
9. Lichner H. Erstes Grün. N. 4 op. 95 —30.

3 степень трудности:

10. Гурлитъ К. Изъ дѣтск. міра. Соч. 74, N. 1, 2, 4, 12, 14 и 18 —30.

3—4 степень трудности:

11. Геллеръ С. 25 мелод. пьесъ. Соч. 138, т. 1, N. 3, 5, 6 и 7 —30.
12. Геллеръ С. 25 мелод. пьесъ. Соч. 138, т. 2, N. 9, 10, 11, 12 и 14 —40.
13. Рейнеке К. 25 форт. пьесъ и пѣс. Соч. 154, N. 4 и 7 —25.
14. Lack Th. Mennet. Op. 36 —30.
15. Egghard J. Le papillon et le fleur. Op. 101 —45.

4 степень трудности:

16. Геллеръ С. 25 мелод. пьесъ. Соч. 138, т. 3, N. 17, 18 и 19 —30.
17. Lack Th. Danse bohémienne. Op. 55 —25.
18. Lange G. Tu es mon âme (Schumann). Op. 96 —40.
19. Ravina H. Villanelle. Op. 33 —40.
20. Godard Ch. Une page du passé. Op. 72 —25.

Buchta A. Očekávání — a F. Heller, Touha — Večerní, *TTBB*, Part a hlasy (à —30) 1.80 *Starý.*

Buchta W. op. 5 Mazurka —50 *Schott.*

- **6** Erinnerung an Baden, Marsch —50 *Schott.*

Buchtel Ant. Drei Duos, Z 1.08 *Kiendl.*

Buchtela Ant. Hrabénce *** na památku. mel. pfs. —60 *Reinwart.*

- Poselství. mel. pfs. —60 *Reinwart.*

Buchwald Hans. Sezessions- und Überbrettl-Album. 5 Lieder 2— *Michow*: 1. Das Kätzchen: „Kam ein Kätzchen angesprungen". 2. Nachtbild: „Noch ruht im Dorfe jung und alt". 3. Die Mieze vom Goethe-Bund: „Die Mieze und ihr Seladon". 4. Bruder Liederlich: „Die Feder am Sturmhut". 5. Mädchenlied: „Auf einem jungen Rosenblatt".

Buchwald Paul. op. 8 Zwei Lieder: 1. O was wäre die Welt ohne Sonnenschein: „Über die grünen Fluren leuchtet". 2. España: „Im Olivenhain die Guitarre klingt", spanisches Lied, à 1— *Rahter.*

- **17** Wieder an Land, Matrosentanz 1— *Kahnt.*

Oertel:

- **25** Kriegs- und Siegesmarsch der Buren 1—, O 2— n, sO 1.50 n, gr. mO 2— n, kl. mO, blM à 1.50 n.
- **26** Vimaria-Marsch 1—, O, sO à 1.50 n.
- **27** Lottchen-Polka-Mazurka 1—.
- **28** Ringelreigen in der Maiennacht, Scherzo und K ö r n e r P. Lockenköpfchen-Polka, O 1.50 n.

- 29 Saalelied —60. *TTBB*, Part u. St 1.20. n. H o r n y E.: Ich folge dir! Lied, *Tr* od. *Cornet* od. *Flügelhorn* m. O 2— n.
- 30 Alt-Heidelberg, Marsch 1—, O 2— n, Par. Bes. 1.50 n, gr. *mO* 2.50 n, kl. *mO*, *blM* à 2— n.
- 31 Japan-Marsch u. m. Trio, japanische Nat.-Hymne 1.20, O, *Harm* à 2.50 n, KM. *Horn M* à 2— n.
- Großes Kinderlieder-Potpourri, *P* 1.50, gr. *Harmoniemusik* 4— n, kl. *Harmoniemusik* 3— n, *Hornm.* 3— n, Par. Bes. 2— n.
- Pfeif-Polka nach S t r a u ß'schen Motiven 1—, O 2— n, *sO* 1.50 n, gr. *mO* 2— n, *blM* 2— n.

Buchwaldt J. H. 2 Karakterstykker i Balletstil, *P* 1— *Nordisk Musikforlag.*

Buchwieser, Sechs Lieder 1.75 *Schott.*

Buck Agnes S. *Ashdown*: An asking grant yore me 4 —.
Chanson Espagnole, *P* 3 —.
Coralita, graceful dance, 3 —.
- Court dance in the time of Queen Anne 3 —.
- Court dance of Mary Queen of Scots 3 —.
- Court dance of Queen Elizabeth, *P* 3 —.
- Cradle song (Petite berceuse), *P* 3 —.
- Daffodil, old English dance 4 —, *4ms* 4 —.
- Dodo, fantastic dance 4 —, (F r a n k Per cival Sweet memories 2) 2 —, *4ms* 4 —. O (Orch. Library 20) 1 — n.
- Far away in rose-land 4 —.
- Garland dance (16th century) 3/—.
- Just to forget 4/—.
- Love me, love for one short day 4 —.
- Neath thy lattice, spanish serenade 4 —.
- A song of parting 4 —.
- A song of twilight 4/—.
- When flower time comes 4 —.

Buck Dudley (1839), **op. 4** N. 1. Rêverie, nocturne. *P.* 2. Spring tong, nocturne, *P* à —50. N. 3. Farewell, nocturne, *P* —60 *Brainard.*
- 5 Prayer, F r e i s c h ü t z, Fantasie, *P* —75 *Gordon.*
- 7 Introduction and rondo brillant, *P* —75 *Brainard.*
- 18 Salve Regina with *P, Org* acc. à —50 *Ditson.*
- 21 Easter morning, short cantata for solo & chor. 1.25 *Brainard.*
- 22 Grand Sonata, *PipeOrg* 1.50 *Schirmer.*
- 23 Concert Variations on the Star-spangled Banner, *PipeOrg* —75 *Schirmer.*
- 24 Bugle song, descr. *Cornet, Fl* obligat —75 *Brainard.*
- 25 Nr. 1. Benedictus (Church Music 169) —10 n. N. 2. Jubilate Deo (Church Music 170) —15 n. N. 3. Te Deum (Church Music 168) —20 n *Schirmer.*
- 26 Triumphal March, *Org* 1 6 *Novello*, —65 *Schirmer.*
- 27 Impromptu, pastorale, *PipeOrg* —50 *Schirmer.*
- 28 18 Pedal-phrasing Studies, 2 Books, *PipeOrg* à 2— n *Schirmer.*
- 29 Christ our Passover, easter (S c h i r m e r's 8vo Church Music 176) —15 n *Schirmer.*
- 30 Home! Sweet Home! Harmonized, (Chor. for Men's Voices 415) —10 n *Schirmer,*

Transcr. *Org* 2 — *Ashdown, Forsyth*, — 80 *Gordon.*
- 31 N. 1. Benedic. Anima (Church Music 175) —12 n. N. 2. Bonum est (Church Music 172) — 10 n. N. 3. Deus misereatur (Church Music 173) —12 n. N. 4. Gloria in Excelsis (Church Music 171) —12 n *Schirmer.*
- 32 Hark! what mean, hymn. There were Shepherds, christmas (Church Music 177) —20 n *Schirmer.*
- 33 Darkly rose the guilty Morning, lenten Anthem —65 *Schirmer.*
- 35 Rondo Caprice, *Org* 1 — *Novello*, —60 *Schirmer.*
- 37 William Tell. Overt. Transcr. *Pipe Org* 1.25 *Schirmer.*
- 38 Andante from Beethoven's Sonata op. 28, transcr. *PipeOrg* —50 *Schirmer.*
- 39 Stradella, overt. transcr. *PipeOrg* 1— *Schirmer.*
- 40 2 Transcr. from Schumann's „Pictures from the Orient". *PipeOrg* —75 *Schirmer.*
- 43 N. 1. Christ the Lord is risen, easter (Church Music 194) — 12 n. N. 2. Come ye Disconsolate (Church Music 771) —10 n N. 3. Communion Hymn (Church Music 772) —95 n. N. 4. Day of Wrath. Dies Irae (Church Music 193) —15 n. N. 5. Hail to the Lord's Anointed, Epiphany (Church Music 192) —15 n. N. 6. Hark! a thrilling voice is sounding, and Saviour Source of every Blessing —75. N. 7. My Faith looks up to Thee (Church Music 773) —10 n. N. 8. O holy, holy Lord. Trinity (Church Music 195) —12 n. N. 9. The Strain upraise. Alleluia (Church Music 191) —18 n *Schirmer.*
- 44 Wedding march, *PipeOrg* —75 *Ditson.*
- 45 N. 1. Benedictus —10 *Ditson*, (Church Music 182) —10 n *Schirmer*. N. 2. Jubilate Deo —12 *Ditson*, (Church Music 181) —10 n. N. 3. Te Deum (Church Music 179) —25 n. N. 4. Venite in A (Church Music 178) —15 n. N. 6. Kyrie and Sanctus —50 *Schirmer.*
- 46 Christ our Passover, Easter (Church Music 190) —18 n *Schirmer.*
- 47 N. 1. Benedic Anima in D (Church Music 88) —12 n. N. 2. Cantate Domino. Festival (Church Music 187) —15 n. N. 3. Deus misereatur in D (Church Music 186) —12 n. N. 4. Gloria in Excelsis. Chant (Church Music 185) —10 n *Schirmer.*
- 48 O Zion! that tellest. Christmas (Church Music 89) —20 n *Schirmer.*
- 49 Six Short Choral Preludes on familiar church tunes. Designed primarily for obligato pedal playing, *PipeOrg* 1— *White*: 1. Mear, 2. Old Hundred, 3. Thatcher, 4. Federal St., 5. St. Ann's, 6a. Dundee, 6b. Dundee, 6c. Dundee, 6d. Dundee.
- 51 Variations on a Scotch Air, *PipeOrg* 1— *Schirmer.*
- 52 At Evening. *Og* 3 — *Donajowski, Forsyth*, 1/— *Novello*, —50 *Schirmer.*
- 57 N. 5. O come hither and behold the works of the Lord —75 *Ditson.*
- 59 The last Rose of Summer, varied, *Pipe Org* 1— *Schirmer.*
- 67 N. 1. Ave Maria (engl.-latin.) 3 — *Ashdown*, —50 *Ditson.*

- 72 N. 1. As it began to dawn. Easter Anthem. (Church Music 56) —25 n. N. 2. Now from the sixth Hour there was Darkness. Good Friday (Church Music 57) —15 n *Schirmer*.
- 77 Second Sonata (G-m.), *PipeOrg* 2— *Schirmer*.
- 82 Bonum est (Church Music 6) —15 n, Deus misereatur (Church Music 7) —25 n *Schirmer*.
- 88 N. 1. Benedic Anima. Festival (Church Music 9) —25 n. N. 2. Cantate Domino. Festival (Church Music 8) —25 n *Schirmer*.
- 89 N. 1. Art thou weary? Hymn. When thro' the torn Sail. Hymn. (Church Music 13, 14) —10 n. N. 2. Benedictus. Festival in G (Church Music 11) —20 n. N. 3. Jerusalem! high tower thy glorious Walls. Hymn (Church Music 15) —05 n. N. 4. Kyrie, 7 Sets of Responses (Church Music 12) —15 n. N. 5. Te Deum. Festival in G (Church Music 10) —35 n *Schirmer*.
- Album of twelve Songs 1.50 n *Schirmer*.
- Annie Laurie, harmonized (Choruses for Women's Voices 65), (Men's Voices 18) à —20 n *Schirmer*.
- Arise shine (The Church Choralist 13) —2 *Curwen*.
- At Heaven's gate 4— *Ashdown*.
- At Midnight, *TTBB* —12 *Ditson*.
- Battle hymn, male quart. —10 *Ditson*.
- Behold! How Good and How Plesant, male voices —08 *Molineux*.
- Behold the hilltops all aglow. 2 h. voic. —50 *Church*.
- Behold, the Lamb of God —10 *Ditson*.
- Bells at Eastertide —75, *SATB* —15 n *Church*.
- Be still, then, and know that He is God —16 *Ditson*.
- Birds gaily singing o'er us, fem. trio —10 *Ditson*.
- Blessed are the dead —08, *SATB* —08 *Ditson*.
- The Blue Bells of Scotland, harmonized (Men's Voices 17) —20 n *Schirmer*.
- Bonum Est —10 *Ditson*.
- Boots and Saddles (A Soldier's Farewell), *T* in C (orig.) *Bar* —60 *Schirmer*.
- Brightest and best —15 *Ditson*.
- Bring forth the clashing spear, male quart. —10 *Ditson*.
- Bugle Song (Men's Voices 331) —25 n *Schirmer*.
- Canzonetta and Bolero, V with O or P 1.25 *Schirmer*.
- The capture of Bacchus 4— *Leonard*.
- Centennial Meditation of Columbia. Cantata —75 n *Schirmer*.
- Christ the Lord is risen (The Church Choralist 252) — 2 *Curwen*.
- Christ the Victor, cantata —75 n *Schirmer*.
- Come in the stilly night, *TTBB* —32 *Ditson*.
- Come, my soul, thou must be waking —15, Quart. —60 *Ditson*.
- The Coming of the King, cantata for Advent and Christmastide. For Solo Voices and chorus with *Org* 1— n, The Virgin's Lullaby —50 *Schirmer*.
- Communion Service in C (Church Music 714) with *Org* —60 n *Schirmer*.

- Concert Waltz (Apollo Club 254), *TTBB* —4 *Curwen*, —25, fem. voic. —16 *Ditson*.
- Creation. Te Deum, quart. —10 *Ditson*.
- Crossing the Bar (Chor. for Mixed Voices 608) —10 n *Schirmer*.
- Darkly Rose the guilty Morning, lenten (Church Music 893) —20 n *Schirmer*.
- Deus Misereatur (The Church Choralist 52) — 3 *Curwen*.
- Ere yet the grey of Easter Day (Christmas and Easter Leaflets 28) —1 *Curwen*.
- Ever of Thee, Melody F. Hall, harmonized (Chor. for Men's Voices 403) —15 n *Schirmer*.
- Faith, hope and charity 4— *Ashdown*.
- Falstaff's Song, *Bar* (orig.) *T* —60 *Schirmer*.
- Fear not ye o Israel! Offertory, *S. MS. A* à —50 *Schirmer*.
- Festival Hymn, *SATB*, 8vo —10 *Ditson*.
- Festival Te Deum in E b —30 *Ditson*.
- The gentle breezes softly blow (Chor. for Equal Voices 353), *SSC* —1½ *Curwen*.
- Give unto the Lord —10 *Ditson*.
- Gloria in Excelsis in A b —12 *Ditson*.
- God be merciful, *T*, mix. quart. (Rossini), Come unto me (Comunion), mix. quart. (Wagner) —10 *Ditson*.
- God is love, quart., male voices —06 *Ditson*.
- God is our refuge —16 *Ditson*.
- The God of Abraham praise (The Church Choralist 12) — 2 *Curwen*, quart. —12 *Ditson*.
- God that madest earth (Modern Part-Sgs. 222) —1½, (Choral Handbook 129) mix. voic. —1½ *Curwen*.
- God who madest Earth and Heaven, quart. —10 *Ditson*.
- Golden Legend. *Church*: —75 n, At sea, chor. of sailors, *TTBB* —15 n, Hail thou vintage, *Bar*-solo and chor. —10 n, *SATB*: The night is calm and cloudless —08 n; O beauty of holyness; O gladsome light; Woe! Woe! à —10 n, Barcarolle, *4ms* —75.
- Good Night, male voic. —16 *Ditson*.
- Hail to the Lord's anointed (Anthems of Praise 67) —1 *Curwen*.
- Hamlet's Soliloquy „To Be or Not To Be" —60 *Schirmer*.
- Hark! hark my soul —12 *Ditson*, *SATB* (Select Sacred Harmony 58) —2 *Ashdown*, (The Church Choralist 221) —2 *Curwen*.
- Hark! the trumpet calleth (Apollo Club 169), *TTBB* —3 *Curwen*, —25 *Ditson*.
- He shall come down like rain —12 *Ditson*.
- How sweet the very thought —12 *Ditson*.
- Huzza! *TTBB* —12 *Ditson*.
- Hymn to Music —3 *Bayley*, —25 n *Schirmer*, mix. voic. (Choral Handbook 566) —3 *Curwen*, —3 *Novello*, (Quart. and Chor. 21) —25 n *Schirmer*, Chor. with O parts —3 *Curwen*.
- I can not sleep —50 *Church*.
- If I were you —60 *Church*.
- I love thee! I love thee! 4— *Leonard*.
- Impromptu pastorale, *Org* 3— *Ashdown*.
- In Absence (Apollo Club 184), *TTBB* —2 *Curwen*, —12 *Ditson*, —3 *Novello*.
- In May time —60 *Church*, 4/— *Williams*.
- In Memoriam (Apollo Club 257), *TTBB*

—2 *Curwen.* (Chor. for Men's Voic. 21)
—10 n *Schirmer.*
- In thy dreams, *h. l.* —50 *Ditson.*
- In Vino Veritas, arr. B. Bohn (Chor. for Men's Voices 8) —08 n *Schirmer.*
- In Vocal Combat: „Then you'll remember me" and „Rocked in the Cradle" (Chor. for Men's Voices 373) —20 n *Schirmer.*
- I will call upon Thee —10 *Ditson.*
- I will lift up mine eyes —10 *Ditson.*
- Jubilate Deo, arr. F. Schubert (Church Music 45) —12 n *Schirmer.*
- Judge Me O God —60 *Echo Music Co.*
- King Olaf's Christmas 1— *Curwen,* male chorus, solos with acc. of P obl., *Reed Org* and *string* quintet. Score 1.50 n, Voice parts à —10 n *Schirmer.*
- Lead kindly light —10 *Ditson,* SATB (Select. Sacred Harmony 21) —2 *Ashdown,* TTBB —16 *Ditson.*
- The Legend of Don Munio, dramatic cantata. *Ditson:* 1—, Ave Maria, mix. quart. —10, In thankful hymns ascending —08, Jesus how sweet the very thought —08.
- Light of Asia, The. A cantata, Voc. score 3—, Voc. parts à 1.6, 1st T 4.6, 2nd T 4—, Va 4—, Vc and Dble. Bass 7—.
- Lord is King —12 *Ditson.*
- The Lord is my light, ST 2 —n *Curwen,* ST, AB à —75 *Echo Music Co.,* ST in A (orig.) —50, transposed AB in E —50 *Schirmer.*
- Magnificat and Nunc dimittis in A, B, C (Church Music 233, 234, 235) à —25 n *Schirmer.*
- The merry brown Thrush, S. MS. A à —50 *Schirmer.*
- Midnight Service for New Year's Eve (Church Music 296) —40 n *Schirmer,* with Org acc. 1 — *Curwen.*
- Midsummer Fancies, 3 Charakter Pieces, P: 1. In the Woods, 2. By the Brookside, 3. On the Seashore à —50 *Schirmer.*
- Motette Collection, N. 1 and 2 à 1.50 n *Ditson.*
- My Redeemer and my Lord —50 *Church,* 4 — *Williams.*
- The night is calm and cloudless —50 *Church.*
- The Night Song of Bethlehem („Et in terra pax hominibus bonae voluntatis") with acc. of P or Org, h. l. voice à —75, (Church Music 4329) —15 n *Schirmer.*
- The Nun of Nidaros. For male chor. and T-solo, with obligato P acc. and Reed Org ad lib. Score 1.25 n, chorus parts à —10 *Schirmer.*
- O clap your hands —12 *Ditson,* (Church Choralist 222) — 2 *Curwen.*
- Ode to Peace (Choral Handbook 659), mix. voic. —3 *Curwen.*
- Seven Offertories Sentences, solos, duets and quart. —25 *Pond.*
- 3 Offertories for Bar. B: 1. O ye that hear (O quae auditis), 2. Blessed are they (Beati qui diligunt te), 3. Judge me, O God! (Judica me, Deus!) à —50 *Schirmer.*
- O God, the protector, quart. —75 *Ditson.*
- O how amiable are Thy dwellings —10 *Ditson.*
- Old Folks at home. Org —75 *Pond.*

- O Lord, rebuke me not —12 *Ditson.*
- O Lord, thou art my God —10 *Ditson.* (The Church Choralist 11) — P.2 *Curwen.*
- One sweetly solemn Thought, sacred song. S. MS. A à —35 *Schirmer.*
- On the sea (Apollo Club 255), TTBB —2 *Curwen,* (Chor. for Men's Voices 22) —12 n *Schirmer.*
- On Tree-top high, male voic. —12 *Ditson.*
- O peace, on thine upsoaring pinion, mix. quart. —10 *Ditson.*
- O praise God —12 *Ditson.*
- O Saviour of the World. Offertory, A. Bar. S à —60 *Schirmer.*
- O thou afflicted (The Church Choralist 11) —P.2 *Curwen,* quart. —10 *Ditson.*
- Out of the deep —12 *Ditson.*
- Paul Revere's Ride („My Country, 'tis of thee I sing"), cantata with T- and Bar-soli and O acc. Vocal score —75 *Schirmer.*
- Peace troubled soul, SAB —10 *Ditson.*
- Pilgrimage to Salerno, *pms* 1.50 *Schirmer.*
- Prayer, fantasie, P —75 *Gordon.*
- Prometheus, chorus of spirits and hours, T-solo, TTBB 1— *Curwen,* (Chor. for Men's voic. 12) with POrgEl and *string* quint. full score 2.50 n, P score 1.50 n, voice parts à —15 n *Schirmer.*
- 46th Psalm: God is our refuge. There is a river (S and double quart.), Lord of Hosts. Be still, then, and know that He is God. The Lord of Hosts is with us —60 n, SAB 1. 2 —16, 3 —12, 4, 5 à —16, O 5— *Ditson.*
- Quick! who have But a second, SATB —06, G. J. Webb, Rainbow chorus, quart. 8vo. —06 *Ditson.*
- Remember now thy Creator. Offertory (primarily for Masonic Use) for Bar. B. T with Org à —50 *Schirmer.*
- Requiem Aeternam (lat. only), mix. quart. —10 *Ditson.*
- Revel and appearance of the abbot, *pms* —75 *Church.*
- Robin Adair, harmonized (Chor. for Women's Voices 64), (Chor. for Men's Voices 16) à —10 n *Schirmer.*
- Rock of ages (Select. Sacred Harmony 61), S-solo and chor. — 2 *Ashdown,* (Church Choralist 220) — P.2 *Curwen,* quart. —10 *Ditson.*
- Rondo-Capr. (W. H. Dayas), P —75 *Schirmer.*
- Three Sacred Songs, S. A: 1. My Pilgrimage, 2. Through Peace to Light, 3. Light of the better Morning à —50 *Schirmer.*
- Salve Regina, Come, thou Holy Spirit —50 *Ditson.*
- Scherzo-Capr. P 1— *Schirmer.*
- Shades of Eve are falling, arr. F. Schubert (Church Music 33) —15 n *Schirmer.*
- She is mine, m. quart. —12 *Ditson.*
- The Signal Resounds, voc. march (Chor. for Men's Voices 23) —25 n *Schirmer.*
- Sing alleluia forth —15 *Ditson,* (The Church Choralist 232), S. T. B-solos — 2 *Curwen.*
- The skylark's song —50 *Church.*
- Slavonic Love Song (R. Weinwurm), (Choruses for Men's Voices 9) —12 n *Schirmer.*

- Song Album, high or low voice à 1.50 n *Schirmer*.
- The Song of the Drum (Chor. for Men's Voices 4224) — 20 n *Schirmer*.
- Five Songs, *MS*: 1. In June. 2. Love's Remorse. 3. Alone, à —40. N. 4. Spring's Awakening — 50. N. 5. Crossing the *Bar* —40, Transposed, *A* à —40 *Schirmer*.
- Five Songs, 1 or *Bar*: 1. Morning Land. 2. Spring Song. 3. Expectancy. 4. Sunset. 5. Storm and Sunshine, à —50 *Schirmer*.
- Five Songs, *T*, *A*, *Bar*: 1. Thou art mine. 2. Shadow Land. 3. I love thee. 4. The silent World is sleeping. 5. Creole Lover's Song, à —50 *Schirmer*.
- Five Songs for *Bar*. *T*: 1. Where the Lindens bloom. 2. Bedouin Love Song. 3. Capture of Bacchus. 4. Gipsies, à —50, N. 5. When Life hath Sorrow found —35 *Schirmer*.
- Three Songs: N, 1. Where are the Swallows fled? — 35, N. 2. Down by the Mill —50, N. 3. The Sunset's Smile had left the Sky —35 *Schirmer*.
- The Spring is come, Huzza! (Choruses for Men's Voices 20) —20 n *Schirmer*.
- Spring-tide birds are singing (Sacred Quart. Vol. 5 Nr. 97), quart. with *P* (Org) acc. — 1½ *Curwen*.
- Spring song, fem. voic. three parts —96 n *Church*.
- Star of love, *TTBB* —16 *Ditson*.
- Stepping heavenward 4/— *Ashdown*.
- The Story of the Cross, Lenten Service (Church Music 663) 1— n, Chor. solo *Org* 1— n *Schirmer*.
- Studies in Pedal Phrasing, *Org* 1.50 n *Schirmer*.
- A summer night, quart. male voic. —25 *Pond*.
- Te Deum in B minor —25, in C —20, in Eb Festival —30, in Eb Short —20, Quart. —10 *Ditson*.
- Te Deum (arr. F. Schubert, R. Schumann), (Church Music 43, 44) à —20 n *Schirmer*.
- The Tempest —50 *Schirmer*.
- There is a river, double quart. —16 *Ditson*.
- Thou wilt keep him —10 *Ditson*.
- 4 Tone Pictures, *PipeOrg*: N. 1. Sunshine and Shadow —50. N. 2. On the Coast —75. N. 3. The Holy Night (Noël) —65. N. 4. Choral-March (in Canon Form) —75 *Schirmer*.
- Triumphal march, *Org* 4/— *Ashdown*.
- The Triumph of David, cantata for Church Use, for solo voices and chorus with *Org* 1— n, 2 Solos: N. 1. I will lay me down in Peace —50. N. 2. How long, o Lord, wilt thou forget me? —65 *Schirmer*.
- 'Twas on a Sunday Morning —50 *Ditson*.
- Twilight (Apollo Club 258), *TTBB* —3 *Curwen*, (Choruses for Men's Voices 19) —20 n *Schirmer*.
- Until God's Day, *S*. *A* à —40 *Schirmer*.
- The Voyage of Columbus (Die Reise des Columbus), cantata in 6 Night Scenes for male voices (solo and chor.), with O: *O* score 10— n, *O* parts 10— n, *P* score c. g. 8vo 1— n, Chorus parts (German only), à —35 *Schirmer*, Part

—25 n, *KA* 3— n, Chorst 3— *Hofmeister*, Two Songs: On the Deck of the Santa Maria (Auf dem Verdecke der Santa Maria), *B*. In distant Andalusia (Im fernen Andalusia, *T* à —60 *Schirmer*.
- Whatever happen 4/— *Ashdown*.
- What's your opinion —50 *Ditson*.
- When the Corn is waving, melody Ch. Blamphin Harmonized (Chor. for Men's Voices 402) —15 n *Schirmer*.
- When the heart is young 4 — *Ascherberg*, 3 — *Ashdown*. —2 *Bayley*. 2 — *Boosey*, —2 *Broome*, h. m. l. à —50 *Ditson*. 4 — *Orpheus*, *Pitman*, unison — 2, (Chor. for Equal voic. 393) —2 *Curwen*, (Part Songs 48) Treble voic. — 4 *Williams*.
- When the Lord turned again — 10 *Ditson*.
- When through the torn (Sacred Music Leaflets 140) — 1½ *Curwen*.
- Where a garden grows 4 — *Ashdown*.
- Where did you come from Baby dear? —50 *Schirmer*.
- Who wreath sorrow's crown 4 — *Ashdown*.
- Why Love is King, *S*. *MS* à —60 *Schirmer*.
- Wine song, *SATB* —32 *Ditson*.
- Winter Pictures, 3 Character Pieces, *P*: 1. The Woods in Winter. 2. Sleigh-bell, à —60, N. 3. Echoes of the Ball-room —75 *Schirmer*.
- With Glory clad, hymn, arr. R. Wagner, (Church Music 42) —15 n *Schirmer*.

Buck F. Evening star, waltz —35 *Ditson*.
- Ocean Wave, waltz —35 *Ditson*.
- Oleander Waltz —35 *Ditson*.

Buck J. S. Farmer's song of the year, quart. and W. H. Bennett, serenade, 8-solo & quart. —06 *Ditson*.
- Hear us, O God (Chant). Soldiers of Christ, arise, quart. —06 *Ditson*.
- Sing unto the lord, quart. —06 *Ditson*.

Buck Ir. & Wilson H. Thou wilt keep him in perfect, quart. Jesus, Saviour of my soul, quart. —12 *Ditson*.

Buck Percy Carter (1871). Six Short Anthems, *SATB* 1 — *Novello*: 1. Let the peace of God. 2. O God, whose nature and property. 3. Brethren, whatsoever things are true. 4. The Lord is gracious. 5. They that sow in tears. 6. Mercy and truth.
- Sonate Nr. 1 in Es-dur, *Org* 3— n *Breitkopf*.
- Sonate Nr. 2 in D, *Org* 3— n *Breitkopf*.
- A Song, trio, fem. or boy's voic. —2 *Novello*.
- Weep you no more sad fountains, trio, fem. or boy's voic. — 2 *Novello*.
- The Wood-nymph's Call, trio, fem. or boy's voic. — 2 *Novello*.

Buck Rudolf, op. 5 Sechs Lieder: 1. Mailied 1.20. Nr. 2. Lied Margareta's. 3. Du liebes Auge. 4. Am Springbrunn'. 5. Im Hain, à 1—. Nr. 6. Wenn der Vogel 1.20 *Ries & Erler*.
- **6** Warnung vor dem Rhein, h. t. à 1.20 *Rühle*.
- **8** Drei Lieder: 1. Treue. 2. Frühling. 3. Heut' ist heut', h. t. à 1— *Hansen*.
- **9** Elisabeth: „Der Abend sinkt". 2. Wiegenlied; „Sanft und lind" (Sweet and low) à 1—. Nr. 3. „Bin über die Heide

gewandert" —80. Nr. 4. Zum Abschied:
„O könnt' nur einmal". 5. Heimliche
Liebe: „Die Sonn' ist schlafen gegangen".
6. „Mein Liebchen ist treulos". 7. „Komm,
Trost der Welt", à 1— *Heinrichshofen.*
- 10 Vier Lieder: 1. Gute Nacht: „Im tiefsten Innern". *h. t.* 1—. Nr. 2. Laß mich
nicht warten: „Blümlein im grünen Wald"
1.20. Nr 3. Vorbei: „Über den Wald, den
herbstlich roten" 1—. Nr. 4. Zigeunerart:
„Du braunes Kind woher?", *h. t.* à 1.50
Eisoldt.
- 11 Vier Lieder: Nr. 1. „Als ich dich kaum
gesehen" —90. Nr. 2. Ich liebe dich:
„Vier adlige Rosse". 3. Sehnsucht: „Um
bei dir zu sein". 4. Ausfahrt: „Berggipfel
erglühen", à 1.20 *Cn. Ed.*
- 12 Sechs Lieder: 1. „Über Tag und Nacht
— By day, by night". 2. Mutter Nacht
— Mother night. 3. „Wie der Mond kam
es gegangen — Unawares". 4. Diebstahl
- Pilfering. 5. Ein Röslein rot — A red,
red rose. 6. „Schneeglöckchen läuten —
Snowdrops where whispering". *h. t.* à 4—
Simrock.
- 13 Zwei Gesänge mit *P* od. *O*: 1. Psalm:
„Meine Seele dürstet nach Licht — Lo my
spirit thirsteth for light". 2. Der König
auf dem Turme — The King in his Watch-
Tower: „Da liegen sie alle — Before me
are lying", à 2— *Simrock.*
- 14 Drei Stimmung-bilder, *TTBB*: Nr. 1.
Sturm: „Sturmesnacht! Todesnacht!" f.
Doppelchor, Part u. St 2.50. Nr. 2. Wilde
Jagd: „Wann die Sonne versank", Part
u. St 3—. Nr. 3. Abendfrieden: „Vom
fels herab die Glocke tönt", Part u. St
1.80 *Dreililien.*
- 15 Fünf Gedichte: Nr. 1. Schwüle: „Trüb
verglomm der schwüle Sommertag" 1.50.
Nr. 2. Abendwolke: „So stille ruht im
Hafen" 1—. Nr. 3. Ein Lied Chastelards:
„Sehnsucht ist Qual" 1.50. Nr. 4. Eingelegte Ruder: „Meine eingelegten Ruder
triefen" 1.20. Nr. 5. Der Ritt in den Tod:
„Greif aus, mein junges, mein feuriges
Tier" 1.50 *Dreililien.*
- 16 Zwei Gesänge, 3 Frauenst. (Solo od.
Chor) u. *P*, Part à 1.35, St à —90 *Dreililien*: 1. Jugend: „Am Schlehdorn, wißt
ihr, wo der steht?" 2. Die Sperlinge:
„Altes Haus mit deinen Löchern".
- 17 Asteroiden. Vier Gedichte 3.50 *Drei-
lilien*: Nr. 1. Herbstesfrühling: „Träumend hob der Herbst die Flügel" 1.50.
Nr. 2. „Unzähl'ge Sterne fielen" 1.50.
Nr. 3. Am Teiche: „Ging wieder hin zu
der Stelle" 1.20. Nr. 4. Im Walde: „Es
geht ein Rauschen durch die Bäume" 1.50.
- 18 Drei *TTBB*: 1. Gotenzug, Part u. St
2.80. Nr. 2. Landsknechtslied, Part u. St
2.30. Nr. 3. Am See, Part u. St 2.30.
- Abendfrieden: „Die Vögel auf den Zweigen". 8*Bar* 1— *Heinrichshofen.*
- Ein Deutschland: „Und hörst du das mächtige Klingen", *TTBB*, Part —60, St —80
1.40 *Heinrichshofen.*
Hvadan kom du, älskling kär? —50 *Elkan.*
- Laß das Fragen: „Lieb Seelchen laß das
Fragen sein" 1— *Dreililien.*
- Idyll: „Auf dem blauen Waldsee schwimmen" 1— *Heinrichshofen.*

- Mein Lieb 1— *Rühle.*
- Sag, lilla pill, hvar hom du fran? —50
Gehrman.
- Vogelfang: „Man fängt die Vögel groß und
klein" 1— *Heinrichshofen.*
- Wunsch —60 *Rühle.*
Buck Theo. O Lovable Anna, male quart.
—10 *Jennings.*
Buck W. Edgar, At the mercy of the waves
4— *Ashdown.*
Buck W. H. Processional Hymn, mix. quart.
—05 *Jennings.*
Buck & Geibel, Bamboo Baby, *TTBB* —50
Albright.
- Pen-acola Pickaninny —50, *TTBB*, *SATB*
à —50 *Albright.*
- Perhaps —50 *Albright.*
Bucken, Allegro Militaire, quick march,
Full Band 2 8, *Medium Band* 2 —, *Small
Band* 1 4 *Hawkes.*
Buckholtz R. Eileen Mavrone, Irish sg. chor.
—40 *Ashdown.*
Buckingham, Duchess of, and Chandos, A
war song 4 — *Willcocks.*
Buckland G. My old wife's a good old crea
ture 3 — *Chappell.*
Buckle on the sword (Temperance Music
Leaflets 121) —½ *Curwen.*
Buckler F. 3 Morceaux extraits des cantates, d'Alexandre Stradella, *HV* 2.50 n
Mustel.
Buckley Fred. op. 9 Pensées nocturne, G
—40, *Spanish*G —35 *Ditson.*
- Beautiful Butterfly 3 — *Hopwood.*
- Beautiful One —35 *Ellis.*
- Break it gently to my mother, war song
chor. —40 *Brainard.*
- Bring thy shattered heart to me 3 — *Wil-
liams.*
- Come in and shut the door, song & chor.
—35 *Ditson.*
- Come where the moonbeams linger, duet
3 — *Hopwood.*
- Cottage by the sea, with G —25 *Ditson.*
- Dixey's land 2 — *Williams.*
- Ella Leene 2 — (Popular Vocal Music 31),
with G 1 6 *Ashdown.*
- Far away, with G —15 *Pond.*
- From our homes loved ones are fading —40
Brainard.
- Gaily Through Life we wander, with G
—30 *Pond.*
- Great hen convention, song and chor. —35
Ditson.
- Hen Convention 3 — *Pitman.*
- Hopes gone by, with G —15 *Pond.*
- I'd choose to be a daisy 2 — *Ashdown.*
—35 *Ditson,* with G (Popular Vocal Mus.
33) 1 6 *Ashdown,* —25 *Pond.*
- i dream of thee —25 *Ditson.*
- I'm dreaming, ever dreaming 3 — *Hopwood.*
- I'm dreaming, fondley dreaming —40 *Brai-
nard.*
- I'm turning grey dear Kate 2 — *Ashdown.*
- In Dreams thou'rt near me (Far from thy
side). sg. chor. —40 *Brainard.*
- I see here still in my dreams, with G —30
Pond.
- I wait for thee (War is nearly over),
Ansto „When tis cruel war is over", sg.
chor. *Brainard.*
- Jessie Vane 2 — *Ashdown.*

Joinville quadrille N. 1 —10 *Brainard*.
- Kiss me mother, ere I die (Moeder geef mij nog een kus) 2 — *Ashdown*, song & chor. —40 *Brainard*, m. koor —40 *Boer*.
- Kiss me quick and go 2 — *Ashdown*, with *G* —50 *Pond*.
- Leaf by leaf the roses fall —50 *Brainard*.
- The lily was the only flower 3 — *Hopwood*.
- Little one that died 2 — *Ashdown*.
- Mabel Wilde, song and chor. —35 *Ditson*.
- Mary Gray with *G* —15 *Pond*.
- Oh! if I had someone to love me 3 — *Ashdown*.
- Old play ground with *G* —30 *Pond*.
- Our Pastor with *G* —25 *Pond*.
- Poor man's grave —25 *Ellis*.
- Sad is my heart —40 *Brainard*.
- Smiles of fleeting friendship 3 — *Williams*.
- Softly falls the moonlight 2 6 *Williams*.
SATB (The Choralist 252) — 1 *Boosey*.
- Somebody's courting somebody 2 — *Ashdown*.
- Speak to me with thy shining eyes — 50 *Brainard*.
- Stolen kisses are the sweetest 2 — *Ashdown*.
- Tell me, is my father coming home? Sg. Chor. —40 *Brainard*. 2 6 *Williams*.
- Traviata: Daylight is softly dying. Those pleasant days are gone with *G* à —30 *Pond*.
- Village maiden with *G* —30 *Pond*.
- What could it mean? —40 *Brainard*.

Buckley Olivia D. Field Daisy —25 *Brainard*.

Bucknall C. The linden tree, mix. voic. — 3 *Novello*.
- The Office for the Holy Communion 1— *Novello*.

Bucknell T. F. Darling's Birthday, *P* 3 — *Moore*.

Buckowitz, King Cotton Waltz —75 *Witzmann*.

Budawitz E. op. 2 Valse sentimentale —75 *Jurgenson*.

„Budapesti dalbokréta". Tartalmaz 60 magyar dalt s. 18 műdalt. Tartalma a Következő. 1. Magyar dalok. 1. Ablakomra egy kis madár. 2. A föld buzát konkolyt terem. 3. Árva madár. 4. A kalapom mellett. 5. Álmos vagyok. 6. Azért, hogy én szegény vagyok. 7. Azt a leveses mivoltát. 8. A körösi utczán. 9. Bécsi piros selyemkendő. 10. Becsületes legény voltam. 11. Borús az ég. 12. Csendes az est. 13. Czimbilimbi nóta. 14. Doktor uram. 15. Élet, élet, betyár élet. 16. Elszáradt a rózsafának. 17. Erdő mellett de magas. 18. Ez a vidék. 19. Ezért a legényért. 20. Föl pohárra! 21. Harmatos a nyári mező. 22. Ha az apád megfogadna. 23. Hajnalodik. 24. Heje huja szép menyecske. 25. Hej galambom csapárosné. 26. Hervadoz a nyárfa. 27. Hogy elhagytál nem öl meg a búbánat. 28. Hogyha épen akarod. 29. Hogy végzetem elüldözött. 30. Jaj be szépet álmodtam. 31. Jász huszár dal. 32. Jókor kinyilt az orgona. 33. Kedvetlenül jár a nap. 34. Kerek az én subám alja. 35. Keservesen sir a szellő. 36. Kis kendőm, nagy kendőm. 37. Kis kertemben elaludtam. 38. Korcsmárosné az angyalát. 39. Lyuk-lyuk. 40. Mályvamáylva. 41. Mért szomoru a kis madár.

42. Még azt vetik a szememre. 43. Messze földre elrepült. 44. Nehéz szivem. 45. Nem akar a zsalugáter kinyilni. 46. Nem szeretem én a nyiló virágot. 47. Ne sirj, ne sirj fülemile. 48. Őszi szelő. 49. Puszta erdő bús homálya. 50. Régen volt az. 51. Részeg vagyok. 52. Sári néni beteges. 53. Siófokra megy a hajó. 54. Sir a felhő. 55. Sötét az éj. 56. Sürü csillag ritkán ragyog. 57. Szépen szól a gőzhajón. 58. Szeretlek én barna kis lány. 59. Tele van a szivem, tele van. 60. Tele van az igali rét virággal. II. Műdalok, couplék és chansonok. 1. D'Acre, Ting a ling, couple. 2. D'Amant, „Finale", műdal. 3. D'Amant, Megyek a regiment után, couple. 4. D'Amant, Máskép van az manapság. couple. 5. Decker, Miként valjam meg, műdal. 6. Franz, Ave Maria, műdal. 7. Grieg. Solvejgs bölcsődala, műdal. 8. Gumbert, „Dalom" („Mein Lied"), műdal. 9. Harris, Kié szived? műdal. 10. Hum. perdink, Rózsa keringő, műdal. 11. Linke. Édes kalauz ur (Ah lieber Schaffner), couple. 12. Linke, Kis hizelgő, couple. 13. Orth J., Régi história ez, couple. 14. Schild, Jolán, Jolán, te rossz leány, couple. 15. Schuberth, Bevésnér tölgyfa érdes kérgibe, műdal. 16. Schumann, Nam átkozlak, műdal. 17. Székely, J., Őszi rózsák, műdal. 18. Varguez, Mond hát, hog szeretsz hát, Dal-Gavotte. 4— n.

Budau. When the sky is in rosy hue. Sg. and Chor. —35 *White*.
- When the stars are shining, Bessie. Sg. and Chor. —35 *White*.

Buday István. Rendezvous, Walzer 2—, kl. O 4— *Harmonia*.

Budd G. W. Dainty white pearl, SSATTB 1 — *Novello*.
- Hark by a crystal fountain, SSATTB 1 3 *Novello*.
- Once more 4 — *Ascherberg*.

Buddemeyer E. Tarantella, *P* 1— *A. E. Fischer*.

Buddenbrock-Hettersdorf R. v. op. 1 Sechs Lieder 1.75 *Hainauer*: 1. Ich will dich auf den Händen tragen. 2. Keine Antwort: Wenn in dem Frühling die Erd' erwacht. 3. So manche schöne Perle. 4. Das ist, was an der Menschenbrust. 5. Und welches die Blumen. 6. Vorsatz: Ich will dir's nimmer sagen. Nr. 3. So manche schöne Perle, *h. t.* à —75.
- 2 Vier Lieder 1.50 *Hainauer*: 1. Lehn' deine Wang' an meine Wang'. 2. Schwerer Entschluß: Son mancher möcht' ihr Blümchen sein. 3. Nie darf Lieb' und Lipp' es wagen. 4. Das Mädchen: Mutter, Mutter, meine Puppe.
- 3 Sechs Lieder 2.50 *Hainauer*: 1. Wenn du im Traum wirst fragen. 2. Freude und Schmerz: Zwei Kammern hat das Herz. 3. Das Glück ist ein gar flüchtig Ding. 4. Dort ist so tiefer Schatten. 5. Mit einem gemalten Band: Kleine Blumen, kleine Blätter. 6. Wie wunderschön ist jetzt die Welt.
- 4 Fünf Lieder 2— *Hainauer*: Mädchen-Schwermut: Kleine Tropfen, seid ihr Tränen? Wenn du ein Herz gefunden. Frühe Klage: Aus der Ferne schallen Gesänge.

Was ist mir denn geschehen? Fragen:
Wenn die Stern' am Himmel blinken.
Buddeus E. op. 3 La Danse des Sylphides
mazurka de concert 1.05 *Idzikowski.*
- 8 Chanson sans Paroles, *P* 1— *Siegel.*
Buddik J. Fanny, nocturne, *P* 1.30 *Cranz.*
Budik, Arabesken Quadr. *O, 9 Instr* —50 n
Fischer.
Budik E. op. 62 Gay and careless, galop
—30 *Gordon.*
Budik F. op. 10 Bruder Lustig. Jolly bro-
thers, galop —40 *Brainard,* (Mus. Magaz.
123) 1.— n *Chappell,* —30 *Church, Gordon*
(Music Portfolio 1) 1— *Hammond.* —35
Mc. Kinley, —30 *Molineux,* —35 *National*
Music, —30 *White; Ams* —35 *Gordon,*
Banjo —25 *Stern, VP, VU* à —30 *White,*
and C. F a u s t. op. 73. Maskenpolonaise,
O 3— n *Benjamin.*
- Deutsches Trinklied, *TTBB & Bar-*solo. Part
u. St 1.35 *Pohl.*
- Kompositionen, *Z* (F. G u t m a n n). *Cu.*
Ed.: Heft 2. Volksgarten-Polka —48. Heft
3. Die Tanzmeisterin, Polka-Mazurka 4. *2Z*
—84. Heft 4. Parma-Marsch, *2Z* —84.
Heft 5. Amors Pfeile, Walzer —84. Heft 6.
Turner-Sturm-Galopp —48. Heft 7. Blondin-
Marsch —48. Heft 8. Annenfest-Polka —48.
Heft 9. Rudolfsheimer-Quadrille —72. Heft
10. Der Possenreißer-Galopp —48. Heft 11.
Kordial-Klänge, Walzer 1.20. Heft 12. „Die
Zierliche", Polka-Mazurka —72. Heft 13.
Die Anspruchslose, Rheinländer-Polka —48.
Heft 14. Bruder Lustig. Galopp —72.
Budiker Vietz vom Kietz, Solo-Szene —20
Michow.
Budinsky Fr. Echo-Retraite des Kürassier-
Regiments Graf Hardegg, *P* 1— *Hof-*
meister.
- Mangary-Polka. Rosa-Polka, Fopp-Galopp
1.40 *Hoffmann.*
- Retraite über beliebte Opernmelodien, *P* 1.40
Hoffmann.
Budzynski Ildefons, Karnawał Warszawski
Mazur. —15 *Gebethner.*
Buechel Robert, Exquisite, polka élég. *VU*
—75 *Fischer.*
- The Famous March of the day, *Milit. Band*
—50 n, and M o h r J. P. Mecca, march,
FullO 1— n, *1⅟ pts.* —80 n, *10 pts.* —60 n
Standard.
Bücher deutscher Lieder, 6 Bde. à —15
Bertelsmann.
Büchler Ferd. op. 9 Vierundzwanzig Studien,
Vc mit 2. *Vc* ad lib. 2 Hefte à 4— *Rieter.*
- 10 Sechs Gesänge, *TTBB*, 2 Hefte à 3.20
André: Heft 1. In der Ferne, U h l a n d.
Bauernregel, U h l a n d. Der Blume Tod.
2. Maikäfers Freierei. Abschied vom Walde.
Veilchenduft, R o q u e t t e.
- 14 Acht Albumblätter, *P* 2— *André:* 1. Neue
Hoffnung. 2. Nachhall. 3. Ungeduld. 4.
Sehnsucht. 5. Am Strande. 6. Frisch durch.
7. Verlust. 8. Scherzo. Nr. 1 u. 2 zusam-
men —60. Nr. 3—8 à —60.
- 15 Ich geh' nicht mehr zum grünen Wald,
TTBB, Part —50, St 1— *André.*
- 17 Sechs Gesänge, *TTBB*: Heft 1. Aus den
Schilfliedern. Ghasel, P l a t e n. Ghasel,
M i r z a - S c h a f f y, Part 1—, St 2—.
Heft 2. Wie du so lieb mir bist. Trinklied,

M i r z a - S c h a f f y. Schlummerlied. Part
1—, St 1.60 *André.*
- 18 Rhythmische Übungsstücke, *Vc* m. 2. *Vc,*
2 Hefte à 3— *Rieter.*
- 19 Praktische Beispiele zur Lehre von dem
Doppelgriffen, dem zweistimmigen Spiel
und den Akkorden, als Anhang zu jeder
Violoncellschule, 2 Hefte à 3— *Rieter.*
- 20 Sechs Gesänge, *TTBB*, 2 Hefte, Part à
—80, St à 1.60 *André:* Heft 1. Ghasel,
H a m m e r. Verrat. Meeresstille. Heft 2.
Ich wollt', ich wäre, Ghasel, P l a t e n.
- 21 Vierundzwanzig Etuden u. Übungsstücke,
Vc, Heft 1 u. 2 à 2.50 *Kühl.*
- 22 Sechs Studien, 2*Vc,* für vorgeschrittene
Schüler 4— *Rieter.*
- 23 Kleine Wanderbilder, *VP* 4— *Rieter.*
- 24 Zwei Stücke, *4Vc* 3— *Rieter.*
- 27 Drei mittelschwere Sonaten, *Vc* m. 2. *Vc:*
Nr. 1 in C dur 3.50. Nr. 2 in F-dur 3—.
Nr. 3 in E moll 3— *Rieter.*
- Bunte Reihe, Sammlung auserwählter Arien,
Lieder, Volkslieder, Tänze u. s. w., als
Hausmusik, *VcP* à 1— *Rieter:* 1. S t r a-
d e l l a A l e s s a n d r o: Moderato aus
einer weltlichen Kantate. 2. D e s t o u c h e s
A n d r é: Passepied aus der Oper „Issé".
3. A u b e r t J a c q u e s: Forlane (Tanz
aus der Oper „La Reine des Péris"). 4.
B r a h m s J o h a n n e s: Wie bist du
meine Königin. 5. S c h u b e r t F r a n z:
Heidenröslein. 6. Schottisches Lied: Schön
und falsch. 7. R a m e a u J. P.: Gavotte
pour les fleurs aus dem Ballet „Les Indes
galantes". 8. Englisches Volkslied: Die
britischen Grenadiere. 9. S c h u b e r t F r.:
Mit dem grünen Lautenbande. 10. S t r a-
d e l l a A l e s s a n d r o: Allegro moderato
aus einer weltlichen Kantate. 11. H ä n-
d e l G. F.: Arie aus der Oper „Meine".
12. S c h u b e r t F r a n z: Der Fischer.
13. Schottisches Lied: An Marie im Himmel. 14. B e n d a F r a n z: Siciliano aus
einer Sonate für *V.* 15. Thüringisches
Volkslied: Ach, wie ist's möglich dann.
16. S c h u b e r t F r a n z: Morgengruß.
17. G l u c k C h r.: Hymne der Priesterin-
nen aus „Iphigenie auf Tauris". 18. R a-
m e a u J. P.: Air tendre de la rose aus
dem Ballet „Les Indes galantes". 19. M e n-
d e l s s o h n - B a r t h o l d y F e l i x: Im
Herbst. 20. S c h u b e r t F r a n z: Des
Müllers Blumen. 21. Schottisches Lied:
Des Liebenden Morgengruß an seine Herrin.
22. G r é t r y M.: Giga aus der Oper
„Céphale et Procris". 23. S c h u b e r t F r.:
Das Wandern. 24. R a m e a u J. P.: Menuetto aus der Oper „Platée". 25. W e b e r
C. M. v o n: Mein Schatzerl is hübsch,
aber reich is es nit.
- Feuillets d'Album —15 *Jurgenson.*
- Klavierstück 2.20 *Eberle.*
- 3 Pièces des Cantates du A l e s s. S t r a-
d e l l a, *P(H)V, P(H)Vc* à 2— *André.*
- La Romanesca. Berühmter Tanz aus dem
16. Jahrhundert zum Konzertvortrag. *VcP*
2— *Rieter.*
Büchner A. op. 13 Fantasiestücke, *P*, Heft
1—2 à 1— *Siegel.*
- Blyskawiczny Galop, grywany przez orkiestrę
włościańską Karola Namysłowskiego —40
Gebethner.

- In die Ferne, *P* 1— *Siegel*.

Büchner Carl, op. 1 Impromptu, *P* 1— *Siegel*.
- 23 Melodie russe, *P* 1— *Idzikowski*.
- 24 En gondole, *P* 1.20 *Idzikowski*.
- Ballade, *P* 1— *E. Stoll*.
- Feuillet d'Album, *P* —30 *Jurgenson*.
- Melodie slave, *P* —60 *Jurgenson*.
- Polka concertante —60 *Jurgenson*.

Büchner Emil, op. 10 Le Papillon, Impromptu, *P* —75 *E. Stoll*.
- 11 Vie de Fleurs, Blumenleben, Fantasiestück, *P*, Heft 1, 2 à 1.50 *E. Stoll*.
- 18 Fünf Lieder 2.50: Nr. 1. Sehnsucht, *h. m.*, 2. An einem lichten Morgen, *h. m.*, 3. Ich sah den Wald sich färben à —80. Nr. 4. Nachtgesang, *h. m.* —60. Nr. 5. Die stille Wasserrose, *h. m.* —80 *W. Schmid*.
- 20 Vier Lieder 2.50: Nr. 1. Ave Maria, 2. Ich bin geliebt, *h. m.*, 3. Osterlied: Die Glocken läuten, 4. O, wär' ich ein Stern, *h. m.* à —80 *W. Schmid*.
- 25 Drei Lieder: Nr. 1. Frühling: „Wenn der Frühling auf die Berge steigt", *h. m.* 1—. Nr. 2. Mailied: „Es blühet und grünet im Feld", *h. m.* —75. Nr. 3. Ewig mein: „Ja, du bist mein", *h.* —75, *m.* 1— *Kahnt*.
- 27 Fünf Charakterstücke, *P* 3.50: Nr. 1. Impromptu 1—. Nr. 2. Lied ohne Worte, 3. Mazurka, 4. Romanze à —75. Nr. 5. Walzer 1.50 *Kahnt*.
- 28 Sechs Lieder, *h.* 2.50, *m.* 3—: Nr. 1. „Ich möchte mich in Rosenduft berauschen", *h. m.* —80. Nr. 2. „Der Mondstrahl fiel in der Lilie Tau", *h. m.* —80. Nr. 3. „Mein Stern" (Ich fragt' einen Stern am Himmel), *h. m.* —80. Nr. 4. „Die Erde liegt so wüst und leer", *h. m.* —50. Nr. 5. „O Welt, du bist so wunderschön", *h. m.* —. Nr. 6. Huldigung (Ich bin das Meer der Liebe), *h. m.* —80 *Kahnt*.
- 29 Vier Lieder, *h.* 1.80, *m.* 2—: Nr. 1. „Willst du mein eigen sein?" *h. m.* —80. Nr. 2. „O blick mich an", *h. m.* —50. Nr. 3. „Die Heideblume von Tiefensee", *h.* —80, *m.* 1—. Nr. 4. „Mir träumte von einem Königskind", *h.* —50, *m.* —80 *Kahnt*.
- 30 Vierundzwanzig Stücke, 4ms. im Umfange von 5 Tönen bei stillstehender Hand: Heft I. Nr. 1. Ringelringelreihe, 2. Tanz', Püppchen, tanz', 3. Unter der Linde, Idylle, 4. Abendgebet, 5. Schelmenstreiche: Der kleine Schelm 2—. Heft II. Nr. 6. Heimweh, 7. Parade-Marsch der deutschen Ritter vom Steckenpferde, 8. Kindes Leid und Trost, 9. Menuett, 10. Andacht Sonntagsfeier 2—. Heft III. Nr. 11. Plaudertäschchen: Plappermäulchen, 12. Romanze, 13. Schlummerlied: Schlaf', Kindchen, schlaf' 2—. Heft IV. Nr. 14. Marsch, 15. Die kleine Ballettänzerin, 16. Polonaise, 17. Walzer 2.75. Heft V. Nr. 18. Mazurka, 19. Ungarischer Marsch, 20. Tarantelle, 21. Schlummerlied 2.50. Heft VI. Nr. 22. Marsch, 23. Barcarolle, 24. Intermezzo 2.25 *Kahnt*.
- 30 Festmarsch unter Benutzung des Chorals „Ein' feste Burg" 1—, 4ms. 1.25 *Schütt*.
- 32 Romanze, VcP 1.50 *Leuckart*.
- 36 Nr. 1. Cäcilienlied: „Cäcilia, o schwebe nieder", *TTBB*, Part —80, St 1— *Kistner*.

- 40 Wittekind, Soli, Chor u. O, KA mit Text 4.50 n, Chorst (*T* I II, *B* I II à —60, *S* I à —15) 2.70, Schlußchor f. Männerst eingerichtet, *T, B* —30, Textbuch —10 n *Leuckart*.
- 41 Nr. 1. Frisch auf: „Und reiten wir ins Gefild hinein", Part, St 2— *Klauer*.
- 41 Nr. 2. Wein her! *TTBB*, Part —20 *O. Dietrich*.
- 43 Zwei Gesänge, *TTBB*: 1. Gebet, 2. Lobgesang, Part u. St 2.60 *Kahnt*.
- 47 Volkslied: „Hier ist die Stelle, hier ist der Platz", *h. m.* à —80 *Kahnt*.
- 48 Die letzte Loge: „Wenn die letzten Sterne einst schimmern", *TTBB* u. T-Solo m. *P*, KA 1.50, St 1— *Heinrichshofen*.
- 58 Zur Trauung, *S. A* à 1.25, 4 Solost od. *SATB, TTBB*, Part à 1.50 n, St à —80 n *Kahnt*.
- Lieder-Album, *h. m.* à 3— n *Kahnt*: Op. 25 Nr. 1. Wenn der Frühling auf die Berge steigt. Op. 28 Nr. 4. Die Erde liegt so wüst und leer. Op. 28 Nr. 5. O Welt, du bist so wunderschön. Op. 24 Nr. 3. Ewig mein. Op. 29 Nr. 4. Ich möchte mich in Rosenduft berauschen. Op. 46 Nr. 1. Volkslied: „Hier ist die Stelle, hier ist der Platz". Op. 25 Nr. 2. Mailied: „Es blühet und grünet im Feld und Hag". Op. 29 Nr. 3. Die Heideblume von Tiefensee.
- Scherzino, *P* —25 *Schmidt*.

Büchner Ferd. op. 5 Polka brillante de Concert, *FlP* 2— *A. E. Fischer*.
- 6 Mazurka de Concert, *FlP* 1.50 *A. E. Fischer*. *Zimmermann*:
- 20 Nocturne, *FlP* —75.
- 21 Konzertwalzer, *FlP* 1—.
- 22 Große russische Fantasie, *FlP* 1.50.
- 27 Konzertwalzer, *FlP* 1—.
- 28 Andante mit großer Kadenz, *FlP* —90.
- 29 Idylle, *FlP* —60, *Fl* —30.
- 30 Kosak, *FlP* —60, *Fl* —30.
- 31 Serenade, *FlP* —75, *Fl* —30.
- 32 Mazurka-Fantasie, *FlP* —90.
- 33 Ungarische Fantasie, *FlP* —90.
- 34 Auf dem Lande, *FlP* —50, *Fl* —30.
- 35 Zigeuner-Tanz, *FlP* —75, *Fl* —30.
- 36 Mascha und Pascha, *FlP* —60, *Fl* —30.
- 37 Russischer Walzer —75.
- 38 Großes Konzert in F-moll, *FlP* 3—.
- 39 Konzertwalzer, *FlP* 1—.
- 40 Concertino, *FlP* 2—.
- 41 Andante und Polonaise, *FlP* 2—.
- 42 Sechs Duette, 2Fl à 1—.
- 43 Sophien-Walzer, 2FlP 1—.
- 44 Ungarischer Tanz, 2FlP —75.
- 45 Zweites Konzert in A-moll, *FlP* 1.50.
- 46 Romanze, *FlP* —60.
- 47 Romanze, VcP —75.
- 48 Präludien, *Fl* —60.
- 49 Frühling, 2FlP 1—.
- 50 Drittes Konzert in F-dur, *FlP* 2.50.
- 51 Viertes Konzert in E-dur, *FlP* 2.50.
- 52 Fünftes Konzert in Es-dur, *FlP* 2.50.
- 53 Flirt, *FlP* 1—.
- 54 Häusliche Szene, *FlP* 2—.
- Album de Romance, *Fl*, 5 Cah. à —75 *Gutheil*. *Gutheil*:
- Ariadna-Quadr. —.50.
- Арифа (Жемчужина Адена). Кадриль на любим. мотивы балета Гербера —50.

- Barque bleue-Quadr. —50.
- Belle Hélène. Polka —30.
- Bon soir. Polka — 40.
- Биконсфильдъ. (Фокусъ-покусъ.) Полька —40.
- Constantin-Polka —30 *Jurgenson.*
- Dagmar-Polka — 40.
- Да здравствуетъ Россія. Кадриль —50.
- Два ада, Quadr. —50.
- Дочь Фараона. Кадриль —50.
- L'exposition-Valse —60 *Jurgenson.*
- 6 Etuden v. Chopin, *Fl* —50 *Zimmermann.*
- Fiametta-Quadrille —50.
- La Fortuna-Quadr. —40 *Jurgenson.*
- Hochzeits-Marsch, nO 1— *Zimmermann.*
- Кащей-Полька —30.
- Кокетка-Полька —30, Quadr. —50.
- Кри-кри. Полька —40.
- Lanciers —30 *Jurgenson.*
- Люб. романсы М. И. Глинки, *H* 1—.
- Maria-Valse —30.
- Maximilien-Polka —30 *Jurgenson.*
- „Мы дружно на враговъ“ Хорватскій маршъ —40.
- Najade & pêcheur. Ballet. Quadrille —30 *Jurgenson.*
- Patti-Polka —50.
- Polka russe —25 *Jurgenson.*
- Polka. Балалайка —30 *Jurgenson.*
- Postillon-Polka —40.
- Путешествіе на луну. Кадриль —50.
- Quadrille du ballet „Lac des cygnes“ *O* 2—, *P* —40 *Jurgenson.*
- Радость Москвы. Торжественный маршъ, *P* —50.
- Радость Россіи. Кадриль —50.
- Romance, Когда весны дыханіемъ, transcr. p. Lwoff —30 *Jurgenson.*
- Roméo et Julliette. Quadrille —50, Polka-Maz. —40.
- Le rossignol, Romance de Alabieff. Fantaisie brillante, *PFl* 1.80 *Cran.*
- Русская Полька —40.
- Забава молодыхъ артистовъ. Собраніе легкихъ піесъ изъ любимыхъ мотивовъ извѣстныхъ оперъ, *P*:
  1. Верди, Балъ-маскарадъ N. 1 —50.
  2. Верди, Травіата —40.
  3. Мейерберъ, Пророкъ —40.
  4. Оффенбахъ, Орфей въ аду —40.
  5. Россини, Вильгельмъ Телль —50.
  6. Веберъ, Волшебный стрѣлокъ —40.
  7. Галеви, Жидовка —40.
  8. Верди, Балъ-маскарадъ N. 2 —40.
  9. Гуно, Фаустъ —40.
  10. Доницетти, Любови. напитокъ —30.
  11. Россини, Зора (Moïse) —40.
  12. Верди, Трубадуръ —40.
  13. Оффенбахъ, Вел. Герцогиня Герольштейнская —60.
  14. Зуппе, Боккаччіо (Пѣсенка Фіаметты) —40.
- Саламандра-Кадриль —50.
- Сіамскіе близнецы. Полька —60.
- Собраніе небольшихъ и легкихъ дуэтовъ, составленное изъ любимыхъ русскихъ романсовъ и пѣсенъ, *VP*:
  Боже Царя храни —40.
  1. Парфлеръ, Прости —40.
  2. Дюбюкъ, Морозъ —40.
  3. Алябьевъ, Соловей —30.

4. Булаховъ, Тройка мчится —30.
5. Донауровъ, Ожиданіе —40.
6. Шашиной, Выхожу одинъ я на дорогу —30.
7. Чѣмъ тебя я огорчила —40.
8. Львовъ, Ты душа ль моя —30.
9. Контскій, Чародѣйка моя —40.
10. Булаховъ, Ея ужъ нѣтъ —30.
11. Какъ у нашихъ у воротъ —40.
12. Ивушка, зеленая моя —40.
13. По улицѣ мостовой —40.
14. Во саду ли въ огородѣ —30.
15. Внизъ по матушкѣ по Волгѣ —40.
16. Дюбюкъ, Ахъ! объ чемъ голубка Маша —40.
17. Лучина, лучинушка —40.
18. Не бѣлы снѣги —40.
19. Не одна во полѣ дороженька —40.
20. Скучно матушка, весною —40.
21. Глинка, Камаринская —50.
22. Возлѣ рѣчки, возлѣ моста —50.
23. Дюбюкъ, Много добрыхъ молодцевъ —70.
24. Гурилевъ, На зарѣ туманной юности —50.
25. Кажинскій, Ганза —50.
26. Ржевской, Поймешь ли ты —50.
27. Махотинъ, Помолись, милый другъ, за меня —50.
28. Спѣта мнѣ младешенькѣ —40.
- Стелла-Кадриль —50.
- Танцы изъ балета: Бабушкина свадьба: N. 1. Цыганскій танецъ —50, N. 2. Вальсъ —50, N. 3. Полька —40, N. 4. Кадриль —50, N. Болгарскій танецъ —40.
- Танцы нсъ любимыхъ мотивовъ балета: Донъ-Кихотъ Л. Минкуса. Кадриль —50, Вальсъ —75, Полька —40.
- Tarantella, *P* —40.
- Торжественный маршъ, *PHFl(V)* —80.
- Tryllby-Polka —40.
- Valse de l'op. „Eugène Onéguine“, p. *O* 3—, cond. —75, *P* —70, *PV*, *PFl* à 1.50 *Jurgenson.*
- Valse du ballet „Las des Cygnes“, *O* 3—, *P* —50 *Jurgenson.*
- Вальсъ „Волшебный башмачекъ“ —60.
- Valse: Une folie à Rome de Ricci —50.
- Великій день. Вальсъ по случаю торжества двухсотлѣтняго юбилея Петра Великаго —85.
- La Vie p. l. Czar. Transcr. *H* 1.50 *Gutheil.*
- 3 военныхъ похоронныхъ марша —40.
- Волшебный башмачекъ. Кадриль —50.
- „Все или ничего“, Вальсъ —75.
- Всѣ мы жаждемъ любви. Кадриль —50.
- Цыганскіе танцы изъ балета: Стелла —60.

Бюхнеръ К. *Jurgenson:*
1. Виноватъ-ли былъ я —30.
2. Ночь. Запахъ розы и жасмина —20.
3. Прости меня, что холодно встрѣчаю —20.
4. Когда весны дыханіемъ согрѣтый —30
5. Вихремъ мчится птичекъ стая —30.
6. Не знаешь ты тоски желаній —20.
7. Я васъ люблю. Уныло склонившись на руку свою —30.
- Напрасно я забыть —50.
- Насъ не преслѣдовала злоба —40.
- Спи мое дитя. Колыб. пѣсня —50.

- Тяжело, не стало силы —30.
- Время, мчися быстрѣй —40.

Büchner L. H. op. 31 Jugenderinnerungen,
P —60 *Ries & Erler.*
- 32 Auf Wilhelmshöhe, Gavotte, *P* 1— *Ries & Erler.*

Büchner Max, op. 15 Canzonetta. Salon-
-stücke, *P* 1.50 *W. Schroeder.*
- 20 Ehre sei Gott in der Höhe, Weihnachts-
Fantasie. *P* 1.20, *V* —60. *VP* 1.50 *W.
Schröder.*
- Am heiligen Abend. Weihnachts-Fantasie.
P 1.50 *W. Schröder.*
- Flöten-Wilhelm, Mazurka (über das gleich-
lautende Lied von Schultze-Buch) 1—.
Par. Bes. 1.20 n, *O* 1.50 n *Ulbrich.*
- Fröhliche Weihnachten, Potp. *4ms* 1.50, *V*
—75, *VP* 1.80, *2V* 1—, *2VP* 2—, *P* m.
Kinderinstr. u. unterl. Text 1.50 *W.
Schröder.*

Büchner Th. Festmarsch, *Simon: P* 1—,
4ms 1.30, *H* 1.80, *HP* 1.80, *V(Fl)HP*, *V
FlHP* à 2.50, *VFlHPVcKb* 3.50, *4ms HV
Vc, 4msVVcFl(Cornet* ad lib.) à 1.80 n,
sO 1.50 n, *sOH* 2— n, *sO4ms, sO4msH* à
2.40 n.

Büchner William, op. 8 Die Braut (Sie
stand in tiefen Träumen und sah die
Myrte an) 1.20, *PistP* 1.20 *W. Schröder.*
- 9 Frühlingssonne 1.20 *W. Schröder.*

Büge Emil, Soloszenen, Nr. 26. Ein ge-
plagter Fechtbruder. Nr. 27. Pauken-
Schulze, à 1.50 *Meißner.*

Bühl Wilh. Psalm 21. Königshymne: „Herr,
in deiner Kraft", *SATB,* Part —90, St
—60 *Zumsteeg.*
- Psalm 42. „Wie der Hirsch schreit", *SATB,*
Part —90, St —60 *Zumsteeg.*

Bühler, op. 3 „Ich hab' dich lieb", *P* 1.50
Gutmann.

Bühler Chr. Fr. & Chr. Dölker, Kirchliche
Männerchöre u. Choräle 1.50 *Auer.*

Bühler F. Agnus Dei. *SB,* quart. Dona
Nobis, *S,* quart. Mass in *C* (Latin) —10
Ditson.
- Easy Mass in *C,* 2 voic. —75, *SATB,* with
Org (Weißenborn) —80, *S.A* parts
à —35 *J. Fischer.*
- Graduale Pastorale, quart. —06 *Ditson.*
- Jesus Dulcis Memoria, *SATB* —4 *Cary.*
2— *Novello,* and Tantum Ergo —08
Ditson.
- Jesum Omnus Agnoscite —10 *Ditson.*
- Mass in *C,* 4 voices —30 n. Benedictus and
Sanctus —08, Kyrie eleison —15 *Ditson.*
- Mass N. 1 for 4 voices, N. 2 for 3 voices,
à —75 n, N. 3 —60 n *Ditson.*
- Нюдея, вальсъ 1— *Bessel.*
- O cor amoris Victima, *S,* quart. —10
Ditson.
- Offertorium, Christmas, quart. —08 *Ditson.*
- O praise our God ye people, *SATB,* Voc.
score 1—, Voc. parts —6 *Novello.*
- Te Deum (El servicio divino N. 11), 1.50
Wagner y Levien.
- Vesper N. 7 in D, *SATB* 1— *Ditson.*
- Vespers in D and B for 4 voices —19 n
Ditson.
- Vespers, quartet —25 *Ditson.*
- Волшебное царство Вальсъ —75 *Bessel.*

Bühler Frz. Vorspiele aus den vorzüglich-m
Dur- u. Molltonarten, *Org* od. *P* als Anhang
zu den Partitur-Regeln 3— *Un. Ed.*

Bühlmann H. Institut Dr. Schmidt-Marsch
1.20, *PV* 1.60 *Zweifel.*

Bühne, Bunte fröhliche Tonkunst. ein- u.
mehrst. Gesänge. *P* (Richard Batka),
1.—6. Folge à 1— *Callwey-München.*

Bühnert Franz, op. 8 Hoch die deutsche Ru-
derei! Marsch mit unterl. Text: „Wir
waren treu" —80 *Klemm.*
- 18 Weihnachts-Idyll. *R. Dietrich: P* 1.20,
H 1—, *HP, HV, HVc* à 1.50, *HVVc, HPV,
HPVc, HPVVc* à 1.80.
- 27 Aus ferner Zeit, Salonstück, *P* 1.20
Fritzsche.
- 28 Salon-Walzer 1— *Eisoldt.*
- Im stillen Friedhof —20 *Kunz.*
- Prinz Max-Marsch 1—, kl. *stO* 1.20, gr. *stO*
1.50, kl. *blM* 1.20, *mO* 1.50 *O. Dietrich.*
- Weiße Rose —20 *Kunz.*

Bührmann's Muziek-Albums, Uitg. (A.) voor
P. (B.) v. *P* en Zang, (C.) v. *Viool* en
P à 3.60 *Bührmann-Amsterdam.*

Bülow Charlotte v. op. 3 Nr. 1. Trost in
Tönen. Nr. 2. Der Lenz ist da à —50 *Heinrichshofen.*
- 4 Nr. 1. Das Orakel: „Wen soll ich fragen"
—75. Nr. 2. Anklänge: „Ach, wie ist es doch
gekommen" 1—. Nr. 3. Mein Engel hüte
dein: „Und willst du von mir scheiden"
—50. Nr. 4. Zigeunerleben: „Im Schatten
des Waldes" —75 *Heinrichshofen.*
- 5 Vier Lieder: 1. Mein Herz ist wie die
Sonne: „Daß du mich liebst, das weißt ich"
2. Das Ringlein: „Dies Ringlein". 3. Der
alte und der junge Fritz: „Auf erznem
Postamente". 4. Scheiden, Leiden: „Und bist
du fern" 2—. Nr. 1. Mein Herz ist wie die
Sonne —80 *Heinrichshofen.*
- 6 Zwei Lieder: 1. Frühlingslied: „Ging
unter dichten Zweigen" —80. Nr. 2. „Ein
Wort von deinem Munde" 1— *Heinrichshofen.*
- 7 Verlornes Glück: „Wo sind die Zeiten hin"
—30 *Breitkopf.*
- 8 Die Harfnerin: „Singen muß ich, immer
singen" 1.30 *Heinrichshofen.*
- 9 Vier Lieder: 1. An den Mond: „Wenn er,
du weißt ja, wen ich meine". 2. Rose im
Tal: „Einsame Rose blühst verlassen". 3.
Gesprungene Saiten: „Gesprungene Saiten
klingen nicht". 4. Du weißt es nicht: „Du
weißt es nicht, wie teuer du mir bist" à
—50 *Junne.*
- 10 Vier Lieder aus: „Der wilde Jäger": 1.
Jägerlied des Ludolf: „Ein Jäger ging zu
birschen" —90. Nr. 2. Lied der Waldtraut:
„Im Grase taut's" —60. Nr. 3. Lied der
Waldtraut: „Ich ging im Wald" —60. Nr.
4. Lied der Waldtraut: „Glockenblumen,
was läutet ihr" —90 *Heinrichshofen.*
- 11 Nenuphar, die weiße Blume: Mondbe-
glänzt im stillen Walde —80.
- 12 Festlied: Alle Glöcklein im Garten, drei
Frauenst und *P.* KA —80 *Bote.*
- 13 Vier Lieder: 1. Kaiser Weißbart: „Von
Rotbart, seinem Kaiser". 2. O möge ein
Engel: „Wir saßen im kühlen Schatten".
3. Wiedersehen süße Hoffnung. 4. Herzens-

reichtum: „Wie ist so reich an Tränen" à
—60 J. Bornemann.
- 14 Drei Lieder: 1. Das Mädchen und der
Schmetterling: „Lustwandelnd schritt ein
Mädchen". 2. Singe kleiner Vogel. 3. Ich
wollt, ich wär ein Vögelein à —60 J. Borne-
mann.
- Zwei Lieder: 1. Röslein im Winter: Die
Blumen vergehn. 2. Am leuchtenden Som-
mermorgen —80 Bote.
- Vier Lieder: 2. Rose im Tal: Einsame Rose
blühst so verlassen. 3. Gesprungene Saiten:
Gesprungene Saiten klingen nicht à —50
Schott Frères.
Bülow Hans v. (1830—1894), **op.** 1 Sechs
Gedichte, Heft I: 1. Ein schöner Stern:
Ein schöner Stern geht auf. 2. Wie des
Mondes Abbild zittert. 3. Ernst ist der
Frühling 1.50.
H.: 4. Frieden: Such' nicht den Frieden
in der Liebe. 5. Noch weißt du nicht, daß
ich dich liebe. 6. Hast du mich lieb 1.50
Kahnt.
- 2 Arabesques en forme de Variations sur
Rigoletto. P 2— Schott.
- 3 Marche héroïque d'après des motifs populaires hongrois, P 1.50 Schott.
- 4 Mazurka-Impromptu, P 1.50 Leuckart.
- 5 Fünf Lieder: 1. Freisinn: „Laßt mich
nur". 2. Der Fichtenbaum: „Ein Fichtenbaum steht". 3. Wunsch: „O könnte doch".
4. Nachts: „Blüten öffnen". 5. Volkslied:
„Die schönste Rose" 2.40 Un. Ed.
- 6 Invitation à la Polka, morceau de salon,
P 2— Leuckart.
- 7 Rêverie fantastique, P 2.50 Leuckart.
- 8 The Heart's Sacrifice. Lieder-Zyklus 1— n
Augener.
- 10a Ouverture héroïque de la Tragédie Jules César, Part 8' 1.80 n, p. sép. 2.40 n.
4ms 3.25 Schott.
- 10b Marche des Impériaux de la Tragédie
Jules César, Part 8' 3— n. p. sép. 6— n.
4ms 2— Schott.
- 11 Ballade, P 2.75 Schott.
- 12 Chant polonais, P 1.50 Böhme.
- 13 Mazurka-Fantasie, P 2.50, O (Franz
Liszt), Part 4— n. St 6— n Leuckart.
14 Elfenjagd. Impromptu, P 1.50 Peters.
- 15 Fünf Gedichte, SATB: 1. Am Strande:
Die Wellen flüstern und rauschen. 2. Regen-
bogen: Sängerliebe kommt gezogen. 3. Wan-
derziel: Halt! Wo hinaus? 4. Ewige Sehnsucht: Der Lenz zieht ein durch festlich
grüne Bogen. 5. Seelentrost: Gräm' dich
nur nicht so viel, Part u. St 3.75 Kahnt.
- 16 Des Sängers Fluch. Ballade, O: Part
4.50 n, St 10—, P 2.50, 4ms 4.30 Haslinger.
- 17 Souvenir de l'Opéra. Morceau de Cour,
P 3— Bote. Morceau de Cour, P 3— Bote.
(Rimembranze del Ballo in maschera) 6—
Ricordi.
- 17b Capriccio à la Polacca sur des motifs
des Struensee, P (Meyerbeer) 3—
Haslinger.
- 18 3 Valses caractéristiques: 1. Valse de
L'ingénu. 2. Valse du Jaloux. 3. Valse du
Glorieux 1.50 Peters.
- 19 Tarantella, P 2.50 Peters.
- 20 Nirwana, Orchester-Fantasie in Ouvert-

Form, Part 7.20 n. St 14.40, 4ms 6—
Un. Ed.
- 21 Il Carnevale di Milano. Ballabili e Intermezzi, P 9— Senff, 20— Ricordi, 4ms
15— Senff:
1. Polacca, A-dur 1.25 Senff, 4— Ricordi,
4ms 1.75 Senff.
2. Walzer, B-dur 1.75 Senff, 5 — Ricordi,
4ms 2.50 Senff.
3. Polka, B-dur —75 Senff, 2.50 Ricordi,
4ms 1— Senff.
4. Intermezzo fantastico, A moll. Il Dor-
miveglia —50 Senff, 2— Ricordi, —15
Bessel, 4ms —75 Senff.
5. Quadriglia, Es-dur 1.75 Senff, 5 — Ricordi, 4ms 2.75 Senff.
6. Mazurka, D-dur 1— Senff, 4 — Ricordi,
4ms 1.50 Senff.
7. Intermezzo lirico, C-dur, Sospiri danzanti —75 Senff, 2— Ricordi, 4ms 1—
Senff.
8. Tarantella, C-dur 1.50 Senff, 4.50 Ricordi, 4ms 2.25 Senff.
9. Intermezzo scherzoso, Des dur, La Can-
zonatura —75 Senff, 3 — Ashdown,
3 —n Augener, 2.50 Ricordi, —35 Bessel, 4ms 1— Senff.
10. Galop, F dur 1.25 Senff, 4— Ricordi,
4ms 1.75 Senff.
- 22 Sonett von Dante: Wenn sie euch
grüßet. Tanto gentile 1— Haslinger, 4—
Leonard, 3— Ricordi, P (Fr. Liszt) 1—
Haslinger.
- 23 Vier Charakterstücke, O: 1. Allegro
risoluto, Part 3—, St 6—, N. 2. Notturno,
Part 3—, St 5.50, N. 3. Intermezzo guer-
N. 4 2— Ries & Erler.
riero, Part 3—, St 7.50, N. 4. Funerale,
Part 2.50, St 6—, 4ms: N. 1—3 à 2.30.
- 24 Au sortir du bal. Caprice, P (Nouvelle
Edition entièrement revue et corrigée) 2.30
Bote.
- 26 2 Romanze: 1. Addio. 2. Predilezione à
2 — Ricordi, 1 — n Augener.
- 27 Lacerta. Impromptu, P 3—, PV (L.
Abel) 3.60 Un. Ed.
- 28 Königsmarsch 3—, 8ms (L. v. Vögl)
4.80 Un. Ed.
- 29 Fünf Gesänge, SATB: 1. Tristan: Wer
die Schönheit angeschaut mit Augen. 2.
Vogelfreiheit: Ihr Vögel in den Zweigen
schwank. 3. Genuß der Stunde: Sollen
namenlos und länger. 4. Lenzstrich: Wo
sich gatten jene Schatten. 5. Osterlied:
Die Engel spielen noch ums Grab, Part 1.80,
St 2.80 Bote.
- Abend am Meer: „O Meer im Abendstrahl",
SATB, Part —90 n. St —80 Eulenburg.
- An den Sonnenschein: O Sonnenschein à 1.25
Hofmeister.
- Aus den Konzertprogrammen, P. Bd. I—III
à 3.60 (engl.-franz.) 6— Un. Ed.
- Bayrische Volkshymne. Weiß und blau:
„Gott mit dir", TTBB mit P od. Blech-M,
G-dur, SATB mit P od. Blech-M, Es-dur,
Part —24 n, KA —24 n, Chorst —24 n, ein-
stimm. Chor od. 1 Singst, St à —06 n
Un. Ed.
- Benvenuto Cellini, Quadrille 1.50 Haslinger,
2.50 Ricordi, 4ms 2— Haslinger, O 2— n

Oertel, gratO 3.— n, ktmO 2.50 n, bM 2.50 n
Oertel.
- Caprice alla polacca. P 9— Benoit.
- Du Tropfen Tau —75 Kahnt.
- Fantasie concertante sur l'op. Ilka de
  Doppler. P1, 5.50 Schott.
- Humoristische Quadrille aus der Oper „Benvenuto Cellini 1.50 Simon.
- Innocence. Albumblatt, P 1.50 Haslinger,
  1— Elkan.
- Kadenzen zum vierten Klavier-Konzert (Gdur) von Ludwig van Beethoven.
  2.25 Leuckart.
- Der König von Thule: „Es war ein König",
  im Volkstone 1.20 Un. Ed.
- Marche Héroïque, P —60 White. —45 Gutheil.
- Die Meistersinger von Nürnberg von R.
  Wagner. Vorspiel als Konzert-Paraphrase. P 2.25 Schott.
- Die Meistersinger von Nürnberg. Paraphrase, Quintett. P 1.25 Schott.
- Die Meistersinger von Nürnberg von R.
  Wagner. Versammlung der Meistersingerzunft als Konzert-Paraphrase, P 1.25,
  jus 2.— Schott.
- Romanze für Tenorstimme: „Dahin sind nun
  die Leidensstunden", zum dritten Akt von
  Halévy's „Musketiere der Königin"
  komp. —60 Un. Ed.
- Drei schottische Lieder: 1. An Marie, die
  Verklärte: „O Morgenstern". To Mary in
  Heaven: „Thou ling'ring star". 2. Hell geht
  die Sonn' in Frankreich auf: „In Frankreich erwacht". The Sun rises bright in
  France (Jacobiten-Lied). 3. Die schneeweiße Rose: „O Rose, du". The snowhite
  Rose: „The Rose, the Rose" (Jacobiten-Lied) 1.80 Un. Ed.
- Tannhäuser, marche ¼ns 2.50 n Durand.
- Tannhäuser-Ouverture, ¼ns 5.— n Durand.
- Tanzweisen aus Opern von Gluck: 1. Orpheus. 2. Alceste. 3. Iphigenie in Aulis.
  4. Armide à 3.— Un. Ed.
- To the Sunshine (O Sonnenschein), S. MS
  à —50 Schirmer.
- Valse Impromptu (Viet. Mus. book 111), P
  1/— Sheard.
- Vision —80 Stern.
- v. Beethoven, Chopin, Cramer,
  Gluck, Händel, Mendelssohn,
  Moniuszko, Mozart, Scarlatti.
  R. Wagner, Weber.

Bülow Hans v. et **Singer E.** Tannhäuser.
  Fantaisie concertante pour PV 5.50.

Bülow Isidore von, op. 2 Die Nacht: „Hörst
du die Gründe rufen" 1— Hoffarth.

Bülow-Wendhausen P. v. op. 4 „Der Wirtin
Töchterlein" —90 Gutmann.

Bünger A. Hoffheinz: Op. 21 Ich weiß, daß
du mich liebst —80.
- 22 Für mich ein Herz —80.
- 24 25 Sehnsucht nach der Heimat. — Jugendlust und Poesie, TTBB 1.40.
- 28 Das köstlichste Juwel —80.
- 30 Mein Glück ist nur beim Daheim 1—.
- 33 Papagei-Walzer 1.50.
- 34 Genießet den herrlichen lieblichen Mai
  1—.
- 35 Zwei Männerquartette: I. Nie doch vergißt das Herz den Traum der ersten Liebe.

II. Geburtstagsständchen 1.40.
- Mein schöner Julius, Rheinländer mit
  Humor. Text —75.

Büning Franz, op. 1 Missa in honorem Beatae Mariae Virginis, SATB, Part 2.50, St
  1— Schwann.
- 16 Messe zu Ehren der heil. Jungfrau von
  Kevelaer, SATB, Part 2.50, 4 St 1—
  Schwann.
- 17 Nr. 1. Mit drei Rosen beim Scheiden 1.20
  W. Salzbach.

Buenorico F. Cuban Liberty March, P —50
  National Music.
- Venezuelan March, P —50 National Music.

Bünte A. op. 1 Drei Lieder 1— Breitkopf.
- 40 Ständchen: „Längst hat des Mondes
  trauter Schein", TTBB, Part, St 1.60
  Lehne.
- Epistel u. Evangeliensprüche, SATB —60 n
  Lehne.
- Frühlingsahnen: „Nun sind die reich erfüllten Stunden" —50 Hoffheinz.
- Prinzessin Ilse (Принцесса Ильза), SMSA,
  Solost u. P, KA 3— n Lehne, 1— Jurgenson, Solost —30, Chorst 1.35 Lehne, 1—
  Jurgenson.

Bünte Wilhelm, op. 19 Nr. 1. Du eine, du
  liegst mir im Herzen, TTBB, Part —50,
  St —60. Nr. 2. Minnelied —60, TTBB,
  Part —30, St —60, 3 Frauenst Part —30,
  St —45, SATB, Part —60, St —60 Bachmann.
- 20 Deutsche Kaiser-Hymne, TTBB, Part 1—,
  St 1.20 Oertel.
- 24 Romanze, VP 1— Oertel.
- 25 I. Deutsch und furchtlos! (Wir Deutschen fürchten Gott allein, sonst nichts auf
  dieser Welt! II. Willst du mein eigen sein?
  III. Frühlingstraum, TTBB, à Part —50,
  à St —40 n Oertel.
- 26 I. Wenn du ein Herz gefunden! Duett
  —80. II. Der Frühling kommt! Duett 1—
  Oertel.
- 27 I. Deutsches Reiterlied, TTBB, Part —50,
  St —40 n Oertel.
- 28 Heil dem Kaiser: „Heil dir, Fürst auf
  deutschem Throne". Deutscher Festgesang,
  TTBB, Part u. St 1— Siegel.
- 30 „Wo Gott der Herr das Haus gebaut",
  TTBB, Part u. St —80 Siegel.
- 31 Nr. 1. Die wilde Rose: „Im Thüringwald,
  da quillt ein Born". 2. Zwei Blumen: „Im
  tiefen Tal verborgen", à Part u. St 1—
  Siegel.
- 32 Nr. 1. Scheiden: „So schwer ist nichts
  als Scheiden". 2. Deutsches Bundeslied für
  Elsaß und Lothringen: „Und buhlt der
  Franzmann noch so sehr", à Part u. St 1—
  Siegel.
- 34 Zwei Chöre, TTBB: Nr. 1. Verschwundenes Glück: „Das Mühlrad braust", Part
  u. St 1—. Nr. 2. Waldlied: „Wie still, wie
  weit Waldeinsamkeit", mit A- od. Bar-solo,
  Part u. St 1.20 Siegel.
- 36 Zwei Quartette, TTBB: 1. Elfenkönig:
  „Tief im Meere, wo die Brandung" (mit
  Bar-solo). 2. Die Zeit der Liebe: „Blühender Flieder am Wege" à Part u. St 1—
  Siegel.
- 37 Zwei Lieder, TTBB: 1. Unten im Tale:
  „Unten im Tale da klappert's". 2. Im

Maien: „Nun will ich mich wieder verjüngen", à Part u. St 1— *Siegel.*
- 39 Zwei Lieder, *TTBB*: Nr. 1. O, ewig schöne Maienzeit (mit *T-solo*), Part und St à —60. Nr. 2. Die Rosen blühen, Part St à —60 *Bachmann.*
- 40 Nr. 1. Abendfriede (V ad lib.) 1—. Nr. 2. Morgenlied (V ad lib.) 1.50 *Bachmann.*
- 41 Nr. 1. Kavatine. 2. Gavotte, *VP* 5 1— *Oertel.*
- 42 Zwei Lieder, *TTBB*: 1. In der Nacht (Wälisch). 2. Heimliche Liebe à Part u. St 1— *Siegel.*
- 43 Zwei Frühlingslieder, *TTBB*: 1. Nun schwirren die Schwalben. 2. Nun klinge mein Lied, à Part u. St 1.20 *Fritzsche.*
- 45 *TTBB*: Nr. 1. Frauenlob, Part u. St 1.40, Nr. 2. Der Himmel auf Erden, Part u. St 1.20 *Fritzsche.*
- 46 *TTBB*: Nr. 1. Genügen in der Heimat. 2. Elfenlocken im Walde, mit *T-solo* à Part u. St 1.20 *Fritzsche.*
- 47 Nr. 1. Mondnacht, 28.4, Part u. St 1.20. Nr. 2. Der geschwätzige Bach, 28.4, Part —60, St —45 *Fritzsche.*
- 48 Sechs dreistimmige Lieder, 28.4 —40 *Meyer-Hannover.*
- 51 *TTBB*: 1. Schön Annie. 2. O Sonnenschein à Part u. St 1.20 *Fritzsche.*
- 52 Jauchzet dem Herrn! (Psalm), *SSMS.4* oder Knabenchor, Part 1—, St —80, *S.4TB*, Part 1—, St —80, *TTBB*, Part 1—, St —80 *Oertel.*
- 53 Altdeutscher Minnesang —60 *Oertel.*
- 54 *TTBB*: Es blühten zwei rote Rosen, Part —50, St —40 *Oertel.*
- 56 Frühlingsahnen 1— *Nagel.*
- 58 Erinnerung —60 *Oertel.*
- 59 Zwei Lieder, *TTBB*: 1. Sei gegrüßt du deutscher Wald. 2. Kreuzfidel, à 1.20 *Fritzsche.*
- Chorliederbuch, 28.4 u. Männerst 1.75 *Meyer-Hannover.*
- Drei Lieder, *TTBB*: 1. Deutsches Vaterlandslied: „O deutsches Land mein Vaterland". 2. Kein Hälmlein wächst auf Erden". 3. Frühlingsmorgen: „Ein Jüngling weilt vor deiner Tür", Part u. St à 1— *Hoffheinz.*
- Zwei Männerchöre, Part à —50, St à —60 *Lehne.*
- My Love is a Minstrel (Chor. for Men's Voices 296) —65 *Schirmer.*
- Praktische Chorgesangschule —40 *Meyer-Hannover.*
- Rot Röselein, Duett 1— *Oertel.*
- Zweistimmige Chorgesänge —60 *Meyer.*

Bürde Jeannette, op. 6 Deutsche Gesänge: Nr. 1. Das Schloß am Meer: „Hast du das Schloß gesehen" (Liederquell Nr. 4) 1—. Nr. 2. Die Nonne: „Im stillen Klostergarten" (Liederquell Nr. 5) —75 *Heinrichshofen.*
- Zwei Gedichte. 1. Das Mädchen und der Totenkopf: „Was schwärmst du durch die stille Au". 2. Das Heide-Röslein: „Sah' ein Knab' ein Röslein stehn" 1.50 *Heinrichshofen.*
- Vier Lieder. 1. Der Berghirt: „Wenn auf dem höchsten Fels ich steh". 2. Der Jäger: „Es hat so grün gesäuselt". 3. Liebesgedanken: „Je höher die Glocke". 4. Abschied:

„Was soll ich erst kaufen" 1.50 *Heinrichshofen.*

Bürgel Konstantin (1837), **op. 1** Vier Gesänge. Nr. 1. „Dein Auge ist mein Himmel" —50. Nr. 2. Aus „Mirza Schaffy": „Nicht mit Engeln" —80. Nr. 3. „Ich will dich auf den Händen tragen" —80. Nr. 4. „Perlenfischer": „Du liebes Aug" —50 *Simrock.*
- 2 Variationen über ein eigenes Thema, *P* 2.50 *Peters.*
- 3 Vier Gesänge. 1. Welke Rose: „In einem Buche blätternd". 2. Lied: „Du bist wie eine Blume". 3. Das Blatt im Buche: „Ich hab' eine alte Muhme". 4. Gute Nacht: „Die Höhen und Wälder" 1.50 *Simrock.*
- 4 Walzer-Capriccen: Nr. 1. Des-dur 1.50. Nr. 2. F-dur 1.80. Nr. 3. Des-dur 2—. Nr. 4. D-moll 2.30 *Simrock.*
- 5 Sonate A-dur, *P* 2 —, daraus Scherzo D-moll —30 *Breitkopf.*
- 6 Suite in 4 Sätzen, Präludium, Menuett, Gigue, Fuge, A-moll, *P* 1— *Breitkopf.*
- 7 Lyrische Dichtungen, *P*: 1. Ballade. 2. Notturno. 3. Romanze. 4. Serenade. 5. Elegie 1.50 *Peters.*
- 9 Sechs Gesänge 1— *Breitkopf*: 1. Rosengleich: Du warst so still, du warst so bleich. 2. Um die Morgenzeit: Hast du wohl an mich gedacht. 3. Sängereid: Um was ich dich beneide. 4. Begegnung: Es zieht mit schmelzenden Akkorden. 5. Meerleuchten: O komm in mein Schifflein. 6. Du wundersüßes Kind: Ich möchte wohl der Frühling sein. Nr. 3. Sängereid — 30. Nr. 6. Du wundersüßes Kind, *T*, *Bar* à —30.
- 10 Improvisationen am Klavier. 1. Minnen und Sinnen. 2. Der Spinnerin Lied. 3. Der Harfner 2— *Senff.*
- 11 Vier Walzer-Capriccen (neue Folge) à 1— *Senff.*
- 12 Zwei Balladen. 1. Das Mädchen von Kola: Mädchen von Kola, du schläfst. 2. Der Schiffer: Der Schiffer fährt zu Lande, à *Bar* à 1— *Breitkopf.*
- 13 Phantasiestücke: Preghiera, Canzonetta, Serenade, *P* 1— *Breitkopf.*
- 14 Sonate, *PV* 6— *Ries & Erler.*
- 15 Sonate Nr. 2. E-dur, *P* 3—, Scherzo 1.20 *Bote.*
- 16 Sechs Lieder: 1. Die alte Weide: So klopf nur. 2. Wiegenlied: Schlaf mein Kind. 3. Vergißmeinnicht: So viele Blümchen. 4. Wiegenlied: Schlaf ein mein liebes Kindlein. 5. Weit über See: Mein Lieb ging weit. 6. Vorüber: In der Frühlingsnacht à —80 *Bote.*
- 17 Deux Nocturnes, *P* à 1— *Bote.*
- 19 Ball-Szenen. Ein Zyklus von Tänzen. Nr. 1. Polonaise 1.80, Nr. 2. Ländler 1—, Nr. 3. Polka 1.30. Nr. 4. Walzer 1.30. Nr. 5. Mazurka 1.30. Nr. 6. Menuett 1—. Nr. 7. Galopp 1.80 *Rieter.*
- 22 Rondo triomfante, *P* 3— *Hofmeister.*
- 23 Frühlingsgesang, *P* 3— *Hofmeister.*
- 24 Mimosen. Lyrische Dichtungen, *P*. 1. Aeolsharfe und Nachtigall, ein Idyll. 2. Impromptu. 3. Barcarole. 4. Im Dom, Improvisation. 5. Albumblätter, à 1—. Nr. 6. Canonisches Duett —75 *Hofmeister.*

- 25 Arietta e Gavotta, *P* 2.30 *Ries & Erler,*
  1— *Ricordi*, stO 2— *Ries & Erler.*
- 26 Vier Lieder: Am tiefen klaren Brunnen.
  — Ach, wie tönt dein süßer Schall — Der
  erste Kuß. — Unruhe 3— *W. Schmid.*
- 27 Zwei Tanz-Capricen. 1. Walzer-Caprice.
  2. Polka-Caprice à 2— *Ries & Erler*, Nr. 1
  3.50, Nr. 2 3— *Ricordi.*
- 28 Vier Charakterbilder, *P* 3.50 *Schott.*
- 29 Kleine Blumen, kleine Blätter, *P*, 2 Hefte
  à 2— *Schott.*
- 31 Arabeske, *P* 2.25 *Annecke.*
- 36 Singen und Klingen. Ein Zyklus von
  sechs Klavierstücken: Nr. 1. Sub rosa 1—.
  Nr. 2. Capriccio 1.50. Nr. 3. Ländler 1.50.
  Nr. 4. Scherzetto 1—. Nr. 5. Air de Ballet
  1.50, Nr. 6. Allegro con passione 1.50 *Sim-rock.*
- Auf der Puszta (Gustav Hasse) 1.50
  Simon.
- Schlummerlied, O (*Ha* ad lib.), Part 1.80,
  O-St 2.30, Gesang m. *P* —80 *Bote*,
  P —80 *Bote*, —35 *Schirmer, luis* 1—, *PV*
  1.30.

Bürgenmaier Sylv. op. 17 Firmungsgesänge
  zur Begrüßung des Bischofs, *SATB* u. *TTBB*
  Part 1.50 n, St —80 *Herder*-Freiburg.
- Sechs deutsche Kirchenlieder, *SATBs* 1. Cä-
  cilia: „Cäcilia, der Töne Meisterin". 2.
  „Sei heil'ges Kreuz gegrüßet". 3. Bei einer
  kirchlichen Trauungsfeier: „Vor dir o
  Gott mit Herz und Mund". 4. Bei einer
  Glockenweihe: „Die Glocke, die wir sahen
  weihn". 5. Beim Einzug eines Pfarrers:
  „Windet Kränze, streuet Blumen". 6. Grab-
  lied: „Wir stehen am Grab und hoffen
  doch" 2.30 n *Herder*-Freiburg.
Bürger Fritz, Stilles Sehnen: „In die Ferne
  sind gezogen", *TTBB* m. T-solo, Part u.
  St 1.20 *P. Fischer.*
- Tägliche und unerläßliche Studien in allen
  Tonarten, *Vl* 2.50 n *A. E. Fischer.*
- Das Veilchen: „Ich kenne ein Blümchen",
  TTBB m. Bar-solo, Part u. St. 1.20 *P.*
  Fischer.
Bürger L. Chantilly, polka 1.25 *Ricordi.*
Bürger S. op. 4 Technische Studien, *Ve* 4.80
  (n. Ed., *Bård.*
- Menuett von Fr. Schubert, *VeP* 1.75
  Schott.
Bueris F. de, Columbo March *Milit. Band*
  —50 n *Standard.*
- Pearls of dew, mazurka and Faust. Die
  Debutantin, Mazurka, *FullO* 1— n, *14pts.*
  —80 n, *10 pts.* —60 n *Standard.*
Bürke F. op. 8 Drei Lieder aus den Bergen,
  TTBB: 1. Steinbrech. 2. Am Bergquell. 3.
  Edelweiß à Part u. St 1.20 *Siegel.*
- 9 Zwei Lieder von der Mosel, *TTBB*: 1.
  Das Mosellied: „Wer ist reicher in aller
  Welt". 2. Mein Moselland: „Hoch preis' ich
  mit vollem Pokale", Part, St à 1.80 *Siegel.*
- 10 Zwei Frühlingslieder, *TTBB*: 1. Frühling
  und Liebe: „Nun ist sie gekommen die goldene Zeit". 2. Wandern im Frühling:
  „Einen Strauß auf dem Hut", Part, St à
  1.20 *Siegel.*
- 12 Zwei Reiterlieder, *TTBB*: 1. Zur Wal-
  statt: „Stillschweigend reiten wir durch
  den Tann", Part, St 1.40, Nr. 2. Abschied:

„Den letzten Kuß, den letzten Schluck",
  Part u. St 1.80 *Siegel.*
- 13 Zwei scherzhafte Lieder, *TTBB*: Nr. 1. Zu
  hoch!: „Stets küßt' ich ihre kleine Hand",
  Part, St 1.40. Nr. 2. D'Musikanten san
  Leut, Part, St 1.80 *Siegel.*
- 18 Hymne auf S. Heiligkeit Papst Pius X.,
  TTBB m. O(*P*), *P*, Part 2—n *Goerlich.*
- Ave Maria, *SATB* und Salve Regina, *TTBB*
  1.50 *Offhaus.*
- Mariengrüße, Acht vierstimmige Gesänge für
  die sieben Tage der Woche und den Schluß
  der Maiandacht, Part, St 3— *Goerlich.*
Bürke J. Willkommen, o glücklicher Stern,
  Rheinl. —30. *Streich*-Quartett mit *P* 1.80
  Bratfisch.
Bürli, Vergißmeinnicht, gem. Chor —10
  Zweifel.
Бюро А. *Silverstow*: Итичка. Дѣтскій
  хороводъ. Стой, попалась итичка въ сѣть,
  Le petit oiseau, Enfin nous te tenons, Petit
  oiseau, Т. Р. и Ф. —20.
- Ворона и Лисица. Басня. Сыръ воронѣ
  Богъ послалъ. Le corbeau et le Renard.
  Ah quel bel oiseau, aiment. Т. Р. и Ф.
  Дѣтская пѣсенка —20.
Büron Ad. To Sange: N. 1. Pepita Dolores:
  Denne Vinters bedste Minde —50. N. 2.
  Si'r Du ja: Vi mindes det endnu saa smaat
  fra Skolen —35 *Hansen.*
Büsser F. op. 1 1r Nocturne, *P* 1.25 *Schott.*
- 2 L'Helvétienne, valse brillante 1.25 *Schott.*
- 5 Valse de Rêves, *P* 1.25 *Schott.*
- 6 Retour au pays, caprice-marche, *P* 1.25
  Schott.
- 8 Cantilena napolitana, transcription sur
  un thème italien, *P* 1.50 *Schott.*
Büsser H. Huit pièces brèves (C. Frank),
  O 2 séries à Part 3—n, à p. sep. 5—n
  Enoch.
Buet E. Caprice styrien, *P* 1.75 n *Loret.*
- La gavotte de Nanette, *P* 1.75 n *Loret.*
Büttgenbach C. op. 60 Salto, Walzer 2—,
  O 3—n *Leichssenring.*
- 79 Traum d. Ballerina, Intermezzo 1.20, stO
  (*Ha* ad lib.) 1.50 n *Benjamin.*
Büttinger, 3 Lieder, mit *GFl* 1.50 *Schott.*
- Nähe des Geliebten, mit *G* —50 *Schott.*
- Sonate, *G* —75 *Schott.*
- Die Verlegenheit, mit *G* —50 *Schott.*
Büttner Aloys Lieb' Annika, Serenade, *P*
  —80 *Beyer.*
Büttner Arthur, Mit fliegenden Fahnen,
  Marsch 1—, mO 2—n *Graveur Verl.*-Neisse.
Büttner C. Gruß an die Schweiz, Marsch
  —60 *Fries.*
- Myrtenblüten, Polka —80 *Fries.*
Büttner Erw. op. 17 Mein Mutterl, *TTBB*,
  Part, St à —60 *Tormann.*
- 22 Im trauten Waldesparadies: „Zur Ruhe
  schickt sich rings der Wald", *TTBB*, Part
  u. St 1.20 *Zumsteeg.*
Büttner Heinr. op. 1 Zwei Männerchöre. Nr.
  1. Heimat, liebe Heimat 1.20, Nr. 2. Wer-
  bung 1.60 *Hug.*
Büttner Paul, Lied Thüringer Kreuzfahrer,
  TTBB, Part 1.20, St à —30 *Hug.*
- Tanzlied: „Kinder laßt uns fröhlich sein",
  TTBB, Part —40, St —60 *Günther.*
Büttner W. op. 1 Ein schönes Regiment, Herr
  Oberst, Marsch 1— *Krüger.*

- 2 Adieu Maikäfer, Marsch 1.20, *O 2— n,
  nO* (Apollo 256), 1.50 n *Cranz.*
- 7 Ein Plauderstündchen im Ampelschein, *P
  1— Krüger.*
- 26 Das Försterhaus, *h, t.* à 1.20 *Krüger.*

Bufalari Carlo. *Venturini*: **Op. 4** Bella
bionda!! Valzer, *VP* 4.50.
- 5 Farfallina, Capriccio, *P* 4—.
- 6 L'Angelus, Pensiero romantico, *P* 3.50.
- 7 Sogno di Sposa, Notturno, *P* 3—.
- 8 Sogni!!! Melodia 3—.
- 9 Bella bionda! Vaizer, *MandP* 4.50.
- 10 Canto di Akmet, Serenata-moresca, *Mand
  (V)P* 2—.
- 11 Alfin soli!... Duetto drammatico, *ST*
  5—.
- 12 Cuor mesto, *PMand(V)* 3.50.
- 13 Ricciolina, mazurka, *MandP* 3—, *Mand
  Chit* 2.50.
- 14 Pensiero Elegiaco, *PMand(V)* 2.50.
- A m i c o F r i t z, Divertimento, *V(Mand)P*
  3— *Sonzogno,* Selection *VP* 4— *Ascherberg.*
- Desio! Serenata amorosa, con *MandP* 3.50.
- Ma sensi!!! *2MandChit* —15 *Il Concerto.*
- M e f i s t o f e l e, Divertimento, *V(Mand)
  P* 5— *Ricordi.*
- Un saluto a Monte San Savino! Marcia,
  Banda 1.50 n *Lapini.*
- Serenata di H a y d n, *V(Mand)P(Chit)*
  4— *Ricordi.*
- Serenata spagnuola, Duettino con Waltz 4.50,
  Banda 4.50 *Libreria salesiana.*
- L'Usignolo, Valzer, *V(Mand)P* 4—.
- Veloce Club 2—, *Banda* 2— *Libreria sale-
  siana.*

Bufaletti F. op. 2 Feuilles d'album, *P* 3—:
N. 1. Pierrot-Pierrette 1.50. N. 2. Scènes
d'amour 1.50. N. 3. Noces-Valse 2— *Costallat.*
- 3 Suite Ancien style 3—: N. 1. Allemande.
  2. Sarabande. 3. Menuet à —80. N. 4. Air
  1—. N. 5. Rigaudon 1.25 *Costallat.*

Buffa S. op. 35 Metodo teorico pratico completo di Canto Corale 4— n *Ricordi.*
36 Primo Concerto Corale, *8Ca* senza acc.
3— *Ricordi:* Parte I: N. 1. Canzonetta
d'Introduzione: Dolce un guardo ci volgete
—25. N. 2. L'Allegria, valzer cantabile:
Cantiam liete carolando —50. N. 3. Marinaresca. Barcarola: Queta è l'onda, scherzosa
l'auretta —25. N. 4. Inno al Creatore. Corale a quattro parti: Tu che gli astri intorno muovi —50. N. 5. Marcia campestre.
Solfeggio scherzoso a due voci —25. N. 6.
Salute e Lavoro. Coro d'Operai: Si canti!
si canti! —75.
II: N. 7. Marcia primaverile. Canto a
due voci: Passeggiam, tutti andiam —50.
N. 8. La Partenza. Strofe patetiche a quattro parti: O diletto suol natio —25. N. 9.
All'Italia. Mazurka popolare a due voci:
Italia, al giubilo di tue colline —50. N. 10.
Ai Grandi e ai Martiri Italiani. Inno fune-
bre corale a quattro parti: Son morti, e
il benefizio esce immortal tesoro 1—. N. 11.
Al Genio della Musica. Valzer cantabile:
Spirto dolcissimo —50. N. 12. Ringrazia-
mento al pubblico. Inno-Marcia: Cantiam,
cantiam, di giubilo, a quattro parti —75.
Buffaloe's March — 2 *Hopwood.*

Buffard G. Les Chasseurs de Vincennes,
marche militaire, *P* 3— *Barthélemy.*
- Fantaisie hongroise, *P* 5— *Hamelle.*
- Marche triomphale 2— *Cocret frères-Paris.*
- Pas de quatre, *P* 3— *Barthélemy.*
- Soir d'automne, Rêverie, *P* 4— *Barthélemy.*
Buffet, L'Espérance, mélodie 1.35 n *Costallat.*
Buffet Crampon. *Duz:* De arce con 17 llaves
y virolas de melchior culata movible pieza
tudelera de palisandre con tudel dos cañas
y bolsa fagotes 5—.
- De boj con 13 llaves y virolas de latón, *Cl*
  1.25.
- De boj, igual sistema con anillos y guar-
  nición de latón, *Cl* 2.25.
- De ébano ó granadillo con 13 llaves y viro-
  las de melchior, *Cl* 1.75.
- De ébano ó granadillo sistema Boehm con
  los anillos y guarnición melchior, *Cl* 2.75.
- Fagotes de varios autores y diferentes clases
  desde 2— a fagotes 4—.
  Nuevo modelo: Saxofón, *S* en si bemol
  3.75 n, Saxofón, *Cl ó T* en mi bemol 4.25,
  Saxofón, *Bar,* bajo en si bemol 4.75, Saxo-
  fón, *T* mi bemol 4.90, Saxofón barítono si
  bemol, Saxofón bajo en mi bemol à 5—,
  Saxofón bajo mi bemol 6—.
Buffet E. Le Gai Brodeur, pas red. *Harm
  Fanf* et *baryton* 1.50 *Gaudet.*
- Lavorgies, *Harm* ou *Fanf, Gaudet.*
Buffet H. Esther, Polka 4— *Mayac.*
- Martinvast-Château, rondino-valse, *P* 1.50 n
  Costallat.
- Le Mexicain, Quadrille, *Harm,* Part 6— n
  Evette.
Buffier G. Les cloches de la Lorraine 3—;
av. *G* 1— n *Hamblot.*
- Si tu savais, mél. 5—, av. *G* 1— n *Hamblot.*
Buffières, Det är sä godt! — 60 *Gehrman.*
Buffières J. Les amours de Nigandin 1— n
Jerlane.
- La Fête à Constant 1— n *Jerlane.*
Buffières L. de, Chérubies valse 2— n *Le
  Beau.*
- Marie Thérèse valse 2— n *Le Beau.*
- Lombard de. Sanctus et Benedictus, *MS*
  avec 1 *Org(H)* 7.50 *Clot fils.*
- Vous revoir! valse lente, *PV* 9— *Clot fils.*
Buffinton E. L. *Ditson:*
- Benedic, anima mea, *Band* mix. quart. —10.
- Benedic, Anima —10.
- Bonum est, mix quart. —08.
- Christmas Carol —05.
- Two Christmas Carols —06.
- Easter down is breaking —05.
- God is love, Quart. —35.
- Praise the Lord —15.
- Te Deum, mixed quart. 1— *White.*
- Today the joy bells ring —05.
- When Christ was born (Christmas and
  Easter Leaflets 12) —1 *Curwen.*
- World itself keeps Easter day — 08.
Buffoni F. Capelli neri, mazurka, *PMand*
2.50 *Venturi.*
Bugamelli F. La lavandara 3 — *Mariani.*
- Nel dolore 3.50 *Maruni.*
Bugbee, Baby's Lullaby, with Words, *Ins*
—30 *White.*
- Dainty Tone Pictures, *P* (With words ad.
  lib.), N. à —30 *White:* 1. Pussy's See Saw.
  2. Good Night, Little Star, Good Morning.

Merry Sunshine. 3. Baby's Lullaby (duet). 4. What Birdie Thinks. What Doggie Asked. 5. Birdie's First Bath. Mousie's Race for Life. 6. The Chicken's Surprise. The Roguish Breeze. 7. Echo and I. 8. My Ponies' Schooldays. 9. Jack and Jill. Dickery, Dickery Dock. 10. Little Boy Blue. 11. The Butterfly.
- A Dream of Fairyland, P —30 *Ditson*.
- Musical Sketches, P, *White*: Maid Marjory, Sweet Mistress Dorothy, The Japanese Maiden (Ki Ku), The Butterfly Dance, Dance of the Fireflies, Song of the Cricket, My Prince, march. à —10. A Dainty Dance —30.

Bugeau A. Vingt pièces, *Org(H)* 4— n *Lorel*.
- Service divin. Dix petits pièces, *Og-Mélod.* 2— n *Bugeau-Croslay*.

Bugge Magda, op. 1 Tre Sange: Vidste du Vej. Ljungtan. Spindersken —50 *Hansen*.
- 2 Fem Sange: Man har et Sagn om Nøkken. Sov sødt, Barnlille. Laer mig, o Skov. Wiegenlied: So schlaf. Sov sødt. Aftensang: Den lyse Dag forgangen er 1— *Hansen*.
- 3 Serenade af A. Munch's: „Kongedatterens Brudefaerd" — 50 *Hansen*.
- 4 Tre Karakterstykker, P 1— *Hansen*.
- 5 4 Sange. Vandlilie. Søndag Gjeter-Jenten. Under en Gran 1— *Warmuth*.
- 6 3 Sange: Sommeraftenrøden. Mai-Sang. Hjemoe 1— *Warmuth*.
- 8 Fem Romancer: Vandrerne. Bryd! bryd! Pilen og Sangen. Sukkene. Serenade 1— *Hansen*.
- 9 Fire Sange: 1. Blomsten i dit Oje —50. N. 2. Paa Korsvejen —75. N. 3. Ak, du Birketrae —50. N. 4. Melodi: O dybe Ojne —50 *Hansen*.

Buggenhout E. van, Inkermann, Galop, *Harm* ou *Fanf* 2.25 *Kessels*.
- La Paix, marche de procession. *Harm* ou *Fanf* 1— *Kessels*.
- Villanelle —75 *Schott*.

Eugislaus F. L. G. Sonate, C-dur, P 1— n *Breitkopf*.

The Bugle Call, Collection of the most celebrated war songs. mix. voie. —35 n *Church*.

Bugle Calls, 47 Calls for *Bugle* —25 *Gordon*.

Bugle, Fife and Drum Signals and Calls —19 n *Ditson*.

Buglione, The Iron crown. Fantasie, *Cornet Tro* (Baritone) 1.50 *Cundy*.
- Legion of Honor, march (American Star Journal 740), *Milit. Band* —50 n *Fischer*. The Newport New, march (American Star Journal 731), *Milit. Band* —50 n *Fischer*.
- The U. S. Artillery Corps March (American Star Journal 662), *Milit. Band* —50 n *Fischer*.

Bugnard, Ecoliers au Travail à 3 v. ég. —25 n *Pinatel*.
- Montagnes de la Maurienne à 3 v. ég. —25 n *Pinatel*.

Bugnot Ch. *Bagnot*: **Op. 3** Les Nymphes, mazur, P, O.
- 4 Marche des Birijeables, P, O.
- 5 Le Pas des Bruides, marche, P, O.
- 6 Causerie Tutime. Binette, P, O.
- 7 Souvenir de bonheur. Andante, PV.
- 8 1er Valse de ballet, P, O.

- 10 Quadrille du Commerce, P, O.
- 11 Jeune fille et petits Oiseaux, P.
- Je pense à toi. Melodie, P.
- Quadrille chantée.

Buhem E. C'est pour te plaire 1— n *Joubert*.
- Pour m'être agréable 1— n *Joubert*.
- Véritable amour 1—n *Joubert*.

Buhl Aug. op. 6 Zwei Lieder: Malers Klage: „Äuglein so freundlich". Des Hirten Winterlied: „O Winter, schlimmer Winter" 1.25 *Hofmeister*.
- 8 Nachtreise: „Ich reit' ins finstre Land hinein" 1— *Hofmeister*.
- 9 1. Nocturne fantastique. P 1—. N. 2. Scherzo brillant, P 1.25 *Hofmeister*.
- 10 Drei Stücke. P: Notturno. Romanze. Mennett 2— *Hofmeister*.
- 11 Zwei Lieder: Ständchen: „Komm in die stille Nacht". Der Himmel im Tale: „Der Himmel da oben" 1— *Hofmeister*.
- 12 La Coquette. Charakteristische Studie, P 1.25 *Hofmeister*.
- 18 2me Mazurka de Concert 1.25 *Schott*.
- 19 3 Feuillets d'Album. P 1.75 *Schott*.
- 20 Romance italienne, P 1— *Schott*.
- 21 Berceuse, P 1— *Schott*.
- 22 5 Feuillets d'Album. P 2me Suite 2— *Schott*.
- 25 L'Entrée à Londres. Grande Marche 1.50 *Siegel*.
- 26 Clair de lune. 3me Nocturne, P 1.50 *Siegel*, 3/— *Ashdown*.
- 27 Souvenir à Richmond. Barcarolle, P 1.75 *Siegel*.
- 29 Une fleur animée, P 3.6 *Chappell*.
- 29 Lebewohl. Duett-Romanze, P 1.50 *Hofmeister*, 3'— *Chappell*.
- 35 Christmas Hymn and Hymn of Praise, P 4— *Chappell*.
- 46 Serenade, P 2— *Hofmeister*.
- 55 La Sirène, P 2.50 *Hofmeister*, 4/— *Chappell*.
- 57 Valse de salon 2.25 *Hofmeister*.
- 70 Bon Voyage. Galop de Salon 3,—, 4ms 4/— *Augener*.
- 72 vide Concise Pianoforte School.
- 73, 73a vide Concise Pianoforte School.
- 74 Sérénade espagnole, P 4— *Ricordi*.
- 75 Rêverie, P 2.50, 1 P 3— *Hofmeister*.
- 76 L'Echo. Galop de Concert 5— *Ricordi*.
- 78 vide Concise Pianoforte School.
- 79 Mazurka, P 1.50 *Hofmeister*.
- 80 vide Concise Pianoforte School.
- Amélie, valse brillante, P 3— *Moore*.
- Barcarolle, P 4— *Chappell*.
- La Belle Lurette, Fantasia, P 4/— *Williams*.
- Concise Pianoforte School embodying a thorough course of Technical Practice, *Weekes*: 1. Good Friends (an easy duet) 3/—. N. 2. Seven Short Studies, op. 72 4/—. N. 3. Scales and chords 4/—. N. 4. A New Arpeggio Study 3/—. N. 5. Three Movements for the Development of Style, op. 78: 1. Grazioso. 2. Cantabile. 3. Leggiero à 3/—. N. 6. Five Studies of Moderate Difficulty, op. 73 4/—. N. 7. A Wrist and Finger Exercise in a Single Study, op. 73a 4/—. N. 8. The Quintessence of Pianoforte Technique, in 25 Variations, with Prelude, Interlude, and Postlude, as a daily study, op. 80 4/—.
- Danse des Sylphes, P 4/— *Chappell*.

- Les Fontaies, Idylle, P 4— *Donajowski*.
- Good friends, *4ms* 3— *Weekes*.
- Grand Casimir, Le. Fantasia on Opera, P 4— *Williams*.
- Petite Mademoiselle, La. Fantasia on Opera, P 4— *Williams*.
- Le Printemps, morceau, P 4— *Donajowski*.
- Romance Variée, P 4— *Hopwood*.
- Sérénade Allemande, P 4— *Moore*.
- Zaré, valse de Salon, P 4— *Hopwood*.

Buhl D. 20 petits duos. *2Tr* 2.50 n *Costallat*.
- Valse, *FIP* 1.70 n *Costallat*.
- Valse des Cent et Un. *CornetP* 1.70 n *Costallat*.

Buhl Frants, Paa Heden: Nu er det Aften. *S.1* —35 *Hansen*.

Buhl et Brod, 1re fantaisie concertante, P (Cornet en la *Flophicléide* (*Tr* ad lib.)3— n *Costallat*.

Buhle Edward, Lustspiel-Ouverture, O. Part 3.60 n, St 6— n, *4ms* 3— *Siegel*.

Buhler F. Agnus Dei, solo et chœur 4 voix 1.25 n, av. *Org*, H ou O 2.50 n *Costallat*.
- Antifona de la Virgen Santísima Regina coeli (Gradual romano seccion segunda) 3.50 n *Wagner y Levien*.
- Benedictus, *SATB* av. *Org*, H ou O 1.75 n *Costallat*.
- Credo, *SATB* av. *Org*, H ou O 2.75 n *Costallat*.
- Domine exaudi, 4 voix mixtes avec *Org* ou H 2— n *Costallat*.
- Gloria, soli et *SATB* avec *Org*, H ou O 2.75 n *Costallat*.
- Jesu Dulcis memoria, Motet in full score, with *Org* 2— *Novello*.
- Kyrie, soli et *SATB* avec *Org*, H ou O 2— n *Costallat*.
- Magnus Dominicus, B solo et 4 voix, *2STB* av. *Org*(H) 2— n *Costallat*.
- Sanctus, *SATB* avec *Org*, H ou O 1— n *Costallat*.
- Te Deum à tres voces (Gradual romano seccion segunda) 3.50 n *Wagner y Levien*.

Buhr, Social Greeting, Vereinsgruß (Concordia, 1 vol. 3 thd book 29) —25 *Schaffer*.

Buhrdorf H. op. 20 Ich hab' nur einen Gedanken —75 *Wettig*.
- **21** Erinnerung: „Wohl war es eine Seligkeit" —75 *Wettig*.
- **30** Kuckuck und Nachtigall: „Ein Kuckuck flief vom dürren Baum", *TTBB*, Part u. St à —60 *Wettig*.
- **31** In dem Dornbusch blüht —50 *Wettig*.

Бун I. Mater superba. Гляда въ Твои чудный ликъ, для баритона съ акк. скрипки, віолончели, рояля (или гармоніума ad lib.) 1— *Jurgenson*.

Буйловъ И. *Jurgenson*: Духовно-музыкальныя сочиненія, для смѣш. хора.
1. Святый Боже Парт., Гол. à —30.
2. Херувимская пѣснь Н., Г. à —40.
3. Милость мира Н., Г. à —35.
4. Достойно есть Н., Г. à —30.
5. Душе моя Н., Г. à —25.
6. Христосъ воскресе Н., Г. à —25.
   N. 1—6, въ одномъ томѣ Н., Г. à 1.50.
Духовно-музыкальныя сочиненія, для мужескаго хора:
7. Херувимская пѣснь Н. —30, Г. —20.
8. Милость мира Н. —40, Г. —20.

9. Достойно есть Н. —30, Г. —20.
10. Отче нашъ Н. —30, Г. —20.
11. Въ память вѣчную, Тріо, Н. —30, Г. —15.

Le Buis béni —30 n *Joubert*.

Buisson Adolphe, *Carbonel*:
- Brunette, Polka-Mazur 4—.
- Cantique du Domino noir, transc. *HPV(Te)* 3.35 n *Mustel*.
- Ce que vous voudrez! Polka 5—.
- Charmante, Schottisch 5—.
- Corail rose, Polka 5—.
- Le Domino noir, Cantique, *PVOrg* 10— *Benoit*.
- Fleur aimée, valse 6—.
- Souvenir de Roquetavour, polka-mazur 6— *Carbonel*.

Buisson J. Blonde et Brune, *Andrieu*.
- A Céphise (2 pièces style ancien), P 2.50 n, O 2— n *Costil*.
- Caprice de femme, intermezzo-valse, O *Hachette*.
- Chauffeurs! chauffez!!! (J. Loeedet) *Costil*.
- En Carnaval, polka-marche, P 1.75 n, O av. P cond. 2— n *Costil*.
- Galants propos 6— *Paulus*.
- Hardi, mes bœufs, chans. 5— *Digonde*.
- Irène, mazurka 5— *Noyral*.
- Marche des Petits Guerriers, polka-marche, O, *Paulus*.
- A Marphise! *Oudet*.
- Mascarade, polka-marche, O 1.25 n *Gaudet*.
- Pavane Richelieu, P 1.50 n, *Hand* —25 n, O av. Quint. a cordes ad lib. 1.50 n, Quint. 1— n, P cond. — 50 n *Gaudet*.
- Petit luiin, polka (J. Loudet), O avec P cond. *Andrieu*.
- Les Plaines, *Andrieu*.
- Rêves d'or, *Andrieu*.
- Sérénade, *Digonde*.
- Suite d'Orchestre: 1. Aubade, 2. Valse lente, 3. Pizzicato, 4. Gavotte, 5. Final 2.50 n, P *Digonde*.
- Tarentelle de L. Diodet, arrangée, O, *Costil*.
- Tendre bergère, *Andrieu*.
- Valse des papillons, entr'acte-ballet, P 2— n, O 2.50 n *Costil*.
- Le vin nouveau, chans. 4— *Digonde*.

Le Buisson du chemin 1— n *Joubert*.

Buissy De, L'Abeille, *TTBB*, Part —50 n, p. sép. à —25 n *Lory*.
- La Brise, *TTBB*, Part 1.50 n, p. sép. à —25 n *Lory*.
- Départ des Matelots, *TTBB*, Part 1.50 n, p. sép. à —25 n *Lory*.
- L'Enfant et l'Abeille, Chœur à 3 voix ég. Part —50 *Lory*.

Buker Richard, Flying Colors (Yacht Club), March 2— n *Sheard*.

Bukke E. Букке Е. *Jurgenson*: Op. 3 N. 1. Даль одѣтаниловою дымкой, Дуэтъ, *S. MS* —40.
- **4** Trois morceaux, P: N. 1. Thème avec variations —70, N. 2. Berceuse —30, N. 3. Un épisode lyrique —40.
- **5** Elégie. Элегія —70.
- **7** N. 1. Шотландская пѣсня —30, N. 2. Что, удалый молодецъ. Дуэтъ, *T. Bar* —50.
- **7** Судьба, Opera, KA 6—.

- 11 Nr. 1. Mazurka —40. Nr. 2. Herbstlied —30.
- Collection de pièces faciles sur des motifs favorits, tirés des opéras et ballets russes, *P* à —40. *Ims* à —45.
    1. Eugène Onegnine. Евгеній Онѣгинъ.
    2. Les Maccabées. Маккавеи.
    3. La pucelle d'Orléans. Орлеанская дѣва.
    4. La Vigne. Виноградная лоза.
    5. Le lac des cygnes. Лебединое озеро.
    6. Feramors. Фераморсъ.
    8. Néron. Неронъ.
    9. Mazeppa. Мазепа.
    10. Marchand Kalaschnikoff. Купецъ Калашниковъ.
    11. Nijegorodzi. Нижегородцы.
    12. Les caprices d'Oxane. Черевички.
    13. Marie de Bourgogne. Марія Бургундская.
    14. Harold Гарольдъ.
    15. La Charmeuse. Чародѣйка.
    16. Les enfants des steppes. Дѣти степей.
    17. Songe sur le Volga. Сонъ на Волгѣ.
    18. L'infortunée. Горюша.
    19. La belle au bois dormant. Спящая красавица.
    20. La Dame de Pique. Пиковая дама.
    21. Ruth. Руеь.
    22. Snégourotschka. Снѣгурочка.
    23. Yolande. Іоланта.
    24. Casse-Noisette. Щелкунчикъ.
    25. Chant de l'amour triomphant. Пѣснь торжеств. любви.
    26. Raphael. Рафаэль.
    27. Donbrowsky. Дубровскій.
    28. La princesse lointaine. Принцесса Грёза.
    30. Francesca da Rimini. Франческа да Римини.
    33. Rolla. Ролла.
    34. Paradies perdu. Потерянный рай.
    35. La tour de Babel. Вавилонское столпотвореніе.
- Элегія. Ѣ умру —70 *Seywang.*
- Да, тедя я могла бы любить —50 *Seywang.*
- Какъ мальчикъ —50 *Seywang.*
- O, Schöne, singe sie mir nie —45.
- Prélude, *P* —45.
- Romance Cismoll, *VP* —60.
- Сосна. „Межъ березъ и ивъ зыбучихъ." —30.

Bukvička J. G. op. 4 Ständchen, *P* 1.80 *Robitschek.*

Bukowitz, Last Greeting Polka —40 *Ellis.*

Bulan Ch. Montagnes russes, Polka-Mazurka 1.75 и, *Ams* 2— и, O 2— и *Durand*, O à cordes 1.50 и *Debert.*

Булашенко Д. Д. „Я Грыць козакъ за Дунаю" —40 *Ostrowski.*

Bulachow P. Булаховъ П. Романсы и пѣсни: 2 тома à 2— *Jurgenson:*
    1. Вотъ на пути село большое —20.
    2. Тройка. Пыль столбомъ кружитъ —20.
    3. Безсонница. На кровать мою —30.
    4. Дѣвица красавица —40.
    4. Дѣвица для меццо-сопрано —30.
    5. Серенада Шуберта, на 2 голоса —30.
    6. Что мой свѣтикъ, луна —20.
    7. Не бѣлы снѣги и Во полѣ бер. —20.
    8. Не одна во полѣ и Не будите —20.
    9. Отпусти меня, родная —30.
    10. Пѣсня цыганки. Знать ужъ надо было —20.
    11. Люби меня, о другъ мой юный —30.
    12. Не хочу, не хочу. Хочешь, чтоли; моя радость —20.
    12а. То-же, для меццо-сопрано —20.
    13. Раздумье. Все грустіей —30.
    14. Призваніе. Мой другъ, тебя —20.
    15. Греческая ночь. Мелодія —30.
    16. Люблю я блескъ твоихъ очей —30.
    17. Выхожу одинъ я на дорогу —20.
    18. Я тебя съ годами не забыла —30.
    19. Серенада. Пойми, о другъ мой —20.
    20. Прощанье, въ аллеѣ мы долго сидѣли —30.
    21. Къ ней. Ты слышала любви —20.
    22. Я помню день, онъ чудно —30.
    23. Жалоба дѣвы. Еслибъ сердце —20.
    24. Она мила —20.
    25. Не туманъ печалью —20.
    26. Не пробуждай воспоминанья —20.
    27. Завѣтная звѣзда —20.
    28. Минувшихъ дней —30.
    29. Забуду-ль я —20.
    30. Кольцо. Я затеплю свѣчу воска —30.
    31. Молитва. Въ минуту жизни —20.
    32. Блаженствуя, тебя любилъ я —30.
    33. Цвѣтокъ. На Доурскяхъ степ —20.
    34. Ожиданіе. Съ лазури звѣзды —20.
    35. Баллада. Отворите мнѣ темницу —30.
    36. Блаженство жизни быть съ тобою. На два голоса —20.
    37. Баркаролла. Грустный, безнадежный —20.
    38. Молитва. Я, Матерь Божія. Для 1-го или 4-хъ голосовъ —40.
    39. Маска. Изъ подъ маски черныя глазки —20.
    40. Элегія. Я помню вечеръ —20.
    41. Солнце изъ тумана стало выходить —20.
    42. Свиданіе. Въ часъ, когда мерцанье —20.
    43. Серенада. Я здѣсь одинъ —30.
    44. Двѣ русскія пѣсни: „Ахъ ты темный лѣсъ" и „Что не ходишь, моя радость" —30.
    45. Твои шелковыя кудри —30.
    46. Колокольчики мои, цвѣтики степные —30.
    47. Баркаролла. Пойми, о другъ, Для 1-го или 2-хъ голосовъ —30.
    48. Серенада: „Тихо вечеръ догораетъ". Для 1-го или 2-хъ голосовъ —35.
    49. Вы скажите мнѣ, люди добрые —30.
    50. Молчали листья, звѣзды рдѣли —20.
    51. Счастье во снѣ. Кто знаетъ, какъ долго —20.
    52. Ужъ я съ вечера сидѣла —30.
    53. О, приди ко мнѣ скорѣе —20.
    54. Со кручинушки шатаюсь —30.
    55. Минувшихъ дней очарованье. Романсъ на 2 голоса —30.
    56. Баллада. Въ полѣ широкомъ, желѣзомъ копытъ —40.
    57. Разставанье. Пронесется ли буря мятежная —30.
    58. Прелестные глазки. У тебя есть алмазы и жемчугъ —30.

59. Не кукушечка во сыромъ бору куковала —30.
60. Прости, на долгую разлуку —30.
61. Всю то, всю мою дорожку —30.
62. Напрасно съ жаркою мольбою —30.
63. Я видѣлъ дивные глаза —30.
64. За рѣкой, за Десной —30.
65. Я не могу ее забыть —30.
66. Какъ отъ вѣтки родной —20.
67. Не для меня —30.
68. Гори, гори моя звѣзда —20.
69. Пошелъ козелъ въ огородъ —20.
70. Слышишь-ли мой сердечный другъ. (Ц. Т. X. 198) —20.
71. Пѣснь ратника —20.
72. Нѣтъ, не люблю я васъ —30.
73. Давно ужъ на сонъ не пробудный —20.
74. Мнѣ что за бѣда —20.
75. Ты коса-ли моя темнорусая —20.
76. Вы ужъ забываете меня —20.
77. Полюби, не губи —20.
78. Нѣтъ не тебя, такъ пылко я люблю (Ц. Т. X. 205) —30.
79. Ты не повѣришь, какъ ты мила. (Ц. Т. X. 197) —20.
80. Вотъ на пути село большое. (Ц. Т. X. 214) для сопрано —20.

- Романсы, *Gutheil*:

1. Пѣснь Маруси. Отчего такъ грустно мнѣ —30.
2. Степь одна вокругъ глухая —30.
3. Ты душа ль моя добрый молодецъ —40.
4. По грибки вчера въ лѣсочекъ —40.
5. Солдатикъ, Баллада —40.
6. Никто Настеньку не любитъ —40.
7. Слушайте подруженьки —30.
8. Садовемъ залетныхъ —30.
9. И нѣтъ тъ мірѣ очей —30.
10. Ахъ, зачѣмъ меня силой выдали —30.
11. Тихая, звѣздная ночь —30.
12. Надуты губки для угрозы —30.
13. Пахнетъ полемъ воздухъ чистый —30.
14. Крошка. Только станетъ смеркаться —30.
15. 2 пѣсни: Сторона ль моя сторонушка и Ахъ ты Волга, Волга матушка —30.
16. Его ужъ нѣтъ, любимца славы —35.
17. Пустое ты, сердечнымъ ты —30.
18. Разставаясь она говорила —30.
19. Полно, зачѣмъ ты слеза —30.
20. Знаю я, что ты малютка —30.
21. Тукъ, тукъ, какъ сердце бьется —30.
22. Тройка. Тройка мчится, тройка скачетъ —40.
23. Что такъ сильно сердце —30.
24. Право маменькѣ скажу —30.
25. Напрасны всѣ мои старанья —40.
26. Одинокая слезка —30.
27. Черненькіе глазки —40.
28. Помнишь лодка плыла —40.
29. Я очень ясно понимаю —40.
30. Не вѣритъ онъ —30.
31. Она моя —30.
32. Охъ да не дубравушка —30.
33. Ея ужъ нѣтъ —35.
34. Бывало я при немъ живѣе —40.
35. Цыганка —30.
36a. Колыбельная пѣсенка (Ты для меня душа и сила) —30.

36б. Тоже, съ аккомп. скрипки или віол. —40.
37. Бывало лъ вамъ душа —30.
38. Ахъ, вы годы, мои годы —30.
39. Все въ туманѣ скрылося —30.
40. Въ непогоду вѣтеръ воетъ —30.
41. За окномъ въ тѣни мелькаетъ —40.
42. Сіяетъ и душистъ твой роскош —30.
43. Сказки душою откровенной —30.
44. Вблизи тебя изъ драмы Анжело —30.

Eulch T. E. Moa March. *P. 4 — Regnobis.*
Euleux, La Semillante, mazurka 5 — *Ploix.*
- Soirée d'Hiver, mazurka 4.50 *Allelon.*
Bulgakoff. Varsoviana mazurka —20 *Jürgen son.*

Булгаковъ С. Урожай. Хоръд. смѣш. гол. Парт. —50, Гол. —40 *Jurgenson.*
Bulgari, Tzigane-polka —75. *Imst l — Elkan.*
Bulgarini P. Gavotta 1 — *Graziani.*
Bulger & Makthews. You told me you had Money in the Bank 2 — n *Sheard.*
Bulher. *Piccqully*: Beati omnes. *SATB* 2 — n.
- Beatus vir, *SATB* 2 — n.
- Dixit Dominus, *SATB* 1 — n.
- Domine ad adjuvandum, *SATB* —50 n.
- Domine exaudi, *SATB* 1 — n.
- In exitu, *SATB* 1 — n.
- Jesu dulcis, *SATB* —50 n.
- Laudate, *SATB* —30 n.
- Magnificat, *SATB* 1.50 n.
- Magnus Dominus, *B-solo & SATB* —12 *Butson.*
- Messe solennelle, *SATB* avec Org ou O, Part avec Org 7 — n, p. vocales à —75 n.
- Psaumes des Vepres: Domine ad adjuvandum. Dixit Dominus, Beatus vir, Confitebor. Laudate D. O. G. In exitu. Laudate pueri. Magnificat, *SATB* avec Org ou O, Part chant et Org 7 — n, p. vocales à 1 — n, d'O 15 — n.
Bulhoes Ernesto, Belleza, polka, *Banda* 1 *Guimaraes.*
Bull Chr. Laer mig. o Skov, at visne glad. *SATB,* Part —50 *Hansen.*
- To Sange: Ynglingen ved Baekken. Faa Soen —50 *Hansen.*
- Tostemmige Sange, Samling 1. 2. 3 à —70 *Hansen.*
- Trestemmige Sange —75 *Hansen.*
Bull Georges, op. 84 Bouquet de mélodies de „Les cent vierges" (Ch. Lecocq), P 6 — *Joubert.*
- 90, 95, 98, 100 vide Bibliothèque moderne des jeunes pianistes.
- 100 Morceaux Pittoresques, P, *Landy:* N. 1. La Manola 4 —. N. 2. Loin de la Rive 3 —. N. 3. Regrets de Mignon 3 —. N. 4. Le Pénitent 3 —. N. 5. Patrie absente 4 —. N. 6. Les Lavandières 4 —. N. 7. Réveil au Camp 4 —. N. 8. Les Commères du Village 3 —. N. 9. Sommeil des Fleurs 3 —. N. 10. Les Gentils-hommes Chasseurs 3 —. N. 11. Les Esprits de la Nuit 3 —. N. 12. Les Oiseaux voyageurs 3 —. N. 13. A tire d'Aile 4 —. N. 14. Marche Hongroise 4 —. N. 15. Le danseur de Corde 3 —. N. 16. Défilé de Marionettes 3 —. N. 17. Chanson Polonaise 4 —. N. 18. L'Oiseleur 3 —. N. 19. Les Clown 4 —. N. 20. A l'Aventure 3 —.

102 vide Bibliothèque moderne des jeunes
pianistes.
111 Graziella (Lecocq), transcript. P
1.50 *André.*
178, 179, 180 vide Bibliothèque des jeunes
pianistes.
Ali-Baba, de Lecocq, fant. P 2— n *Chou-dens.*
L'Amour mouillé de Varney, fant. P 2— n,
valse du Colibri, P 2— n *Choudens*, 1—
Napoléon.
L'Arlésienne (Bizet), fant. P 2— n *Chou-dens, Sonzogno.*
Ascanio, Chanson florentine. P 1.35 n *Du-rand.*
A travers champs, P 1.70 n *Ercillard.*
L'Attaque du moulin (Bruneau), tran-script. P 2— n *Choudens.*
Au clair de la lune, caprice (C. Moritz),
pns 2.50 n *Rozart.*
Au Printemps (Gounod), transer. P
2— n *Choudens.*
Barbier de Séville, fant. P 1.70 n *Ercillard.*
La Basoche (Messager), fant. grac. P
2— n. Villanelle et pastourelle, P 2— n
Choudens.
Bélisario, fant. P 1.70 n *Ercillard.*
Bel oiseau bleu, romance favorite (L. Pa-liard), P 3— *Clot Fils.*
Bibliothèque moderne des jeunes pianistes,
collection d'études chantantes et progres-sives. P, *Heugel:*
    1. vol. Op. 90. Vingt-cinq études mignon-nes, très faciles, pour servir d'introduction
    aux études récréatives 12—.
    2. Op. 95. Vingt-cinq études récréatives
faciles, pour servir d'introduction aux
Etudes de genre 12—.
    3. Op. 98. Vingt-cinq études de genre,
petite moyenne force, pour servir d'intro-duction aux Etudes pittoresques 12—.
    4. Op. 100 Vingt études pittoresques,
moyenne force 15—.
    5. Première heure d'étude, exercices pour
acquérir la souplesse, l'égalité de force
et l'indépendance des doigts 15—.
    6. Op. 102. Les Doigts agiles, vingt-cinq études de petite vélocité 12—.
    7. Op. 178. Vingt petits préludes à tra-vailler en même temps que les Etudes
mignonnes, op. 90 10—.
    8. Op. 179. Les petites concertantes (1er
cahier) 25 études très faciles 4 mains,
pour acc. l'étude de l'op. 90 15—.
    9. Op. 180. Les petites concertantes (2e
cahier) 25 études faciles à 4 mains, pour
acc. l'étude de l'op. 95 15—, vol. 1—4 à
6— n *Agné.*
Boléro (Coedis), P 2— n *Choudens.*
La Boulangère a des écus (Offenbach).
P 1— n *Choudens.*
Le bouton d'or, rondo-polka 3— *Clot Fils.*
Carmen, fant. Habanera, P à 2— n, *pns*
à 2.50 n *Choudens.*
Le carnaval des oiseaux, transer. de la ro-mance célèbre (Paliard), P 5— *Clot
Fils.*
Carnaval de Veneza, transer. P 1— *Na-poléon.*
Le carnaval militaire, fantaisie burlesque,
P 5— *Clot Fils.*
Carolina Rediviva, vals —50 *Johan.*

Cavalleria Rusticana, transer. P
1.50 *Napoléon.*
Chant du Soldat, P 1— n *Bornemann.*
Les Charmes du Piano 15— n, 5 Séries à
4— n *Humblot:*
    I. série: 1. Gounod: Faust, 1. fan-taisie. 2. Niedermeyer: Marie-Stuart,
adieux. 3. Bizet: Carmen, habanera.
4. Paladilhe: Patrie, valse.
    II: 1. Gounod: Au Printemps, tran-scription. 2. Bizet: L'Arlésienne, fan-taisie. 3. Audran: La Mascotte, 1. fan-taisie. 4. Offenbach: Contes d'Hoff-mann.
    III: 1. Gounod: Roméo et Juliette,
fantaisie. 2. Audran: Cigale et Fourmi,
petit noël. 3. Planquette: Rip-Rip,
fantaisie. 4. Varney: Valse du Colibri.
    IV: 1. Gounod: Mireille, fantaisie.
2. Offenbach: Fille tambour major.
3. Audran: Grand Mogol, valse. 4.
Paladilhe: Patrie, madrigal.
    V: 1. Gounod: Faust, 2. fantaisie,
chœur des soldats. 2. Bizet: Carmen,
2. fantaisie, Toréador. 3. Gounod: Le
Soir, nocturne. 4. Varnay: Mousque-taires au Couvent.
Chasse aux papillons, P 3— *Clot Fils.*
Chasse du jeune Henri, fant. P 2— n *Ercil-lard.*
Chasseurs d'Afrique, fanfare, P 5—, simpl.
P 3— *Clot Fils.*
La Châtelaine, valse brill. P 2— n *Chou-dens.*
La Chauve-Souris (J. Strauß), transer.
fac. P 5— *Heugel.*
Chevaliers de la nuit, scène moyen âge, P
5— *Clot Fils.*
La Cigale et la Fourmi (Audran), fant.
Petit Noël, transer. P à 2— n *Choudens.*
Cloches de Corneville, transer. P 5—
Joubert.
Confidence, nocturne, P 3— *Clot Fils.*
Les Comtes d'Hoffmann (Offenbach),
2 fant. P à 2— n *Choudens.*
Le Cor dans les bois, P 1.70 n, *pns* 1.70 n.
Hand —25 n *Ercillard.*
Le cor des Alpes, transer. P 5— *Clot Fils.*
Le coureur des bois, galop brill. P 5—
Clot Fils, pns 2— *Napoléon.*
Dante (Godard), fant. P 2— n *Choudens.*
La demoiselle de Belleville (Millöcker),
valse 3— *Heugel.*
Dernière pensée (Weber), P 3— *Clot
Fils.*
Diable aux champs, galop, P 5— *Clot Fils.*
Diana, pet. fant. P 2— n *Choudens.*
Dinorah, transer. P 4— *Neuparth.*
Don Juan, fant. P 1.70 n *Ercillard.*
Eglantine, valse, P 3— *Clot Fils.*
Elisir d'amore, fant. P 1.70 n *Ercil-lard.*
Escarpolette, valse 3— *Clot Fils.*
Fantaisie facile sur les motifs d'un opéra
de Guiraud, P 1.75 n *Durand.*
Fantaisie gracieuse, P 1.75 *Durand.*
Faust, 2 fant. P à 2— n *Choudens, Debert,*
à 6— *Muraille, pns* à 2.50 n *Choudens,* à
6— *Muraille.*
La fée des roseaux, célèbre valse (Gran-ger), PV 5— *Clot Fils.*

- La Femme à papa (Hervé), fant. P 2—n *Choudens.*
- La Femme de Narcisse (Varney), fant. P 2—n *Choudens.*
- Fête des bergers, styrienne, P 5— *Clot Fils.*
- Feu de paille, P 1.70 n *Evellard.*
- Fille de Fanchon-la-Vielleuse (Varney), P 2—n *Choudens.*
- Fille de Madame Angot (C. Lecocq), transcr. P —40 *Gondon*, —70 *Alsbach*, 2.50 *Mariani.*
- La Fille du Tambour-Major (Offenbach), fant. milit. P 2—n, *fms* 2.50 n, valse 2—n *Choudens.*
- Fleurs coupées (Souvenirs de voyage): 1. Marche savoisienne (Les Allobroges). 2. Méphisto, fant. galop. 3. Ninetta, valse caprice. 4. Nuit sereine, barcarolle. 5. Sous Bois, romance sans paroles. P à 1.75 n *Rouart.*
- Flûte enchantée, fant. P 1.70 n *Evellard.*
- Les Folies amoureuses (Pessard), P 2—n *Choudens.*
- Galop de la cour, galop favori (Murdorff) 1—n *Gallet.*
- Gillette de Narbonne (Audran), fant. P 2—n *Choudens.*
- „Girofté-Girofta", souvenir, P —70 *Alsbach.*
- La Gironette (Coedès), boléro transcr. P 2—n *Choudens.*
- Le Grand Mogol (Audran), fantaisie. Petite valse brillante. P à 2—n *Choudens.*
- L'habit d'arlequin, mascarade, P 5— *Clot Fils.*
- Le hamac, berceuse, P 3— *Clot Fils.*
- Harpe de David (10e édition), P 1.70 n *Evellard*, 1.50 *Bevilacqua, Guimaraes, Napoleao, fms* 1.70 n, *Mand* —25 n *Evellard.*
- Henry VIII, fantaisie facile, quatuor. P à 1.75 n *Durand.*
- Indiana, célèbre valse (Marcailhou), P 3— *Clot Fils.*
- Jenny Lind (Wallerstein), P 3— *Clot Fils.*
- Jocelyn (Godard), fantaisie. Valse du balcon. P à 2—n *Choudens.*
- La Jolie Fille de Perth (Bizet), fant. P 2—n *Choudens.*
- La Jolie Parfumeuse (Offenbach), fant. P 2—n *Choudens.*
- Joseph, transcription facile, P 1.75 n *Durand.*
- Joséphine vendue par ses soeurs (Roger), fant. P 2—n *Choudens.*
- Les 28 Jours de Clairette (Roger), fant. P 2—n *Choudens.*
- Kosiki, valse mignonne 5— *Joubert.*
- Le lilas, polka 3— *Clot Fils.*
- Lisette, schottisch (d'après Beaucourt), P 3— *Clot Fils.*
- Madame Favart (Offenbach), fantaisie, P 2—n, *fms* 2.50 n *Choudens.*
- Madame l'Archiduc (Offenbach), fant. P 2—n *Choudens.*
- Ma Mie Rosette, P 2— *Boosey.*
- Le Marguillier du village, polka (sur la chansonnette de Gros), P 3— *Clot Fils.*
- Marie Stuart (Niedermeyer), méditation, P 2—n *Choudens.*
- La Marseillaise, chant national, *fms* 2.50 n *Rouart.*

- La Mascotte (Audran), 1. Fantaisie, P 2—n. 2. Fantaisie, P 2—n *Choudens.*
- Mireille (Gounod), fantaisie, P 2—n *Choudens*, 1.50 n *Sonzogno.*
- Le Miroir dramatique: Les Bavards, La Camargo, Les Cent Vierges, Le Comte et la Mari, Le Comte Ory, Les Dragons de Villars, La Fée aux Chèvres, La Fille de Mme Angot, Fleur-de-Thé, Giralda, Girofté-Girofta, Le Grand Casimir, La Grande-Duchesse de Gérolstein, La Jolie Persane, Le Jour et la Nuit, Kosiki, Ma Mie Rosette, La Marjolaine, Martha, La Montagne-Noire, L'Ombre, La Périchole, Le Petit Duc, La Petite Mademoiselle, La Petite Mariée, Plutus, Le Postillon de Lonjumeau, La Pompée de Nuremberg, La Princesse de Trébizonde, Le Roi de Carreau, Le Roman d'Elvire, Stradella, Le Toréador, La Vie Mondaine, P à 5—, à *fms Joubert.*
  N. 1. Les Dragons de Villars de Maillart. 2. Martha. 3. Le Comte Ory, à 2.50 *Ricordi.*
- Miss Helyett (Audran), fant. gracieuse, gavotte, P à 2—n *Choudens.*
- Moïse, fant. P 1.70 n *Evellard.*
- Mont Rose, bouquet de mélodies Suisses, P 5— *Clot Fils.*
- Les Mousquetaires au Couvent (Varney), fantaisie-valse. P 2—n *Choudens.*
- Le muguet, valse du Barbier de Séville, P 3— *Clot Fils.*
- Noces de Figaro, fantaisie facile, P 1.75 n *Durand.*
- Norma, petite fantaisie, P 3— *Clot Fils*, 1.70 n *Evellard.*
- Nuit sereine, barcarolle, 1 P 2—n *Rouart.*
- L'oiseau captif, fantaisie, P 5— *Clot Fils.*
- L'Oiseau messager, P 1— *Bornemann.*
- Olé! Olé! habanera polka, P (Pailard) 5— *Clot Fils.*
- L'Oncle Célestin (Audran), fant. grac. P 2—n *Choudens.*
- Paillasse (Leoncavallo), menuet et sérénade, P 2—n *Choudens.*
- Patrie (Paladilhe), fantaisie-valse, Madrigal et Retraite, P à 2—n *Choudens.*
- Le pays natal, chant montagnard, P 5— *Clot fils.*
- Les Pêcheurs de perles (Bizet), fant. P 2—n *Choudens.*
- La perle de Procida, danse napolitaine, P 3— *Clot fils.*
- La pervenche, chanson napolitaine, P 3— *Clot fils.*
- Le Petit Chaperon rouge (Serpette), P 2—n *Choudens.*
- Le petit postillon, rondo-galop, P 5— *Clot fils, fms* 2— *Napoleao.*
- La petite Mademoiselle de Ch. Lecocq, transcr. P 1.50 *Bote.*
- Les Petits bonheurs, dix bluettes très faciles, *fms* à 4.50 *Clot fils:* 1. L'escarpolette, valse. 2. Le premier, bal, polka. 3. L'églantine, valse. 4. Le lilas, polka. 5. Le muguet, valse du Barbier de Séville. 6. La chasse aux papillons, polka. 7. La pervenche, chanson napolitaine. 8. La violette, mélodie allemande. 9. Les vendanges, rondo. 10. Le bouton d'or, polka italienne.
- Les Petits Mousquetaires (Varney), fan-

taisie militaire. Petite valse, P à 2— n *Choudens.*

- Les petits Soldats, P. ⁴ms à 1.70 n *Ercillard.*
- Les petits soldats de plomb, polka (R o s a) 3— *Clot fils.*
- Philémon et Baucis (G o u n o d), fant. P 2— n *Choudens.*
- Popular Pieces (P a n e r), P 2— n *Augener.*
- La poupée de Lise (P a i l a r d), P 3— *Clot fils.*
- Un premier amour (W a l l e r s t e i n), P 3— *Clot fils.*
- Premier bal, polka très dansante, P 3— *Clot fils.*
- Près d'un ruisseau, célèbre romance (R o u m e g u è r e), P 3— *Clot fils.*
- La Princesse des Canaries (L e c o c q), fantaisie, Marche des toréadors, P à 2— n *Choudens.*

Les Provençales, 6 fantaisies faciles, P à 1.70 n *Carbonel:* 1. Les Mages, marche religieuse. 2. Farandole, danse populaire. 3. Au Son du Tambourin, aubade. 4. Rigodon, air ancien. 5. Noel, pastorale. 6. Sous les Oliviers, ronde champêtre.

- Les Puritains, fant. P 1.70 n *Ercillard.*
- Les Reflets du passé: 1. Ah vous dirai — je maman, air populaire. 2. Au clair de la lune. 3. Il pleut Bergère. 4. Marlborough. 5. Le Roi Dagobert. 6. La Marseillaise, chant national, P à 1.75 n *Rouart.*
- Le Refrain des montagnes, tyrolienne, P 5— *Clot fils.*
- Retour au pays, tyrolienne, P 5— *Clot fils.*
- Retraite aux flambeaux, scène militaire, P 5— *Clot fils.*
- Le Rêve (B r u n e a u), chanson du clos Marie, P 2— n *Choudens.*
- Un rêve, polka-mazurka (S t r u s s) 1— n *Gallet.*
- La rieuse, rondo-valse, P 5— *Clot fils.*
- Rip (P l a n q u e t t e), fantaisie, P 2— n *Choudens.*
- Robin des Bois, fant. P 1.70 n *Ercillard.*
- Roméo et Juliette (G o u n o d), fantaisie, P 2— n *Choudens,* 1.70 n *Ercillard.*
- Saison nouvelle, P 1— *Bornemann.*
- Salammbô (R e y e r), fantaisie, P 2— c *Choudens.*
- Samson et Dalila, fantaisie facile, P 1.75 n *Durand.*
- Sapho (G o u n o d), fantaisie, P 2— n *Choudens.*
- Sémiramis, fant. P 1.70 n *Ercillard.*
- Sérénade des Anges, transcr. P 5— *Clot fils.*
- Les Silhouettes, petites fantaisies-transcriptions, P, N. 1—25 20— n, N. à 5— *Heugel:* 1. Mignon. 2. Coppélia. 3. Aben-Hamet. 4. Mam'zelle Nitouche. 5. Hamlet. 6. Lakmé. 7. La Perle du Brésil. 8. La Chanson de Fortunio. 9. Françoise de Rimini. 10. Sylvia. 11. Un Ballo in maschera. 12. La Tzigane. 13. Le Songe d'une Nuit d'été. 14. Le Roi l'a dit. 15. La Korrigane. 16. Orphée aux Enfers. 17. Le Caïd. 18. Jean de Nivelle. 19. La Farandole. 20. Le Petit Faust. 21. Psyche. 22. La Source. 23. Le Désert. 24. La Belle Hélène. 25. Mam'zelle Gavroche. 26. Manon. 27. Hérodiade. 28. Sigurd. 29. Le Cid. 30. Les Erinnyes. 31. Le Roi d'Ys. 32. Le Roi de Lahore. 33.

Esclarmonde. 34. Le Roi s'amuse. 35. Don César de Bazan. 36. Le Mage. 37. Paul et Virginie. 38. Cavalleria rusticana. 39. Werther. 40. La Navarraise. 41. Thaïs. 42. Le Papa de Francine. 43. Sapho. 44. Princesse d'auberge. 45. Milenka. 46. Cendrillon. 47. Griseldis. 48. Le Jongleur de Notre-Dame. ⁴ms: N. 1, 2, 4, 5, 6, 8, 10, 13, 14, 17, 26, 27, 28, 29, 30, 31, 37, 38, 39, 41, 44, 46, 47 à 6—.

- Le Soir (G o u n o d), nocturne, transcr. P 2— n *Choudens.*
- Un soir à la Scala, souvenir de R o s s i n i, P 5— *Clot fils.*
- La Sonnambule, fant. P 1.70 n *Ercillard.*
- Souvenir de Harlem, P 1.70 n *Ercillard.*
- Les succès partagés, huit fantaisies (C. M o r i t z), ⁴ms à 7.50 *Clot fils:* 1. Le petit postillon, rondo galop. 2. Tête folle, rondo galop. 3. Les chasseurs d'Afrique, fanfare. 4. Le carnaval militaire, fant. burlesque. 5. Le retour au pays, bouquet de tyroliennes. 6. Le cor des Alpes, transcription. 7. Le refrain des montagnes, tyrolienne. 8. Le coureur des bois, galop brillant.
- Sur la terre et sur l'onde, galop (D a v i d), P 3— *Clot fils.*
- Tante Rose, gavotte, P 1.50 *Guimaraes,* *Napoleao,* —15 *Rosé,* ⁴ms 2— n *Durand,* —80 n *Schirmer,* PMand, PV à 2— n, 2MandP 2.50 n, 2MandG 2— n, VMandG 1.75 n *Durand.*
- Tête folle, galop, P 5— *Clot fils,* ⁴ms 2— *Napoleao.*
- La Timbale d'argent (S a i n t - S a ë n s), P 2— n *Choudens.*
- Le torrent, valse (M a r g a i l h o u), P 3— *Clot fils.*
- Toto (B a n è s), fantaisie, P 2— n *Choudens.*
- Transcriptions faciles, P à 5—, ⁴ms à 6— *Benoit:* L'Africaine. L'Ambassadrice. La Dame blanche. Les Diamants de la Couronne. Le Domino Noir. L'Etoile du Nord. Fra Diavolo. Haydée. Les Huguenots. La Muette de Portici. Le Pardon de Ploërmel. La Part du Diable. Le Philtre. Le Prophète. Robert le Diable. La Sirène. La Traviata. Il Trovatore.
- Le Tribut de Zamora (G o u n o d), fant., Nocturne facile, P à 2— n *Choudens.*
- Les Troyens (B e r l i o z), duo et marche troyenne, P 2— n *Choudens.*
- Les vendanges, rondo, P 3— *Clot fils.*
- La vierge aux bluets, esquisse, P 5— *Clot fils.*
- La violette, mélodie allemande, P 3— *Clot fils.*
- La Vivandière (G o d a r d), fantaisie, Transcription, P à 2— n *Choudens.*
- Voyage au pays des mélodies, album 36 morceaux, P 8— n *Clot fils:*

Ire Série: 6 bluettes très faciles à 3—. 1. L'Escarpolette, valse, ⁴ms. 2. Le Premier Bal, polka, ⁴ms. 3. Le Hamac, berceuse, P. 4. Les Vendanges, rondo, ⁴ms. 5. Confidence, nocturne, P. 6. Chasse aux papillons, ⁴ms.

II. 6 bluettes très faciles, ⁴ms à 3—: 1. L'Eglantine, valse. 2. La Pervenche, chanson napolitains. 3. Le Lilas, polka.

4. La Violette, mélodie allemande. 5. Le Bouton d'or, rondo-polka. 6. Le Muguet, valse du Barbier de Séville.

III. 6 bluettes très faciles, P à 3—: 1. Norma, petite fantaisie. 2. Dernière Pensée de W e b e r. 3. Le Torrent, valse de M a r e a i l h o u. 4. Indiana, valse de M a r e a i l h o u. 5. Près d'un Ruisseau, mélodie. 6. Sur la Terre et sur l'Onde, galop.

IV. 6 petites transcriptions très faciles, P à 3—: 1. Bel Oiseau bleu, valse. 2. Lisette, schottisch. 3. Le Marguillier du Village, polka. 4. La Poupée de Lise, mélodie. 5. Les petits Soldats de plomb, polka. 6. Les Chasseurs d'Afrique.

V. 5 petites transcriptions mélodiques assez faciles à 5—: 1. La Rieuse, rondo-valse, P. 2. Le Petit Postillon, rondo-galop, 4ms. 3. La Perle de Procida, danse napolitaine, P. 4. Refrain des Montagnes, fant. tyrolien, 4ms. 5. Olé! Olé! célèbre habanéra polka de L é o n P a l i a r d, P.

VI. 6. récréations musicales assez faciles à 5—: 1. L'Oiseau captif, fantaisie, P. 2. Tête folle, galop, 4ms. 3. Cor des Alpes, transcription, 4ms. 4. Retour au pays, bouquet de tyroliennes, 4ms. 5. Fête des Bergers, styrienne, P. 6. Chasseurs d'Afrique, fanfare, 4ms.

VII. Souvenirs de voyages assez faciles à 5—: 1. La Sérénade des Anges, transcription. P. 2. La Vierge aux Bluets, esquisse. P. 3. Le Mont Rose, mélodies suisses, P. 4. L'Habit d'Arlequin, mascarade, P. 5. Le Coureur des Bois, galop, 4ms. 6. Le Carnaval militaire, fantaisie burlesque, 4ms.

VIII. 6 fantaisies caprices assez faciles, P à 5—: 1. Les Chevaliers de la nuit, scène moyen-âge. 2. Le Pays natal, chant montagnard. 3. Retraite aux Flambeaux, divertis. militaire. 4. Le Carnaval des Oiseaux, transcription. 5. Un Soir à la Scala, souvenir de R o s s i n i. 6. Le Diable aux Champs, galop.

- Le Voyage de Suzette (V a s s e u r), fant. P 2—n *Choudens*.

Bull G. et Burty M. Scènes et paysages, 30 morceaux faciles, P à 1.75 n *Durand*: 1. Tante Rose, gavotte. 2. Vallon fleuri, valse alsacienne. 3. Le Baptême des cloches, caprice. 4. Gai Voyageur, chanson. 5. La Bergère des Alpes, tyrolienne. 6. All Right, galop. 7. La Petite Reine, menuet. 8. A la Belle Etoile, chans. cavalière. 9. Les Premières Neiges, mazurka. 10. Le Sage et le Fou, duetto. 11. Au Revoir, laendler. 12. Jeune France, défilé-marche. 13. Au gré du Vent, barcarolle. 14. La Perle de Cadix, boléro. 15. Au Pays de Bohême, mar. tzigane. 16. Les Iles d'Or, chanson provençale. 17. Oiseau volage, valse-mazurke. 18. Lutins et Farfadets, ronde fantast. 19. Aubade à Grand' Maman, scherzet. 20. Pauvre Isabeau, ballade. 21. Pendant l'Etape, chans. de marche. 22. Les Batteurs de blé, scène rustique. 23. Chanson de chasse, impromptu. 24. Il Bambino, galop. 25. Aux Alpes, valse suisse. 26. Le Bonhomme Jadis, vieux refrain. 27. Pizzi-

cato ballabile. 28. Mennet villageois. 29. Chanson aragonaise. 30. Retraite russe.

Bull John (1563—1628), The king's hunting jigg (S c h l o e s s e r A d o l p h e, Selections from works 2), P 3— *Ashdown*, *Augener*, (F. B o s c o w i t z, Quaint Airand Dances 1) 3/— *Chappell*, —35 *Schirmer*, —60 *Schmidt*, —25 *Jurgenson*.

- O Lord my God, SSATB, Voc. score 1 3, Voc. parts — 9 *Novello*.

- Parthenia ou la première Musique imprimée, VII pièces pour le Clavecin 3— n *Leduc*.

Bull Moritz, Au clair de la lune, caprice, 4ms 2.50 n *Meuriot*.

- La Marseillaise, chant. nat. 4ms 2.50 n *Meuriot*.

Bull Ole. Bornemann. (1810—1880), op. 1 Adagio religioso, V(Ve)P 2—, V(Ve)O, Part 2.50 n. St 5—n *J. Schuberth*.

- 2 Nocturne, V(Ve)P 1.50, V(Ve)O, Part 1—n. St 2.25 n *J. Schuberth*.

- 3 Fantasie et variations de bravoure en D sur des thèmes de B e l l i n i (Montecchi et Capuletti), V(Ve)P 7—. V(Ve)O, St 8—n *J. Schuberth*.

- Adagio al Violinconcerten, P1 1— *Warmuth*.

- Favorit-Kompositioner, P 1— *Elkan*, *Warmuth*.

- Ensomme Stunde —25 *Warmuth*, P —25 *Warmuth*.

- Marsch af Washingtons Minde, P —50 *Warmuth*.

- En Moders Bon, P 1— *Warmuth*.

- Polacca guerriera, P 2—, PV 3.59 *Warmuth*.

- Et Sæterbesøg (Ein Besuch auf der Senne), 1 Fantasi, P1 1.50 *Warmuth*.

- Sæterjentens Sondag —50, Uden selvst. Akkomp. —50 *Hansen*, —25, A-solo med blandet (nynnende) Kor (se Hanche „Hjemlige Toner", H. 3) —50, Mandskor —10 *Warmuth*, P —25 *Gehrman*, (L. S c h y t t e) —60 *Hansen*, 4ms (Aug. R e i n h a r d) —60 *Hansen*, VP (C a r l S a n d e r) —75 *Hansen*, —50 *Johan*, *Warmuth*, —40 *Fischer*, VcP (Aug. R e i n h a r d) 1— *Hansen*, VVP —40 *Fischer*, (Aug. R e i n h a r d) 1Va 1.25, HV, HVc, HFl, H2V à —75, 2VP, 2VVc, VVaVc à 1—, 4ms1Vc 1.25, Kvartett 1.50, Blaesinstr 1—, (J o h a n S. S v e n d s e n) V m. O, Part u. St 2—, Solost m. P 1— *Hansen*, with V-solo and string quint. acc. FullO —75, P acc. —50 *Hawkes*, and F a u c o n i e r F. C. Rêverie with Fl ad lib., StringO parts —40 n *Fischer*.

Bull et Herman, Sappho (G o u n o d), duo, VP 1.50 *Sudre*.

Bull et Liverani, Les Dragons de Villars (M a i l l a r d), ClP 2— *Ghéluwe*.

Bull et Marengo, Faust, 2 faut. CornetP à *Muraille*.

- Gillette de Narbonne (A u d r a n), fantaisie, CornetP 1.50 n *Sudre*.

- Roméo et Julietta (G o u n o d), fantaisie, CornetP 2—n *Sudre*.

- Le Soir (G o u n o d), CornetP 1.50 n *Sudre*.

Bulla, Allegro agitato de la 2e symphonie de M e n d e l s s o h n, PHautbois 2—n *Contaret*.

- Cantabile de la Sonate si b, de M o z a r t, PHautbois 1.35 n *Contaret*.

Bullard Frederic Field, op. 18 N. 3. Love's
Truth, duet for equal voices —50 *Presser,*
Ditson:
- Alleluiah! hearts and voices, *SATB* —16.
- Angels from the realms of glory, *SATB*
  with *S, T, B* solos —12.
- As Christ upon the Cross, *h. m.* à —50,
  4 with mix, quart. and chor. —12.
- At the crossroads, *TTBB* with *P* ad lib.
  —12.
- Awake, my soul, hymn anthem with *A* or
  Bar-solo —15 *Boston Mus. Co.*
- Barney Mc Gee, *h. m. l.* à —50.
- Beam from yonder star, *h. m. l.* à —40,
  male quart. *SSMSA* à — 08.
- Be Glad, Lass and Lad (Gumbert), *SS
  SSA* (Beacon Ser. Voc. Select. 181) 6 —
  Silver.
- The best of all good company, *TTBB* —12.
- Cavalier songs: 1. Swords out for Charlie.
  2. The Ride of the Claus. 3. Nottingham
  Hunt, *Bar. B. T* à —75 n *Boston Mus. Co.,*
  4 — n *Woolhouse.*
- Come o'er the sea, vocal waltz, *TTBB* —12.
- Comrade song, *TTBB* —12.
- Elfhorns, *SATB* —15 *Boston Mus. Co.,*
  —8 n *Woolhouse.*
- Eventide, *SATB* —10 *Boston Mus. Co.*
- Good night, little girl —30.
- The guiding star, *SATB* —12.
- The Heart of the World —30.
- Here's a health to thee, Roberts, *B. Bar* à
  —60 *Boston Mus. Co.,* 2 6 n *Woolhouse.*
- The holy Infant. A Cantata for soli and
  chorus with *Org* and *String* Quartet (or
  String O ad lib.) —75 n *Schirmer.*
- The Holy Infant, four Songs from a Sa-
  cred Cantata, with *P* or *Org* à —60 *Schir-
  mer:* O Little Town of Bethlehem (Christ-
  mas Song). *C. S. MS.* When from the
  East the Wise Men came. *B. MS.* Jesus!
  Name of Wondrous Love, *Bar. C.* The
  Prince of Peace, *S.*
- Hush! Hush! *SSA* (Beacon Ser. Voc. Select.
  166) 3 — *Silver.*
- I love my lady's eyes, *T. Bar* à —50 *Boston
  Mus. Co.,* 2 — n *Woolhouse.*
- Immanuel's land, hymn anthem with *A*-solo
  —10 *Boston Mus. Co.*
- In a meadow, quart. or chor. f. male voices
  —12.
- The indifferent Mariner —50.
- In the Merry Month of May, mix. chor.
  —15 *Boston Mus. Co.*
- Jane Eliza Jones, *T*-solo with male quart.
  —12.
- Jesus calls us —40.
- June, *SATB* —15 *Boston Mus. Co.*
- The Kavanagh, *Bar. B.* à —60.
- King of love my shepherd is, hymn anthem
  —15, with *O* 1—, *SMSA* with *P. Boston
  Mus. Co.,* *T. Bar. B* à 2 6 n *Woolhouse,*
  O with *Cornet, FullO* 1—, 1½ *Instr* 1—,
  10 *Instr* —80, *P* acc. —25 *Boston Mus.
  Co., FullO* 4— n. *SmallO* 3—n. *P* acc.
  16 n *Woolhouse.*
- Laugh, boys, laugh, male quart. —19
- The Lass of Norwich-town, song with *V*
  —60.
- Little Tommy Tucker, male quart. —12.
- Love came down from out the sky, *SATB*
  —12.

- Love is such a little word, *S, MS* à —60
  Boston Mus. Co., à 2 6 n *Woolhouse.*
- Love of all the ages —10.
- Lullaby of the Madonna in the Palm Grove
  —30.
- The monk of the mountain —50, male voic.
  five parts —15 n *Church.*
- New Every Morning is the Love —15
  Boston Music Co.
- Hmmm, —30 *Johnson.*
- Nottingham hunt, *m. l.* à —50, *TTBB* —10.
- Oh come oh come Emanuel, hymn anthem
  (Church Music 4255) —10 n *Schirmer.*
- O Jesu, crucified for man, *h. m. l.* à —50.
- O Paradise, choir with *S. B* and *Holz,
  iholy, Holy!* (Choir Journ. 3) —06 *Wood.*
- O Stern Old Land —40, *SA* —50. Two or
  Three-part Chor. (*B* ad lib.) —10. *SATB.
  TTBB* à —12 *Wood.*
- The peacock that sailed away —40.
- Puck, the Fairy, *SSAB, SATB* (Beacon
  Ser. Voc. Select. 168) à 3.50 *Silver.*
- The Resurrection according to St. John.
  A Short Cantata (or Service) for Solo,
  Quartet, Chorus, *Org* and *String* Quartet.
  (The string parts ad lib.) —50 *Schirmer.*
- The Rose of Kenmare, *h. m.* à —50.
- Seamen three, *TTBB* —12.
- Seven Short Responses —15 *Boston
  Mus. Co.*
- She is not fair to outward view, *TTBB*
  —12.
- Two songs: On the Way. At Daybreak, à
  —60 *Thompson.*
- A Stein Song, *m. l.* à —50 *Ditson, Mc Kin-
  ley, TTBB* —10.
- Sun of my soul, thou Saviour dear, *S. T. B*
  and mix. chor. —12.
- Sweetheart sigh no more —60, with *Pf*
  (1 e) —60 *Church.*
- Sweetheart, the year is young, male quart.
  or chor. —10.
- Swords of Ferrara —50, *Bar. T. B* à —60,
  with *O* 1—, male voices with *P* or *O* —15.
  with *O* 2— *Boston Mus. Co., B. T. Bar*
  à 3 — n, male voices with *P* or *O* — 8 n.
  with *O* 2— *Woolhouse; TrP* —50 n, *TrO
  FullO* 1.50, *SmallO* 1—, *P* acc. —25
  Boston Mus. Co.
- Swords out for Charlie, *B. Bar. T* —50,
  male chor. —15 *Boston Mus. Co.,* —8 n,
  B. Bar. T à 2— n *Woolhouse.*
- There is no night in heaven, *S. B* with mix.
  quart. and chor. —12.
- There is one way and only one, *A. B* with
  mix. chor. —12.
- There's a song in the air, mix. chor. —12.
- There's woman like a dewdrop, *Bar. T* with
  V à —75 *Boston Mus. Co.,* with *P* or *V*
  3 — n *Woolhouse.*
- Tick-Tack-Too, *MS. A* à —60 *Boston Mus.
  Co.,* à 2 6 n *Woolhouse.*
- To a four-o'clock, quart. or chorus —10.
- Tryste Noël, *SSMSA* with *P* ad lib. —12.
- Up, Sailor Boy! Tis Day, *SSA* (Beacon
  Ser. Voc. Select. 167) 4.50 *Silver.*
- Waltz serenade, *3Mond G* —60, solo pt.
  —30, acc. pts. —15 *Church.*
- When good fellows get together 2/— n
  Francis.
- Winter song, *TTBB* with *P* —12.
- With a rose, male quart. or chorus —08.

- Ye anciente wheelbarrowe, male quart. — 10.
- You remind me sweeting —60, h. med.
  voic. à —75, male voic. five parts —15 n
  Church.
- You shall not go! —50.

Bullard Fred. Field and Grace Mayhew.
Sleighing Frolic —15 n, SSUSA —20
Ditson.

Bullen F. Tiddy Fol Lol —80 *Rahr.*
- Where's that Nigger Josey? —50 *Brainard.*

Bullen Julia Miss. Colored Crusher 3 —
Hopwood.
- Halloa! there 4 — *Hopwood.*
- I'm so fly 4 — *Hopwood.*

Buller Karl. Amazon, galop 2 6, *Jms* 3 —
Williams.

Bullerjahn R. op. 53 Etwas für die Älteste.
Konzertpolka. *Oertel*; KbP, PaP à 1.25.
KbO, FaO à 2—n. Fa mO 2.50 n. Fa kl.
mO 2—n, und Franz Sabathil, op.
25. Als der Großvater die Großmutter
nahm, *Euphonion* od. Pos. m. P 1.25, m. O
2—n, (Tuba) m. mO 2.50 n. m. kl. mO.
blM à 2—n.
- Zwei Männerchöre: 1. Feenliebe. 2. Das
Forsthaus. —40 *Zimmermann.*

Bulley A. Amy. Beyond the Sea 4 —
Forsyth.
- Love's Hunting 4 — *Forsyth.*
- Two Songs: No vows for me. When the
stars of heaven glow. 2 — *Boosey.*
- Winter song 4 — *Forsyth.*

Bulley J. Swedish Gavotte, mexican dance
—25 *J. Fischer.*

Bullier L. Fantaisie sur deux Mélodies italiennes de E. Cavazza. P 7— *Ricordi.*

Bulling G. T. Teamster, BBar —30 *Gordon.*

Bullinger E. W. Father over all most High,
litany per 100 2 6 *Novello.*

Bullock W. H. Child's Missionary Song —25
National Music.
- Esmeralda, unison (Chor. for Equal Voices
481) acc. Triangle Tamb Cymbal — 2 *Cur-
wen.*
- Keep on Believing, duet —25 *National
Music.*
- Lest the lattice may be shaking, ATTB — 2
Novello.
- Magnificat and Nunc Dimittis in F — 4 n
Vincent.
- The merry month of May (Choral Hand-
book 553), mix. voic. — 2 *Curwen.*
- Now the labourer's task (The Church Cho-
ralist 195) — 2 *Curwen.*
- Saviour of the World, The, recits. and solos
for STB 1 6 *Curwen.*
- Te Deum Laudamus in F — 4 n *Vincent.*

Bulmans Leonhardt, Erntelied: Es steht
ein goldnes Garbenfeld 1.50 n *Scharfrich-
ter-Verlag-München.*

Bulmer, Daffodils 4.— *Ascherberg.*

Bulmer E. Benedicite, in G —2 *Novello.*
- Six Hymn Tunes — 4 *Novello.*
- Magnificat and Nunc dimittis, in A flat
— 3 *Novello.*

Bulmer John, Two Fugues in A and E, P
1 6 n *Novello.*
- Two-part Fugues in F and E flat, P 2 — n
Novello.

Bulot P. Galanterie, badinage, VP 1.75 n
Fromont.

- O salutaris. T 1.50 n, T av. Org 1—n *Pé-
galla.*
- Tantum ergo, solo et choeur, SATB 2.50 n.
3 voix av. Org 3.50 n *Pérégally.*

Bultot L. J. Messe à 3 v. d'hommes, Part
2.50 n. p. sép. 1.50 n *Muraille.*

Bulwer Gaskyn, The Highland Schottische.
P 3 — *Weekes.*

Bum-bum, Tra-ra-ra-bum-die, P 2 — *Harmonia.*

Bumcke Gustav. op. 9 Sonate, PCl (Fis-
moll) 6 — n *Simon.*
- Drei Lieder: Nr. 1, Frau Nachtigall 1.20
Nr. 2. Frühlingswehen —80. Nr. 3. Banger Abend — 80 *Eisoldt.*

Bummers Reel, P acc. f. Banjeaurine — 10
Stern.

Bums! Da habt ihr den Salat! Dacapo
Couplet —20 *Kanz.*

Bums W. F. Major Tilden's March (National Fife and Drum Corps Journal 2)
—25 *White.*

Bunce D. J. Kitty Maloney, waltz song —50
Mills.

Bunch of Roses, Schottische (Hart's Cheap
Music 78) — 2 *Pitman.*

Bunck G. C. Zangoefeningen by het zangon-
derwys op de lagere school, 2 deeltjes à
—30 *Nijgh.*

Bund Julius, op. 11 Unsere Matrosen in
Kinotschau. Marsch —80 *Apollo.* 1
Sucker.
- Auf zu den Waffen: „Erzittert ihr Feinde"
—75 *Apollo.*

Bundgaard N. Kjobenhavner Kreuz-Polka
—50 *Nordisk Musikforlag.*
- Vals engang med mig, Sangvals —50
Hansen.

Bundschu Heinrich, Eisblumen, Kinderlied
—60. P —30 *Blosfeld.*
- Goldkäferl-Rheinländer —30 n *Blosfeld.*
- Im Zirkus, Gavotte, Z —50 *Fritz.*
- Livonia-Marsch —40 n, *Jms* —50 n. Z
—30 n, sO —60 n *Blosfeld.*
- Momentbilder, Polka-Mazurka —30 n *Blos-
feld.*
- Stiefmütterchen - Rheinländer —30 n. J
—20 n. sO —60 n *Blosfeld.*

Bundy May Vickers, Sylph Waltz 2 — n
R. Müller-Cape-town.

Bunel G. Les deux teutons. Aux Répertoires
réunis.
- Les Hommes du jour. Aux Répertoires
réunis.
- Latie, scène comique, Ondet.
- Le Marchand de p'tits pains, Aux Réper-
toires réunis.
- Nos midinettes, Aux Répertoires réunis.

Bunel-Briollet, Le Gardien des ruines, Aux
Répertoire réuni.
- Le Guide du Jardin des Plantes, Aux Ré-
pertoires réunis.
- La Régénération, Aux Répertoires réunis.

Bunel G. La marche des béguinettes. Aux
Répertoires réunis.

Bunel-Lud. American cake-walk, chant, Aux
Répertoires réunis.
- L'Amour a passé par là! Aux Répertoires
réunis.
- Fausse route! Aux Répertoires réunis.
- L'Heure du boulevard, Aux Répertoires
réunis.

- On m'a! *Aux Répertoires réunis.*
- Pauvre abandonné! *Aux Répertoires réunis.*

Bunel et Mortreuil, Comment j'aime la femme, *Aux Répertoires réunis.*

Bunel & Rimbault, Dans le pré de ma tante 5— *Aux Répertoires réunis.*

- Souvenirs d'un vieux fiacre, *Aux Répertoires réunis.*

Bungard-Wasem, *Tonger:* **Op. 3** Drei Grabgesänge, *TTBB,* Part u. St 1.50; Nr. 1. Am Grabe des Jünglings: „Du bist früh geschieden". 2. „Ich weiß, ich weiß ein Ruhebette". 3. Ruhe sanft, du hast gefunden das beste Vaterhaus.
- 12 Lebensbilder, *P* 1—.
- 13 Fünf Lieder: Nr. 1. Er ist gekommen —80 Nr. 2. Erste Liebe 1—. Nr. 3. Andenken —60. Nr. 4. Ihr Bild —60. Nr. 5. Mag der draußen —80.
- 18 Sommertag: „Wir gingen durch den Sommertag", *TTBB,* Part u. St 1—.
- 19 Braunäuglein: „Braunäuglein heißt mein lieber Schatz". *TTBB,* Part u. St 1—.
- 20 „O süße Mutter" 1—.
- 22 Regen und Sonne: „Trinken, trinken! Alles trinket!" *TTBB,* Part u. St 1—.
- 23 Ein Hoch dem Kaiser, *TTBB,* Part 1—, St à —20 *Ende.*
- 24 Liebesschnen: „Ach Elslein, liebes Elslein". *TTBB,* Part u. St —80.
- 26 „Dem Deutschen Reich, dem Kaiser Heil!" *TTBB,* Part 1—, St 1.20 *Simrock.*
- 27 O seliges Heute, wie bist du so schön: „Taufrisch der Morgen, goldig die Welt" 1—.
- 28 Drei Lieder, *TTBB:* Nr. 1. Treue: „Ach wie wär's möglich dann", Volkslied, Part —60, St —80. Nr. 2. Mädchen, Part —60, St —80. Nr. 3. Der Buhle: „Den liebsten Buhlen, den ich han" (15. Jahrh.), Part —60, St —60 *André.*
- 29 Zwei Männerchöre: 1. Lenzes Ankunft: „Der Lenz ist angekommen", im Volkston. 2. Mondnacht: „Markt u. Straßen sind verlassen", à Part —60, à St —80 *André.*
- 30 Gott schütze die Rosen und Reben am sonnigen Rhein: „Wie glüht er im Glase, wie flammt er so hold" 1—.
- 31 Pfänderspiel unserer Jugend: 1. Aufforderung. 2. Erraten. 3. Reigen. *VP* 1.50.
- 32 Après le bal, mazurka de salon 1—.
- 33 Lacrimae Christi. *TTBB,* Part u. St 1.20 *Ende.*
- 34 Drei Hochlandslieder 1.50 *Ende:* 1. Im Rosengärtlein deiner Wangen. *A. MS.* 2. Wiegenlied: „Der Wächter schweigt", *S. MS.* 3. Dahin: „Du bist dahin gegangen", *S. MS.*
- 35 Stimmungen. 3 Klavierstücke 1.50.
- 40 Der Tod Christi. *TTBB* (Auf Flügeln des Gesanges Nr. 312), Part u. St *Ullrich.*
- 41 Die Auferstehung Christi (Auf Flügeln des Gesanges Nr. 313), Part u. St *Ullrich.*
- 48 Begrüßungslied, *TTBB* m. *P,* KA u. St 1.20 *Tonger.*
- 57 In trauter Stunde, *P* —20 *Rühle.*
- Im Feld, *TTBB* (Auf Flügeln des Gesanges Nr. 34), Part —40, St —80 *Ullrich.*
- Lebensphasen, 6 leichte Klavierstücke 1— n *Ullrich.*
- Schiffahrt: „Wie ein Schifflein" —60.

- Des Sohnes Heimkehr: „Es zieht ein Bursch!". (Leutrum Ertringen), *TTBB,* Part u. St à —60 *André.*

Bungart Heinrich, op. 12 An die Heimat: „Wenn's Herz in der Fremde der Heimat gedenkt" —80 *Tonger.*
- 13 „Ich will dir nimmer sagen", *TTBB,* Part u. St 1— *Tonger.*
- 14 Fränkisches Volkslied: „Ich hatt'n Schätzchen in der Näh'", *TTBB,* Part u. St 1— *Tonger.*
- 18 Eintrachts-Marsch —60 *Tonger.*
- 19 Hoch Prinz Karneval, Marsch —60 *Tonger.*
- 22 Weinlied —75 *Ullrich.*
- 23 Bierlied —75 *Ullrich.*
- 24 Neueste Kölner Nachrichten, Marsch —60 *Tonger.*
- 26 Wenn nicht die Liebe wär': „Drunten im grünen Grund saß ich zur Rast", *TTBB,* Part u. St 1— *Tonger.*
- 28 Frühling: „Was rauscht, was rieselt", *TTBB,* Part u. St 1— *Tonger.*
- 29 Frühlingskinder. 6 leichte Klavierstücke 1— n *Tonger:* 1. Frühlingseinzug. 2. Das erste Veilchen. 3. Spaziergang ins Freie. 4. Unter blühenden Bäumen. 5. Tanz auf der Wiese. 6. Frühlingsliedchen.
- 31 Ermunterungs-Marsch —60 *Tonger.*
- 32 Am Brünnelein: „War hold und jung wie Röslein zart", *TTBB,* Part u. St 1— *Tonger.*
- 34 Nr. 1. Der deutsche Sang: „Was ist es, das den deutschen Mann", 2. Im Wald, *TTBB,* à Part u. St 1— *Tonger.*
- 38 Voll Humor. Karnevals-Marsch —60 *Tonger.*
- 41 Zwei treue Augen: „Mir fiel kein Stern hernieder" (im Volkston), *TTBB,* Part u. St 1.20 *Rühle.*
- 45 Gemseuflucht. Konzert-Galopp 1.50 *Rühle.*
- 46 „Weißt du noch, wie ich am Felsen" 1— *Rühle.*
- 47 Graf Eberhard im Bart, Ballade —20 n *Rühle.*
- 48 Die kleine Schmeichlerin, Gavotte —60 n *André.*
- 49 Unter'm Fliederbusch, Impromptu, *Ims* 1.50 *André,* —75 *Neldner.*
- 50 Am Morgen, *TTBB,* Part u. St 1— *Tonger.*
- 51 Scheidegruß, Ländler 1— *André,* —50 *Neldner.*
- 53 Nr. 1. Willkommen tausendmal: „Es kommt mit milden Lüften", 2. Wiegenlied: „Schlaf, du holdes Bübchen", *TTBB,* à Part u. St 1— *Tonger.*
- 54 Miniaturen. 15 Stücke, *P* (Musikalische Poesien in instr. Form, Bd. 1) —75 *Rühle.*
- 55 Sommerleben, Sechs leichte Klavierstücke 1.50 n *André,* —90 *Neldner:* 1. Heiterer Tag. 2. Erfrischender Regen. 3. Abendruhe. 4. Fröhliche Badegäste. 5. Serenade. 6. Tanz der Schnitterinnen.
- 58 Der Wanderer im Herbst: „Wenn die Frühlingssonnen", *TTBB,* Part u. St à —60 *André.*
- 61 Ist unser Häuschen auch noch so klein, *TTBB,* Part u. St à —60 *André.*
- 63 Blumblümelein, Mazur. —20 *Rühle.*
- 64 Vortrags-Album für die Jugend, 20 kl. Stückchen, *P* 1— *Rühle.*

65 Wunderblümchen, Rheinländer-Polka 1.30
André, —65 *Neldner*.
- 66 Ländlicher Hochzeitszug. Charakterstück,
P 1.30 *André*, —65 *Neldner*.
- 70 Ein Städtel am Rhein. *TTBB*. Part u.
St 1— *Tonger*.
- 71 „Feinsliebchen, nun dich Gott behüt'",
TTBB, Part u. St 1— *Tonger*.
- 74 Guard Mount. *P* —35 *Presser*.
- 75 „Im weißen Kreuz, da kehr' ich ein",
TTBB, Part u. St 1— *Tonger*.
- 76 Die schwarzbraunen Augen, *TTBB*, Part
—60, St —20 *Ende*.
- 77 Dorfliedchen: „Schätzchen frag' mich
nicht", *TTBB*, Part u. St 1— *Tonger*.
- 78 Wie schön ist doch die Frühlingszeit,
TTBB (Auf Flügeln des Gesanges Nr. 163),
Part —40, St —80 *Ullrich*.
- 79 „Mein Lieb ist wie die Rose rot", *TTBB*,
Part u. St 1— *Tonger*.
- 80 In der Sommerfrische, Tonstück, *P* 1—
Tonger.
- 83 „Lebe wohl, mein Liebchen", *TTBB*, Part
u. St 1— *Tonger*.
- 89 Mein Heimattal: „Soviel ich fremde
Lande sah", *TTBB*, Part u. St 1— *Tonger*.
- 90 Fröhliche Fahrt: „O glücklich, wer zum
Liebchen zieht", *TTBB*, Part u. St 1—
Tonger.
- 100 Hymne: „Lobpreiset laut und rühmt
und ehrt", *TTBB*, Part u. St 1— *Tonger*.
- 101 Das Röslein: „Ich kenn' ein Rös'lein",
TTBB, Part u. St 1— *Tonger*.
- 102 Weihelied der Sängerfahne: „Deutsche
Sänger, schwört zur Fahne", *TTBB*, Part
u. St 1— *Tonger*.
- 103 Begrüßungslied f. ein Brautpaar: „Liebes Brautpaar, laß dich grüßen", *TTBB*,
Part u. St 1— *Tonger*.
- 106 Zwei Lieder: 1. Zieh' mit: „Nun liegt
ein heller Sonnenschein", 2. Des Kindes
Sehnsucht: „Im stiller Kammer ruht das
Kind", *SATB*, à Part u. St 1— *Tonger*.
- 107 Zwei Männerchöre, à Part —40, à St
—60 *Tonger*.
- 111 Faschingslust-Marsch —60 *Tonger*.
- 125 Nr. 1. Rheingruß, 2. Die Lore vom
Rhein, *TTBB*, à Part u. St 1— *Tonger*.
- Harmonium Schule — n *Tonger*.
- „Laßt uns lauschen, heiliger Engel", *TTBB*,
Part u. St —80 *Tonger*.
- „Menschen, die ihr war't verloren", *TTBB*,
Part u. St —80 *Tonger*.
- Weihnachtsalbum 1— n *Tonger*.

Bunge Carl. *Kühle & Wendling:* **Op. 6** Frühlingsgruß, Marsch 1—, O 1.50.
- 7 Blümlein im Hag, Mazurka-Caprice 1.50,
O 2—.
- 8 Für dich! Salon-Polka 1.20, O 1.50.
- 9 An Liebchens Brust, Gavotte 1.20, O 2—.
- 10 Abendlied, *P* 1.20, O 2—.
- 11 Ihr nach! Galopp 1.20, O 1.50.
- 12 Jugendtraum, Gavotte 1.20, O 1.50.
- 15 Wilde Rosen (Wild Roses), Mazur. brill.
1.20, O 1.50, mO 2— n.
Bungert A. (1846). *Breitkopf:* **Op. 1** Junge
Lieder. Erstes Buch 1—: Nr. 1. Der Harfner: „Wer nie sein Brot mit Tränen aß",
2. Mein Herz ist wie die dunkle Nacht,
3. Geh' ich einsam durch die schwarzen
Gassen", 4. Winterruhe: „Rauh ist es draußen", 5. Die Liebste zur Antwort: „Dir

ist sonst der Mund verschlossen" à —30,
Nr. 6. Wohin mit der Freud'? „O du blauer
klarer Himmel" S. *MS. A* à —30.
- 2 Junge Lieder. Zweites Buch 1—: Nr. 1.
Minnelied: „Wohl mich der Stunde", 2.
Was gilt die Scheidewand, 3. Wenn ich auf
dem Lager liege, 4. Die Liebste: „Sie trug
ein Band", 5. Sie sagten ihr Glück nicht
leise noch laut: „Sie sprach zu ihm", *MS.*
A à —30. Nr. 6. Die Liebende schreibt:
„Ein Blick von deinen Augen" à —30.
- 3 Junge Lieder. Drittes Buch 1—: Nr. 1.
Und gestern Not und heute Wein —30,
Nr. 2. Du bist wie eine Blume —30, Nr. 3.
All meine Herzgedanken, S. *A. Bar* à —30.
Nr. 4. Die Glocken läuten das Ostern ein
—30, Nr. 5. Einsame Blumen — einsame
Herzen: „Viel tausend Blümlein auf der
Au" —30, Nr. 6. Auf eines Berges Gipfel,
da möcht' ich mit dir stehn — 30.
- 4 Junge Lieder. Viertes Buch 1—: Nr. 1.
Nachtlied: „Nun ist der Tag geschieden",
2. O wär' ich ein See, 3. Nach der Nacht:
„Es rauscht der Wald", 4. Jünglingsklage:
„Winter, so weichst du", 5. Beim Scheiden:
„Vater, Mutter, laßt das Klagen", 6. Glück:
„Wie jauchzt meine Seele" à —30.
- 5 Junge Lieder. Fünftes Buch 1—: Nr. 1.
Lebewohl: „Lebe wohl, mein Lieb", 2. Schei-
den und Meiden: „So soll ich nun dich
meiden", 3. Auf der Wanderung: „So hab'
ich nun die Stadt verlassen", 4. Morgenlied: „Noch ahnt man kaum der Sonne
Licht", 5. In der Ferne: „Will ruhen unter
den Bäumen hier" à —30.
- 6 Junge Lieder. Sechstes Buch 1—. Nr. 1.
Minnelied: „Unter den Linden, an der
Heide", S. *MS* à —30, Nr. 2. So wunder-
süß hab' ich geträumt, T. *Bar* à —30.
Nr. 3. Die Liebste harrend: „Ich habe,
bevor der Morgen", 4. Wer's nur verstände!
„Was ist geschehn", 5. O reiche mir nur
den Mund, 6. Liebeslust: „Die Welt ruht
still im Hafen" à —30.
- 7 Junge Lieder. Letztes Buch 1—: Nr. 1.
O, wie wunderschön ist die Frühlingszeit!
„Wenn der Frühling auf die Berge steigt"
—60, Nr. 2. Seh' ich deine zarten Füßchen
an, 3. Gemma: „Laß mir diese schöne Sehnsucht", 4. Gemma: „Sind sie's wirklich
denn", 5. Wärst du krank, daß ich dich
könnte pflegen, 6. Morgentau: „Wir woll-
ten mit Kosen und Lieben", 7. Rauschende
Bäche quellenden Lebens, 8. Epilog an die
Liebste: „O danke nicht für diese Lieder"
à —30.

Luckhardt:
- 8 Oden und Lieder: Nr. 1. Verlor'ne Klänge,
A. Bar à 1.30, S 1.80, (Lost Chords) *VeP*
(J. Smith) 1.50. Nr. 2. Segen der Schönheit, *A. Bar. S* à 1.80, (Blessing of Beauty)
VeP (J. Smith) 1.80. Nr. 3. Gebet an
die Glücksgöttin, *A. Bar. S* à —80.
- 9 Albumblätter. Charakterstücke, *P*: Heft 1.
2.25, Heft II, III à 2—. *Eisoldt*, 4.50
Ricordi: Nr. 1. O schneller mein Roß
(Hasten my steed) 1.25, Nr. 2. Kornblumen flecht' ich dir (A wreath I twine)
—60. Nr. 3. Schwarzäugig (Black eyed
Susan) 1—. Nr. 4. Und bist du nur der
rechte Mann (My Ideal) 1.25. Nr. 5. Aus-
klingen (Sounds in the distance) —60.

Nr. 6. Der Schalk „Frühling" (Roguish Spring) —80. Nr. 7. Könnt' ich einmal dir es sagen (Could I tell thee) 1—. Nr. 8. Aug in Auge (Eye to eye) —60. Nr. 9. Morgenwandrung (Morningwandering) 1— *Eisoldt*. Nr. 3 —60 *Brainard*. 2 Canons des Feuilles d'Album, *H. Pedalflügel* od. *Org* (A. W. G o t t s c h a l g) —80 *Rauh*.

· 11 Junge Leiden, *h. t.* à 2.50: Nr. 1. Warum sind denn die Rosen so blaß, à —60. Nr. 2. Wechsel: „Auf Kieseln im Bache", à —80. Nr. 3. Ich sahe dich im Traume, à —60. Nr. 4. Nun ist es Zeit, daß ich mit Verstand, à —80. Nr. 2. Alternative Happiness, *Pt*; (J. S m i t h) 1.20.

· 12 Meer-Lieder: Nr. 1. O schne dich nicht an's graue Meer, *h. t.* à 1—. Nr. 2. Befreiung: „Bleib' du in deiner Meerestiefe", *h. t.* à 1.50. Nr. 3. Die kolossale Flut dehnt sich hinaus, *h. t.* à 1—.

· 13 Variationen und Fuge über ein eigenes Thema, *P* 4— *Eisoldt*.

· 14 Torquato Tasso, symphonische Ouverture, gr. *O*, Part (Score) 4.25 n. St (parts) 11.25 n, *4ms* 3— *Eisoldt*.

· 15 Frühlings-Stimmen. Sechs Lieder, *SATB*. (Voices of Spring. Six Songs.) Part 1.50, St 3—: Nr. 1. Es weiß und rät es doch keiner (Oh! no one can tell nor imagine), Part n. St à —60. Nr. 2. Frühlingsglaube (Faith in Spring): „Die linden Lüfte" (The balmy Breezes are awake), Part n St à —60. Nr. 3. Die Fenster auf, die Herzen auf (Your Hearts and Doors), Part —60, St —80. Nr. 4. Der Himmel lacht so blau (The Sky above is blue), Part —60, St —80. Nr. 5. Ein Gebet: „O du, vor dem die Stürme schweigen", Part —40, St —60. Nr. 6. Juchhe: „Wie ist doch die Erde so schön", Part —60, St 1.20.

· 16 Deutsche Reigen, *4ms* 1.50 *Peters*.

· 17 Lieder eines Einsamen: Nr. 1. Eh' matt von Lebensfrohn, *m. t.* à —60, (Let me kiss her ere I die) *Vcl* (J. S m i t h) 1—. Nr. 2. Bei diesem kalten Wehen, *m. t.* à —60. Nr. 3. Eine Träne: „Rinne, rinne leise", *m. t.* à —80, (A Tear) *Vcl* (J. S m i t h) 1—.

· 18 Quartett (Es), *Pt Vcl*: 1. Con brio. 2. Adagio con moto. 3. Un poco agitato. 4. Allegro giocoso 4— *Peters*.

· 19 Aus schöner Zeit, *h.* 2.50, *t.* 2.80: Nr. 1. Erste Liebe (First Love): „So hat noch niemand mit mir getan" (No one before so at me did look) à —80. Nr. 2. Wenn ich dich seh', so lieb und hold, à —60. Nr. 3. Weißt du noch? à —80. Nr. 4. Ich muß hinaus, ich muß zu dir! à 1—, (Must out) *Vcl* (J. S m i t h) 1.20. Nr. 5. Wenn ich wüßte, du würdest mein eigen! (Aus dem Italienischen) à —80.

· 24 Westöstliche Rosen. Fünf Lieder: 1. Es eilt die Rose. 2. Fern sei die Ros'. 3. Nichts ist dumpfer. 4. Laßt mich nur auf meinem Sattel. 5. Und wenn mich am Tag 1.50 *Peters*.

· 25 Italienische Reisebilder. Vier Stücke, *P* 2 Hefte à 1.50. I. Heft: 1. Im Gebirge. 2. Blick auf das Meer. II. Heft: 3. Straßenszene in Neapel. 4. Mühlental. *Peters*.

· 26 An eine schöne Frau 2.75: Nr. 1. „Sweets to the sweet!" „Ich sende einen Gruß wie

Duft der Rosen" 1—. Nr. 2. Wer die Schönheit angeschaut mit Augen 1—. Nr. 3. Der Mensch ist doch nichts als Begehren —80. Nr. 4. Mir schweben tausend Bilder 1.20.

· 27 Alla mia Donna! 4— n: Nr. 1. Prologo. La vita 1—. N. 2. Oh, quanto io t'amerei! 1.20. N. 3. Sehnsucht 1—. N. 4. Il Vostro riso 1.20. N. 5. La Partenza 1.80. N. 6. Amore e Luce 1.20.

· 28 Mondschein-Lieder. *TTBB*, Part 1—, St 2.49: Nr. 1. Der Vertraute: „Aller uns verliebten Seelen Sitte ist's, den Mond zu fragen", Part n. St à —60. Nr. 2. Erinnerung (Remembrance): „Wie war die schöne Sommernacht" (It was a lovely Summernight), Part —80, St 1.20. Nr. 3. Der Verräter: „Der Mond, das ist ein heimlicher Geselle, mit seinem naseweisen Licht", Part —60, St —20.

· 29 Auf der Wartburg. Symphonisches Gedicht, gr. *O*, Part (Score) 3.50 n. St (parts) 9— n, *P* 2.50, *4ms* 3.75 *Eisoldt*.

· 31 Lieder einer Königin, *h. t.* Buch I, II à 2—: Nr. 1. Prolog. Alpenglühen: „Der Fels, der stand in Sonnenglut", à 1—. Nr. 2. Tanzen: „Wenn die Mägdlein tanzen gehn", à 1.50. Nr. 3. Mir ist's wie dem Waldbach, à 1.20. Nr. 4. Mir war's im Traume, à 1.50. Nr. 5. Dämona: „Dämona, du wußtest noch nicht, Dämona, was Liebe ist" à 1.20.

· 32 Verlorene Liebe — verlorenes Leben: Nr. 1. Hätt' es nimmer gedacht! (I ne'er had thought) —60. Nr. 2. Blühende Lippen. Labbri in fiorati de riso (Smiling Lips): „Gleich wie die Sonne hell" (Brightly the sun o'er the wave) 1—. Nr. 3. Auf ein Grab (A Grave): „Ich habe dich mit Rosen so zugedeckt" (I covered thee quite closely with roses red) —60. Nr. 4. Zypresse (The Cypress): „Das aber kann ich nicht ertragen" (This is my greatest tribulation) 1.20. Nr. 5. Über die Heide (Over the Moorland): „über die Heide hallet mein Schritt" (Over the moorland dreary I go) 1—. Nr. 6. Schwanengesang (Dying Strains): „Der Tod, das ist die kühle Nacht" (Ah, death, it is the calm, coolnight) 1—.

· 33 Umfangend umfangen 2.50: Nr. 1. Lieh' deine Wang' an meine Wang' 1—. Nr. 2. Entführung: „Wenn durch die Piazetta die Abendluft weht" 1—. Nr. 3. Die Rosen laube: „Ich habe mich neben die Welt gesetzt" 1.20.

· 34 Gestalten und Erinnerungen, *h. t.*, Buch I à 1.50, Buch II à 1.80: Nr. 1. Sie geht in aller Frühe (Going to Work): „Sie geht in aller Frühe" (In humble garb she wanders), à 1—. Nr. 2. Bettler-Liebe (Humble Love): „O laß mich nur von ferne steh'n" (O let me humbly stand afar), à 1—. Nr. 3. Verdorben (Blighted Life): „Meine Mutter hat's gewollt" ('Twas my mother who so willed), à 1—. Nr. 4. Die Kleine (Found): „Zwischen Weizen und Korn, zwischen Hecken und Dorn" (In the green fields of wheat, 'mong the hedgeroses sweet), à 1—, (My little loved one) *Vcl* (J. S m i t h) 1.20. Nr. 5. Wandlung über Nacht (Transformation): „Das macht, es hat die Nachtigall die ganze Nacht gesungen" (It is because the nightingale has sung all night most truly), à 1—. Nr. 6. Die beiden Alten (John Anderson): „John Anderson, mein Herz" (John Anderson my jo), à 1—. *TTBB, SATB*, Part à —60. St à — 60. Nr. 7. Verwundet (Wounded): „Wer sehen will zween lebendige Brunnen" (Who e'er would see two living streams flowing). Aus des Knaben Wunderhorn, à —80. (Wounded) TeP (J. Smith) 1—.

- 35 Dramen in Liedern: Nr. 1. Sein Weib (His Wife): „Wie dunkel und still, am Himmel kein Schein" (How gloomy and still! How dark it has grown!) *h. t.* à 1.50, mit *O* (G. Kogel), Part 3— n. St 2.25 n. Nr. 2. Das Trauergewand (The mourning garb): „Bald, bald mußt du das schwarze Kleid" (Soon thou must quit this sable dress), *h. t.* à 1.50.

- 36 Calafat: „Die Donau strömet breit dahin", Rhapsodie, *Bar. A* 3—.

- 37 Mein Rhein. Ein Kranz von Liedern, *h. t.* Buch I à 2.40, Buch II à 1.80, Buch III à 1.20; Nr. 1. Gruß an den Rhein: „Hurra! Hurra! der Rhein mein alter Rhein", à 1.50. Nr. 2. Der Mäuseturm: „Pfeifen sie noch? Pfeifen die Mäuse noch?" à 1—. Nr. 3. Bacharach: „Die dunklen Häuser im grünen Nest, à 1—. Nr. 4. Die Loreley: „Das Wasser kranzt sich noch immer dort", à 1—. Nr. 5. Monrepos: „Ob dem weißen Hause träumt der Wald", à 1—. Nr. 6. Bonn: „Wenn nur der Rhein nicht wär", à 1—.

- 38 Wartburgsehnen: „Die Welt ist groß, die Welt ist weit" 1.20.

- 39 Chorlied der Deutschen in Amerika: „Nicht festgebannt an Deutschlands mächt'ge Eichen", *TTBB*, Part u. St à 1.20.

- 41 Suleika: „Ach, um deine feuchten Schwingen" 1—.

- 42 Nr. 1. Kaiser-Hymne, für *Kavallerie-, Horn-* und große *III* (H. Saro), Part (Score) 1— n. St (parts) 4— n. *TTBB* m. *P* ad lib. Part. —80, St 1.20, 1st. Chor m. *P* —60. 2- oder 3st. Schulchor —15 n. 25 Exemplare 2.50 n. Nr. 2. Bismarck-Hymne, für *Kavallerie-, Horn-* und große *III* (H. Saro), Part (Score) 2— n, St (parts) 4— n, dasselbe für 1- oder 2st. Chor mit *P* ad lib. Nr. 3. Deutschlands Gebet, 1st. Chor m. *P*, Part u. St —80. Nr. 4. Kaiser Friedrich-Hymne, für *Kavallerie-, Horn-* und große *III* (H. Saro), Part (Score) 2.40 n. St (parts) 4.80 n. 1st. Chor u. *P* 1.20. Nr. 5. Moltke-Lied, für *Kavallerie-, Horn-* und große *III* (Mikolay Przywarski). Part (Score) 2— n, St (parts) 7.50 n. 1- oder 2st. Chor m. *P* ad lib. —80.

- 43 Kinderleben, Sechs Lieder 3—. Nr. 1. Wiegenlied: „Vom Berg hinabgestiegen ist nun des Tages Rest" —60. Nr. 2. Weihenacht (deutsch-engl.): „Morgen kommt der Weihnachtsmann" —60, Chorst à —10. Nr. 3. Das Paukenschlägerlied (deutschengl.): „Nun alle herbei und hört mich an" 1—, Chorst à —10. Nr. 4. Was fang' ich an? „Ach, wo ich gerne bin, da soll ich nimmer hin" 1—. Nr. 5. Sehnsucht nach

Genesung: „Ach, wär ich doch bald genesen" 1—. Nr. 6. Beim Schneeballen: „Seht wie das Schneefeld drüben uns winkt" 1—.

- 44 Lieder einer Königin (Fortsetzung von op. 34), 2 Hefte, Buch III, IV à 2—. Nr. 1. Frühlingsluft (The Spring Breeze): „Es geht ein Rauschen von Frühlingsluft" (The Spring breeze rustles thro' bough and tree), à 1.20. Nr. 2. Waldweh (The Woodland): „Du Waldgeruch, du Waldgesang!" (O woodland song, o woodland air), à 1—. Nr. 3. Märzsturm (March Storm): „Wenns laund with roar and thunder) à 1.50. Nr. 4. Herbstgedanken (Autumnal Thoughts): „Noch blühn in meinem Herzen viel Blumen wunderschön" (Still in my heart are blooming fair buds of promise bright) à 1—.

- 45 Vergessene Lieder: Nr. 1. Ich wand're fort ins ferne Land (I'm leaving for a distant land) 1—. Nr. 2. Hier unter dieser Linde (Here 'neath the Linden often) 1—. Nr. 3. Singend über die Heide (Singing over the meadow) 1—. Nr. 4. Rechenstunde (The Lesson): „Du bist so ein kleines Mädchen" (Thou art still a little maiden) 1—.

- 46 Die Lieder: „Die Sphinx" (The Sphinx): „Einmal alle tausend Jahr wird die Sphinx lebendig" (Ev'ry thousand years the Sphinx comes to life once only), (deutsch-engl.-franz.). Volksausgabe 1.50.

- 47 Die Lieder: „Die Wipfel rauschen, die Wolken ziehn", *T. MS* 1.50.

- 49 Neue Volkslieder und Handwerkerlieder. Alb., Bd. I (Nr. 1—30) 5— n.
  1a. Widmung 1—.
  1b. Sehnsucht nach dem Rhein 1—, *TTBB*, Part u. St 1—.
  2. Beim Spinnen 1—, *TTBB*, Part u. St 1—.
  3. Sie gleicht wohl einem Rosenstock, *h. t.* à 1—, *SSMSA*, Part u. St 2—.
  4. Bäckerlied 1—.
  5. Da droben auf jenem Berge 1—, *TTBB*, Part u. St 1—, *SSMSA*, Part u. St 1.80.
  6. Der Schulmacher, *h. t.* à 1—.
  7. Wie schön blüht uns der Maien 1—, *SSMSA*, Part u. St 1.20.
  8. Maurerlied 1—.
  9. Ich hab' ein kleines Lied erdacht, *h. t.* à 1—, —25 *Schirmer*, —15 *Blosfeld*, —20 *Gebethner*, Z (H. Herz) —60. *TTBB*, Part u. St 1—, *SSMSA*, Part u. St 1.20.
  10. Fischerlied 1—, *TTBB*, Part u. St 1—.
  11. Einen Ring hab' ich von dir 1—.
  12. Der Sandträger, *h. t.* à 1—.
  13. Wenn die wilden Rosen blüh'n, *h. t.* à 1—, *SSMSA*, Part u. St 1.20.
  14. Auf der Bleiche 1—.
  15. Früh wollt' ein Jäger jagen 1—.
  16. Müllerlied 1—.
  17. Heilige Liebe: „Schreib du an jenem Orte" 1—, *SSMSA*, Part u. St 1.20.
  18. In der Schmiede 1.20.
  19. Bin ich eine Frau einmal erst 1—.
  20. Die Wäscherin 1—.
  21. So wünsch' ich euch ein' gute Nacht 1.20.
  22. König Wilhelms-Husarenlied 1.20.

23. Werbung: „Zum Stolpen, zum Stolpen"
1—.
24. Die Näherin 1—.
25. In der Sonnengasse zu St. Goar 1—.
26. Soldatenlied 1—.
27. Es ging ein Soldat zum Exerzieren 1—.
28. Kopierlied 1—.
29. „An jenem Abend geh' ich aus" 1—,
SSMSA, Part u. St 1.20.
30. Deutsches Reichslied 1—.
31. Soldatentod: „Kein schön'rer Tod ist in
der Welt", h. t. à 1.20.
32. Für ewig bin ich dein: „Ich stand auf
hohem Berge" 1—.
33. „Es ging ein Mägdelein" (Die drei Röslein) 1.20.
34. Mädchentraum, h. t. à 1—.
35. Dornröschen, h. m. à 1—.
36. Rheinwein: „Ich weiß einen Ritter",
1—.
37. Wunderbares: „Es muß ein Wunder-
bares sein" 1—.
38. „Nimm mich doch" 1—.
39. „Es ritten drei Reiter" m. t. à 1.20.
40. Die goldene Zeit: „Ihr Blumen auf Wie-
sen und Weiden", 1—.
41 I. Du bissest dir die Lippen wund 1—.
42 II. Du gehst an meiner Seite 1—.
43 III. So dunkel sind die Gassen 1—.
44. Gretchen: „Am Sonntagsmorgen in aller
Früh" 1.20.
45. „Die Fenster klär' ich" 1—.
46. Getreu bis in den Tod: „Weißt du
noch, wie am Hügel dort" 1—.
Weihnachtskerzen. Zyklus von fünf Gesängen für eine Singst (od. SATB):
47 I. Von allen Ländern sind heute 1—.
48 II. Es duftet wie Heimweh vom dunkeln Geäst 1.20.
49 III. Sie meinen, das Christkind kommt
nicht mehr 1—.
50 IV. Sind manche von uns so müde 1—.
51 V. Maria! Maria! Du aller Jungfrauen
Ruhm und Glanz 1—.
52. „Jetzt kauf' ich mir einen Degen"
(altes Gedicht) 1—.
53. „Auf Trauern folgt groß' Freud'"
(altes Gedicht) 1—.
54. Stille schweigen: „Sieh an, mein liebes
Kind" 1—.
55. „Im Felde schleich' ich" 1.50.
56. In der Rosenlaube am Rhein 1.20.
57. Sängerin Nachtigall: „Jungfräulein,
der Maien, der Maien" 1.20.
58. Lachender Zweig: „Es steht ein Bäum-
lein im tiefen Tal", h. t. mit Chor 1.20.
59. Philinen's Schuhe, h. t. à 1.50.
60. Wanderspruch: „Es geht wohl anders"
1—.
Neue Volkslieder. Band III:
63. Sie schlummert: „Möcht' wissen, was
sie schlagen" 1.20, SMSA od. TBarB,
Part —60, St —60.
64. Die Scheuerfrau am Christabend:
„Wenn's nur nicht Christabend wär'"
1.20.
65. „Küssen ist süße" 1.20.
66. Kindes Bitte beim Einschlummern:
„Vergiß es nicht" 1—.
67. Anna Katherin: „O willst mich nicht
mithaben." 1.20.

68. Jesus: „Als Gott der Herr geboren war"
(alte Legende) 1.50.
69. Das Rosenlachen: „Ich hab' einmal ein
Mägdlein gekannt" 1.20.
70. Leonore: „Es steh'n die Stern' am Himmel" 1.20.
71. Frau Maria an der Wiege 1—.
72. Die Magd an der Wiege 1—.
73. Das Lied vom Siebengebirge 1.20.
74. Waldgeheimnis: „Ja, im Wald ist's
schön" 1.20.
75. Menschenleben 1—.
76. Moselweinlied, h. t. à 1—, TTBB,
Part —60, St —80.
77. Am grünen Rhein, h. t. à 1.20.
79. Es fiel ein Reif 1—.
89. Ade zur guten Nacht 1.20.
90. Das Vaterunser 1.20.
- 50 Der Rhapsode der Dimbowitza. Rumäni-
sche Balladen, Rhapsodien, Gesänge und
Lieder. I. Band (deutsch, engl. u. franz.):
1. Der Hoffnungslose 1.25.
2. Der Soldat: „Ich bin zufrieden" 2—.
3. Mein Herzallerliebster 1—.
4. Der junge Heiduck und die weiße Frau
1.50.
5. Die zwei Sonnen: „Und pochst du des
Morgens" 1—.
6. Liebestod: „Nimm vom Busen mir die
Blume" 1.25.
7. Der Tröster: „Wer da schläft vor dem
Feuer" 1.25.
9. Bei der Trösterin (Die drei Schwestern)
1.50, „Bei der Trösterin", Rhapsodie, P
(Ernst Heuser) 1.50.
- 51 Eine Reise in Liedern (deutsch, engl.):
1. Die Rettung Mosis 1—.
2. In sonderbaren Gedanken 1—.
3. Die Lieder sind der heil'ge Fluß 1—.
4. Auf unsrer Düne (Kinderchorlied)
1—.
5. Und es jagte der Tag 1.80.
6. In deiner Tiefe, stille Nacht 1.20.
7. Sie will tanzen, tanzen will die See
1.80.
8. Wir spielten uns gut 1.80.
- 52 Lieder aus Italien: 1. Auf dem Fried-
hofe in Neapel: „Ich sah die Sonne", 2.
Liebe auf Capri: „Barfüßig, braun, das
Haar zerzaust". 3. Kurzes Gedächtnis:
„Lustig vom Gebirg herab" à 1.25.
53 Aus meinem Wanderbuche. Charakterstücke, P: 1. Unter Palmen (Bordig-
hera) 1.20, Nr. 2. An mein Märchen —60.
Nr. 3. Auf einsamer Höh' (On lonely
heights) 1—, Nr. 4. Hand in Hand (Hand
in Hand) —60, Nr. 5. In Venedig (In Venice) 1.20 Eisoldt.
- 55 Aus der Verschollenheit: 1. Trunkene
Hände: „Was wir sprachen" aus „Frau
Venus". 2. Mit drei Rosen, beim Scheiden:
„Drei Rosen send' ich dir". 3. Sommer-
nachmittag: „Nun ist es still in Hof und
Scheuer" à 1.25. 4. Holdes Wissen: „Zwischen uns ein Wissen das keiner weiß"
1—.
- 56 Serbische Lieder im Volkston: 1. Mäd-
chen-Teufelchen. 2. Gefangene Nachtigall,
m. t. N. 3. Mädchen und Pferdchen. 4.
„Falk fliegt hoch". 5. „Schön ist's in die
Nacht hineinzuschaun" à 1.50.

- 57 Unter der Blume. Lieder vom Rhein,
Dichtungen von Carmen Sylva, *Solo-
St u. TTBB, Leede*: 1. Heimweh nach dem
Rhein. 2. Stromklare Welt, *TTBB*. 3. Ass-
mannshäuser Auslese. 4. Carmen Sylvas Gesang. 5. Zu Assmannshausen in der Kron'
(Studentenlied). 6. Zu Neuwied in Brüderstübchen, *TTBB*. 7. Rüdesheimer, *TTBB*.
8. Kredenzen, *TTBB*. 9. Niersteiner. 10. Mar-
cobrunner. 11. Eberbachs Keller (*B*-Solo m.
TTBB). 12. Die Amsel. 13. Liebfrauen-
milch. 14. Naheweinlied. 15. Der Zauber-
garten (Cölner Flora). 16. Lindenblüte.
17. Letztes Geleite, *TTBB*. 18. Totenspende,
TTBB. 19. Den Hut schwenkend: Avanti!
20. Weihelied der Klausner: „Homosum"
in Leutesdorf. 21. Maibowle. 22. Geh nicht
an den Rhein (Studentenlied). 23. Ein
Junge, *TTBB*. 24. Ein Mädchen, *SATB*.
25. Die lustigen Brüder, *TTBB*. 26. Schlaf-
los. 27. Scharzhofberger. 28. Carezza,
TTBB. 29. Johannisberger, *TTBB*. 30.
Rheinlands Glocken, *TTBB*. 31. Steinberger Eiler, *TTBB*. 32. Godesberg. 33. Das
Lindenhimmelreich. 34. Letzter Wille. 35.
Freundschaft. Epilog.
- 57a Unter der Blume. Lieder vom Rhein:
Nr. 4. Titanide 1.20. Nr. 15. Der Zauber-
garten 1.20. Nr. 19. Den Hut schwenkend:
Avanti! 1.20. Nr. 20. Weihelied der „Homosum"-Klausner 1—. Nr. 21. Moselblümchen 1.20. Nr. 22. Auf der Cölner
Rheinbrücke 1.50. Nr. 24. Unvergeßlich 1—.
Nr. 26. Steinberger Eiler 1.50. Nr. 30.
Epilog 1.50 *Leede*.
- 57b Unter der Blume. Lieder vom Rhein,
TTBB, Part u. St: Nr. 2. Stromklare
Welt. Ade an den Rhein 2—. Nr. 3 Ass-
mannshäuser Auslese 2.40. Nr. 6. Im Neu-
wieder Brüderstübchen 2—. Nr. 7. Nieder-
wald-Gruß 2—. Nr. 8. Schenken 2.40. Nr.
11. Eberbachs Keller 1.60. Nr. 16. Liebesgruß vom Drachenfels 1.60. Nr. 17. Letztes Geleite 2—. Nr. 18. Totenspende 1.60.
Nr. 20. Weihelied der Leutesdorfer Klausner 1.60. Nr. 23. La Carezza 2—. Nr. 25.
Rheinlands Glocken 2—. Nr. 27. Johannisberger 2— *Leede*.
- 58 Faust. *Leede*: KA I. Teil 8—: Vor dem
Tor, *P* 1.50. Der Bettler 1—. Soldatenchor
1.25. Tanz unter der Linde 2—. Rattenlied
1.25. Flohlied 1.50. Es war ein König in
Thule 1—. Mephistos Ständchen 1—.
KA II. Teil 12—: Die Florentiner Gärt-
nerinnen 1—. Der Florentiner Gärtner 1.25.
Der Trunkene 1.75. Tarantella 2—. Be-
schwörung der Helena, *P* 1—. Lied des
Türmers Lynkeus 1—. Arkadisch frei ist
unser Glück. *P* 1.30.
- 59 Am Wege: 1. Übers Grab hinaus. 2.
Vor Schlafengehen 1—. Nr. 3. Spaziergang
mit einem Prinzlein 1.20. Nr. 4. Müden
Wanderers Trost. 5. Die Bückeburger Jäger 1.20. Nr. 6. Das Hummelchen. 7. Böser
Tag 1.30. 8. Wonnevolles Mägdelein 1.30.
Nr. 9. Leid um dich 1—. Nr. 10. Es steht
in Deutschland eine Lind 1—. Nr. 11. Weih-
nachtsgruß aus Rom 1.25. Nr. 12. Heimkehr zur Mutter. *Leede*.
- 61 1. Das deutsche Lied, *TTBB*, Part u.
St 2.70 *Leede*.

- Album (Volks- u. Handwerkerlieder) 1—
Breitkopf.
- Aurora (Liebe Siegerin), ein Musik-Lust-
spiel; KA 12—. Dichtung —50 *Leede*.
- Aus jungen Tagen. Albumblätter aus op. 9
u. op. 53, *P* à 2ms, Band I. II, 8° à 2— n
Eisoldt.
- Carmen Sylva-Album 4 — *Breitkopf, h. I.
5 — n Luckhardt*.
- Der deutschen Flotte vom Alten am Chiem-
see. Melodie (nach J. Haydn) 1— *Breit-
kopf*.
- Hvem förradde mitt hjertas hag? —50
Elkan.
- Impromptu, *P* — 35 *Schmidt*.
- Klavierspieler ohne Notenkenntnis — Vor-
stufe I, 2— *Merkert*.
- Lieder-Album, *Luckhardt*: Bd. I: Lieder
einer Königin, op. 31 Nr. 15 u. op. 44
Nr. 14.
II: Erinnerungen und Gestalten, op. 34
Nr. 17 u. op. 35 Nr. 12.
III: Mein Rhein und Calafat, op. 37
Nr. 16 u. op. 36.
IV: Op. 32 Nr. 13, op. 11 Nr. 1, 3, 4, op.
12 Nr. 1, 3, op. 17 Nr. 2, 3, op. 19 Nr. 1,
2 u. 5.
V: Op. 32 Nr. 16 u. op. 33 Nr. 13.
VI: Op. 8 Nr. 13, op. 11 Nr. 14, op. 12
Nr. 13, op. 17 Nr. 13, op. 19 Nr. 15.
op. 43 Nr. 16 à 3— n.
- Lilli-Lehmann-Album. Zehn Lieder 3— n.
1. Die Lieder. 2. Gruß an den Rhein. 3. Der
Münsterturm. 4. Bacherach. 5. Die Loreley.
6. Bonn. 7. Sein Weib. 8. Auf ein Grab. 9.
Dänona. 10. Dänona. *Luckhardt*.
- Налѣвъ дѣлъ —30 *Jurgenson*.
- Die Odyssee, Tetralogie, *Leede*: I. Kirke
mit dem Vorspiel: Polyphemos; KA 20—.
Dichtung 1—.
II. Nausikaa mit dem Vorspiel: Die Sire-
nen und Odysseus' Strandung; KA 20—.
Dichtung 1—.
III. Odysseus' Heimkehr mit dem Vor-
spiel: Telemachos' Ausfahrt; KA 20—.
Dichtung 1—.
IV. Odysseus' Tod mit dem Vorspiel: Te-
legonos' Abschied, KA 20—. Dichtung 1—.
- Remembrance, male quart. —12 *Ditson*.
- 8 Stücke f. VcP (Joh. Smith) v. op
8 Nr. 2.3, op. 11 Nr. 2, op. 17 Nr. 15,
op. 34 Nr. 4.7, *Luckhardt*.
- Sieben Volkslieder aus op. 49 für Klavier,
bearbeitet v. Th. Kirchner. (Nr. 2.
3, 7, 13, 17, 20, 28). kplt. 2— n *Luckhardt*.
- The Bungling Burglar, 4 — *Reynolds*.

Bünhert F. op. 18 Noël-Idylle, *HP* 1.90 n.
HPV, HPVV à 2.25 n *Mustel*.

Bünn, Bluette de Salon, *P* 2.6 *Chappell*.
- Pupil's Schottische, *Banjo* —10 *Stern*.

Bunnemann Otto op. 15 Das Veilchen: Es
schlich sich in wonniger Frühlingsnacht,
TTBB, Part u. St 1.20 *H. Oppenheimer*.
- 16 Das Erdbeerlein: „Ein kleines grünes
Beerlein stand", *TTBB*, Part u. St 1.20
H. Oppenheimer.
- Lieder, *Freyschmidt-Kassel*; 1. Ein teuer-
wertes Erbe: Wandr' ich einsam durch den
Garten. 3. Wegemüde: Die Wälder so still.
5. Schottisches Volkslied: Maxwelton Wald

ist wonnig. 6. Mädchenlachen: Es sind
in einer Laube. 7. Verwelkt: „Die roten
Rosen sind verwelkt". 8. Volkslied: „Mein
Lieb das ist ein Röslein rund". 10. In der
Nacht: „Es schlafen rings die Meinen"
11. Wanderers Nachtlied: „Über Berge
eipiel". 12. Untreue: Es blüht im Feld so
rot der Purpurklee. 13. Nur einmal noch
möcht' ich mit jauchzendem Ruf. 14. In
der Wintersnacht: „Aber Dornbusch, lieber
Dornbusch mein". 17. Abendlied: „Leise
geht der Tag zur Rüste". 21. Abschied:
„Trari, trara, die Post fährt vor" à —75.

Bunnet Dr. Edward (1834), Abendgedanken,
P 5 —. 1. Die Rose. 2. Die Distel. 3. Das
Kleeblatt à 2 6 *Williams*.
VocElle:
· Amen in G (on card) —/1.
· Arise, shine, for Thy light is come (Christ-
mas), *SATB* — 3.
· A toi Marie (Engl.) 2 —.
· Autumn song, mixed voice. — 3.
· Ave Maria 1 6, *ST* — 6, six voices — 6,
Org 1 6.
· Benedicite in F — 2.
· Benedictus — 1'.
· Benedictus and Jubilate in E — 3.
· Beware, mixed voice. —.
· Blessed be Thou (Harvest), *SATB* — 3.
· By the wayside, *S* with *V* and *Org(H)*
acc. (ad lib.) 2 —.
· Cantate Domino and Deus misereatur in E
3 —.
· Ten Christmas Carols, Complete 1 —. Ten
Christmas Carols (Second Set), Complete
1 —. Eight Christmas Carols (Third Set,
Complete 1 —. Ten Christmas Carols,
(Fourth Set) Complete 1 —, singly à —/1.
· Christ our Passover, *SATB* — 3.
· Come ye thankful people come, hymn —/1.
· The good Shepherd has arisen (Easter).
SATB — 3.
· Hear me when I call (Chor. for Equal voi-
ces 271), *SC* — 2 *Curwen*.
· If we believe that Jesus died, *SATB* — 4.
· If ye love me (Whitsuntide). *SATB* — 3.
· In the beginning was the word (Christmas).
SATB — 3.
· I was glad when they said unto me, *SATB*
— 3.
· I will magnify Thee, *SATB* — 3.
· Jesu from thy throne on high (Sacred Mu-
sic Leaflets 83) —', *Curwen*.
· Largo in E flat, *Org* 1 —.
· The last prayer 1 6.
· Lead me in thy truth (Lent), *SATB* —3.
· Lead us O Father (Sacred Music Leaflets
321) —', *Curwen*.
· Like as the hart (Chor. for Equal voices
266), *SC* — 2 *Curwen*.
· The Lord hath prepared, *SATB* — 3.
· The Lord is my Shepherd, *SATB* — 3.
· Lord, now lettest thou thy servant (Nunc
Dimittis), mix. quart. —08 *Ditson*.
· Magnificat in A, mix. quart. — 05 *Ditson*.
· Magnificat and Nunc dimittis in A — 3,
another setting folio 3 —.
· Magnificat and Nunc dimittis in D maj.
— 4.
· Magnificat and Nunc dimittis in E — 3.
· Magnificat and Nunc dimittis in G — 3.

· Market Day 2 —.
· May sweet May, chor. — 3.
· Minuetto, *Org* 1 6.
· A Morning Service in A maj: 1. Te Deum.
2. Benedictus. 3. Jubilate à — 3.
· The Moss rose 4 — *Ascherberg*.
· A new year's burden 1 —n *Fagener*.
· O clap your hands (Chor. for Equal voices
265), *SC* — 2 *Curwen*, *S* or *T*-solo and
Chorus — 4.
· The Office for the Holy Communion, *ATTB*
— 9, with Benedictus and Agnus Dei — 9.
· O give thanks unto the Lord, *SATB* — 6.
· O how amiable are Thy dwellings, verse
— 4.
· O Lord, Thou art my God (Advent). *SATB*
— 3.
· Eight Organ Pieces, original and selected,
in four Numbers: N. 1. Air in C, Larg-
hetto in F, Andante in D 1 6. N. 2. Rus-
sian Air, „And God shall wipe away", Air
from Pierson's Jerusalem 1 6. N. 3. An-
dante in E flat, Andante Cantabile in F,
from a Concerto by Cramer 1 —. N. 4.
Fantasia alla Marcia 1 6.
· Original Compositions, *Org* 3 —: N. 1.
Larghetto Espressivo, 2. Andantino in G
1 —. N. 3. Festal March 1 —. N. 4. Andante religioso in E. 5. Funeral March in
C minor — 6. N. 6. Fantasia and Fugue
in D 1 —.
· Twenty-four original Tunes to favourite
Hymns — 6.
· Twelve Original Tunes set to favourite
Hymns — 3.
· Out of the deep, psalm 130, *SATB* 1 —.
· Over hill over dale, mixed voice. — 3.
· Six Pastoral Part-Songs: 1. O'er silv'ry
waters. 2. Day is dawning. 3. Sing on,
sweet birds. 4. Lo! Autumn leaves. 5. Be-
hold the moon. 6. Evening Bells à — 3.
· Preces and Responses, with Litany, in
simple form. Four voices — 4.
· The Rhine maiden, mixed voice, — 3.
· Romance and Mazurka, *P* 2 — n.
· Twelve Short and Easy Pieces, *Org* 2 —.
· Three Short Pieces, *Org* 2 —: N. 1. Larg-
hetto in A major. 2. Allegretto Pastorale
in A major. 3. Andante con moto in F
major.
· Sing tho the Lord (Harvest or Festival),
hymn —/1.
· Spirit blest who art adored (Sacred Music
Leaflets 293) —', *Curwen*.
· Spring, mixed voice. — 3.
· Das stille Abendlüftchen, *P* 3 — *Williams*.
· The Story of the Cross, hymn —/2.
· The streamlet 1 6.
· Te Deum in E — 3.
· Te Deum in G — 3.
· Venite in G N. 1. — 2.
· Venite N. 2 in A — 2.
· Winter 1 6.

Bunnett E. and **J. W. Hayes**, Anthem Book
of Words, together with services 1 — *Vo-
rello*.

Bunning H. op. 43 Hirtenruf! Idyll für
Quintett (mit *Horn* ad lib.), Part u. St
3 —n *Oertel*.
· **45** Suite villageoise, *O*, Part 6 —n: N. 1.
Pastorale. 2. Danse des Paysan. 3. Idylle.

1. Fête de Village. à Part 2 — n, à 8t
3 — n *Oertel*.
- April Laughter 2 — *Enoch*.
- Caprice Valse, *P* 2 — n *Enoch*.
- Carlisle Wall (At the spinning Weel), ballad for two voices, *MS*, *Bar*/*C* 2 — n *Ricordi*.
- Clog Dance (Golden Web), *P* 4 — *Chappell*.
- Come, May 4 — *Ascherberg*.
- Courtin 4 — *Cramer*.
- Four Créole Songs: 1. Madeleine chère. 2. Dé 'tit zozos. 3. Aubade Créole. 4. Palmyre, *MS*, *T* à 2 — n *Ricordi*.
- Four Créole Songs: 1. The Messengers. 2. Love's Hour. 3. Blue eyes. 4. Song in the night. *MS*, *T* à 2 — n *Ricordi*.
- Crépuscule, romances sans paroles, *P* 2 — *Breitkopf*.
- Danse des Polichinelles (Golden Web), *P* 4 — *Chappell*, *O* 2.50 n *Oertel*.
- Elf Song — 40 *Brainard*.
- Fair Virginian, Caprice, *P* — 40 (Universal Band-Journal 389), *Milit. Band* — 75 *Fischer*.
- Fiducia nel nome di Maria, *STB* con *Org* 1 — n *Bertarelli*.
- For thee! Song 2 — n *Ricordi*.
- Humility 4 — *Chappell*.
- It was the time of roses 4 — *Chappell*.
- Lays for little ones 5 — n *Ricordi*.
- Love's Amen. song. 8. *MS* à 2 — n *Ricordi*.
- Love's Noel 4 — *Williams*. 2 — n *Ricordi*.
- Love's power 4 — *Chappell*.
- Maidens of Zia, tiro, fem. or boy's voic. — 3 *Novello*.
- Marionnette, *P* 2 — n *Enoch*.
- Meditation. 1 *Org* 2 — *Novello*.
- Minguillo 4 — *Cramer*.
- Mother mustn't hear 4 — *Ascherberg*.
- Nénuphar, Nocturne *V*(*Ve*)*P* 2 — *Ricordi*.
- Nocturne. *P* 2 — n *Enoch*.
- Petite Valse 4 — *Willcocks*.
- Powder and Posies 2 — *Boosey*.
- La Princesse Osra, opera 10 — n *Enoch*.
- Qui j'aime 1.50 n *Ricordi*.
- Sonnet: Ils vont beaux amoureux 2 — n *Ricordi*.
- So sweet a Rose 2 — *Enoch*.
- Sunshine and roses 4 — *Ascherberg*.
- Tendresse, *P* 2 — *Enoch*.
- Thine eyes 4 — *Chappell*.
- True love of mine 4 — *Hopwood*.
- Villanelle: C'était le quatorze mai 1.50 n *Ricordi*.
- When love is nigh. duet 4 — *Chappell*.

Bunning T. A. Reverie, *VP* 1.6 n *Vincent*.

Bunsen, The Soldier's choice 4 — *Ascherberg*.

Bunte F. B. Trois Duos faciles, *2V* 1.50 *Alsbach*.
- Trois Mélodies Italiennes, *PVe* 1.25 *Alsbach*.

Bunte Blätter, 2 Bände, *Z* à 2.50 n, *2Z* 4.50 n *Kahnt*.

Bunte Blätter, *P*, 4 Bände à 2 — *Litolff*:
I. 14 Salonstücke: Abesser, Lied ohne Worte. Burgmüller: Juchhe, der Frühling kommt. Chesneau: Danse d'Etoiles. Fesca: Gondellied. Gluck: Gavotte aus Armide. Haydn: Rondo. Kühner: Notturno. Löw: Sehnsucht

nach dem Frühling. Rheinländer: Mamisch — O hör' mein Flehen. Schultze: Ich denke dein. Tavan: Estudiantina. Waldteufel: Elena Walzer. Wely: Nocturne romantique.
II. 15 Salonstücke: Abesser: Erste Liebe. Ph. Em. Bach: Solfeggietto. Baumfelder: Petite Valse. Brinkmann: Morgen im Gebirge. Corticelli: Cavatine. Fanna: L'Espérance. Knina: Le Reproche. Köhler: Stelldichein. Löw: Einsam allein. Pollini: Toccata. J. Schmitt: Notturno in Es. Schuster: Edelweiß. Sponholtz: Moment musical. Steibelt: Rondo in G und B. Waldteufel: Désirée, Polka-Mazurka.
III. 16 Salonstücke: Abesser: Schimmr'e, du Engel, sanft. Baumfelder: Tarantelle. Brinkmann: Frühlingsblumen-Fee. Burgmüller: Waldmeister. Corticelli: La Prière. Fesca: Abendlied. Heiser: In der Sennhütte. Holden: Liebeslied. Köhler: Ein Abend am Genfer See, Walzer. Kühner: Schlummerlied. Löw: Ferne Grüße. Rheinländer: Schelmen-Äuglein — Fern im Süd. Schuster: Liebes-Beteuerung. Steibelt: Gavotte. Wely: Fischermädchen im Kahn.
IV. 16 Salonstücke: Abesser: Ihre Lieblingsblume. Brinkmann: Kirmesklänge. Corticelli: Schnsucht. Fesca: Barcarole. Kühner: Weihnachtslied. Löw: Komm, holder Frühling — Morgenständchen. Mozart: Romanze in As. Schaper: Der Liebe Leid — Der Liebe Trost. Schultze: Polka brillante — Frühlingstraum. Steibelt: Sonatine in Es. Waldteufel: In Feld und Flur, Polka-Mazurka — Carmen-Walzer. Wely: Spanisches Liebeslied.

Bunte Blätter, *P* 12 —, 6 Hefte à 2.40 *Wetzler*.

Bunte Nelken, Ein Zyklus gewählter Vortragsstücke, *Z*, 2 Bände à 2.50 *Fritz*.

Bunte Reihe. Sammlung von Vortragsstücken, *VaP*(*Ha*), zum Teil mit *il*, übertr. u. herausg. v. Hermann Ritter und anderen Tonsetzern, vide Bach. Beethoven, Ersfeld, Fesca, Heinisch, Kistler, Kjérolf, Lehmann, Mendelssohn, Poenitz, Rode, Rubinstein, Schumann, Viotti, Händel.

Bunten A. C. *Paterson*: The Bonnie Braes o'Airlie 2 — n.
- Doctor's Visits I detest. Old French Sg. (engl., franz.) 1 — *Schott*.
- Good night, Dear! 2 — n.
- Hamilla 2 — n.
- Hush-a-ba Birdie, *S*, *MS*, *CA* à 2 — n, 4 — *Williams*.
- Jenny Nettles 2 — n.
- Joy to the personne 4 —.
- Margot (Combien petite Marcot!) (franz., engl.) 1 — *Schott*.
- Omnia vincit amor (Love Conquers all) 4 —.
- The poor Maid's Quest 2 — n.
- Que je hais le Médecin! (Doctor's Visits I detest) (engl., franz.) 1 — *Schott*.

- Remember me at Evening 2 — n.
- Rosa, spanish Serenade 4 — *Aschenberg*.
- A Sailor's Love Song 2 — n.
- Skylark pretty rover 4 — *Williams*.
- Sweet memories still are mine 2 — n.
- The Two Corbies 2 — n.

Buntes Allerlei, Ein musikalischer Hausschatz von 71 Salon- u. kleineren Genrestücken, Tänzen, Opernmelodien etc. P 1— *Rühle*.

Buntes Salon-Album, P 1.50 n *Glenbauf*.

Eunzel Fritz, Choral m. P(Ho) 1— *Jonasson*.

- Die drei Zigeuner 1.50 *Jonasson*.
- Rondo, VP 1.80 *Jonasson*.

Bunzl-Federn Jul. op. 30 „Laß brausen die Räder" (deutsch-böhm.) 1.80 *Weiner*.

- 35 Ein Studentengrab 1.80 *Weiner*.
- 41 Drei Lieder: 1. Maurisches Ständchen: „Komm zu mir du weiße Taube" 1.50. Nr. 2. Dorfglöckchen: „Dorfglöckchen klingt" 1.50. Nr. 3. Antwort: „Seh ich eure Augen fragen" —90 *Porges*.
- Grolle nicht, schmolle nicht. Walzerlied 1— *Porges*.
- Prosit! Marsch. P 1— *Porges*.

Bunzli A. op. 7 Eccole spéciale du jenne violoniste 4— n *Mennesson*.

- 41 Alpen Ländler ou Ranz des Vaches. 40 récréations, V 2— n, VP 4— n *Mennesson*.

Buona notte amato bene, 1.6 *Ashdown*.

Buonamici G. op. 2 Drei Klavierstücke: Nr. 1. Nocturne. 2. Fughettina à 1.80. Nr. 3. Etude über eine Melodie von Fr. Liszt 1.50 *Cu. Ed*.

- 3 Pater noster S. s., SATB. Ave Maria, SATB. Beide Gesänge mit od. ohne H od. Org, Part u. St 2.40 *Cu Ed*.
- 5 Konzert-Ouverture (Fi, 4ms (Dr. C. Kliebert) 2.40 *Cu. Ed*.
- 6 3 Romanze 8—: N. 1. La sposa novella. Romanza 2.50. N. 2. Distanza. Romanza 4—. N. 3. Ama.... spera.... credi.... e n' avanza! Melodia 3.50 *Venturini*.
- 7 Alle memoria di Vincenzo Bellini. Album. N. 3. Pagine per l'Album Bellini, P 4— *Ricordi*.
- Amore e Follia. valzer 4— *Ricordi*.
- L'Arte di Studiar le Scale sul Pianoforte 5— n *Venturini*.
- The Art of Scale Study as taught, P 4— n *Augener*.
- The Art of Scale Study, as taught to his Pupils. P 4— n *Augener*.
- Brautgesang (La sposa novella): „Pochendes Herz, was drängt". „Da turbamento insolito", Romanze 1.20 *Cu. Ed*.
- Дума Весемпел, арія изъ оп. Гризельда —40 *Bessel*.
- 2 Melodies de Georges Bizet, transcrites, P: 1. Chanson d'Avril (Spring Song) —75. N. 2. Tarantelle, in G 1— *Schirmer*.
- Nénuphars (Songes d'Opium). Mélodie de F. Marchetti, transcrite en forme d'Etude mélodique, P 2— n *Ricordi*.
- Notturno, P 2.50 *Venturini*.
- Nocturne, P —65 *Schmidt*.
- Pagine per l'Album Bellini, op. 7, P 4— *Ricordi*.
- Passaggi estratti dalle Opere per Pianoforte solo e con altri istrumenti di L. Van

Beethoven aggruppati, diteggiati e messi in forma di „Studi giornalieri" divisi in due parti, P: I. Parte 6— n: Fase. I°. Scale. 2°. Arpeggi. 3°. Passaggi staccati. 4°. Note ribattute terze, quarte e seste. Seste spezzate à 2— n.
  II. 6— n: Fase. 5°. Trilli. ottave e ottave spezzate 3— n. 6°. Pass. misti 3.50 n. 7°. Contrasto di Ritmi 1— n *Venturini*.
- Passaggi estratti dalle opere per Pianoforte solo e con altri istrumenti di L. Van Beethoven aggruppati, diteggiati e messi in forma di „Studi giornalieri" divisi in due parti, P: I. Parte (Vedi: quarto Supplemento), II. Parte: Fase. I. Scale 2— n. II. Arpeggi 2.50 n. III. Passaggi stacc. 2— n. Uniti (Primo libro) 5— n. Fase. IV. Terze, quarte, seste e ottave. Ottave spezzate 2.50 n. V. Trilli 1— n. VI. Passaggi misti 3— n. Uniti (Secondo libro) 5— n *Venturini*.
- Quartett, G-dur 1— *Eulenburg*, P 2 Va Cello 1— n, St 8— n *Carisch*.
- Sei Sonate, P: 1a Sonata 1.75 n, IIa 2—, IIIa 1.75, IVa 1.75, Va 1.75, VIa 2—, unite 6— *Venturini*.

Buonanno R. Deserta! Romanza. Poesia di V. V. Fimiani, MS 2.50.

Buonconsiglio, L'amour a passé là 1— n, Ch. s. —35 n *Paigellier*.

- Fauvette et Rossignol. Imp. Morganti.
- La prière de l'alsacienne 1— n, Ch. s. —35 n *Paigellier*.
- Quatre-vingt-treize, marche 1— n. Ch. s. 35 n *Paigellier*.
- Le sentier perdu 1— n, Ch. s. —35 n *Paigellier*.

Buonfiglio R. L'Aurora, P 1.50 *Ricordi*.

Buongiorno C. Dolore, mel. 5— *Società mus.nap*.

- Das Mädchenherz (Il cuor delle fanciulle). Lyrische Oper in 4 Akten. Textbuch —75 n, KA mit Text 12— n *J. Schuberth*.
- Maria. Romanze 1— *Brauer*.
- Michelangelo u. Rolla, Oper in einem Akt. Textbuch —50 n. KA mit Text 8— n *J. Schuberth*.
- Ohne Herz —80 *Brauer*.
- Pifferata, P 3.50 *Izzo*.

Buongiovanni G. Aggio saputo, MandP 1.50 n, Mand —25 n *Santojanni, Bideri*.

- 'E Are d'a chiazza, Mand —10 n.
- Les bohémiens, CantoP —50 n, Mand —10 n.
- Zi Carulina —50 n.
- 'O copo imammurato, Mand —10 n.
- Canto antico, CantoP —50 n, Mand —10 n.
- 'O Dilattante baritono, P —50 n, Mand —10 n.
- Flick e Flock, P —50 n, Mand —10 n.
- 'O lla ile ra llà, P —50 n, Mand —10 n.
- 'A matematica, Mand —10 n.
- 'O miedeco è ll' nocchie, P —50 n.
- Nuttata janca, Canto 3—, Mand —25 n *Santojanni*.
- L' onorevole, CantoP —50, Mand —10 n.
- Les parisiens, P —50 n, Mand —10 n.
- 'O paese d'a cummedita, P —50 n, Mand —10 n.
- 'O Presidente, Mand —10 n.

- 'O Presidente. Canto *P* —50 n.
- 'O progresso d'animale, *Mand* —10 n.
- Qmanno 'a gatta olza 'o pede, *P* —50 n. *Mand* —10 n.
- Rarecchella, *P* —50 n, *Mand* —10 n.
- I saltimbanchi, *P* —50 n, *Mand* —10 n.
- A spezia ia vecchia, *Mand* —10 n.
- A ssuono 'e chitarra —50 n, *Mand* —10 n.
- Vi' che felicità! Macchietta: Nzieme cà miseria (Versi di G. Capurro), Canto *P* 1— *Ricordi*.

Buono M. R. *Ronzini*: Allegria, valzer, *P* —40 n.
- Gran Valzer nel Ballo (Cicco e Cola), Chor *P* —20 n.
- Marcia nel Ballo (Un Sogno), Chor *P* —20 n.
- Neuastenia. Pensieri di Stagione. *P* —20 n.
- Polka dei fiori nel Ballo (Un Sogno), *P* —20 n.
- Preludio nel Ballo (Un Sogno), *P* —20 n.
- Riveriseo! Valzer biriechino, *P* —20 n.
- Scottisch orig. nel Ballo (Un Sogno), *P* —20 n.
- Sport, Marcia brillante, *P* 1— n. *Mand* —50 n, *Mand P* 1— n. *Mand Chit* —75 n.
- Trionfo d'Amore, Galopp. *P* —20 n.

Buonocore G. Aspirazione all'Addolorata, romanza, *Mand* —20 n, preghiera, *Mand P* —80 n *Rebagli*.
- La lontananza, melodia, *Mand P* —80 n *Rebagli*.

Buonocore Bacciotti G. La lontananza, Stornello, Canto 1.20 n *Rebagli*.

Buonomo. Una cena a Posilipo, Le bouquet, valse, *P* 2— n, valzer brillante, *P* 3— n *Cottrau*.
- Polka, *4ms* —50 n *Cottrau*.

Buonomo A. Il Bersagliere Italiano al bivacco, Scena 2.75 *Ricordi*.
- Cicco e Cola, *P*, Canto *P* 40—, 20—, libr. —25 n, in prosa —50 n *Ricordi*:
  Atto I. Preludio ed Introduzione 2—.
  Romanza: Leggiadre speranze 1.25.
  Seguito dell'introduzione 2.50.
  Cavatina: Son sempre vispa, e Stretta dell'Introduzione 2.50.
  Cavatina: Ove siete, ove siete? 5—.
  Duetto: Via, su, presto, camnina 5.50.
  Terzetto: Come? come? parlo il vero 5.50.
  Atto II. Preludio e Scena 2—.
  Settimino, Primo tempo e Andante 3—.
  Seguito e Stretta del Settimino 4—.
  Atto III. Duetto: Dunque m'ami? 4—.
  Finale III. Coro: Di lieti cantici risuoni l'aura 2.50.
  Brindisi: Viva, viva, o qual diletto 2—.
  Andante: Volli la tua superbia 3—.
  Seguito e Stretta del Finale III 4—.
  Atto IV. Preludio e Duetto: Mia Sandrina 4.25.
  Coro della festa: Sia lode a chi gentil ne fa godere 2—.
  Rondò finale: Qual da un sogno ridestata 2—.
- Rimembranze, *P* (A. Fürriel, op. 30) 1.75, *4ms* 2— *Ricordi*, *P*, Fant. e transer. vedi: Canonica, Fischetti, Fumagalli, Menozzi, Varvaro-Pedonie; *4ms*: vedi Albanesi, Canonica, Fischetti, Fumagalli, Menozzi, Prina, Varvaro, *P*.

- Perché, Stornello 1— *Venturini*.
- L'Ultima Domenica di Carnevale, *buffo*.

Buonomo E. *Cottrau*: L'Addio, duettino. Addio nell'ora bruna, *SC* o *TB* 1.50 n.
- La cantastorie mendicante mazurka, *P* —50 n.
- L'Esule, Romanza. Vieni con me sul lido. *T* o *S* 1— n.
- Fiorellino, polka (alla signora Marchesa della Sambuca), *P* —50 n.
- Il mattino, duettino. L'alba è sorta, *SMS* 1.50 n.
- Il Pensier mio, valzer (alla signora Almerinda Mezzacapo), *P* 1— n.
- La Regina de' Saloni, mazurka (alla signora Sofia Mercadante), *P* —50 n.
- Il Rimorso, Romanza. T'amo dicesti e osasti, *MS* o *C* 1— n.
- Le Souvenir, Romanza. Nella sera dell' addio, *S* o *T* 1— n.
- Il Tradimento, Romanza. Io mi credea già l'arbitro, *B* o *MS* o *C* 1— n.
- Valzer (alla signora Duchessa Rocca Piemonte), *P* 1— n.

Buononcini, Air d'Astianatte, *MS* .les gloires de l'Italie N. 59), transer. 4 — *Beuqel*.
- Air de Griselda, *Bar MS* (Ecole classique de Chant N. 53) 4— *Mand II*.
- Astarto Deh! lascia a core (Operatic Anthology Max Spieker 81) —35 *Schirmer*.
- Astarto. L'esperto nocchiero (Operatic Anthology Max Spieker 82) —35 *Schirmer*.
- Astianatte, Deh lascia o core (Brown Arthur Henry, Select compositions 57), *Org* 3 — *Ashdown*.
- Ben che speranza (Echi d'Italia 16) 1 — n *Augener*.
- L'esperto nocchiero (Astarto), *MS* —60 n *Ricordi*, (Gemme d'Antichità 86), 3 — *Ashdown*, 3 — *Chappell*, *Cramer*.
- Grazioso (Camilla) vide Westbrook W. J., Organ Themes Book 2.
- In te Domine speravi, fragment du Te Deum, solo et choeur à quatre voix, *SATB*, Part 2.50 n *Girod*.
- Love leads to battle 3 — *Chappell, Williams*.
- Le mai vien. Calfurnia 3 — *Ashdown*.
- Misera che faro, Calfurnia 3 — *Ashdown*.
- Non pao trovarsi un cor (Il trionfo di Camilla) 3 — *Ashdown*.
- Per la Gloria, Bg. 2 *André*, *b. t.* 1.20 *Ries & Erler*, 1 — n *Augener*, (...Stolz die Liebe zu dir") 3 — *Lauly*.
- Pietà! mio caro bene (Pitié! mon bien suprême), transer. *P* chant 2.50 *Beuqel*.
- Slow Movement from 12 Sonatas, *Org* vide Westbrook W. J. The Young Organist. Vol. 2 N. 19.
- Sonata in A, *Vc P* 1 — n *Augener*.
- Sonate originale pour *Vc P* 2— *Schott*.
- Sonata with Sciasui, Andante Cantabile (C. Schroeder), *Vc P* 1— n *Augener*.
- Suol dar la vita all' or (Il trionfo di Camilla), (Gemme D'Antichità 60) 3 — *Ashdown*.

Buonsolazzi G. op. 1 Sons les Saules, valse 6— *Lemoine*.
- ...Non ti Scordar di me", mél. de Robaudi, transer., *P* 5— *Lemoine*.

Buot Victor, Les Abeilles, valse 7.50 *Grus.*
- A demain, marche funèb. *Harm* ou *Fanf*, Part 3—n, p. sép. à —10 n *Erette.*
- L'Aïeule, symphonie, *Harm* 4—n, *Fanf* 3—n *Deplaix.*
- Alerte, galop, *Fanf* 3—n *Erette.*
- L'Alsacienne, rom. 1.70 n *Choudens,* valse variée, *Harm* ou *Fanf*, Part 6—n, p. sép. à —25 n *Erette.*
- Andore, quadrille, *Harm* ou *Fanf*, Part 4.50 n, p. sép. à —15 n *Erette.*
- L'Aragonaise, rédowa 2.50 n *Benoit.*
- Au bord de l'eau, noct. 8 US 1.70 n *Choudens.*
- Au bord du lac, maz. 1.70 n *Choudens.*
- Au Feu! Galop imit. *Harm* ou *Fanf* 2—n, Cond. —50 n *Gobert.*
- Aurora (S t r a u s), gr. valse, *Fanf* 3—n *Erette.*
- L'Aurore, polka-réveil 1.70 n *Choudens.*
- L'Aurore au camp, réveil, *Harm* ou *Fanf*, Part 6—n, p. sép. à —25 n *Erette.*
- L'Avant-garde, pas red. N. 4, *Harm* 3—n *Erette.*
- L'Ave Maria sur les Mélodies de Schubert, fant. *Fanf*, Part 6—- *Erette.*
- Le Bandit, pas red. *Harm* ou *Fanf* 2—n Cond. —50 n *Gobert.*
- Barcarolle, *Fanf* 3—n *Erette.*
- Les Bébés, polka, *Harm* ou *Fanf* av. Tr en bois, Part 4.50 n, p. sép. à —15 n *Erette.*
- Bélisaire, Duo de, fant. *Fanf*, Part 7.50 n *Erette.*
- Belle de nuit, valse 2—n *Choudens.*
- Les Bergers d'Appenzel, fant. *Harm* ou *Fanf*, Part 9—n, p. sép. à —25 n *Erette.*
- Bête à bon Dieu, mazurka, *Harm* ou *Fanf*, Part 3—n, p. sép. à —10 n *Erette.*
- Le Boock, pas red. *Harm* ou *Fanf* 1.25 n, Cond. —25 n *Gobert, Harm* 1.50 n, *Fanf* 1.25 n, Cond. —25 n *Naudin.*
- Bordeaux-la-belle, grande valse 6— *Leduc.*
- Boule de neige, valse 2—n *Choudens.*
- Le Bourbourgeois, pas red. *Harm* 3—n *Erette.*
- Bouton d'or, polka 1.35 n *Choudens.*
- Une brise d'Espagne, boléro, *Fanf* 3—n *Erette.*
- Les Brises d'automne, gr. valse, *Fanf* 3—n *Erette.*
- Brises folles, valse 2—n *Choudens.*
- Brises nouvelles, valse 2—n *Choudens.*
- Calme et Tempête, marche, *Fanf*, Part 3—n *Erette.*
- Le camélia, polka allemande, *Fanf* 3—n *Erette.*
- Le Camp du Drap-d'Or, ouv., 4ms 2.50 n Pist. Alto, Basse etc. av. *Harm* 6—n, *Fanf* 5—n, Cond. 1—n *Gobert.*
- Carmen, fantaisie, *Harm-Fanf* av. solo de saxophone 4—n, Cond. —50 n *Sudre.*
- Le Carnaval de Venise (M a s s é V.), Air varié, SaxophoneP 9—, *Harm* ou *Fanf*, Part 6—n, p. sép. à —25 n *Erette.*
- Caroline, valse 6— *Grus.*
- Céleste-valse 2—n, 4ms 2.50 n *Choudens.* 1. Cornet, Fl (les succès modernes N. 46) à —25 n *Fromont*, O à cordes 1.50 n *Debert, Harm*, Part 6—n *Erette.*
- Le Centenaire, pas red. *Harm* ou *Fanf*, Part 3—n, p. sép. à —15 n *Erette.*

- Chanson de nids, Idylle, polka 2—n. simpl. 1—n *Choudens,* 2Cl av. P (Pillevestre) 9—. av. *Harm* ou *Fanf*, Part 4.50 n. p. sép. à —15 n *Erette.* 1—n *Choudens.*
- Chant du soir (Souvenir des Alpes), maz. Pist 1.50 n. Cond. —25 n *Gobert, Naudin.*
- Une chasse à courre, Fant. *Harm* ou *Fanf*, Part 6—n, p. sép. à —25 n *Erette.*
- Le chasseur noir, polka 3— *Sulzbach.*
- La Châteleine, valse 2—n *Choudens.*
- Les Chercheurs d'or, Ouv. *Harm* ou *Fanf*, Part 6—n. p. sép. à —25 n *Erette.*
- Le Cheval de bronze (A u b e r), Fant. *Fanf* Part 6—n *Erette.*
- Clair de lune, valse 2—n *Choudens,* V. Cornet. Fl (les succès modernes N. 64) à —25 n *Fromont,* valse, *Harm*, Part 9—n *Erette.*
- La Clochette, polka, *Fanf* 3—n *Erette.*
- Le Clown, pas red. N. 5, *Harm* 3—n *Erette.*
- Colonel-Polka, fanfare av. ou sans saxophones, solo de piston, Part 1—n, p. sép. 2—n *Sudre.*
- Le Colosse, pas red. *Harm* ou *Fanf*, Part 3—n, p. sép. à —15 n *Erette.*
- La Comète, polka, *Harm* ou *Fanf* av. Pist ou Bugle 1.50 n, Cond. —25 n *Gobert, Naudin.*
- Le Compagnon, pas red. *Harm* ou *Fanf*, Part 3—n, p. sép. à —15 n *Erette.*
- Le Conquérant, pas red. *Harm* ou *Fanf*, Part 3—n, p. sép. à —10 n *Erette.*
- Le Corricollo, galop, *Harm* ou *Fanf*, Part 3—n. p. sép. à —10 n *Erette.*
- Coryza-Polka, *Harm*, Part 4.50 n *Erette.*
- Coucou et Cri-cri, polka, *Harm* ou *Fanf*, Part 3—n, p. sép. à —10 n *Erette.*
- La Couronne d'immortelles, marche funèb. *Harm* ou *Fanf*, Part 3—n, p. sép. à —10 n *Erette.*
- La Couronne d'or, ouv. de concours, 4ms 2.50 n *Gobert, Harm* ou *Fanf* 4.50 n. p. sép. à —25 n *Erette, Fanf* av. Pist. Bugle Basse etc. 4—n, Cond. 1—n *Gobert.*
- La Course à la victoire, galop, *Fanf* 3—n *Erette.*
- Les crevettes, polka, V. Cornet. Fl (les succès modernes N. 72) à —25 n *Fromont.*
- Czarine, polka 1.70 n *Choudens, Harm*, Part 3—n *Erette.*
- Les Dames Capitaines (R e b e r), Fant. *Fanf*, Part 6—n *Erette.*
- Dans les bois, valse 2—n *Choudens.*
- Défilé au galop, *Fanf* 3—n *Erette.*
- Défilé des Bataillons Scolaires, pas red. *Harm* 1.25 n, *Fanf* 1.10 n *Debert, Harm* ou *Fanf* 1.25 n, Cond. —25 n *Gobert.*
- La Dernière Etape, marche funèb. *Harm* ou *Fanf* 1.25 n, Cond. —25 n *Gobert, Naudin.*
- Une dernière Pensée, ouv. Pist. Bugle. Contrechant effet. de Basses av. *Harm* 4—n, *Fanf* 3—n, Cond. —75 n *Gobert.*
- Desdémone, valse 2—n *Choudens*
- Diane, valse 2—n *Choudens.*
- Domine Salvum, *Harm*, Part 3—n *Erette.*
- La Donaisienne, polka, *Harm* ou *Fanf*, Part 3—n, p. sép. à —10 n *Erette.*
- Dragonnette, polka, *Fanf* 3—n *Erette.*

- Le Droit du Seigneur (Vasseur), polka 1.70 n, valse 2— n *Choudens*.
- Dunkerque, pas red. *Harm* ou *Fanf*, Part 3— n, p. sép. à —10 n *Evette*.
- L'Elysée, valse 6— *Cartereau*.
- Eméraude, maz. 1.35 n *Choudens*, *Harm* ou *Fanf* 1.25 n. Cond. —25 n *Gobert*, *Naudin*.
- L'Emir, pas red. *Harm* ou *Fanf* av. *Pist* duo 1.25 n Cond. —25 n *Gobert*.
- L'Enfant du Nord, pas red. *Harm* ou *Fanf*, Part 3— n, p. sép. à —10 n *Evette*.
- L'Espérance, polka, *Harm* ou *Fanf*, Part 3— n, p. sép. à —10 n *Evette*.
- L'Etendard, pas red. *Harm* ou *Fanf*, Part 3— n, p. sép. à —10 n *Evette*.
- L'Etoile, polka. *Fanf* 3— n *Evette*.
- L'Etoile du berger, maz. 1.35 n *Choudens*, *Harm* ou *Fanf*, Part 3— n, p. sép. à —10 n *Evette*.
- Etoile du Nord (M e y e r b e e r), gr. fant. *Fanf*, Part 7— n *Evette*.
- L'Express, galop init. *Harm* ou *Fanf* 1.50 n, Cond. —25 n *Gobert*.
- Fanfan la Tulipe, maz. (V a r n e y) 1.70 n *Choudens*.
- Fanfare-polka 1.70 n *Choudens*, *Harm* ou *Fanf*, Part 3— n, p. sép. à —10 n *Evette*.
- Fantaisie arabe. *Fanf*, Part 5— n *Evette*.
- F a u s t, Fant. *Fanf* av. *Saxophones* ad lib. (choeur des vieillards et Romance de Siebel pour *Pist*-Solo). Part 1— n p. sép. 2— n; Morceau de concert (Le Veau d'Or), *Fanf* av. *Saxophones* ad lib. Part 1— n, p. sép. 2— n *Sudre*.
- Le Favori des Flutes, pas red. *Harm* 3— n. p. sép. à —10 *Evette*.
- Fenela, schottisch 2.50 n *Benoit*.
- Ferragus, pas red. *Harm* ou *Fanf* 1.50 n, Cond. —25 n *Gobert*.
- La Fête de l'aïeule, valse 2— n *Choudens*.
- La Fête-Dieu, marche relig. *Harm* ou *Fanf* av. *Bugle* ou *Cl* 1.25 n, Cond. —25 n *Gobert*, *Naudin*, *Sudre*.
- Fifine, polka. *Fanf* 3— n *Evette*.
- La Fille de l'hôtesse, ballade 1.70 n *Choudens*.
- La Fille du Tambour-major (O f f e n b a c h), Fant. *Harm*, Part 12— n *Evette*.
- Fleur et Papillon, Mél. imitative, P 2— n *Choudens*.
- Fleurs d'Alsace, valse 2— n *Choudens*.
- Fleurs de lys, valse 2— n *Choudens*.
- Le Forban, pas red. N. 6, *Harm* 3— n *Evette*.
- Frais ruisseau, valse 2— n *Choudens*.
- France! Ouv. *Pist*, *Basse*, *Tro*, *Cl*, *Saxoph*. etc. av. *Harm* 5— n, *Fanf* 4— n, Cond. 1— n, 4ms 2.50 n *Gobert*.
- Frère Jacques, polka, *Fanf* 3— n *Evette*.
- Le Frondeur, pas red. *Harm* ou *Fanf*, Part 3— n, p. sép. à —10 n *Evette*.
- Gai gai, mon officier, quadrille, *Fanf* 5— n *Evette*.
- Galop, *Fanf* 3— n *Evette*.
- Galop des Ecuyères, *Harm* ou *Fanf* av. *Pist*, Part 4.50 n, p. sép. à —15 n *Evette*.
- Galop des mules, *Fanf* 3— n *Evette*.
- Galop Jacquard. *Harm* ou *Fanf*, Part 3— n. p. sép. à —15 n *Evette*.
- Le Gaulois, pas red. **Harm** ou *Fanf*, Part 3— n, p. sép. à —10 n *Evette*.

- La Gazelle, polka 2.50 *Benoit*, *Fanf* 3— n *Evette*.
- Le Géant, pas red. N. 2, *Harm* 3— n *Evette*.
- Gilette de Narbonne (A n d r a n), maz. 1.70 n *Choudens*, 1. *Cornet*. Fl. (les succès modernes N. 124) à —25 n *Fromont*.
- Le Gladiateur, pas red. *Harm* ou *Fanf*, Part 3— n, p. sép. à —15 n *Evette*.
- Les Gouttes d'eau, valse 2— n *Choudens*.
- Grand Air varié, *Harm* ou *Fanf* av. *Bugle* *Tro Basse Saxophone-alto CI Fl* Quatuor de *Saxophones* 8 variat. 4— n, Cond. —75 n *Gobert*.
- Le G r a n d M o g o l, maz. 1.70 n *Choudens*.
- Guila gentil, Air varié de concours, *Harm* av. Fl. Cl. *Piston*, *Basson*, Part 6— n *Evette*.
- Helvétia, valse 2— n, simpl. 1— n *Choudens*, *Harm* 5— n, *Fanf* 4— n, Cond. 1— n *Gobert*.
- L'Hirondelle, valse 2— n *Choudens*.
- Les Huguenots (M e y e r b e e r), 2 fantaisies. *Fanf*, Part à 5— n *Evette*.
- Le Hussard, pas red. *Harm* ou *Fanf*, Part 3— n. p. sép. à —15 n *Evette*.
- Insomnie, Rêverie Redowa, *Harm* ou *Fanf*, Part 3— n, p. sép. à —10 n *Evette*.
- Isabella, valse, *Fanf* 3— n *Evette*.
- Jean Bart, pas red. *Harm* 3— n *Evette*.
- Le Jour de Rameaux, MS. 8 à 1.70 n *Choudens*.
- Jupiter, pas red. brill. *Harm* ou *Fanf* 2— n. Cond. —50 n *Gobert*.
- Lacryma valse-souvenir, P 2— n *Choudens*.
- Les Lanciers, quadrille. *Fanf* 5— *Evette*, *Harm Fanf* 2— n, Cond. —25 n *Sudre*.
- La Légion d'honneur. Ouv. *Harm* ou *Fanf* 10— n, p. sép. à —25 n *Evette*.
- Lestocq (A u b e r). Ouv. *Fanf*, Part 6— n *Evette*.
- Liberté! Pas red. *Harm* ou *Fanf* (chant ad lib.) 1.50 n, Cond. —25 n *Gobert*.
- Lieset und Gretel, polka bavaroise, *Fanf* 3— n *Evette*.
- Lorraine, gr. valse, *Fanf* 3— n *Evette*.
- La Luciole 1.70 n *Choudens*.
- M a c b e t h. Ouv. *Harm* 6— n, *Fanf* 5— n, Cond. 1— n *Gobert*.
- M a d a m e F a v a r t (O f f e n b a c h), maz. 1.70 n *Choudens*.
- L a M a g a c i e n n e (H a l é v y), fant. *Harm* ou *Fanf*, Part 6— n, p. sép. à —15 n, 1er et 2e, pas red. *Fanf* à 3— n *Evette*.
- Le Majestueux, pas red. *Fanf* 3— n *Evette*.
- La Malaria, gr. barcarolle, *Harm* ou *Fanf* 3— n, p. sép. à —10 n *Evette*.
- Mandarine, polka 1.70 n *Choudens*, *Harm* av. *Pist* 1.50 n, *Fanf* 1.40 n *Debert*, *Harm* ou *Fanf* 1.50 n. Cond. —50 n *Gobert*, *Naudin*.
- Mandolinota (Paladilhe), *Harm* ou *Fanf*, *Pist*-solo, Part 3— n, p. sép. à —10 n *Evette*, *Heugel*.
- La Marchande d'anis, quadrille. *Fanf* 5— n *Evette*.
- La Marche, pas red. *Fanf* 3— n *Evette*.
- Marche du Sacre. *Fanf*, Part 3— n *Evette*.
- Marche funèbre, *Harm* 3— n *Evette*.
- Marche impériale, *Fanf*, Part 3— n *Evette*.

- Marche persane (A. Choudens), *Harm Fanf* 1.25 n. Cond. —25 n *Sudre*.
- Marche pontificale (Gounod), *Harm Fanf* 1.25 n. Cond. —25 n *Sudre*.
- Marche russe. *Fanf*, Part 3— n *Erette*.
- Marche solennelle, *Harm* ou *Fanf* 1.25 n. Cond. —25 n *Gobert*, *Naudin*.
- La Mascotte (Audran), maz. 1.70 n *Choudens*. 1.50 n *Debert*, (Cornet*Fl* (les succès modernes N. 115) à —25 n *Fromont*.
- Mercédès, valse 2— n *Choudens*.
- Mes adieux au 63e, pas red. *Harm* ou *Fanf* av. Clairon 3— n, Cond 1— n *Gheluwe*.
- Mignonne, polka. *Fanf* av. Tamb de basque et *Triangle* 3— n *Erette*.
- Morceau de concours, tyrolienne variée, *Harm*, Part 3— n *Erette*.
- Morceau d'Élévation, *Saxophone alto* av. P ou Org 6—. av. *Harm* (P ou Org ad lib.). Part 4.50 n *Erette*.
- Le Mousquetaire, pas red. *Harm* ou *Fanf* (Contrech. de *Basses*) 1.25 n, Cond. —25 n *Gobert*.
- La Mystérieuse, polka, *Harm* 1.50 n, *Fanf* 1.25 n, Cond. —25 n *Gobert*.
- Une Nuit à Grenade, gr. fant. imit. av. boléro, *Harm* 5— n, *Fanf* 4— n, Cond. 1— n *Gobert*.
- L'Océan, pas red. *Harm* ou *Fanf*, Part 3— n. p. sép. à —15 n *Erette*.
- L'Orage, fant. av. accessoires. *Harm* ou *Fanf*, Part 6— n, p. sép. à —25 n *Erette*.
- L'Orgueilleuse, schottisch, *Fanf* 3— n *Erette*.
- Osman-Pacha, pas red. *Harm* ou *Fanf* av. Duo de *Basses* 1.50 n, Cond. —25 n *Gobert*.
- Ouverture symphonique, *Harm* 4— n. *Fanf* 3— n, Cond. —75 n *Gobert*.
- La Palme d'Honneur, ouv. de concours, *Harm* 5— n, *Fanf* 4— n, Cond. 1— n *Gobert*.
- Le Papillon de nuit, polka 1.70 n *Choudens*.
- Les Parques, ouv. gr. symphonie de concours, en 3 parties. *Harm* 8— n, *Fanf* 6— n, Cond. 1.50 n *Gobert*.
  La Part du Diable (Auber), fant. *Fanf* av. Pist et pet. Bugle, Part 6— n *Erette*.
- Le Partisan, pas red. *Fanf* 3— n *Erette*.
- Pas redoublé pour défiler, *Harm* ou *Fanf* av. Tambours 3— n *Erette*.
- Le Pâtre des montagnes, maz. 1.70 n *Choudens*.
- Patrouille turque, marche, *Harm* ou *Fanf* 1.50 n, Cond. —25 n *Gobert*.
- Une pensée, rédowa 1.70 n, simpl. 1— n *Choudens*.
- Pervenche, maz. 1.35 n *Choudens*.
- Picciola, polka, *Fanf* 3— n *Erette*.
- Pierre qui roule, polka 1.70 n *Choudens*. *Harm* ou *Fanf*, Part 3— n, p. sép. à —10 n *Erette*.
- Piffard, pas red. *Harm* ou *Fanf* (Chant ad lib.) 1.50 n, Cond. —25 n *Gobert*.
- Polka des bébés (av. chant ad lib.) 1.70 n, simpl. 1— n *Choudens*, O à cordes 1.25 n *Debert*.
- Polka des Crevettes 1.70 n *Choudens*.
- Polka des Pinsons, *Harm* ou *Fanf*, Part 3— n, p. sép. à —15 n *Erette*.
- Polka du dodo, Dodo, l'enfant do 2 voix 1— n, chœur (L'Orphéon de la Jeunesse) —25 n *Choudens*.

- Polonaise d'Aleu, *Fanf* 3— n *Erette*.
- Premier bijou, valse 1.70 n *Choudens*. *Harm* ou *Fanf* 2— n. Cond. —50 n *Gobert*.
- Première valse (Valse enfantine) 1.70 n *Choudens*.
- Le Président, pas red. *Harm* ou *Fanf* 1.25 n. Cond. —25 n *Gobert*, *Naudin*.
- La Prière des Francs, ouv. *Harm* (Chant ad lib.) 5— n. *Fanf* 4— n. Cond. 1— n. *Ims* 2.50 *Gobert*.
- Quadrille des Chasseurs (Gaston de Lille). *Harm* ou *Fanf* 2— n, Cond. —15 n *Sudre*.
- Le Rappel, polka milit. 1— *Bornemann*. *Harm*, Part 3— n *Erette*.
- Régina, boléro polka 2— n *Choudens*.
- Regrets, fant. redowa, *Harm* ou *Fanf* 3— n, p. sép. à —10 n *Erette*.
- Reichshoffen, fant. *Harm*, Part 5— n *Erette*.
- La Reine des concours, ouv. *Harm* ou *Fanf* 3— n, Cond. —75 n *Gobert*.
- La Reine des fleurs, valse 2— n *Choudens*.
- La Reine Topaze (Massé), fant. *Fanf*, Part 7.50 n *Erette*.
- Le Retour de Crimée, pas red. *Fanf* 3— n *Erette*.
- Le Retour des Lagunes, barcarolle, *Fanf* 3— n *Erette*.
- Retraite de l'artillerie de la garde. *Fanf* 3— n *Erette*.
- La Revanche, pas red. *Harm* av. Tambours et Clairons 3— n *Erette*.
- Le Rêve de Juanita, boléro brill. *Harm* ou *Fanf* 1.25 n. Cond. —25 n *Gobert*.
- Réveil de cavalerie, *Fanf* 3— n *Erette*.
- Le Rhône, pas red. *Harm* ou *Fanf*, Part 3— n, p. sép. à —10 n *Erette*.
- La Rieuse, polka (av. chant ad lib.) 1.70 n *Choudens*. O à cordes 1— n. *Harm* ou *Fanf* 1.50 n. Cond. —25 n *Gobert*.
- La Romanaise, schottisch, *Harm* ou *Fanf* Part 3— n, p. sép. à —10 n *Erette*.
- Ronde des crevettes, chans.-com. MS. 8 à 1— n, polka 1.70 n *Choudens*.
- Roulette-polka 1.70 n *Choudens*.
- Sabretache, polka, *Fanf* 3— n *Erette*.
- Sainte Cécile, pas red. *Harm* ou *Fanf*, Part 3— n, p. sép. à —15 n *Erette*.
- Saltarello, pas red. *Harm* ou *Fanf*, Part 3— n, p. sép. à —10 n *Erette*.
- Santa Lucia, fant. *Harm* ou *Fanf* av. Pist 2.50 n, Cond. —50 n *Gobert*, av. Cond. 5— n *Henge*l, 2.50 n, Cond. —50 n *Naudin*.
- Sans-souci, pas red. N. 3, *Harm* 3— n *Erette*.
- Sautillant, pas red. *Fanf* 3— n *Erette*.
- Le Serment, pas red. (Auber), *Fanf* 3— n *Erette*.
- Séville, boléro brill. *Harm* ou *Fanf* 1.25 n. Cond. —25 n *Gobert*.
- Les Soirées des Quinconces, polka 5— *Ledue*.
- Sous les quinconces, faut. *Harm* 4— n, *Fanf* 3— n *Deplaix*.
- Souvenir de Vienne, pas red. *Fanf* 3— n *Erette*.
- Spartiate, pas red. *Harm* ou *Fanf*, Part 3— n, p. sép. à —10 n *Erette*.
- Stabat Mater, morceau rélig. *Harm* et voix d'hom. av. Org ou P, Part 12— n *Erette*.

- Tarantelle, *P* 5— *Gras*.
- La Tempête, gr. valse, *Fanf* 3—n *Erette*.
- La Tête des Madrilènes, fant. espagnole, *Harm* ou *Fanf*, Part 6—n, p. sép. à —25 n *Erette*.
- La Tirelire, polka, *Harm* 1.50 n, *Fanf* 1.25 n, Cond. —25 n *Gobert*.
- Le Touriste, pas red. *Harm* ou *Fanf*, Part 3—n, p. sép. à —10 n *Erette*.
- Le Tournoi musical, ouv. *Harm* ou *Fanf* 7.50 n, p. sép. à —25 n *Erette*.
- Tristezza, rêverie, *P* 6— *Gras*.
- Les Trompettes, polka, *Fanf* 3—n *Erette*.
- Les Trompettes de la reine, polka, *Harm* ou *Fanf*, Part 4.50 n, p. sép. à —15 n *Erette*.
- Il Trovatore, 2e fant. (Verdi), *Fanf*, Part 6—n, marche, *Fanf*, Part 3—n *Erette*.
- Tyrolienne variée, *Saxophone alto* m b av. acc. de *P* 9—, av. *Harm*, Part 3—n *Erette*.
- Valenciennes, valse 2—n, simpl. 1—n *Choudens*.
- Le Vampire, galop, *Fanf* 3—n *Erette*.
- Va-t-en guerre, pas red. *Harm* ou *Fanf*, Part 3—n, p. sép. à —10 n *Erette*.
- Le Veau d'or, pas red. N. 1, *Harm* 3—n *Erette*.
- Veloutine, polka 1.70 n *Choudens*.
- Le Voltigeur, pas red. *Harm* ou *Fanf*, Part 3—n, p. sép. à —15 n *Erette*.
- Vulcain, pas red. *Harm* ou *Fanf*, Part 3—n, p. sép. à —10 n *Erette*.
- Le Zouave, pas red. *Fanf* 3—n *Erette*.
- Le Zoulou, pas red. *Harm* ou *Fanf* 1.50 n, Cond. —25 n *Gobert*.

Buquet. Konac-Fratl la clarinette executi-cité aux canard 3—, *Ch. s.* —30 n *Breitlard*.

Бураковъ В. А. Слыхали-ль вы? —20 *Jurgenson*.

Бураковскій А. Трилуга, вальсъ —50 *Gutheil*.

Burald F. op. 10 Herzliebchen-Gavotte —80 *A. E. Fischer*.
- 14 Immer flott! Galopp —60 *A. E. Fischer*.
- 16 Nicht so leicht! Konzert-Polka, *Tr* od. *Cornet*, m. gr. *mO* 2.50 n, kl. *mO* 2—n, *blM* 2—n.
- 20 Eine Huldigung dem Kaiser. Großer Festmarsch, u. Herzog W. op. 60, Landleben, Polka-Mazur, gr. *mO* 2.50 n, kl. *mO* 2—n *A. E. Fischer*.
- Alla italiano, Original-Kavatine f. *Cornet à P* u. gr. *mO* 2—n, m. kl. *mO* 1.50 n *A. E. Fischer*.
- Alla italiano, Original-Kavatine, *Tr* gr. od. kl. *mO* 2— *A. E. Fischer*.
- Ein Herz, ein Sinn, Konzert-Polka f. *2Cornet à P*, gr. *mO* 2—n, kl. *mO* 1.50 n *A. E. Fischer*.
- Herzliebchen, Gavotte and Neibig-Funck O. Spanish Serenade, *P* —30 n, *10 Instr* —75 n, *14 Instr* 1—n, *FullO* 1.25 n *Fischer*.
- Klänge von nah und fern, Potp. m. Echo, *IM* 3—n, kl. Bes. 2.50 n, *KM* 2.50 n *Bellmann*.
- Loving Hearts, gavotte, *Full Band* 2 8, *Medium Band* 2—, *Small Band* 1 4, extra parts —2 *Hawkes*.

- Das neue französische Spionagen-Gesetz, Marsch f. *O* m. Text —50, mit Ges. —50 *A. E. Fischer*.
- Der Opernfreund, Potpourri, gr. *mO* 2—n, kl. *mO* 1.50 n, *Blechmusik* 1.50 n *A. E. Fischer*.
- Zar und Zimmermann, Potp. *KM* 2.50 n *Bellmann*.

Burald J. Herzliebchen, Gavotte, *P* 2— *Boosey*.

Burali-Forti C. Ave Maria 4.50 *Mariani*.
- Bondelmonte, Le Veglie di Famiglia, N. 2, *CIP* 7.50 *Ricordi*.
- Hymnus Nuptiarum, *P* 3.50 *Venturini*.
- Marino Faliero, Le Veglie di Famiglia, N. 3, *CIP* 6— *Ricordi*.
- Melodia, *P* 3— *Ricordi*.
- Nozze campestri, bozz. *4ms* 7— *Mariani*.
- Pensiero elegiaco, *P* 2.50 *Venturini*.
- Pensiero melodico, *P* 5— *Mariani*.
- Serenata, *VP* 6— *Mariani*.
- Serenata, *MandP* 6— *Mariani*.
- Vestale (la), (Mercadante), Le Veglie di Famiglia, N. 4, *CIP* 6— *Ricordi*.
- Le Veglie di Famiglia, fantasie, *CIP*: N. 1. Tippete, tuppete, tappete, stornello napolitano di Mercadante 5—. N. 2. Bondelmonte 7.50. N. 3. Marino Faliero. 4. La Vestale di Mercadante, à 6— *Ricordi*.

Burani. Le bal d'enfants —50 n *Pinatel*.
- Le chagrin de bébé —50 n *Pinatel*.
- Les dégourdis 3—, *Ch. s.* 1— *Bornemann*.
- Les Extrêmes —50 n *Pinatel*.
- La Foire aux pains d'épices —50 n *Pinatel*.
- Mardi-gras —50 n *Pinatel*.
- Nos Marins, *Ch. s.* —50 n *Romart*.
- Les Oeufs de Pâques —50 n *Pinatel*.
- Le petit Noël —50 n *Pinatel*.
- La Promenade —50 n *Pinatel*.
- La Raquette —50 n *Pinatel*.
- La Rentrée —50 n *Pinatel*.
- La Rentrée chœurs à l'unisson —50 n *Pinatel*.
- Les Rêves —30 n *Joubert*.
- Rondo enfantine —50 n *Pinatel*.
- Les Vacances, chœur à l'unisson —50 n *Pinatel*.
- Les Vacances —50 n *Pinatel*.

Burbatti A. A lei, melodia 4— *Mariani*.
- Eugenia, *P* 2— *Perosino*.
- Gaîté, polka marcia 2— *Perosino*.
- Ritrovi, valse, *4ms* 7— *Mariani*.

Burbridge E. and J. Pietroni, The Life boatmen —1 *Caruca*.

Burbure Leon Philippe de (1812—1899). *Crouz:* Alma à 4 voix 1.50 n.
- Amour et repentir, romance av. *P* ou *O* —50 *Schott*.
- Ave Maria, *Bar-Solo* 2—n.
- Ave Maria, solo 1—n.
- Ave Maria, à 4 voix 1—n.
- Ave Regina, à 4 voix 1.50 n.
- Coeli enarrant gloriam Dei, motet à 4 voix. Parties d'O et de chant 10—n, Les 4 quatre parties de chant suppl. 2—n, Partition de chant, orgue et parties 5—n.
- Coeli enarrant gloriam Dei, à 4 voix 6—n.
- La distribulaion des prix, à 3 voix, paroles franç. et flamandes 3.50.
- Litanies, à 2 ou 4 voix 3—n.
- Litaries, à 2 ou 3 voix 2—n.

- Nenni, nenni (Nein, nein), romance. *P(G)* — 50 *Schott*.
- Six offertoires, hymnes et psaumes, SATB, Org: Op. 70. Terra tremuit haec dies, pro Paschale, en mi bémol. Op. 71. Ecce quam bonum en si bémol. Op. 74. Cantantib, organis Caecilia, en sol, Part et p. sép. à 2—n. Les mêmes, O 4—n *Schott Frères*.
- Offertoires, hymnes et psaumes, SATB, Org: Op. 72. Tantum ergo en sol. Op. 73. Adjuva nos, Deus, en mi bémol. Op. 75. Jesu dulcis memoria en la bémol, Part et p. sép. à 2—n. Les mêmes acc. O 4—n *Schott Frères*.
- Regina Coeli, à 4 voix —75 *Cranz*.
- La ronde des fées, à 3 voix 3.50 *Cranz*.
- Le sylphe, romance avec acc. *P(G)* —50 *Schott*.
- Symphonie triomphale (arr. Kufferath), *4ms* 5— *Schott Frères*.
- La Moldau, valse 1.30 *Cranz*.

Burcet Henri, A fond de Train, galop. *4ms* 9— *Noël*.
- A fond de train, galop brillant. *P* 7.50 *Noël*.
- Un deux souvenir, grande valse 5— *Noël*.

Burchard Carl (1820). vide Opern-Album. *4ms* (10 Hefte) *Hoffarth*.
- 25 Transkriptionen, 1*cP*: Nr. 1. Mozart: Adagio 1.30. Nr. 2. Mozart: Arie a. d. Zauberflöte: „Dies Bildnis ist bezaubernd schön" 1—. Nr. 3. Mozart: Arie aus Don Juan: „Dalla sua pace" 1—. Nr. 4. „La Romanesca", danse ancienne 1.30. Nr. 5. Bellini: Quintett aus „La Somnambula" 1—. Nr. 6. Beethoven: Adelaide. 7. Mozart: Arie a. d. Zauberflöte: „O Isis und Osiris". 8. Mozart: Arie aus der Zauberflöte: „In diesen heilgen Hallen", à —80 *Cranz*.
- 35 Potpourris, *4ms*, 1*cP*: N. 1. Minette (Masaniello), St 5.20. N. 2. Preciosa, St 5.20. N. 3. Freischütz. St 7.20 *André*.
- Bearbeitungen für 2*P* zu 8 Händen, *4ms*. Nr. 10. Siehe: Schubert Franz. Nr. 11. Siehe: Weber Carl Maria von. Ouverturen f. do. Nr. 18. Siehe: Nicolai O.
- Egmont, Ouv. 2*P* (Beethoven) 2.50 *Haslinger*.
- Kanon über „Schuster bleib' bei deinem Leisten", 2*8T* 1.30 *Fürstner*.
- Klassische Kirchenmusik, *4ms*. Serie I (Heft 1—5), Serie II (Heft 1, 2) *Ad. Brauer*.
- Komp. 6*ms*, *Brauer*: Nr. 13. Reissiger: Ouverture z. Op. Die Felsenmühle 4—. Nr. 14. Weber: Ouverture „Der Freischütz". Nr. 15. Kreutzer: Ouverture „Das Nachtlager in Granada", à 3—.
- Marsch aus Oberon (Weber C. M. v.), *4ms* —80 *Haslinger*.
- Opern-Album für Pianoforte zu 4 Händen 6—n, 10 Hefte à 1— *Hoffarth*:
  Heft I: Marschner: Der Templer und die Jüdin. Lied und Chor: Brüder wacht, habet Acht. Mozart: Die Zauberflöte, Rachearie der Königin der Nacht. Lortzing: Der Wildschütz, Lied mit Chor: ABCD, Der Junggesellenstand.
  II: Weber: Euryanthe, Duett: Hin nimm die Seele mein. Auber: Maurer und Schlosser, Rondo: D'rum Courage, nicht verzage. Adam: Der Postillon von Lonjumeau, Lied: Freunde vernehmet die Geschichte.
  III: Meyerbeer: Robert der Teufel, valse infernale. Paer: Sargino, arie: Ah Sofia mio caro bene.
  IV: Mozart: Die Zauberflöte, Arie: Alles fühlt der Liebe Freuden. Weber: Silvana, Trinklied. Mozart: Die Zauberflöte, Arie: In diesen heil'gen Hallen.
  V: Spohr: Jessonda, Duett: Schönes Mädchen. Mozart: Die Zauberflöte, Duett: Bei Männern, welche Liebe fühlen.
  VI: Lortzing: Der Wildschütz, Polonaise: Heiterkeit und Fröhlichkeit. Mozart: Don Juan, Duett: Gib dich zufrieden. Paer: Achilles, Trauermarsch.
  VII. Rossini: Der Barbier von Sevilla, Arie: Ich bin das Factotum. Winter: Das unterbrochene Opferfest, Duett: Wenn mir dein Auge strahlet.
  VIII. Righini: Das befreite Jerusalem, Marsch u. Chor der Araber, Auber: Die Stumme von Portici, Schlummerarie.
  IX. Berton: Aline, Königin von Goiconda, Rondo: Uns Hirten der Provence. Mozart: Die Zauberflöte, Duett: Bewahret euch vor Weibertücken. Bellini: Der Pirat, Emr'act und Chor.
  X. Mozart: Don Juan, Arie: Treibt der Champagner. Meyerbeer: Robert der Teufel, Romanze: Eh' ich den Normandie verlassen. Weber: Der Freischütz, Trinklied: Hier im ird'schen Jammertal. Méhul: La chasse du jeune Henri, Jagdmusik.
- Opern-Arien für Vod. Ve und *4ms*: Heft II. Nr. 1 Mozart: „Dies Bildnis ist" aus: Die Zauberflöte. 2. „Porgi Amor" (Heil'ge Quelle), aus: Figaros Hochzeit. Heft III. Nr. 3. Mozart: „Ach, wie ängstlich", aus: Die Entführung. Heft IV. Nr. 4. Rossini: „Eccoridente" (Schon strahlt die Morgenröthe), aus: Der Barbier von Sevilla, à 1.30 *Heinrichshofen*.
- Pianoforte-Album. Auswahl volkstümlicher Musik aller Länder, *4ms*, Band I, II à 4.50 *Brauer*; dasselbe in sechs Heften à 2—:
  Heft I. Schützenlied aus Tell. Menuett aus Don Juan. Altes Schifferlied. Ave verum von Mozart. Thema von Haydn. Polnischer Tanz. Tiroler Walzer. Ochsen-Menuett von Haydn. Choral von Bach. Ständchen aus Don Juan. Arie aus dem Opferfest. Marsch aus Blaubart, Röslein auf der Heide. Karneval-Walzer. Thema von Mozart in As.
  II. Chor aus Judas Maccabäus. Rakoczy-Marsch. Italienischer Tanz. Englische Morgenhymne. Ich bin der Schneider Cacadu. Sailor-Boys Dance. Bergmannslied. Marsch aus Elisabeth. Schweizerlied, Thema von Rode. Arie aus der Zauberflöte.
  III. Chor und Tanz aus Euryanthe. La Cachucha. Yankee doodle. Thema von Mozart. Nadine-Polka. Karneval von Venedig. Chor aus dem Wasserträger. Volkslied von Weber. So viel Stern' am Himmel. Thema von Mozart. Sind wir geschieden. Arie von Bach. God save the Queen.

IV. Russisches Volkslied. Es ist bestimmt. Rule Britannia. Quartettsatz von H a y d n. Geistliche Lieder von B e e t h o v e n Spanische Nationalhymne. Priestermarsch aus der Zauberflöte. Neapolitanisches Volkslied. La Musette von G l u c k.

V. Tanz der Seythen von G l u c k. Gott erhalte Franz den Kaiser (mit Variationen) von H a y d n. Wallfahrtslied. Russische Nationalhymne. Tiroler-Lied. Der schwere Traum. Rheinweinlied. Serenade von B e e t h o v e n. Irländisches Volkslied. Liebe und Sehnsucht.

VI. Drauß' ist alles so prächtig. Rheinlied aus den Nibelungen. Menuett von H a y d n. Ännchen von Tharau. Thema von M o z a r t. La Madrilena. Dänische Nationalhymne. Holländische Nationalhymne. Der heilige Gesang.

- Rakoczy-Marsch, *4ms* 1— *Brauer.*
- Sternenblick: „Wenn sich todesmüde" —50 *Förstner.*
- Siehe: Trauungsgesang nach einer Arie (f. S) aus: Xerxes: „Ombra mai" von G. F. H ä n d e l, für gem. Chor bearbeitet.
- Übertragungen unter den betreffenden Komponisten. *André.*
- Volkshymnen. Heft 1: Dänische, russische, holländische, österreichische Volkshymn u. persisches Lied, *4ms* 1.20. Heft II: Italienische, spanische und portugiesische Volkshymne, Marseillaise, *4ms* 1.80 *Brauer.*
- Volkslieder und Gesänge für *SATB. Heinrichshofen:* Heft 1. Part —40, St 1—; Nr. 1. Liebe und Sehnsucht: „Du, du liegst mir im Herzen." 2. Liebe: „Kein Feuer, keine Kohle." 3. Kuckuck und Jägersmann: „Auf einem Baum ein Kuckuck." 4. Die lustigen Schneider: „Die Schneider gaben ein Gastgebot." 5. Ständchen: „Erklinge, zarte Weise."
  II. Part —50, St 1—: Nr. 6. Liebesgruß: „Sind wir geschieden." 7. Liebesempfindung eines Bergmannes: „Tut mir's weh im Herzen." 8. Vergänglichkeit: „Sagt, wo sind die Veilchen hin." 9. Abendlied: „Nun rastet ohne Sorge."
- Burchard C. und W. Popp. Collection d'Ouvertures favorites, *4ms* 1 c.: N. 1. Norma 2.80. N. 2. Le Barbier de Seville 3.30. N. 3. L'enlèvement du Sérail 3.30. N. 4. Jean de Paris 3.80. N. 5. Egmont 3.50. N. 6. Titus 2.80. N. 7. Die Schweizerfamilie 2.50. N. 8. Joseph 2.50. N. 9. Euryanthe 3.30. N. 10. La dame blanche 3.50. N. 11. Preciosa 2.80. N. 12. Iphigenien Aulide 3.30. N. 13. Der Wasserträger 3.30. N. 14. Le Calife de Bagdad 3.30. N. 15. Der Freischütz 3.50. N. 16. Oberon 3—. N. 17. Sargino 3—. N. 18. Cosi fan tutte 2.50. N. 19. Tigranes 2.50. N. 20. Die Vestalin 3.30. N. 21. La Muette de Portici 3.80. N. 22. Tell 4.50. N. 23. Fra Diavolo 3.80. N. 24. Tancred 3—. N. 25. Zampa 3.80. N. 26. Fidelio 3.30. N. 27. Le Siège de Corinthe 4—. N. 28. Prometheus 3—. N. 29. Semiramide 5—. N. 30. Leonore (C-dur) 6—. N. 31. Coriolan 3.50. N. 32. Anacreon 4.30. N. 33. Abenceragen 3.80. N. 34. Lodoiska 4—. N. 35. Jubel-Ouverture 3.80. N. 36. Nabucodonosor 3.50. N. 37. Martha 3.50. N. 38. Die lustigen Weiber von Windsor 3.80. N. 39. Das Nachtlager in Granada 3.50. N. 40. Zar und Zimmermann 3—. N. 41. Don Juan 5.30. N. 42. Die Hebriden 3.50. N. 43. Sommernachtstraum 5.80. N. 44. Alessandro Stradella 3—. N. 45. Figaro 3—. N. 46. Zauberflöte 2— *Cranz.*

Burchard Victor, op. 3 Marie vom Oberlande (d.-holl.) 1— *Jänne.*
- Liebchen ist da! „Blümlein im Garten" —80 *Simon.*
- Des Verliebten Wunschzettel. Rheinländer-Polka 1— *Bloch.*
- Warum die Mägdelein mir so gefährlich sind 1— *Bloch.*

Burck Joachim von, 20 deutsche geistliche vierstimmige Lieder (Erfurt 1575); Die Passion nach dem Evangelisten Johannes zu vier Stimmen (Wittenberg 1568); Die Passion nach dem 22. Psalmen Davids (1574). In Partitur gebracht nebst einer Klavierpartitur von A. H a l m und R o b. E i t n e r 15—n *Breitkopf.*

Burck Theodore, Lost Romanza, *P* —50 *Jennings.*

Burckart Julius, op. 9 „Ich knie vor euch als getreuer Vasall" aus Scheffels Trompeter, *b. l.* —60 *Ries & Erler.*
- 10 Mailied aus Scheffels Trompeter, *TTBB.* Part 1—, St —60 *Ries & Erler.*
- Heute ist heut'! 1.20 *W. Schmid.*
- Prinz Rupprecht-Marsch, *P* 1.20, *stO* 3— n. *4O* 3—n *W. Schmid.*

Burckhardt Chr. op. 6 „Über Nacht" *MSB* —80 *Zumsteeg.*
- 7 „Rosenzeit, wie schnell vorbei", *MSBar* —40 *Zumsteeg.*

Burckhardt Max, op. 6 Elegie und Ständchen, *P* 1— *Eisoldt.*
- 11 Rondo, *P* 1— *Eisoldt.*
- 2 Lieder: 1. Frühlings-Mahnung. 2. Nachtwanderung à 1— *Hofmeister.*

Burda C. G. B r a h m s, op. 49, 71, 84 und P r e s s e l. *Simrock.*

Burda C. G. op. 9 Amazonen-Walzer, für *1Z* —80, für *2Z* 1.30, für *3Z* 1.80 *Ende.*
- 9 Amazonen-Waltz, *Z* —25, *2Z* —40, *3Z* —60 *Fischer.*
- 10 In der Fremde. Idylle für *1Z* —60, für *2Z* 1.10 *Ende.*
  A. E. Fischer.
- 16 D' Liab' af d' Alm. Orignalmelodien, *Z* —75, *2Z* 1—.
- 17 Leb' wohl, mei Senn'rin. Alpenländisches Charakterstück, *Z* —60, *2Z* —90, *3Disk-Z* 1.20.
- 18 Spaßvogel. Walzer, *Z* —50.
- 19 Liebesgrüße. Walzer, *Z* —50.
- 20 Grüße aus Bremen. Marsch, *Z* —50, *2Z* —75, *3Disk-Z* 1—.
- 21 Am Frühlingsabend. Lied ohne Worte, *Z* —40.
- 22 Auf, zur Liebsten. Galopp, *Z* —50.
- 23 Sei gegrüßt, du traute Heimat. Lied ohne Worte, *Z* —40.
- 24 Liebesklage. Lied ohne Worte, *Z* —40.
- 25 Schön Röschen. Polka-Mazurka, *Z* —50, *2Z* —75.
- 26 Wie könnt' ich dein vergessen. Romanze, *Z* —60.
- 27 Ein Abend an der Waldkapelle. Fantasie, *Z* 1—.

28 Die Dorfschwalberl. Konzert-Ländler, Z 1—.
29 Mailust. Polka-Mazurka. Z —50.
30 Longing for Home (Heimweh), Fant. Z —30 *Fischer.*
30 Sehnsucht nach der Heimat. Fantasie —50 *Ende.* —30 *Fischer.*
31 Frühlings-klänge. Walzer für 2Z —80 *Ende.*
32 Vereinsfest-Polka, Z —50. 2Z —75.
34 Schusterjungen. Polka, Z —50.
35 Jagabua und sei Lieb. Idylle, Z —50.
37 Zur Jubiläumsfeier. Serenade, Z —75.
39 Schneeglöckchen (Snow Drop). Polka-Mazurka, Z —25, 2Z —40 *Fischer.*
43 Erinnerungslos. Lied mit Text, Z —50.
51 Heimatlos. Lyrisches Tonstück, Z81-Z 1—.
52 Neuer Frühling. Lied mit Text, Z —50 *Hocues.*
53 Vorsatz. Lied mit Text. Z —40.
55 Frühlingsstürme. Lied mit Text. Z —50.
56 Bulgaren-Marsch, Z —50.
57 Zwei Äuglein blau, für die ich lebe, Lied ohne Worte. Z —50.
60 Leb' wohl. Lied ohne Worte, Z —50.
58 Sängergruß. Marsch, Z —50.
59 Die Herzens-Königin. Polka-Maz. Z —50.
61 Träume an der Weser. Konzert-Fantasie, Z 1—.
62 Gnomen-Polka, Z —50.
63 Frei weg! Galopp, Z —50.
64 Ballmärchen. Walzer, Z —80.
66 Carmen Sylva. Gavotte, Z 1—. 2Z 1.50.
67 Jugendträume. Polka française, Z —60, 2Z 1—.
67 Jugendträume. Polka française für 81-Z (od. V), 2Z1 c u. *Glocke* 1.50, Z81-Z 1—.
68 Freundschaftsgruß. Konzert-Polka-Maz., Z —80, 2Z 1.20.
69 Erinnerungen an Kloster Heiligenrode, Polka-Idylle, Z —75, 2Z 1.50, 2Z81-Z od. V 2— *Hocues.*
70 Entsagung. Elegie, Z —60.
71 Liebestraum. Romanze, Z81-Z 1—, 281-Z od. 1 Z 1.25.
72 Hofballklänge. Walzer. Z 1—.
73 In Liebe vereint. Walzer, Z —50, 2Z 1—, 2Z81-Z od. V 1.25, 2Z81-Z V c *Glockenspiel* 1.75 *Hocues.*
74—83 Musikalische Abend-Unterhaltung. Zehn melodiöse Vortragsstücke in leichtem Stile 1.50 n.
74 Gruß der Sennerin von der Alm. Lied ohne Worte, Z —30.
75 Bei uns zu Haus. Walzer, Z —50.
76 Sei mein! Polka-Mazurka, Z —50.
77 Wanderlust. Marsch, Z —50.
78 Holder Abendfriede. Lied ohne Worte, Z —50.
79 Die schöne Vierwaldstätterin. Polka-Maz. Z —50.
80 O schönes Heimatland. Idylle, Z —50.
81 Wonnetraum. Walzer, Z —50.
82 Die Verliebten. Ländler, Z —50.
83 Dorotheen-Polka, Z —50.
84 Zithervereins-Festmarschlied. Z —60.
85 Märchen aus der Alpenwelt. Fantasie im Ländlerstile, Z 1—, 2Z 1.50.
92 Hoch Straßburg! Straßburger Zither-klubmarsch, Z —60, 2Z 1—.

92 „Hoch Straßburg." Straßburger Zither-klubmarsch für 2Disk- u. Alt-Z 1.40, für 2Disk-, Alt- u. 81-Z od. 1, *Glockenspiel* 1.70.
93 Schön München. Polka-Mazurka, Z —60.
94 Ein Abend am Alpensee. Idylle, Z —60, 2Z 1—.
95 Erinnerung an die Heimat. Fantasie, Z 1—.
102 Liebesjubel. Festmarsch, Z —75, 2Z 1.50 *Hocues.*
103 Abendglocken. Walzer-Serenade, Z 1— *Hocues.*
104 Herzkaterl. Walzer, Z —50 *Hocues.*
111 Ich denke dein! Konzert-Polka-Mazurka, Z —80, 2Z 1.20.
122 Neue Liebe, neues Leben. Konzert-walzer, Z —80, 2Z 1.20.
122 Neue Liebe, neues Leben. Konzert-walzer, Z81-Z 1—.
122 Neue Liebe, neues Leben. Konzert-walzer, für 3Disk-Z 2—, 3Disk- u. 81-Z od. V 2.25.
126 Slavische Tänze, Z —80, 2Z 1.20.
137 's lust'ge Tanzröserl. Steirischer Walzer, Z 1.20.
138 Rococo-Gavotte, Z — 80.
139 Wer treulich liebt, ist nicht verlassen! Lied, *TrP* —80, Z —80, h. m. —80.
149 Stille Verlobung. Z —60 *Heckel.*
153 Das treue Mutterherz, Z —60 *Heckel.*
164 Noch einmal möcht ich. Z —60 *Heckel.*
165 Ich grüß dich, mein Dörfchen, Z —60 *Heckel.*
170 Feenreigen-Walzer, Z —60 *Heckel.*
172 Fern von der Heimat, Z —60 *Heckel.*
173 Im wunderschönen Monat Mai. Walzer, Z —60 *Heckel.*
174 Alpenglüh'n und Sehnsuchtsklänge, Z —50 *Domkowsky.*
175 Die Rosen-Königin. Z —60 *Heckel.*
176 Lustige Leut, Z —60 *Heckel.*
177 Liebes-Huldigung. Gavotte, Z —60 *Heckel.*
178 Kennst du das Glück. Z —60 *Heckel.*
179 Weihnachtsmärchen, Z —60 *Heckel.*
180 Deutscher Bergmanns-Marsch, Z —60 *Heckel.*
Braun Äuglein, Tyrolienne, Z (B-Schl.) —60, Z (I, II, III) 81-Z (V-Schl.) —70 *Domkowsky.*
Dir zu lieb. Mazurka, Z (I, II, III) 81-Z (V-Schl.) —80 *Domkowsky.*
Die Glocken der Klosterkirche. Charakter-stück, Z (I, II) Alt-Z81-Z u. *Glocken* (V-Schl.) —80 *Domkowsky.*
Heil dir, Harmonia. Konzert-Walzer. Z (I, II) Alt-Z281-Z (V-Schl.) —90 *Domkowsky.*
Im Schloßpark. Idylle, 81-Z (I, II, III) (B-Schl.) —60 *Domkowsky.*
Im Schloßpark. Idylle, Z (V-Schl.) —60 *Domkowsky.*
Musikalische Abendunterhaltung. 10 melodiöse Vortragsstücke, Z 1.50 n.
Sag', wo der Liebe Heimat ist, Konzert-Fantasie, Z (V-Schl.) 1.20 *Domkowsky.*
Stimmt an mit hellem hohem Klang. Bundesmarsch, Z (I, II) Alt-Z81-Z1 c u. *Glocke* —60 *Domkowsky.*
Unsere Jungens. Deutscher Marine-Marsch,

Z. (I, II, III) *StZ* (V-Schl.) —70 *Draskowsky.*
- Wer treulich liebt, ist nicht verlassen! Lied, *Tr* u. O 1— n, *Pos* m. O 1— n, *PosP* —80.

Burde Th. op. 1 Herb-lied — 80 *Mörike.*

Burdett Geo A. Alleluja! Christ is risen! Easter (Church Music 960) —15 n *Schirmer.*
- Be of good courage — 10 n *Woolhouse,* —20 *Boston Music Co.*
- Blessed the Lord my Strength (Church Music 1041) —20 n *Schirmer.*
- Bless the Lord my Soul (Church Music 1002) —25 n *Schirmer.*
- Calm on the listening ear. *SAS* —60 *Boston Music Co.*
- Calm on the listening ear. *P* —60 *Boston Music Co.*
- Calm on the listening. ear of night, *S* or *Bar* 2 6 n *Woolhouse.*
- Christ has won the Victory, mix. chor. —12 *Ditson.*
- Christians Awake! — 8 n *Woolhouse.*
- Christian Awake! —15 *Boston Music Co.*
- Come see the place where Jesus lay —20 *Boston Music Co.*
- Dawn of Earth's New Sabbath — 8 n *Woolhouse.*
- Dawn of earth's new sabbath, hymn anthem with 4-solo —10 *Boston Music Co.*
- From every stormy wind that blows —15 *Boston Music Co.*
- Glorious things of the are spoken, *ST*, mix. chor. —12 *Ditson.*
- Glory be to God in the Highest, christmas (Church Music 1059) —25 n *Schirmer.*
- God be merciful unto us (Deus Misereatur) —15 *Boston Music Co.*
- God be Merciful Unto us — 8 n *Woolhouse.*
- Hark! The Awak'ning Call! (Laehner) *SSAB*, *SATB* (Beacon Ser. Voc. Select. 177) 4.50 *Silver.*
- He Giveth his loved ones sleep (Funeral Hymn), men's voic. —10 *Ditson.*
- In Heavenly Love abiding (Church Music 996) —15 n *Schirmer.*
- Jubilate Deo in F —20 *Ditson.*
- The Larger Prayer, hymn anthem (Church Music 1065) — 10 n *Schirmer.*
- The Lord is merciful, *T,* mix. chor. —12 *Ditson.*
- Oblessed Easter Season —06 *Ditson.*
- Four Organ Pieces: 1. Invocation, 2. Offertoire, 3. Wedding Song, 4. Postlude à —75 *Schirmer.*
- Ten Responses (Church Music 1048) —20 n *Schirmer.*
- Six Responses for Chorus a capella (Coll. of Sacred Music for Men's Voices 4267) —15 n *Schirmer.*
- Rest in the Lord (Church Music 923) —10 n *Schirmer.*
- Saviour, breathe an evening blessing —40 *Ditson.*
- A Spring Song, mix. voic. —15 *Boston Music Co.*
- A Spring Song, mix. voic. — 8 n.

- A Spring Song, *SATB* —15 *Boston Music Co.*
- Still, still with Thee (Church Music 1042) —20 n *Schirmer.*
- There is a River, anthem (Church Music 1066) —15 n *Schirmer.*
- Thou crownest the Year, thanksgiving (Church Music 910) —15 n *Schirmer.*
- The Wayside Rose, mix. chor. —15 *Boston Music Co.*
- Wayside Rose, *SATB* —15 *Boston Mus. Co.*
- Ye Sons and Daughters of the King, easter (Church Music 1017) —15 n *Schirmer.*

Burditt B. A. Andrew's quickstep, *FIP* —25 *Brainard.*
- Juniata quickstep —25 *Brainard.*
- Medley quickstep, „Introducing Rosa Lee." Uncle Ned" and" Mary Bläne —50 *Brainard.*
- Norma quickstep —25 *Brainard.*
- Virginia quickstep —25 *Brainard.*

Buré. *Pomier:* L'Alliance tricolore, polka, O à cordes au 17 parties 1—, O 1— n, *P* 1.70 n.
- Aria di mandolino, *AP* 1.50 n, *V* —75 n. *Mand* —75 n, *MandP* 1.50 n.
- Capri, gr. valse, O à cordes au 17 parties 1.50 n, O 1.50 n, *P* —50 n.
- Cent sous! 3 — *Esper.*
- Confetti roses, polka, O à cordes au 17 parties 1—, O 1— n, *P* 1.50 n.
- Confetti roses, polka 1.25 n.
- Dans le bocage, polka, O à cordes av. Fl-solo 1.25 n av. Fl-solo 1.50 n, *P* 1.70.
- Dans le bocage, polka 1.50 n.
- Elégie, *AP* 1.50 n, *V* —75 n.
- Gavotte Maria-Thérèse, quatuors av. *P* 1.50, p. sép. —15 n, *P* 1— n.
- La Gondola, barcarole, *P* 1.50 n.
- Marche de l'Exposition, *P* 5—, O 1.50, *P* cond. —40, *P* gr. form. 1.70 *Gaudet.*
- Marche Franco-Malgache 1.25 n.
- Médrano-Galop, O 1— n, *P* —50 n.
- Moi aimer toi, nouveau cakewalk, *P* cond. *Esper.*
- Paris-Retraite, fant. *P* —50 n.
- La Polka des Dames, O en ut 1—, *P* —25 *Gheluwe.*
- Pour un sourire aubade, quintette à cordes av. *P* cond. *Gaudet.*

Bureau All. La barchetta bruna, duettino, *TB* 7.50 *Boudch.*
- Notte placida, arietta, *T* 3— *Boudch.*
Le bureau de location, av. parlé 1— n, *Ch. s.* —35 n *Ercillard.*
Bureau de placement 1— n *Joubert.*
Bureau de poste 1— n *Joubert.*
Bureau de renseignements 1.10. *Ch. s.* —30 n *Pomier.*
Bureau de tabac ou Certifi. de Juliette 1— n. *Ch. s.* —30 n *Ondet.*
Bureau (les) des naissances —30 n (Paris-Chansons, 9e Serie). *Delormel.*
Les bureaux de placement, av. parlé 1— n, *Ch. s.* —35 n *Ercillard.*
Burelle E. Ave Maria, *2S2T* adapté à une pensée de Mendelssohn avec *Org* ou *H* 1.25 n *Costallat.*

- Benedictus en fa, *SSTTB* avec *Org* ou *P* 1— n *Le Beau*.
- Benedictus en la, 3 voix d'hommes avec *Org* ou *P* —50 n *Le Beau*.
- Chants écossais de Beethoven, transcr. *HP* (*Ae*) en 3 suites à 3— n *Legouix*.
- Manuel des cantiques populaires de France, transcr. 1 joli vol. in-8, *OrgH* 7— n *Legouix*.
- Mélodie et marche triomphale, *H* 3— n *Mustel*.
- 32 Mélodies de Schubert, transcr. en 11 livraisons, *H*, chaque livr. 1.65 n *Mustel*.
- Messe, *28* et 3 voix d'hommes sans acc. Part 5— n, p. sép. —50 n *Le Beau*.
- Messe, 3 voix d'hommes sans acc. Part 5—, p. sép. —50 n *Le Beau*.
- Messe, 3 voix d'hommes avec acc. *Org* ou *P*, Part 5—, p. sép. —50 n *Le Beau*.
- Messe, *28*, 3 voix d'hommes avec acc. *Org* ou *P*, Part 5— n, p. sép. —50 n *Le Beau*.
- Messe dialoguée, 1 voix, soli et chœurs à l'unisson acc. d'*Org* ou *P*, Part 2.50 n, p. sép. —50 n *Le Beau*.
- Mosaïque, douze morceaux, *H* 5— n *Mustel*.
- O Salutaris, pour *S* ou *T*-solo et chœur à 3 voix mixtes (Weber), avec *Org* ou *H* —75 n *Costallat*.
- O Salutaris en sol, avec *Org* ou *P* —75 n *Le Beau*.
- O Salutaris en ré, *SSTTB* avec *Org* ou *P* 1— n *Le Beau*.
- Le Parnasse des Organistes de Chapelle et de Salon. Transcription des plus belles Mélodies et Fragments symphoniques des Compositeurs anciens et modernes les plus célèbres, divisés en 4 suites, chaque 5— n *Costallat*:

  1re Suite: Ut majeur: 1. Prélude. 2. Kucken: Romanza. 3. Verset. 4. Haydn J.: Andante symphonique. 5. Bach J. S.: Choral. 6. Lully J. B.: Noël provençal. 7. Marche religieuse. Ut mineur. 8. Prélude en canon. 9. Mendelssohn F.: Mélodie. 10. Verset. 11. Beethoven L. v.: Adagio symphonique. 12. Bach: Choral. 13. Saboly N.: Noël provençal. Ré bémol majeur. 14. Prélude. 15. Abt: Mélodie. 16. Antienne. 17. Beethoven: Fragment de Sonate. 18. Noël ancien. Ut dièse mineur. 19. Prélude. 20. Stradella: Air d'Eglise. 21. Verset. 22. Saboly: Noël provençal. Ré majeur. 23. Prélude. 24. Martini: Romance. 25. Verset. 26. Luther M.: Choral. 27. Noël Girondin. 28. Beethoven: Fragment de Sonate.

  2e suite: Ré mineur: 29. Prélude. 30. Schubert F.: Sérénade. 31. Bach: Choral. 32. Antienne. 33. Haydn: Fragment d'Oratorio. 34. Noël ancien. Mi bémol majeur: 35. Prélude. 36. Donizetti G.: Cavatine. 37. Verset. 38. Luther: Choral. 39. Haydn: Fragment symphonique. 40. Saboly: Noël provençal. Mi majeur: 41. Prélude. 42. Linblad: Mélodie suédoise. 43. Antienne. 44. Luther: Choral. 45. Beethoven: Fragment de Sonate. 46. Saboly: Noël provençal. Mi mineur: 47. Prélude. 48. Mendelssohn: Lied. 49. Verset. 50. Bach: Choral. 51. Noël ancien. Fa majeur: 52. Prélude. 53. Schumann R.: Rêverie. 54. Antienne 55. Flotow W.: Aria. 56. Bach: Choral. 57. Saboly: Noël provençal. 58. Mendelssohn: Marche biblique. Fa mineur: 59. Prélude. 60. Mendelssohn: Mélodie expressive. 61. Verset. 62. Luther: Choral. 63. Noël girondin.

  3e suite: Fa dièse mineur: 64. Prélude. 65. Donizetti: Romanza. 66. Antienne. 67. Noël ancien. Sol majeur: 68. Prélude. 69. Marschner: Mélodie. 70. Verset. 71. Gluck: Marche sacrée. 72. Bach: Choral. 73. Mozart: Fragment de sonate. 74. Noël ancien. Sol mineur: 75. Prélude. 76. Grétry: Sérénade. 77. Antienne. 78. Beethoven: Fragment de sonate. 79. Bach: Choral. 80. Noël ancien. La bémol majeur: 81. Prélude. 82. Kucken: Mélodie. 83. Verset. 84. Beethoven: Adagio symphonique. 85. Bach: Choral. 86. Noël latin. La majeur: 87. Prélude. 88. Weber: Ballade. 89. Antienne. 90. Mozart: Adagio. 91. Bach: Choral. 92. Noël ancien.

  4e suite: La mineur: 93. Prélude. 94. Gordigiani: Chanson toscane. 95. Verset. 96. Beethoven: Fragment symphonique. 97. Bach: Choral. 98. Noël lyonnais. Si bémol majeur: 99. Prélude. 100. Kucken: Romance. 101. Antienne. 102. Gluck: Chaconne, air de danse. 103. Bach: Choral. 104. Noël ancien. Si bémol mineur: 105. Prélude, basse contrainte. 106. Gordigiani: Chanson florentine. 107. Antienne. 108. Saboly: Noël provençal. Si majeur: 109. Prélude. 110. Kucken: Romance. 111. Verset. 112. Mélodie styrienne populaire. 113. Saboly: Noël provençal. Si mineur: 114. Händel: Fugue à 2 parties. 115. Mercadante: Romanza. 116. Bach: Choral. 117. Antienne. 118. Mozart: Adagio. 119. Noël ancien. Ut majeur: 120. Mendelssohn: Epilogue, marche nuptiale.

- La Pénitence de Beethoven, *POrgV* ou *Ve* 9— *Legouix*.
- Quadrille américain, avec description des figures en français, en anglais et en espagnol, par M. M. Boizot, père et fils, *Heugel*.

Burelle et Garimond, op. 8 Les échos de la vallée, fant. *HautboisP* 2.50 n *Costallat*.

Buren van Alicia, A. Book of five Songs 1.25 *Jennings*.
- Budding Leaves Polka —40 *Ellis*.
- Five Songs 1.25 *Jennings*.
- Two Songs: 1. Summer, 2. Thy Song à 2— *Breitkopf*.
- String Quartett, St 6.40 n *Breitkopf*.

Buren-Freiheits- u. Volkslied 1.50 n (10 Texte dazu 1—) *Oertel*.

Buren-Freiheits- u. Volkslied (mit Gesang ad lib.) gr. *mO* 1.50 n, kl. *mO* 1— n, *blM* 1— n (100 Texte dazu 1—) *Oertel*.

Burenlied (Transvaal-Hymne), *Z* (*V*-Schl.) —30 *Domkowsky*.

Burés, El Bailarin, vals jotas 6— *Salvat*.
- El Garnit, vals 1— n *Dotesio*.
- En la playa, tango y habanero 1— n *Dotesio*.
- Lola, mazurka 1.25 n *Dotesio*.

Buret R. Les Enfants de l'harmonie, trio, P 4—n *Van Gheluwe*.

Burg, Postillon des Traineaux polka —40 *White*.

- Postillon des Traineaux, (CornetP vide Album 1, A choice coll. of popular music. arr. *Wm. Booth*.

Burg A. op. 2 Le Désir d'un exilé, pensée musicale. P 6— *Leduc*.

- Tantum ergo, TTBB vide Caecilia 27, Le *Rauss*.

Burg Alfred, op. 39 P: N. 1. Carmencita, bolero —60, N. 2. Flower of Remembrance —60. N. 3. The Captive's Lament —65. N. 4. Song of the Waves —40 *Schmidt*.

- 39 Vier Morceaux, P: N. 1. Carmencita, bolero 1.20. N.2. Fleur de Souvenir 1.20. N. 3. Plainet d'un captif, nocturne 1.30. N. 4. Chant des Ondes — 80 *Schmidt*.

- 40 Sylvan Pictures, 4 charakt. Pieces, P: 1. Through the Meadow. 2. Dance of the Elves. 3. Waving Pines. 4. Flowers of the Forest. à 1.20 *Schmidt*.

Burg F. op. 12 Nr. 1. Gut Nacht mein Lieb. TTBB mit T-Solo 2.20 *Licht*.

Burg G. van den, Zeven koraalbewerkingen voor Org met de melodie van Psalm 42, —50 *Hörcker*.

Burg H. van der, Drei Lieder f. 1 Singst (A od. *Bar*) m. P: Nr. 1. „Im Rhein, im schönen Strome" —60. Nr. 2. „Warum sind denn die Rosen so blaß" —60. Nr. 3. Waldkapelle —90 *Eck*.

Burg J. Zirkus Busch-Marsch —80 *Oertel*.

Burg Jacques, Couplets: 1. Ob das wohl Folgen haben kann. 2. Laß die Hände davon weg, à 1.50 *Augustin*.

- Die Fingerfertigkeit, Couplet 1.50 *Augustin*.
- Hinter den Kulissen 1.50 *Augustin*.
- Liebes-Echo, Walzerlied: „Neigt sich zu der Erde der Frühling hernieder" 1.50 n *Eisoldt*.

Burg J. B. ten, 5tal Liederen, v. gem. Koor —50 *Thieme*.

Burg Rich. Klavier-Kompositionen, *Eisoldt*:
Op. 50 Am Abend, Salonstück 1.20.
51 Maienwonne, leichtes Salonstück 1.20.
- 52 Elfenreigen. Klavierstück 2—.
- 53 Süße Erinnerung, Stimmungsbild 1.20.
- 54 Im Frühling, Tonstück 1.50.
- 55 Deingedenken, Salonstück 1.20.
- 56 Sommerabend 1.20.
- 57 Unter blühenden Rosen, Salonstück 1.50.
- 58 Abendläuten, Stimmungsbild 1.50.
- 59 Eine Gebirgstour, Tongemälde 1.50.
- 60 Abendstimmung, Zitherklänge 1.50.
- 61 Schwarzäugig, Charakterstück 1.20.
- 62 Drolerie 1.20.
- 63 Frühlingsfahrt, Salonstück 1.20.

Burga P. Mignardise, Gavotte 4— *Baudoux*.

Burgan Samuel, Barcarolle in D, VP 4— *Chanot*.

Burgandthall, Trilby —40 *Thompson Mus. Co.*
- Up to Date —40 *Thompson Mus. Co.*

Burgat P. Communion sol maj. (Archives de l'Organiste Catholique) 1.50 n *Procure Générale*.

Burgat Paul, Mignardise-Gavotte, P 1.35 *Baudoux*.

Burgault-Ducoudray, Dieu, notre divin Père 3 voix ég. Solo, Org —50 n *Pinatel*.

Burgbee, A Dainty Dance, P —30 *White*.

Burgdorffer, Jubilenm-Marsch, P —60 *Lange-Alsbach*.

Burge T. Anselm, Poor Lorraine 4 — *Williams*.
- Lorraine, Lorraine, Lorree 4 — *Williams*.

Burgel, Polka Caprice —40 *Willig*.

Burgel C. Slumber Song. P —35 *Gordon*.

Burger A. Original-Kompositionen f. Zither, *Ca. Ed.*: Heft 3: Tautropfen, Steirer Ländler, op. 4 —72. Heft 4: Gemütsglöckchen, Original Steirer Ländler, op. 12 —72. Heft 5: „Gut Glück", Quadrille, op. 13 —84. Heft 6: Die Sorgenbrecher, Original Steirer Ländler, op. 15 —72. Heft 7: Sehnsucht nach der Heimat, Die Versöhnung, Fantasie. Ländler. Polka-Mazurka, op. 16, 17, 18 —84. Heft 8: Friedens-Klänge. Original Steirer Ländler, op. 19 —72. Heft 9: Schneeglöckchen, Original Steirer Ländler, op. 20 —72. Heft 10: Reseladüfte, Steirer Ländler, op. 21 —72. Heft 11: Kornblumen, Polka-Mazurka. Sehnsucht. Lied ohne Worte, op. 22, 23 —72. Heft 12: Moosrosen, Original Steirer Ländler, op. 24 —72. Heft 13. Rosenblätter, Quadrille, op. 25 —72. Heft 14: Jasmin-Blüten, Original Steirer Ländler, op. 26 —72. Heft 15: Märzveilchen, Original Steirer Ländler, op. 27 —72.

Burger Alfons, „Bleib' bei mir!" TTBB, Part u. St 1—, Chorst à —15 *Giessel*.
- „Dös glaabst!" (Max Hoffmann). TTBB 1— *Bohm*.
- Du kennst den schönen Glauben (Max Burger), TTBB 1— *Bohm*.
- Du liebes treues Mutterherz, Part u. St 1— *Bohm*. *Coppenrath*:
- Fahr wohl! SATB, Part —50, St à —10.
- Frisch gesungen! SATB, Part —50, St à —10.
- Frühlingslied, SATB, Part —50, St à —10.
- Jägerlied, SATB, Part —50, St à —10.
- Klage, SATB, Part —50, St à —10.
- Der Lenz ist da! SATB, Part —50, St à —10.
- „Liebesglück" (mit Bar-Solo), TTBB 1— *Bohm*.
- Lieblingsplätzchen, Aus des „Knaben Wunderhorn", SATB, Part —50, St à —10.
- „Lustige Jagd", Aus des „Knaben Wunderhorn", TTBB 1— *Bohm*.
- Mein Blümelein, SATB, Part —50, St à —10.
- Mut, Ged. v. Geibel, SATB, Part —50, St à —10.
- Nur keine Grillen! SATB, Part —50, St à —10.
- O traue doch! SATB, Part —50, St à —10.
- „Sängers Morgengruß", TTBB, Part u. St 1—, Chorst à —15 *Giessel*.
- Schön Rottraut, SATB, Part —50, St à —10.
- Spielmanns Wanderlied, SATB, Part —50, St à —10.
- Vorschule des Klavierspiels 1.20.
- Waldvögelein, SATB, Part —50, St à —10.

Burger Edith M. Oriental Belle, dance characteristic, P —50 *Gordon*.

Burger J. J. Nun bist du mein eigen, TTBB, Part u. St 1— *Tonger*.

Vier Männerchöre, *TTBB*: Nr. 4. Eins und cins, Part u. St 1— *Tonger*.

Burger Lajos. 101 lagszebb magyar népdal Czigányos modorban hegedűre átirta 3—. 1. Kossuth Lajos azt üzente. 2. Kedves babám. 3. A szegedi öt halomnál, Dankó P. 4. Piros rózsa tulipán, Dankó P. 5. Jaj be fehér, Gárdonyi G. 6. Zárd be lányom az ajtót. 7. Azt üzente, Donáth L. 8. Kis madár dalol az ágon. 9. Sajo partján, Donáth L. 10. Azért csillag, hogyragyogjan. 11. Túl a Tiszán barna kis lány integet. 12. Ha megunt.ál már engemet szeretni. 13. Csendes az éj füzes partján. Orbán Aep. 14. Nem jó minday, Nádor Gy. 15. Egy rózsafáu megsrámoltam sráz rórsát. 16. Zöldre van a rácsos kapu festve. 17. Nem szeretem az uramat, Nádor Gy. 18. Lehull ott az akáeztánok a virága. 19. Zavaros a Bodrog ha megárad. 20. A szerelmes bojtáro srive szomorn. 21. Edes anyám kiállott a kapuba. 22. Szöke vize a Tiszának. 23. Belenézett egy kislánya szemembe, Nádor Gyala. 24 Zireg zörög a levél az ágon, Nádor Gyala. 25. Olyanok a pesti lányok, Nádor Gyala. 26. Sürü erdö vadonában, Nádor Gyala. 27. Mikor nekem muzsikálnak. 28. A merre én járok. Nádor Gy. 29. Azt mandja az édes anyám, Nádor Gy. 30. Gyászba borult az életen te miat, Nádor Gy. 31. Darumadár szállj előttem, Dankó P. 32. Veled bűtület a teremtő engewet. 33. Minden este furulyázok sokáig. 34. Jaj de bajos a szerelmet tit kolni. 35. Üsd össze a sarkantyndat. 36. Fürdik a holdvilág. 37. Csillag ragyog, holdvilág van. 38. Nem vagy a szeretöm, nem vagy, Nádor Gy. 39. Páros élet a legsrebba világon, Dankó P. 40. Felleg jött fel nyngaton az égre. 41. Három singös a pántlikám. 42. Minapában hogy jártam. 43. Ha madárka szállaz ágra. 44. Árvalegérg elbujdosott. 45. Ni ni ni ni. 46. Viragosfa a szerelem. 47. Gimbelem, gombolom. 48. Öszi sredlö kergeti a levelet. 49. Esik esö majd lesz mezö. 50. Ne vess meg és ne itélj el. 51. Az egri ménes nimd szürke. 52. Fáj a szivem. 53. Ez az utcza bánat utcza. 54. Nincs cserepes tanyám, Piufseh Lajos. 55. Két srép lánya van a. 56. Harangoznak déli tizenkettöre. 57. Hej zsidólány, zsidólány. 58. Házam előtt jegenyefa, Tóth Lajos. 59. Csikós csikős, Joó Károly. 60. Volt nekem egysrépsreretöm b., Bánffy György. 61. Hamis az éu babám lelke, Nádor Gyala. 62. Éu vagysk a betyár fattyu. rig. Bjró József. 36. A'll a malom. 64. Ki nem tud ferblizni. 65. Szöke kis-lány csitt, csitt, csitt. 66. Száll a madár. 67. Feketére van a zászlos befestere. 68. Ha felülsk. 69. Kalvcsni szöllök, Stadler o. Károly. 70. Alkonyatkor. Prokesch A. 71. Allok, állok, oda állok. 72. Nincseu pénzem elkártyáztam, Dankó P. 73. Még azt mondják nincs Szegedon boiz orkay. 74. Vásárhelyi vásártéren. 75. Feljöttek már a csill agok. 76. Szep a rozmaringrál. 77. Kis kertemben, Donáth L. 78. Edes anyám a kendöm. 79. Tilinkó dal, Szentermay E. 80. Részeg vagyok rózsám mint a csap. Donáth L. 81. Azt

mondják. 82. Ez a kis lány. 83. Czigány legény, szegény czigány legény, Dánkó. 84. A málé szájuját. 85. Nem ver meg engsm az isten, Hüvös L. 86. Naptól virit naptól hervad a rózsa, Donáth L. 87. Hej szomorn az életem már nany, Hüvös L. 88. Agyonám ass zouykatonája, Szentirmay E. 89. Ha elmegyek ausokára messzire, Beleznay. 90. Zsindelyezik cserepezik. 91. Verje meg az isten, Beleznay A. 92. Ripityum nóta, Szentirmay E. 93. Lóbajlva nézek, Beleznay A. 94. Csak, csak, csak, Szentirmay E. 95. Beborult azég, Tóth Bela. 96. Sötétbe, Vidor Pál. 97. Suhog, suhog a cromorn tör, Szentirmay E. 98. Boldog leszek. 99. Esik esö, Donáth. 100. Rád sem nézett, Dankó P. 101. Borno felhö úszik a fekete ögen.

Burger Lajos, Edes Ahnoek Mazurka 1.20 *Nádor.*

Burger Max, op. 19 Am Weihnachtsabend. Stimmungsbilder im Pastoralstil f. V (1. Lage) u. P 2.50 *Schott.*

- 22 Festmarsch, 2st. Geigenchor (durchgehends im Bereiche der 1. Lage), *¹mstl* od. Org (ad lib.), P-Part 1—, 24-St, H-St à —15 *Schwann.*

- 28 Fünf Vortragsstücke, VcP 2.50 *Lienrg.*

- 30 Bagatellen (1. Lage) f. PV 1.80: Nr. 1. Canzonetta. 2. Arioso. 3. Rondo mignon. 4. Larghetto. 5. Allegretto, TTBB, *Böhm.*

- 31 In trauter Mußestunde. Lieder ohne Worte. 1-Solo od. 1-Chor und P, Part 2—. St —40 *Coppenrath.*

- 33 Festmarsch in D-dur für 2st. 1-Chor, 1.—3. Lage, ¹mS (od. O), Part 3—, P 2—. V —50 *Lienrg.*

- 35 Drei Lieder: Wacht. Schlaf wohl, mein Kind. Nächtliche Wanderung, 2.50 *Ries d Erler.*

- 36 Festklänge, 2st. Geigen-Chor (im Bereiche der 1. Lage), ¹mstl od. Org, P-Part 1—. H-St —20, 24-St à —10 *Schwann.*

- 39 Stimmungsbilder für Schüler-Streich-Orchester und Harmonium od. Orgel (ohne Pedalgebrauch) mit genauer Angabe des Fingersatzes und Striches: 1. Geboren im Stalle zu Bethlehem. Pastorale. 2. Gestorben am Kreuze auf Golgatha. Elegie. 3. Auferstanden vom Grabe in Glorie, Alleluja. Part 2—u, St 3—u *Rahter.*

- 40 Jugend-Quart. (C), 1 Vole 3— *Coppenrath.*

- 46 Miniaturen, ¹ms, 6 Vortragsstücke 1— *Tonger.*

- 51 Quartett (G), 4V, Part u. St 2— *E. Stoll.*

- Auf dem Niederwalde, TTBB, Part 1.50, St —40 *Toragma.*

- Feierliches Auferstehungslied in Es für 3 od. 4 Singst, 2V, 2Hörner, 2Tr, Pauken u. Org 1— *Böhm.*

- Nasenlied: „Nasen hab'n wir alle", kom. Marschlied, TTBB mit ¹ms, Part 2.40, St 1.20 *Ca.-Ed.*

- „Nocturnae Marianae", 3 Lieder zu mariabischen Abendandachten für 4 Singst, Part —50 *Böhm.*

- Salve Regina, Chorges, SATB —50 *Böhm.*

- Graduale, Chorges, SATB 1— *Böhm.*

- Das Ungarmädchen und dessen Bitte an ein Vöglein, Lied für 8 od. *T* mit *P* 1.50 *Böhm.*
- „Zacharieserl", Duett 1.50 *Giessel.*
- „Zacharieserl", humor. Duett f. zwei Männerst. mit *P* 1.50 *Coppenrath.*

Burgemeester, De nuwe van Baekel, Humor. Voordracht m. *P* —60 *Bergmans.*

Burgerwacht De. Humor. Voordracht —40 *Boer.*

Burges, Beyond a Lover's Call —40 *Thompson.*
- Chassereaux, waltz 4 — *Ascherberg.*

Burges G. Folie-Asnières, schottisch (Haring), *P* 5— *Noel.*

Burgés M. op 168 Maurisch-Andalusische Caprice, O 4— n *Oertel.*
- Galop invitación, *P* 1.75 n *Llobet.*
- Invitación al schottisch, *P* 1.50 n *Llobet.*
- Invitación al vals, *P* 1.75 n *Llobet.*
- Deuxième Sonate en mi bémol, *PP* 18— *Hamelle.*

Burges R. Folies-Asnières, schottisch (Haring) 5— *Noel.*

Burgess, Isoline 2 6 *Chappell.*

Burgess Francis, Six Kyries — 3 n *Vincent.*
- Te Deum Laudamus —2 n *Vincent.*

Burgess-Perkins, Awake, put on thy strength. 2*T*, male chor. —12 *Ditson.*

Burgett G. Fanny. Sopra motivi del ballo Esmeralda di Pugni. *P* 1— *Ricordi.*

Burgett W. H. For God so loved the world. *T*, mix. quartet —06 *Ditson.*
- Temperance hosts are coming (Temperance Music Leaflets 141) —½ *Curwen.*
- They that go down to the sea in ships, mix. quart. —06 *Ditson.*

Burgett and Giffe W. T. Praise ye the Lord, mix. quart. 8. Softly now the light of day. *A*, mix. quart. (Beethoven) —08 *Ditson.*

Burghard, Sängergruß zur Fahnenweihe, Männerchor —20 *Zaciffel.*

Burghardt L. op 5 Geistliche Gesänge: O. auf Windesflügeln eilt' ich. Du hast den Tempel dir erbaut. Meine Seele ist voll Freude. Ruhig und still in der Gegenwart Gottes. Choral (auch vierstimmig zu singen): Wie wird mir sein, wenn ich dich, Jesu, sehe. 1.50 *Bote.*
- 5 und 7 Gesänge und Lieder, siehe Geistliche Musik, Klasse 6.
- 6 Vier Märsche —80 *Bote.*
- 8 Lieder und Gesänge: 1. Armut der Erde: Es ist recht warm auf Erden. 2. Wehmut: Ich kann wohl manchmal singen. 3. Ausflug ins Freie: Ins Freie hinaus (auch istimmig zu singen). 4. Im Herbste: Seid gegrüßt mit Frühlings-wonne (auch vierstimmig zu singen). 5. Lied des Gefangenen: Wie lieblicher Klang. 6. Lied: Schon brach die Nacht so schön herein f.30 *Bote.*

Burghardt Max, Schön Gretelein 1— *Hassel.*

Burghauser Gust. op. 5. Traumbilder. Nachtstück, *P* 1.80 *Hoffmann.*
- Fantasie, *P* 1.20 *Hoffmann.*

Burgheim G. J. The Century March, *P* —50 *Century Music Publish.*
- The Century March (J. A. Le Barge) Mand. G —40 *Century Music Publish.*

Burghersh Lord, Bendemeer's stream 3 — *Chappell.*
- Bendemeer's stream 3 — *Ashdown.*

Burgio Dyonisio, Gyra sol, *Banda* 1— *Gaimaraes.*

Burgio E. Chi disprezza vo aecata, Canzone napol. 3— *Izzo.*

Eurgiss F. Old elm-tree —40 *Ditson.*

Eurgiss W. Awake, put on thy strength. 2*T* (O. Perkins). *P*. *Oro* —12 *Ditson.*

Burgk Joachim a. (1540—1610). Siehe Musik, Geistliche, f. gemischte Chöre. Heft 2 u. 3.
- Was kränkst du dich, SATB (Mus. saer. Bd. 3, Nr. 1), Part —20, St —20.
- Wer sollt doch nun nicht fröhlich sein, SATB (Mus. aser. Bd. 11, Nr. 222), Part —20.
- Der Zacharias ganz verstummt, SATB (Mus. saer. Bd. 11, Nr. 23), Part —20.
- Fischer und Zöllner sind's gewesen, SATB (Mus. saer. Bd. 11, Nr. 24), Part —20.
- Wir haben Gottes Wort gehört, SATB (Mus. saer. Bd. 11, Nr. 25), Part —30.
- Wie lieblich und wie schöne, SATB (Mus. saer. Bd. 11, Nr. 26), Part —20 *Bote.*

Burglar's Serenade, The 4 — *Reynolds.*

Burgmann, À la Reine des Lieux, andante. *Harm* et *Fanf* 1.50, p. Cond. s. —25 n. p. *Piss-solo* —10 n *Margueritat.*
- L'Angelus, andante. *Harm* et *Fanf* 1.50 n. Cond. s. —25 n. p. *Pissolo* —10 n *Margueritat.*
- Les Basses enchantées, marche, *Harm* et *Fanf* 1.50 n. p. Cond. s. —25 n. p. *Pissolo* —10 n *Margueritat.*
- La Belle Maraine, marche et andante. O 2— n. p. de *P* 1.75 n *Margueritat.*
- Les Entraînants, valse. O 1— n. p. sép. 5 —15 n *Margueritat.*
- Les Étoiles filantes, valse, O 1— n *Margueritat.*
- La Gazza Ladra, opéra de Rossini, O 2— n. pet. O. 8 parties au choix 1.25 n. *P* 1.75 n *Margueritat.*
- La Gloire, marche et andante, O 2— n, *P* 1.75 n *Margueritat.*
- L'Heroïne, ouvert. O 2— n, O 8 p. au choix 1.50 n, *P* 1.75 n *Margueritat.*
- Les Infatigables, marche, O 4— *Margueritat.*
- Laurencia, valse. O 1— *Margueritat.*
- La Reine des Fleurs, O 2— n, *P* 1.75 n *Margueritat.*
- La Reine du Village, marche et andante, O 1— *Margueritat.*
- La Rêveuse, ouvert. O 2— n. 8 p. au choix 1.50 n, *P* 1.75 n *Margueritat.*
- La Rose d'Automne, valse, O 1— *Margueritat.*
- La Sylphide, ouvert. O 2— n, O 8 p. au choix 1.50 n, *P* 1.75 n *Margueritat.*
- La Sylphide (Musique instrumentale N. 83), fanf. *V* —20 *Debert.*
- Les Tourbillonnantes, valse, O 1— n *Margueritat.*
- Le Triomphe des Basses, marche, *Harm* et *Fanf* 1.50 n, Cond. s. —25 n, *Pissolo* —10 n *Margueritat.*
- Valsons toujours, valse, O 1—, *P* 1.75 n *Margueritat.*
- Valsons toujours, valse 2— *Margueritat.*

Burgmein J. *Ricordi*: Almanacco della Gazzetta Musicale di Milano 12 Frammenti caratteristici. *P* 3.50.

- Les Amoureux de Colombine (d'après Les Serenate dele Mascare a Colombina). Esquisses Vénitiennes, *4ms* 8— n.
- Aquarelles, quatre morceaux caractéristiques: I. Folle ivresse. II. Jeux d'enfants. III. En rêvant. IV. Aubade champêtre, *P* 3.50.
- Babau! Galop-Surprise, *P* 4— *Ricordi*, —40 *National Music*, *4ms* 5—, *VP* 5—, *FIP* 5—, piccola *O* (*FlClCorniTrombaTromb BatteriaArch1P*, Intermezzi Musicali N. 68) 2— n.
- Le Bal de la Poupée, danses mignonnes 12— n, *4ms* 16— n:
  1. La Valse de Mademoiselle Lili, *P* 2— n. *4ms* 3—.
  2. La Polka de la Poupée, *P* 1.50 n, *4ms* 2—.
  3. Le Quadrille des Bébés incassables, avec la description des figures, *P* 2— n, *4ms* 3—.
  4. La Mazurka de Monsieur Loulou, *P* 1.50 n, *4ms* 2—.
  5. Les Lanciers de Mademoiselle Ninette, avec la description des figures, *P* 2— n, *4ms* 3—.
  6. Sir Roger de Coverley, avec la description des figures. *P* 1.50 n, *4ms* 2—.
  7. Galop abracadabrant! *P* 1.50 n, *4ms* 2—.
  8. Bonne nuit, Poupée. Petite Berceuse, *P* 1.50 n. *4ms* 2—.
  Transcription pour petit *O* 8— n:
  1. La Valse de Mademoiselle Lili 2.50 n.
  2. La Polka de la Poupée 1.50 n.
  3. Le Quadrille des bébés incassables 2— n.
  4. La Mazurka de Monsieur Loulou 1.25 n.
  5. Les Lanciers de Mademoiselle Ninette 1.50 n.
  6. Sir Roger de Coverley 1— n.
  7. Galop abracadabrant! 1.50 n.
  Petit *O* (Parties détachées) 5— n: N. 1 1.50 n, N. 2 —60 n, N. 3 1— n, N. 4 —50 n, N. 5 —60 n, N. 6 —40 n, N. 7 —75 n.
- Berceuse de Noël, *P* —50 n.
- Bèbè! Polka-diapason universelle, *P* —40 *Fischer*, *P* piccola *O* 3.50 n. Compreso una trombetta diapason, *4ms* 4— n *Ricordi*, Trascrizione di Graziani-Walter, *MandP* con *Chit* ad lib. v. Autori diversi 1. Album N. 6, *PMand* 2. Album N. 6, *O* vide *Losey* F. II.
- Bicicletta, galop caratteristico, *P* 1.75. *4ms* 2—, *P* 2— *Berilacqua*, —44 *Fonseca*, *4ms* 3.50 *Berilacqua*, *FIP* 1.75, *Mand* —25. *P* petit *O* (parti staccata) 2.50 n, *Banda* Partit. e parti stacc. 6— n.
- Bonne nuit Poupée! Petite Berceuse (d'après le Bal de la Poupée), piccola *O* 1— n.
- Carmen la gitana (Красотка гитана) —40 *Gutheil*.
- Carmen (dalle Serenatelle Spagnuole), Morlacchi (Autori diversi, Serate gentili N. 2), *Mand* —25 n. *MandChit* (Autori diversi, Serate gentili 3) —50.
- Carnaval Vénetien. Suite mignonne: I. Flo-

rindo. II. Rosaura. III. Colombine. IV. Le Seigneur Arlequin. *4ms* 5—.
- Carnaval Vénetien. Suite mignonne pour petit *Orchestre*: I. Florindo: Partition 1— n, part. détachées 1.50 n, chaque partie —20 n. II. Rosaura: Partition 1— n, part. détachées 1— n, chaque partie —20 n. III. Colombine: Partition 1— n, part. détachées 1.50 n, chaque partie —20 n. IV. Le Seigneur Arlequin: Partition 1— n, part. détachées 1.50 n, chaque partie —20 n.
- Carnaval Vénetien. Suite mignonne, kl. *O*: I. Florindo: Part 1— n, p. sép. 1.50 n. II. Rosaura: Part et p. sép. à 1— n. III. Colombine: Part —80 n, p. sép. 1.50 n. IV. Le Seigneur Arlequin: Part 1— n, p. sép. 1.50 n.
- Christmas Morn. Musical-Narrative for *P* with chorus ad libitum 3— n, separate chorus parts — 1. *4ms* with chorus ad libitum 5— n, separate chorus parts — 1 n.
- Cloches de Noël, morceau caractéristique *P* —50 n.
- Con Campanello, Modello N. 1. *P* 3.75 n, *4ms* 4.50 n, N. 2. *P* 3.25 n, *4ms* 4— n.
- Contes de Noël. Suites mignonnes, *P* avec Choeur ad libitum 5— n, *4ms* avec Choeur ad libitum 7— n, chaque partie détachée pour le Choeur —15 n.
- Danze, ridotte da G. Gastoldi, *Mand*: La Valse de Mademoiselle Lili (Le Bal de la Poupée). La Valse des Parisiennes. Tramway, galop. Bicicletta, galop. Carmen (dalle Serenatelle Spagnuole). Riduzione di A. Morlacchi. à —25 n.
- E' nato Gesù! Piccola Pastorale-Inno per *P* (od. *H*) —50 n.
- En' berättelse om Pierrot och Pierrette, *4ms* med illustrationer. häft 4—, kart 4.50 *Hirsch*.
- L'Epousée. Mélodie: C'est ce matin qu'on vous marie: N. 1. *S* o *T* 4—, N. 2. *MS* o *Bar* 4—.
- Esquisses au crayon. 3 Morceaux caractéristiques, *4ms*: N. 1. Berces par les vagues, barcarolle amoureuse 4—, N. 2. Nymphes dans le bois, nocturne-danse 5—, N. 3. Fête dans les montagnes, pifferata 4—, complet 8—.
- (Grubmeni). Fantaisie Hongroise. Morceau de Concert (exécuté aux Concerts de la Società Orchestrale del Teatro alla Scala et de la Società Orchestrale de Parma), *P* 5—, *4ms* 7—, *O* Partition 10—. Parties sép. compl. 25—.
- Florindo, Serenatella, piccola *O* (Intermezzi Musicali N. 207) 2— n.
- Franco di porto nel Regno, colle maniglie, *P* 3— n, *VP* 3.25 n, *FIV* 3.25 n.
- Histoire d'un soldat (d'après Le Livre des histoires): Partition 8— n. Parties détachées: *V* I, *V* II, *Alto*, *Vc*, *B*, à —20 n. *Instruments à vent*. 1.50 n, Tutes les Parties détachées réunies 2.50 n.
- Hop!... Galop alla Lombarda, *P* 3—, *4ms* 4.50, piccola *O* 2.50 n *Ricordi*, 4— *Mariani*.
- Impressions de route, quatre petites Pièces, *P*: I. Romance pondrée. II. Dans la montagne. III. Souvenir lointain!... IV. Promenade de jeunes villageoises 3— n. Con

due paia di maniglie a campanelli, *P* 2.75, *4ms* 4.50 n, *VP* 3 — n, *VP* 3 — n.

- Kerstliederen uit 11 Natale, racconti musicali. Hollandsche tekst van H o l d e —25 n *Ricordi*.
- Le Livre des Histoires. Suite de 9 Contes musicaux. 1. Simple histoire. 2. Histoire d'une jeune fille. 3. Histoire galante 4. Histoire valsée. 5. Histoire villageoise. 6. Histoire de brigands. 7. Histoire bavardée. 8. Histoire d'un soldat. 9. Histoire merveilleuse, *4ms* 7 — n *Ricordi*.
- Le livre des Noëls, *P* 3 —, N. 1. Pastorale-Hymne à Jésus. 2. Berceuse. 3. La nuit. 4. Cornemuse. 5. Novelletta. 6. Pastorale. 7. Les Cloches. *4ms*: 8. Pastorale. 9. Pastorale. 10. Cornemuse.
- Le Livre des Sérénades. 15 Morceaux caractéristiques 8 — n *Ricordi*.
- Malgré! ça! Couplets: Au gai printemps N. 1. *S o T* 4 —, N. 2. *MS o Bar* 4 —.
- Il Mandolino, *S*, *MS* à 3 — n.
- Marinaresca nella Gioconda, trascrizione, *P* 3.50.
- Das Märchen der Großmutter. 1. Es war einmal. 2. Der See. 3. Die Wassernixen. 4. Der Drache. 5. Geliebte Mutter. 6. Die Leuchtkäferchen. 7. Gute Nacht, ihr Kleinen, *P* 5 —.
- Mefistofele di Boito, galop, *P* 3—, polka 3—, quadrille 3.50.
- 2 Melodias moriscas, recogidas. Texto español e italiano. N. 1. Antigua cancion morisca 4—. N. 2. La noche del Califa. Serenata morisca 6—.
- Mon carnet de jeunesse. Cinq Pièces: Noël! Noël! Pastorale. 2. Pourquoi? Romance. 3. Enivrement!... Impromptu. 4. Dors, dors, mon enfant! Berceuse. 5. Chantons le Mai! Hymne, *P* 3.50 n, *VP* à 1.25 n.
- Nada, *S*, *MS* à 3 — n.
- Natale. Pezzo caratteristico, *4ms* 1.50, *piccolaO* (Intermezzi Musikali N. 125) 2.50 n.
- Il Natale. Racconti musicali per *P*, con Coro ad libitum 4 — n, *4ms* 6 — n, parti staccate pel Coro, ciascuna —10 n *Ricordi*.
- Il Natale. Racconti musicali per *O* (Partiture), M a n o s c r i t t o: I. Coro di Pastori. Riduzione di Giovanni Bossa. II. Pastorale. Riduzione di Umberto Mazzone. III. Marcia dei Re Magi. Riduzione di Carlo Sebastiani. IV. Inno. Riduzione di Diniele Napoletano.
- La Navidad. Narraciones musicales para *P*, con Coro ad libitum, Precio fijo. Pesetas 4 —, *4ms* 6 —, Partes, por separado, del Coro —10.
- Na rowerze. Galop charakterystyczny z illustracyami. (W odwiedziny. Pierwszy wypadek. W dalszą drogę. Nie dam się. W niebezpieczeństwie. Pierwsza ofiara. Trzymać go. Nakoniec. Witajcie), *P* —60 *Gebethner*.
- Notte di Primavera, *O* (M a n o s c r i t t o).
- Novelletta di Natale, *P* 1— n.
- Nuit de Noël. Skizze, *P* —50.
- Nymphes dans le bois. Nocturne pour *O*: Partition 3.50, 1er e 2me *V*, *Va*, *Vc*, à —50, *Contre-basse* 1—, Instruments à vent 2.50.
- O Americano, galop, —50 *Neuparth*.

- La Palestra Conense, marcia, *piccolaBanda*, Partitura 2 — n.
- Paysages au fusain. Morceaux caractéristiques. *P*: 1. Le réveil de la Caravane (la sveglia della Caravana). (D'après l'Almanacco Musicale) 5—. N. 2. Caquetage de femmes à la fontaine (Chiacchierio di donne alla fontana) 5—.
- Trois petites pièces romantiques, *P*: 1. Souvenance. 2. Ne m'oubliez pas. 3. C'était Elle 2—.
- Piccola Cornamusa dei Natale, *P*, *OrgP* à —50 n.
- Pierrot och Pierrette, *4ms* — 75 n *Hirsch*.
- Pivette pel Natale 2 — n.
- Pour vous, chers enfants! Vingt Morceaux caractéristiques: 1. Dans l'Eglise. 2. Pastorale. 3. Marche funèbre. 4. La Chasse. 5. Petite histoire de Grande-Maman. 6. Danse fantastique. 7. Cloches joyeuses. 8. Menuet. 9. Rococò. 10. Allons valser! 11. En courant par le jardin. 12. Le tic-tac du moulin. 13. Gondoliera. 14. Etude. 15. Chansonnette ancienne. 16. Cache-cache. 17. Légende. 18. Le Rouet. 19. Ronde des Archers. 20. Cornemuse de Noël, *4ms* 3— n.
- Pourquoi rire? Mélodie: Certes votre rire est charmant; 1. *S o T* 5 —, N. 2. *MS o Bar* 5 —.
- Pulcinella innamorato. Quattro tempi, *O*: 1. Festa popolare: Partit. 3 — n, 1 I, 1 II, *Va* à —50 n, *Ve*, *Basso* à 1 — n. Istrumenti da fiato 3 — n. II. La Battaglia: Partit. 2.50 n, 1 I, 1 II, *Va*, *Ve*, *Basso* à —50 n, Istrumenti da fiato 2.50 n. III. Serenata: Partit. 2— n, 1 I, 1 II, *Va* à —25 n, *Ve*, *Basso* à —50 n, Istrumenti da fiato 2— n. IV. Corteggio Nuziale: Partit. 4 — n, 1 I, 1 II, *Va* à —50 n, *Ve*, *Basso* à 1 — n. Istrumenti da fiato 3.50 n.
- Quadriglia. Forza del destino (V e r d i). *P* 2.50.
- Il Racconto della Nonna. Seguito di Sette Pezzi caratteristici: 1. C'era una volta... Preambolo. 2. Il Lago! Barcarola. 3. Le Ondine. Danza fantastica. 4. Il Drago... Tragedia. 5. O mamma cara. Prehiera. 6. Le Lucciolette. Scherzo. 7. Buona notte, piccini! Epilogo, *P* 5— n.
- Il Re di Lahore di Massenet, Introduzione Valzer nell'Atto III. Traser. *P* 4 —, Arioso di Scindia nell'Atto IV. Traser. *P* 2—.
- La Reine des Valses, *P* 1.60 n *Breitkopf*, 4—, *4ms* 7—, *VP* 5—, *VP* 5—.
- Le Rêve de l'Odalisque. Scène dramatique, *P* 4.50.
- Le roi de Lahore (M a s s e n e t), valse 6— *Heugel*, 2— *Napoleao*.
- Le Roman de Pierrot et de Pierrette, Historiettes musicales: 1. Sérénade de Pierrot à Pierrette. 2. Duo amoureux. 3. Bal de noces. 4. Cortège nuptial, *4ms* 5— n *Ricordi*, 3— *Nordisk Musikforlag*, *O*: Partitions: 1. Sérénade de Pierrot à Pierrette 1.50 n. N. 2. Duo amoureux 2— n. N. 3. Bal de noces 4— n. N. 4. Cortège nuptial 4— n, compl. 10— n. Parties détachées: N. 1 1.50 n. N. 2 1.50 n. N. 3. 4— n. N. 4. 4— n, compl. 9— n. Chaque partie du qua-

tuor: N. 1 —40 n. N. 2 — 40 n. N. 3 1— n. N. 4 1— n. Autres instr. Chaque —25 n.
- Il Romanzo di Pierrot e di Pierrette. Storielle musicali. N. 3. Ballo di nozze, 4. Corteggio nuziale, O 6— n *Fausini*.
- Ronde des Archers, O (Bibl. dei Corpi di Musica 224), Part 2— n.
- Rosette (Roosie). Légende hollandaise. Suite dramatique. I. Le père et l'enfant. II. Fête au bord de la mer. III. Duo d'amour. IV. La vague! *4ms* 5— n, O: I. Part 1.25, F I. F II. *Va, Vc, Kb* à —25. Autres Instruments 1.25, II. Part 3—, V I. F II. *Va, Vc, Kb* à —50, Autres Instruments 2.50, III. Part 1.25, V I. V II. *Va, Vc, Kb* à – 25. Autres Instruments 2.50, IV. Part 2.50, V I. V II. *Va, Vc, Kb* à —50. Autres Instruments 2.50.
- Sanatorium, polka. *P* —75 n, piccola O (Intermezzi Musicali N. 196) 2— n.
- Sérénade Allemande (d'après Le Livre des Sérénades), O: Part 3— n, V I, V II, *Va, Vc, Kb* à —25 n, Instruments a vent 2— n, piccola O (Intermezzi musicali N. 12) 2— n.
- Sérénade Espagnole (d'après Le Livre des Sérénades), O, Part 2.50 n, V I, V II, *Va, Vc, Kb* à —25 n. Instruments à vent 2— n.
- Sérénade française (arr. Paul Blanc), *4ms* 3.50, *8ms* 7—, VVaVeB (d'après Le Livre des Sérénades), Part 1.50 n, Chaque partie —25 n.
- Sérénade Napolitaine (d'après Le Livre des Sérénades), O, Part 3.50 n, V I, V II, *Va, Vc, Kb*, à —50 n, Instrument à vent 2.50 n.
- Sérénade Indienne (d'après Le Livre des Sérénades), piccola O (Intermezzi musicali N. 62) 1.50 n.
- Le Serenate dele Màscare a Colombina. (Pantalon, Brighela, Arlechin, Facanapa). I. Preludio Barcarola per *P*. II. La Serenata de Pantalon. III. La Serenata de Brighela. IV. La Serenata de Arlechin. V. La Serenata de Facanapa. VI. Epilogo-Barcarola, 5— n *Ricordi*, Canto ed O 8— n.
- Sérénade Mauresque (d'après Le Livre des Sérénades), O, Part 2— n, V I, V II, *Va, Vc, Kb* à —25 n, Instruments à vent 2— n.
- Sérénade Napolitaine (d'après Le Livre des Sérénades), arr. J. Mascardi, *P* 1.50 n, *4ms* 3.50 n, *8ms* 7—.
- Sérénade de Pierrot (d'après Le Roman de Pierrot et de Pierrette, piccola O (Intermezzi musicali N. 4) 2— n.
- Sérénade de Polichinelle (d'après Le Livre des Sérénades), arr. J. Mascardi, *P* 1.50 n.
- Sérénade Venitienne (d'après Le Livre des Sérénades), piccola O (Intermezzi musicali N. 15) 1.50 n.
- Serenatelle Spagnuole, Parole italiane di F. Fontana e A. Zanardini. Parole francesi di P. Solanges. Parole spagnuole di A. Arnao. Illustrazioni di A. Previati: I. Il Mandolino: N. 1. *8* o *T* 6—, N. 2. *MS* o *Br* 6—, II. Il Mulattiere: N. 1. *8* o *T* 6—, N. 2. *MS* o *Br* 6—. III. Nada: N. 1. *8* o *T* 6—, N. 2. *MS* o *Br* 6—. IV. Carmen: N. 1. *8* o *T* 6—, N. 2. *MS* o *Br* 6—. V. Due amori: N. 1. *8* o *T* 6—, N. 2. *MS* o *Br* 6—.

- Sopra motivi favoriti della Forza del Destino, *P* 2.50.
- Sparviigs-Galopp, *P* 1—, *4ms* 1.25 *Hirsch*.
- Tramway-Galop, *P* 1.40 n, —44 *Fonseca*, 2 *Berilacqua*, 1.50 *Napoleao*, 3.50 *Ricordi*, *4ms* 2— n. 2.50 *Berilacqua*, 2.50 *Napoleao*, 3— *Ricordi*, 2 pares de guizos 6— *Berilacqua*, *PV* 4—, *4msV* 3.50, *FIP* 4—, *4ms Fl* 5.50. *Mand* —25, O, parti staccate 4— n. Ogni parte staccate —20 n, *Fauf* par Antoni, parties sép. 1.25 n. Chaque partie sép. —15 n. *G. Mariani*: Part 3— n, parti stac. cate 4— n. ogni parte staccate —15 n.
- Tympano, cada um, *P*, *4ms* à 4— *Berilacqua*.
- La Valse des Anglaises, *P* 1.60 n *Breitkopf*, —15 n *Fischer*, 4—, *4ms* 5— *Ricordi*, *MandP* et 2*Mand* ad libit. (Marlachi) 2—, *MandGi* avec *Mand* ad libit. (Morlacchi) 1.50 *Ricordi*, *10 Instr* —60 n, *14 Instr* —80 n, *FullO* 1— n *Fischer*, O, parti staccate 2— n, ogni parte staccate —20 n, septett 1— n.
- La valse de Mademoiselle Lili (Le Bal de la Poupée), *Mand* —25 n.
- La Valse des Parisiennes, *P* —15 n *Fischer*, 5—, *4ms* 7—, *Mand* —25, O part sép. 3— n, chaque partie du quatuor —25 n, Autres Instruments-chaque —15 n *Ricordi*, *10 Inst* —60 n, *14 Instr* —80 n, *FullO* 1— n *Fischer*.
- Varda che note magica! Barcarola 1— n.
- A Venetian Serenade. Song. Words by Percy Pinkerton (from the Venetian of P. Faustini), *8* o *MS* o *T* 4— *Ricordi*.
- Vieille Chanson. Tempo di Valzer per Canto di F. Paolo Tosti, trascrizione, *P* 4.50 *Ricordi*.

Burgmein J. and **Rivetta L.** Dance-Album, arranged from A. Boito's popular Opera Mefistofele, *P*: 1. Rivetta. Waltz 5—. N. 2. Mazurka 3—. N. 3. Burgmein. Polka 3—. N. 4. Burgmein-Quadrille 3.50. N. 5. Burgmein-Galop 3—. Complete 10—.
- Aspetto!... Stornello di Parzanese, *MS* o *T* 1.50 *Ricordi*.

Burgmüller, L'Abdcana, valse 6— *Joubert*.
- Agitato, *P* —25 *White*.
- 9 Airs américains, *P* —80 *J. Schuberth*.
- L'Arabesque and La Pastorale, *P* —20 *White*.
- Les Bohémiens, *P* —25 *White*.
- Bouderie, rondo valse (Kuhlstrom Eric. Daisy Chains, Series 1 N. 19), *P* 1/— *Augener*.
- Chapel Kreutzer, *P* —25 *Century Music Publish*.
- Chi godere vuol l'ore di vita 1/— *Novello*.
- La Cloche des Matines, *P* —25 *White*.
- La Confidence, *P* —25 *White*.
- Consolation, *P* —30 *Kinley*.
- La coquette, polka, *Cornet* —30 n, *Fl* —30 n, *V* —30 n *Heugel*.
- Cujus Animam, operatic, *P* —40 *National Music*, —35 *White-Smith*.
- Dance on the Green —30 *Kinley*.
- Dania (valse brillante) 3.6 *Weekes*.
- Deh con te (Norma), *P* 3/— *Chappell*.
- Le Domino noir, Boléro 6—, *4ms* 9— *Benoit*.
- L'Enjouee, *P* —25 *White-Smith*, *Cornet, Fl, V* à —30 n *Heugel*.

- La Fileuse, *P* —25 *White*.
- Finale Galop (Kuhlstrom Eric. Daisy Chains, Series 2 N. 22), *P* 1— *Augener*.
- Frankfort Galopade, and Gallenberg waltz —25 *Ellis*.
- Ginlia, mélodia, *S* (la lira d'italia N. 184) 1— *Boulch*.
- La gracieuse, polka. *Cornet*, *Fl* à —30 n *Heugel*.
- Hunting Song (K r e u t z e r), *P* —25 *Century Music Publish*.
- La Jeune Batelière, variations, *P* 6— *Benoit*.
- Jeune Fille et Papillon, polka-mazur 5— *Benoit*.
- Jeune Montagnarde, *P* 1 6 *Morley*.
- Instructor. *P* 1— n *Ditson*.
- I would That My Love (M e n d e l s s o h n), *P* —25 *Century Music Publish*.
- King's Gavotte (M o r l e y) —20 *Century Music Publish*.
- Lambert Seinnel, valse favorite 2.50 *Boulch*.
- Linden Waltz —25 *Ellis*.
- Ma main, valse, *Cornet* —30 n *Heugel*.
- La Manola, valse de Salon 6—, *4ms* 7.50 *Lemoine*.
- La Marche, *P* —25 *White*.
- Marche aux Flambeaux morceau de salon 9— *Joubert*.
- Les Marguerites, six morceaux: 1. Jeune fille à quinze ans. 2. Bouderie, rondo-valse. 3. Le Calme, barcarolle. 4. La Retraite, rondo militaire. 5. Belle pour lui, boléro. 6. La jeune Monagnarde, *P* à 3— *Benoit*.
- Merry Wives of Windsor, *P* —25 *Century Music Publish*.
- Moorish Dance. Five Minute polka —30 *National Music*.
- Naïs, chansonnette 2.50 *Heugel*.
- Nizza de Grenade, valse 2.50 *Boulch*.
- Opera Quadrille —40 *National Music*.
- L'Orage, *P* —25 *White*.
- Les Patineurs (S k a t e r s), valse —60 *Ellis*.
- Les Perles, *P* —25 *White*.
- Pretty Flower, *P* —30 *Kinley*.
- Le Printemps, grande valse brillante, *4ms* 3 6 *Chappell*.
- Radetzky march —25 *White*.
- Refrain du Gondolier, *P* —25 *White*.
- Le Retour du Patre, *P* —25 *White*.
- La Retraite (Kuhlstrom Eric Daisy Chains, Series 3 N. 56), *P* 2— *Augener*.
- Le Réveil etc. *P* —25 *White*.
- Rondo-Militaire, *P* —50 (Gammalt o Nytt N. 98) *Lundquist*.
- 3 Rondos brillants sur Guido et Ginevra à 7.50 *Sulzbach*.
- Sans amour. Souvenir, *P* 6— *Benoit*.
- La Separation, *P* —25 *White*.
- La Sirène. Variations et Rondo, *P* 6— *Benoit*.
- Sleep well sweet angel (A b t), *P* —15 *White*.
- Snowdrop Waltz —25 *Ellis*.
- La Sonnambule, Rondoletto, *P* 4— *Benoit*.
- La Source, *P* —25 *White*.
- Souvenirs lyriques: Faut. sur le Turc en italie, *P* 5— *Lemoine*.
- St. Elmo Waltz —30 *National Music*.
- Les Sylphs, *P* —25 *White*.
- The Bell, galop brill. —70 *National Music*.

- Une Soirée a Varsovie. Trois mazur à 4.50 *Benoit*.
- Une Soirée de printemps, mélodie, *P* 6— *Benoit*.
- Valse de Salon (F l o t o w), *P* 2.50 *Choudens*.
- Valse élégante sur la Chanteuse voilée 6— *Lemoine*.
- La Vélocité, *P* —25 *White*.
- La Violette, grande valse brillante, *4ms* 3 6 *Chappell*.
- Verranno la sull'aura. N. 2. Lucia di Lammermoor, *P* (Pianist's Portfolio 18) 3— *Chappell*.
- Zum Zeitvertreib. 30 leichte Stücke. Opern- u. Tanzmelodien, *P* 1— *J. Schuberth*.

Burgmüller F. op. 14 N. 1. Melodie. *P* —50 *Nordisk Musikforlag*.
Gordon:
- 100 L'Adieu, *P* —20.
- Ave Maria and Inquietude, *P* —20.
- Ballade and la Styrienne, *P* —30.
- La Chasse, *P* —20.
- N. 9. Chevaleresque, *P* —20.
- Alpine horn (Les cordes Alpes), Proch. Variations, *P* —60 *Brainard*.
- Les Amours Valse, *P* 3— *Chappell*.
- Anna Bolena Vivi tu Cavatina, *P* vide D o n i z e t t i.
  L'Arabesque, la pastorale, *P* à —25 *Ditson*. —20 *Gordon*.
- Barcarolle, la fête des gondoliers, *P* —50 *Brainard*.
- Barcarolle „Gianni di Calais" (D o n i z e t t i), *P* —40 *Brainard*.
- Beatrice di Tenda (B e l l i n i), fantasie, *P* —40 *Brainard*.
- Beauties of Vocal Anthology, arr. expressly for Juvenile Performers *P*: 1. My Beautiful Rhine. 2. Galop de B e n o i s k y. 3. Russian Krakoviak. 4. Coal Black Rose. 5. We have Lived and Loved. 6. Lilla's a Lady. 7. By the Margin of Zurich. 8. Russian Quickstep. 9. Clare de Kitchen. 10. Jock o'Hazledean. 11. Bohemian Military Air. 12. Where the Bee sucks. 13. Come unto these Yellow Sands. 14. Buonanotte. 15. La Rosa Waltz, by S t r a u ß. 16. Elizabethan Waltz, by S t r a u ß. 17. Phillomelen Waltz, by S t r a u ß. 18. Bacchus's Glory. 19. Love and Wine. 20. Paris Galop. 21. Sich a Getting up Stairs. 22. Angel's Whisper. 23. Deh Conte. 24. Lass o'Gowrie, à 1— *Williams*.
- Bianca e Fernando (B e l l i n i), polacca, *P* —50 *Brainard*.
- Birthday (Jour de naissance), *P* —50 *Gordon*.
- Blue eyes waltz —25 *Ditson*.
- Bolero, cavatina „il Pirata" (B e l l i n i), *P* —50 *Brainard*.
- Brillant Waltz, dedicated to Her Majesty, *4ms* 3 6 *Chappell*.
- La Briss du matin, romance de L o r e n z o. *P* —50 *Brainard*.
- La Cachucha, *P* 2.50 n *Costallat*.
- Cagliostro (Adam), valse 6— *Heugel*.
- Capriccio. „La Straniera." (B e l l i n i), *P* —40 *Brainard*.
- Le carillonneur de Bruges (Fantaisie sur l'opéra d'A l b e r t G r i s a r), *P* 4— *Ashdown*.

- Cavatina. „Il Furioso." (Donizetti.) *P* —40 *Brainard.*
- Cavatina. „Irlanda di Lambertazzi." (Donizetti). Variat. *P* —40 *Brainard.*
- La Coquette, polka —25 *Brainard.*
- I Crociati (Spohr). 2 Rondò sopra i migliori motivi, *P*: N. 1 1.50. N. 2 2.50 *Ricordi.*
- Crociato March, fantasie, *P* —35 *Ditson.* —40 *Gordon.* 4— *Joubert.*
- Dagmar, valse brill. 4 — *Schott.*
- Deh Conte, *P* 2.6 *Gicca*, 2— *Williams.*
- Encouragement de Jeunes Pianistes 2.6 *Williams.*
- L'Enjouée, polka —25 *Brainard.*
- Etincelles, *4ms.* N. 1—6 à 2.6 *Chappell.*
- Exercices à l'usage des commençants, *P* 2.50 n *Costallat.*
- Exercices et petites pièces (Philipp et Reitlinger), *P* 2.50 n *Costallat.*
- Fantaisie sur le Porte-Etendard (Lindpaintner), *P* 1—n *Costallat.*
- Glaedeligt Nytaar! mel. *P* —50 *Nordisk Musikforlag.*
- La Gracieuse, polka —25 *Brainard.*
- Grand Valse 4 — *Williams.*
- Henover Søen! Impromptu-Bare. *P* —50 *Nordisk Musikforlag.*
- La jolie fille de Gand, valse favorite 2.50 *Boulch.*
- Irnalda di Lambertazzi (Donizetti), cavatina, variations, *P* —40 *Brainard.*
- Katty Darling, *P* 2.6 *Chappell.*
- Marienka, polka 2.50 *Heugel.*
- Deux Melodies Gracieux: 1. Fant. sur Beatrice di Tenda, 2. Capriccio sur la Straniera. *P* vide Bellini.
- Method. Stiff paper, *P* 2.50 n *Schirmer.*
- Les murmures du Rhone, three nocturnes (Sedgwick Alfred), *Concertinal'* à 3—, *VP* à 3— *Ashdown.*
- Ne touchez pas à la reine, valse 2—n, *4ms* 3—n, en feuilles 1—n *Gallet.*
- Norma, cavatina, *P* 3— *Neuparth.*
- Original Rondoletto, *P* —50 *Brainard.*
- Orphée aux Enfers, *P* vide Offenbach.
- Piquillo, opéra (Monpou), rondo-valse, *P* 6— *Katto.*
- Polish Air, *P* 2.6 *Williams.*
- Polka de l'opéra en rondo 2—n *Gallet.*
- Post Horn Waltz in form of a Rondo, *P* 2.6 *Williams.*
- Retour, *P* —20 *Gordon.*
- Retour de Suisse, *P* 2.50 n *Costallat.*
- Réunion musicale, 6 rondos, *P*: N. 1. Le Cor des Alpes 1.50 n. N. 2. La Cachucha 1.50 n. N. 3. La Romanesca 1.50 n. N. 4. Marche des Puritains 1.50 n. N. 5. Fantaisie militaire 2.50 n. N. 6. Polka militaire 2—n *Costallat.*
- Le roi d'Yvetot, galop 5— *Boulch.*
- Le roi d'Yvetot, valse brillante 6— *Boulch.*
- Rondino (Swiss air favorite), *P* —40 *Gordon.*
- Rondo, *P* —40 *Brainard.*
- Rondo on a Song (Puget), *P* —40 *Brainard.*
- Scotch air favorite, fantasie (Fleur melodiques N. 4), *P* —40 *Gordon.*
- Sentimental Waltz —25 *Brainard.*
- Sorrento, grand valse brillante, *4ms* 3.6 *Chappell.*

- Spargi d'amor (Lucia). *P* 3.6 *Chappell.*
- Spring flower redowa —25 *Brainard.*
- La Straniera (Bellini), capriccio, *P* —40 *Brainard.*
- Ta main fantaisie-valse 5—, en feuille 2.50, *4ms* 7.50 *Heugel.*
- Teach me to forget. german air. *P* 2— *Williams.*
- Three admired airs (Norma), *P* —35 *Gordon.*
- Tu che a dio (Lucia). *P* 3.6 *Chappell.*
- Le Turc en Italie, *P* —80 n *Lemoine.*
- La Veneziana, fantaisie brillante sur un air favori de Mercadante. *P* 7.50 *Girod.*
- Verrano la sul (Lucia). *P* 3.6 *Chappell.*
- Wandering Jew Waltzes —60 *Ditson*, —65 *Ellis*, —75 *White*, *4ms* —90 *Ditson*, —90 *White.*
- Ye merry birds (Gumbert). transer. *P* —35 *Ditson*, —35 *Kinley*, —40 *National Music.*

Burgmüller F. and Clinton, Three favourite nocturnes Murmures du Rhone, *VP*: 1. In A minor, 2. In F, 3. In C à 3— *Ashdown.*

Burgmüller F. et Lafont C. P. Fantaisie sur une barcarolle célèbre de Weber pour *VP* 7.50 *Boulch.*

- Fantaisie sur Oberon, *VP* 7.50 *Boulch.*
- Introduction et polonaise de Faust pour *VP* 6— *Boulch.*
- Rondoletto sur l'Elisire d'amore pour *VP* 7.50 *Boulch.*
- Six valses brillantes pour *VP* 7.50, en deux livraisons à 5— *Boulch.*

Burgmüller und E. D. Wagner, Bunte Blumen. Beliebte Kompositionen, *P*: 1. F. Chopin: Minutenwalzer. 2. Ungarischer Tanz (D-dur). 3. Ch. Morley: Kaiser-Gavotte. 4. Joh. Strauß: Radetzky-Marsch. 5. F. Schubert: Moment musical. 6. F. Mendelssohn: Wer hat dich du schöner Wald. 7. C. Kreutzer: Die Kapelle. 8. Reichardt: Du liebes Aug'. 9. C. Kreutzer: Nachtlager: „Ein Schütz' bin ich." 10. F. Mendelssohn-Bartholdy: Ich wollt' meine Liebe. 11. O. Nicolai: Lustige Weiber von Windsor. 12. Santa Lucia. 13. F. Chopin: Trauermarsch. 14. A. v. Kontski: Erwachen des Löwen (Réveil du Lion). 15. Grétry: Chor der Scharwache. 16. F. Mendelssohn: Hochzeitsmarsch. 17. Fliege: Gavotte Zirkus Renz. 18. Chopin: Grande Valse brillante. 19. Beethoven: Adelaide. 20. Donizetti: Regimentstochter: „Heil dir." 21. Kreutzer: Verschwender: „Hobellied." 22. Donizetti: Lucrezia Borgia: „Trinklied." 23. Mendelssohn: Es ist bestimmt in Gottes Rat. 24. Letzte Rose. 25. Gott erhalte Franz. 26. Weber: Oberon: „Lied der Meermädchen." 27. Weber: Preciosa: „Einsam bin ich, nicht alleine." 28. Mozart: Menuett aus der Es-dur-Sinfonie. 29. Tschaikowsky: Walzer. 30. Lang'ist's her. 31. Home, sweet home. 32. Badarczewska: Gebet einer Jungfrau. 33. Mendelssohn: Frühlingslied. 34. Strauß: Das Leben ein Tanz à —60. Nr. 1—14 kplt. (Burgmüller) 2—n

Ries & Erler; Nr. 35—48 siehe unter
W a g n e r.
- 99 Die Ballkönigin. 7 leichte Originaltänze:
1. Ballkönigin-Polonaise. 2. Freya-Polka,
3. Vreni Tyrolienne. 4. Dina-Galopp. 5.
Bianca-Walzer, 6. Olga-Mazur. 7. Heya-
Walzer 1— *Kühle*.
- Heures de Récréation, *P*, Cahier 1. 2 à
1.30 *Simrock*.
- Kleine leichte Transkriptionen und sechs
Präludien, *P* 2.50 *Simrock*.
- De kleine Dansmeester. 20 gemakkelijke
dansen, voor *P*, 2 deeltjes à —60 *Koster*.
- 12 Leçons et 3 Préludes, *P* 1— *Haslinger*.
- Zwölf leichte Übungen, *P* 1.50 *Simrock*.
- 2 Melodiensträußchen aus der von E r n s t
P a s q u é und F e r d. L a n g e r neu be-
arbeiteten Oper „Silvana" (Das Waldmäd-
chen) (C. M. v. W e b e r); 1. Aus der
Originalpart., 2. Aus den Weber'schen Werken entnommene Ergänzungen, *P* 1— *Kühle*.
- Pharsalia waltz — 40 *Church*.
- Praktische Anweisung für die ersten An-
fänge im Klavierspiel 2.50 *Simrock*.
- Zum Zeitvertreib, 30 leichte Stücke, Opern-
und Tanzmelodien, *P*. *J. Schuberth*.
Burgmüller Frç. op. 14 Der erste Unterricht
am Klavier, komplett 19 Bog. Cah. 1
8½ Bog. 2. 5½ Bog. 3. 4 Bog. *André*.
- 17 30 petites Récréations, *P* 2— *André*.
- 18 Premières Leçons (24 petits Morc.), *P*
1.50 *André*.
- 19 4 Morceaux faciles, *PV* 1.30 *André*.
- 20 Übungen in allen Tonarten, *P* 7 Bg.
André.
- 21 Grande Valse 1— *Haslinger*.
- 22 Boléro sur la Romance: Rosine (M a-
s i n i) 1.50 *Haslinger*.
- 23 La Poste 1— *Haslinger*, 1— *Heinrichshofen*.
- 24 Valse pastorale 1.50 *Haslinger*.
- 36 Beliebte Stücke, *P*: 1. A b t: Agathe.
In den Augen. 2. Last Rose. Mailüfterl.
3. Kathinka- und Henrietten-Polka. 4.
R i c c i: Valse favorite. 5. Ach, wie ist's
möglich. Den lieben, langen Tag. 6. Der
rote Sarafan. Die blauen Augen. 7. Abschied von der Heimat. Der Tiroler und
sein Kind. 8. Hoch vom Dachstein an.
Muß i denn zum Städtle 'naus. 9. Morgen
muß ich fort von hier. So viel Stern am
Himmel stehen. 10. S t i g e l l i: Schönste
Augen. A b t: Schweizerbue. 11. Gute
Nacht, du mein herziges Kind. 12. Es ist
bestimmt in Gottes Rat. 13. Schlaf wohl,
du süßer Engel du. 14. Auf Flügeln des
Gesanges. 15. G o u n o d: Ave Maria. 16.
Long, long, ago. Home, sweet home. 17.
W i l h e l m: Wacht am Rhein. 18. Sérénade italienne. 19. S c h u b e r t: Ungeduld.
20. Der kleine Postillon. 21. Champagner-
lied. 22. Fliege, du Vöglein, Duett. 23. Don
Juan, Menuett à —60. Aus op. 36: Beliebte Stücke in leicht. Bearb. *P*. Band 1
1.20 n *André*.
- 40 Répertoire de l'opéra, très-faciles, sans
octaves, *P*: 1. Dinorah (Pard. d. Ploërmel). 2. Trovatore. 3. Vêpres siciliennes.
4. La Traviata. 5. Ernani. 6. Lustige Weiber von Windsor (Joyeuses commères).
7. Orphée. 8. Faust. 9. Chanson de Fortunio. 10. Bavardes. 11. Robert le Diable.

12. Postillon. 13. Fille du Régiment. 14.
Prophète. 15. Favorite. 16. Martha. 17.
Stradella. 18. Zar und Zimmermann. 19.
Huguenots. 20. Tannhäuser. 21. Gitana (Zi-
geunerin). 22. Linda di Chamounix. 23.
Rigoletto. 24. Nachtlager (Grenade). 25.
Don Pasquale. 26. Dragons de Villars
(Glöckchen des Eremiten). 27. Africaine.
28. Zauberflöte (Flûte ench.). 29. Don
Juan. 30. Freischütz. 31. Figaro. 32. Ent-
führung (Seraglio). 33. Stabat mater. 34.
Tell. 35. Preciosa. 36. Gr.-Duchesse de Ge-
rolst. 37. Vie parisienne. 38. Stumme (Ma-
saniello) à 1— *André*. N. 21 —40 *Church*.
N. 2, 8, 11, 13, 16, 21 à —50 *Ditson*.
N. 21 —40 *Gordon*, N. 2, 8. 21 à —40
Willig; ¾ms: N. 2, 4, 13, 17, 30, 34 à —60
Ditson, N. 2, 4, 5 à —30 *Gatheil*.
- 41 Choix des thèmes, fav. d'opéras, *¾ms.*
Cah. 1, 2 à 1.80 *André*.
- 45 Fleurs d'Opéras, fantais. très fac., *P*:
1. Africaine. 2. Don Juan. 3. Freischütz.
4. Zauberflöte (Flûte ench.). 5. Stabat
mater. 6. Robert le Diable. 7. Tell. 8. Preciosa. 9. Gr.-Duchesse de Gerolst. 10. Belle
Galathée. 11. Vie parisienne. 12. Stumme
(Masaniello) à —80 *André*.
- 49 Potpourris „Faust" (G o u n o d). *¾ms*
PV. X. 1.60 *André*.
- 50 Nouveautés du jour, transcr. fac.: N. 1.
V e r d i: Trovatore, Miserere. *¾ms* 1—,
P —80. N. 2. G u m b e r t: O bitt' euch,
liebe Vögelein. *¾ms* 1—. *P* —80. N. 3. A b t:
Gute Nacht, du mein herziges Kind, *¾ms*
1—, *P* —80. N. 4. A b t: Schlaf wohl, du
süßer Engel du, *¾ms* 1—, *P* —80. N. 5.
M e y e r b e e r: Air de grâce. 6. Home,
sweet home. 7. R o s s i n i: Cujus animam.
8. Long, long, ago (irlandaise), 9. B a c h-
G o u n o d: Ave Maria. 10. V e r d i: *Cd*5b.
Quatuor du Rigoletto. 11. W a g n e r: O
du mein holder Abendstern (Tannhäuser).
12. K a s c h t e: Defilier-Marsch. 13. W i l-
h e l m: Wacht am Rhein. 14. Sérénade
italienne. 15. W e b e r: Einsam bin ich,
nicht alleine. 16. A b t: Rotkäppchens Morgenlied, *P* —80 *André; N. 1 —40
Ditson, Kinley, National Music, —35
White; N. 3 —30 White; N. 6 —35 White,
N. 7 —50 Brainard, N. 8 —50 Brainard,
—40 Kinley, National Music; Ye merry
birds —35 White; Robert idol of my heart
—35 White, Rigoletto 2 Variations —35
White.*
- 60 Frère et Soeur, Morceaux favoris, *¾ms,*
Cah. 1—4 à 1— *André*.
- 93 Blaue Äuglein. Melodie, *P* 1— *Heinrichshofen*.
- 99 Valse brill. s. L'E n f a n t p r o d i g u e.
P 1.50 *Haslinger*.
- 108 Bunte Reihe, Leichte, charakteristische
Tonbilder, *¾ms* 2.50: Nr. 1. Der Frühling
ist nun da —50. Nr. 2. Fröhlicher Jäger-
zug 1—, Nr. 3. An der Wassermühle 1—.
Nr. 4. Waldkapelle —80 *Heinrichshofen*.
- 109 Gemütlichkeit, Ernst, Fröhlichkeit, *¾ms:*
Nr. 1—2 à —80, Nr. 3 1— *Heinrichshofen*.
- 110 Die Ballkönigin, Walzer 1— *Heinrichshofen*.
- 112 Fünf Lieder ohne Worte, *P*: 1. Stille
Liebe. 2. Mein Stern. 3. O glaube mir, ich
liebe dich, 4. Deingedenken, 5. Veilchen

versteckt unter Gras, à —80 *Heinrichs-hofen.*
- **116** Tirolerlied, Tyrolienne, *P* 1.50 *Beyer, Simon.*
- **117** Zwei Melodien: Träumerei am Abend. Herbstrose, *P* 1.20 *Leuckart,* à —75 *Beyer.*
- **133** Zwei Salonstücke, *P*: 1. Die Anmutige, 2. Stille Liebe, à 1— *Kott.*
- **133** Am Weihnachtsbaum, *P* vide Neues Weihnachts-Album Nr. 3. *Tonger.*
- **133a** Die Mitternachtsglocken von Rom, *P* 1.25 *Oertel.*
- **133b** Sirenenklänge, *P* 1— *Oertel.*
- **134b** Normannischer Kriegszug. *P* 1— *Oertel.*
- **135** Husarenbraut, Salonpolka 1.50 *Oertel.*
- **142** Blätter und Blüten, *P*, 2 Hefte à —90 *Oertel.*
- **147** Nr. 1. Süßes Geheimnis, 2. Stilles Sehnen, *P* à —80 *Schuberth jr.*
- **160** Waldskizzen, *P* 2— n: Nr. 1. Im grünen Tannenwald, 2. Waldvögleins Morgenlied, 3. An springendem Quell, 4. Försters Töchterlein à 1— *Oertel.*
- **164b** Normannischer Kriegszug und F ü l l e-k r u s s E. La Violette, gavotte, *O* 2— n *Oertel.*
- **207** Nr. 1. Feierabend am Rhein, 2. Frühlingsglocken, Melodie, *P* à 1.25 *Oertel.*
- **275** Nr. 1. Abendglocken auf Kloster Panz, Nocturne 1.25. Nr. 2. Ob ich dich liebe? Frage die Sterne! Melodie 1— *Oertel.*
- **295** Ballkönigin, *4ms*, Heft I 1.60, II 2— *Beyer.*
- **296** Kinder-Ball, Tänze, Heft I 1—, II 1.20 *Beyer.*
- **300** Prämienbuch für hervorragende Leistungen im Klavierspiel, 6 leichte Vortragsstücke 1.50 n *Oertel.*
- Abendglocken auf Kloster Panz (Evening bells), Nocturne, *P* 3/— *Ashdown.*
- Beliebte Opern, Potpourris, *P* à 1.50—2.50 *Benjamin.*
- Blumen und Schmetterlinge, Tanz-Album für die Kinder- und Jugendwelt. Für *P* (ohne Oktaven). 1. Polonaise. 2. Galopp. 3. Walzer. 4. Polka. 5. Mazurka. 6. Tyrolienne. 7. Polonaise. 8. Galopp. 9. Walzer. 10. Polka. 11. Mazurka. 12. Tyrolienne 2.30 *Bote.*
- Frühlingsglocken (Spring flowers), Two sketches, *P*: 1. Nocturne. 2. Melodie, each 3/— *Ashdown.*
- Goldenes Melodienbuch für die Jugend, beliebte Opern-, Volks- u. Tanz-Melodien, für *P*, Heft 1—16 à 2—, Band 1,4 (Edit. André X. 40 a. d.), à —80 n, *4ms*, 4 Hefte à 2.50 *André.*
- Ob ich dich liebe? Melodie, *P* 3 — *Ashdown.*
- Polka paysanne, *4ms* —60 *André.*
- Potpourri-Album, *P*, 2 Bände (Edit. André. N. 41 a b.), à 2.50 n *André:* Band I: Don Juan. Der Freischütz. Die Stumme von Portici. Die Regimentstochter. Das Nachtlager in Granada. Preciosa. Band II: Die Zauberflöte. Die weiße Frau. Die lustigen Weiber. Zar und Zimmermann. Lucia von Lammermoor. Barbier von Sevilla.
- Quadrilles: 1. Martha. 2. Prophète. 3. Fille du Régiment. 4. Grand Duchesse. 5. Er-

nani. 6. Stradella. 7. Haymons-kinder. 8. Indra. 9. Rübezahl, à 1— *André.*
- Le petit Répertoire de l'opéra, Amusements très-faciles, *4ms*: N. 1. M e y e r b e e r: L'Africaine 1.80 *André.*
- Russische Favorite-Polka, *4ms* —60 *André.*
- The morning glory 4 — *Ashdown.*
- Transcriptions de Valses, *4ms*: 1. Il Bacio (Kuß), A r d i t i. 2. Valse favorite, V e n z a n o. 3. Faust-Valse, G o u n o d, à 1.30 *André,* à —75 *Brainard.*
- Valses célèbres (très-faciles), *P*: N. 1. Reine de Saba, G o u n o d 1—. N. 2. Valse, V e n z a n o 1.30. N. 3. Faust, G o u n o d. 4. Il Bacio, A r d i t i. 5. Africaine, M e y e r b e e r. 6. Lieschen und Fritzchen, O f f e n b a c h. 7. Trovatore, V e r d i. 8. Traviata, V e r d i, à 1—. N. 9. Graziella (Petite mariée), L e c o c q 1.30. N. 10. Lulu, C o o t e 1—. N. 2, 3, 4 *4ms* à 1.30 *André.*

Burgmüller Fréd. op. 1 Rondo, *P* 2— n *Costallat.*
- **2** Souvenir de Mulhausen, *P* 2— *Simrock.*
- **3** Introduction et Polonaise brillante (G-moll), *P* 1.50 *Cranz,* 2— *Simrock.*
- **4** Valse caractéristique 1— *Simrock,* 2—n *Costallat.*
- **5** Rondeau brill. sur la Tyrolienne de Madame Malibran, *P* 3— *Kahnt.*
- **6** Var. sur le Thème polonais „Le 3. Mai", *P* 1.50 *Kahnt.*
- **10** Var. sur un Thème de l'Opéra: „Le Pré aux Clercs", *P* 3— *Kahnt,* 7.50 *Grus.*
- **11** Galop brillant en forme de Rondo, *P* 1— *Hofmeister,* 1.30 *Simrock,* 2.50 n *Costallat.*
- **12** Introduction et Variations brillantes sur un thème polonais (As-dur), *P* 1.50 *Cranz, Simrock,* 2— *Ricordi.*
- **13** Les Plaisirs du jeune Age, Nouv. Récréations sur des thèmes fav. *P*: N. 1 1.50, N. 2 1.80 *Cranz,* à 2— *Fürstner,* à 6 Bg. *Schott,* à 2— *Simrock,* à 2.50 n *Costallat.*
- **14** Lestocq, fantaisie pour *P* 2— *Schott.*
- **15** La Tenerezza, rondoletto, *4ms* 1— *Hofmeister.*
- **16** Le cheval de Bronze, rondo, *P* 2— *Schott.*
- **17** Cavatine de Bianca et Fernando, de B e l l i n i variée (C-dur), *P* 1— *Cranz,* 2—n *Costallat,* 2.75 *Ricordi.*
- **18** Zwei Transkriptionen, *P* über Opern-Melodien: 1. Kavatine aus „Gli Aragonesi in Napoli". 2. Kavatine aus „Anna Bolena", 1— *Hofmeister,* 2—n *Costallat,* à —80 *Simrock.*
- **19** Introd. et Variations brillant. sur la Romance favorite: La jeune Batelière de M a s i n i, *P* 1.50 *Hofmeister.*
- **20** Fant. sur la romance: Frère et soeur F-dur, *P* 1.50 *Cranz, Fürstner,* 1.25 *Leuckart,* 1.50 *Schott,* 6— *Grus.*
- **21** Rondeau brillant, *P* 1.50 *Schott,* 1.30 *Simrock,* 3/— *Ashdown,* 6— *Grus.*
- **22** Bolero, romance favorit (M a s i n i), *P* 1.30 *Cranz,* 1.50 *Fürstner,* 3 Bg. *Schott,* 1.50 *Simrock.*
- **23** La Poste, valse en forme de rondeau, *P* 1— *Cranz,* 1.50 *Fürstner,* 3 Bg. *Schott,* 1.30 *Simrock,* 3/— *Ashdown,* 2—n *Costallat.*

- **24** Valse pastorale en forme de Rondeau. P 1— *Cranz*, 1.50 *Fürstner*, 3 Bg. *Schott*, 1.50 *Simrock*.
- **25** Encouragement aux jeunes Pianistes. 3 Morceaux faciles. Rondeau sur la Romance: Mire dans mes yeux. Variations sur la Chansonnette: La jeune Andalouse. Rondeau sur la Chansonnette: La Laitière 1— *Cranz*, *Hofmeister*, 3 Bg. *Schott*, 1.30 *Simrock*.
- **26** Délices de l'Opéra italien. Sechs Transkriptionen üb. beliebte italienische Opernmelodien: 1. Norma. 2. Bianca et Fernando. 3. Beatrice di Tenda. 4. La Straniera. 5. Romeo et Julie. 6. Pirat, P à —80 *Simrock*, Heft I, II, III à 1.25 *Hofmeister*, à 2— *Ricordi*. N. 1 2 6 *Ashdown*, —50 *Brainard*, —2 *Broome*, 3/— *Cecilia*, *Chappell*, —35 *Church*, 2 — *Cramer*, —35 *Ditson*, 3— *Donajowski*, *Duff*, 3/— *Forsyth*, —35 *Gordon*, 2 6 *Lupton*, 3— *Hopwood*, —30 *Kidley*, —40 *National Music*, 2 6 *Weekes*, 1 6 n *Wickins*, 3— *B. Williams*, —30 *Willig*, 1/— n *Allan Mozart*; 4ms 3/— *Duff*, —60 *Willig*.
- **27** Souvenir de B e l l i n i. Liv. 1. Duetto de Norma. Cavatine de Beatrice di Tenda 1.25. Liv. 2. Air de la Straniera. Cavatine de Beatrice di Tenda 1.25. Liv. 3. Cavatine de Norma. Polacca de la Straniera 1.25 *Hofmeister*. N. 1 —38, N. 5 —38 *Hansen*, N. 1—5 à —80 *Simrock*. Heft I, II, III à 2.50 n *Costallat*, 1—5 à 1—, cplt. 5— *Ricordi*, 1—3 à —35 *Thieme-Zutphen*.
- **28** Rondo sur un thème de l'Opéra L'Elisire d'Amore, P —80 *Cranz*, 1— *Fürstner*, *Hofmeister*, 3 Bg. *Schott*, 1.30 *Simrock*, —50 *Hansen*, 1.75 *Ricordi*.
- **29** La Vague Galop brill. en Rondo, P 1— *Hofmeister*, 2— n *Costallat*, 1.50 *Ricordi*.
- **30** Le Postillon de Lonjumeau capr. sur la ronde, P 1.75 *Schott*, 7.50 *Joubert*.
- **31** Charmantillesses, rondinetto et variations sur deux Thèmes favoris de D o n i z e t t i et Mercadante, P: N. 1. Rondinetto sur l'Air fav. du Charlatan de l'Opéra „L'Elisire d'Amore" 1—. N. 2. Duetto de l'Opéra „Elisa e Claudio", varié 1— *Hofmeister*. N. 2 2— *Ricordi*.
- **32** „Souvenir de Schoenbrunne", grande valse, P 1.50 *Bauer*, *Fürstner*, 4/— *Ashdown*, —75 *Brainard*, 3 — *Williams*.
- **33** Rückkehr aus der Schweiz. Variationen über ein bel. Thema, P 1— *Breitkopf*.
- **34** Heft 1. Der Kontrabandist, Caprice über ein span. Lied, A-moll, P 1— *Breitkopf*.
- **35** Mußestunden, P 3— *Breitkopf*. Heures de loisir. 12 mélodies favorites, P 8—: N. 1. Air français. 2. Air italien. 3. Air allemand. 4. Air suisse. 5. Polonaise. 6. Marcia, de B e l l i n i. 7. Mazurka. 8. Alla turca. 9. Air de chasse. 10. Polacca. 11. Tyrolienne. 12. Air écossais, à 1.25 *Costallat*; liv. 1—4 à 2— *Mariani*, 3 liv. à 1— *Weygand*. Heft I: Air franc., Air italien, Air allemand —62, Heft II: Air de chasse, Air suisse —50, Polonaise —38 *Hansen*. Heft I N. 1—3 1.50 *Hirsch*, Heft I, II à —50 *Nordisk Musikforlag*.
- **36** La Cachucha, divertissement, P 1— *Breitkopf*, 2.50 n *Costallat*, 3— *Ricordi*.
- **37** Rondeau sur l'op. La double Échelle, P 2— *Schott*.
- **38** Boléro sur Le Domino noir, P 1.50 *Schott*.
- **39** Rondeau-Valse sur l'op. Piquillo, P 1.50 *Schott*.
- **40** Les Soirées de Venise, P: 1. Cavatine de l'op. Parisina, variations. 2. Bluette sur le Duo de l'op. Parisina. 3. L'Elisire d'Amore, petite fantaisie. 4. Parisina, cavatine et rondeau, à 1.50 *Schott*.
- **41** Rêveries fantastiques à L i s z t. P 1.50 *Cranz*.
- **42** Le fidèle Beger, divertissement facile, P 2— *Schott*.
- **43** Mein Aufenthalt in Neapel. Zwölf Fantasien über ital. Opernmelodien, P in 4 Heften à 1.50 *Simrock*: 1. L'amo, ah, l'amo, with Variations (B e l l i n i), P. 2. Soave immagine, cavatina and rondo (M e r c a d a n t e). 3. Ad altro lascio, polonaise (G i u l i a n i). 4. Donne l'amore, or, Oh, 'tis the Melody (Venetian Air). 5. 1st denn Liebe; or, non lasciarmi, (German Air). 6. Ah, non lasciarmi, duetto (M e r c a d a n t e). 7. Se m'abbandoni, rondo (M e r c a d a n t e). 8. Ay, Maria, rondinetto (Spanish Air). 9. E fia ver, grand march (M e r c a d a n t e). 10. Vaga luna, variations (B e l l i n i). 11. Tic e toc, rondo (Italian Air). 12. Herz, mein Herz (German Air), à 2— *Chappell*, N. 10 2/— *Williams*. Cah. 1—4 à 2.50 n *Costallat*.
- **44** Réminiscences de Guido et Ginevra de H a l é v y, P 3— *Ricordi*.
- **45** Le Perruquier de la régence. 3 divertissements, P: 1. Rondeau militaire. 2. Divertissement et Galop. 3. Thème varié et Valse, à 1.75, 4ms à 2.75, galop, P 1—, 4ms 1.50, valse, P 1—, 4ms 1.50 *Schott*.
- **46** Fleur sur son passage, grande valse brillante, P 2.50 n *Costallat*, 3 — *Chappell*, —62 *Hansen*.
- **47** Le Brasseur de Preston, scherzo sur la ronde, P 1.75 *Schott*, 2.50 n *Costallat*, 2.50 *Ricordi*.
- **48** 2 Rondinos, P: 1. Une Matinée au bord du lac de Come, rondino pastorale. 2. Rondino sur une Tyrolienne de C. M. de W e b e r, à 1.50 *Schott*, 2.50 n *Costallat*.
- **49** Valse du ballet La Gipsy, P 1.50 *Schott*, 2.50 n *Costallat*.
- **50** Rondeau-Valse sur l'op. „L'Eau merveilleuse", P 1.75 *Schott*, 2.50 n *Boulch*.
- **51** Marche et Rondoletto de la Parisiana, P 2— n *Costallat*, 2— *Ricordi*.
- **54** 3 Divertissements sur des motifs favoris de Lucia di Lammermoor, P à 6— *Gras*, à 2— *Ricordi*. N. 1 —62 *Hansen*, 4ms à 3.50 *Ricordi*.
- **55** La Bouquetière, brill. Variationen, P 2— *Simrock*.
- **55** Variations sur le Planteur, P 2.50 n *Costallat*.
- **56** Rondeau sur La Reine d'un jour, P 2— *Schott*.
- **57** 2 Morceaux brill. sur l'op. Le Schérif, P: 1. Rondeau. 2. Variations, à 1.75 *Schott*.
- **58** Nocturne de l'op. La Symphonie, variations faciles, P 2— *Schott*, 7.50 *Boulch*.

- 59 Souvenir germanique, variations sur un
  Air allemand favori. *P* 1.75 *Schott*.
- 60 Les Marguerites, 6 Bagatelles sur des
  motifs favoris, *P*, 2 suites à 1.50: N. 1.
  Rondoletto sur „Jenne fille à 15 ans" de
  L. Puget —50. N. 2. Rondo-Valse sur
  „Bouderie" de Clapisson —50, N. 3,
  Le Calme, barcarolle de Masini, variée
  —75. N. 4. Rondino militaire sur „La Retraite" de L. Puget —50. N. 5, Boléro sur „Belle pour lui" de L. Puget
  —75. N. 6, La jeune Montagnarde, air
  suisse varié —75 *Schott*.
- 61 Les Abeilles, 6 petits morceaux sur des
  mélodies italiennes, *P*, 2 suites à 1.75:
  N. 1, Rondino sur A Rivedersi de Bellini. 2. La buona Notte, de Mercadante, variée. 3. Polacca sur „La Gio-
  vinetta", de Bellini. 4. Benedetta sia
  la madre, canzonetta napol, variée, à —75,
  N. 5, E vezzosa si la rosa, de Vaccai,
  variée 1—. N. 6. Marcia trionfale de Bellini —75 *Schott*, à 2 — *Augener*, à 2/—
  Cocks, à 3— *Benoit*, à 2 — *Ricordi*.
- 62 Morceaux brillants sur des thèmes favoris de La Nacarilla de Marliani, *P*:
  1. Variations. 2. Boléro. 3. Rondeau brillant. à 2.50 *Ricordi*.
- 63 Romanze und Rondo, *P* 1— *Breitkopf*.
- 64 Zanetta, fantaisie, *P* 2— *Schott*.
- 65 Carline, galop en forme de rondo sur des
  motifs d'Amb. Thomas, *P* 1.50 *Schott*.
- 66 Souvenir de la Reine Jeanne, fantaisie
  sur la Ronde „Halte là" de H. Moupou,
  P 2— *Schott*.
- 66 Introduction et rondino, *P* 1.50 n *Costallat*.
- 66 Les Murmures du Rhone, three nocturnes, 1 cl *P*: 1. In A minor. 2. In F. 3. In C.
  each 3— *Ashdown*, *VP* à 1 — *Boosey*.
- 67 Souvenir de Ratisbonne, valse brillante,
  intercalée dans „Giselle", *P* 1.50, *4ms* 2—
  Schott.
- 68 La Corbeille de Roses, 4 morceaux brillants et faciles, *P*: 1. Petite Scène suisse.
  2. Cantabile et Rondino. 3. Rondo à la
  Turca. 4. Rondino à la Polacca, à 1.50
  Schott, N. 1 —60 *Schmidt*, à —60 *Brainard*, à 2—n *Costallat*, à —38 *Hansen*,
  N. 1 —25, 2—4 à —38 *Nordisk Musikforlag*, N. 3 3 — *Ashdown*, *Augener, Duff,
  Forsyth, Hammond, Pitman, Thompson*,
  —50 *W. White*.
- 69 Lucrezia Borgia, fantaisie, *P* 2— *Schott*.
- 70 Grand Galop sur l'op.: Les Diamants
  de la Couronne, *P* 1.75, leicht —50, *4ms*
  1— *Schott*, 2.25 *Ricordi*.
- 71 2 Morceaux, *P*: 1. Le Retour, fantaisie.
  2. La Prière dans le bois, rondo tyrolien,
  à 1.50 *Schott*.
- 72 Deux Rondo-Valses, *P*: 1. Le Comte Car-
  magnola. 2. Valsons toujours, à 1.75
  Schott.
- 73 Pensées expressives, 12 Mélodies caractéristiques en forme d'Études, *P* 4.25. Emp-
  findungen an dem Klavier, 12 charakte-
  rist. Übungen, 2 Abt. à 1.25 *Schott*, kplt.
  5—n *Gallet*, N. 2 —62 *Hansen*, liv. I, 2
  à 3— *Ricordi*.
- 74 3 petits Airs variés sur des romances
  de Masini, *P*: 1. Blanche. 2. Toi et
  Moi. 3. 2 Anges gardiens, à 1.50 *Schott*.

- 75 Valse et Galop sur l'op. Le Duc d'Olonne,
  P, N. 1, 2 à 1.50 *Schott*, à 2 — *Ricordi*.
- 76 3 petits Thèmes originaux, *P*: 1. Rondoletto. 2. Boléro. 3. La Romance, à 1.25
  Schott. N. 1 —35 *Schmidt*, 1—n *Allan*.
  2 — *Ashdown, Augener*, —50 *Brainard*,
  3 — *Chappell*, —35 *Ditson*, 2 — *Donajowski*, 3 — *Duff*, 3— *Hammond*. 2.35
  Fischer, 3 — *Pitmann*, —35 *Presser*,
  White. N. 1, 2, 3 à 1.25 *Ricordi*, N. 3 —38
  Hansen. *Nordisk Musikforlag*.
- 77 Valse du ballet La jolie fille de Gand,
  P 1.50, en feuille —50 *Schott*, 6—, 2.50,
  4ms 9— *Le Boulch*.
- 78 Cavatine de Bellini, fantaisie et variat. *P* 1.75 *Schott*, 3— *Chappell*, —50
  Gordon.
- 79 Air suisse, fantaisie et rondo pastoral,
  P 2.25 *Schott*.
- 80 Sans Amour, de Masini, fantaisie, *P*
  2— *Schott*.
- 81 Valse et Galop sur l'op.: Le Roi d'Yvetot, *P*, 1, 2 à 1.75 *Schott*, à 6— *Le
  Boulch*, *4ms* 1, 2 à 2— *Schott*, *4ms* 7.50
  Le Boulch.
- 82 Fleurs mélodiques, 12 morceaux faciles
  et brillants pour *P* 8.50, 4 Suites à 2.75:
  N. 1. Cavatine de la Niobe. 2. Barcarolle
  de Bellini, 3. Rondino-Valse, 4. Fantaisie sur la Marche du Crociato, 5. Tarantelle, 6. Variations sur une Cavatine
  de Bellini, 7. Rondino sur un Air suisse,
  8. Valse favorite, 9. Fantaisie sur la Straniera, 10. Rondo sur un Thème écossais,
  11. Souvenirs d'Ecosse, fantaisie, 12. Rondino sur un Thème de Donizetti à 1.25,
  4ms à 1.50 *Schott*.
  P: N. 1, 2, 3 à 2 — *Ashdown*, N. 4
  —50 *Brainard*, N. 10, 11 à —35 *Gordon*,
  N. 1, 2 à 1.50 *Mariani*, N. 1—12 à 4—,
  compl. 7.50, *4ms* N. 1—12 à 5— *Joubert*;
  P: N. 1—12 à 1.50, compl. 12— *Ricordi*,
  N. 1, 9, 12 à —38 *Hansen*, N. 1 —38 *Nordisk Musikforlag*, N. 1 —30 *Guthwil*, N. 1,
  3, 4, 9, 12 à —30 *Jurgenson*, *4ms* N. 6
  —62 *Hansen*.
- 83 Valse et Galop sur l'op. La Part du
  Diable pour *P*. N. 1, 2 à 1.75 *Schott*, N.
  1 6—, N. 2 5— *Benoit*.
- 84 Le Puits d'Amour, fant. *P* 2— *Schott*,
  7.50 *Le Boulch*.
- 85 Maria di Rohan, valse brill. 1.50 *Schott*,
  2.50 *Ricordi*.
- 85 Fantaisie et valse sur Lambert Simnel
  (Moupon) 7.50, valse retraite en feuille
  3— *Le Boulch*.
- 86 Lambert Simnel, fant. et valse 2—
  Schott.
- 87 Cagliostro, valse populaire 1.50 *Schott*,
  1.75 *Ricordi*.
- 88 La Sirène, variations et rondo 2— *Schott*.
- 89 6 Morceaux élégants: 1. Rondino sur la
  Polka favorite, 2. Tyrolienne variée, 3.
  L'Orage, fantaisie sur un air napolitain,
  4. Valse brillante, 5. La Clochette, galop
  brillant, 6. Caprice en forme d'Étude
  à 1.50 *Schott*; N. 4. *P* —50 *Tonger*, —60
  Brainard, —40 *Ditson*, —35 *White*; N. 1, 2
  à 5— *Joubert*, N. 2 —50, N. 3 —62, N. 4
  —50, N. 6 —62 *Hansen*, N. 2, 4 à —50
  Nordisk Musikforlag, N. 2, 5 à —40 *Jurgenson*.

- 90 Galop en forme de Rondo sur l'op. „La Barcarolle" 1.75 *Schott*.
- 91 Fantaisie sur l'op. „La Barcarolle" 2— *Schott*.
- 92 Ernani, fantaisie, *P* 2— *Schott*. —75 *Gordon*, 3— *Napoleao*, 6— *Lemoine*, 3.30 *Ricordi*. —62 *Hansen*, —45 *Gutheil*.
- 93 2 Morceaux: 1. Ma Brunette, fant.-polka. 2. Ta Main, fant.-valse à —50, en feuille —50 *Schott*; N. 1 5— *Heugel*, 3— *Mariani*, *ims* 4— *Chappell*, 7.50 *Heugel*, 5— *Mariani*, —30 *Gutheil*; *Cornet* —30 n. Fl —30 n. V —30 n *Heugel*; N. 2 5— *Heugel*, 3— *Mariani*, N. 1, 2 à —30 *Gutheil*; *ims* 3.6 *Chappell*, 7.50 *Heugel*, 5— *Mariani*, —40 *Gutheil*; Fl, 1 à —30 n *Heugel*.
- 94 Polka et Valse du ballet „Betty": N. 1. Polka, 2. Valse à 1.25 *Schott*.
- 95 3 Morceaux: N. 1. Fantaisie sur Benedetta de Puget 1.75, N. 2. Cantabile et Rondo-Valse sur l'op. „Ne touchez pas à la Reine" 1.75, en feuille —50, *ims* 2.25. N. 3. Une Soirée de printemps, mélodie de David, variée 2—, N. 1 —40 *Jurgenson*.
- 96 Fantaisie et Valse: 1. Fantaisie sur une Cavatine favorite de Rossini, 2. Valse brillante sur des motifs de Rossini à 1.75 *Schott*, à 5— *Joubert*, N. 1 —62 *Hansen*.
- 97 Les Étincelles, 12 mélodies 8.50, 4 Suites à 2.75: N. 1. Cavatine de La Cenerentola, 2. Air suédois, 3. Air napolitain, 4. Rendez-moi ma patrie, 5. Un premier Amour, redowa variée, 6. La Danse des esprits, 7. Cavatine de Bellini, fantaisie, 8. Rondo militaire, 9. Bella Napoli, air national variée, 10. Fantaisie sur un Air russe, 11. Le Pré aux clercs, cavatine et rondo à 1.25 *Schott*; N. 1—11 à 2— *Chappell*, N. 8 2— *Williams*, N. 1—3, 5—11 à 5— *Joubert*, N. 1, 2 à 5— *Grus*, N. 1, 2, 3, 4, 5, 8, 9 à —38, N. 6 —25 *Hansen*, N. 5, 8 à —75 *Hirsch*, N. 1—12 à —30 *Jurgenson*, N. 2, 3, 5, 8 à —38 *Nordisk Musikforlag*: *ims*: N. 1—11 à 1.50 *Schott*, N. 4, 11 à 6— *Grus*, N. 1—3, 5—11 à 6— *Joubert*, N. 2 —62 *Hansen*.
- 98 La Veneziana, fant. sur un motif de Mercadante 1.75 *Schott*, —62 *Hansen*.
- 99 3 Morceaux: 1. La Dame de Pique, valse sentimentale, 2. La Dame de Pique, rondo russe à 1.50, N. 3. Fantaisie sur l'op. „La Tempesta" 1.75 *Schott*.
- 100 25 Études faciles et progressives, composées et doigtées expressément pour l'étendue des petites mains, *P* 4.75, 2 Suites à 2.50, (Couldery) 4.75 *Schott*, 4.75 Benjamin, —80 *Litolff*, 1— *Peters*, 1.50 n *Rozsavölgyi*, N. 25 —25 *Schmidt*, 1— *Steingräber*, compl. 8 —, in 2 Heften à 1.6 n *Ashdown*, 1— n *Augener*, *Church*, compl. —50 n, in 2 Heften à —33 *Ditson*, Heft 1, 2 à 4— *Duff*, 1— *Fischer*, compl. 2—, cah. 1—7 à —30 *Gordon*, (G. Sanders) 1— *Hammond*, compl. —75, 2 cah. à —90 *Presser*, 1— *Schirmer*, 8 — *Weekes*, compl. 2—, 2 vol. à 1— *White*, 1—n *Wickins*, compl. 2—, 2 vol. à 1.25 *Wood*, 12— *Benoit*, Hft. 1, 2 à 1.50 *Elkan*, heft 1 —75, 11 —67 *Hansen*, 1.30 *Bessel*, 1— *Gutheil*, —75 *Jurgenson*, 1.30, kl. Form. —75 *Lyre*, N. 23, 24 à —30 *Gebethner*.
- 101 Une Soirée à Varsovie, 3 mazurkas brillantes pour *P* 2.75: N. 1—3 à 1.25 *Schott*.
- 102 Le Carillonneur de Bruges, fantaisie 1.75, *ims* 2— *Schott*. —50 *Tonger*.
- 103 Fantaisie sur l'op. „Le Père Gaillard" 2— *Schott*.
- 104 2 Esquisses sur l'op. „Colette" 1.50 *Schott*.
- 105 12 Études brillantes et mélodiques 4.75, 2 Suites à 2.50, (Couldery) 4.75, (C. Kraegen) 2P 7.25, l'acc. seul 3.25 *Schott*, —80 *Litolff*, 1— *Peters*, (G. Damm) 1— *Steingräber*, 1 —n *Augener*, 3 vol. à —30 n *Ditson*, 2 vol. à 4 — *Duff*, vol. 1 —75 *Ellis*, cplt. 1—, 2 vol. à —60 *Schirmer*, 1— n *Wickins*, cplt. 1—, 2 vol. à —60 *Wood*, 12— *Benoit*, 1.30, 11. *P* (C. Kraegen) 1— *Bessel*, N. 1, 5 à —20, N. 8, 11 à —30 *Gebethner*, cplt. 1— *Gutheil*, —75 *Jurgenson*, 1.30, kl. Form. —75 *Lyre*.
- 106 Hommage à Schulhoff, valse brill. 1.75 *Schott*, 6— *Benoit*.
- 107 L'Ange de la nuit, morceau de genre 3.50 *Ricordi*.
- 108 Les Fanfares du Tournoi, valse brill. 1.50 *Schott*.
- 109 18 Études de genre (faisant Suite aux Études faciles op. 100) 4.75, 2 Suites à 2.50, (Couldery) 4.75 *Schott*, —80 *Litolff*, 1— *Peters*, 1— *Steingräber*, 1 —n *Augener*, 2 vol. à —38 n *Ditson*, à 1— *Presser*, cplt. 1—, 2 vol. à —60 *Schirmer*, 1—, 2 vol. à —60 *Wood*, 12 — *Benoit*, Heft I, II à 1.50 *Elkan*, 1.30 *Bessel*, N. 5, 15 à —20, 10, 16 à —30 *Gebethner*, cplt. 1— *Gutheil*, 1.30 *Johansen*, —75 *Jurgenson*.
- 110 Chanson d'Alonette de l'op. „La Fée Carabosse" 1.50 *Schott*.
- 111 La Chatte merveilleuse, fantaisie 1.75 *Schott*.
- 112 3 petites Fantaisies: N. 1. Le Turc en Italie de Rossini 1.25 *Schott*.
- 113 La Coupe du Roi de Thulé de Diaz, fantaisie 1.50, *ims* 2.25 *Schott*.
- Aelia et Mysis, valse brill. 1.50 *Schott*, 6— *Benoit*.
- L'Africaine, valse de salon 1.75 *Schott*, 7.50 *Benoit*, 4— *Ricordi*, —80 *Weygand*, 5— *Sassetti*; *ims* 2— *Schott*, 9— *Benoit*, 5— *Ricordi*.
- Airs de ballet, dansés dans „Giselle" 1.50 *Schott*.
- L'Aldeana, valse sur le ballet „La Fille du marbre" 2— *Schott*.
- L'amabilité (La tenerezza), rondoletto élégant, *ims* 4 — *Ashdown*.
- L'amo, ah l'amo, variations 2— *Ashdown*.
- L'amour au village (Die Liebe im Dorfe) —75 *Schott*.
- L'Amico delle Opere teatrali. Pot-pourris sopra i più graditi motivi delle opere moderne: N. 1. Alessandro Stradella di Flotow 2.50, N. 2. La Muta di Portici 4—, N. 3. I Puritani 3—, N. 4. I Capuleti e i Montecchi 2.50, N. 5. Norma 2.50, N. 6. La Straniera 3—, N. 7. La Favorita 2.50, N. 8. L'Elisir d'amore 3—, N. 9. Lucrezia Borgia 3—, N. 10. Linda di Chamounix 2.50, N. 11. Roberto il Diavolo 2.50, N. 12. Guglielmo Tell 4—, N. 13. Il Barbiere di Siviglia 3— *Ricordi*.

- Les Amours du Diable, valse brill. 1.75 *Schott*, 2—n *Gallet*.
- L'Ange consolateur (Der Trostesengel), *PG* —50 *Schott*.
- L'Ange consolateur, melodie 3— *Mathieu*.
- L'Ange de la nuit, etude 1.50 *Schott*, —60 *Brainard*.
- Attila, fant. 1— *Hansen*.
- Ausgewählte Vortragsstücke 2— *Breitkopf*.
- Ausgewählte Etuden (X. S c h a r w e n k a) 2— *Breitkopf*.
- Ave Maria (G o u n o d), solo et choeur à 3 voix égales, avec acc. d'*OrgP* —75 *Schott*, P —35 *Ditson*, *SSA*, *TTB* à —08 *Ditson*, P —35 *White*, *SSC* 4— *Benoit*.
- Ay, Chiquita, valse espagnole 1.50 *Schott*, 6— *Heugel*, 4ms 2— *Schott*, 7.50 *Heugel*.
- Benedetta, fantaisie brill. 5— *Heugel*, 3— *Mariani*, 4ms 7.50 *Heugel*, 5— *Mariani*.
- La Berceuse, valse brill. 1— *Schott*, —40 *Brainard*, —25 *White*.
- Les Bergers d'Offenbach, valse de salon 1.75 *Schott*.
- Betty-Polka 2— *Schott*.
- Le Billet de Marguerite, valse brill. 1.50, en feuille —50 *Schott*, 6—, en feuille 2.50 *Lemoine*.
- Blanche, polka maz. 1.25 *Schott*, 3 — *Ashdown*, 5— *Joubert*, —50 *Cottrau*, 1.75 *Ricordi*.
- Blondine, valse sur un thème allemand 1.25 *Schott*, 2.25 *Ricordi*.
- Bolero Xacarilla, P 3/—, 4ms 4/— *Ashdown*.
- La bonheur, valse brill. 1.50 *Schott*, 6— *Benoit*.
- Le bouquet de l'Infante, valse 1.75 *Schott*, 3— *Mariani*, 6—, en feuille 2.50 *Grus*, 4ms *Schott*, 5— *Mariani*, 7.50 *Grus*.
- Le Brindisi, valse brill. 1.50, en feuille —50 *Schott*, —50 *Gordon*.
- La brune Thérèse, fantaisie sur la romance, P 1.50 *Schott*, 6— *Noël*.
- La brune Thérèse, valse 1— *Schott*, 1— *Noël*.
- Cantilène —25 *Hansen*.
- Carneval romain, schottisch sur des motifs de R o s s i n i 1— *Schott*, 4.50 *Benoit*, 1.50 *Ricordi*.
- Célimène, valse brill. 1.50 *Schott*, 6— *Benoit*, 2.50 *Le Boulch*, 4ms 1.75 *Schott*.
- La Cérito, redowa polka 1—, 4ms 1.25 *Schott*.
- La chaconne de Mr. et Mme. Denis 1.50 *Schott*, 6— *Heugel*, *VP* 2— *Schott*.
- La chanson de Fortunio, valse de salon 1.50 *Schott*, 2.50 *Napoleao*, 6— *Heugel*, —50 *Hansen*, 4ms 1.75 *Schott*, 7.50 *Heugel*.
- Chant du Nègre, valse de salon de Manon Lescout 7.50, 4ms *Joubert*.
- Chant du soir, valse brill. 1.75 *Schott*, 6— *Benoit*.
- La Chanteuse voilée, valse élég. 1.50 *Schott*.
- La charmante, valse —50 *Schott*, 1— *Ricordi*.
- La châtelaine (Die Burgfrau) —75 *Schott*.
- Le Cheval de Bronze, rondo 7.50 *Benoit*.
- La circassienne, valse brill. 1.75 *Schott*, 2—n *Gallet*, 4ms 2— *Schott*, 2.50 n *Gallet*.
- Classical boquet, easily 1—14 à —25 *Church*.
- Colette, valse brill. 1.25, en feuille —50 *Schott*.

- La Corbeille de roses, 4 morceaux brillants et faciles: 1. Petite scène suisse. 2. Cantabile e Rondino, 3. Rondò alla Turca, 4. Rondino alla Polacca à 1.50 *Mariani*.
- La Coupe du Roi de Thulé, fantaisie 6—, 4ms 7.50 *Grus*.
- La Cracovienne du célèbre ballet „La Gipsy" —50, 4ms —75 *Schott*, P —50 *Hirsch*.
- La Croix de Marie, valse brill. 1.75 *Schott*, 7.50, en feuille 2.50 *Le Boulch*, 4ms 2.25 *Schott*, 9— *Le Boulch*.
- Le Déserteur, valse 1.50, en feuille —50 *Schott*, 5— *Heugel*, 3— *Mariani*, 4ms 7.50 *Heugel*, 5— *Mariani*, *Cornet*, *Fl*, *V* à —30 n *Heugel*.
- Les deux Langages, valse brill. 1.75, en feuille —50 *Schott*, 2—n, en feuille 1—n *Gallet*, 4ms 2.75 *Schott*, 2—n *Gallet*.
- Les diable au Moulin, valse de genre 1.75 *Schott*, 6— *Grus*, 4ms 2.75 *Schott*, 7.50 *Grus*.
- Les Diamants de la Couronne, galop 6— *Benoit*, —80 *Weygand*, 4ms 9— *Benoit*.
- Diana, valse brill. 1.25 *Schott*, 1.50 n *Gallet*.
- Dinorah, valse 2— *Napoleao*, 1.50 n *Dotesio*, 4ms 5— *Ricordi*, *Banda* 2.50 *Guimaraes*.
- Don Juan, valse de salon 1.50 *Schott*, 6— *Grus*, 4ms 2.25 *Schott*, 7.50 *Grus*.
- Doux souvenirs —75 *Schott*, 4— *Mathieu*.
- Douze Lecons et trois Préludes très faciles et agréables, P Liv. I, II à —80 *Cranz*, H. 1 —50, II —62 *Nordisk Musikforlag*.
- Les Dragons de Villars, valse de salon 1.50 *Schott*, —60 *Gordon*, 6— *Joubert*, 4ms 2— *Schott*, 7.50 *Joubert*.
- L'Elareo errante, valse brill. 4ms 5— *Mariani*.
- L'Esau merveilleuse, rondos valse 2.50 *Le Boulch*.
- Effie, mélodie a une voix avec de Ve ou Cor et P 1.25 *Schott*, avec Ve ou *Hautbois* 2.50 n *Costallat*.
- L'elixir d'amore, rondoletto d'après le morceau à 4ms par Herz 6— *Le Boulch*.
- Emma, valse favorite 1.50 *Schott*, 2—, en feuille 1— *Gallet*, 4ms 2.25 *Schott*, 2—n *Gallet*.
- L'Enfant prodigue, valse brill. 1.50 *Schott*.
- Ercolano, valse de salon 4—, 4ms 6— *Ricordi*.
- Encouragement aux Jeunes Pianistes (trois morceaux): 1. Mire tes yeux dans mes yeux, rondo. 2. Les jeunes Andalouses, variations. 3. La Retraite, rondo, P à 3— *Benoit*.
- Der erste Lehrmeister im Klavierunterricht, eine theoretisch-praktische Anleitung, das Klavier leicht und sicher spielen zu lernen 4.50, 3 Hefte à 1.50 *Schott*. La même en espagnole 4—n *Costallat*, cplt. 2.50, 3 Liv. à 1— *Weygand*.
- L'Etoile de Messine, valse de salon 1.50 *Schott*.
- L'Etoile du nord, valse brill. 1.75 *Schott*, 3/6 *Chappell*, 6— *Benoit*, 4ms 2— *Schott*, 9— *Benoit*.
- Etudes célèbres, pour P, tirées des op. 73, 100, 105 par E. P a u e r 1.50 n *Schott*.
- Etudes (H e n r i G e r m e r), Bd. 1 op. 100, Bd. 2 op. 109, Bd. 3 op. 105, à 1.50 n *Schott*.

- L'Européenne, valse favorite de la jolie fille de Gand 3.6 *Ashdown*.
- Exercice pour les cinq doigts 4.50 *Mariani*.
- La Fauchonnette, valse brill. 1.50 *Schott*, 6— *Lemoine*, 4ms 2— *Schott*, 7.50 *Lemoine*.
- Le Farfadet Polka 1— *Schott*, 4— *Joubert*.
- Faust de Gounod, Valse brill. 2— *Schott*, 1.75 *Benjamin*, 4/— *Chappell*, —60 *Ditson*, 2— n *Choudens*, 4— *Ricordi*, 2— *Napoleao*, 7.50 *Muraille*, 1.50 n *Datesio*; —45 *Guthcil*, 4ms —75 *Brainard*, 4/— *Chappell*, 2.50 n *Choudens*, 5— *Ricordi*, 9— *Muraille*, —60 *Lcopas*, Z —75 *Schott*.
- La Favorite, valse de salon 1.50 *Schott*, 2— *Williams*, 6— *Grus*, 2.50 *Ricordi*, 4ms 2— *Schott*, 7.50 *Grus*.
- La Fée aux roses, polka maz. —50 *Schott*, en feuille 2.50 *Lemoine*.
- La Fée aux roses, valse maz. 1.50 *Schott*, 6— *Lemoine*.
- La Fête au convent, quadrille 1.25 *Schott*. —50 *Brainard*. —40 *Gordon*, 4ms 1.75 *Schott*, —60 *Gordon*.
- La Fête aux champs, quadrille 1.25, 4ms 1.75 *Schott*.
- La Fête de Gondoliers, schottisch 1.25 *Schott*, —50 *Brainard*, —40 *Ditson*, *Gordon*, 4.50 *Benoit*, 1.50 *Ricordi*; 4ms 1.50 *Schott*, 2.50 *Ricordi*, VP, FlP à 2— *Schott*.
- La Fiancée du diable, valse brill. 1.50 *Schott*, 2— n *Costallat*, 4ms 1.75 *Schott*, 2.50 n *Costallat*.
- La Fille à Simonette, valse brill. 1.75, en feuille —50 *Schott*, 2— n, en feuille 1— n *Gallet*, 4ms 2.25 *Schott*, 2.50 n *Gallet*.
- La Fille de l'Exile, p. Chant & P —75 *Schott*, 5— *Mathieu*.
- La Fille de marche, valse brill. 1.25 *Schott*, 6— *Mathieu*, en feuille —50 *Schott*, 3— *Mathieu*.
- Une Fleur sur son passage, valse br. 4ms 2.50 n *Costallat*.
- Les Fleurs d'Italie. 12 mélodies de D o n i z e t t i, variées. En quatre Cahiers. 4 Cah. à 2.50, N. à 1— *Ricordi*:

  I. cah.: 1. Rondò militaire sur Torquato Tasso. 2. Thême varié sur Torquato Tasso. 3. Cavatine variée sur Torquato Tasso.
  II: 4. Bluette sur un thême de Torquato Tasso. 5. Barcarolle de Gianni di Calais. 6. Rondò-Valse sur Torquato Tasso.
  III: 7. Cavatine variée d'Imelda de'Lambertazzi. 8. Valse en Rondò de Gianni di Calais. 9. Cavatine variée du Furioso.
  IV: 10. Rondinetto sur Olivo e Pasquale. 11. Air varié sur Olivo e Pasquale. 12. Polacca de Torquato Tasso.

  N. 1—12 à 2— *Chappell*, 4 cah. à 2.50 n *Costallat*, à 2.50 *Mariani*, 4ms 3 cah. à 4.50 *Ricordi*.
- La Florentine, valse 1.25 *Schott*, 1'— *Moore*.
- La Flûte enchantée, valse de salon 1.75 *Schott*, 6— *Heugel*, 4ms 2.25 *Schott*, 7.50 *Heugel*.
- La Fontaine aux perles, valse —50 *Schott*, en feuille 2.50 *Heugel*, —25 *Hansen*, *Nordisk Musikforlag*, —29 *Sassetti*.
- F o r t u n i o, valse de salon 1.50 *Schott*.
- Galathée, fantasie 1.75 *Schott*, 6— *Grus*.

—50 *Hansen*, *Nordisk Musikforlag*, 4ms 2— *Schott*, 7.50 *Grus*.
- Galathée, valse maz. —75 *Schott*, 4— *Grus*.
- Galop des Corsaires —50, 4ms —75 *Schott*.
- Le Garde moulin de Puget, rondino pastoral 1.50 *Schott*.
- Gianni di Calais, barcarolle 1— *Ricordi*, —40 *Brainard*, valse de rondo 1— *Ricordi*, —40 *Brainard*.
- Gille Ravisseur, valse 1— *Schott*, 6— *Le Boulch*.
- Giralda, valse brill. 1.50 *Schott*, 4— *Ashdown*, —75 *Brainard*, —60 *Ditson*, *Gordon*, 3— *Williams*, 6— *Joubert*, 2.10 *Sassetti*.
- Gisèle, valse dansés —50 *Schott*, 2—, en feuille, 1— n *Gallet*. 2— *Mariani*, 4ms *Mariani*.
- Giuramento, fantasie facile 2.40 *Ricordi*.
- Handleiding voor het Pianoforte Spel 4.50, 3 Hft. à 1.75 *Schott*.
- Handleiding voor het Pianofortespel. Kort, theoretisch en practisch leerboek voor eerstbeginnenden 2.50; 1ste Afdeeling: Eerste beginselen, oefeningen en stukjes 1—. 2de Afdeeling. De 12 majeur en mineur gamma's, oefeningen en stukjes 1—. 3de Afdeeling: Vierhandige stukjes 1— *Alsbach*.
- Haydée, valse brill. 1.75 *Schott*, 6— *Benoit*.
- Herculanum, valse de salon 1.75 *Schott*, 3/6 *Chappell*, 4ms 2.25 *Schott*.
- Jaguarita, chœur et valse brill. 1.50 *Schott*, —50 *Church*, 4ms 2.25 *Schott*.
- Jenny Bell, valse brill. 1.75 *Schott*, 6— *Le Boulch*, 4ms 2— *Schott*, 7.50 *Le Boulch*.
- Les jeunes Andaloux, variations —40 *Brainard*.
- Il bacio Kiss Waltz, 4ms —75 *Brainard*.
- Il Basilisco, ballet de graziani, valse de salon 1.75 *Schott*, 6— *Lemoine*.
- Il Carneval di Venezia 3— *Ricordi*.
- Il Furioso, cavatina —40 *Brainard*, 1— *Ricordi*.
- Il pellegrimaggio a Ploërmel, grand valse de salon 3.50 *Ricordi*.
- Il piccolo Dilettante di Pianoforte, rondo sopra le amorose canzoni di K r e b s, composti in stile facile, P: 1. Il Domicilio. 2. Ad Adelaide. 3. L'Amore sopratutto. 4. Notturno di Schieffers, à 1.50 *Ricordi*.
- Il Pirata Bolero on cavatina, P —50 *Brainard*.
- Imelda de'Lambertazzi, cavatine variée, P 1— *Ricordi*.
- Ines di Castro, introduzione e variazioni, P 2.10 *Ricordi*.
- Indiam de Marsailbou, arr. en valse de salon 1.75 *Schott*, 6— *Lemoine*.
- Jocondo, valse de salon 1.75 *Schott*, 6— *Joubert*.
- Le J u i f e r r a n t, grande valse brill. 1.50 *Schott*, 2— *Napoleao*, 4/— *Ashdown*, —75 *Brainard*, 4— *Cecilia*, *Chappell*, —40 *Church*, 3— *Cramer*, 4— *Duff*, *Forsyth*, —60 *Gordon*, 3— *Pitman*, 4/— *Weekes*, 4/— *Williams*, 7.50 *Benoit*, 2.50 *Ghelucc*, 3— *Mariani*, —62 *Hansen*, *Nordisk Musikforlag*, —45 *Guthcil*; 4ms 2.25 *Schott*, 1.25 *Brainard*, 5— *Chappell*, —90 *Gordon*, 9— *Benoit*, PV (Fl) 2.50 *Schott*, O 2— n *Benoit*.

- Julie —75 *Schott*. 5— *Mathieu*.
- Lady Henriette, 2 polkas sur le ballet 1.50 *Schott*, 2—n *Gallet*.
- Lady Henriette, valse brill. 1.50 *Schott*.
- Lady Henriette, valse sentimentale —75 *Schott*.
- Lady Henriette, menuet du ballet —75 *Schott*.
- Lalla Roukh, valse brill. 1.75, simpl. 1.25 *Schott*, 3 6 *Chappell*, 2—n, simpl. 1.75 n *Fromont*, *4ms* 2.25 *Schott*, 3—n *Fromont*.
- Lara, valse brill. 2— *Schott*, 2—n *Fromont*, *4ms* 2.75 *Schott*, 3—n *Fromont*.
- Les Lavandières de Santarem, valencienne et chant du régiment, valse 1.50 *Schott*, 6—, en feuille 2.50 *Gras*, *4ms* 2.25 *Schott*, 7.50 *Gras*.
- Vingt-deux leçons et six préludes: H. I —50: N. 1—2. Air espagnol. Nr. 4—6. Morgengesang. Air autrichien. Wiegenlied. N. 10. Air cracovien. Romance. Trois préludes (1—3). Haefte II: —62: La biondina. N. 14. Air suisse. Galop. N. 17. Air écossais. N. 19. Sicilienne. N. 21—22. Trois préludes (4—6). *Hansen*.
- 12 Leçons et 3 préludes, liv. 1—2 à —75 *Cranz*.
- Lieschen und Fritzchen, valse dialoqué 1.75 *Schott*, 4— *Ashdown*, 6— *Joubert*.
- Linda di Chamounix, potp. 2.50 *Ricordi*.
- Lucia de Lammermoor, grand divertissement —90 *Weygand*, *4ms* trois divertiss. à 7.50 *Gras*.
- Lucrezia Borgia, potp. 3— *Ricordi*, fant. 6— *Benoit*, divertissement 6— *Le Boulch*.
- Lucrezia Borgia, valse —50 *Schott*, —60 *National Music*, 6—, en feuille 2— *Le Boulch*.
- Lydda, romance espagnole 1— *Schott*.
- Manon Lescaut, chant du Nègre, valse de genre, P 1.50, *4ms* 2— *Schott*.
- Marche des guerriers de l'op. Jaguarita, l'Indienne —75 *Schott*, —75 *Hirsch*.
- Marso Spada, valse brillante 1.50, en feuille —50 *Schott*, 6—, en feuille 2.50 *Le Boulch*, *4ms* 2.25 *Schott*, *4ms* 3 6 *Chappell*, 9— *Le Boulch*.
- Martha, valse de salon 1.75 *Schott*, —40 *Church*, 2.50 n *Choudens*, 7.50 *Joubert*, 3.50 *Ricordi*, —30 *Gutheil*, *4ms* 2.25 *Schott*, 3—n *Choudens*, 9— *Joubert*.
- Une matinée au bord du lac de côme, rondino 3— *Ashdown*.
- Ire Mazurka en forme d'un Rondeau, précédée d'une Introduction, P 1.75 *Schott*, 2—n *Costallat*, —25 *Hansen*.
- Memoria Speranza, valse expressive 1.50 *Schott*, —50 *Hansen*.
- Michelemma, rondoletto —75 *Schott*, 2/— *Ashdown*, 6— *Benoit*, —25 *Haasen*, *Nordisk Musikforlag*.
- Mignon, valse de salon 1.75 *Schott*, 6—, en feuille 2.50 *Heugel*, —45 *Gutheil*, *4ms* 2— *Schott*, 7.50 *Heugel*.
- Miss Fauvette, valse brill. 1.75 *Schott*, 6— *Noel*, *4ms* 2— *Schott*.
- Mr de Pourceaugnac, valse et galop 1.25 *Schott*.
- La Montagnarde, valse brillante 1.25 *Schott*, —35 *Gordon*, 2—n *Gallet*.

- Morceaux du ballet „La Péri": 1. Pas de Schals. 2. Pas des Européennes. 3. Valse favorite, à 1.50, en feuille —50, *4ms* 1.75. N. 4. Le Rêve. 5. Pas de deux. 6. La Mazurka. 7. Pas de trois. 8. Pas des Almées, à 1.50, *4ms* 2—. N. 9. Pas de l'Abeille. 10. Scène de la Prison, à 1.50 *Schott*.
- Mosquita la Sorcière, valse mazurka 1.50 *Schott*, en feuille —50 *Schott*, 6—, en feuille 2.50 *Le Boulch*, *4ms* 2— *Schott*, 7.50 *Le Boulch*, *Cl, Coract* à —20 n *Le Boulch*.
- Les Mousquetaires de la Reine, valse brill. 1.50 *Schott*, 3— *Ashdown*, 5—, en feuille 2.50 *Lemoine*.
- La Mule de Pédro, valse de genre 1.50 *Schott*, 7.50 *Lequoix*, *4ms* 2— *Schott*.
- La Muletière, mélodie espagnole 5— *Mathieu*.
- Muta di Portici, potp. 4— *Ricordi*.
- Le Nabab, valse brill. 1.50, en feuille —50 *Schott*, —25 *Hansen*, *4ms* 1.75 *Schott*, 7.50 *Lemoine*.
- Néméa, valse hongroise 1.50 *Schott*, 1— *Hirsch*, 6— *Heugel*, *4ms* 2— *Schott*, 7.50 *Heugel*.
- Les Noces de Jeannette, valse brill. 1.75 *Schott*, 6— *Gras*, *4ms* 2— *Schott*, 7.50 *Gras*.
- Deux Nocturnes arr. p. H et P par Rob. Möller 3— *Schott*.
- Nocturne 3— *Augener*.
- Nocturne 1—3, P V à 3— *Hammond*.
- 3 Nocturnes, VP 2.75 *Schott*, 4/— *Ashdown*, 3/—, (Fr. Hermann) 1— *Augener*, 2.50 *Costallat*, 3'— *Donajowski*, 1— *Hammond*, —50 *Schirmer*, —70 *Leopas*; *VaP* 1—n *Augener*; *VcP* 2.75 *Schott*, 1—n *Augener*, 2.50 n *Costallat*. 3/— *Donajowski*; *FlP* 2.75 *Schott*, 1/—n *Augener*; *VG* 1.75 *Schott*, 2—n *Costallat*; *VcG* 1.75 *Schott*, 2.50 n *Costallat*; *FlG* 1.75 *Schott*.
- Norma, remembranze 2— *Martinenghi*.
- Nouv. Mazurka, en forme de quadrille et valse 1.25 *Schott*.
- Oberon, valse de salon 1.50 *Schott*, —60 *Gordon*, 6— *Lemoine*, *4ms* 2.25 *Schott*, 7.50 *Lemoine*.
- Les oiseaux de Notre-Dame, romance (Clapisson), fantaisie 1.50 *Schott*, 6— *Benoit*.
- Olivo e Pasquale, rondinetto 1— *Ricordi*, —40 *Brainard*.
- Olivo e Pasquale, air varié 1— *Ricordi*, —40 *Brainard*.
- O primeiro Mestre na instrucçao de Pianoforte, Guia theoritico-pratico etc. (Texte portugais) 4.75 *Schott*.
- Le Papillon, valse de salon 1.50 *Schott*, 2—n *Choudens*, *4ms* 2— *Schott*, 2.50 n *Choudens*.
- Le Papillon, rose, polka maz. 1.50, en feuille —50 *Schott*, 2.50 *Benoit*.
- Les Papillotes de Mr. Benoit, valse 1.50 *Schott*, 3/— *Chappell*, 2—n *Gallet*.
- Paquita, pas de manteaux, valse de salon, 2—, *4ms* 2.25 *Schott*.
- Le Pardon de Ploërmel, valse de salon 1.50 *Schott*, 7.50 *Benoit*, 3.50 *Ricordi*, —80 *Weygand*, 2— *Berilacqua*, —40 *Dairinghow*, *Gutheil*, *4ms* 2.25 *Schott*, 9— *Benoit*, —60 *Leopas*; *VP*, *FlP* à 2.50 *Schott*; *O* 2—n *Benoit*.

- Les Parisiennes, 3 Polkas nouvelles 1.50:
  N. 1, L'Enjouée, 2. La Coquette, 3. La
  Gracieuse à —50 *Schott*, 4.50, N. 1—3
  à 2— *Heugel*.
- Pas espagnol, dansé 2— *Mariani*.
- La Peri: 1. Valse, 2, Pas des Almées, 3, Pas
  de deux, *FlP* (W. F o r d e, L'Anima del-
  l'opera, 24th set.) 3 — *Leonard*.
- La Péri, pas espagnol du ballet 1.50 *Schott*.
- La Péri, valse brillant 1.75 n, *4ms* 2.50 n,
  en feuille 1— n *Gallet*,
- Первоначальная теоретическо-практичес-
  кая школа 2— *Gutheil*.
- Petits airs faciles sur des thèmes des meil-
  leurs auteurs 3— n *Costallat*.
- Petits airs et préludes (P h i l i p p et R e i t-
  l i n g e r) 3— n *Costallat*.
- Petit Album des jeunes pianistes, ossia
  raccolta di pezzi progressivi per lo studio
  e per la ricreazione degli allievi 2.50
  Mariani.
  La petite fée, quadrille 5—, *4ms* 6— *Le
  Boulch*.
- La petite fête, quadrille. *4ms* 6— *Le Boulch*.
- Petite scène Suisse 3 — *Ashdown*.
- P h i l é m o n et B a u c i s, valse brill. 1.75
  Schott, 2— n *Choudens*; *4ms* 2.25 *Schott*,
  2.50 n *Choudens*.
- Piaceri della Gioventù, 5 rondò nello stile
  facile: 1. Il Corno delle Alpi, tema variato,
  2. Marcia dei Puritani, 3. La Romanesca
  à 2—. N. 3. L'allegria dei guerrieri, 5.
  Polka militare à 3— *Ricordi*.
- Piano Instructor (engl.-french) 1.50 *Ellis*.
- Polka dansée à l'opéra 1.50, *4ms* 1.75 *Schott*.
- Polka-mazurka, from Stella (P u g n i) 3 —
  Ashdown, —80 *Hirsch*.
- 2 polkas et nouveau galop à 1.25 *Schott*.
- L e P o n t d e s S o u p i r s, valse de salon
  1.50 *Schott*, 6— *Heugel*, 2— *Napoleao*;
  4ms 1.75 *Schott*, 7.50 *Heugel*.
- L e s P o r c h e r o n s, grand valse 1.50, en
  feuille —50 *Schott*, 2— n, en feuille 1— n
  Gallet.
- L a P o u p é e d e N ü r e m b e r g, valse
  brill. 1.50 *Schott*, 5— *Joubert*.
- P r e c i o s a, valse de salon 1.50 *Schott*,
  2.50 *Benoît*; *4ms* 2— *Schott*, 7.50 *Benoît*.
- Les Printanières, 3 polkas nouvelles 1.50:
  N. 1. Eglantine, 2. Ma Brunette, 3. Bene-
  detta à —50 *Schott*, 4.50, N. 1—3 à 2—
  Heugel, N. 3 —25 *Hansen*.
- La Promise, valse brill. 1.50 *Schott*, —75
  Brainard, 6—, *4ms* 7.50 *Benoît*.
- Le Prophète, valse brill. 1.25 *Schott*, —75
  Brainard, 7.50 *Benoît*; *4ms* *Schott*.
- Le puits d'amour, valse brill. —50 *Schott*,
  6—, en feuille 3— *Le Boulch*.
- P u r i t a n i, marcia 2— *Ricordi*.
- P u r i t a n i, potp. 3— *Ricordi*.
- Q u e n t i n D u r m a n d, valse de salon
  1.50 *Schott*, 6— *Grus*; *4ms* 2 — *Schott*,
  7.50 *Grus*.
- Le Ramier messarger, valse brill. 1.75, en
  feuille —50 *Schott*, 5— *Heugel*, 3— *Ma-
  riani*; *4ms* 2.75 *Schott*, 7.50 *Heugel*, 5—
  Mariani.
- Les Recruteurs morceau 1.50 *Schott*, 6—
  Grus, 3.50 *Mariani*.
- La Rédowa, nouvelle valse bohémienne, avec
  la théorie 1—, en feuille —50 *Schott*, 2—

- *Heugel*, 1— *Ricordi*, *Cornet*, *Fl* à — 30 n
  Heugel.
- Redowa Polka 1 — *Ashdown*, —25 *Brainard*,
  4ms 2— *Ashdown*.
- Le regret (Der Schmerz) avec acc. *P* ou *G*
  —50 *Schott*.
- Refrain du Gondolier —50 *Elkan*.
- La Reine de Saba, valse brillante 1.50
  Schott, 2.50 n *Choudens*, 3.50 *Ricordi*.
- La Reine des Champagnes, valse —50 *Schott*.
- La Reine des Fées, valse brillante 1.25
  Schott, —50 *Gordon*, 1.50 n *Gallet*, —80
  Wengard.
- La Reine Tapaze, valse de l'Abeille 1.75
  Schott, 6— *Lemoine*, *4ms* 2.25 *Schott*, 7.50
  Lemoine.
- Reminiscenze dell'opera, Il Barbier di Sivi-
  glia 3— *Mariani*.
- Rêverie du nord, nocturne mazurka 1.75
  Schott, 2 — n *Grägh*.
- Rêverie valse 1— *Schott*.
- Rêveuse, valse brillante 1— *Schott*.
- Richard en Palestine, valse dramatique,
  1.75 *Schott*, 6— *Heugel*.
- R o b e r t e l D i a v o l o, potp. 2.50 *Ricordi*.
- R o b e r t, idol of My heart —40 *Kinley*,
  National Music, *CabinetOrg* —40 *Kinley*.
- Le Roi Carotte, *P* 2.50 n *Choudens*.
- La Romanesca, air de danse du 16me siècle,
  variée 1— *Cranz*, 2— n *Costallat*, —38
  Hansen, *4ms* 2— n *Costallat*.
- Rondino pastoral, *P* 1.50 *Schott*.
- Rondino Turc, *P* 1.50 *Schott*, —25 *Jurgen-
  son*.
- Rondino-valse sur l'op. Frère et Mari pour *P*
  1.25, en feuille —50 *Schott*, 1— n *Grägh*.
- 2 Rondò sopra motivi dell'Alessandro Stra-
  della di F l o t o w: 1. Coro della campana,
  2. Canzone dei bevitori à 2.50 *Ricordi*.
- 2 Rondò sopra i migliori motivi dell'opera
  I Crociati di S p o h r: N. 1 1.50, N. 2 2.50
  Ricordi.
- Rondoletto sur „La Sonnambula" 1 —*Schott*.
- Rondo over „Alpehornet", *P* — 38 *Hansen*.
- Rondo over „Die Heimat" —50 *Hansen*.
- Rondo villageois sur l'op. „Le Farfadet" 1.50
  Schott, 5— *Joubert*.
- Sabots de la Marquise, valse brill. 1.50, en
  feuille —50 *Schott*, 6— *Grus*, *4ms* 1.75
  Schott, 7.50 *Grus*.
- Les Saisons, valse élégante 1.50 *Schott*, 6—
  Grus, *4ms* 2— *Schott*, 7.50 *Grus*.
- Sauvez mon frère (Rette meinen Bruder),
  scène 1— *Schott*, 5— *Mathieu*.
- Scuola primaria del giovine Pianista. Meto-
  do elementare, teorico e pratico. Diviso in
  tre Parti (Testo italiano e francese)
  7.50 n: Parte 1. Contiene: i Principi elementari, alcuni Esercizi e alcune Melodie
  progressive 3—. II. Contiene: le Scale,
  alcuni Esercizi, dei Pezzi di ricreazione, dei
  Preludi, ecc., ecc. 3—. III. Contiene: una
  Collezione di piccoli Pezzi dilettevoli ed
  istruttivi a quattro mani 4—. Testo italiano e spagnuolos 3— n. III. *4ms* 4— *Ricordi*.
- Serenade —25 *White*, —50 *Nordisk Musikforlag*.
- Serenata espagnuola (Spanish Serenade)
  i. e. —50 *Schirmer*.
- Serenata spagnuola, aria, *S* 5— *Le Boulch*.

- La Sicilienne, valse du ballet Stella 1.75, en feuille — 50 *Schott*.
- La Sicilienne, valse redowa from Stella (Pugni) 4— *Ashdown*.
- La sicilienne, valse redowa, *Cornet* (Collection de musique de danse N. 75) —20 n *Le Boulch*.
- La Sirène de Sorrente, valse brill. 1.50, en feuille —50 *Schott*, 5— *Heugel*, 3— *Mariani*, 4ms 2.25 *Schott*, 7.50 *Heugel*, 5— *Mariani*.
- Sous un saule, Rêverie valse 1— *Schott*, —25 *Hansen*.
- Souvenir de Collognes, serenade 1.25 *Schott*, 5— *Benoit*.
- Souvenir de la marche aux flambeaux (Meyerbeer), morceau de salon 2— *Schott*, 4'— *Augener*, 9— *Joubert*.
- Souvenir de Liszt —25 *Hansen*.
- Souvenirs de Londres. 2 Morceaux: 1. Il Giuramento de Mercadante. Fantaisie. 2. Polacca et Variations sur des motifs favoris de Persiani à 1.50 *Schott*.
- Souvenir de Simplon. Caprice élégant 2— *Ashdown*.
- Souvenir de Weber —25 *Hansen*.
- Stella, polka maz. 1.25 *Schott*, 4— *Benoit*.
- Sur toi je veille (Schlummre in Frieden) —75 *Schott*, 4— *Mathieu*.
- Sylvana valse brill. 1.50 *Schott*, 6— *Girod*, 4ms 2.75 *Schott*, 3—n *Fromont*, 9— *Girod*.
- Tant que l'étoile brille (Weil noch der Stern der Jugend), mélodie-valse —75 *Schott*, 4— *Mathieu*.
- The Young Mountaineer, P 1— *Augener*.
- The Young Pianist's Primer. A theoretical and practical Tutor for the P. Translated into English by F. Corder 4.75 *Schott*.
- Tic e tic e toc Italian air. P 2— *Augener*, 3 — *Cecilia*, 2'— *Williams*.
- Torquato Tasso, Cavatina. P 1.50 *Guimarac*; favorite Rondo —40 *Brainard*, Polacca —40 *Brainard*.
- Le Torrent, arr. en valse de Salon 1.75 *Schott*, 6— *Lemoine*.
- Tyrolese air. Rondino 3'— *Ashdown*.
- Vaga luna, Variations 2'— *Ashdown*.
- Le Val d'Audorre, valse brill. 1.75 *Schott*, 6— *Lemoine*, —62 *Hansen*.
- La Valse a deux temps, valse brill. 1.50 *Schott*, en feuille —50 *Schott*, 6— en feuille 2.50 *Heugel*.
- Valse à deux temps, fantaisie 6— *Heugel*.
- Valse brill. en forme de Rondo 1— *Hoffmeister*.
- Valse favorite d'Emma 1.50 *Schott*, 4ms 3'6 *Chappell*.
- Valse favorite de Déserteur 1.50 *Schott*.
- Valse de Lady Henriette 1.50 *Schott*.
- Variations on „les jeunes Andaloux" (Masini) —40 *Brainard*.
- La Villageoise allemande, valse 1.50 *Schott*, 2—n *Costallat*, 4ms 2—, 2.50 *Costallat*.
- Vive le roi, chœur célèbre de l'opéra „Le siège de la Rochelle" —50, 4ms —75 *Schott*.
- Le Voyage en Chine, valse de salon 1.50 *Schott*, 6— *Lemoine*.
- Les Yeux bleus, valse brill. 2—, en feuille —50 *Schott*, 3— *Ashdown*, *Chappell*, 4— *Donajowski*, 2'— *Williams*, 6— *Heugel*, 2.50

Mariani, —80 *Weygand*, —25 *Hansen*, —20 *Hösick*, 4ms 2.75 *Schott*, 3— *Chappell*, 7.50 *Heugel*, 4— *Mariani*, PV (Fl) 2.50 *Schott*, *Coracts*, Fl, V, à —30 n *Heugel*.
- Zanetta, fant. brill. 2.50 *Ricordi*.
- Zerline, valse espagnole 1.50 *Schott*, 5— *Benoit*.

Burgmüller F. R. Der kleine Franz Liszt, über 200 beliebte Stücke, P, 4 Hefte à 1— *Lehne*:

Heft 1: (Ganz leicht und ohne Oktavenspannung.) Vorspiel. Hörnerschall m. Echo. 's Nannerl. Auf dem Wasser. War einst ein Riese Goliat. Stradella-Marsch. Altes Liebeslied. Zwei schelmische Augen. Die Schwalben. Gute Nacht. Negermelodie. Ballett aus Stumme von Portici. Tanzlied. Schottisch aus „Hugenotten". Ungarische Volksweise. Menuett von Mozart. Jena soll leben. Herbstlied. Immer langsam voran. Liliput-Walzer. Der Jäger aus Kurpfalz. Der Karneval v. Venedig. Einsam und verlassen. Jagdruf. Schwäbische, bayrische. Montecchi-Marsch. Wanderlied. Tafelmusik aus Don Juan. Jodler. Die Wachtel. Burschenlied. Der Blumen Bitte von Graben-Hoffmann. Schnadahüpfl. Wenn's immer so wär'! Tyrolienne. Vater Noah. Wohl zu ruhen! aus Barbier v. Sev. Denk' ich alleweil. Triolenspiel. Couplets. Brief-Duett aus Figaros Hochzeit. Marktchor aus Stumme v. Portici. Sinfonie-Thema von Haydn. Die Hussiten vor Naumburg. Galopp aus Stradella. Ich war, wenn ich erwachte (Arie aus unterbrochenes Opferfest). Rondo aus Figaros Hochzeit. Es blies ein Jäger wohl in sein Horn. Ländler. Contretanz. Bertrands Abschied. Arie aus Stumme v. P. Ich und mein junges Weib. Dornröschen (Ballade). Wenn jemand eine Reise tut. Arm und klein ist meine Hütte. Regimentstochter-Mazurka. Warum soll ich nicht lustig sein! Ballett aus Zampa. Victoria-Marsch. Intermezzo (Barbier von Sevilla). Chor aus Belagerung von Corinth.

Heft 2: Arie aus Don Juan „Wenn du fein". Nachtlied „Abend sink auf". Terzett aus Barbier v. Sev. Wie lieblich ist's hienieden. Steirischer Ländler. Sinfonie-Stück v. Haydn. Fortuna-Schottisch. Der Troubadour v. Johann v. P. Salon-Polka. Bundestreue. Gaudeamus igitur. Galopp (Robert der Teufel). Schalmei. Frühlingsmarsch. Monden schwinden, Jahre kreisen. Lied ohne Worte. Walzer (Lucrezia). Husarnlied. Ich bin der Schneider Kakadu. Gondoliera. Ach, ich habe sie verloren! (Gluck). Böhmisches Volkslied. Der Sonntagsreiter. Der Krieger muß zum blut'gen. Einst sprach mein Herr, der Bader (Dorfbarbier). Stündchen a. Entführung. Grazien-Polka. Preghiera a. Stumme v. P. Glöckchenlied a. Zauberflöte. „Gelehnt an die Zypresse" (Cantilene a. Othello). Das blaue Glöckchen (Schottisches Volkslied). Lückenbüßer. Scherzo von Mozart. Marsch aus Norma. Schützenlied a. Wilhelm Tell. Extrapost. Jetzt gang ich an's Brünnele. Trockne Blumen v. Schubert.

Antöt-Walzer (Il bacio). Selig, wer die Wonne kennt. Abendlied. Sänger-Marsch.

Heft 3: Schleswig-Holstein, meerumschl. Arie aus Armide. Salon-Polka. Wiegenlied. Mennett v. H a y d n. Der kleine Husar. Wilhelmus v. Nassauen (Niederl.). Terzett aus Don Juan. Die Nachtigall. Ariette „Kinder des Frühlings" (Donauweibchen). Ecossaise (Martha). „Sagt's ihr", Romanze v. K o t s c h u b e y. Was frag' ich viel nach Geld und Gut (Mozart). Marschlied der Schleswig-Holsteiner 1848 — 1850. Duett „Als ich ein kleiner Knabe war" (Donauweibchen). Willst du dein Herz mir schenken (J. S. Bach). Alpenhorn-Marsch. Duett a. Figaros Hochzeit. Polonaise nach einem Ballett v. G l u c k. Walzer (Fra Diavolo). Schlesische Volksweise. Spanischer Contretanz. Ariette a. Fanchon (H i m m e l). Galopp (Nachtwandlerin). Fröhlich, ihr Brüder! Gebet a. Othello. Fröhliche Wanderschaft. Die zwei Hasen. Ballett Polka. Chor aus Palmira (Salieri). La Musette, Tanz aus Armide. Nachspiel aus Idomeneus (M o z a r t). Lützows wilde Jagd (Fantasie). Mennett-Walzer v. M o z a r t. El amor en cuarto (Volkslied a. Peri). Sind wir wieder mal beisammen. Impromptu. Die Abendglocken. Bald ist es wieder Nacht. Arie aus Barbier. Triumphmarsch „Was ist des Deutschen Vaterland?"

Heft 4: Alles, was Odem hat, lobe. Chor aus Armide (G l u c k). Der Lindenbaum. (S c h u b e r t). Klänge aus dem Hochland (Ländler). Thema a. Faniska (Cherubini). Italienische Serenade. Ich hab' die Nacht geträumet. Duett a. Stumme v. P. Zigeunertanz. Andante v. M o z a r t. Home sweet home! Gesang der Meermädchen a. Oberon. Des Jahres letzte Stunde. Militär-Marsch v. S c h u b e r t. Wenn der Lenz erwacht (Norwegisch). Hoffe Herz, nur — mir die Blume. Arie a. Cosi fan tutte (M o z a r t). Herr Schmidt, Herr Schmidt. Bandel-Terzett von M o z a r t. Der verliebte Geißbub', Arie a. d. Zauberflöte. Thema a. Der Wald bei Hermannstadt v. W e s t m e y e r. Adagio cantabille v. H a y d n. Pastorale a. Händels Messias. „Blümlein traut, Arie a. Faust v. G o u n o d (Impromptu). Jubilate (Russ. Vesperges.). Sanctus und Hosianna aus Mozarts Requiem. Beethoven-Marsch. Tanz d. Jungfr. aus „Der Wald bei". Romanze a. Euryanthe. O Willie (Amerikan. Volksweise). Am Meer (S c h u b e r t).

Burgmüller Fr. R. Für kleine Hände. 225 kleine heitere Stücke, *P*, 3 Hefte à 1—. *Lehne:*

Heft 1: O du lieber Augustin. Über die Beschwerden dieses Lebens. Walzer. Alle Vögel sind schon da. Terzett aus Zauberflöte von M o z a r t. Marsch „Den tappere Landsoldat". Ich nehm' mein Gläschen in die Hand. Schöne Minka, ich muß scheiden. Was kommt dort von der Höh'. Polka. Tyrolienne „in Berlin sagt er". Brüder, lagert euch im Kreise. Was ist des Lebens höchste Lust. Die musizierenden Hasen. Ça, ça, geschmauset. Dessauer Marsch. Wiegenlied. Lied vom Heimatschein. Cachucha. Morgen muß ich fort von hier.

Tafellied. Scherzo von H a y d n. Geh nur immer hin. Ach wo ich gerne bin. Galopp. Kommt ein Vogel geflogen. Der Kuckuck und der Esel. Ländler. Alles schweige, jeder neige. Was streicht der Kater seinen Bart. Chor a. d. unterbr. Opferfest. Wer niemals einen Rausch. Müllerlied. Schottisch. Weihnachtslied. Mei Dirndl is harb. Ihren Liebsten zu erwarten. Galopp. Ein Schäfermädchen weidete. Arie Entführung aus dem Serail von M o z a r t. Blühe liebes Veilchen. Mei Schatz is a Reiter. Hopser. Haus Ohnesorgen. Der Papst lebt herrlich. Erinnerungen an Chopin. Jagd-Stück. Es ging ein Jäger wohl jagen. Ja, die Freiheit nur alleine. Wenn der Schnee von der Alm. Gänsemarsch. Ich kann das nicht verstehen („Die weiße Dame"). Das blaue Blümchen. Lied von H i m m e l. Fahret hin, fahret hin. Heraus aus dem Lager. Schottisch. Gute Nacht, liebe Anna Dorothee. Ich will euch erzählen ein Märchen gar schnurrig. Arie aus Schweizerfamilie. Puthönelken. Stille Nacht. Quartett von H a y d n. Ziekelein, was klagest du? Der Zeisig. Jodel-Walzer. In meinem Schlößchen ist's gar fein (Donauweibchen). Tag werden. Wo ein klein's Hüttle steht. Es war'n einmal drei Schneider. Marsch, so leb' denn wohl. O hätt' ich so ein Stimmlein frisch. Wo Mut und Kraft in. Jägerchor. Hier sitz' ich auf Rasen. Keine Ruh' bei Tag und Nacht, Don Juan. Santa Lucia.

Heft 2: Hans und Grete. Arie aus Aschenbrödel. Heimweh, Schlitten-Mazurka. Bald prangt den Morgen zu verkünden. Zauberflöte. Daß du mein Schatzerl bist. Wenn ich ein Vöglein wär'. Marsch aus Moses. Kommerslied. Chor a. Weiße Dame. Gestern Abend war Vetter Michel da. Einst hat mir mein Leibarzt geboten. Vom weit entfernten Schweizerland, Schweizerfamilie. Walzer aus Stumme v. P. Lob der edlen Musika. Taglioni-Polka. Mädele, ruck. ruck, ruck. Kavallerie-Marsch. In der großen Seestadt Leipzig. Gebet aus Zampa. Steirers Heimweh (Oberländer). Schneiderschreck. Brüder, laßt uns eins singen. Im Wald und auf der Heide. Tyrolienne. Duett aus „Das unterbrochene Opferfest". Ännchen von Tharau. Der Mai ist gekommen. Herz, mein Herz, warum so traurig. Andante (Der Kalif von Bagdad). Das Füchslein. Wenn der Topf nun aber'n Loch hat. Ariette aus Schweizerfamilie. Hoch drob'n auf der Alma. Hans und Liesel. Pepita-Polka. Terzett aus Zauberflöte. Jodler-Ständchen. Ecossaise. Storch und Frosch. Arie ich bin, so schaust du her. Im kühlen Keller sitz' ich hier. In Lauterbach hab' ich mein'n Strumpf verlor'n. 's ist mir alles eins. Einen Doktor meinesgleichen (Barbier v. Sevilla). Chanson. Cracovienne. Madrilena. Italienische Arie. Rondo aus Zampa. Brüder, zu den festlichen Gelagen. Hans Peter zog am Morgen (Lied von Graben-H o f f m a n n). Du schöner Jüngling, lebe wohl (Zauberflöte). Böhmischer Walzer. Mein Lebenslauf ist Lieb' und Lust. Scherzo (nach B e e t h o v e n). Quartett aus Das unter-

brochene Opferfest. Der Sänger saß, als
kühl der Abend taute. Morgengebet. Hänschen saß am Schornstein. O jerum, jerum.
Du lieblicher Stern. Das Waldhorn. Immer
brüderlich. Ein Schlosser hat ein'n G'sell'n
gehabt. Guckkastenlied. Was soll ich in der
Fremde tun? Ohne Sang und ohne Klang.
Scheiden tut weh. Mondenschein. Als ich
auf meiner Bleiche. Mailied. Schnadahüpfl.
Der kleine Reiter. Mosel-Polka.

Heft 3: Böhmisches Volkslied. Mariandel
ist so schön. Wollt ihr wissen, wie der
Bauer. Tyrolienne von H e r o l d. Neger-
lied „Susanne, weine nicht". Sommer und
Winter. Die Sonn' erwacht, aus Preciosa.
Großmutter-Walzer (nach S c h ä f f e r).
Die beiden kleinen Fensterlein. Liebe
Schwester, tanz' mit mir. Robin Adair.
Arie des Benjamin aus Méhul's Joseph.
Heute scheid' ich, heute wandr' ich. Abend-
lied von E d m. K r e t s c h m e r. Bärbele-
Schottisch. „Schier dreißig Jahre bist du
alt". Wenn i halt früh aufsteh' (Steiri-
sches Volkslied). Nachtigall, ich hör dich
singen. Wiegenlied von C. M. von W e b e r.
Bayrischer Ländler. Nachtimpromptu. Neujahrs-
wunsch, von K r e t s c h m e r. Reiterlied.
Rundgesang, „Kaiser Karl, de harr en
Peerd". Peruanisches Tanzlied. Rote Bäckle,
blau Äugle. Komm' fein Liebchen. Wir
winden dir den Jungfernkranz (Freischütz). Geburtstagslied. Menuett von
H a y d n. Mit tausend Gaben (Himmel-
fahrtslied). Jodellied. Morgenlied von
K r e t s c h m e r. Bewahret euch vor (Zauberflöte). O Straßburg. Russische Melodie.
Der Frühlingsball. Jetzt gang i ans Brün-
nele. Freischütz-Walzer. Das Heupferdchen.
Der Knabe vom Berge (Lied von G r a b e n-
H o f f m a n n). Und die Würzburger
Glöckli. Arie aus Nachtwandlerin. Münche-
ner Polka. Pfingstlied ‚Geh' aus, mein Herz,
und suche Freud!" Wenn zu mein'm
Schatzel kommst. Bergmannslied. Rosen-
stock, hold erblüht. Die Spinnerin (Lied von
M o z a r t). Marsch aus der Oper Tamer-
lan von W i n t e r. Kinderlied. Prinz Eu-
gen, der edle Ritter. Arie von Dalayrac.
Tyrolienne von A u b e r. Festlied von
K r e t s c h m e r. Am St. Patrick's Tag
(Amerikanische Volksweise). Tirolerlied.
Lasset die feurigen Bomben erschallen.
Schau der Herr mich an als König (Frei-
schütz). Weidmannslied. Wär ich ein
Brünnlein klar. Lied ohne Worte. Neuer
Eisenbahn-Galopp. Marlborough s'en va-t-en
guerre. Geschwindmarsch (Die lustigen
Weiber v. W.). Nach Sevilla (Lied von
R e i c h a r d). Schöne Augen, schöne Strah-
len. Romanze aus Je toller je besser, von
M é h u l. Prager Walzer. Arabische Melodie.
Neujahrslied von K r e t s c h m e r. Trou-
badour-Mazurka (nach V e r d i). Fromme
Wünsche (Lied von G r a b e n - H o f f-
m a n n). Hornpipe (Schottischer Tanz).
Frühlingswonne (Italienisches Lied).
- Der lustige Tanzmeister. 80 leichte Tänze
u. Märsche nach beliebten Opern- u. Volks-
weisen. 2 Hefte: *P* à 1—, *Cl* à —75, *Fl*
à —75, *Ob* à —75, *V* à —75, *PCl* à 1.50,
PFl à 1.50, *POb* à 1.50, *PV* à 1.50 *Lehne.*

Burgmüller F. B. La brune Thérèse, valse en
feuille 3— *Noël.*

Burgmüller Ferd. A l e s s a n d r o S t r a-
d e l l a, Potp. *P* 2.50, 2 Rondo, *P* à 2.50
Ricordi.
- B a r b i e r e d e S i v i g l i a, Potp. *P* 3—
Ricordi.
- C a p u l e t t i. Potp. *P* 2.50 *Ricordi.*
- Three Celebrated Nocturnes, *VP, VcP* à
1— *Donajowski.*
- O r p h é e a u x E n f e r s, fant. *P* 1.80 *Bote.*
- P a r d o n d e P l o ë r m e l, fant. *P* 1.80
Bote.
- 50 Ricreazioni per i giovani Pianisti. Sesta
di gradite Melodie, ridotte e diteggiate
nello stile facile, *P*: Fasc. 1—4 à 2.75
Ricordi.

Burgmueller Johann F. op. 68 Little Swiss
Scene (Petite Scene Suisse), *P* —50
Presser.

Burgmüller H. Fleurs pour la Jeunesse.
Rondino sur un Thème de l'Opéra: Les Diamans de la Couronne. *P* 1— *Hofmeister.*
- Jugendalbum. Heft 1: Sammlung klassischer und moderner Salon-Kompositionen:
1. B a d a r z e w s k a: Gebet einer Jungfrau. 2. S c h u b e r t: Sehnsuchtswalzer.
3. W e b e r: Letzter Gedanke. 4. M o z a r t:
Potp. Don Juan. 5. M e n d e l s s o h n:
Hochzeitsmarsch. 6. Fantasie über: „Ich
wollt' meine Lieb' ergösse sich". 7. Fantasie
über: „Leise flehen meine Lieder". 8. Volkslied: Paraphrase. 9. L a n g e: Espenge-
flüster. 10. B e e t h o v e n: Türkischer
Marsch 1.50 *Bachmann*
- Opern-Album. Fantasie-Potpourri aus beliebten Opern, *P*: Bd. I: Nr. 1—8, Bd. II:
Nr. 9—11. Bd. III: Nr. 15—20 à 3— n:
1. „Martha" von F l o t o w 1.20. 2. „Die
Regimentstochter" von Donizetti. 3.
„Norma" von B e l l i n i. 4. „Freischütz"
von W e b e r. 5. „Nabukodonosor" von
V e r d i à 1—. Nr. 6. „Wilhelm Tell" von
R o s s i n i 1.25. Nr. 7. „Lucia von Lammermoor" von D o n i z e t t i 1—. Nr. 8. „Troubadour" von V e r d i 1.20. Nr. 9. „Fra
Diavolo" v. A u b e r 1—. Nr. 10. „Carmen"
von B i z e t 2—. Nr. 11. „Die weiße Dame"
von B o ï e l d i e u 1.25. Nr. 12. „Die
Stumme" v. A u b e r 1.50. Nr. 13. „Zampa"
von H é r o l d 1.25. Nr. 14. „Robert der
Teufel" von M e y e r b e e r. 15. „Nachtlager in Granada" von N i c o l a i. 16.
„Stradella" v. F l o t o w. 17. „Traviata"
von V e r d i 1.50. Nr. 18. „Hugenotten"
von M e y e r b e e r 1.25. Nr. 19. „Tannhäuser" von R. W a g n e r 1.50. Nr. 20.
„Lucrecia Borgia" von D o n i z e t t i 1.25.

Burgmüller Norbert (1810—1836), op. 1
Konzert (Fis-moll), *PO, O-St* 13.50 n, *P*
6—, *P II* (A. H o r n) 6.50 *Kistner.*
- 2 Symphonie Nr. 1 (C-m.). Part 16— n,
O-St 23— n, *4ms* (F r. H e r m a n n) 9—
Kistner.
- 3 Sechs Gesänge. „Der Apfelbaum: „Bei
einem Wirte wundermild." In der Ferne:
„Will ruhen unter den Bäumen hier." Win-
terreise: „Bei diesem kalten Wehen."
Fischerknabe: „Des Abendsterns erschauter
Schein." Harfenspieler: „An die Türen will

ich schleichen." (1. Heft der Gesänge) 1.75 *Hofmeister*.

- 5 Ouverture (F dur) (zur unvollendeten Oper „Diogenes"), Part 6— u O-St 11— n, *4ms* (A. Horn) 4— *Kistner*.
- 6 Fünf deutsche Lieder. Harfenspieler: „Wer nie sein Brod in Tränen aß." Omars Nachtlied; „Hell glühen die Sterne." „Ich schleiche herum." Sehnsucht nach Ruhe: „Wundes Herz hör auf zu schlagen." Nachtreise: „Ich reit ins finstre Land" (2. Heft der Gesänge) 1.75 *Hofmeister*.
- 8 Sonate (F-m.), P 3— *Hofmeister*, Romanze (Des) aus op. 8, P 1—, *4ms* 1— *Hofmeister*.
- 10 Fünf Gesänge. Nach Walter von der Vogelweide. „Unter den Linden an der Heide." Scheiden und Meiden; „So soll ich nun dich meiden." Abreise: „So hab ich nun die Stadt verlassen." Hoffnungslos: „Liebe, die sonst stets." Das Ständchen: „Was weeken aus dem Schlummer" (3. Heft der Gesänge) 1.75 *Hofmeister*.
- 11 Symphonie Nr. 2 für Orchester (D-dur), Part 13.50 n, O-St 18 n. *4ms* (A. Horn) 9— *Kistner*.
- 12 Fünf Lieder: 1. Nähe des Geliebten: „Ich denke dein", 2. „Wie der Tag mir schleichet", 3. Aus der Novelle „Der Sänger" von Aloys Schreiber: „Der Sänger zieht im Lenz", 4. „Das Schicksal will's", 5. „Lebe wohl" 2— *Kistner*.
- 13 Rhapsodie (D), P —75 *Hofmeister*.
- 14 Viertes Quartett (A), 2 l P et e 5.50 *Hofmeister*.
- 15 Duo, P u. Cl(V) (Es) 3.50 *Kistner*.
- 16 Polonaise (F), P 1.50 *Kistner*.
- 17 Vier Entr' Actes, Part 6— n, O-St 6.50 n *Kistner*.

Burgod, Chanson du roulier 2.50 *Béal Vve*.
- Fleurs des champs 2.50 *Béal Vve*.

Бурго-Дюкудрэ. Бретонская пѣсня „Бугемъ мы на колыняхъ молитьея" —20 *Bessel*.
- Хвала морю „О море!" на 2 голоса —50 *Bessel*.

Burgoyne J. W. Come, O Creator, *AS*, mix. quart. —10 *Ditson*.
- Veni Creator, 4. mix. chor. —10 *Ditson*.
- Veni Creator, mix. quart. *A* —10 *Ditson*.

Burgdorf C. von, Indisches Schlummerlied 1— *Haslinger*.
- Jägers Morgenlied —60 *Haslinger*.
- Drei kleine Lieder: Abend. Sonntagsmorgen. Herbst 1.50 *Haslinger*.
- Das Vaterunser 1— *Haslinger*.

Burgstädter, Balltänze, O, 7 Hefte à 1.25 n *Lehne*.
- Bias-Lieferung. Heft 1. Inhalt: 4 sehr gefäll. Tänze, 1 Polonaise, 3 Choräle, 3 Lieder, 1 Reveille, 1 Marsch, zusammen 20 Nummern, *kl Harm, gr Blechm*. à 2.75 *Lehne*.
- Konzert - Album, Heft 6: 1. Lustspiel-Ouv. (C. Hause). 2. Lied (Graupner). 3. Baß-Galopp (Schuller). 4. Marsch 7L. Kron). 5. Erste Liebe, Konz.-Polka f. *Tromp*. (Th. Kruse), *kl* u. *gr Harm* à 3—, *gr Blechm*. 2.50.
  Heft 7: 1. Winkler-Marsch (Meinel). 2. Schauspiel-Ouvert. (Pietzsch). 3. Duett aus Lucretia Borgia (2 Tr) (Doni-

zetti) *kl Harm, gr Blechm*. à 2.50 *Lehne*.
- Konzert-Album f. O: Heft VII: Heymann H.: Zum Barbara Fest, Ouvert. Eberhardt H.: Lied ohne Worte f. *Pos*. Munkelt F.: Glöcklein im Tale, Gavotte. Reekzeh A.: Leid und Freud, Tonst. Schm R.: Im Feenschloß, Walzer.
  Heft X: Hoffmann H.: Angra-Pequena-Marsch. Ein Liederkranz, Potpourri. Schm R.: Klänge vom Hochw., Charakterstück. Füllekruß: Erinnerung an Tegernsee, Polka-Maz. Trommer A.: Unter Lieschens Fenster, Mandol.-Polka. Kruse Th.: Konz.-Polka für *Tr*.
  Heft XI: Munkelt Fr.: Jäger-Marsch. Graupner Ch.: Herbstblumen, Arie für *Cl*. Hause: Treue Liebe, Lied für *Tr*. Schm R.: Unter schattigen Bäumen, Walzer. Seidel O.: Darf ich bitten, Walzer. Herzenskrisen, Gavotte à 2.50 n *Lehne*

Burgstaller E. op. 1 Ruhe in der Geliebten 1— *Beyer*.
- 2 Zwei Lieder: *MS* od. *Bar*: 1. „Gute Nacht", 2. „Du fragst" —60 *Beyer*.
- 7 Kleine Sachen für kleine Leute. P 2— *Beyer*.
- 12 Was ich wohl möchte: „Ich wollte, ich wär' ein Regenwurm". Humorist. Lied, *TTBB*, Part u. St 1.80 *Siegel*.
- 17 Im Schloßhof: Im Schloßhof duftet die Part 1.50 *Pabst*.
- 22 Zwei Lieder: 1. Verschließ dich nur 1.20. Nr. 2. Ins Album 1— *Germann*.
- 23 Das Mädchen und der Schmetterling: Lustwandelnd schritt ein Mädchen 1— *Germann*.
- 27 1. Grüß Gott dich Schatz. 2. Verschwiegner Wald à Part 1—, St à —60 *Germann*.
- 30 1. Heraus: Ging unter dichten Zweigen. 2. 's war nicht in Maientagen. 3. O glücklich wer zum Liebchen dort à Part 1—, St —80 *Germann*.
- 31 Drei Lieder, *TTBB*: 1. Ständchen: „Wie ist in Lust und Wonne" (auch für Solo-Quartett geeignet). 2. O singe, o trinke. o küsse. o liebe!: „O singe, wo jubelnd dir tönet". 3. „Als ich Abschied nahm" à Part u. St 1— *Leuckart*.
- 32 „Lieder sind wie Vögelein", Polka, *TTBB* mit *P* ad lib.; KA 1.40, St —60, *SATB* mit *P* ad lib.; KA 1.40, St —60 *Leuckart*.
- 32b „Lieder sind wie Vögelein", *SATB* m. *P*, KA 1.40. St —60 *Leuckart*.
- 33 Zwei Lieder, *TTBB*: 1. Vagantenliebe: Der Lenz. er kommt gegangen. 2. 's Liebste: Mein Stutzen, mein treuer à Part u. St 1.40 *Reinecke*.
- 36 Zwei Gesänge, *TTBB*: 1. Liebeleien: „Spazieren ging ich jüngst im Mai". 2. Liebes-Ständchen: „Viel heller als der Sterne Pracht" à Part u. St 1— *Siegel*.
- 39 Sechs volksliederartige Weisen, *TTBB*: 1. So sei mit Gott gegrüßet. 2. Daheim. 3. Traumnyslied; „Sei du mein eigen". 4. Die Verlassene. 5. O Leid, wie soll ich's fassen. 6. Liebeslied: „Und ob dein Herzlein" à Part —40, St —60 *Seeling*.
- 40 Höchste Liebe: Von allem Glück, das ich genossen, *TTBB*, Part u. St 1.40 *Reinecke*.

- 41 Zwei heitere Lieder. *TTBB:* 1. „Fahrende Leut': Tanzt und springt, Part u. St (à —15) 1—. Nr. 2. Gesellen-Wanderlied: O Meister, ich hab's nicht mehr aus, Part u. St (à —20) 1.40 *Heinecke.*
- 42 Schwalbenlieder. *SMSA:* Part 2— n, St —90 n *Siegel:* 1. Heimkehr: „Aus dem fernen Süden kamen". 2. Flügge: Hervor denn, ihr Kleinen", 3. Abschied: „Verglommen ist der Rosen Glut".
- 43 *TTBB:* 1. „In Boppard" („In Boppard gibt's kein Wasser"), Part u. St à —60. Nr. 2. „Fahr' wohl" („Zum Tore zog ich im Frühling aus"), Part u. St à —60. Nr. 3. „Kling-Klang", mit *Bar-Solo!* („Sitzen wir so wohlgemut"), Part —40, St —60. Nr. 4. „Untreue" („Mein Schatz geht zum Walde"), Part —40, St — 60. Nr. 5. „Stolzer Bursche" („Stolzer Bursche, laß dein Werben"). Part u. St à —60 *Günther.*
- 45 „Neues Lieben" 1.50 *Kobitschek.*
- 46 Zwei Chöre, *TTBB:* 1. Tröstung: „Im Wald kein Bäumelein ist". 2. Deutsche Hymne. „O deutsches Land, mein Vaterland" à Part u. St 1.20 *Siegel.*
- 47 *SATB:* 1. Was die Schwalbe singt. 2. Wanderlust. 3. Im Walde möcht' ich ein Vöglein sein. Part à —50, St à —60 *Portius.*
- 51 Nr. 1. Deutsche Hymne (Alle einer Mutter Kinder). Part —50, St —60. Nr. 2. Das Land der Träume. Part u. St à —80 *Portius.*
- 48 Versailles, *TTBB* mit *P*, Part 3—, St 2.40 *Luckhardt.*
- 49 An die Sommernacht, *TTBB*, Part —60, St —60 *Luckhardt.*
- 50 Almros'n-Ländler, *2Z* 1— *A. E. Fischer. Portius, TTBB.*
- 50 Im Tal, Part —80, St —80.
- 51 Nr. 1b. Deutsche Hymne (Alle einer Mutter Kinder), Part —50, St —60.
- 52 1. Es rauscht ein klein's Bächlein, Part —50, St —60. Nr. 2. Sehnen, Part —50, St —60.
- 53 Fünf Lieder: 2. Sei mir gegrüßt —80. Nr. 3. Sternlied —50. Nr. 4. Vorbei —50. Nr. 5. Abschied im Salon —50 *Luckhardt.*
- 55 Mahnung, Part —50, St —60.
- 56 Nr. 1. Der Musikant von Hammerstädt, Part —50, St — 60. Nr. 2. Den Becher her, noch einen Trunk, Part —50, St —60.
- 57 Nr. 1. Mütterlein, Part —50, St —60. Nr. 2. Zum Liebchen, Part —50, St —60.
- 58 Dein Lied, Part —50, St —60.
- 59 Abendfeier, Part —80, St —80.
- 60 Waldesruh, Part —80, St —80.
- 61 Einsamkeit, Part —80, St —80. *SMSA:*
- 62 Nr. 1. Wenn südwärts die Schwalbe zieht, Part —50, St —60. Nr. 2. Feierabend, Part —50, St —60.
- 63 Nr. 1. Am Morgen, Part —50, St —60. Nr. 2. Im Schweigen der Nacht, Part —50, St —60.

  Drei Gesänge f. 3st. Frauenchor od. Solo-Terzett. *Luckhardt:*
- 64 Der Liebesschmied (Little Cupid), Part 1.80, St —60.
- 65 O süße Liebe (Oh sweet Love). Part 2.40, St 1.20.
- 66 Kling, kling, aufgemacht (Ding, Ding, open quick), Part 1.80, St —60.
- 67 Im Dorfwirtshaus, *SATB*, *P*, Part 2.40, St 1.60 *Luckhardt.*
- 71 *TTBB:* Nr. 1. Abendstimmung. Part — 60. St — 60. Nr. 2. Mein Kind, die wilde Rose blüht, Part —60, St —60 *Luckhardt.*
- 1. *E. Fischer:* 101. Volkslieder-Quadrille, *Z* 1—.
- Abendfeier, Fantasie, *Z* —50.
- Alfred- (oder Champagner-) Walzer. Mlle. Bellanger Polka, *Z* —50.
- Alle Mannschaft auf Deck. Marsch, *Z* —50.
- Bier-Polka mit Text, *Z* —50.
- Bremer Rheinländer, *Z* —30.
- Deutsches Kriegslied, *TTBB*, Part 1— n, St —80 n *Oertel.*
- Erinnerung an Frankfurt. und L a t a n n C.: Nur Mut. Marsch, *klmO* —50 n, *blM* —50 n.
- Geburtstags- und Durstdämpfer-Polka, *Z* —30.
- Gebet aus „Nachtlager", *Z. Praeger.*
- Glückssterne. Walzer, *Z* —80 *Ende.*
- „Gruß an den Einen" („Einen hab' ich wohl gern"), *SATB*, Part —40, St —60 *Günther.*
- Der Himmel voller Geigen. Galopp, *Z* —40.
- Ich wollt' meine Liebe ergösse sich (M e n d e l s s o h n), *Z. Praeger.*
- Die Kapelle (C. K r e u t z e r), *Z. Praeger.*
- Ein Kütchen. Polka-Mazurka, *Z* —30.
- Konzert Polka, *Z* —50.
- Last Rose of Summer (Letzte Rose), sg. and S c h a e f f e r, The Post Song, *Z* —25 *Fischer.*
- Leb wohl! Lied, und W e i ß e n b o r n E.: Ein Oster-Abend, *Z* —40.
- „Leid" (Oh! ist das schweres Leid!"), *SATB*, Part —40, St —60 *Günther.*
- Leise zieht durch mein Gemüt (M e n d e l s s o h n), *Z. Praeger.*
- Lieder-Album, enthaltend 25 beliebte Lieder, teilweise mit Text, *Z* 2— n.
- Des Liedes Weihe, *TTBB*, Part u. St 3— *Hug.*
- Melodien-Album. Sammlung beliebter Musikstücke, *Z.* Heft I—V à —50.
- Melodien-Sträußchen. Quadrille, *Z* —80.
- Ein Morgengruß. Fantasie, *Z* —50.
- Neues Salon-Album. 11 ausgewählte Vortragsstücke, *Z* 1.50 n.
- Opern-Album. 8 ausgewählte Potpourris a. d. beliebtesten Opern, *Z* 2— n.
- Potpourri a. d. Opern: „Die weiße Dame", „Don Juan", „Der Freischütz", „Liebestrank", „Norma", „Regimentstochter", „Romeo und Julie", „Zauberflöte", à 1—.
- Rondo alla Turca, *Z* —50, *3DiskZ* 1.50, *3Disk-* und *LMZ* 2—.
- Schottische Wanderbilder. 1. Erinnerung an Linburn. Fantasie-Potpourri, *Z* 1—. Nr. 2. Erinnerung an Jerviston. Fantasie-Potpourri, *Z* 1—.
- Sehnsuchts-Klänge. Ländler. *Z* —50.
- Sonatine, *Z* —50.
- Sophien-Walzer, *Z* —40.
- Ständchen (S c h u b e r t), *Z. Praeger.*
- Strampel-Polka, *Z* —30.
- Tanz-Album. 12 beliebte Tänze, *Z* 1.50 n.
- Tirolerlied: Hinaus und ein ganga, *Z. Praeger.*

Turnermarsch. Z —50.
- Un premier Amour-Reslowa, Z, *Praeger*.
  Urania, Polka-Mazur, Z —30.
  Das Vesperglöckchen, Fantasie, Z — 50.
- Volkslieder-Album, Z 1—.
- Westfalenmarsch, *b/M* 1.50 u *Oertel*.

Burgstaller Eugen. *Hoenes:* **Op. 50** Erinnerung an Achthal, Marsch, Z —50.
- 51 Auf dem Friedhof im Herbst, Fantasie, Z — 60.
- „Abendklänge", Sammlung beliebter Tonstücke, Z, Heft I: Lucia, Trost in der Ferne. II: Zar und Zimmermann, Nachtwandlerin. III: Letzte Rose, Traumbilder à — 50 *Praeger*.
- Albertinen Polka-Mazurka. Z; s. Salon-Album, Einz.-Ausg. H. 16.
- Album-Salon, Z, 7 Bde. (vide Salon-Alb. Z) à 3—.
- Alpenklänge, Z; s. Salon-Album, Einz.-Ausg. H. 22.
- Alpenröschen-Polka-Mazurka, Z; s. Salon-Album, Einz.-Ausg. H. 14.
- Donaunixen-Polka-Mazurka, Z; s. Salon-Album, Einz.-Ausg. H. 9.
- Vier englische Volkslieder, 2Z, arr. 1.50: N. 1. Mollie darling. 2. Gently breathe the tender sigh. 3. Little sweet heart, come and kiss me. 4. Come where my love lies dreaming.
- Freundschaftsmarsch, Z, P à —50.
- Frühlingsglöcklein, Polka, Z; s. Salon-Album, Einz.-Ausg. H. 20.
- Gruß vom Rhein, Rheinländer-Polka, Z. Im Mondenschein, Fantasie, Z, s. Bhml. Bd. IV. H. 12.
- In Waldeseinsamkeit, Fantasie, Z, s. Bhml. Bd. III. H. 12.
- Klage und Trost, Z, s. Salon-Album, Einz. Ausg. H. 28.
- Konskriptionsmarsch, Z; s. Salon-Album, Einz.-Ausg. H. 10.
- Der Liebesbote, Polka, Z; s. Salon-Album, Einz.-Ausg. H. 12.
- Lysiou-Walzer, 2Z, 3Z à 1.50.
- Marsch über ein französisches Volkslied, Z, s. Salon-Album, Einz.-Ausg. H. 7.
- Medulina Polka-Mazurka, 2Z —60.
- Nachtlied, Z, mit Text, s. Salon-Album, Einz.-Ausg. H. 38.
- Opern-Album s. Opern-Album, H. 22—25.
- Palmen des Friedens, Ländler, Z 1—.
- Preis-Divertissement à la Darr, Z 2—.
- Salon-Album, enth. Kompos., Transkr. u. Fantas. über beliebte Opernmelodien, Lieder u. Tänze etc. für Z, Bd. I—VII.
- Salon-Album, Z, Einzelausgabe: Heft 1. Andreas Hofers Tod, Lied mit Text —30. Heft 2. Mendelssohn: Hochzeitsmarsch a. d. Sommernachtstraum —40. Heft 3. Reichardt: „Ich kenn' ein Auge" —50. Heft 4. Schubert: Am Meer, Lied mit Text —40. Heft 5. Seifert: Kärntner Liedermarsch —40. Heft 6. Wilhelm: Die Wacht am Rhein —30. Heft 7. Burgstaller E.: Marsch über ein franz. Lied —40. Heft 8. Meyerbeer, Gnadenarie aus: Robert der Teufel —60. Heft 9. Burgstaller E.: Donau-Nixen-Polka-Mazurka —40. Heft 10. Glocken und Sterne, Volkslied. Burg-

staller E.: Konskriptionsmarsch —50. Heft 11. Burgstaller E.: Schneeglöcklein, Polka Mazurka —50. Heft 12. Burgstaller E.: Der Liebesbote, Polka. Kotschubei: „Wüßt er es nur", Russ. Lied —50. Heft 13. Gumbert E.: Spielmanns Lied —40. Heft 14. Burgstaller E.: Alpenröschen, Polka-Mazurka. Sehnsucht, Melodie. Gumbert E.: „Was ich so tief im Herzen trage" —60. Heft 15. Spohr L.: Lied aus: Kerker und Krone. Gumbert E.: Das Vaterhaus —50. Heft 16. Burgstaller E.: Albertinen-Polka-Mazurka. Händel: „Seht er kommt" —60. Heft 17. Schäffer Aug.: „Karolinchen, ach warum denn nicht" —60. Heft 18. Burgstaller E.: Ungarische Polka —40. Heft 19. Bayer Ed.: Julien-Polka —40. Heft 20. Tirolerlied. Burgstaller F.: Frühlingsglöcklein, Polka —50. Heft 21. Burgstaller E.: Schneeflocken-Galopp. Spohr L.: Chor aus: Die beiden Galeerensklaven —50. Heft 22. Burgstaller E.: Alpenklänge Nr. 1. Faer: Lied aus: Sarginö —40. Heft 23. Gumbert E.: Blau Äuglein, Lied mit Text —30. Heft 24. Burgstaller E.: Unter allen Wipfeln ist Ruh', Fant. —70. Heft 25. Prume F.: Melancholie. Burgstaller E.: Traum der ersten Liebe, Polonaise —60. Heft 26. Abt F.: Schweizer's Heimweh. Waldandacht —40. Heft 27. Dregert A.: Vergißmeinnicht, Lied mit Text. Neumann E.: Heuschrecklied mit Text —40. Heft 28. Burgstaller E.: Klage und Trost —40. Heft 29. Bittner C.: Der Bitteren Last-Marsch —50. Heft 30. Burgstaller F. X.: Bayrischer Artillerie-Marsch —30. Heft 31. Schubert: Der Lindenbaum, Lied mit Text —60. Heft 32. Air Napolitain. Gumbert: Zwei Äuglein braun, Lied mit Text —40. Heft 33. Drechsler: Gebet der Mutter, Lied m. Text. Heiser: Das Grab auf der Heide, Lied mit Text —70. Heft 34. Wagner Rich.: „Brautchor" aus Lohengrin —40. Heft 35. Fischer: Röslein im Wald. Fesca: Der Wanderer, Lied mit Text — 60. Heft 36. Aus Kauer: Sternenmädchen. Conradi: Herzliebchen mein unter dem Rebendach mit Text. Reichardt: Das Bild der Rose, Lied mit Text —60. Heft 37. Kücken F.: Herzenswünsche, Lied mit Text —30. Heft 38. Burgstaller E.: Nachtlied mit Text. Gumbert: An des Rheines grünen Ufern, Lied mit Text —60. Heft 39. Kreutzer: Der Tag des Herrn, Lied mit Text —40.
- Träume der Vergangenheit, Fantasie, Z —75 *Hoenes*.

Burgstaller F. X. op. 1 Sechs Ländler zum Gebrauch beim ersten Unterricht, Z —50.
- 2 Sechs Ländler zum Gebrauch beim ersten Unterricht, Z —50 *4. E. Fischer*.
  Hoenes:
- 2 Die Fröhlichen, Walzer, Z 1—.
- 3 Rothaler Ländler, Z 1—.
- 4 Myrtentänze, Walzer, Z 1—.
- 5 100 Unterländler, 1Z od. 2Z, Bd. I. II à 2.10 *Fritz*.
- 5 Unterländler, 2Z, Bd. I. II à 2.10 *Fritz*.

6 Reseda-Düfte, Walzer, Z 1—.
61 Glocken-Fantasie, P 1—, 1 Z im Violinschlüssel —60 *André.*
65 Melancholie, Fant. Z —50 *Vrics.*
74 1te Glocken- und Harfenfantasie, Z
(D moll) —70.
74 Glocken- und Harfenfantasie, Z —35
Fischer.
79 Schneeglöckchen, Ländler, Z —75 *Siegel.*
211 Jagdfantasie, Z 1—.
212 Fantasie- und Paradies-Schottisch, Z
1—.
213 Perl-Polonaise und Liebend gedenk' ich
dein, Schottisch, Z 1—.
214 Deutscher Husarenmarsch, Z —50.
215 Ein Alpentraum, Fantasie, Z 1—, *Disk-
u. All-Z*, arr. v. P. R u d i g i e r 1.50.
215 An Alpine Dream or a Night at the
Koenigssee (Eine Nacht am Königssee),
Fant. Z —35 *Fischer.*
Abendgesang in Kreuznach, Jodelländler, Z
—85.
Bayrischer Artilleriemarsch, Z: s. B u r g-
s t a l l e r E. Salon-Album, Einz.-Ausg.
H. 30.
Bayrische Hochgebirgs-Rundschau, Z 1—.
Braumauer Schnaderhüpfel aus dem Innvier-
tel m. Text, Z 1—.
Brigitten Walzer, Z 1—.
Capriccio, Z 1—.
Christinen-Walzer, Z)—.
Deutscher Parlaments-Marsch, Z —60.
Deutscher Siegesmarsch, 1 Z im Violin-
schlüssel —50 *André.*
Ein Neujahrsgruß, Fantasie, Z 1—.
Erinnerungsmarsch, Z —50.
Fantasie-Polonaise, Z 1—.
Frankfurter Stegmarsch, Z —75.
Frankfurter Stegmarsch, Z —30 *Fischer.*
Friedens-Rondo, Z 1—.
Frühlings-Fantasie, Z 1—.
Gedanken am häuslichen Herd, Oberbayr.
Gebirgsländler, Z —85.
Glockenfantasie, Z —40 *Fischer*
Glockenfantasie, Z 1—.
1te Glockenfantasie, Z — 60.
Erste Glocken- und Harfen-Fantasie, Z (J.
H a u s t e i n) 1.20.
Große Marsch-Fantasie, Z 1—.
Harfen- und Violoncell-Fantasie, Z 1—.
Heidelberger Schloßwalzer, Z 1—.
Heimatsklänge, Ländler, 2Z 1.20.
Hortensia Polka und Fiedel-Schottisch, Z
60.
Irrlichter-Walzer, Z 1—.
Jodelländler aus Steiermark, Z —85.
Karneval von Venedig, Z —75.
Klänge aus dem bayr. Hochlande, 36 Origi-
nal-Ländler, Z 2.16, Abt. 1. 12 Ländler
(C G) —96, 12 Ländler (F E) —96,
12 Ländler (D A) —96 *Univ. Ed.*
Konzert-Polonaise, Z; s. Bliml., Bd. II,
H. 10.
Marien-Walzer, Z —85.
Melchilarien-Walzer, Z 1—.
Musikalische Rundreise, große Fantasie, Z
1—.
Musikalischer Blumenstrauß, Glockenfan-
tasie, Z 1—.
Muttergruß, Melancholie, Z 1—.
Muttergruß, Melancholie (Z —30 *Fischer*).

Oberbayrische Alpengrüße, Ländler, Z 1—.
Oberösterreichische Gebirgsklänge, Z 1—.
Oreaden-Rondo, Z 1—.
Pfingstveilchen, Glockenfantasie, Z 1—, 2Z
(P. R u d i g i e r) 1.50.
Rondo Militair, Z 1—.
Salzburger Salonländler, 1 Z. im Violin-
schlüssel —50 *André.*
Schlangen-Galopp, Z —50.
Sternen-Polonaise und Musikalischer Liebes-
brief, Schottisch, Z 1—.
Taunusmarsch, Z —50, 2Z arr. v. Ed.
B a y e r —75, Z —25 *Fischer.*
Tiroler Jodler, 1 Z, im Violinschlüssel —50
André.
100 Unterländler, Z, 2 Bde. à 1.20 *Fritz.*
Vierzehn oberbayr. Schnadahüpf'l (Länd-
ler), Z 1—.
's Waldvögerl in da Fremd', Lied (m. Text).
Z —30 *A. E. Fischer.*
Die Wanderung nach Trier, große Fantasie,
Z 1—.
Weißenburger und Pariser Einzugsmarsch
mit den Trios: „Die Wacht am Rhein"
und: „Was ist das deutsche Vaterland", Z
1.25.
Wiener Ländler, Z —50 *Hoenes.*
Wiener Salon-Ländler, Z 1, II à —75 E.
Stoll.
Wiener Walzer, Z —60 *Voigt.*
Die Wylli's, Walzer, P s. D r e g e r t Alf.
1—.
Zither-Almanach, *André.*
Zwei Märsche, Infanterie und Kavallerie, Z
1—.
Zweite Glocken- und Harfenfantasie, Z 1—.

Burgstaller G. Westfalen-Marsch, O 2—n
Oertel.

Burgstein J. Sourir d'un Ange, sérénade, P
3 —*Cecilia.*

Burguet-Dominit, Gavotte, P 4— *Lemoine.*
Minuette, P 5— *Lemoine.*

Burgwig G. Leonore Polka-amusante, V, Fl.
Mand à —20 *Lyre.*

Burhard J. Al, Frauenlob-Gavotte 1— *Selbst-
verlag-Mainz.*

Buri E. v. *André:* Op. 21 Drei Lieder, P
1.30: Nr. 1. Hinaus in den Wald, P —60,
Nr. 2. Mädchen mit dem roten Mündchen,
P —60, Nr. 3. Du bist wie eine Blume —80,
P —80, gr.O. St 7 —, für 1 Singst, P: s.
op. 25.
22 In der Fremde, Elegie, P 1—.
23 Zwei Lieder ohne Worte, P —80.
24 Hinaus in den Wald: „Pfiffeken möcht'
ich alle Blumen" —80.
25 Du bist wie eine Blume (A od. Bar od. B)
—60, P, gr.O: s. op. 21 Nr. 3.
28 Drei Lieder für eine Singstimme m. P:
1. Vöglein, wohin so schnell? von G e i b e l
—50, Nr. 2. Du bist so still, von G e i b e l
—75, Nr. 3. Grüß' Gott! von H e n s i n g
1 —*Schott.*
Gießener Teutonen-Marsch, Z 1—.
Gießener Teutonen-Marsch, O, St —90 n
Schott.
Hinaus in den Wald, O, St —75 n *Schott.*
In der Fremde, Elegie, O, St —60 n *Schott.*
Lebensbilder in Liedform, O (A. Klautzsch),
St 4.50 n *Schott*: 1. Lebensfreude, 2. Lie-

besglück. 3. Lebe wohl. 4. Gruß aus der
Ferne. 5. Trost im Leiden 6. Daheim.
- Vöglein, wohin so schnell? Duett f. mittlere
Stimmen. P 1— *Schott.*
- Eine Waldidylle, Abendfriede, O. St —90 n
Schott.
Buri S. Zulù, Polka, *Ims Ricordi.*
Burian F. op. 1 2 Fantaisies sur des Motifs
origin. *Ra* 1.40 *Hoffmann.*
Burian Hans, Gruß an meine Heimat, Lied
ohne Worte, Z (Die Zitherwelt, Heft 76)
—36 *Lammer.*
Burian J. Augusten-Polka-Mazur — 60 *Hoff-
mann.*
Buridant, En Voyage, quadr. gdO 1—, ptO
—75, P cond. —55, P 1.70 *Cairanie.*
- Toyense Gaité, quadr. gdO 1—, ptO —75,
—75, P cond. —45, P 1.70 *Cairanne.*
- Joyeuse Gaité, quadr. gdO 1—, ptO —75.
- Lointain souvenir, valse, O av. P cond. *Colin.*
- Mazurka, O en ut 1— *Ghéluwe.*
- Myosotis, maz. gdO 1—, ptO —75, P cond.
—35, P 1.70 *Cairanne.*
- Polka des Sauterelles, gdO 1—, ptO —75.
P cond. —35, P 1.70 *Cairanne.*
- Le Progrès, valse, O en ut 1— *Ghéluwe.*
- Le Progrès, valse in-8° —25 *Ghéluwe.*
- Le Progrès, valse, gdO 1—, ptO —75, P
cond. —35, P 1.70 *Cairanne.*
- Le Progrès, valse 1— *Ghéluwe.*
- Réussite, valse, gdO 1—, ptO —75, P cond.
—35, P 1.70 *Cairanne.*
- Une Soirée à Pongy, mazurka in-8° —25
Ghéluwe, gdO 1—, ptO —75, P cond. —35,
P 1.70 *Cairanne.*
- Surprise, schottisch, gdO 1—, ptO —75, P
cond. —35, P 1.70 *Cairanne.*
Buridant-Dormoy, Cordiale amitié, mazurka,
O avec P cond. 1.25 n *M. Colin et Co.*
Burion A. Préauber L. et Ch. Pourny.
La Tour de Babel, Part. P et ch. 3— *Borne-
mann.*
Буржуа Э. op. 14 Бразильскій танецъ
—40 *Idzikowski.*
- Красотка Маиола, Болеро (La véritable Ma-
nola, Boléro), P —40 *Leopas*, д. игании —25
Gutheil.
Burk Lizzie S. In the upper fold —40
Brainard.
Burkard J. Alex. *Ebling*: Op. 4 Turner-
Marsch 1— *Hoffheinz.*
- Es war zur Maienzeit 1.25.
- Frühlingslied, TTBB, Part u. St 1.40.
- Im Walde, TTBB, Part u. St 1.60.
- Die Kaffeemühl', hum. Walzerlied 1.20.
- Ständchen, TTBB, Part u. St 1—.
- Wünsche 1—.
Burkart Fritz, Zwei Lieder 1.50 *Otto Bauer.*
Burke C. H. Recollections of St Petersburg.
Org —75 *Brainard.*
Burke & Horner, Amie, Ballade —50 *Stern.*
- Two Little Orphans, Ballade —50 *Stern.*
Burke Miss Billie, My Little Canoe (School
Girl). 2 — n *Francis.*
Burke said, „I'll be one", 2 — n *Sheard.*
Burke W. *Fischer*: Adelaide Waltzes, G —25.
- Adeline Waltz. *Banjo* —25.
- Alma Polka. G —30.
- America, and Nearer my God to thee, *Banjo*
—25.

- America, and Nearer my God to thee, vari-
ations. *Banjo* —30 *Ditson.*
- Baltimore Quickstep, *Mand* — 20, *2Mand*
—25. *MandG* —25, *2MandG* —35.
- Blue Bells of Scotland, air varié, G —25.
- Brigade Marsch, G or 2G —25.
- The Brook, air varié, *Banjo* —35.
- La Caravane, Oriental March. *Banjo* —25,
2Banjos —50.
- Carmelita Waltz, G or 2G —25.
- Christine Waltz, and Coney Island, schot-
tische. *Mand* —20, *MandG* —25.
- Columbia, Quickstep, G or 2G —30.
- Coronado Gavotte, G or 2G —30.
- Cuban March, *Mand* —20, *2Mand* —30.
MandG —30, *2MandG* —40.
- Dance of the Fairies, rondo, *Banjo* —25.
2Banjos —25, *BanjoG* or *2BanjosG* —40.
2BanjosBanjeaurinG —50.
- Dandy Colored Team, schottische, *Banjo* or
2Banjos —25.
- Estella Gavotte, *Banjo* —25, *BanjoG* —25,
BanjoF —25.
- Farewell, serenade, G —25.
- Fireside Fancies, revery. G or 2G —30.
- Florrie Waltzes, 1, 2. *Banjo* —20.
- Forest Nymph Waltz, *Mand* —20, *2Mand*
—25, G or 2G —25. *MandG* —25, *2MandG*
—35.
- G. A. R. Patrol, G —25.
- Geneva Polka, G or 2G —25.
- Golden Rod, polka, G or 2G —25.
- Harvest Moon Waltz, G or 2G —25.
- Home sweet Home, G —25.
- Hot Corn Jig, and Off Hand Jig, *Banjo*
—25.
- The Humming Bird, polka, *Banjo* or
2Banjos —25.
- Inspiration March, G —30.
- I will meet thee, vocal and G —25.
- Lake View, schottische, G —25.
- Marietta Waltz, *Mand* —20, *MandP* —35.
- Massa's in the cold ground, Old folks at
home, variations, *Banjo* —25 *Ditson.*
- Memories of Mexico, G or 2G —30.
- Mexican Dance, G or 2G —25.
- Mikado Medley, *Banjo* —20.
- Military March, G —25.
- Miriam Waltz, G or 2G —30.
- Monita Waltz, *Banjo* or *2Banjos* —25.
- My Bonnie Blue Eyed Kate, sg. or solo,
Banjo —35.
- On the Beach, gavotte, G or 2G —25.
- Parade Quickstep, *Banjo* or *2Banjos* —25.
- Pearl of the Orient Waltz, *Mand* —25,
2Mand —25, *MandG* —35, *2MandG* —35.
- Platoon March, *Banjo* or *2Banjos* —25.
- Riverside Mazurka, *Banjo* or *2Banjos* —25.
- Santa Rosa Waltz, *Mand* —20, *MandG*
—25.
- Short Hand Accomp. Method, *BanjoG* or
P —50 n.
- Snow Flake Mazurka, G or 2G —25.
- A Stray Sunbeam, polka mazurka, G or
2G —25.
- Teddy Me. Rafferty's Dream, *Banjo* or
2Banjos —25, *BanjoG* or *2BanjosG* —40.
- Uncle Peter's Wedding, sg. with *Banjo* acc.
—25.
- Waltz-Rondo, G or 2G —25.
- When Twilight falls, G —25.

- White Mountains, gavotte. *G* or *2G* —25.
- White Rose, waltz. *Banjo* or *2Banjos* —25.

Burke W. A. I ne'er can love again. (I'll hang my harp on a willow-tree.) Sg. —10 *Brainard.*

Burke W. F. *Vandersloot*: Chocolate Creams, march —50.

- The Curse of a Pretty Face —50.
- The Girl I Should Have Married Long Ago —50.

Burkes J. J. Softly now the light of day —30 *Church Co.*

Burkhard H. Just As I am Trio women voices (Music Ladies Choirs 240) —06 *Lorenz.*

One Sweetly Solemn Thought Trio (Music Ladies Choirs 125) —10 *Lorenz.*

Burkhard-Pfeifer Bertha. *Cranz*: 's Almveigerl. *TTBB*, Part —72, St —72.

- Du mein Gedanke. Walzer 2.40. *O* 4.80, *blM* 1.80 n.
- Österreichisch. Marsch 1.50. *O* 3 —. *blM* 3— n.

Burkhardt Chr. *Zumsteeg*: **Op. 4** Drei Lieder im Volkston. *TTBB*: Das Ringlein. Ach Scheiden. Sei froh, so lang. Part u. St 1.20. Hieraus einzeln: 1. Das Ringlein. 2. Ach scheiden, immer scheiden. 3. Sei froh, so lang der Frühling. Von jedem Part u. St —50.

- 5 Zwei Mazurkas, *P*, Nr. 1 Fis, Nr. 2 F. à 1—.
- 8 Faschingslied, *TTBB*: „Es lebe hoch die Narretei", Part u. St —60.
- 9 Herzeleid, *TTBB*, schwäbisch. Part u. St —60.
- 10 An meine Heimat, *TTBB*, Part u. St —50.
- 12 Maiabend im Schwarzwald, *TTBB*. Part u. St —60.
- 14 Im Feld des Morgens früh, *TTBB*, im Volkston. Part —60, 2 St —60.
- 15 Vier kirchliche Grabgesänge, *TTBB*, Part —50 n.
- 16 Nr. 1. Der König auf dem Turme (einmal e) 1.20. Nr. 2. Abschied vom Leben (einmal es) 1—.
- 17 Zwei liturgische Männerchöre (Gloria Patri u. Lobgesang), Part —60, St —60.
- 20 Die Glocken der Vaterstadt, *TTBB*, Part —80, St 1.20.
- 25 Nr. 1. Scnnmaid und Ferge. *TTBB*. 2. 's Blümle am Huet, *TTBB*. 3. Maiegrueß. *TTBB*, Part à —60 u, St à —60.
- 30 Das letzte Aufgebot, *TTBB*, op. 31. Schön ist die Jugend, *TTBB*, Part u. St à —60.
- 33 Zwei Herzen voller Treue, *TTBB*: „Zwei Disteln die stechen", op. 34, Nr. 1. Soldaten-Abschied, *TTBB*: O Schatz, schau nicht so traurig drein, op. 34, Nr. 2. Drei Salven über sein Grab, *TTBB*, Part u. St à —60.
- ...Am schwarz und blauen Bande", schwäbische Volksweise, *TTBBB* (Chor od. Solo), Part —60, St —60 *Leuckart.*
- Sechs Gesänge mit sehr leichter G-Begleitung. (Naturfreude. „Empfindet jede Freude". Das Veilchen: „Vom dunkeln Laub umflossen". Alles um Liebe: „Was ist es, das die Seele füllt". Die Schilderung

meiner Freundin: „Die jeden, der sie sicht". Die Liebe: „Ich liebe dich". Feldjäger-Lied: „Mit Hörnerschall und Lustgesang") 1.25 *Hofmeister.*

- Im Feld des Morgens früh, für 3st. Chor. Part —60, St —45. *TTBB*: Part —60, St —60 *Fries.*
- Schön ist die Jugend. *SATB*, Volkslied. Part —60, St —60.
- Trost im Leid, heiteres Duett im Volkston. S u. T (ist auch einstimmig zu singen) 1 —.

Burkhardt Edm. Ab nach Cassel, Gesamtspiel u. *P* 3— *Dietrich.*

Burkhardt F. Souvenir de Kreuznach, polka-mazur 1— *Rühle.*

Vierordt-Polka 1— *Rühle.*

Burkhardt Heinr. Lieder: Nr. 1. Nur ein Strahl —60. Nr. 2. Zwei Segel 1—. Nr. 3. Dämmerstunde —60. Nr. 4. Frühlingslied 1.20. Nr. 5. Nelken —60. Nr. 6. Im Volkston —60. Nr. 7. Am Wasser —60 *Sommermeyer.*

Burkhardt Max. *Luckhardt*: **Op. 7** Drei Liebeslieder. 1. Liebesständchen. 2. Ständchen. 3. Ein Liedchen 1—.

- 12 Zwei Lieder 1—: Nr. 1. Sommernacht —75. Nr. 2. Schlummerlied —75.
- König Drosselbart. Deutsche Volksoper. KA 8— n. Textbuch —50 n *Hofmeister.*
- Schön Gretelein 1— *Hassel*

Burkhardt Sal. *Förster*: **Op. 5** Nr. 1. An das Volk der Polen. „Soll ewig dich", Trostlied für eine Baßst. mit *P* od. *G* —50.

- 5 Nr. 2. Der weiße Adler der Polen. „Es fliegt ein Adler" —50.
- 6 3 Rondeaux faciles, doigtés et progressifs, *P*: 1—3 à 1— *Klemm.*
- 7 3 Rondeaux faciles, brillants et doigtés sur des Thèmes favoris. *P*: 1. Bellini: I Capuletti ed i Montecchi, choeur 1.50 N. 2. Meyerbeer: Robert le Diable, ballade 1—. Nr. 3. Meyerbeer: Robert le Diable, choeur 1— *Klemm.*
- 9 3 Rondeaux très faciles et agréables, *4ms* 1.80.
- 23 2 Airs allemands, *P*: 1. Variations (Himmel, An Alexis) —50. N. 2. Rondoletto (Proch, Le Cor des Alpes) —75.
- 30 Variationen, *P* (Strauß, Fortuna- u. Venetianer-Galoppe) 1.50 *Klemm.*
- 44 Leçons et Pièces de Conversation pour le Piano à l'usage des jeunes commençans. cah. I, II, III à 1.50.
- 50 Récréations et Amusements sur des Thèmes favoris, *P*: Cah. I: Divertissement (Lortzing, Zar und Zimmermann: Sonst spielt ich mit Szepter). II: Rondeau (Benedict, Der Zigeunerin Warnung). III: Variations (Denkst du daran, mein). IV: Grande Valse av. Trio et Coda (Benedict, Der Zigeunerin Warnung). V: Variations (Donizetti, Linda di Chamounix). VI: Fantaisie (Halevy, Guitarrero: Sérénade). VII: Fant. (Marschner, Der Templer und die Jüdin: Wer ist der Ritter). VIII: Transcription (Fischer, Air de Matelot: Der Himmel ist hoch). IX: (Monaldeschi). X: Nocturne (Verdi, Nabucodonosor). X. Cantù marcato (Ricci, la Prigione di Edimburgo). XI. Andante (Donizetti, Roberto De-

vereux). XII. Polacca (Reissiger, Adèle de Foix) à —75 *Klemm*.
- 51 Fünf leichte Stücke (Allegretto, Larghetto con espressione, Marcia risoluto, Andante varié, Rondo vivace), *hus* 2.30.
Einzeln: 1. Allegretto —80. Nr. 2. Larghetto con espressione —60, Nr. 3 u. 4. Marcia risoluto, Andante varié 1.30, N. 5. Rondo vivace 1— *Bruuer*.
- 53 Drei Rondinos nach Motiven aus den Opern: „Belisar" und „Liebestrank" (Dilettanten Heft 1), *hus* 2.25 *Kahnt*.
- 54 Grand mazurka brillante, *hus* 1—.
- 56 Pièces faciles et progressives d'après des Thèmes favoris, *hus*: Liv. 1. Rondeau (Flotow: Alessandro Stradella). La Chasse (Kreutzer: Das Nachtlager in Granada). Divertissement (Flotow: Alessandro Stradella). 2. Rondeau militaire (Donizetti: La Fille du Régiment). Les Adieux. Air russe varié à 2 — *Klemm*.
- 57 Le premier succès. *P* à l'usage des Élèves: 1. Rondoletto sur „Lucrezia Borgia". 2. Scène villageoise. 3. Réminiscences de l'Opéra „Rienzi". 4. „Le quatre fils d'Aymon". 5. Souvenir de l'Opéra „Stradella". 6. Chanson des Nayades de l'Opéra „Oberon". 7. Rondoletto sur un thème de l'Opéra „Les Mousquétaires de la „Reine" à —80.
- 59 Vier Piècen (Romanze, Marsch, Das Glöckchen, Walzer), *hus* (Dilettant.-Heft 8) 2— *Kahnt*.
- 60 Trois Cantabiles. *P*: 1. Romance. 2. Notturno. 3. Ave Maria, à —80.
- 63 Musikalische Dichtungen. *P* 1. Romanze: „Die Sehnsucht" —60. Nr. 2. Rhapsodie: „Ruheloses Glück" 1—. Nr. 3. „Die Abendglocken" —80. Nr. 4. Capriccio: „Das Echo" 1—. Nr. 5. Elegie: „Der Schmerz und die Lust" 1—. Nr. 6. Duett. „Beruhigung" —80.
- 70 Etudes élégantes. 24 leichte und fortschreitende Übungsstücke. *P*: Heft 1: (Nr. 1—8) 1.75. Heft II: (Nr. 9—16) 1.75. Heft III: (Nr. 17—24) 2.50. Kompl. in einem Band 4.50 *Kahnt*.
- 71 *Neue theoretische Klavierschule für den Elementarunterricht* 3—n *Kahnt*.
- Xänchen und Robert. Sechs Lieder von Tiedge für eine Singst, *P*. 2. Sammlung 1—n: Nr. 1. Blumenweihe: Blumen nicht für Spiel und Tanz. 2. Opfer am Grabe: Weiht, Blumen, eure Düfte. 3. Die Aussicht: Mein Aug' ist klar und hell. 4. Sehnsucht: Schön keimt der Gra-halm. 5. Das Tal: Ich weiß ein herrliches Tal. 6. Das widerspenstige Bild: Er weiß es längst.
- Aufforderung zum Tanz. Polonaise (Perlen-Reihe Nr. 31) —50 *Kahnt*.
- Brillantes Rondo. *P* (Es-dur) 1—n.
- 21 Compositions faciles et agréables, *P*: 1. Fantaisie sur l'Air de F. Schubert: Das Lob der Tränen 1.25. Nr. 2. Cavatine de l'Opéra: I Montecchi e Capuleti, variée —75. N. 3. Divertissement sur l'Air: Les Adieux du général Bertrand —75. N. 4. Valse du Comte de Gallenberg, variée 1.25. N. 5. Rondino sur la Barcarolle de l'Opéra: Die Genueserin 1—. N. 6.

Cavatine de Caraffa, variée 1.25. N. 7. Divertissement sur la Tyrolienne de Beau-plan: Le Bonheur de se revoir, op. 12 1—. N. 8. Air allemand, varié —75. N. 9. Rondino sur un Air russe —75. N. 10. Air de l'Opéra: L'Elisire d'Amore —75. N. 11. Fantaisie sur un Thème de Meyerbeer 1—. N. 12. Dernière Pensée musicale de Weber 1—. N. 13. Divertissement sur l'Opéra: Lucrezia Borgia 1.25. N. 14. Cavatine de Herold, variée —75. N. 15. Trois Préludes —75. N. 16. Thème de Rossini, variée 1—. N. 17. Romance et Scherzo —50. N. 18. Valse d'Aumié, variée 1—. N. 19. 1er Divertissement sur Norma —75. N. 20. 2de Divertissement sur Norma —75. N. 21. Grand Rondeau brillant, op. 56 1.75 *Siegel*.
- Große Ball-Polonaise — 50 *Kahnt*.
- Kleine leichte Potpourris nach den beliebtesten Melodien aus den neuesten Opern bearbeitet, *P*: 1. Donizetti C.: Die Tochter des Regiments, 2. Dasselbe. 3. Donizetti C.: Belisar. 4. Donizetti C.: Lucrezia Borgia. 5. Adam Ad.: Der König von Yvetot. 6. Netzer Jos.: Mara. 7. Weber C.M. von: Oberon. 8. Meyerbeer G.: Robert der Teufel. 9. Meyerbeer G.: Die Hugenotten. 10. Weber C.M. von: Der Freischütz. 11. Lortzing A.: Zar u. Zimmermann. 12. Donizetti C.: Lucia von Lammermoor. 13. Flotow F. von Alessandro Stradella. 14. Lortzing A.: Undine. 15. Halevy F.: Die Musketiere der Königin. 16. Donizetti C.: Die Favoritin. 17. Lortzing A.: Der Waffenschmied. 18. Flotow F. von Martha. 19. Wagner Rich.: Lohengrin. 20. Meyerbeer G.: Der Prophet. 21. Marschner H.: Der Templer und die Jüdin. 22. Spohr L.: Jessonda. 23. Marschner H.: Hans Heiling. 24. Bellini V.: Norma. 25. Offenbach J.: Orpheus in der Unterwelt, à 1—.
    Dieselben Opern-Potpourris, Nr. 1—24 in 4 Lieferungen (à 6 Nummern) à 3 — n *Klemm*.
- Letzter musikalischer Gedanke, Romanze. *P* —50 *Klemm*.
- Sechs Lieder, *B*, *P* 1 — n: Nr. 1. Brutus u. Cäsar: Sei willkommen, friedliches. 2. Odur und Hiadmar: Wie ist dein Panzer. 3. Trostlied: Was grämst du dich. 4. Sehnsucht: Was so mächtig zieht. 5. Berglied: Am Abgrund leitet der schwindlige. 6. Alpenlied: Auf hoher Alp.
- Lieder-Potpourris ohne Worte (Erste Folge), nach Gesängen verschiedener Komponisten im leichten Stile bearbeitet, *P*: Heft 1: Beethoven L. van, op. 46: Adelaide.
    II: Curschmann Fr.: Ungeduld: Ich schnitt es gern in alle Rinden ein. Bächlein laß dein Rauschen sein. Der kleine Hans.
    III: Schubert Franz: Ave Maria. Ständchen: Leise flehen meine Lieder. Lob der Tränen. Ungeduld: Ich schnitt es gern in. Wanderlied: Wandern ist des Müllers Lust.
    IV: Reissiger C. G.: Heimweh. Die Sennerin und ihr Schatz. Liebes-ABC.

Mein Reichtum. Der Zigeunerbube im Norden.

V: K u c k e n F r.: Das Mädchen von Juda. Wenn du wärst mein eigen. Maurisches Ständchen. Die Erwartung. Abschied: Nun holt mir eine Kanne Wein.

VI: M e n d e l s s o h n - B a r t h o l d y Fel.: Der Jäger Abschied: Wer hat dich, du schöner Wald. A b t A g a t h e: Wenn die Schwalben heimwärts zieh'n. K r e b s C.: An Adelheid. L i n d p a i n t n e r P. v o n: Die Fahnenwacht.

VII: R e i s s i g e r C. G.: Vater Noah: Als Noah aus dem Kasten war. S p o h r L.: Kavatine: Rose, wie bist du, aus: Zemire und Azor. B e e k e r V. E.: Sänger-Marsch: Frisch, ganze Kompagnie.

VIII. V o ß Ch.: Romanze: Das wahre Glück ist nur bei dir. O t t o J u l.: Schwäbisches Lied: Mei herzliebstes Schatzerl. S c h ä f f e r A u g.: Polka-Ständchen.

IX: M a g g a z a r i: Römische Volkshymne auf Pius IX. K a l l i w o d a J. W.: Lodoiska's Sehnsucht. S c h u b e r t F r a n z: Die Post.

X: M e n d e l s s o h n - B a r t h o l d y Fel.: Trauer-Marsch (Nr. 27). Frühlingslied (Nr. 30). Volkslied: Es ist bestimmt in Gottes Rat. Nachtlied: Vergangen ist der lichte Tag. Reiselied: Bringet des treuesten Herzens Grüße.

XI: Schwedisches Tanzlied, gesungen v. Jenny Lind. S p o n h o l t z A. H.: Überall bei dir. F e s c a Al.: Ich bin eine Glockenblume. S p o n h o l t z A. H.: Schlummerlied. F e s c a Al.: Liebesbotschaft: Fliege Vöglein.

XII: E s s e r H.: Hol über! S c h u b e r t F r a n z: Frühlingsglaube: Die linden Lüfte sind erwacht. Zwei Volkslieder: Morgen muß i fort von hier; Muß i denn zum Städt'le naus. La Marseillaise. La Parisienne. Heft à 1—, Liefg. I (Nr. 1—6) 3.60 n, Liefg. II (Nr. 7—12) 3.60 n *Klemm*.

- Lieder-Potpourris (Zweite Folge), nach A. F. L i n d b l a d's schwedischen Liedern im leichten Stile, P, unter Hinzufügung für die Jugend passender Worte: Heft I: Auf dem Berge. Der kleine Schornsteinfeger. Der Wald am Aarensee.

II: Nahe (Vöglein auf Zweigen). Was mir gewährt das schönste Glück? Der kleine Postillon auf dem Heinewege.

III: Nachts. Der Einsame. Der Invalid. Eines jungen Mädchens Morgenbetrachtung.

IV: Sommermorgen. Der Schiffbrüchige. Sommerabend.

V: Vergeh'n! Vorsatz. Vergebliche Warnung.

VI: Am Abend. Die Jungfrau im Walde. Ein Lenztag. Heft à 1—. Heft 1—6 in einer Liefg. 3.60 n *Klemm*.

- Polonaise d'amitié —50 *Kahnt*.

Burkhart W. La Mode. Trois-temps, P —40 *Brainard*.

- May queen quadrille —75 *Brainard*.
- Rondo, P 1.25 *Klemm*.

Burkinyoung E. D e s i d e r i, Melodia 2.50 *Ricordi*.

Burkowitz F. *Bosse*: Op. 18 Das verrenkte Herz. *TTBB* mit T- u. B-Solo, Part 1—, St 1.50.

- 20 Nr. 1. Mein Heimatland, *TTBB* mit Bar-Solo, Part 1—, St 1.50, Nr. 3. Wach auf. *TTBB* mit T- u. Bar-Solo, Part 1—, St 1.20. Nr. 4. O Welt, du bist so wunderschön: „Nun bricht aus allen Zweigen", *TTBB*, Part 1—, St 1.20, Nr. 6. O Liebes treues Mutterherz, *TTBB* mit Bar-Solo, Part —60, St —80, Nr. 7. „O liebes treues Mutterherz", *SATB* mit S-Solo, Part —60, St —80.

- 21 Im fröhlichen Sängerkreise. Humor. Quodlibet, *TTBB*, Part 1.40, St 1.80.

- 23 Ein Sängerausflug. Humor. Quodlibet, *TTBB*, Part 1.30, St 1.80.

- 24 Nr. 1. Abschied: „Leb wohl, du liebes Vaterhaus", *TTBB*, Part 1—, St 1.20.

- 27 Zwei Lieder. *SATB*: 1. Der Frühling ist da, 2. Gute Nacht. Part u. St à 1.20 *Hofheinz*.

- 30 Nr. 1. Mein Engel hüte dein. 2. Die Zither lockt, die Geige klingt, *SATB*, Part 1.20, St 1.60.

- Hinaus Kameraden zum grünen Wald (15. Werk). (Sängermärsche für Männerchor Nr. 1). Part —40. St —60, vollständig 1— *Fr. Dietrich*.

- „Hoch" und K. F. M i e t h l i n g: „Sängergruß", *SATB*, Part —30, St —60.

Burkowitz J. R. Myrtle-Polka —40 *Brainard*.

Burlan, Doux Souvenir, polka mazurka 3— *Girod*.

- Mon amour, polka mazurka 3— *Girod*. *Gheluwe*.

Бурлацкая пѣсня: Эй, ухнемъ! для одного голоса съ фортепіано и для 4-голоснаго хора (a capella) —20 *Jurgenson*.

Burleigh H. T. *Schirmer*: Plantation Melodies 1— n.

- Two Plantation Songs for medium Voice: „You'll git dar in de Mornin" —25. „Ring, my Bawnjer, ring" —40.

- Three Songs: If you but knew, A Birthday Song, Life, à —50.

Burles Sidney, For Aid 4/— *Willcocks*.

Burlet, Le Rai-in de France 2.50, Ch. s. 1— *Millerau*.

Burlet A. Champagne Lulu, *Ramond*.

Burlington Bertie 4/— *Dean*.

Burlo Bartolomeo. Italia, valzer, di stile facile, Part, p. *Banda* 2.50 n *Lapini*.

- Splendori celesti in Remag. Walzer, P 2— *Martincnghi*.

Burmeister P. op. 25 Blumengruß, Salonstück, P 1— *Rühle*. *Boote*:

- Anna Schramm-Polka-Mazurka —80.
- Der Gratulant, Marsch —60, 1.50 n, Par.-Bes. —75 n *Fechner*.
- Jubiläums-Gavotte 1.50.
- Kommandeur-Marsch —50.
- Liebesglück, Rheinländer —75, O 1.50 n, Par. Bes. —75 n *Fechner*.
- Märchen-Fantasie, Ballett, P, *Hoffheinz*: Nr. 1. Marsch —60, gr. O 4— n. Nr. 2. Hertha-Walzer 1.20. Nr. 3. Zerlinen-Polka —60, gr. O 4— n. Nr. 4. Elfen-Gavotte

- Dear refuge of my weary soul, *Bar. B* —30 *Gordon.*
- Deus misereatur (God be merciful), *S.* chor. —60.
- Dirge (Fast asleep) —50.
- Do you really think he did. —40.
- Drifting —50.
- Dying child (Requiem) —40.
- Easter morning, quart. —15.
- Evening (A. Thomas) —40 *Ditson.*
- Evermore —50.
- Fade Away (Barnby) —40 *Ditson.*
- Fade, fade each earthly joy (A. Thomas) —40 *Ditson.*
- Fairer than all —40.
- Farewell, and go —40.
- Farewell, barcarolle —50, male quart. —08.
- Father, hear us (Gounod), with † *OrgP* —75 *Ditson*
- Forsake me not —40.
- Friendship —40.
- Gently, my Saviour (Henselt) —40 *Ditson.*
- God be merciful (Deus misereatur), *S*, chor. —60.
- Going out with the tide —75.
- Hail, tranquil hour (Campana) —40 *Ditson.*
- Heart and arm (Romanza Eroica) —50.
- Heart, be still —40.
- Hear us, o Jesus (Mercadante) —50 *Ditson.*
- Heavenly rest (R. Wagner) —35 *Ditson.*
- Her I love —40.
- Hinder me not —60.
- Hymn of Evening (Apollo-Leaflets 171), men's voic. —1 *Curwen.*
- I cannot tell —35 *Ditson.*
- Jesus be near me (L. Lachner) —30 *Ditson.*
- Jesus, I my cross have taken (G. Alary), *STB* —75 *Ditson.*
- Jesus, this heart (E. Lassen) —25 *Ditson.*
- I know no life divided (Donizetti) —08 *Ditson.*
- I lay my sins on Jesus, quart. with *Fl* obligate —40.
- I licet —25 *Ditson.*
- I'll meet my darling there —40.
- I love you —40.
- I'm a pilgrim (Wagner) —35 *Ditson.*
- I'm going home (Schubert) —30 *Ditson.*
- Immanuel's land —40.
- Impatience (When will the bonny springtime come?) —40.
- I'm sitting by the bridge to night (Bridge) —40.
- In heavenly love abiding (Gounod), *CAB* —40 *Gordon*, —25 *Ditson.*
- In May (Czerny W. Coll. of Ladie's Chor. 10), 3 voices —40 *Ashdown.*
- I need Thee, precious Jesus, *Bar. CA* —25 *Gordon.*
- Joys of day are over (Le Spohr) —25 *Ditson.*
- It is a good thing to give thanks, *SA* chor. —50.
- Jubilate Deo (O be joyful), quart. —60.
- Lady and the rose —40.

- Lamb of God (Chopin) —30 *Ditson.*
- Lament (Longings) —40.
- Language of the Hearth —40.
- Last, sg. —40.
- Leave me not now (Prayer) —40.
- Listen, soul (J. Blumenthal) —40 *Ditson.*
- Little children's prayers —40.
- Longings (Lament) —40.
- Lord's my Shepherd, I'll notwant, *CA. B* —25 *Gordon.*
- Lost, sg. —40.
- Love's coming —60.
- Love's land —40.
- Love thy neighbor, motto song —40.
- Ma petite Brétonne —40.
- Mine (Rêverie), sg. —40.
- Minstrel gray —40.
- Morning light, varied. *Pipe, Org* —75 *Gordon.*
- My adored —40.
- My bridal morning, waltz —50.
- My dreaming love —40.
- My feet are worn and weary (R. Wagner) —25 *Ditson.*
- My God, my Father, while I stray (Moszkowski) —25 *Ditson.*
- My lambs —50.
- My love and —40.
- My love for evermore —40.
- My loved one on the sea, sailor sg. —40.
- My own —50.
- My ship, sailor sg. —40.
- My sweet heart's name —40.
- My wife —40.
- Nay —40.
- Near us, ever near us (Abt), *SB* —30 *Ditson.*
- Never, humorous —40.
- Night and Morning (Reverie), sg. —40.
- Now Song of the Heart —40.
- Now you know —50.
- O come, let us sing (Venite), *SB, SA, SAT*, chor. —75.
- O Jesus, Thou art standing —25 *Ditson.*
- O keep me your memory —40.
- O Lamb of God (F. Schubert) —30 *Ditson.*
- O let him whose sorrow (A. Rubinstein), *SA* —35 *Ditson.*
- O love divine (Haydn) —25 *Ditson*, —30 *Gordon.*
- O my Saviour, guardian true (Lachner) —35 *Ditson.*
- One heart's enough for me —40.
- One sweetly solemn thought (Meyerbeer) —40 *Ditson.*
- O never! no, no! *SB*, comic. —40.
- On guard (Soldier's Song) —50 *Brainard*, (The Temperance Vocalist 65) —3 *Curwen.*
- O night (Rhapsodie Vocale) —40.
- Only you —40.
- O Saviour, holy Saviour (Gounod) —30 *Ditson.*
- O Thou of sweet compassion (Rubinstein) —30 *Ditson.*
- O Thou omnipotent (Wallace) —40 *Ditson.*
- O thou who of sorron (L. Chapisson) —35 *Ditson.*

A Question —60 *Clayton*.
Burnham Charles S. A little song for two —50 *Church*.
- Gavotte, P —50 *Ditson*.
- Good-bye! —50 *Ditson*.
- King and Queen — 40 *Ditson*.
- The Moon's Lullaby, *m. l. à* —40 *Ditson*.
Seven Songs: A Dream Lullaby, Words by Ellen Louise White —60. A June Lullaby Words by C. S. B. —60. A little Evening Journey. 1 or *Bar* —60. Come let me dive into thine Eyes. Words by Barry Cornwall. T or *MS* —60. Heart of the Rose. Words by Fannie H. R. Poole —60. Once there was a little Voice. Words by Barry Cornwall. *MS* or *Bar* —40. She has Ringlets. Words by Henry A. Van Friedenberg —50 *Schirmer*.

Burnham Clara Louise and **Root G. F.**
A Christmas Vision, cantata —30 n *Church*.
- Santa Claus & Co., cantata —30 n *Church*.
- The Festival of the flowers (cantata) —30 n *Church*.
- Judge Santa Claus, christmas cantata —30 n *Church*.
- Waif's Christmas Cantata —30 n *Church*.

Burnham John, The Beatitudes a cantata with scripture recitations —4 *Weekes*.
- The Musical Miller From the „Man with the knapsack", in both notations —4 *Weekes*.
- Her only son. From the narrative of Hesba Stretton) a Temperance service of song, in both notation —4 *Weekes*.
- Restored, or Ruth's return. An as a service of Song (C. H. Spurgeon's Evangelist), in both notation —4 *Weekes*.
- Whispering Angels. An as a service of song (C. H. Spurgeon's Evangelist), in both notation —4 *Weekes*.
- Widow Wimpenny's Watchcoord, arr. —4 *Weekes*.

Burnham Rev. J. Billy Bray a musically illustd. dewice, in both notations —4 *Weekes*.
Burnichon, Un rêve, valse 6— *Noël*.
Burnichon Sophie, Les Deux Blanches, maz. 1.75 *Fatout*.
Burnier C. H. Berceuse, *VP* 3— *Ashdown*
- Nocturne, *VP* 3— *Ashdown*.
Burnot, What will you lend an my dolly? 4— *Williams*.
Burnowsky J. Самоучитем для усоверш. балалайки —75 *Jindřišek*-Kiew.

Burns-Album. *Richter*: Hundert Lieder und Balladen mit ihren schottischen National-Melodien f. 1 Singst und schottischem und deutschem Text, herausgeg. von C a r l u. Alfons K i s s n e r, unter Mitwirkung von L u d w. S t a r k. Heft I—IV à 4— n.
- Auld Lang Syne —20 *National Music*.
- Ave Maria, *ST*, *V* or *Fl* obligato (English and Latin) —75 *Pond*.
- Bonnie Doon, duet —25 *Ellis*, —30 *National Music*.
- Highland Mary —25 *Ellis*.
- The last rose of summer, *CabinetOrg* —15 *White*.
- Love will live always —50 *Pond*.
- My Love is like a Red, Red Rose —50 *Century Music Publish*, —30 *National Music*.

- Robin Adair (varia), *P* —40 *National Music*.
- Was Nae He a Roguey —20 *Willig*.
- Young Musketeer 1 6 *Bayley*.

Burns D. J. Allegretto Graziosa from Kaliwoda's 5th symphony, *Org* 2— *Donajowski*.

Burns Felix, Album of six popular Waltzes 1 — n. 1 parts — 6 n *Dean*.
- Ariane, waltz 2 — n *Sheard*.
- The battle of Flowers, waltz (Viet. Mus. book 177), solo & duet 2 — n. *4ms* 1 — *Sheard*.
- My Birthday Party Polka (Musical Sunrays 24) 1 — *Agati*, *P* 4 — *Cary*.
- Chand d'amour (Liebeslied), Walzer 2— *Patey*, 4 — *Leonard*.
- Cloudland, waltz 2 — n *Sheard*.
- County Barn Dance (L. M u r r a y, Wayside Flowers 9) 1 —, *4ms* 2 — *Leonard*, 4 — *Dean*, *P* 2— *Patey*.
- Cupid Walzer 2— *Patey*.
- The Daming Coon, barn dance or schottische 4 — *Cary*.
- Darkies Holiday, schottisch 2— *Patey*.
- Darling Mona, waltz 4 — *Cary*.
- The Dusky Minstrel, barn dance or schottische 4 — *Cary*.
- „En Fête", march (L. M u r r a y, Wayside Flowers 8) 1 —, *4ms* 2 — *Leonard*, *VP* 4 — *Reynolds*.
- Fairy Dell, *P* 4 — *Cary*.
- My Fairy Waltz 2— *Patey*, 4— *Dean*.
- The Fairy Harpist, *P*, *Morley*.
- Fidélité, gavotte 2— *Patey*.
- Florabel, schottische (Dance Album Book 2) 1 — n, 3 —, 1 part — 6 *Reynolds*.
- Football, polka 2 — n *Sheard*.
- Gay Paris, waltz 4— *Cary*.
- Glengarry Lancier 2— *Patey*.
- Grand patrol march 2— *Patey*, (Orchestral Library 64) 4—, *O* 1 — n *Ashdown*.
- Happy Lambo, barn dance or schottische 4 — *Cary*.
- Happy Moments (Fröhliche Augenblicke), schottisch 2— *Patey*.
- Intermezzo oder Graceful dance 2— *Patey*.
- Jovial Darkies, barn dance 4 — *Cary*.
- Kansas Koon, *P* 4 — *Larway*.
- The Kneller Hall march, *FullO* 1.6, Sept. 1 — *Morley*.
- Little Lady, schottische 2/— n *Sheard*.
- Lochnavar Highland, schottische 2— *Patey*, 4/— *Dean*.
- Lucetta, gavotte 2— *Patey*.
- March of the Champions, *P* 3 — *Reynolds*.
- Marguerite, Walzer 2— *Patey*.
- Marlborough March in C, *FullO* 1 6 n, Sept. 1/— n, extra parts — 6 n, *VP* 4/—, *4ms* 4—, (N. Podesta) *BanjoP* 3/—, *1st 2nd MandGP* 4— *Larway*, (L. M u r r a y, Wayside Flowers 3) 1/—, *4ms* 2/— *Leonard*, —75 *Gehrman*, 2— *Patey*.
- Merry Thoughts, gavotte 2 — *Patey*, 4/— *Dean*.
- Midshipmite 1/6 *Bayley*.
- Mignonette, *P*, *Morley*.
- Modesta, schottisch 2— *Patey*, 4/— *Dean*.
- Morning Glory, valse, *Full Band* 4/—, *Medium Band* 3/—, *Small Band* 2/—, extra parts —3, *FullO* —75, *SmallO* —50, *P* acc. —75 *Hawkes*.

- National Guard's March 2— *Patey*.
- Neapolitan Violets, waltz 2 — n *Sheard*.
- The Old Castle, schottische 4 —, FullO 1 6, Sept. 1 — *Orpheus*, 2— *Patey*.
- Old Drury, gavotte (L. M u r r a y, Wayside Flowers 6) 1 —, *4ms* 2 — *Leonard*.
- Old Drury, graceful dance (à la gavotte) 2— *Patey*.
- Olympia, gavotte, *Full Band* 2 8, *Medium Band* 2 —, *Small Band* 1 4, extra parts — 2 *Hawkes*.
- On the March, P 4 — *Cary*.
- Orchid Blooms, waltz 2 — n *Sheard*.
- Pansies, P, *Morley*.
- Pentomine, schottische, P 4 — *Cary*.
- Parachute, polka 2 — n *Sheard*.
- Princess Royal, gavotte, 2VP ad lib. 3 —, (Juven. Portf. book III N. 9), P 1 —, (Trenhearne Winds Ser. 9), VP 1 6, (Danse Moderne) (Newell Pleas. Memor. 30) — 6 *Hopwood*.
- A Promise of Love, Walzer 2— *Patey*, 4— *Dean*.
- Queen of the Clans, Walzer 2— *Patey*, 4 — *Dean*.
- Royal Wedding, Walzer 2— *Patey*, 4 — *Leonard*.
- Sailor's Hornpipe (Matrosen-Tanz), polka 2— *Patey*, 4 — *Dean*.
- Second March in C (The Jolly Japs.), P 4 — *Cary*.
- The silver coedding, waltz (Vict. Mus. book 177), *4ms* 1 — *Sheard*.
- Sons of Britannia, march 4 — *Cary*.
- Spirit of the Rainbow, waltz 2 — *Patey*. 4 — *Leonard*.
- Summer shadows, barn dance (L. M u r r a y, Wayside Flowers 4) 1—, *4ms* 2 — *Leonard*, 2— *Patey*.
- Sunny South, barn dance, *Full Band* 2 8, *Medium Band* 2 —, *Small Band* 1 4, extra *Band* —2 *Hawkes*, FullO 1 6, Sept. 1 — *Morley*.
- Sweet Eventide, waltz 2— *Patey*, 4 — *Leonard*.
- Touch not, polka 2— *Patey*.
- Trip away, waltz 2— *Patey*, —50 *National Music*.
- The Twentieth Century, march 4 — *Dean*.
- Tyrolese Serenade, P, *Morley*.
- White and Gold, gavotte (L. M u r r a y, Wayside Flowers 11) 1—, *4ms* 2 — *Leonard*, 2— *Patey*.
- Wide-awake, polka, P 2 —, . 1 6 n Sept. 1 — n *Wickins*.
- Woodland Flowers, schottisch 2— *Patey*, —50, für Messings-Sextett —75 (Repertoar für Messings-Sextett N. 14) *Gehrman*, (L. M u r r a y, Wayside Flowers 1) 1/—, *4ms* 2—, *BanjoP* 2 — n, (Orchest. Music C. Voli 54) *BandP* 2 — n, V —6, P —9, others —3 n *Blockley*.
- Woodland Serenade, P 4 — *Cary*.
- Zingarella, spanischer Walzer 2— *Patey*.

Burns R. Deil's awa'wi'the Exciseman (Vict. Mus. book 2) 1 — *Sheard*.
- Highland Mary —25 *Ditson*.
- John Anderson, my Joe —35 *Ditson*.

Burns W. F. Armed Battalion, march (National Fife and Drum Corps Journal 1) —25 *White*.

Burnside Margaret. Song of the Virgin to her child (Christmas) —1 *Novello*.
Burose A. Bravura, VP 4 6 *Rudall*.
Burose Adolph, Erinnerung an Amerika. Polka, pVVP 1.50, pVO 3 — n *Zimmermann*.
- Fünf Variationen über ein ungarisches Thema, VVP 1 — *Zimmermann*.
- Я люблю тебя —50 *Johansen*.
Burotto, Heros et Enchada 3 — *Pepin*.
Burow, Celebre Canzone Polacca, 8O 2.50, P 3 — *Carisch*.
- Karneval in Venedig, P —10 *Kunz*.
Burow C. Chant polonais, HP 1.25 n, HPV 1.50 n, HP2V 1.90 n, HPVVe 1.50 n, HPVVe 1.90 n, HP2VVe 2.25 n, HP2VVa 2.25 n, HPVVeVa 2.25 n, HP2VVaVe 2.50 n, HPVV 1.50 n, HPCornet à P 1.50 n, HPVVeFl 2.25 n, H et *4ms* 2.90 n, HV 1.65 n, H2V 1.50 n, HVVe 1.50 n, HVVa 1.50 n, HVVe Fl 2.25 n, H2VVa 1.90 n, HVe 1.50 n, HFl 1.25 n, HVFl 1.50 n, HCornet à P 1.25 n, HQuatuor à cordes 2.25 n, H (Jos. Low) 1.25 n *Mustel*.
- Polnisches Lied, P, Bog. 1 *André*, P 1—, VP 1—, (Polish Song) (Blätter u. Blüten 80), VP 1 — n, (Emil Kross) V 3 — n *Bosworth*, —50 *Benjamin*, (R. Tourbié) —75 *Eisoldt*, (vide Friedrich E. Liedergrüße) —60, (vide Gänschals Carl op. 316 Nr. 16) 1— O. *Forberg*, —50 *Hansen*, (Wagner) —80 *Haslinger*, P 1 Bog. Kann. (u. Mendelssohn's Frühlings-lied) —10 *Kunz*, 3 — *Laudy*, —20 *Michow*, —40 *Nordisk Musikforlag*, —20 *Samson*, (Ch. Morley) 1— *Steingräber*, —30 *Toager*, —50 *Warmuth*; V —10, Z —10, VP —20 *Kunz*.
- Marsch über das polnische Lied, *4ms* vide Küchenmeister: Festfreuden Nr. 9.
Burow G. Polnisches Lied, Z —40 *Domkowska*.
Burow-Nikorowicz, Polnisches Lied, Fant. P (Godfrey F.) —20 *Rühle*.
Burow-Thiele, Polnisches Lied, P —50. Singst P 1—, *4ms* 1—, Vs. —50, VP 1—, 2V —75, 2VP 1.25, VVaP 1.25, VVeP 1.25, VVaVeP 1.50, 2VVeP 1.50, 2VeP 1.50, 2VVaVeP 1.75, Fls. —50, VVP 1—, Cornet à P's. —50, Cornet à VP 1—, *4ms*1 1.25 *4ms*2V 1.50, *4ms*VVa 1.50, *4ms*VVe 1.50, *4ms*VVaVe 1.75, *4ms*2VVa 1.75, *4ms*2VVe 1.75, *4ms*2VVaVe 1.75, Cornet à P 1.25, H's. —75, HV 1—, H2V 1.25, HVVa 1.50, HVVe 1.25, HVVaVe 1.50, H2VVa 1.50, H2VVe 1.50, H2VVaVe 1.75, HFl 1—, HCornet à P 1—, HPV 1.25, HP2V 1.50, HPVVa 1.50, HPVVe 1.50, H PVVaVe 1.75, HP2VVa 1.75, HP2VVe 1.75, HP2VVaVe 2—, HPVFl 1.25, HPCornetàV 1.25, 2VVaVeBaß 1— n, kl. O 1.50 n, sO (Hauss. Konzert- u. Tanz-Musik Nr. 110), Par. Bes. 1—, Amer. Bes. 1.50, Berl. Bes. 1.90 n, (Liebhaber-Orchester Nr. 2) 2.50 n *Scheithauer*.
Burr. Ellis: Armine, waltz —40, *Banjo* —35.
- Close your eyes Baby, sg. chor. —40.
- Daphne, schottische, *Banjo* —40.
- Darkie's Delight, solo exentrique, *Banjo* —40.
- Love's Vista, *Banjo* —40.

- Seraphita, waltz —25.
- Sleep my loved one, sleep —40.
Burr C. P. Davenport, schottische —40 *Brainard*.
Burr W. Sweet by-and-by, scotch fantasie. P —75 *Ditson*.
Burr Willard Sr. God in my rock, SATB —12 n *Church*.
- I will lift up mine eyes, SATB —25 n *Church*.
- The Lord is thy keeper, SATB —15 n *Church*.
Burre W. op. 9 Préludes. Org od. H 1.30 *André*.
Burrell D. G. Enterprise march. P —35 *White*.
- Mechanics' temple march, VP —30. (The Violin Quarterly Journal Vol. 2, Part 1) VP with *Cornet* ad lib. —75 *White*.
- Nettie polka, VP —30, —50, VVP —30. (The Violin Quarterly Journal, Vol. 1, Part 4), VP —75 *White*.
- Quavers, waltz 1.8 n *Allan Mozart*.
- "U. D. Camp" march —35 *White*.
Burrett C. A. La Ingenue, gavotte, Banjo —25 *Stern*.
Burridge J. B. Hymn Tunes and Chants — 6 *Novello*.
Burrington, Bird of the wilderness, SATB and Parry, Come let us have a round, 888 (The Singer's Library 66) — 2 *Ashdown*.
- Early violets (The Singer's Library 89), SATB — 2 *Ashdown*.
Burrington A. B. Hour of prayer (Modern Part-Sgs. 164) — 2 *Curwen*, Part. 82. (The Singer's Library 59), SATB — 2 *Ashdown*.
- Laura (The Singer's Library 48), SATB — 2 *Ashdown*.
Burrington Dr. F. C. My Guardian Angel —50 *Stern*.
Burrit L. A. Il Trovatore, Banjo —50 *Stern*.
Burritt W. N. The Class and Choir, song book —50 *Clayton*.
Burritt Ww. Nelson, A Process of bocal Study —50 n *Summy*.
Burroughs F. Mr. and Mrs. or, What's amiss? duet 20 Stamps, *Reynolds*.
Burroughs Mrs. T. E. The Children of Zion, easter — 2 *Curwen*.
Burrowes J. F. Companion to the Thorough-Bass Primer 50 Preliminary Exercises, to which is added a Key by S. Jackson. Boards —50 n *Schirmer*.
- Fant. on Englisch Airs, P 4 — *Williams*.
- Fant. on Scotch Airs, P 4 — *Williams*.
- Fleur de lis, valse 6— *Girod*.
- Guillaume Tell, air tyrolien with variations, P vide Rossini.
- The Heavens are Telling, P 2 6 *Williams*.
- The Keel Row, introd. and rondo, P 2'— *Williams*.
- Messiah, Hallelujah Chorus (Händel), Og. P à 2— *Cramer*, 4ms vide Händel, Beethoven.
- Oh! lady fair (F. Moore), variations, 4ms 3— *Ashdown*.
- Pianoforte Primer, containing the Rudiments of Music and a Method of Study. Entirely new Edition by Dr. S. Austen Pearce. Cloth. 2.—n *Chappell*, —20 n,

—40 *Ditson*, —25 *Ellis*, —30 n *Schirmer*, —25 *White*, —30 *Brainard*, *Pond*.
- Pianoforte Primer And Guide To Practice (old Edition) —30 *Ditson*.
- Thorough-Bass Primer, P 2 —n *Cramer*, 3 —n *Chappell*. —33 n *Ditson*, —50 *Ellis*, —50 *White*; New Edition, with a Key to the Exercises by S. Jackson, Boards —50 n *Schirmer*.
- The same. Edition without Key, boards —50 n *Schirmer*.
Burrowes H. God bless these poor folk 3 — *Williams*.
Burrows A. H. Princess, schottische, Banjo —15 *Ditson*.
Burrows brothers, Tiger-polka, Banjo —10 *Ditson*.
Burry Ferd. Summer Dreams, P 4 — *Begg*.
Burschins G. H. Vierstimmiges Geburtstaglied, P, Part u. St —50 *Schott*.
Burstall F. H. Abide with me, hymn — 2 *Novello*.
- Brightly gleams our banner, hymn — 2 *Novello*.
- Sun of my soul, hymn — 2 *Novello*.
- The healing of blind Bartimeus, verse, ST — 6 *Novello*.
- There is a green hill, SATB — 2 *Novello*, (Schirmer's 8vo. Church Music 913) —08 n *Schirmer*.
- Thy will be done, hymn — 2 *Novello*.
Burstyn Ch. et Tillet A. Oubli, valse lente 1.50 n *Lesigne*.
- Souvenir, mazurka orient. 1.50 n *Lesigne*.
Burt A. F. The Burleigh, two-step, and Brown P. G. The Bayonette, march, 10 pts. —60 n, 14 pts. —80 n, FullO 1—n *Standard*.
- De Coon's Honeymoon, cake-walk —50, An African Reminiscence. *Milit. Band* —50 *Coleman*.
- Honey on de Rag, characteristic march, *Mil. Band* —50 *Coleman*.
- My Little Ala Ma-Gooshun, two-step, march and cake-walk —50 *Gordon*.
- The New Girl, march with vocal trio —50, (two-step) and Beyer Edw. I'm a Gay Soubrette, medley galop, 10 pts. —60, 14 pts. —80, FullO 1—, Milit. Band —50 *Coleman*.
Burt A. L. Ella, waltz —40 *Brainard*.
Burt Benj. Hapgood, Babette —50 *Bloom*.
Burt Harry John, The Yeoman's March 2 —n *Novello*.
Burt R. J. When a Soldier or a Sailor Loves —50 *Jennings*.
Burtch, I'm a Great Swell, sg. & dee. —40 *National Music*.
- Love's token (Flower song) —40 *White*.
- Old Rag Carpet —50 *Kinley*.
- The Old Cuckoo Quartett —40 *National Music*.
- There are questions that I'd rather not decide —40 *Ellis*.
- When Tairy Tales wen Ended —40 *National Music*.
Burtch Roy L. My Missouri Girl —50 *Bloom*.
Burton, Dreams ad sunset 4/— *Ascherberg*.
- Only 4/— *Keith*.
- Pale trembling staro 4/— *Ascherberg*.
Burton A. Gertrude, three-step —50 *Leidt*.

Burton Arthur, Red and white roses 4 — *Leonard.*
- Waiting Angels 2 — n *Morley.*
- The World's Highway 2 — n *Morley.*

Burton B. When Johnny comes marching (Lea Henry. Popular Songs 3), Voice Concertina 1 6 *Ashdown.*

Burton C. P. Baltimore Light Infantry, march (American March Journal 12), *Milit. Band* —50 *White.*
- Baltimore American, march. *Milit. Band* —50, Saxophone ad lib. —15. 4th Reg't I. M. N. G. FullO 1 —, 14 pts. —80, 10 pts. —60, 2MandG —40, solo pt. —30, acc. pts. —15, 2MandVG —50, 3MandG —50 *Church.*
- Columbia Phonograph Co. March and From Boston to Washington, march, 16 pts. —60, 14 pts. —80, FullO 1—, 4as —80, Mand —30, 2Mand —50, MandP —75, 2MandP —80, MandG —50, 2MandG —60, G —40, 2G —50, Milit. Band —50 *Coleman.*
- Fourth regiment, march. Z —40 *Church.*

Burton C. W. Fourth Regiment, I. M. N. G. March, Milit. Band —50 *Church.*

Burton Fred. R. Far from my heavenly home —40 *Ditson.*
- Hiawatha 1.13 n. 8vo, 1.50 *Ditson.*
- O salutaris hostia —50 *Ditson.*

Burton G. The Juvenile Entestainer, a collection of action songs etc. 3 vol. à —75 *J. Fischer.*
- Mary Carey 4 — *Francis.*
- Select Voluntaries by renowned french autors, Org. Vol. I, II à 1.50 n *J. Fischer.*
- Twilight Memory 4 — *Duff.*

Burton Jesse. The Brave Old Commodore 4 — *Francis.*
- Comrades still 4 — *Francis.*
- Didn't we fight in days gone by? 4 — *Francis.*
- In the Smithy 4 — *Francis.*
- Mae and J. 4 — *Francis.*
- The meaning of the colors 2 — n *Sheard.*
- Minuet and trio, from Schubert's octett, P 3 — *Ashdown.*
- Nancy, you're my fancy 4 — *Francis.*
- That's why I drink to-night 2 — n *Sheard.*
- You'll still be Bobs 2 — n *Sheard.*
- You might want them again 2 — n *Sheard.*

Burton Rose G. Myold, old love, waltz, sg. —50 *Brainard.*
- See-saw and saw-saw, irish charact. song —50 *Brainard.*
- Under the apple blossoms, waltz song —70 *Brainard.*

Burton Roy, After the Girls —40 *Thompson Mus. Co.*

Burton T. Arthur, Captain Reece, A Nautical Ballad, vocal score, staff and tonic sol-fa combined. 8vo, paper cover 1 —, book of words (per 100) 7 6 *Novello.*
- Spinring 4 — *Ashdown.*
- The Tragedy of Cock Robin (Staff and Solfa) —8 *Novello.*
- The outspoken heart 1 — n *Augener.*

Burton W. R. Florine, gavotte (Banjo Hits 12), P — 4, Banjo —4, Mand —6, G — 6 *Orpheus.*
- Sultana, schottische (Mandoliniste 12), 2Mand — 8, Banjo —4, P — 4 *Orpheus.*

Burty Marc. op. 24 Deux fantaisie, P: 1. Le bijou perdu, 2. Si j'étais roi à 6 — *Leduc.*

- 25 Memento de les Dragons de Villars (Maillart), P 7.50 *Joubert.*
- 26 Il faut partir, rom. de la Fille du Régiment, P 6— *Lemoine.*
- 30 Fant.-transcr. P sur Girofié-Girofla 7.50 *Joubert.*
- 33 Transcr. brill. P sur Le Jour et la Nuit (Ch. Lecocq) 6 — *Joubert.*
- L'Alouette, chœur à 4 voix d'hommes, Part 2— n, p. sép. —25 n *Joubert.*
- L'amant dés étoiles, melodie-valse 1— n, Ch. s. —35 n *Labbé.*
- L'angelus au village, fantaisie pastorale, P 7.50 *Clot fils.*
- Au temps passé, gavotte 1.75 n *Janin.*
- Les Bacheliers de Salamanque, 2tBarB av. chœur ad lib. 3 — n *Choudens.*
- Bertrand Duguesclin, quadrille 5 — *Noël.*
- Bouton de rose, scherzo-valse, P 1.50 *Bertacqua.*
- Brise du nord, polka-mazurka 5— *Noël.*
- Le camp des hussistes, quadrille 5 — *Noël.*
- Le chant des ages 2.50 *Hengel.*
- Le chant des feuilles 1— n *Clot fils.*
- Chant du soir, berceuse à trois voix de femmes 3— n, Ch. s. —50 n *Janin.*
- Chants du Presbytère, 102 morceaux chantants et faciles, entrées, offertoires, élévations, communions, sorties, rentrées de processions, Bénédictions, Versets, préludes, Amen, Offices funèbres etc.; extraits des Oeuvres célèbres de Beethoven, Haydn, Mozart Gluck, Händel, Schubert, Weber, Donizetti, Rossini, Meyerbeer etc. OrgH 8— n *Lesigne.*
- La charité divine, strophes 1.20 n, 1— n, Ch. s. —30 n *Labbé.*
- Le choix du coeur, chansonnette 2.50 *Hengel.*
- Les Contes de Hoffmann (Offenbach), fant. brill. P 2.50 n *Choudens.*
- Demain, romance 3 — *Noël.*
- L'enfant et le nuage, bluette 2.50 *Hengel.*
- L'éternelle chanson, blnette 3 — *Noël.*
- L'Etoile du Nord, caprice élég. P 6 — *Benoit.*
- Feuilles et Fleurs, morceaux caractéristiques, P: 1. Paquita, bolero. 2. La fin du jour, idylle suisse. 3. Le bonnet sur l'oreille, fanfare de écoliers. 4. Dans la forêt, souvenir de Fontainbleau. 5. Belle de nuit, valse villageoise. 6. Joyeux carnaval, rondo-polka. 7. Rose de Noël, mazurka. 8. Musette du berger, pastorale. 9. Fleurs des champs, valse lente. 10. Messager Boiteux, impromptu. 11. Martine, chanson-gavotte. 12. Sans façon, galop. 13. Au bois joli, air à danser. 14. Forge et Moulin, pastorale. 15. Les pupilles du régiment, pas redoublé. 16. La clochette et le Bourdon, caprice. 17. L'improvisateur Napolitain, tarentelle. 18. Révérences de cour, menuet. 19. Mignon regrettant sa patrie, transcr. Bordèse). 20. Dans les prés, dans les bois, scène champêtre. 21. Esméralda, air de ballet. 22. Narquois le chagrin, chanson. 23. Souvenir de Pesth, la Zingara. 24. Fifre et tambourin, farandole. 25. Pied d'alouette. 26. Bouton de rose. 27. Vers la rive fleurie. 28. Dans la steppe. 29. Bataillons Alpins, fanfare. 30. À mon pays à 1.75 n *Gallet.*
- Fleurs du ciel, quadrille 5— *Noël.*

Gais loisirs, duos, 4ms: N. 1. Canzonnetta.
2. Brimborion, 3. Sérénade en mer à 1.75 n.
N. 4. Pas d'armes, 5. Kermesse, 6. Retour
du pêcheur à 2 — n *Gallet.*
- Good-bye, P —30 *Presser.*
- Histoire d'amour, simple histoire 2.50
Heugel.
- Hiver, rom. 1— *Janin.*
- Joliette, mélodie-valse, Juanita, boléro, Myo-
sotis, romance, Petite fanfare, défilé-marche,
Petit Noël, chant des Bergers, Yvan, chan-
son cosaque, P, chaque 5— *Janin.*
- Joyeux Refrains, 4ms: 1. Trompettes et
clairons, fanfare, 2. Gaité champêtre, ri-
gaudon, 3. Ronde joyeuse, galop à 2—
Janin.
- Two Juveniles (Bambini), 4ms —60
Presser.
- Loriska, polka-mazurka 5— *Noël.*
- Marche des Echevins, 6ms 3— n *Gallet.*
- Mariquita, *Rabut.*
- Mi-close, fantaisie 2.50 *Heugel.*
- Noël aux champs 1.70 *Bornemann.*
- N'ouvrez pas au chagrin 2.50 *Heugel.*
La nuit aux champs, pastorale 2.50 *Heugel.*
Une nuit à Séville, P 6— *Heugel.*
- L'Oiseau du Paradis 1.35, 4— *Bornemann.*
- Les petits ouvriert de Dieu, mélodie 1.20 n
Labbé.
- Poête et moineau, mélodie 1.20 n *Labbé.*
- De profundis d'amour 1.75 *Janin.*
- La Promise, chanson galop 5—, Fabliau, P
6— *Benoit.*
- Rose et jeune Fille 1.70 *Bornemann.*
- Simples Croquis, P: 1. Juanita, boléro, 2.
Ivan, chanson cosaque, 3. Myosotis, rom.
4. Petit Noël, chant des bergers, 5. Joliette,
mél.-valse, 6. Petite fanfare, marche à 1.75
Janin.
- Les Soirées de la Marquise, P: 1. Reine des
boys, styrienne 1.50, N. 2. Au temps passé,
gavotte 1.75, N. 3. Rose de Mai, valse,
4. Vieilles d'entelles, menuet, 5. Dernier
soleil, valse-maz. 6. Méli-mélo, galop, à 1.50
Janin.
- 1re sonatine en ut, 2e sonatine en sol,
3e sonatine en fa, P à 1.75 n *Gallet.*
- Sous les grands arbres, noct. P 2— *Napoleao.*
- Sur la Colline, *TTBB*, l'art 1.25 n, p. sép.
—20 n *Lory.*
- La Troïka, mazurka russe, 6ms 3— n *Gallet.*
- Les Verriers Lorrains (3 tons) à 2— n,
Ch. s. —30 n *Romart.*
- Un vieux monsieur de l'orchestre, scène
comique chantée (Berthelier) 1.75 n
Fromont.
- Le vigneron, chanson 2.50 *Heugel.*
- Village Minuet, P —35 *Presser.*
- Vingt ans 1— n *Clot.*
- Vous feriez pleurer le bon Dieu, mélodie
1.20 n *Labbé.*
Burwig, „Polterabend" (Festges. für 1 oder
mehrere Singst) 1.50 *Glas.*
- „Wir sind stolz auf unsere Stadt Berlin"
1— *Glas.*
Burwig Gustav, op. 27 Je länger, je lieber,
Lied 1— *Ries & Erler.*
    O. Forberg.
- 35 Heinrich am Kongo: „Als Junge war es
mir", kom. Duett für 2 mittl. St, P 2—.
- 36 Mariechen und Anton: „Mariechen, mein
Viechchen", hum. Lied 1—.

- 37 O. Genofeva! „Länger konnt' ich's nicht
ertragen", Schmerz-Gavotte —60.
- 38 Ein Mittwoch bei Lehmanns oder Der
Jourfix: „So ein Jourfix macht alle Zeit",
hum. Polka 1.25.
- 53 Der Rollmops und die Sardine: „Ein
Rollmops liebt 'ne Sardine", eine herzzer-
reißende Tragödie 1—,
- 54 Trichinentreue: „Es war einst eine Tri-
chine", eine traurige Geschichte —60.
- 55 Kulinarisches Wanderlied: „Vom Himmel lacht die Sonne", hum. Lied —60.
- 91 Jung Ruppert und sein Tyras, hum. Lied
1.20 *Ulbrich.*
- 92 Ich sagte nicht ein Wort, hum. Lied
1— *Ulbrich.*
210 Ihr J. O. Adolar: „Sie war ein schlich-
tes Mädchen nur", Humoreske 1—.
- Ach wir Weiber sind fürwahr zu schwache
Wesen: „Schöne Mädchen, holde Maid"
1—, 1.20 P. *Fischer.*
- Adelgunde 1.50 *Bloch.*
- „Auf nach Kioutschau", Orig.-Couplet v.
R. Schmasow 1.50.
- „Auf nach Treptow", Gewerbeausstellungs-
Marsch (mit Ges. ad lib.) 1.50, mO 2— n.
Par. Bes. 1.50 n *Glas.*
- Cabaret Grazienheim, ein heiteres Spiel m.
Gesang u. Tanz f. 9 Damen, P, KA 3— n
Bloch.
- „Dein Augenpaar ist es" 1— *Fürstner.*
- Dorettchen: Polka-Humoreske-Chanté 1.20
Rühle.
- „Du nur allein, du kannst mich verstehn'
1— *J. Bornemann.*
Ei wie helle! Aberscht sehr —20 *Michow.*
- Es sind zu viele Herren hier, Orig.-Couplet:
„Trotzdem das Leben sehr alltäglich" 1—
Eisoldt.
- Frau Holles Spinn-Abend, heiteres Spiel m.
Gesang für 8 Damen 4.50, St 2.50 *Bloch.*
- Frau Minne 1— *Haslinger.*
- Froher Sang f. Polterabend u. Hochzeit,
Duett 1.50 *Schott Frères.*
- Ganz heimlich: „Als ich zuerst dich hab'
gesehn" —75 *Stern.*
- „Gretelein, Gretelein, schön wie die Sonnen-
schein" 1— *Fürstner.*
- Guckängelein: „Reizendes Kind, lieblich und
schön" 1— *J. Bornemann.*
- Zwei herzige Lieder: a) D' Senner-Mizzi,
b) Kleine Diebin —80 P. *Fischer.*
- Humoristika: Nr. 1. Die Teilung der Erde
1.50, Nr. 2. Das verrenkte Herz 1—, Nr. 3.
Unser Paradies —60, Nr. 4. Ein Roman
in 4 Bänden 1.50, Nr. 5. Edi's Reinfall.
Gesangspolka 1.50, Nr. 6. Don Juan in der
Klemme 1.50, Nr. 7. Froher Sang bei Polterabend und Hochzeit, 1- od. 2st. 1.50,
Nr. 8. Die Loreley 1.50, Nr. 9. Welch' reizende Erinnerung, Mazur m. Couplet 1.50,
Nr. 10. Mein letztes Röschen —60, Nr. 11.
Hugo, Polka Humoreske 1.50, Nr. 12. O du
mein herzig trautes Mägdelein —60, Nr.
13. Trudchens erster Ball, Gesangs-Walzer
1.50, Nr. 14. Des Lebens schönste Poesie
—80, Nr. 15. Der Herzensknax 1—, Nr. 16.
Der deutsche Troubadour, Lied eines fahrenden Minnesängers 1.25, Nr. 17. Die
Tanzenthusiasten, Duett 1.50, Nr. 18. Nausikaa —60, Nr. 19. Julietta, romance —60
Schott Frères.

- Hurra Germania! (Hurra du stolzes, schönes Weib), Lied —70 *Challier*.
- In Kiekebusch, in Kiekebusch, ist das 'ne große Nummer 1— *Stern*.
- Julietta, av. parlé —75 *Schott Frères*.
- Kätchens erste Fête. Musik-Besuchs-Szene für 9 Damen od. 8 Damen und 1 Herr, KA (Part) 3—, St 2.40 *Bloch*.
- Komm, küße mich! —50 *Haslinger*.
- Die Königseiche: „Es wurzelt ein Baum tief im Preußenland", h. t. à —60 *P. Fischer*.
- Das kreuzfidele Kerlchen, (N e u m a n n's Repertoir-Coupl. Nr. 18) 1— *Fr. Dietrich*.
- Leonore, Polka amusant 1.20, *MandP* 1.20. (O t t o S c h i c k) 2*Mand*Mandola*G* 1.50 *Bosworth*. *Mand* —30, *MandG* —40, 2*Mand G* —50, 2*Mand*Mandola*G* —60, *MandP* —50 2*MandP* —60, 2*Mand*Mandola*P* —75 *Wood*.
- Lieb Ellen, Gesangspolka 1— *Haslinger*.
- Liebesknospen: „Denkst du daran, mein liebes, trautes Schätzelein" 1.20 *J. Bornemann*.
- Liebes-Reigen, Polka-Mazurka 1—, Par. Bes. 1.80, *PV* 1.20, *PFl* 1.20, O vide C h a r t o n. Hüttenmarsch, *Eisoldt*.
- Eine Liebesserenade 1— *Haslinger*.
- Der Liebe Zauberband: „Wie wunderbar, es ist oft kaum zu fassen" —60, (Volks-Repertoir Nr. 17 1. Klasse) —20 *Rühle & Wendling*.
- Mahnung: „Denkst du noch an jene Stunde" —80 *Stern*.
- Maiennacht (Nocturne), *P* —20 *Michow*.
- Man kriegt nie genug, ein biederbes Trinklied 1— *Stern*.
- Manuela, Ständchen 1— *Fürstner*.
- Margarethe: „Wär ich ein Dichter" —75 *Stern*.
- Das Meer der Seligkeit 1— *Stern*.
- Meine Reise durch Berlin 1.20 *Bloch*.
- Möchte so gern dich küssen —20 *Michow*.
- Nausikaa, av. parlé —75 *Schott Frères*.
- Der Nixenbronnen, f. Ges. u. Tanz m. *P*, KA u. St 5.50 n *Bote*.
- „O zweifle nicht!" 1— *Fürstner*.
- Der Pensions-Ausflug, hum.-musik. Scherzp. f. 9 Damen 3—, St 2.40 *Bloch*.
- Pensions-Schnurren, Scherzspiel m. Ges. 9 Damen, KA u. St 5.40 n *Bloch*.
- Sascha 1— *Fürstner*.
- Schaust du zu tief in die Äugelein —50 *Haslinger*.
- Schön Lieschen, eine Kußstudie 1— *Haslinger*.
- Sehnsuchts-Senfzer, Rondo aus: Jacobsohn's „Liebeszauber" 1.50 *Ries & Erler*.
- Seligkeit —20 *Michow*.
- D'Sennér-Mizzi, „Kleine Diebin, kleine Schelmin" 1— *P. Fischer*.
- Serenade, *P* —20 *Michow*.
- Die Skatbrüder, Humoreske: „Im Weißbierhaus bei Stundenmann" 1.20, 1.50 *P. Fischer*.
- Der Sonntags-Ausflügler, hum. Gesangsvortrag 1.20, mit Hochzeitstext-Einlage: Der Hochzeits-Ausflügler 1.50 *Bloch*.
- Tanzfritz, Gesangspolka 1.20, m. Hochzeitstext-Einlage 1.50 *Bloch*.
- Und drückte schüchtern beide Äuglein zu 1— *Haslinger*.

- Vom Baume der Erkenntnis, Walzer mit untergel. Text 1.20 *Ries & Erler*.
- Vom Blümlein Seemanns-Treu —50 *Haslinger*.
- Vom Trinken, vom Singen, vom Küssen, Trinklied —50 *Haslinger*.
- Vorn und hinten, Lied 1— *Ries & Erler*.
- Waldkönigin —20 *Michow*.
- Was sich liebt, das neckt sich 1— *Haslinger*.
- Wie du so hold, so wunderhold, und daß dein Herzchen mein 1— *Bote*.
- Das zuckersüße Schnuttchen, heiteres Lied f. Damen: „Schön als Kind war ich gesehen", Refr. „Weil ich so ein zierlich, possierlich, zuckersüßes Schnuttchen bin" 1—, 1.20, 1.50 *P. Fischer*.

Burwig G. u. Rob. Steidl, Der schöne Albert, Couplet 1.50 *Bloch*.

Burwig H. Wo die Lianen sich ranken, Serenade 1.20 *Augustin*.

Bury her pirture with me 2 — n *Sheard*.

Burzio L. Alaide-Mazur 1.50 *Mariani*.

Busancano Achille, A Cuneo, Inno popolare 3— *Mariani*.

- Canti Scolastici: Fiori dell'anima. Modestia. Mestizia. Speranza. Amore. Amicizia. 1.50 *Libr. editrice*.
- Charitas, cantata, *MS* e Coro 2—n *Mariani*.
- Eterea, mazurka, *pms* 2.50 *Perosino*.
- Luci ed Ombre, canti scolastici ad uso delle Scuole elementari con facile accompagnamento 1.50 *Mariani*: 1. Mattino. 2. Mezzogiorno. 2. Sera. 3. Notte, à —50.
- Ogni parte di coro —15 *Mariani*.
- Poesia della vita, notturno, *P* 5— *Mariani*.
- Raccolta di canti educativi per asili e scuole elementari, Fascicoli 1—4 à 1.50 *Libr. editrice*:
  Fasc. I: Preghiera. Ritorno dalla scuola. Saluto alla Bandiera nazionale. Gli uccelli. La Primavera. Il Giuoco della palla.
  II: L'uccellino messaggero. Il Battello. Il canto del gallo. Gli uccelli. Omaggio al cav. A. Pietro.
  III: Preghiera. I mestieri. Gli animali. Ad Umberto I.
  IV: Il natalizio del Presidente. Preghiera. La pioggia. Canzone di Natale. Il nostro trastullo, compagni, è finito. La partenza pel giardino d'infanzia. Purità.
- Suonata per l'Offertorio, *Org* —50 *Libr. editrice*.

Busato E. L. Mazurka de salon 1.25 n *Ricordi*.

Busatto M. Duetto, 2*Fl* 6— *Ricordi*.

- „King's Coronation Valse", *Military Band* (arr. K. M e y d e r) 15'— *Rudall*.

Busby T. R. La Bellezza del Ballo (Beauty of the Dance), barn dance, *Full Band* 2/8, *Medium Band* 2—, *Small Band* 1/4 *Hawkes*.

Busca y Carrascón, Los medigos, niños solo, Part cplt. 5— n, Libreto 1— n *Sociedad*.

- El huerfanito, canción para voces de niños 1.50.

Busca, Crimen misterioso, Part cplt. 5— n, Libreto 1— n *Sociedad*.

- Flores à la Madre de Dios, para el mes de Mayo à 2 voces: N. 1. Oh, cándida azucena 1.50 n. N. 2. Cuán dulce es, gran

Señora 1.50 n. N. 3. Recibe, virgen sur par 1.50 n. N. 4. Despedida, 2 voces 1.50 n *Sociedad*.
- Gozos al S. C. de Jésus 2 voces 1—.
- Morirse à tiempo, Part cplt. 5— n, Libreto 1—n *Sociedad*.
Busch Aug. *Oertel*: Ach was bleibt dem armen Herzen —75.
- Hüte dich d—g u. So halt' ich endlich dich umfangen —75.
- Letztes Gebet! —75.
- Drei Liebeslieder: Sehnsucht. Mädchenlied. Die du mein alles bist 1—.
- Drei Nachtgesänge: Nachtgesang. Ständchen. Hoffe nur 1.25.
- La Tour Eifel, valse 1.75 *Schott Frères*.
- Wiegenlied, *P* —60 *Heinrichshofen*.
Busch C. op. 1 Fire Sange —70 *Hansen*: Varm Sommerdag. Harpepigens Klage. Annas Sang. Det stille Land.
- 10 Aubade, *PFl* 1.50 *Schuberth jr.*
- 12 Romanze, *PV* 2— *Schuberth jr.*
- 16 Aus dem Skizzenbuch, *P*: Nr. 1. Solitude 1.20. Nr. 2. Valse Caprice 1.50. Nr. 3. Nocturne 1.20. Nr. 4. Humoreske 1.50 *Schuberth jr.*
- 18 Romance, *PVc* 2.40 *Schuberth jr.*
- 19 Trois feuilles d'Album: 1. Berceuse. 2. Intermezzo. 3. Pierrot et Pierrette, Serenade. *2VP, VVaP, VVcP* à 3—*Schuberth jr.*
- 25 The Passing of Arthur, O, Part 5—n *Breitkopf*.
- 30 Elegie für Streichmusik in D-moll, Part 1—n *Breitkopf*.
- Awake up, my glory, *SATB* with *ST* solo —16 *Ditson*.
- Ay, *TTBB* —12 *Ditson*.
- Come to me gentle sleep, *TTBB* —10 *Ditson*.
- Crossing the bar, *l. med.* à —50 *Ditson*.
- Drinking Song (Choruses for Men's Voices 355) —25 n *Schirmer*.
- Freedom and Love, *TTBB* —12 *Ditson*.
- Glory to, god in the highest, *SATB* with *S* or *T* solo —12 *Ditson*.
- Good night, beloved —50 *Ditson*.
- I had a dove —50 *Ditson*.
- I saw thee weep —50 *Ditson*.
- The Lady of Shalott, cantata, *S*-solo and *SATB* —60 *White*.
- League of the Alps, *l. med.* —94 n *Ditson*.
- Lost hope, *TTBB* —10 *Ditson*.
- O holy night, song with *V* or *Vc* acc. —75 *Ditson*.
- Old Folks at home, amerikanisches Volkslied, *stO*, Part 1—n *Breitkopf*.
- Orpheus with his Lute —50 *Ditson*.
- The Owl, Men's voic. —08 *Summy*.
- Remembrance, *m. l.* à —40 *Ditson*.
- The rock beside the sea, *TTBB* —12 *Ditson*.
- The Rover, *T. Bar* à —40 *Schirmer*.
- The Sea hath its pearls —40 *Ditson*.
- Sing to me, gondolier, *TTBB* —12 *Ditson*.
- Under the Greewood Tree —40 *Ditson*.
- Valkyriur song, *SATB* —30 n *Church*.
Busch Carl, *Jäckel*: Op. 10 Der dritte Mann zum Skat, hum. Szene, *TTBB*, KA u. St 4—.
- 11 Der Verlobungs-Jubilar: „Verliebt zu sein ist heutzutage“, hum. Soloszene m. *P* 1.50.
- 12 Das Katzenständchen, hum. Ensemble-Szene, KA 4—.

- 13 Der Krakehler: „Alles preist jetzt weit und breit“, hum. Soloszene m. *P* 1.50.
- 14 Tolle Burschenstreiche, hum. Szene m. *P* 3—.
- 15 Nette Künstler, hum. Szene, 3 Männerst m. *P* 4—.
- 17 Die vier lustigen Turner, od. Im Wirtshaus „Zum zahmen Affen“, hum. Ensemble-Szene, KA 5—.
- 18 Im Patent-Bureau, hum. Ensemble-Szene, KA 4—.
- 22 Ich möcht's ja gerne glauben: „Ich lernt ein Mädchen lieben“, Couplet 1—.
- 23 Diverse Kleinigkeiten: „Es gibt der großen Dinge viel auf Erden“, Couplet 1—.
- 26 Knötschke mit dem Bambusrohr: „Man sagt die Originale“, hum. Soloszene m. *P* 1.50.
- 28 Sehn Sie, ich benieß' es! „Auf 'ner Bank — Liebespaar“, Couplet 1—.
- 29 Christian Dösel, der Dummkopf: „Viele Leute sagen mir“, hum. Soloszene m. *P* 1.50.
- 30 Friedel auf dem Maskenball: „Ach, was gibt es doch für schlechte Menschen“, hum. Soloszene m. *P* 1.80.
- 31 Kuddelmuddel: „Wenn hier jetzt, statt wir, der Ochs säng', ein Duett“, 2 Singst m. *P* 2.50.
- 32 Rekruten-Freuden, hum. Szene, KA 4—.
- 34 Rekrut Gurkenzippel mit'n Eigentums-Schilderhaus: „Gestern hat begonnen die schöne Urlaubszeit“, hum. Soloszene m. *P* 1.50.
- 36 Amor im Reiche der Töne, oder: Eine musik. Verlobung, Duett, *SBar* m. *P* 4—.
- 37 Frauenlist, heitere Szene, KA 2.50.
- 38 Ein fainer Rekrut: „Schau'n Se mich 'mal bis'l richtig an“, Soloszene m. *P* 1.50.
- 39 Zwei fidele Hühner: „Hurrah, wie ist das Leben schön“, hum. Duett, Männerst m. *P* 1.50.
Busch Heinrich, Auf der Wanderschaft: „Der Frühling ist gekommen“, *TTBB*, Part u. St 1— *Tourbié*.
- Rückkehr in die deutsche Heimat, *TTBB*, Part —50 n, St —40 n *Oertel*.
Busch J. G. op. 43 Danses favorites, *2Cl*, Cah. I 1.20: N. 1. Faust C.: Treue Liebe, Mazurka. 2. Faust C.: A propos-Polka. 3. Neumann E.: Hanne-Liesel-Polka. 4. Launer J.: Schönbrunner Walzer. 5. Spintler Chr.: Galopp aus „Orpheus“. 6. Strauß J.: Philomelen-Walzer. 7. Spintler Chr.: Walzer aus „Faust“ von Gounod. 8. Brandes: Wildauer Marsch.
Cah. II 1.20: N. 9. Faust C.: Lilien-Polka-Mazurka. 10. Spintler Chr.: Glöckchen-Galopp. 11. Koennemann M. Eleonoren-Polka. 12. Strauß: La Varsovienne. 13. Faust C.: Studenten-Polka-Mazurka. 14. Faust C.: Theresen-Walzer. 15. Strauß J.: Wiener Kinder-Walzer. 16. Spintler Chr.: Trovatore-Quadrille. Dieselben für *1Cl*: Cah. I (N. 1—8), 1—, cah. II (N. 9—16) 1.30 *André*.
- Abendsterne, Potp. *GV* od. *GFl*: 1. Martha, 2. Prophète, 3. Stradella, 4. Nachtlager (Grénade), 5. Zauberflöte (Flöte euch.), 6. Robert le Diable, 7. Favorite, 8. Lucrezia Borgia, 9. Tannhäuser à 1.70 *André*.

- Airs agréables et faciles, aus verschiedenen Opern von G. Rossini, *GFl* 2.60 *André*.
- Auswahl der beliebtesten Stücke aus verschiedenen Opern, *Gl* od. *GFl*: 1. Muette (Masaniello), 2. Dame blanche, 3. Zampa, 4. Figaro, 5. Don Juan, 6. Barbier de Séville, 7. Gazza ladra, 8. Othello, 9. Tancrède, 10. Schweizerfamilie, 11. Freischütz à 1.50 *André*.
- Potpourris vide Opernkomponisten.

Busch J. M. F. V. Hun gaar, den Skønne. Fragment i tre Stanzer af Lord Byron's „Hebräiske Melodier" —50 *Hansen*.
- Impromptu, *P* —35 *Hansen*.
- Repos de l'âme (1 en Stemning), morceau mélodique, *P* —50 *Hansen*.
- Stabat Mater Dolorosa, for Soli, Kor og *O*, KA 2— *Hansen*.

Busch Richard, op. 1 Nr. 1. Wunsch: „Ich hab' dich geliebt, du ahntest es nicht." 2. Das Mädchen an den Mond" (Rob. Prutz), 8. *MS* à —80 *Eade*.

Busch Wilhelm, Das schickt sich nur für Erwachsene, Duett f. 2 Herren 1.50 *Gleißenberg*.
- Hauswirt und Hausverwalter, hum. Duoszene f. 2 Herren 2.50 *Gleißenberg*.
- Soloszenen: Der gebildete Schellkopf. Ein Geburtstagskind. Theaterschuster Pechholz à 1.50 *Gleißenberg*.
- Stieglitz, 's Zeiserl ist krank, Salonduett f. 2 Herren 1— *Gleißenberg*.
- Uns kann keiner, Salonduett 1— *Gleißenberg*.
- Wir beiden sind die ersten, Salonduett für 2 Herren 1— *Gleißenberg*.

Busch und Wichtl, Apollo. Ouvertures et Opéras favoris, 2F: N. 3. Le Calife de Bagdad —50, N. 40, La Favorite de Donizetti, 4l. La fille du Régiment à —70 *Thieme*.

Euschius C. E. op. 47 Thema mit 6 Variat. f. Haken-Harfe i. C. 1— *Heinrichshofen*.

Buschjäger Peter, Frage, *TTBB*, Part u. St 1.20 *Ebling*.

Buschie Alois C. Thelma Mazurka, and Homer Tourjee, El Panama Dance, *FullO* 1—, 1½ pts. —80, 10 pts. —60 *Church*.

Buschmann G. op. 15 Le Feu, polka élég. 1— *Hauer*.

Buschmann Jos. op. 11 Helenen-Marsch —80 *Bote*.
- 12 Les Adieux, Geschwind-Marsch —80 *Bote*.
- 13 Lebewohl, Geschwind-Marsch —80 *Bote*.
- 14 Gruß und Kuß, Geschwind-Marsch —80 *Bote*.

Buschmann L. Le Lac de Côme, barcarolle par Servais transcrite, *KbP* 1.50 *Schott*.

Buschmann P. op. 6 Frauenchöre Nr. 1, 2, 3, Part kompl. 1.20: Nr. 1. Tanzliedchen: „Wer tanzen will", St — 60. Nr. 2. Gesellschaftslied: „Freunde im Bunde, nützet die Stunde", St —80. Nr. 3. „Im Liede ist mein Leben", St —60 *Fritzsche*.

Buschmann Wilhelm, op. 8 Elegie, op. 9. Polka, *P* 1.25 *Kott*.
- 10 Polka hongroise —75 *Kott*.
- 13 Capriccietto, *P* —50 *Kott*.
- 20 Sancta Maria, Gruß an Maria Einsiedeln. *Fries*: *P* 1—, *Vc*, *Fl*, *Cl*, *CornetàP* à 1.30, *VP*, *VcP*, *FlP*, *ClP*, *CornetP* à 1.30, *PVVc*,

PFl à 1.60, *PVFlVc*, *PVFlCornet* à 1.80, *PVFlVcCornet* 2—, *PVFlVcClCornet* 2.20, u. Th. Giese, op. 175 N. 2. Albumblatt, *O* 2.40 n.
- 21 Klänge aus Polen, *P*: 1. Lied ohne Worte, 2. Ständchen 1— *Fries*.
- Rêverie, *KbP* (Bottesini G.) 1.70 n *Decourcelle*.

Buscky-Benedetti A. op. 1 Sonate, *P* 3— *Ricordi*.
- 2 Caprice, *P* 3— *Ricordi*.
- 3 Obéron, fantaisie, *P* 4— *Ricordi*.
- 4 Freischütz, fantaisie, *P* 6— *Ricordi*.

Buscovich M. Notturno 4— *Ricordi*.

Busé W. op. 32 Romance, *VP* 4— *Chanot*.
- 33 Ballade, *VP* 4 — *Chanot*.
- Elegie and Romance, *FlP* 5— *Rudall*.
- Mazurka Caprice, *FlP* 5'— *Rudall*.
- Polonaise, *FlP* 6—, *Milit. Band* (P. F. Battishill) 15— *Rudall*.
- Serenade, *FlP* 4— *Rudall*.
- Tarentelle, *FlP* 6— *Rudall*.
- Valse brillante, *FlP* 5.— *Rudall*.

Buser J. Quick Result March, *Milit. Band* —50 n *Standard*.

Bush J. S. Launch thy bark 4— *Chappell*.

Bush Wilh. Amo (I love), waltzes —60 *National Music*.
- A dream of long ago 4 — *Reeks*.
- Here's Christmas come again 3 — *Ashdown*.
- Oh, don't I remember 4— *Reeks*.
- Une pensée fugitive, *VP*, *MandP* à 3 — *Reeks*.
- Sacrificed, song and refrain —40 *Thompson*.
- Sunshine Waltz —50 *Thompson*.
- The Sunnyside, polka 4 — *Ascherberg*.

Bushby A. Candahar March, unison, (Chor. for Equal Voices 549) —2 *Curwen*.

Bushey J. Calvin, Blessed are they that mourn, funeral anthem —10 *Echo Mus. Co.*
- Choral Climax —50 *Thompson*.
- The Chorus class, —40 *Thompson*.
- Glory to the New Born King, chor. with *BT* oblig. —12 *Echo Music Co.*
- He holds the pearly gates ajar —35, solo and *SATB* —35 *Thompson*.
- He's coming home to-day, solo and mixed quart. —30 *Thompson*.
- Huntingtower, quadr. 4— *Williams*.
- I'm wandering in distant lands, solo and mixed quart. —30 *Thompson*.
- Living Light, Sabbath songs —10 *Thompson*.
- 'Tis only just a little way, solo and mixed quart. —30 *Thompson*.
- Work makes the winning ones, solo and mixed quart. —30 *Thompson*.

Bushill J. J. De Dunderheaded Squad 4— *Reynolds*.

Bushnell W. F. T. Jesus lover of my soul —25 *Church*.

Busi A. Il Carnevale di Venezia, divertimento, *CornetP* 4—, *TroP* 4— *Mariani*.
- 30 componimenti in istile legato di autori bolognesi del secolo XVIII. Fasc. I. (3.a ediz.), II., III., *Org* à 5— n *Mariani*.
- La croce della mamma, melodia, *CoB* 3.50 *Ricordi*.
- Divertimento sulla Forza del Destino, *FlP* 6— *Ricordi*.
- La Forza del Destino, trascrizione variata. *VP* 6— *Ricordi*.
- L'Étoile, duo, *8Bar* 3— *Ricordi*.

81*

- Mazurka-Mélodie, *P* 2.50 *Ricordi*.
- Melodia originale, *VcP* 3— *Mariani*.
- Messa a Cappella a 4 voci, *T* e *B* con acc. d'*Org*) c*Kb* 12— *Mariani*.
- Messa da Requiem per *T* e *B* e piena orchestra, Part: Introito e Kyrie 14—. Dies Irae 20—. Offertorio 10—. Sanctus 10—. Agnus Dei 5—. Lux Aeterna 6—. Libbra me Domine 6—. Messa completa 25— *Mariani*.
- Messa per *TB* e Piena *O*, riduzione per Canto e *P* di *A*. Ricci-Signorini 10— n. Edizione originale a Piena *O* 20— n *Venturini*.
- La partenza dell'esule, notturno a 5 voci 3— *Mariani*.
- Partiture per Banda ed orchestra Preludio sinfonico a *grande*O 5— n *Venturi*.
- La preghiera, melodia religiosa 2— *Mariani*.
- Sconforto Melodia, *8* 2— *Venturini*.
- Il sospiro, romanza, *Bar* 2.50 *Mariani*.

Business will be carried on as usual (Topical) 2— n *Sheard*.

Buskies R. Walhalla-Polka —80. und Jos. Gungl, op. 139. Kasino-Polka-Mazurka, *O*, St 5.50 *Bote*.

Буслов И. op. 1 Четыре романса: 1. Море спит. 2. И так прощай. 3. Ласточка. 4. Осенние листья —75 *Bessel*.
- 3 Четыре романса: 1. Царскосельская статуя. 2. Я здесь Инезилья. 3. Они любили друг друга. 4. Предъ испанкой благородной à —30 *Jurgenson*.
- 5 Шесть романсовъ 1.15: N. 1. Какъ одинокая гробница —30. N. 2. Въ кустахъ ароматной сирени —40. N. 3. Безъ васъ хочу сказать вамъ много —30. N. 4. Я открою вамъ тихія звѣзды —30. N. 5. Цвѣты послѣдніе милѣй —40. N. 6. И день, и ночь о васъ мечтаю —30 *Bessel*.

Busnelli V. op. 3 Linnetta, *P* 1— *Ricordi*.
- Amalia, *P* 1.25 *Ricordi*.

Busoni Ferruccio Benvenuto (1866), op. 1 Ave Maria —80 *Cranz*.
- 2 Ave Maria Nr. 2 —50 *Cranz*.
- 3 Cinq Pièces, *P*: N. 1. Preludio —50. N. 2. Mennetto, 3. Gavotta, 4. Etude à —80. N. 5. Gigue 1— *Cranz*.
- 4 Scherzo, *P* —90 *Doblinger*.
- 5 Prélude et Fugue, *P* 1.50 *Doblinger*.
- 6 Scène de ballet, *P* 1.20 *Doblinger*.
- 8 Scherzo dalla Sonata, *P* 2.50 *Ricordi*.
- 9 Una festa di Villaggio, *P* 2— *Ricordi*: 1. Preparazioni alla festa, 2. Marcia trionfale, 3. In Chiesa, 4. La Fiera, 5. Danza. 6. Notte (Biblioteca del Pianista).
- 10 3 Pezzi nello stile antico, *P*: N. 1. Minuetto 1.50. N. 2. Sonatina 2.50. N. 3. Gigue 1.50 *Ricordi*.
- 11 Danze antiche, *P*: 1. Minuetto, 2. Gavotta, 3. Giga, 4. Bourrée à 2— *Ricordi*.
- 14 Minuetto 2— *Ricordi*.
- 15 Zwei Lieder: 1. Ich sah die Träne, 2. An Babylons Wassern 1.50 *Gutmann*.
- 16 Sechs Etuden, *P* 3.60, Nr. 3 u. Nr. 5 (Fugen-Etude), *P* à 1.50 *Gutmann*.
- 17 Etude en forme de Variations, *P* 2.10 *Gutmann*.
- 18 Zwei altdeutsche Lieder: 1. Altdeutsches Tanzlied: „Wohlauf! der kühle Winter ist

vergangen", 2. „Unter der Linden", nach Walter v. d. Vogelweide à 1— *Kistner*.
- 19 Quartett (C), 2*VVaVc*, Part 4.50 n, St 6— n *Kistner*.
- 20 Zweite Ballett-Szene, *P* 3— *Breitkopf*.
- 21 Preludio e Fuga in Do, *P* 4— *Ricordi*.
- 22 Variationen und Fuge C-moll über Chopins Präludium op. 28 Nr. 20, *P* 3— *Breitkopf*.
- 23 Kleine Suite, *VcP*: Moderato, ma energico, Andantino ma gracia, Altes Tanzliedchen, Sostenuto ed espressivo, Allegro moderato, ma con brio 4— *Kahnt*.
- 24 Zwei Lieder: 1. Lied des Mormonln, 2. Es ist bestimmt in Gottes Rat 1.50 *Kahnt*.
- 25 Symphonische Suite, *O*: 1. Präludium, 2. Gavotte, 3. Gigue, 4. Langsames Intermezzo, 5. Allo breve, Part 20— n, St 25— n *Kahnt*. Nr. 3, *P* 3— *Ricordi*.
- 26 Zweites Quartett (D-moll), 2*VVaVc*, Part 3— n *Breitkopf*.
- 27 Finnland. Volksweisen, *4ms* 2— *Peters*.
- 28 Bagatellen, *VP*: 1. Aus der Zopfzeit, 2. Kleiner Mohrentanz, 3. Wiener Tanzweise, 4. Kosakenritt 1.50 *Peters*.
- 29 Sonate, *VP* 7— *Kahter*.
- 30a Zwei Klavierstücke: 1. Kontrapunktisches Tanzstück, 2. Kleine Ballett-Szene III, à 1— *Rahter*.
- 31 Zwei Lieder: 1. Wer hat das erste Lied erdacht, 2. Bin ein fahrender Geselle à 1.30 *Kahnt*.
- 31a Konzertstück in D-m. 2*P* 6—, *PO*, Part 9— n *Breitkopf*.
- 32a Symphonisches Tongedicht, *O*, Part 12— n *Breitkopf*.
- 33a Vierte Ballett-Szene in Form eines Konzert-Walzers, *P*, D-dur 3— *Breitkopf*.
- 33b Sechs Stücke, *P*: 1. Nr. 1. Schwermut, 2. Frohsinn, 3. Scherzino. II. Nr. 4. Fantasia in modo antico, 5. Finnische Ballade, 6. Exeunt omnes, 2 Hefte à 1.50 *Peters*.
- 34 Serenata, *VcP* 6— *Ricordi*.
- 34a Zweite Orchestersuite. Nr. 1. Vorspiel, 2. Kriegstanz, 3. Grabdenkmal, 4. Ansturm, Part 15— n, St 18.60 n *Breitkopf*.
- 35 Ave Maria, per *Bar* con *O* o *P*, in-8 (A) 2— n *Ricordi*.
- 35a Konzert in D-dur, 1*P* 9—, *VO*, Part 9— n *Breitkopf*.
- 36 Preludio e Fuga, *P* 5— *Ricordi*.
- 36a Zweite Sonate, *VP* 6.90 *Breitkopf*.
- 37 24 Préludes, *P* 20— *Ricordi*: Livre I 7—. Livre II 6.50. Livre III, IV à 7—.
- 38 Lied der Klage —80 *Cranz*.
- 38 Lustspiel-Ouverture, *O*, Part 9— n, St 6.60 n *Breitkopf*.
- 39 Des Sängers Fluch 2.50 *Cranz*.
- 40 Primavera, Estate, Autunno, Inverno. 4 Poesie liriche poste in musica per Assoli e Coro di uomini, con *O* o *P*, Part 20— *Ricordi*: 1. Primavera, 2. Estate à 1—. N. 3. Autunno 8—. N. 4. Inverno 7—.
- 61 Menuetto capriccioso (C-dur), *P* —80 *Cranz*.
- 70 Gavotte (F-moll) —80 *Cranz*.
- Barbier von Bagdad, Fant. *P* 1.50 *Kahnt*.
- Il Crepus colo degli Dei, marcia

funebre in morte di Sigfrido, traser. P 4—
Ricordi.
- Die Entführung aus dem Serail. Ouvert. m.
hinzugefügtem Konzertschluß. O. Part
3— n, St 9.30 n *Breitkopf*.
- Zwei Kadenzen zu L. van Beethovens
Klavier-Konzert Nr. 4, G-dur. I. Kadenz
zum ersten Satze. II. Kadenz zum Rondo
1.20 *Rahter*.
- Klavierwerke. op. 20, 22, 33 à 9— *Breitkopf*.
- Merlino (Goldmark), traser. di Con-
certo, P 10— *Ricordi*.
- Präludium und Fuge (Es-dur) für *Org* von
Joh. Seb. Bach. Zum Konzertgebrauch
für P frei bearbeitet 3— *Rahter*.
- Rêverie Pastorale, *CIP* 4.50 *Ricordi*.
- Vollständige Klarinett-Ausbildungsschule.
Teil I 4.50, Teil II, III à 5.50 *Cranz*.

Bussac C. A la v'lan, polka-marche 1.70 n
Bosc.
- L'Amour chauffeur, polka-marche 1.70 n
Bosc.
- Bébé s'amuse! polka 1.70 n *Bosc*.
- Berceuse d'amour 1.70 n *Bosc*.
- Fantaisie napolitaine, V, *Brédoire*.
- Folles étreintes, valse 2— n *Bosc*.
- Suzi, valse lente 2— n *Bussac*, 6— *Brédoire*.
- Toujours! défilé, *Harm* ou *Fanf*, *Brédoire*.
- La Violette 5— *Brédoire*.

Bussac J. La Botte à Coco (Porsch F.)
sur des sonneries réglementaires Quadrille,
Harm ou *Fanf*. Part 4.50 n, p. sép. —15 n
Evette.
- Chaise à porteurs (croquis Louis XV.),
Du Wast.
- Clairon-polka 5—, O 5— *Poulalion*.
- Coeur perdu, valse 6—, O 3— n. valse
chantée 6— *Poulalion*.
- Le Loup et l'Agneau, ballet, Part 5— n
Choudens.
- Noël moderne 1.70 n *Klein*.
- Polka-Trompette 5—. O 2— n *Poulalion*,
Harm ou *Fanf* (F. Porsch), Part 3— n
Evette.

Busschop J. Ave Maria et Tantum ergo,
drei- oder vierstimm. mit O, ausgesetzte
St 5.25, mit *Org* od. P, dreist.: KA u. St
3.25, vierst.: KA u. St 3.25, 4 voix, *Org*
(Rentsch, répertoire de musique d'église
N. 13) —75 *Schott*.
- Le Barde 5— *Girod*.
- Brise de mer 5— *Girod*.
- Drei Chöre (Ave verum. Ecce panis ange-
lorum. O sacrum convivium), f. 2T, B mit
Org, Part u. St 1— n *Breitkopf*.
- Da pacem domine, 3 voix, *Org* (Rentsch,
répertoire de musique d'église N. 9) —75
Schott.
- Laudate dominum, 3 voix, *Org* (Rentsch,
répertoire de musique d'église N. 10) 1—
Schott.
- Musique sacrée, 6 Chants religieux à 1, 2,
3 et 4 voix avec d'*Org* obligé, *VcKb* ad lib.
Part 3.50 *Schott*.
- La Nuit 5— *Girod*.
- O salutaris, 2 voix, *Org* (Rentsch, ré-
pertoire de musique d'église N. 8) —75
Schott.
- Pange lingua, 3 voix, *Org* (Rentsch, ré-
pertoire de musique d'église N. 11) —75
Schott.

- La Pauvre Espagnole 5— *Girod*.
- Prieux Souvenir 5— *Girod*.
- Tu dux ad astra. 1 voix, *Org* (Rentsch,
répertoire de musique d'église N. 7) —75
Schott.
- Verbum supernum, 4 v. *Org* (Rentsch,
répert. de musique d'église N. 12) 1—
Schott.
- Villanelle 6— *Girod*.

Busse F. Serenade, *TTBB* — 2 *Novello*.
- Der Singemeister. Vollständige Anweisung
zur Erlernung d. Gesanges. Theoretisch
u. praktisch bearb. f. Anfänger wie für
Geübtere 2.75 n *Siegel*.

Busse Paul O. op. 21 Sünden-Marsch: „Eva
schon im Paradies" m. Text 1.50 *Busse*.
- 22 Ich hab' dich lieb, mein Mütterlein: Des
Abends, wenn die Sterne stehn 1— *Busse*.
- 26 Süße Sklaverei: „Dich stolzes Weib er-
ringen", Walzerlied 1.50 *Busse*.
- Frohe Stunden. Eine Anleitung, schon nach
einigen Stunden kleine Tonstücke spielen
zu können, P. 8 Hefte à —75 *Busse*.

Busser Fritz, op. 3 Souvenirs d'Interlaken,
P 1.75 *Durdilly*, 3.50 *Ricordi*.
- 4 L'île des souvenirs, P 1.75 *Durdilly*, 2.50
Ricordi.
- 5 Valse des rêves, P 4— *Neuparth*.
- 7 Magnificat solennel en sol majeur, 6 versets, H 1.50 n *Mustel*.
- 12 Fantaisie élégante sur: Les Maccabées,
P 1.80 *Bote*.
- 14 L'Ange envolé, rêverie, P 6— *Leduc*.
- 15 Au hameau, idylle, P 6— *Leduc*.
- 16 A tire d'ailes, galop 6—.
- 17 Fleurs de mai, grande valse 6— *Leduc*.
- 18 Radieuse, impromptu-polka 6— *Leduc*.
- 22 Brise d'automne, valse pathétique, P
7.50 *Leduc*.
- 26 Odette, fantaisie-valse 6— *Leduc*.
- 28 Chanson de bonne-maman, gavotte 5 —
Leduc.
- 29 Dans les sentiers, caprice-mazurka 6—
Leduc.
- 31 Suisse et Alsace, trois valses caractéristiques, 4ms 6— *Leduc*.
- 32 Murmure des feuilles, fantaisie-caprice
6—.
- 33 Chemin faisant, impromptu-polka 5—
Leduc.
- Fête au Chalet, mazurka 1.50 n, 4ms (Vilbac) 2— n *Coutarel*.
- Grande marche de l'exposition, P 7.50 *Noël*.
- Larmes et Sourires, fant.-marche, H 2— n
Mustel.
- Souvenir de Grand' Mère, P 1— n *Coutarel*.

Busser (Büsser) Henri Paul (1872). Lemoine: **Op.** 4 A la villa médicis, suite
symphonique en 3 parties: 1. La villa et
les jardins. 2. Un soir de mai au bois. 3.
A San Gaetano, Conclusion, O, Part 12— n,
4ms 8— n, N. 3, P 7.50, 4ms 12—, 2P 12—.
- 14 N. 1. Nocturne. 2. Valse impromptu. 3.
Deux feuillets d'Album, P à 6—.
- 16 N. 1. Dans un Baiser, mélodie 5—. N. 2.
Retour de Vêpres 5—. N. 3. Tu dormais,
mélodie, av. P1Vc 6—. N. 4. Invocation
à la mer, *Bar.B.C* 5—.
- 17 Primavera, choeur et solo, 4 v. de femmes
7.50, Ch. s. —25 n.
- 18 Hercule au Jardin des Hespérides,

poème symphonique. *O*, Part 10— n. transer. *4ms* 4— n.

- 19 Rondes et chansons, duettos pour voix de femmes: N. 1. Au bois joli 6—, N. 2, Dans le jardin d'amour. 3. La belle rosemonde, à 7.50.

- 20 Suite Funambulesque, Quintettes à cordes, *Ha*, *Fl*, *Hautb*, *Cl*, *Basson*, *Cor*, *Timbales* ad lib.: 1. Introduction. 2. Valse de ballet. 3. Andante & danse créole. 4. Finale, *O*, Part 8— n, *4ms* 4— n, N. 2, *P* 6—, *4ms* 5—, danse créole, *P* 4—, *4ms* 5—.

21 Maman chanté avec nous, recueil de chansons enfantines 4— n: N. 1. Pour ta fête 1.25 n. N. 2. Mon bon chien 1.70 n. N. 3. Devant le bazar aux jouets 1.25 n. N. 4. Du haut de l'arbre. 5. Je sais chanter une Berceuse. 6. La Ronde du petit mouton parti, à 1.70 n.

- 41 Valse capricieuse 6—.
- L'Abandonnée, voix de femme 2— n.
- A la Lumière, *T* av. *O* 3.50 n, réduct. *P* et ch. 3.50 n.
- A la rivière, solo et choeur. 4 voix de femmes 2.50 n *Durand*.
- Alceste, marche relig. *POrgVVc* 3— n.
- Apportez-moi des fleurs! 2—.
- A San Gaetano, scherzo, *P* 7.50.
- Au pied de la Croix (paroles françaises), cantique de saint Dominique pour la Semaine Sainte 5—.
- Ave Maria, *S. MS* à 3—, *ST* 4— *Lemoine*, à 4 voix ég. 1.50 n *Durand*.
- Ave Verum: 1. En fa Solo, *S. T.* 4—. N. 2. En ré *MS. Bar* 4— *Lemoine*, 4 voix ég. 1.35 n *Durand*.
  La Belle Rosemonde, duetto, N. 3 7.50.
- Berceuse, Ed. a. *S. T* (en mi) b. *MS. Bar* (en ré) à 1.70 n.
- La Brume, à 4 v. av. solo *P* 2.50 n, p. sép. à —20 n *Société nouvelle*.
- Cantique de Saint-Cloud, chant et *Org* 5—.
- Canzone, *Vc. V. Hautbois* avec *P* 1.70 n
- Chanson, 2 tons 1.75 n *Durand*.
- Chanson arya, *Bar. B* 2— n.
- Le Clavecin 4— *Girod*.
- Comprends-moi, mél. 1.70 n *Société nouvelle*.
- La Dame en pierre 1.25 n.
- Dans un baiser, mél. 5—.
- Dans le jardin d'amour, duetto pour voix de femmes 7.50.
- Deus Abraham, motet, *S. T* et *SATB* avec *OrgVVcHContreb* (ad lib.) 3.50 n.
- D'un coeur qui t'aime (Ch. Gounod), *SMS* avec *VVcHa* ou *POrg* 4— n.
- Ecce Panis: b. En sol, solo de *T* ou *S* 4— n. c. En fa, pour *S* 5— n.
- Entre les pages d'un vieux livre 1.70 n *Société nouvelle*.
- Les Eventails, *Bar. T* à 1.70 n.
- Evocation, 2 tons 1.35 n *Durand*.
- Gîtã 1.50 n.
- Iphigénie en Aulide, air gracieux, *Org* 1.20 n.
- Laudate Dominum en fa, *SSTB* avec *Org* ou *P* 1.50 n *Le Beau*.
- La Légende de Margot, *T. Bar* à 1.70 n.
- Le Luth, Ed. a. *Bar. MS* (en mi bémol), b. *T. S* (en fa), c. *B. C* (en ré bémol) à 1.25 n.

- La meilleure pensée, 2 tons 1.75 n *Durand*.
- Messe brève à 2 voix égales, avec acc. *Org Ha* (ad lib.) 5— n, Partie de chant sép. 1— n.
- Messe de Noël, partition chant et *Org* avec partie *Ha* séparée 6— n, partie de choeur, *SA. 7B* à 1— n, *Ha* 1.50 n.
- Minerve, ouvert. de concert, transer. *2P* 5— n *Lemoine*.
- Notre-Dame des petits-enfants (G o u n o d), transer. *P* 1.35 n *Choudens*.
- Orphée: Choeur des Ombres heureuses 2— n, gr. *Org*: Ariette 1.20 n, choeur final 1.70 n, choeur funèbre 1.70 n, scène des champs-Elysées 1.70 n.
- O Sacrum convivium en ré solo avec choeur, *VVcHa* ad lib. 3— n, avec *O*, Part 10— n, Part du ch. —25 n *Le Beau*.
- O Salutaris, *S. MS* à 5—, *T* avec *VOrg* 6—.
- La Perle noire, mél. (2 tons) à 1— n *Société nouvelle*.
- Petite Suite, *O*, Part 5— n, *4ms* 4— n, *PF*, *PFl* à 4— n *Durand*.
- Pièce en si b (Conservatoire, 1901), *Hautb* acc. *P* 15— *Evette*.
- Pièce romantique, *VP* 2— n *Société nouvelle*.
- Prélude du Miracle des Perles. *O symph.* Part 5— n.
- Prière au rédempteur (Pie Jesu), choeur, solo et *Org*, Part 5—, parties de choeurs —50 *Enoch*.
- Le Printemps, poésie musicale (A. L u i g i n i), reduction, *P* 2— n *Andrieu*.
- Quam dilecta (Ch. G o u n o d), transer. en ré, *Bar. MS* avec *SATB* (ad lib.), *VVcHa Org* 3— n.
- Requiem des fleurs, soli et choeur, à 4 voix de femmes 3— n *Durand*.
- Rêve du soir, mélodie 1.70 n.
- Révolte 5— *Enoch*.
- Rosées, 2 tons 1.75 n *Durand*.
- Scherzo, extrait du Quatuor (G o u n o d), *P* 2— n *Choudens*. *Société nouvelle*.
- Les Sirènes, soli et choeurs pour voix de femmes avec *P* 7.50.
- Un soir de Mai au bois, *ClP* 7.50.
- Le Sommeil de l'Enfant-Jésus, Bere. *Choudens*: *Bar. T* à 2— n, avec *P(Ha)V(Vc) Org(H)* ad lib. 2— n, voix mixte avec *P (Org)* 1.70 n. *Ch. s.* —35 n, transer. *P*, *VP*, *HaP*, *HaVc* à 2.50 n, *V(Vc)Ha*, *POrg*, *V(Vc)HaOrg*, *VPOrg(H)* à 3— n, *V(Vc) O* 15— n.
- Souvenir d'un mariage (G o u n o d), transcript. *P* 1.70 n *Choudens*.
- Sub tuum en mi 2 voix égales avec *Org (P)* 1.50 n *Le Beau*.
- Tantum ergo en mi b, *SSTB* avec grand *Org* alterné ad lib. 1.50 n *Le Beau*, transer. 3 voix mixt. avec *Org.HVVc* ad lib. 1.50 n.
- Douze transer. *grOrg*, sur des motifs de G l u c k: N. 1. Choeur funèbre d'Orphée. N. 2. Scène des Champs-Elysées, à 1.70 n. N. 3. Ariette 1.20 n. N. 4. Choeur des ombres heureuses 2— n. N. 5. Choeur final en mi 1.70 n. N. 6. Air gracieux d'Iphigénie en Aulide 1.20 n. N. 7. Tambourin et menuet en ré d'Iphigénie en Aulide 1.70 n. N. 8. Scène funérale d'Iphigénie en Tauride. N. 9. Choeur des Prêtres, à 1.50 n. N. 10. Marche religieuse d'Alceste 1.20 n.

N. 11. Andante en ré d'Armide 2— n. N. 12.
Choeur et gavotte en si bémol, id. 1.70 n.
- Deux transcript. *VVcllOrg(H)*: Marche
réligeuse d'Alceste. Orphée. Choeur
funèbre, à 3— n.
- Tu dormais avec *V(Vc)* 6—.
- Tu es Petrus à 4 voix d'hommes ou choeur
mixte 1.50 n *Durand*.
Bussetti D. L'onomastico, mazur 1.50 *Mariani*.
Bussetti G. R. Ad una rosa 5— *Mariani*.
- Album di Danze 7— *Ricordi*; N. 1. Fior
di gentilezza, valzer 4—. N. 2. Una cara
rimembranza, polka. 3. Sui Colli di Zu-
maglia, mazurka. 4. Sul Lago di Costanza,
polka-marcia, à 2—.
- Dieci Agosto, valsa salon 5— *Mariani*.
- Edelweiß, Mazur Salon 2— *Mariani*.
- Emilia, *P* 1.50 *Ricordi*.
- Il primo amore 5— *Mariani*.
- Rosina, *P* 2— *Ricordi*.
- Siate felici, valse 5— *Mariani*.
Bussine, Andante religioso, *VVcll* 6— *Pérégally*.
- Le Blé 3— *Cartereau*.
- Célèbres Exercices Mélodiques de chant
5— n *Le Beau*.
- Ce n'est pas assez 3—, *Ch. s.* 1— *Bornemann*.
- Comme on est simple à 18 ans 3—, *Ch. s.*
1— *Bornemann*.
- Est-ce vous que je vois 1— n, avec *l'Org*
1— n *Bornemann*.
- Hélas! quelle douleur 1— n, avec *l'Org*
1— n *Bornemann*.
- Un homme heureux 1— n *Joubert*.
- Le joyeux chantre 3—, *Ch. s.* 1— *Bornemann*.
- Ne cherchez pas mon coeur 3—, *Ch. s.* 1—
Leduc.
- Pages de vocalises pour la voix, 5e édition
10— *Noël*.
- Pauvre bête à bon Dieu 3—, *Ch. s.* 1—
Bornemann.
- Reviens, pécheur 1— n, avec *l'Org* 1— n
Bornemann.
- Sion, de ta mélodie 1— n, avec *l'Org* 1— n
Bornemann.
- Viens, esprit d'amour 1— n, av. *l'Org* 1— n
Bornemann.
Bussler Ludwig, Frau Mette: „Herr Peter u.
Bender", Ballade 1.80 *Heinrichshofen*.
- Harmonic Exercises at the Pianoforte for
Beginners and advanced Pupils: 42 Exer-
cises in clear and simple Arrangement.
Flex. cloth, —75 n *Schirmer*.
Бусслеръ Л. *Bessel*: Практическій учеб-
никъ гармоніи. Перев. проф. А. Бернгарда
1.50.
- Учебникъ музыкальныхъ формъ. Переводъ
подъ редакціей Красковскаго 1.50.
Bussmeier H. *Schott*: **Op. 10** Souvenirs de
Voyage. Buenos Ayres, sérénade, *P* 1—.
- **11** Souvenirs de Voyage. Mal du Pays, nocturne, *P* 1—.
- **12** Souvenirs de Voyage. Panama, esquisse
américaine, *P* 1.25.
- **13** Il Trovatore, paraphrase, *P* 1.75
- **14** Faust (Gounod), caprice, *P* 1.50.
- **17** Guayaquil, valse brillante 1.25.
- **18** Souvenirs de Voyage. Sur le Golf du
Mexique, rêverie-nocturne, *P* 1—.
- **19** Hungaria, caprice, *P* 1.75.

- 24 Mater dolorosa, prière, *P* 1.25.
Bussmeyer Hans (1853), op. 2 Fünf Lieder: Mein Herz ist wie die dunkle Nacht.
Duftet die Lindenblüt'. Diese Rose pflück'
ich hier. Wanderers Nachtlied 2.30 *W. Schmid*.
- 3 Germanenzug, *TTBB* u. *O*, KA 3—, St
1.20 *Glaser*.
- 4 Drei Klavierstücke: Charakterstück. Gedenkblatt. Scherzino 2.10 *Un. Ed*.
- 5 Drei Klavierstücke für die linke Hand
allein: Minuetto. Fughetta. Burletta 1.50
W. Schmid.
- 6 Sonatine, *VP* 1.50 *Oertel*.
- 7 Zwei Klavierstücke, *4ms* 3— *Un. Ed*.
- 8 Vier Klavierstücke 2.50 *Hug*: 1. Impromptu, 2. Menuetto à —70. Nr. 3. Romanze —60. Nr. 4. Walzer 1.20.
- 10 Konzert, *PO* 6.50 *Kahnt*.
- 14 Nr. 1. Sommernacht, *TTBB*, Part —60.
St —80. Nr. 2. Die Brautwahl, *TTBB*,
Part, St à —60. Nr. 3. Schwanenlied,
TTBB, Part, St à —60. Nr. 4. Soldatenlied, *TTBB*, Part —60, St —80 *Praeger*.
- 17 In der Dämmerung (Romanze, Passa-
caglia, Reigen, Fuge, Tarantella), *P* 2.50
Leuckart.
Bussmeyer Hugo (1842), op. 34 Au clair
de la lune, *P* —40 *Ditson*.
- Africaine (Meyerbeer), fant. *P*
—50 *Ditson*, *principiantes* 1.50 *Guimaraes*.
- Aida, fant. *P* —50 *Ditson*, 2 — *Napoleao*.
- L'Ambre (Flotow), *P* —40 *Ditson*.
Ave Maria 1.50 *Guimaraes*.
Ballo in maschera, faut. *P* —50 *Ditson*, 2.50 *Bevilacqua*.
- Berceuse, *P* 1.50 *Guimaraes*.
- Carnaval de Rio, caprice, *P* 2.50 *Bevilacqua*.
- Don Juan, *P* —50 *Ditson*.
- Elegia Musical, *P* 1.50 *Guimaraes*.
- Elsa, valsa, *4ms* 3—, *Banda* 2 — *Guimaraes*.
Estella, valsa, *Banda* 1.50 *Guimaraes*.
- Faust, *principiantes* 1.50 *Guimaraes*.
- Fille du Regiment, *P* —30 *Ditson*.
- Fra Diavolo, *P* —35 *Ditson*.
- Freischütz, *principiantes* 1.50 *Guima-
raes*.
Gratitude, noct. *P* 1.50 *Napoleao*.
- Hamlet (Thomas), *P* —50 *Ditson*.
- Harmonies Serieuses, *P* 2 — *Guimaraes*.
- Hugenots, *P* —50 *Ditson*.
- Hymno Brasileiro, fant. *P* 3— *Napoleao*.
- Lalla Rookh, *P* —40 *Ditson*.
- Maria Tudor, fantasia, *P* 2— *Gui-
maraes*.
- Maritana, *P* —40 *Ditson*.
Martha, *principiantes* 1.50 *Guimaraes*.
- Mireille (Gounod), *P* —50 *Ditson*.
Nocturne, *P* 1.50 *Guimaraes*.
- Noito do Castello, opera (Carlos
Gomes), fant. *P* 2.50 *Napoleao*.
Preambule, *P* 1— *Guimaraes*.
- Prophéte, paraphrase (Echos lyricos),
P 3— *Napoleao*.
- Salvator Rosa, tarentelle, *P* 2— *Guimaraes*.
- Sonatine, *4ms* 3— *Guimaraes*.
- Valse Allemande 1.50 *Guimaraes*.
- Valse Rêverie, *P* 1.50 *Guimaraes*.
- Yankee Doodle and Hail Columbia, para-
phrase, *P* —20 *Ditson*.
Bussoni L. Maraquital while those glances,
ST —40 *Ditson*.

Bussoni-Diodet. Le Coeur oublié, romance, *Digoudé.*
- La Gamme de l'amour. *Digoudé.*
- Vraies frangines. *Digoudé.*

Bustamante, Lecciones manuscritas para los tres años del solfeo. Cada año 3— *Sociedad de autores españoles.*
- Lecciones manuscritas para repentizar divididas en tres partes, correspondientes à los tres años en que se divide la enseñanza del solfeo 7.50 n: la parte para el año primero 3— n. 2a parte para el año segundo 3— n. 3a parte para el año tercero 3— n *Sociedad.*

Busti Alessandro. *Cottrau:* Metodo classico del R. Conservatorio di Napoli. Per Soprano nelle doppie chiavi di *S* e di *V*, per *MS* (nelle chiavi di soprano e di violino), per *Contralto*, per *T*, per *Bar*, per *B* à 30—.
- N. B. Gli studi di Busti sono vendiblli a fascicoli staccati, cioè:
  Elementi teorici 1—.
  Esercizi di divisione 2—.
  Esercizi d'intonazione 4—.
  Ristretti esercizi di canto 2—.
  Melodie su tutti gli intervalli 2—.
  Melodie pel vocalizzo, Libro 1—5 à 5—.
  Breve esercizio giornaliero 5—.
  Melodie di perfezionamento scritte pel suo discepolo Filippo Coletti, Libro 1—2 à 5—.

Bustini, L'Aubépine, mazur. 1— *Mariani.*
- Rimembranza, mazur. 2— *Mariani.*
- La Scherzosa, polka 1.50 *Mariani.*

Bustini A. Album di Sei Melodie: 1. La musica del mare. 2. Pietà! 3. Tra i vezzi e il riso. 4. Adorazione. 5. Ho qui nel core. 6. Quando le donne scherzano, *SMST* 4— n *Ricordi*, *Romano*, 3.20 n *Breitkopf.*
  Romano:
- Canta Fanciulla, Canto 1.50.
- Canta Madonna, Canto 2—.
- Mezzogiorno, Canto 1.50.
- Missa pro defunctis, cum sequentia Dies irae ac responsorio Libera, ad chorum quattuor vocum inaequalium (*Org* ad lib. comitante), Part 5.10, partine —40 *Ricordi.*
- Notturno, *VcP* 2.80.
- Petite suite, *P* 2.50.
- Ho sentito cantare una Sireno, Canto 2—.
- Sternello, Canto 2—.
- E te lo vogcio dire, Canto 1.50.

Bustini G. op. 1 Fantaisie, avec *P*, sur des motifs de La Traviata, *VP* 6— *Ricordi.*
- 2 I Fantaisie variée sur La Traviata, *P* 4— *Ricordi.*
- Appassionata, *P* 2.50 *Ricordi.*
- La Libertà, *P* 1.50 *Ricordi.*
- La Melanconia della Venezia, melodia, con *P*, *VP*, *VcP*, *FlP* à 4— *Ricordi.*
- Il Risorgimento d'Italia, marcia, *P* 3.50, *Banda* 5— *Ricordi.*
- La Valdierina, *P* 1.50 *Ricordi.*
- Un vero amore, valse 3— *Mariani.*
- Vezzo melodico, variato (Puritani), *VP* 4.50

Busto, La Consti, vals 2.50 n *Bergali.*
- Recuerdo del Alcázar, serenata, *P* 2.50 n *Bergali.*

Busy hands make merry hearts 1.— *Chappell.*

Buszak P. Modlitwa, „Nie opuszczaj nas" —60 *Idzikowski.*

Butera, Atala vedi Caracciolo E. op. 7. Romanza, variata per la sola mano sinistra, *P* 2.50 *Ricordi.*

But that's another story 2.— n *Sheard.*

But the Lord is Mindful (Hart's Cheap Music 239), *P* — 2. *H.Amer.Org* —2 *Pitman.*

But the Lord is mindful of His own (Hart's Cheap Music 427) —2 *Pitman.*

Butcher F. C. Thou wilt keep him —2 n *Vincent.*

Butcher J. W. Magnificat and Nunc dimittis in G —3 *Novello.*

Butcher W. Give unto the Lord, opening anthem —06 *Ditson.*

Butcher W. U. Eighty years ago, quart. and H. Russell, Love, quart. —06 *Ditson.*
- Hurrah for the west, quart. f. m. voices, and F. H. Pease, Over the river, quart. f. mix. voices —06 *Ditson.*
- Teach me Thy way, quartet —03 *Ditson.*
- When I would die, Where shall we make hergrave, Winter king, quartets —06 *Ditson.*

Butera A. *Ricordi:* Atala (1851 Palermo). Libretto —50 n:
  Recitativo e Cavatina: Ella, di mia progenie, *Bar* 3.50.
  Recitativo e Duetto: Ah! che amarti non poss'io, *ST* 5.50.
  Terzetto-Finale I: Lieve supplizio ti fia la morte, *STBar* 4—.
  Recitativo ed Aria: Ah! di salvarti, o misera, *S* 4.50.
  Atto II. Preludio, Recitativo e Duetto: Vedi come il ciel sereno, *ST* 4.50.
  Romanza: Sorge l'alba, andiamo omai, *B* 1.50.
  Scena e Terzetto-Finale: Oh padre, io fui colpevole, *STB* 5—.
  Piano-solo:
  Cavatina: Ella, di mia progenie 2.50.
  Duetto: Ah! che amarti non poss'io 3.50.
  Aria: Ah! di salvarti, o misera 3—.
  Preludio e Duetto: Vedi come il ciel sereno 3.50.
  Romanza: Sorge l'alba; andiam omai 1.50.

Butera B. Minuetto, *P* 3— *Sandron.*
- Serenata, *P* 3— *Sandron.*

Butera S. Un pensiero di gioventù, Walzer 3— *Sandron.*

Buteux, Méthode pour *Cl* 16— n *Heugel.*

Butenuth Leopold, op. 1 Souvenir de Gastein, *P*: a) Ankunft, b) Aufenthalt (Mazurka), c) Abschied, Lied ohne Worte 2— *Bote.*
- 69 Trinklied: „Beim Safte der Reben" —80 *Siegel.*
- 137 Verlorenes Glück 1— *Meißner.*
- 150 Mein Blumengarten: „Ich hab' nen Blumengarten", *TTBB*, Part u. St 1— *Reinecke.*
- 201 Ich hatte sie so lieb, Lied mit Cornet*àP* (*Vc)P* 1— *A. E. Fischer.*
- 202 Daß ich dich liebe —50 *A. E. Fischer.*
- 226 Friederike-Marsch —60 *Kott.*
- 240 Instruktive Etuden zur Ausbildung des 4. Fingers (A. Kleinpaul), *P*, Heft 1 1.50 *Hinz.*
- 242 Der gute Onkel, Marsch mit hum. Text —60 *Lau.*

- 243 Der lust'ge Vetter, Marsch mit hum. Text —60, O 2— n *Eulenburg*.
- 246 Die bescheidene Nichte, hum. Marsch mit Gesang ad lib. O —75 n, *P* (mit Ges. ad lib.) —80 *Reinecke*.
- 247 Lurlinen-Marsch, *s(O* vide „Deutsche Balltänze" Heft 164.
- 270 O Menschenbrust: „Wohl seh' ich manch' ein Antlitz hier", für 4st Männerchor, Part u. St 1— *Reinecke*.
- 271 Mein Herz, wie soll das enden? —80 *Reinecke*.
- 296 „Leben und Wonne", Walzerrondo, Gesang, *P* 1— *Tonger*, Cornet à*P* o, Tr o, *Flügelhorn* m. O —60 n *C. F. Schmidt*.
- 350 O Mutter weine nicht, Lied 1.20 *Ulbrich*.
- Concordia-Marsch und L. W i e d e m a n n: Der Abend, Idylle, *s(O* 1.50 *Teich*.
- Das tut er nicht, Couplet 1— *O. Dietrich*.
- Divertissement über Schwedisch-Norwegische Nationallieder, für *3 B-Cornets* mit O 2— n *A. E. Fischer*.
- L'Emotion (Nachruf), Nr. 2 *Tr* O 2— n *A. E. Fischer*.
- Jugenderinnerung, Tonstück f. *Pos, Tr* (*Cornet à P*) mit O 2— n *A. E. Fischer*.
- Eine Nacht am See, Idylle, *P* 1— *Lau*.
- Nee so was! Couplet 1— *O. Dietrich*.
- **Buths Julius** (1851). *Ries & Erler*: **Op. 1** Suite (D-moll) in 4 Sätzen, *P* 3—.
- 2 Sarabande u. Gavotte, *P* 1.50, 3.50 *Ricordi*.
- 3 La Capricciosa, valse 1.80, 4.50 *Ricordi*.
- 4 Drei Noveletten, *P* 1.80.
- 5 Drei Lieder im Volkston: Jung sterben. Röslein im Wald. Wanderlied 1.50.
- 6 Drei Lieder: Nachtlied. Die Fischerkinder. Der verschwundene Stern 1.20.
- Scene der Rheintöchter aus Götterdämmerung, *2P* 3— *Schott*.
- **Buti Dario.** *Venturini*: **Op. 16** Pasquale Paoli, polka-marche militaire 3—.
- 18 Toujours dans ma pensée, mazurka de salon 2.50.
- 19 Nathalie, *P* 2.50.
- 20 Bersaglierina, polka brillante 2.50.
- 21 Felicità, mazurka élégante 3—.
- 22 Paroline segrete, mazurka da Sala 3.50.
- Serenata Valdarnese. *Mand P* 3—.
- **Butignot,** Le baiser du matin, romance 2.50 *Heugel*.
- Etudes faciles, *G* 7.50 *Heugel*.
- **Butkiewicz A. Z.** Polka —22 *Gebethner*.
- Wspomnienie Retowa Wale —30 *Gebethner*.
- **Буткевичъ М. Л.** *Jurgenson*: Протоіерей. Собраніе трехголосныхъ духовно-музыкальныхъ сочиненій, N. 1—9, въ одной тетради, Парт. гол. 1.25: 1. Иже херувимы, 2. Иже херувимы, 3. Тебе поемъ, 4. Душе моя, 5. Преблагословенна еси Богородице Дѣво, 6. Взбранной Воеводѣ, 7. Свѣте тихій, 8. Исаіе ликуй, 9. Милость мира. Парт. по —20, Гол. по —30.
- **Butler,** Home —35 *Ellis*.
- Miss Forbes' Farewell, *P* 1 — *Williams*.
- Out of Sight, two-step —40 *Thompson Mus Co.*
- **Butler Chas.** Silver Bell —50 *Gordon*.
- **Butler C. W.** Be merciful unto us O Lord (The Empire Anthem Book 13) —1 *Pitman.*

- **Butler H. J.** Just out for *ContraBass*, 31 easy Exercises —75 *Fischer*.
- New Progressive Method for *ContraBass* 3— n, 2 parts à 1.50 n *Fischer*.
- Forty-Five Supplementary Exercises, *Contra Bass* 1— *Fischer*.
- **Butler Leo,** Benedictus, in D — 6 *Weekes*.
- Magnificat and Nunc Dimittis, in D — 6 *Weekes*.
- Minuet, *P* 4 — *Ashdown*.
- Four *Org* pieces: 1. Andante, in E flat. 2. Offertoire, in A à 3 —. N. 3. Marche triomphale. 4. Alla pomposo à 4 — *Ashdown*.
- Our School Song (Kilburn Grammar School), trio fem. or boy's voic. — 6 *Novello*.
- Passepied, *P* 4— *Ashdown*.
- Salve Regina, for boy's voices, with F ad lib. (Latin or english) — 4 n *Vincent*.
- Te Deum, in D — 6 *Weekes*.
- **Butler Nellij,** Christmas bells — 06 *Ditson*.
- **Butler O'Brien,** Moll Magée 4 — *Forsyth*.
- My little red colleen 4 — *Williams*.
- **Butler S.** Jig Jog, polka 4'— *Lyon & Hall*.
- **Butler Rev.** Lord Theobald, original hymn tunes 2 6 *Novello*.
- **Butler T. H.** An Egyptian air, arranged as a rondo. *P* 2 — *Ashdown*, 1 6 *Cramer*, 1/— *Williams*.
- **Butricks C. H.** Chrysanthemum waltz, *G* —25 *Fischer*.
- **Butscher Karl,** op. 9 Ball - Erinnerungen, Salon-Walzer —75 *Sulze-Galler*-Stuttgart.
- 10 Aus Schwabens Gauen. Polka-Mazurka 1— *Sulze-Galler*-Stuttgart.
- „Dein Bild das fleckenlose" —75 *Sulze-Galler*-Stuttgart.
- 1. Der Lenz ist gekommen, die Liebe erblüht. 2. 's gibt so böse Buben! Heiteres Lied 2 —60 n *Auer*.
- Mit Sang und Klang, Marsch 1— *Sulze-Galler*-Stuttgart.
- **Butt W. D.** Festive march 2 — n *Novello*.
- **Buttazzoni,** Ave Maria du Dante 2— *Durdilly*.
- La Perla d'Oriente, *P* 4— *Ricordi*.
- **Butterfield Edward F.** Old Alabama-Cakewalk 1— *Schlesinger*.
- **Butterfield J. A.** Beautiful songs from the sea —35 *White*.
- Belshazzar, dramatic cantata 1— *Ditson*: Father lead me (*SAT*) —08. We will give thanks (Chorus) —12.
- Cantate Domine, quart. and A. L e e: He wipes the tear from every eye, quart. —06 *Ditson*.
- Drive the nail wight, *SSA* —02 *Ditson*.
- Eight hours a day, sg. chor. —40 *Brainard*.
- Footsteps on the stairs, song and chor —35 *Ditson*.
- Golden-haired Adalena. sg. chor. — 46 *Brainard*.
- Grave of little Nell, sg. chor. —50 *Brainard*.
- Guide me O thou great Jehovah, quart. —50 *Ditson*.
- Home recollections, sg. chor. —40 *Brainard*.
- It is a good thing to give thanks, *SATB*

—10 n *Church*, (Choral Handbook 12) — 3 *Curwen*.
- I will sing praise to Thee, *SATB* —05 n *Church*.
- Jamie's awa. Scot. —40 *Brainard*.
- Leno, sg. chor. —40 *Brainard*.
- Little Jessie, *SATB* —05 n *Church*.
- The Lord is in His holy temple. *SATB* —05 n *Church*.
- Nina May, sg. chor. —40 *Brainard*.
- Queen of the cottage, sg. chor. —40 *Brainard*.
- Ruth the Gleaner —75 n *Church*: Conrades we are home, *TTBB* —06 n. *SATB*: Glainers' chorus —06 n: Hail to the bride —10 n; Joyously ho! *TTBB* —10 n.
- Saviour, breathe an evening. quart. —06 *Ditson*.
- Softly now the light. solo and quart. —05 n *Church*.
- Starlight dream of home, sg. chor. —50 *White*.
- Sunny south polk —40 *Brainard*.
- Turn ye unto me, *SA* and quartet —06 *Ditson*.
- Tifty two-part songs —20 *Ditson*.
- Voices of the year, *SA* —02 *Ditson*.
- Volunteer's farewell, war sg. chor. —40 *Brainard*.
- When you and I were young, Maggie — 2 *Broome*, 3 — *Chappell*, —40 *Ditson*, 3 — *Williams*.
- Who so would be (Sacred Music Leaflets 183) —¹/₂ *Curwen*.
- Butterfly waltz —/2 *Hopwood*.

Butterworth H. and **Murray J. R.** The Dutch Doll and the Talking Tree. A Christmas merriment —30 n *Church*.
- New Santa Claus. Christmas Cantata —30 n *Church*.

Butterworth J. Kaye, Jameson's Ride 4 —

Buttes Montmatre, chansonnette 1—n *Joubert*.

Butti A. Valzer capriccio in fa maggiore 2.50 *Mariani*.

Butti L. Laura. Ballata di Francesco Petrarca: Amor, quando fioria, *MS* 2— *Ricordi*.
- Tantum ergo, *T* con *P*(*Org*) 1.50 *Ricordi*.
- Urania, valzer 2.50 *Ricordi*.

Buttler Anna, Gräfin Stubenberg, *Bosworth*: **Op. 39** Mein Stern, Lied ohne Worte, *P* 1.30.
- 40 Aus der Ferne, Polka-Mazurka —80.
- 41 Emma, Polka-Mazurka 1.20.
- 42 Auf Wiedersehen! Trauermarsch, *P* —60.
- 43 Tarantelle, *P* 1.20.
- 44 Heimatsklänge, Ländler 1.80 (Fr. Pastirzk op. 101 Nr. 6), *Z* 1.20.
- 45 Buttler-Marsch 1.20.
- 46 Philomele, Polka-Mazurka 1—.
- 47 Jubel-Marsch 1—.
- 48 Aus des Herzens Tiefe, Lied ohne Worte, *P* 1.30.
- 49 An der Elbe, Polka-Mazurka 1—.
- 50 Traumesglück: Könnt' ich schlafend immer träumen 1—.
- 51 Schöckel-Hexe, Fant. Polka 1—.
- 52 Einst und Jetzt, Gavotte 1—.
- 53 Drei Lieder im Volkston: 1. Verlassen bin ich. Kärntner Volkslied. 2. O Diarndle

tief drunt im Tal, Kärntner Volkslied. 3. Die Klag, Steirisches Volkslied, 1— *Cranz*.
- 55 Das Leben ein Traum. Kein Traum. Zwei Gedichte mit unterlegtem Text, *P* 1—.
- 56 Gavotte, *P* 1—.
- 57 Ich trag im Herzen eine tiefe Wunde —80.
- 58 Die Blumen am Grabe: Ihr Blumen, die ich selbst gesetzt 1—.
- 59 Gruß von St. Georgen am Längsee, Ländler 1.50.
- 60 Drei Zigeuner: Es wanderten drei Zigeuner weit 1—.
- 61 Une fleur: Fleur pale fleur-desséchée, Romanze (franz.) —90.
- 63 In mein gar zu dunkles Leben: In mein gar zu dunkles Leben strahlte einst ein süßes Bild —90.
- 64 Liebessehnsucht: Trautes Liebchen weilest ferne —90.
- 65 Abschiedsgesang: Es geht ein lindes Wehen —90.
- 66 Ich liebe dich! Ich liebe dich, weil ich dich lieben muß —80.
- 68 Die Perle: In meines Herzens tiefsten Grund —90.
- 69 Blühen und Vergehen: Genieße was der Tag dir bringt 1—.
- 70 Mein Herz ist schwer, mein Auge wacht —90.
- 71 Das Christusbild: Du Christusbild dort an der Wand —90.
- 75 Die Sängerin: Vor andern kalt zu scheinen —90.
- 76 Sie haben mich gequält —90.
- 77 Aus!: Ob jeder Freude seh ich schweben —60.
- 94 Letzter Gruß! Trauer-Marsch, *P* 1—.
- 95 Im Zauberbaum. Polka-Mazurka —80.
- 96 Aus schöner Zeit. Polka-Mazurka —80.
- 97 Ida-Quadr. 1.20.
- 97 Ein Traum. Tanzgemälde, *P* 1—.
- 135 Wo sind die Rosen 1.50 *Eberle*.
- 145 Die Erweckung, Ballade 1.50 *Eberle*.
- Gruß aus den Bergen. 10 steirische Lieder, Bd. I: 2.40 n, *TTBB* (Fr. Blümel), Part 2.40 n, St 8— *Wiener Musikverlagshaus*. Bd. II: *TTBB*, Part 2—n. St 4—n. Bd. III: 2—n *Eberle*.

Buttler H. J. Solos for *Contrabass*, morceaux de Salon 1— *Cundy*.

Button H. Elliot, *Novello*:
- Airs of Summer softly blow, mixed voic. —/1¹/₂.
- Album of Six Easy Pieces for Children, *P* 1—n *Woolhouse*.
- Almighty God, who hast promised, *SATB* —/1.
- Behold I have given you, *SATB* —/3.
- Behold the days shall come, anthem (Church Music 13), *T*-solo and *SATB* —/6 n *Williams*.
- Come, ye lofty (Carol-Anthem for Christmas), *SATB* —/1¹/₂.
- Daily Exercises for Singing 1/— n *Williams*.
- The Farmyard, action song, vocal score —/3.
- The flower that smiles to-day, mixed voic. —/2.
- Grant to us Lord, *SATB* —1.
- Hearken unto this (Harvest), *SATB* —/1¹/₂.

- The Highland Laddie, mixed voic. — 2.
- I love my Jean, mixed voic. — 1'₂.
- Ivry (A Dramatic Legend), *Bar*-solo and chor. (*String* parts 1 — n, *H*-parts 1 — n), vocal score 1 — n.
- Jean (A Coll. of Four-Part songs 11), *SATB* —3 *Williams*.
- Four Kyries —/1'₂.
- March in C, *Org* 1—.
- Military March, *P* —40 *Willig*.
- O Mary dear, mixed voic. — 2.
- O perfect love (W e d d i n g), *SATB* — 1'₂.
- O worship the Lord, hymn — 1.
- Postlude in G, *Org* 1/—.
- She walks in beauty, mixed voic. — 1'₂.
- Sing O daughter of Zion, *SATB* — 3.
- Sous les tilleuls, valse brill. 2— n *Rouhier*.
- The story of the Cross, *SATB* — 2.
- Te Deum —/1'₂.
- To a kiss (A Coll. of Four-Part songs 12), *SATB* —3 *Williams*.
- We humbly beseech Thee, *SATB* — 1.
- Witnessing Thy resurrection, *SATB* — 3.

Buttschardt Carl, op. 5 „Der Ungenannten" —80 *Zumsteeg*.
- 7 „Sei mir gegrüßt" —80 *Zumsteeg*.
- 10 Praktischer Lehrgang des Violinspiels, Teil I, II, III à 3— n *Zumsteeg*.
- 12 Des jungen Geigers Mußestunden, I 2— n, 8 Hefte à—60, *VP* 4.50 n, 8 Hefte à 1.20, 2V 3.50 n, 8 Hefte à —90, 2VP 6— n, 8 Hefte à 1.50 *Zumsteeg*.
- Christmas Festival, ⁴/ms —65 *Presser*.
- Klavierstudien für die linke Hand 2— n *Praeger*.
- Opern-Album, kl. Fantasien über Opernmelodien, *VP* 3— n, einzeln à 1— *Praeger*: 1. D i e Z a u b e r f l ö t e. 2. O b e r o n. 3. L u c i a v o n L a m m e r m o o r. 4. D o n J u a n (Menuett). 5. D o n J u a n (Schmäle, tobe). 6. D i e R e g i m e n t s t o c h t e r. 7. D a s N a c h t l a g e r (1). 8. D a s N a c h t l a g e r (II). 9. D e r F r e i s c h ü t z. 10. D i e w e i ß e D a m e. 11. N o r m a. 12. Z a r u n d Z i m m e r m a n n. 13. P r e c i o s a.
- Schule der Klavier-Technik (Etudes techniques). Die notwendigsten Studien in kürzester Form 1.50 *Litolff*, Method of Technique, *P* (Edit. Schmidt) 6) 1— n *Schmidt*.
- Weihnachtsfeier. Tonstück über „O du fröhliche Weihnachtszeit" und „Stille Nacht", *P* —80, ⁴/ms 1.50, *V* —75, 2V 1—, *VP*, *VeP*, *VHP* à 1—, 2VP, *PVVe*, *FVVP* à 1.25, 2VVe, 2VFl à 1.25, 2VVeVb, 2VVeFl à 1.50, 2VVeVbVHP 2.25 *Praeger*.

Buttschardt F. op. 8 Einkehr: „Ein fahren der Spielmann kehrt' ich ein", *TTBB*, Part u. St 1.20 *Zumsteeg*.
- 9 O du wunderbar herrliche Frühlingszeit. *TTBB*, Part u. St —60 *Zumsteeg*.
- 10 An den Ufern der Donau, *TTBB*, Part u. St —60 *Zumsteeg*.
- 11 Veilchen und Rose, *TTBB*, Part u. St —60 *Zumsteeg*.
- Alte Biberacher Melodien, *P*. Sammlung 1: —40, II: —50 *Dorn*.
- Anleitung für die Streichzither 1.50 *Bosworth*.
- 15 ausgewählte Lieder (Lieder - Album 1), Z 1— *Bosworth*.

- 12 Chorale (Choral Album 1), Z 1 — *Bosworth*.
- Frieden-Klänge, 2Z 1— *Bosworth*.
- Gruß vom Schützenfest aus Biberach, Nr. 1, Rund um mich her ist alles Freude. 2. Das Erntelied: Auf wack're Dirnen, Biberacher Melodien m. Text —40 *Dorn*-Biberach.
- Lieblingsstücke, Z: 1. Deutscher Marsch —50. 2. Potp. aus Freischütz 1—. 3. Potp. Stradella — 75. 4. Orpheus-Quadr. —50. 5. Radetzky-Marsch —50. 6. Il baccio, Walzer-Arie von L. A r d i t i —50. 7. Potp. M o z a r t's Don Juan —75. 8. E c k e r t C.: Elli-Polka — 75. 9. S p e y e r: Die drei Liebchen —75. 10. Die Wacht am Rhein —50. 11. Das deutsche Vaterland —50 *Bosworth*.
- Lieder-Potpourri, Z 1— *Bosworth*.
- Marsch, Alla Zingara. Gute Nacht. 2Z 1.20 *Bosworth*.
- Melodiengarten, Z 1 — X à —50 *Bosworth*.
- Praktische Zithermethode 1.50 *Bosworth*.
- Unterhaltungsstücke in fortschreitender Ordnung. Z, Heft 1 1.50, 2, 3, 4 à 2— *Bosworth*.

Butts-Chardt, Etudes, G 2 vol. à 2— n *Hachette*.
- Méthode pratique pour Guitare 2— n *Hachette*.

Buttykay A. von, *Steingräber*: Op. 1a Valse-Caprice, *P* 2—.
- 1b Scherzo, *P* 2—.
- 2 Drei Lieder: Mädchen mit dem roten Mündchen. Was will die einsame Träne. Und wenn man mich trägt zu Grabe 1.50.
- 3 Ich kann es nicht in Worte kleiden 1—.
- 4 Mailied: Wie herrlich leuchtet 1—.
- 5 Vier Lieder: Allnächtlich im Traume. Ich höre wieder die Glocke schlagen. Herbst. Das ist ein Brausen und Heulen 1.50.
- 7 Zwei Lieder: Du bist wie eine Blume. Wunsch 1.50.
- Tannhäuser, Fantasie, *P* 2.50 *Fürstner*.

Buvette La, Chansonnette —30 n *Joubert*.

Buveurs d'absinthe Les, Romance 1— n *Joubert*.

Buveur philosophe Le, Chanson —30 n *Joubert*.

Buveurs de vin, 1— n, *Ch. s.* —35 n *Puiglellier*.

Buvons afin de mieux aimer, Chanson 1— n *Joubert*.

Buvons, aimons, chantons 1— n, *Ch. s.* —35 n *Puiglellier*.

Buvons à la France, Chant patriotique —30 n *Joubert*.

Buvons à la jeunesse, *T. Bar* à 1— n, *Ch. s.* —35 n *Ercillard*.

Buvons à la patrie, 1— n, *Ch. s.* —35 n *Puiglellier*.

Buvons à la République, Chanson 1— n *Joubert*.

Buvons à l'indépendance du Monde, Chant. 1— n *Joubert*.

Buvons à nos aïeux! chant. patr. —35 n, *P* 1— n *Billaudot*.

Buvons à nos amours, 1— n, *Ch. s.* —35 n *Billaudot*.

Buvons à nos maîtresses, *T. Bar* à 1— n, *Ch. s.* —35 n *Ercillard*.

Buvons à nos vingt ans, 1—n, *Ch. s.* —35 n *Puigellier*.
Buvons à tous les vins de France, 1—n, *Ch. s.* —40 n *Bornemann*.
Buvons au même verre, 1—n, *Ch. s.* —35 n *Puigellier*.
Buvons aux femmes de France, 1—n. *Ch. s.* —35 n *Puigellier*.
Buvons aux héros de la Liberté, *T. Bar* à 1—n, *Ch. s.* —35 n *Ercillard*.
Buvons du vin nouveau, *T. Bar* à 1—n. —35 n *Ercillard*.
Buvons, mignonne, à nos amours, Chant. 1—n *Joubert*.
Buvons un coup, buvons-en deux, Ronde —30 n *Joubert*.
Buwa Johann (1828). op. 16 Gesänge. *Pechel*; 1. Lenzfrage: „Ist's recht, ist's unrecht? Frühling entscheide". 2. Glück auf!: „Ich weiß nicht, kommts von dem Blütenduft". 3. Bei Walzerklängen: „O klingt Gedanken, an beglückte Zeit". 4. Vergessen: „Vergessen ist ein gar tiefer Schrein". 5. „Es zieht mit hohem Pfeifenklange". 6. Das Gastmahl: „Heut' lad' ich die Liebe zum Gastmahl ein". 7. Die bleiche Frau: (Venezia): „Leise schaukeln sich die Wellen". Nr. 1. 2, 3. 6. 7 à —60, Nr. 4 —80, Nr. 5 —70.
Buxbaum Friedr. Drei Lieder: *a*) ich wollt' ich wär'; *b*) Traum und Wirklichkeit; *c*) In stiller Nacht 1.50 n *Eberle*.
Buxeuil R. de, La Femme au masque! chanson populaire. *Gresson*.
Buxó, I Due foscari, La simpática, fantasia sobre, *P* 2.25 n *Dotesio*.
- Flor de España, fantasia sobre I Lombardi, *P* 2.25 n *Dotésio*.
- La Saint-André, *TTBB*, Part 1.50 n, p. sép. à —25 n *Lory*.
Buxtehude Dietrich (1637—1707), Canzonetta in G, *P* —35 *Schirmer*.
- Fantasia, Präludium, *H* (L. Zellner) 1.50 *Cranz*.
- Fugue, *Org* (Guilmant) 1.60 n *Durand*.
- Drei große Orgelstücke (H. Kretzschmar): Nr. 1. E-moll 1.80. Nr. 2. E-dur 1—. Nr. 3. D-dur 1.30 *Forberg*.
- Orgelkompositionen (Philipp Spitta), 2 Bände à 18—n, 12 Hefte à 3— *Breitkopf*: I. Band: 1 Passacaglio, Ciaconen, Präludien, Fugen, Tokkaten u. Canzonetten. II: Choralbearbeitungen.
- Passacaglia in D min. 1.6 *Novello*.
- Prelude and Fugue in G min. (Guilmant), *Org* 3/— n *Schott*, 2.40 n *Durand*.
- Sarabande und Courante (Album klassischer Stücke Nr. 5) (Fr. Preitz), *VP* (*Org* od. *H*), *VcP* (*Org* od. *H*) à —75 *Raabe*, *VcP* (Schroeder, Vortragsstudien 7) 2·6 *Augener*.
- Toccata und Fuga (Musica sacra Bd. 1) —10 *Bote*.
Buxton Frederick, Loved, but lost 4 — *Francis Day*.
Buxton J. A. Aerial Waltz, *O, 14 pts.* —50 *Church*.
- Beautiful Spring, waltz. *O, 14 pts.* —75, 10 pts. —50 *Church*.
- Leona, galop. *Milit. Band* —50 *Church*.

- Music of the brook, polka —35, *O, 14 pts.* —60, *10 pts.* —40 *Church*.
- Soldier's Decoration, grand march, *Milit. Band* —50 *Church*.
Buxton J. S. A little farm well tilled, *ATT (BB)* — 2 *Weekes*.
Buy a Broom (Hart's Cheap Music 413) — 2 *Pitman*.
Buy and Buy 2 — n *Sheard*.
Buydens-Lemoine, La fête au pensionnat, solo et choeur à 2 voix 1— *Cranz*.
Buyé, 18 pequenos estudios, *P* 4—n *Dotesio*.
Buyre R. Souvenir et Pensées, valse 2.50 n *Jullien*.
Buys G. Wintersoirée-Marsch —50 n *Hulst*.
Buys Jan Brandts, op. 11 N. 4. Consolation, Trost im Leid, *P* —50 *Ditson*.
Buziau A. Simonnette, romance 1—n *Labbé*.
Buziau Ch. La mer 3—, *Ch. s.* 1— *Bornemann*.
- Pro-Patria, Volkslied —50 *Alsbach*.
Buziau Victor, Barcarolle in G min. *VP* 4— *Chanot*.
- Un jour de Printemps, *VP* 4 — *Chanot*.
- La Limpide. study for Velocity. *VP* 4— *Chanot*.
- Mazurka brillante. *VP* 4— *Chanot*.
- Scherzo, *P* 9/— *Noël*.
- Tarentelle brillante, *VP* 5/— *Chanot*.
Buzzonnière-Montevray V. de, Eglé 1—n *Gallet*.
- Les Gars de monsieur de Lescure, chanson vendéenne 1.50 n *Gallet*.
- Le Noël aux mésanges 1—n *Société nouvelle*.
- Passepied de messire Philippe du Moulin, *P* 1— *Gallet*.
- Simeuse, valse 2—n *Gallet*.
Buzzi A. *Ricordi*: Il Convito di Baldassare, Libretto —50:
  Introduzione, Recitativo e Preghiera: A te devota e supplice, *Bar* 1.50.
  Stretta dell'Introduzione, Cabaletta: Babilonia. i tuoi decreti, *Bar* 2.50.
  Scena e Cavatina: Se il cielo de'miseri, *C* 4—.
  Scena e Cavatina: Ove ne andaste, o palpiti, *S* 2.75.
  Scena e Duetto-Finale I: Che ascolto! ed io sì misera, *ST* 4.50.
  Recitativo ed Aria: Or mentre le nubi, *B* 2—.
  Scena ed Aria: Diman su te de' mali, *Bar* 3—.
  Scena e Duetto-Finale ultimo: Or va, securo e libero, *ST* 4.50.
  Piano-solo:
  Cavatina: Se il cielo de' miseri 2.50.
  Coro e Cavatina: Ove ne andaste, o palpiti 2.50.
  Duetto-Finale I: Che ascolto! ed io sì misera 2.50.
  Aria: Diman su te de' mali 1.75.
  Duetto finale: Or va securo e libero 2.50.
- Ermengarda, Libretto —50:
  Scena ed Aria: Quando ei rese con fero dispetto, *B* 6—.
  Scena e Romanza: Il sorriso verginale, *S* 2.50.
  Scena e Duetto: Cingerei d'un serto aurato, *ST* 6—.

Scena ed Aria: Per l'ampie vie, *Bar* 4.50.
Scena ed Aria-Finale II: Io l'udia levar preghiera, *T* 4—.
Scena ed Aria: Roma fia patria ai popoli, *Bar* 3—.
Scena e Duetto: Non ferir, *SBar* 3.50.
Terzetto: Vieni, ah! vieni, *SBarB* 4.50.
Atto III. Parte II. Gran Scena ed Aria finale: Là dove arde, *S* 6—.
- S a u l, Part. Canto *P* 36—, *P* 24—, Libretto —50:
Atto I. Preludio e Coro d'Introduzione: Quello è lo speco 2.50.
Profezia: Compenso avran dall'esule, *B* 1—.
Scena e Cavatina: Un'aurora più ridente, *MS* 4—.
Scena e Cavatina: Riedi, ah! riedi, in me ridesta, *S* 4.20.
Scena e Duetto-Finale I: Fuggi, da un re t'invola, *ST* 4.50.
Atto II. Preludio e Coro di guerra: Guerra! l'acciar che inutile 2.50.
Scena e Cavatina: Ah! di morir fra l'armi, *B* 1.50.
Coro: Di sdegni atroci e insulti 1.25.
Scena e Terzetto: La quercia alfin che all'aura, *SMSB* 2.10.
Finale II: Re, sul nemico esercito 1.70.
Quintetto nel Finale II: Chi l'adduce al mio cospetto? 3.50.
Seguito e Stretta del Finale II 5—.
Atto III. Coro di Ancelle: Raggio alle dense tenebre 1.50.
Scena ed Inno: Sui vanni infaticabili, *T* 1.80.
Quartettino: Come dolce al cor scendea, *SMSTB* 2.70.
Finale III: Davide... ebbene... 1.50.
Coro e Duettino nel Finale III: Io tremare? Ai passi miei, *BB* 2—.
Maledizione e Stretta del Finale III 5—.
Atto IV. Scena, Delirio ed Aria: Per pietà, deh! tu svolgi la spada, *B* 4.50.
Scena ed Aria: Senza lei del regal serto, *T* 4.50.
Coro di Donne ebree: O d'Israel donzelle 1.50.
Scena, Preghiera e Rondò finale: L'inesorato fulmine, *S* 4.20.
Piano-solo:
Atto I. Preludio e Coro d'Introduzione: Quello è lo speco 1.50.
Profezia: Compenso avran dell'esule 1—.
Cavatina: Un'aurora più ridente 2.25.
Cavatina: Riedi, ah riedi, in me ridesta 2.75.
Scena e Duetto-Finale I: Fuggi, da un re t'invola 2.75.
Atto II. Preludio e Coro di guerra 2.25.
Cavatina: Ah! di morir fra l'armi —60.
Coro: Di sdegni atroci e insulti —60.
Terzetto: La quercia alfin che all'aura 1.70.
Finale II 4—.
Atto III. Coro d'Ancelle: Raggio alle dense tenebre 1—.
Inno: Sui vanni infaticabili 1.25.
Quartettino: Come dolce al cor scendea 1.25.
Finale III: Davide... ebbene... —60.
Coro e Duettino nel Finale III: Io tremare? Ai passi miei 1—.

Maledizione e Stretta del Finale III 2—.
Atto IV. Delirio ed Aria: Per pietà, deh! tu svolgi la spada 2.50.
Aria: Senza lei del regal serto 2—.
Coro di Donne ebree: O d'Israel donzelle 1—.
Preghiera e Rondò finale: L'inesorato fulmine 2.75.
Buzzi E. *Ricordi:* Anni felici, *P* 2.50.
- Bouquet de Roses, *P* 2—.
- Le due sorelle, polka, *4ms* 3—.
- Felicitazioni, marcia, *4ms* 3.50.
- Ferrovia Laveno Gallarate, marcia, *FIP* 3.50.
- Novello fior, *P* 2.50.
- La Pianista, *P* 2.50.
- Un saluto dalle sponde del Verbano, *P* 5—.
Buzzi-Peccia A. *Ricordi:* L'Album des Demoiselles, 5 Petites Suites: 1. Marche de minuit. 2. Coucher de soleil sur le lac. 3. Sérénade dans le jardin. 4. Soir d'automne, romance. 5. Ronde de jeunes filles 4— n.
- Attorno al Pianoforte, Impressioni teatrali: N. 1. Zampa 2.25 n. N. 2. Asrael 2.25 n. N. 3. Asrael 1.50 n. N. 4. I Maestri Cantori di Norimberga 2— n. N. 5. Manon Lescaut 3—. N. 6. La Bohème, 1. Traser. 2— n. N. 7. La Bohème di Puccini, 2. Trase. 2—. N. 8. Iris, 1. Traser. 2.50 n. N. 9. Iris, 2. Traser. 2—. N. 10. Tosca, 1. Traser. 2.50 n. N. 11. Tosca 2. Traser. 2.50 n. N. 12. Tosca 3— n. *4ms* N. 1, 2 à 2.50 n. N. 12 3—.
- Ave Maria —40 *Gutheil.*
- Brezza marina, barcarola, *P* 4—.
- Capriccioso in Re, *P* 3—.
- Elegia —40 *Gutheil.*
- Dragon fly (It. Engl.) —75 *Church.*
- Galanteries, *P*, N. 1, 2 à 3—.
- Gloria, sacred hymn 1.20 *Luckhardt-Belder.*
Guarda che bianca luna —40 *Gutheil.*
- In Gondola, andantino alla barcarola piccola, *O* 2 — n.
- Moresca, *P* 4—.
- Only friends (It. Engl.) —75 *Church.*
- Otello, fantasia drammatica 6—.
- Otello, fantasia romantica 6 —.
- Parfum de boudoir, mazurka 3—.
- Penombre, *P*: N. 1. Crepuscolo 1— n. N. 2. Calma —75 n. N. 3. Visioni notturne 1.25 n.
- Preghiera a S. Ant. Maria Zaccaria, solo e coro con, *P* 1— n *Martinenghi.*
- Promenades solitaires, intimités, *P*: 1. Calme du matin. 2. Dans le bois. 3. Contemplation, à 3—.
- Радуйся Дiва (Ave Maria) —40 *Gutheil.*
- Les Rendez-vous, suite galante, *4ms* 5— n: N. 1. Tinide 1.50 n. N. 2. Galant 1.50 n. N. 3. Triste 1— n. N. 4. Correspondance 1— n. N. 5. Passionné 1.50 n. N. 6. ...!? 1.70 n. N. 7. Joyeux! 2— n.
- The rough rider —75 *Church.*
- Serenata: Se tu dormissi Giulietta mia 1.50 n.
- Stornello: O fiorellin di siepe all' ombra nato 1— n.
- The troubadour (It.-Engl.) —75 *Church.*
- Воспоминание объ Италіи —40 *Gutheil.*
- Voyage de noces, suite intime, *4ms*, 5 — n: N. 1. En voyage 2—. N. 2. Enfin seuls!! 1.50 n. N. 3. Petite réception au château 2— n. N. 4. Douce intimité 1— n. N. 5. Sur le gazon, danse champêtre 3— n.

Buzzino O. Amalia, Polka 2 — *Mariani*.
- Rêve de bonheur, polka 2— *Mariani*.
Buzzolla Antonio (1815—1871), *Riccordi*:
Album 10—: N. 1. Mezzanotte, ballata:
Poco l'ora è omai lontana 2.50, N. 2. La
Ciea che vende fiori, romanza: Oh com-
prate i miei fiori 4—. N. 3. Il Desiderio,
arietta: Allor che mi tocca 2—. N. 4. La
Monaca: Nei silenzi della sera 2.50, N. 5.
L'ultimo Addio: Son vicina all'ora estrema
2.50, N. 6. Il Rimprovero, arietta: Guarda
che bianca luna 2.25.
- 6 Ariette Veneziane 10—: N. 1. Un Parer
(Una volta no se usava) 2—. N. 2. Lucieta
(Lucieta careta s' è un muso da basi).
N. 3. La Galante (Se me piase questo e
quelo). N. 4. Nina (Sempre ti dissi: te
vogio ben), à 2.50, N. 5. La Risoluzion
(Nina, intendessimo senza far scene) 3—.
N. 6. La Quiete (Non so catargbela co certa
zente) 2.50.
- 5 Ariette Veneziane 8—: N. 1. L'Avverti-
mento 2—. N. 2. Ti ridi sempre 2—. N. 3.
L'Amor discreto 2.50, N. 4. L'Impassibile
2—. N. 5. Basta Nina 2.50.
- Canzonette Veneziane 12—: N. 1. El Zen-
zamin! (de far bravate). N. 2. L'Ava (Dime,
aveta bonariva). N. 3. Le Done (Tuti va
in colera). N. 4. Nina (Vicin de Nina xe
tuto incanto). N. 5. El Spin (Oh Dio!
m'ò ponto), à 2—. N. 6. La Farfalla (M'ha
fato un zorno amor) 1.25. N. 7. L'Amor
orbèto (Ah! te conosso massa!) 2—. N. 8.
L'Abandon (Se xe finio el mio regno) 1.25.
N. 9. La Colera (Deboto, Adelaide) 2—.
N. 10. L'Ingenua (Poveri omeni! in ve-
rità) 1.25. N. 11. L'Ortolanela (Quando
me insonio) 2—. N. 12. El tropo e'l tropo
poco (Ne la stagion dei bocoli) 1.50.
- I Giardinieri, *TB* 5.50.
- Il Gondoliero, 12 Ariette Veneziane 14—:
N. 1. Un ziro in gondola 1.25. N. 2. Un
bel matin de zugno 1.50. N. 3. L'Omo 1.50.
N. 4. La Dichiarazion 1.25. N. 5. L'Inamo-
rada 1—. N. 6. El Mario a la moda 2—.
N. 7. La Barcheta 1.50, N. 8. L'Invido a
la campagna 1.50. N. 9. L'Amante timido
1—. N. 10 L'Invido in gondola 1.50. N. 11.
La Malalengua 1.50. N. 12. La Discrezion
2.50.
- I Masteleri, *TB* 5.50.
- Mattinata a Venezia, 12 Ariette Veneziane
18—: N. 1. A Betina 1.25. N. 2. Marieta
e Checo 2—. N. 3. Cate 2.25. N. 4. L'Amor
1.25. N. 5. El Fresco 2—. N. 6. Zanze 2.50.
N. 7. La Riflession 2—. N. 8. La Virtù
magica 2.25. N. 9. El Fià 1.75. N. 10.
L'Abandon 2.50, N. 11. La Dona 1.75. N. 12.
L'Aurora 2.25.
- Miserere, *CTBar* von *Melodium Kb Vc*, Part
8—.
- Una notte a Venezia, 12 Ariette Veneziane
15—: N. 1. La Gondola 2—. N. 2. El
Canto 2—. N. 3. La Maschereta 1.75.
N. 4. La Desolada 2—. N. 5. La Scielta
1.50, N. 6. Chi ga rason ga torto. N. 7.
La cazza de le donne. N. 8. Mi e ti, à
2—. N. 9. L'Amor tradio 2.50, N. 10. Un
baso in fallo 1.75. N. 11. Gerimo in tre
1.75. N. 12. La discesa de amor 2.50.
- Preghiera per gli estinti nella grande bat-

taglia 24 Giugno 1859, *B* e Coro d'uomini,
con *P* 4—.
- La Sensa, canzone: Su, Venezia, bate l'ora
3—.
- Serenate a Rialto. 12 Canzonette Veneziane
12—: 1. El Regalo, 2. El Proponimento,
3. La massima falsa, 4. El Disinganno, 5.
El Consegio, 6. L'Amor platonico, 7. L'Amor
fragioto, 8. El Sospeto, 9. El Bocolo, 10.
La Gelosia, 11. El Pentimento, 12. El Re-
sultato, à 1.25.
By Desire 4 — *Reynolds*.
By Studying Economy, I Live like a Lord
(Hart's Cheap Music 862) — 2 *Pitman*.
By the gate they'll meet us —/2 *Hopwood*.
By the margin of fair Zürich's water —/2
Hopwood.
By the sad sea waves —/2 *Hopwood*.
Byan T. Hark! the Vesper hymn is stealing
—40 *Brainard*.
Byass Gilbert, After dinner 4/— *Williams*.
- Aureola, *S. MS* à —60 *Boston Music Co.*,
4/— *Woolhouse*.
- Barnaby Phee Qu. C. 4/— *Williams*.
- Beneath the Roses 4/— *Woolhouse*.
- Dinah Barn Dance 4/— *Reynolds*.
- Hermion Waltz, 4/—n *Woolhouse*.
- Jolly owls, polka 2/—n *Wickins*.
- Margaret, *FullO* 3 —n *Woolhouse*.
- Patch and Powder, gavotte, *Mand* 4 —
Blockley.
- Two Japanese Dolls 2/—n *Reynolds*.
Bye-bye-baby, bye-bye —2 *Hopwood*.
Byer M. It is a good thing, mix. quart. —08
Ditson.
Byers F. T. Mason, O Salutaris 2/— *Novello*.
Byers & Nelson, Playing Under the Apple
Tree —50 *National Music*.
Byfield W. Christians, all your joyful voices,
carol. —2 *Weekes*.
- Come, deck the room with holly cawl —/2
Weekes.
- The Lord is my shepherd 2/— *Novello*.
- Rejoice and be exceeding glad 2/— *Novello*.
- Through the Day, hymn —/1 n *Vincent*.
- We wait for Thy lovingkindness, *SS* 2/—
Novello.
Byford F. G. La Caresse, valse lente 1.50
Bosworth.
- Vision d'Amour, Rêverie, *P* 1.50, *VP* 1.50,
O 1.50 n, *sO* 1.20 n *Bosworth*.
Byford George, I am getting naughty, I am
3/— *Francis*.
- Only a ha' penny 3/— *Francis*.
- Simple Maiden 4'— *Francis*.
Быковъ М. Тихо ночь подошла, valse —50
Bernard.
Быковъ М. Р. *Jurgenson*:
1. Упоительный вечеръ —60.
2. Любви, одной любви —50.
3. Мечта мнѣ грезу рисовала —50.
4. Фіалка. Мелодекламація —50.
5. Я ничего у тебя не прошу —50.
6. Тихо ночь подошла. Мелодекламація
—50.
Byn, op. 50 Episode de la vie militaire (Bilder aus dem Soldatenleben), ouverture, 4ms
2—, *O* 3—n *Oertel*.
Foetisch:
- **53** Violettes, polka 1.50 n, 4ms 2—n, *Xylo-
phoneP'(Z)* 1.60 n, *XylP(Z)V* 2.25 n, *Xyl*

*P(Z)VFll*c (ad lib.) 2.40 n, O 2.40 n,
VylO 2.70 n. *Xylllarm (Fanf)* 2.40 n.
- 101 Véli-Vélo, marche 1.35 n.
- 142 Prends garde à toi. Nimm dich in acht.
Polka (Le Xylophoniste N. 8), *Xylophone*
av. *P* 1.60 n, av. *O* 2.25 n, av. *Harm* ou
Fanf 2.40 n.
- 144 La Jeune Lise, Jungfer Lieschen, polka
brill. (Le Xylophoniste N. 9), *Xylophone*
av. *P* 1.60 n, av. *O* 2.25 n, av. *Harm* ou
Fanf 2.40 n.
- A travers les Steppes, scène russe, pet. *O*.
- Dans les bois 3— *Durdilly*.
- Les Deux Rivaux, polka, 2*XylophoneZ*.
- Fontaines lumineuses, valse 1—n. *Xylophone* av. *Harm* ou *Fanf*.
- Petit Pierre, mazur. *Xylophone Z*.
Byng G. W. Across a field of daisies 4,—
Ascherberg.
- Angel's Lullaby 4 — *Willcocks*.
- Baby's opera selection on popular nursery
rhymes, *FullO* 5 —, *P* 2 — *Hawkes*.
- Dawn is breaking 4 — *Ascherberg*.
- French Maid, barn dance 4—, *FullO* 1 6 n,
Sept. 1/— n. *Milit. Band* 2 — n, *Brass
Band* 1 6 n; Lancers 4 —; Selection, *P* 4 —
Ascherberg.
- I'm a gal of Tennesse 4/— *Williams*.
- Jack's the man 4/— *Hopwood*.
- Little Genius Selection, *P* 4 — *Ascherberg*.
- Lord Tom Noddy, barn dance 4 —, *FullO*
1 6 n, Sept. 1/— n, *Milit. Band* 2 — n,
Brass Band 1 6 n; Lancers 4/—; Waltz
4 — *Ascherberg*.
- Our Flag, new imperial song 4/— *Keith*.
- Sailors of the king 4'— *Williams*.
- Scenes of Home 2—n *Heller*.
- A Spring-time parting 4/— *Hopwood*.
- Telephone Girl, selection, *P* 4 —. Waltz 4 —
Ascherberg.
- Thou art my World (from „Naughty
Nancy") 4 — *Hopwood*.
- Trilby, lancers 4 — *Ascherberg*.
- Venetian Serenade: „Come to me now my
Own" 4 — *Doremi*.
- When alone I Dream 4 — *Doremi*.
Bynnes Leona, Two Kyries —/2 *Norello*.
Byolin H. Crusader's Hymn — 3 n *Vincent*.
Byrd G. The Choral Portions of the Passion of our Lord according to St. John,
XVIII., XIX., 1—24, *SATB* —4 *Norello*.
- Turbarum Voces (In Passione Domini nostri secundum Joannem) —/4 *Norello*.
Byrd Lew, Higgledy Piggledy Galop, *P* 4'—
Cecilia.
Byrd William (1543—1623). All hail! thou
merry month of May, madrigal, *SSATTB*
1 6 *Norello*.
- Bless the Lord ye His angels (St. Michael), *SSATB* —/9 *Norello*.
- The Carman's Whis le, variations *P* 3 —
Augener, —35 *Schirmer*, —30 *Jurgenson*.
- Deus in nomine tuo (Save me, O God) — 4
Norello.
- Justorum animae (All Saints), *SSATB*
— 3 *Norello*.
- A Lullaby, *SSATB* —/1 ½ *Norello*.
- Messe für fünfstimm. gem. Chor (W. Barclay Squire und R. Terry), Part
3—n *Breitkopf*.
- Missa in quatuor voces inequales (W. S.

Rockstro and W. Barclay Squire),
vocal score 2 6 *Norello*.
- Non Nobis Domine, canon, *Og, Travis's*
Amat. Org. book 11, *Jefferys*.
- Parthenia ou la première Musique imprimée,
8 pièces pour le Clavecin, *P* 3— *v. Leduc*.
- Pavane, *Gra*. transcr. par A. Némérowsky —20 *Jurgenson*.
- Trois pièces pour le clavecin: The Carman's
whistle, Callino Casturame, Victoria, *P*
—80 n *Leduc*.
- Prelude and „The carman's whistle"
(Schloesser Adolphe, Selections
from works 1), *P* 4 — *Ashdown*. —40 *Jurgenson*.
- Prevent us O Lord, *SATB* — 6 *Norello*.
- Save me O God, *SATB* — 6 *Norello*.
- Sellenger's Round, theme with var. *P* —50
Schirmer.
- The souls of the righteous (Justorum Animae), offertory for the Feast of All Saints,
SSATB — 3 *Norello*.
- Though Amarillis daunce in greene, *SAATB*
(Coll. of part music 7) —3 n *Leonard*.
- While the bright sun, madrigal, mixed voic.
— 9, 8vo — 1 ½ *Norello*.
Byrec Louis, A bâtons rompus, gr. scène
1—n, *Ch. s.* —35 n *Puigellier*.
- A Bidet! 1— n, *Ch. s.* —30 n *Rouart*.
- L'Abonnement chaus. 1— n, *Ch. s.* —30 n
Société nouvelle.
- Adieu ma Philomène 1—n, *Ch. s.* —35 n
Puigellier.
- Adieu vicomte! 3— *Sulzbach*.
- Les Adieux du Réserviste 1— *Sulzbach*.
- L'Admininiministration, *Aux Répertoires
reunis*.
- L'Agréable ordonnance 1— n, *Ch. s.* —30 n
Rouart.
- Ah! Gaëtan 3— *Sulzbach*.
- Ah! qu'elle andouille 1— n, *Ch. s.* —35 n
Puigellier.
- L'aide de camp 1— n. *Ch. s.* —35 n *Puigellier*.
- L'Aimable pochard, *Sulzbach*.
- A la foire de Neuilly, av. parlé 3— *Sulzbach*.
- Allez-vous en! 3— *Sulzbach*.
- L'amour au coin du feu 1— n. *Ch. s.* —35 n
Puigellier.
- Amoureuse d'une piston 3— *Sulzbach*.
- Amoureuses fringales 1— n, *Ch. s.* —30 n
Rouart.
- Les amoureux de Phrynette, *T. Bar* à 3—
Sulzbach.
- L'Amazone de Kana 1—, *Ch. s.* —30 n
Rouart.
- Appartement garni 3— *Sulzbach*.
- A quoi ça sert, *Aux Répertoires réunis*.
- L'arche de Noé 3— *Sulzbach*.
- Une arête dans le gosier, *Sulzbach*.
- L'Armoire à glace, *Rueff*.
- Arrête conducteur 3— *Sulzbach*.
- L'Art d'accomoder les restes, *Rueff*.
- A Tirlarigot 1— n, *Ch. s.* —35 n *Puigellier*.
- Au galop 1— n, *Ch. s.* —35 n *Puigellier*.
- Au temps des Goulois, *Sulzbach*.
- L'Auvergnate nettoyée 1— n, *Ch. s.* —30 n
Rouart.
- Avec la première hirondelle 3— *Sulzbach*.
- Avec ma Nounou 1— n, *Ch. s.* —30 n
Rouart.

- Jacques Bonhomme est toujours là, *T. Bar* à 3— *Sulzbach*.
- J'ai fait un noeud à mon mouchoir, chans. p. hommes 1— n, *Ch. s.* —30 n *Meuriot*.
- J'ai gagné le lapin 3— *Sulzbach*.
- J'ai jamais pus m'en rappeler, ch. com. 1— n, *Ch. s.* —35 n *Puigellier*.
- J'aime la musique 1— n, *Ch. s.* —35 n *Puigellier*.
- J'aime mieux rester d'moiselle 3— *Sulzbach*. bach.
- J'ai quelque chose de rigolo 3— *Sulzbach*.
- J'ai tous les premiers prix, *Sulzbach*.
- Jeannette et l'avocat 3— *Sulzbach*.
- Je regrett' t'y d'avoir grandi 1— n, *Ch. s.* —30 n *Rouart*.
- J'fournis les puces aux Invisibles 3— *Sulzbach*.
- Je joyeux passeur 3— *Sulzbach*.
- Je m'sens poète, *Sulzbach*.
- Je n'ai jamais connu l'amour 3— *Sulzbach*.
- Je pense à toi 3— *Sulzbach*.
- J'peux pas regarder par terre 3— *Sulzbach*.
- J'suis pas un ange 3— *Sulzbach*.
- J'suis tout bébête 3— *Sulzbach*.
- Je veux un bébé 1— n, *Ch. s.* —35 n *Puigellier*.
- Jolies fillettes! *Sulzbach*.
- Joseph a manqué l'train 3— *Sulzbach*.
- Une joyeuse famille 1— n, *Ch. s.* —30 n *Rouart*.
- Les joyeux manifestants, duo ou Ch. 1— n, *Ch. s.* —35 n *Puigellier*.
- Jupiter et Jo, *A la Gomme*-Paris.
- Laissez-moi rire 3— *Sulzbach*.
- Lantoure Lourelo 3— *Sulzbach*.
- Lanturlu 3— *Sulzbach*.
- Leçon d'alphabet, *Edition musicale*-Paris.
- La Leçon de Biniou 1— n, *Ch. s.* —30 n *Rouart*.
- La légende des poires, *Sulzbach*.
- La Légion d'Honneur, *Sulzbach*.
- Lente et vive, duo av. parlé 4— *Sulzbach*.
- Lequel 1— n, *Ch. s.* —35 *Puigellier*.
- Les et caetera 3— *Sulzbach*.
- Les (Si vous n'avez pas), *Sulzbach*.
- La Lettre du pays 1— n, *Ch. s.* —30 n *Rouart*.
- Leurs Quarante ans 1— n, *Ch. s.* —30 n *Rouart*.
- La locotte interviewée, duo 6— *Sulzbach*.
- La Luronne 1— n, *Ch. s.* —35 n *Puigellier*.
- Madame Boniface 1— n, *Ch. s.* —30 n *Rouart*.
- Madame le Docteur 1— n, *Ch. s.* —30 n *Rouart*.
- Ma Gertrude, av. parlé 3— *Sulzbach*.
- Le magot, ch. à danse 4— *Sulzbach*.
- La main z'a la plume, ch. com. 1— n, *Ch. s.* —35 n *Puigellier*.
- Les Mains derrière le dos, *Edition musicale*-Paris.
- Ma Jeannette ne tremple pas, *T. Bar* à 3— *Sulzbach*.
- Mam'zell' Costaud, *Sulzbach*.
- Manchon de la Colonelle, *Ch. s.* —35 n *Courtet*.
- Mandarine et mandarin 3— *Sulzbach*.
- Le Marchand de ballons rouges 1— n, *Ch. s.* —30 n *Rouart*.
- Le Marchand de Fez, *Sulzbach*.
- Maternité, *T. Bar* à 3— *Sulzbach*.

- Les menaces de la mariée 3— *Sulzbach*.
- Les mensonges de la chanson, *Sulzbach*.
- La mère Michel en Angleterre 3— *Sulzbach*.
- Mes aristos 3— *Sulzbach*.
- Mes naïvetés 3— *Sulzbach*.
- Mes Saints, *Sulzbach*.
- Mimi-Trognon 3— *Sulzbach*.
- Le Miroir 3— *Sulzbach*.
- Miss la Pudeur 1— n, *Ch. s.* —30 n *Rouart*.
- Miss Valérie 3— *Sulzbach*.
- Modes collantes 3— *Sulzbach*.
- La Môme Fromage 1— n, *Ch. s.* —30 n *Rouart*.
- Mon Ami Lafrite, *Sulzbach*.
- Mon boulanger 3— *Sulzbach*.
- Mon Camarade (J. Jouy) 1— n, *Ch. s.* —30 n *Rouart*.
- Mon cousin Casimir, av. parlé 3— *Sulzbach*.
- Les Mondes parisiens. *Déplaic*.
- Le Monôme des vacances, *Sulzbach*.
- Mon plumet du dimanche 1— n, *Ch. s.* —30 n *Bigot*.
- Mon p'tit Blaise 3— *Sulzbach*.
- Mon p'tit jeune homme, av. parlé 3 — *Sulzbach*
- Monsieur Laruffe 3— *Sulzbach*.
- La Morue, scie, *Sulzbach*.
- Le mouton 3— *Sulzbach*.
- Nerveuse! (Nervosita.) 1— n, *Ch. s.* —30 n *Rouart*.
- Une nez long commel ça 1— n, *Ch. s.* —35 n *Puigellier*.
- Ninon c'est le printemps 3— *Sulzbach*.
- Nisco! 3 — *Sulzbach*.
- La noce des muets 1— n, *Ch. s.* —35 n *Puigellier*.
- La noce des sourds 3— *Sulzbach*.
- Une noce rigouillarde 1— n, *Ch. s.* —30 n *Rouart*.
- Le Noël de l'orphélin 1— n, *Ch. s.* —35 n *Puigellier*.
- Nom du père, où le cocu s. l'être 1— n, *Ch. s.* —35 n *Puigellier*.
- Nos bons gardiens 1— n, *Ch. s.* —35 n *Puigellier*.
- Notre vieux chêne, *Le Boulch*.
- La Nourrice du Luxembourg, rondeau express 1— n, *Ch. s.* —30 n *Rouart*.
- Les Nouveaux usages, *Sulzbach*.
- N'touchez pas à ça! *Sulzbach*.
- Oh! Maman! 1— n, *Ch. s.* —30 n *Rouart*.
- L'Oncle Duriveau, opérette, *Oudet*.
- On n'en voit pas besef 1— n, *Ch. s.* —30 n *Rouart*.
- On ne sais jamais quand on fait bien 1— n, *Ch. s.* —35 n *Puigellier*.
- On peut être myope 3— *Sulzbach*.
- On se souvient toujours de ça 1— n, *Ch. s.* —30 n *Rouart*.
- L'oracle des Invalides 1— n, *Ch. s.* —35 n *Puigellier*.
- Où nous en sommes 3— *Sulzbach*.
- Ouvrages de dames, *Sulzbach*.
- Les Palpitations de Rose 1— n, *Ch. s.* —30 n *Rouart*.
- Paméla ma femme 1— n, *Ch. s.* —30 n *Rouart*.
- Le Panachard 3— *Sulzbach*.
- Le Panthéon jaloux 1— n, *Ch. s.* —35 n *Puigellier*.
- Les Papas et les Mamans 1— n, *Ch. s.* —30 n *Rouart*.

Byrne Glen. In Missouri, where the Mississippi flows —50 *Bloom.*

Byrne Helene, Valse Gracieuse —40 *Sunny.*

Byrne J. W. Baby's broken toys —50 *J. Flanner-Milwaukee.*

- Silver Bells, waltz song, fem. voic. 2 parts —15 *J. Fischer.*

Byrnes W. M. Almighty Lord, before Thy throne, *B.* quart., and W h i t e, Holy father in Thy temple, 84 & quart., and N e akomm, Teach me, O Lord, quart. —08 *Ditson.*

Byron, My bark is on the billow —25 *Ellis.*

Byron G. Quartett. *Pl Val c* 4.50 *Breitkopf.*

Byron May and **E. Ouseley Gilbert,** Victoria's Golden Reign, two-part chorus. 2 — *Curwen.*

Byström Oscar (1821), Romans: ..Ännu du hör" —50 *Hirsch.*

- Symphonie für Orchester, *Pms* 3.50 n *Breitkopf.*

Byström T. op. 1 Drei Sonaten. *Pl* (Musikaliska Kunstföreningen) 4 — n *Breitkopf.*

Bywater H. T. Beyond the Veil, *MS. C* with *P* and *Org* ad lib. à 4 — *Ricordi.*

- Cloisters voices (Favourite Songs 32) with *Org* 4 — *Williams.*

- Lightly. Gentle Ply the Oar, male voices —25 *Molineux.*

- 'Neath the old Flag 4 — *Willcocks.*

- Soldier rest thy warfare o'er, mixed voic. — 3 *Novello.*

- When youth's warm heart, *TTBB* — 4 *Novello.*

Lightning Source UK Ltd.
Milton Keynes UK
UKHW011530190620
365269UK00003B/756